珍島 古文書

고문서집성 130

珍島 古文書

한국학중앙연구원

범례

1. 『珍島 古文書』(고문서집성 130)는 2020년도에 진도문화원에서 조사·수집한 고문서를 선별하여 영인한 것이다. 수록된 고문서는 전근대 시기를 중심으로 하되, 일부 연속적인 자료의 경우 근현대까지 포괄하였다.
2. 진도문화원에서 제공한 고문헌 이미지 파일을 바탕으로 작업되었으며, 해당 이미지 자료 중 일부는 원본이 아닌 경우도 있다.
3. 수록 자료는 한국학중앙연구원에서 간행한 『韓國古文書整理法』(尹炳泰 外, 1994)에 의거하여 분류하고 연도순으로 배열하였다. 각 자료는 도판과 서지사항을 함께 배치하여 열람의 편의를 도왔다.
4. 서지사항은 자료명, 작성연도, 크기 순으로 기술하였다.
5. 작성연도는 서기를 먼저 쓰고 해당 왕의 재위연도를 괄호 안에 기입하는 것을 원칙으로 하였다. 간지만 파악할 수 있는 경우 해당 간지를 쓰고, 추정한 연도와 내용은 '[ ]'로, 결락되었거나 이미지에서 식별이 어려운 글자는 '■'로 표시하였다.

紅牌 1

1590년(선조 23), 106.4×74.4

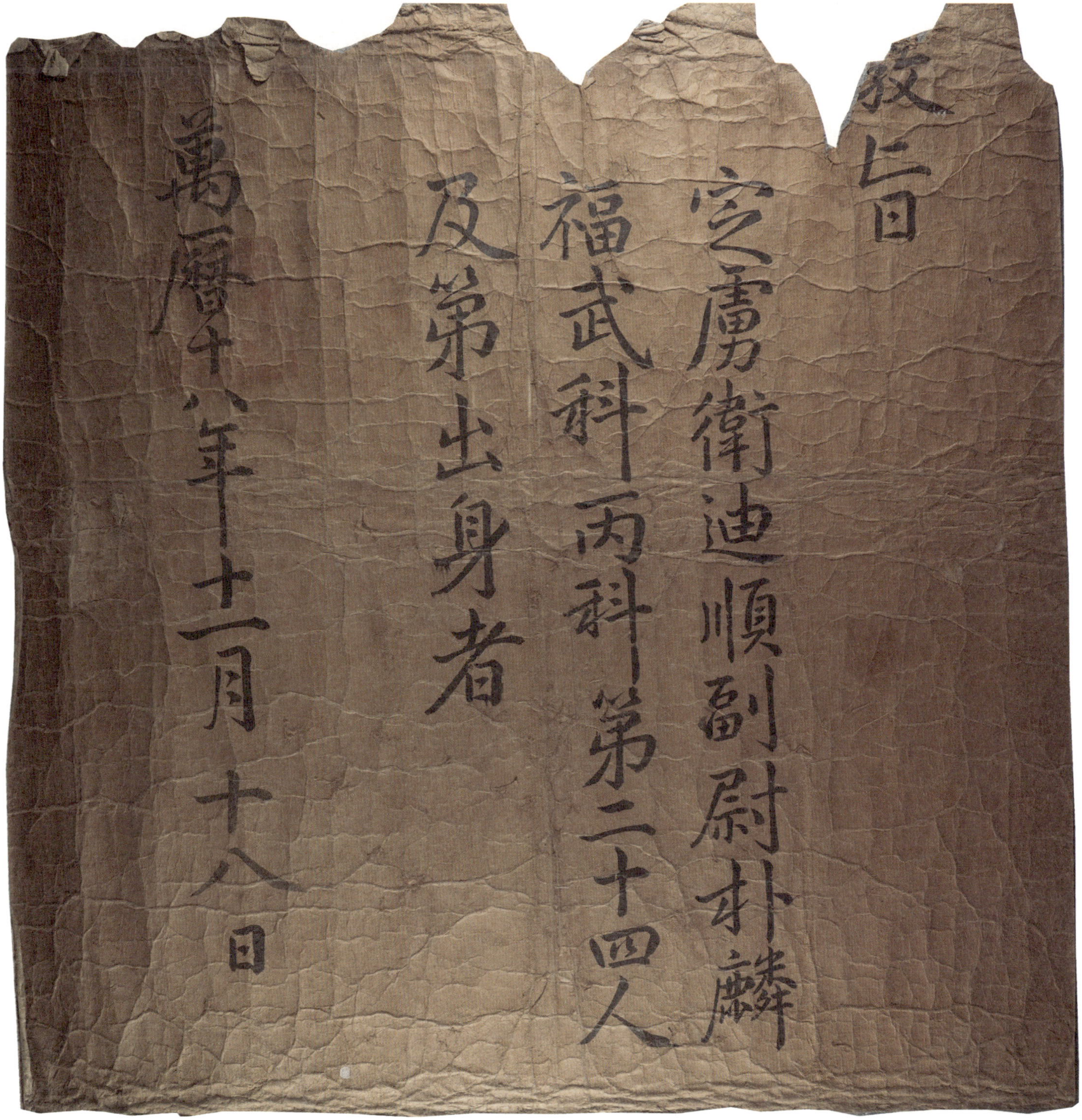
敎旨

定虜衛迪順副尉朴麟

福武科丙科第二十四人

及第出身者

萬曆十八年十一月十八日

1590년에 定虜衛 迪順副尉 朴麟福이 武科에급제하고 받은 紅牌

紅牌 1

1848년(헌종 14), 70.5×93.2

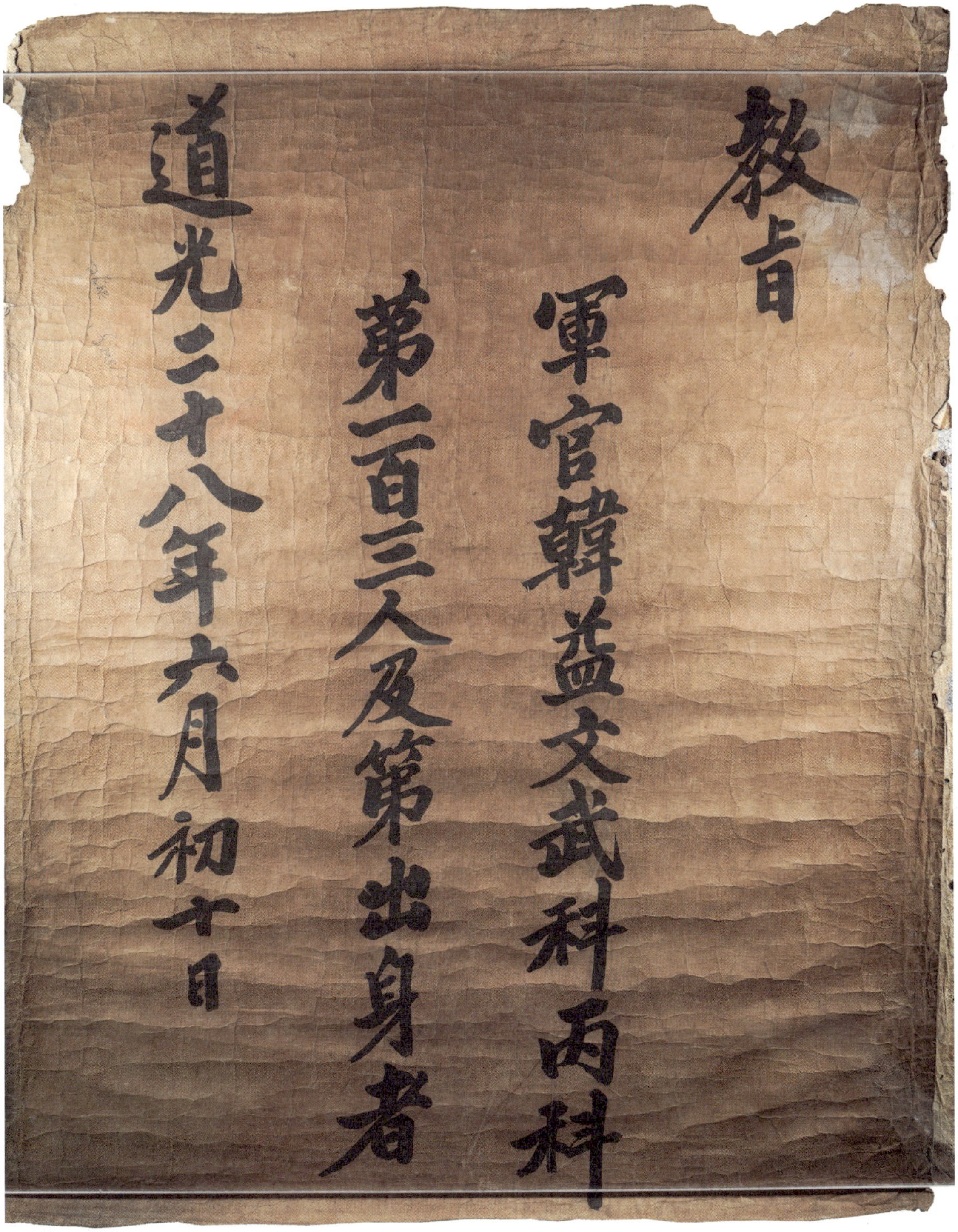

教旨

軍官韓益文武科丙科

第一百三人及第出身者

道光二十八年六月初十日

1848년에 軍官 韓益文이 武科에 급제하고 받은 紅牌

告身 1

1592년(선조 25), 52.7×42.7

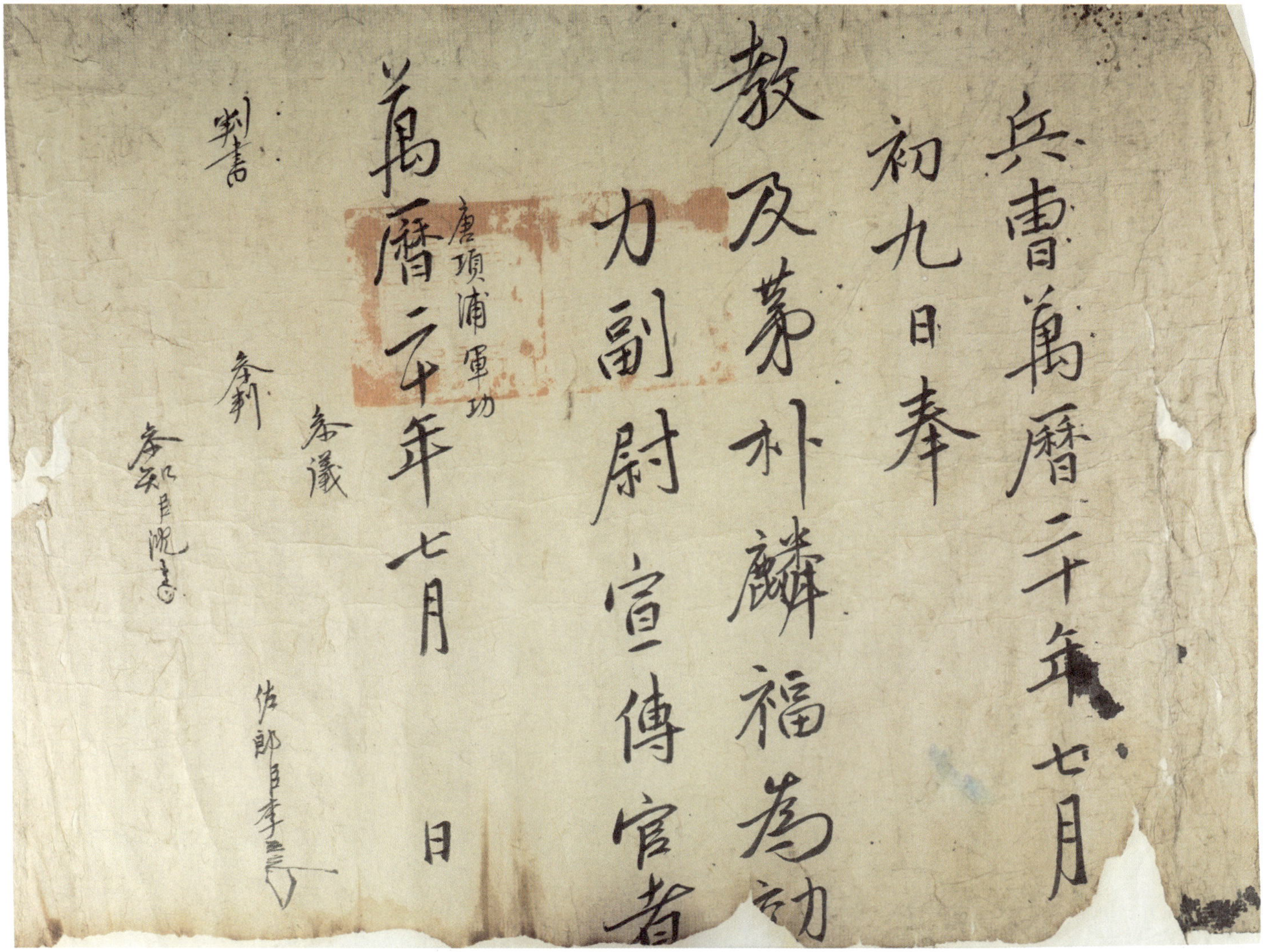
兵曹萬曆二十年七月
初九日奉
教及第朴麟福為効
力副尉宣傳官者
萬曆二十年七月　日

1592년 7월에 及第 朴麟福을 效力副尉 宣傳官으로 임명하는 문서

告身 6

1881년(고종 18), 68.6×54.5

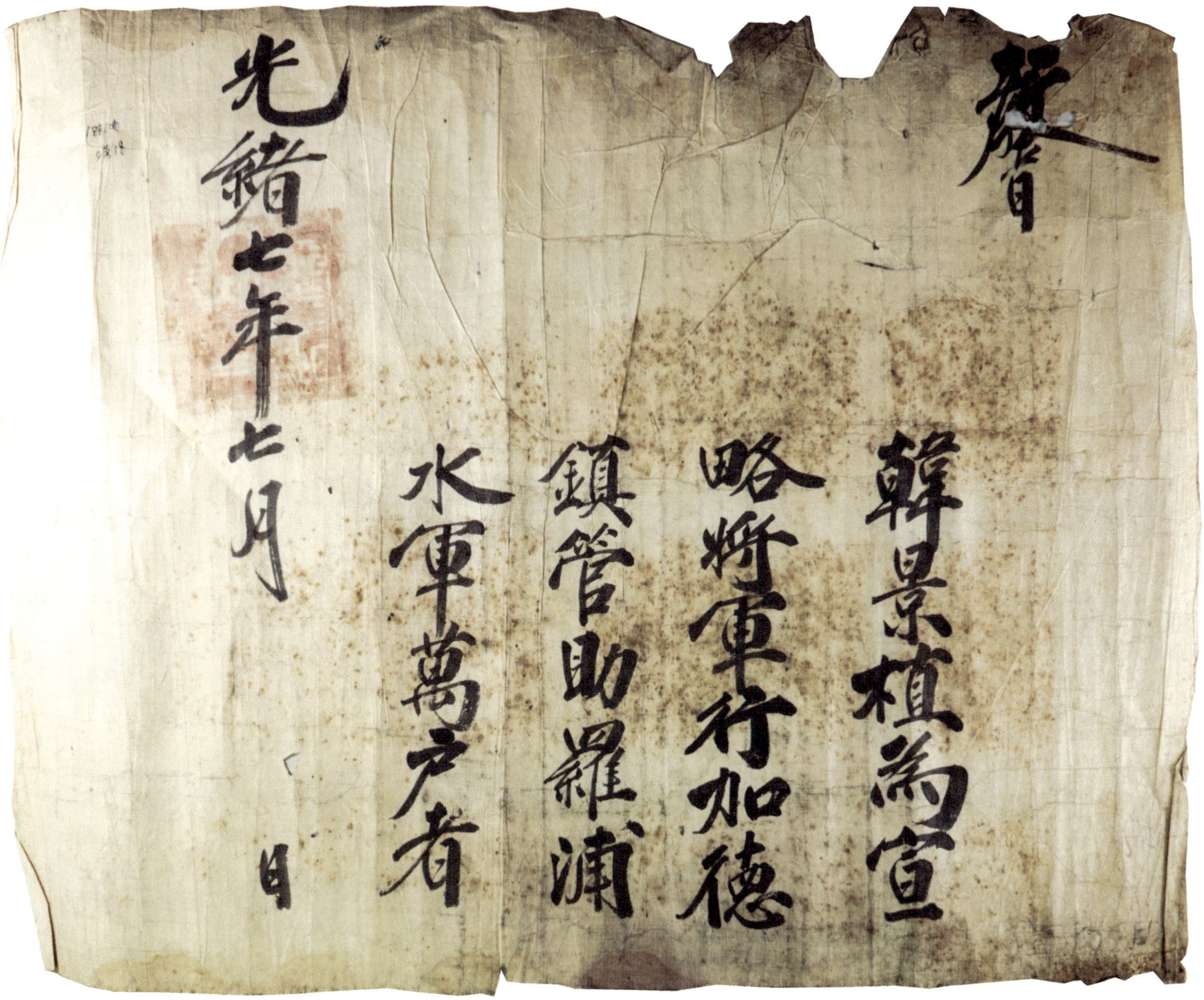

韓景植爲宣
略將軍行加德
鎭管助羅浦
水軍萬戶者
光緖七年七月 日

1881년 7월에 韓景植을 宣略將軍 行 加德鎭管 助羅浦 水軍萬戶로 임명하는 문서

差帖 3

1822년(순조 22), 43×38.5

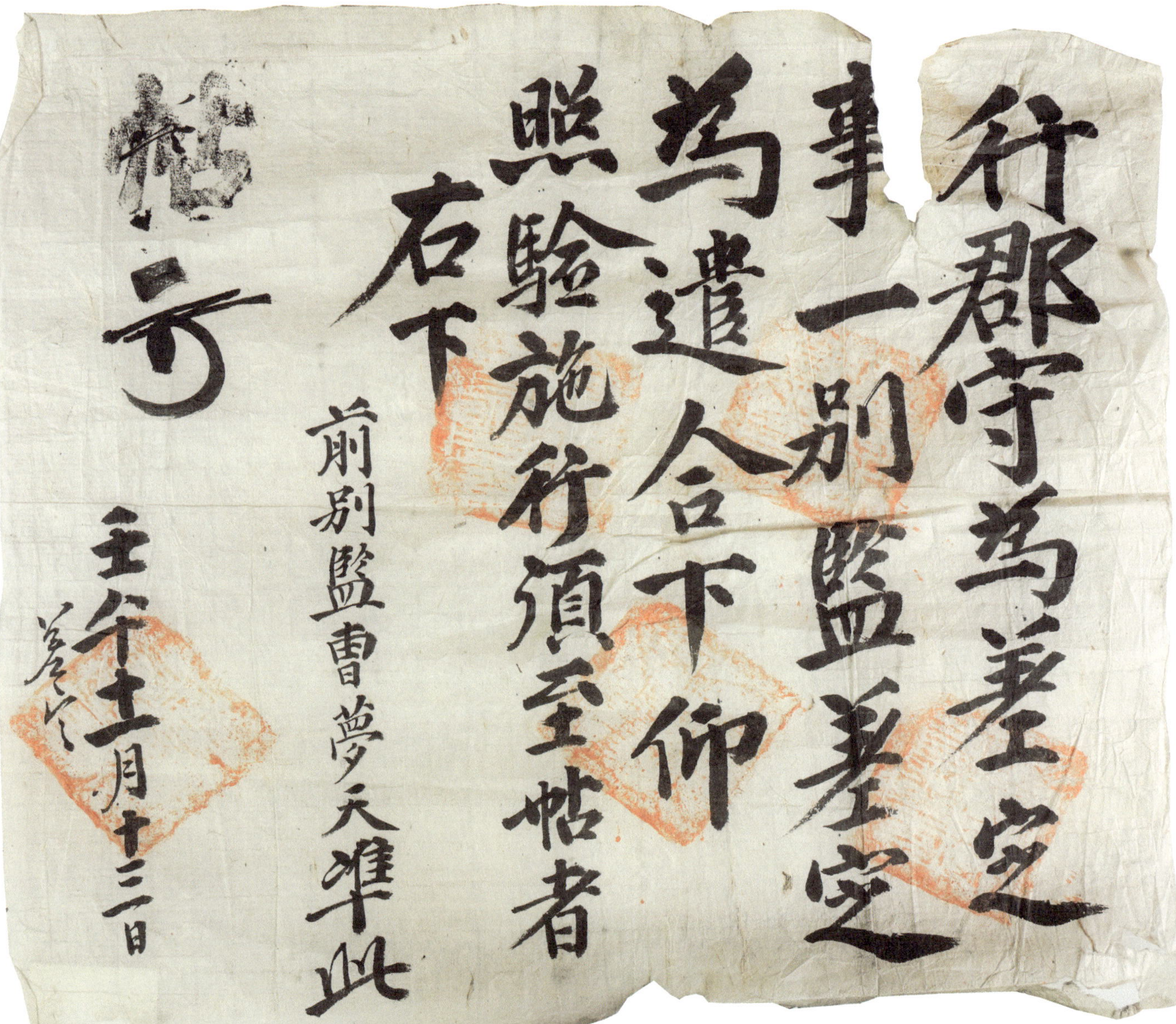
行郡守爲差定之
事一別監差定之
爲遣合下仰
照驗施行須至帖者
右下
前別監曺夢天準此
壬午十二月十二日
行

1822년에 진도군수 韓明運이 前 別監 曺夢天을 一別監에 差定하는 문서

差帖 2

1894년(고종 31), 56.4×48.1

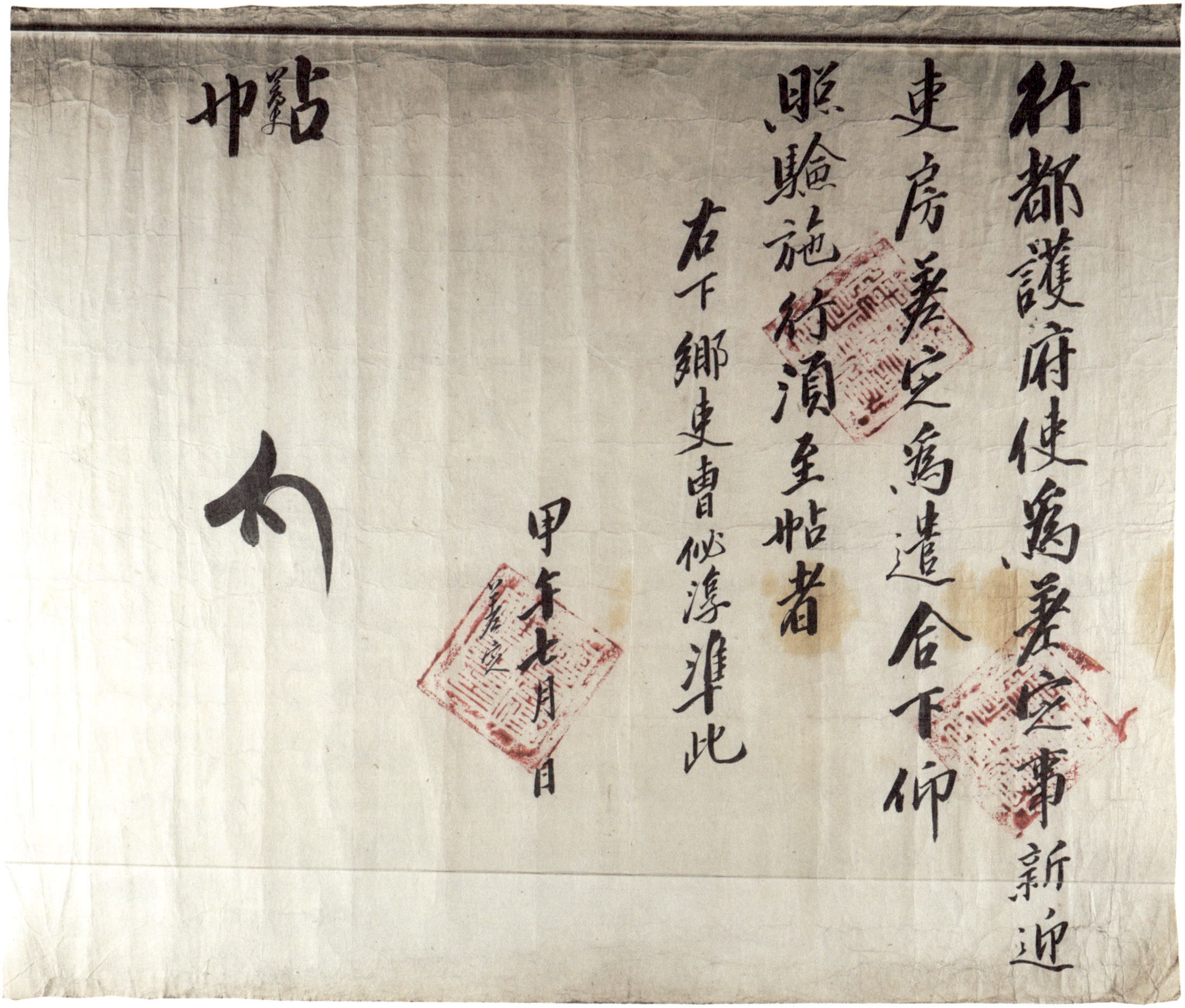

行都護府使爲差定事 新迎
吏房差定爲遣合下仰
照驗施行須至帖者

右下鄕吏曺俲淳準此

甲午七月 日

1894년에 都護府使가 鄕吏 曺俲淳을 新迎吏房에 差定하는 문서

上書 1

1903년(고종 40), 53×95

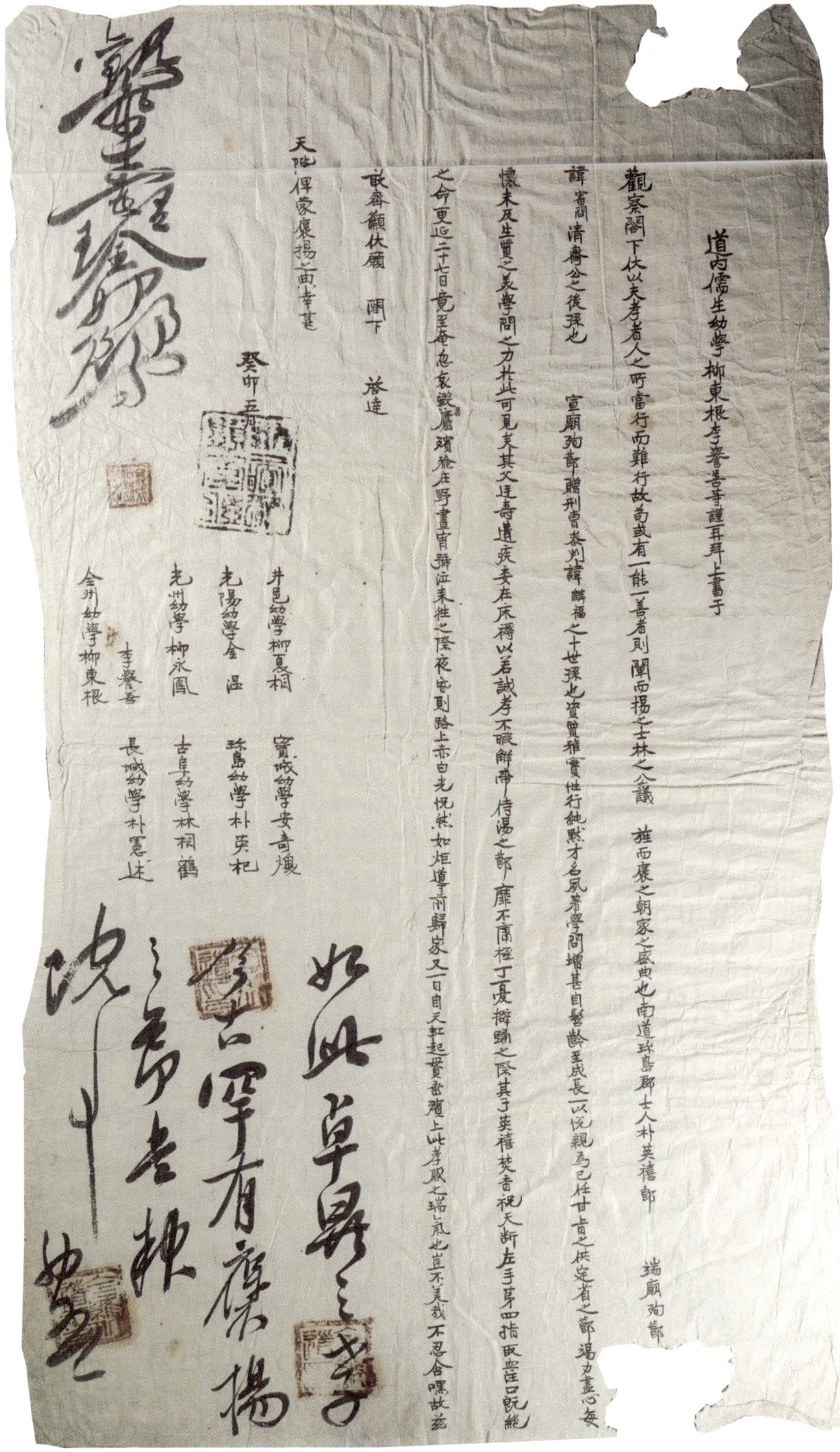

道內 儒生 幼學 柳東根 등이 觀察使署理全州郡守에게 올린 上書

所志 1

乙巳年, 40×59.8

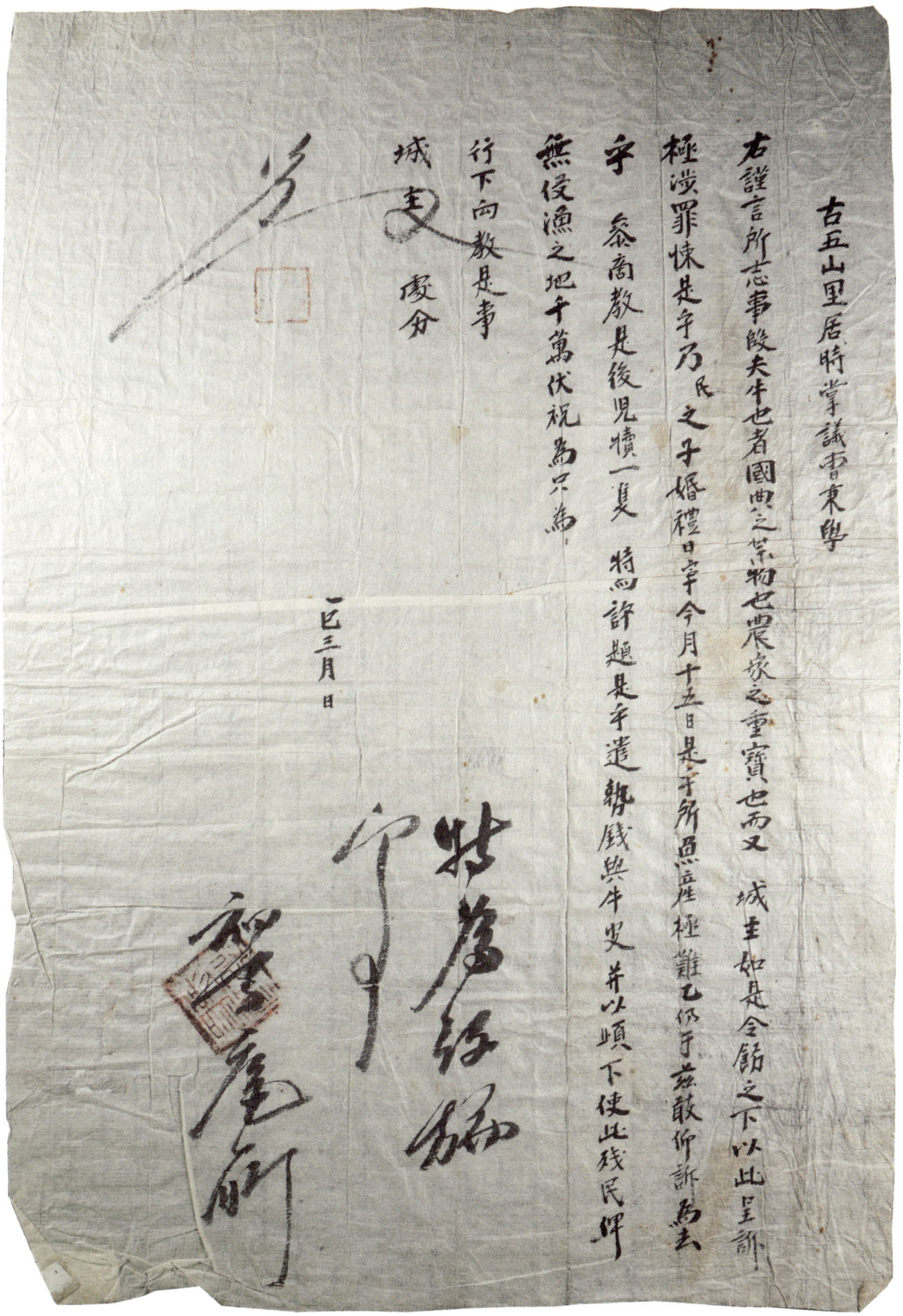

古五山里居時掌議曺秉學

右謹言所志事段夫牛也者國典之禁物也農家之重寶也而又 城主如是令飭之下以此呈訴

極涉罪悚是乎乃民之子婚禮日字今月十五日是乎所魚産極難乙仍于玆敢仰訴爲去

乎 參商教是後見憤一隻 特爲許題是乎遣贖錢與牛史并以頉下使此殘民俾

無侵漁之地千萬伏祝爲只爲

行下向教是事

城主 處分

乙巳三月 日

時掌議 曺秉學이 官에 올린 所志

所志 1

1888년(고종 25), 51×89

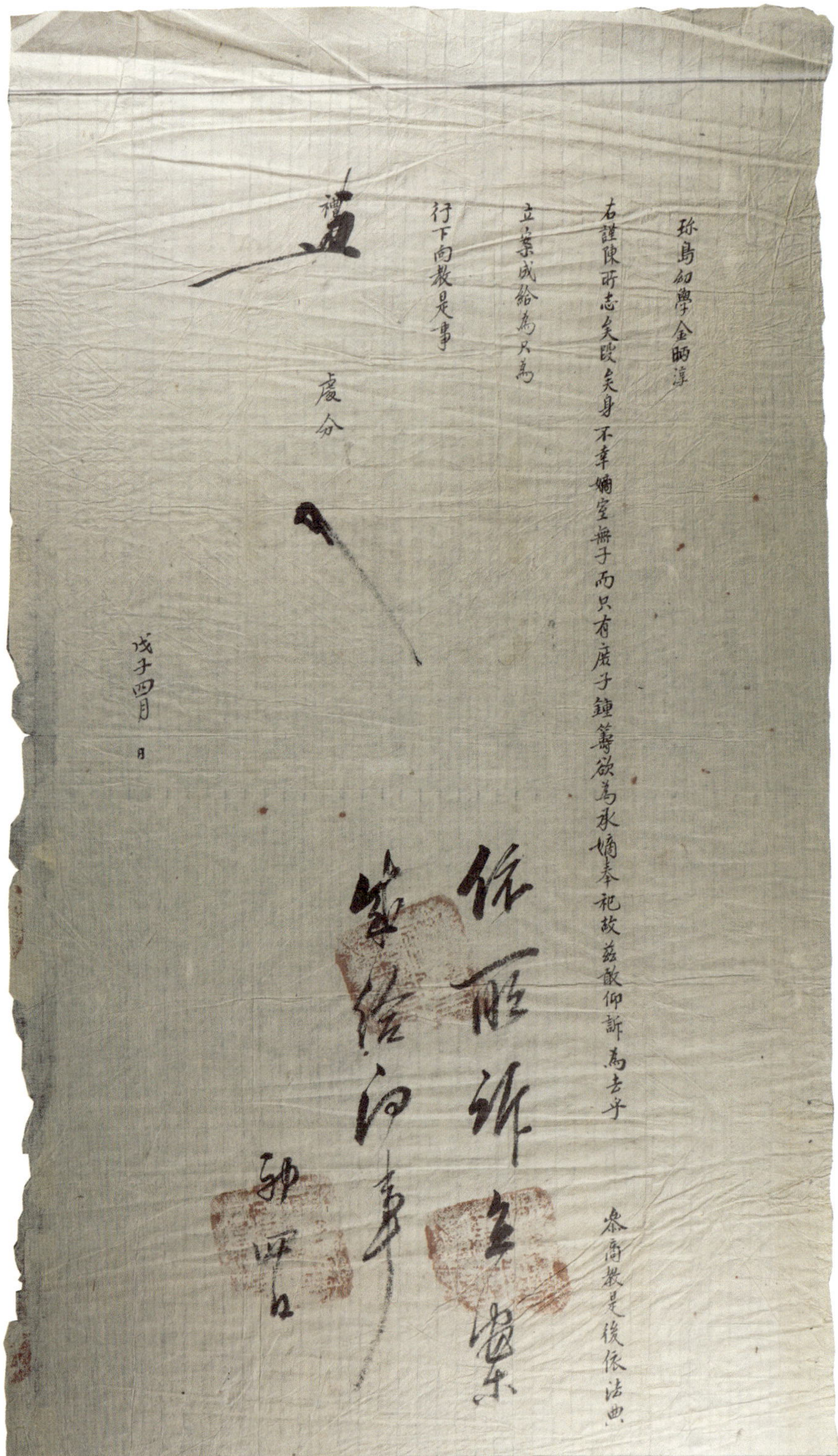
珍島幼學金昞淳
右謹陳所志矣段矣身不幸嫡室無子而只有庶子鍾壽欲爲承嫡奉祀故玆敢仰訴爲去乎
參商教是後依法典
立案成給爲只爲
行下向教是事
禮曹 處分
戊子四月 日

金昞淳이 禮曹에 올린 所志

傳令 1

1888년(고종 25), 56×47

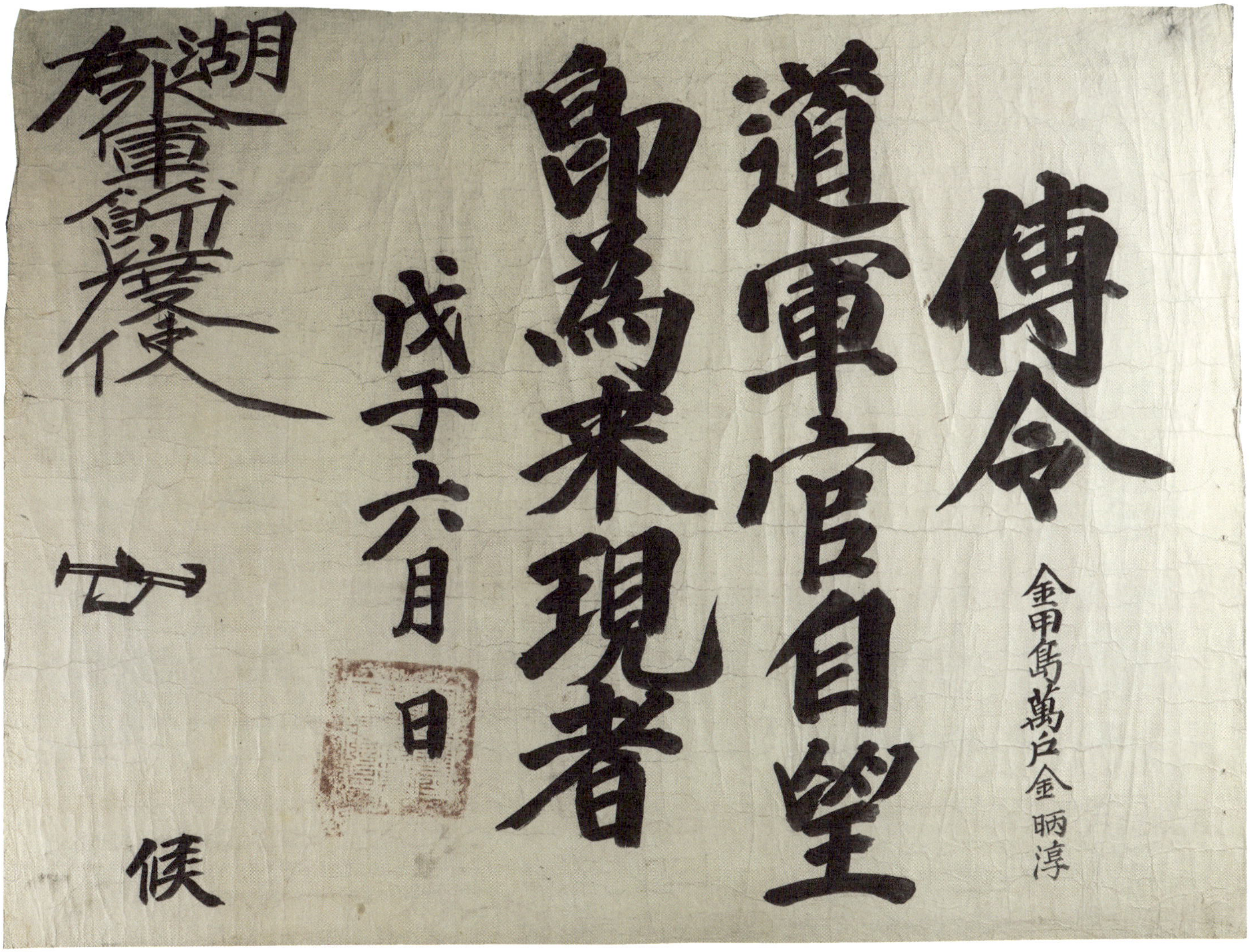

右湖水軍節度使가 金甲島萬戶 金昞淳에게 보낸 傳令

准戶口 1

1867년(고종 4), 48.8×33.4

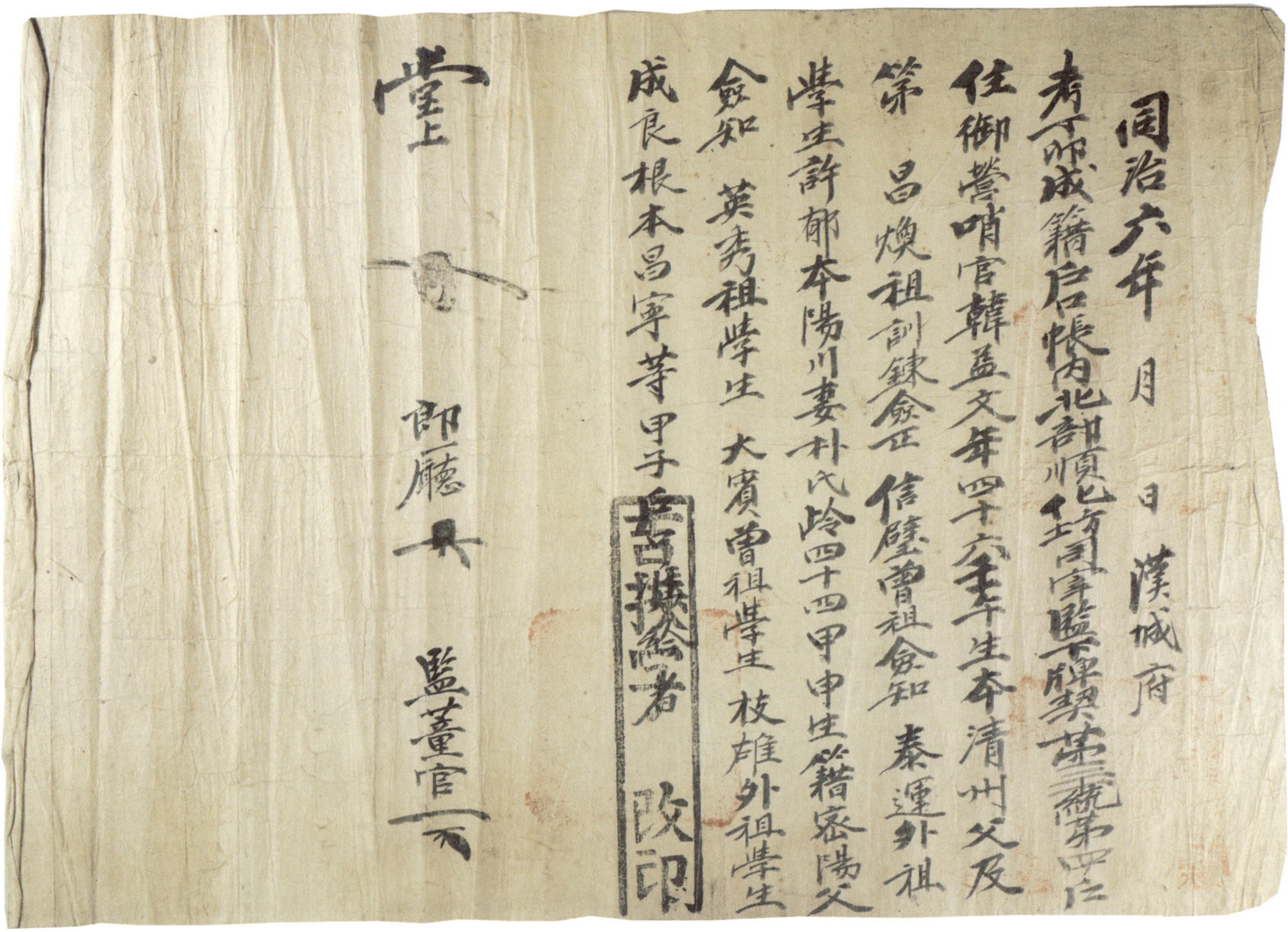

漢城府에서 韓益文에게 발급한 準戶口

試券 1

1891년(고종 28), 70×108

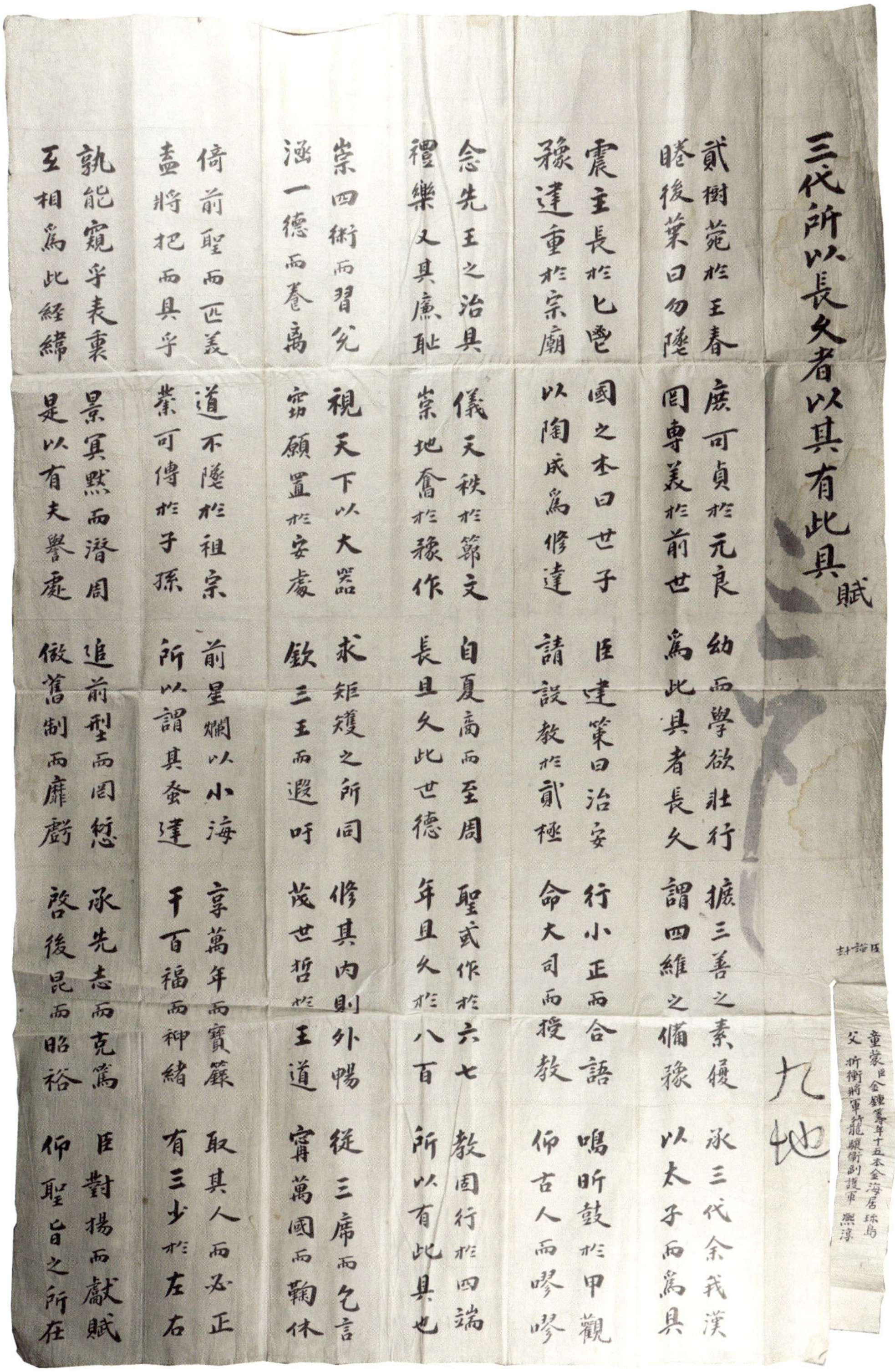

金鍾簥가 15세에 작성한 試券

和會文記 1

1698년(숙종 24), 59×100.5

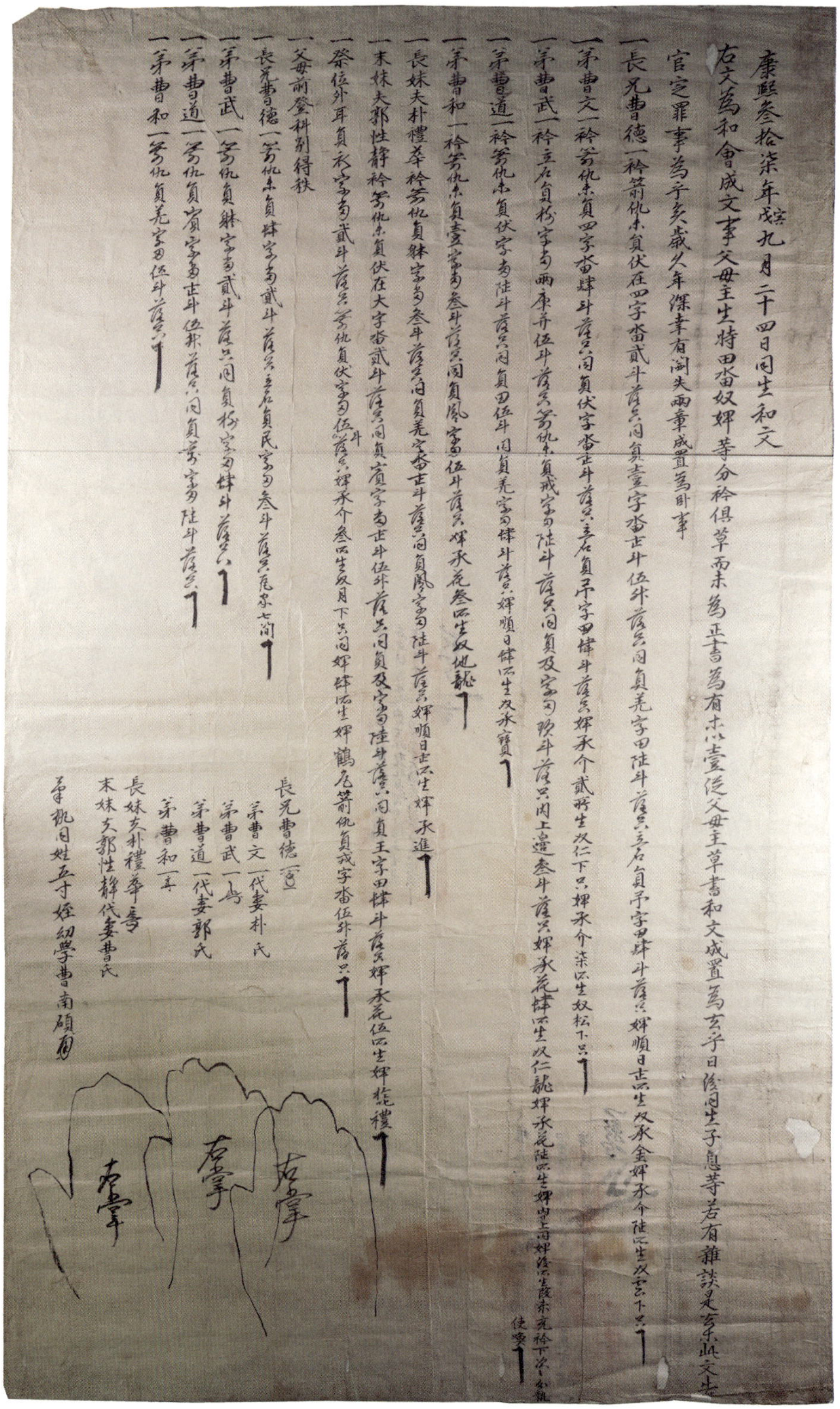

1698년 9월 24일에 同生 남매 간에 작성한 和會文記

明文 1

1799년(정조 23), 46×39

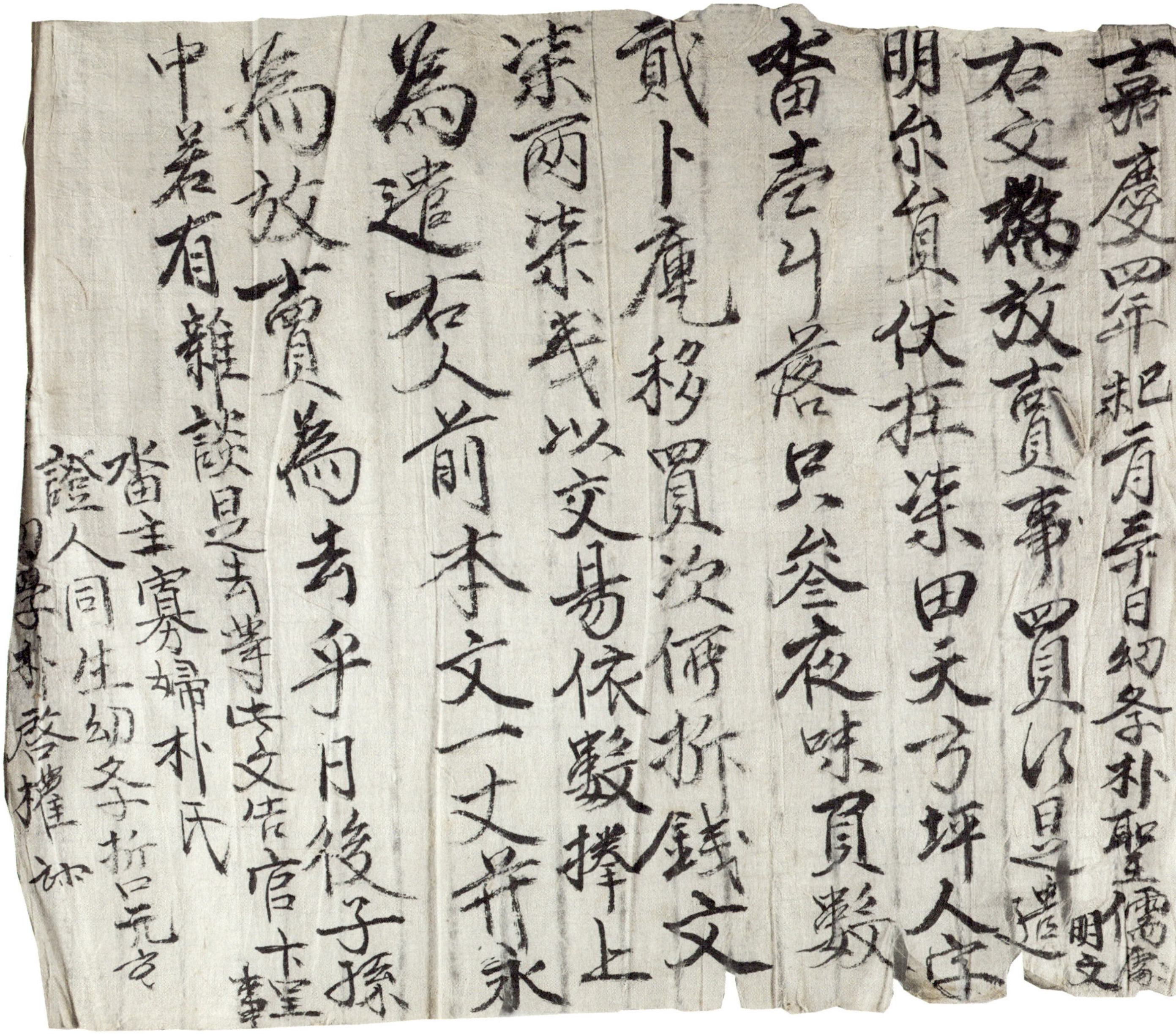

1799년 2월 30일에 寡婦 朴氏가 幼學 朴聖儒에게 논을 팔면서 발급한 明文

書簡 7

1889년(고종 26), 38×23

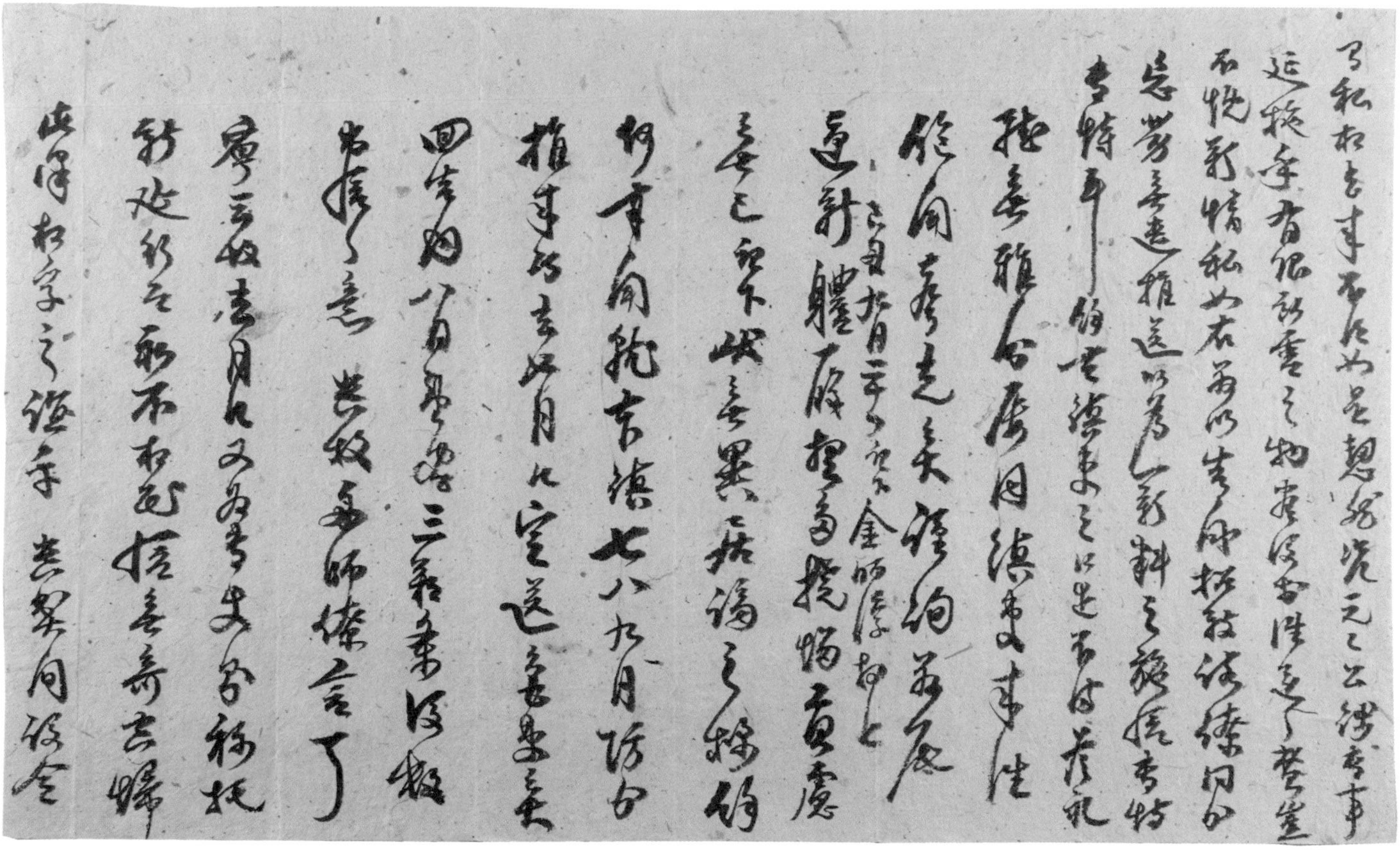

1889년 9월 20일에 記下 金昞淳이 미상자에게 보낸 편지

戶口單子 2

1810년(순조 10), 59×36

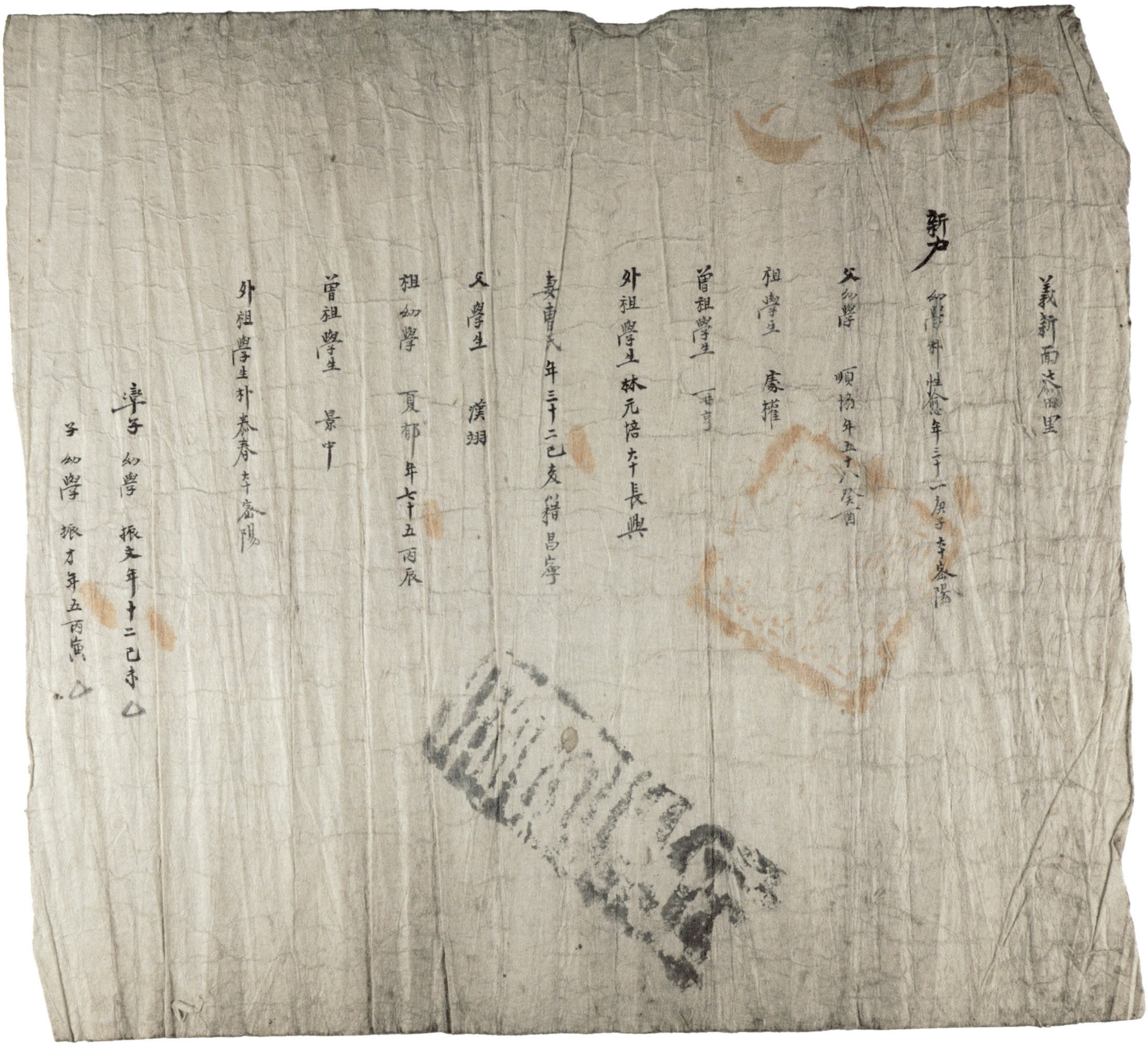

朴性愈가 行郡守에게 올린 戶口單子

목차

의신면 접도리

◈ 의신면 칠전리

◈ 조도면 신전리

진도문화원 고문서 수집 과정과 마을의 특징

이세영_한신대 한국사학과 명예교수
박수홍_진도문화원/도서관장

한국학중앙연구원은 2025년 3월에 「2020 진도군 향토자료 기록화사업」의 성과를 '마을 단위의 고문서 수집'으로 규정하고 진도문화원(이하 '본원')에 「진도 고문서의 수집 과정 및 마을 특징에 관한 개괄적 해제」를 의뢰하였다. 이에 따라 본원의 고문서 수집 과정과 고문서를 소장해 온 55개 마을 가운데서 마을의 기본 문서인 「동안(洞案)」·「동계안(洞契案)」을 소장해 온 칠전리·도론리의 연역을 개괄하고자 한다.

1. 고문서 수집 과정

1) 사업의 목적과 필요성

진도문화원에서는 2019년 10월에 진도군청에 「2020 진도군 향토자료 기록화사업」 계획서와 함께 지방보조금 지원신청서를 제출하였다. 이 지원신청서에는 사업목적 및 필요성을 제시했는데 이를 요약해 보면 사업목적은 자료의 집적, 자료의 제공, 정보의 체계화, 정체성 확립에 기여, 문화 향상과 문화유산의 보존, 역사 문화 발전에 대한 이해 심화, 애향심 육성 등이었다. 그리고 필요성으로는 진도군 정체성 확립의 토대, 진도에 관련된 모든 정보의 체계화, 진도 기록물의 발굴과 수집, 보전과 생성, 정보의 개방성 확대, 문화콘텐츠에 필수적인 자료의 집적, 기록문화의 중요성 인식 등을 적시하였다.

이러한 사업을 추진하기 위해서는 기록화를 위한 장비가 필수적이었기 때문에 진도문화원의 예산에 기록화를 위한 장비 구입 비용과 수집·보존·관리를 위한 기록실 설치 비용을 별도로 책정하였다. 또한 향토자료의 수집이 원활히 이루어질 수 있도록 운영비를 편성하였고 수집 자료의 정리를 위한 보조 인력비를 책정하여 수집과 기록화 작업이 동시에 이루어질 수 있도록 하였다.

2) 사업 진행과 성과

2020년도 진도군 본 예산에 「2020 진도군 향토자료 기록화사업」 예산이 확정됨에 따라 동년 3월 보조금 교부신청을 준비하는 가운데 코로나 팬더믹으로 본 사업 시행은 중단되었다. 그러나 동년 5월에 코로나 팬더믹이 멈추면서 본원은 군청으로부터 사업비를 교부받아 동년 6월부터 7월까지 '향토자료 기록실' 설치를 완료하였다.

[표 1] 2020년 향토자료 기록화 장비

	장비	제품명	비고
1	카메라	소니 A7R3 카메라	4,240만 화소 2대
2	카메라 렌즈1	소니 24-105mm 4.0 렌즈	
3	카메라 렌즈2	소니 50mm 1.8 렌즈	
4	컴퓨터(PC)	DELL XPS 8930 SE	
5	컴퓨터(노트북)	LG 울트라PC 15UD50N	
6	모니터1	삼성 U32J590 32인치 UHD 4K 모니터	2개
7	모니터2	지원아이앤씨 55인치 모니터	
8	카피스탠드	카피스탠드 CS-1070LED 조명세트	2대
9	캠코더	Sony FDR-AX 43	
10	삼각대	맨프로토 삼각대(MK055XPR03-BHQ)2	
11	스캐너1(비파괴형)	후지츠 SV600	
12	스캐너2(파괴형)	후지츠 iX 1500	
13	촬영 프로그램	캡처원 프로	
14	촬영용 아크릴 판	촬영 고정용 무반사 아크릴판	3매
15	캐비넷	철제 조립식 캐비넷	1개
16	선반	자료 전시용 철제 렉	2개
17	자료 저장 장치	시놀로지 NAS DS 920 32TB	8TB 4개
18	암막커튼	촬영실 차광용 암막커튼	

본원은 2020년 7월 말 '향토자료 기록실' 설치를 완료하였고 이내 향토자료 조사·수집을 위한 조사·수집 위원을 위촉하였다. 위원 명단은 〈표 2〉와 같다.

2020년 8월부터 조사·수집위원회는 본격적인 자료 조사 및 수집 작업을 진행하였고, 향토자료 기록실은 수집해 온 자료들에 대한 디지털 촬영에 들어갔다. 촬영은 캡처원 프로그램을 사용하여 디지털카메라를 이용하였다. 촬영을 마친 자료들을 읍·면별로 구분하고 다시 읍·면 관할 마을별로 구분하여 소장처 또는 소장자별로 폴더를 만들고 저장하였다. 그리고 모든 디지털사진 자료는 시놀로지 NAS에 백업하여 퀵커넥트를 통해 다른 컴퓨터에서도 접속하여 열람할 수 있게 하였다.

[표 2] 향토자료 조사 · 수집위원회

	이름	소속
1	박주언	진도문화원장
2	허산	진도문화원 부원장
3	김명선	진도문화원 감사
4	조성문	진도문화원 이사
5	홍성진	진도문화원 이사
6	문정배	진도문화원 이사
7	한현일	전 진도농협 조합장
8	김서규	전 고군농협 조합장
9	박길림	전남문화관광해설사
10	박병익	한문학자
11	박수홍	진도문화원 도서관장, 기록화사업 책임자

2020년에 수집한 향토자료는 총 712건의 디지털 이미지로 기록화되었고 23,392개의 사진 파일로 생성하였다. 주요 자료로는 16세기(임란이전) 무과급제교지(武科及第敎旨), 17세기 선무원종공신녹권(宣武原從功臣錄券), 분재기(分財記), 18세기 대족계안(大族契案), 19세기 나주(羅州) 영장(營將)의 간찰(簡札)(120통), 일제강점기 지주의 소작 관련 문서철, 조문(弔問) 기록으로 애감록(哀感錄) 등이 있다.

[표 3] 2020년 읍면별 수집 자료 기록화 현황

읍면	마을(자료 소장처 · 소장자 수)	건수	이미지 파일 수량
진도읍	동외리(5), 교동리(2), 염장리(1), 쌍정리(1), 성동리(1)	138	4,773
고군면	오하리(1), 향동리(1)	45	3,050
군내면	-	0	0
의신면	가단리(1), 금갑리(1), 칠전리(2), 접도리(1), 초중리(1), 돈지리(1)	191	3,508
임회면	고산리(1), 송월리(1), 죽림리(3), 용호리(1)	96	4,999
지산면	용동리(1)	6	335
조도면	신전리(2), 유토리(4), 창리(1), 관사도리(1)	236	6,727
총 계	22개 마을(34)	712	23,392

읍면별로 조사·수집 현황을 보면 가장 많은 자료는 조도면의 236건이었고, 그 다음은 의신면 191건이었다. 기록화 파일 수량으로도 조도면이 6,727개로 가장 많았고 임회면은 4,999개로 그 다음이었다. 조도면에서 가장 많은 자료 건수와 기록화 파일 수량을 보인 것은 서당에서 교재로 사용되었던 서적류 때문이었다.

3) 2021~2022년 사업 추진과 성과

2021년의 자료 조사·수집 작업은 2020년과 같은 방식으로 진행되었고 그 결과 자료 677건에 37,860개의 이미지파일을 생성하였다. 그런데 2021년까지의 자료 조사·수집 작업은 조사·수집 위원 개개인별로 진행되었기 때문에 자료의 소장처를 파악하거나 소장자를 면담하는 데 시간이 많이 들었고, 방문할 때마다 또한 교통비가 많이 들었다. 이런 까닭에 2022년도에는 조사·수집 작업을 조사·수집위원들을 몇 개 팀으로 나누고 팀별로 진행하도록 했다. 그 결과 자료 241건에 이미지파일 16,459개를 생성하였다.

[표 4] 2021~2022년 읍면별 수집 자료 기록화 현황

읍면	마을(자료 소장처·소장자 수)	수량(건수)	이미지 파일 수량
진도읍	교동리(3), 북상리(1), 성내리(1), 포구리(1)	76	4,436
고군면	오하리(1), 석현리(1), 하율리(1), 지막리(1), 내동리(1), 도론리(2)	201	14,143
군내면	대사리(1), 분토리(1), 세등리(1), 둔전리(1)	92	6,211
의신면	가단리(1), 칠전리(1), 초중리(1), 돈지리(1), 만길리(1)	171	7,490
임회면	용호리(1), 사령리(1), 죽림리(1)	239	16,535
지산면	인지리(1), 세방리(1), 안치리(1)	61	3,198
조도면	여미리(1), 맹성리(1), 유토리(1), 율목리(1), 창유리(1)	36	2,010
관외	경기도 남양주(1), 서울시 서초구(1), 서울시 양천구(1), 성남시 분당구(1)	42	296
총 계	34개 마을(37)	918	54,319

진도군 향토자료 기록화사업은 짧은 기간과 적은 비용을 들였음에도 불구하고 이장들과 소장처·소장자의 도움으로 자료 1,630건에 77,711개의 이미지파일을 생성하는 큰 성과를 거두었다.

2021년 문화체육관광부 산하 한국문화원연합회가 주관하는 「제36회 전국향토문화공모전」 '지방문화원 향토문화 연구실적' 부문에서 우수상(한국문화원연합회장상)을 수상했다. 이는 전국 문화원 가운데서 진도문화원이 처음으로 추진한 사업이었고 지역의 향토자료 수집과 기록화의 중요성을 깨우쳤다는 점에서 그 성과를 전국적으로 인정받은 것이었다. 또한 2022년 한국문화원연합회가 주관하는 「제5회 근현대 민간기록물 공모전」에 『애감록(哀感錄)』을 출품하여 우수상(한국문화원연합회장상)을 수상하기도 했다. 이 또한 향토자료 기록화 사업으로 발굴한 자료가 가치 있는 기록물로 공인받았다는 점에서 의의가 있었다. (박수홍, 진도문화원 도서관장)

2. 진도군의 특징 있는 마을: 칠전리·도론리의 연역

한국학중앙연구원의 의뢰에 따라 〈표 3〉·〈표 4〉에서 보이는 모든 마을의 특징을 개괄해야 하겠지만 여

기서는 제한된 지면 관계상 특징 있는 두 개 마을의 연역을 개괄하고자 한다.

현재로서는 조선 전 시기에 걸쳐서 전국적으로 마을의 발생·발전 추세와 마을별 특징을 보여주는 자료는 없다. 다만 『朝鮮の聚落』(1935)에서 조선시대의 동족마을의 발생·발전 추세를 파악할 수 있을 뿐이다. 전체 마을의 발생·발전 추세는 동족마을의 그것과 같았을 거라는 전제 아래 동족마을의 발생·발전 추세를 살펴보자.

『朝鮮の聚落』(1935)은 '조선에서 동족마을 총수는 약 1만 5천여 개 마을인데, 소화 5년(1930)에 각 도에 조회한 결과 양반·유생 등이 정착한 것으로 알려진 동족마을 1,685개 마을 가운데서 알 수 없는 458개 마을을 제외하고, 5백 년 이상 오래된 마을은 207개 마을, 3백 년 이상 5백 년 미만은 646개 마을, 백 년 이상 3백 년 미만은 351개 마을이었다'고 밝히고 있다. 이를 정리하면 〈표 5〉와 같다.

[표 5] 著名同族部落發生年度別表 (1930년)

도명	500년 이상	500년 미만 300년 이상	300년 미만 100년 이상	100년 미만	불 명	계
경기도	27	85	70	2	51	235
충청북도	10	43	31	2	48	134
충청남도	12	35	20	3	61	131
전라북도	15	26	22	-	29	92
전라남도	31	101	52	1	53	238
경상북도	36	110	44	4	52	246
경상남도	8	53	17	2	55	135
황해도	24	53	31	1	34	143
평안남도	14	49	26	3	20	112
평안북도	7	25	9	-	7	48
강원도	12	25	14	1	27	79
함경남도	11	29	4	1	18	63
함경북도	-	12	11	3	3	29
계	207	646	351	23	458	1,685

* 한국근대 민속·인류학자료대계 11『朝鮮の聚落 後篇』(善生永助 지음, 최석영(崔錫榮) 해제, 민속원 2008) 218쪽.
* 1930년 기준으로 500년 이상이면 1430년 이전, 500년 미만 300년 이상이면 1430년~1630년 이전, 300년 미만 100년 이상이면 1630년~1830년 이전, 100년 미만이면 1830년 이후가 된다.

위 〈표 5〉에서 보듯이, 전체 1,685개 마을 가운데 발생 불명(不明)의 458개 마을을 제외한 1,227개 마을은 A. 조선 초기, 즉 세종 12년(1430) 이전에 발생한 207개 마을, B. 세종 12년(1430)부터 인조 8년(1630) 이전에 발생한 646개 마을, C. 인조 8년(1630)부터 순조 30년(1830) 이전에 발생한 351개 마을, D. 순조 30년(1830) 이후에 발생한 23개 마을 등이었다. 여기서 두 가지 현상이 눈에 띈다. 하나는 B 시기에 1,227개 마을 가운데서 과반수 이상의 646개 마을(52.6%)이 발생했다는 점이다. 또 하나는 B 시기의 646개 마을 가운데 과반수 이상의 375개 마을(58.0%)(경기도 85개 마을, 전라도 127개 마을, 경상도 163개 마을)은 경기도와 전라도 · 경상도 지역에서 발생했다는 점이다.

한편 『朝鮮の聚落』(1935)은 〈표 5〉의 유명한 동족마을의 발생 · 발전을 다음과 같은 여러 유형으로 분류하고 있다.

1. 그 지방에서 세력 있는 자가 부근에 적지(適地)를 선택하여 전거(轉居)한 것.
2. 그 지방에서 세력 있는 자의 자손이 부근에 분가(分家)하고, 그것이 발전한 것.
3. 중앙에서 관직에 있던 자가 스스로 적지를 선택하거나, 또는 관으로부터 토지를 하사받고 은퇴하여 정주(定住)하고, 그것이 발전한 것.
4. 인구가 조밀한 남쪽 지역으로부터 인구가 희박한 서쪽 및 북쪽 지역으로 일족(一族) 또는 일가(一家)가 이주해서 개간 · 개척하고, 그 자손이 번성시킨 것.
5. 지방관으로 있던 자가 사직한 후 그대로 정주하거나, 또는 수년 후 다시 와서 토착하고, 그 자손이 번성시킨 것.
6. 관직자가 조정에 불만을 품고 산간으로 은거(隱居)하거나, 또는 죄를 얻어 유배(流配)되었다가 그대로 정착한 자의 자손이 번성시킨 것.
7. 전화(戰禍)를 피해서 귀향하고, 그대로 눌러살게 된 자가 후에 발전시킨 것.
8. 갑(甲)의 씨족이 발전시킨 마을에 을(乙)의 씨족이 들어와서 갑 · 을이 서로, 또는 갑 · 을 · 병의 씨족이 함께 발전시킨 것.
9. 을(乙)의 씨족이 이미 정주해 온 갑(甲)의 씨족을 밀어내고 발전시키거나, 전에 살았던 씨족이 쇠미하고 새 씨족이 입주해서 발전시킨 것.
10. 선조의 분묘를 지키기 위하여 묘막을 지은 자의 자손이 발전시킨 것.

여기서 B 시기의 646개 마을 가운데 상당수는 굳이 분류한다면 3 · 7 · 9형에 속한다고 보겠다. 특히 B 시기의 전라도 127개 마을, 경상도 163개 마을은 7형에 속했을 것으로 추측된다.

그런데 이러한 이름이 알려진 동족마을의 발생 · 발전에 대한 유형 분류는 당해 읍면 또는 마을 당사자(이장이나 후손)의 전언(傳言)에 기초했기 때문에 실재와는 다소 거리가 있을 수도 있을 것이었다. 선사시대 이래 마을의 발생 · 발전은 경제구조 · 사회구조의 변화, 그리고 특히 조선시대에는 정치사와 밀접하게 관련되어 있었기 때문에 사회경제사 · 정치사의 발전과 함께 분석하고 분류해야 할 것이었다. 이를테면 기전(畿甸)지역에 농장과 별서(別墅)를 가지고 있었던 고려 후기 권문세족(權門世族)들의 일부는 조선 초기의 사전개혁(私田改革) 과정에서 사전(私田)들을 빼앗기고 인근의 적지(適地)를 선택해서 이주(移住)하여 마을을 이루기도 했고, 또는 조선 초기의 정변과 '사화'(士禍)가 자주 일어나는 가운데 기전(畿甸)의 거족(鋸族) · 대성(大姓)의 일부 사족들은 전라도 · 경상도로 남진(南進)하여 이미 본가 · 처가와 친인척이 대대로 거주하고 있었던 마을 근처에 정착하여 마을을 이루거나 새로운 적지를 선택하여 새 마을(新村)을 이루기도 했었기 때문이다. 또한 사대부들 가운데서는 임진왜란 · 정유재란 중에 전화(戰禍)을 피하여 귀향하거나 죄를 얻어 유배

[표 6] 진도군의 400~250년 전에 발생한 동족마을

마을 이름	1930년 기준	동족 성씨	동족		동족 외		마을호수
			호수	인구	호수	인구	
의신면 七田里	350년 전	密陽 朴氏	150	751	7	34	157
고군면 五山里	400년 전	昌寧 曺氏	133	679	115	593	248
진도면 浦山里	250년 전	密陽 朴氏	76	240	25	105	101
군내면 細嶝里	300년 전	玄風 郭氏	83	401	19	78	102
고군면 石峴里	400년 전	金海 金氏	55	307	62	291	117
고군면 道論里	400년 전	慶州 李氏	39	169	1	4	40
진도면 東外里	500년 전	務安 朴氏	38	148	43	200	81

* 한국근대 민속·인류학자료대계 11『朝鮮の聚落 後篇』(善生永助 지음, 崔錫榮 해제. 민속원 2008) 472쪽, 811~815쪽.

(流配)되어 고향의 퇴락된 마을을 재건하기도 했었다. 이런 경우에 그런 마을들은 7형에 속했을 것이다.

이제『朝鮮の聚落』(1935)의 '著名同族部落沿革調査'(1930)에 기초하여 진도군에서 B 시기(세종 12년(1430)부터 인조 8년(1630) 이전)에 발생한 동족마을을 정리해 보면 다음과 같다.

위 〈표 6〉에서 보듯이 7개 마을의 발생 추세는 〈표 5〉의 동족마을들의 발생 추세와 같이하고 있다. 즉 A 시기에 동외리, B 시기에 칠전리 · 오산리 · 세등리 · 석현리 · 도론리 등 6개 마을, 그리고 C 시기에 포산리가 발생한 것이다. 이런 추세는 진도의 전체 마을들의 발생 · 발전상에서도 나타났을 것으로 추측된다.

한편,『朝鮮の聚落』(1935)에서 '특색있는 동족마을'로 소개되고 있는 5개 마을을 정리하면 〈표 7〉과 같다.

[표 7] 진도군의 특색 있는 동족마을(1930)

① 마을의 명칭 및 소재지	진도군 의신면 칠전리
② 마을 소재지의 지세 및 지형	이 마을은 의신면의 서북쪽에 위치하고, 동쪽은 의신면 침계리, 북쪽은 진도면 포산리, 서쪽은 임회면 염장리, 남쪽은 임회면 명금리와 경계하고, 동북쪽에 광중산이 솟아 있으며, 천방천은 이곳으로부터 발원하고 이 마을의 중앙을 관류해서 바다로 들어간다. 수리(水利)는 좋은 편이고, 토질은 비옥해서 농경에 적합하다.
③ 마을의 동족 성씨 및 그 호수와 인구수	밀양 박씨 150호 751인
④ 동성 이외의 호수 및 인구	7호 34인
⑤ 마을 주민의 주된 직업	농업
⑥ 마을의 연혁	400년 전에 임、최 양성이 이 마을을 구성했고, 50년 후 밀양 박씨가 이주하고 자손이 번성해서 현재와 같은 박씨 마을이 되었다.
⑦ 마을의 대자산가(大資産家)의 성명 및 자산	박규배 1만원
⑧ 마을 주민의 지주, 자작농, 자작겸소작농, 소작농별 호수	지주 2호, 자작농 36호, 자작겸소작농 77호, 소작농호 42호
⑨ 종가(宗家)의 자산과 지위와 성망(聲望)	지위와 성망 모두 이 마을 내에서 손가락 꼽는다.

⑩ 마을에서 일찍이 배출된 인물의 성명, 관직 및 약력	박인복(朴麟福), 조선시대 참판으로 皇室有勳錄宣武一等勳이 됨. 박 성(朴晟), 조선시대 禁府都事로 昭武原從一等勳이 됨. 박 섬(朴暹), 사헌부 持平으로 仁祖甲子事變의 淸亂功臣이 되었다. 임완량(林完亮), 무과 급제. 박종래(朴鐘來), 고종 신묘년(1929)에 水營虞侯의 직을 수행함.
⑪ 마을의 자치 상황	1924년 8월 15일 진흥회를 설립하고, 농사개량, 야학경영, 근검저축을 실행하는 것 외에 1925년 7월 16일 청년회를 창설했으며, 그 사업들을 철저히 실행하고 있다.
⑫ 마을의 공동체 사업, 조합계강(組合契講)의 연혁과 규약 존부(存否)	200년 전 박완량의 기안에 의해서 학계를 창설하였고, 기본재산을 조성해서 교육비에 충당해 오고 있으며, 진도공립보통학교 설립 당시 소액을 기부했고, 가난해서 입학할 수 없는 자의 교육비에 충당하며, 현재 그것을 계속하고 있다.
⑬ 문중재산 이용법 및 동족구제시설	-
⑭ 기타 보통 마을에 비해서 특색 있는 점	-

①	진도군 진도면 동외리	진도군 진도면 포산리
②	진도 동부에 위치하고, 북방으로부터 내려오는 철마산은 이곳에 높고 낮은 구릉을 이루고 있으며, 북동쪽으로부터 발원하는 작은 개천은 마을의 중심을 관통하고, 구릉 동서쪽에 끼어 있다. 주가는 대체로 서쪽을 향하고 있고, 대부분은 동쪽 능성에 기대어 층상을 이루면서 모여 있다.	읍내로부터 서남쪽으로 약 25정의 지점에 있고, 동쪽은 경지가 열려 있으며, 서쪽은 산악이 솟아 있고, 남쪽은 간사지(墾瀉地)가 개척되어 있으며, 임회면으로 통하는 등외 도로가 본 마을의 중심을 통과하고 있고, 경지가 풍부하며, 육상교통이 편하다.
③	무안 박씨 38호 184인	밀양 박씨 76호 240인
④	43호 200인	25호 105인
⑤	농경, 비단 짜기	농경, 비단 짜기
⑥	원래는 10호도 되지 않는 한벽한 작은 마을이었지만 밀양 박씨 및 무안 박씨가 약 500년 전에 거처를 이곳으로 정했고 이후 자손이 번성하였으며, 군의 명륜강학(明倫講學)을 주관하는 명사가 배출되었다. 이어서 유림 발상지로 일컬어졌고, 일찍이 군내의 계발에 공헌한 명유(名儒)들이 적지 않았다. 호수는 점차 늘어나서 현재의 융성함을 보이고 있다.	본 마을의 연혁은 알 수 없지만 약 250년 전에 밀양 박씨의 선대가 이곳에 근거를 정하고, 이래 자손이 번성해서 마침내 큰 마을을 이루었다.
⑦	박헌술(朴憲述) 3만 2천원	박운기(朴云奇) 1만 2천원
⑧	자작농 7호, 자작겸소작농호 51호, 소작농 23호	자작농 8호, 자작겸소작농 47호, 소작농 46호
⑨	특기할 만한 자산가는 없어도 지위 성망을 가지고 있다.	자산이 없어도 지위와 성망을 가지고 있다.
⑩	박연(朴衍), 밀양인 설군건교(設郡建校) 때에 참군(參軍)을 지냈다. 박효윤(朴孝胤), 밀양인 약 100년 전에 무과에 급제했다. 박석후(朴錫侯), 밀양인 약 100년 전에 훈도교화(薰陶敎化)했고, 동몽교관(童蒙敎官)으로 추증되었으며, 문장으로 이름을 알렸다. 박한영(朴漢英), 무안인 약 100년 전에 학행문교(學行文交)로 이름을 알렸다. 조정협(曺廷協), 창녕인 약 100년 전에 자선(慈善)으로 이름을 알렸다.	박명희(朴明熙), 밀양인 120년 전에 문과 초시 합격, 문장으로 세상에 알려졌다. 박연명(朴延明), 밀양인 200년 전 연일 현감을 역임했다. 박좌한(朴佐漢), 밀양인 130년 전에 학행으로 이름을 알렸다. 박헌선(朴憲先), 밀양인 80년 전에 학행으로 이름난 유림이었다. 박좌은(朴佐殷), 밀양인 130년 전에 자선으로 공을 세웠다.

⑪	관례에 따라 3 집강과 통수 등이 있었고, 미풍양속과 질서를 유지했으며, 서당을 세워서 자제들의 교육에 힘썼다.	관례에 따라 3 집강(執綱)과 통수(通首) 등이 있었고, 미풍양속을 유지했으며, 서당을 설치하고 자제들의 교육에 주력했다.
⑫	옛날부터 동계(洞契)가 있었고, 상선벌과(賞善罰過) 방액두재(防厄杜災) 경조상문(慶弔相問)을 실천했다.	동계가 있었고, 상미벌과(賞美罰過) 방액두재(防厄杜災) 경조상문(慶弔相問)을 실천했다. 도로 하천의 개수(改修)에는 함께 노력했다.
⑬	조선봉사(祖先奉祀) 자제 교양에 충실했고, 부경응시(赴京應試)하는 수재에게는 문중재산으로 보조했다. 동족 가운데 빈곤으로 미혼 또는 스스로 생계를 유지할 수 없는 자들에게는 공조보익(共助補翼)하는 미풍이 있었는데 다른 데서 볼 수 없는 것이었다.	문중 자산은 선조봉사(先祖奉祀)와 자제 교양에 충당했고, 동족상구(同族相救)의 미풍이 있다.
⑭	순 농촌으로서 상공업 기타 잡업에 종사하는 것은 일절 없고, 농업 수입으로 생계를 유지했다. 공직에 종사하는 자 8인 외 상인 등은 없다.	-

①	진도군 고군면 석현리	진도군 고군면 도론리
②	이 마을은 고군면의 서부에 위치하고, 첨찰산 일대의 산악이 사방으로 가로지르며, 그 자락에 작은 하천이 있고, 중앙은 평야이지만 지형이 협소하다. 수원(水源)이 있고, 토질이 비옥해서 농경에 적합하다. 마을 중앙에 3등 및 등외 도로는 완비되어서 교통이 편리하다.	이 마을은 고군면 북부에 자리하고, 동방은 상봉(上峰) 일대의 산악이 연이어서 기복(起伏)하며, 그 자락에는 조그만 하천이 있고, 지형이 협소하나 중앙에는 평야가 개척되어 있으며, 토질은 비옥해서 농경에 적합하다. 마을의 남방에 2、3등 도로가 열려 있고, 교통이 편리하다.
③	김해 김씨 55호 307인	경주 이씨 39호 169인
④	62호 291인	1호 4인
⑤	농업	농업
⑥	이 마을은 약 400년 전에 김해 김씨가 일으켰고, 그 후 자손이 번성해서 지금 번영의 절정에 이르고 있다.	본 마을은 최초에 한씨가 일으켰고, 400년 전에 경주 이씨가 이주해 와서 점차 자손이 번성함과 함께 호구수가 증가했다. 최초에 도론리(道論里)로 불렸고, 고이면에 속했다. 그 후 면 통폐합에 따라 평산과 합병되어 도평리로 개편된 이후 계속되어 지금에 이르고 있다.
⑦	김형우(金譽瑀) 12만원	없다.
⑧	지주 1호, 자작겸소작농 83호, 소작농 21호	자작농 5호, 자작겸소작농 25호, 소작농 10호
⑨	자산은 없어도 지위 성망이 있다.	자산은 없어도 지위와 성망이 있다.
⑩	-	-
⑪	불량자 징계, 독행자 표창, 상호 보조	불량자 징계, 독행자 표창, 인보 상조
⑫	1928년 5월 진흥회를 설치했고, 풍속개선 근검저축 농사개량 등을 장려했으며, 1929년부터 도 지방비를 보조했으며, 김형우씨의 출자로 융자사업을 개시했다.	규약동지회 및 권농조합을 조직했고, 폐풍 교정 및 농사개량 등에 노력했다.
⑬	문중재산은 춘추 2회의 제향비 및 묘지관리비에 충당하는 것 외에 달리 실시하는 것은 없다.	문중재산은 제향 및 묘지관리 비용에 충당하는 것 외에는 없다.
⑭	순 농촌으로서 상공업 기타 잡업에 종사하는 자는 없다. 빈곤해서 통학할 수 없는 자들에게는 협력해서 구제하는 데 노력했다.	-

* 한국근대 민속・인류학자료대계 11『朝鮮の聚落 後篇』(善生永助 지음, 崔錫榮 해제. 민속원 2008) 472쪽, 811~815쪽

이처럼 진도에서 칠전리 · 동외리 · 포산리 · 석현리 · 도론리 등은 '특색 있는 동족마을'로 소개되고 있다. 그리고 『朝鮮の聚落』(1935)에서는 '전라남도는 경상북도 다음으로 양반 · 유생이 많은 지방으로서, 따라서 종족집단 수도 1,990개에 달했고, 그 가운데 저명한 동족마을 수는 239개로 나주군 · 장흥군 · 함평군 · 광주군 · 무안군 · 영광군 등에 가장 많이 분포되어 있는데, 100호 이상의 동족호를 갖는 마을은 16개 마을이고, 대부분은 50호 이하 30호 이상의 호를 가진 마을이었다. 진도군 의신면 칠전리는 동족 호수가 150호, 기타 7호였다'라고 소개됨으로써 칠전리는 100호 이상의 동족 호를 가진 16개 마을 가운데 하나로 소개되고 있다.

그런데 원래 동족마을에 관한 조사는 1929년에 조선총독부 문서과장이 각 도지사에 조회해서 수집한 전언(傳言)과 구술을 정리한 것이었기 때문에 해당 성씨들의 마을 구성의 구체적 경위에 대해서는 조사 내용이 없을 뿐 아니라 마을의 발생 시기에도 약간의 착오가 있는 것으로 보인다.

여기서는 〈표 3〉 · 〈표 4〉의 마을 가운데서 칠전리와 도론리 두 마을만이 소장해 온 마을의 기본 문서인 「동안(洞案)」(마을의 연역) · 「동계안(洞契案)」(마을의 재정과 회계장부)과 칠전리의 『밀양박씨가승』 · 『밀양박씨족보』, 도론리의 『경주이씨가승』 · 『경주이씨익재공파대동보』 등을 보충 자료로 하여 두 마을의 연역을 개괄해 보고자 한다.

먼저 밀양 박씨의 동족마을 칠전리에 대해서 살펴보자.

밀양 박씨의 진도 입도는 세종 19년(1437)의 복군(復郡) 과정 이후로 추측된다. 이들은 고려조 문신이었던 규정공(糾正公) 박현(朴玄)의 자손이자 세종조의 문신이었던 충정공(忠貞公) 박심문(朴審問, 1408~1456)의 후손들이었다. 박심문은 예조 정랑(禮曹 正郎)에 있으면서 단종의 복위를 꾀했던 사육신과 뜻을 같이하기로 했으나 세종 2년(1456) 명나라에 질정관(質正官)으로 파견되었다가 돌아오는 길에 사육신의 처형 소식을 듣고 의주에서 음독자살하였다. 박심문은 자손들에게 숨어 살고 벼슬하지 말라고 유언을 남겼다고 하지만 그의 4자인 박원정(朴元正)은 성종 3년(1472)에 충주에서 진사시에 합격하여 벼슬길로 나갔다. 박원정의 3자 박세부(朴世浮)는 나주 나씨와 결혼하여 이내 나주에 정착했고, 그의 아들인 박용(朴用)이 이미 진도에 정착해 있었던 창녕 조씨 조필(曺弼)의 딸과 결혼하여 진도 서외리에 정착함으로써 진도의 입도조(入島祖)가 되었다. 그리고 박용의 5세손 선무원종공신(宣武原從功臣) 박인복(朴麟福, ?~1597)의 손자 박윤순(朴允淳)이 서외리에서 칠전리로 이주함으로써 마침내 칠전리는 밀양 박씨의 동족마을이 되었다.

그런데 〈표 7〉에서 칠전리는 '400년 전에 임(任) · 최(崔) 두 성씨가 마을을 구성했고, 50년 후에 밀양 박씨가 이주했으며, 이후 그 자손들이 번성해서 지금과 같은 박씨 마을이 되었다'라고 소개되고 있다. 즉 임씨와 최씨가 16세기 중엽에 칠전마을을 구성했다는 것이다. 먼저 장흥 임씨에 대해서 살펴보자. 장흥 임씨 집안의 전언에 따르면, '임기윤(任杞尹, ?~1643)이 처음으로 칠전리에 들어와 살기 시작했고, 그때부터 선산이 뱀굴(巳谷)에 있었다'라고 했다. 또한 장흥 임씨 족보에 임기윤의 졸년(卒年)이 1643년으로 기재되어 있다. 그리고 지금의 칠전리 주민들은 '이전부터 칠전리에 세거해 왔던 장흥 임씨가 쇠(衰)해지자 원래 상굴리에 살고 있었던 밀양 박씨가 칠전리로 이주해 온 이후 밀양 박씨들이 번성해서 지금에 이르게 되었다'라고 말하고 있다. 따라서 장흥 임씨는 16세기 중엽부터 칠전리에 살았던 것으로 볼 수 있겠다. 그러나 지금의 칠전마을 주민들은 '최씨에 대해서는 전해 들은 바가 없다'라고 말하고 있고, 또 칠전마을의 「동계안」(洞契案)에서도 최씨는 한 명도 확인되지 않는 점으로 보아서는 경주 최씨는 처음부터 칠전리에 살지 않았던 것으로 보인다.

이상에서 칠전마을의 「동계안」·「밀양박씨가승」·『장흥임씨족보』 등과 『소재집(蘇齋集)』, 그리고 칠전마을 주민들의 구술에 따르면, 입도조 박용의 5세손 선무원종공신(宣武原從功臣) 박인복(朴麟福, ?~1597)의 손자 박윤순(朴允淳)이 17세기 초에 서외리에서 칠전리로 이주하면서부터 칠전리는 밀양 박씨 동족마을이 되어서 지금에 이르고 있음을 볼 수 있다. 이로 보면 칠전마을은 마을의 발생 유형 가운데서 7·9형에 속한다고 볼 수 있겠다.

이어서 경주 이씨의 동족마을 도론리에 대해서 살펴보자.

〈표 7〉에서 보듯이 도론리는 경주 이씨의 동족마을이었다. 우선 '400년 전에 경주 이씨가 도론리(최초의 명칭)로 이주했다'는 기술 부분을 살펴보자. 경주 이씨의 진도 입도조는 고려조 문신이었던 익재공(益齋公) 이제현(李齊賢)의 10세손 진사(進士) 묵재공(墨齋公) 순(淳)(연산군 10년, 1504~선조 17년, 1584)이었다. 그는 무오사화(戊午士禍) 직후 장성에 퇴거하여 살았던 재인(在仁)(縣監公派)의 4세손으로 장성에서 지금의 진도군 임회면 선항리로 이주(移住)하였다. 그리고 순(淳)의 증손 충남(忠枏)이 16세기 말~17세기 초에 지금의 고군면 오일시마을에서 송산마을로 가는 진도대로 삼거리에서 용장마을로 넘어가는 고개(城峴, 제봉과 흘마산 사이에 있음) 길 아래에 마을 터(현재 도론마을 주민들은 이 터를 '낡은태'('낡은 터')라고 부르고 있다)를 잡았고, 여기서 후손들이 18세기까지 살았던 것으로 추측된다. 당시의 마을 이름은 고군내면 '도론동리'(道論洞里)였고 이내 '용반리'(龍盤里)로 개명되었다. 그리고 충남의 증손 후인(厚仁. 인조 19년, 1641~숙종 23년, 1697)은 4형제로 경화(瓊華)·경보(瓊寶)·경수(瓊秀)·경주(瓊珠) 등을 두었는데 이 가운데 경화(瓊華)의 후손들은 지금의 송산마을로 이주하였고, 뒤의 3형제의 후손들은 19세기 초에 지금의 도론마을에서 살고 있었던 청주 한씨들이 지금의 평산마을로 이주함으로써 비게 된 터로 이주하였고 이내 '용반리'를 '도론리'로 개명했다. 이로써 지금의 도론마을은 16세기 말~18세기의 도론동리·용반리를 이어 지금까지 경주 이씨들의 세거지가 되고 있다(「洞案」·「洞契案」·「慶州李氏家乘」·『慶州李氏益齋公派大同譜』). 이로 보면 도론마을은 마을의 발생 유형 가운데서 7·9형에 속한다고 볼 수 있겠다.(이세영 한신대 한국사학과 명예교수)

진도 고문서의 현황과 특징

권이선_한국학중앙연구원 장서각 연구원

1. 머리말

진도 고문서는 2020년부터 2022년까지 진도문화원이 조사·수집한 결과물로, 한국학중앙연구원 장서각에서는 2024년 진도문화원과의 업무 협의를 통해 수집된 이미지를 바탕으로 고문서를 선별하여 『고문서집성』으로 간행하게 되었다. 진도문화원은 마을별로 개인이 대대로 소장해 온 1,630건의 고전적 자료를 디지털 촬영하여 수집하였으며, 이 중 전근대 자료를 중심으로 307건의 고문서에 대한 조사 결과를 목록으로 정리하였다. 이 진도 고문서는 단순한 옛 기록이 아니라, 개인의 삶과 가문의 가족 구조와 경제상을 보여주며, 그들이 속한 지역사회와 얽혀 어떠한 활동을 했는지를 잘 드러낸다. 특히 무과 중심의 관직 활동, 혼인 및 가족 관계, 소지를 통한 당시 백성들의 청원 양상, 서간을 통한 일상적 교류와 업무 보고 등에 관한 기록은 당대 사회의 운영 방식과 개인들의 생활상을 구체적으로 이해하는 데 중요한 단서를 제공한다.

최근 진도 지역에 대한 문헌 연구는 진도의 밀양박씨 종중이 입향조(入鄕祖)가 아닌 윗대의 조상을 중심으로 종중을 형성한 과정을 살피는 데 집중되었다. 특히, 박심문(朴審問)을 중심으로 한 밀양박씨 가문의 1905년 불천위 추증 과정을 다룬 연구가 있다.[1] 또한 조선시대 중앙 관직에 진출하거나 학문적 업적을 인정받은 인물이 드물었던 도서(島嶼) 지역에서, 창녕조씨·밀양박씨·무안박씨·김해김씨의 지역 중심 성씨들이 시대의 흐름에 대응하여 대안을 모색한 양상을, 진도에 입도(入島)한 가문과 진도에 건립된 세 향사(鄕祠)인 봉암서원·효충사·향현사의 건립 및 복건과 관련하여 살펴본 연구도 있다.[2] 다른 한편으로 진도의 도서적 특성에 주목하여 섬을 찾아온 이방인, 특히 정배된 유배인을 섬사람들이 어떤 시선으로 바라보았을지를 탐구한 연구도 이루어졌다. 예를 들어, 16세기 전라도 진도에 정배된 소재 노수신(盧守愼)의 유배생활을

1 이도정, 「종가(宗家) 없는 종중(宗中)의 형성과 전개: 전라남도 진도의 밀양박씨 종중을 중심으로」, 『지방사와 지방문화』 28권 1호, 2025년.

2 이도정, 「진도 4성씨의 결속과 향사의 변화 과정」, 『도서문화』 63집, 2024년.

재구성한 연구가 있으며,[3] 진도 유배인 정만조(鄭萬朝)가 지은 시 속에 형상화된 진도 사람들의 삶과 예술을 분석한 연구도 있다.[4]

이처럼 최근 진도에 관한 선행 연구는 특정 가문이나 유배인 등 특정 키워드에 집중된 경향이 있다. 이러한 연구들은 특정 주제에 대한 깊이 있는 분석과 특정 시기 섬사람들의 생활상을 잘 보여주지만, 방대한 자료를 아우르는 포괄적인 연구는 아직 부족한 실정이다. 특히 일차 사료인 고문서를 통해 지역 사회의 복합적인 모습을 총체적으로 조명하는 작업은 미흡하다고 할 수 있다. 이에 따라 이번에 간행되는 『고문서집성』 130집은 기존 연구를 보완하고 진도 지역사 연구의 지평을 확장하는 데 일정한 역할을 하고자 편찬되었다. 고문서의 체계적인 유형화와 분석은 진도 지역의 향촌 사회가 중앙의 역사와 어떻게 상호작용하며 독자적인 문화를 형성했는지를 밝히는 데 기여할 것이다. 또한 이 목록집을 통해 한국사, 특히 지방사 연구의 지평이 더욱 넓어져 활발한 후속 연구가 이루어지기를 기대한다.

2. 마을의 유형별 고문서의 현황과 특징

진도 고문서는 마을 단위로, 주로 전근대 자료를 중심으로 하여 정리되었으며, 연속성이 있는 경우에는 근현대까지의 문서를 유형화하고 목록을 작성한 뒤 도판을 수록하였다. 고문서가 확인된 마을은 총 7곳이며, 전체 수록된 고문서는 307건에 달한다. 각 마을의 유형별 고문서를 정리하면 다음과 같다.

1) 고군면 오하리

고군면 오하리는 고군면 내에서 가장 넓은 평야가 발달한 지역으로, 이곳에는 총 23건의 고문서가 조사되었다. 해당 문서는 오하리에 거주하는 창녕조씨 집안에 전래된 것으로, 교령류 16건, 소차계장류 1건, 첩관통보류 5건, 명문문기류 1건으로 구성되어 있다. 오하리에 거주하는 창녕조씨의 진도 입도조(入島祖)는 조희직(曺希直)이며, 오하리에서 조사된 고문서는 그의 후손들이 진도에 정착한 이후 작성된 것으로 추정된다.

교령류는 홍패 1건, 고신 1건, 차첩 14건으로 구성되어 있다. 홍패는 1676년(숙종 2)에 교생(校生) 조화일(曺和一)이 무과에 급제하면서 받은 것으로, 이 집안에서 전래된 고문서 중 가장 오래된 문서이다. 당시 조화일은 병과(丙科) 11,750인으로 급제하였다. 조화일이 받은 차첩은 현재 2건이 전해지며, 1698년(숙종 24)에 전 대장(代將) 조화일을 전선대장(戰船代將)으로 차정한 문서와 1704년(숙종 30)에 출신(出身) 조화일을 별중사(別中司) 파총(把摠)으로 차정한 문서가 있다.

3 김경옥, 「16세기 노수신의 진도 유배생활과 섬 주민에게 끼친 영향」, 『도서문화』 58집, 2021.
4 박명희, 「유배인 鄭萬朝의 시에 나타난 진도 사람들의 삶과 예술」, 『동방한문학』 91호, 2022.

조화일의 문서 외에는 대부분 19세기에 발급된 문서로 추정되며, 주로 조몽천(曺夢天) 관련 문서가 많다. 조몽천은 1822년(순조 22)에 진도군수 한명운(韓明運)에 의해 전 별감(別監)에서 일별감(一別監)으로 차정되었고, 1853년(철종 4)에는 정식(定式)에 따라 가자(加資)되어 통정대부(通政大夫)가 되었다. 이후 1854년(철종 5)에는 진도군수에 의해 전 좌수(座首)에서 도사(都査)로 차정되었다.

이외에도 조하욱(曺夏郁), 조세웅(曺世雄), 조세갑(曺世甲), 조세구(曺世龜), 조득문(曺得文), 조응광(曺應光)이 차정된 문서가 있다. 이들은 신영 좌수(新迎 座首), 호적도감(戶籍都監), 유향 좌수(留鄕 座首), 대동감관(大同監官), 석전제 분헌관(釋奠大祭 分獻官), 신연 민고도감(新延 民庫都監), 사직(社稷) 기우제 종헌관(祈雨祭 終獻官)의 직무를 맡았다. 이러한 차첩을 통해서 19세기 진도군에서 창녕조씨 가문이 지역사회에서 어떤 역할을 수행했는지를 파악할 수 있다.

소차계장류는 1건으로 소지(所志)가 있다. 이 문서는 을사년에 시장의(時掌議) 조병학(曺秉學)이 관에 올린 것으로, 자신의 아들 혼례일에 어산(魚産)을 준비하기 어려우니 특별히 어린 송아지 한 마리를 혼례에 사용할 수 있도록 허락해 달라는 요청이다. 관에서는 조병학의 요청을 특별히 허락하여 시행하도록 하였다.

첩관통보류는 첩 1건, 망기 4건으로 총 5건이다. 첩(帖)은 1853년(철종 4)에 군수가 조몽천에게 내려준 소첩(小帖)으로, 1853년에 그가 받은 노직(老職)의 통정(通政) 고신(告身)과 관련된 문서이다. 망기(望記)는 후보자를 추천하는 문서로, 삼망(三望) 중 선정된 인물을 기록한 것이다. 조몽천, 조득문, 조병학, 조응광은 각각 관과 행사(行使)로부터 한 건씩을 받았으며, 조몽천은 일별감(一別監), 조득문은 향교 유사(有司), 조병학은 향교 장의(掌議), 조응광은 향교 유사로 정해졌다.

명문문기류는 화회문기(和會文記) 1건이 있다. 이 문서는 1698년(숙종 24)에 동복 남매 간에 작성된 것으로, 부모 생전에 전답과 노비 등을 분깃[分衿]한 초본이 있었으나 정서하지 못했기 때문에 부모의 초서화문(草書和文)을 따라 화회문기를 작성한 것이다. 큰형 조덕일(曺德一)을 시작으로 동생 조문일(曺文一), 조무일(曺武一), 조도일(曺道一), 조화일(曺和一), 큰 매부 박예화(朴禮華), 막내 매부 곽성정(郭性靜)의 몫과 제위(祭位), 부모님이 별도로 등과한 자녀에게 나누어준 분깃 내용이 기록되어 있다. 현재 이 화회문기는 조화일 집안에 전래된 것으로 보아, 형제들이 작성한 후 조화일이 자기 몫으로 받은 문서로 추정된다.

2) 의신면 금갑리

의신면 금갑리는 1431년(세종 13)에 수군진(水軍鎭)이 설치되어 수군만호가 주둔했던 군사 요충지였다. 마을 이름도 조선시대 금갑진(金甲鎭)이 있었던 데서 유래하여 '금갑진' 또는 '금갑'이라 불렸던 것으로 추정된다.[5] 금갑리에는 청주한씨 가문에서 수집한 고문서 20건이 조사되었으며, 교령류 12건, 첩관통보류 4건, 증빙류 4건으로 구성되어 있다.

5 한국향토문화전자대전 진도 금갑리 참조(https://jindo.grandculture.net/jindo/toc/GC00500195)

교령류에는 홍패 3건과 고신 9건이 포함된다. 이 집안의 홍패는 모두 무과 급제자에게 발급된 것이며, 1848년(헌종 14)에 군관 한익문(韓益文)은 병과 제103인으로, 1874년(고종 11)에는 한량(閑良) 한경식(韓景植)이 병과 제476인으로, 1885년(고종 22)에는 내금위(內禁衛) 한완식(韓完植)이 병과 제933인으로 각각 급제하였다. 한익문과 한경식 · 한완식은 부자 관계로, 한익문의 장남이 경식, 차남이 완식이다.

고신은 한익문을 중심으로 3대에 걸쳐 발급되었다. 1861년(철종 12)에는 한익문의 아버지 한창환(韓昌煥)이 절충장군(折衝將軍)에 임명되었는데, 이는 기로과(耆老科)에 급제하였으니 특별히 한 자급을 가자(加資)하라는 전교(傳敎)에 따른 결과였다. 한익문은 선략장군(宣略將軍) 행(行) 훈련원(訓鍊院) 판관(判官), 훈련원 주부(主簿), 미조항진관(彌助項鎭管) 당포(唐浦) 수군만호(水軍萬戶), 진도진관(珍島鎭管) 어란포(於蘭浦) 수군만호, 진도진관 금갑도(金甲島) 수군만호 등을 역임하였으며, 현전하는 고신은 총 5건이다. 한경식은 1881년(고종 18)에 선략장군 행 가덕진관(加德鎭管) 조라포(助羅浦) 수군만호로, 1885년(고종 22) 11월에는 통정대부 및 절충장군 행 용양위(龍驤衛) 부호군(副護軍)으로 각각 임명되었으며, 이는 대왕대비전과 왕대비전의 환궁 1주년을 맞이하여 경하하는 진하(陳賀)에서 한경식이 주시관(奏時官)이었으므로 가자된 결과였다.

첩관통보류는 전령(傳令) 3건과 망기 1건이 있다. 전령은 1852년(철종 3)과 1864년(고종 원년)에 어영대장(御營大將)이 한익문에게 발급한 2건, 1879년(고종 16)에 총융청(摠戎廳) 대장이 한경식에게 발급한 1건이다. 한익문이 받은 전령은 어영청(御營廳)에서 한익문을 좌부전사전초관(左部前司前哨官)과 전부중사중초관(前部中司中哨官)으로 계하(啓下)하니, 전령이 도착하면 즉시 와서 임무를 살피라는 내용이다. 한경식이 받은 전령은 한경식을 좌부우사전초관(左部右司前哨官)으로 계하하니, 전령이 도착하면 즉시 와서 임무를 살피라는 것이다. 마지막 망기는 1922년에 진도군수가 장찬(掌饌) 한권삼(韓權三)을 석전제 제관으로 임명한 문서이다.

증빙류는 준호구 3건과 호적표 1건이다. 준호구는 한성부(漢城府)에서 한익문에게 발급한 것으로, 1867년(고종 4), 1879년(고종 16), 1882년(고종 19)에 각각 작성되었다. 이 준호구는 한성부의 북부(北部) 순화방(順化坊) 사재감하패계(司宰監下牌契)에 거주하던 어영(御營) 초관(哨官) 한익문의 거주지와 사조(四祖), 아내 박씨가 기록되었다. 1879년 이후 준호구에는 아들 총융청 초관 경식과 며느리 김씨, 둘째 아들 완식과 둘째 며느리 박씨도 함께 기록되었다. 호적표는 1900년(고종 37)에 진도군수가 진도군 고군면 회동리에 거주하는 김용문(金龍文)에게 발급한 문서이다.

3) 의신면 접도리

접도리는 접도의 북동쪽 깊은 만입지에 위치한 마을이다.[6] 접도리에서 조사된 고문서는 창녕조씨 집안

6 한국향토문화전자대전 진도 접도리 참조(https://jindo.grandculture.net/jindo/toc/GC00501261)

에 전래된 자료로, 총 19건이 확인되었다. 유형별로는 교령류 4건, 첩관통보류 6건, 증빙류 7건, 서간통고류 1건, 치부기록류 1건이 있다.

교령류는 차첩 3건과 칙명(勅命) 1건으로 구성된다. 1833년(순조 33)에 이조(吏曹)에서 진도 향리 조세직(曺世稷)을 섭호장(攝戶長)에 차정하였고, 1894년(고종 31)에는 도호부사(都護府使)가 향리 조필순(曺佖淳)을 신영이방(新迎吏房)에 임명하였으며, 1903년(고종 40)에는 조필순을 수호장(首戶長)에 임명하였다. 칙명은 1906년(고종 43)에 고종(高宗)이 조병칠(曺秉七)을 정3품 통정대부로 임명한 문서로, 지릉(智陵)의 비각을 영건하고 표석을 수립할 때 글씨를 베껴 쓴 공로로 가자(加資)된 것이다.

첩관통보류는 임명장 2건, 해임장(解任狀) 1건, 망기 2건, 관보 1건으로 구성된다. 임명장은 1907년(고종 44)에 탁지부(度支部) 대신(大臣) 고영희(高永喜)가 조필순에게 보낸 문서와 같은 해 영암세무관(靈巖稅務官)이 조병칠(曺秉七)에게 발급한 문서이다. 조필순은 영암지방 위원회의 위원으로, 조병칠은 지산면 정미조(丁未條) 도세(賭稅)의 파원(派員)으로 각각 임명되었다. 임명장과 반대되는 문서로 해임장이 있다. 해임장은 1908년(순종 2)에 탁지부 대신 임선준(任善準)이 조필순을 영암지방 위원회의 위원에서 해임한 문서이다. 망기는 일제강점기에 발급된 문서로, 1934년 진도군수 문동호(文東鎬)가 집사 조계환(曺癸煥)을 석전제 제관으로 임명한 문서와 1935년에 초헌관 조병칠을 석전제 추향제관(秋享祭官)으로 정한 문서가 있다. 관보는 1907년(순종 원년) 9월 30일에 내각법제국 관보과(內閣法制局官報課)에서 발행한 제3884호로, 궁정녹사(宮廷錄事), 휘보(彙報), 광고(廣告)가 실려 있다.

증빙류는 호구단자 7건이 있다. 이 중 6건은 창녕조씨 집안에서 작성한 것이며, 임자년에 작성된 박수정(朴壽廷)의 호구단자는 밀양박씨 집안에서 작성한 것이다. 박수정의 호구단자가 창녕조씨 집안에 전래된 이유는 조용현(曺龍現)의 장인이 박수정이었기 때문이다. 병자년에 조용현이 작성한 호구단자에는 아내 박씨(당시 나이 51세)의 부친이 학생 박수정으로 기록되어 있다. 창녕조씨 호구단자의 작성자들은 조호열(曺浩烈), 조응직(曺應稷), 조한직(曺漢稷), 조세직(曺世稷), 조용현이며, 준호구를 통해 조호열에게 아들 창직(昌稷=漢稷), 홍징(興稷), 세직(世稷)이 있었고, 한직의 아들은 용현이며, 용현의 아들은 필순과 종순(鍾淳)임을 확인할 수 있다.

서간통고류는 서간 1건으로, 김성연(金聲演)이 정승[台體]에게 보낸 편지이다. 편지에는 정승의 안부를 묻고, 칙고(勅誥)에 옥쇄를 찍어 보냈으며, 관보의 반포는 수삼일(數三日) 후가 될 것이라는 내용이 담겨 있다. 치부기록류는 분정기(分定記) 1건으로, 향사(享祀)를 봉행하는 순서에 따라 제관들의 역할을 분담한 문서이다. 을해년 8월 1일 석전제에서 초헌관(初獻官)은 조병칠, 아헌관(亞獻官)은 이봉진(李奉珍), 종헌관(終獻官)은 박일흔(朴日欣)이었다.

4) 의신면 칠전리

칠전리는 옻나무가 무성하여 '옻밭'이라 불렸으며, 이를 의역하여 마을 이름을 '칠전(漆田)'이라 하였다가 이후 알기 쉽게 '칠전(七田)'으로 고쳐 사용하였다.[7] 칠전리에서 조사·수집된 고문서는 총 47건으로, 밀양박씨 가문에서 전래된 문서들이다. 유형별로는 교령류 14건, 소차계장류 1건, 첩관통보류 11건, 증빙류 8건, 명문문기류 9건, 서간통고류 4건으로 구성되어 있다.

교령류는 홍패 1건, 고신 4건, 추증교지(追贈敎旨) 5건, 차첩 4건이 있다. 진도 고문서 중 가장 이른 시기의 홍패가 이 마을에서 조사되었다. 1590년(선조 23)에 선조(宣祖)가 정로위(定虜衛) 적순부위(迪順副尉) 박인복(朴麟福)에게 발급한 것으로, 그는 무과 병과 제24인으로 급제하였다. 이후 1592년(선조 25)부터 1595년(선조 28)까지 박인복에게 총 5건의 고신이 발급되었으며, 이를 통해 박인복이 이순신 장군 휘하에서 군공을 세웠음을 확인할 수 있다. 1592년 7월에 병조는 급제 박인복을 효력부위(效力副尉) 선전관(宣傳官)으로 임명하였는데, 이는 당항포(唐項浦) 해전에서의 군공에 따른 것이다. 이는 1592년 6월 5일에 있었던 당항포 해전(唐項浦海戰)으로, 조선의 수군이 고성 지역의 당항리 앞바다에서 왜선을 격파한 전투이다. 이때 전라좌수사가 이순신(李舜臣)이었다. 같은 해 9월에는 급제 박인복을 효력부위 수문장(守門將)으로, 11월에는 선전관 박인복을 병절교위(秉節校尉) 훈련원 주부(主簿)로 임명하였으며, 마지막 고신은 1595년 9월에 주부 박인복을 여절교위(勵節校尉) 수(守) 훈련원 판관(判官)으로 임명한 문서이다. 마지막 고신의 발급 사유는 "군공상직(軍功賞職)"으로 1595년 무렵에 있었던 전투에서 박인복이 군공을 세워 받은 것이다.

추증교지는 1630년(인조 8)에 박인복과 그의 부인 숙인(淑人) 한씨(韓氏)가 받은 것과 박섬(朴暹)이 받은 문서이다. 박인복과 그의 부인 한씨는 1630년 11월 2일에 선교랑 전 행 예빈시(禮賓寺) 참봉(參奉)인 소무원종공신(昭武元從功臣) 1등 박성(朴晟)의 부모이기에 승전(承傳)에 따라 추증되었다. 같은 해 12월 4일에 박인복과 한씨가 받은 추증교지는 아들 박성이 영사원종공신(寧社原從功臣) 1등에 녹훈되어 증직된 것이다. 1741년(영조 17)에는 이조에서 학생 박섬에게 통덕랑 사헌부 지평으로 추증하였다. 박섬의 효행(孝行)이 남보다 뛰어났기에 증직을 한다는 내용이다. 19세기에 발급된 것으로 추정되는 차첩은 군수(郡守)가 박정서(朴廷瑞), 박성필(朴性泌), 박성유(朴性維)에게 내린 문서로 박정서는 사직대제(社稷大祭) 집례(執禮), 박성필은 석전제 초헌관, 박성유는 여제(厲祭) 초헌관 및 봉암사우제(鳳巖祠宇祭)의 아헌관으로 차정되었다.

소차계장류에는 상서 1건이 있다. 1903년(고종 40, 계묘년)에 도내 유생 유동근(柳東根) 등이 관찰사서리전주군수(觀察使署理全州郡守)에게 올린 문서이다. 이는 진도군 사인(士人) 박영희(朴英禧)의 뛰어난 자질과 효행을 널리 알려 포양(褒揚)해 줄 것을 요청하는 내용이다.

첩관통보류는 망기 10건, 품목 1건이 있다. 망기는 주로 19세기에 작성된 문서들로 밀양박씨 집안의 박순협(朴舜協=朴順協), 박정서(朴廷瑞), 박성유(朴性儒=朴性裕), 박성필(朴性泌), 박봉양(朴鳳陽)이 받은 문서이다. 이들은 서원장의(書院掌議), 서원원이(書院院貳), 향교 유사, 장의, 서원 유사, 충효사(孝忠祠) 원이(院貳), 의신면 훈장 등으로 추천되어 임명되었다. 품목은 기사년에 삼집강(三執綱) 박문표(朴文豹), 박한표(朴漢杓), 박정민(朴廷敏)이 행사(行使)에게 올린 문서로, 상서와 같이 박영희의 효행을 이웃 마을과 향당(鄕

7 한국향토문화전자대전 진도 칠전리 참조(https://jindo.grandculture.net/jindo/toc/GC00501579)

黨)에서 모두 잘 알고 있으니, 박영희의 행적에 대해 순영문(巡營門)에 포정(褒旌)해 줄 것을 요청하는 내용이다.

증빙류로 호구단자 8건이 있다. 박순협(朴順協), 박성유(朴性愈), 박정서(朴廷瑞), 박정수(朴廷秀=朴廷壽), 박종좌(朴鍾佐=朴英幹=英禧)의 호구단자이다. 이들은 의신면 칠전리에 거주하던 밀양박씨로, 가족 관계뿐 아니라 매득노(買得奴)까지 확인할 수 있다. 특히 호구단자에 따르면 박종좌는 박정수의 아들 영간(英幹)과 동일 인물로, 박영희에서 박종좌로 개명한 것으로 보인다. 박영희는 효행으로 이름났으며, 상서와 품목에서도 언급된 인물이다.

명문문기류는 토지매매 명문 9건이 조사 · 수집되었는데, 가장 이른 시기의 문서는 1799년(정조 23)년에 작성되었고, 가장 늦은 문서는 1834년(순조 34)에 작성되었다. 이 집안에서 토지 매매 명문의 수취자는 박성유(朴聖儒=朴性儒) 4건, 박성필(朴聖泌=朴性泌) 5건으로, 이들이 중심이 되어 밭과 논을 매득하였다.

서간통고류에는 통문 1건, 혼서 3건이 있다. 통문은 1870년(고종 7, 경오년) 1월에 박이조(朴而祚) 등이 청재소(淸齋所)에 올린 문서로, 의신면 칠전리에 거주하는 박영희의 지극한 효행을 기리고 정려할 수 있도록 요청하는 내용이다. 혼서는 계사년에 박영운(朴英雲)이 이 생원에게 보낸 것, 병술년 10월에 박봉양(朴鳳洋)이 작성한 사성단자(四星單子), 병술년 12월에 박봉양이 이 생원에게 보낸 혼서가 있다.

5) 조도면 신전리

조도면 신전리는 남쪽으로 남해가 펼쳐져 있어 배산임수(背山臨水) 취락 입지의 전형을 보여준다.[8] 총 13건의 고문서가 조사 · 수집되었으며, 유형별로는 교령류 1건, 서간통고류 4건, 치부기록류 8건이다.

교령류는 1902년(고종 39) 8월에 고종이 동몽교관(童蒙教官)을 조봉대부(朝奉大夫) 승지 참판(丞旨參判)으로 임명한 문서가 1건 있다.

서간통고류는 납폐서 1건과 연길단자(涓吉單子) 3건이 조사되었다. 납폐서는 병신년 음력 1월 19일에 진동림(陳東林)이 셋째 아들 남술(南述)의 혼례와 관련하여 작성한 문서로, 영애(令愛)를 아내로 맞이한다는 허락을 받고 선인의 예법에 따라 삼가 납폐의 예를 행한다는 내용이다. 연길단자는 혼례 절차와 길흉을 점쳐 혼례 일자를 기록한 문서로, 정해년에 진태삼(陳太三)이 작성한 것과 을사년 혼례 때 박상우(朴相羽), 병신년 혼례 때 진동림이 각각 작성한 문서가 있다.

치부기록류는 장택기(葬擇記) 7건과 문서서식집 1건이 있다. 장택기는 고인의 장례를 치르기 위해 장택일(葬擇日)과 장례 절차에 따른 일정, 유족의 생년 등을 기록한 문서이다. 문서서식집은 주로 간찰의 작성에 필요한 투식과 예문이 수록되어 있으며, 청원서, 돈사경(逐邪經) 등 다양한 문서 형식과 기도문이 필사된 자료이다.

8 한국향토문화전자대전 진도 조도면 신전리 참조(https://jindo.grandculture.net/jindo/toc/GC00500907)

6) 지산면 용동리

지산면 용동리 마을 문서 가운데 주목할 만한 자료는 선무원종공신녹권(宣武原從功臣錄券)이다. 선무원종공신록은 1592년부터 1598년까지 7년에 걸친 임진왜란 기간 동안 국가를 위해 공헌한 인물을 정리하여 녹훈한 것으로, 1605년(선조 38)에 공신도감(功臣都監)에서 박내종(朴鼐從)에게 발급한 증서이다. 박내종(朴鼐從)은 판관(判官) 재임 시의 공로로 2등 공신에 녹훈되었다.

7) 진도읍

진도읍 동외리에 거주하는 김해김씨, 교동리의 청주한씨, 그리고 충정사(忠貞祠)를 건립한 밀양박씨 집안의 문서를 대상으로 목록을 정리하였다. 동외리는 1440년(세종 22)에 진도읍성이 축조되고 치소가 옮겨진 이후, 진도읍성의 동문 밖에 위치한 지역으로 '동문 밖' 또는 '동문외'라고 불린 데서 유래하였다.[9] 교동리는 서외리에 진도향교가 위치해 있어 '생꽃골' 또는 '교동'이라 불렸으며, 1450년경에 창녕조씨가 입향한 이후 밀양박씨, 김해김씨 등이 입거하면서 마을이 형성되었다.[10] 충정사는 박심문(朴審問)이 1871년(고종 8)에 충정공(忠貞公)이라는 시호를 받은 것을 계기로, 진도에 사는 그의 후손들이 진도군 의신면 침계리에 있던 사효재(思孝齋)를 진도읍 오동으로 옮겨 신축하고 '충정사'로 개칭하면서 시작되었다. 박심문은 1453년(단종 1)에 계유정란이 발생하자 은거하며 성삼문(成三問), 하위지(河緯地) 등과 함께 단종 복위를 모의한 인물로, 1456년(세조 2)에 질정관(質正官)으로 명나라에 다녀오던 중 성삼문 등이 참형되었다는 비보를 듣고 음독 자결하였다.[11]

진도읍에서 조사·수집된 자료는 교령류 12건, 소차계장류 3건, 첩관통보류 2건, 증빙류 11건, 서간통고류 139건, 치부기록류 15건, 시문류 2건으로 구성되어 있다.

교령류에는 백패 1건, 고신 5건, 추증교지 5건, 차첩 1건이 있다. 백패는 1891년(고종 28)에 동몽(童蒙) 김종주(金鍾籌)가 진사시에 입격하면서 받은 문서로, 당시 김종주는 진사 3등 제317인으로 입격하였다. 고신은 1888년(고종 25)부터 1890년(고종 27) 사이에 김병순(金昞淳=金熙淳)이 발급받은 4건과 그의 아내 허씨가 받은 1건이 확인되었다. 김병순은 절충장군 행 용양위 부호군, 선략장군 행 진도진관 금갑도 수군만호, 가선대부 동지중추부사 겸 오위장, 절충장군 행 용양위 부호군 겸 나주진 우영장 토사로 임명되었다. 그의 부인 허씨는 가선대부 동지중추부사 김병순의 아내로서, 법전에 따라 정부인(貞夫人)으로 봉작되었다. 추증교지는 1888년(고종 25)에 김병순의 돌아가신 부친, 조부, 증조와 돌아가신 어머니, 조모에게 추증된 문서이다. 차첩은 1890년(고종 27)에 반수(班首) 나(羅)가 부상(負商) 김희순을 시재반수(時宰班首)로 임명한 문서이다.

9 한국향토문화전자대전 진도 동외리 참조(https://jindo.grandculture.net/jindo/toc/GC00502026)
10 한국향토문화전자대전 진도 교동리 참조(https://jindo.grandculture.net/jindo/toc/GC00502005)
11 한국향토문화전자대전 박심문 참조(https://jindo.grandculture.net/jindo/toc/GC00500568)

소차계장류는 소지 2건, 소장 1건이 있다. 소지는 1888년(고종 25)에 김병순이 예조에 올린 문서로 적실(嫡室)에게서 아들이 없고 단지 서자 종주만 있으므로, 종주를 승적(承嫡)하여 제사를 받들고자 하니 입안(立案)을 성급해 줄 것을 요청한 내용이다. 다른 소지는 1903년(고종 40)에 김종주가 관에 올린 소지로 자신의 돌아가신 아버지를 모시기 위한 산지를 구하면서 올린 문서였다. 김종주는 김재호(金在浩)에게서 해창(海倉) 창항산(艙項山)에 있는 산지를 공의(公議)를 따라 값을 전문(錢文) 700냥으로 매득하였다. 그러나 뒷날을 대비하기 위해 명문을 점련하여 호소하니 입지(立旨)를 성급해 줄 것을 요청하였다. 소장은 김재호가 군수에게 올린 문서로, 1903년 김종주의 소지와 연관 문서이다. 김재호는 해창 창항산의 기슭에 있는 공터를 김종주에게 팔았으니 뒷날에 고찰하기 위해 김종주에게 제음(題音)을 내려 줄 것을 요청하였다.

첩관통보류에는 전령 2건이 있다. 전령은 1888년(고종 25)과 1889년(고종 26)에 우호수군절도사(右湖水軍節度使)가 금갑도 만호 김병순에게 발급한 문서이다. 1888년의 전령은 6월에 김병순을 도군관(道軍官)으로 자망(自望)하였으니 즉시 와서 나타나라는 내용이며, 1889년의 전령은 6월과 내용은 동일하나 발급일이 기축년 9월이었다.

증빙류에는 호구단자 3건, 호적표 1건, 시권 1건과 증서 4장, 포장(褒狀) 2건이 있다. 호구단자는 진도읍 교동리에 거주하는 청주한씨 집안에 전래된 자료로, 계유년에 한성해(韓聖海), 계유년과 계묘년에 한득상(韓得霜=韓得尙)이 작성한 것이다. 호구단자에 따르면 한성해의 아들은 한득상으로, 두 사람은 부자 관계였다. 호적표는 건양 연간에 김희순이 작성하여 진도군수에게 제출한 문서로, 당시 김희순은 진도 부내면 동외 망월리(望月里)에 거주하고 있었다.

시권은 1891년(고종 28)에 김종주가 15세에 작성한 것으로, 양식은 부(賦)이며 자호(字號)는 구지(九地)이고, 과차(科次)는 삼하(三下)이다. 증서는 20세기에 작성된 문서로, 1912년부터 1915년까지 진도공립보통학교와 관련하여 김차배(金次培)가 받은 수료 증서와 졸업 증서이다. 포장은 김차배가 받은 문서로, 1911년에 1학년 김차배가 성호원대근(聖護院大根) 즉, 무의 품종 관련 분야에서 3등을 하여 성적이 우수하여 받은 것이며, 1912년에는 본 학년에서 면려(勉勵)하였다는 이유로 받은 것이다.

서간통고류에는 서간 135건과 혼서 4건이 있다. 서간은 조선시대 사람들이 주고받은 편지로, 주로 안부 인사와 건강, 공무 및 직책, 부세 문제, 일상생활과 물품의 선물에 관한 내용을 담고 있다. 병이나 건강 이상을 알리며 걱정하거나 위로하는 내용, 편지의 수·발신자 모두 관직이나 특정 업무를 맡고 있어 공무 처리의 어려움을 호소하는 내용, 세금 징수나 각종 공납과 관련된 내용도 자주 등장한다. 이 외에도 가뭄, 흉년, 계절 변화 등 당대의 일상적인 어려움이나 보교(步轎)와 같은 가마, 목재, 솥, 쌀값, 옷감 등 다양한 물품이나 돈을 보내거나 부탁하는 내용이 포함되어 있다.

혼서는 총 4건이 있으며, 그 중 하나는 1770년(영조 46)에 김영재(金英材)가 보낸 것으로, 상대방이 딸을 자신의 사촌동생 양철(陽喆)에게 허락해 주었기에 삼가 납채를 하고 전안(奠雁)의 예를 올린다는 내용이다. 그 외에도 1790년(정조 14)에 김성철(金聲喆), 1864년(고종 원년) 김찬렬(金燦烈), 그리고 임신년에 김■■가 보낸 혼서가 있다.

치부기록류에는 방목 1건, 계안(契案) 1건, 치부 3건, 홀기 2건, 장택기 1건, 전장기 1건, 시도기 1건, 향의록(享儀錄) 2건, 문중기록 3건이 있다. 방목은 1891년(고종 28) 10월 5일에 일소(一所)에서 시험을 치른 유생(儒生)들의 응제방(應製榜)으로, 서울의 윤영수(尹榮洙), 아산의 유학 이범주(李凡珠), 금산의 이순식(李巡植) 등의 성명과 거주지가 기재되어 있다. 계안은 박씨 문중에서 작성한 대족계안(大族契案)으로, 문중 내 족계전(族契錢) 등에 대한 재정 기록이다. 치부는 신묘년 10월에 작성된 '경북전보급책(京北錢報給冊)'과 해남의 밀양박씨 종중의 위전(位田) 관련 치부 기록, 1915년 오동(烏洞) 별묘건축(別廟建築)을 위한 기부안(寄附案) 등이 있다. 홀기는 1917년에 밀양박씨 집안에서 보관한 충정사의 춘추향례(春秋享禮) 관련 기록이다. 장택기는 김희순의 장례 일시를 정한 장사 택일기(擇日記)이다. 시도기(時到記)는 봉심록(奉審錄)의 일종으로, 충정사에 봉심한 봉조하(奉朝賀) 김이익(金履翼), 절재(節齋) 종손 김극련(金克鍊), 민태호(民台鎬) 등의 방문자 이름이 기록되어 있다. 향의록은 밀양박씨별묘향의록(密陽朴氏別廟享儀錄) 상·하권으로, 도식(圖式), 음복설(飮福說), 음복의(飮福儀), 향시제관원수(享時祭官員數) 등이 수록되어 있다. 문중기록에는 1803년(순조 3)의 밀양박씨문안(密陽朴氏門案), 1804년(순조 4)부터 1916년까지 별묘 건립 이후 춘향제사에 참여한 인원의 이름을 기록한 입문록(入門錄), 1918년 오동 별향각(別享閣) 관련 대종회(大宗會)의 규칙과 회안(會案)을 담은 밀양박씨대종안(密陽朴氏大宗案)이 있다.

시문류에는 묘문(墓文) 1건과 행장(行狀) 1건이 있다. 묘문의 표제는 '정랑선조행장문(正郎先祖行狀文)'이며, 예조정랑 박심문의 묘갈명이다. 행장의 표제는 '증이조참판박공행장(贈吏曹參判朴公行狀)'으로, 박심문의 조상과 행적에 대한 기록과 함께 상언(上言)의 초본, 이조의 복계(覆啓), 비변사 초기(草記) 등이 포함되어 있다.

3. 맺음말

본『고문서집성』은 진도 지역 7개 마을에서 조사·수집한 자료 중 고문서 307건을 선별하여 영인한 목록집이다. 이 고문서들은 주로 고군면 오하리의 창녕조씨, 의신면 금갑리 청주한씨, 의신면 접도리 창녕조씨, 의신면 칠전리 밀양박씨, 조도면 신전리와 지산면 용동리, 그리고 진도읍에 거주하는 여러 집안의 문서를 중심으로 정리되었다.

고군면 오하리에는 23건의 문서가 수록되었다. 과거 급제 문서인 홍패를 비롯하여 관직 임명 문서가 주를 이루며, 특히 19세기 창녕조씨 가문이 마을 내에서 맡았던 다양한 역할을 보여주는 기록들이 포함되어 있다.

의신면 금갑리에는 20건의 문서가 수록되었으며, 군사 요충지였던 금갑리에 거주한 청주한씨 가문의 문서로, 무과 급제 기록과 함께 3대에 걸친 관직 임명 문서가 특징이다.

의신면 접도리 문서는 총 19건으로, 향리들의 임명과 일제 강점기까지 이어진 석전제 제관 임명 문서 등이 포함되어 있다. 또한 호구단자를 통해 가계와 혼인 관계를 파악할 수 있는 점도 주목할 만하다.

의신면 칠전리 문서는 47건으로, 밀양박씨 가문의 문서가 중심이다. 임진왜란 시기 이순신 장군 휘하에서 군공을 세운 박인복의 고신이 포함되어 있어 역사적 가치가 높으며, 19세기에 효행으로 지역사회에서 높은 평가를 받은 박인복의 후손 박영희 관련 문서도 눈에 띈다.

조도면 신전리 문서는 13건이 수록되었으며, 혼례와 관련된 납폐서와 연길단자 같은 생활사를 엿볼 수 있는 문서가 주를 이룬다.

지산면 용동리에는 임진왜란 공신에게 발급된 선무원종공신녹권이 핵심 자료이다.

진도읍에는 총 184건의 고문서가 수록되었으며, 김해김씨, 청주한씨, 밀양박씨의 충정사 관련 문서를 포함한다. 이 중 가장 많은 비중을 차지하는 문서는 서간으로, 김해김씨 집안에서 전래된 19세기 편지를 통해 당시 사람들의 일상, 건강, 공무, 경제생활 등 사회사 · 경제사적 양상을 생생하게 보여준다.

이 고문서들 단순한 집안 기록을 넘어, 당시 사람들이 마을 단위에서 어떤 역할을 하며 지역사회에서 활동했는지를 잘 보여준다. 즉, 조선 중기부터 근대에 이르기까지 지역사회의 정치 · 경제 · 사회적 변화를 총체적으로 담고 있다. 특히, 가문별로 세대를 거쳐 축적된 무과 중심의 관직 생활, 혼례, 토지 소유, 향교의 유사 활동 등 다양한 기록들은 당대 사회상을 입체적으로 조명하는 중요한 사료이다. 이를 통해 섬마을에서 살아가던 사람들의 삶을 깊이 이해할 수 있으며, 그들의 활동이 진도 지역 사회에 미친 영향을 구체적으로 파악할 수 있다. 따라서 이 자료들이 진도 지역사와 한국사 연구에서 적극적으로 활용되기를 기대한다.

참고문헌

- 김경옥, 「16세기 노수신의 진도 유배생활과 섬 주민에게 끼친 영향」, 『도서문화』 58, 2021.
- 박명희, 「유배인 鄭萬朝의 시에 나타난 진도 사람들의 삶과 예술」, 『동방한문학』 91, 2022.
- 이도정, 「진도 4성씨의 결속과 향사의 변화 과정」, 『도서문화』 63, 2024.
- 이도정, 「종가(宗家) 없는 종중(宗中)의 형성과 전개: 전라남도 진도의 밀양박씨 종중을 중심으로」, 『지방사와 지방문화』 28-1, 2025.
- 한국향토문화전자대전 진도(https://www.grandculture.net/korea/search).

진도 고문서

고군면 오하리

1. 敎令類

순번	자료명	번호	작성연도	발급자	수취자	내용	크기	수록면
1	紅牌	1	1676년 (숙종 2)	肅宗	曺和一	• 校生 曺和一이 武科에 급제하고 받은 紅牌 • 丙科 第11,750인 급제	소재 불명, 크기 미상	90
2	告身	1	1853년 (철종 4)	哲宗	曺夢天	• 1853년 1월에 曺夢天을 通政大夫로 임명하는 문서 • 左傍書: 年九十 依定式加資	소재 불명, 크기 미상	91
3	差帖	1	1698년 (숙종 24)		曺和一	• 1698년에 前 代將 曺和一을 戰船代將에 差定하는 문서	소재 불명, 크기 미상	92
		2	1704년 (숙종 30)		曺和一	• 1704년에 出身 曺和一을 別中司 把摠에 差定하는 문서	소재 불명, 크기 미상	92
		3	1822년 (순조 22)	郡守	曺夢天	• 진도군수 韓明運이 前 別監 曺夢天을 一別監에 差定하는 문서 • 左傍書: 差定	43×38.5	93
		4	1854년 (철종 5)	郡守	曺夢天	• 진도군수가 前 座首 曺夢天을 都査에 差定하는 문서 • 左傍書: 差定	소재 불명, 크기 미상	94
		5	甲寅	郡守	曺夏郁	• 진도군수가 前 座首 曺夏郁을 新迎 座首에 差定하는 문서 • 左傍書: 差定	소재 불명, 크기 미상	95
		6	庚申	郡守	曺夏郁	• 진도군수가 前 座首 曺夏郁을 辛酉式 戶籍都監에 差定하는 문서 • 左傍書: 差定	소재 불명, 크기 미상	96
		7	辛酉	郡守	曺夏郁	• 진도군수가 前 座首 曺夏郁을 留鄕 座首에 差定하는 문서 • 左傍書: 差定	소재 불명, 크기 미상	97
		8	丙午	郡守	曺世雄	• 진도군수가 幼學 曺世雄을 大同監官에 差定하는 문서 • 左傍書: 差定	소재 불명, 크기 미상	98
		9	己未	郡守	曺世甲	• 진도군수가 幼學 曺世甲을 釋奠大祭 分獻官에 差定하는 문서 • 左傍書: 差定	소재 불명, 크기 미상	99
		10	丙寅	郡守	曺世甲	• 진도군수가 前 座首 曺世甲을 留鄕 座首에 差定하는 문서	소재 불명, 크기 미상	100
		11	甲辰	郡守	曺應光	• 진도군수가 幼學 曺應光을 釋奠祭 分獻官에 差定하는 문서 • 左傍書: 差定	소재 불명, 크기 미상	101
		12	丁丑	都護府使	曺得文	• 都護府使가 幼學 曺得文을一別監에 差定하는 문서 • 左傍書: 差定	소재 불명, 크기 미상	102

순번	자료명	번호	작성연도	발급자	수취자	내용	크기	수록면
3	差帖	13	戊寅	都護府使	金■■	• 都護府使가 前 座首 金■■을 新延 民庫都監에 差定하는 문서	소재 불명, 크기 미상	103
		14	乙巳	郡守	曺世龜	• 진도군수가 幼學 曺世龜를 社稷 祈雨祭 終獻官에 差定하는 문서	소재 불명, 크기 미상	104

2. 疏·箚·啓·狀類

순번	자료명	번호	작성연도	발급자	수취자	내용	크기	수록면
1	所志	1	乙巳	曺秉學	官	• 時掌議 曺秉學이 官에 올린 所志 • 古五山里에 사는 조병학이 자신의 아들 혼례일에 魚產은 준비하기 어려우니 특별히 혼례에 사용할 수 있게 兒犢 한 마리를 허락해 달라는 내용 • 題辭: 特爲許施向事 初一日 庖所	40×59.8	106

3. 牒·關·通報類

순번	자료명	번호	작성연도	발급자	수취자	내용	크기	수록면
1	帖	1	1853년 (철종 4)	郡守	曺夢天	• 1853년에 郡守가 曺夢天에게 成給한 小帖 • 1853년에 조몽천이 받은 老職 通政 告身과 연관 문서 • 左傍書: 成給	소재 불명, 크기 미상	108
2	望記	1	1822년 (순조 22)	官	曺夢天	• 1822년 11월 13일에 前 別監 曺夢天을 一別監으로 정하는 문서	23.5×23.3	109
		2	丁卯	行使	曺得文	• 정묘년 2월 30일에 曺得文을 鄕校 有司로 정하는 문서	소재 불명, 크기 미상	110
		3	乙巳	行官	曺秉學	• 을사년 1월 30일에 曺秉學을 鄕校 掌議로 정하는 문서	소재 불명, 크기 미상	111
		4	辛卯	官	曺應光	• 신묘년 11월 7일에 曺應光을 鄕校 有司로 정하는 문서	소재 불명, 크기 미상	112

4. 明文·文記類

순번	자료명	번호	작성연도	발급자	수취자	내용	크기	수록면
1	和會文記	1	1698년 (숙종 24)	曺德一 등	[曺和一]	• 1698년 9월 24일에 同生 남매 간에 작성한 和會文記 • 부모 생시에 전답과 노비 등을 分衿한 초본이 있었으나 정서하지 못해 부모의 草書和文을 따라서 이 화회문기를 작성한다는 내용. 長兄 曺德一, 弟 曺文一, 弟 曺武一, 弟 曺道一, 弟 曺和一, 長妹夫 朴禮華, 末妹夫 郭性靜의 몫과 祭位, 부모님께서 등과에 별득한 자녀들에게 나누어준 부분이 기록됨 • 筆執 同姓五寸姪 유학 曺南碩	59×100.5	114

의신면 금갑리

1. 敎令類

순번	자료명	번호	작성연도	발급자	수취자	내용	크기	수록면
1	紅牌	1	1848년 (헌종 14)	憲宗	韓益文	• 軍官 韓益文이 武科에 급제하고 받은 紅牌 • 丙科 第103인 급제	70.5×93.2	118
		2	1874년 (고종 11)	高宗	韓景植	• 閑良 韓景植이 武科에 급제하고 받은 紅牌 • 丙科 第476인 급제	66.6×90.3	119
		3	1885년 (고종 22)	高宗	韓完植	• 內禁衛 韓完植이 武科에 급제하고 받은 紅牌 • 丙科 第923인 급제	54.3×84.3	120
2	告身	1	1861년 (철종 12)	哲宗	韓昌煥	• 1861년 1월에 韓昌煥을 折衝將軍으로 임명하는 문서 • 右傍書: 耆老科人 特加一資事 傳敎	81×56.7	121
		2	1868년 (고종 5)	高宗	韓益文	• 1868년 7월에 韓益文을 宣略將軍 行 訓鍊院 主簿로 임명하는 문서 • 右傍書: 加設	77.5×56.4	122
		3	1869년 (고종 6)	高宗	韓益文	• 1869년 6월에 韓益文을 宣略將軍 行 訓鍊院 判官으로 임명하는 문서 • 右傍書: 特敎	56.8×31.7	123
		4	1869년 (고종 6)	高宗	韓益文	• 1869년 6월에 韓益文을 宣略將軍 行 彌助項鎭管 唐浦 水軍 萬戶로 임명하는 문서	56.8×43	124
		5	1879년 (고종 16)	高宗	韓益文	• 1879년 1월에 韓益文을 宣略將軍 行 珍島鎭管 於蘭浦 水軍 萬戶로 임명하는 문서	72.6×31	125
		6	1881년 (고종 18)	高宗	韓景植	• 1881년 7월에 韓景植을 宣略將軍 行 加德鎭管 助羅浦 水軍 萬戶로 임명하는 문서	68.6×54.5	126
		7	1885년 (고종 22)	高宗	韓景植	• 1885년 11월에 韓景植을 通政大夫로 임명하는 문서 • 左傍書: 還御周年 稱慶陳賀敎是時 奏時官 加資事 承傳	70.5×43.4	127
		8	1885년 (고종 22)	高宗	韓景植	• 1885년 11월에 韓景植을 折衝將軍 行 龍驤衛 副護軍으로 임명하는 문서 • 左傍書: 還御周年 稱慶陳賀敎是時 奏時官 加資事 承傳	72.3×43.4	128
		9	1890년 (고종 27)	高宗	韓益文	• 1890년 1월에 韓益文을 宣略將軍 行 珍島鎭管 金甲島 水軍 萬戶로 임명하는 문서	72.7×52.6	129

2. 牒·關·通報類

순번	자료명	번호	작성연도	발급자	수취자	내용	크기	수록면
1	傳令	1	1852년 (철종 3)	御營大將	韓益文	• 御營廳에서 韓益文을 左部前司前哨官으로 啓下하니 전령이 도착하면 즉시 와서 임무를 살피라는 내용	67.1×37.8	132
		2	1864년 (고종 원년)	御營大將	韓益文	• 御營廳에서 韓益文을 前部中司中哨官으로 啓下하니 전령이 도착하면 즉시 와서 임무를 살피라는 내용	77.7×38.2	133
		3	1879년 (고종 16)	大將	韓景植	• 摠戎廳에서 韓景植을 左部右司前哨官으로 啓下하니 전령이 도착하면 즉시 와서 임무를 살피라는 내용	74.9×54.7	134

순번	자료명	번호	작성연도	발급자	수취자	내용	크기	수록면
2	望記	1	1922년	珍島郡守 權賢燮	韓權三	• 1922년 음력 7월 15일에 掌饌 韓權三을 釋奠祭 祭官으로 정하는 문서	46.7×34.5	135

3. 證憑類

순번	자료명	번호	작성연도	발급자	수취자	내용	크기	수록면
1	准戶口	1	1867년 (고종 4)	漢城府	韓益文	• 漢城府에서 韓益文에게 발급한 準戶口 • 1867년에 한성부의 北部 順化坊 司宰監下牌契 제30통 제4호에 거주하는 御營 哨官 韓益文(46세, 본관 청주)의 거주지와 四祖, 妻 朴氏를 기록	48.8×33.4	138
		2	1879년 (고종 16)	漢城府	韓益文	• 漢城府에서 韓益文에게 발급한 準戶口 • 1879년에 한성부의 北部 順化坊 司宰監下牌契에 거주하는 於蘭萬戶 韓益文(58세, 본관 청주)의 거주지와 四祖, 妻 朴氏, 率子 摠戎 哨官 景植, 며느리 金氏를 기록	48.7×37.5	139
		3	1882년 (고종 19)	漢城府	韓益文	• 漢城府에서 韓益文에게 발급한 準戶口 • 1882년에 한성부의 北部 順化坊 司宰監下牌契 제2통 제4호에 거주하는 훈련원 판관 韓益文(61세, 본관 청주)의 거주지와 四祖, 妻 朴氏, 率子 훈련원 주부 景植, 며느리 金氏, 次子 完植, 둘째 며느리 朴氏를 기록	51.5×43.4	140
2	戶籍表	1	1900년 (고종 37)	珍島郡守	金龍文	• 전라남도 진도군 고군면 회동리에 거주하는 金龍文(나이 53세)에게 발급된 戶籍表	26.2×38	141

◈ 의신면 접도리

1. 敎令類

순번	자료명	번호	작성연도	발급자	수취자	내용	크기	수록면
1	差帖	1	1833년 (순조 33)	吏曹	曺世稷	• 吏曹에서 珍島鄕吏 曺世稷을 攝戶長에 差定하는 문서 • 左傍書: 差定	37×51.8	146
		2	1894년 (고종 31)	都護府使	曺佖淳	• 都護府使가 鄕吏 曺佖淳을 新迎吏房에 差定하는 문서 • 左傍書: 差定	56.4×48.1	147
		3	1903년 (고종 40)	郡守	曺佖淳	• 郡守가 鄕吏 曺佖淳을 首戶長에 差定하는 문서 • 左傍書: 差定	56.8×43	148
2	勅命	1	1906년 (고종 43)	高宗	曺秉七	• 曺秉七을 正三品 通政大夫에 임명하는 문서 • 左傍書: 智陵碑閣營建表石竪立時 寫字賞加事 奉勅	59.4×40.7	149

2. 牒·關·通報類

순번	자료명	번호	작성연도	발급자	수취자	내용	크기	수록면
1	任命狀	1	1907년 (고종 44)	度支部 大臣 高永喜	曺伛淳	• 전라남도 진도군 府內面에 사는 曺伛淳을 영암지방 위원회의 위원으로 선정하는 문서	36.7×26.7	152
		2	1907년 (순종 원년)	靈巖稅務官	曺秉七	• 曺秉七을 진도군 智山面 丁未條 賭稅 派員으로 임명하는 문서	42.5×34.4	153
2	解任狀	1	1908년 (순종 2)	度支部 大臣 任善準	曺伛淳	• 曺伛淳을 영암지방 위원회의 위원에서 해임하는 문서	18.8×26.5	154
3	望記	1	1934년	珍島郡守 文東鎬	曺癸煥	• 1934년 7월 15일에 執事 曺癸煥을 釋奠祭 祭官으로 정하는 문서	61.5×47.4	155
		2	1935년	珍島郡守 文東鎬	曺秉七	• 1935년 7월 15일에 初獻官 曺秉七을 釋奠祭 秋享祭官으로 정하는 문서	62×47	156
4	官報	1	1907년 (순종 원년)	內閣法制局官報課		• 관보 第3884호로 1907년 9월 30일(화)에 內閣法制局官報課에서 발행 • 宮廷錄事, 彙報, 廣告가 실려 있음	23.8×31.6	157

3. 證憑類

순번	자료명	번호	작성연도	발급자	수취자	내용	크기	수록면
1	戶口單子	1	庚午	曺浩烈	行郡守	• 曺浩烈이 行郡守에게 올린 戶口單子 • 邑內面 斗井里에 거주하는 鄕吏 曺浩烈(61세, 본관 창녕)이 거주지, 본인의 四祖, 妻 金姓, 率子 昌稷, 興稷을 기록	47.3×37	160
		2	庚午	曺應稷	行郡守	• 曺應稷이 行郡守에게 올린 戶口單子 • 邑內面 斗井里에 거주하는 鄕吏 曺應稷(23세, 본관 창녕)이 거주지, 본인의 四祖, 妻 李姓을 기록	48×35.5	161
		3	丙子	曺漢稷	行郡守	• 曺漢稷이 行郡守에게 올린 戶口單子 • 邑內面 斗井里에 거주하는 鄕吏 曺漢稷(26세, 본관 창녕)이 거주지, 본인의 四祖, 妻 任姓, 子 龍儀를 기록	57.7×39.9	162
		4	戊子	曺漢稷	行郡守	• 曺漢稷이 行郡守에게 올린 戶口單子 • 邑內面 桶上里에 거주하는 鄕吏 曺漢稷(38세, 본관 창녕)이 거주지, 본인의 四祖, 妻 任姓, 子 龍義를 기록	45.4×25.8	163
		5	丁酉	曺世稷	行郡守	• 曺世稷이 行郡守에게 올린 戶口單子 • 邑內面 龍上里에 거주하는 鄕吏 曺世稷(53세, 본관 창녕)이 거주지, 본인의 四祖, 女 阿只를 기록	47.×30.6	164
		6	丙子	曺龍現	行府使	• 曺龍現이 行府使에게 올린 戶口單子 • 邑內面 桶上里에 거주하는 鄕吏 曺龍現(58세, 본관 창녕)이 거주지, 본인의 四祖, 妻 朴氏, 長子 伛淳, 次子 鍾淳을 기록	51×39	165
		7	壬子	朴壽廷	行府使	• 朴壽廷이 行郡守에게 올린 戶口單子 • 邑內面 南山里에 거주하는 幼學 朴壽廷(49세, 본관 밀양)이 거주지, 본인의 四祖, 妻 許氏를 기록	61.2×35.5	166

4. 書簡·通告類

순번	자료명	번호	작성연도	발급자	수취자	내용	크기	수록면
1	書簡	1		金聲演		• 罪生 金聲演이 台體에게 보낸 서간 • 台體가 편안히 잘 지내고 있는지 안부를 물으면서 勅誥에 옥쇄를 찍어 보냈으며 官報의 반포는 數三日 후일 듯하다는 내용	18×26	168

5. 置簿記錄類

순번	자료명	번호	작성연도	발급자	수취자	내용	크기	수록면
1	分定記	1	乙亥			• 을해년 8월 초1일에 釋奠祭 祭官에 참여하는 이들의 역할이 분담된 문서 • 初獻官은 曺秉七, 亞獻官은 李奉珍, 終獻官은 朴日欣	170.9×30.9	170

◈ 의신면 칠전리

1. 敎令類

순번	자료명	번호	작성연도	발급자	수취자	내용	크기	수록면
1	紅牌	1	1590년 (선조 23)	宣祖	朴麟福	• 定虜衛 迪順副尉 朴麟福이 武科에 급제하고 받은 紅牌 • 丙科 第24인 급제	106.4×74.4	174
2	告身	1	1592년 (선조 25)	兵曹	朴麟福	• 1592년 7월에 及第 朴麟福을 效力副尉 宣傳官으로 임명하는 문서 • 左傍書: 唐項浦軍功	52.7×42.7	175
		2	1592년 (선조 25)	兵曹	朴麟福	• 1592년 9월에 及第 朴麟福을 效力副尉 守門將으로 임명하는 문서	39×41.3	176
		3	1592년 (선조 25)	兵曹	朴麟福	• 1592년 11월에 宣傳官 朴麟福을 秉節校尉 訓鍊院 主簿로 임명하는 문서 • 左傍書: 軍功賞職	45.2×37.8	177
		4	1595년 (선조 28)	兵曹	朴麟福	• 1595년 9월에 主簿 朴麟福을 勵節校尉 守 訓鍊院 判官으로 임명하는 문서 • 左傍書: 軍功賞職	48.6×40	178
3	追贈敎旨	1	1630년 (인조 8)	仁祖	朴麟福	• 1630년 11월 2일에 禦侮將軍 行 訓鍊院 判官 朴麟福을 通政大夫 戶曹參議로 추증하는 문서 • 左傍書: 宣敎郎 前 行 禮賓寺 參奉 朴晟考 昭武原從功臣一等 依承傳 封爵	71.8×48.3	179
		2	1630년 (인조 8)	仁祖	淑人 韓氏	• 1630년 11월 2일에 淑人 韓氏를 淑夫人으로 추증하는 문서 • 左傍書: 宣敎郎 前 行 禮賓寺 參奉 朴晟妣 昭武原從功臣一等 依承傳 封爵	72.3×49	180

순번	자료명	번호	작성연도	발급자	수취자	내용	크기	수록면
3	追贈敎旨	3	1630년 (인조 8)	仁祖	朴麟福	• 1630년 12월 4일에 通政大夫 戶曹參議 朴麟福을 嘉善大夫 刑曹參判 兼 同知義禁府事로 추증하는 문서 • 左傍書: 承議郎 行 禮賓寺 參奉 朴晟考 寧社原從功臣一等 依承傳 封爵	54.1×46	181
		4	1630년 (인조 8)	仁祖	淑夫人 韓氏	• 1630년 12월 4일에 淑夫人 韓氏를 貞夫人으로 추증하는 문서 • 左傍書: 承議郎 行 禮賓寺 參奉 朴晟妣 寧社原從功臣一等 依承傳 封爵	54.2×46.3	182
		5	1741년 (영조 17)	吏曹	朴暹	• 1741년 11월에 學生 朴暹을 通德郎 司憲府 持平으로 추증하는 문서 • 左傍書: 孝行卓異 贈職事 承傳	72.6×81.3	183
4	差帖	1	1833년 (순조 33)	郡守	朴性維	• 郡守가 幼學 朴性維를 厲祭 初獻官에 差定하는 문서 • 左傍書: 差定	46×36	184
		2	1840년 (헌종 6)	郡守	朴性維	• 郡守가 幼學 朴性維를 鳳巖祠宇祭 亞獻官에 差定하는 문서 • 左傍書: 差定	46×36	185
		3	1842년 (헌종 8)	郡守	朴性泌	• 郡守가 幼學 朴性泌을 釋奠祭 初獻官에 差定하는 문서 • 左傍書: 差定	46×36	186
		4	1851년 (철종 2)	郡守	朴廷瑞	• 郡守가 幼學 朴廷瑞를 社稷大祭 執禮에 差定하는 문서 • 左傍書: 差定	46×36	187

2. 疏·箚·啓·狀類

순번	자료명	번호	작성연도	발급자	수취자	내용	크기	수록면
1	上書	1	1903년 (고종 40)	柳東根 등	觀察使署理全州郡守	• 道內 儒生 幼學 柳東根 등이 觀察使署理全州郡守에게 올린 上書 • 진도군 士人 朴英禧의 자질은 雅正하고 충실하며, 성품과 행실이 순후하고 과묵했다. 재능과 명망이 일찍 드러났으며, 어려서부터 성인이 될 때까지 한결같이 부모를 기쁘게 하는 것을 자신의 임무로 삼았다. 아버지가 병에 걸리신 뒤로는 보살피는 데 극진했으나, 아버지가 돌아가시자 매우 슬퍼하며 왼손 네번째 손가락을 잘라 피를 아버지의 입에 흘려 보내 아버지가 27일을 더 버티셨다. 슬퍼하며 시묘하고 들어서 殯殮 할 때 밤낮으로 부르짖어 울었으며, 왕래할 때 한밤중에 길가에서 赤白 빛이 어슴푸레 비추어 마치 횃불이 앞을 인도하는 듯했다. 또한 하늘에서 무지개가 일어나 殯 위에 드리워졌는데, 이는 孝感의 상서로운 기운이니 褒揚 해 줄 것을 요청하는 내용 • 題辭: 如此卓異之孝 今古罕有 褒揚之節 當報院事. 初五日	53×95	190

3. 牒·關·通報類

순번	자료명	번호	작성연도	발급자	수취자	내용	크기	수록면
1	望記	1	1795년 (정조 19)	郡守	朴舜協	• 1795년(정조 19, 을묘년) 1월 5일에 朴舜協을 書院掌議로 정하는 문서	41×32	192

순번	자료명	번호	작성연도	발급자	수취자	내용	크기	수록면
1	望記	2	1815년 (순조 15)		朴順協	• 1815년(순조 15, 갑술년) 2월 11일에 朴順協을 書院院貳로 정하는 薦望文記 • 박순협이 15번의 추천을 받아 首望, 朴啓孫이 副望, 郭啓宅이 末望	41×32	193
		3	1815년 (순조 15)	行郡守	朴順協	• 1815년(순조 15, 갑술년) 2월 11일에 朴順協을 書院院貳로 정하는 문서	41×32	194
		4	1812년 (순조 12)	官	朴性裕	• 1812년(순조 12, 임신년) 8월 14일에 朴性裕를 書院 有司로 정하는 문서	43×37	195
		5	1812년 (순조 12)	行郡守	朴性儒	• 1812년(순조 12, 임신년) 11월 9일에 朴性儒를 鄕校 有司로 정하는 문서	43×37	196
		6	1830년 (순조 30)	官	朴性儒	• 1830년(순조 30, 경인년) 6월 2일에 朴性儒를 鄕校 掌議로 정하는 문서	43×37	197
		7	1834년 (순조 34)	官	朴聖弼	• 1834년(순조 34, 갑오년) 4월 9일에 朴聖弼을 孝忠祠 院貳로 정하는 문서	43×37	198
		8	1844년 (헌종 10)	官	朴性泌	• 1844년(헌종 10, 갑진년) 9월 25일에 朴性泌를 義新面 訓長으로 정하는 문서	13×24	199
		9	1852년 (철종 3)	官	朴廷瑞	• 1852년(철종 3, 임자년) 4월 17일에 朴廷瑞를 鄕校 有司로 정하는 문서	43×37	200
		10	1938년	儒中	朴鳳陽	• 1938년 4월 15일(음력 3월 15일)에 朴鳳陽을 箕聖祠 春享祭官으로 선정하는 문서	39×27	201
2	稟目	1	1869년 (고종 6)	三執綱 朴文豹, 朴漢杓, 朴廷敏	行使	• 1869년(고종 6, 기사년) 12월 15일에 儀漆田里의 三執綱 朴文豹, 朴漢杓, 朴廷敏이 府使에게 올린 稟目 • 幼學 朴英禧의 지극한 효성은 隣里와 鄕黨에서 모두 보고 들어서 본디 입을 다물어 행적이 없어지게 할 수 없어 이에 대해 巡營門에 褒旌해 줄 것을 아뢰는 내용 • 題辭: 觀此狀辭 朴英禧之誠孝 果是天孝也 聞甚嘉尙是旀 褒報一欵 惟在■…■	53×95	202

4. 證憑類

순번	자료명	번호	작성연도	발급자	수취자	내용	크기	수록면
1	戶口單子	1	1804년 (순조 4)	朴順協	行郡守	• 朴順協이 行郡守에게 올린 戶口單子 • 義新面 漆田里에 거주하는 幼學 朴順協(52세, 본관 밀양)이 거주지, 본인의 四祖, 妻 林氏, 率子 幼學 性儒(개명 性璉), 며느리 曺氏, 子 阿只(개명 性彦)을 기록	59×36	204
		2	1810년 (순조 10)	朴性愈	行郡守	• 朴性愈가 行郡守에게 올린 戶口單子 • 義新面 漆田里에 거주하는 幼學 朴性愈(31세, 본관 밀양)가 거주지, 본인의 四祖, 妻 曺氏, 率子 幼學 振文, 幼學 振才을 기록	59×36	205
		3	1849년 (헌종 15)	朴廷瑞	行郡守	• 朴廷瑞가 行郡守에게 올린 戶口單子 • 義新面 漆田里에 거주하는 幼學 朴廷瑞(25세, 본관 밀양)가 거주지, 본인의 四祖, 妻 河氏, 買得奴 東伍 守業을 기록 • 學生 朴性泌 사망해서 孫 朴廷瑞가 대신 작성	59×36	206

순번	자료명	번호	작성연도	발급자	수취자	내용	크기	수록면
1	戶口單子	4	1855년 (철종 6)	朴廷秀	行郡守	• 朴廷秀가 行郡守에게 올린 戶口單子 • 義新面 漆田里에 거주하는 幼學 朴廷秀(31세, 본관 밀양)가 거주지, 본인의 四祖, 妻 河氏, 買得奴 束伍 守業을 기록 • 朴廷秀와 朴廷瑞, 朴廷壽는 동일인물	59×36	207
		5	1861년 (철종 12)	朴廷壽	行郡守	• 朴廷壽가 行郡守에게 올린 戶口單子 • 義新面 漆田里에 거주하는 幼學 朴廷壽 (37세, 본관 밀양)가 거주지, 본인의 四祖, 妻 河氏, 率子 幼學 英幹, 며느리 梁氏, 子 阿只, 奴 束伍 守業을 기록 • 朴廷秀와 朴廷瑞, 朴廷壽는 동일인물	59×36	208
		6	1864년 (고종 원년)	朴廷壽	行郡守	• 朴廷壽가 行郡守에게 올린 戶口單子 • 義新面 漆田里에 거주하는 鰥夫 朴廷壽 (40세, 본관 밀양)가 거주지, 본인의 四祖, 率子 幼學 英幹, 며느리 梁氏, 子 阿只, 奴 束伍 守業을 기록 • 朴廷秀와 朴廷瑞, 朴廷壽는 동일인물	59×36	209
		7	1873년 (고종 10)	朴鍾佐	行府使	• 朴鍾佐가 行府使에게 올린 戶口單子 • 義新面 漆田里에 거주하는 幼學 朴鍾佐(29세, 英禧에서 개명, 본관 밀양)가 거주지, 본인의 四祖, 妻 梁氏를 기록 • 朴英幹, 英禧는 朴鍾佐와 동일인물	59×36	210
		8	1885년 (고종 22)	朴定錄	行府使	• 朴定錄이 行府使에게 올린 戶口單子 • 義新面 漆田里에 거주하는 鰥夫 朴定錄(58세, 본관 밀양)이 거주지, 본인의 四祖를 기록	59×36	211

5. 明文・文記類

순번	자료명	번호	작성연도	발급자	수취자	내용	크기	수록면
1	明文	1	1799년 (정조 23)	寡婦 朴氏	朴聖儒	• 1799년 2월 30일에 寡婦 朴氏가 幼學 朴聖儒에게 논을 팔면서 발급한 明文 • 소유경위: 買得 • 방매사유: 移買하기 위해서 • 대상: 明佘員 漆田 天方坪 人字 畓 1斗落只 3夜味 2卜 • 가격: 錢文 7兩 7戔 • 참여자: 證人 同生 幼學 哲元, 幼學 朴啓權	46×39	214
		2	1801년 (순조 원년)	任鍊宗	朴性儒	• 1801년 2월 15일에 任鍊宗이 幼學 朴性儒에게 밭을 팔면서 발급한 明文 • 소유경위: 買得 • 방매사유: 요긴하게 사용하기 위해서 • 대상: 明琴員 上谷坪 鳥字 田 5斗落只 6卜 • 가격: 錢文 7兩 • 참여자: 證人 幼學 朴斯元, 筆 幼學 朴命新	46×39	215
		3	1806년 (순조 6)	朴斯信	朴性儒	• 1806년 4월 6일에 十寸大夫 朴斯信이 幼學 朴性儒에게 논을 팔면서 발급한 明文 • 방매사유: 필요한 일이 있어서 • 대상: 鳥佘員 七田 上谷坪 人字 畓 2夜味 7升落只 1卜 5束 • 가격: 錢文 8兩 • 참여자: 訂人 幼學 金尙宗, 筆 侄 朴啓炫	46×39	216

순번	자료명	번호	작성연도	발급자	수취자	내용	크기	수록면
1	明文	4	1810년 (순조 10)	朴啓沃	朴性儒	• 1810년 1월 26일에 九寸叔 朴啓沃이 幼學 朴性儒에게 밭을 典賣하면서 발급한 明文 • 소유경위: 買得 • 방매사유: 己巳年에 박계옥이 박성유에게 錢 7兩을 빌렸고, 기사년 冬月에 錢 1兩을 갚음. 그 나머지 갚아야 하는 錢 6兩 중에 지금 파는 밭을 2兩 5戋으로 쳐서 典賣 • 대상: 鳴琴員 下屈坪 始字 田 4斗落只 2卜 1束 • 가격: 2兩 5戋 • 참여자: 筆 幼學 八寸兄 朴南奎 • 비고: 3兩 5戋 및 이자, 田價 2兩 5戋은 박성유에게 오는 가을에 還退할 것	46×39	217
		5	1821년 (순조 21)	徐榮得	朴聖泌	• 1821년에 徐榮得이 朴聖泌에게 논을 팔면서 발급한 明文 • 소유경위: 買得 • 방매사유: 移買하기 위해서 • 대상: 明金市場坪 火字 畓 7斗落只 3夜味 26卜 • 가격: 錢文 44兩 • 참여자: 筆證人 朴昌厦	46×39	218
		6	1829년 (순조 29)	朴命樞	朴性泌	• 1829년에 朴命樞가 朴聖泌에게 논을 팔면서 발급한 明文 • 소유경위: 買得 • 방매사유: 요긴하게 사용하기 위해서 • 대상: 明琴員 加丹坪 唐字 畓 3斗落只 2夜味 7卜 6束 • 가격: 錢文 50兩 • 참여자: 證人 幼學 朴俊謙, 筆執 幼學 朴性穆	46×39	219
		7	1829년 (순조 29)	朴啓運	朴性泌	• 1829년 3월 25일에 幼學 朴啓運이 幼學 朴性泌에게 논을 팔면서 발급한 明文 • 소유경위: 買得 • 방매사유: 移買하기 위해서 • 대상: 鳴琴員 上加丹坪 唐字 畓 3升落只 1夜味 1卜 • 가격: 錢文 3兩 5戋 • 참여자: 訂筆 姓五寸侄 命粲	46×39	220
		8	1830년 (순조 30)	朴漢伋	朴性泌	• 1830년 2월 26일에 幼學 朴漢伋이 幼學 朴性泌에게 논을 팔면서 발급한 明文 • 소유경위: 買得 • 방매사유: 移買하기 위해서 • 대상: 明今 加丹坪 弔字 畓 6斗落只 6夜味 15負 • 가격: 錢文 110兩 • 참여자: 訂人 幼學 曺世默, 筆執 幼學 任聖淵	46×39	221
		9	1834년 (순조 34)	金南玉	朴性泌	• 1834년 3월 11일에 金南玉이 幼學 朴性泌에게 밭을 팔면서 발급한 明文 • 소유경위: 買得 • 방매사유: 요긴하게 사용하기 위해서 • 대상: 明糸員 下屈坪 乃字 田 8斗落只 15卜 3束 • 가격: 錢文 18兩 • 참여자: 訂人 李宗發	46×39	222

6. 書簡·通告類

순번	자료명	번호	작성연도	발급자	수취자	내용	크기	수록면
1	通文	1	1870년 (고종 7)	朴而祚 등	淸齋所	• 1870년(고종 7, 경오년) 정월에 朴而祚 등이 淸齋所에 올린 通文 • 의신면 칠전리에 거주하는 朴英禧의 하늘을 감동시킨 지극한 효행에 대해 칠전리에서 官府에 사연을 올렸고, 받은 題音을 齋中에 알리니, 이를 여러 사람들이 관부에 알리고, 巡營에 轉報하여 박영희의 행실을 기리고 정려할 수 있게 해 달라는 내용 • 題辭: 奚獨一府之人口頌而已哉 將爲稟官報營事	53×95	224
2	婚書	1	癸巳	朴英雲	李生員	• 계사년 5월 4일에 朴英雲이 李生員에게 보낸 婚書 • 이 생원이 딸을 허락하였기에 先人들의 예의에 따라서 삼가 납폐를 하겠다는 내용	36×37	225
		2	丙戌 [1946년]	朴鳳洋		• 병술년 10월 7일에 朴鳳洋이 작성한 四星單子 • 年은 丁卯, 月은 癸卯, 日은 庚申, 時는 丙戌이다.	42×21	226
		3	丙戌 [1946년]	朴鳳洋	李生員	• 병술년 12월 20일에 朴鳳洋이 李生員에게 보낸 婚書 • 늦겨울에 이 생원이 잘 지내고 있는지 물으며, 자신의 장남 亢承의 나이가 이미 장성했으나 짝이 없었는데, 이 생원이 딸을 허락해 주어 先人들의 예의에 따라서 삼가 납폐를 하겠다는 내용	30×38	227

◈ 조도면 신전리

1. 敎令類

순번	자료명	번호	작성연도	발급자	수취자	내용	크기	수록면
1	告身	1	1899년 (고종 36)	高宗	童蒙敎官	• 1899년 8월에 童蒙敎官을 朝奉大夫 丞旨參判으로 임명하는 문서	52.6×49.7	232

2. 書簡·通告類

순번	자료명	번호	작성연도	발급자	수취자	내용	크기	수록면
1	婚書	1	丙申	陳東林		• 병신년 음력 1월 19일에 陳東林이 아들 南述의 혼례 관련하여 작성한 문서 • 자신의 셋째 아들 南述에게 令愛를 아내로 주신다는 허락을 받아 선인의 예법에 따라 삼가 납폐의 예를 행한다는 내용이다.	52×31.6	234
2	涓吉單子	1	丁亥	陳太三	金生員	• 정해년 혼례 때의 절차와 길흉을 점쳐 혼례일자를 적어 놓은 문서 • 신랑은 丁卯 火, 신부는 戊辰 木이며, 奠雁은 12월 15일이다. 연길단자에 月殺, 雷霆, 白虎, 太白, 玉女, 入門, 抵向의 방향과 周堂이 적혀 있다.	54.5×30.7	235

순번	자료명	번호	작성연도	발급자	수취자	내용	크기	수록면
2	涓吉單子	2	乙巳	朴相羽		• 을사년 혼례 때의 절차와 길흉을 점쳐 혼례일자를 적어 놓은 문서 • 신랑은 乙酉 水, 신부는 乙酉 水이며, 大禮는 을사년 10월 29일이다. 연길단자에 衣籠, 枕衾, 入門, 抵向의 방향과 周堂 등이 적혀 있다. 于歸는 당일 午時이다.	47×32.2	236
		3	丙申	陳東林		• 병신년 혼례 때의 절차와 길흉을 점쳐 혼례일자를 적어 놓은 문서 • 신랑은 庚午 土, 신부는 乙亥 火이며, 大禮는 병신년 1월 19일이다. 연길단자에 衣籠, 衾枕, 入門, 抵向, 諸殺의 방향이 적혀 있다. 신부의 于歸는 당일이였다.	52×31.6	237

3. 置簿記錄類

순번	자료명	번호	작성연도	발급자	수취자	내용	크기	수록면
1	葬擇記	1				• 亡人의 장례를 치르기 위해 葬擇日과 장례 절차에 따른 일시와 유족의 생년 등을 기록한 문서 • 부부의 乾化命은 丁酉 火이고 坤化命은 戊戌 木이다. 祭主는 아들 두 명으로 한 명은 庚申 木이고, 다른 한 명은 丁卯 火이다.	37.5×31.6	240
		2				• 亡人의 장례를 치르기 위해 葬擇日과 장례 절차에 따른 일시와 유족의 생년 등을 기록한 문서 • 부부의 乾化命은 癸未 木이고 坤化命은 壬午 木이다. 祭主는 아들과 며느리 각각 2명, 손자 둘이었다. 장남은 庚申이고, 차남은 癸亥이다.	57.4×33.9	241
		3				• 亡人의 장례를 치르기 위해 葬擇日과 장례 절차에 따른 일시와 유족의 생년 등을 기록한 문서 • 부부의 乾化命은 丁卯 火이고 坤化命은 戊辰 木이다. 祭主는 아들과 며느리, 손자와 孫婦 각각 2명, 증손 4명이었다. 제주인 아들은 甲午, 며느리는 乙未이다.	62.1×33.7	242
		4				• 亡人의 장례를 치르기 위해 葬擇日과 장례 절차에 따른 일시와 유족의 생년 등을 기록한 문서 • 坤化命은 戊辰 木이다. 祭主는 장남과 며느리, 차남, 손자였다. 장남은 丁酉이며, 며느리는 戊戌, 차남은 甲辰, 손자는 庚申이다. 안장은 11월 17일 庚申, 하관은 辰時였다.	39.4×39	243
		5				• 亡人의 장례를 치르기 위해 葬擇日과 장례 절차에 따른 일시와 유족의 생년 등을 기록한 문서 • 坤化命은 戊戌 木이다. 祭主는 장남과 며느리, 손자와 孫婦, 증손 등이다. 안장은 11월 15일 庚申, 하관은 甲午時였다.	53.1×50.5	244
		6				• 亡人의 장례를 치르기 위해 葬擇日과 장례 절차에 따른 일시와 유족의 생년 등을 기록한 문서 • 坤化命은 戊戌 木이다. 祭主는 두 명의 손자와 孫婦, 증손 등이다. 안장은 11월 23일, 하관은 卯時였다.	56×32.8	245
		7				• 亡人의 장례를 치르기 위해 葬擇日과 장례 절차에 따른 일시와 유족의 생년 등을 기록한 문서 • 乾化命은 庚申이다. 主喪자는 아들과 손자들이다. 안장은 병자년 5월 29일 庚子, 하관은 未時였다.	42.3×30.6	246

순번	자료명	번호	작성연도	발급자	수취자	내용	크기	수록면
2	[문서서식집]	1				• 아버지 및 주변 사람들에게 보내는 간찰의 작성에 있어 필요한 투식과 예문이 주로 수록되어 있으며, 이외 청원서, 逐私[邪]經 등 각종 문서 투식과 기도문을 필사한 자료	17×19.1	247

◈ 지산면 용동리

1. 敎令類

순번	자료명	번호	작성연도	발급자	수취자	내용	크기	수록면
1	宣武原從功臣錄券	1	1605년 (선조 38)	功臣都鑑	朴蕭從	• 임진왜란 때 功을 세워 宣武原從功臣에 錄勳된 사람들을 위해 간행한 錄券으로, 判官을 역임했을 때의 功으로 2等에 錄勳된 朴蕭從에게 내린 錄券	23.7×36.6	260

◈ 진도읍

1. 敎令類

순번	자료명	번호	작성연도	발급자	수취자	내용	크기	수록면
1	白牌	1	1891년 (고종 28)	高宗	金鍾籌	• 童蒙 金鍾籌가 進士試에 入格하고 받은 白牌 • 進士 3等 第317인 入格	84×64	318
2	告身	1	1888년 (고종 25)	高宗	金昞淳	• 1888년 4월에 金昞淳을 折衝將軍 行 龍驤衛 副護軍으로 임명하는 문서	69×54	319
		2	1888년 (고종 25)	高宗	金昞淳	• 1888년 4월에 金昞淳을 嘉善大夫 同知中樞府事 兼 五衛將으로 임명하는 문서	69×54	320
		3	1888년 (고종 25)	高宗	金昞淳	• 1888년 5월에 金昞淳을 宣略將軍 行 珍島鎭管 金甲島水軍萬戶로 임명하는 문서	68×56	321
		4	1888년 (고종 25)	高宗	孺人 許氏	• 1888년 4월에 孺人 許氏를 貞夫人으로 임명하는 문서 • 左傍書: 嘉善大夫 同知中樞府事 金昞淳妻 依法典 從夫職	69×54	322
		5	1890년 (고종 27)	高宗	金熙淳	• 1890년 7월에 金熙淳을 折衝將軍 行 龍驤衛 副護軍 兼 羅州鎭右營將 討捕使로 임명하는 문서	69×54	323
3	追贈敎旨	1	1888년 (고종 25)	高宗	金燦圭	• 1888년 4월에 學生 金燦圭를 嘉善大夫 戶曹參判 兼 同知義禁府事로 추증하는 문서 • 左傍書: 嘉善大夫 同知中樞府事 金昞淳考 依法典 追贈	69×54	324
		2	1888년 (고종 25)	高宗	金元爀	• 1888년 4월에 學生 金元爀을 通政大夫 承政院 左承旨 兼 經筵參贊官으로 추증하는 문서 • 左傍書: 嘉善大夫 同知中樞府事 金昞淳祖考 依法典 追贈	69×54	325
		3	1888년 (고종 25)	高宗	金聲喆	• 1888년 4월에 學生 金聲喆을 通訓大夫 司僕寺正으로 추증하는 문서 • 左傍書: 嘉善大夫 同知中樞府事 金昞淳曾祖考 依法典 追贈	65×54	326

순번	자료명	번호	작성연도	발급자	수취자	내용	크기	수록면
3	追贈教旨	4	1888년 (고종 25)	高宗	孺人 鄭氏	• 1888년 4월에 孺人 鄭氏을 貞夫人으로 추증하는 문서 • 左傍書: 嘉善大夫 同知中樞府事 金昞淳妣 依法典 追贈	69×54	327
		5	1888년 (고종 25)	高宗	孺人 朴氏	• 1888년 4월에 孺人 朴氏을 淑人으로 추증하는 문서 • 左傍書: 嘉善大夫 同知中樞府事 金昞淳曾祖妣 依法典 追贈	65×54	328
4	差帖	1	1890년 (고종 27)	班首	金熙淳	• 班首 羅가 負商 金熙淳을 時宰班首로 임명하는 문서	66×58	329

2. 疏・箚・啓・狀類

순번	자료명	번호	작성연도	발급자	수취자	내용	크기	수록면
1	所志	1	1888년 (고종 25)	金昞淳	禮曹	• 金昞淳이 禮曹에 올린 所志 • 金昞淳이 嫡室에게서 아들이 없고 단지 서자 鍾籌만 있으므로, 鍾籌를 承嫡하여 奉祀하고자 호소하니 立案을 성급해 줄 것을 요청하는 내용 • 題辭: 호소한대로 입안을 성급해줄 것. 초4일.	51×89	332
		2	1903년 (고종 40)	金鍾籌	行官	• 金鍾籌가 行官에게 올린 所志 • 金鍾籌가 자신의 돌아가신 아버지를 過葬하기 위해서 山地를 널리 구하던 중에 군의 所浦에 사는 金在浩가 海倉 艙項山에 있는 기슭의 선산에 빈 곳이 있다고 하였다. 그래서 位土를 준비하기 위해 公議를 따라 값을 錢文 700兩으로 쳐서 문권을 작성하여 許賣하였으므로 明文을 점련하여 호소하니 뒷날에 고찰하기 위해 立旨를 성급해 줄 것을 요청하는 내용 • 題辭: 이미 山主에 대한 제사가 내려졌으므로 거듭하여 뒷날에 고찰하기 위해 성급할 것. 29일.	34×66	333
2	訴狀	1	1903년 (고종 40)	金在浩	行郡守	• 金在浩가 行郡守에게 올린 訴狀 • 海倉 艙項山의 기슭에 있는 先壠의 공터에 府堂洞에 사는 進士 金鍾籌가 자신의 돌아가신 아버지를 入葬하기 원하였다. 이에 公論을 따라 전문 700兩에 영원히 許賣하였으니 뒷날에 고찰하기 위해 題音을 내려 피고에게 발급해 달라는 내용 • 題辭: 이미 문서를 작성하여 팔았으므로 호소한 바대로 성급해줄 것. 29일.	36×27	334

3. 牒・關・通報類

순번	자료명	번호	작성연도	발급자	수취자	내용	크기	수록면
1	傳令	1	1888년 (고종 25)	右湖水軍 節度使	金甲島萬 戶 金昞淳	• 右湖水軍節度使가 金甲島萬戶 金昞淳에게 보낸 傳令 • 무자년 6월에 道軍官으로 自望 했으니 즉시 來現하라는 내용	56×47	336
		2	1889년 (고종 26)	右湖水軍 節度使	金甲萬戶 金昞淳	• 右湖水軍節度使가 金甲島萬戶 金昞淳에게 보낸 傳令 • 기축년 9월에 道軍官으로 自望 했으니 즉시 來現하라는 내용	56×47	337

4. 證憑類

순번	자료명	번호	작성연도	발급자	수취자	내용	크기	수록면
1	戶口單子	1	癸酉	韓聖海	行郡守	• 韓聖海가 行郡守에게 올린 戶口單子 • 계유년에 진도 牧場面 臥牛洞里에 거주하는 業武 韓聖海(64세, 본관 청주)의 거주지, 본인과 妻의 四祖, 아들 得秋, 며느리 洪姓을 기록	56.3×36.1	340
		2	癸酉	韓得霜	行郡守	• 韓得霜이 行郡守에게 올린 戶口單子 • 계유년에 진도 牧場面 加峙里에 거주하는 業儒 韓得霜(32세, 본관 청주)의 거주지, 본인과 妻의 四祖, 率子를 기록	46×37.1	341
		3	癸卯	韓得尙	行郡守	• 韓得尙이 行郡守에게 올린 戶口單子 • 계묘년에 진도 牧場面 所浦里에 거주하는 業武 韓得尙(62세, 본관 청주)의 거주지, 본인과 妻의 四祖, 아들 明文, 明實, 딸 阿只를 기록	68.2×38.3	342
2	戶籍表	1	建陽	金熙淳	珍島郡守	• 金熙淳이 전라남도 진도군수에게 올린 戶籍表 • 建陽 연간에 진도 府內面 東外 望月里에 거주하는 五衛將 前 羅州鎭 右營將 金熙淳(68세, 본관 김해)의 四祖, 妻 許氏, 아들 成均館 進士 鍾籌, 며느리 郭氏, 孫 阿只를 기록	22×33	343
3	試券	1	1891년 (고종 28)	金鍾籌		• 金鍾籌가 15세에 작성한 試券 • 試題: 三代所以長久者 以其有此具 賦 • 字號: 九地 O科次: 三下	70×108	344
4	證書	1	1912년	珍島公立普通學校	金次培	• 1912년 3월 25일에 珍島公立普通學校에서 본교 제1학년의 과정을 수료한 金次培(1901년 12월 15일 생, 수료증서 제25호)에게 수여한 修業증서	38×27	345
		2	1913년	珍島公立普通學校長 兒玉五助	金次培	• 1913년 3월 22일에 珍島公立普通學校長 兒玉五助가 본교 제2학년의 과정을 수료한 金次培(1901년 12월 15일 생, 수료증서 제31호)에게 수여한 修業증서	38×27	346
		3	1914년	珍島公立普通學校	金次培	• 1914년 3월 23일에 珍島公立普通學校에서 본교 제3학년의 과정을 수료한 金次培(1901년 12월 15일 생, 수료증서 제60호)에게 수여한 修業증서	38×27	347
		4	1915년	珍島公立普通學校長 兒玉五助	金次培	• 1915년 3월 25일에 珍島公立普通學校長 兒玉五助가 본교에서 소정의 교과목을 졸업한 金次培(1901년 12월 15일 생, 졸업증서 제127호)에게 수여한 卒業증서	37×27	348
5	褒狀	1	1911년	珍島公立普通學校 吉田勝久馬	金次培	• 1911년 11월 27일에 1학년 金次培가 聖護院大根[무의 품종] 3등을 하여 성적이 좋아서 받은 褒狀 • 시상자는 珍島公立普通學校 제1회 蔬菜品評會長인 吉田勝久馬, 심사위원은 繁野秀介, 矢津田賜	28×25	349
		2	1912년	珍島公立普通學校長 吉田勝久馬	金次培	• 1912년 3월 25일에 1학년 金次培가 본 학년에서 勉勵하였으므로 褒狀을 받음 • 시상자는 珍島公立普通學校長인 吉田勝久馬	38×27	350

5. 書簡·通告類

순번	자료명	번호	작성연도	발급자	수취자	내용	크기	수록면
1	書簡	1	庚人	情末		• 庚人 菊月에 情末이 미상자에게 보낸 편지 • 작성자는 곧 체직되면서 몇 글자의 편지를 보냈는데 상대방이 잘 받아 봤으리라 생각하며, 상대방이 일 없이 잘 지내고 있는 것을 알아 기쁘다고 하였다. 자신도 어제와 같이 한결같이 지내나, 도임하는 행차를 어째서 미루는지, 19일에 길을 떠난다고 했는데 과연 그러한지 묻고 있다.	41×23	352
		2	戊子	情末		• 戊子年 7월 13일에 情末이 미상자[戎體]에게 보낸 편지 • 얼마 전에 헤어지고 오래되지 않아 편지를 받게 되어, 직접 만나 이야기하는 듯 기쁘다고 하였다. 요즘 가뭄과 더위가 심한데 병영에서 근무하며 잘 지내고 있다고 하니 말로 다 못할만큼 기쁘다고 하였다. 자신의 병은 여전히 나아지지 않아 쇠약해진 몸을 언제 예전처럼 회복할 수 있을지 애처롭다고 하였다. 보내준 두 가지 물건은 잘 받았는데 쇠잔한 鎭營에서 이렇게 보내주어 감사하다고 인사하였다.	39.5×23	353
		3	庚寅	許灝		• 庚寅年 11월 18일에 姻弟 許灝가 미상자에게 보낸 편지 • 상대방이 보내준 편지를 받고 겨울철 상도가 어그러졌으나 잘 지내고 있음을 알게 되어 위로와 축하의 마음을 전한다고 하였다. 처남인 자신은 무료하게 앉아 있으니 답답하고 안타까우며 자신의 소식은 글이나 말로는 다 전하기 어렵다고 하였다. 당시 俵災와 관련된 문제가 심하여 관련 문적을 남겨두었으니, 훗날 집으로 돌아오면 잘 살펴 달라고 부탁하였다.	33×23	354
		4	戊子	金重燮		• 戊子年 12월 그믐에 記末 金重燮이 미상자[戎體]에게 보낸 편지 • 요즘 상대방이 군무에 종사하면서 평안하시다는 소식을 듣고 위안이 된다고 하였다. 자신은 객지에서 우선 부족하게나마 지내고 있으나 籌軒의 건강이 늘 평안하다고 하니 그 다행은 말로 다 표현할 수 없다고 하였다. 交龜는 다음달 2월 보름이나 20날 사이에 있을 듯하며 일에 두서가 없어 그저 근심과 혼란뿐이라고 하였다. 나머지 이야기는 다른 종이에 따로 적겠다고 하였다.	37×23	355
		5	己丑	金重燮		• 己丑年 4월 15일에 記下 金重燮이 미상자에게 보낸 편지 • 가뭄 끝에 단비가 내렸으나 농사에 충분하지 않아 염려된다고 하였다. 이번달 27일에 水營에서 진휼을 마치는 날에 겸하여 使道가 조정에 돌아올 날이 멀지 않았으니 한번 만나서 작별하지 않을 수가 없어 이렇게 편지를 보낸다고 하였다.	40×21.5	356
		6	1892년 (고종 29)	金昞淳		• 1892년 7월 2일에 記下 金昞淳이 미상자에게 보낸 편지 • 올봄에 자신이 있는 곳까지 와주셨을 때 잠시 이야기를 나눈 것이 지금도 아쉽다고 하였다. 문득 가뭄과 더위 속에서 공무를 수행하는 상대방이 어떻게 지내는지 알지 못하나 늘 평안하기를 바란다고 하였다. 자신은 지난 몇 달 전에 우연히 종기가 나서 고통스럽게 치료하느라 거의 위험한 지경에 이르렀다가 겨우 조금 나아졌으나 아직 몸을 자유롭게 움직이지 못한다고 하였다.	42×25	357

순번	자료명	번호	작성연도	발급자	수취자	내용	크기	수록면
		7	1889년 (고종 26)	金昞淳		• 1889년 9월 20일에 記下 金昞淳이 미상자에게 보낸 편지 • 비록 평소에 친분은 없었지만 여러 번 鎭吏가 왕래하며 조금 상대방에 대해 들었다고 한다. 상대방이 새로 부임하고 얼마 되지 않아 번잡한 일이 많을 것이라 생각되어 염려된다고 하였다. 편지를 보낸 것은 本鎭에서 7~9월에 부세를 推來하기 위해 지난 7월에 색리를 정해 보냈고, 돌아온 색리가 고하길, "8월 望日에 鎭營에서 三朔條를 전부 출급하겠다."고 했다고 한다.	38×23	358
		8	庚人	金熙淳		• 庚人 10월 16일에 記下 金熙淳이 미상자에게 보낸 편지 • 작년 섣달에 뵌 이후로 지금까지 그리움이 깊어 안부를 묻는다고 하였다. 관직에 있는 상대방이 잘 지내고 있기를 간절히 바라며 자신은 외람되게 나라의 은혜를 입었으나 답답함이 극에 달해 상대방을 생각하고 있고 상대방도 이를 잘 알고 계시리라 생각한다고 하였다. 자신은 7월 18일에 임명되었으나 9월에 이르러서야 부임하게 되었고 여러 사정으로 장애가 많아 부임 후에는 곧바로 鄕營에서 延命을 할 계획이라고 한다. 이외 자신은 병에 걸려 거의 위태로운 지경에 이르렀다가 겨우 조금 회복되었지만 움직이기조차 어렵다고 하였다. 이러한 자신의 지체된 사정을 상대방이 잘 전달해 주기를 부탁하고 있다.	43×23	359
		9		巡洞	金昞淳	• 巡洞에서 金昞淳에게 보낸 편지의 피봉. 봉투에는 金吏昞淳家 回傳 珍島. 巡洞 答書라고 적혀 있다. 10번 간찰의 피봉으로 추정된다.	6.8×17.5	360
		10	辛未	巡洞	金昞淳	• 辛未年 6월에 巡洞에서 보낸 답장 편지 • 오래도록 소식이 막혀 매우 아쉬운데 지금 편지를 받아 기쁘다고 하였다. 편지를 보낸 후에 여러 날이 지났는데 요즘 임무를 하며 어떻게 잘 지내고 있는지 묻고 있다. 생각지도 않게 또 병영이 체직되었다고 하니 그대가 맡은 임무의 수행이 비단 갈등이 많을 뿐만 아니라 빚 위에 빚이 더해졌으니 이것이 매우 답답하다고 하였다. 자신은 병조에서 軍啣을 받고 강화도 어귀로 부임하여 이곳에서 돌아온 지 한 달이 넘었는데 坊을 지키는 피로함은 말로 다 표현할 수 없다고 하였다.	36×28	360
		11		水原 南昌洞	金昞淳	• 수원 남창동에서 金昞淳에게 보낸 편지의 피봉. 봉투에는 金吏昞淳家 卽展.水原 南昌洞 書函라고 적혀 있다. 12번 간찰의 피봉으로 추정된다.	7×16	361
		12	癸○	南昌洞	[金昞淳]	• 癸○年 5월 10일에 南昌洞에서 미상자[金昞淳]에게 보낸 편지 • 지난 가을에 보낸 편지는 아마도 이미 받아보셨으리라 생각되나 그 이후로 아무런 소식이 없어 애달프고 안타깝다고 하였다. 자신은 올 2월에 수원읍 남창동으로 거처를 옮겼으나 생계가 막막하고 본래 서툰 솜씨라서 앞으로의 방책이 없다고 하였다. 나머지 이야기는 자세히 적지 않고 상대방에게 부채 하나를 보내드린다고 하였다.	48.5×14.5	361
		13		李秉翊		• 李秉翊가 미상자에게 보낸 편지 • 오랫동안 소식이 막혀 안타까웠는데 요즘 상대방이 잘 지내신다고 하니 위로가 이루 말할 수 없이 크다고 하였다. 자신은 예전대로 지내고 있으나 아이들과 서로 얼굴을 마주하지 못한 것이 오래되었고, 지금 또 떠나게 되었으니 비록 공무 때문이라고 하나 마음이 허전하다고 하였다. 길은 더욱 머니 어찌 도착할 수 있을지 염려된다고 하였다. 상대방이 보내준 百錮은 무슨 영문인지, 오히려 마음이 불편하여 감사드리기 어렵다고 하였다.	36.5×23.8	362

순번	자료명	번호	작성연도	발급자	수취자	내용	크기	수록면
		14	己巳	崔鳳奎		• 己巳年 8월 14일에 弟 崔鳳奎가 미상자에게 보낸 편지 • 오래도록 소식이 막혀 그리웠는데 편지를 받고 상대방이 근래 新凉에 仕體가 종기병으로 오래도록 편치 않았다가 회복하였다고 하니 다행이라고 하였다. 이외 상대방이 보내준 편지와 물건에 대해 감사하다는 인사를 전하고, 지난번에 부탁한 木物의 件記 중에 食盤 1立은 부탁할 곳이 없었으나 지금 書物을 올려 보내면서 사서 보내고, 관가에 올린 饌合 1坐 또한 付送하니 추심하여 納上하는 것이 어떤지 묻고 있다.	40×24.5	363
		15	己巳	崔鳳奎	使道	• 己巳年 9월 4일에 弟 崔鳳奎가 使道에게 보낸 편지 • 使道의 병환은 약을 써도 효험이 없는지 걱정하며, 자신은 객지에서 늘 그렇듯 지내고 있다는 소식을 전했습니다. 오직 바라는 것은 使道의 안위뿐이라고 하였습니다. 지난번 보내주신 서신은 받자마자 돌아가는 하인 편에 바로 답신했으니 염려하지 않으셔도 되며, 이전에 보냈던 木物은 값에 비해 품질이 좋지 못했던 것이 내내 마음에 걸린다고 하였다. 덧붙여 鏡臺 안의 玉物은 곁에 있는 장인이 만드는 대로 즉시 부쳐 보내달라고 부탁하였다.	40×24	364
		16	庚寅	金鍾信		• 庚寅年 11월 15일에 記下 金鍾信이 미상자에게 보낸 편지 • 내려 올 때에 갑자기 이별하여 지금도 서글피 탄식하는데, 자신은 이번 14일에 무탈하게 읍에 도착해 다행이라는 소식을 전하였다. 부탁한 步轎는 별도로 명령해서 해당 장인이 튼튼하게 완성했으며 옻칠을 잘하는 자가 사면에도 겹겹이 옻칠을 하여 다음달 10일 안으로 보낼 계획이라고 하였다.	35×23	365
		17	庚寅	金鍾信		• 庚寅年 11월 25일에 記下 金鍾信이 미상자에게 보낸 편지 • 김종신은 객지에서 예전대로 지내고 있으며, 가마인 步轎의 칸을 飭造하여 이를 도로 내려 보내기를 바라며, 食盤과 席子 등은 자신이 내려가는 길에 지니고 갈 것이라고 한다. 지난번에 말씀드린 두 사람에게 받아들여야 할 것은 이미 모두 거두어들였는지 물으며 만약 모두 거두어들였다면 그대로 두는 것이 어떤지 묻고 있다.	38×22.7	366
		18	辛卯	朴顯瑞		• 辛卯年 1월 10일에 生 朴顯瑞가 미상자에게 보낸 편지 • 해가 바뀌어 새해가 됐지만 마음은 섭섭하며, 새해를 맞아 상대방이 잘 지내는지 알 수 없어 그리움을 이길 수 없다고 하였다. 자신은 부모님을 모시며 그럭저럭 지내고 있어 따로 할 말은 없다고 하였다. 이 편지를 쓴 것은 작년에 어려웠던 살림에 대해 적은 標紙를 보내니, 살펴보신 후에 班布 한 필과 그 고을에서 생산되는 물품 하나를 사서 보내 주신다면 체면을 세워주실 뿐 아니라 자신의 심정도 헤아려 주시기를 바라는 마음에서였다. 그밖에 언제쯤 찾아올 것인지 정해진 날짜가 있는지를 물으며, 상대방이 오면 얼굴을 보고 얘기하겠다고 하였다.	47×23	367
		19	戊子	金章烈		• 戊子年 11월 30일에 弟 金章烈이 미상자[戎體]에게 보낸 편지 • 이별 후에 지금까지 그리운데 요즘 戎體가 좋음을 알게 되서 우러러 축하드리며, 자신은 부족한 모습이 여전하다고 하였다. 隊軍의 勘錢에 관한 일로 감영에 갔을 때 이미 직접 만나서 말씀드렸고, 즉시 진도부의 青 刑房을 만나서 通書했으며 該鎭 兵色 田承道가 말한 例를 전달했으나 지금 직무를 맡은 사람이 돌아가 情例를 다하지 못했으니 앞으로 關文을 보내 選差해 줄 것과 件記를 별지에 작성하여 보내니 즉시 해당 색리를 엄히 신칙하고 수대로 推送하여 번거롭게 되지 않게 해 줄 것을 부탁하였다.	45.5×24	368

순번	자료명	번호	작성연도	발급자	수취자	내용	크기	수록면
		20	乙亥	尙洞客		• 乙亥年 9월 9일에 尙洞에 있는 客이 미상자에게 보낸 편지 • 정 생원 편에 비록 편지는 없었지만, 평안하다는 소식을 들어 기쁘며 편지를 쓸 때면 마치 얼굴을 마주한 듯하다고 하였다. (편지 작성자는) 수신자가 服喪 중에도 평안한지, 가족들은 별일이 없는지 안부를 물었다. 편지를 받는 이가 수령으로 추정되는데, 이는 상대방이 고을에서 맡은 임무로 인해 크게 번거롭거나 괴롭지는 않은지 물었기 때문이다. 편지 작성자는 혹시 답장을 보낼 일이 있다면 상동의 서 판서 댁으로 보내면 자신에게 전달될 것이라고 알리며, 唐墨 한 갑을 보냈다고 덧붙였다.	36.8×22	369
		21	乙○	朴元長		• 乙○年 9월 17일에 記下 朴元長이 미상자에게 보낸 편지 • 작별 인사를 나눈 뒤 세금은 잘 걷으셨는지 안부를 물었다. 자신은 늘 변함없이 지내고 있다고 하였다. 다만 尺文을 너무 늦게 보내드린 것이 마음에 걸린다며, 그 때문에 무슨 문제가 생기지는 않았는지 걱정된다고 덧붙였다.	34.5×23	370
		22	戊子	張翰天		• 戊子年 8월 20일에 罪弟 張翰天이 미상자[戎體]에게 보낸 편지 • 상대방이 보내준 편지를 받고 고맙고 기뻤으며, 장마철임에도 戎體가 편안하시다는 것을 알게 되어서 위로가 된다고 하였다. 자신은 늘 그렇듯 지내고 있어 달리 할 말은 없으나, 지금 보내는 이 報狀이 도착하는 대로 入呈하여 題辭를 받아서 보내주시면, 자세히 살필 수 있어 분명해질 것 같다고 하였다. 또한, 金島와 茅島 두 섬의 頭民을 잡아들였는데, 금도 백성은 杖 30대를 맞고 방면되었으나 모도 백성은 아직 갇혀 있으니 헤아려 달라고 부탁하였다. 이밖에 巡營의 報題는 아직 내려오지 않았으며, 도착하는 대로 즉시 베껴 보내겠다고 덧붙였다.	39.5×23	371
		23	己丑	張翰天		• 己丑年 1월 11일에 罪弟 張翰天이 미상자에게 보낸 편지 • 喪中이라 실낱같이 위태로운 목숨을 겨우 이어가고 있을 뿐, 달리 드릴 말씀이 없다고 하였다. 이어서 수신자께서 부탁하신 일에 관하여, 자신이 힘을 다해 여러 번 禮監에 청을 넣었지만 최종 허락을 받기란 불가능에 가까워 보인다고 전했다. 상황이 이처럼 여의치 않고 답답하니, 차라리 그쪽에서 적절히 판단하여 처리한 후 보내주시는 것이 어떻겠냐고 물었다.	40.5×23	372
		24	己丑	張翰天		• 己丑年 1월 29일에 罪弟 張翰天이 미상자에게 보낸 편지 • 지난번에 보낸 것은 정해진 수량대로 納上하였으나, 실은 떠나는 사람에게 터무니없이 징수하여 그 수량을 채운 것이니, 사정을 충분히 헤아려 다시 돌려줄 것을 부탁하였다. 이쪽과 저쪽 모두 사정이 어려워 이렇게 번거롭게 말씀드리게 되었으니, 너그러이 이해해 주시길 바란다고 하였다.	39.5×23	373
		25	壬辰	張翰天		• 壬辰年 1월 16일에 張翰天이 미상자에게 보낸 편지 • 뵙지 못한 지 벌써 해가 바뀌었으니 상대방을 생각하는 마음이 간절하다고 하였다. 상대방과 가족들이 잘 지내고 있는지 물으며, 자신은 공적인 일과 사적인 일로 분주하여 어제나 오늘이나 같다고 하였다. 또한 營使님이 체직되는 등의 일에 어려움이 없지 않았으니, 실로 매우 다행이라서 그 외에 대해서는 어찌 다 말하겠냐고 하였다. 지금 집안의 조카 鳳廷에게 들으니 멀리 있는 포구의 船主人이 出賣했다고 하는데, 이것이 과연 사실인지 묻고 있다.	37×24	374

순번	자료명	번호	작성연도	발급자	수취자	내용	크기	수록면
		26	己丑	崔俊鏞		• 己丑年 2월 1일에 生 崔俊鏞이 미상자[戎軒]에게 보낸 편지 • 崔俊鏞은 벼슬살이가 갈수록 힘겨울 뿐이며, 최근 遞職되는 등 어려운 일이 있으니 尊氏께서 사정을 헤아려 살펴주시길 바란다고 하였다. 또한, 上納할 기한이 닥쳤음에도 불구하고 이렇게 번거롭게 말씀을 드리는 것은, 尊侍와 허물없이 가까운 사이였기에 염치를 무릅쓰고 말씀드리는 것이니, 鹿皮와 代錢을 지금 가는 사람 편에 지체 없이 내어주시어 예전처럼 부모님을 모시고 봉양할 수 있기를 간절히 바란다고 하였다.	39×21	375
		27	己酉			• 己酉年 6월 보름에 작성된 편지 • 뜻밖에 편지를 받고 근황을 알게 되었는데, 전해 들은 소식은 참으로 참담하고 안타까워 견딜 수가 없다고 하였다. 멀리서 이런 뜻밖의 소식을 들으니 진실로 '사랑하지만 도와줄 수는 없다'는 말이 떠오른다고 하였다. 편지 작성자와 수신자 모두 이 일을 미처 헤아리지 못했는데, 상대방은 책임 있는 위치에 있으면서 어찌 미리 살피지 못해 이 지경에 이르게 되었냐며, 이 모든 것은 운명이라 할 수밖에 없다고 한탄하였다. 그 밖에 상대방의 자식이 멀리서 급히 도움을 청해 와서 그 사정이 딱하고 애처로워 답장을 보내며, 나라에 슬픔이 있어 어렵지만 白紙라도 마련하여 보내려 한다고 하였다.	35×24	376
		28	卽日	趙吉州		• 卽日에 趙吉州가 작성한 편지 • 비록 안면은 없는 사이지만 명성은 오래도록 들었으며, 봄추위가 여전히 심한데 평안히 지내고 있는지 염려가 끊이지 않는다고 하였다. 이곳 역시 추위가 심하고 편한 날이 항상 드물어 스스로 가련하다고 한탄하며, 藿田에 관한 일로 鳴琴面의 直講 金丁人이 곡식을 사는 것을 엄히 금지하여 이 땅의 백성들이 곡식 한 낟알도 변통할 수 없어 굶주려 죽을 지경이고, 그 해가 자신에게까지 미쳐 더욱 심하다며 이 편지를 보내니 즉시 私通하여 엄히 신칙하고 금단해 줄 것을 요청하였다.	38×23	377
		29	卽日	記末		• 卽日에 記末 아무개가 작성한 편지 • 이름을 밝히지 않고 逋로 끝맺어 작성자가 미상이다. 어제 상대방이 보내준 편지를 받고 지금까지 위로가 되며 밤중에 내린 비 속에서 병이 좀 괜찮아졌는지 묻고 있다. 편지 작성자는 요새 돌림감기로 건강이 좋지 못하다고 한다. 本州에 民擾가 있었는데, 正理를 따라 여러 사람들의 마음을 진정시켰으니 이는 불쌍히 여겨 위로한 도리인데 어찌 한 터럭만큼이라도 이치에 가깝지 않는 일로 명령을 내릴 수 있겠냐며 '궁할 때는 그 행하지 않는 바를 본다.'는 것이 이를 두고 말하는 것이니, 반드시 공경하고 삼가서 앞길을 열어가길 권하였다.	44×23.5	378
		30	辛卯	李秉熺		• 辛卯年 2월 2일에 記下 李秉熺가 미상자에게 보낸 편지 • 經遞되어 탄식이 끝이 없고 날씨가 아직 매서운데 상대방이 잘 지내는지 묻고 있다. 자신이 설 쇠기 전에 떠났다가 도중에 병을 얻어 그믐이 되도록 낫지를 못해 선달 보름에 서울에 도착했고 지금 겨우 내려와 피곤이 씻기지 않으니 스스로 민망하다고 하였다.	36×21	379

순번	자료명	번호	작성연도	발급자	수취자	내용	크기	수록면
		31	己丑	安壽汝		• 己丑年 12월 21일에 記下 安壽汝가 미상자에게 보낸 편지 • 작성자는 탈 없이 부모님을 뵙고 돌아왔는데 부모님 또한 편안하셔서 다행이라며 자신의 소식을 전하였다. 이전에 수신자가 여러 차례 정중한 뜻으로 부탁한 일이 있었기에, 조금이라도 소홀히 할 수 없어 상경한 이후에 과연 힘을 다할 것이나, 근래의 온갖 일들을 비록 만 번 살펴도 결국 돈이 있어야 일이 이루어지므로, 믿을 만한 인편이 있어 이렇게 보내 번거롭게 하는 점을 헤아려 달라고 부탁하였다.	42×21.5	380
		32	壬辰	李漂滈		• 壬辰年 정월 보름날에 記下 李漂滈가 미상자에게 보낸 편지 • 정월 초하룻날에 상대방과 가족들이 모두 잘 지내고 있는지 안부를 물으면서 자신은 공무를 하며 전과 다름 없이 지내고 있으나 객지 생활은 갈수록 힘들다고 하였다. 지금 암행어사가 本府에 감독하고 책임을 지웠으나 모름지기 빨리 주선해서로 문제되는 일이 없도록 하는 것을 권하였다.	34×24.5	381
		33		潭陽歸客		• 6월 2일에 潭陽歸客이 전주에서 미상자에게 보낸 편지 • 五朔동안 함께 지낸 뒤에 갑자기 이별하게 되어 그리운 마음이 점점 심한데 상대방도 자신과 같은 마음일지 물으며, 장마와 더위가 점점 심해지는 이때에 상대방과 가족들이 잘 지내고 있는지 안부를 묻고 있다. 상대방이 맡은 임무는 다른 사람과 구별되니 더욱 마음을 써주기를 바라며 예전처럼 자질구레한 일에 얽히지 않기를 바란다고 하였다. 자신은 길을 떠난 지 9일째에 겨우 전주에 도착했으며 그 사이의 고생은 말하지 않아도 알 것이며 서울에 도착한 뒤에 다시 자세히 전하겠다고 하였다.	36×25	382
		34	乙亥	金鳳憲		• 乙亥年 3월 5일에 弟 金鳳憲이 미상자에게 보낸 편지 • 인편이 와서 상대방의 편지를 받고 다소 간의 근황에 대해서 알게 됐으니 상대방이 어떻게 지내는지 안부를 묻고 있다. 자신은 변함없이 지내고 있고 보내주신 문서는 받자마자 成貼했으며 統營의 公禮狀 격식이 고을마다 차이가 있어 본 고을의 職啣을 기록하여 보내니 자세히 검토하여 수정해 주시고, 持者軍 편으로 바로 보내 줄 것을 요청하였다.	40×20.5	383
		35		德瑾		• 12월 21일에 弟 德瑾이 미상자에게 보낸 편지 • 연말 혹독한 추위에 잘 지내고 계시는지 알지 못하겠으니 궁금하며 자신은 어제처럼 그런대로 지내고 있다고 하였다. 役價와 거두어 마친 下記 조목 등을 물으며, 자신의 이웃 柳元英이 곧 가까운 인척인데 해남에 移囚되었다가 금년에 형신을 한 차례 받고 진도로 移囚 되는데 깨끗한 곳을 舍館으로 정해 별도로 잘 보살펴 줄 것을 부탁하였다.	35×24.5	384
		36	庚寅	李白憲		• 庚寅年 11월 보름에 記下 李白憲이 미상자에게 보낸 편지 • 순행을 마치고 부임지에 간 이후에 편지가 모두 막혀 더욱 그리운데 추운 날 잘 지내고 있는지 안부를 묻고 있다. 자신은 입맛이 갈수록 떨어져 염려되나 달리 말할 것이 없다고 하였다. 朴汝三에게 세금을 다 받은 이후에 標紙를 이 사람에게 내 주었으나 걷은 돈이 지체되어 그 사이에 浮費도 적지 않고 나무 값도 많이 올라 사야될 것 중에서 부족한 것이 200여 냥 가까이 됐으니 허물을 어찌하겠냐는 소식을 전하고 있다.	39.5×22	385

순번	자료명	번호	작성연도	발급자	수취자	내용	크기	수록면
		37	丁丑	松汀		• 丁丑年 9월 24일에 松汀이 미상자에게 보낸 편지 • 西巨次島의 書齋에 30卜을 頉給하는 전례가 어느 해부터 시작했는지 알 수 없지만 이 때문에 東島와도 다르게 매년 頉下하여 작년에 고찰하여 탈급할 때에도 또한 전례대로 탈급을 하였다. 그렇지만 作夫할 때에 도리어 壬尙의 이름 아래로 出送됐으니 반드시 그 전례를 상세히 알지 못해서 그런 것 같다며 결복 30복을 다시 탈급해 줄 것을 요청하는 편지이다.	44×21.5	386
		38	庚人	李德榮		• 庚人 11월 초하룻날에 記下 李德榮이 미상자[令戎]에게 보낸 편지 • 지난번에 만나뵙고 지금까지 위로되는데, 상대방이 관아로 돌아와 잘 지내고 있기를 바란다고 하였다. 자신은 객지에서 그런대로 지내고 있으며, 여기에 있는 柳冀卨는 곧 兵使 柳冀大의 재종형이라고 알려 주었다. 또한 지금 鎭岑의 민판서 댁에서 추쇄할 일로 장흥에 갔는데 本宅에서 기준대로 받아 준다면 다행이겠고, 만약 혹시 지연되면 객지에서 생돈이 나갈 염려가 있으니 편지를 보는 즉시 정성스럽게 맞이하여 말씀드린 대로 관문을 보내 잡아 들여 기한 안에 거두어 들일 수 있게 해 줄 것을 요청하였다.	39×23.5	387
		39	庚○	李德榮		• 庚○ 11월 4일에 記下 李德榮이 미상자[戎候]에게 보낸 편지 • 지난번의 편지는 받으셨을 것으로 생각되는데 요즘 어떻게 지내는지 알지 못하나 평안하길 기원하며, 자신은 한결 같이 지낼 뿐이라고 하였다. 林氏 집에서 소 한 마리를 推給하는 일로 이미 감영의 제사가 있었으니 이미 到付됐을 것이며 이는 일반적인 사례로 독촉하여 받아낼 수가 없으니 각 사람들을 잡아들이고 기한을 정해 추급하는 것이 어떻겠냐고 하였다.	39×23.5	388
		40	庚寅	柳冀卨		• 庚寅年 11월 24일에 記下 柳冀卨이 미상자[戎體]에게 보낸 편지 • 만나뵌지 오래되어 그리움이 깊어져 마음이 답답한데 상대방이 잘 지내고 있는지와 진영의 업무는 크게 번거롭지 않은지 안부를 묻고 있다. 편지를 작성한 것은 세 사람에게 추심하여 받을 것이 있는데 한 명은 도망가서 낭패이고, 두 사람은 대략 순조롭게 끝났기 때문에 校卒을 도로 보내 굽어 살펴줄 것을 요청하였다.	37×22	389
		41	庚寅	朴命鎬		• 庚寅年 12월 22일에 生 朴命鎬가 미상자에게 보낸 편지 • 연말에 잘 지내고 있는지 물으며 자신의 부모님은 병환이 매우 심한 중에 유행성 감기에 걸려 10여 일을 크게 아프셔서 답답하다고 하였다. 상대방이 遞解 됐다는 얘기를 듣고 바로 가서 인사드리려고 했으나 부모님의 병환으로 마음이 몸을 따라가지 못했은 앞으로 가서 만날 생각임을 편지로 전하였다.	34.5×23	390
		42	庚人	朴貴鎭		• 庚人 10월 18일에 記下 朴貴鎭이 미상자에게 보낸 편지 • 어제 자신이 작성하여 보낸 편지를 읽어봤는지 물어보며, 약간의 所懷를 삼가 살펴 은혜롭게 편지를 보내주기를 오로지 믿는다고 하였다. 남은 사연은 다음 편지에 작성하겠다고 하였다.	36×23	391

순번	자료명	번호	작성연도	발급자	수취자	내용	크기	수록면
		43	庚人	朴貴鎭		• 庚人 10월 26일에 朴貴鎭이 미상자에게 보낸 편지 • 이번달 보름 이후에 두 차례에 걸쳐 편지를 보냈는데 받아 보셨을 것이라 생각하며, 겨울비로 지리하게 보내는 중에 잘 지내고 있을지 안부를 묻고 있다. 자신은 주선하며 처리할 것이 있어 지금 스무 날을 전후하여 완도로 갔다가 지금 겨우 돌아오는 길인데, 전에 말씀드린 부탁한 일은 특별히 잘 부탁한다고 하였다.	35×24	392
		44	庚人	高光俊		• 庚人 11월 14일에 記下 高光俊이 미상자에게 보낸 편지 • 지난 번에 문후 드리고 돌아온 뒤로 안타까움이 있어 공경히 요즘의 안부를 묻는다고 하였다. 자신은 애를 쓴 뒤로 피곤함이 아직도 삼갈 따름이며 딱함을 표현할 길이 없다고 하였다.	38×21.5	393
		45	庚寅	李復榮		• 庚寅年 12월 17일에 記下 李復榮이 미상자에게 보낸 편지 • 인편이 와서 편지를 받아 보고 요즘 추운 날씨에 상대방이 잘 지내는 것을 알게 되서 위로된다고 하였다. 가르쳐 보이신 뜻은 삼가 살펴 마땅히 경계하신 대로 하겠다고 하였다. 진도의 李允三이 유배에서 풀려난다고 하니 만약 인편이 있다면 소식을 알리기를 바란다고 하였다.	38×23	394
		46	庚寅	梁瑞鳳		• 庚寅年 10월 29일에 記下 梁瑞鳳이 미상자에게 보낸 편지 • 순행을 마친 뒤로 잘 지내고 있는지 안부를 물으며, 文仁의 편지를 내려 보내니 보면 다 알 수 있을 것인데 지금 移錄하여 세금을 독촉하며 거두어들이니 자신의 情狀을 가련하게 여겨 특별히 돌보아 주길 부탁하고 있다.	37×22	395
		47	庚○	梁瑞鳳		• 庚○ 11월 12일에 記下 梁瑞鳳이 미상자에게 보낸 편지 • 최근에 인편을 통해 편지를 보냈으니 아마 읽어 봤으리라 생각되어지는데 이때 잘 지내고 있는지 알지 못하겠으며, 자신의 아이가 관계된 收刷條로 고생이 많을 것이라 생각되는데, 조속히 독촉하여 거두여들여 주실 것을 부탁하였다.	37×22.5	396
		48	庚寅	許鏳		• 庚寅年 11월 10일에 査下生 許鏳이 미상자에게 보낸 편지 • 지금 올린 夾紙를 잘 헤아리면 다 아실 것이므로 번거롭게 말씀드리지 않겠으며, 상대방이 순서를 따르며 평안하길 바란다고 하였다.	33×22.8	397
		49	戊子	金鍾淑		• 戊子年 7월 20일에 記下 金鍾淑이 미상자에게 보낸 편지 • 지난번에 뵙고 지금까지 그리운데 이때 상대방의 편지를 받아 감사하며 이 편지를 통해 상대방이 새로 부임하여 일이 잘 되어 가고 있음을 알게 돼서 멀리서나마 위로된다고 하였다. 자신은 奉育하며 그런대로 지내고 있어 다행이고, 米作錢은 이미 받아서 題下해 주었다고 하는데 읽어 봤을 것이며, 본읍의 結錢 18냥 5전 2복 중에서 7냥 3전 1복이 와서 營下에 두었다고 한다.	38.5×22	398
		50	戊子	曺龍浣		• 戊子年 12월 15일에 戚弟 曺龍浣이 미상자에게 보낸 편지 • 상대방의 편지를 받고 감사하고 황송하며 이때 잘 지내고 있음을 알게 되어 위로된다고 하였다. 자신은 부모님을 모시며 그런대로 지내고 있고 이외에는 달리 드릴 말씀이 없다고 하였다. 다만 刑廳에서 發牌하는 일에 대해 듣고 매우 놀랐다며 그 이유를 불러 물었으나 돌아온 답변은 단지 방문하겠다는 것일 뿐, 애당초 붙잡아 대령할 조짐은 없다고 한다. 그러나 만약 이러한 일이 없다면 어찌 그토록 간곡한 責教가 있는 것인지 물으며 모든 것은 자신이 둔해서 그런 것으로 동료를 인도한 잘못에 스스로 민망할 따름이라고 하였다.	38×21.5	399

순번	자료명	번호	작성연도	발급자	수취자	내용	크기	수록면
		51	癸酉	金聖海		• 癸酉年 1월 5일에 弟 金聖海가 미상자에게 보낸 편지 • 해를 보내며 작별의 말을 하고 하루도 그립지 않은 날이 없었는데 새해에 잘 지내고 있는지 안부를 물으며 자신은 잡다한 일로 분주하며 건강히 지내고 있어 별다른 소식이 없다고 하였다. 지난 겨울에 李元龍이 楨金 20개를 만들어 보냈다고 하는데 혹시 잊어버렸는지 물으며 모름지기 빨리 보내서 공적인 용도에 사용할 수 있게 해야 한다고 하였다.	46.5×17.5	400
		52	癸酉	徐相稷		• 癸酉年 4월 11일에 弟 徐相稷이 미상자에게 보낸 편지 • 병세와 사정으로 인해 축하를 아직 드리지 못해 늘 안타까웠는데 이번 이른 여름에 새로 부임하시고 잘 지내고 있다 하고, 營務도 번거롭지 않다고 하니 위로된다고 하였다. 자신은 병으로 쇠약해졌고 부족한 모습이 여전하다고 하였다. 진도 金湖의 居士인 梁鍾永은 평소에 친분이 있을 뿐 아니라, 자신의 둘째 아이가 눈병을 앓으면 매번 그에게 女貞實丸을 구해 몇 해 전에 얻어 사용하였다고 한다. 시골 생활은 관의 보호와 도움 없이는 탄식할 일이 많으니 이 편지를 보내니 즉시 양종영을 맞이하고 도와주기를 부탁하며 또 진도 현감에게도 편지로 부탁해 서리를 보내 存問해 주어 일마다 간곡히 보호해 주길 부탁하였다.	44×19	401
		53	壬○	倉洞客		• 壬○年 9월 초하룻날에 倉洞客이 미상자에게 보낸 편지 • 오랫동안 소식이 끊겨 안타까웠는데 지금 金湖에서 轉便을 통해 소식을 듣게 되어 기쁘고 위안이 된다고 하였다. 선선한 가을에 잘 지내고 있는지 물으며 정 생원이 내려갈 때에 편지를 보냈는데 아마 그 자리에서 보셨을 것이라 생각한다고 하였다. 그런데 12월 그믐에 專人이 찾아 왔다고 들었는데 맞이하지 못해 안타깝기 그지없다고 하였다. 요즘 맡고 있는 일의 상황은 어떤지 물으며 혹시 자리를 옮기는지를 궁금해 하며, 혹시 부탁할 일이 있다면 편하게 알려달라고 하였다.	45×17	402
		54	己丑	裵榮樂		• 己丑年 2월 13일에 記下 裵榮樂이 미상자에게 보낸 편지 • 근래 어떻게 지내는지 알지 못해 염려되며 자신은 예전과 다름 없이 지내고 있다며 안부를 전하였다. 상대방이 관할하는 지역에 사는 西漢에게 存問해 주고, 보낸 것을 본 뒤에는 귀 읍의 사정에 맞게 조처하여 보내주어 실효가 있게 해 주기를 부탁하였다.	38×22.8	403
		55	丁丑	金種願		• 丁丑年 6월 6일에 弟 金種願이 미상자에게 보낸 편지 • 상대방이 보내준 편지를 받고 만사형통하며 잘 지내고 있음을 알게 되어 위로와 축하하는 마음이 적지 않다고 하였다. 자신은 걱정하던 일이 이제야 마무리될 수 있어 참으로 다행이라고 하였다. 그런데 뜻밖에 상대방의 말씀을 듣게 되니 예상하지 못한 일을 한마디로 말씀드리면 1148의 논은 이미 官司님에게 보고를 마쳤으니 이는 모두 鄭友에게 출급해 주는 것이 어떻겠냐고 묻고 있다.	35×22	404
		56	[壬○]	[金釜山]	金昞純	• 壬○ 11월 6일에 釜山 孟峴에 사는 金이 金昞純에게 보낸 편지 봉투. 珍島吏金昞純 開見. 孟峴書帖. 至月 初六日 付送이라고 적혀 있다.	6.8×16.5	405

순번	자료명	번호	작성연도	발급자	수취자	내용	크기	수록면
		57	壬○	金釜山	[金昞純]	• 壬○ 11월 6일에 釜山 孟峴에 사는 金이 미상자[金昞純]에게 보낸 편지 • 소식이 막혀 상대방에 대한 그리움이 깊은데 요즘 맡은 일은 평안하고 온 식구들도 잘 지내고 있는지 안부를 물으며, 상대방이 지금은 어떤 임무를 맡고 있는지 묻고 있다. 자신은 지난 8월에 釜山鎭에서 체직되어 돌아왔고 대감의 회갑일이 바싹 다가오니 즐거움과 두려움으로 경사스러운 일을 축하하는데 비교할 데가 없다고 하였다.	44×15	405
		58	癸酉	[金釜山]	金昞純	• 癸酉年 1월 2일에 金昞純이 받은 편지의 봉투. 金昞純家 回傳. 癸酉 正月 初二日 回便이라고 적혀 있다.	7×16	406
		59	癸酉	金釜山	[金昞純]	• 癸酉年 1월 2일에 釜山에 있는 金이 미상자[金昞純]에게 보낸 편지 • 편지를 보내는 날 추웠고 상대방에 대한 그리움은 더욱 깊었는데 섣달 끝에 온 편지를 받고 상대방이 그동안 잘 지내고 있다는 것을 알게 되었고, 맡은 직무도 순조롭다고 하니 기쁘다고 하였다. 그 이후로도 날이 많이 지났는데 새해에도 만복이 깃들었는지 다시 물으며 모든 일이 번거로움 없이 평안한지 안부를 묻고 있다. 상대방이 보내준 목면과 書物 다섯 가지는 잘 받았고 감사한 마음이 크다고 하였다. 이 중 가장 긴요한 것은 씨를 제거한 鍊木으로 이것이 요즘 매우 귀한 물건이라고 한다.	46.5×14.5	406
		60	癸酉	金釜山		• 癸酉年 1월 19일에 釜山 孟峴에 있는 金이 미상자에게 보낸 편지 • 지난번에 專人이 와서 안부 편지를 부쳤으니 먼저 받아 읽어 보셨으리라 생각하는데 요즘 봄 추위가 아직 엄하며 날이 풀리지 않았는데 탈 없이 지내며 상례를 치르고 있는지와 가족들도 잘 지내고 있을지 묻고 있다. 지난번 物種에 잘못 표시를 하여 邸吏에게 물으려 해서 그대로 두었는데 저리를 불러도 오지 않으니 그 사람 하는 짓이 無狀하기 때문에 더 이상 관련되기 원치 않는다고 하였다. 그래서 標紙를 반으로 잘라서 도로 本物을 찾는 것이 좋겠다고 의견을 내었다.	36×21.8	407
		61	癸酉	金釜山		• 癸酉年 2월 22일에 釜山 孟峴에 있는 金이 미상자에게 보낸 편지 • 지난번 편지를 보낸 이후에도 소식이 막혀 매우 아쉬웠는데, 요새 별 탈 없이 임무를 수행하고 있는지 묻고 있다. 이번에 관가에 가서 납부한 서신은 일이 매우 긴요하니 비록 문지기가 막는 지경에 이르더라도 상대방이 직접 소매에 넣어 전달하여 밖에서 쫓겨나는 일이 없게 해 달라고 부탁하였다.	30.5×21.5	408
		62	丁丑	順衙客		• 丁丑年 4월 12일 順衙客이 미상자에게 보낸 편지 • 편지 작성자는 순천 관아에 있는 사람으로 추정된다. 편지 작성자는 오래도록 상대방과 편지가 없어 마음에서 울적하여 상대방과 가족들이 잘 지내고 있는지 묻는 안부 편지를 보냈다. 이 편지는 마침 金湖에서 가는 인편이 있어 잠시 몇 글자 부친 것으로 금호로 가는 여정을 하나하나 상세히 알려주어 매우 좋았고, 지금 흉년인데 어찌 살아갈 방도를 세울 것인지 좋은 계책이 있는지 묻고 있다.	40×21	409

순번	자료명	번호	작성연도	발급자	수취자	내용	크기	수록면
		63	庚寅	韓用泰		• 庚寅年 11월 초하룻날에 韓用泰가 미상자[戎候]에게 보낸 편지 • 지난 번에 방문해 주어 이때 잠시 인사 드리고 지금까지 그리운데 名日에 잘 지내고 있는지 병영의 업무를 보는데 있어 애를 써 피곤하지 않은지를 묻고 있다. 자신은 객지에서 그런대로 지내고 있으며 집안에서 소식이 없어 답답하며, 지난 번에 부탁한 李鎭海는 과연 불러서 만났는지 물으며 잘 부탁한다고 하였다.	42×19.8	410
		64	庚寅	韓用泰		• 庚寅年 12월 초하룻날에 記下 韓用泰가 미상자[戎候]에게 보낸 편지 • 인편이 와서 답장 편지를 받고 깊이 감사드리며 요즘 병영의 일로 바쁘실 텐데 세금이나 공무로 인해 번거로운 일은 없는지 묻고 있다. 객지에 있는 자신은 예전대로 지내고 있어 다행이며, 李鎭海의 일에 이와 같이 마음을 써서 돌보아 주어 차사를 정해 섬 안으로 보내 세금을 독촉하여 거두어 들였다고 하니 매우 감사하다고 하였다.	41×19.5	411
		65	壬申	朴斗浩		• 壬申年 2월 8일에 記下 朴斗浩가 미상자에게 보낸 편지 • 상대방이 掌務를 맡고 있어 곱절로 바빠 정신이 어지러울 텐데 염려되며 자신은 새해가 된 뒤로 건강하지 못해 스스로 가련하고 이때 집안의 막내 동생이 밖으로 나가 있어 그립다고 하였다.	40.5×20.5	412
		66	庚寅	徐恩相		• 庚寅年 10월 20일에 記下 徐恩相이 미상자[戎體]에게 보낸 편지 • 본래 사귀어 온 정분도 없고 왕래한 일도 없었다가 한 심부름꾼의 왕래로 거의 가까운 사이가 된 듯하다고 하였다. 자신은 객지에서 괴로움에 부르짖고 있으니 스스로 가련하며, 이 섬 안에서 몇 명을 징계하여 제지하기 위해서 本宮의 關文을 交付하게 해 달라고 했는데, 이놈들이 눈치채고 도망가서 어디로 갔는지 모른다고 하였다. 이때에 명령을 받은 將差가 와서 조용히 숨은 이들을 꼼꼼하게 조사했으나 죄인을 아직 잡지 못해 島民들이 날마다 무리지어 시끄럽게 호소함이 심해 이런 이유로 세금을 징수하지 못했다고 한다.	38×23	413
		67	庚人	李命憲		• 庚人 11월 17일에 記下 李命憲이 미상자[戎體]에게 보낸 편지 • 지난번에 만났고 지금 편지를 받으니 매우 위로되며 추운 겨울에 잘 지내고 있는지 묻고 있다. 자신은 세금 징수와 관련된 일로 괴로우며 公私가 모두 답답하다고 하였다. 말씀한 일은 삼가서 알겠으며 감영에 납부할 것은 전에 이미 받아 획급하였기에 回報를 몹시 기다린다고 하였다.	43×23	414
		68	庚人	李命憲		• 庚人 11월 28일에 記下 李命憲이 미상자[戎體]에게 보낸 편지 • 안부가 막혀 슬픈데 추운 날씨에 戎體 잘 지내고 계시는지 안부와 견디기 어려운 괴로운 업무는 없는지를 묻고 있다. 자신은 한결 같이 바쁘게 지낼 따름이며, 지난번에 말한 木物은 과연 잘 만들어졌는지 문의하며, 앞으로 있을 船便으로 보내주길 바래서 이에 대해 서신으로 번거롭게 말씀드린다고 하였다.	37.5×23	415

순번	자료명	번호	작성연도	발급자	수취자	내용	크기	수록면
		69	庚人	李承默		• 庚人 9월 14일에 情記 李承默이 미상자[戎宇]에게 보낸 편지 • 지난번에 잠깐 뵙고 그리움을 어찌 말로 할 수 있겠으며, 9월에 병영에 있는 상대방이 잘 지내고 있기를 바란다고 하였다. 상대방이 새로 부임한 뒤로 재미가 있는지 과연 어떻게 지내고 있는지도 묻고 있다. 자신은 돌아갈 날짜가 17일이 될 듯 하고, 여행의 근심으로 어지러우니 번거롭게 말로 다하지 않겠다고 하였다. 지난번에 자신이 부탁한 일은 각별히 생각해 달라고 하였다.	42×23	416
		70	乙酉	金琄淇		• 乙酉年 2월 8일에 記下 金琄淇가 미상자에게 보낸 편지 • 지난달에 보내드린 편지와 혼수품과 물건은 아마도 받아 보셨을 것이며 그 후 어떻게 지내고 있는지 알지 못하다고 하였다. 乾鞋 2부를 質呈하니 살펴 받아주실 것이며 별도로 진상한 關文은 지금 내려 갔으므로 읍에 도착할 것을 알려드리며, 곧 稟告하여 며칠 안에 分定해 전례대로 1천냥을 가까운 곳에서 上送하여, 체면이 설 수 있게 해 달라고 하였다.	36.5×23.5	417
		71	己丑	金邦孝		• 己丑年 9월 17일에 生 金邦孝가 미상자에게 보낸 편지 • 金邦孝는 부모님을 모시며 고생스럽게 살던 중에 집안에 일이 생겨 더욱 급한 것 외에는 달리 드릴 말씀이 없다고 하였다. 蔑魚鹽 하나는 동해에서 이고와서 보내는 것이니 비록 작은 반찬이지만 먹어 주는 것이 어떻겠냐고 하였다.	45.5×23.5	418
		72	庚寅	李泰郁		• 庚寅年 6월 8일에 記下 李泰郁이 미상자에게 보낸 편지 • 상대방이 보내준 편지를 받고 장마와 더위 속에서 상대방이 잘 지내고 있음을 알게 되었다고 한다. 자신은 예전과 같이 지내고 있으니 개인적으로 다행이고, 羅營의 일은 뜻대로 될 것 같은 희망이 보이며, 除朝辭는 근래에 대신들이 筵奏한 것으로 인해 本道에 있는 현재 수령 외에는 절대로 거론하지 말라고 하였다고 하니 도모하여 시행하기 어려울 것 같다고 하였다. 백목 중에서 품질이 좋은 것으로 두 묶음을 사서 보내 달라고 부탁하였다.	42×24.5	419
		73	庚寅	李泰郁		• 庚寅年 7월 19일에 弟 李泰郁이 미상자에게 보낸 편지 • 일전에 편지를 드렸는데, 읽어보셨으리라 생각되며, 요즘 어떻게 지내는지 몰라 안부를 물으니 잘 지내고 있기를 바란다고 하였다. 자신은 지난번과 다름없이 그런대로 지내고 있어 다행이라고 하였다. 어제 내린 政令으로 특별히 羅州營將이 되셨다니 축하드리며, 이제 곧 서울로 올라가 肅命을 해야는데 어떻게 할 생각인지 묻고 있다. 이는 여러 번 말했듯이 除朝辭를 도모하기는 어려울 듯하기 때문이었다.	42×24	420
		74	庚寅	李泰郁		• 庚寅年 7월 24일에 李泰郁이 미상자에게 보낸 편지 • 傳榜使의 인편으로 편지를 보냈으니 이미 편지를 받아 보셨으리라 생각한다고 하였다. 요즘 상대방이 잘 지내고 있는지 알지 못하겠으며, 자신은 어버이를 모시며 어제와 같이 지내고 있으니 개인적으로 다행이라고 하였다. 자신은 除朝辭에 관한 한 가지 일로 간신히 얻어 關文을 받아 專送하니 즉시 병영에 보낸 뒤에 부임하는 것이 어떻겠냐고 묻고 있다. 이러한 절차를 밟는 동안 드는 이런저런 비용도 적지 않았다며, 만약 서울로 올라와서 사은숙배를 해야 한다면 京司의 例用이 수천 금 아래로 내려가지 않을 것이라고 하였다. 또한 署經 등의 절차도 마땅히 처리하기 어려운 부분이 없지 않다고 하였다.	42×24	421

순번	자료명	번호	작성연도	발급자	수취자	내용	크기	수록면
		75	庚寅	李泰郁		• 庚寅年 9월 1일에 記下 李泰郁가 미상자에게 보낸 편지 • 專便이 온 뒤로 일이 많아 편하지 않아 빨리 돌려보내지 못하고 근래 한 보름 동안 지체됐으니 매우 답답하나 형세가 어쩔 수 없으니 어찌하겠냐고 하였다. 이곳에 도착한 날짜가 너무 늦어지니 이것 또한 매우 답답하다고 하였다. 兵營에 대해 부탁한 일은 將臣 댁을 병영에 보내 맡기려고 하는데 어떻게 생각하는지 묻고 있다. 모든 홍정을 하여 말씀대로 사서 보내나 물건 값이 치솟고 품질은 나빠 매우 한탄스럽다고 하였다.	42×24.5	422
		76	庚寅	李泰郁		• 庚寅年 9월 10일에 弟 李泰郁이 미상자에게 보낸 편지 • 상대방의 심부름꾼이 돌아오는 편에 편지를 보냈는데 읽어 보셨을지 물어보며, 잘 지내고 있는지 안부를 묻고 있다. 지금 營下에 머물고 있는 박 감찰이 내년 봄에 온다고 하는데 근래 비할 데 없는 정의로 곧 한 식구 같다고 하였다. 편지가 도착한 날에 아전을 보내 存問하여 맞아주신 후에 그의 말대로 잘 보살펴 줄 것을 부탁하였다.	42×25	423
		77	庚寅	李泰郁		• 庚寅年 10월 16일에 記下 李泰郁이 미상자에게 보낸 편지 • 卜軍이 와서 곧 상대방이 보내준 편지를 받고 상대방이 부임지에 잘 도착하여 잘 지내고 있음을 알게 되어 위로된다고 하였다. 자신은 예전처럼 그런대로 지내고 있어 다행일 따름이라고 하였다. 상대방이 보내준 木果와 옻칠을 한 지팡이 하나, 왕골 자리 2개, 去核 40근, 細木 3필, 中木 7필을 아울러 잘 받았다고 한다.	42×24	424
		78	庚寅	金致圭		• 庚寅年 9월 23일에 生 金致圭가 미상자[撫戎]에게 보낸 편지 • 지난번에 보내준 편지는 받았으나 인편을 놓쳐 아직 감사 인사를 드리지 못해 아직까지 황송하고 슬프다고 하였다. 鎭校가 와서 소식을 들었고, 이미 관찰사가 길에 있다고 하니 모든 절차에 부족함 없이 撫戎가 한결같이 잘 지내기를 바란다고 하였다. 자신은 몸과 마음이 지쳐 산장에 은거하며 지내고 있어 달리 드릴 말씀이 없다고 하였다.	47×23	425
		79	庚寅	金致圭		• 庚寅年 12월 초1일에 生 金致圭가 미상자[戎體]에게 보낸 편지 • 상대방의 戎體가 한결 같이 좋은지 물으며 자신은 지난 달에 광양으로 떠나서 아직도 머물고 있어서 편지로 말을 다하지 못한다고 하였다. 편지를 보낸 것은 本府에서 처리할 沒價에 대한 일로 이미 얼굴을 보고 말씀 드렸는데 지금 이미 끝났다고 하니 탄식하며 陪牌色에게 분부하여 즉시 推送하여 낯이 설 수 있게 해 줄 것을 부탁하였다.	42.5×23	426
		80	辛卯	金致圭		• 辛卯年 1월 5일에 記下 金致圭가 미상자[戎體]에게 보낸 편지 • 뜻밖에 체직이 되었다고 하니 감격스러우며, 해가 바뀌었는데 상대방과 가족들이 잘 지내고 있는지 안부를 묻고 있다. 자신은 光陽에 있는데 시간이 빨리 흘러가 몇 달이나 있었는데 대관절 난감한 일이 많았고 오직 바라는 것은 집안 식구들이 편안하게 지내는 것 뿐이라고 하였다. 이외 符信을 넘기어 주고받는 일은 언제쯤 있는지 물으며 兵使道를 한차례 문안하는 행동이 있을 것 같은데 이때 만나서 회포를 풀자고 하였다.	38×23.5	427

순번	자료명	번호	작성연도	발급자	수취자	내용	크기	수록면
		81	戊子	摠務行人		• 戊子年 8월 11일에 摠務行人이 미상자에게 보낸 편지 • 지난번에 뵙고 아직도 위로되는데 지금 또 소식을 알게 됐으며, 坐鎭하며 거처에서 쉬고 계시다고 하니 더욱 위로됨이 그지 없다고 하였다. 지난번에 의논한 標紙는 과연 읍에서 보고가 있어 도착한 것 같으므로 우선은 지금 제사를 받아아 두었고, 자신이 상경한 후에 그 즈음에 마땅히 다시 자세히 알려 주겠다고 하였다. 이외 보내준 두 가지의 약재는 모두 구하기 어려운 것으로 받아서 감사하다고 인사하였다.	42×26	428
		82	庚之	金悳性		• 庚之 11월 25일에 記下 金悳性이 미상자[戎體]에게 보낸 편지 • 요즘 추울 때에 戎體의 안부를 물으며 객지에 있는 본인은 전과 같이 지내고 있을 따름이라고 하였다. 다만 中耳島의 金順佐에 관한 일로 곧 放送하라는 甘飭이 있으면 다행이나, 방송하지말라는 감결이 도착한다면 즉시 자신에게 보내는 것이 어떠한지 물으며 내부 사정을 알지 못하겠으나 다행히 방송된다면 文許도 방송해 주는 것이 어떠할지 묻고 있다.	42×25.3	429
		83	庚人	鍾順		• 庚人 12월 초하룻날에 情末 鍾順이 미상자[戎履]에게 보낸 편지 • 갑자기 추워졌는데 상대방이 잘 지내고 있는지 물으며 자신은 公私로 바빠 민망하고 가련해 할 말이 없다고 하였다. 자신에게 보내준 소반은 보내주신 대로 받았는데 감사하다고 인사를 전하였다.	37×23.5	430
		84	戊寅	竹洞		• 戊寅年에 竹洞에서 미상자에게 보낸 편지 • 상대방이 왔을 때 보지 못해 슬픈데 오래도록 소식을 듣지 못하여 더욱 그리우며 인편의 말을 들으니 상대방이 암행어사로 있다고 하는데 진짜인지 묻고 있다. 자신은 집으로 돌아가 두서너 날 동안 병을 앓아 지금 비로소 조금 괜찮아졌다며 소식을 전하였다.	39.5×25	431
		85	庚午	李基祿		• 庚午年 2월 4일에 弟 李基祿이 미상자에게 보낸 편지 • 만나자마자 곧 헤어지니 한 마당 꿈 같은데, 요즘 벼슬살이 하고 있는 상대방이 잘 지내고 있는지 묻고 있다. 자신은 여정을 재촉하여 그믐께쯤에 집으로 겨우 돌아와 旅路에 몸이 피곤하여 떨치기 어려우며 고민인 중에 부모님이 편안하기를 바란다고 하였다. 부탁한 여러가지 물건 중 褙子와 토시는 夜絹紗로 옷을 만들면 값이 30냥쯤이며, 英綃로 옷을 만들면 50냥 쯤이라며 상대방의 뜻을 알지 못해 이와 같이 물으니 정해 알려달라고 하였다.	46×26.5	432
		86	戊子	記末		• 戊子年 9월 12일에 記末이 미상자에게 보낸 편지 • 이름을 밝히지 않고 逋로 끝맺어 작성자가 미상이다. 일전에 보고 지금까지도 그리운데, 곧 시원하고 상쾌한 가을 날씨 점점 높아지는 때에 鎭務에 별도로 고민이나 수고로움이 없는지 묻고 있다. 자신은 번잡하여 글로는 표현할 수 없다고 하였다.	38×25	433
		87	己卯	金基潤		• 己卯年 5월 27일에 記下 金基潤이 미상자에게 보낸 편지 • 오래도록 소식이 막혀 있던 중에 편지를 받아 기쁘며, 보내준 女貞은 수대로 받았다고 한다. 堂侄이 돌아오는 중에 일의 형편이 매우 어려우니, 상관 없는 사람이라며 대수롭지 않게 여기지말고 별도로 챙겨서 태워 보내 주기를 부탁하고 있다.	36×22	434

순번	자료명	번호	작성연도	발급자	수취자	내용	크기	수록면
		88	庚辰	金基潤		• 庚辰年 4월 13일에 記下 金基潤이 미상자에게 보낸 편지 • 상대방이 보내준 편지를 받고 깊이 위로되어 매우 감사하며 상대방이 요즘 어떻게 지내는지 안부를 묻고 있다. 자신은 몹시 바빠 좋은 상황이 아니라 답답하다고 하였다. 허씨와 김씨 두 성씨 사람의 京上納條는 말씀하신 대로 믿을만한 인편으로 京司에 올려 보내는 것이 좋을 것 같다고 편지를 보냈다.	29.5×22	435
		89	乙亥	前營		• 乙亥年 3월 17일에 前營에서 미상자에게 보낸 편지 • 서울에 있을 때 편지를 봤는데, 지금까지도 기쁘며 요즘 잘 지내고 있는지, 집안에 별고 없는지 알지 못해 걱정하는 마음이 간절하다고 하였다. 자신은 어제 감영에 도착했는데 힘들어 몸을 가누기 어렵다고 하였다. 마침 인편이 있어서 잠시 몇 자 적어 보내니 뜻밖의 편지이지만 살가 드린다고 하였다.	33×21.5	436
		90	乙亥	李大淑		• 乙亥年 3월 3일에 弟 李大淑이 미상자에게 보낸 편지 • 한 번 이별한 지 어느덧 봄도 저물어 가니 답답하고 서글픈 마음 금할 길이 없다고 하였다. 상대방은 벼슬하며 지내느라 바쁠텐 데 막힘 없이 어떻게 견뎌 내는지 묻고 있다. 이외 지금 석방되는 은혜를 입어 關文이 내려 보내졌다고 하는데 지금 상대방의 심부름꾼이 또 어찌 괴이한 행동을 하는지, 생각건대 아마도 새로운 관리가 부임할 때에 무슨 문제가 생겨서 그런 것 같으며, 지금 이미 유배에서 풀려났으니 내려올 필요가 없다고 하였다.	34×24	437
		91	癸巳	李珽奎		• 癸巳年 7월 4일에 李珽奎가 미상자에게 보낸 편지 • 오래도록 만나뵙지 못했는데 편지를 보내주어 매우 감사하며, 가뭄이 심한데 상대방이 잘 지내고 있는지 안부를 묻고 있다. 자신은 公私가 이전과 같으니 다행을 어찌 말로 하겠냐고 하였다. 편지를 보낸 것은 무안현에서 바꾸어 劃給한 전문 50냥은 곧 兵庫僚이 관장하는데, 상대의 뜻이 이와 같아서 말씀이 該坊에 이르렀고, 이번 25일까지 도달하면 기한을 어기는 것이 아니라고 말하니 나머지 보내야 할 것을 잘 부탁한다고 하였다.	37×23	438
		92	戊子	韓益成		• 戊子年 12월 3일에 戚生 韓益成이 미상자에게 보낸 편지 • 보내준 편지를 받고 상대방이 잘 지내고 있음을 알게 돼서 위로된다고 하였다. 자신은 부모님을 모시며 그대로 부지하며 살고 있으며, 내려 보내 준 종이값 10緡은 받았으니 이와 같은 너그러운 마음에 송구하며 황송하다고 감사한 마음을 표현하였다. 자신의 사촌동생 益祚가 아직 돌아오지 않았는데, 심부름꾼에게 기별을 보내 알리게 했으니 오늘이나 내일 사이에 도착해서 알려줄 것이라고 하였다.	36.5×22	439
		93	辛卯	南奭元		• 辛卯年 5월 23일에 記下 南奭元이 미상자에게 보낸 편지 • 상대방에게 편지를 보내고 나니 날씨가 더워졌는데, 객지에서 상대방이 잘 지내고 있는지 안부를 묻고 있다. 며칠 전 부스럼이 났다고 하는데, 다 나았는지 물으며 객지에서 고생하는 상황이 눈에 선하여 이내 답답하고 안타깝다고 하였다.	44×23.5	440

순번	자료명	번호	작성연도	발급자	수취자	내용	크기	수록면
		94	辛卯	南爽元		• 辛卯年 10월 16일 記下 南爽元이 미상자에게 보낸 편지 • 얼마 전에 옛 세금 문제에 대한 일로 편지를 보냈는데 혹시 잘 받아보셨는지 물으며, 객지에서 상대방이 잘 지내고 있는지 안부를 묻고 있다. 자신은 병이 나서 괴롭고 답답하나, 오직 수령을 지내고 있는 상대방의 근래 안부는 탈 없이 있기를 바란다고 하였다. 이외 이전에 말씀하신 方秉圭에게 돈 243냥을 추심하여 지금 吏房에게 봉해 보관해 두게 했으니 이것을 헤아리신 뒤에 換票를 내보내 증거로 삼을 수 있을지 묻고 있다.	43×23.5	441
		95	辛未	金百善		• 辛未年 7월 22일에 情友 金百善이 미상자에게 보낸 편지 • 만나지 못한 것이 산처럼 쌓여 답답한 마음이 바다처럼 깊은데 이제 막 초가을 서늘한 기운이 불어오니 벼슬을 지내는 가운데 잘 지내고 계시기를 기원한다고 하였다. 자신의 상황은 예전과 같으며 체직되는 등의 일로 맡은 일은 그럭저럭 잘 되고 있는 것 같지만 아직까지 답답한 마음을 면할 수가 없다고 하였다. 이외 혹시 편지를 보낸다면 長城 月坪에 있는 참봉 金白岩 댁으로 부쳐주면 즉시 받아 볼 수 이으니 이 점을 헤아려 달라고 하였다.	37×24	442
		96	己丑	徐相軾		• 己丑年 5월 2일에 記下 徐相軾이 미상자에게 보낸 편지 • 작별할 때 황급하여 제대로 이야기를 나누지 못하고 돌아와 마음이 답답하기 그지 없는데 곧 여름철 공무가 한창일 텐데, 일상생활을 잘 보내고 있는지 물으며 자신은 여러 날 바다를 건너느라 겪은 고통을 어찌 말로 다 할 수 있겠냐고 하였다. 자신은 지난 그믐날에야 비로소 집에 도착했는데 크고 작은 일이 모두 평안한 것이 다행이라고 하였다. 이외 상대방이 오실 때 金甲에서 생산한 미역과 海衣 등 30묶음과 전복과 해삼 수십 개를 교역해 오면 좋을 것 같다고 하였다.	43×22.8	443
		97	庚寅	金東耉		• 庚寅年 12월 12일에 記下 金東耉가 미상자[戎候]에게 보낸 편지 • 눈이 오고 땅이 언 계절에 戎候가 무탈한지 물으며 鎭營의 업무가 번거롭지 않기를 바란다고 하였다. 자신은 객지에서 지내고 있을 뿐이며, 곡식 값은 더욱 오르므로 진상하는 데 필요한 비중이 막중하니 다른 공적인 돈보다 먼저 납부하지 않을 수가 없다고 하였다. 또한 이미 체직되어 옮겨갈 수가 없으니, 기한을 정하여 독촉하여 받아내 올해 안에 상납하는 것을 기약하고, 나중에 지체되는 일이 없도록 하기를 간절히 바란다고 하였다.	41.5×25.5	444
		98	庚寅	金東奭		• 庚寅年 11월 1일에 記下 金東奭이 미상자에게 보낸 편지 • 인사를 올린 지 꽤 되어 우러르고 그리워하는 마음이 정말 괴롭던 중에 안부를 물으니 벼슬을 하며 바쁘신 중에 잘 지내고 있기를 바란다고 하였다. 자신은 지난달 16일에 서울에 들어왔는데, 그럭저럭 큰 탈 없이 지내고 있어 개인적으로 다행이라고 하였다. 長瑞영감이 말하길 도목정사가 곧 다가오나 초임 관직을 얻고자 하는 뜻은 잠시 보류해달라고 말려서 떠날 수 없어서 이번 달 20일경에는 내려갈 계획인이니 부디 헤아려 달라고 하였다.	42×27	445

순번	자료명	번호	작성연도	발급자	수취자	내용	크기	수록면
		99	己巳	昇龍圭		• 己巳年 10월 22일에 弟 昇龍圭가 미상자에게 보낸 편지 • 헤어진 뒤 답답한 마음을 금치 못하는 때에, 상대방의 편지를 받으니 매우 감사하다고 하였다. 상대방이 아팠는데 몸이 회복되어 약을 쓰지 않아도 평안하다고 하니, 그동안 염려하던 자신의 구구한 마음을 이기지 못하겠다고 하였다. 자신은 예전과 같이 지내 군이 번거롭게 말씀드릴 것이 없다고 하였다. 이외 竹箱漆案 등 세 가지 물건은 이미 貴府의 관가에서 부탁한 물건이므로 어찌 값을 논할 수 있겠냐며, 보내주신 牌에서 값을 물어보셨으나 상대방의 편지에 나와 있는 내용은 모두 자신이 생각했던 바가 아니니 어찌 답답하고 한탄스럽지 않겠냐고 하였다.	39.5×27	446
		100	丁未	京口		• 丁未年 3월 22일에 京口에서 보낸 편지 • 지난번에 보낸 답장은 보았는지, 요즘 별 탈 없이 임무를 수행하는지 묻고 있다. 이곳의 상황은 지금도 예전과 같으며 지난번 돌아오는 길에 잃어버린 물건들은 어려움이 있어 모두 다 기록하지 못했다가 이제서야 다시 적어 번거롭게 하니 그때 물건을 봉했던 곳과 통인에게 자세히 탐문하면 일이 될 것이라고 하였다.	40.5×30	447
		101	丁未	京口		• 丁未年 5월 6일에 京口에서 보낸 편지 • 보내준 편지를 보고 상대방이 별 탈 없이 임무를 수행하고 있다고 하니 다행이라고 하였다. 자신은 어제와 같이 지내고 있으며 許鎭이라는 사람에 대한 일은 글로 말하기 어렵다고 하였다. 상대방이 읍으로 떠나는데 읍 일의 전후 본말을 반드시 알고 있으리라 생각한다고 하였다. 지난번 돌아오는 길에 찾아 보내려 했던 여러 물건들이 아직 도착하지 않았다고 한다. 지금 解由 문서를 쓰려고 하는데 진도의 未拯米가 호조와 선혜청에 납부되지 않았다고 하며 10냥 안팎이라고 하니 年條를 자세히 알아본 후에 형편에 따라 京主人에게 尺文을 보내라고 분부할 것을 말씀 드리고 있다.	41.5×29.5	448
		102	丁未	京口		• 丁未年 6월 2일에 京口에서 미상자에게 보낸 편지 • 상대방이 근래 별일 없이 임무를 수행하고 있는지 물으며, 자신은 염려하는 마음이 깊고 부모님을 모시며 그런대로 지내고 있을 따름이라고 하였다. 이번에 稅船 편에 許鎭家, 安國民, 韓仁貞에게 대략 찾아 보낼 물건이 있었는데 하나도 도착하지 않았으니 무슨 사정이 있는 것인지 묻고 있다. 未拯米는 선혜청과 호조 두 곳에 상납해야 할 10냥은 이미 들어왔으니 이제서야 보내게 됐으며, 解由 문서가 마침 발급됐으므로 京主人에게 이것을 근거로 분부하였고, 尺文은 또한 선혜청에서 나오지 않았기 때문에 이번 편에는 보내지 못했다고 하였다.	41×29	449
		103	丁未	京口		• 丁未年 6월 9일에 京口에서 미상자에게 보낸 편지 • 편지를 보고 상대방이 별탈 없이 복무하고 있다는 것을 알게 되었으며, 자신은 부모님을 모시며 근근이 살아가고 있으니 다행이라고 하였다. 호조와 선혜청 두 곳의 未拯米가 합쳐서 전문 10냥인지 물으며, 혹 6냥이라면 本宅에서 이미 替納하여 자문을 보냈으니 자세히 본 후에 편리한 대로 徵納하고, 京口宅에서 말하는 바도 매우 중요하니, 만약 지연되는 폐단이 있으면 京主人에게 반드시 替捧할 방법이 있을 것이니, 이것을 믿고 알아서 속히 거행하는 것이 중요할 것 같다고 하였다.	41×30	450

순번	자료명	번호	작성연도	발급자	수취자	내용	크기	수록면
		104	戊辰	本營		• 戊辰年 6월 19일에 本營에서 보낸 답장 편지 • 상대방이 여러 어려움 가운데도 별다른 큰 병이 없다니 매우 기쁘며, 오랜 시간의 고통과 온갖 어려움은 헤아릴 수 없을 것이라 생각하니 답답하다고 하였다. 상대방이 거두어 보관해 둔 報狀이 아직 回題가 없어 매우 답답한데, 그 물건에 대해 公兄에게 여러 번 분부하고 엄하게 지시하였으나 여러 아전들이 의논하기를 이전에는 分營의 전례가 없었다고 하니, 비록 관이라 할지라도 어찌 어렵지 않겠냐며 다시 엄하게 지시한 후에도 똑같이 아전들이 거역하면 형세가 장차 상대방이 혼자 감당해야 하므로 이 사실을 아는 것이 좋겠다고 하였다. 鎭營에서 보낸 목판은 잘 도착했으며, 자신은 더위병으로 고생하고 있는데, 다행히 관아 안에 있는 本宅은 무사하다니 다행이라고 하였다.	42.8×29	451
		105	戊辰	本營		• 戊辰年 7월 21일에 本營에서 보낸 답장 편지 • 두 번이나 편지를 보내주어 위로를 받았는데, 병세 때문에 한 번도 답장을 하지 못해 매우 아쉽다고 하였다. 상대방이 잘 지내고 있는지 물으며 자신은 더위를 먹어 생긴 병으로 기운이 허하고 가래가 생겨서 자리에 누워 몸을 가누기 어렵다고 하였다. 禮房 나리와 巡營의 행차가 며칠 내에 있을 것인데 좋은 자리를 자세히 알려주었다고 한다. 조사하고 징수하는 일에 대해서는 정 이방에게 자세히 물어보라고 하였다.	43.5×26.5	452
		106	庚寅	金桀		• 庚寅年 11월 8일에 情記 金桀이 미상자에게 보낸 편지 • 지난번에 갑작스럽게 뵙고 떠나게 되어 아직도 헤어짐이 아쉬운데 곧바로 보내주신 편지를 받으니 더욱 위로가 되고 고맙다고 하였다. 요즘 들어 기거하시는 것이 더욱 좋은지 물으며 자신은 감기와 기침으로 아직도 고생하고 있으나 서울에서 온 소식은 다행히라고 하였다.	44.5×29	453
		107	戊申	康衙		• 戊申年 12월 19일에 康衙에서 보낸 답장 편지 • 인편을 통해 보내준 편지를 보고 임무를 잘 수행하고 무탈하다는 것을 알게 되어 말로 다할 수 없는 위안과 기쁨을 느꼈다고 하였다. 만약 상대방과 직접 만나 이야기할 기회가 있다면 옛이야기와 지금의 이야기를 나누는 즐거움이 어떠하겠냐고 하였다. 그러나 상대방이 중요한 임무를 맡고 있어 몸을 빼기가 쉽지 않을 테니 아쉽고 서운하다고 하였다. 이곳의 사정은 예전과 같으나 모든 일들이 걱정스럽고 어지러운 상황이라 어찌할까 싶다고 하였다.	42.5×30	454
		108	丁未	京橋		• 丁未年 2월 27일에 京橋에서 보낸 편지 • 상대방의 편지를 보고 별 탈 없이 임무를 수행하고 있으니 참으로 다행이며, 부모님 집으로 돌아오는 길이 매우 피곤하고 힘들어 아직도 매우 답답하다고 하였다. 죄가 사면된 것은 깊이 감사하고 축하할 일이나, 다만 크고 작은 고을 일을 다 번거롭게 말할 수가 없다고 하였다. 解由 문서는 宋德顯에게 맡겨두었으니 이번 달 안에 반드시 가져온 후에야 해유가 나올 것이라고 하였다.	41×30	455

순번	자료명	번호	작성연도	발급자	수취자	내용	크기	수록면
		109	庚午	舊等		• 庚午年 11월 28일에 舊等이 미상자에게 보낸 편지 • 헤어진 지 벌써 한 달이 지났는데, 아직 편지를 쓰지 못해 아쉽고 한탄스러움이 끝이 없고 오로지 그리워 곧바로 안부를 물으니 계속 험한 임무를 수행하고 있는 동안 잘 지내고 있으며, 집안에 별일은 없는지, 口供의 거행은 어떻게 되었는지 묻고 있다. 자신은 진도에서 보낸 3년의 세월이 한바탕 꿈에 지나지 않으니, 돌이켜 생각하면 그저 웃음만 나오고, 자신은 감기 때문에 고생하고 있지만 부모님은 건강하고 집안 식구들 모두가 편안하니 매우 다행스럽다고 하였다.	44.8×30	456
		110	辛未	舊等		• 辛未年 10월 9일에 舊等이 미상자에게 보낸 편지 • 지난 겨울에 보낸 편지에 아직 답장이 없어 마음이 답답하며 의아하고 이상하게 생각하던 때에 더욱 답답하고 서운한 마음이 간절하다고 하였다. 상대방 맡은 일이 계속 평안하고 건강한지 궁금하며 집안 사정 또한 예전과 같은지 묻고 있다. 멀리서 상대를 생각하는 마음이 끝이 없다고 하였다.	32×28	457
		111	庚○	徐校理		• 庚○年 12월 25일에 倉洞 徐校理가 보낸 답장 편지 • 지난번 차례로 전하여 보내는 인편으로 소식을 대강 들었는데 한 해가 저무는 때에 달려가고 싶은 마음을 금할 수 없었는데, 뜻밖에 편지를 받게 되니 위완과 기쁨이 한량없고 직접 만난 것과 다름없다고 하였다. 자신은 순행하는 공무로 매우 바쁘고 번거로워 곧 고통이 더욱 심해질 것이니 답답하고 불쌍한 마음을 어찌할까 싶다고 하였다.	49×31	458
		112	丁未	雙洞		• 丁未年 6월 8일에 雙洞에서 보낸 편지 • 전주의 營主人 집에서 부친 편지는 이미 보셨으리라 생각하는데, 날씨가 이렇게 몹시 더운데 요즘 몸 건강히 잘 지내고, 공무 수행에 별 탈은 없는지 묻고 있다. 충분히 깊이 생각하고 떠날 시기를 따져 계산해서 월 초에 서로 응하기로 하였는데 과연 어려운 상황은 없는지 염려하는 마음이 미치지 않는 곳이 없다고 하였다. 자신이 출발한 지 15일 만에 고생하며 돌아와 머물게 되었는데 그동안 겪었던 일들은 모두 李光伯이 구두로 전할 것이니, 굳이 번거롭게 말할 필요가 없다고 하였다. 지금 행장은 이광백이 부지런하고 성실하게 돌보아준 덕분으로 수많은 산과 내를 별 탈 없이 도착할 수 있었다고 한다.	38.8×25	459
		113	庚之	金德性		• 庚之 11월 25일에 記下 金德性이 미상자[戒體]에게 보낸 편지 • 헤어진 후로 소식이 모두 막혀서 생각하는 마음이 간절하다고 하였다. 요즘 상대방의 戒體는 잘 지내고, 모든 일은 과연 힘들지 않는지 묻고 있다. 자신의 상태는 전과 다름 없이 지내고 있고 사또께서는 모든 일이 모두 편하니 삼가 다행이라고 하였다. 다만 牛耳島의 일은 무슨 연유로 죄수를 잡아들여 관청에 보냈는지 알지 못하겠으며 지금 甘飭이 있으니 편지가 도착하는 날에 즉시 풀어주는 것이 어떻겠냐고 하였다.	41.5×25.5	460
		114	庚寅	朴炳模		• 庚寅年 11월 15일에 生 朴炳模가 미상자에게 보낸 편지 • 지난번 한 번 뵌 것은 登龍과 다름없었으니, 외진 곳의 누추한 집에서 태산과 북두칠성을 바라보는 듯하다고 하였다. 그런데 그 이후로 상대방이 잘 지내고 있는지 알지 못하여 우러러 보잘 것 없는 자신의 마음을 금할 길이 없다고 하였다. 營隷와 族侄을 함께 즉시 飛禽島의 堂侄에게 보냈으니 가르침에 따라 머물러 있게 자세히 살펴달라고 하였다.	40×26	461

순번	자료명	번호	작성연도	발급자	수취자	내용	크기	수록면
		115	辛卯	原		• 辛卯年 11월 28일에 原이 미상자에게 보낸 편지 • 상대방의 아들이 과거에 급제하여 가문과 동네의 영광이 되었는데 해남 산천의 정기가 빛나 13살의 어린 나이에 성균관에 들어가 예를 익히고 학문을 닦으니 명망이 하늘처럼 높아지기를 바란다고 하였다. 또한 어머니의 기쁨을 위로하고 기뻐하는 마음이 더해지는 것이 부럽다고 하였다. 자신은 營務가 많고 힘들어서 서울에 자주 오지 못해 공적인 일과 사적인 일에 걱정이 많아 답답하다고 하였다.	41×27	462
		116	庚○	弘		• 庚○年 12월 28일에 弘이 미상자에게 보낸 편지 • 한 해가 저물어가니 그대를 생각하는 마음이 남다르게 깊어 문득 이 추운 날씨에 상대방이 잘 지내고 있는지 묻고 있다. 자신은 勘簿할 일이 많아 괴롭다고 하였다. 김 이방이 길을 떠나는데, 바로 지난번에 따로 부탁했던 사람이라며, 지금 들으니 그가 맡은 禮吏의 임무에서 까닭 없이 물러났다고 하니 다시 곧바로 임명하여 직책을 줄 것을 부탁하였다.	43×28.5	463
		117	辛卯	方秉圭		• 辛卯年 6월 19일에 朞服生 方秉圭가 미상자에게 보낸 편지 • 무더위 속에 객지에 있는 상대방의 몸이 편치 않다고 하니 과연 병세가 나아졌는지 안부를 묻고 있다. 자신은 5월 20일경에 우연히 설사병을 얻고, 더불어 술과 음식에 체하여 여러 날을 자리에 누워 고통을 호소하였다고 한다. 정신을 차릴 수가 없어 捧債가 뜻대로 되지 않았다고 한다. 그러니 귀 댁의 錢坪은 아직도 미루고 있어 납부하지 못한 마음에 매우 불안하니 다음 달 안에는 마땅히 곧바로 모두 납부하겠다고 하였다.	42.5×25.8	464
		118	辛卯	方方秉		• 辛卯年 7월 15일에 朞服生 方方秉가 미상자에게 보낸 편지 • 金宇亨 편에 보낸 편지를 받으셨을 것으로 생각되며 상대방이 늦더위 속에서 과연 뜻에 맞게 평안한지 묻고 있다. 객지에 있는 자신은 비록 그대로 지내고 있지만 일이 어긋나는 것이 많으니 보내준 돈이 아직 한 푼도 들어오지 않았으며, 얼마 전 편지에서 간절히 부탁한 일은 이미 다 알고 있으리라 생각하니 이 외에는 달리 준비할 방법이 없다고 하였다.	40×25.8	465
		119	甲午	曺龍沅		• 甲午年 2월 9일에 戚弟 曺龍沅이 미상자에게 보낸 편지 • 자신은 부모님을 모시는 중에 겨를이 없어 답답한 마음을 어떻게 다 전하겠냐고 하였다. 慶租 집의 곡식 중에서 겨우 한 섬만 징수하여 올려 보냈는데, 지금 소금 가마의 반 값은 任萬儀에게 독촉당한 것이 한두 번만이 아니니, 이 조목에 대해 어떠한 방식으로든 가까운 곳에 은혜를 베푼 것에 혹 사람들이 말이 있을까 두려우니 살펴서 빨리 처리해 달라고 요청하였다.	37×22	466
		120	甲午	崔翰俊		• 甲午年 8월 4일에 記下 崔翰俊이 미상자에게 보낸 편지 • 예상치 못하게 상대방의 편지를 받으니 자신이 찾아가지 못하고 편지가 오게 한 것이 그저 슬플 뿐이라고 하였다. 게다가 병을 앓고 계신다고 하니 더욱 황송하며 답답하다고 하였다. 지금 여름 가뭄이 가을까지 이어지는데 상대방의 병이 약을 쓰지 않아도 되는 경사가 있는지 알지 못하겠다고 하였다. 자신은 잡무가 계속되고 있어 답답한 마음을 다 씻어낼 수 없다고 하였다. 돈 100냥을 재촉한 일은 과연 흉년이지 않으면 어찌 말했겠냐고 하였다.	38×23	467

순번	자료명	번호	작성연도	발급자	수취자	내용	크기	수록면
		121	壬人	三從		• 壬人 3월 22일에 三從이 미상자에게 보낸 편지 • 봄이 거의 끝나가는데 상대방을 생각하는 마음이 더욱 간절하다고 하였다. 그동안 지방 수령을 지내고 있는 상대방이 잘 지내고 있는지 알지 못하나 봄에 맡은 일들이 끝없이 이어져 그리워하고 생각하는 마음이 간절하다고 하였다. 서울에서 온 소식은 요즘 듣는지 물으며, 자신은 세 번이나 번거로운 업무가 따라다녀 계속 힘들며 몸에 든 병이 끝내 낫지 않아 공적으로나 사적으로나 답답하다고 하였다.	38×25	468
		122	戊子	本衙		• 戊子年 1월 26일에 本衙에서 보낸 편지 • 한 지역에 함께 여섯 달을 살았는데 2년 동안 한 번도 만나지 못했으니 매우 아쉽다고 하였다. 지금 타향살이가 편한지, 집 소식도 자주 듣는지 안부를 묻고 있다. 이곳의 상황은 여전히 어지러울 따름이며, 이곳에서 보낸 傳令을 살펴보면 이는 본읍 民生의 목숨과 크게 관계되므로 또 특별히 사람을 시켜 편지를 보내고자 하니 상대방이 힘써서 이루어내어 이 기대를 저버리지 말아 달라고 부탁하였다.	42.5×24.8	469
		123	庚人	李待秀		• 庚人 11월 2일에 記下 李待秀가 미상자에게 보낸 편지 • 奉行한 지 한 달이 지나 서글픔 더욱 간절한데 상대방이 요즘 벼슬을 하며 잘 지내고 있는지 안부를 묻고 있다. 자신은 섬에 들어간 이후로 여행의 괴로움이 더욱 견디기 어려다고 하였다. 이외 本宮의 중요한 손님인 石泰植은 임진왜란 공신인 병부상서 星公의 8세손으로 올봄에 고향으로 내려가, 본궁과 관련된 일로 仙巖 근처에 머물고 있는데 자신과는 죽마고우니 자신을 생각해 편지를 받는 날에 석태식을 만나줄 것을 부탁하였다.	60×22.5	470
		124	壬申	梅營		• 壬申年 2월 8일에 梅營에서 보낸 편지 • 이곳에 온 이후로, 한 번도 소식을 주고받지 못해 더욱 슬프며 服役이 평안한지 물으며 걱정하는 마음이 그치지 않는다고 하였다. 자신은 오래도록 병으로 시달리고 있어 괴로우며, 얼굴을 볼 기약이 없으니 한탄스럽다고 하였다.	30.5×20.5	471
		125	丁丑			• 丁丑年 7월 21일에 작성된 편지 • 근심스러운 일로 바쁘게 지내는 중에 상대방이 궁금하고 그리워 안부를 물으니 상대방과 형제들이 모두 잘 지내고 있는지 묻고 있다. 자신은 바쁜 일이 해결되지 않았고 어지러움이 있어 하루하루를 고통스럽게 보내고 있으나 스스로 말미암은 일이니, 어찌할 수 있겠냐고 하였다. 이외 자신이 전문 148냥을 보내야 했었으나 이제야 보낸다고 하였다.	35×21	472
		126	戊子	相鴻		• 戊子年 12월 19일에 宗下 相鴻이 미상자[戎體候]에게 보낸 편지 • 오래 소식이 막혔다가 상대방이 보내준 편지를 받았다고 한다. 자신은 그런대로 지내고 있는데 營門에서 갑자기 체직되어 처리해야 할 문서 업무가 많다고 하였다. 京幇子는 아직 내려오지 않아 언제 올지 알 수 없고 또한 新延의 채비에 참여하였고, 눈길을 바삐 달려오느라 크게 걱정되는 가운데 오고 가는데 드는 비용을 준비하기에 어려워 답답하다고 하였다. 이외 使者가 말하길 해가 바뀌기 전에 찾아 온다고 하였는데 혹시 헛된 말은 아닌지 묻고 있다.	36.5×22.5	473

순번	자료명	번호	작성연도	발급자	수취자	내용	크기	수록면
		127	己丑	相鴻		• 己丑年 4월 18일에 宗下 相鴻이 미상자[戎體]에게 보낸 편지 • 거듭 보내주신 편지를 받으니 매우 감사하다고 하였다. 상대방의 戎體는 계속 평안하며 온갖 복을 누리고 있는 것을 알게 됐으니 축하한다고 하였다. 자신은 우선 그런대로 보내고 있으며, 지금 鎭營에 도착한 보고를 보니 8섬의 곡식을 이미 내어주었다고 鄭賢範이 말했다 한다.	38×22.5	474
		128	戊○	趙善民		• 戊○年 8월 11일에 制下 趙善民이 미상자에게 보낸 편지 • 지난 대화는 너무 갑자기였는데 지금 편지를 받으니 조금 위로가 된다고 하였다. 추수하는 등의 가을철 일로 상대방이 바쁜 중에도 잘 지내고 있음을 알게 돼서 위로된다고 하였다. 자신은 돌아갈 날이 점점 다가오니 참으로 상쾌한 기분이 들지만 문서 업무가 너무 번잡하여 답답하고 안타깝다고 하였다. 胎紙는 잘 받았으니 감사할 뿐이며, 輸費의 조목은 報題를 작성하여 보내니, 분부가 매우 엄격하여 감면을 논할 수 없을 정도라고 하였다.	38×23	475
		129	乙亥	前營		• 乙亥年 7월 10일에 前營에서 작성된 편지 • 여름이 지나고 가을이 다가오지만 소식이 막혀 그리움은 끝이 없다고 하였다. 상대방이 더운 여름에 부모님을 모시며 잘 지내고 있는지, 가족들은 무탈한지 알지 못한다며 멀리서 염려한다며 안부를 묻고 있다. 자신은 병으로 열흘 가까이 쓰러졌고, 차도가 없는 중에 많은 營務로 인해 감당하기 어렵다고 하였다.	39×21	476
		130	壬申	貞洞		• 壬申年 1월 10일에 壬申에서 작성된 편지 • 지난해 12월에 보내준 편지가 아직도 많이 기쁘고 위안이 된다고 하였다. 어느새 한 해도 저물어 비로소 새해가 됐는데 상대방과 가족들이 잘 지내고 있는지 안부를 묻고 있다. 이 편지는 작년에 어버이를 보러 가는 길에 쓴 것으로 어제야 자신은 겨우 서울로 들어와 매우 피곤하고 지쳤다고 한다. 상대방이 보내준 여러 가지 물품은 잘 받았다고 한다.	43×14	477
		131		大同所		• 편지의 피봉. 봉투에는 大同所 任案 回展이라고 적혀 있다.	6.8×18	478
		132	壬申	金斗煥		• 壬申年 1월 그믐에 記末 金斗煥가 미상자에게 보낸 편지 • 이미 파랗게 난 풀이 밝은 계절이 되어 온갖 나무들이 이제 막 붉은 싹을 틔우고 있는데 상대방을 그리워하던 시기에 편지를 받아 여러 번 펼쳐 읽었다고 한다. 자신은 鎭營의 일로 더욱 고생 중이며 해는 점점 길어지는데 말 건네는 이 하나 없고 한 구석에 홀로 앉아 해가 뜨고 달이 지는 것을 바라볼 뿐이라고 하였다.	46.5×16.8	479
		133	壬申	李珍島		• 壬申年 1월 5일에 珍島에 사는 李가 미상자에게 보낸 편지 • 소식이 막혔는데 해가 바뀌는 즈음이라 그립고 애달프며 다른 때보다 더 간절하던 차에, 뜻밖에 지난 섣달에 보낸 편지를 새해에 받게 되어 위로와 기쁨이 이루 말할 수 없이 크다고 하였다. 그래서 곧 상대방의 안부를 물으니 지금 어떤 직책에 있는지와 잘 지내고 있는지를 묻고 있다. 자신의 집안은 모두 평안하니 큰 복이나, 자신은 오래도록 건강하지 못해 괴롭고 답답한 가운데 아직 軍啣의 임무를 하고 있으며 履歷에 오르지 못했으니 어찌하겠냐고 하였다.	43.8×14	480
		134		朴永淑	錦鎭	• 朴永淑이 錦鎭에 보낸 편지의 봉투. 朴書房 永淑 旅案 入納. 錦鎭留珎 即謹答書이라고 적혀 있다.	5.5×27.5	481

순번	자료명	번호	작성연도	발급자	수취자	내용	크기	수록면
		135	庚人	靑龍圖		• 庚人 12월 4일에 靑龍圖가 미상자에게 보낸 편지 • 며칠 전에 안부를 전했는데 그 사이에 과연 전달됐는지 물으면서 지난 섣달 추위에 잘 지내고 있었는지 안부를 묻고 있다. 이 편지를 작성한 것은 船稅에 관한 일로 報狀을 함께 보냈으니 곧 지시가 내려올 것이며 推尋하여 보내는 방안이 어떠한지 묻고 있다.	36.8×23.5	482
2	婚書	1	1770년 (영조 46)	金英材		• 1770년 12월 19일에 金英材가 보낸 婚書 • 상대방이 딸을 자신의 사촌동생 陽喆에게 허락해 주었기에 삼가 納采를 하고 奠雁의 예를 올린다는 내용	46×52	483
		2	1790년 (정조 14)	金聲喆		• 1790년 2월 27일에 金聲喆이 보낸 婚書 • 상대방이 딸을 자신의 아들 元孫에게 허락해 주었기에 삼가 納幣를 하고 奠雁의 예를 올린다는 내용	43×49	484
		3	1864년 (고종 원년)	金燦烈		• 1864년 10월 10일에 金燦烈이 보낸 婚書 • 상대방이 딸을 자신의 당질 昞淳`에게 허락해 주었기에 先人들의 예의에 따라서 삼가 납폐를 하겠다는 내용	39×49	485
		4	壬申	金■■		• 壬申年 12월 28일에 金■■가 보낸 婚書 • 상대방이 딸을 자신의 아들 文行에게 허락해 주었기에 先人들의 예의에 따라서 삼가 납폐를 하겠다는 내용	39×49	486

6. 置簿記錄類

순번	자료명	번호	작성연도	발급자	수취자	내용	크기	수록면
1	榜目	1	1891년 (고종 28)	上試 趙		• 1891년 10월 5일에 一所에서 시험을 치른 儒生들의 應製榜 • 尹榮洙(京), 幼學 李凡珠(牙山), 李巡植(錦山) 등의 성명과 거주지가 기재되어 있다.	121×20	488
2	契案	1				• 박씨 문중에서 작성된 大族契案 • 박씨 문중의 族契錢과 打租 등에 대한 치부 기록	24×27	489
3	置簿	1	辛卯			• 辛卯年 10월에 작성된 京北錢報給冊 • 신묘년 9월 26일에 先達 金河瑞에게 작성된 手記 등의 딸림 자료가 있다.(이 수기는 爻周 되어 있음)	19×18	589
		2				• 位田置付冊으로 선조 贈 參判府君의 別廟를 창건할 때 마련된 위전 관련한 치부 기록 • 해남 宗中의 賻助錢 30냥과 논을 매득할 때의 補用한 비용 등이 기록됨	26×32	597
		3	1915년			• 1915년 9월에 烏洞 別廟建築의 寄附案 • 선조의 삼형제를 合祀한 한 사당을 건축할 때 보조한 인원을 마을별로 기록한 치부 기록	26×30	601
4	笏記	1	1917년			• 밀양박씨 집에서 보관한 忠貞祠의 春秋享禮의 홀기	9.4×29.2	609
		2	1917년			• 밀양박씨 집에서 보관한 棣香祠의 春秋享禮의 홀기	10×30.3	615
5	葬擇記	1				• 庚寅生인 金熙淳의 葬事 日時를 정하는 葬事擇日記 • 祭主는 아들(壬午生), 며느리(丙子生), 손자 2명(丙申, 辛丑生)이다. 開土는 2월 16일 乙丑 未時, 先破는 南方이었다.	50×46	618

순번	자료명	번호	작성연도	발급자	수취자	내용	크기	수록면
6	傳掌記	1				• 충정사의 別廟都錄 • 正廳 1칸, 夾廳 1칸, 祭床 1좌, 座面油紙, 香床 1좌 등 別廟의 규모와 소장 문서, 물건을 기록	27×32	619
7	時到記	1				• 奉審錄으로 충정사에 봉심한 奉朝賀 金履翼, 節齋 종손 金克鍊, 民台鎬 등이 기록됨	25×33	623
8	享儀錄	1				• 密陽朴氏別廟享儀錄 上 • 圖式, 飮福說, 飮福儀, 享時祭官員數 등이 기록됨	29×34	628
		2				• 密陽朴氏別廟享儀錄 下 • 一年再享式, 恒定祭式, 寫紙牓節次第一 등이 기록됨	29×34	635
9	門中記錄	1	1803년 (순조 3)			• 癸亥年(1803, 순조 3) 閏 2월 10일에 작성된 密陽朴氏門案 • 正郎 선조의 후손들이 지난 壬戌年(1802, 순조 2)에 公議를 거쳐, 이번 계해년 봄에 해남에서 設享하게 됨에 따라 각 파의 宗人이 한자리에 모여 여러 종인들의 이름자를 列錄한 門案	22×32	641
		2	1804년 (순조 4)			• 1804년(순조 4)부터 1916년까지의 入門錄 • 밀양박씨 조상의 別廟를 건립한 이후에 春秋 두 차례의 제사마다 참여한 인원의 이름을 기록한 자료	27×32	650
		3	1918년			• 密陽朴氏大宗案 • 一家의 情誼를 더욱 돈독히 하고, 흩어졌던 후손들이 다시 모여 春秋享祀가 끊어지지 않도록 하기 위해, 額號를 忠貞棣香이라 하고, 멀고 가까움이나 친소 관계를 따지지 않고 大宗會案이라 이름함 • 1918년(戊午年) 3월에 鳥洞 別享閣 관련 大宗會의 규칙, 會案을 기록	29×35	700

7. 詩文類

순번	자료명	번호	작성연도	발급자	수취자	내용	크기	수록면
1	墓文	1				• 표제는 正郎先祖行狀文 • 禮曹正郎 朴審問의 墓碣銘	22×35	714
2	行狀	1				• 표제는 贈吏曹參判朴公行狀 • 朴審問의 조상, 행적 등이 기록된 행장과 上言草, 吏曹覆啓, 備邊司草記 등이 기록	21×34	718

고군면 오하리

1

敎令類

紅牌 1

1676년(숙종 2), 원본 소재 불명으로 크기 미상

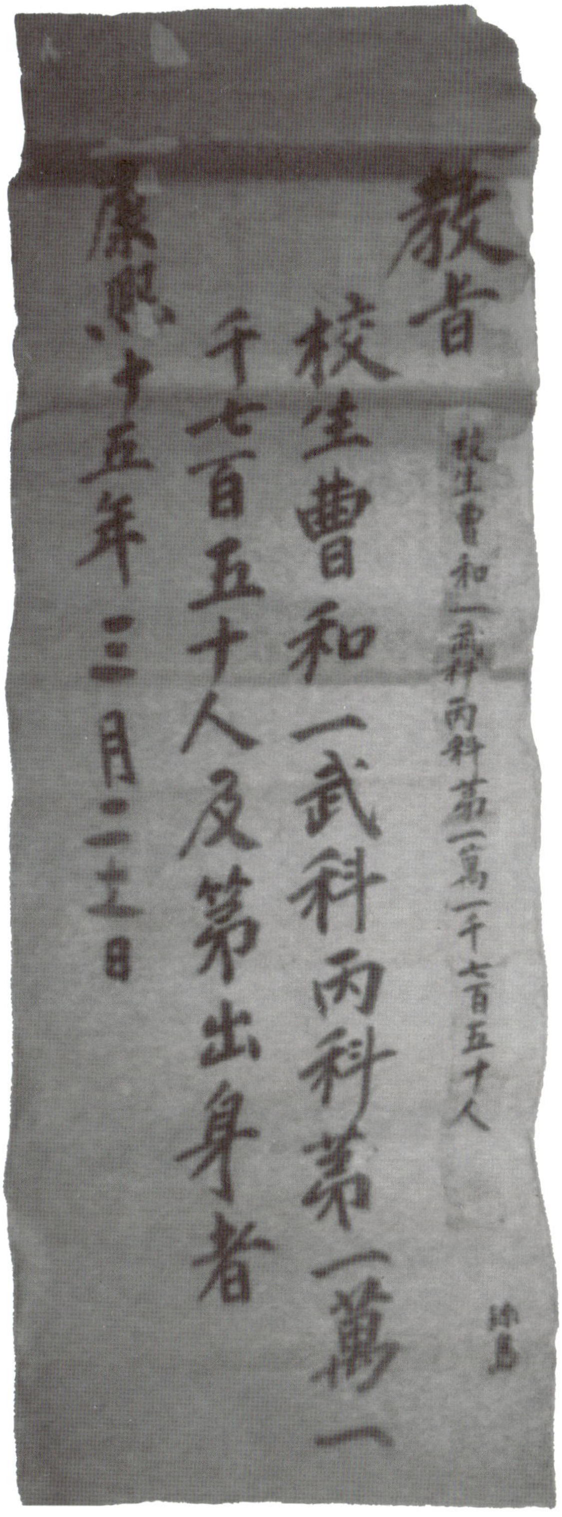

教旨

校生曺和一武科丙科第一萬一千七百五十人及第出身者

康熙十五年三月二十日

校生曺和一武科丙科第一萬一千七百五十人

校生 曺和一이 武科에 급제하고 받은 紅牌

告身 1

1853년(철종 4), 원본 소재 불명으로 크기 미상

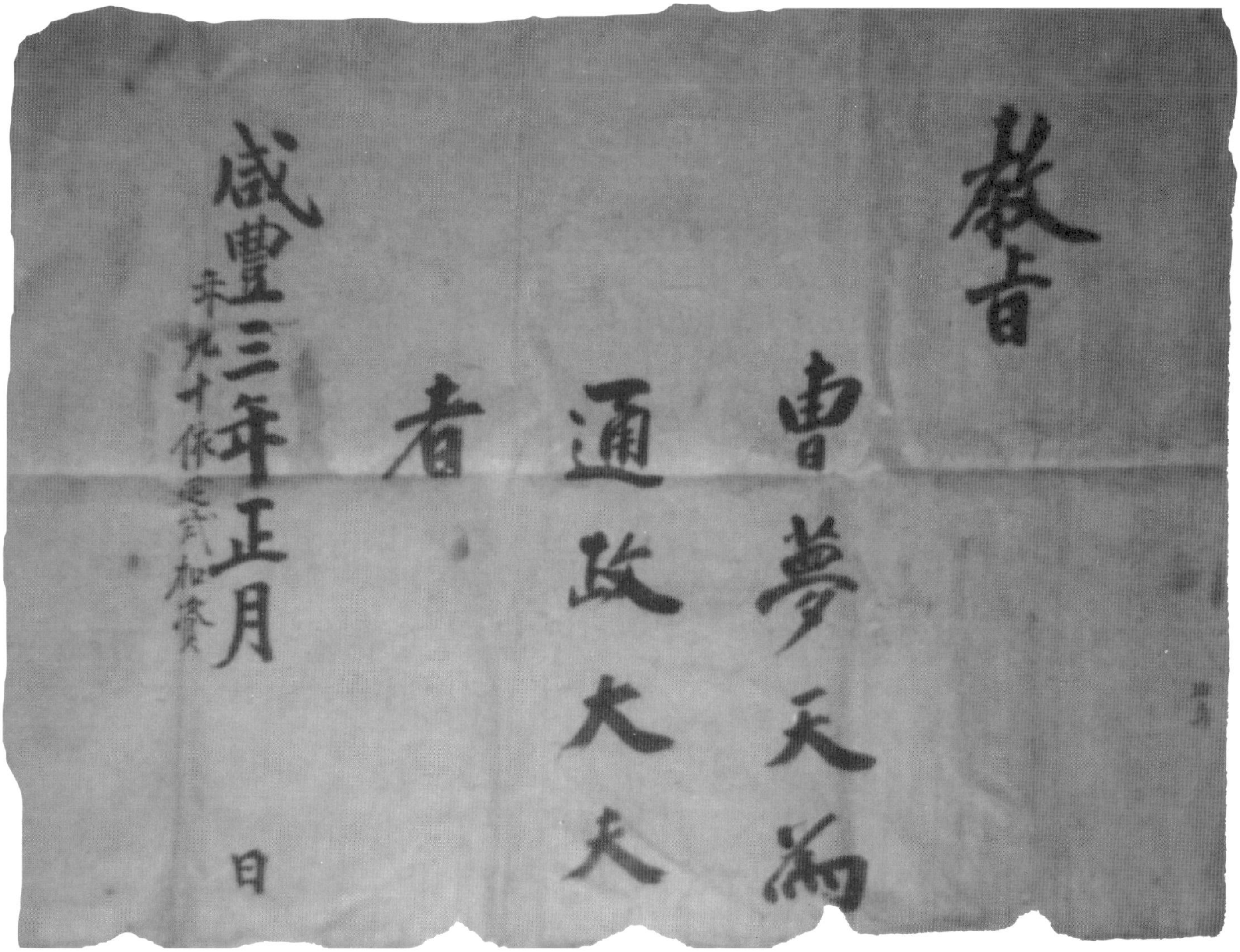

敎旨

曺夢天爲

通政大夫

者

咸豐三年正月 日

年九十依定式加資

1853년 1월에 曺夢天을 通政大夫로 임명하는 문서

差帖 1

1698년(숙종 24), 원본 소재 불명으로 크기 미상

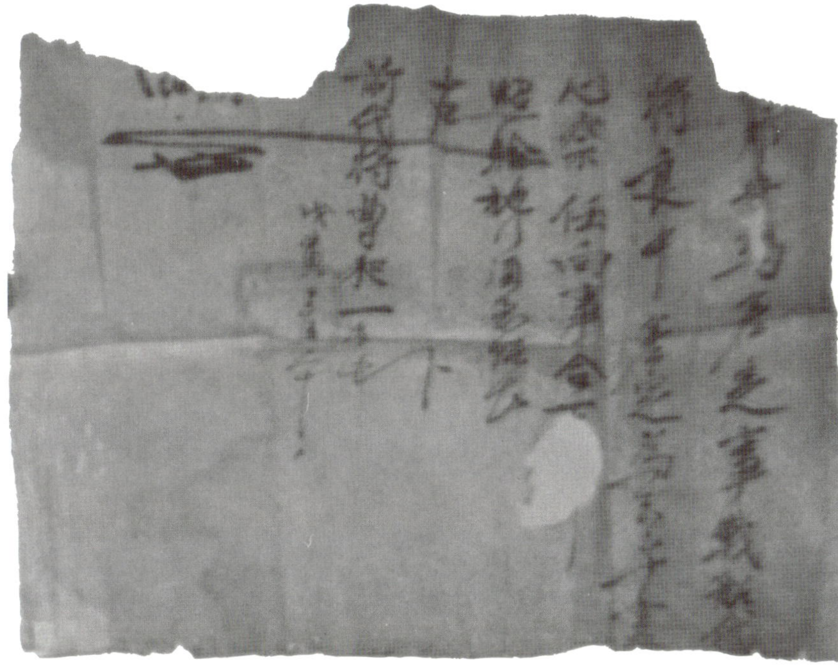

1698년에 前 代將 曺和一을 戰船代將에 差定하는 문서

差帖 2

1704년(숙종 30), 원본 소재 불명으로 크기 미상

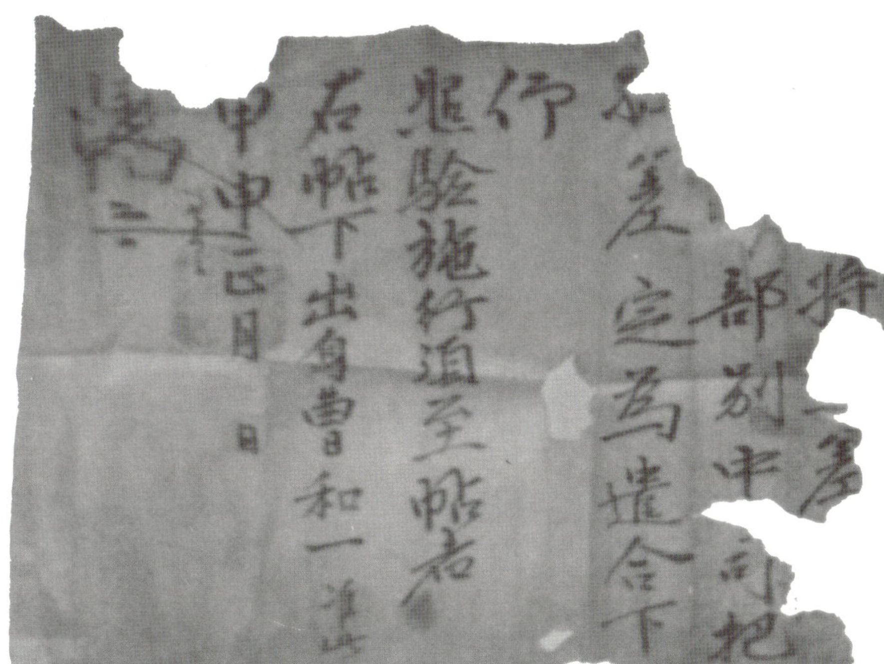

1704년에 出身 曺和一을 別中司 把摠에 差定하는 문서

差帖 3

1822년(순조 22), 43×38.5

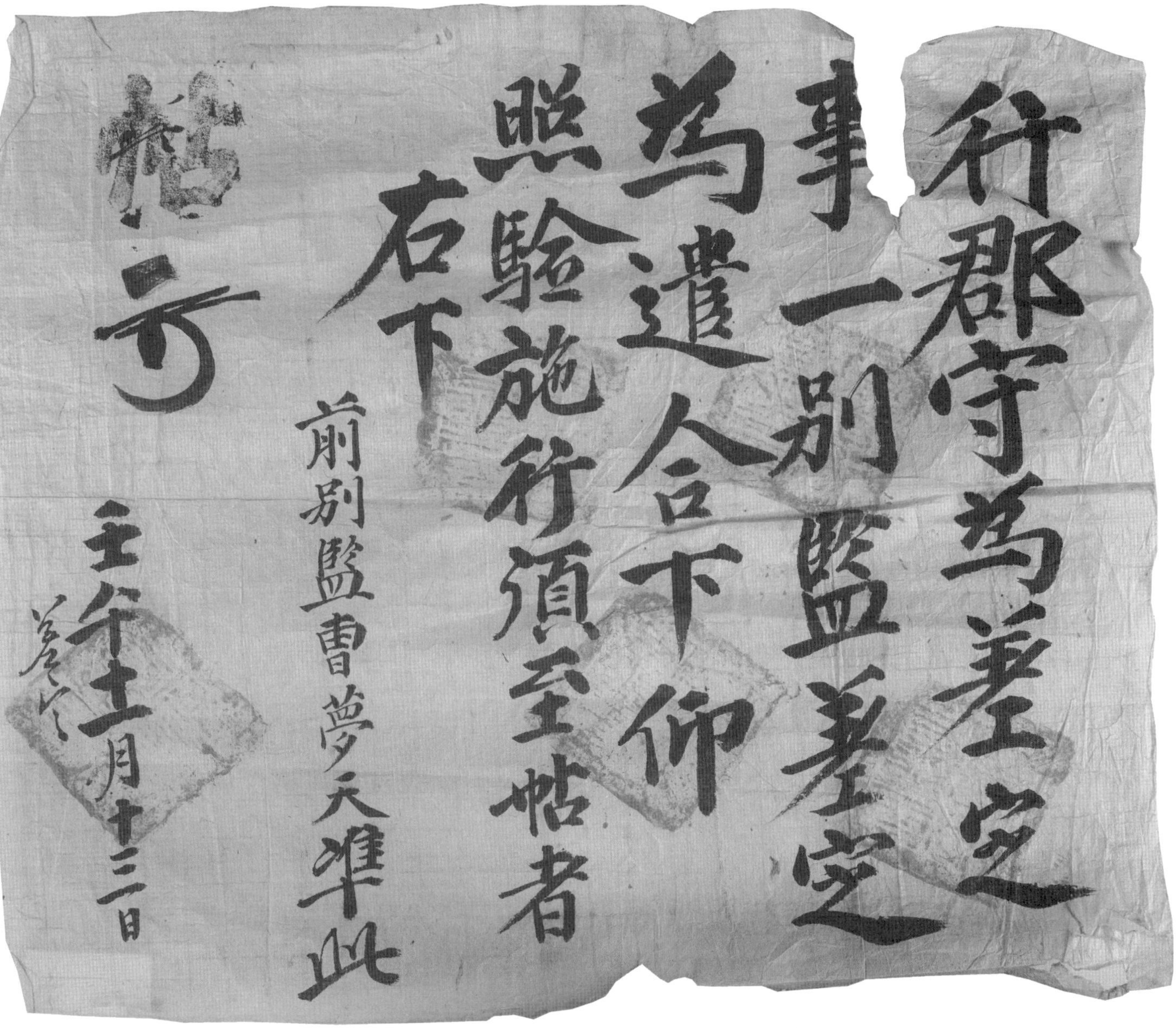

1822년에 진도군수 韓明運이 前 別監 昔夢天을 一別監에 差定하는 문서

差帖 4

1854년(철종 5), 원본 소재 불명으로 크기 미상

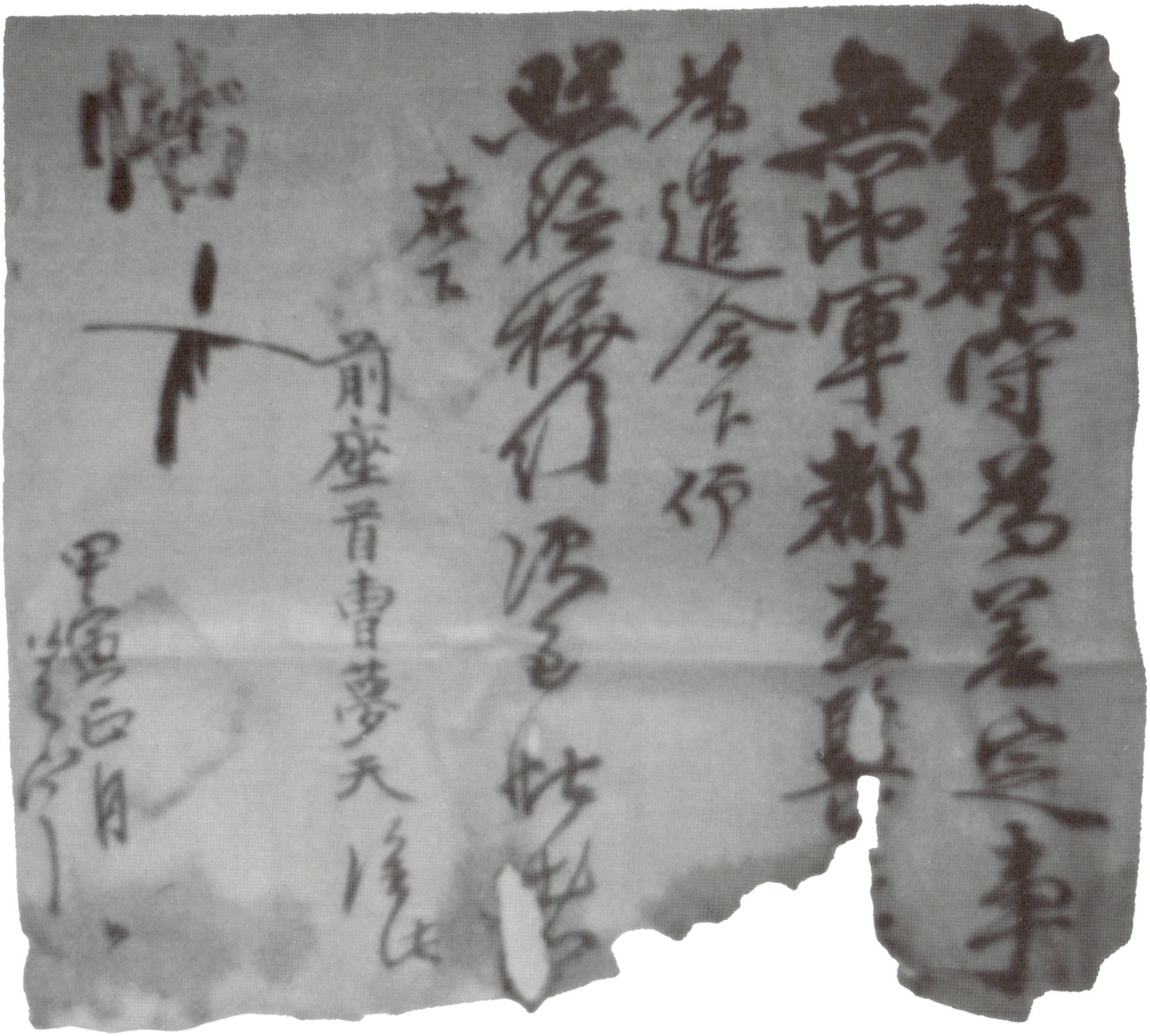

갑인년에 진도군수가 前 座首 曺夢天을 都査에 差定하는 문서

差帖 5

甲寅, 원본 소재 불명으로 크기 미상

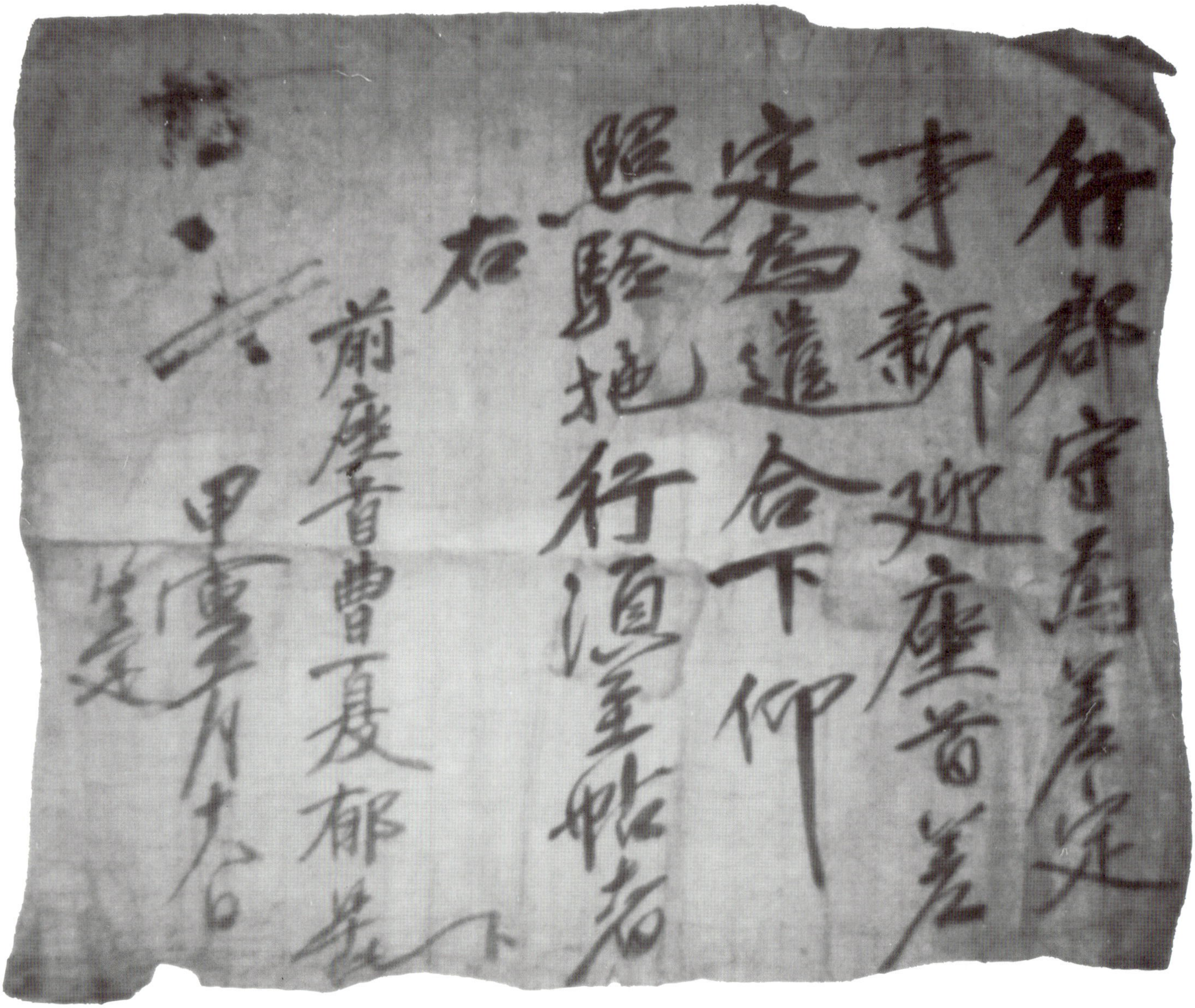

갑인년에 진도군수가 前 座首 曺夏郁을 新迎 座首에 差定하는 문서

差帖 6

庚申, 원본 소재 불명으로 크기 미상

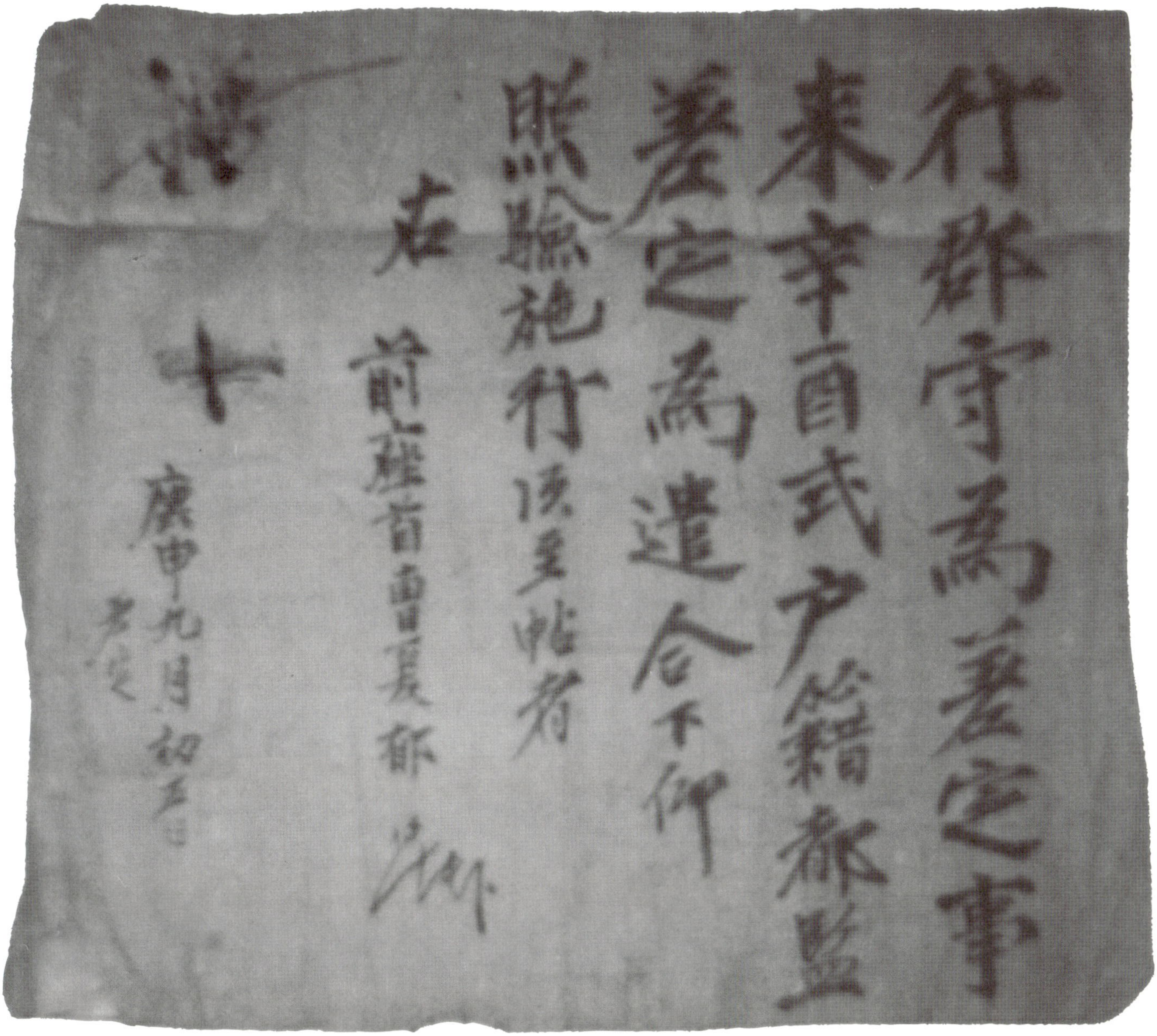

경신년에 진도군수가 前 座首 曺夏郁을 辛酉式 戶籍都監에 差定하는 문서

差帖 7

辛酉, 원본 소재 불명으로 크기 미상

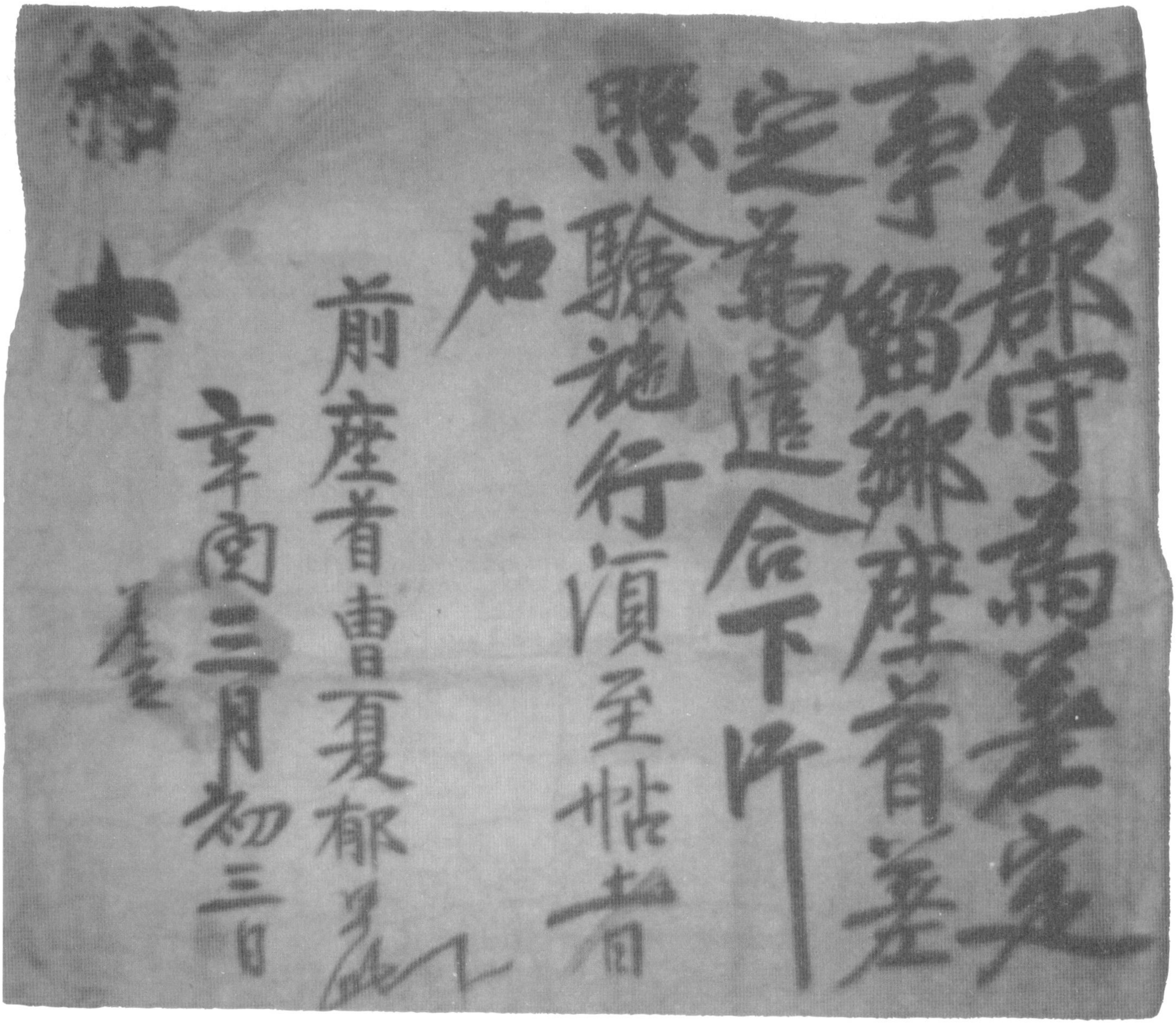

신유년에 진도군수가 前 座首 曺夏郁을 留鄕 座首에 差定하는 문서

差帖 8

丙午, 원본 소재 불명으로 크기 미상

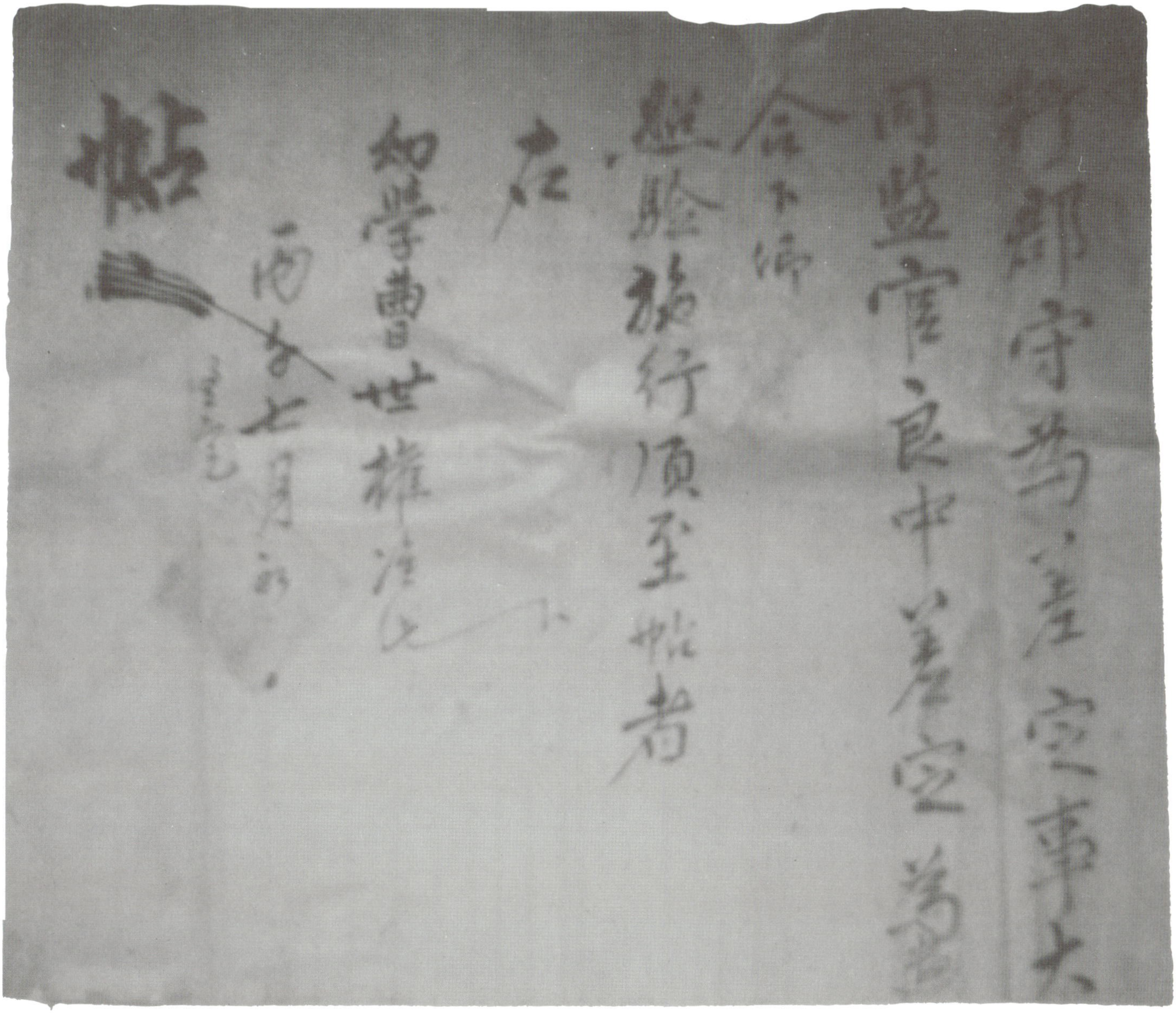

行郡守爲差定事 大同監官良中差定爲

合下仰

照驗施行須至帖者

右

幼學曺世雄准此

丙午七月 日

帖

병오년에 진도군수가 幼學 曺世雄을 大同監官에 差定하는 문서

差帖 9

己未, 원본 소재 불명으로 크기 미상

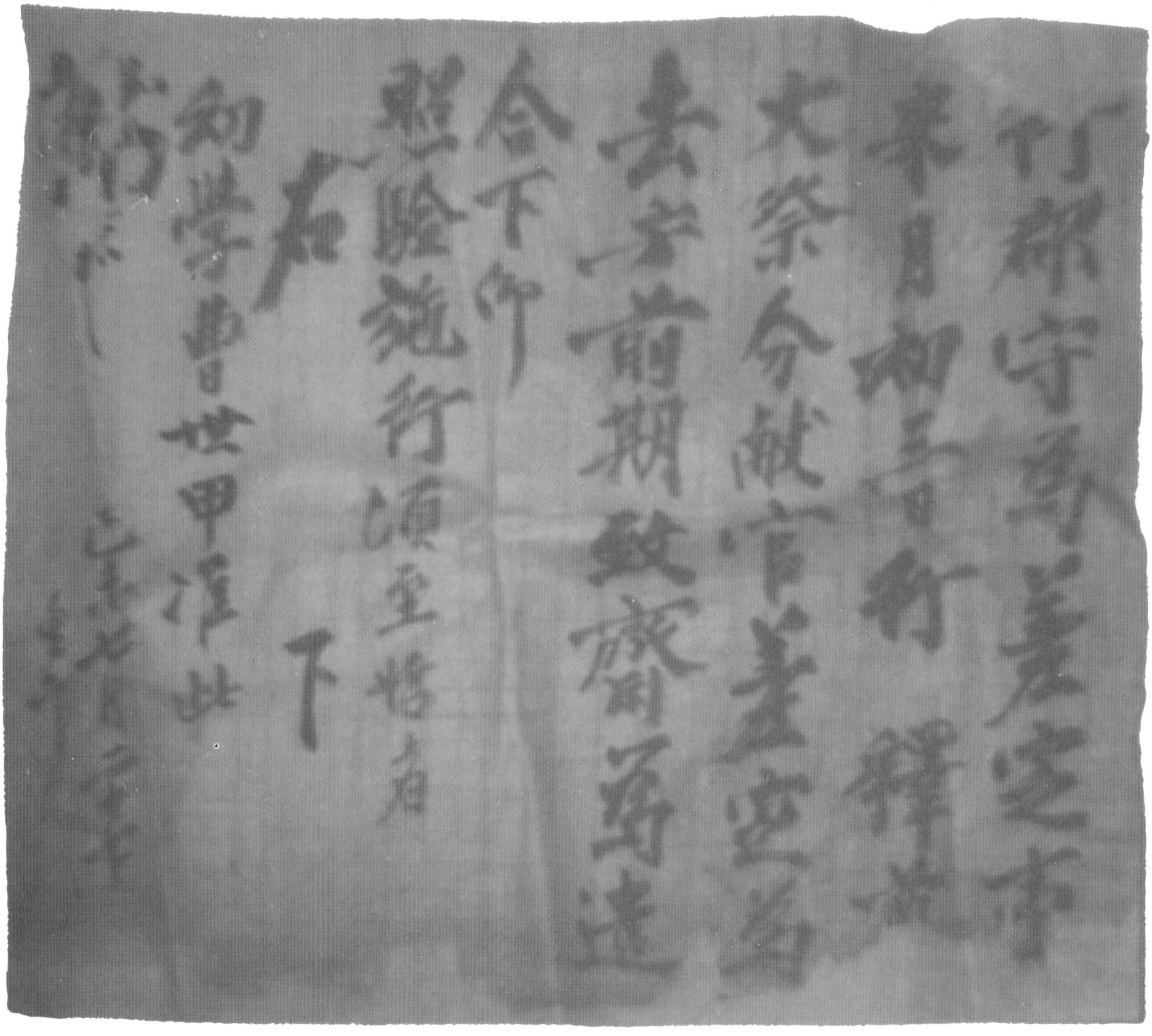

기미년에 진도군수가 幼學 曺世甲을 釋奠大祭 分獻官에 差定하는 문서

差帖 10

丙寅, 원본 소재 불명으로 크기 미상

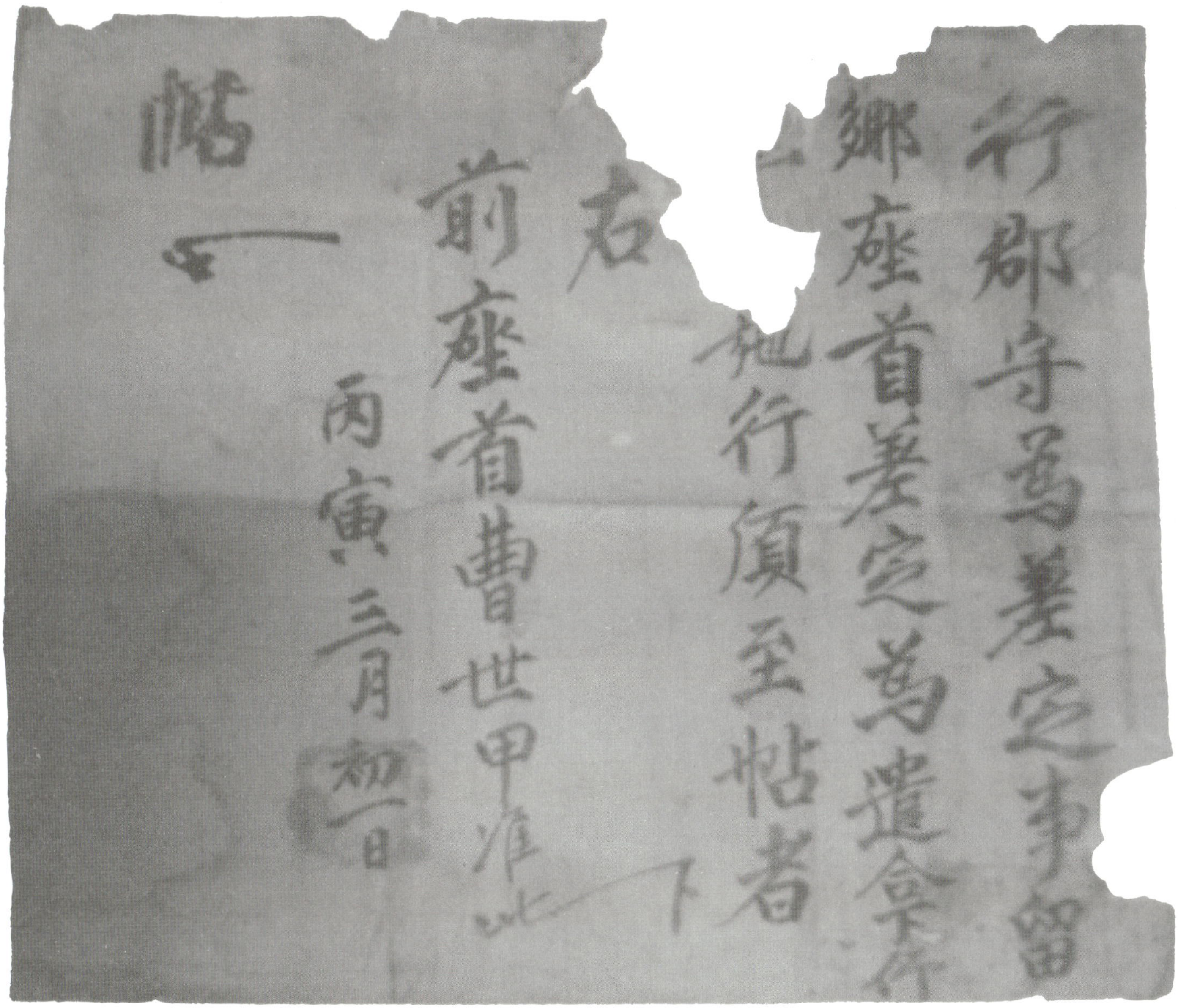

行郡守爲差定事留

鄉座首差定爲遣[illegible]行

施行須至帖者 下

右

前座首曹世甲准此

丙寅三月初一日

帖

병인년에 진도군수가 前 座首 曺世甲을 留鄕 座首에 差定하는 문서

差帖 11

甲辰, 원본 소재 불명으로 크기 미상

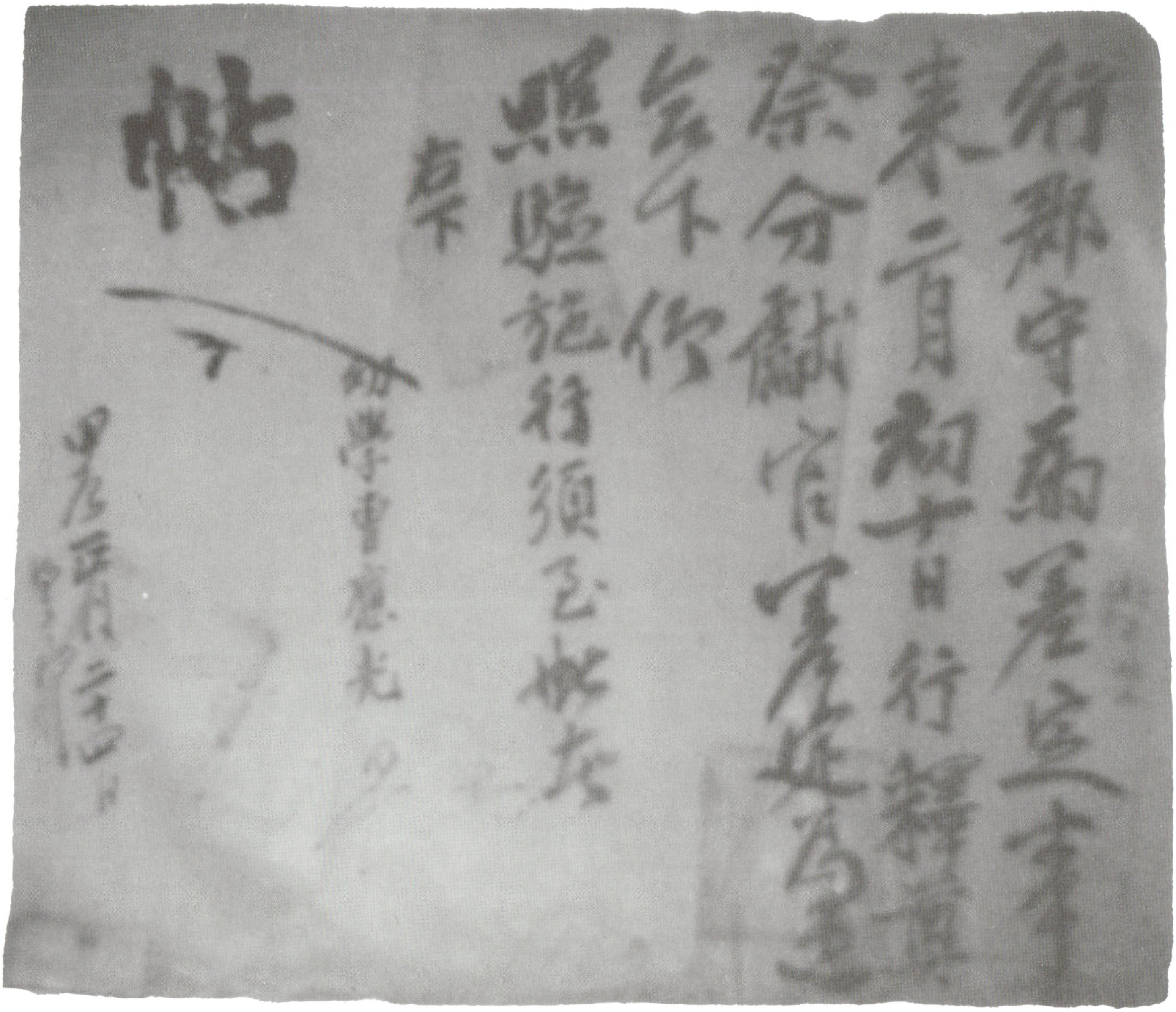

갑진년에 진도군수가 幼學 曺應光을 釋奠祭 分獻官에 差定하는 문서

差帖 12

丁丑, 원본 소재 불명으로 크기 미상

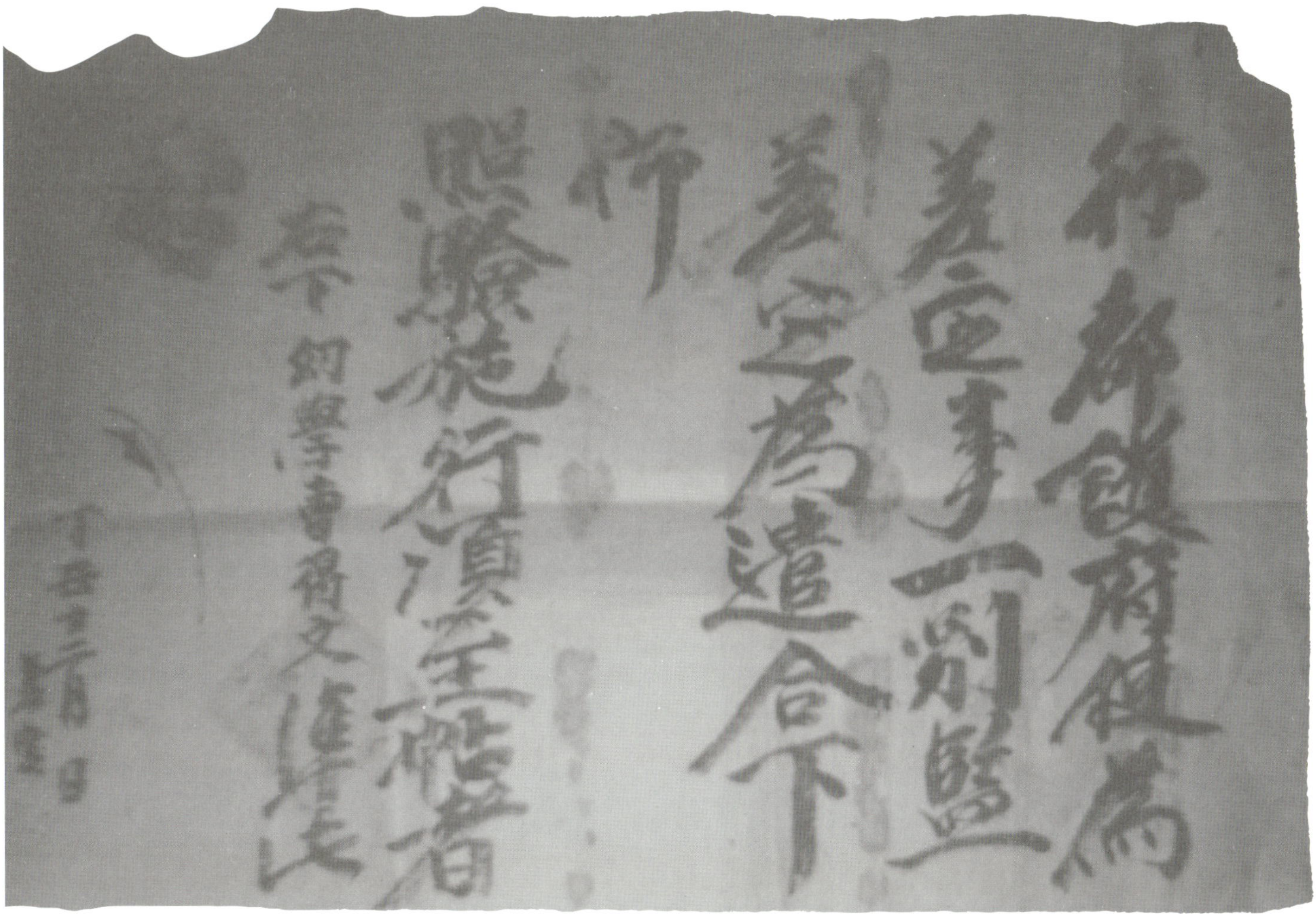

정축년에 都護府使가 幼學 書得文을 一別監에 差定하는 문서

差帖 13

戊寅, 원본 소재 불명으로 크기 미상

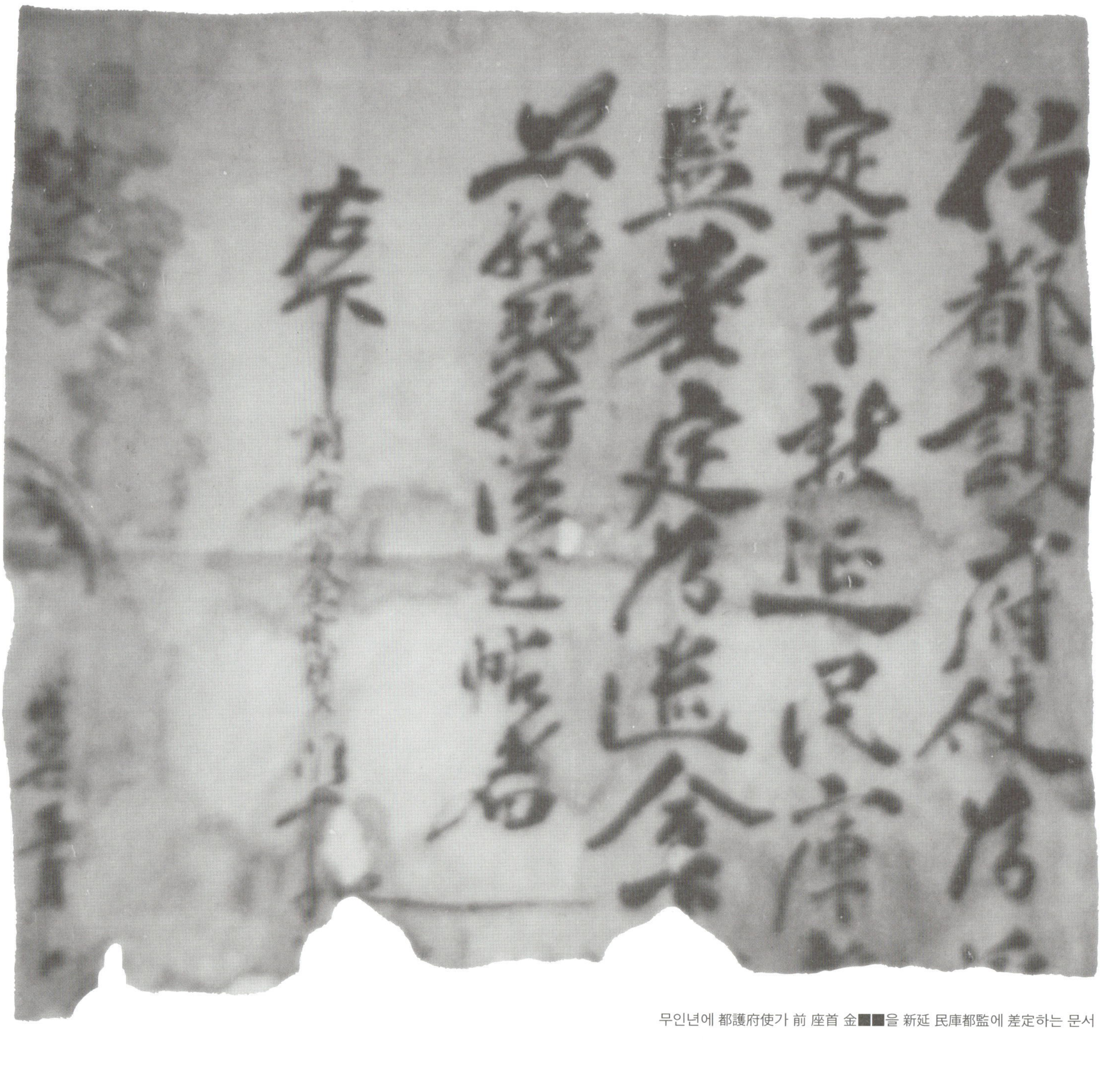

무인년에 都護府使가 前 座首 金■■을 新延 民庫都監에 差定하는 문서

差帖 14

乙巳, 원본 소재 불명으로 크기 미상

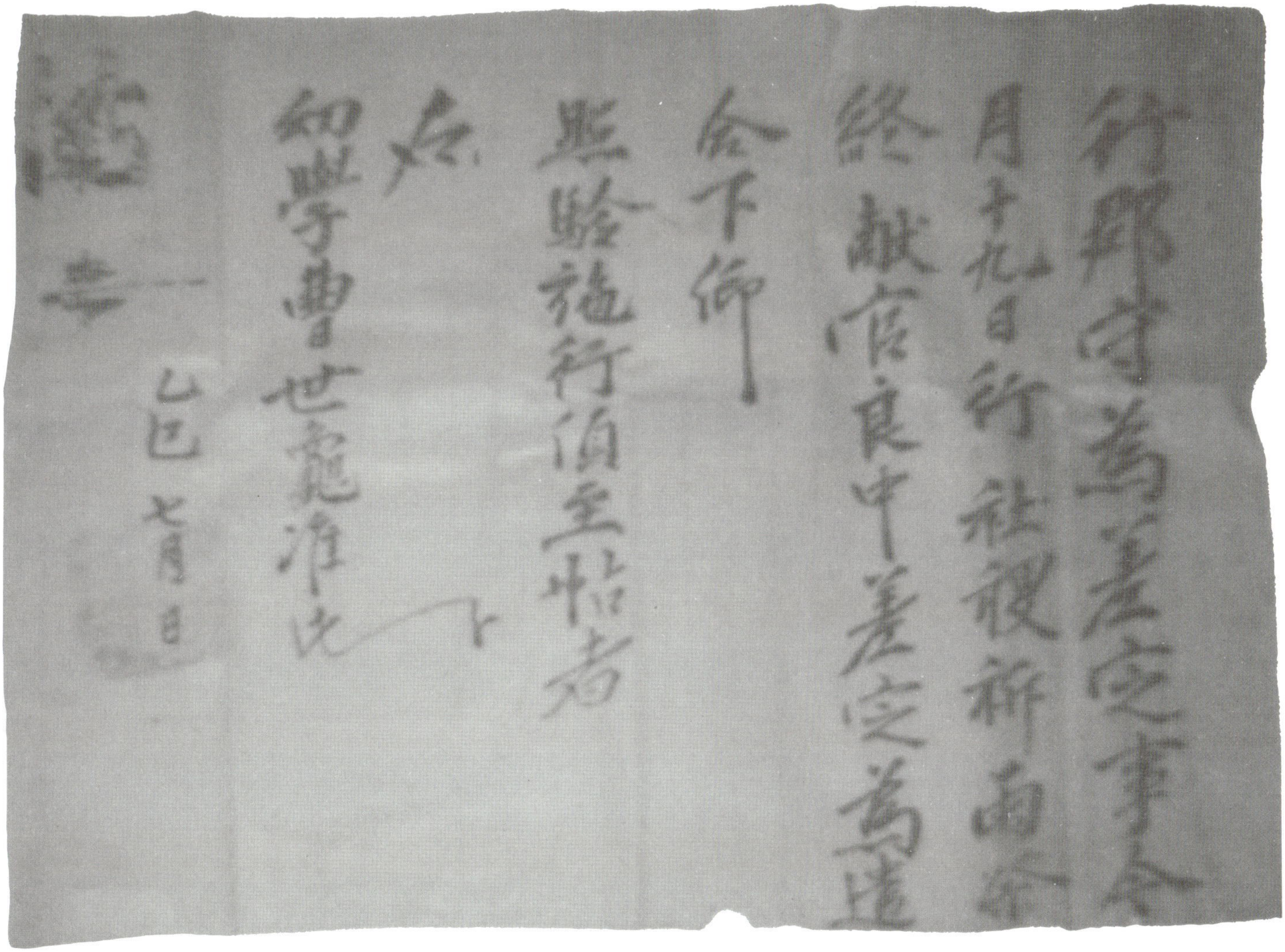

行郡守爲差定事今
月十九日行社稷祈雨祭
終獻官良中差定爲遣
合下仰
照驗施行須至帖者
右
幼學曹世龜准此
乙巳 七月 日

을사년에 진도군수가 幼學 曺世龜를 社稷 祈雨祭 終獻官에 差定하는 문서

2

疏·箚·啓·狀類

所志 1

乙巳, 40×59.8

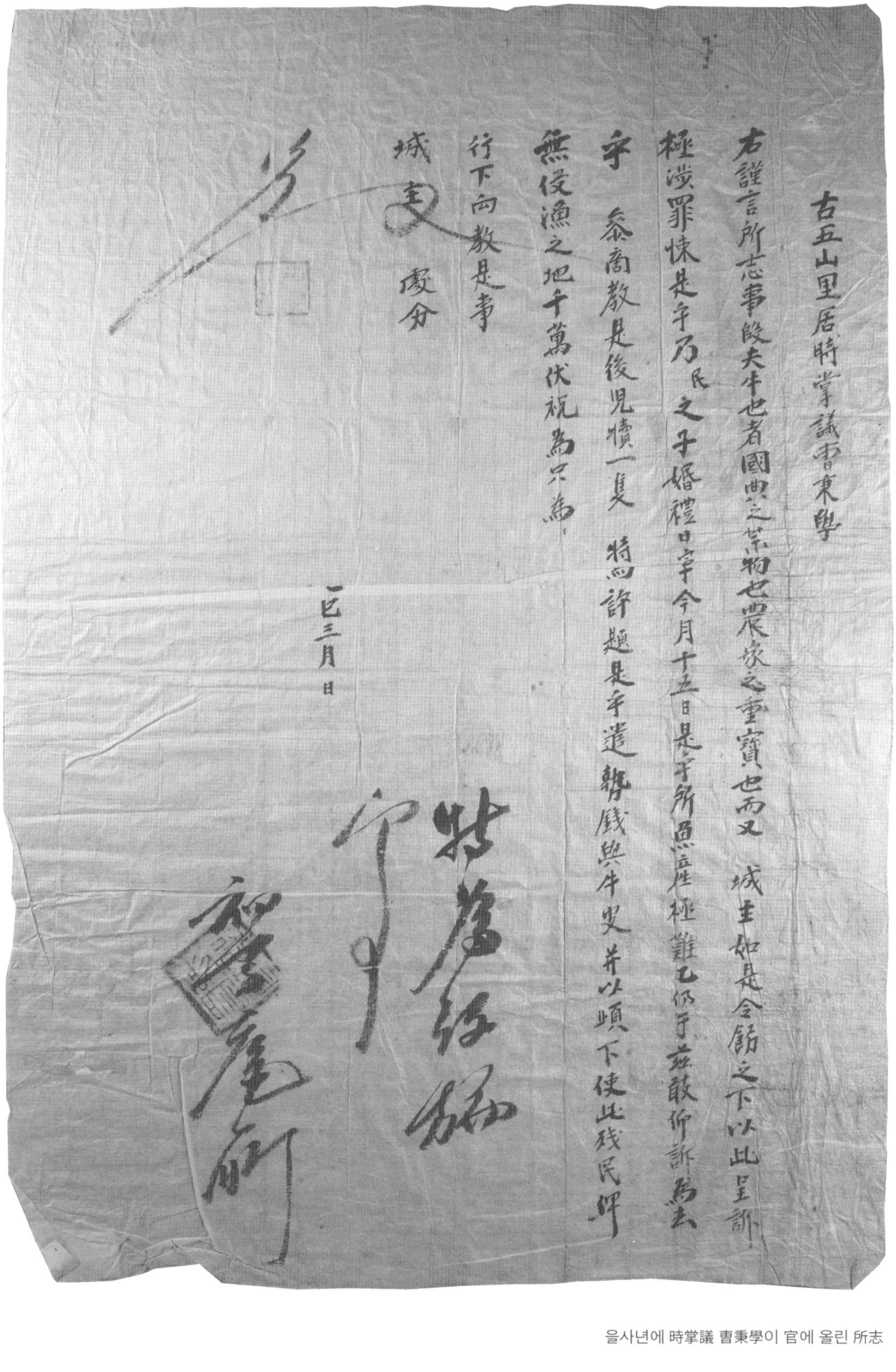

을사년에 時掌議 曺秉學이 官에 올린 所志

3

牒·關·通報類

帖 1

1853년(철종 4), 원본 소재 불명으로 크기 미상

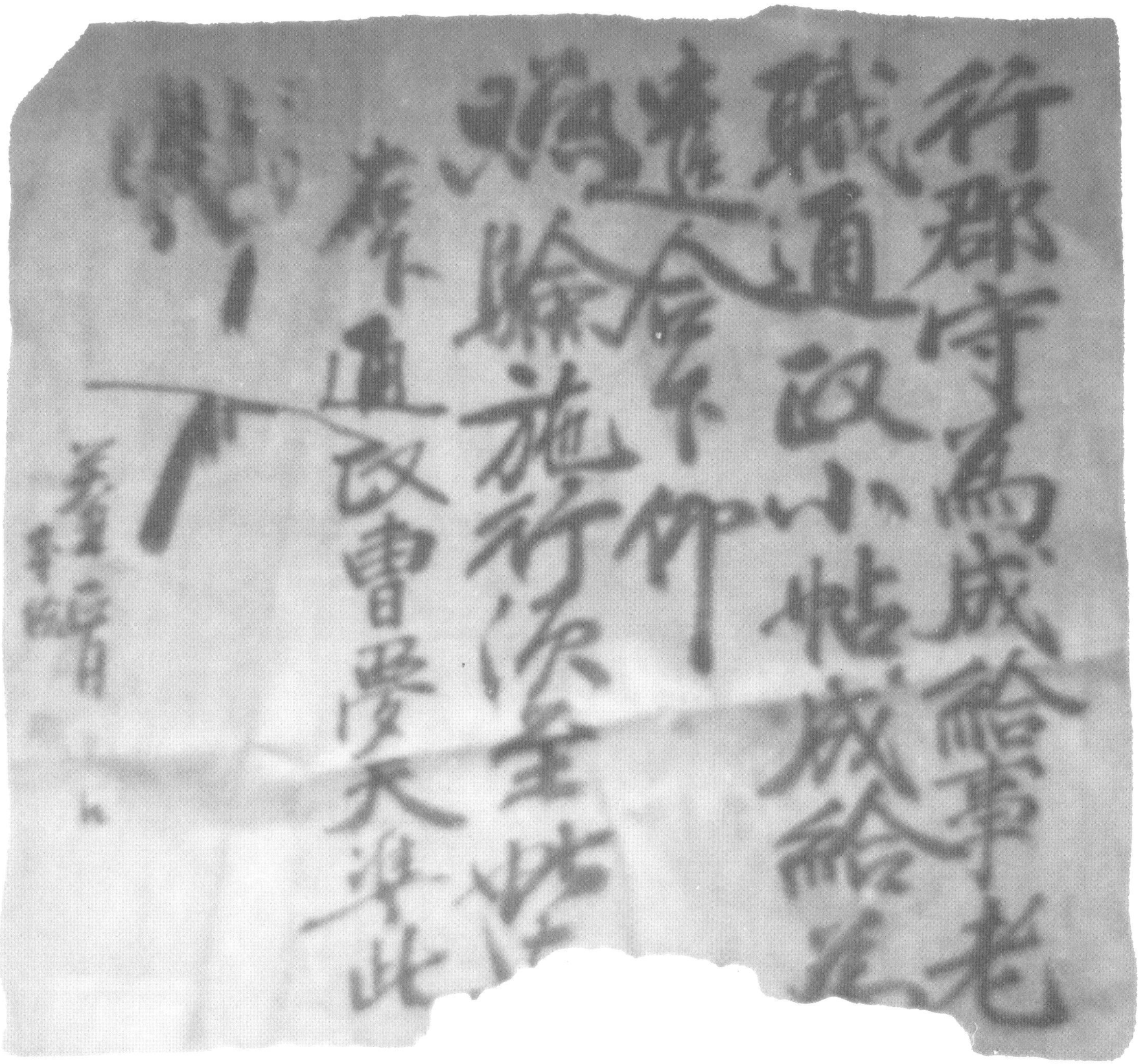

1853년에 郡守가 曺夢天에게 成給한 小帖

望記 1

1822년(순조 22), 23.5×23.3

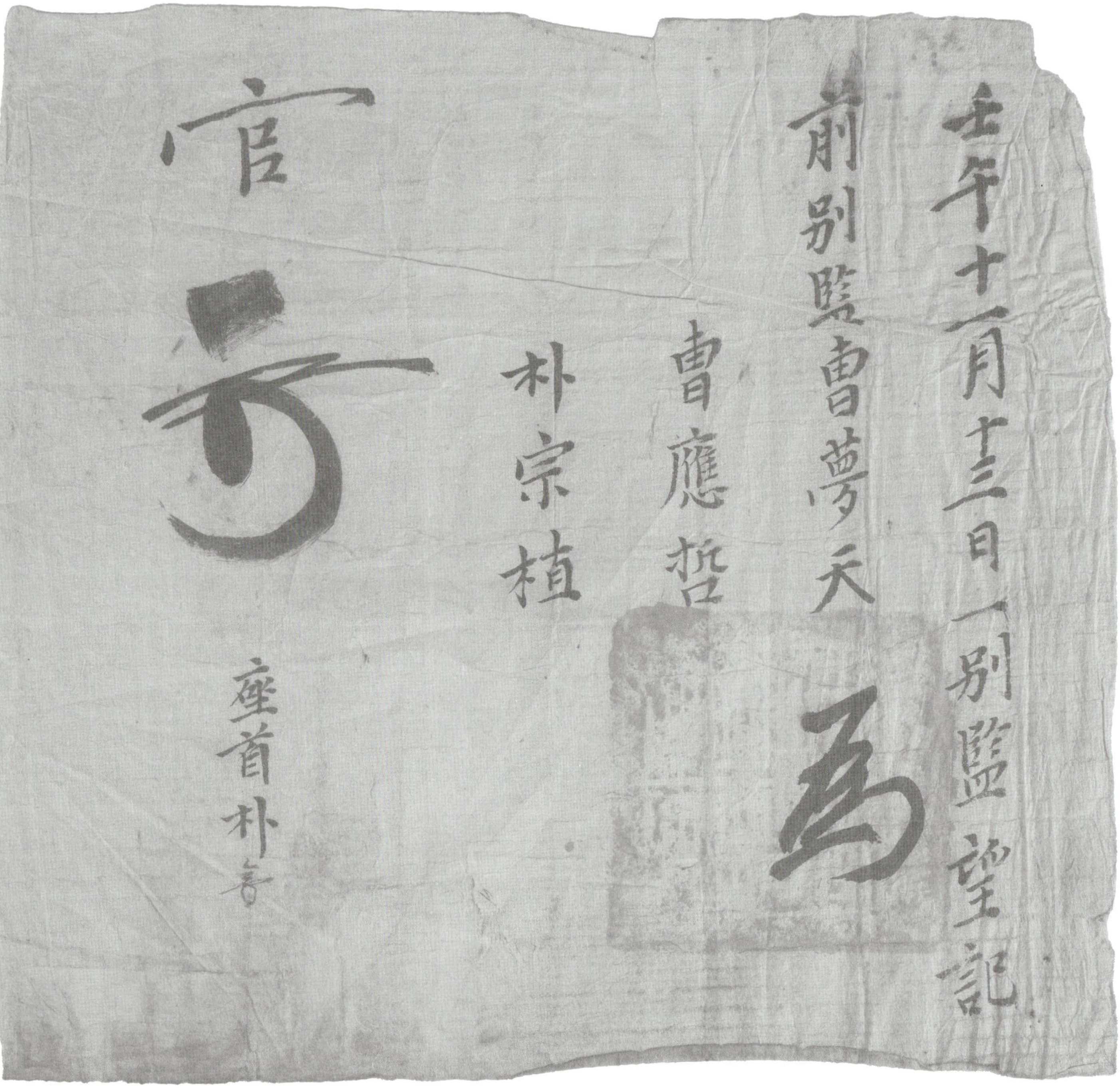
壬午十一月十三日一別監望記
前別監曺夢天 爲
曺應哲
朴宗植
座首朴
官

1822년 11월 13일에 前 別監 曺夢天을 一別監으로 정하는 문서

望記 2

丁卯, 원본 소재 불명으로 크기 미상

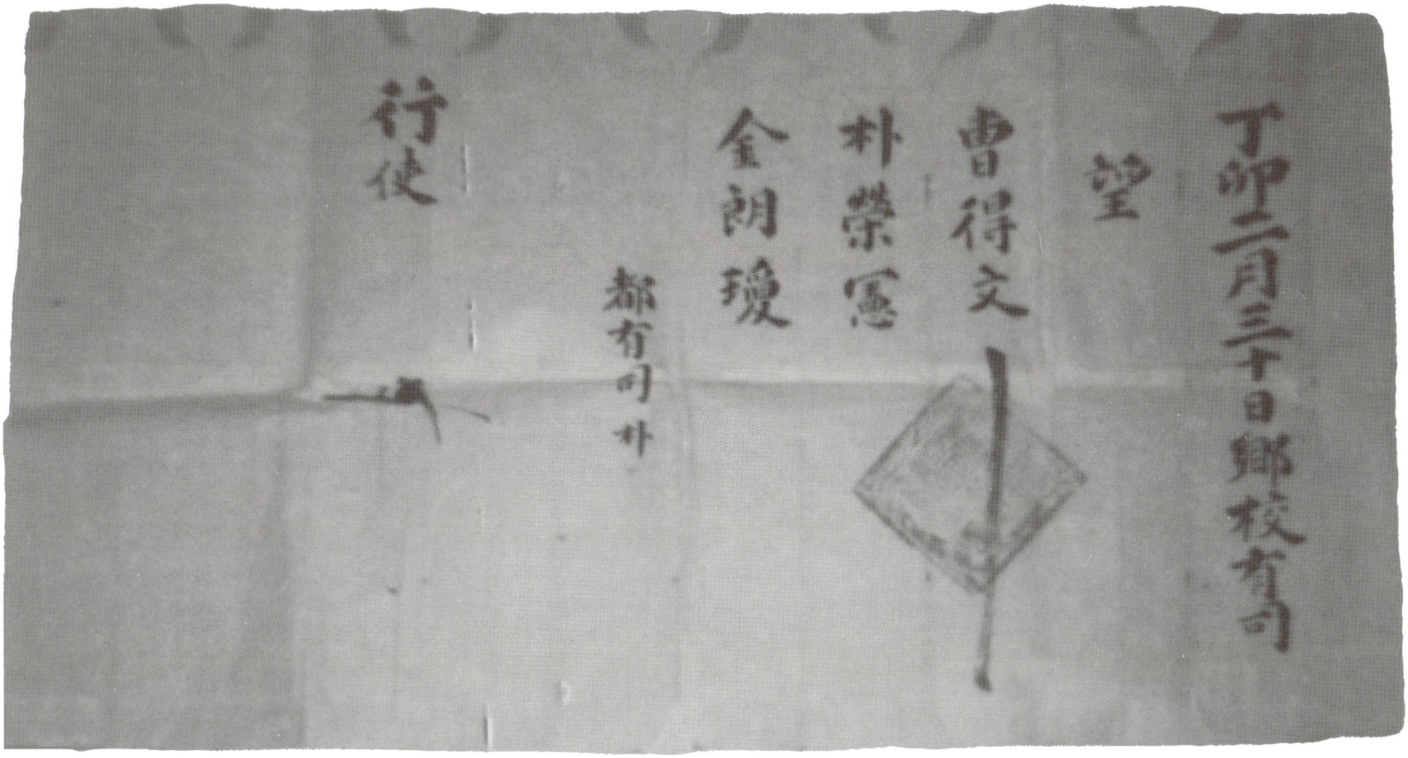
丁卯二月三十日鄕校有司

望

曺得文

朴榮憲

金朗瓊

鄕有司次

行使

정묘년 2월 30일에 曺得文을 鄕校 有司로 정하는 문서

望記 3

乙巳, 원본 소재 불명으로 크기 미상

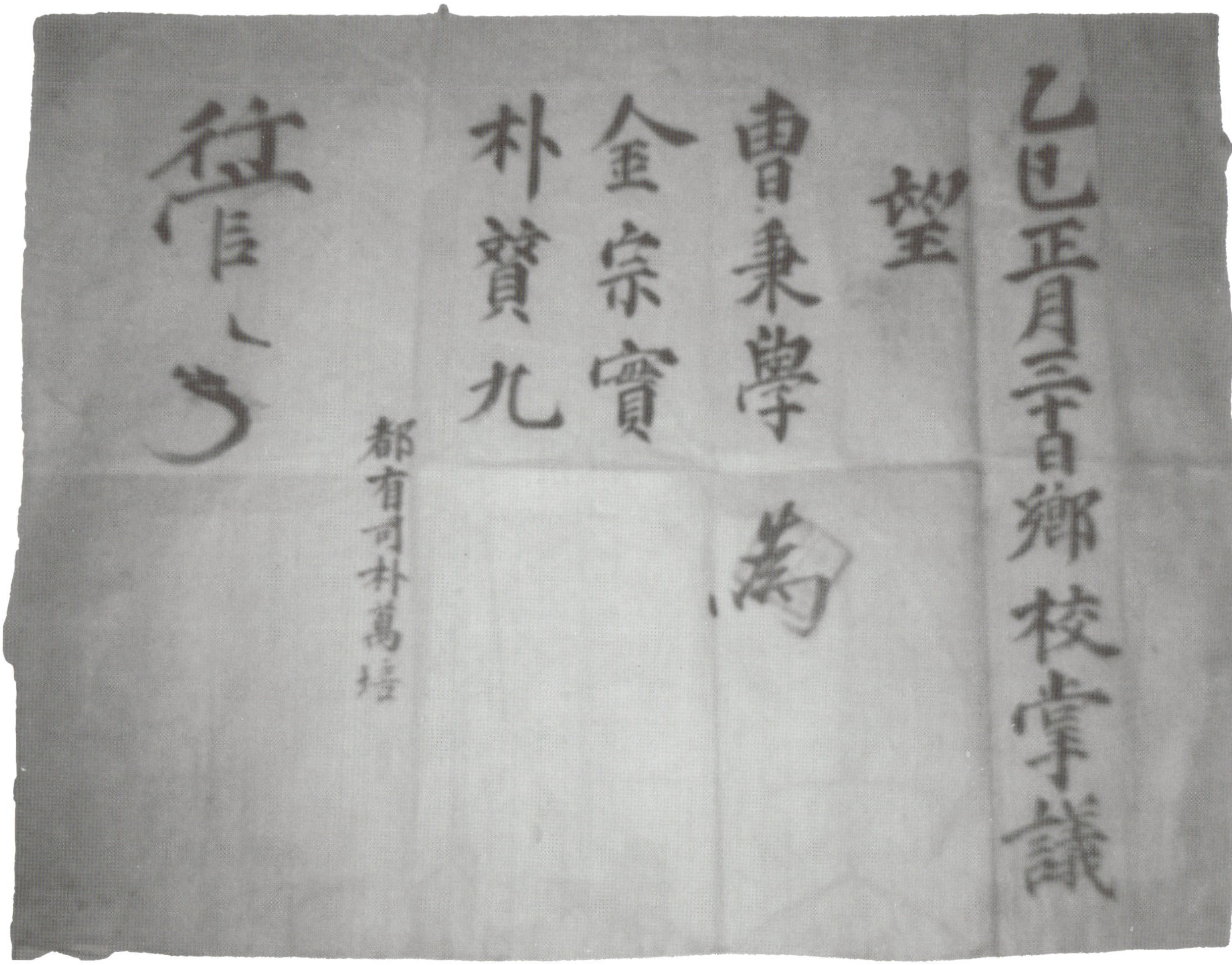

을사년 1월 30일에 曺秉學을 鄕校 掌議로 정하는 문서

望記 4

辛卯, 원본 소재 불명으로 크기 미상

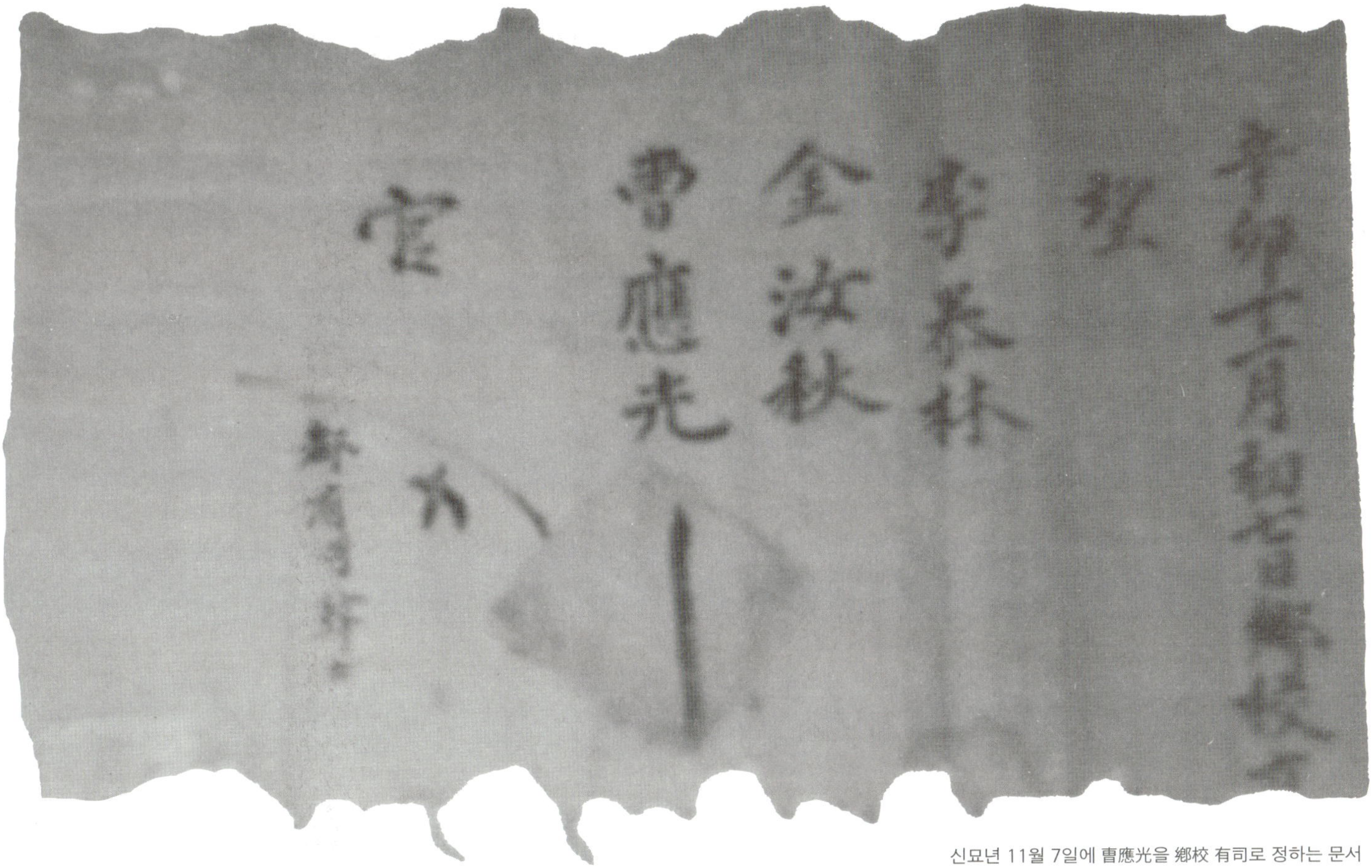

신묘년 11월 7일에 曺應光을 鄕校 有司로 정하는 문서

4

明文·文記類

和會文記 1

1698년(숙종 24), 59×100.5

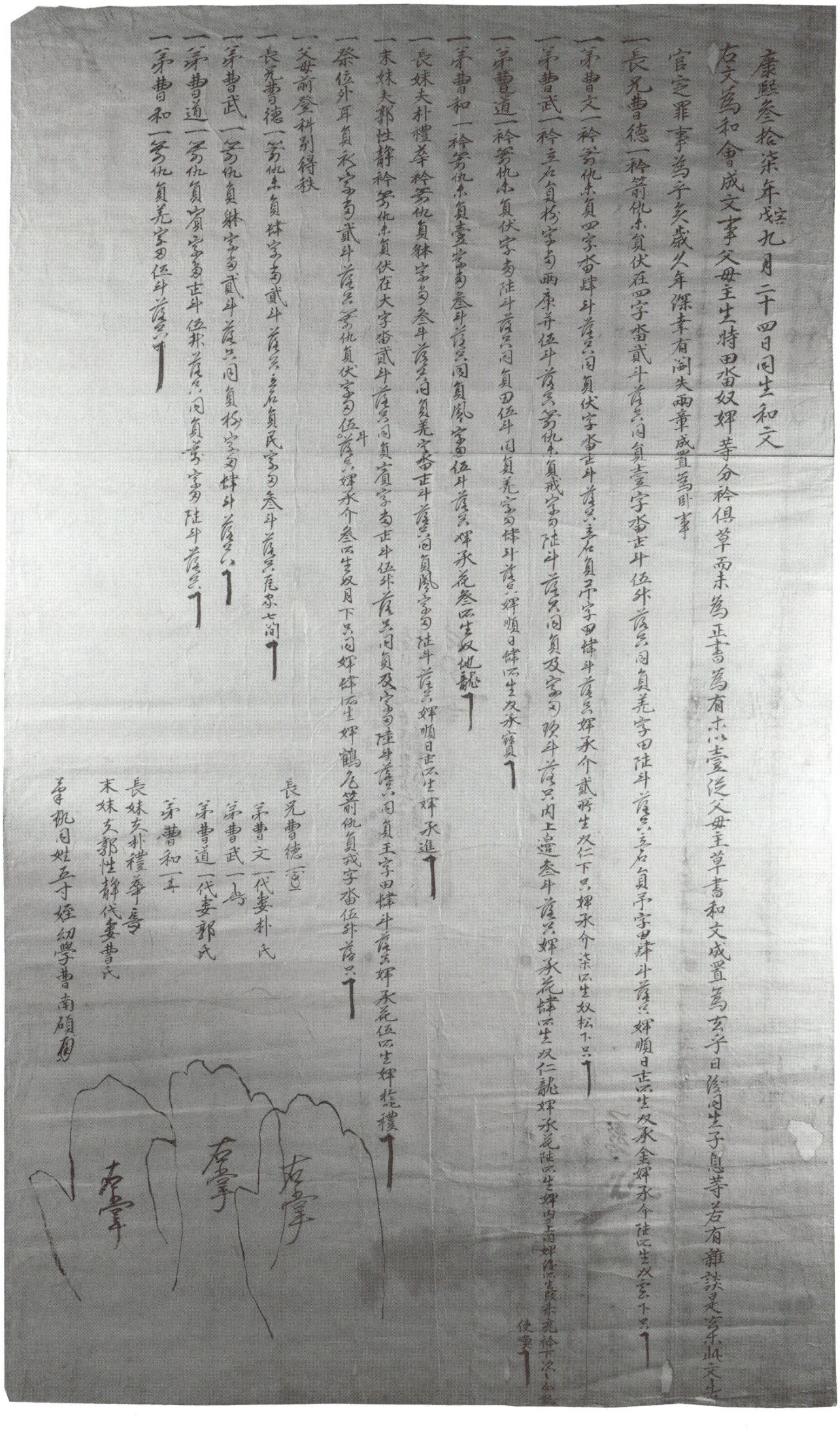

1698년 9월 24일에 同生 남매 간에 작성한 和會文記

의신면 금갑리

1

敎令類

紅牌 1

1848년. (헌종 14), 70.5×93.2

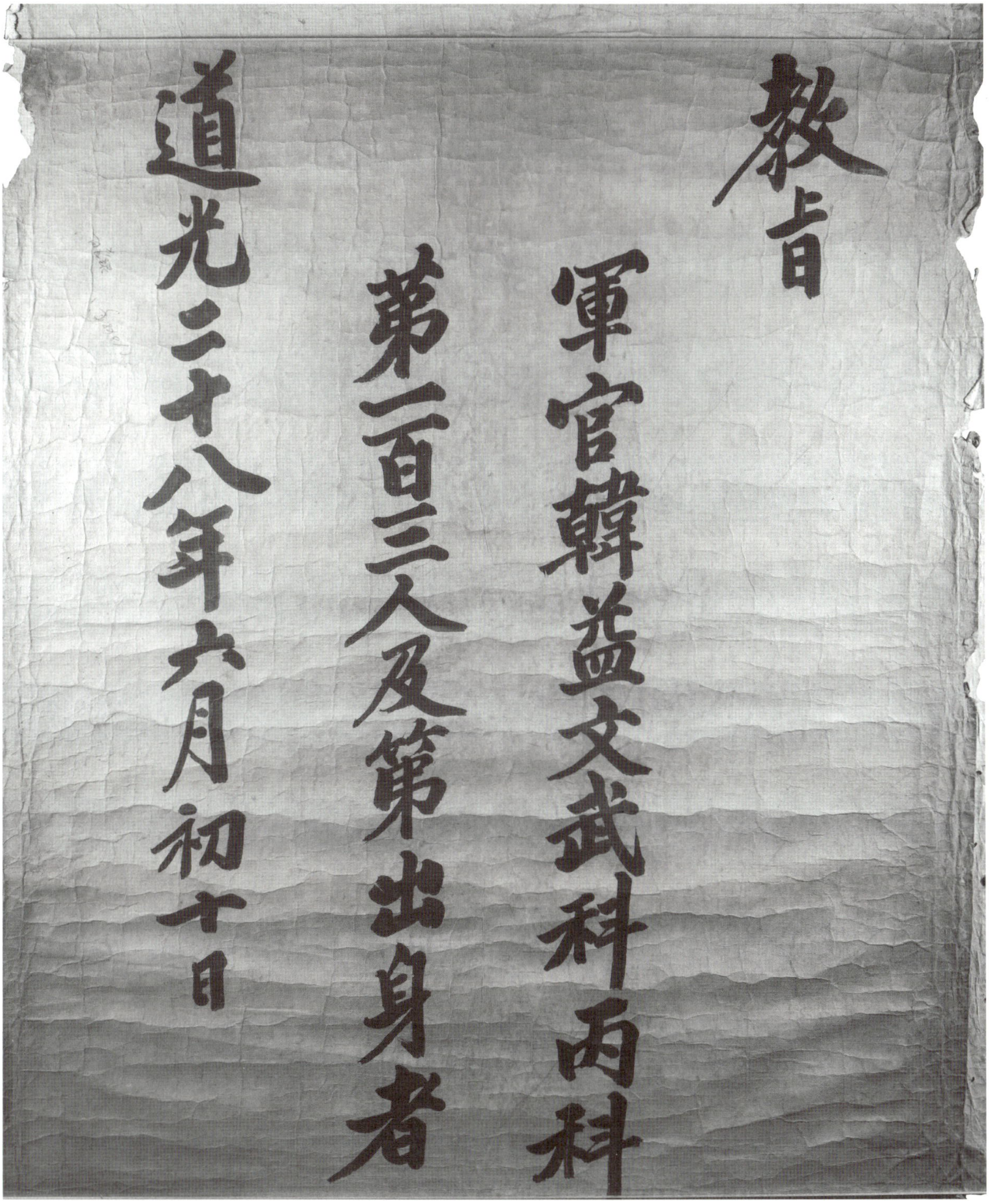

教旨

軍官韓益文武科丙科

第一百三人及第出身者

道光二十八年六月初十日

1848년에 軍官 韓益文이 武科에 급제하고 받은 紅牌

紅牌 2

1874년(고종 11), 66.6×90.3

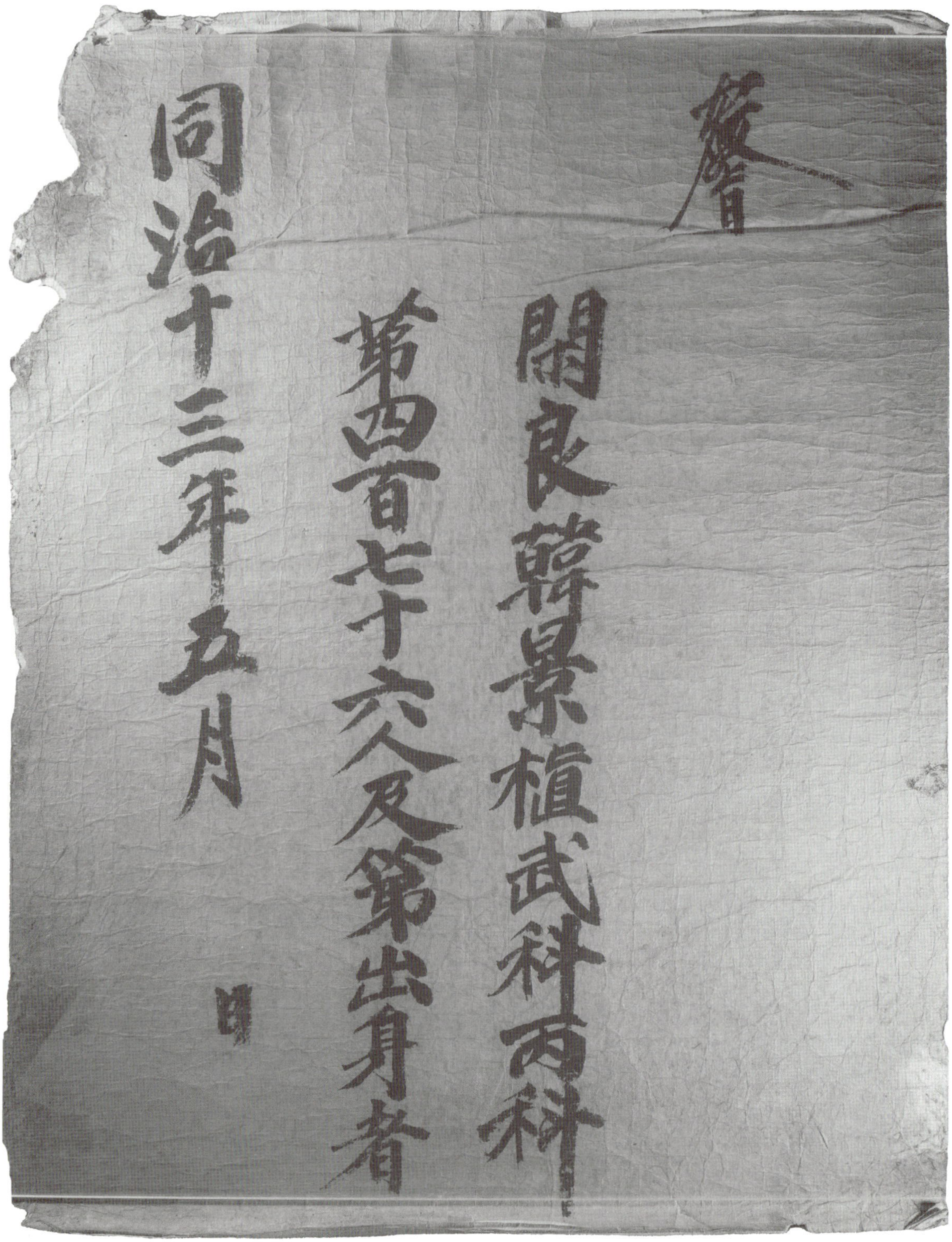

敎旨

閑良韓景植武科丙科

第四百七十六人及第出身者

同治十三年五月 日

1874년에 閑良 韓景植이 武科에 급제하고 받은 紅牌

紅牌 3

1885년, (고종 22), 54.3×84.3

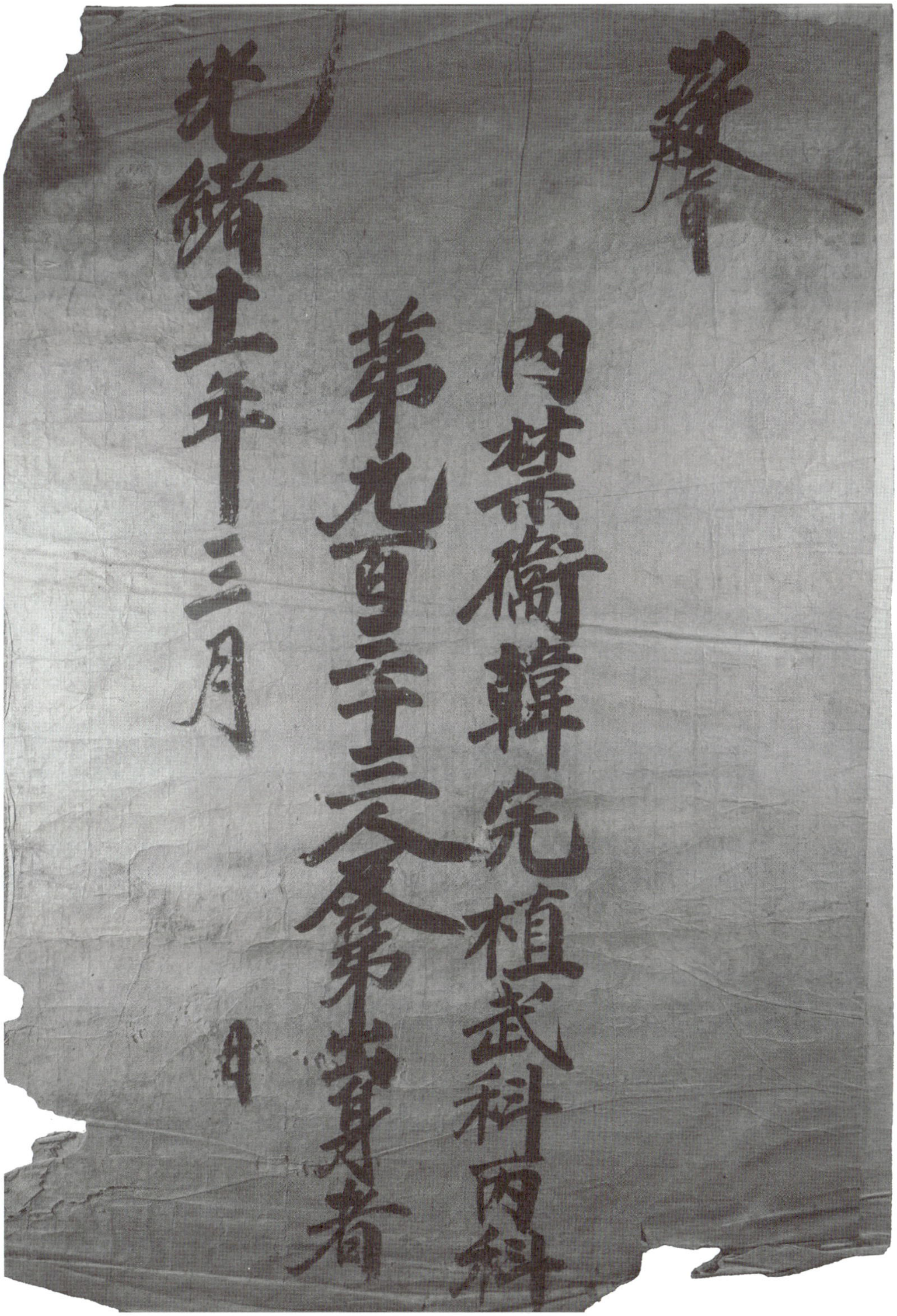

敎旨
內禁衛韓完植武科丙科
第九百二十三人及第出身者
光緖十一年三月 日

1885년에 內禁衛 韓完植이 武科에 급제하고 받은 紅牌

告身 1

1861년(철종 12), 81×56.7

1861년 1월에 韓昌煥을 折衝將軍으로 임명하는 문서

告身 2

1868년(고종 5), 56.8×43

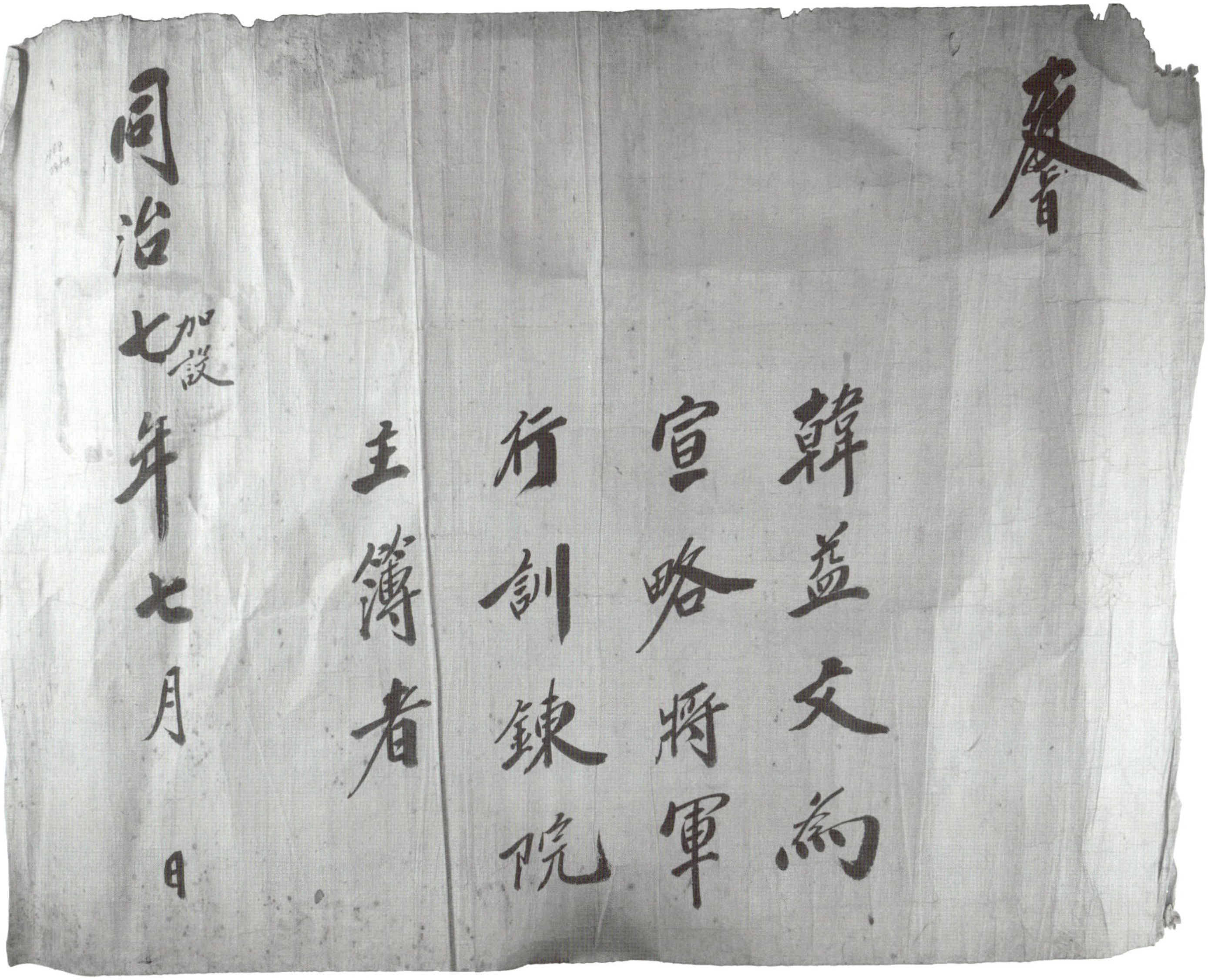

教

韓益文爲

宣略將軍

行訓鍊院

主簿者

同治七年七月 日 加設

1868년 7월에 韓益文을 宣略將軍 行 訓鍊院 主簿로 임명하는 문서

告身 3

1869년(고종 6), 56.8×31.7

1869년 6월에 韓益文을 宣略將軍 行 訓鍊院 判官으로 임명하는 문서

告身 4

1869년(고종 6), 77.5×56.4

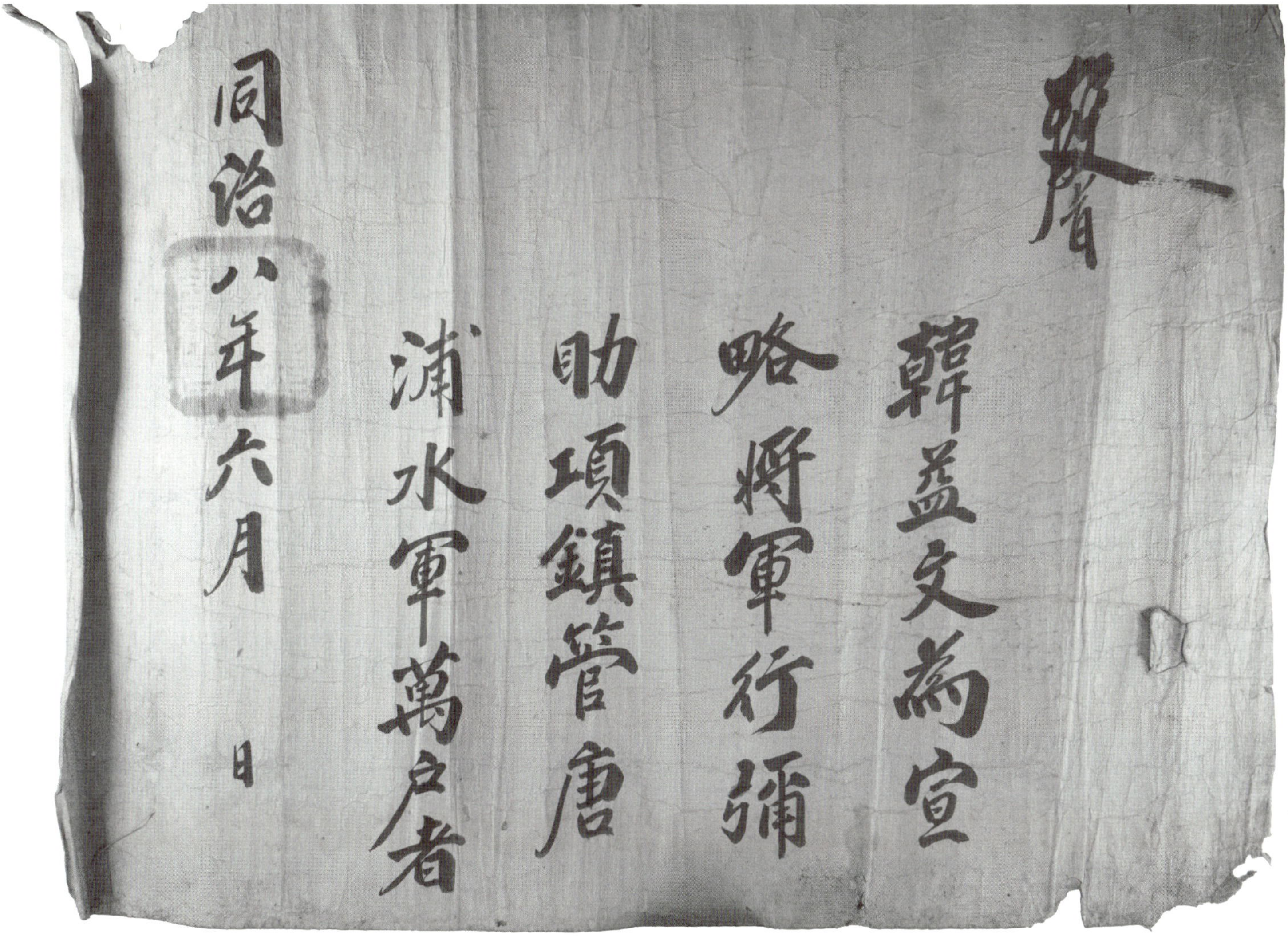
敎旨

韓益文爲宣

略將軍行彌

助項鎭管唐

浦水軍萬戶者

同治八年六月 日

1869년 6월에 韓益文을 宣略將軍 行 彌助項鎭管 唐浦 水軍萬戶로 임명하는 문서

告身 5

1879년(고종 16), 72.6×31

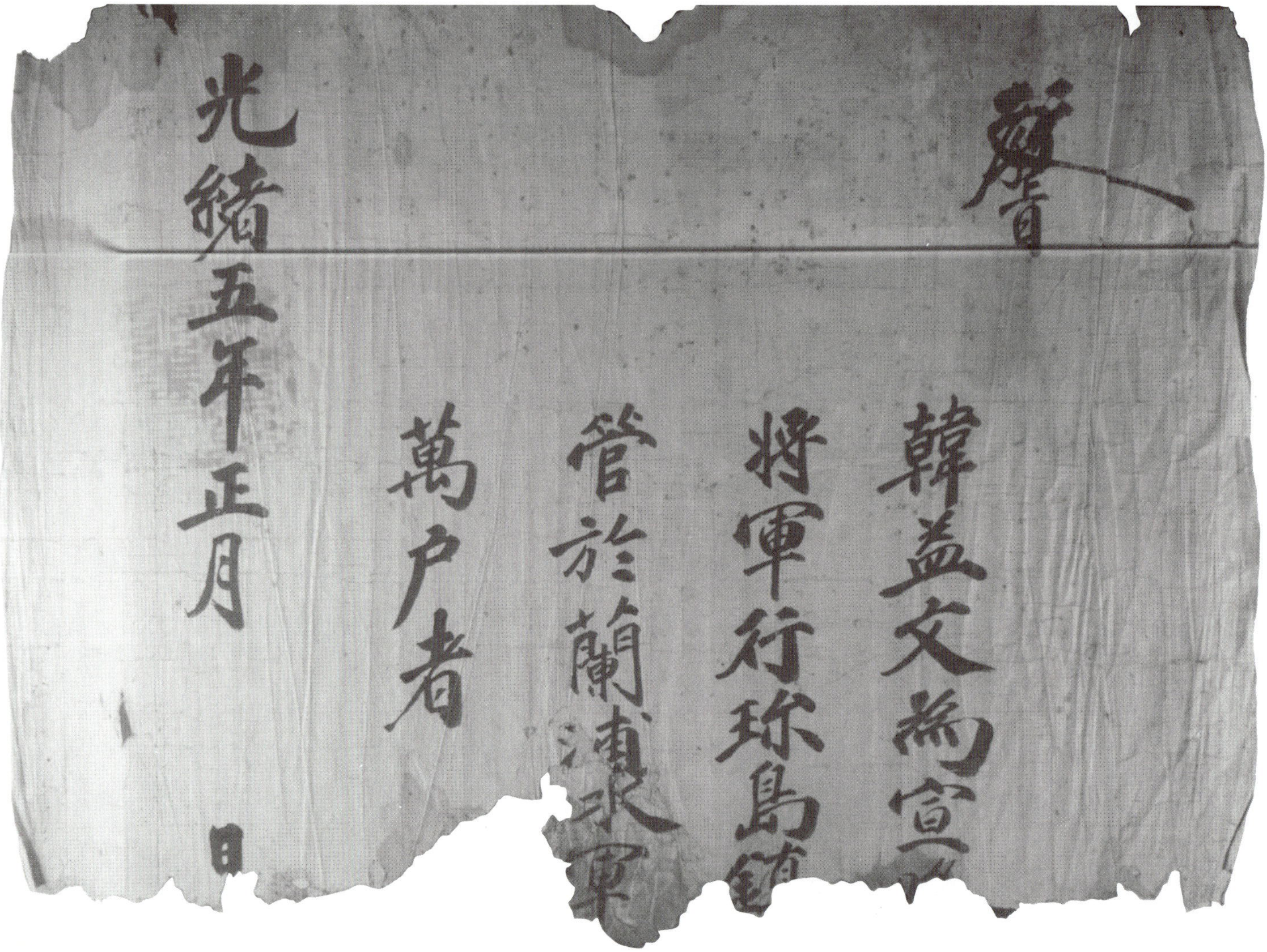
旨
韓益文爲宣略
將軍行珍島鎭
管於蘭浦水軍
萬戶者
光緖五年正月 日

1879년 1월에 韓益文을 宣略將軍 行 珍島鎭管 於蘭浦 水軍萬戶로 임명하는 문서

告身 6

1881년(고종 18), 68.6×54.5

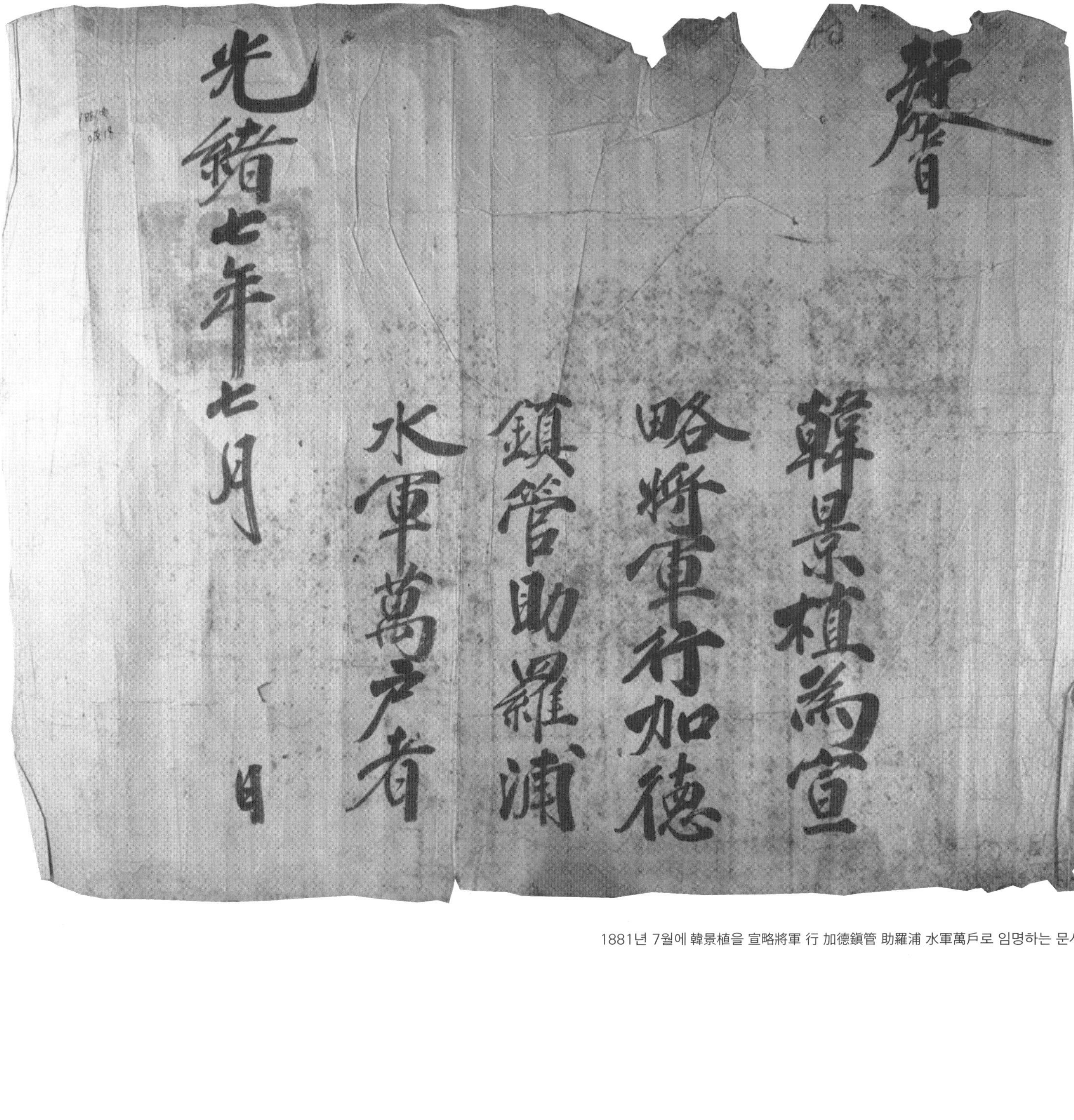

1881년 7월에 韓景植을 宣略將軍 行 加德鎭管 助羅浦 水軍萬戶로 임명하는 문서

告身 7

1885년(고종 22), 70.5×43.4

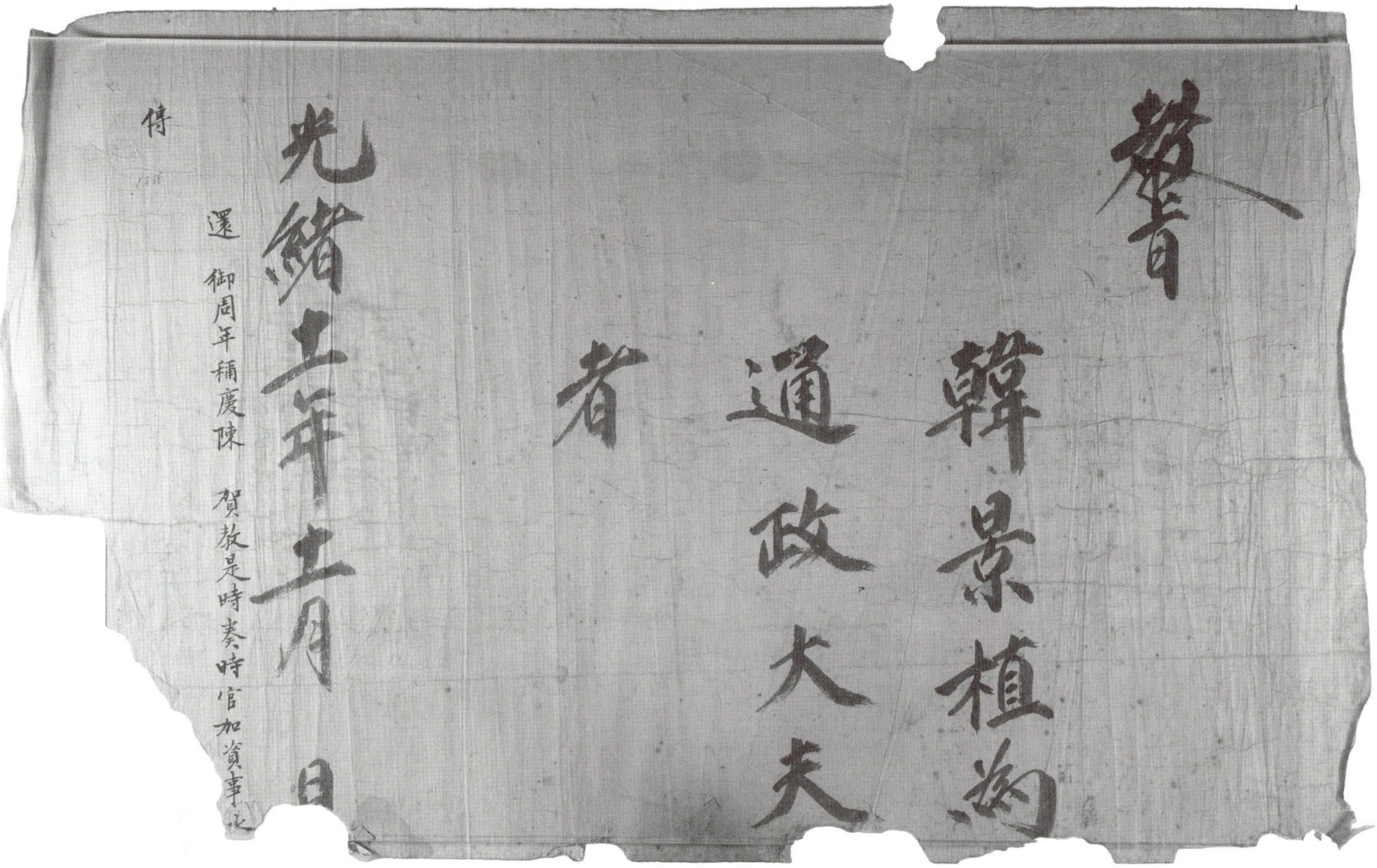

1885년 11월에 韓景植을 通政大夫로 임명하는 문서

告身 8

1885년(고종 22), 72.3×43.4

敎旨
韓景植爲
折衝將軍
行龍驤衛
副護軍者
光緖十一年十一月
還
御周年稱慶陳賀敎是時參時官加
傳

1885년 11월에 韓景植을 折衝將軍 行 龍驤衛 副護軍으로 임명하는 문서

告身 9

1890년(고종 27), 72.7×52.6

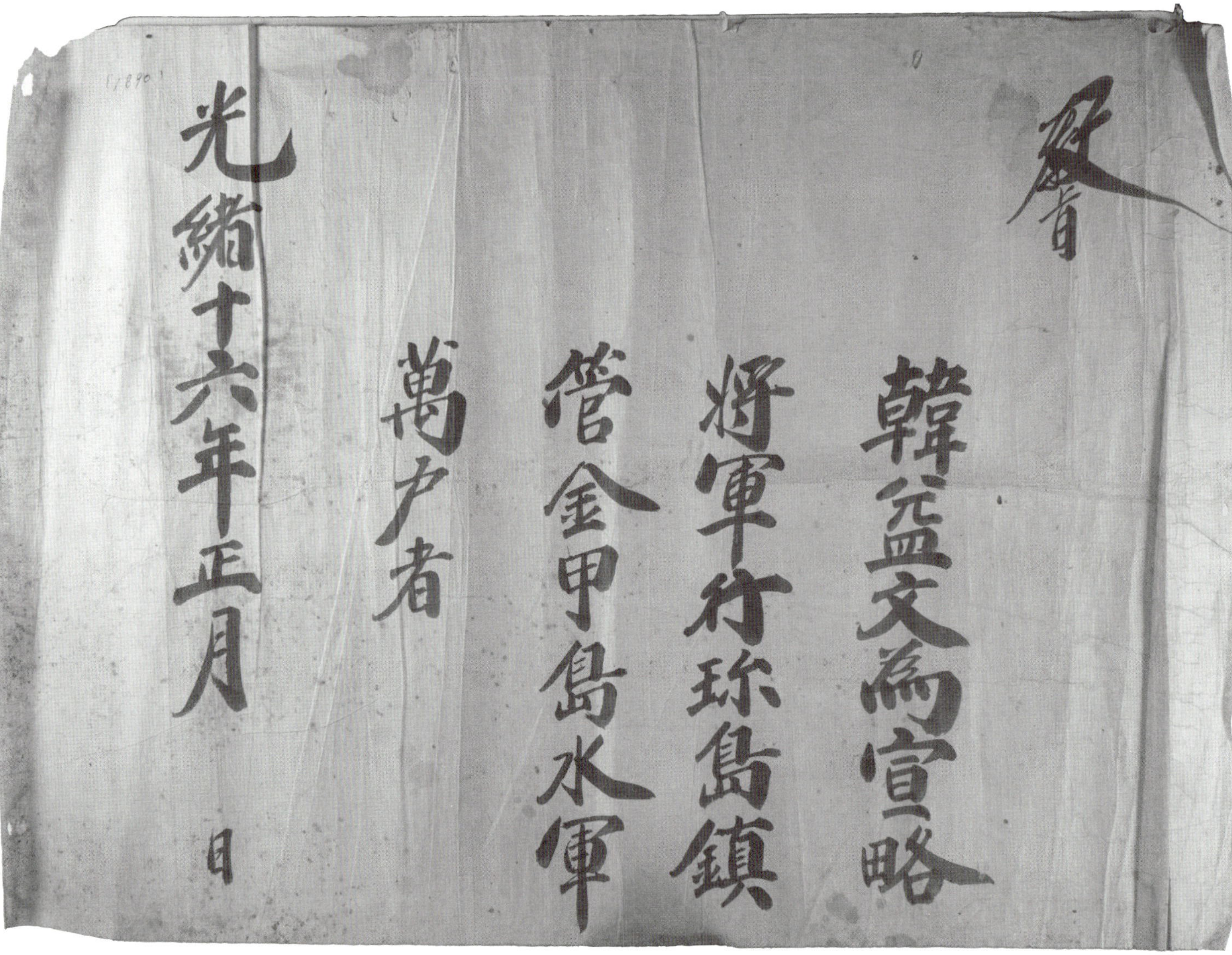

敎旨

韓益文爲宣略
將軍行珍島鎭
管金甲島水軍
萬戶者

光緖十六年正月 日

1890년 1월에 韓益文을 宣略將軍 行 珍島鎭管 金甲島 水軍萬戶로 임명하는 문서

2

牒·關·通報類

傳令 1

1852년(철종 3), 67.1×37.8

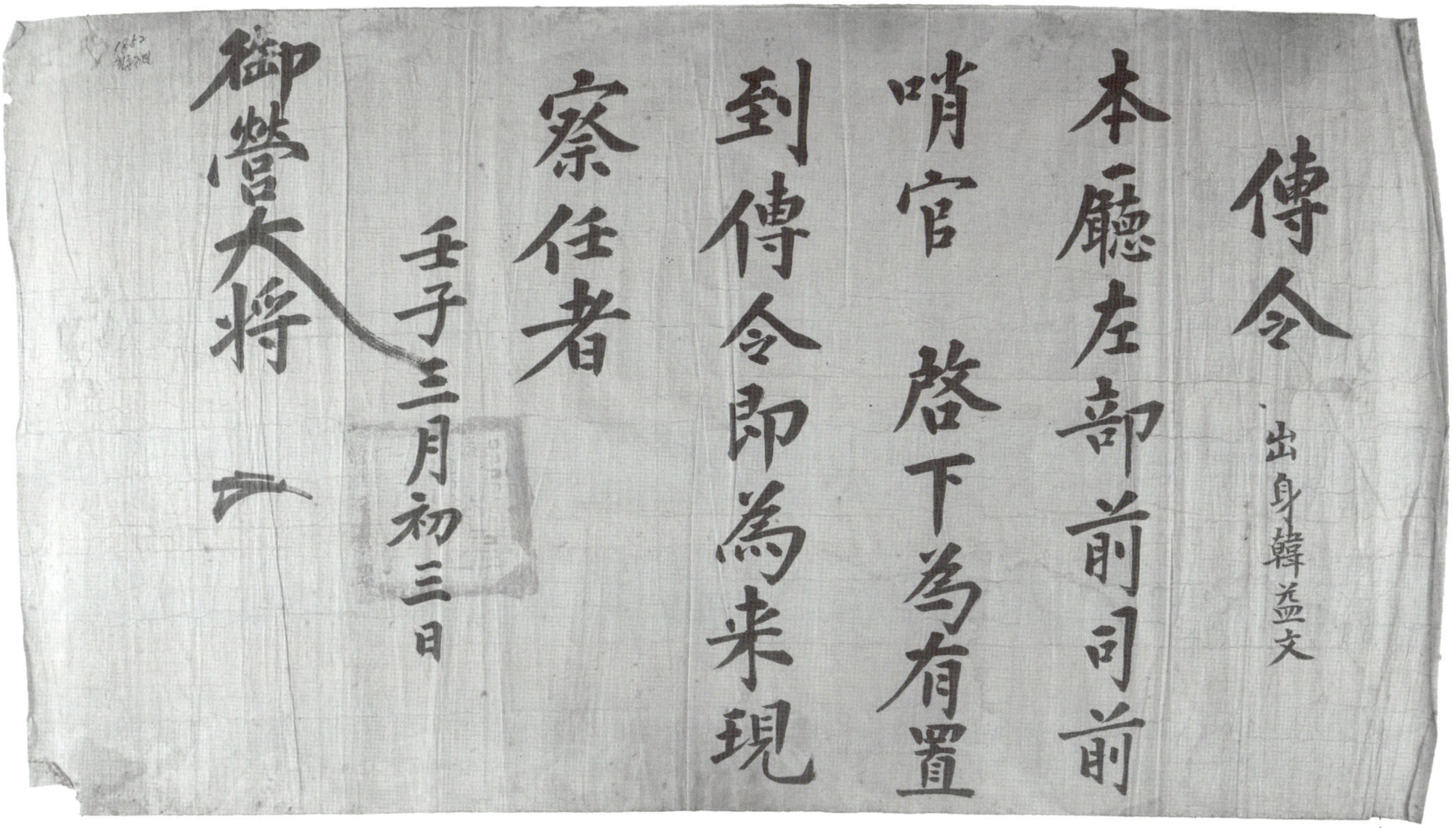

傳令 出身韓益文

本廳左部前司前

哨官 啓下爲有置

到傳令卽爲來現

察任者

壬子三月初三日

御營大將

1852년에 御營廳에서 韓益文을 左部前司前哨官으로 啓下한 전령

傳令 2

1864년(고종 원년), 77.7×38.2

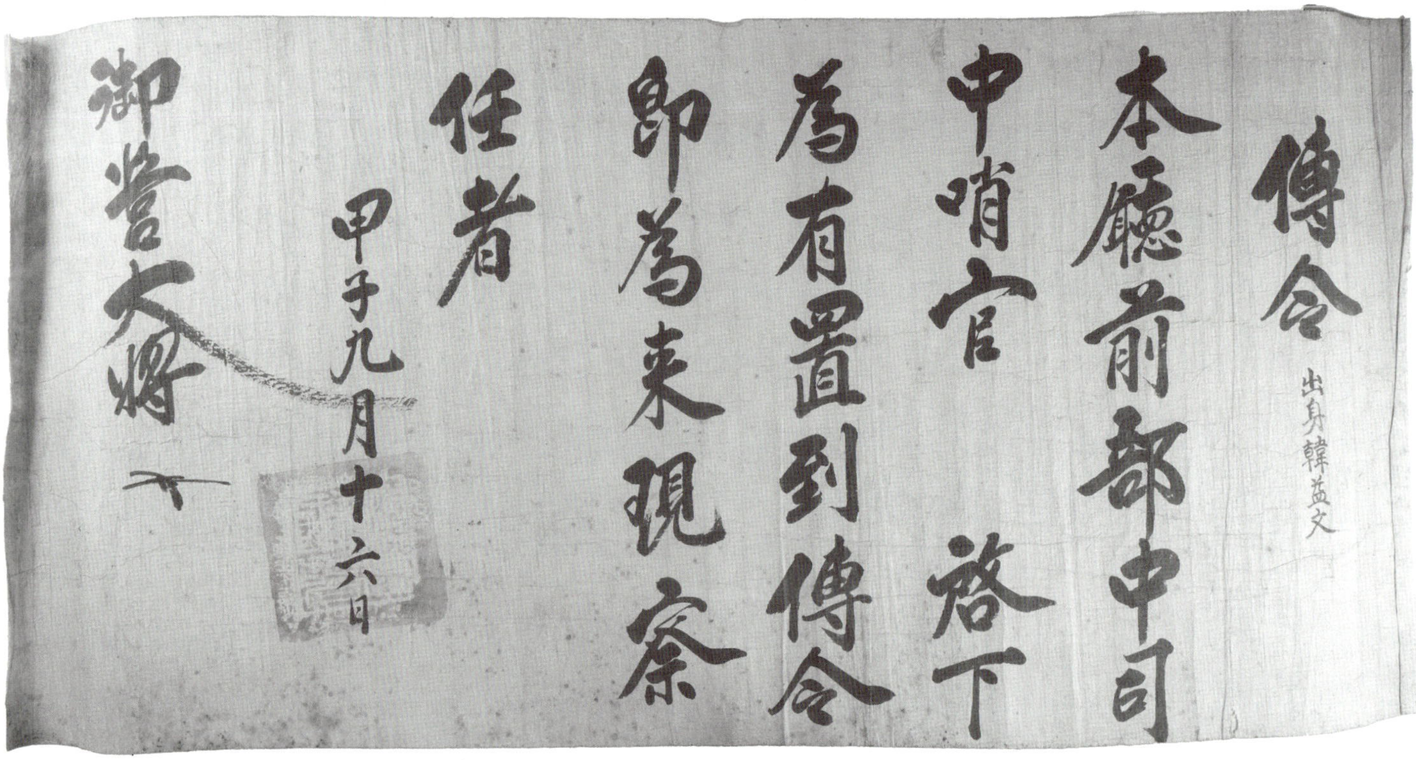
傳令 出身韓益文
本廳前部中司
中哨官 啓下
爲有置到傳令
卽爲來現察
任者
甲子九月十六日
御營大將

1864년에 御營廳에서 韓益文을 前部中司中哨官으로 啓下한 전령

傳令 3

1879년(고종 16), 74.9×54.7

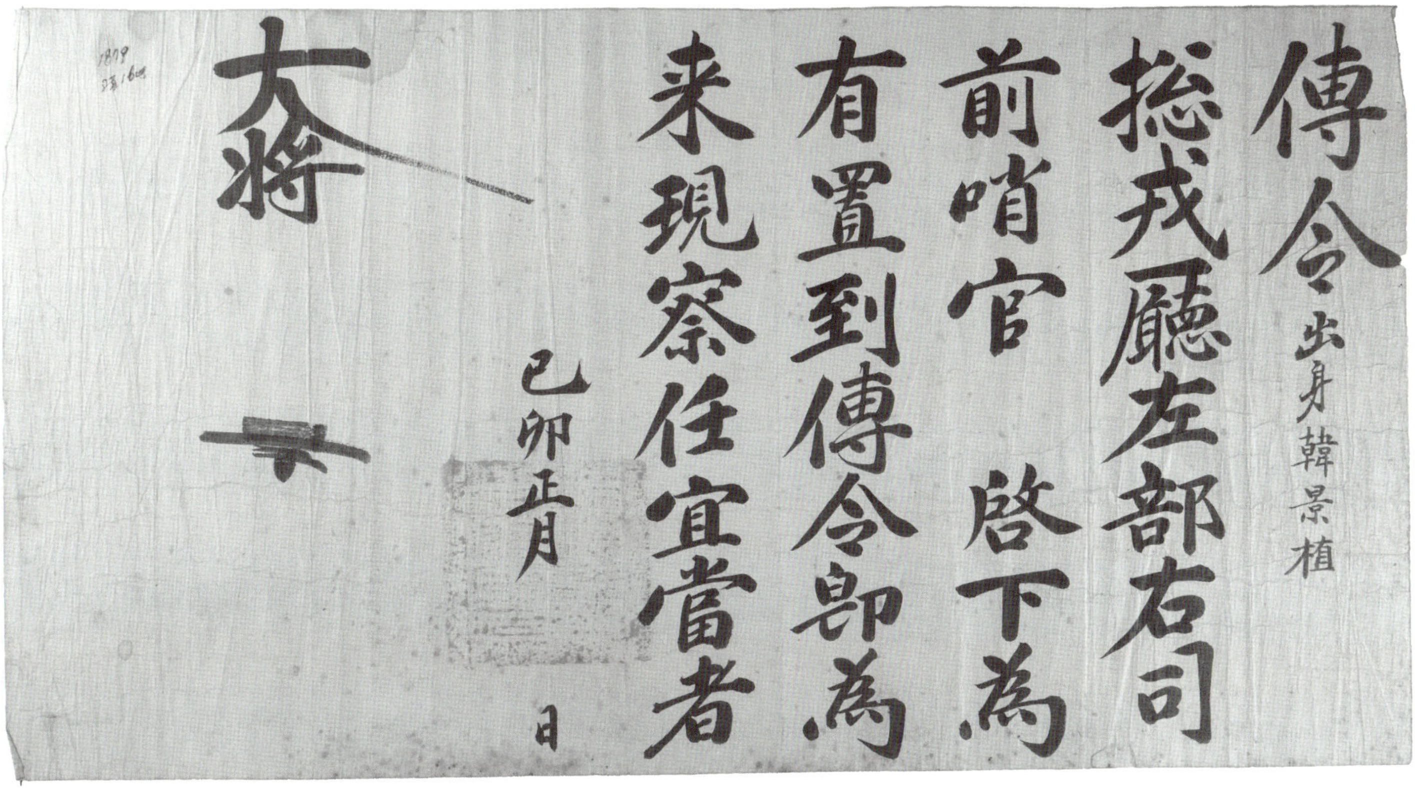

1879년에 摠戎廳에서 韓景植을 左部右司前哨官으로 啓下한 전령

望記 1

1922년, 46.7×34.5

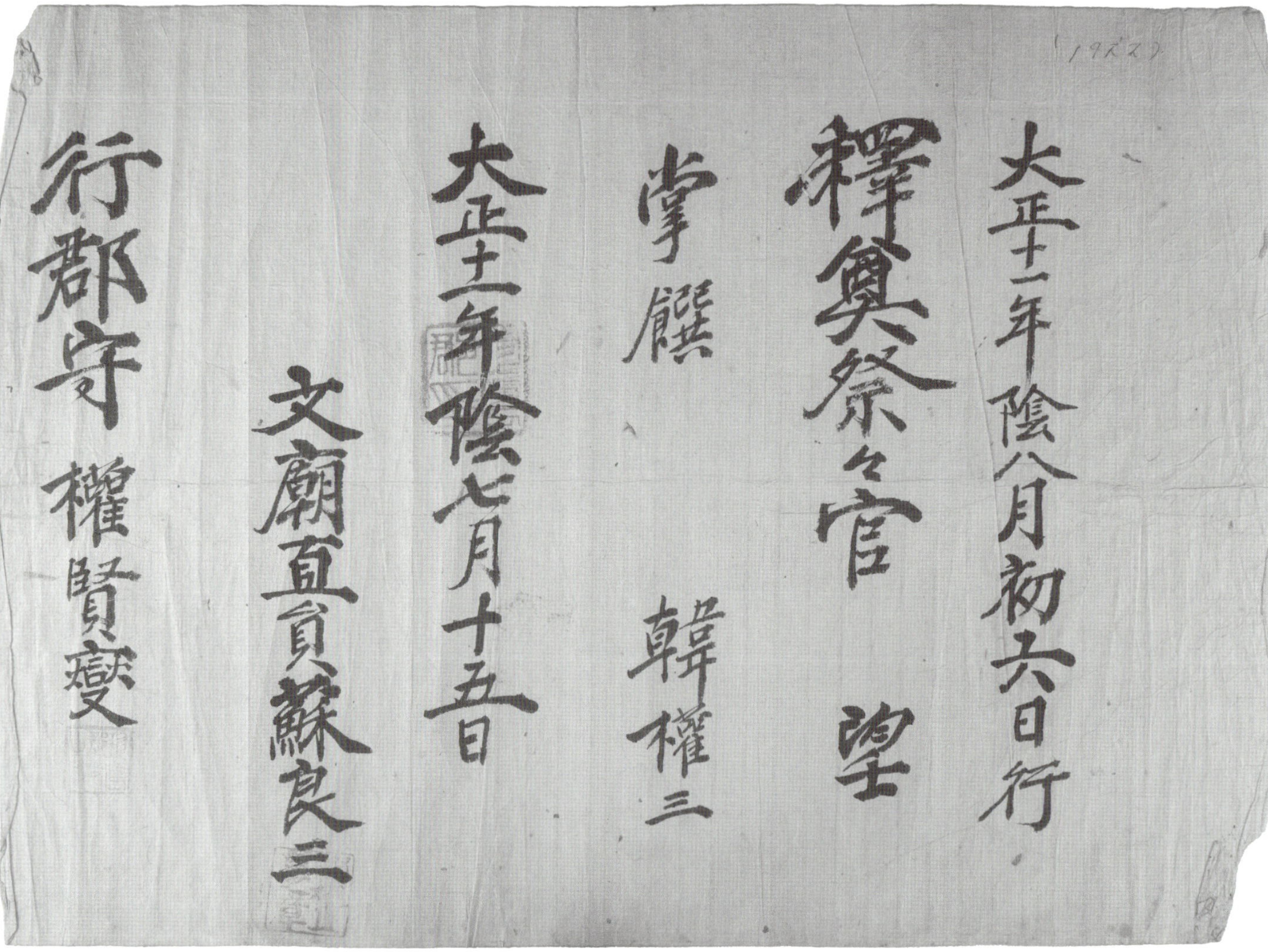

大正十一年陰八月初六日行

釋奠祭々官 望

掌饌 韓權三

大正十一年陰七月十五日

文廟直員蘇良三

行郡守 權賢燮

1922년 음력 7월 15일에 掌饌 韓權三을 釋奠祭 祭官으로 정하는 문서

3

證憑類

准戶口 1

1867년(고종 4), 48.8×33.4

1867년에 漢城府에서 韓益文에게 발급한 準戶口

准戶口 2

1879년(고종 16), 48.7×37.5

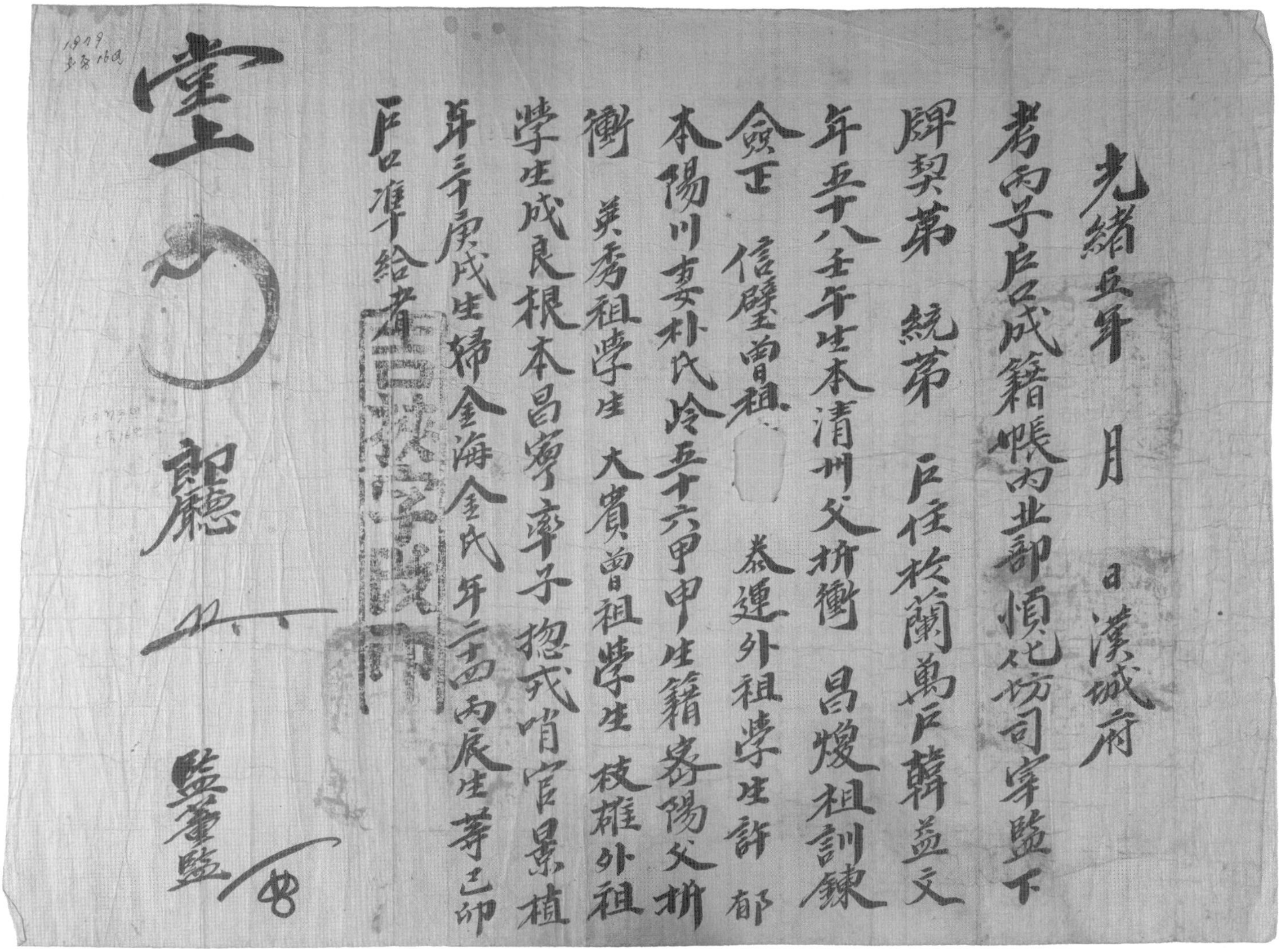

1879년에 漢城府에서 韓益文에게 발급한 準戶口

准戶口 3

1882년(고종 19), 51.5×43.4

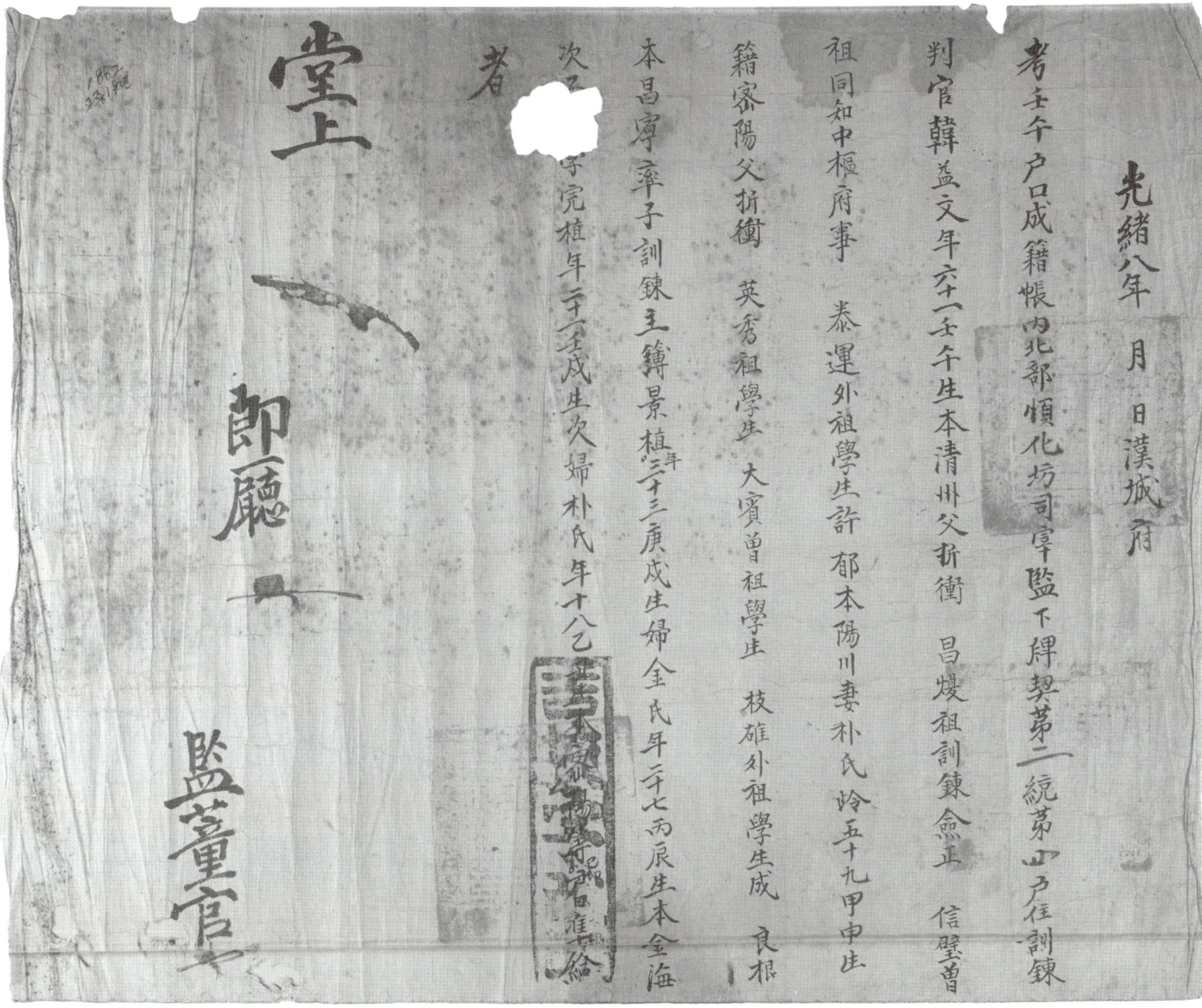

光緒八年 月 日漢城府

考壬午戶口成籍帳內北部順化坊司宰監下契第二統第四戶住訓鍊

判官韓益文年六十一壬午生本清州父折衝 昌燮祖訓鍊僉正 信璧曾

祖同知中樞府事 泰運外祖學生許郁本陽川妻朴氏年五十九甲申生

籍密陽父折衝 英秀祖學生 大賓曾祖學生 枝碓外祖學生成 良根

本昌寧率子訓鍊主簿景植年三十三庚戌生婦金氏年二十七丙辰生本金海

次子學完植年二十一壬戌生次婦朴氏年十八乙

者

堂上

郎廳

監董官

1882년에 漢城府에서 韓益文에게 발급한 準戶口

戶籍表 1

1900년(고종 37), 26.2×38

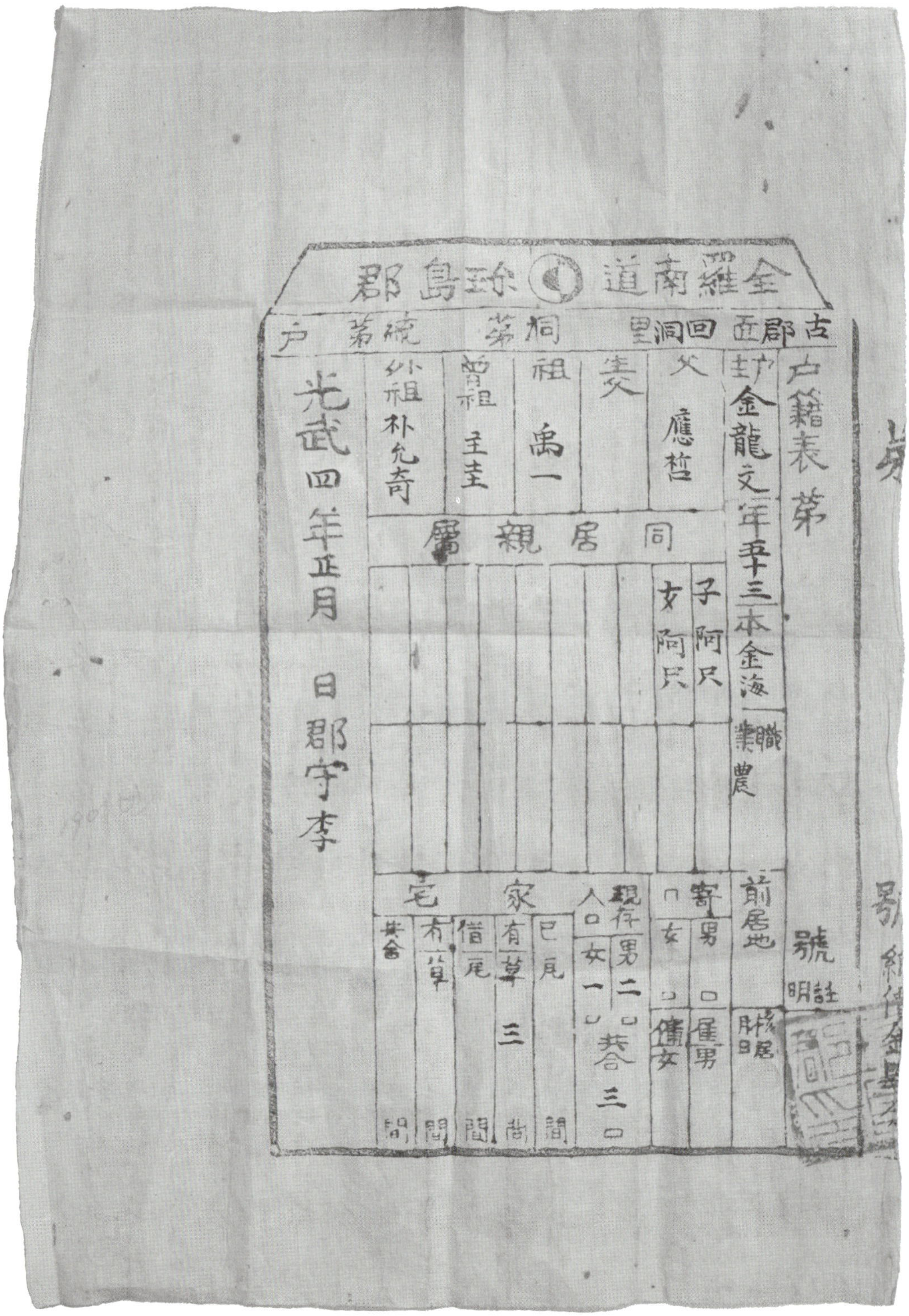

전라남도 진도군 고군면 회동리에 거주하는 金龍文(나이 53세)에게 발급된 戶籍表

의신면 접도리

1

敎令類

差帖 1

1833년(순조 33), 37×51.8

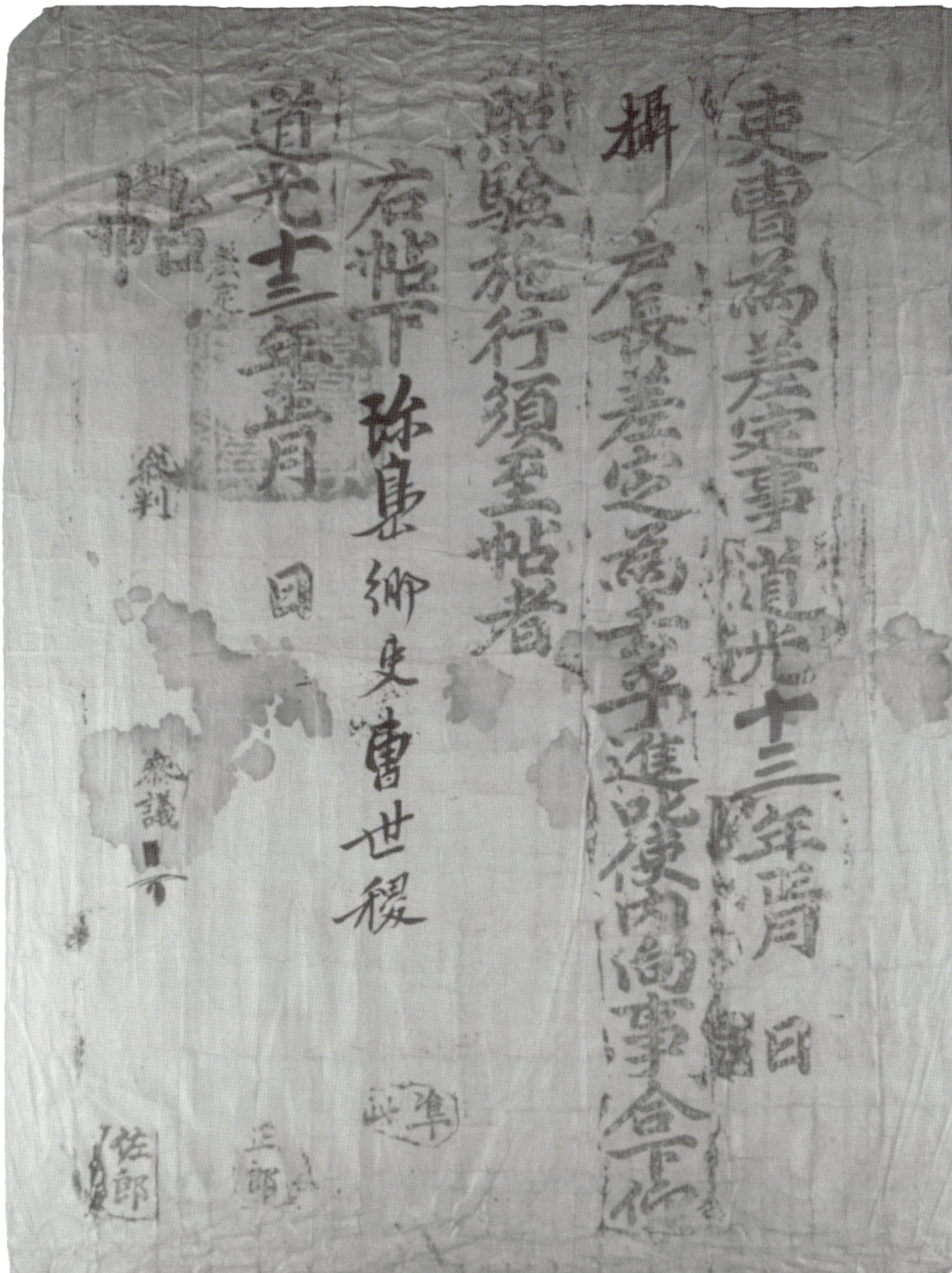

1883년에 吏曹에서 珍島鄕吏 曺世稷을 攝戶長에 差定하는 문서

差帖 2

1894년(고종 31), 56.4×48.1

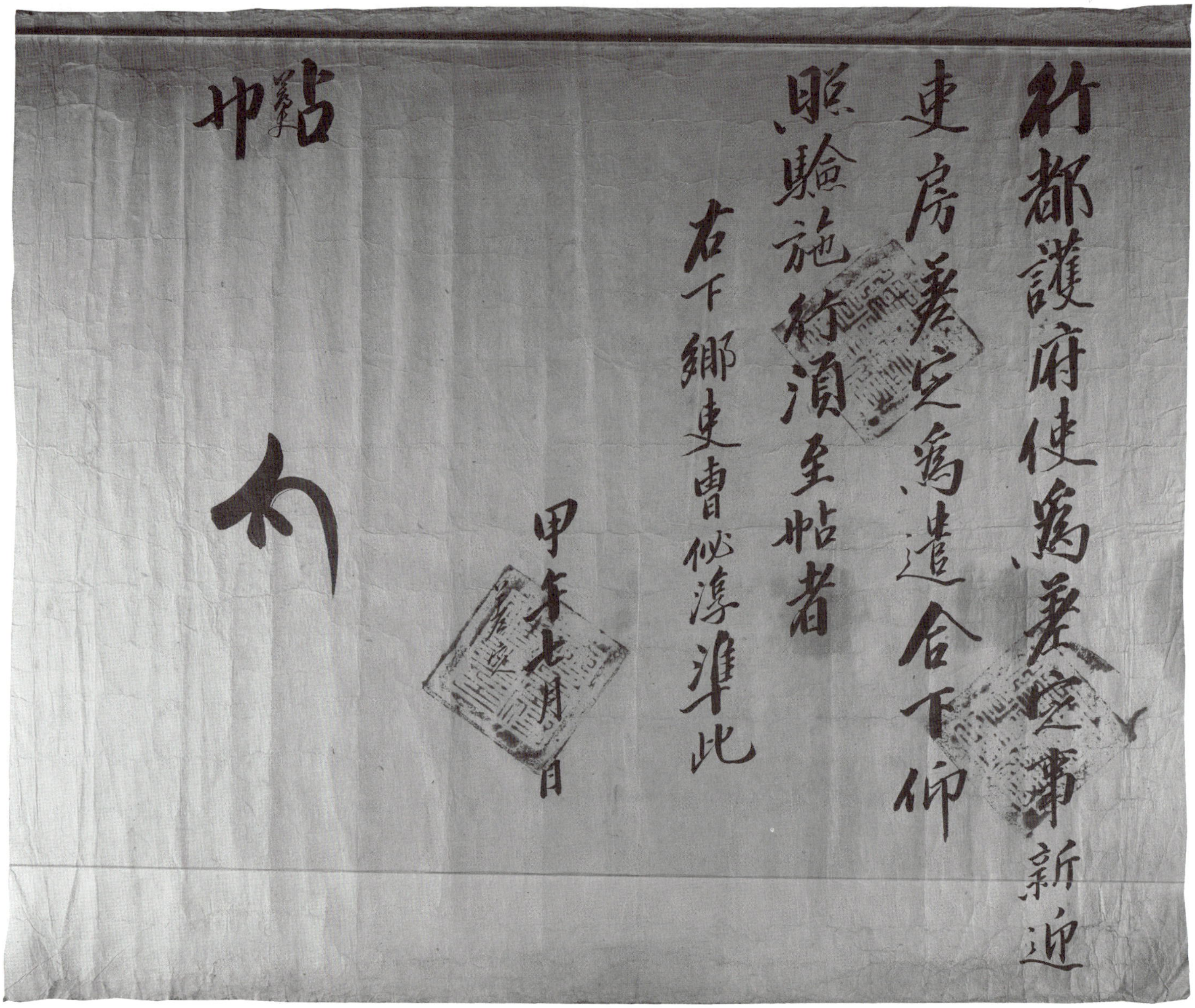

1894년에 都護府使가 鄕吏 曺佖淳을 新迎吏房에 差定하는 문서

差帖 3

1903년(고종 40), 56.8×43

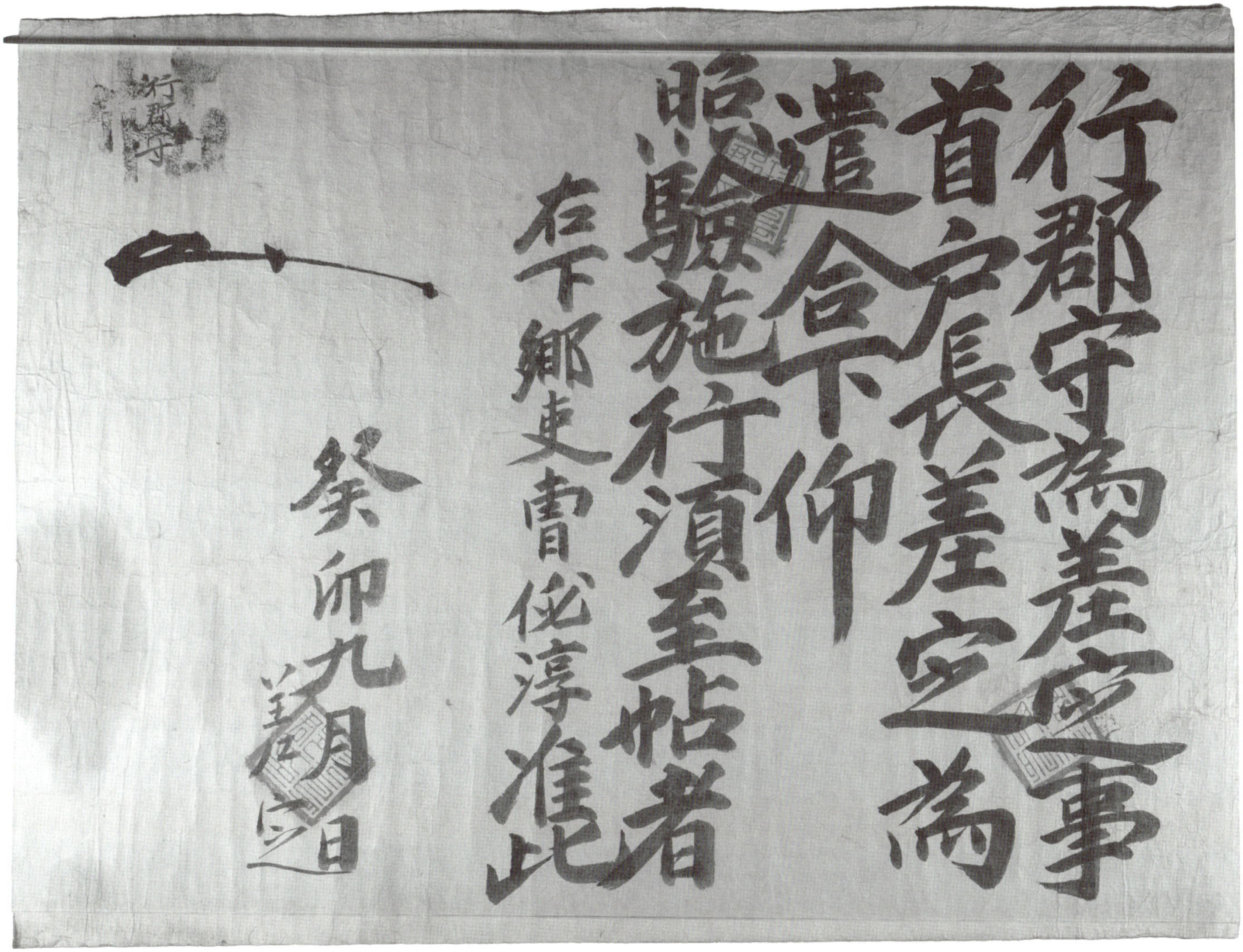
行郡守爲差定事
首戶長差定之爲
遣合下仰
照驗施行須至帖者
右下鄕吏曺佖淳准此
癸卯九月 日
行郡守

1903년에 郡守가 鄕吏 曺佖淳을 首戶長에 差定하는 문서

勅命 1

1906년(고종 43), 59.4×40.7

勅命

曺秉七陞

正三品通

政大夫者

光武十年一月十九日

智陵碑閣營建表石竪立時寫字賞加事奉

勅

1906년에 曺秉七을 正三品 通政大夫에 임명하는 문서

2

牒·關·通報類

任命狀 1

1907년(고종 44), 36.7×26.7

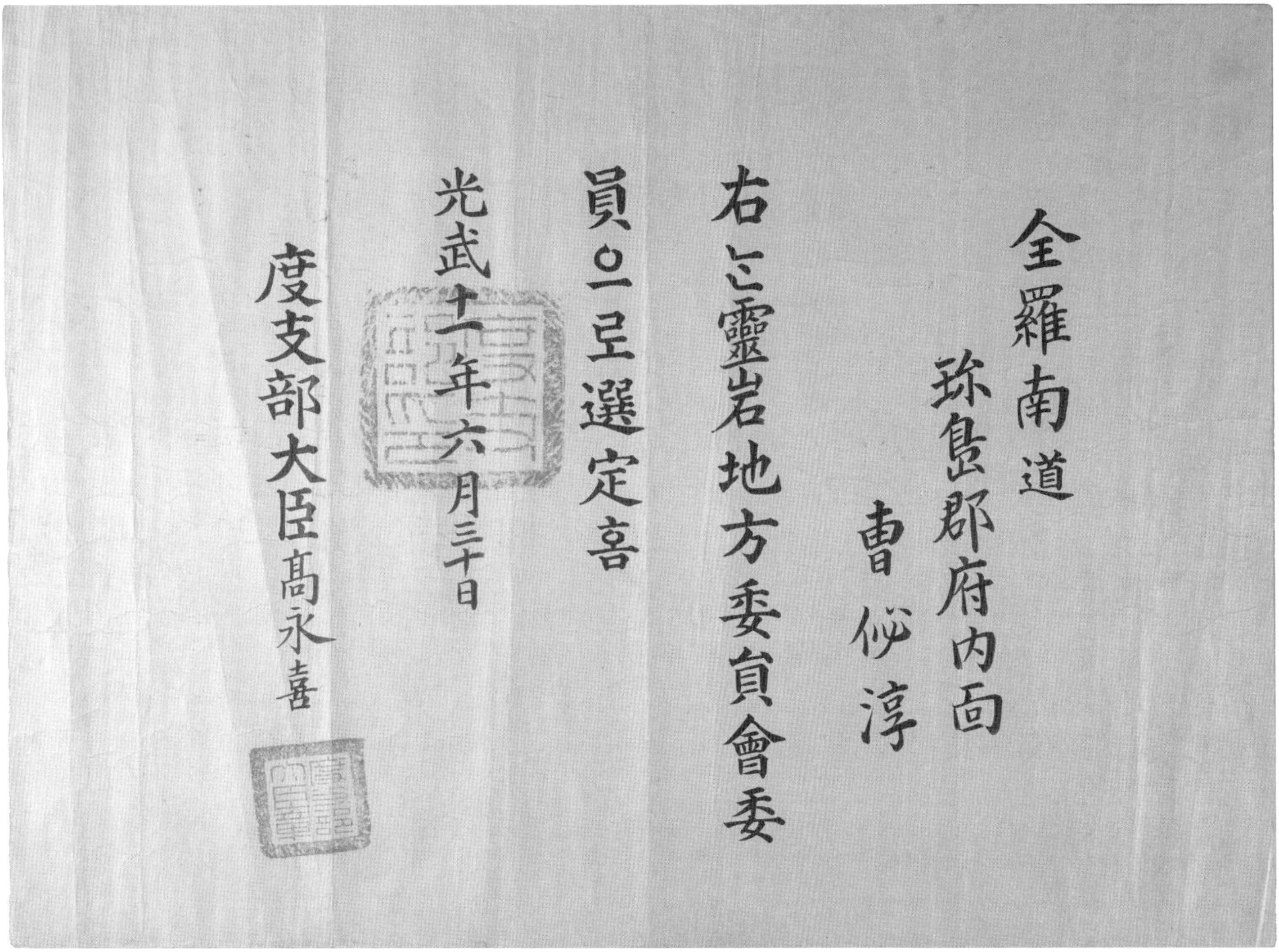

全羅南道

珍島郡府內面

曺俲淳

右ᄂᆞᆫ靈岩地方委員會委

員으로選定홈

光武十一年六月三十日

度支部大臣高永喜

1907년 전라남도 진도군 府內面에 사는 曺俲淳을 영암지방 위원회의 위원으로 선정하는 문서

任命狀 2

1907년(순종 원년), 42.5×34.4

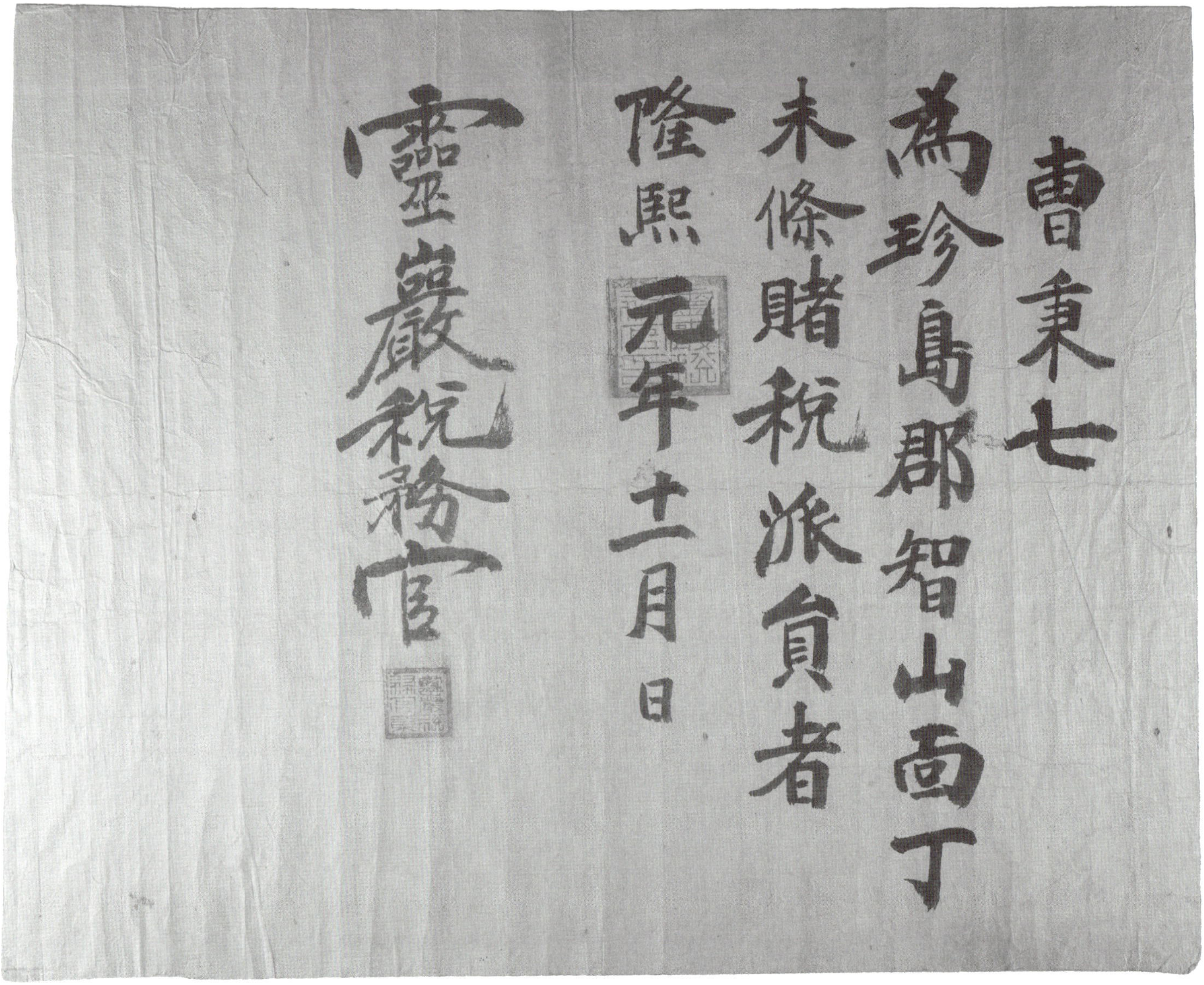

曺秉七
爲珍島郡智山面丁
未條賭稅派員者
隆熙元年十二月日
靈巖稅務官

1907년에 曺秉七을 진도군 智山面 丁未條 賭稅 派員으로 임명하는 문서

解命狀 1

1908년 (순종 2), 18.8×26.5

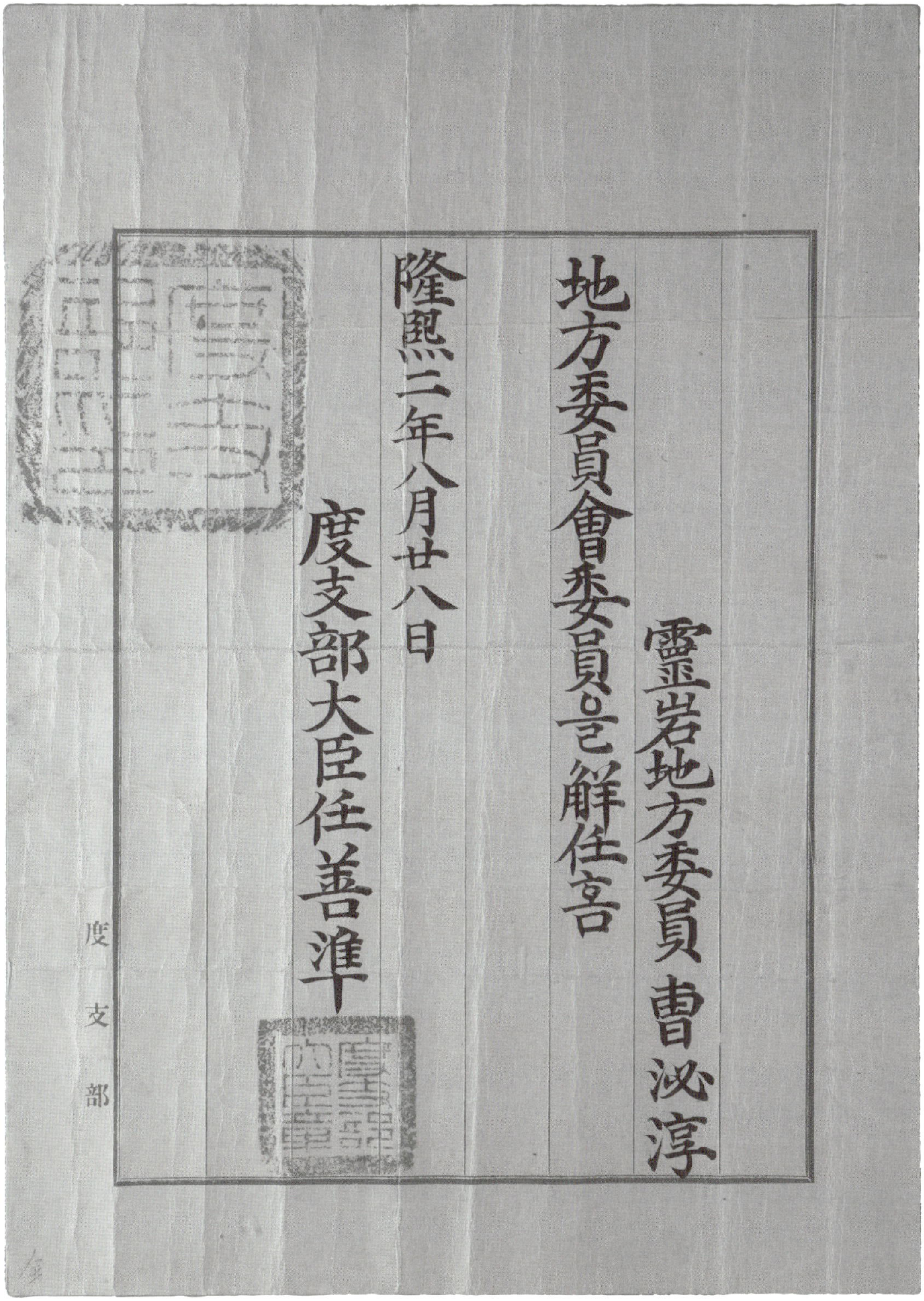

靈岩地方委員 曺泌淳

地方委員會委員을解任홈

隆熙二年八月廿八日

度支部大臣任善準

度支部

1908년에 曺佖淳을 영암지방 위원회의 위원에서 해임하는 문서

望記 1

1934년, 61.5×47.4

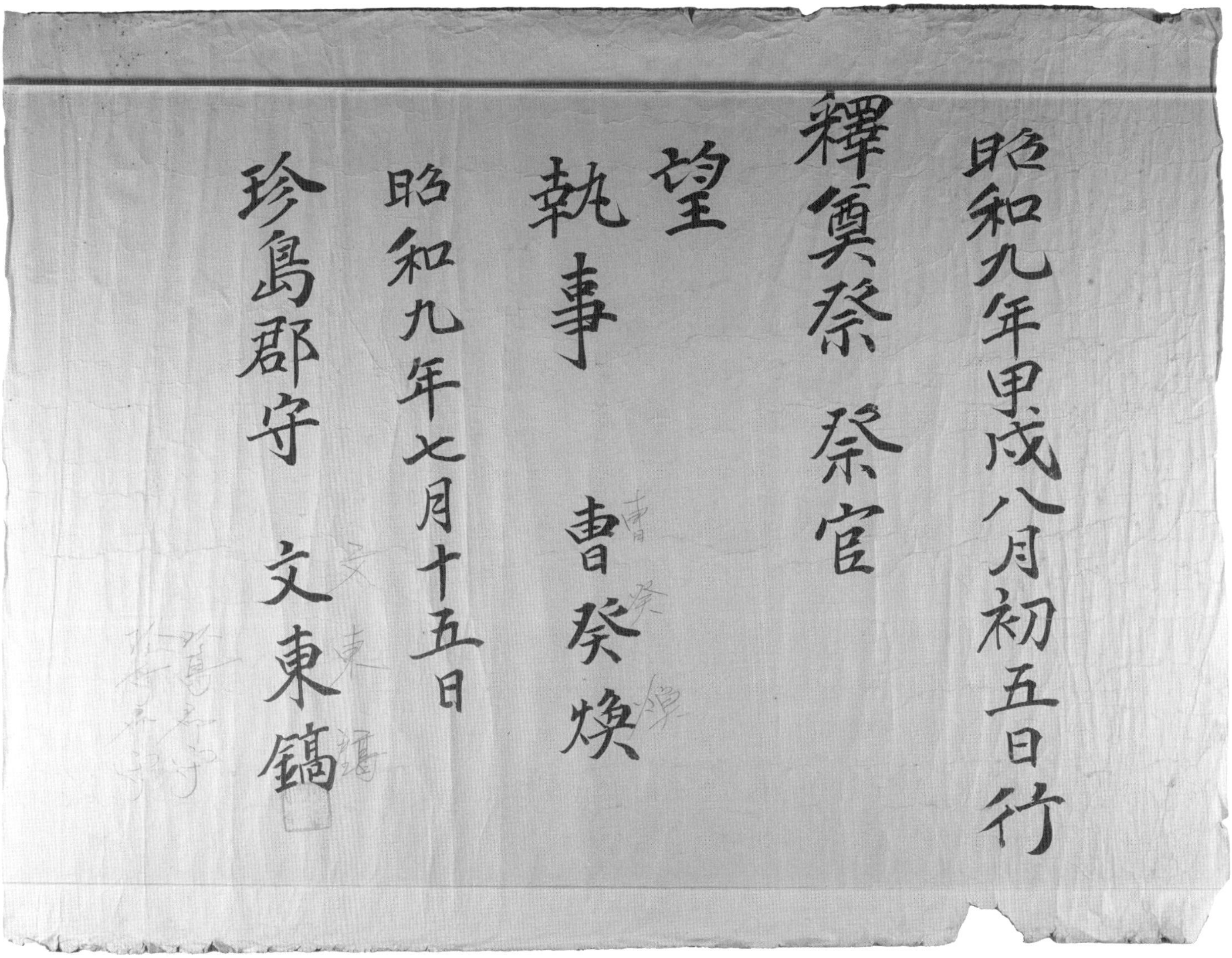

昭和九年甲戌八月初五日行
釋奠祭 祭官
望
執事 曺癸煥
昭和九年七月十五日
珍島郡守 文東鎬

1934년 7월 15일에 執事 曺癸煥을 釋奠祭 祭官으로 정하는 문서

望記 2

1935년, 62×47

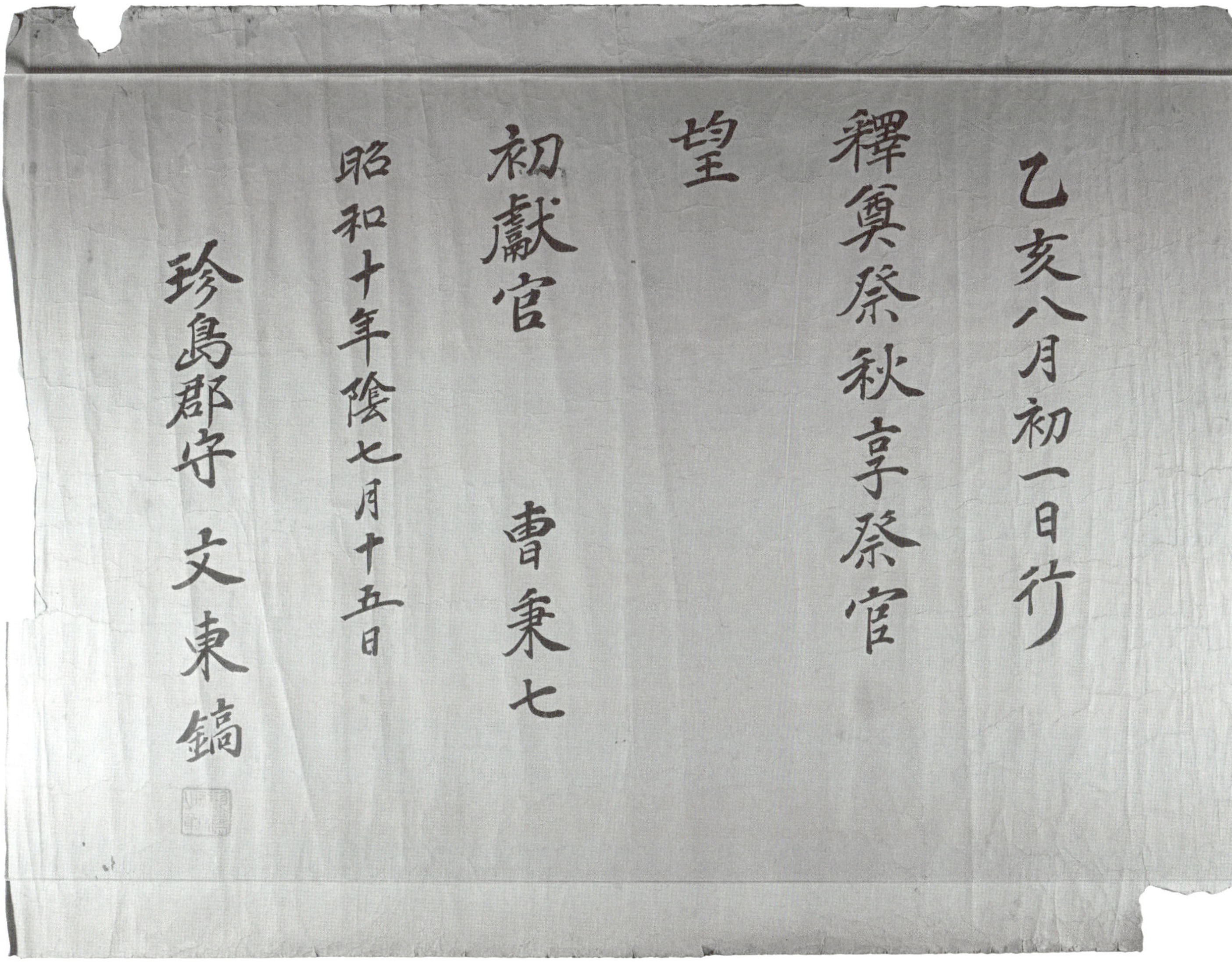

乙亥八月初一日行
釋奠祭秋享祭官
望
初獻官 曺秉七
昭和十年陰七月十五日
珍島郡守 文東鎬

1935년 7월 15일에 初獻官 曺秉七을 釋奠祭 秋享祭官으로 정하는 문서

官報 1

1907년(순종 원년), 23.8×31.6

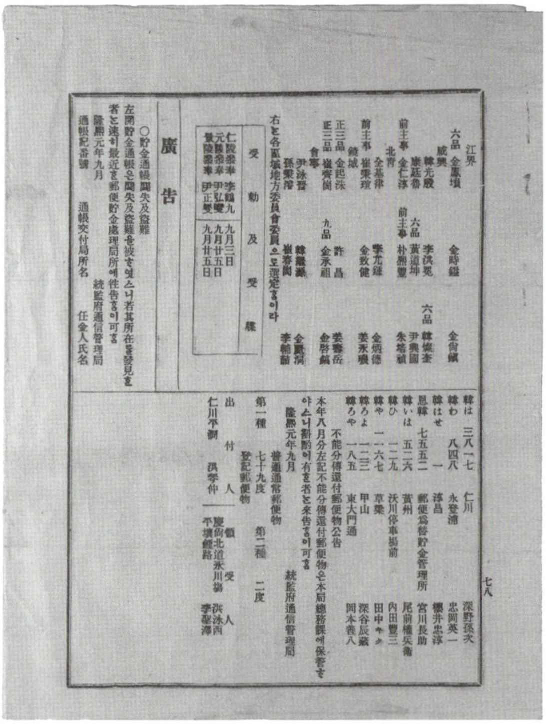

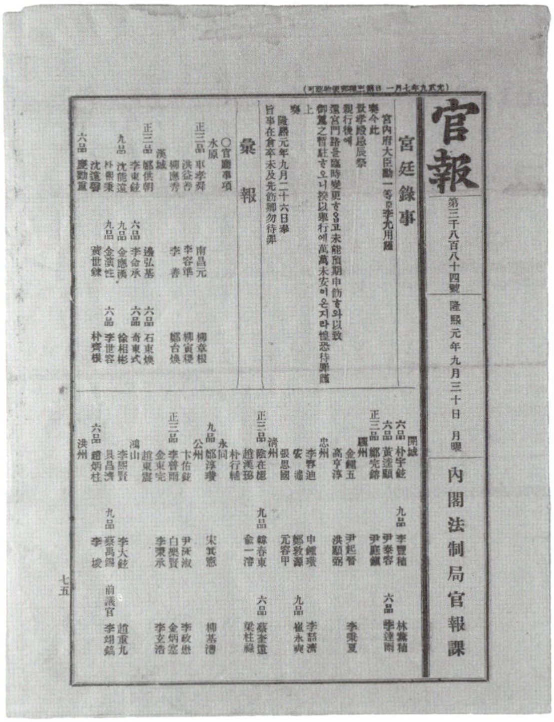

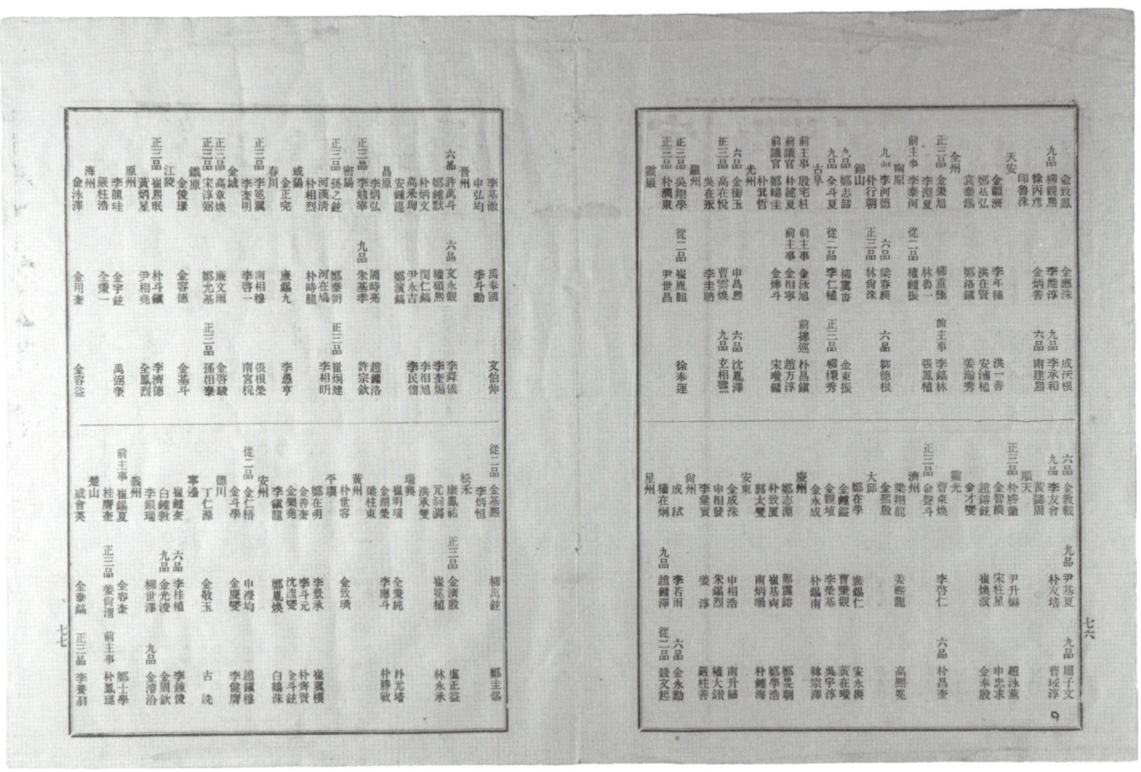

관보 第3884호로 1907년 9월 30일(화)에 內閣法制局官報課에서 발행

3

證憑類

戶口單子 1

庚午, 47.3×37

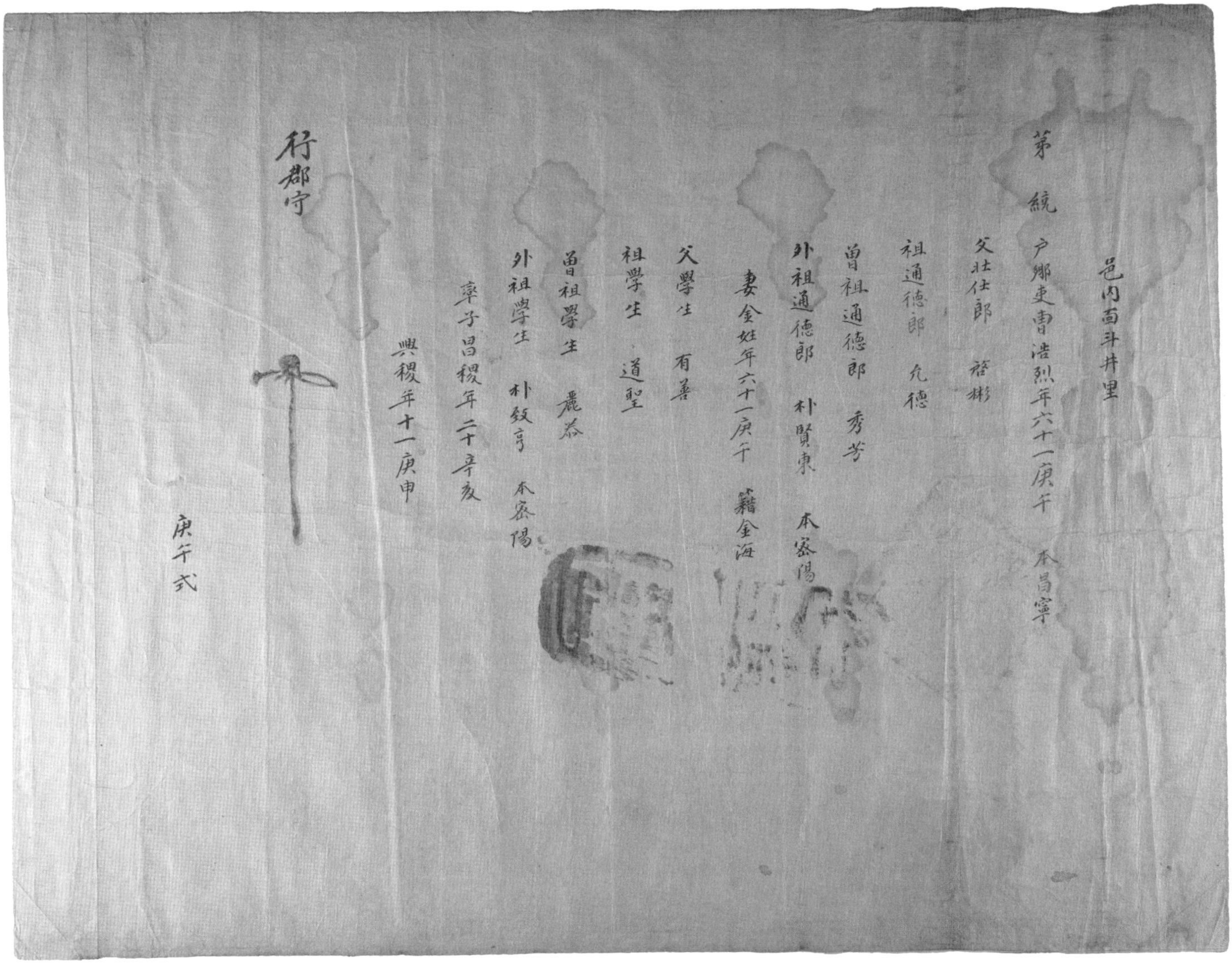

경오년에 曺浩烈이 行郡守에게 올린 戶口單子

戶口單子 2

庚午, 48×35.5

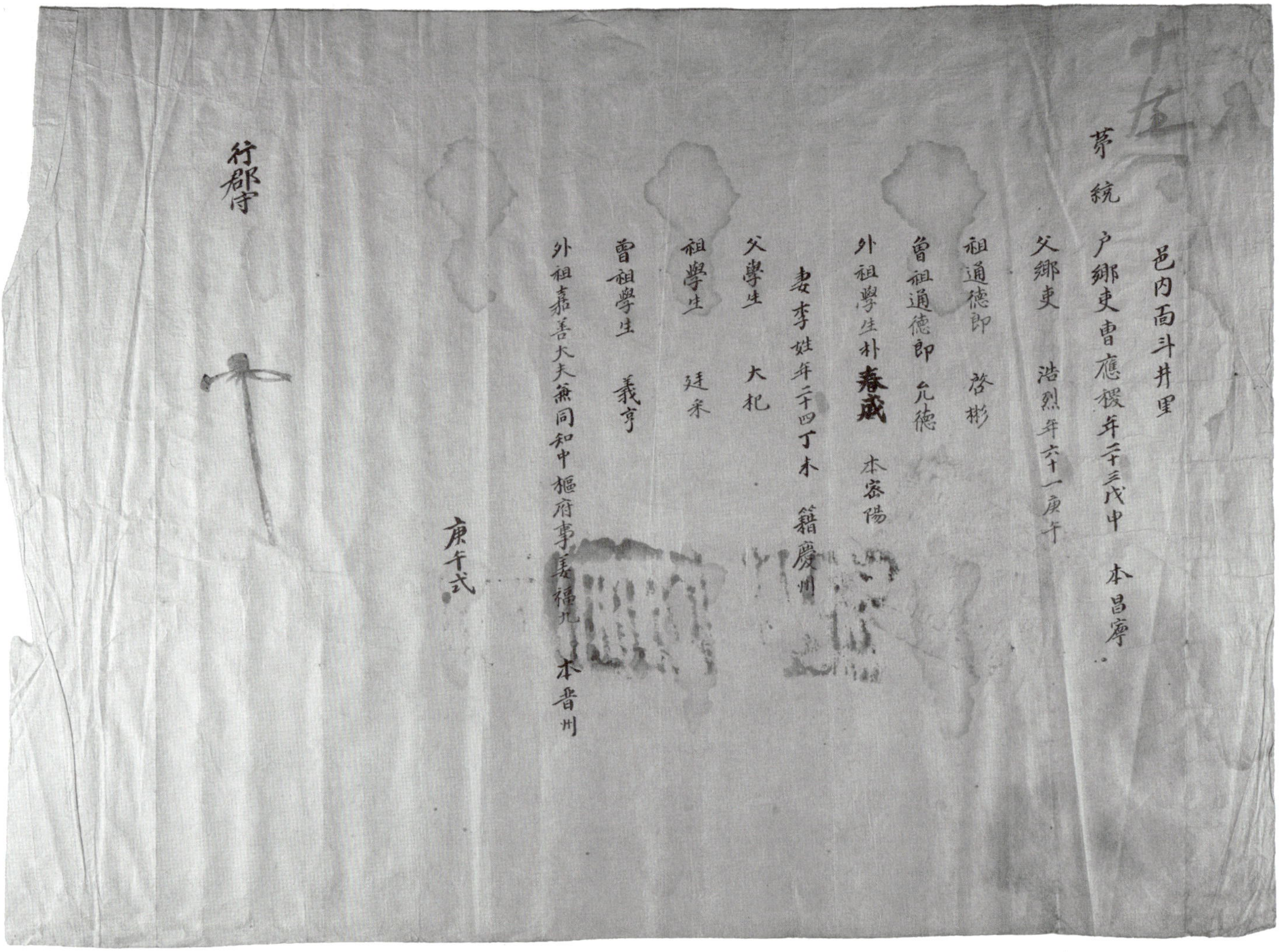

경오년에 曺應稷이 行郡守에게 올린 戶口單子

戶口單子 3

丙子, 57.7×39.9

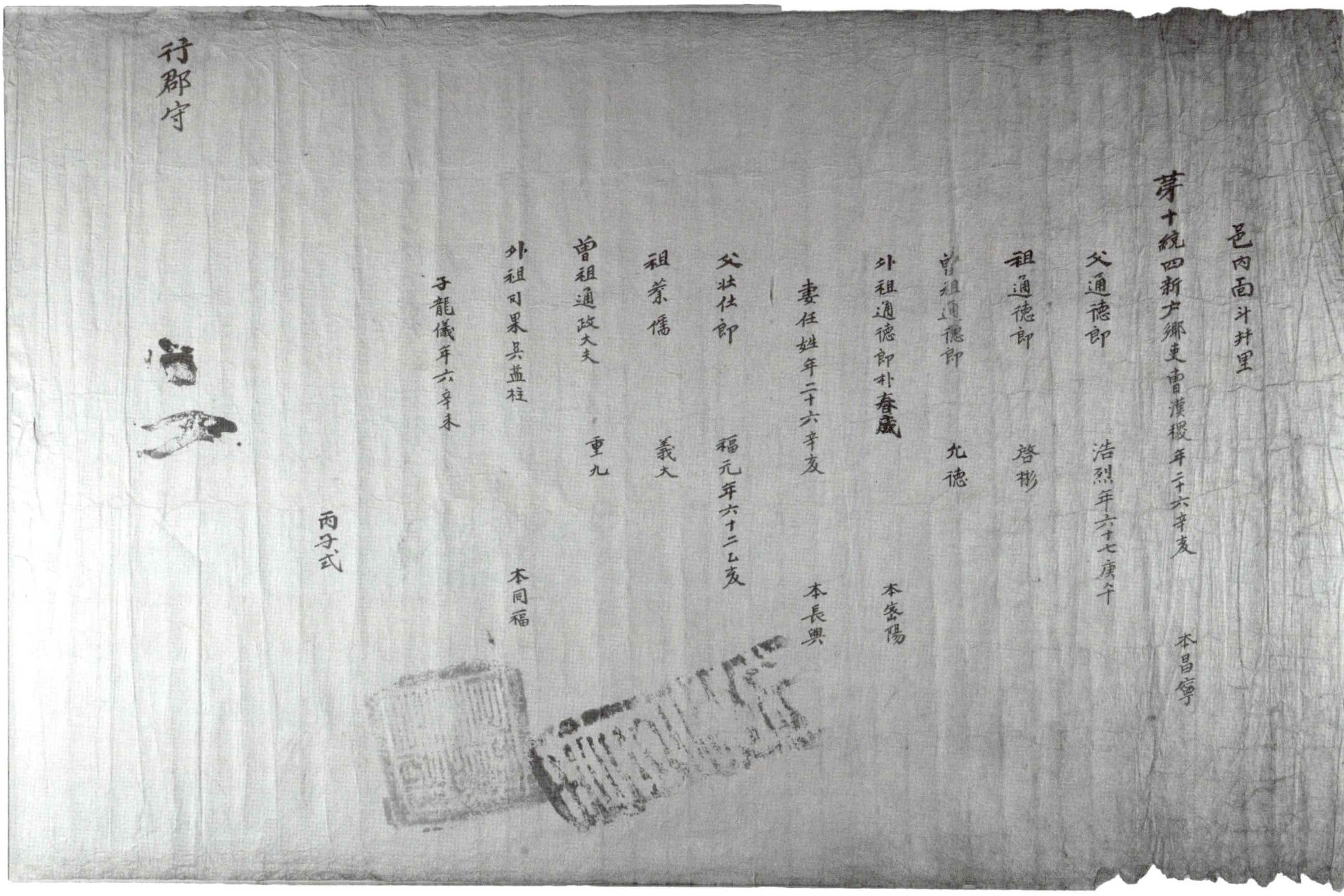

병자년에 曺漢稷이 行郡守에게 올린 戶口單子

戶口單子 4

戊子, 45.4×25.8

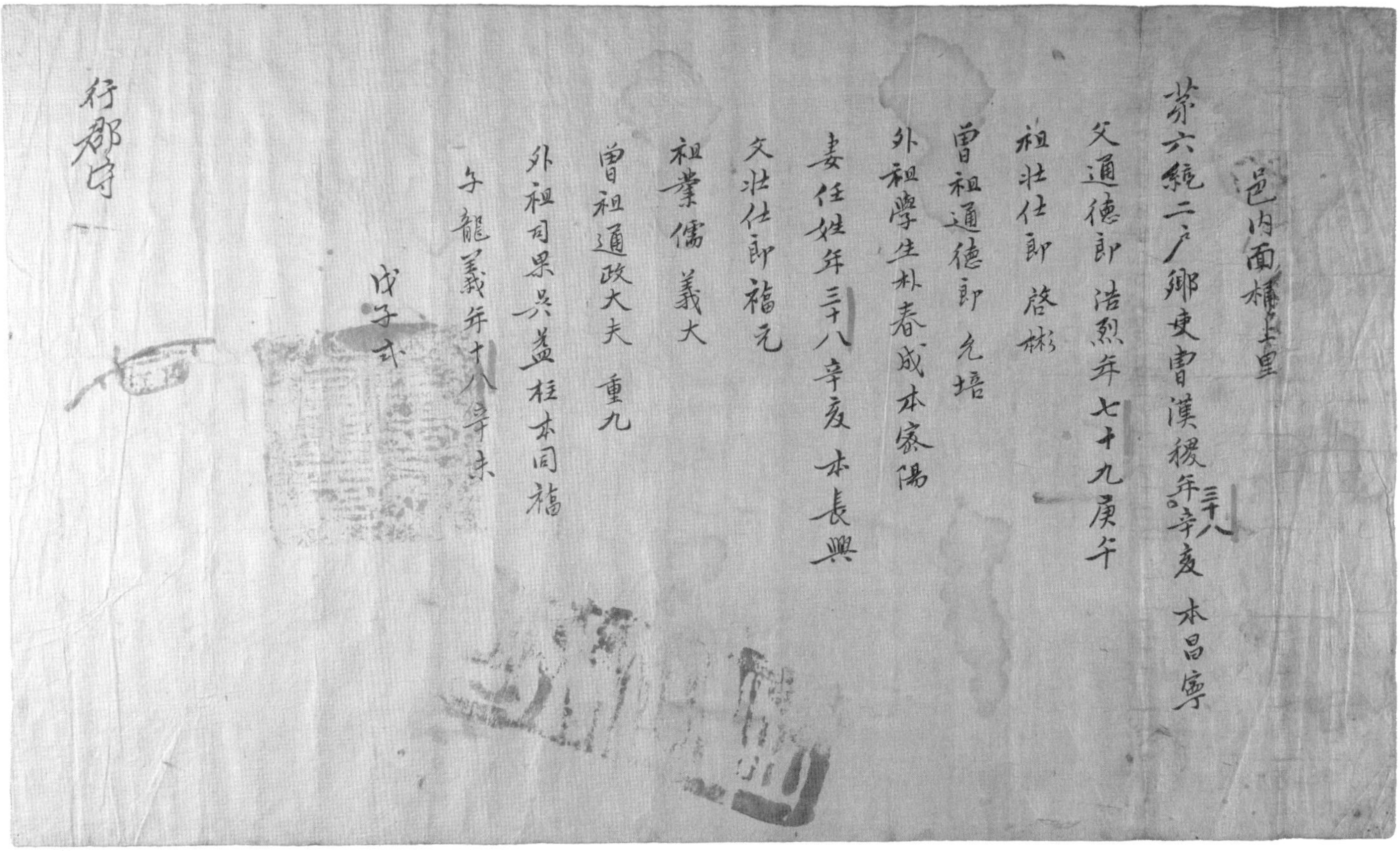

무자년에 曺漢稷이 行郡守에게 올린 戶口單子

戶口單子 5

丁酉, 47.×30.6

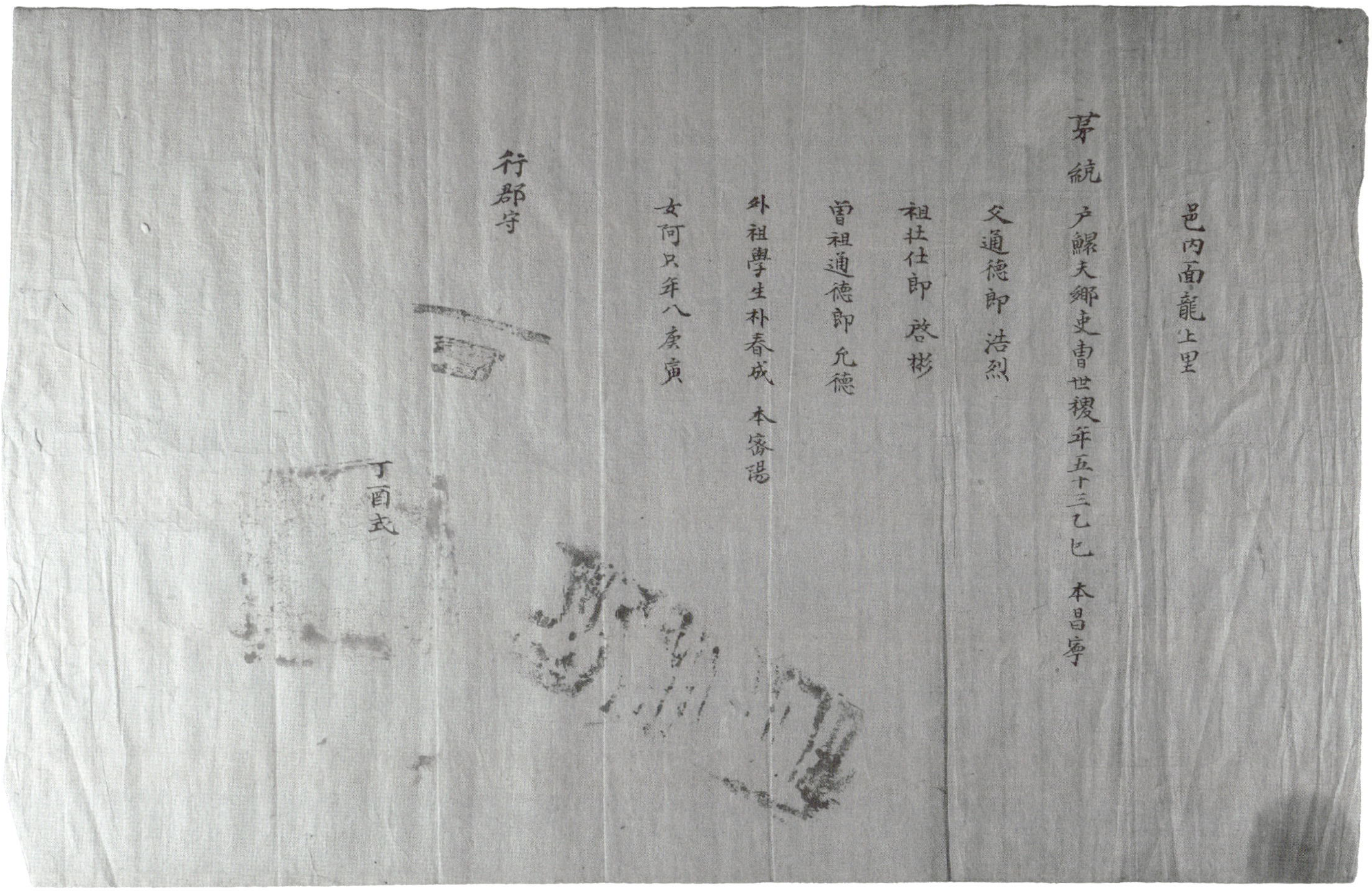

정유년에 曺世稷이 行郡守에게 올린 戶口單子

戶口單子 6

丙子, 51×39

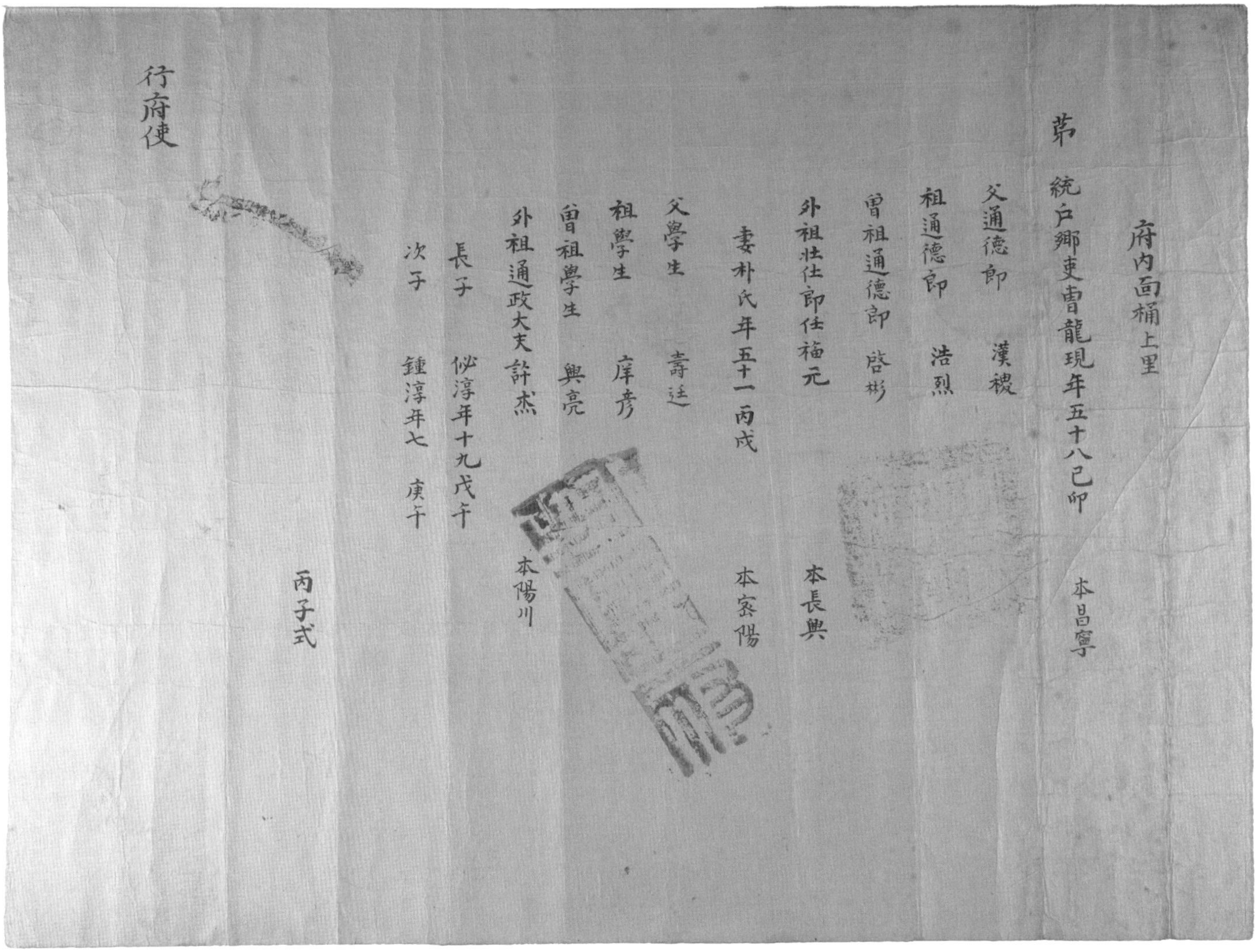

府內面桶上里

第 統戶鄕吏曺龍現年五十八己卯 本昌寧

父通德郎 漢禝

祖通德郎 浩烈

曾祖通德郎 啓彬

外祖壯仕郎仕福元 本長興

妻朴氏年五十一丙戌 本密陽

父學生 壽廷

祖學生 庠彦

曾祖學生 興亮

外祖通政大夫許杰 本陽川

長子 仲淳年十九戊午

次子 鍾淳年七 庚午

丙子式

行府使

병자년에 曺龍現이 行府使에게 올린 戶口單子

戶口單子 7

壬子, 61.2×35.5

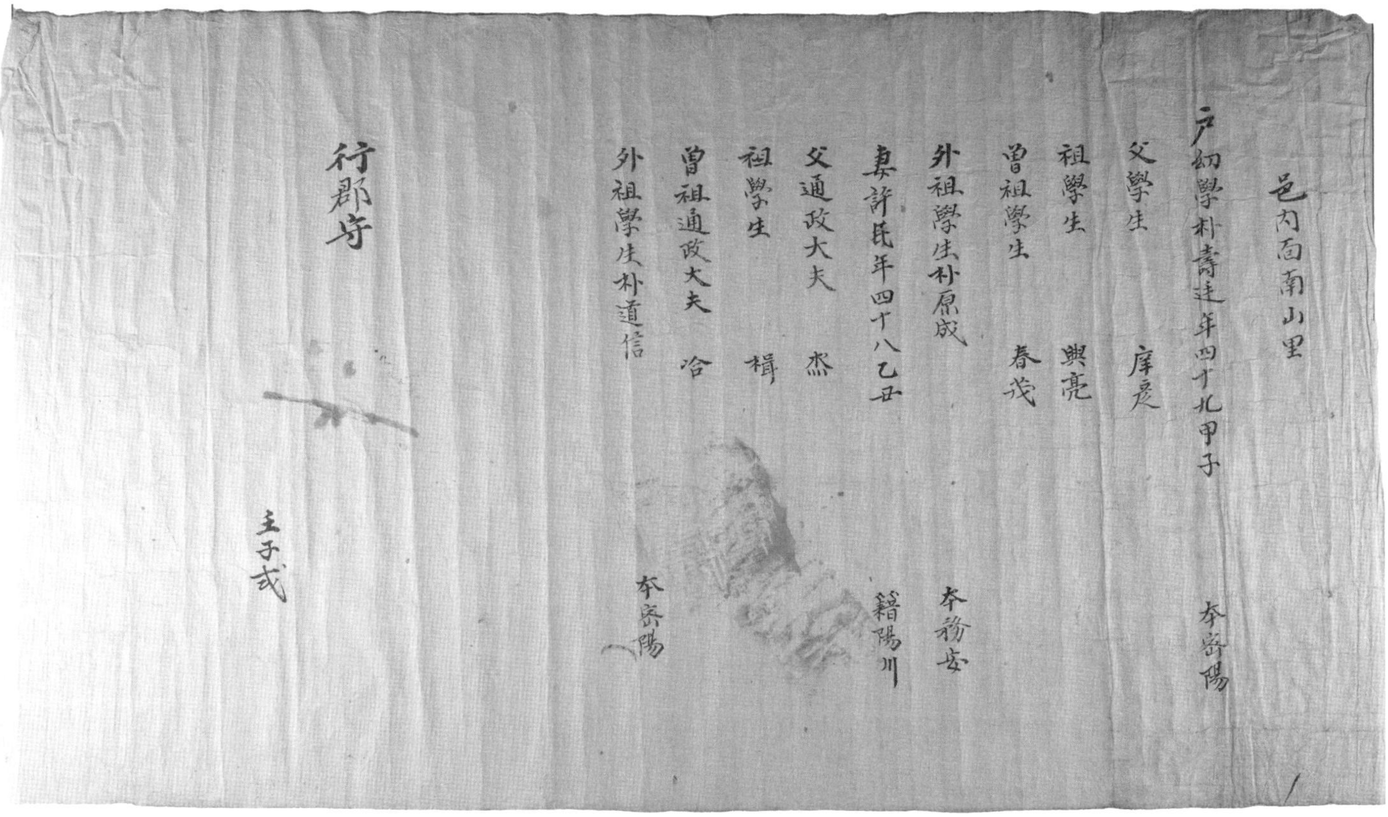

邑內面南山里
戶幼學朴壽廷年四十九甲子 本密陽
父學生 庠彥
祖學生 興亮
曾祖學生 春茂
外祖學生朴原成 本務安
妻許氏年四十八乙丑 籍陽川
父通政大夫 杰
祖學生 楫
曾祖通政大夫 洽
外祖學生朴道信 本密陽
行郡守
壬子式

임자년에 朴壽廷이 行郡守에게 올린 戶口單子

4

書簡·通告類

書簡 1

18×26

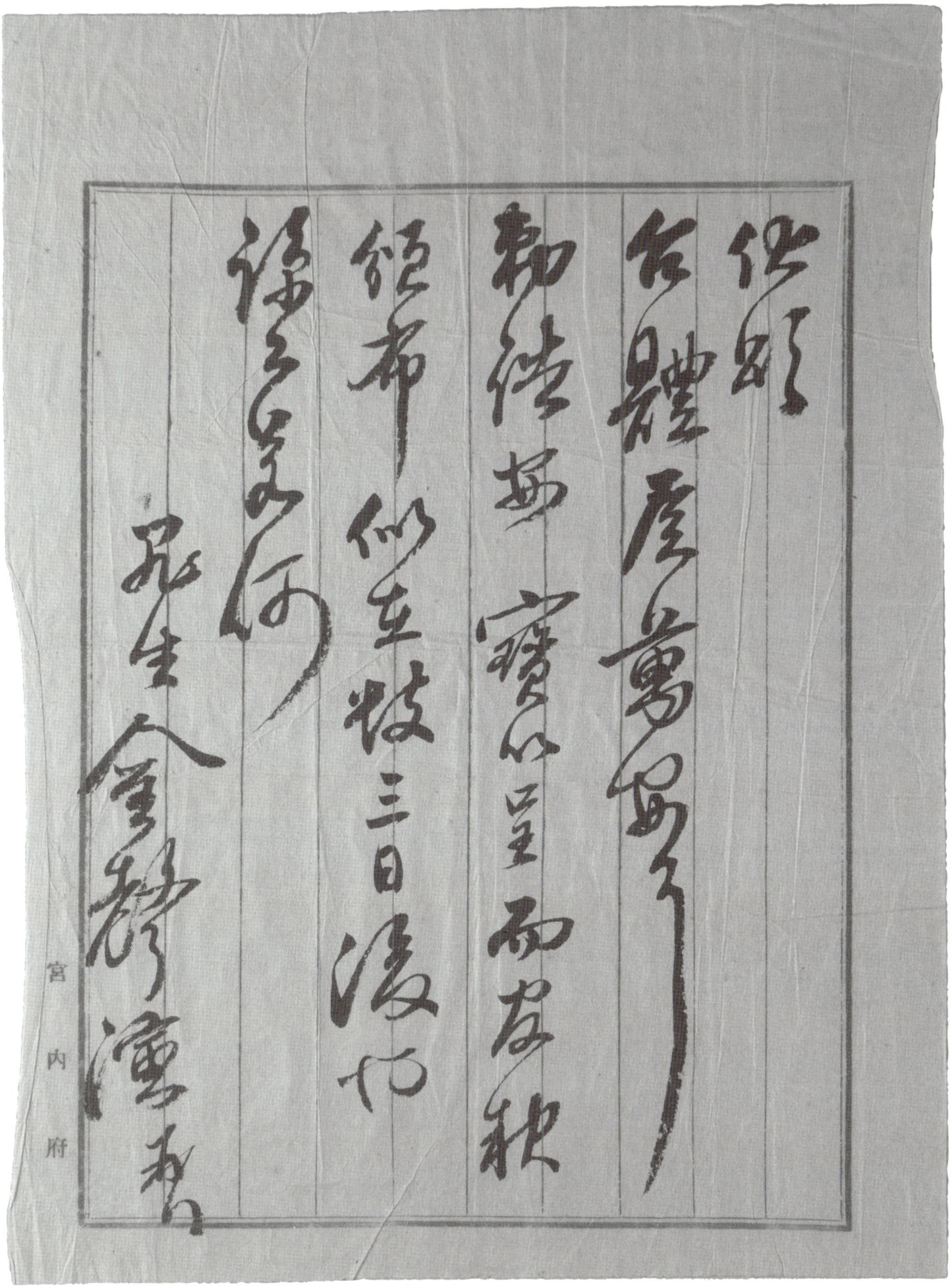

罪生 金聲演이 台體에게 보낸 서간

5

置簿記錄類

分定記 1

乙亥, 170.9×30.9

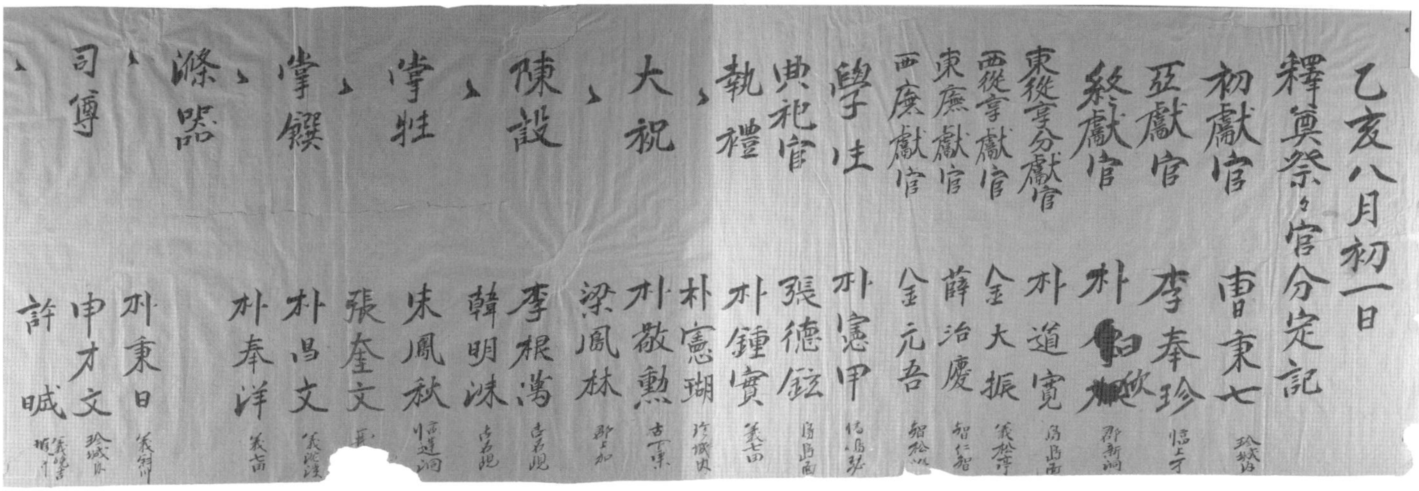

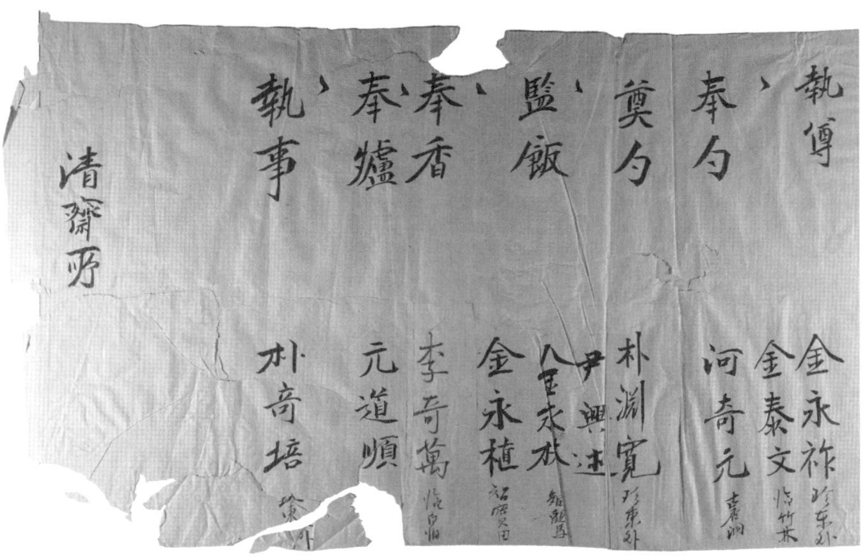

을해년 8월 초1일에 釋奠祭 祭官에 참여하는 이들의 역할이 분담된 문서

의신면 칠전리

1
敎令類

紅牌 1

1590년(선조 23), 106.4×74.4

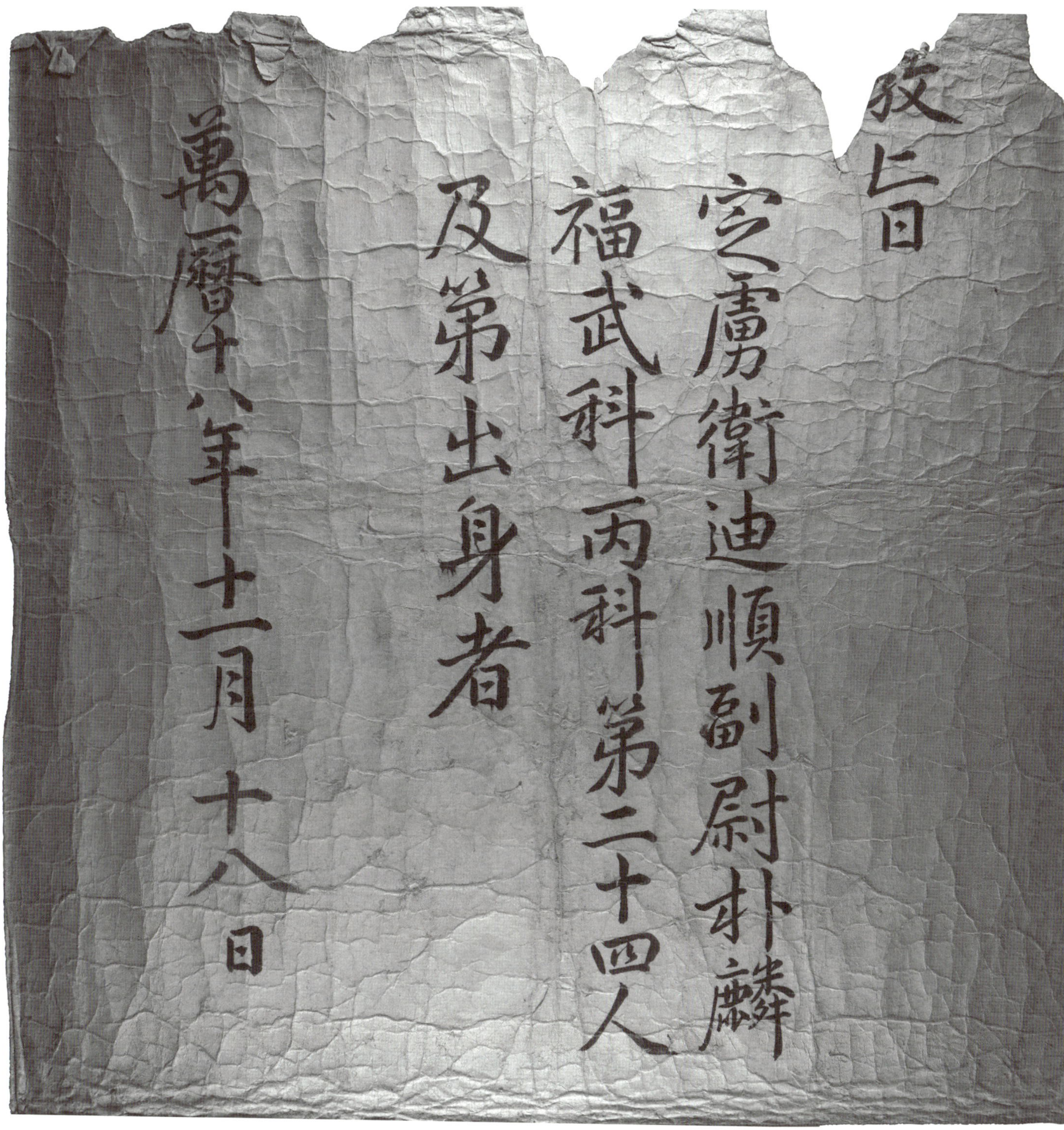

敎旨

定虜衛迪順副尉朴麟

福武科丙科第二十四人

及第出身者

萬曆十八年十二月十八日

1590년에 定虜衛 迪順副尉 朴麟福이 武科에 급제하고 받은 紅牌

告身 1

1592년(선조 25), 52.7×42.7

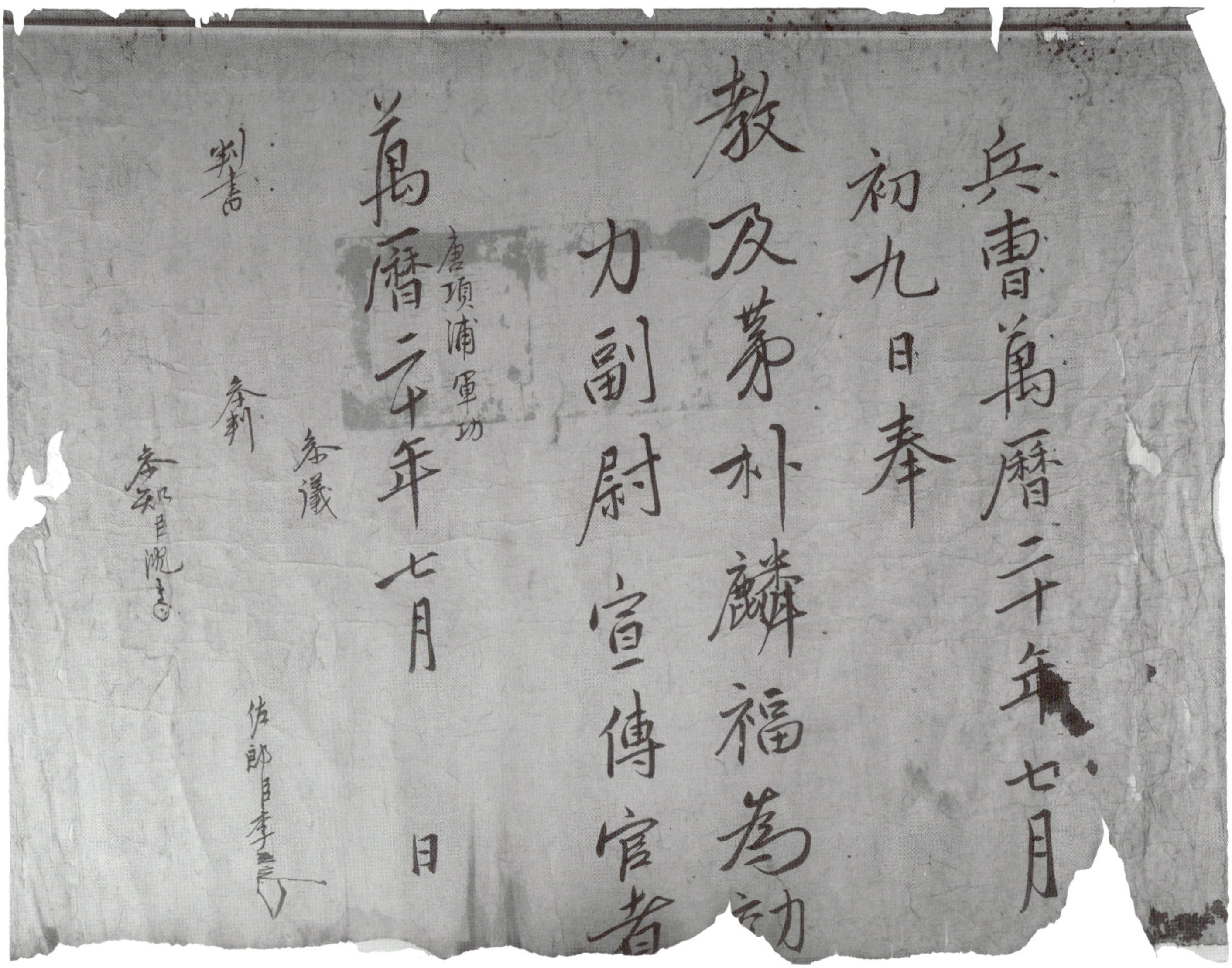

兵曹萬曆二十年七月
初九日奉
教及第朴麟福爲效
力副尉宣傳官者
萬曆二十年七月 日
唐項浦軍功
判書
參判
參議
參知
佐郎

1592년 7월에 及第 朴麟福을 效力副尉 效力副尉 宣傳官으로 임명하는 문서

告身 2

1592년(선조 25), 39×41.3

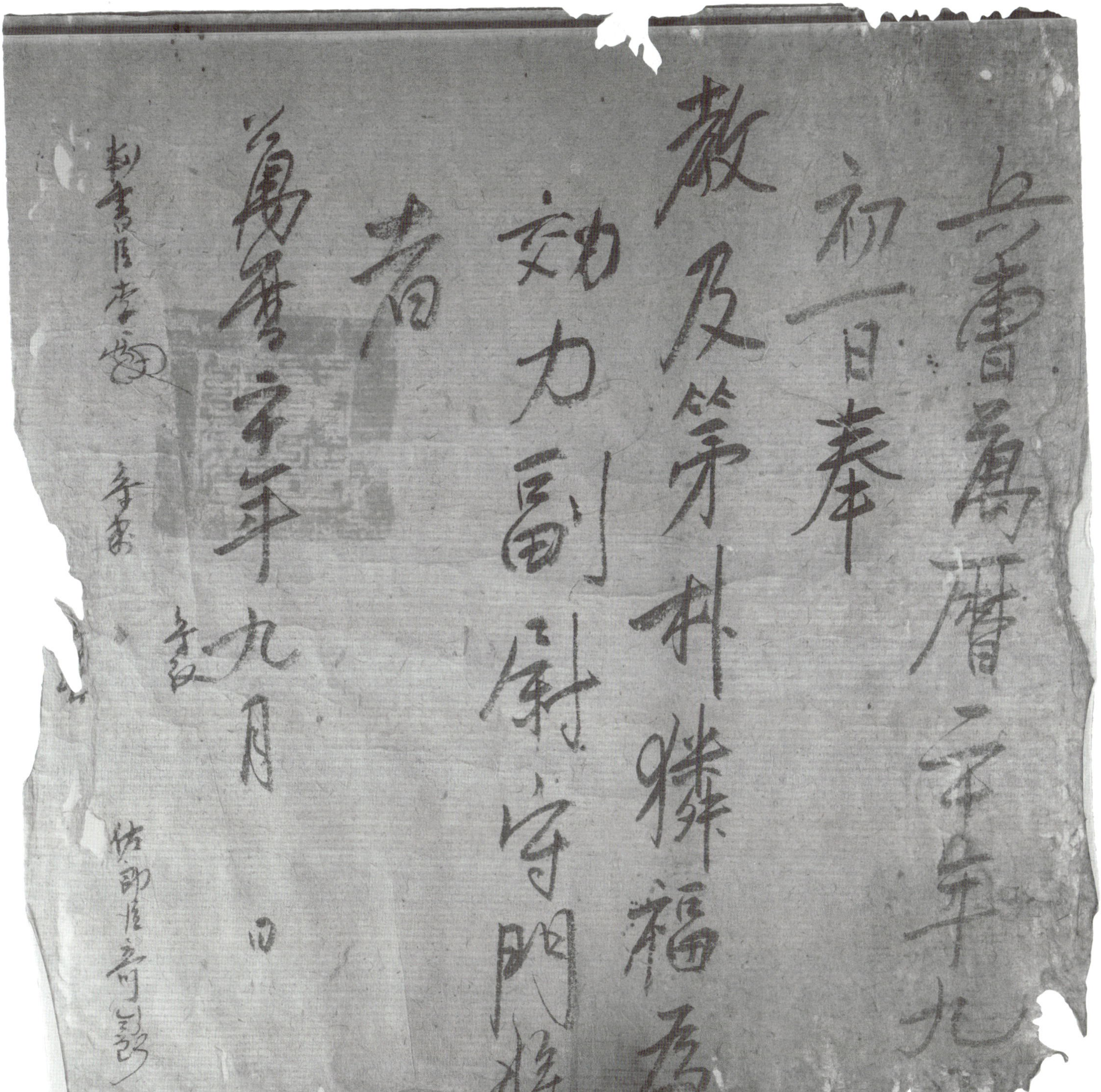

上書萬曆二十年九
月初一日奉
敎及第朴麟福爲
效力副尉守門將
者
萬曆二十年九月 日

1592년 9월에 及第 朴麟福을 效力副尉 守門將으로 임명하는 문서

告身 3

1592년(선조 25), 45.2×37.8

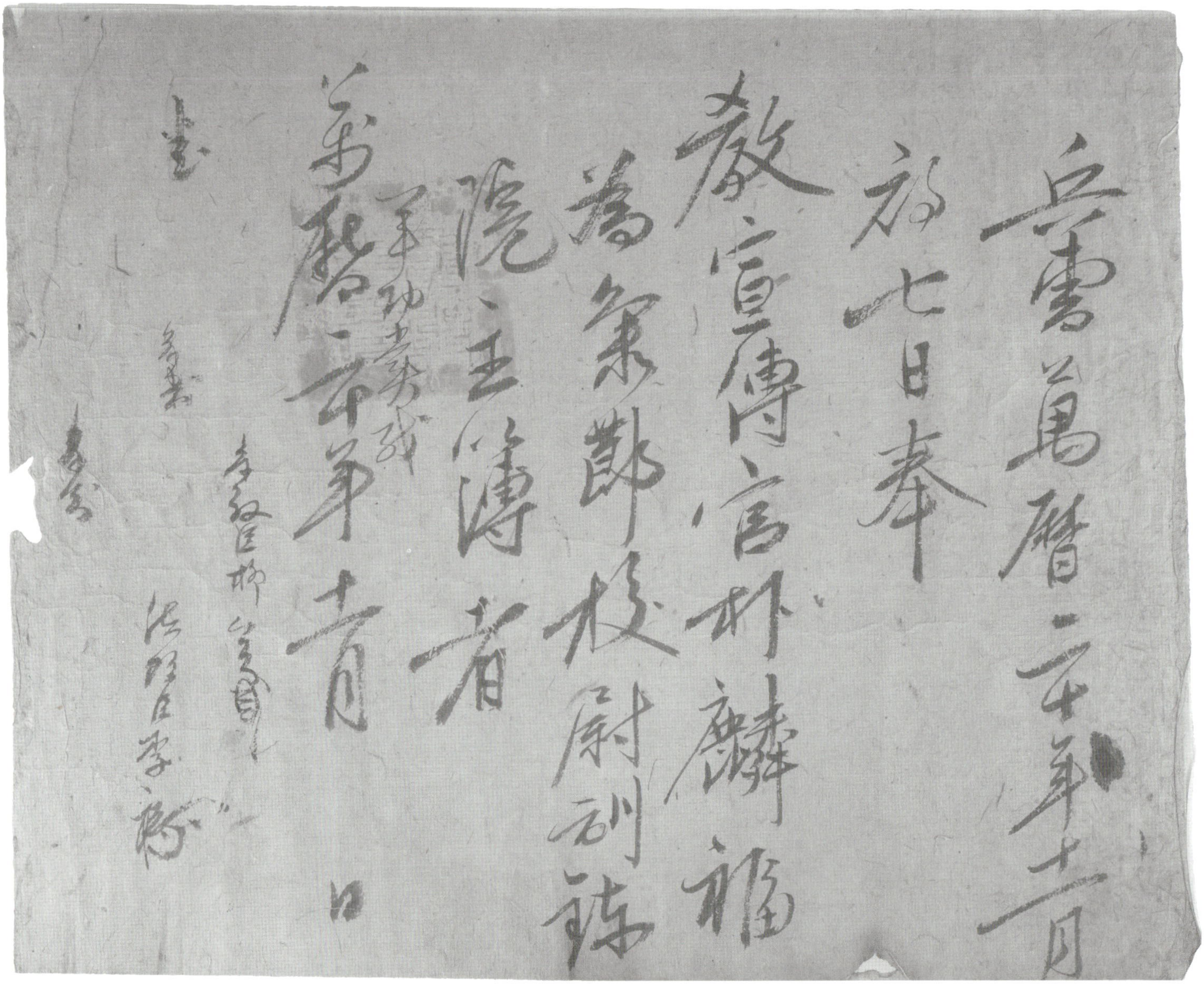

1592년 11월에 宣傳官 朴麟福을 秉節校尉 訓鍊院 主簿로 임명하는 문서

告身 4

1595년(선조 28), 48.6×40

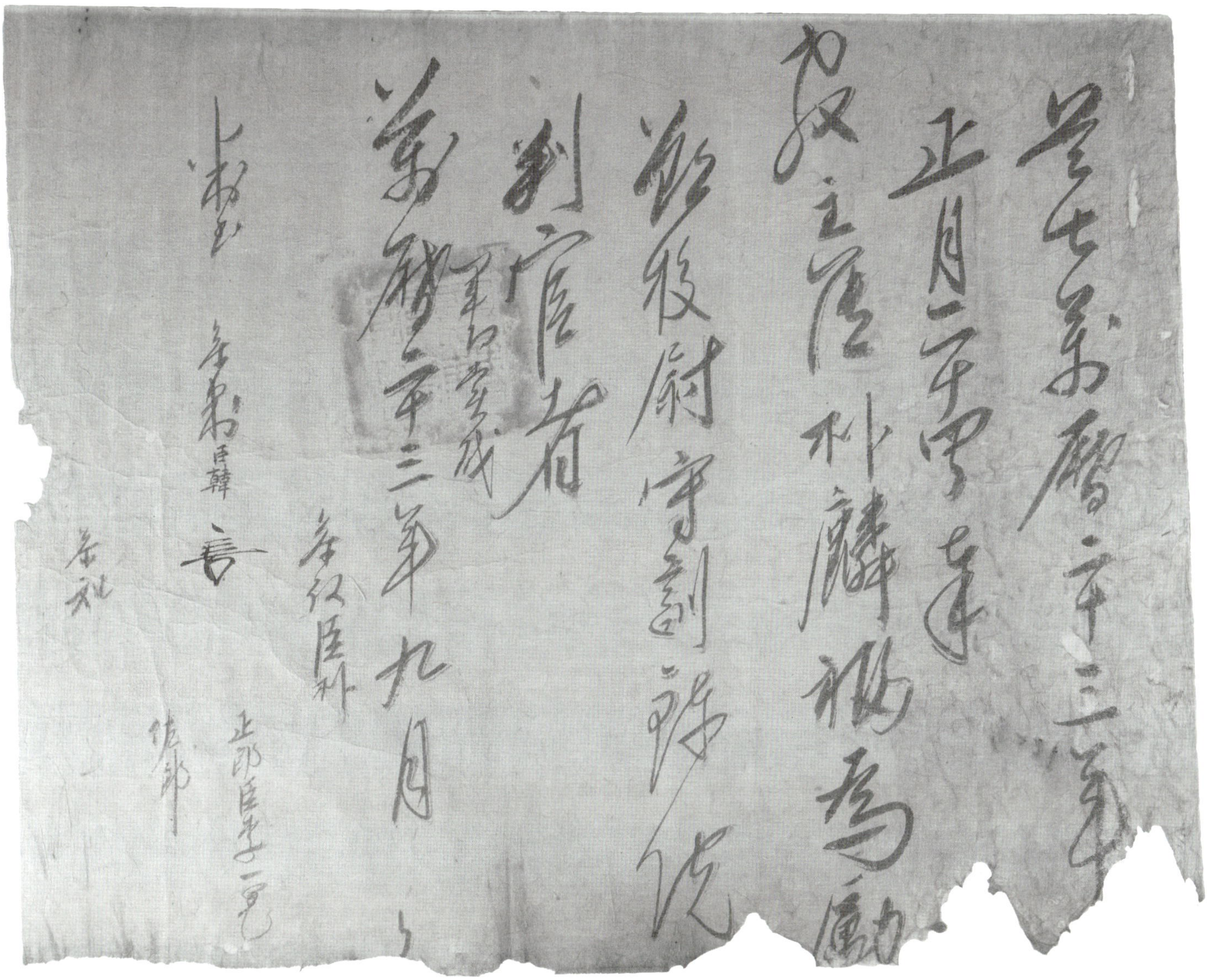

1595년 9월에 主簿 朴麟福을 勵節校尉 守 訓鍊院 判官으로 임명하는 문서

追贈教旨 1

1630년(인조 8), 71.8×48.3

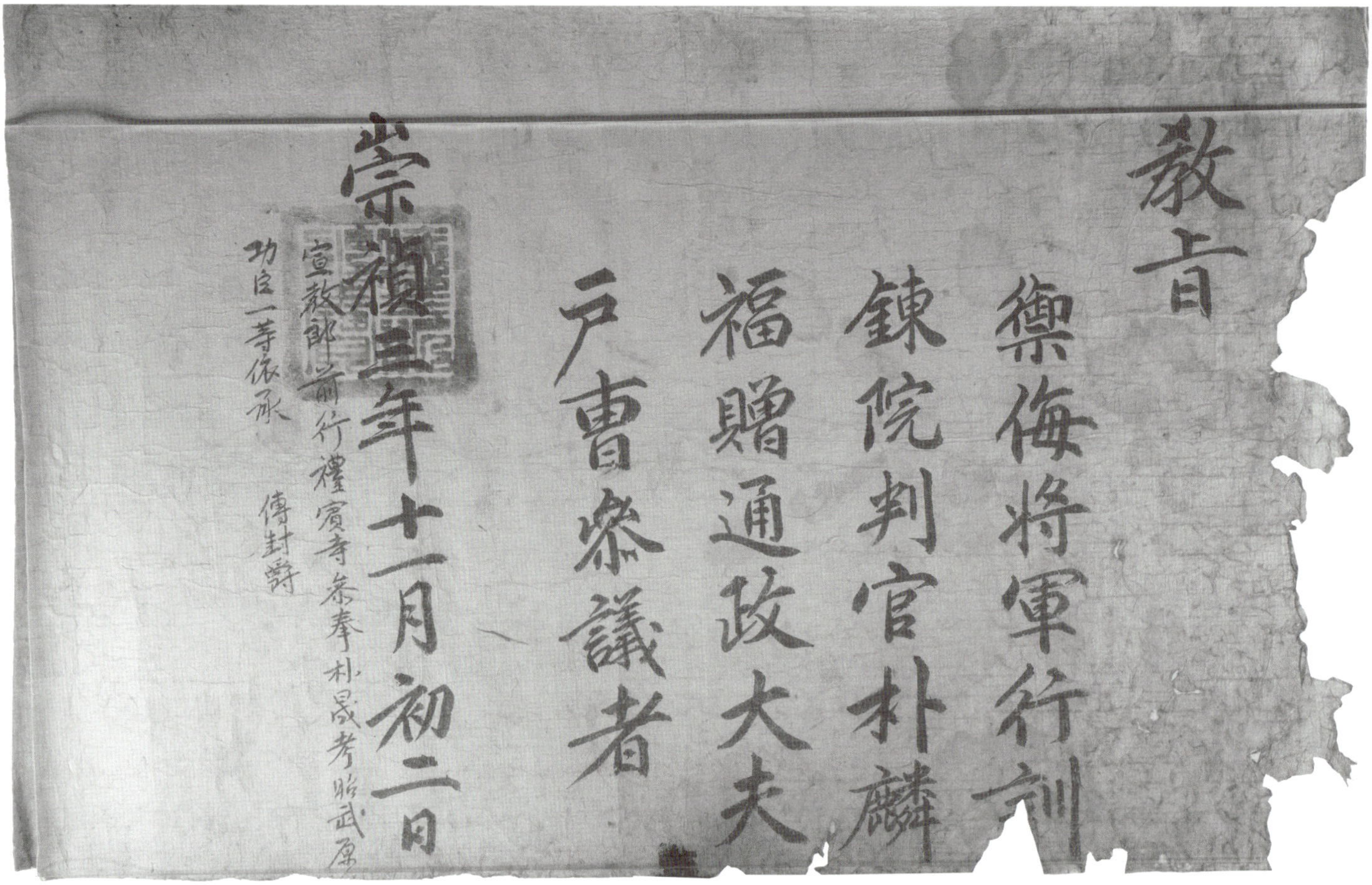
教旨
禦侮將軍行訓鍊院判官朴麟福贈通政大夫戶曹參議者
崇禎三年十一月初二日
宣教郎前行禮賓寺參奉朴晟孝昭武原
功臣一等依承
傳封爵

1630년 11월 2일에 禦侮將軍 行 訓鍊院 判官 朴麟福을 通政大夫 戶曹參議로 추증하는 문서

追贈教旨 2

1630년(인조 8), 72.3×49

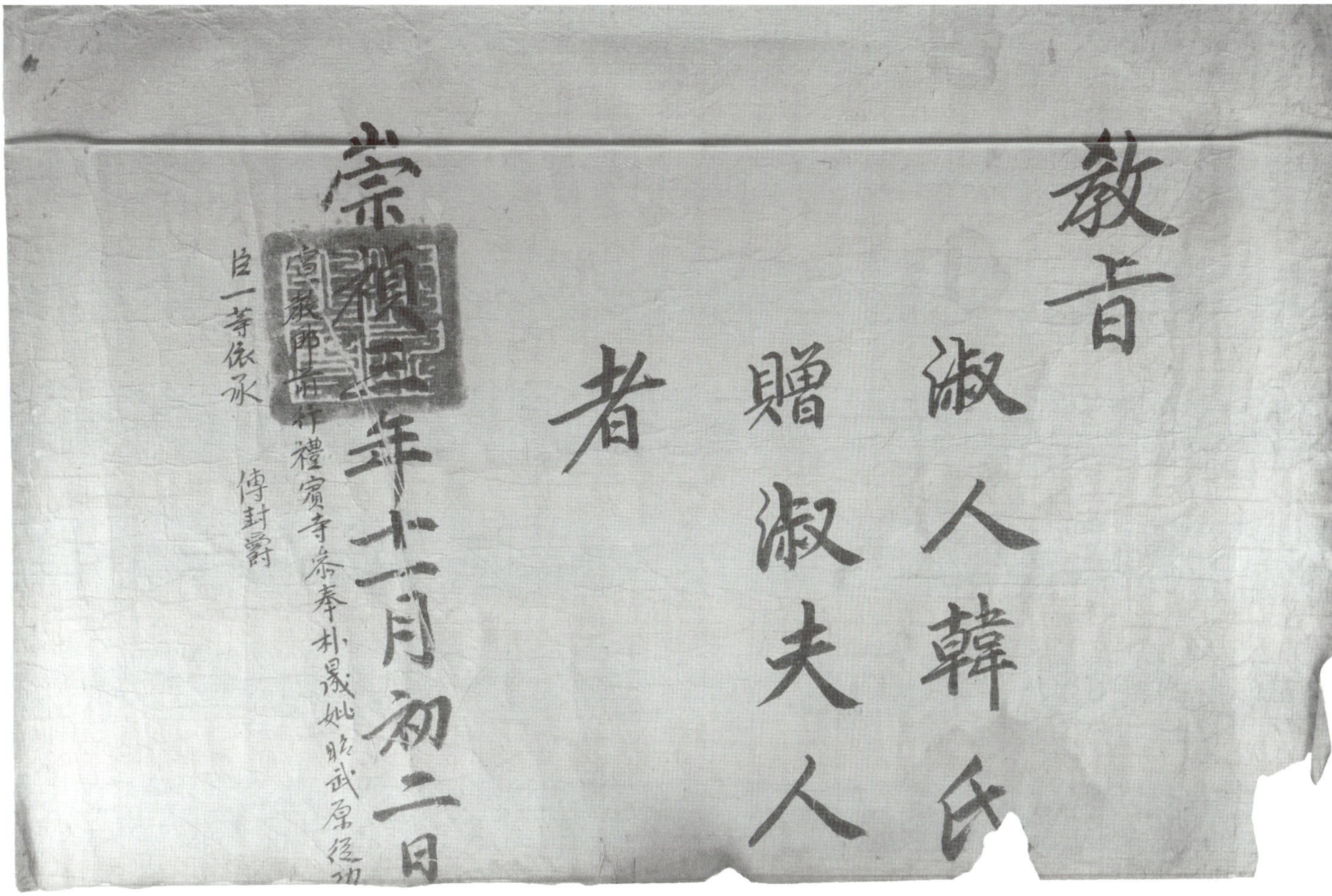

教旨

淑人韓氏

贈淑夫人

者

崇禎三年十一月初二日

1630년 11월 2일에 淑人 韓氏를 淑夫人으로 추증하는 문서

追贈教旨 3

1630년(인조 8), 54.1×46

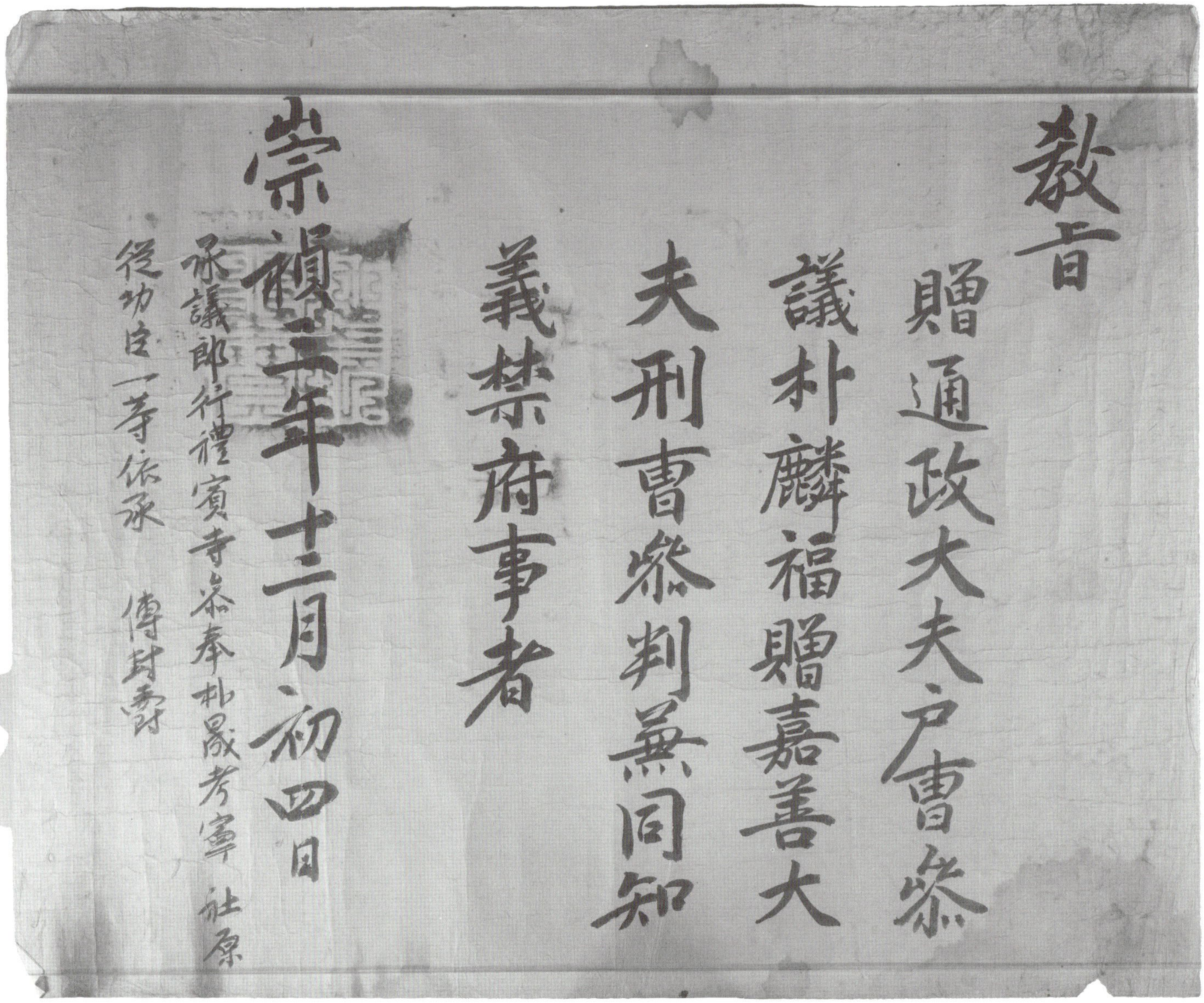

教旨
贈通政大夫戶曹參議朴麟福贈嘉善大夫刑曹參判兼同知義禁府事者
崇禎三年十二月初四日
承議郎行禮賓寺參奉朴晟孝寧 社原
從功臣一等依承
傳封爵

1630년 12월 4일에 通政大夫 戶曹參議 朴麟福을 嘉善大夫 刑曹參判 兼 同知義禁府事로 추증하는 문서

追贈教旨 4

1630년(인조 8), 54.2×46.3

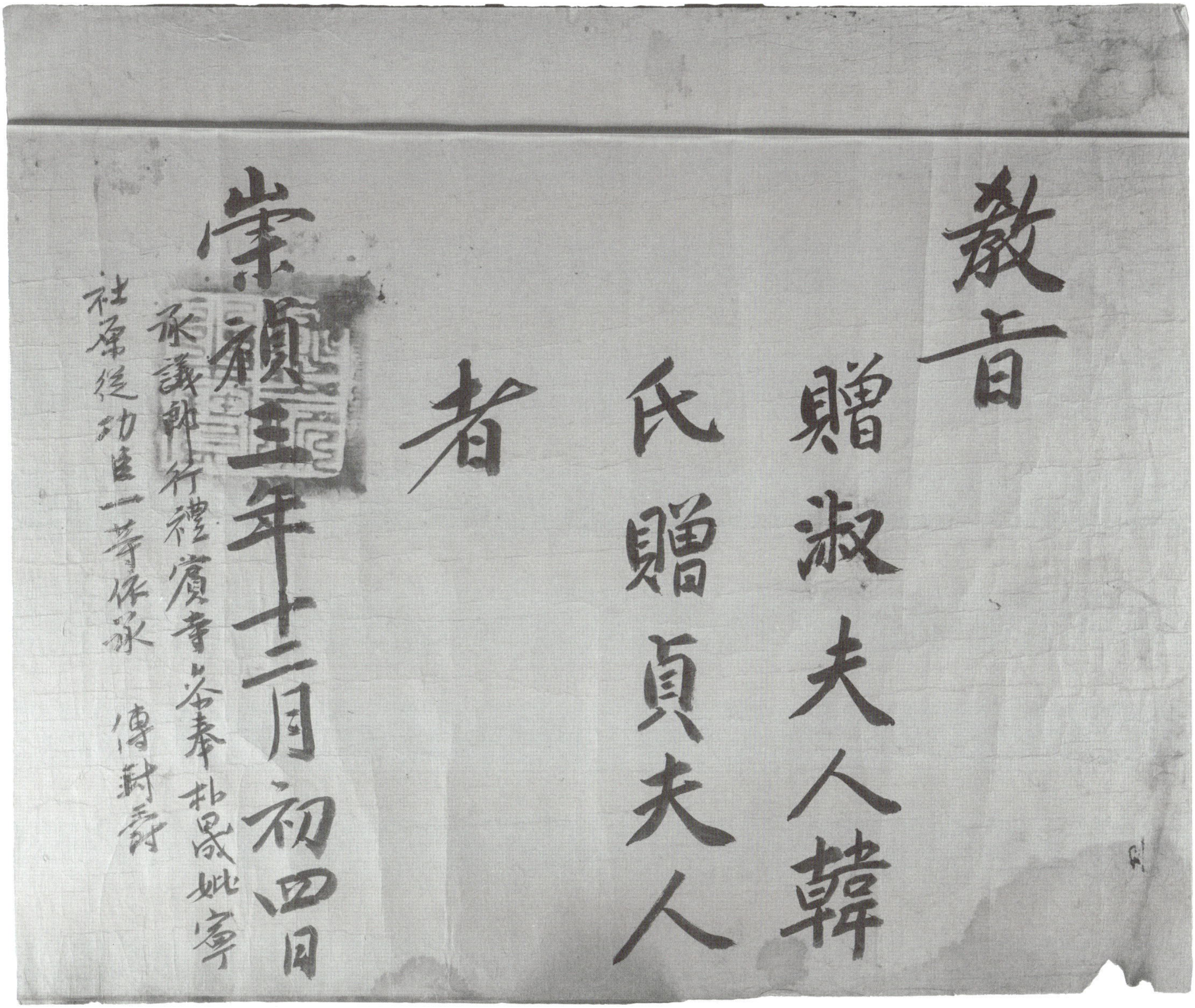

敎旨

贈淑夫人韓

氏贈貞夫人

者

崇禎三年十二月初四日

1630년 12월 4일에 淑夫人 韓氏를 貞夫人으로 추증하는 문서

追贈敎旨 5

1741년(영조 17), 72.6×81.3

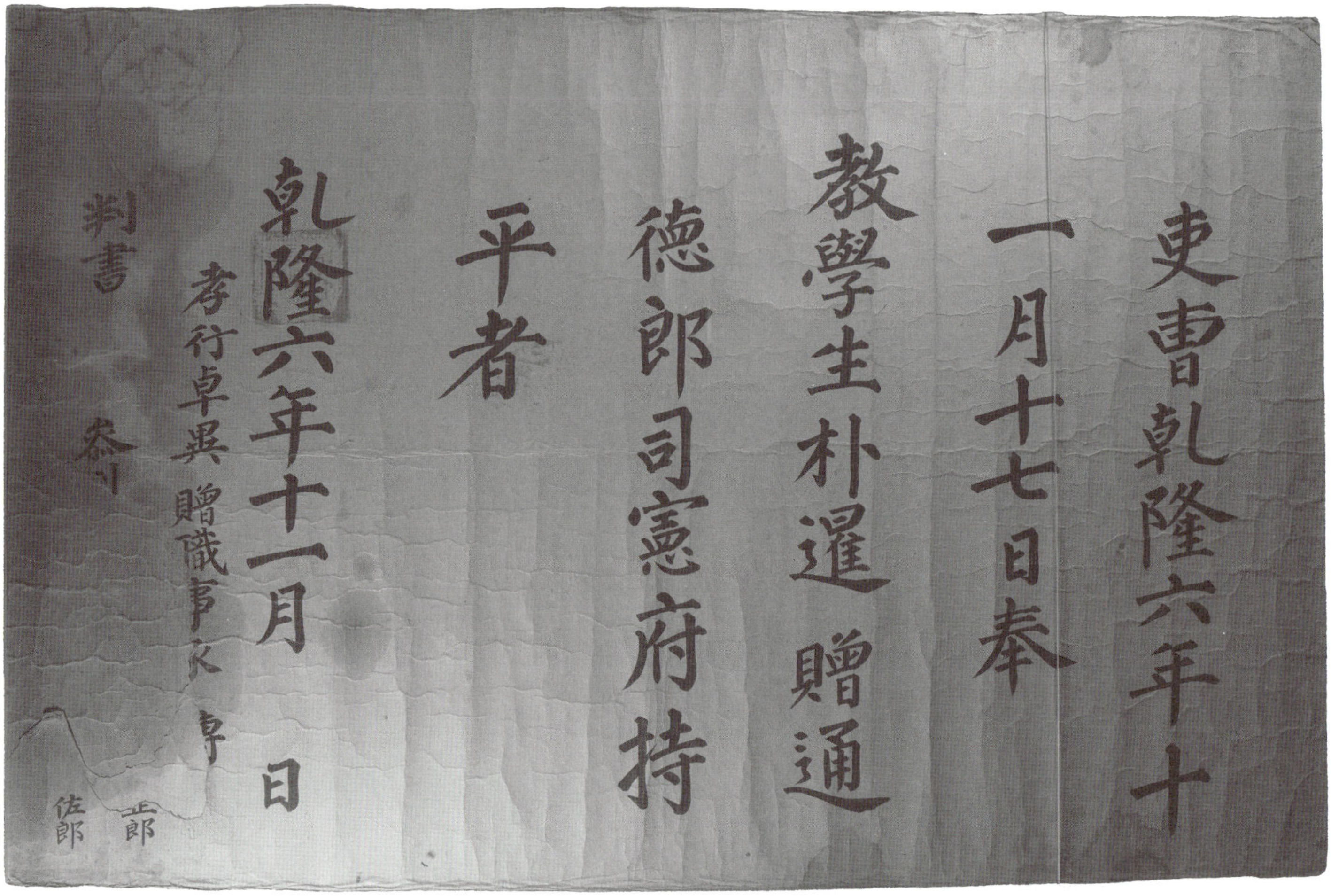

吏曹乾隆六年十
一月十七日奉
敎學生朴暹贈通
德郎司憲府持
平者
乾隆六年十一月　日
孝行卓異贈職事
判書　參議
正郎　佐郎

1741년 11월에 學生 朴暹을 通德郎 司憲府 持平으로 추증하는 문서

差帖 1

1833년(순조 33), 46×36

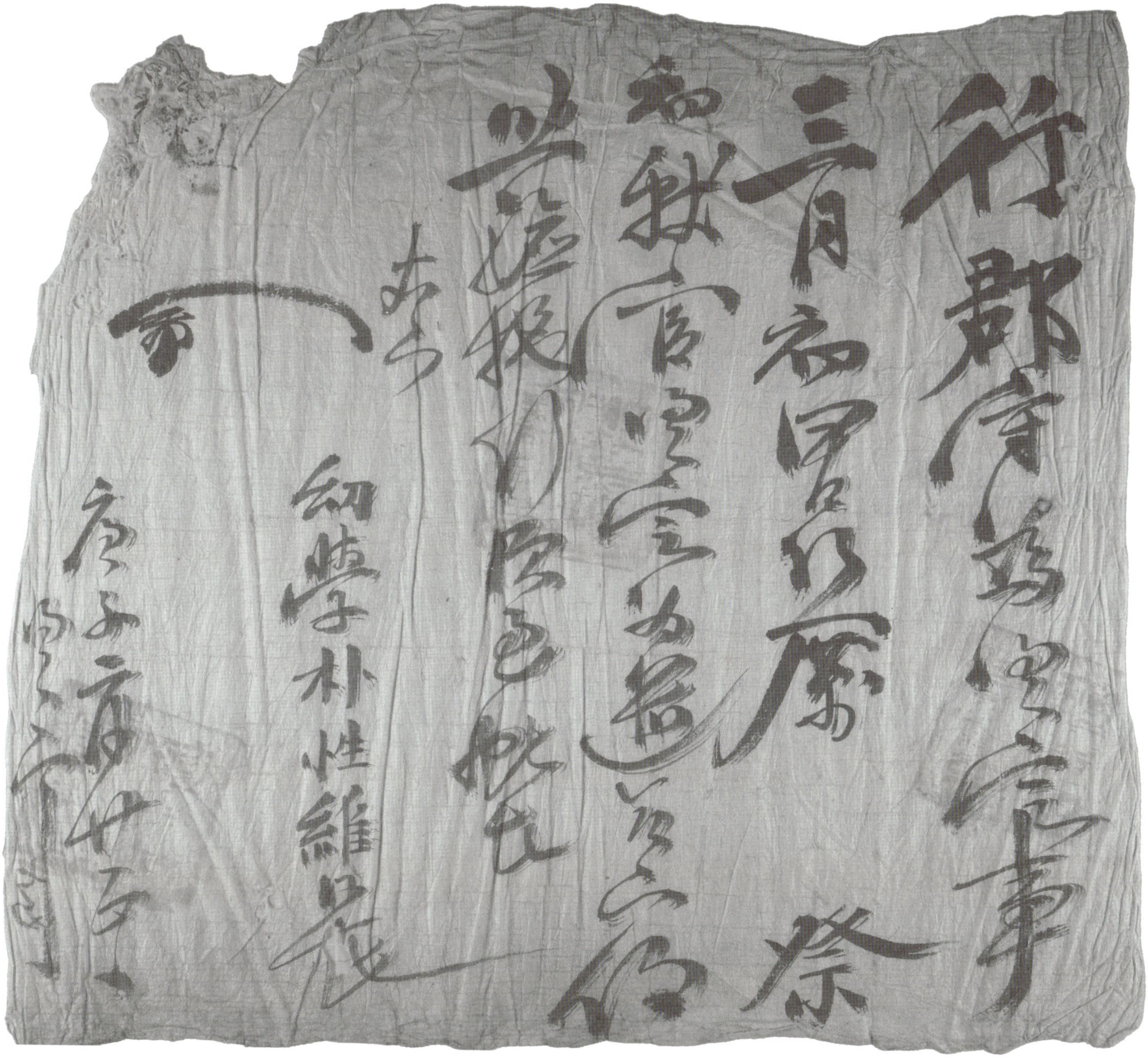

경자년에 郡守가 幼學 朴性維를 厲祭 初獻官에 差定하는 문서

差帖 2

1840년(헌종 6), 46×36

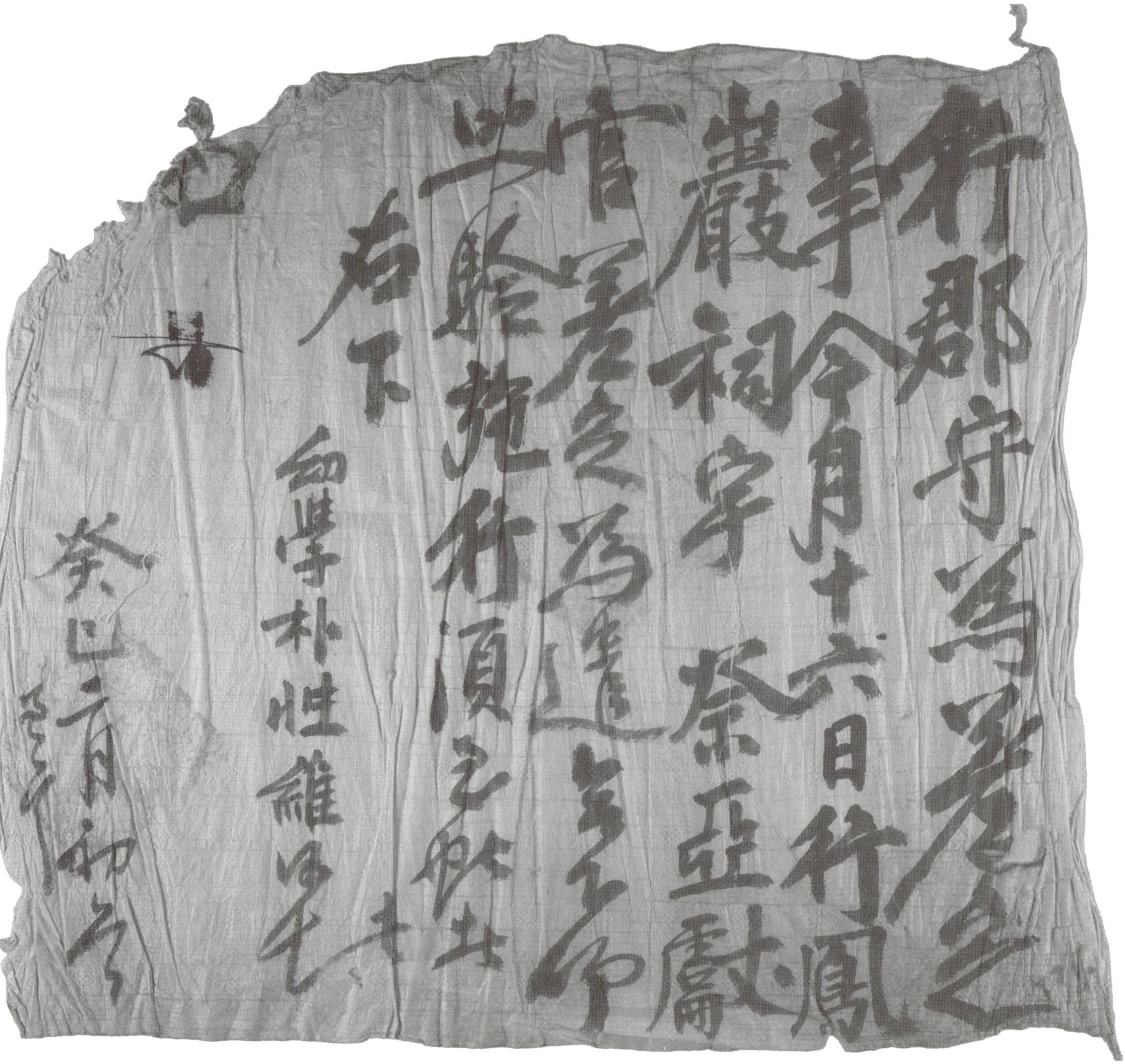

계사년에 郡守가 幼學 朴性維를 鳳巖祠宇祭 亞獻官에 差定하는 문서

差帖 3

1842년(헌종 8), 46×36

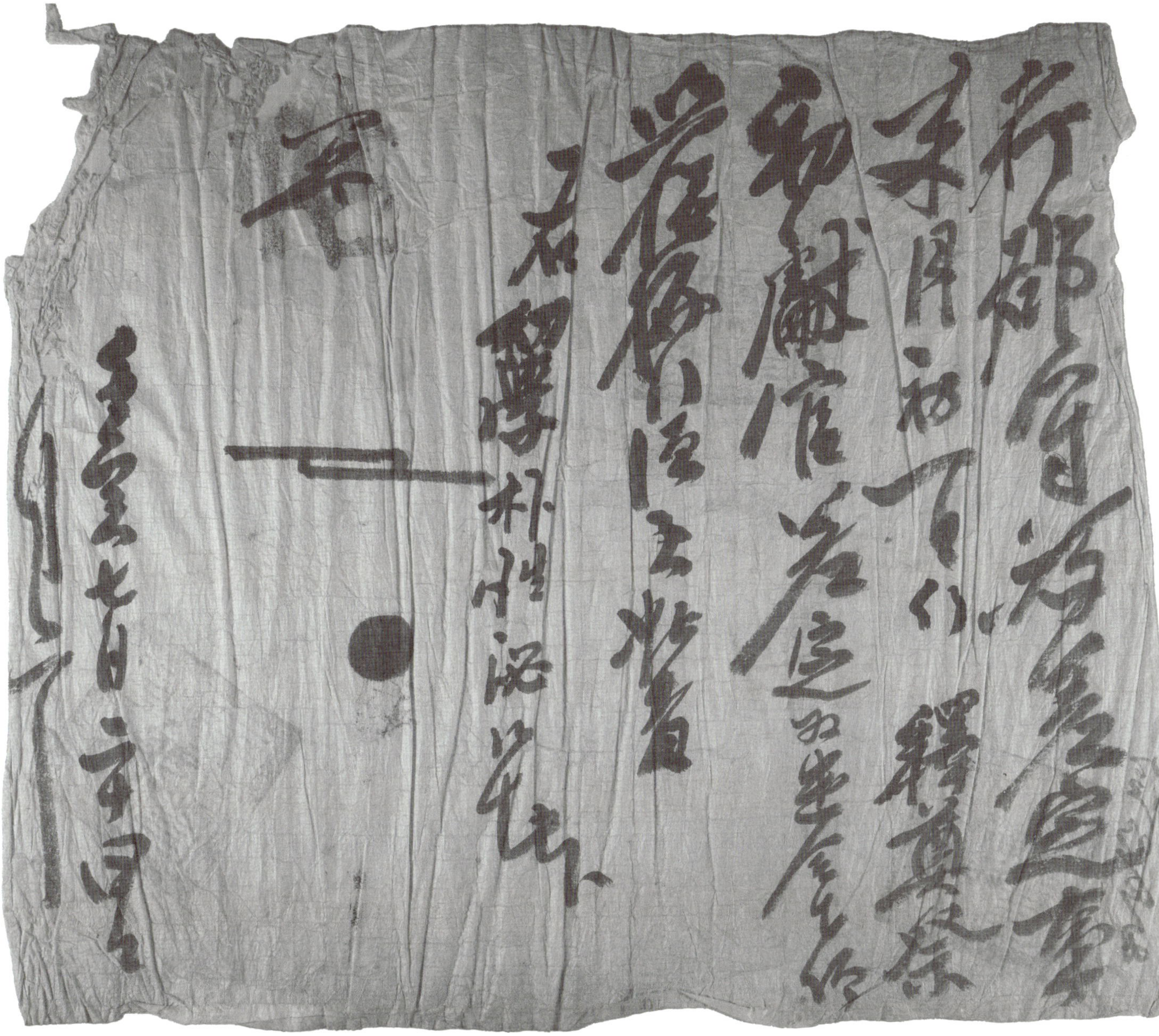

임인년에 郡守가 幼學 朴性泌을 釋奠祭 初獻官에 差定하는 문서

差帖 4

1851년(철종 2), 46×36

신해년에 郡守가 幼學 朴廷瑞를 社稷大祭 執禮에 差定하는 문서

2

疏·箚·啓·狀類

上書 1

1903년(고종 40), 53×95

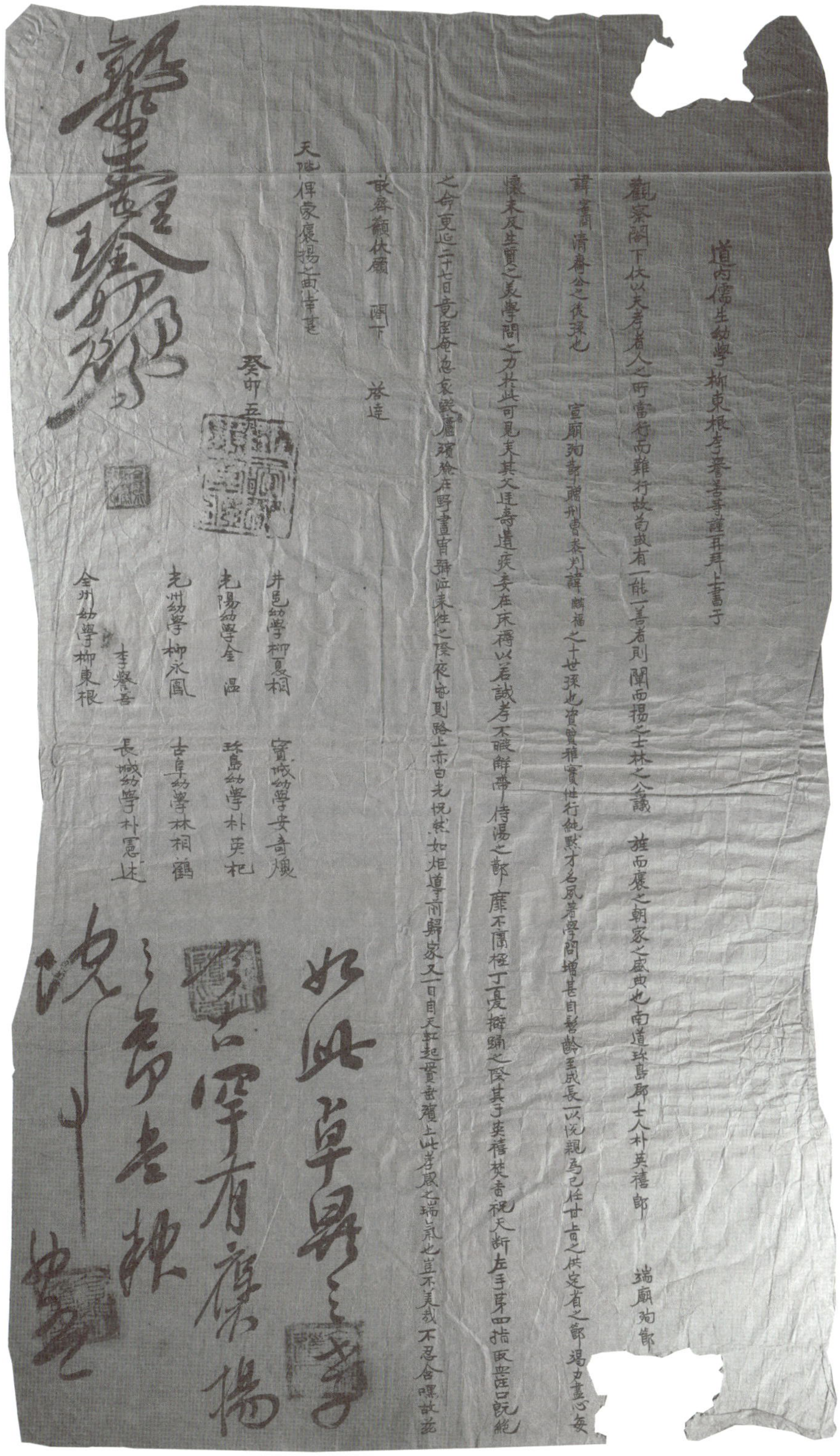

계묘년에 道內 儒生 幼學 柳東根 등이 觀察使署理全州郡守에게 올린 上書

3

牒·關·通報類

望記 1

1795년(정조 19), 41×32

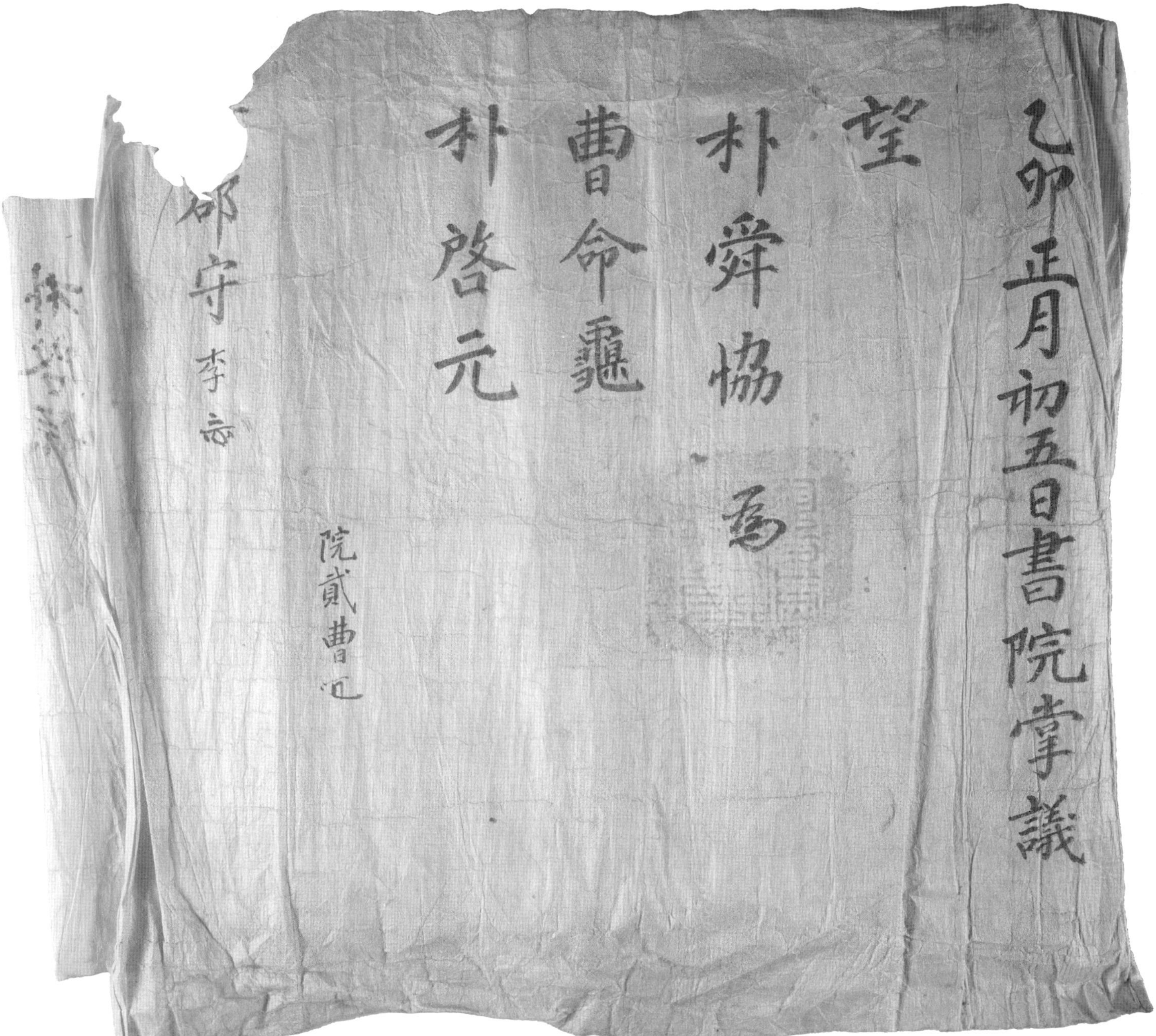

을묘년 1월 5일에 朴舜協을 書院掌議로 정하는 문서

望記 2

1815년(순조 15), 41×32

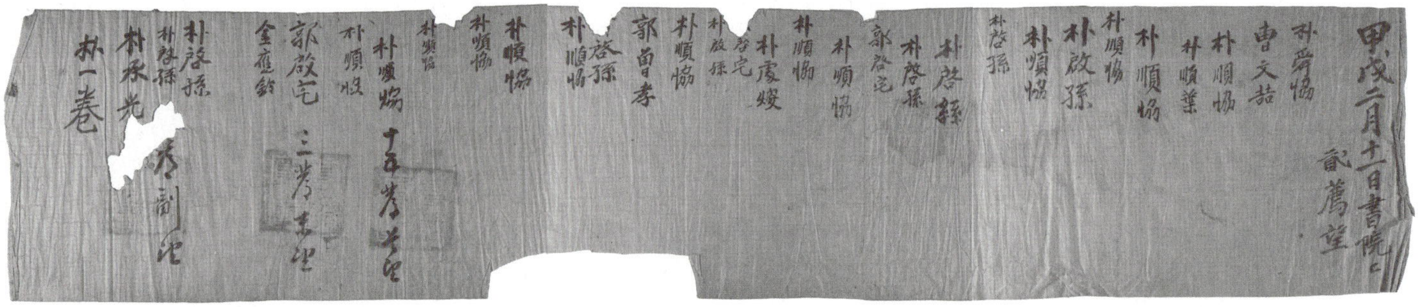

갑술년 2월 11일에 朴順協을 書院院貳로 정하는 薦望文記

望記 3

1815년(순조 15), 41×32

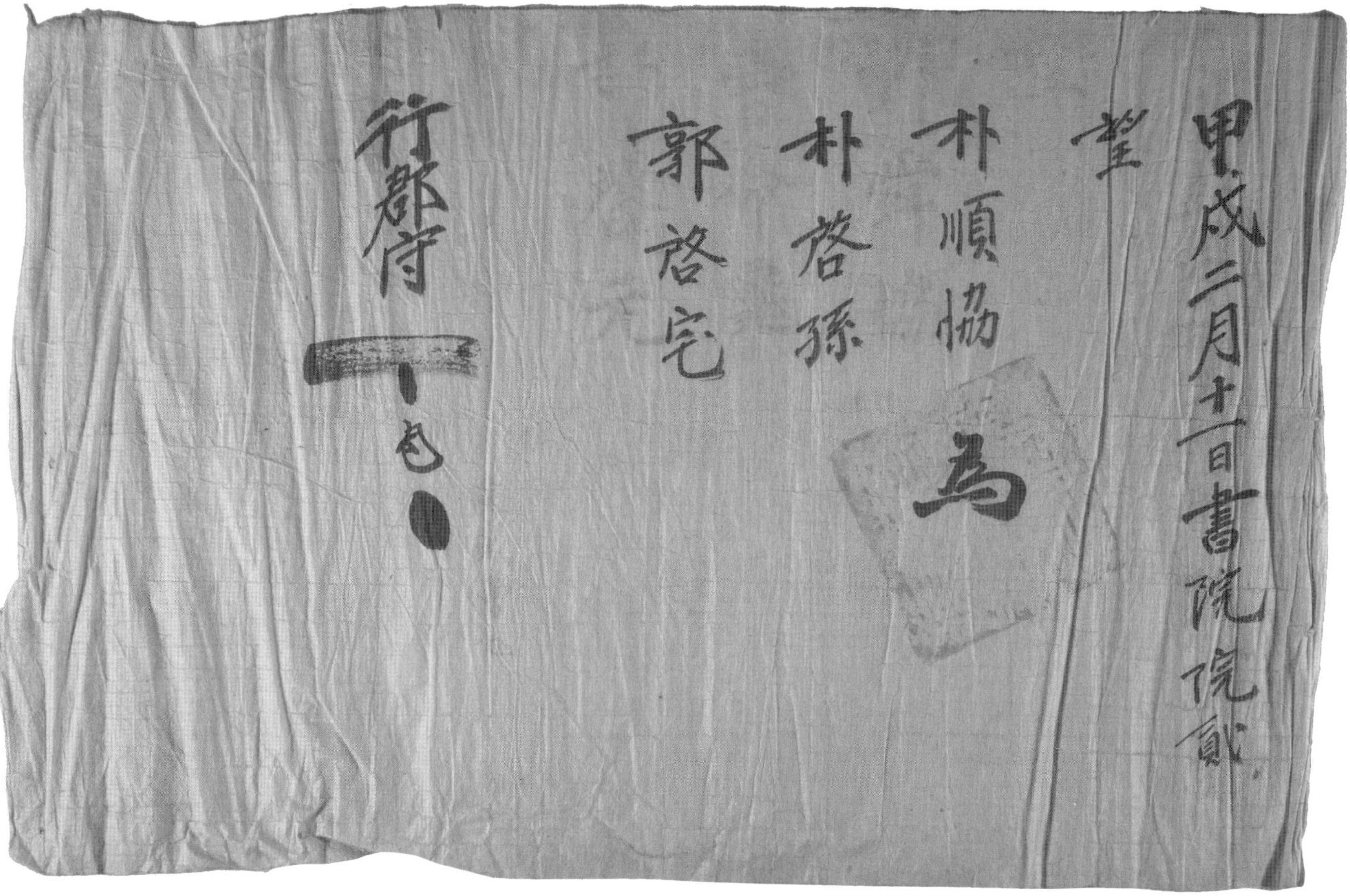

甲戌二月十一日書院院貳

望

朴順協

朴啓孫

郭啓宅

爲

行郡守

갑술년 2월 11일에 朴順協을 書院院貳로 정하는 문서

望記 4

1812년(순조 12), 43×37

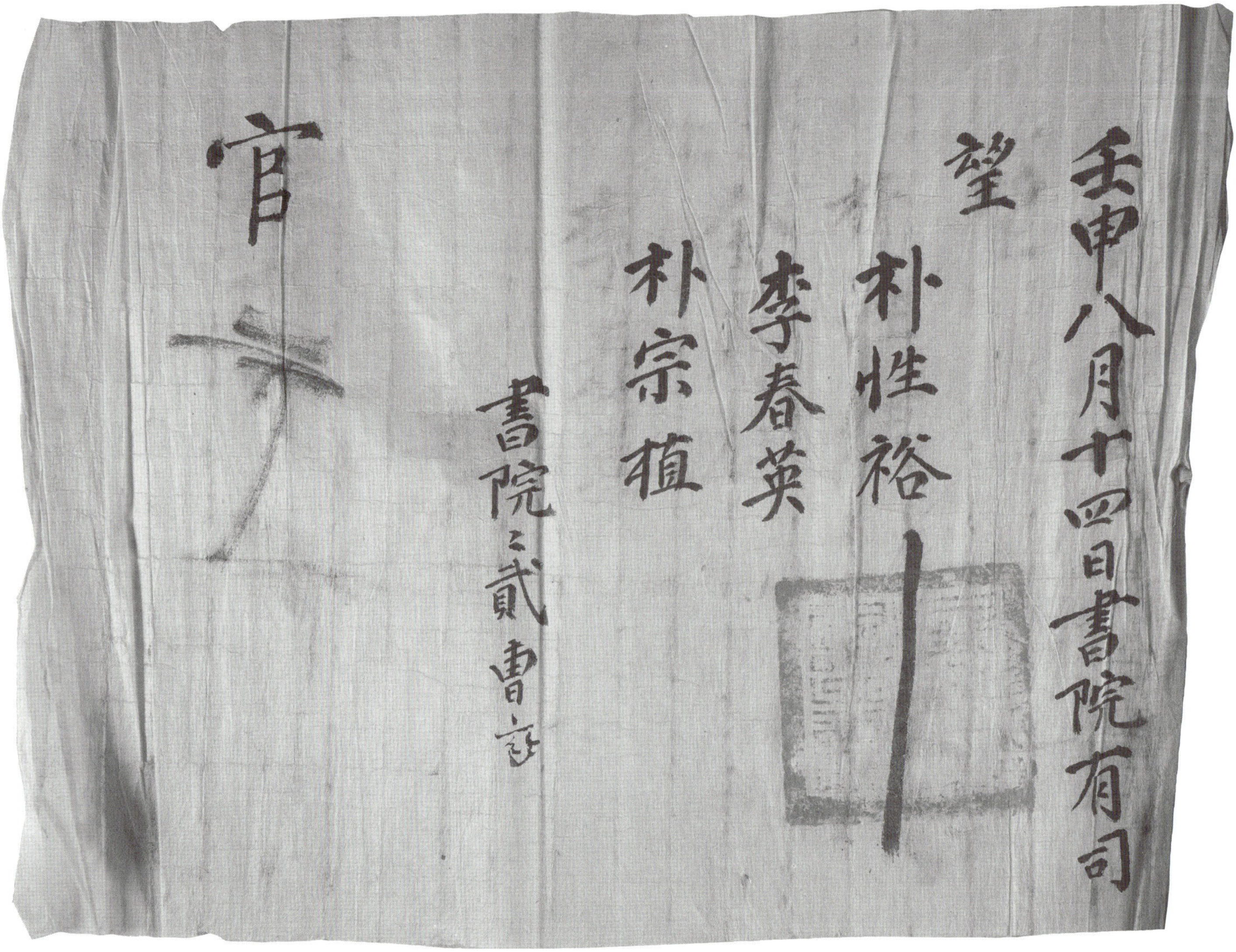

임신년 8월 14일에 朴性裕를 書院 有司로 정하는 문서

望記 5

1812년(순조 12), 43×37

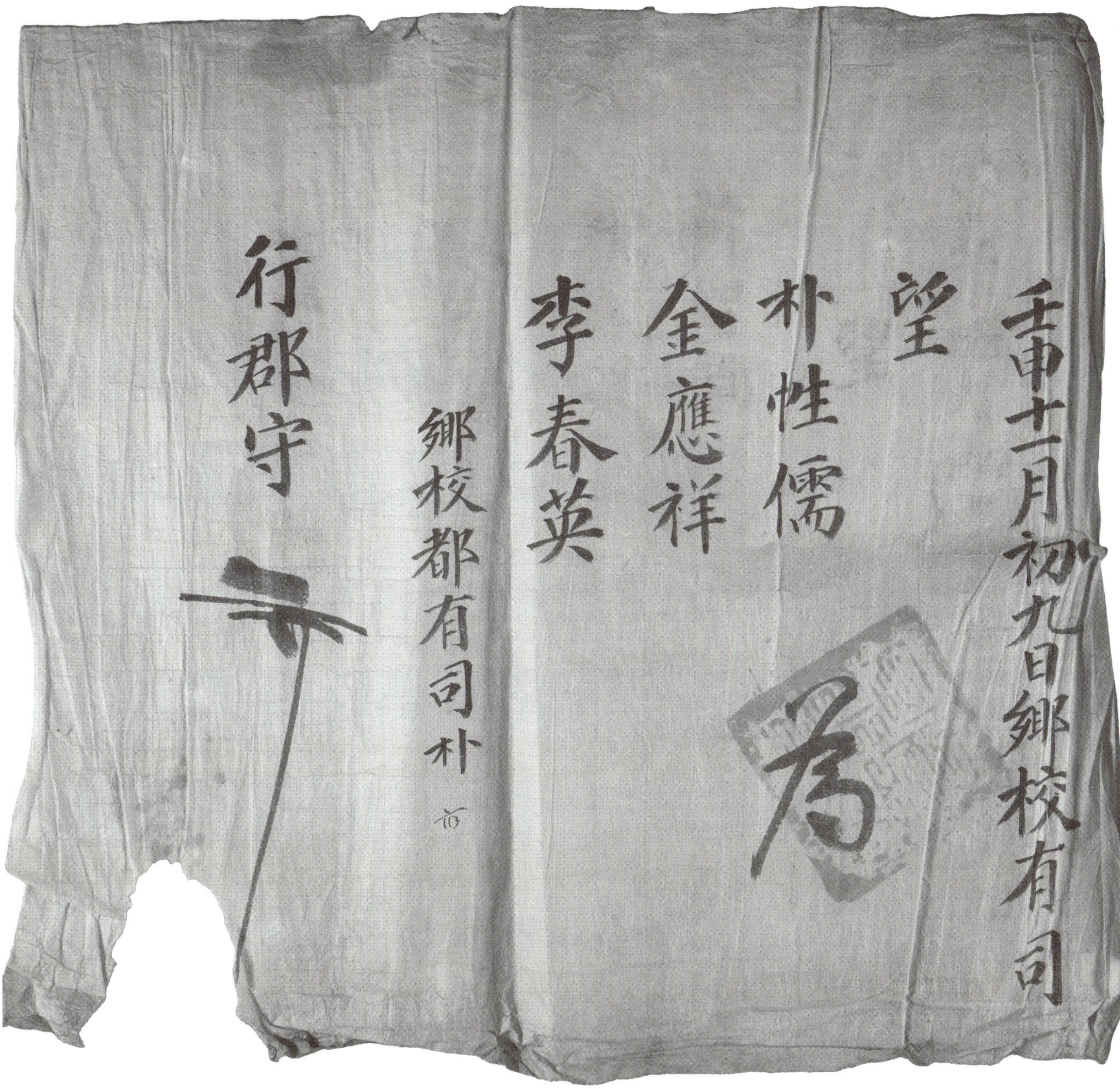

임신년 11월 9일에 朴性儒를 鄕校 有司로 정하는 문서

望記 6

1830년(순조 30), 43×37

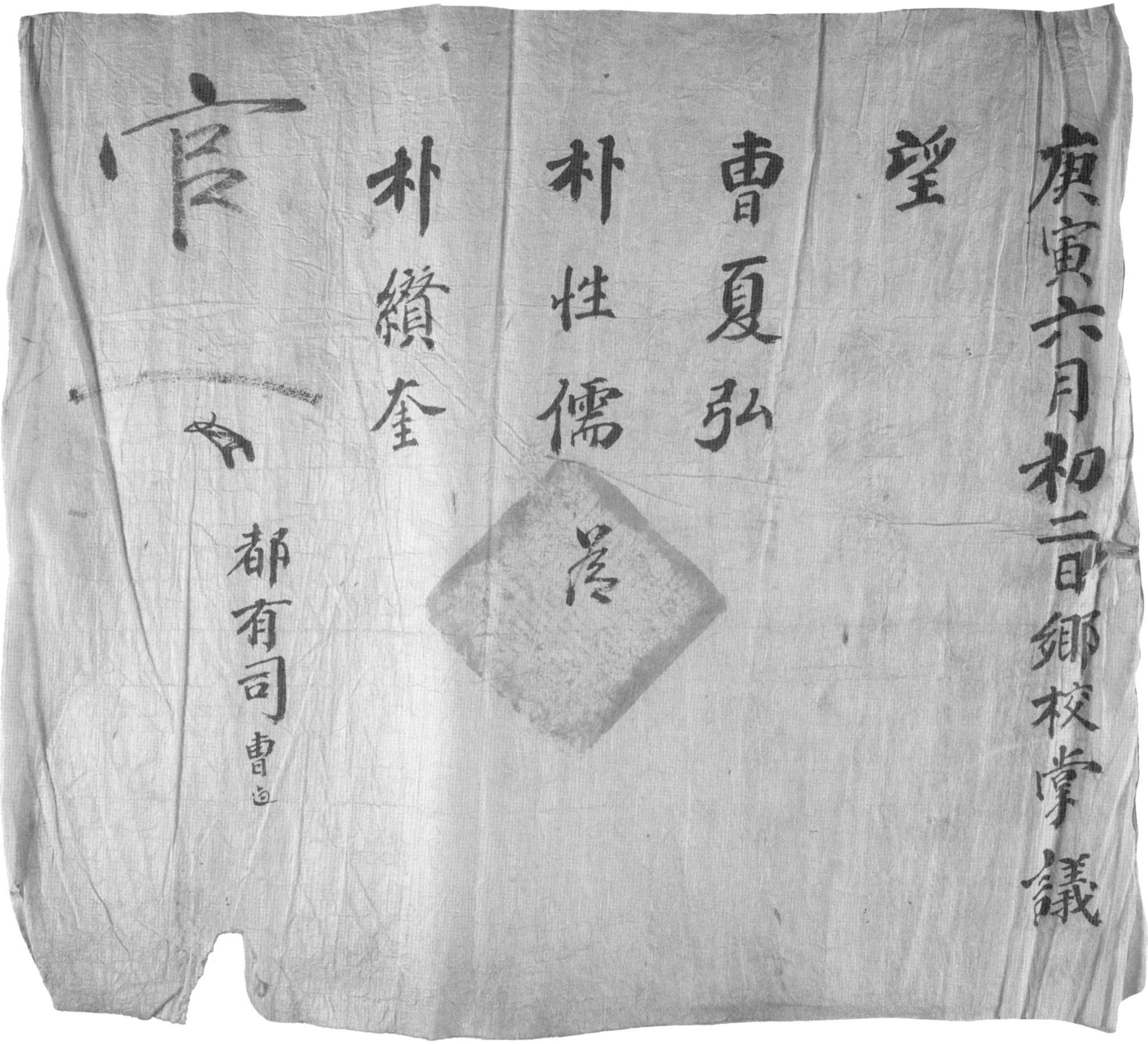

경인년 6월 2일에 朴性儒를 鄕校 掌議로 정하는 문서

望記 7

1834년(순조 34), 43×37

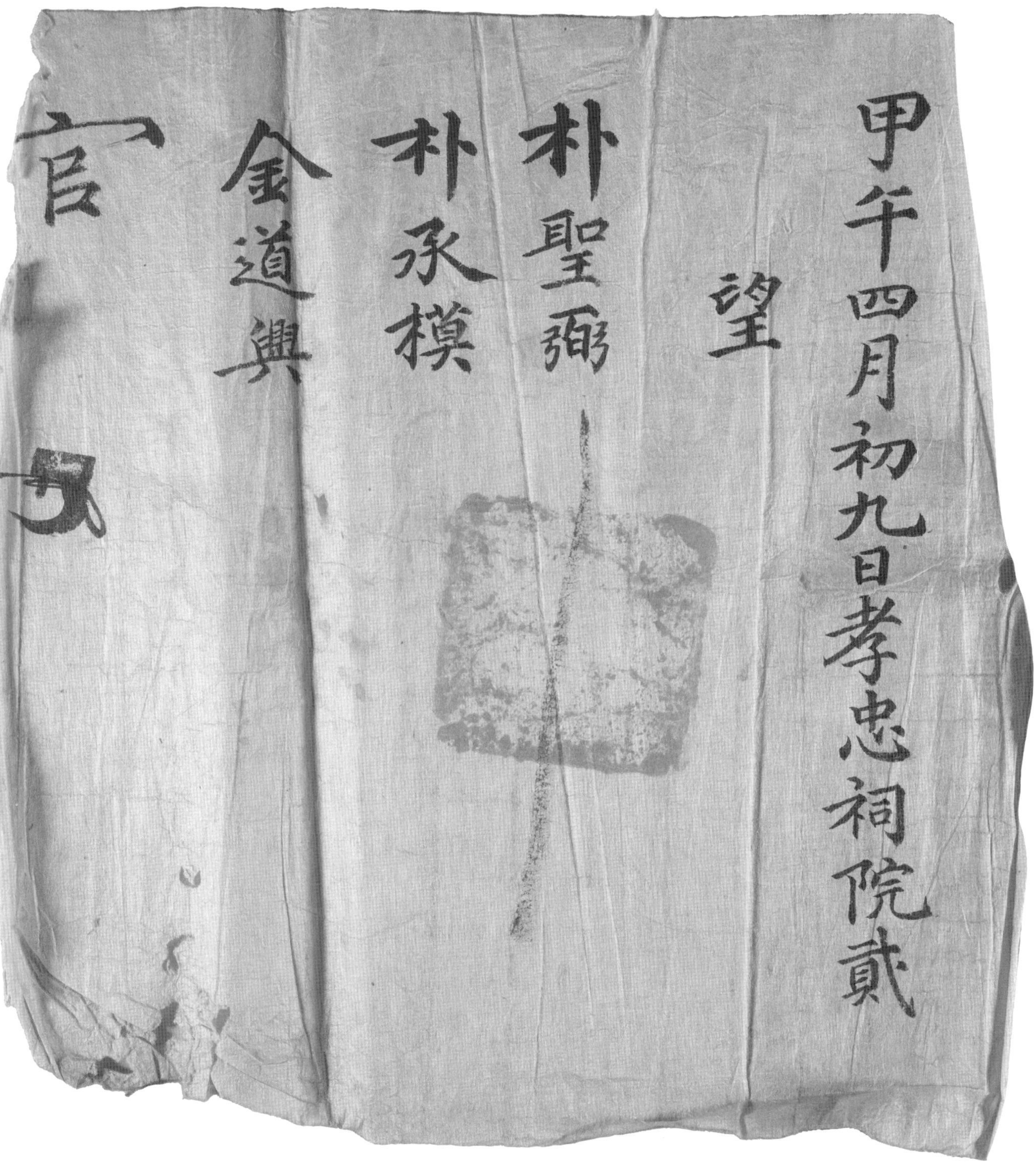

갑오년 4월 9일에 朴聖弼을 孝忠祠 院貳로 정하는 문서

望記 8

1844년(헌종 10), 13×24

갑진년 9월 25일에 朴性泌를 義新面 訓長으로 정하는 문서

望記 9

1852년(철종 3), 43×37

임자년 4월 17일에 朴廷瑞를 鄕校 有司로 정하는 문서

望記 10

1938년, 39×27

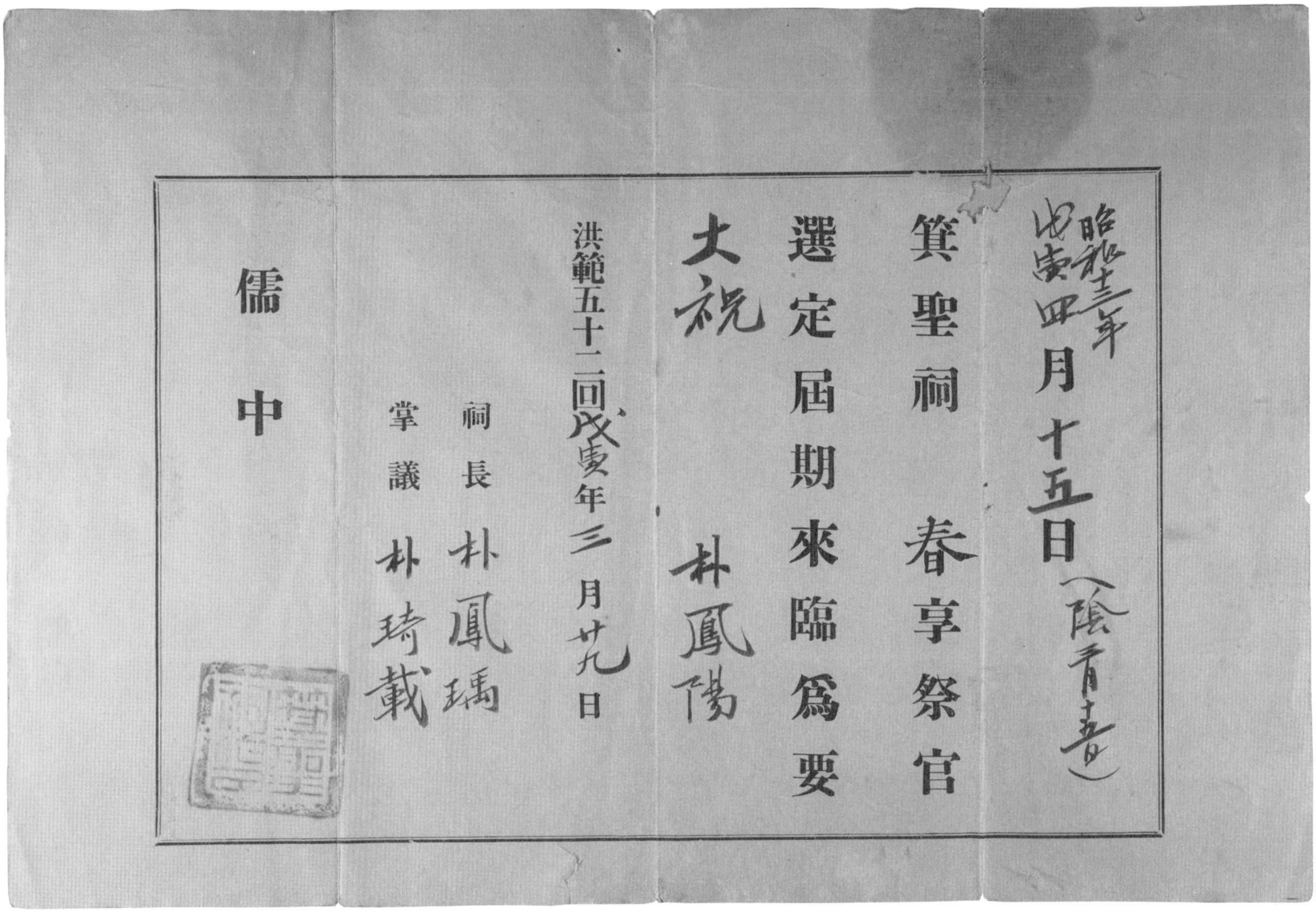

昭和十三年 戊寅 四月 十五日 (陰 三月 十五日)

箕聖祠 春享祭官

選定屆期來臨爲要

大祝 朴鳳陽

洪範五十二回戊寅年三月廿九日

祠長 朴鳳瑀

掌議 朴琦載

儒中

1938년 4월 15일(음력 3월 15일)에 朴鳳陽을 箕聖祠 春享祭官으로 선정하는 문서

稟目 1

1869년(고종 6), 53×95

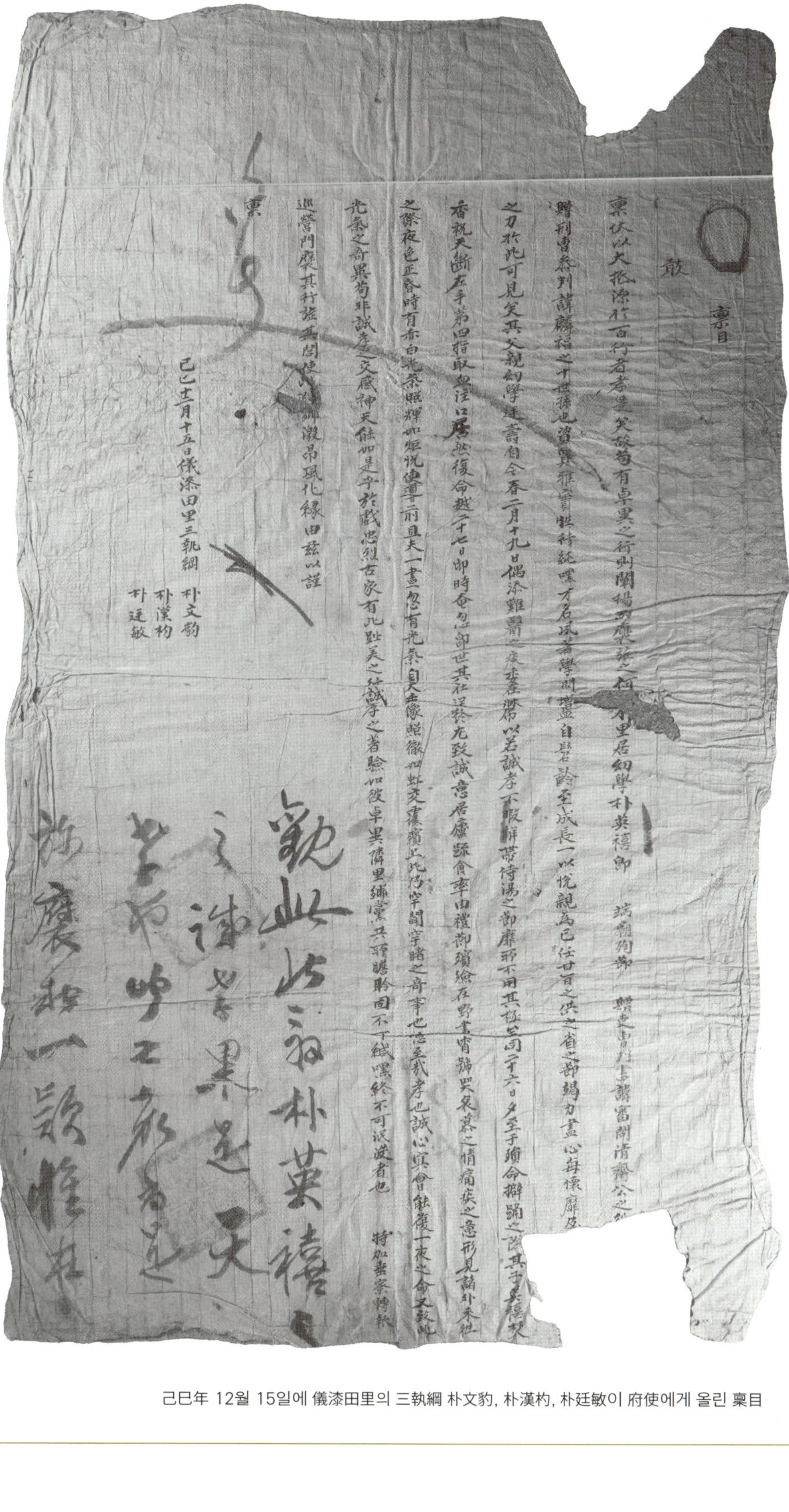

己巳年 12월 15일에 儀漆田里의 三執綱 朴文豹, 朴漢杓, 朴廷敏이 府使에게 올린 稟目

4

證憑類

戶口單子 1

1804년(순조 4), 59×36

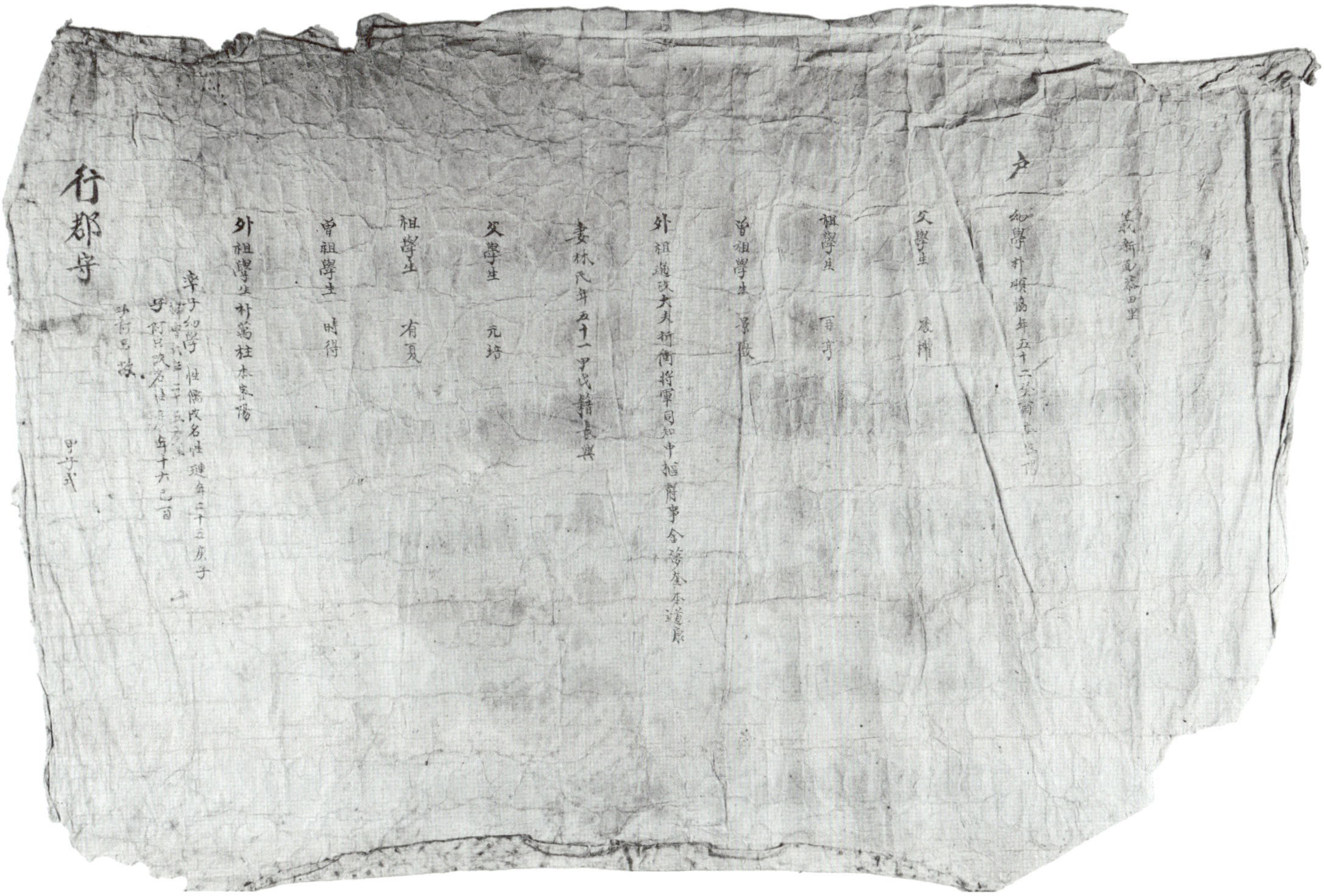

갑자년에 朴順協이 行郡守에게 올린 戶口單子

戶口單子 2

1810년(순조 10), 59×36

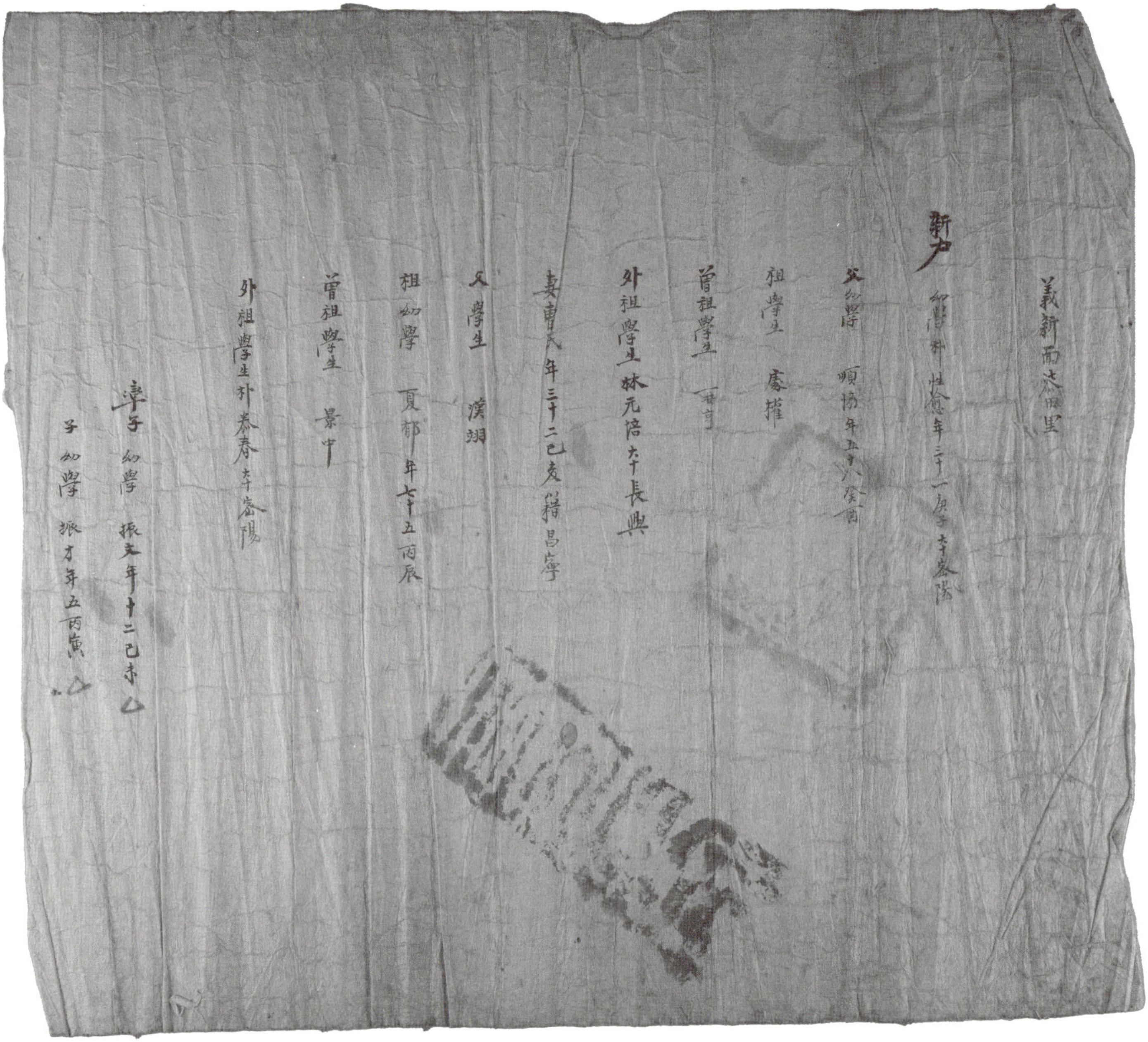

朴性愈가 行郡守에게 올린 戶口單子

戶口單子 3

1849년(헌종 15), 59×36

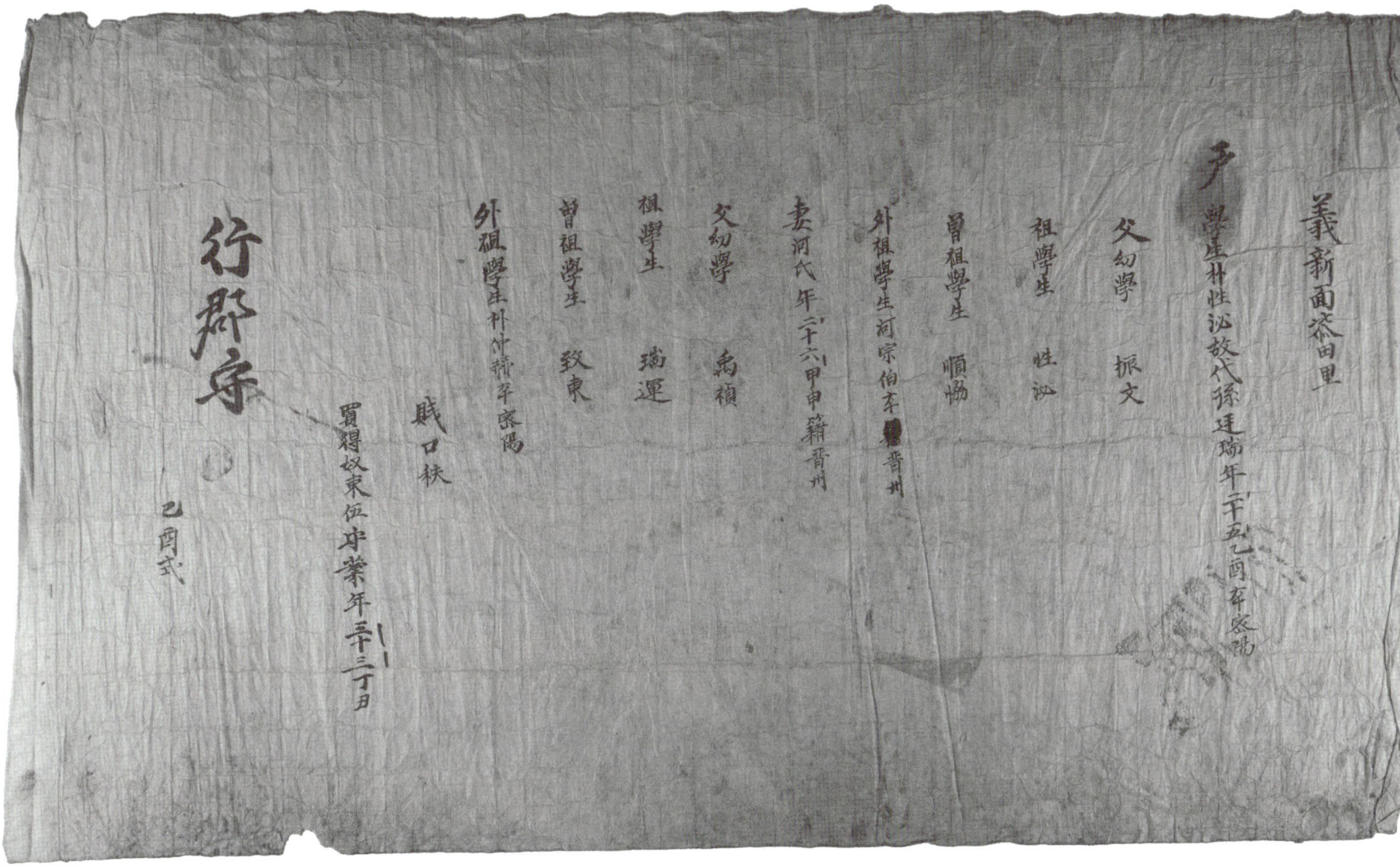

기유년에 朴廷瑞가 行郡守에게 올린 戶口單子

戶口單子 4

1855년(철종 6), 59×36

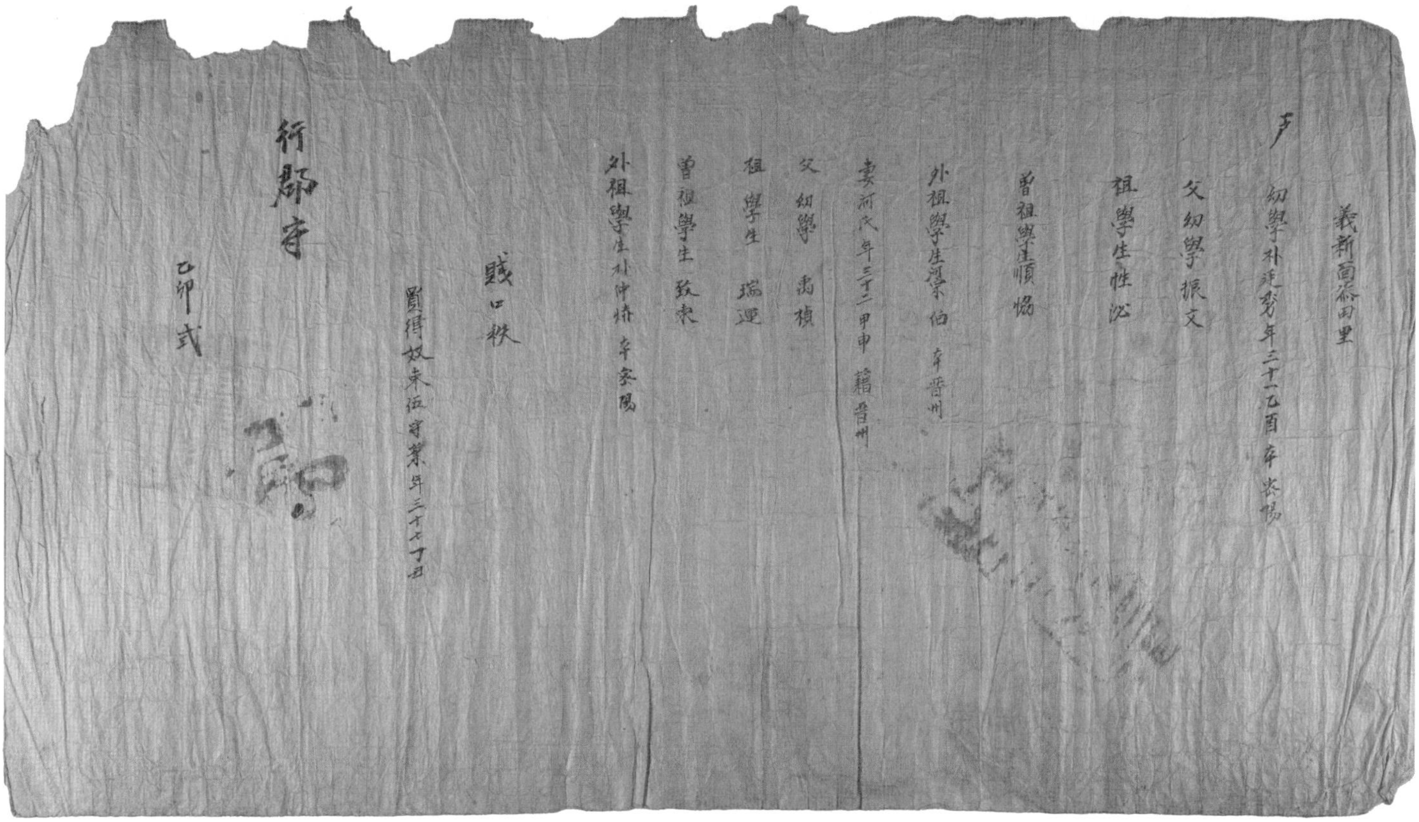

을묘년에 朴廷秀가 行郡守에게 올린 戶口單子

戶口單子 5

1861년(철종 12), 59×36

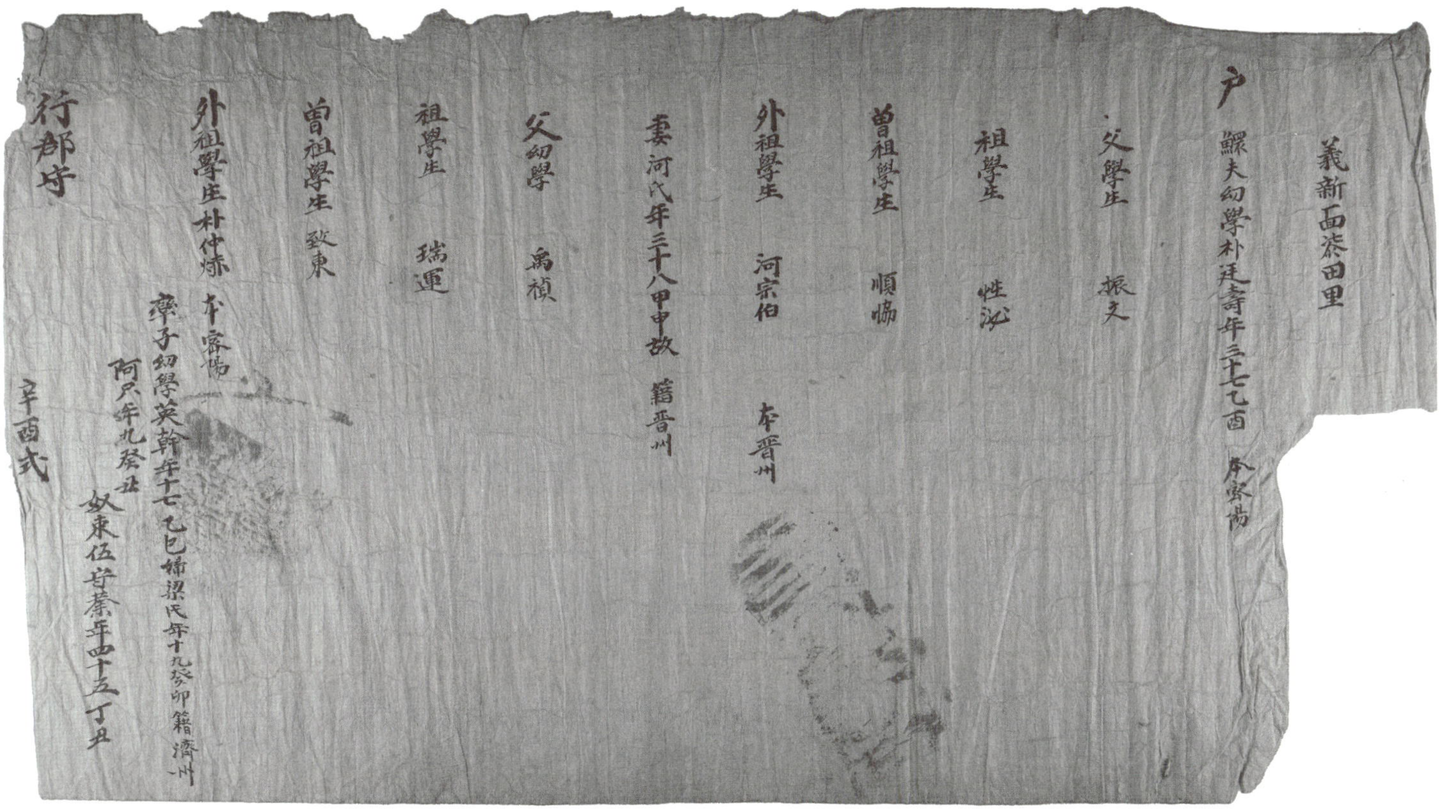

신유년에 朴廷壽가 行郡守에게 올린 戶口單子

戶口單子 6

1864년(고종 원년), 59×36

갑자년에 朴廷壽가 行郡守에게 올린 戶口單子

戶口單子 7

1873년(고종 10), 59×36

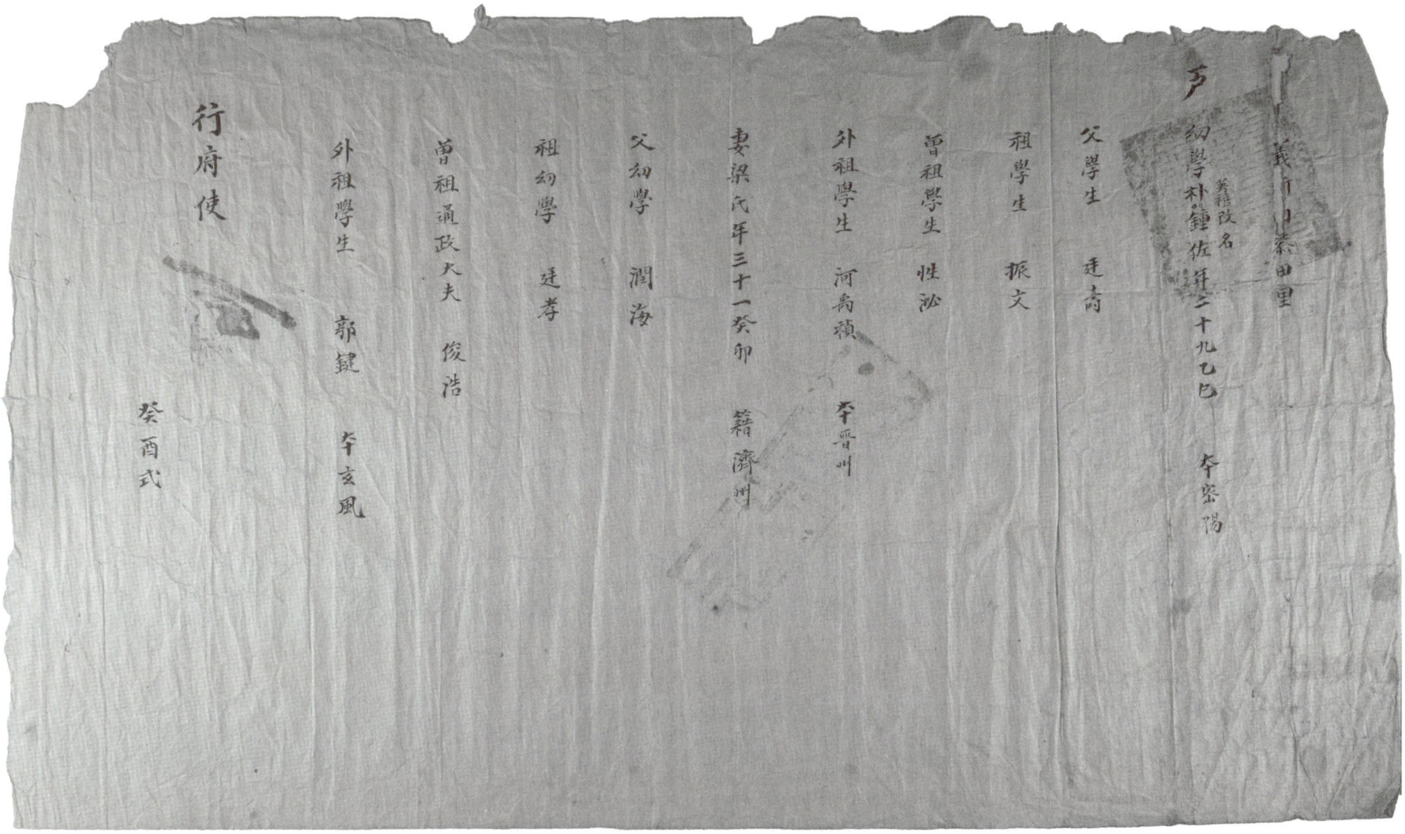

계유년에 朴鍾佐가 行府使에게 올린 戶口單子

戶口單子 8

1885년(고종 22), 59×36

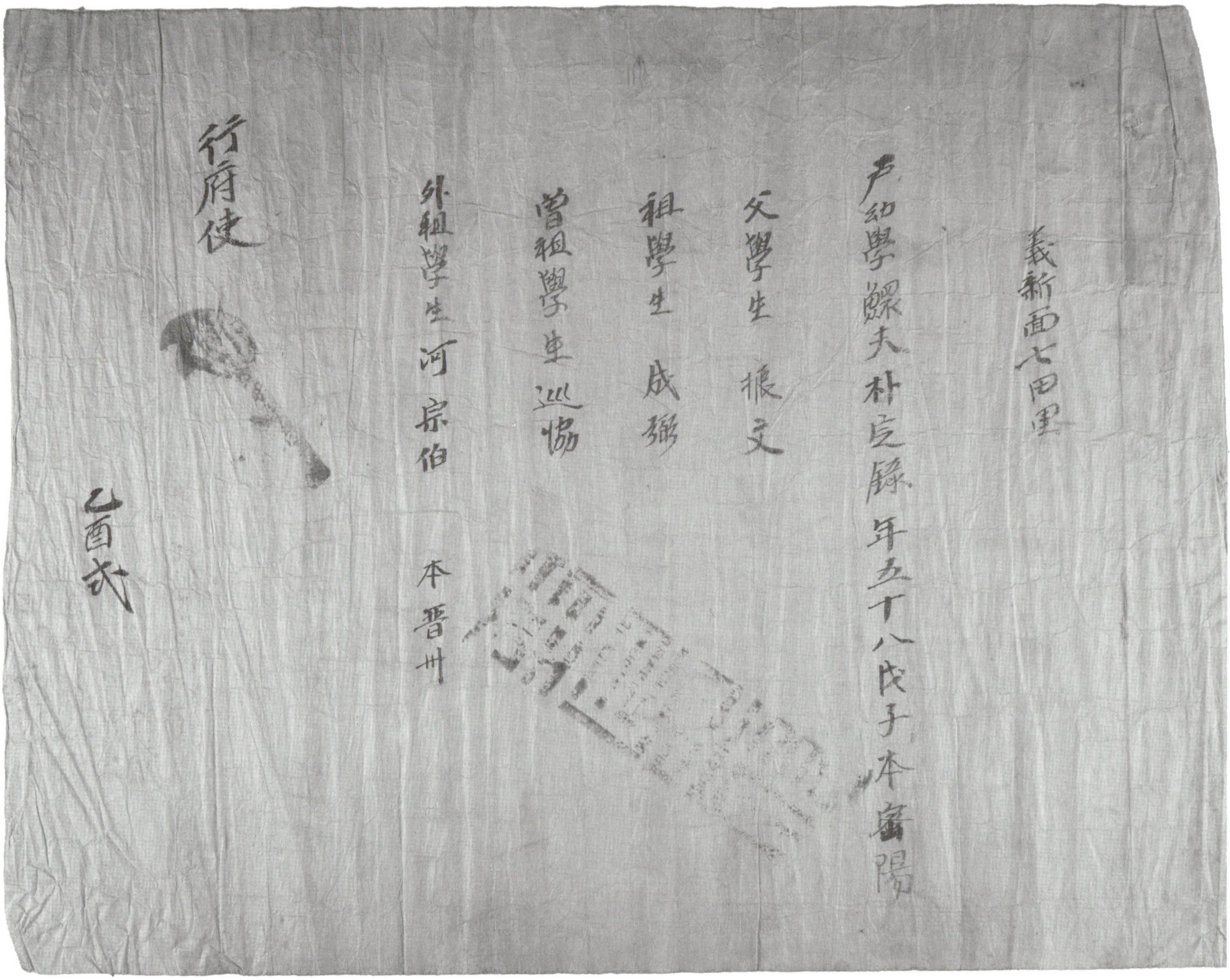

을유년에 朴定錄이 行府使에게 올린 戶口單子

5

明文·文記類

明文 1

1799년(정조 23), 46×39

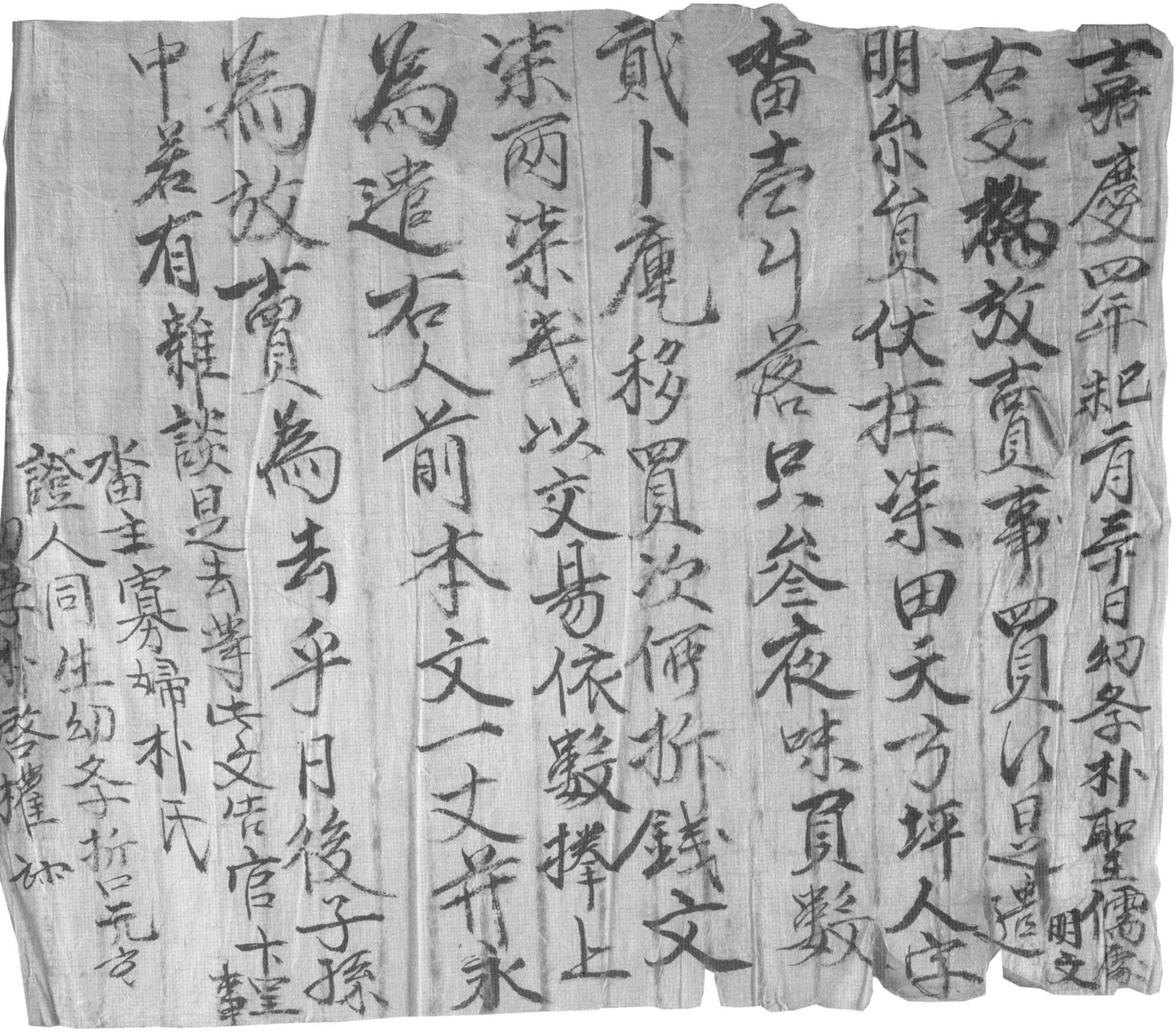

1799년 2월 30일에 寡婦 朴氏가 幼學 朴聖儒에게 논을 팔면서 발급한 明文

明文 2

1801년(순조 원년), 46×39

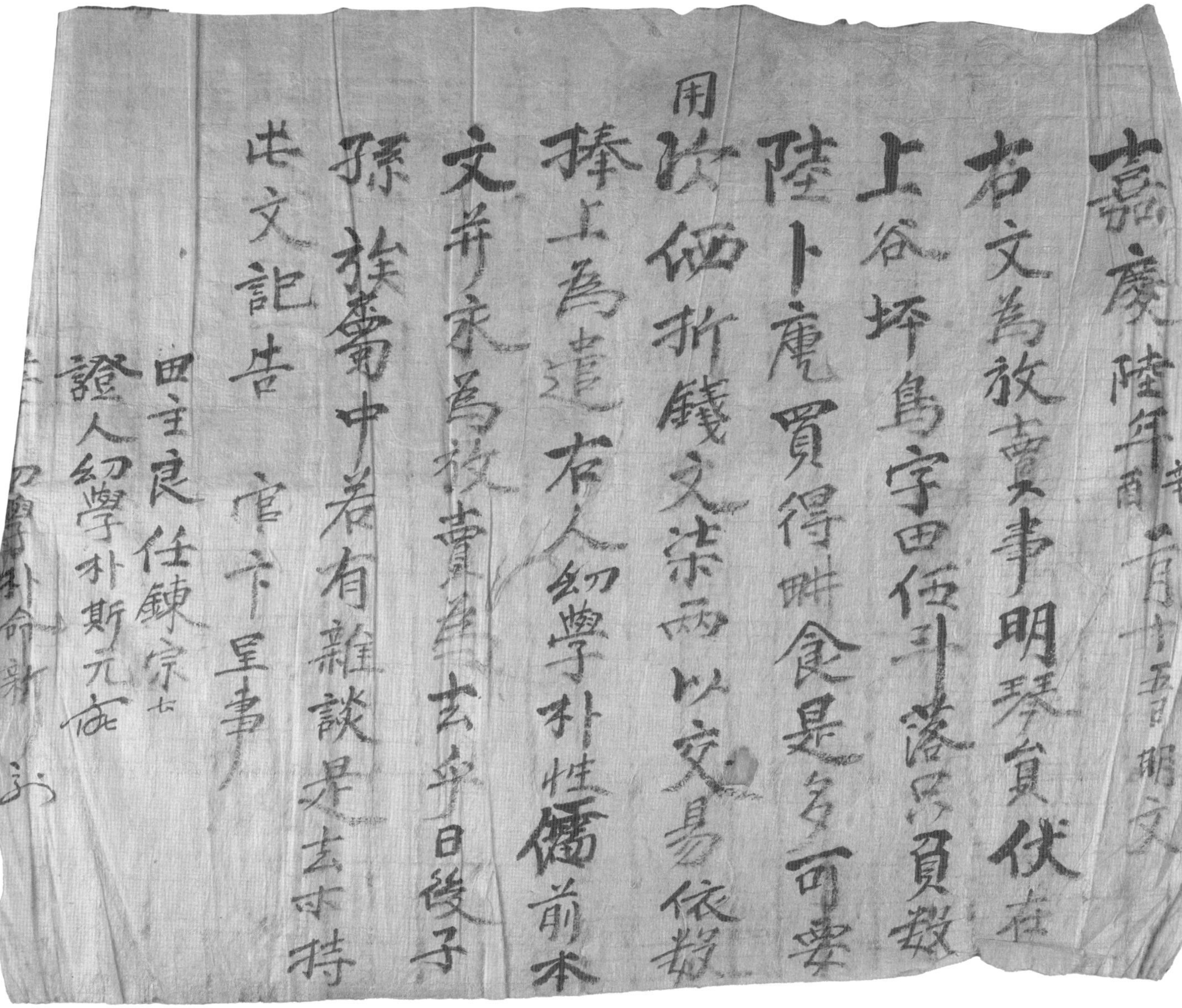

1801년 2월 15일에 任鍊宗이 幼學 朴性儒에게 밭을 팔면서 발급한 明文

明文 3

1806년(순조 6), 46×39

1806년 4월 6일에 十寸大夫 朴斯信이 幼學 朴性儒에게 논을 팔면서 발급한 明文

明文 4

1810년(순조 10), 46×39

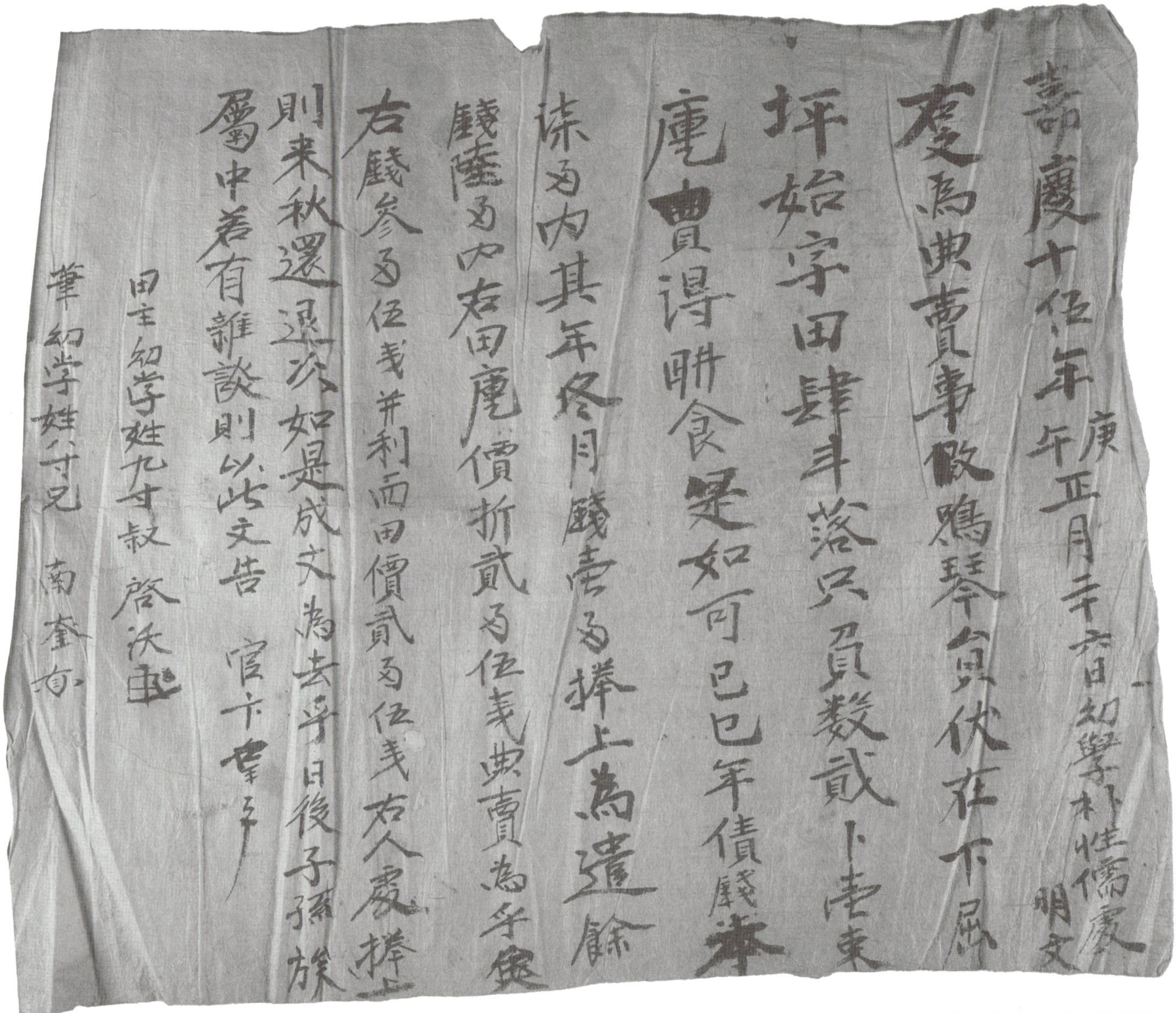

1810년 1월 26일에 九寸叔 朴啓沃이 幼學 朴性儒에게 밭을 典賣하면서 발급한 明文

明文 5

1821년(순조 21), 46×39

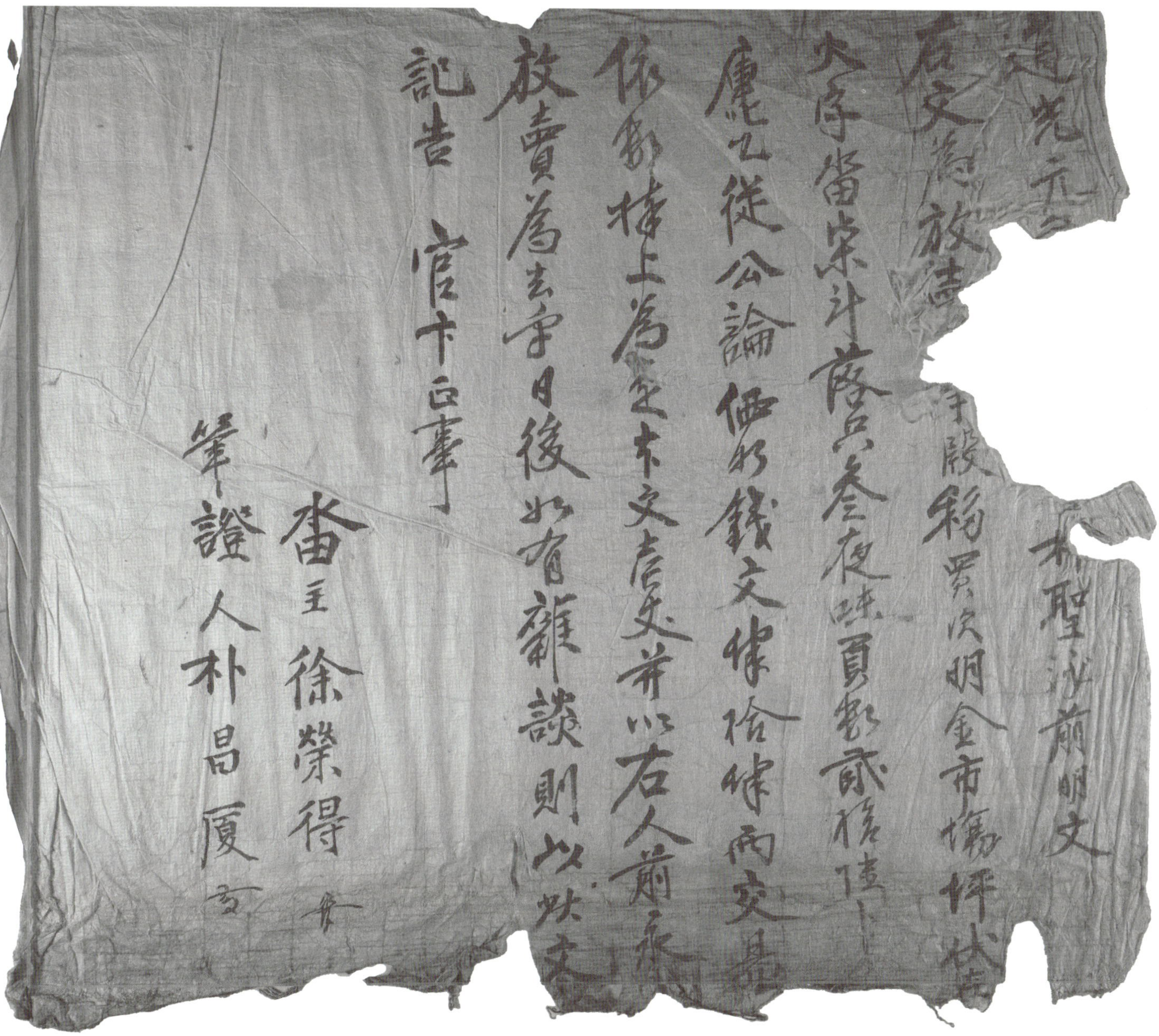

1821년에 徐榮得이 朴聖泌에게 논을 팔면서 발급한 明文

明文 6

1829년(순조 29), 46×39

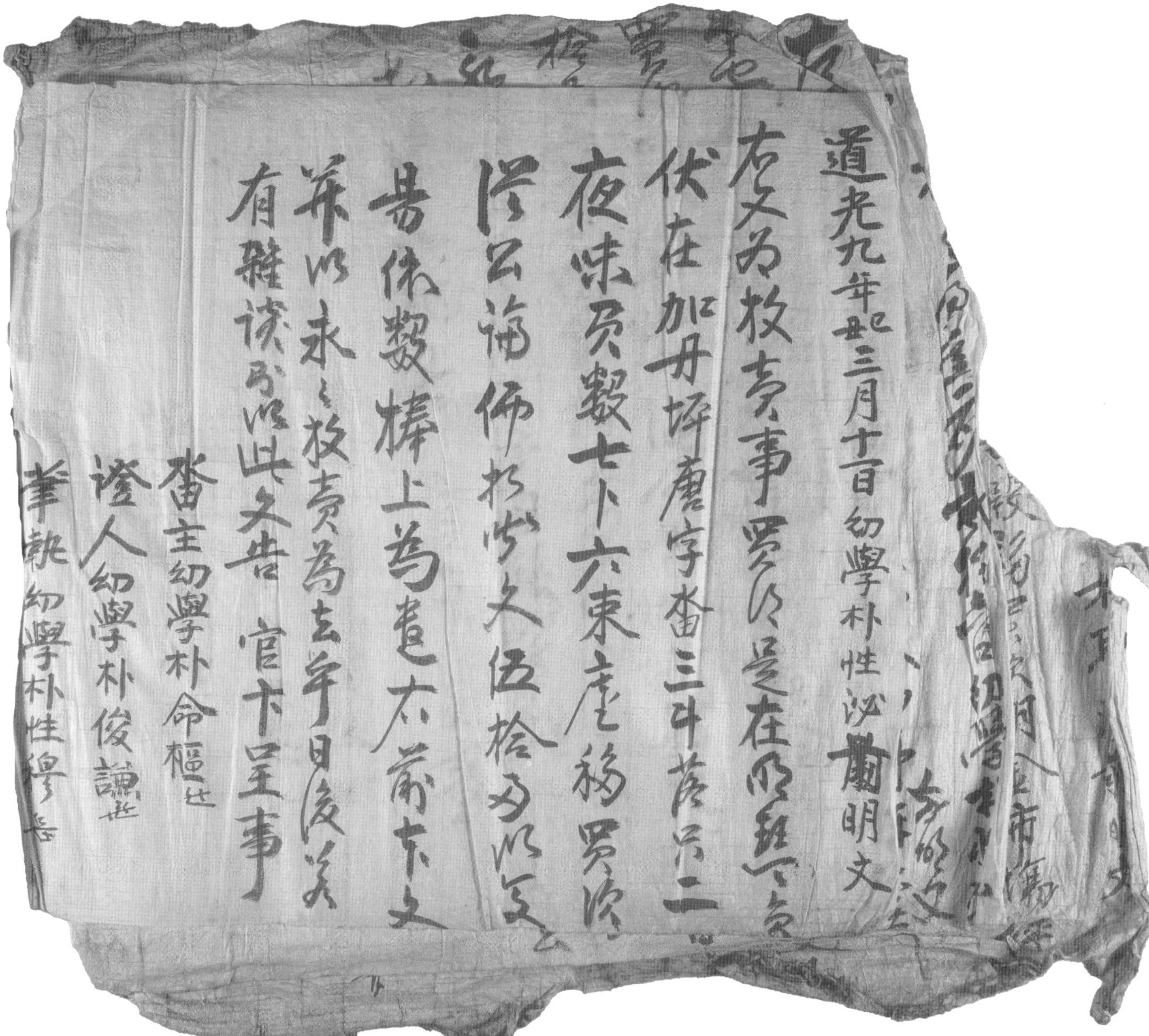

1829년에 朴命樞가 朴聖泌에게 논을 팔면서 발급한 明文

明文 7

1829년(순조 29), 46×39

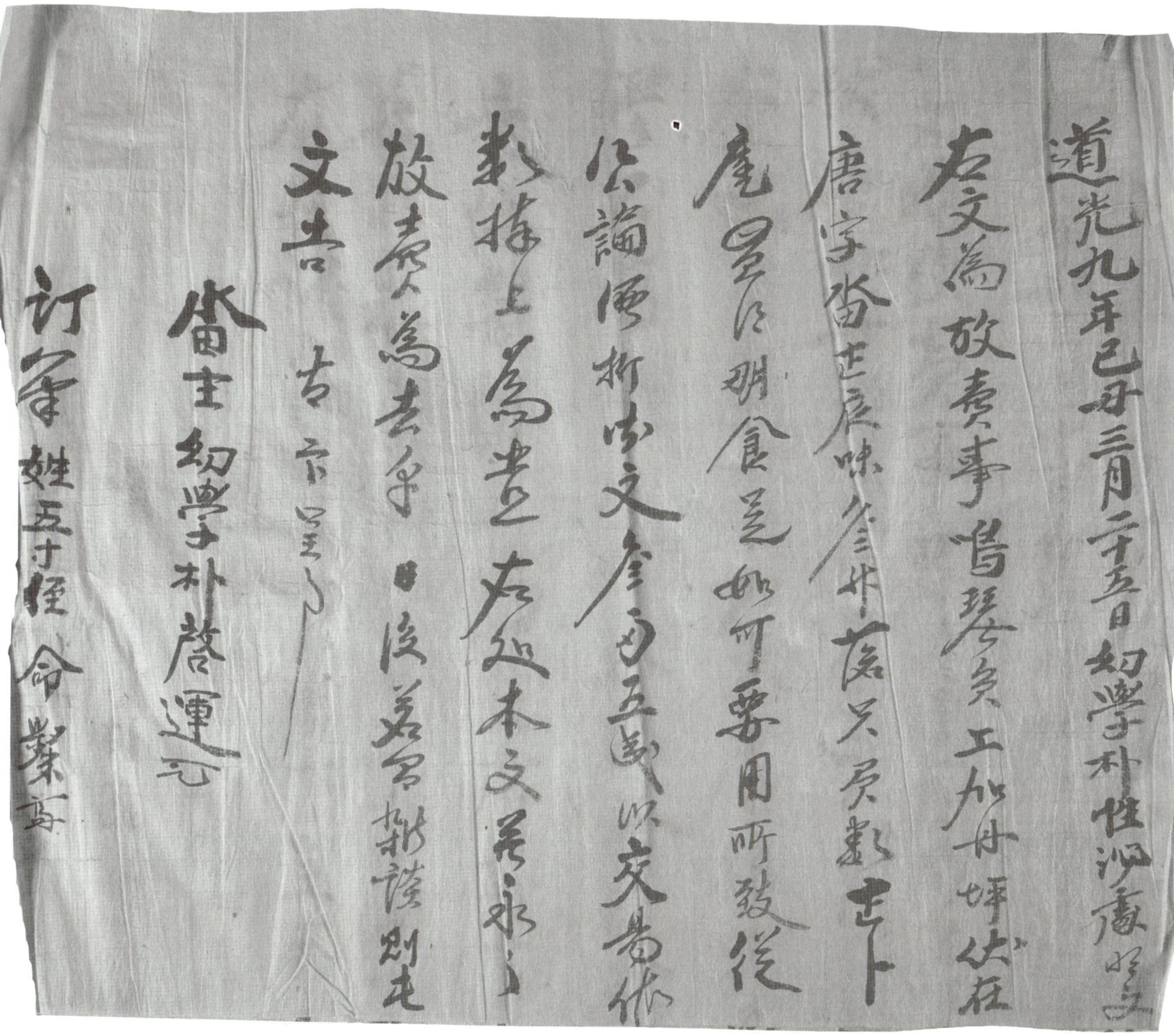

1829년 3월 25일에 幼學 朴啓運이 幼學 朴性泌에게 논을 팔면서 발급한 明文

明文 8

1830년(순조 30), 46×39

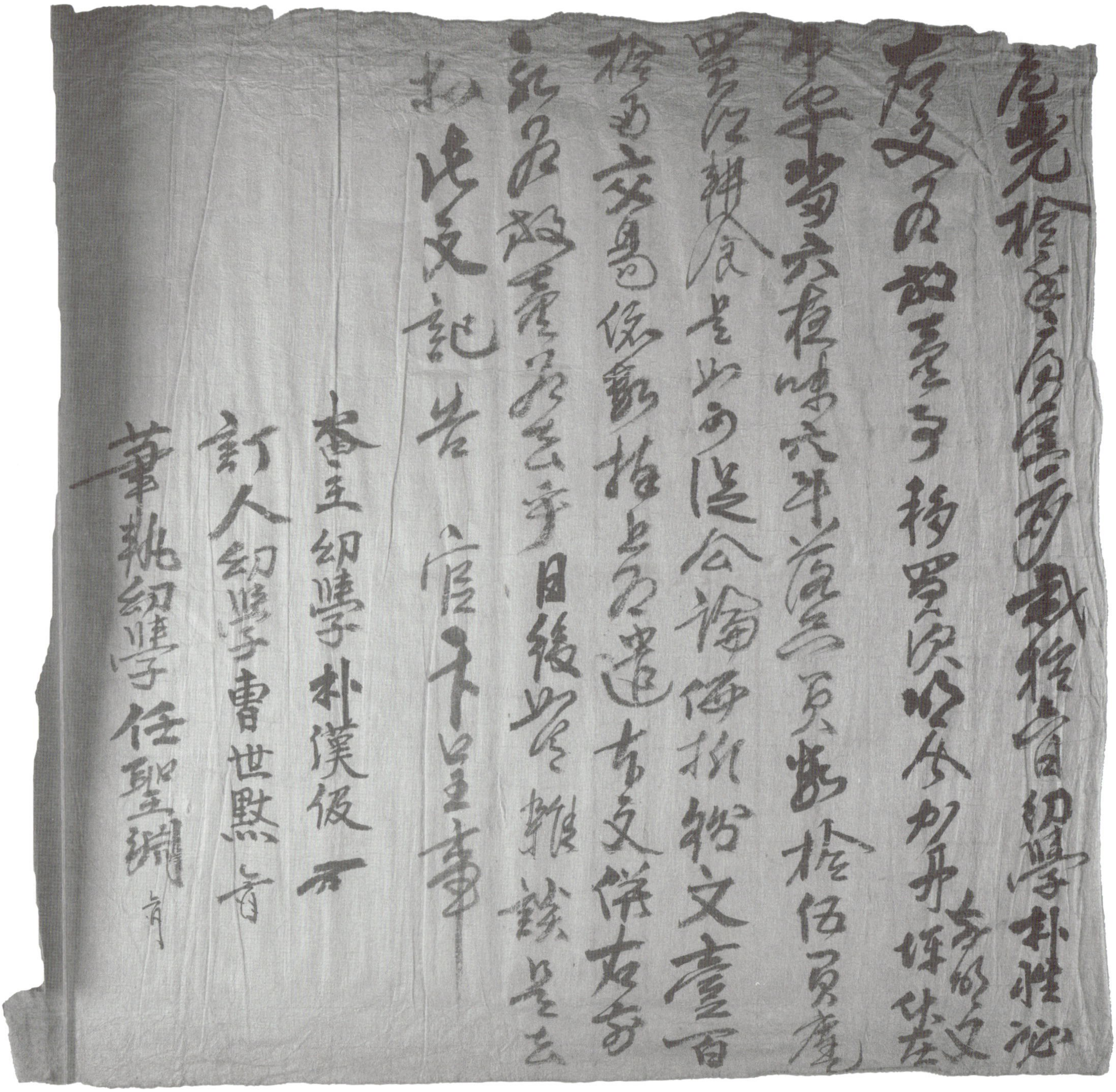

1830년 2월 26일에 幼學 朴漢伋이 幼學 朴性泌에게 논을 팔면서 발급한 明文

明文 9

1834년(순조 34), 46×39

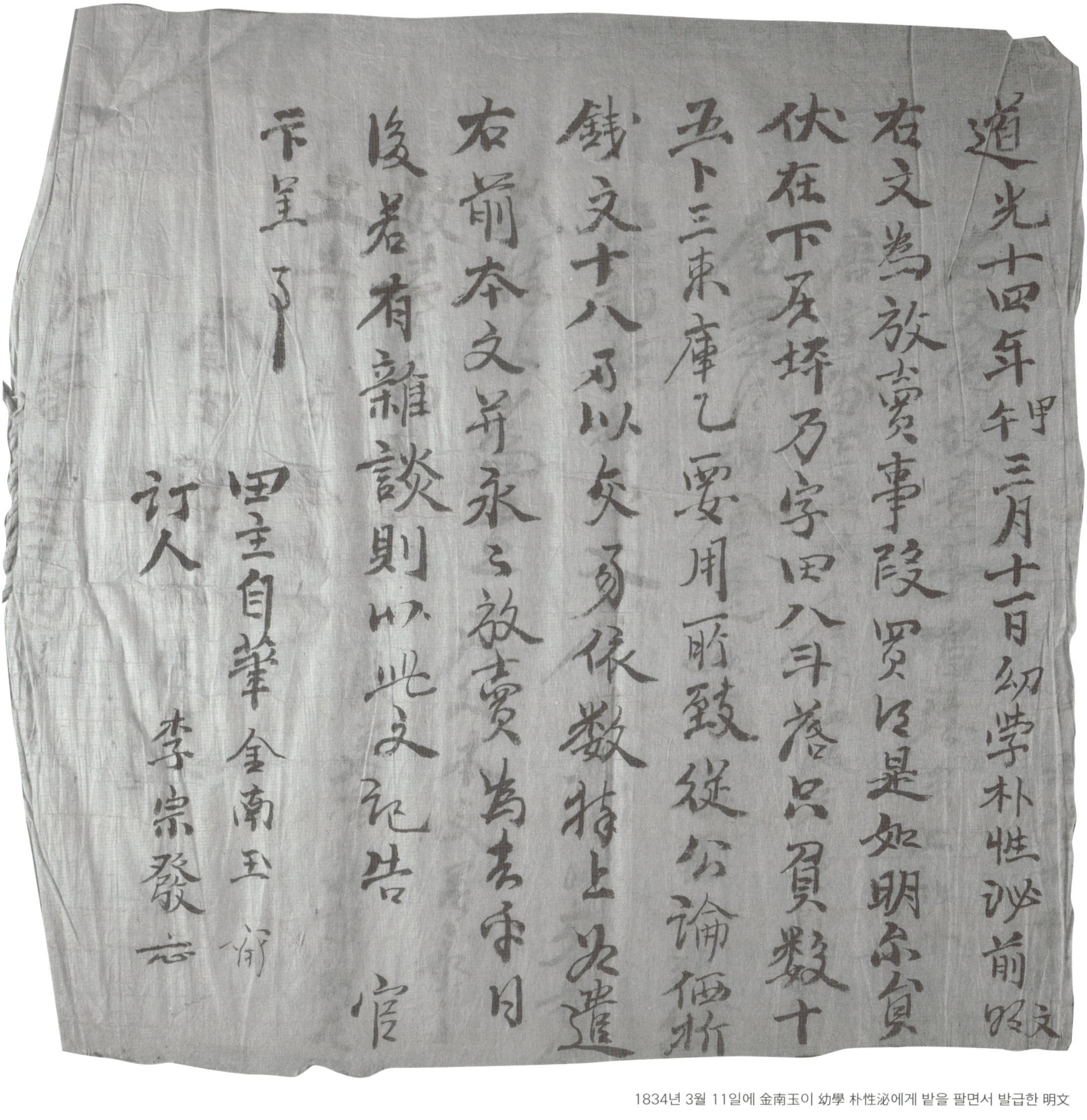

1834년 3월 11일에 金南玉이 幼學 朴性泌에게 밭을 팔면서 발급한 明文

6

書簡·通告類

通文 1

1870년(고종 7), 53×95

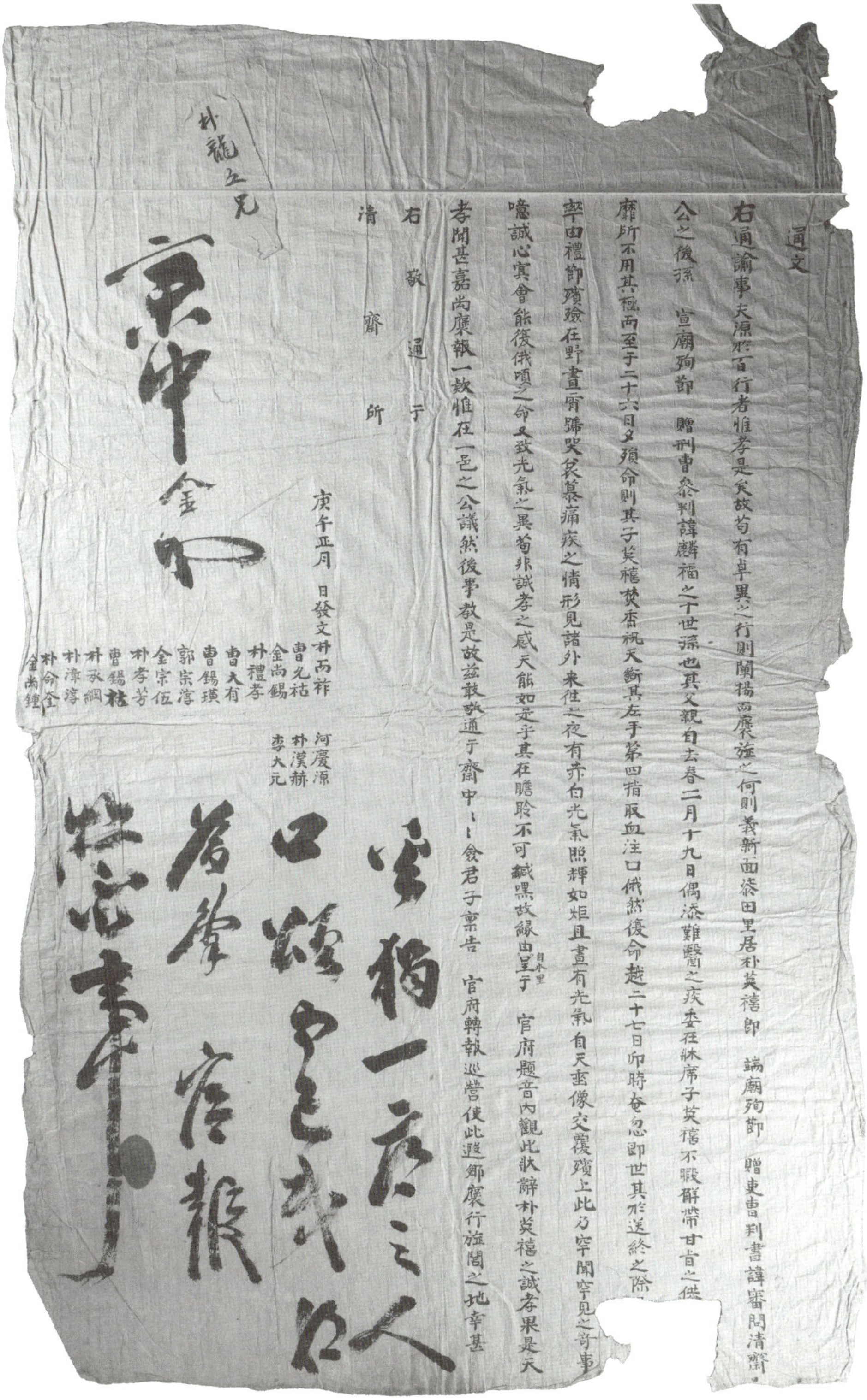

通文

右通諭事 夫源於百行者惟孝是天故苟有卓異之行則闡揚而褒旌之何則義新面漆田里居朴英禧 卽 端廟殉節 贈吏曹判書諱審問淸齋
公之後孫 宣廟殉節 贈刑曹參判諱麟禧之十世孫也 其父親自去春二月十九日偶添難醫之疾委在牀席子英禧不暇解帶甘旨之供
靡所不用其極而至于二十六日夕殞命則其子英禧焚香祝天斷其左手第四指取血注口俄然復命越二十七日卯時奄忽卽世其於送終之際
率由禮節殯殮在野晝宵號哭哀慕痛疾之情形見諸外來往之夜有赤白光氣照耀如炬且晝有光氣自天垂像交覆殯上此乃罕聞罕見之奇事
噫誠心實會能復俄頃之命又致光氣之異苟非誠孝之感天能如是乎其在聽聆不可緘嘿故緣由呈于 自本里 官府題音內觀此狀辭朴英禧之誠孝果是天
孝聞甚嘉尙褒執一款惟在一邑之公議然後事敎是故玆敢故通于齋中僉君子案告 官府轉報巡營使此選鄕褒行旌閭之地幸甚

右敬通于
淸齋所

庚午正月 日發文 朴而祚 曺光祐 金尙錫 朴禮孝 曺大有 曺錫璜 郭宗淳 金宗伍 朴孝芳 朴永綱 朴濬淳 曺錫柱 朴命全 金尙鍾 河慶源 朴漢赫 李大元

朴龍之兄

경오년 정월에 朴而祚 등이 淸齋所에 올린 通文

婚書 1

癸巳, 36×37

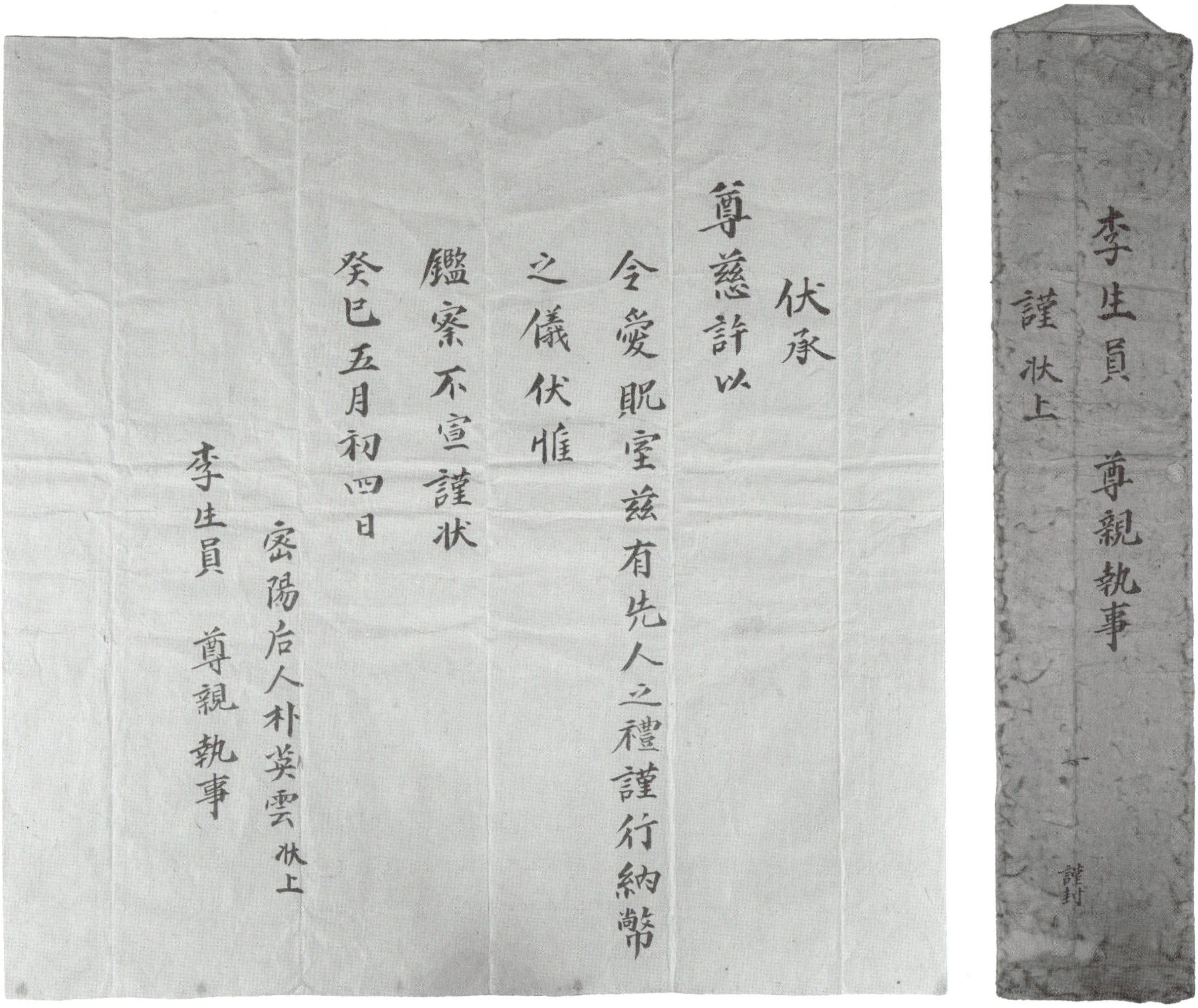

伏承
尊慈許以
令愛貺室茲有先人之禮謹行納幣
之儀伏惟
鑑察不宣謹狀
癸巳五月初四日
密陽后人朴英雲 狀上
李生員 尊親 執事

李生員 尊親執事
謹 狀上
謹封

계사년 5월 4일에 朴英雲이 李生員에게 보낸 婚書

婚書 2

丙戌[1946년], 42×21

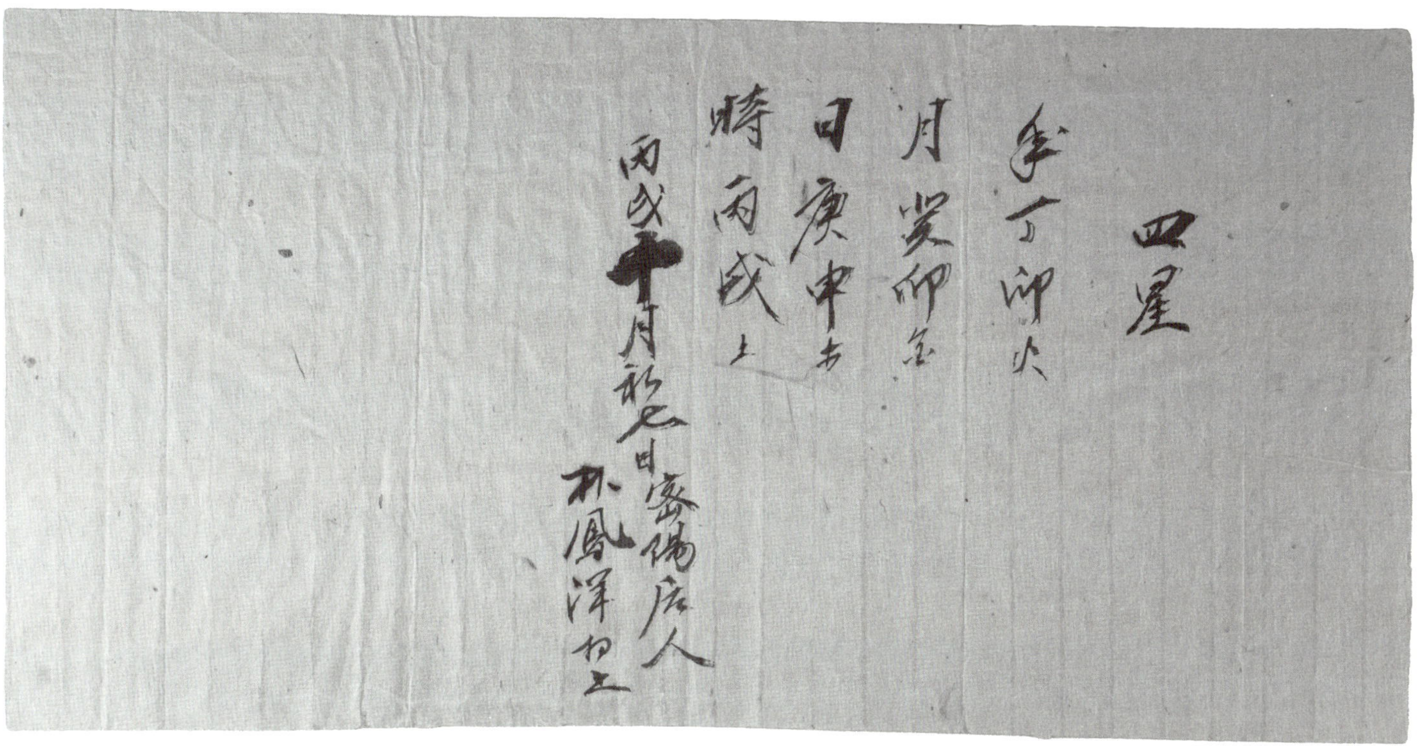

병술년 10월 7일에 朴鳳洋이 작성한 四星單子

婚書 3

丙戌[1946년], 30×38

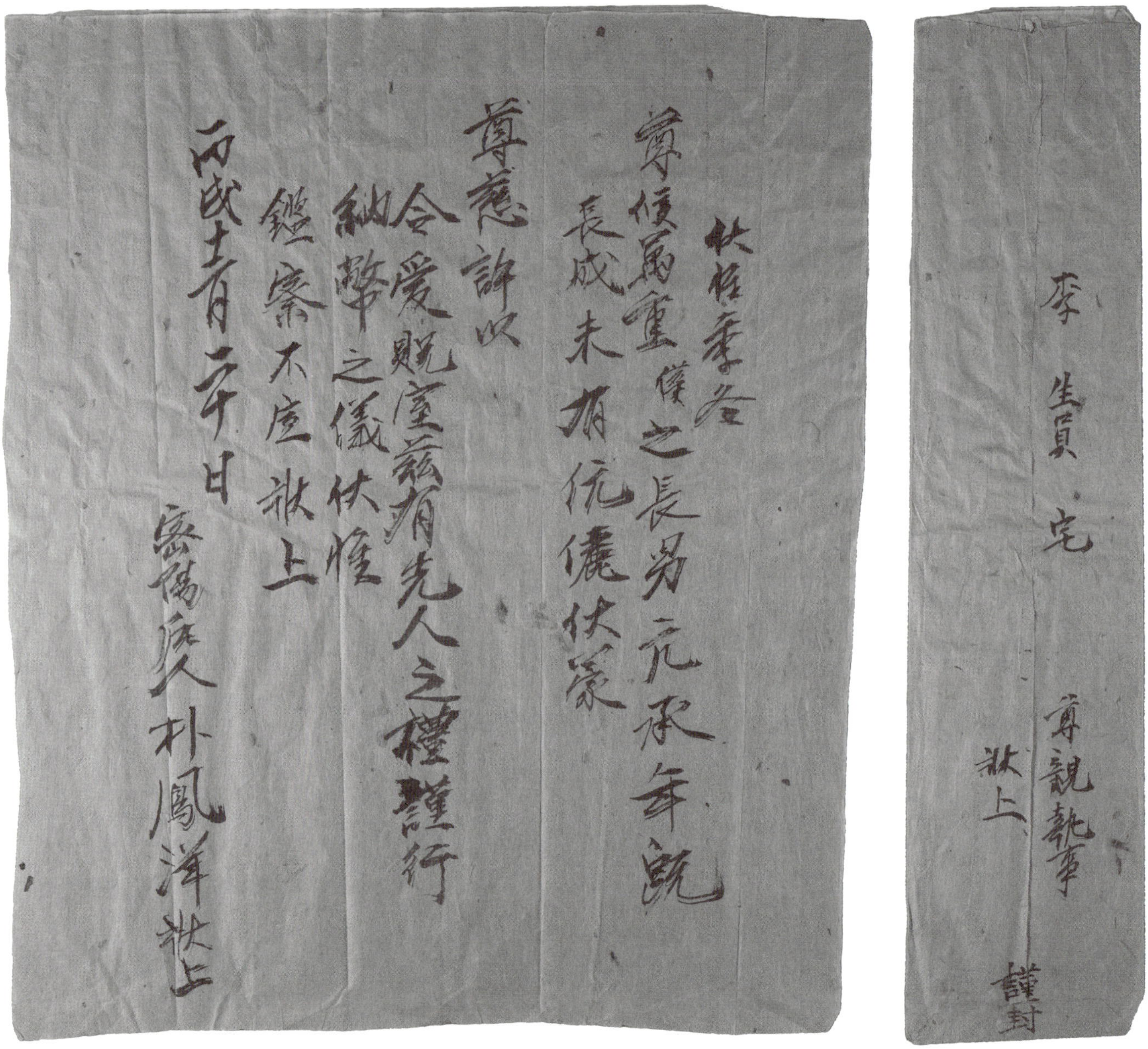

병술년 12월 20일에 朴鳳洋이 李生員에게 보낸 婚書

조도면 신전리

1

敎令類

告身 1

1899년(고종 36), 52.6×49.7

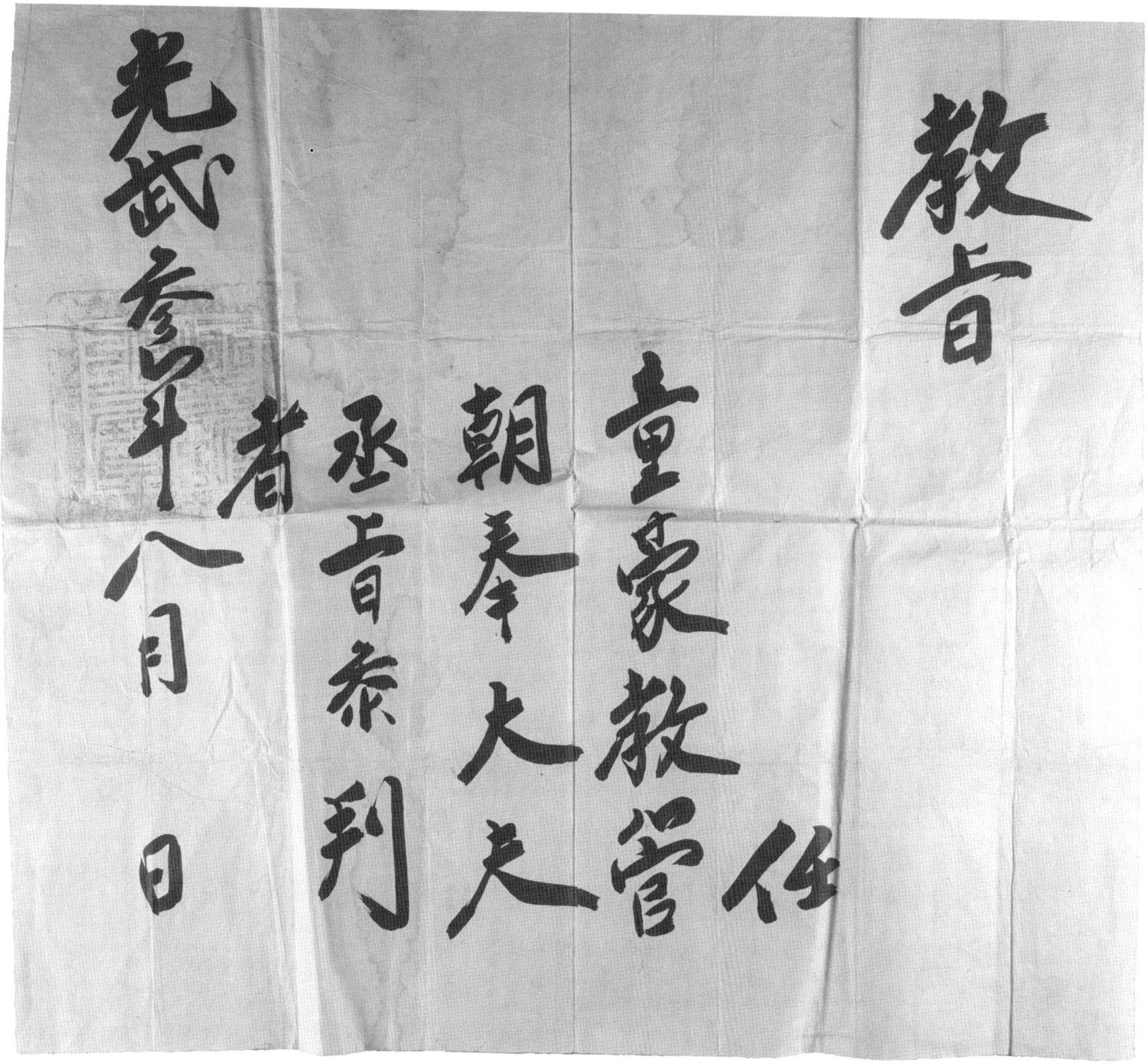

教旨

童蒙教官任

朝奉大夫

丞旨參判者

光武參年八月 日

1899년 8월에 童蒙敎官을 朝奉大夫 丞旨參判으로 임명하는 문서

2

書簡·通告類

婚書 1

丙申, 52×31.6

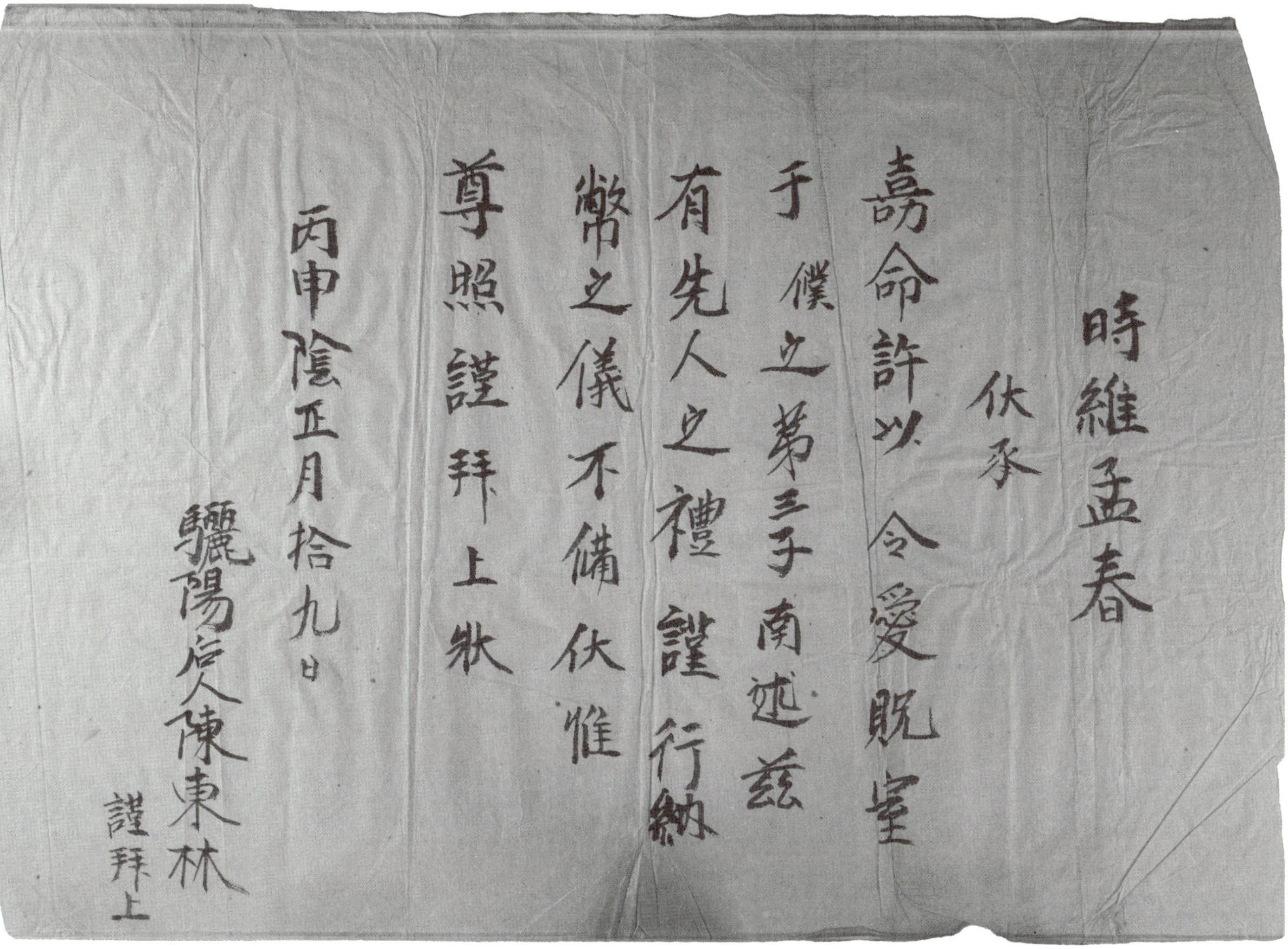

時維孟春

伏承

嘉命許以 令愛旣室

于 僕之第三子南述玆

有先人之禮謹行納

幣之儀不備伏惟

尊照謹拜上狀

丙申陰正月拾九日

驪陽后人陳東林

謹拜上

병신년 음력 1월 19일에 陳東林이 아들 南述의 혼례 관련하여 작성한 문서

涓吉單子 1

丁亥, 54.5×30.7

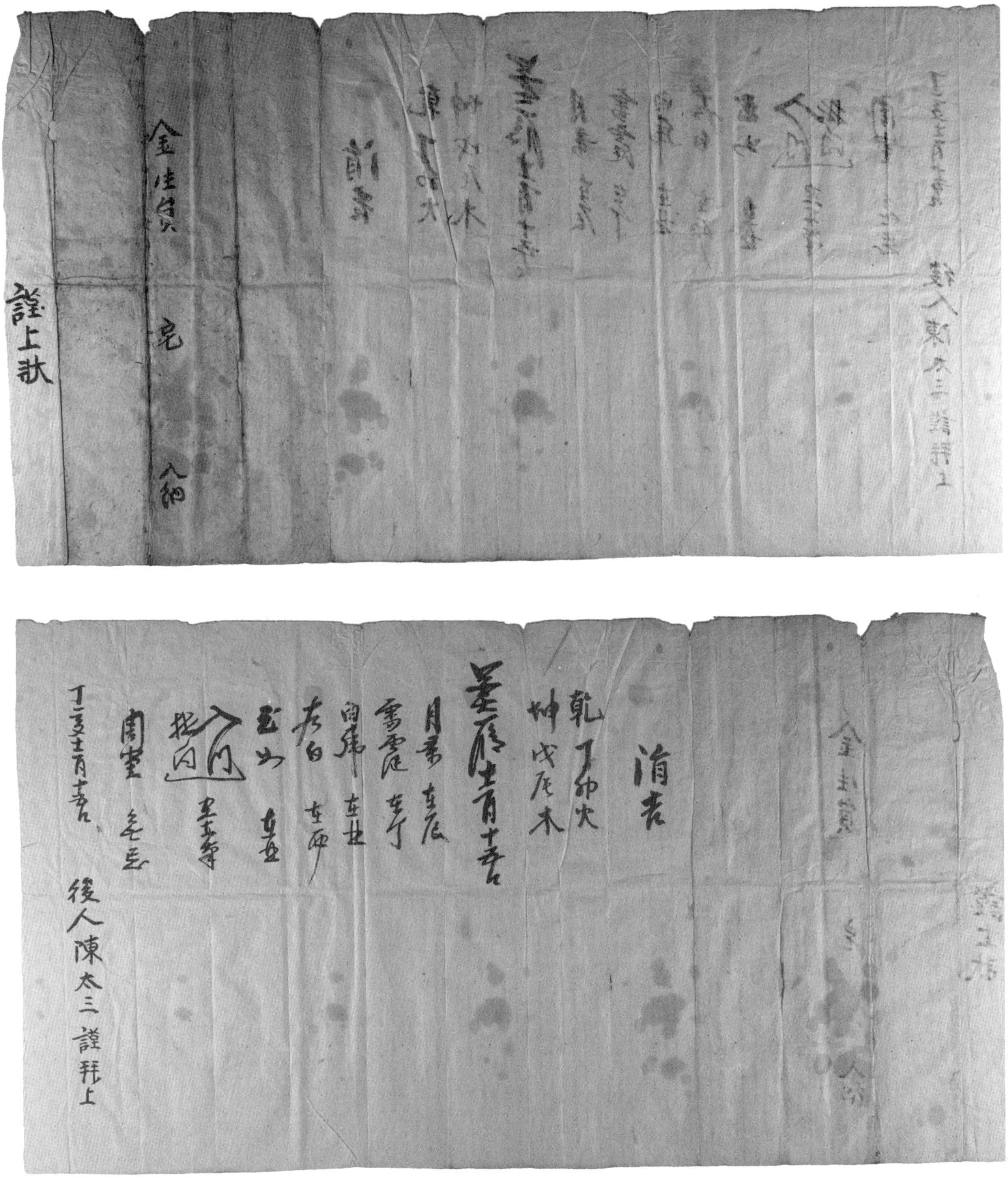

정해년 혼례 때의 절차와 길흉을 점쳐 혼례일자를 적어 놓은 문서

涓吉單子 2

乙巳, 47×32.2

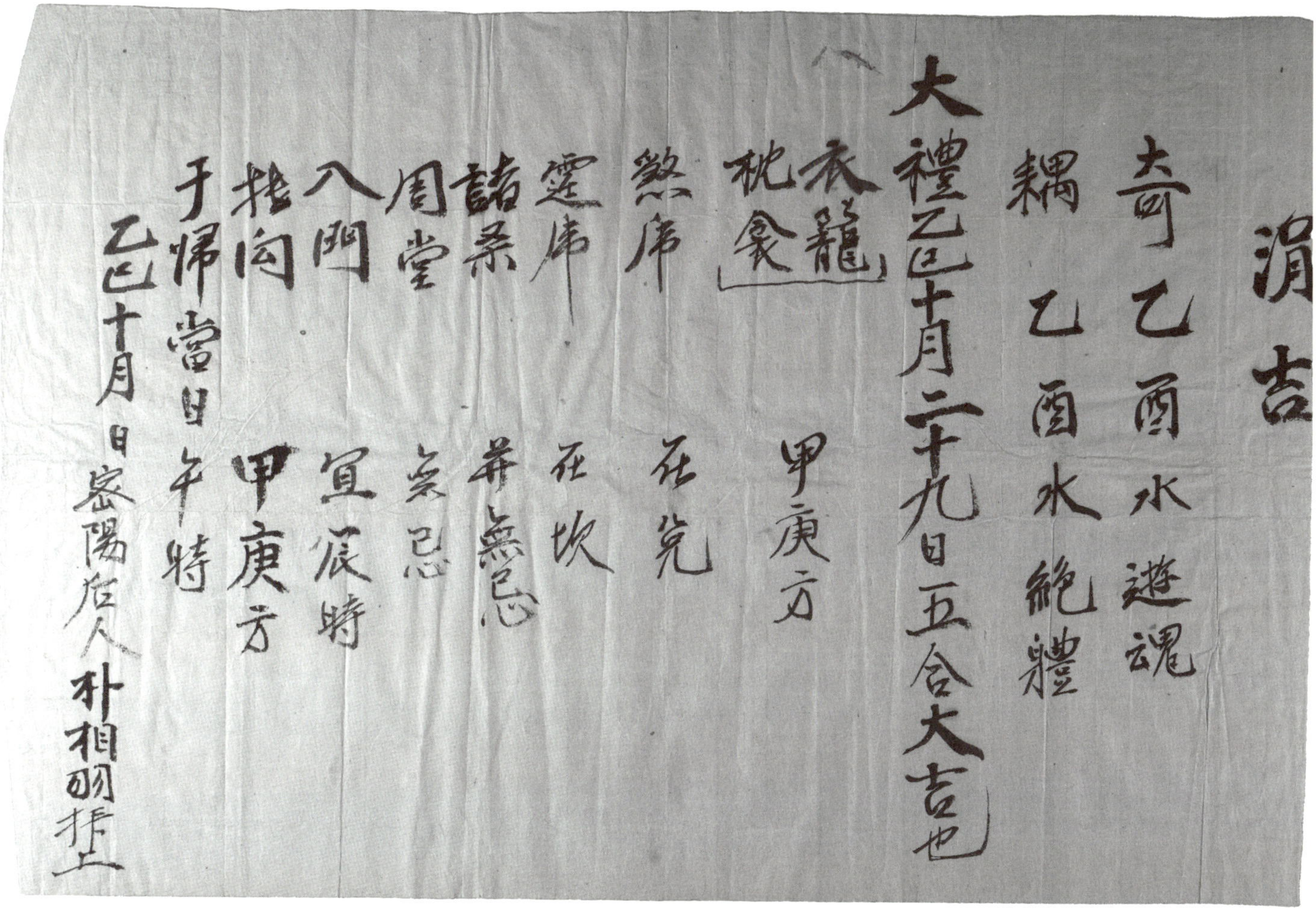

을사년 혼례 때의 절차와 길흉을 점쳐 혼례일자를 적어 놓은 문서

涓吉單子 3

丙申, 52×31.6

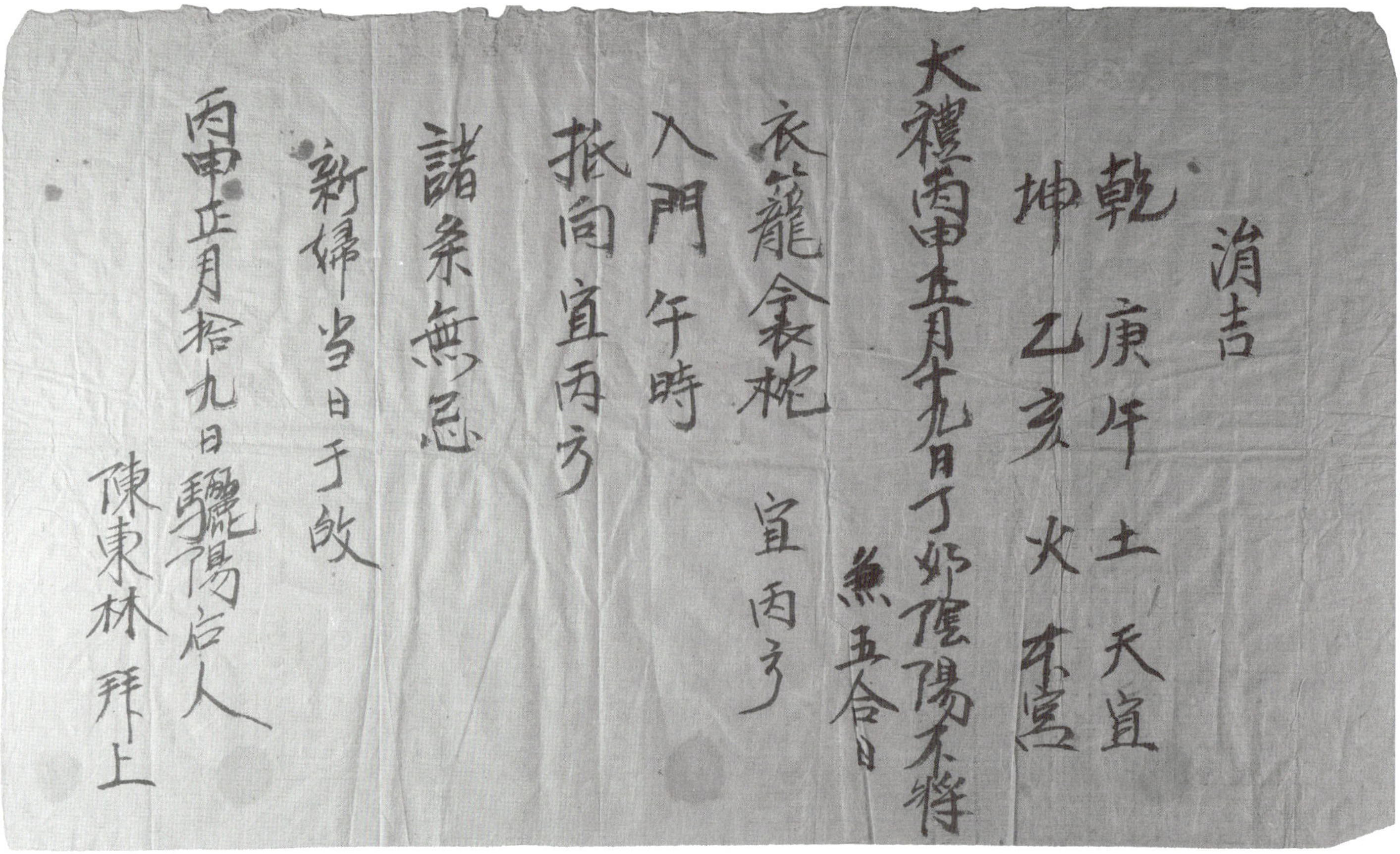

병신년 혼례 때의 절차와 길흉을 점쳐 혼례일자를 적어 놓은 문서

3 置簿記錄類

葬擇記 1

37.5×31.6

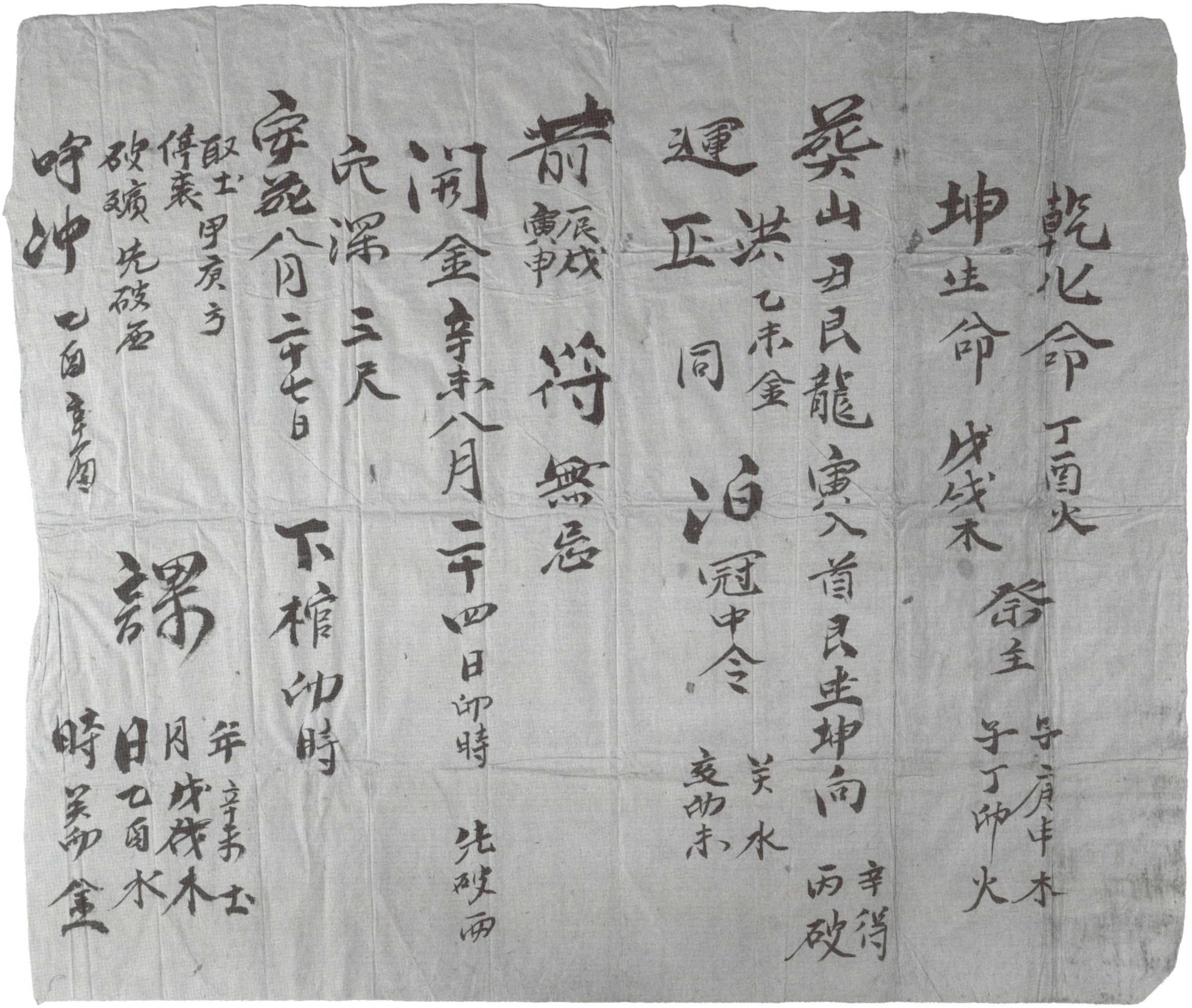

亡人의 장례를 치루기 위해 葬擇日과 장례 절차에 따른 일시와 유족의 생년 등을 기록한 문서

葬擇記 2

57.4×33.9

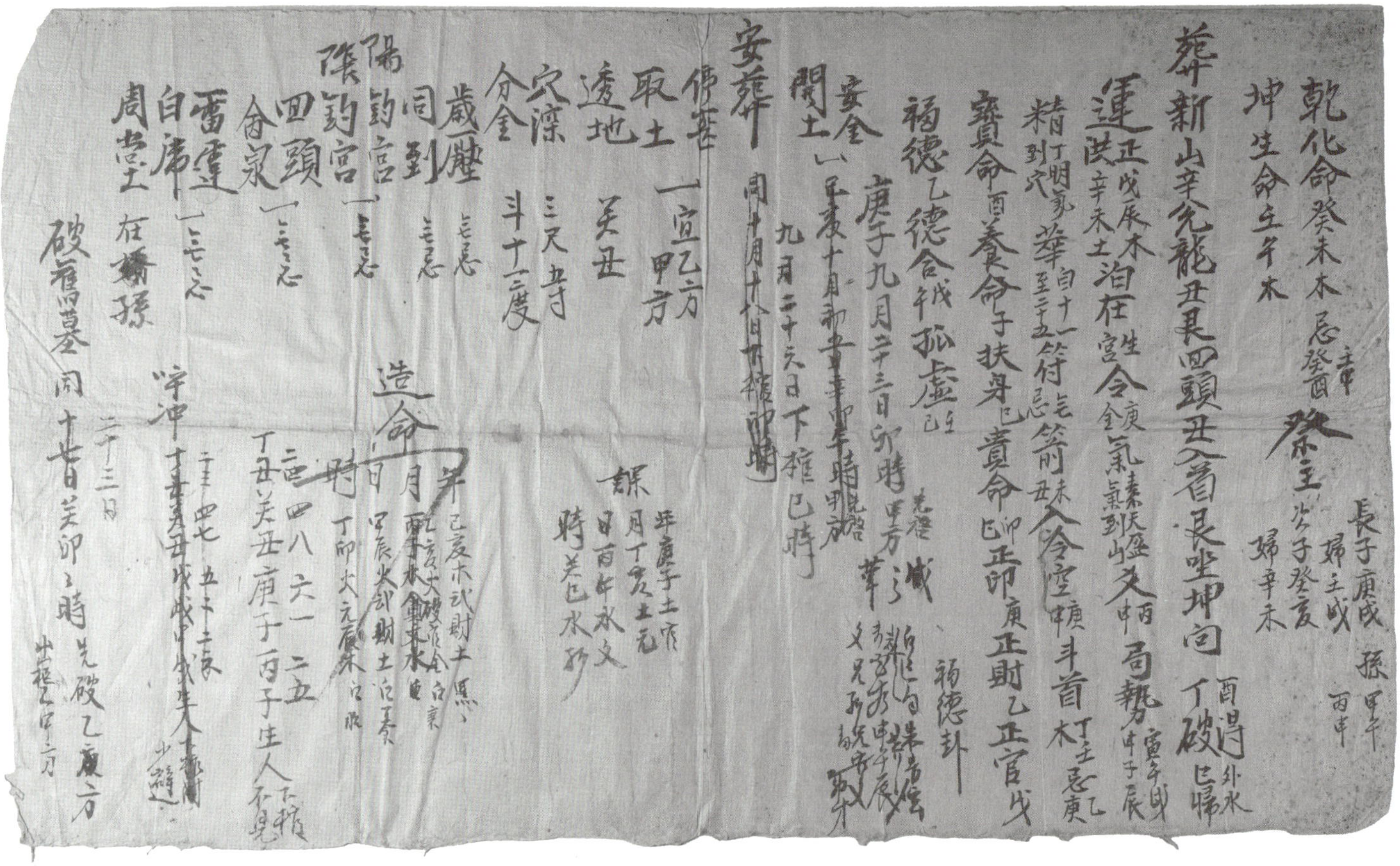

亡人의 장례를 치루기 위해 葬擇日과 장례 절차에 따른 일시와 유족의 생년 등을 기록한 문서

葬擇記 3

62.1×33.7

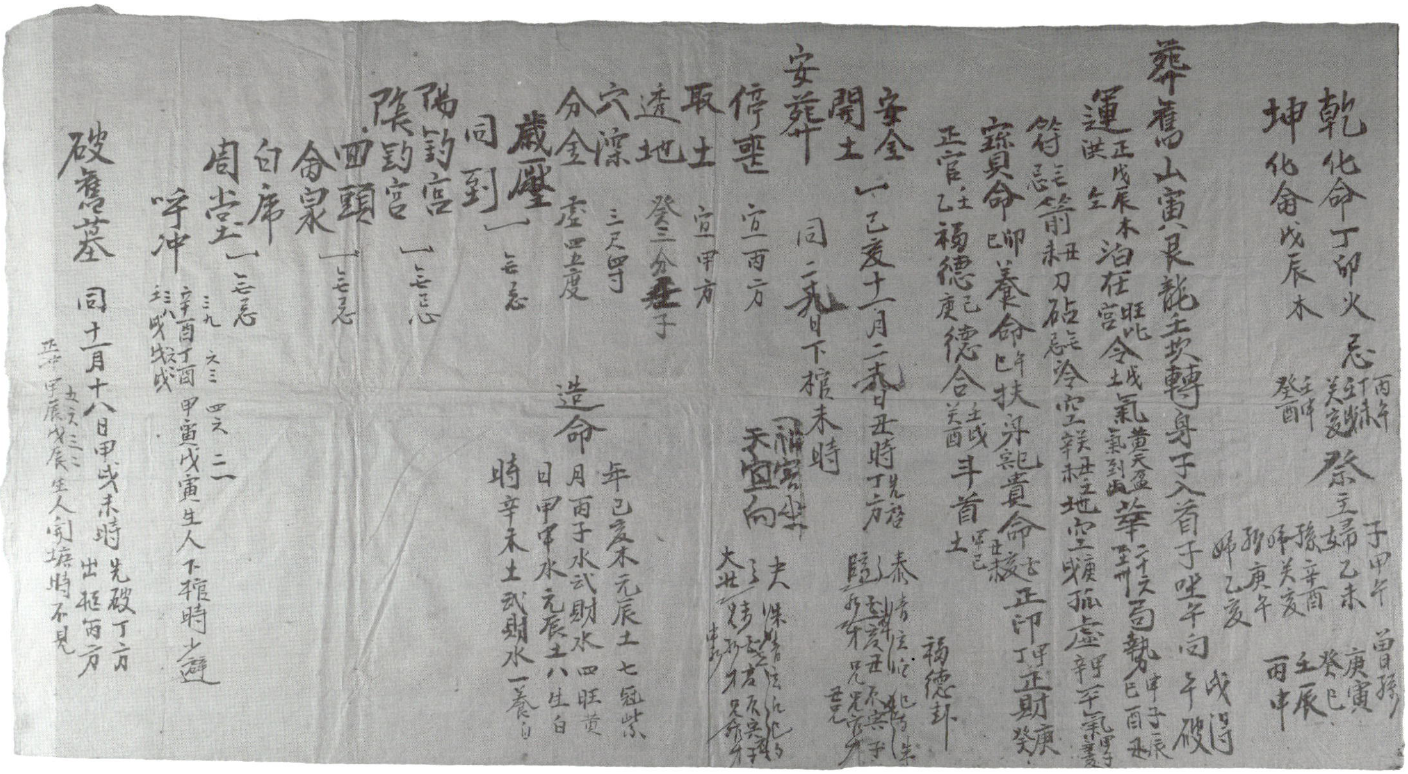

亡人의 장례를 치루기 위해 葬擇日과 장례 절차에 따른 일시와 유족의 생년 등을 기록한 문서

葬擇記 4

39.4×39

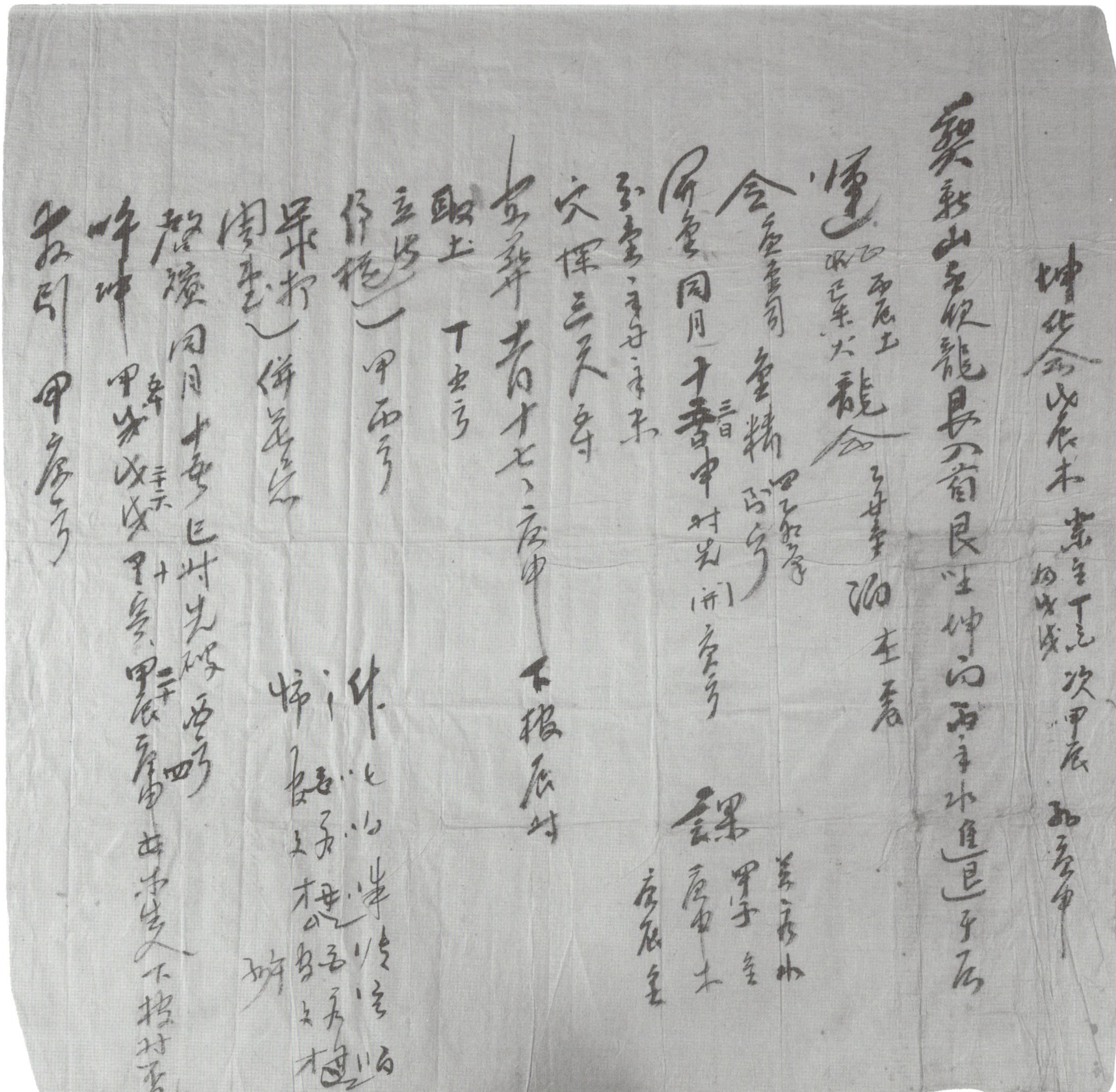

亡人의 장례를 치루기 위해 葬擇日과 장례 절차에 따른 일시와 유족의 생년 등을 기록한 문서

葬擇記 5

53.1×50.5

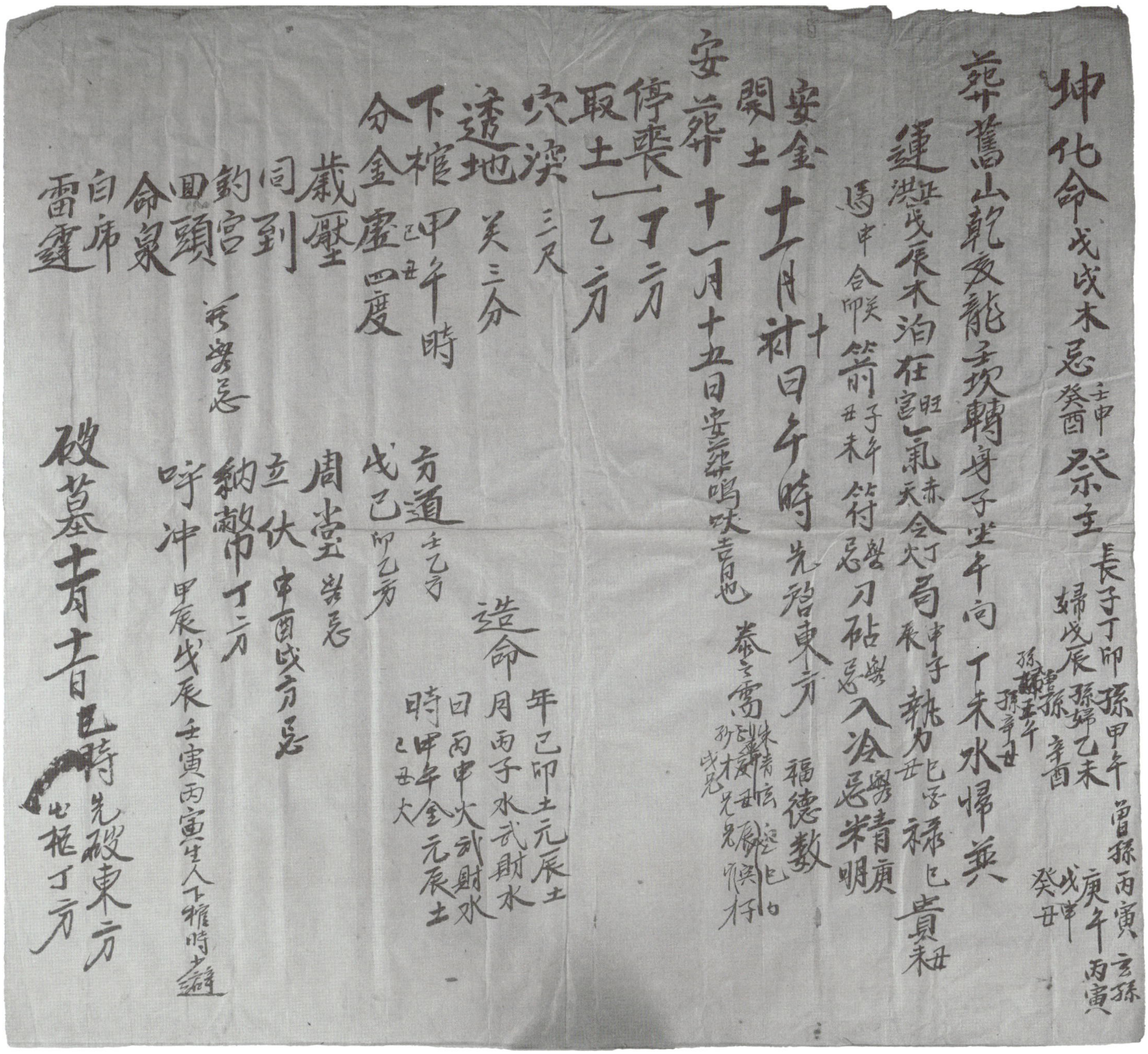

亡人의 장례를 치루기 위해 葬擇日과 장례 절차에 따른 일시와 유족의 생년 등을 기록한 문서

葬擇記 6

56×32.8

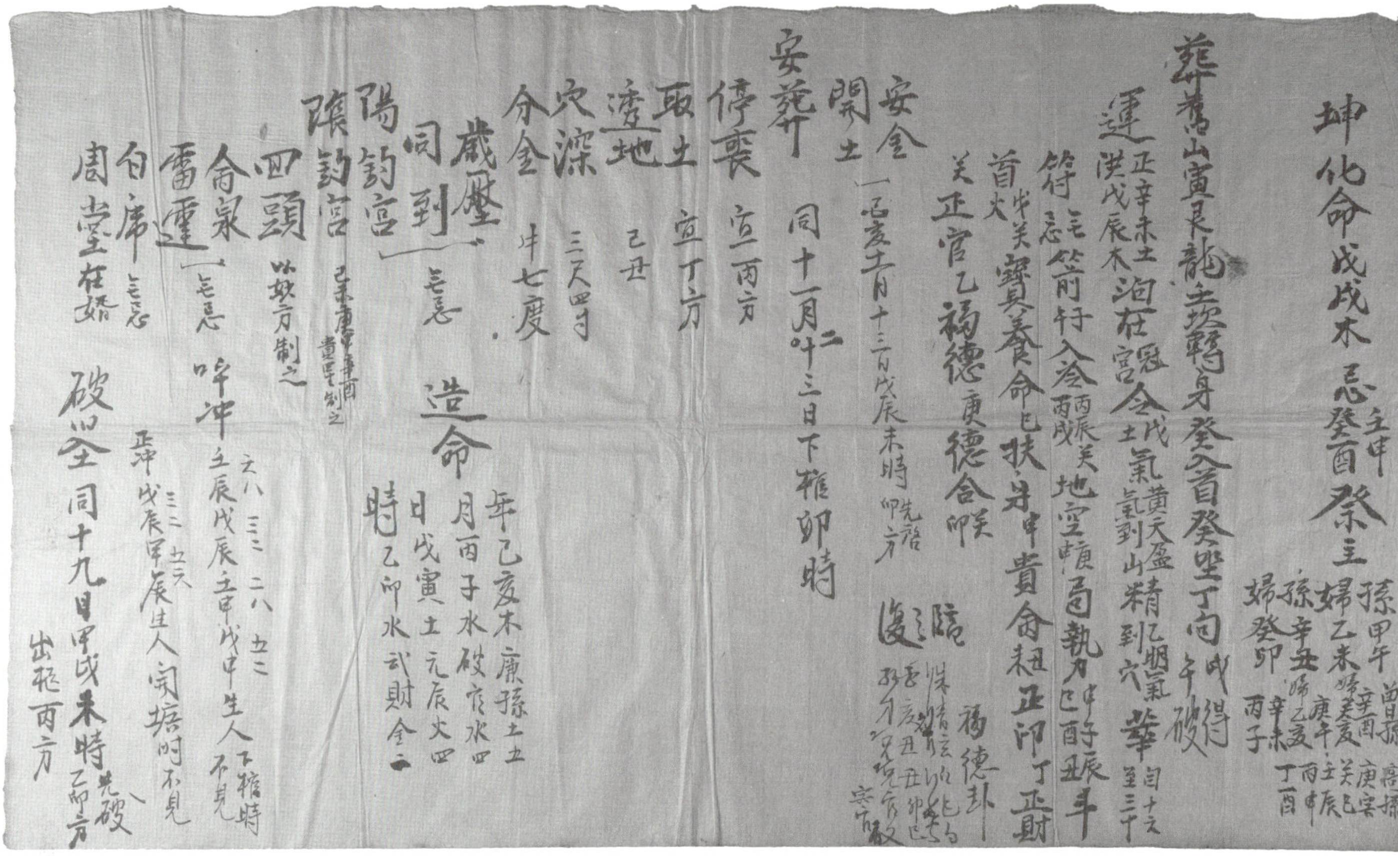

亡人의 장례를 치루기 위해 葬擇日과 장례 절차에 따른 일시와 유족의 생년 등을 기록한 문서

葬擇記 7

42.3×30.6

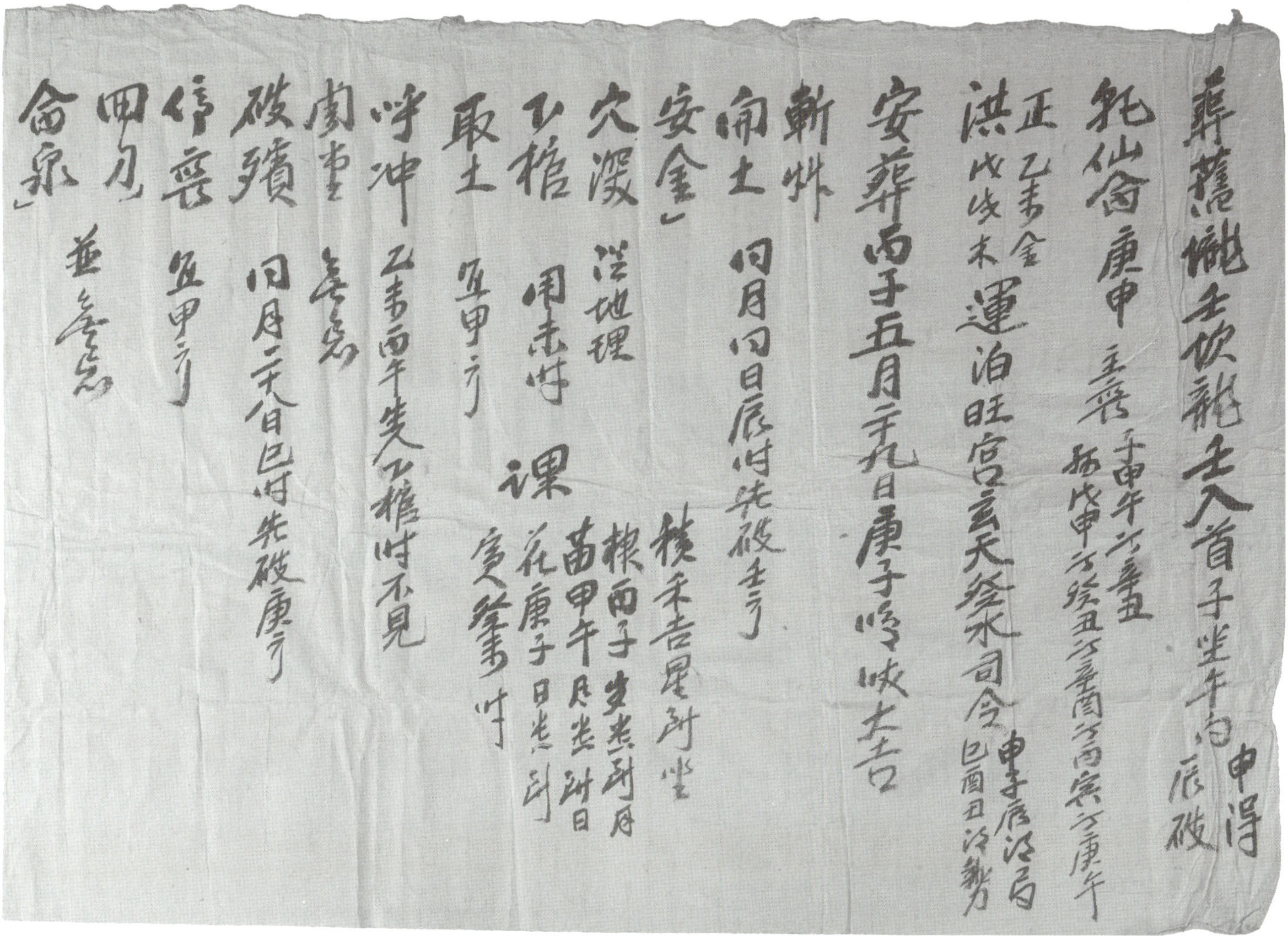

亡人의 장례를 치루기 위해 葬擇日과 장례 절차에 따른 일시와 유족의 생년 등을 기록한 문서

문서서식집 1

17×19.1

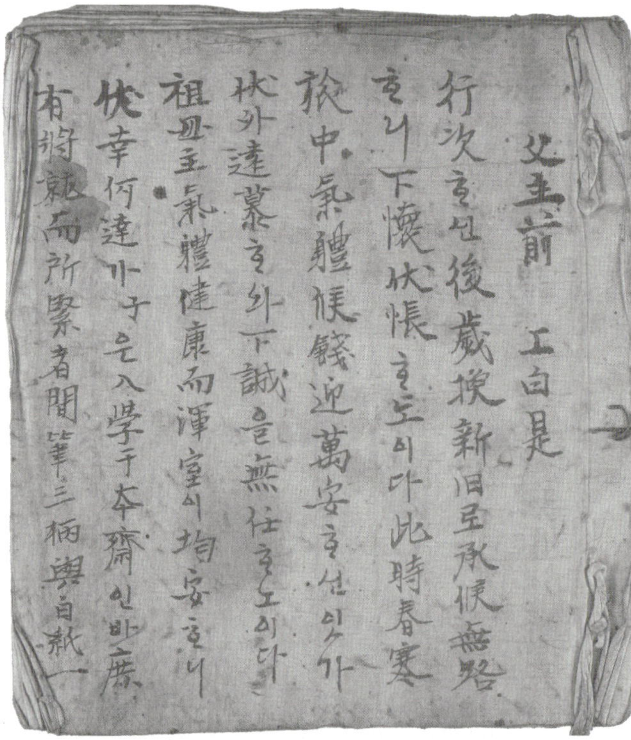

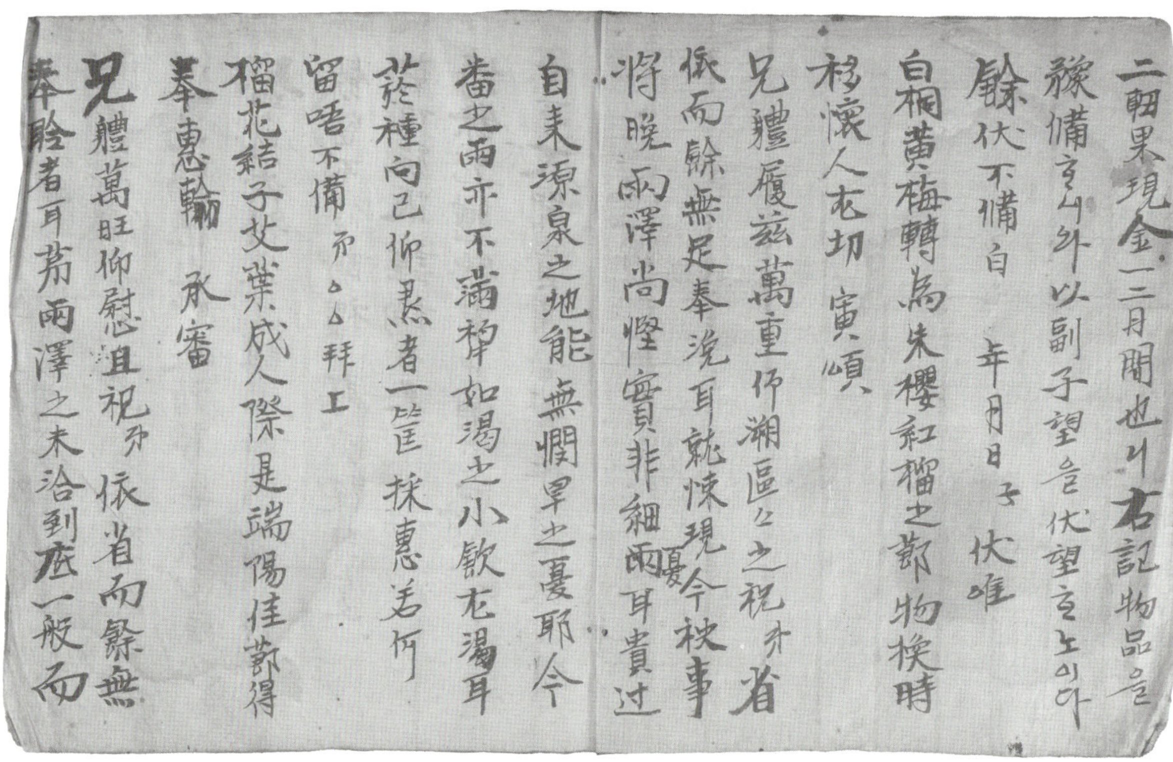

간찰, 청원서, 逐私[邪]經 등 각종 문서 투식과 예문을 수록한 서식집

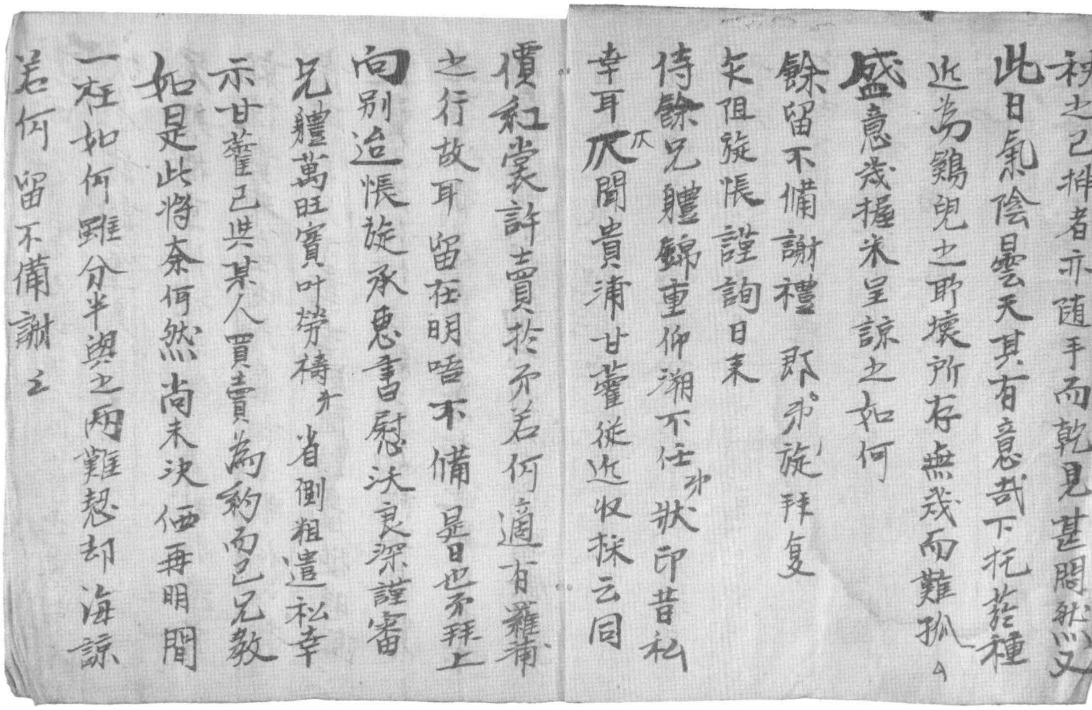
秋之已抻者亦隨手而乾見甚悶然以又
此日氣陰曇天其有意哉下托菸種
近為鷄兒之所壞所存無幾而難孤
盛意幾握米呈諒之如何
餘留不備謝禮 郎弟旋拜复
矢阻旋悵謹詢日來
侍餘兄體錦重仰溯不任弟狀印昔私
幸耳 不閒貴浦甘藿從近收採云同
價紅裳許貴於前若何適有雜蒲
之行故耳 留在明晤不備 是日也弟拜上
向別迨悵旋承惠書慰沃良深謹審
兄體萬旺實叶勞祷弟 省側粗遣私幸
示甘藿已與某人買賣為約而已兄教
如是此將奈何然尚未決俉再明間
一往如何雖分半與之兩難恕却 海諒
若何 留不備謝上

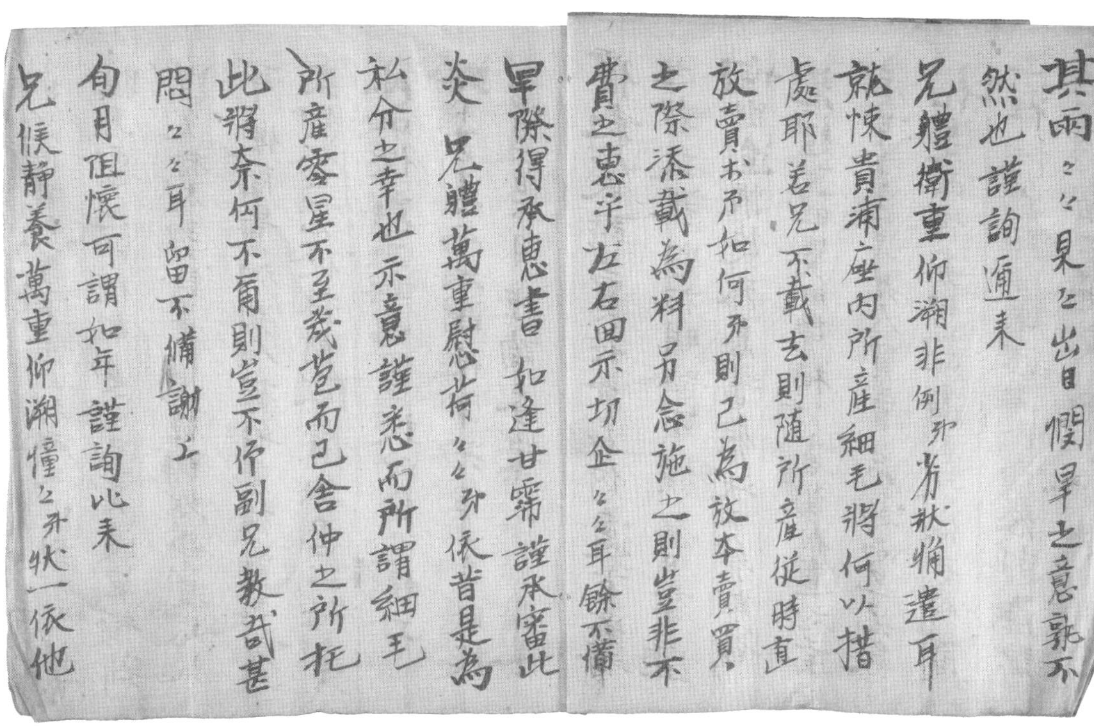
其雨々々杲々出日 憫旱之意孰不
然也謹詢邇來
兄體衛重仰溯非例弟 省狀捐遣耳
就悚貴浦座內所産細毛將何以措
處耶若兄不載去則隨所産從時直
放賣於弟如何弟則已為放本貴買
之際添載為料另念施之則豈非不
費之惠乎左右田示切企々々耳餘不備
旱際得承惠書 如逢甘霈謹承審此
炎 兄體萬重慰荷々々弟依昔是為
私分之幸也示意謹悉而所謂細毛
所産零星不至幾苞而已舍仲之所托
此將奈何不甭則豈不仰副兄教哉甚
悶々々耳 留不備謝上
向月阻懷可謂如年謹詢比來
兄候靜養萬重仰溯憧々弟狀一依他

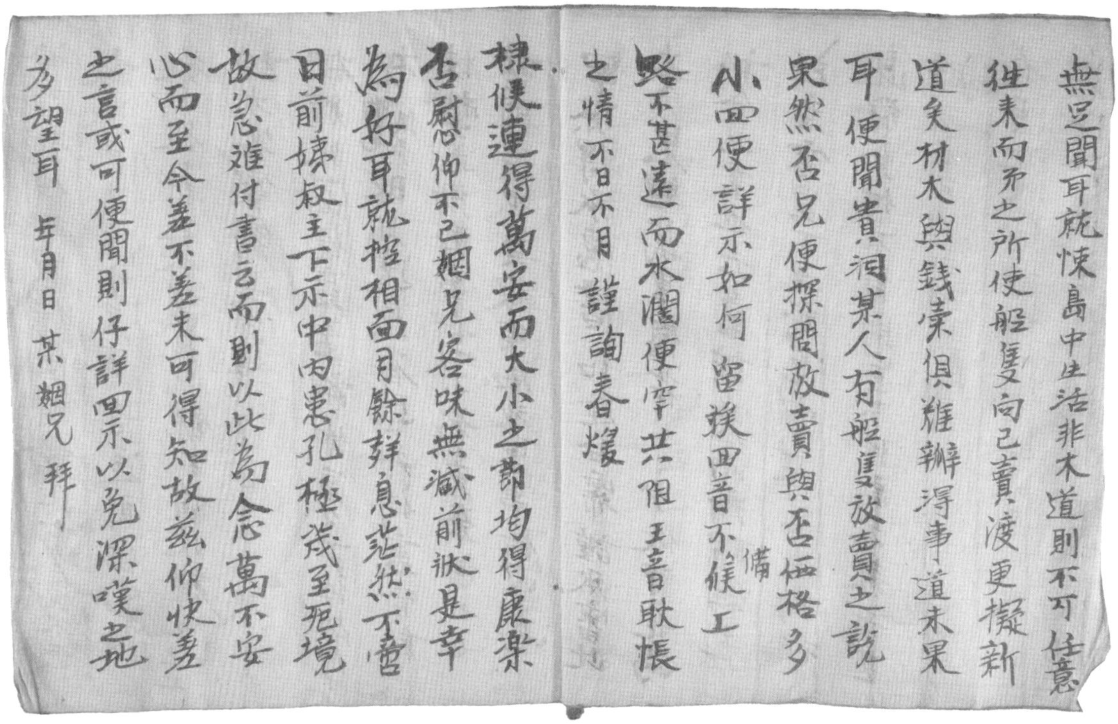

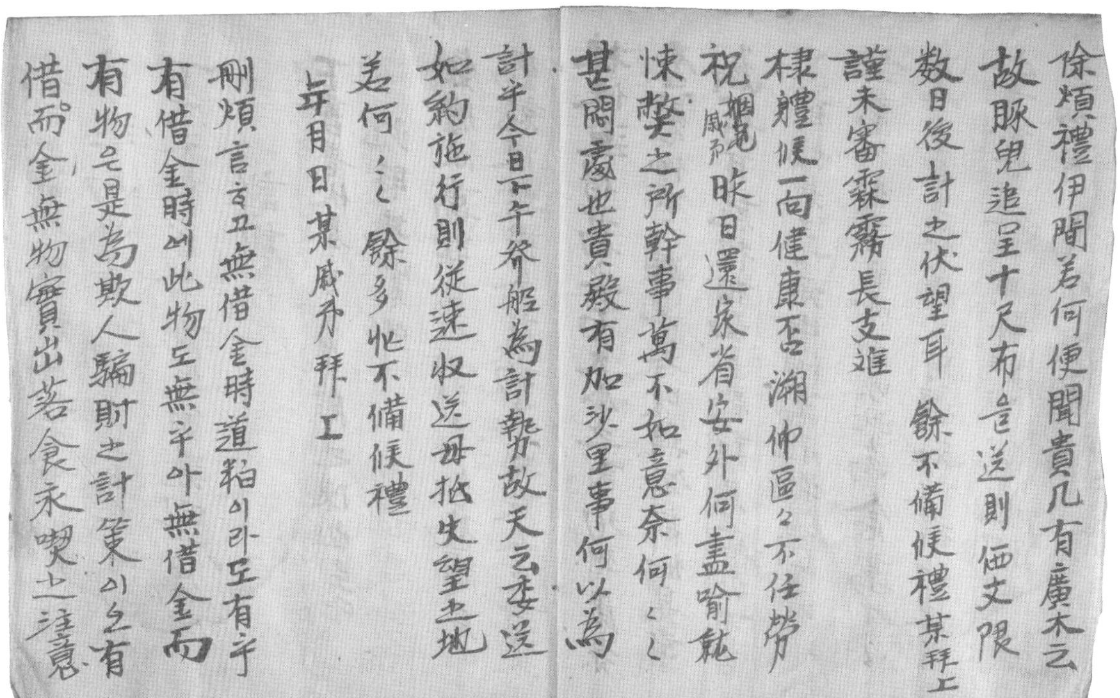

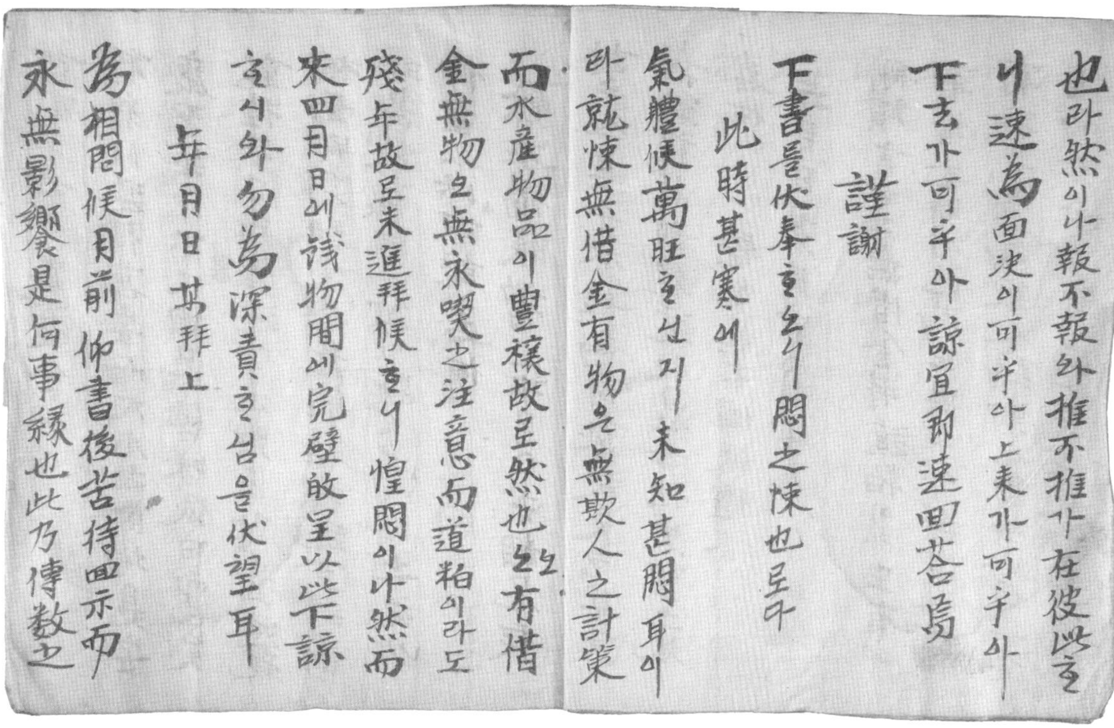

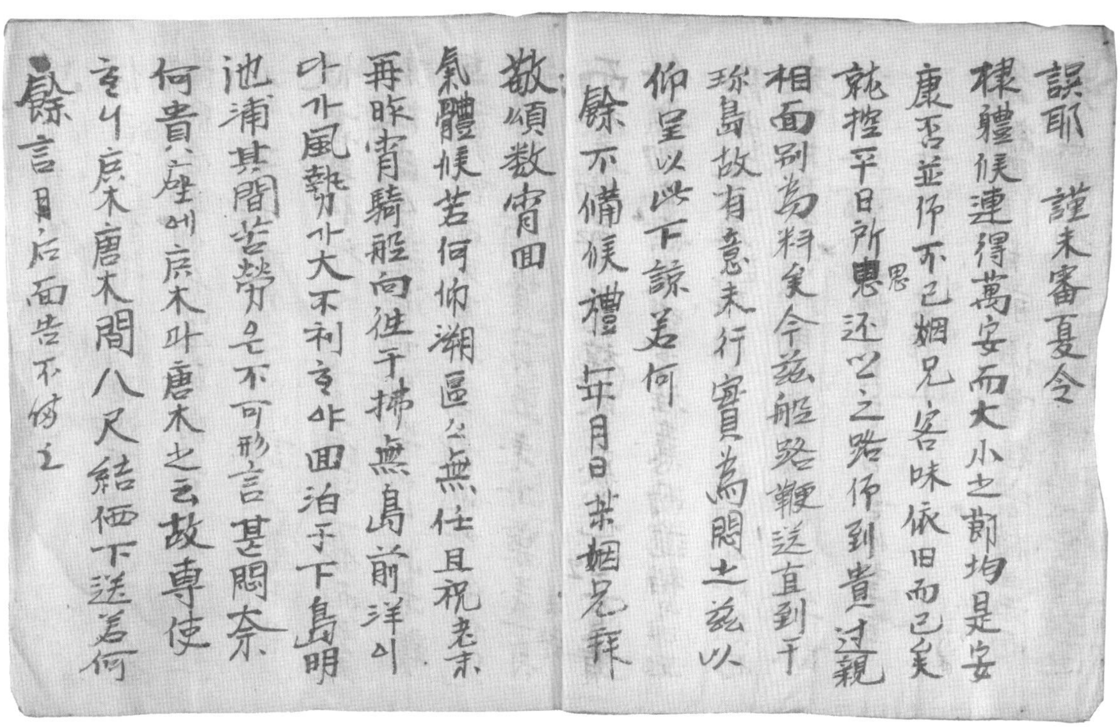

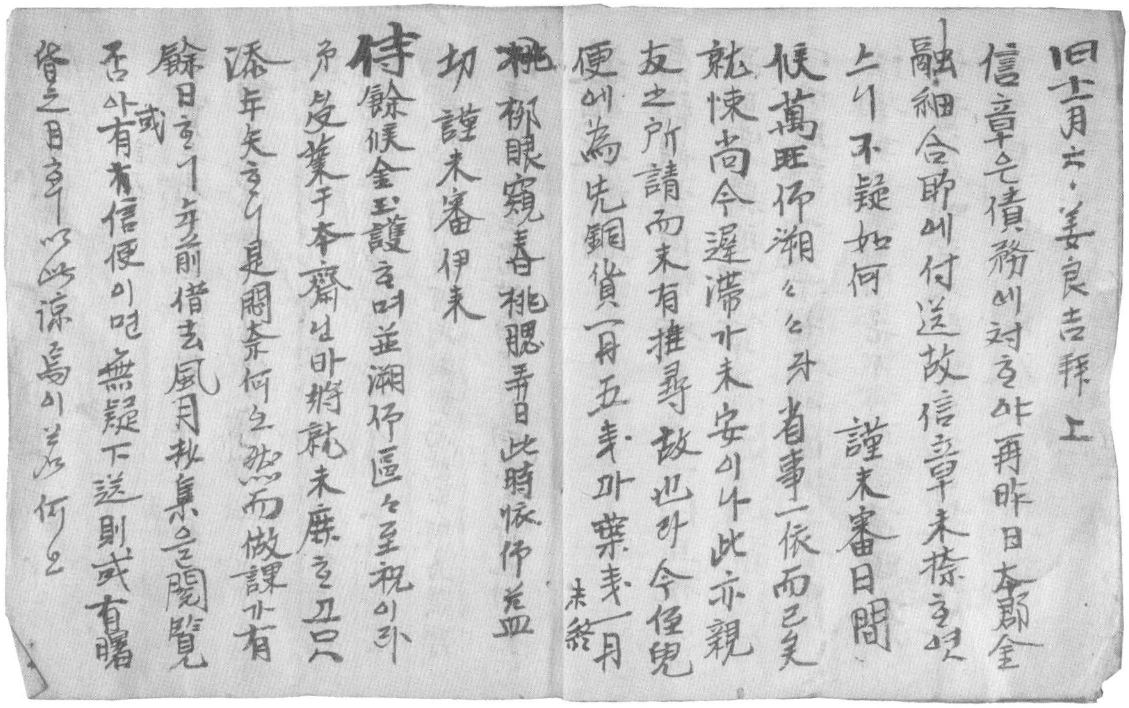

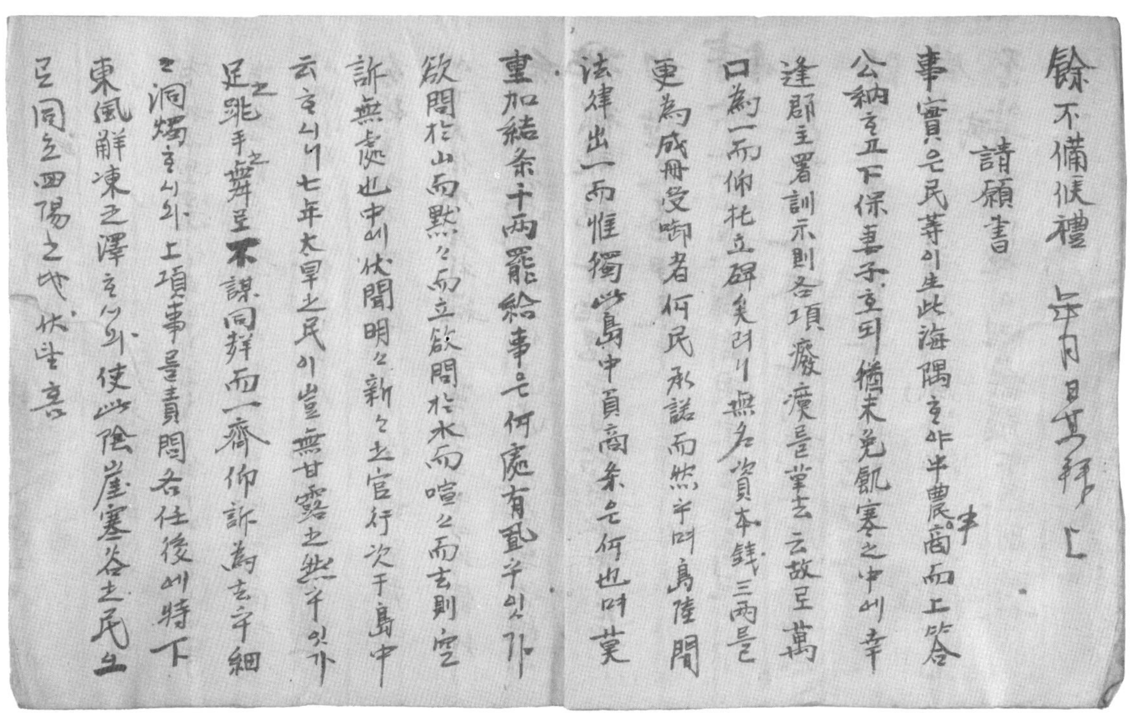

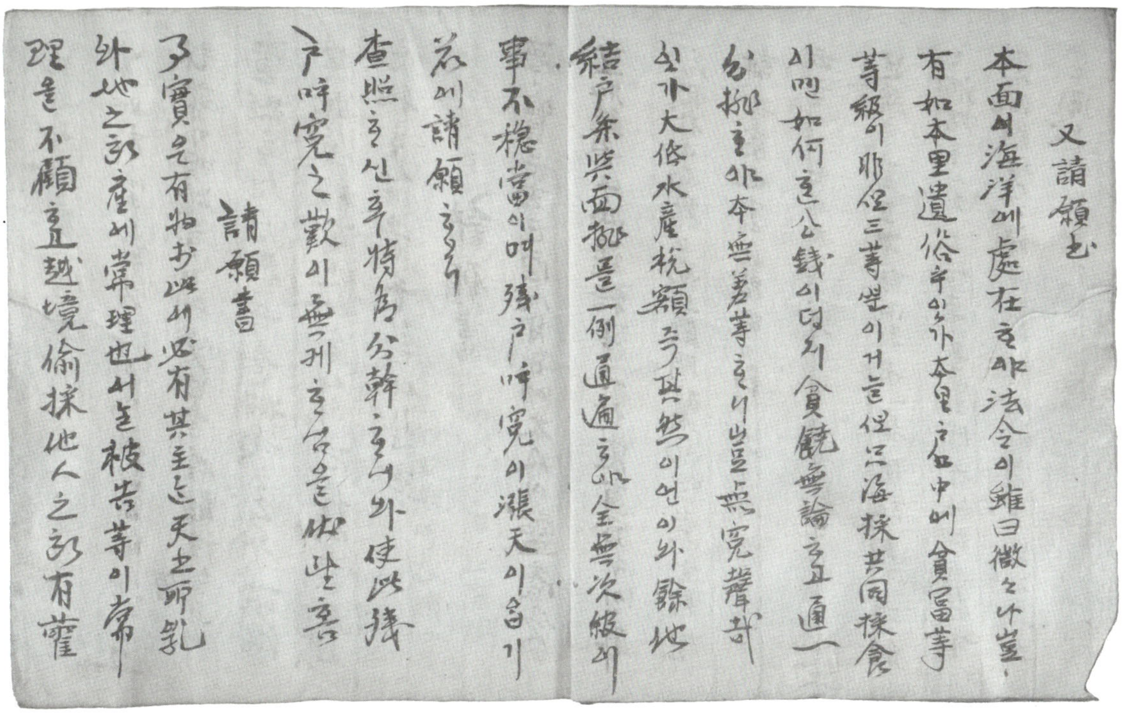

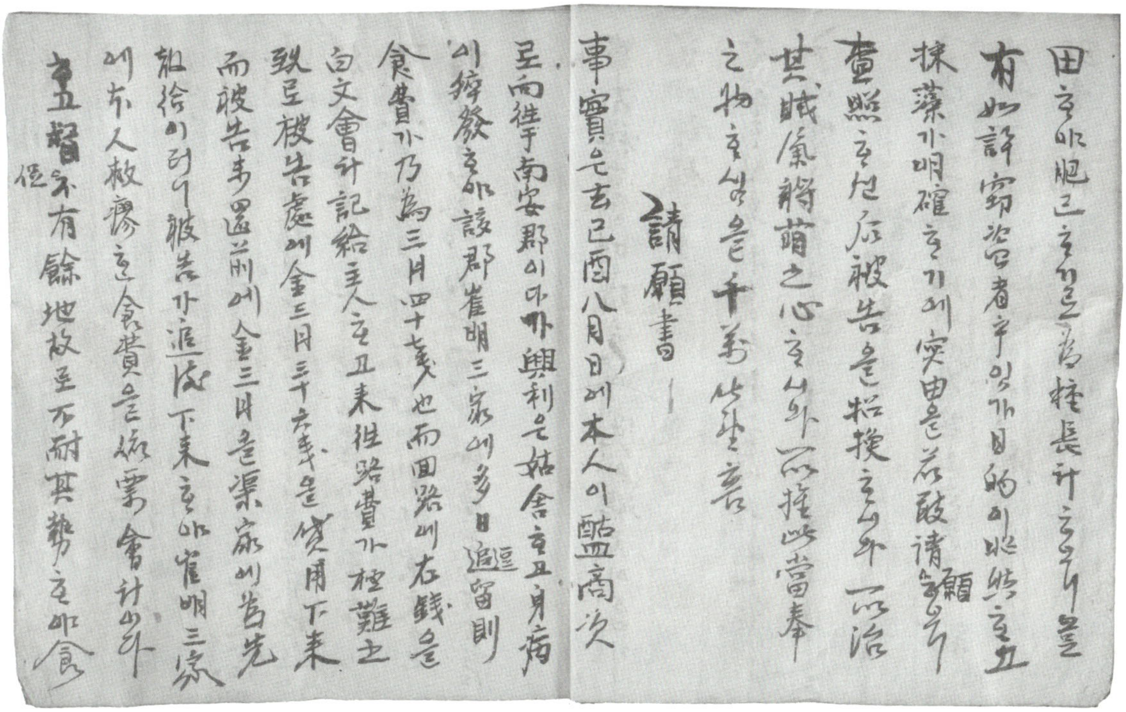

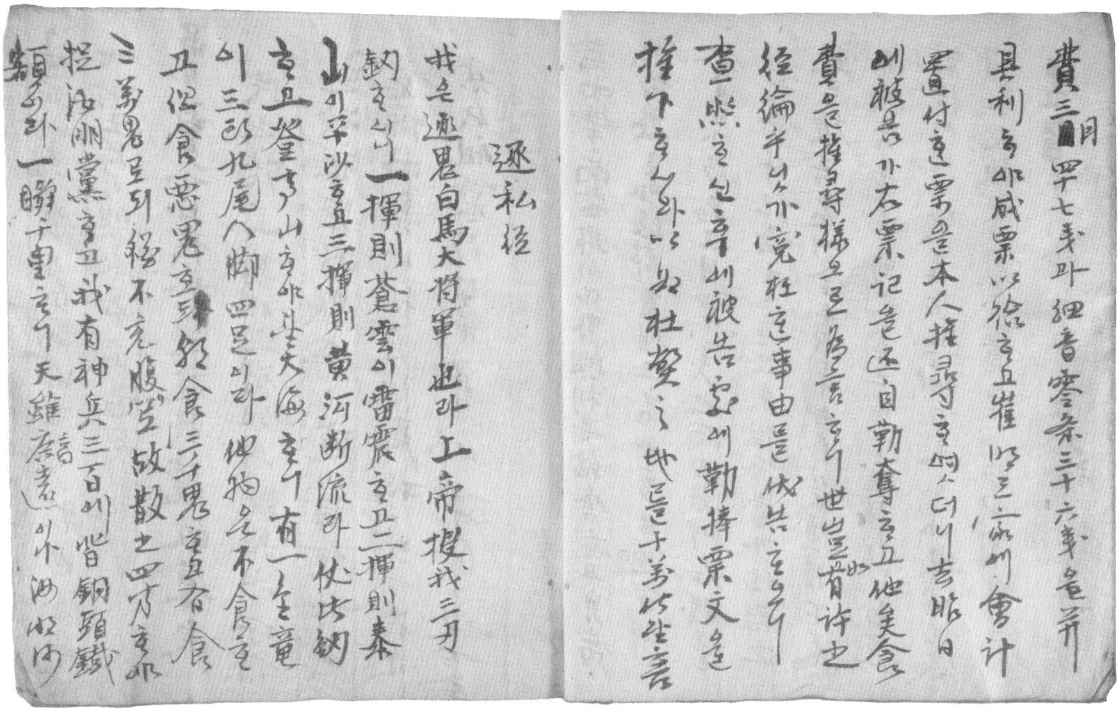

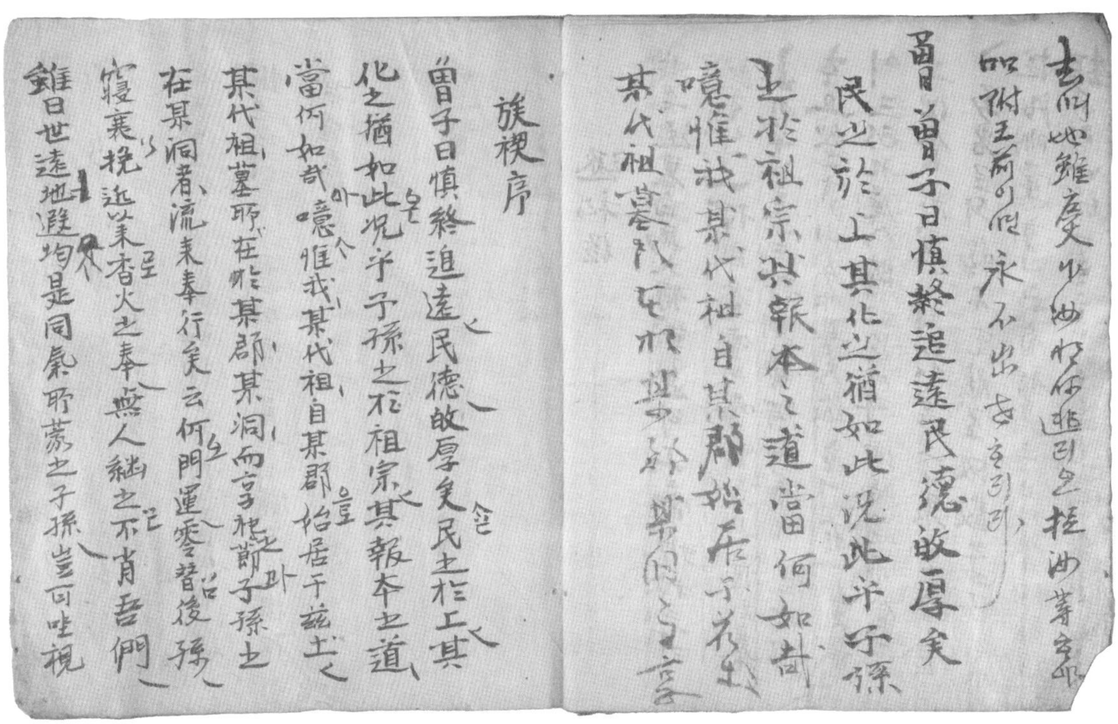

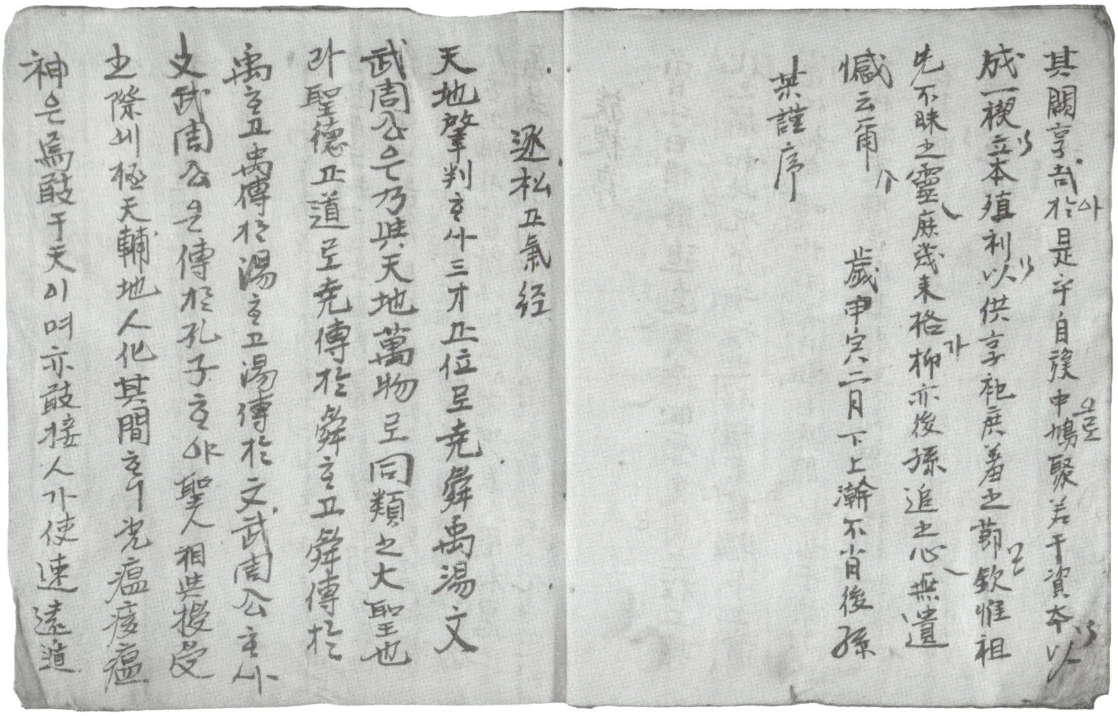

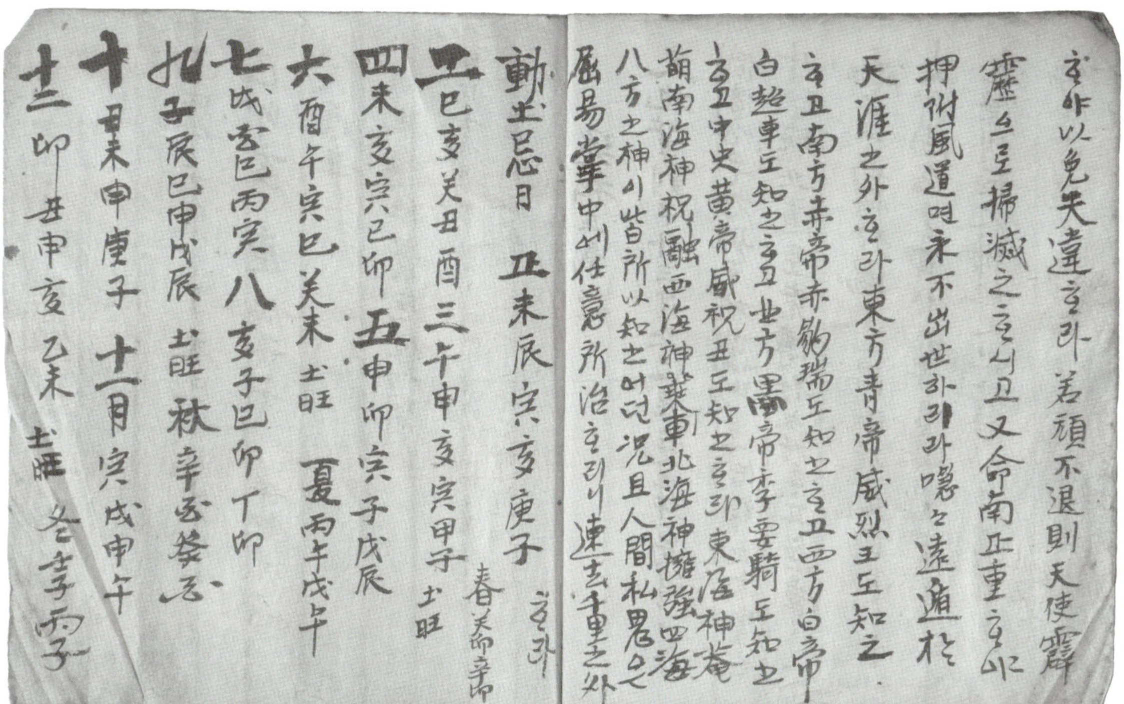

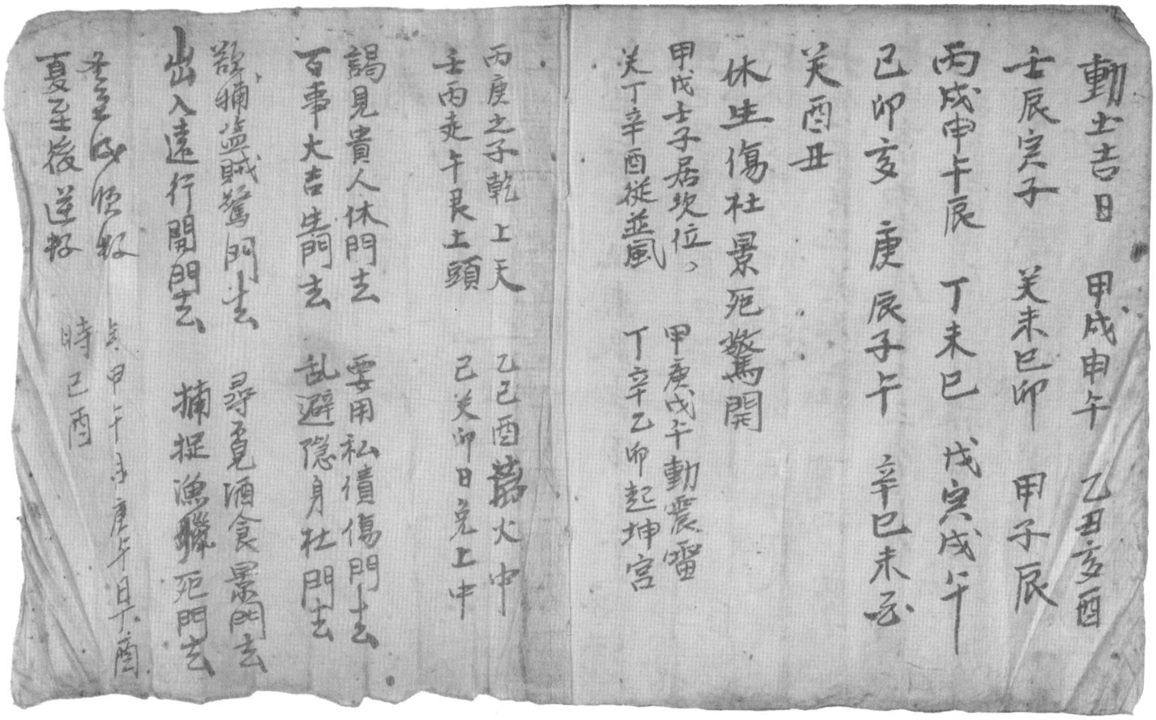

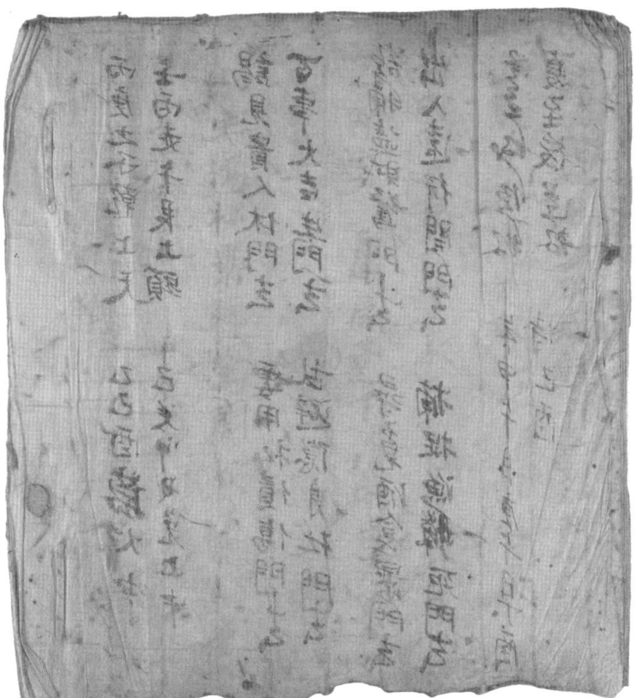

지산면 용동리

1

敎令類

宣武原從功臣錄券 1

1605년(선조 38), 23.7×36.6

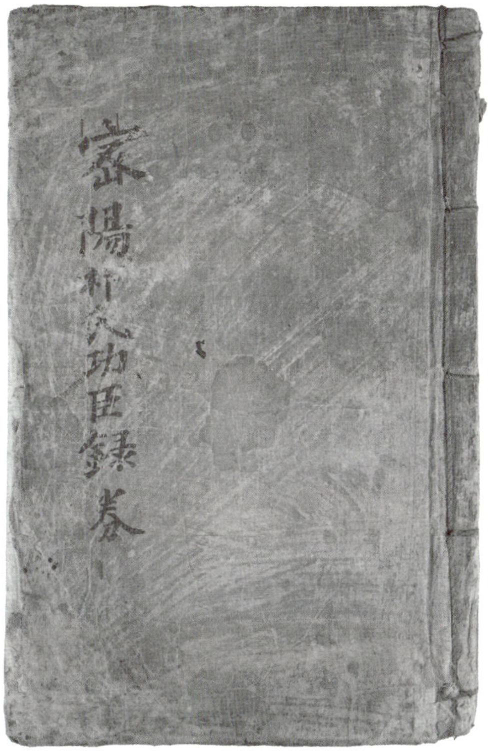

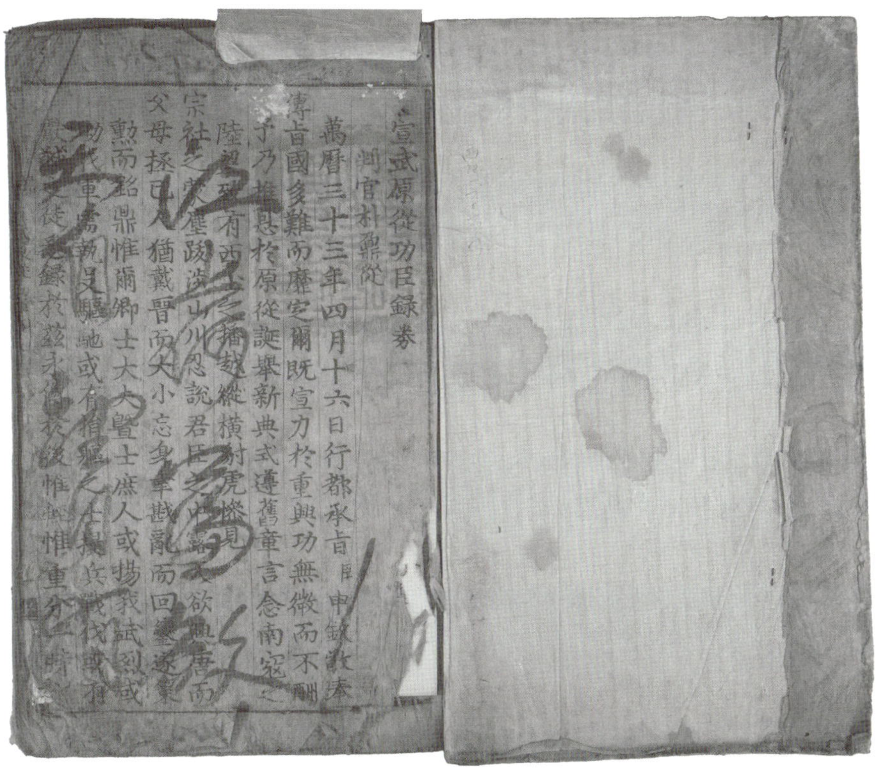

임진왜란 때 功을 세워
宣武原從功臣에 錄動된 사람들을
위해 간행한 錄券

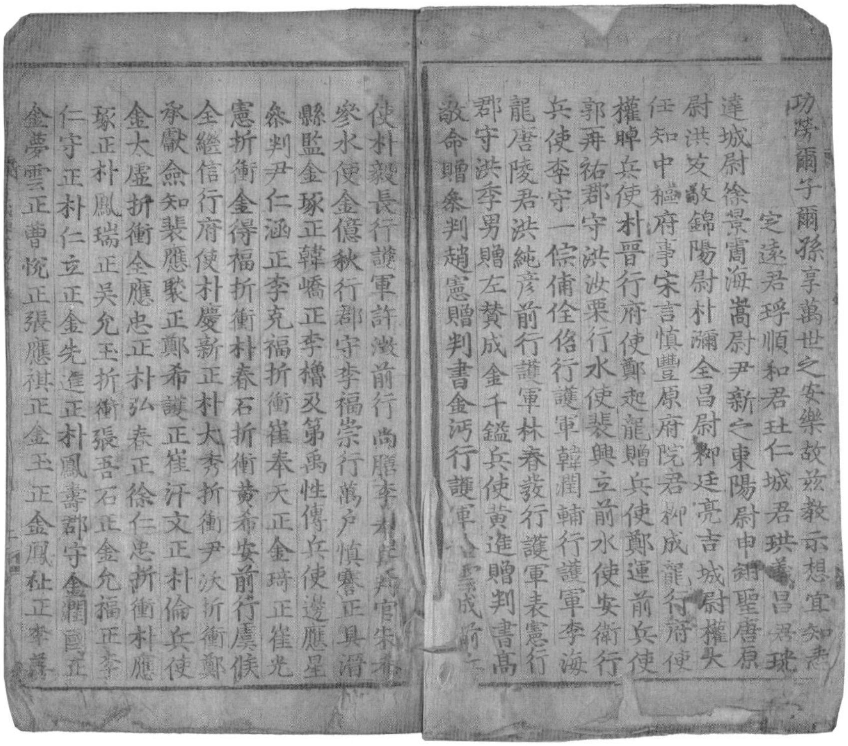

功勞爾子爾孫享萬世之安樂故玆敎示想宜知悉
定遠君玶 順和君珏 仁城君珙 義昌君珖
達城尉徐景霌 海嵩尉尹新之 東陽尉申翊聖 唐原
尉洪友敬 錦陽尉朴瀰 全昌尉柳廷亮 吉城尉權大
任 知中樞府事宋言愼 豐原府院君柳成龍 行府使
郭再祐 郡守洪汝栗 行府使鄭起龍 贈兵使鄭運 前兵使
權膞 兵使朴晉 行水使裵興立 前水使安衛 行
兵使李守一 倧 侑 佺 佲 行護軍韓潤輔 行護軍李海
龍 唐陵君洪純彦 前行護軍林春發 行護軍表憲 行
郡守洪季男 贈左贊成金千鎰 兵使黃進 贈判書高
敬命 贈參判趙憲 贈判書金沔 行護軍[illegible]成 前[illegible]
使朴毅長 行護軍許潊 前行尙膽李[illegible] 判官宋[illegible]
參 水使金億秋 行郡守李福崇 行萬戶愼뽝正具滑
縣監金琢 正韓嶠 正李櫓 及第禹性傳 兵使邊應星
參判尹仁涵 正李克福 折衝崔奉天 正金琦 正崔光
憲 折衝金得福 折衝朴春石 折衝黃希安 前行虞候
全繼信 行府使朴慶新 正朴大秀 折衝尹沃 折衝鄭
承獻 僉知裵應褧 正鄭希讓 正崔汗文 正朴倫 兵使
金太虛 折衝全應忠 正朴弘春 正徐仁忠 折衝朴應
琢 正朴鳳瑞 正吳允玉 折衝張吾石 正金允福 正李
仁守 正朴仁立 正金先進 正朴鳳壽 郡守金潤國 正
金夢雲 正曹悅 正張應祺 正金玉 正金鳳杜 正李[illegible]

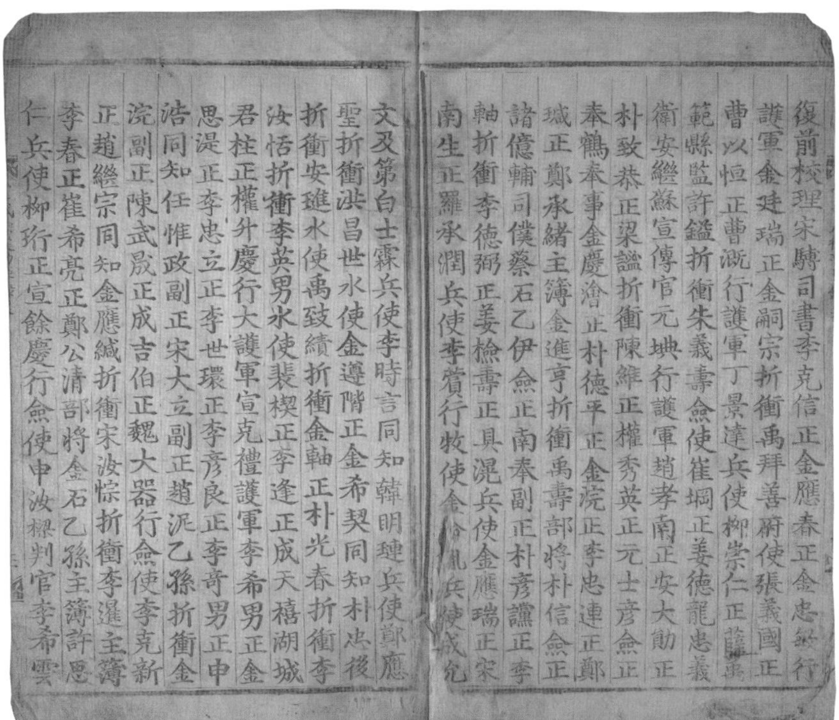

復前校理宋駉 司書李克信 正金應春 正金忠銖 行
護軍金廷瑞 正金嗣宗 折衝禹拜善 府使張義國 正
曹以恒 正曹漑 行護軍丁景達 兵使柳崇仁 正薛[illegible]
範 縣監許鎰 折衝朱義壽 僉使崔堈 正姜德龍 忠義
衛安繼蘇 宣傳官元坱 行護軍趙孝南 正安大勛 正
朴致恭 正梁謚 折衝陳緯 正權秀英 正元士彦 僉正
奉鶴 奉事金慶澮 正朴德平 正金琓 正李忠連 正鄭
城 正鄭承緖 主簿金進亨 折衝禹壽 部將朴信 僉正
諸億 輔司僕蔡石乙伊 僉正南奉 副正朴彦讜 正李
軸 折衝李德獮 正姜檢壽 正具滉 兵使金應瑞 正宋
南生 正羅承潤 兵使李蘋 行牧使金[illegible] 兵使成允
文 及第白士霖 兵使李時言 同知韓明璉 兵使鄭應
聖 折衝洪昌世 水使金遵階 正金希契 同知朴忠後
折衝安璡 水使禹致績 折衝金軸 正朴光春 折衝李
汝恬 折衝李英男 水使裵楔 正李逢 正成天禧 湖城
君柱 正權升慶 行大護軍宣克禮 護軍李希男 正金
思湜 正李忠立 正李世環 正李彦良 正李奇男 正申
浩 同知任惟政 副正宋大立 副正趙泥乙孫 折衝金
涴 副正陳武晟 正成吉伯 正魏大器 行僉使李克新
正趙繼宗 同知金應緘 折衝宋汝悰 折衝李暹 主簿
李春 正崔希亮 正鄭公淸 部將金石乙孫 主簿許恩
仁 兵使柳珩 正宣餘慶 行僉使申汝櫟 判官李希雲

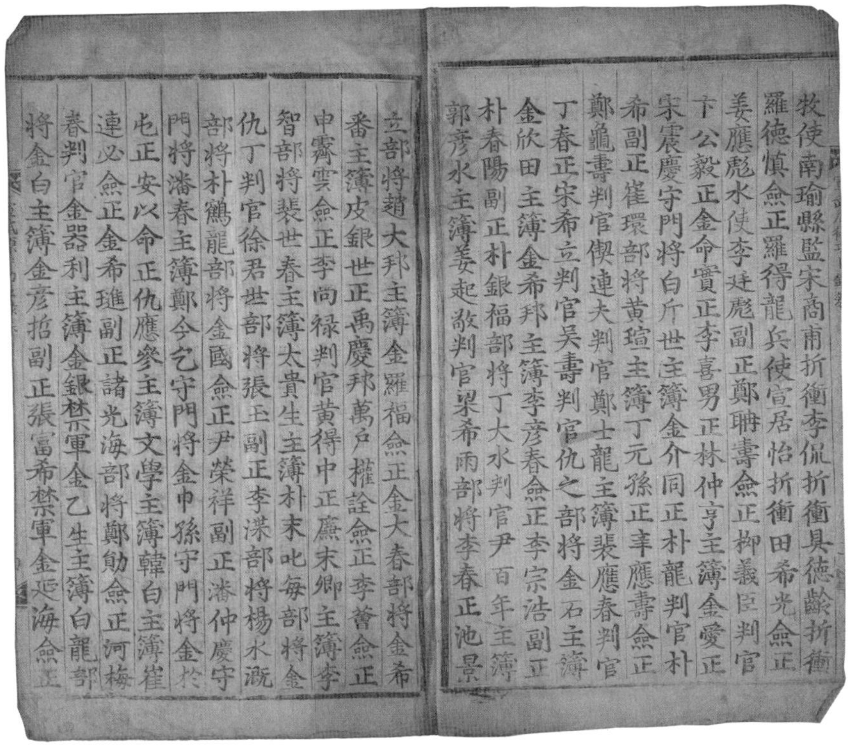

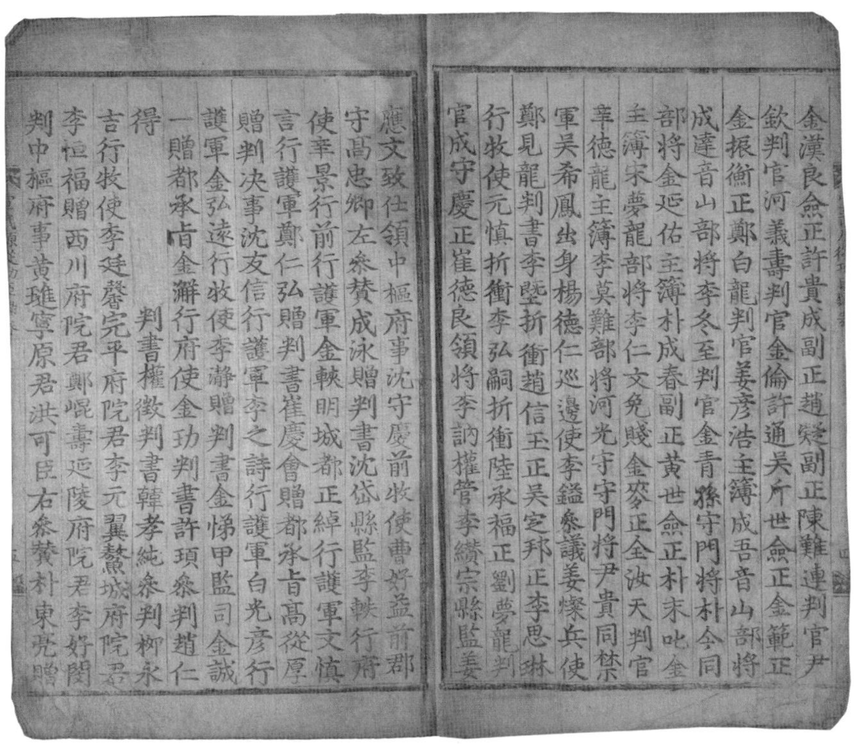

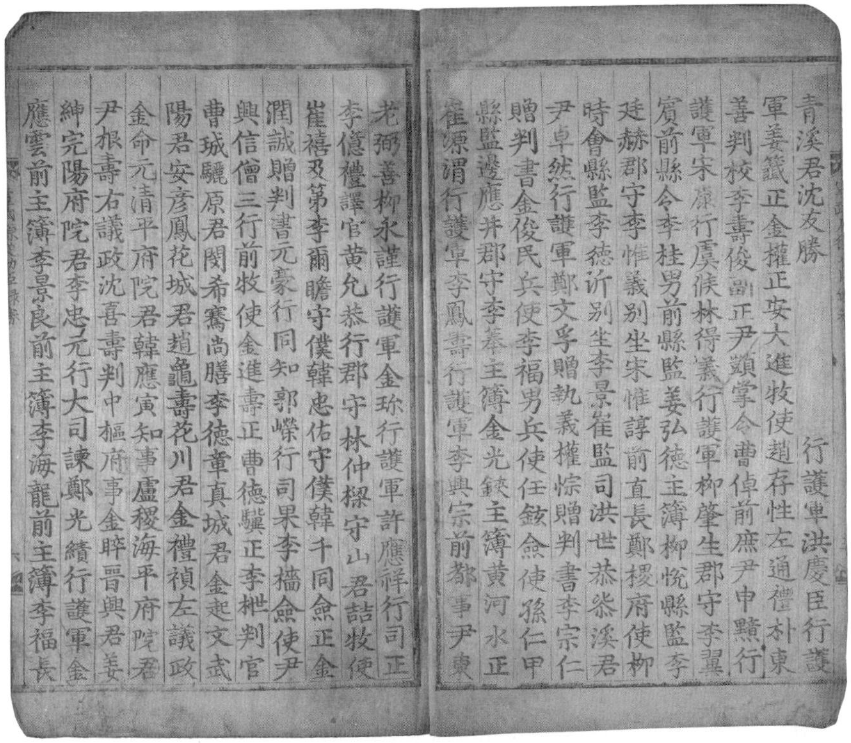

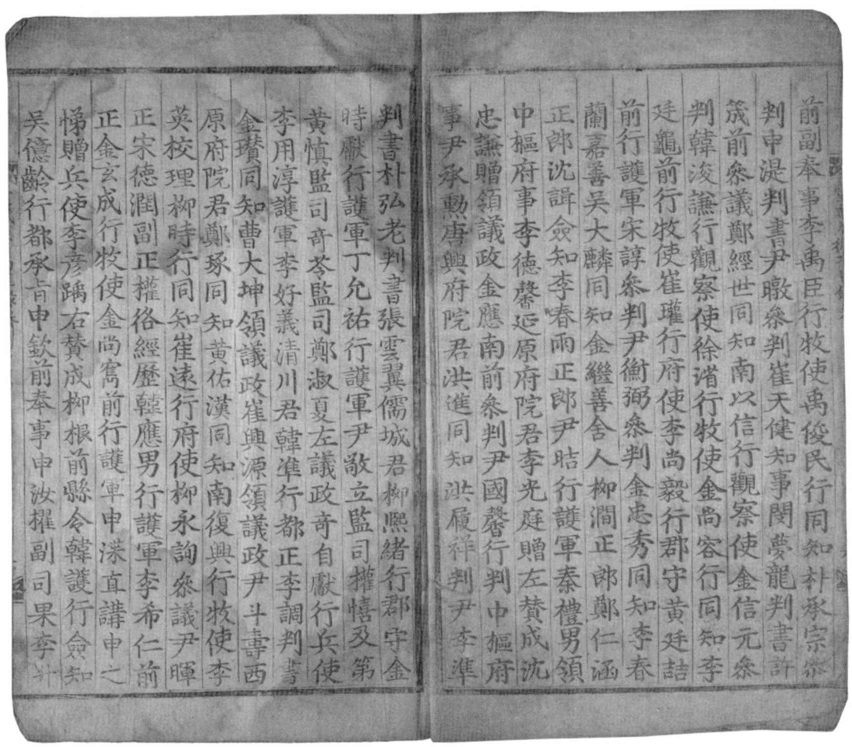

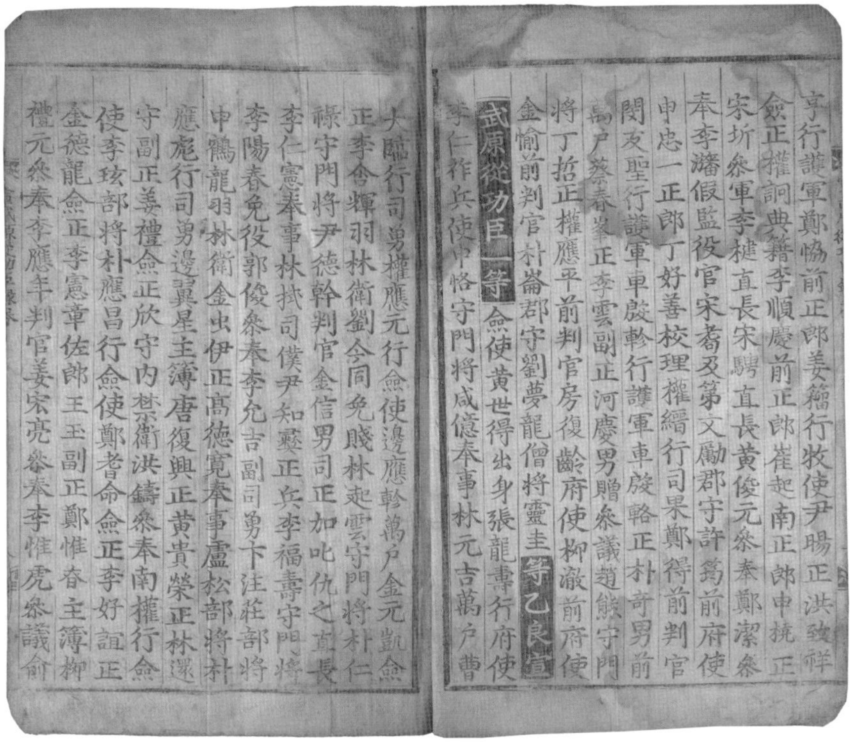

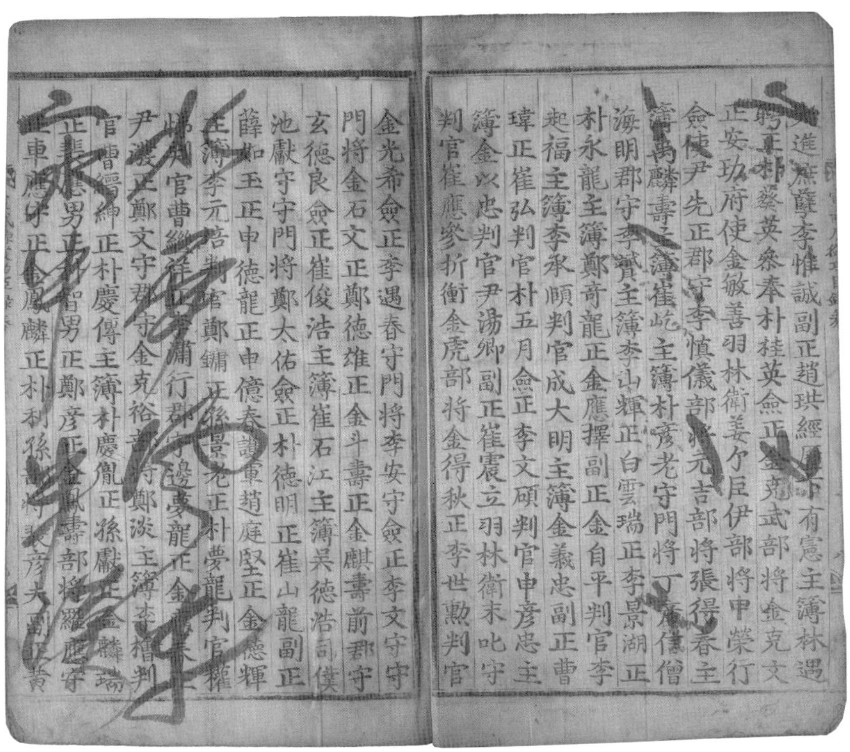

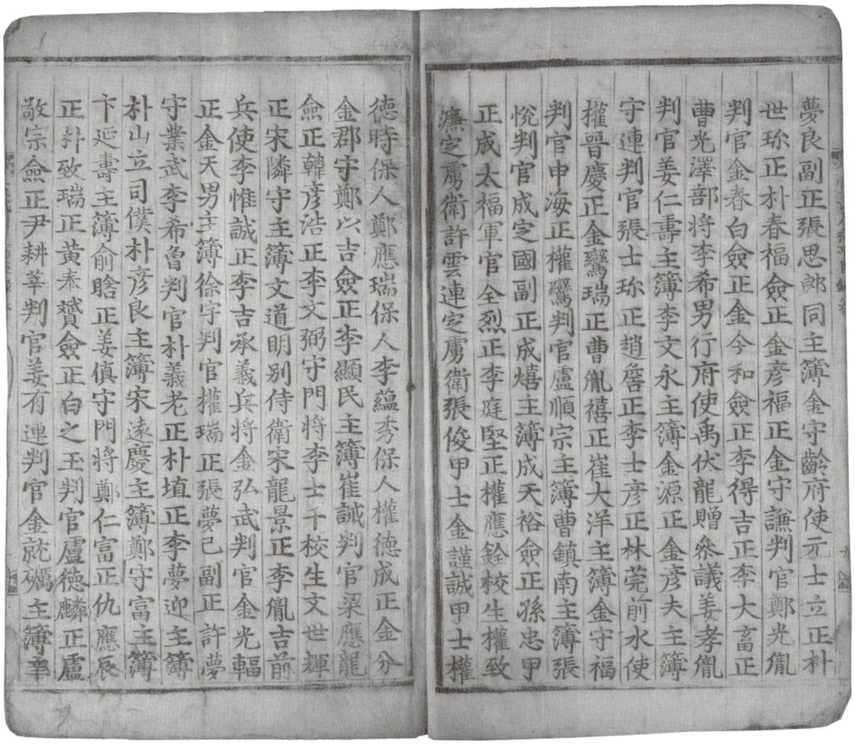

夢良副正張思訥同主簿金守齡府使元士立正朴
世珎正朴春福僉正金彥福正金守謙判官鄭光胤
判官金春白僉正金今和僉正李得吉正李大畜正
曹光澤部將李希男行府使禹伏龍贈叅議姜孝胤
判官姜仁壽主簿李文永主簿金源正金彥夫主簿
守連判官張士珎正趙詹正李士彥正林莞前水使
權晉慶正金鸑瑞正曹胤禧正崔大洋主簿金守福
判官申海正權鸑判官盧順宗主簿曹鎭南主簿張
悅判官成定國副正成熺主簿成天裕僉正孫忠男
正成太福軍官全烈正李廷堅正權應銓校生權致
濂定虜衛許雲連定虜衛張俊甲士金謹誠甲士權

德時保人鄭應瑞保人李蘊秀保人權德成正金分
金郡守鄭以吉僉正李顯民主簿崔誠判官梁應龍
僉正韓彥浩正李文弼守門將李士千校生文世輝
正宋隣守主簿文道明別侍衛宋龍景正李胤吉前
兵使李惟誠正李吉承義兵將金弘武判官金光輻
正金天男主簿徐守判官權瑞正張夢己副正許夢
守業武李希曾判官朴義老正朴埴正李夢迎主簿
朴山立司僕朴彥良主簿宋遠慶主簿鄭守富主簿
卞延壽主簿俞瞻正姜愼守門將鄭仁富正仇應辰
正卞致瑞正黃奉贇僉正白之玉判官盧德麟正盧
敬宗僉正尹耕莘判官姜有連判官金就礪主簿辛

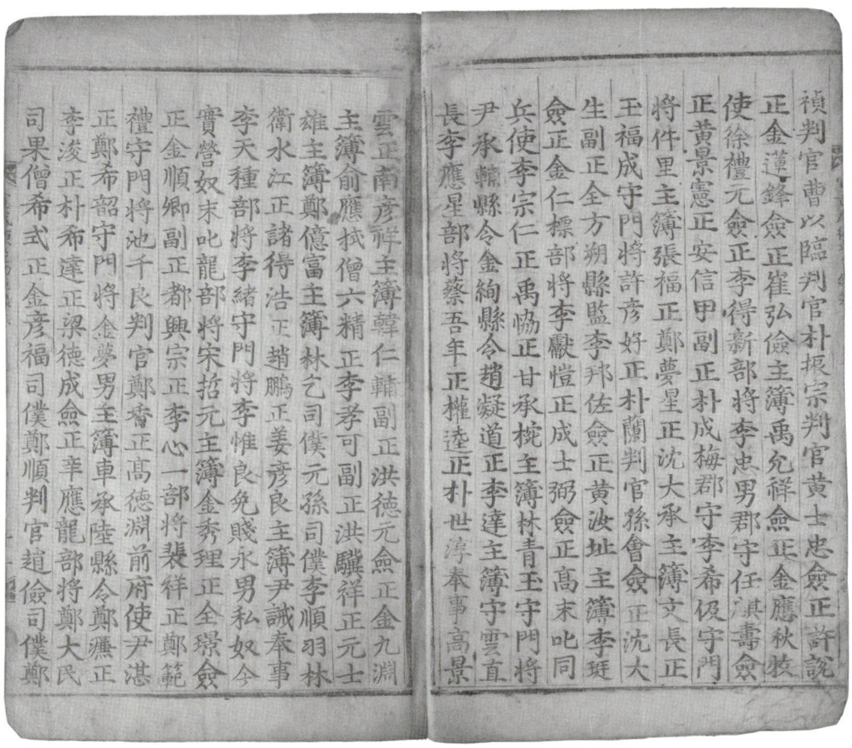

禎判官曹以臨判官朴振宗判官黃士忠僉正許說
正金蓮鋒僉正崔弘儉主簿禹允祥僉正金應秋枝
使徐禮元僉正李得新部將李忠男郡守任淇壽僉
正黃景憲正安信甲副正朴成梅郡守李希伋守門
將件里主簿張福正鄭夢星正沈大承主簿文長正
王福成守門將許彥好正朴蘭判官孫會僉正沈大
生副正全方朔縣監李邦佐僉正黃汝址主簿李珽
僉正金仁標部將李獻愷正成士弼僉正高末叱同
兵使李宗仁正禹協正甘承梡主簿林青玉守門將
尹承轅縣令金絢縣令趙凝道正李達主簿守雲直
長李應星部將蔡吾年正權逵正朴世淳奉事高景

雲正南彥祥主簿韓仁輔副正洪德元僉正金九淵
主簿俞應拭僧六精正李孝可副正洪驥祥正元士
雄主簿鄭億富主簿林乞司僕元孫司僕李順羽林
衛水江正諸得浩正趙鵬正姜彥良主簿尹誠奉事
李天種部將李緒守門將李惟良免賤永男私奴今
實營奴末叱龍部將宋哲元主簿金秀理正全璟僉
正金順卿副正都興宗正李心一部將裴祥正鄭範
禮守門將池千良判官鄭膂正高德淵前府使尹湛
正鄭希韶守門將金夢男主簿車承陸縣令鄭瀗正
李浚正朴希達正梁德成僉正辛應龍部將鄭大民
司果僧希式正金彥福司僕鄭順判官趙儉司僕鄭

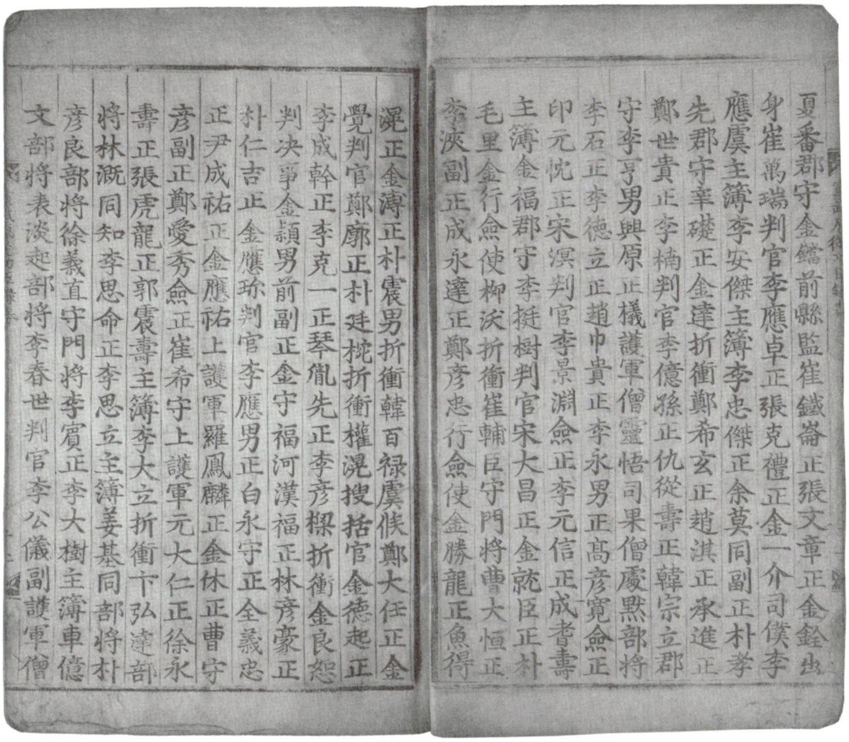
夏番郡守金鑌前縣監崔鐵崙正張文章正金鎰出
身崔萬瑞判官李應卓正張克禮正金一介司僕李
應虞主簿李安傑主簿李忠傑正余莫同副正朴孝
先郡守辛礎正金達折衝鄭希玄正趙淇正承進正
鄭世貴正李楠判官李億孫正仇從壽正韓宗立郡
守李亨男興原正議護軍僧靈悟司果僧慶黙部將
李石正李德立正趙申貴正李永男正高彥寬僉正
印元忱正宋濱判官李景淵僉正李元信正成耆壽
主簿金福郡守李挺樹判官宋大昌正金就臣正朴
毛里金行僉使柳浤折衝崔輔臣守門將曹大恒正
李浹副正成永達正鄭彥忠行僉使金勝龍正魚得
渷正金溥正朴震男折衝韓百祿虞候鄭大任正金
覺判官鄭廓正朴廷枕折衝權混搜括官金德起正
李成幹正李克一正琴胤先正李彥樑折衝金良恕
判決事金穎男前副正金守福河漢福正林彥豪正
朴仁吉正金應琜判官李應男正白永守正全義忠
正尹成祐正金應祐上護軍羅鳳麟正金休正曹守
彥副正鄭愛秀僉正崔希守上護軍元大仁正徐永
壽正張虎龍正郭震壽主簿李大立折衝卞弘達部
將林漑同知李思命正李思立主簿姜基同部將朴
彥良部將徐義直守門將李賔正李大樹主簿車億
文部將表淡起部將李春世判官李公儀副護軍僧

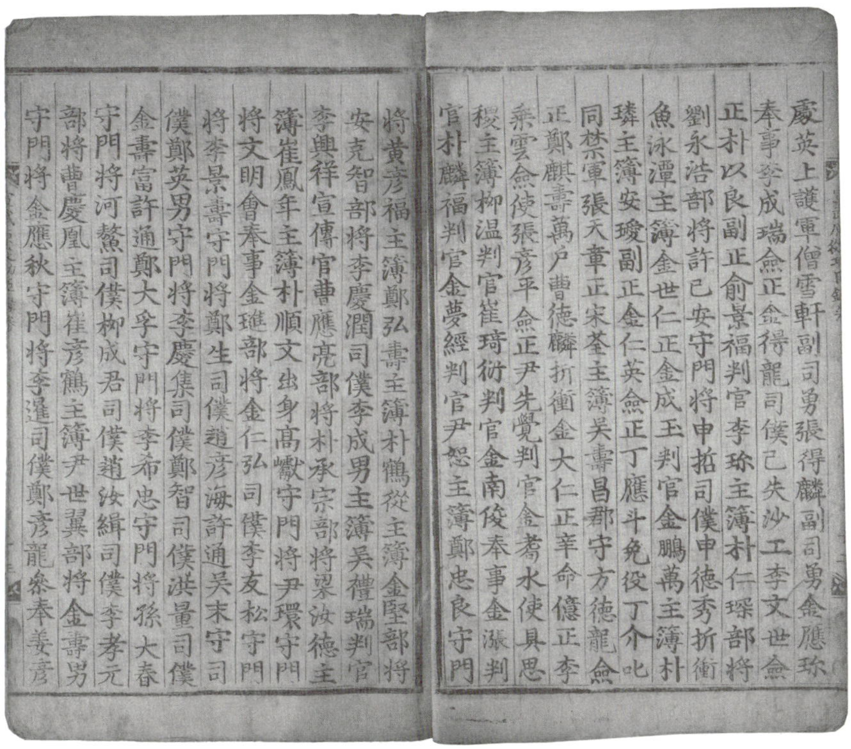
處英上護軍僧雪軒副司勇張得麟副司勇金應琜
奉事李成瑞僉正金得龍司僕己失沙工李文世僉
正朴以良副正俞景福判官李琜主簿朴仁琛部將
劉永浩部將許己安守門將申掐司僕申德秀折衝
魚泳潭主簿金世仁正金成玉判官金鵬萬主簿朴
瑧主簿安瓊副正金仁英僉正丁應斗免役丁介叱
同禁軍張天章正宋荃主簿吳壽昌郡守方德龍僉
正鄭麒壽萬戶曹德麟折衝金大仁正辛命億正李
乘雲僉使張彥平僉正尹先覺判官金壽水使具思
稷主簿柳溫判官崔琦衍判官金南俊奉事金瀜判
官朴麟福判官金夢經判官尹恕主簿鄭忠良守門
將黃彥福主簿鄭弘壽主簿朴鶴從主簿金堅部將
安克智部將李慶潤司僕李成男主簿吳禮瑞判官
李興徉宣傳官曹應亮部將朴承宗部將裵汝德主
簿崔鳳年主簿朴順文出身高巘守門將尹環守門
將文明會奉事金璡部將金仁弘司僕李友松守門
將李景壽守門將鄭生司僕趙彥海許通吳末守司
僕鄭英男守門將李慶集司僕鄭智司僕洪量司僕
金壽富許通鄭大孚守門將李希忠守門將孫大春
守門將河鰲司僕柳成君司僕趙汝緝司僕李孝元
部將曹慶凰主簿崔彥鶴主簿尹世翼部將金壽男
守門將金應秋守門將李暹司僕鄭彥龍參奉姜彥

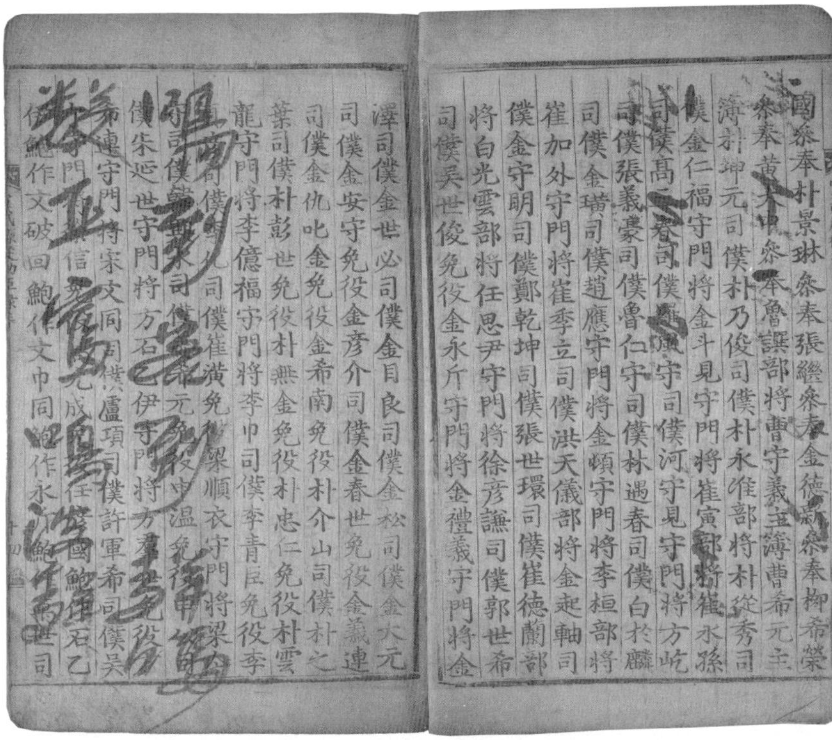

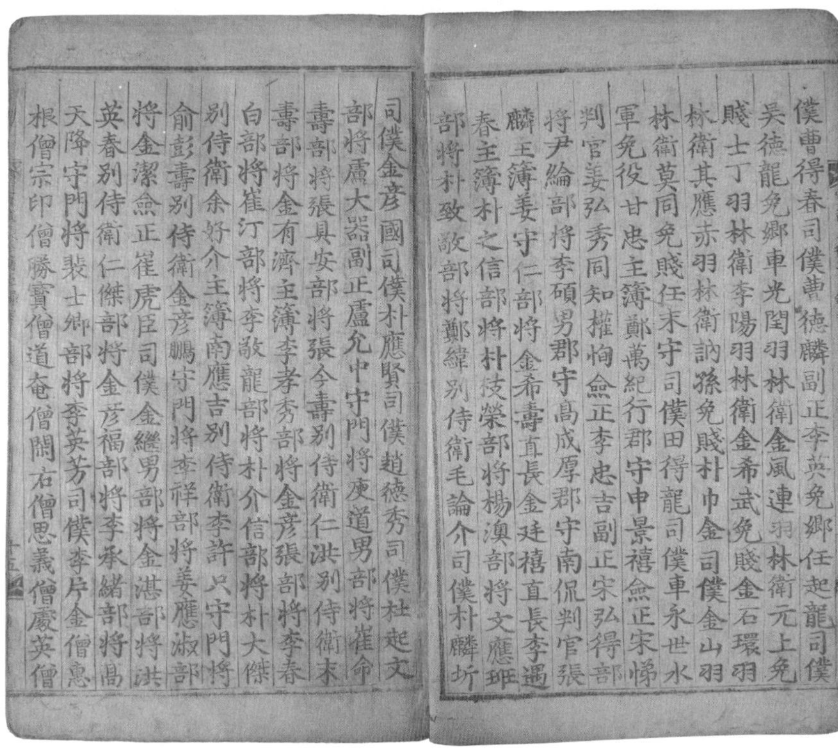

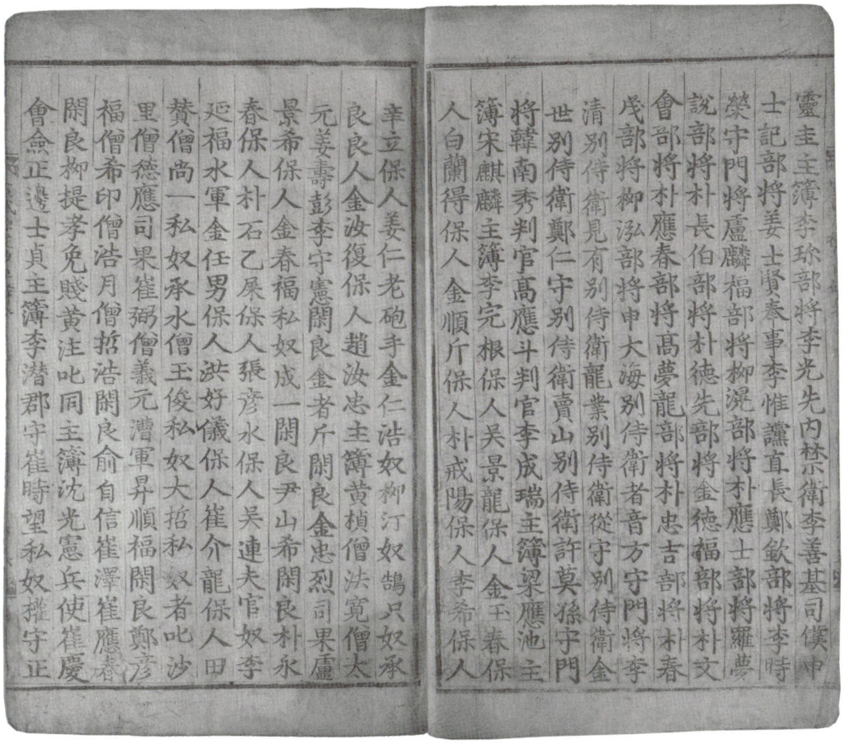

靈圭主簿李琢部將李光先內禁衛李善基司僕中
士記部將姜士賢奉事李惟讜直長鄭欽部將李時
滎守門將盧麟福部將柳滉部將朴應士部將羅夢
說部將朴長伯部將朴德先部將金德福部將朴文
會部將朴應春部將高夢龍部將朴忠吉部將朴春
茂部將柳泓部將申大海別侍衛者音方守門將李
清別侍衛見有別侍衛龍業別侍衛從守別侍衛金
世別侍衛鄭仁守別侍衛賣山別侍衛許莫孫守門
將韓南秀判官高應斗判官李成瑞主簿梁應池主
簿宋麒麟主簿李完根保人吳景龍保人金玉春保
人白蘭得保人金順斤保人朴戒陽保人李希保人

幸立保人姜仁老砲手金仁浩奴柳汀奴鵠只奴承
良良人金汝復保人趙汝忠主簿黃楨僧法寬僧太
元姜壽彭李守憲閑良金者斤閑良金忠烈司果盧
景希保人金春福私奴成一閑良尹山希閑良朴永
春保人朴石乙屎保人張彦水保人吳連夫官奴李
延福水軍金任男保人洪好儀保人崔介龍保人田
贇僧尚一私奴承水僧玉俊私奴大招私奴者叱沙
里僧德應司果崔弼僧義元漕軍昇順福閑良鄭彦
福僧希印僧浩月僧招浩閑良俞自信崔澤崔應春
閑良柳提孝免賤黃注叱同主簿沈光憲兵使崔慶
會僉正邊士貞主簿李潜郡守崔時望私奴攉守正

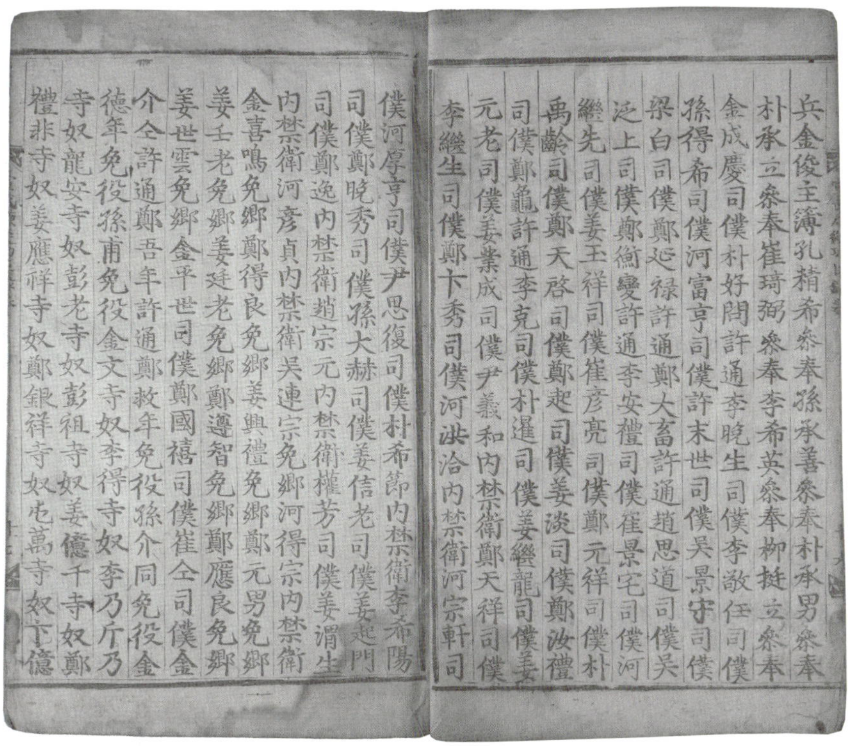

兵金俊主簿孔精希參奉孫承善參奉朴承男參奉
朴承立參奉崔琦弼參奉李希英參奉柳挺立參奉
金成慶司僕朴好問許通李晩生司僕李敬任司僕
孫得希司僕河富亨司僕許末世司僕吳景守司僕
梁白司僕鄭延祿許通鄭大畜許通趙思道司僕吳
延上司僕鄭衡變許通李安禮司僕崔景宅司僕河
繼先司僕姜玉祥司僕崔彦亮司僕鄭元祥司僕朴
禹齡司僕鄭天啓司僕鄭起司僕姜淡司僕鄭汝禮
司僕鄭龜許通李克司僕朴暹司僕姜繼龍司僕姜
元老司僕姜業成司僕尹義和內禁衛鄭天祥司僕
李繼生司僕鄭卞秀司僕河洪洽內禁衛河宗軒司

僕河厚亨司僕尹思復司僕朴希節內禁衛李希陽
司僕鄭曉秀司僕孫大赫司僕姜信老司僕姜起門
司僕鄭逸內禁衛趙宗元內禁衛權芳司僕姜渭生
內禁衛河彦貞內禁衛吳連宗免鄉河得宗內禁衛
金喜鳴免鄉鄭得良免鄉姜興禮免鄉鄭元男免鄉
姜壬老免鄉姜廷老免鄉鄭遵智免鄉鄭應良免鄉
姜世雲免鄉金平世司僕鄭國禧司僕崔仝司僕金
介仝許通鄭吾年許通鄭救年免役孫介同免役金
德年免役孫甫免役金文寺奴李得寺奴李乃斤乃
寺奴龍安寺奴彭老寺奴彭祖寺奴姜億千寺奴鄭
禮非寺奴姜應祥寺奴鄭銀祥寺奴屯萬寺奴卞億

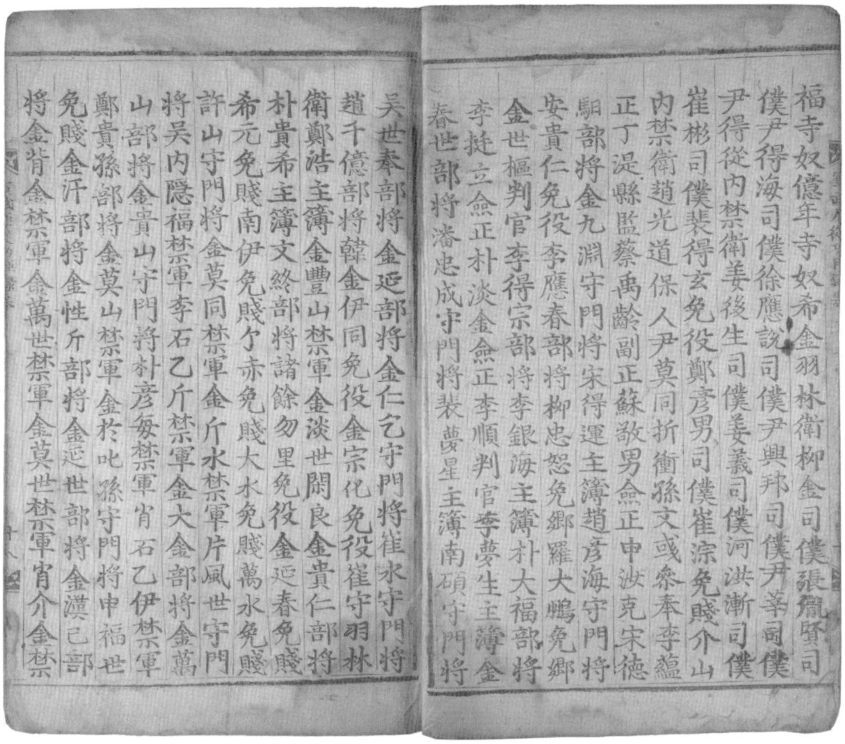

福寺奴億年寺奴希金羽林衛柳金司僕張龍賢司
僕尹得海司僕徐應說司僕尹興邦司僕尹華司僕
尹得從內禁衛姜後生司僕姜義司僕河洪漸司僕
崔彬司僕裴得玄免役鄭彥男司僕崔淙免賤介山
內禁衛趙光道保人尹莫同折衝孫文彧叅奉李蘊
正丁湜縣監蔡禹齡副正蘇敬男僉正申汳克宋德
駟部將金九淵守門將宋得運主簿趙彥海守門將
安貴仁免役李應春部將柳忠恕免鄉羅大鵬免鄉
金世樞判官李得宗部將李銀海主簿朴大福部將
李挺立僉正朴淡金僉正李順判官李夢生主簿金
春世部將潘忠成守門將裴夢星主簿南碩守門將

吳世奉部將金延部將金仁乞守門將崔水守門將
趙千億部將韓金伊同免役金宗化免役崔守羽林
衛鄭浩主簿金豐山禁軍金淡世閑良金貴仁部將
朴貴希主簿文終部將諸餘勿里免役金延春免賤
希元免賤南伊免賤ケ赤免賤大水免賤萬水免賤
許山守門將金莫同禁軍金斤水禁軍片風世守門
將吳內隱福禁軍李石乙斤禁軍金大金部將金萬
山部將金貴山守門將朴彥每禁軍肖石乙伊禁軍
鄭貴孫部將金莫山禁軍金於叱孫守門將申福世
免賤金汗部將金性斤部將金延世部將金漢己部
將金背金禁軍金萬世禁軍金莫世禁軍肖介金禁

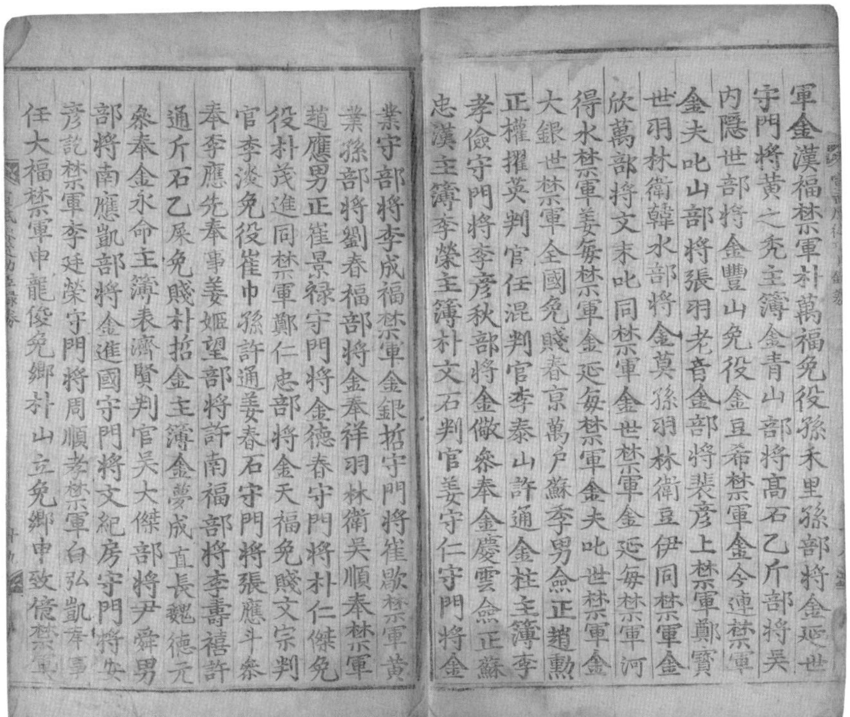

軍金漢福禁軍朴萬福免役孫禾里孫部將金延世
守門將黃之秀主簿金青山部將高石乙斤部將吳
內隱世部將金豐山免役金豆希禁軍金今連禁軍
金夫叱山部將張羽老音金部將裴彥上禁軍鄭寶
世羽林衛韓水部將金莫孫羽林衛豆伊同禁軍金
欣萬部將文末叱同禁軍金世禁軍金延每禁軍河
得水禁軍姜每禁軍金延每禁軍金夫叱世禁軍金
大銀世禁軍全國免賤春京萬戶蘇李男僉正趙勳
正權擢英判官任混判官李泰山許通金柱主簿李
孝儉守門將李彥秋部將金徵叅奉金慶雲僉正蘇
忠漢主簿李榮主簿朴文石判官姜守仁守門將金

業守部將李成福禁軍金銀招守門將崔歇禁軍黃
業孫部將劉春福部將金奉祥羽林衛吳順奉禁軍
趙應男正崔景祿守門將金德春守門將朴仁傑免
役朴茂進同禁軍鄭仁忠部將金天福免賤文宗判
官李浚免役崔巾孫許通姜春石守門將張應斗叅
奉李應先奉事姜姬望部將許南福部將李壽禧許
通斤石乙屎免賤朴招金主簿金夢成直長魏德元
叅奉金永命主簿表濟賢判官吳大傑部將尹舜男
部將南應凱部將金進國守門將文紀房守門將安
彥說禁軍李廷榮守門將周順孝禁軍白弘凱奉事
任大福禁軍申龍俊免鄉朴山立免鄉申致億禁軍

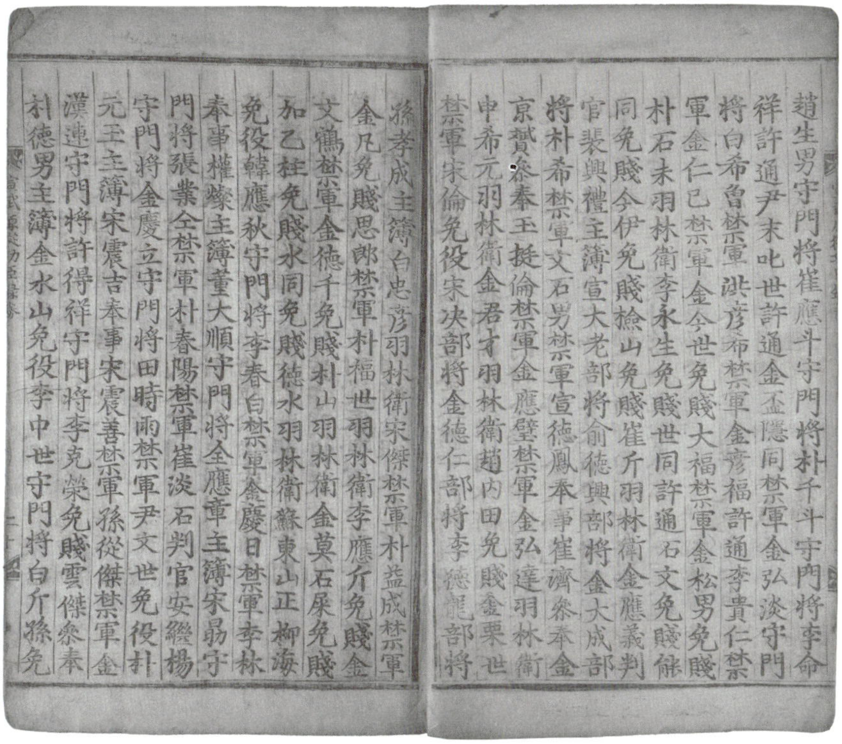

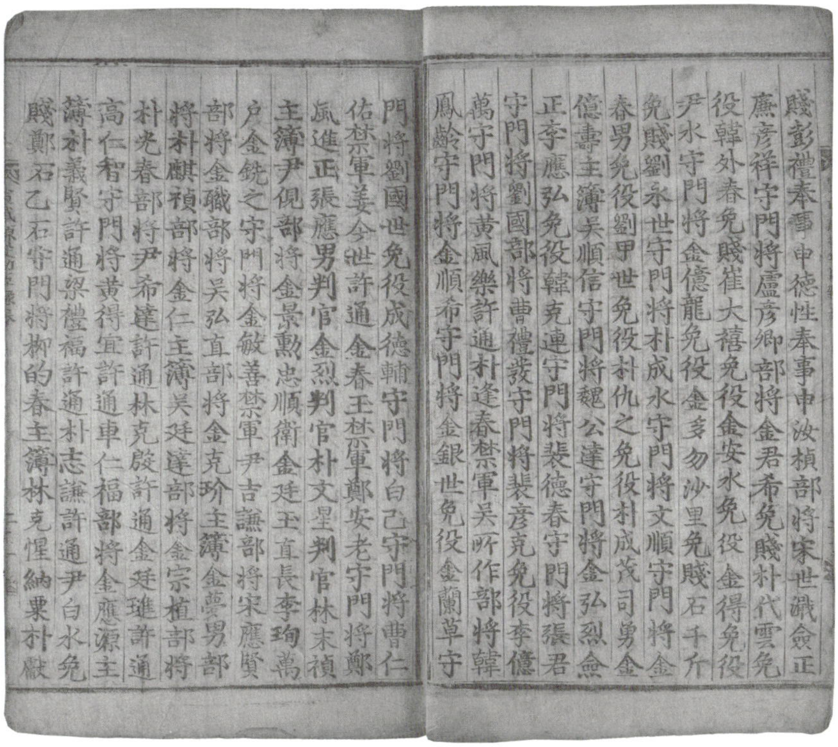

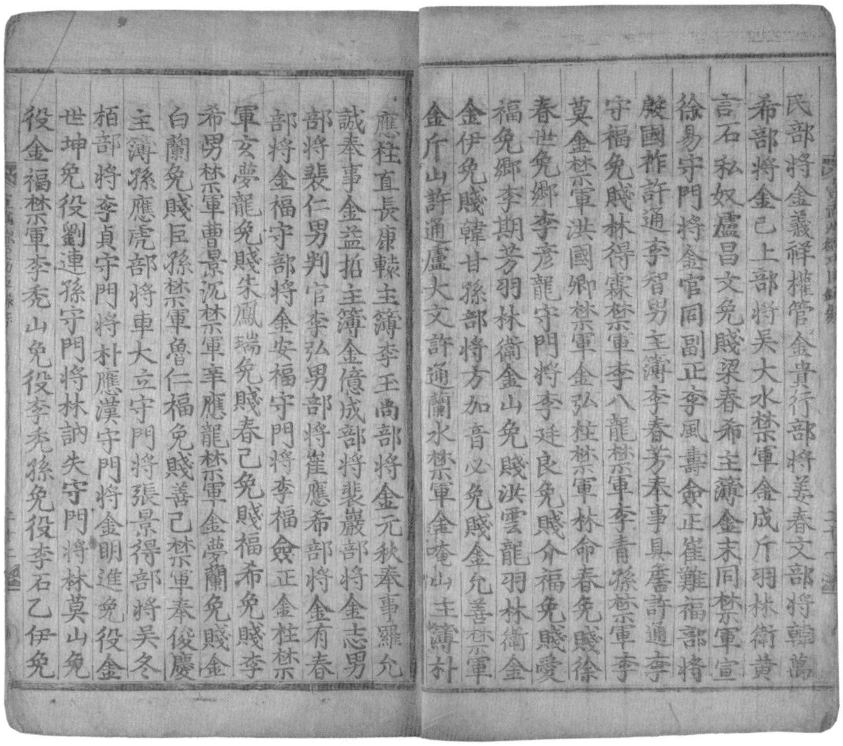
民部將金義祥權管金貴行部將姜春文部將韓萬
希部將金己上部將吳大水禁軍金成斤羽林衛黃
言石私奴盧昌文免賤梁春希主簿金末同禁軍宣
徐易守門將僉官同副正李鳳壽僉正崔難福部將
殷國祚許通李智男主簿李春芳奉事具書許通李
守福免賤林得霖禁軍李八龍禁軍李青孫禁軍李
莫金禁軍洪國卿禁軍金弘柱禁軍林命春免賤徐
春世免鄕李彦龍守門將李廷良免賤介福免賤愛
福免鄕李期芳羽林衛金山免賤洪雲龍羽林衛金
金伊免賤韓甘孫部將方加音必免賤金允善禁軍
金斤山許通盧大文許通蘭水禁軍金唵山主簿朴
應柱直長康軾主簿李壬尚部將金元秋奉事羅允
誠奉事金益栢主簿金億成部將裴巖部將金志男
部將裴仁男判官李弘男部將崔應希部將金有春
部將金福守部將金安福守門將李福僉正金柱禁
軍玄夢龍免賤朱鳳瑞免賤春己免賤福希免賤李
希男禁軍曹景沉禁軍辛應龍禁軍金夢蘭免賤金
白蘭免賤巨孫禁軍魯仁福免賤善己禁軍奉俊慶
主簿孫應虎部將車大立守門將張景得部將吳冬
栢部將李貞守門將朴應漢守門將金明進免役金
世坤免役劉連孫守門將林訥失守門將林莫山免
役金福禁軍李禿山免役李禿孫免役李石乙伊免

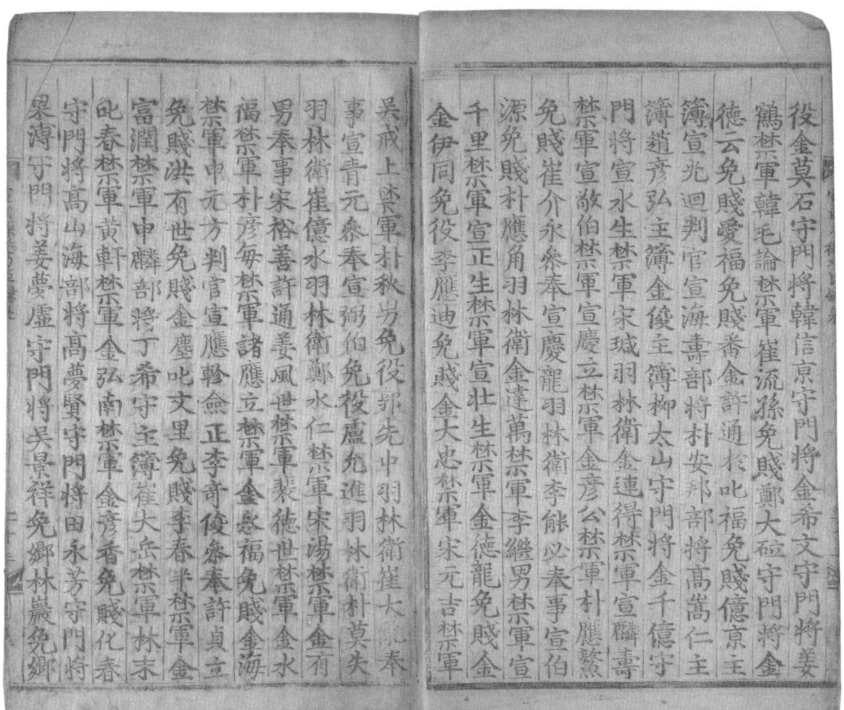
役金莫石守門將韓信京守門將金希文守門將姜
鶴禁軍韓毛論禁軍崔流孫免賤鄭大砬守門將金
德云免賤愛福免賤番金許通於叱福免賤億京主
簿宣光迥判官宣海壽部將朴安邦部將高萬仁主
簿趙彦弘主簿金俊主簿柳太山守門將金千億守
門將宣永生禁軍宋珹羽林衛金連得禁軍宣麟壽
禁軍宣敬伯禁軍宣慶立禁軍金彦公禁軍朴應鰲
免賤崔介永參奉宣慶龍羽林衛李能必奉事宣伯
源免賤朴應角羽林衛金達萬禁軍李繼男禁軍宣
千里禁軍宣正生禁軍宣壯生禁軍金德龍免賤金
金伊同免役李應迪免賤金大忠禁軍宋元吉禁軍
吳戒上禁軍朴秋男免役郭先中羽林衛崔大亮奉
事宣青元參奉宣弼伯免役盧允進羽林衛朴莫失
羽林衛崔億水羽林衛鄭水仁禁軍宋湯禁軍金有
男奉事宋裕善許通姜風世禁軍裴德世禁軍金水
福禁軍朴彦每禁軍諸應立禁軍金應福免賤金海
禁軍申元方判官宣應軫僉正李奇俊參奉許貞立
免賤洪有世免賤金麼叱文里免賤李春半禁軍金
富潤禁軍申麟部將丁希守主簿崔大岳禁軍林末
叱春禁軍黃軒禁軍金弘南禁軍金彦香免賤化春
守門將高山海部將高夢賢守門將田永芳守門將
梁濤守門將姜夢虛守門將吳景祥免鄕林巖免鄕

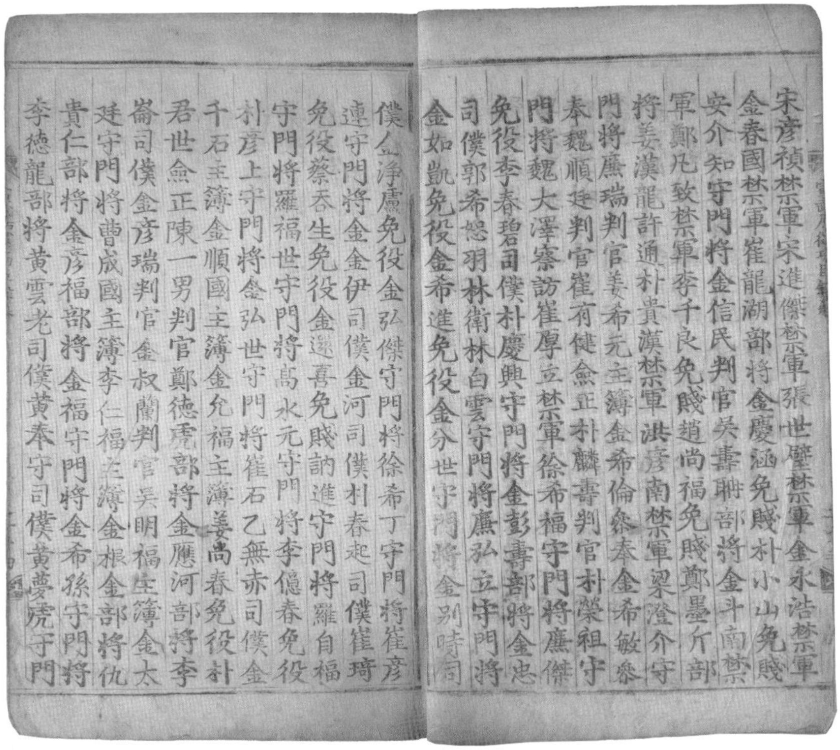

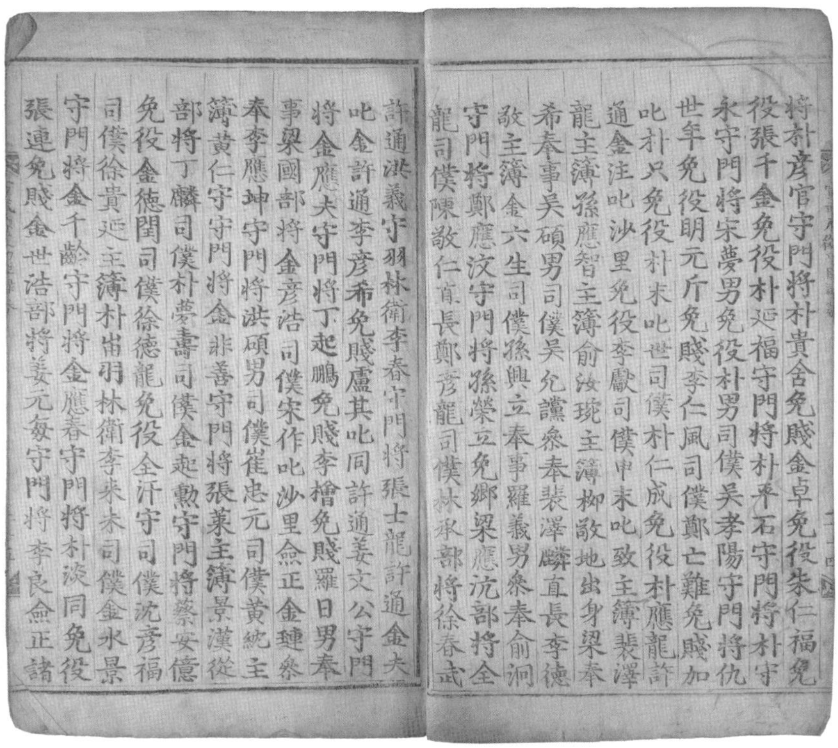

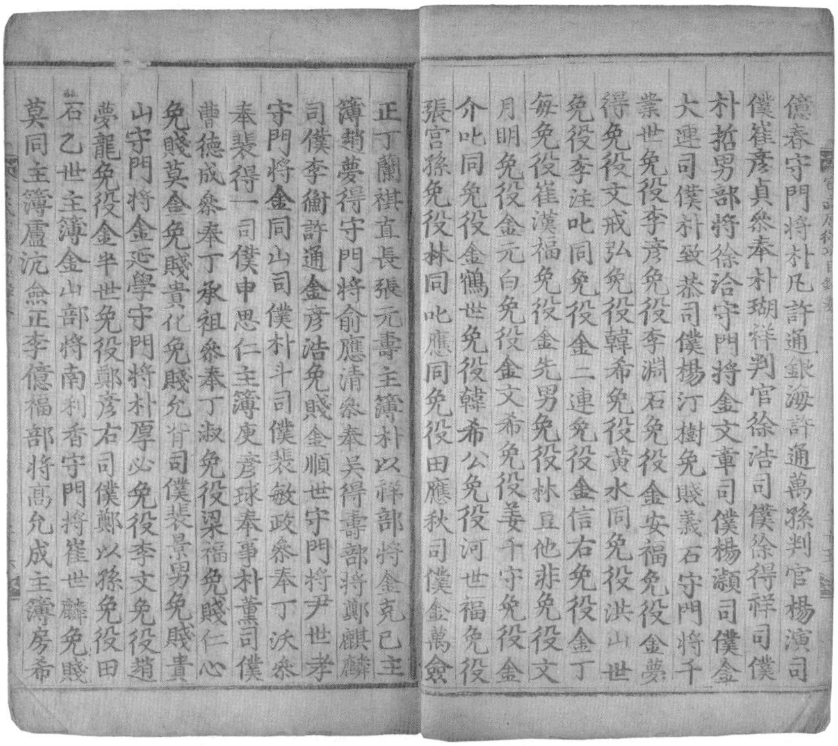

億春守門將朴凡許通銀海許通萬孫判官楊演司
僕崔彥貞衆奉朴瑚祥判官徐浩司僕徐得祥司僕
朴若男部將徐洽守門將金文華司僕楊識司僕金
大連司僕朴致恭司僕楊汀樹免賤義石守門將千
業世免役李彥免役李淵石免役金安福免役金夢
得免役文戒弘免役韓希免役黃水同免役洪山世
免役李注叱同免役金二連免役金信右免役金丁
每免役崔漢福免役金先男免役林豆他非免役文
月明免役金元白免役金文希免役姜千守免役金
介叱同免役金鶴世免役韓希公免役河世福免役
張宮孫免役林同叱應同免役田應秋司僕金萬僉

正丁蘭祺直長張元壽主簿朴以祥部將金克己主
簿趙夢得守門將俞應清衆奉吳得壽部將鄭麒麟
司僕李衛許通金彥浩免賤金順世守門將尹世孝
守門將金同山司僕朴斗司僕裴敏政衆奉丁沃衆
奉裴得一司僕申思仁主簿庚彥球奉事朴董司僕
曹德成衆奉丁承祖衆奉丁淑免役梁福免賤仁心
免賤莫金免賤貴化免賤允背司僕裴景男免賤貴
山守門將金延學守門將朴厚必免役李文免役趙
夢龍免役金半世免役鄭彥右司僕鄭以孫免役田
石乙世主簿金山部將南礿香守門將崔世麟免賤
莫同主簿盧沆僉正李億福部將高允成主簿房希

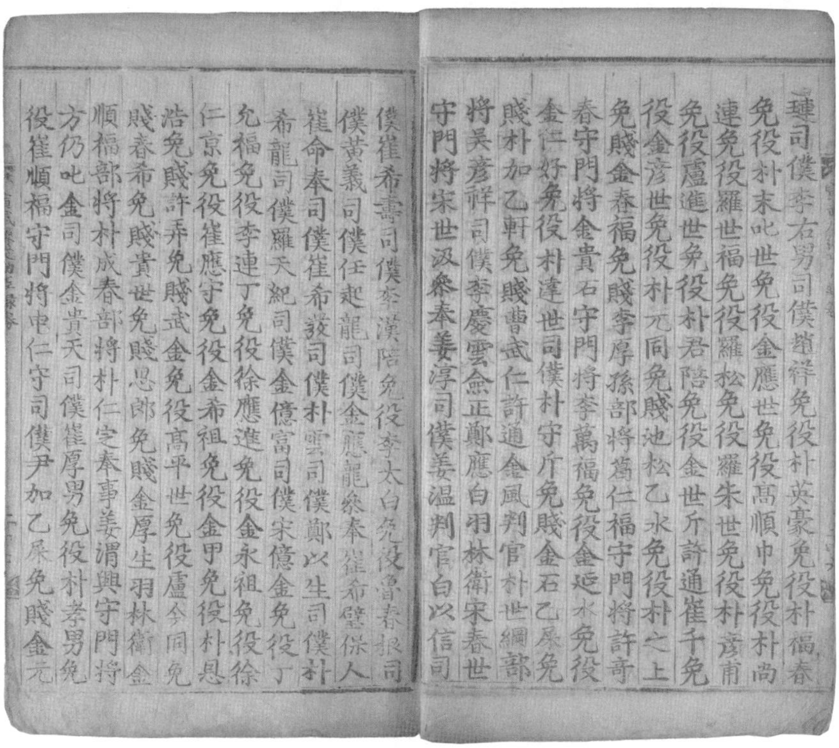

璉司僕李右男司僕趙祥免役朴英豪免役朴福春
免役朴末叱世免役金應世免役高順巾免役朴尚
連免役羅世福免役羅松免役羅朱世免役朴彥甫
免役盧進世免役朴君陪免役金世斤許通崔千免
役金彥世免役朴元同免賤池松乙水免役朴之上
免賤金春福免賤李厚孫部將萬仁福守門將許哥
春守門將金貴石守門將李萬福免役金延水免役
金仁好免役朴達世司僕朴守斤免賤金石乙屎免
賤朴加乙軒免賤曹武仁許通金鳳判官朴世綱部
將吳彥祥司僕李慶雲僉正鄭應白羽林衛宋春世
守門將宋世汲衆奉姜淳司僕姜溫判官白以信司

僕崔希壽司僕李漢陪免役李太白免役曹春根司
僕黃義司僕任起龍司僕金應龍衆奉崔希璧保人
崔命奉司僕崔希簽司僕朴雲司僕鄭以生司僕朴
希龍司僕羅天紀司僕金億富司僕宋億金免役丁
允福免役李連丁免役徐應進免役金永祖免役徐
仁京免役崔應守免役金希祖免役金甲免役朴恩
浩免賤許弄免賤武金免役高平世免役盧今同免
賤春希免賤貴世免賤恩郞免賤金厚生羽林衛金
順福部將朴成春部將朴仁宅奉事姜渭興守門將
方仍叱金司僕金貴天司僕崔厚男免役朴孝男免
役崔順福守門將申仁守司僕尹加乙屎免賤金元

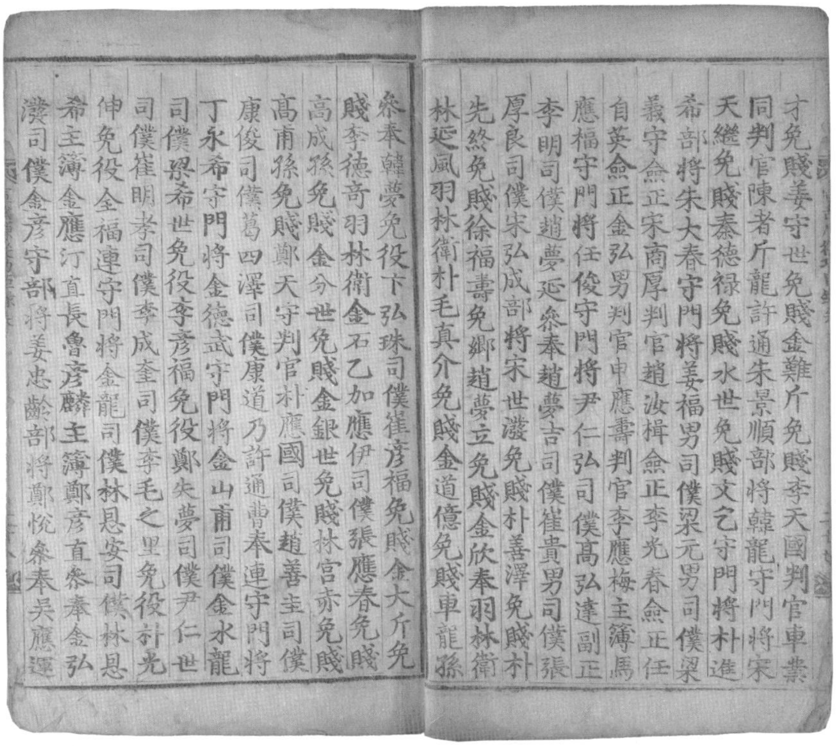

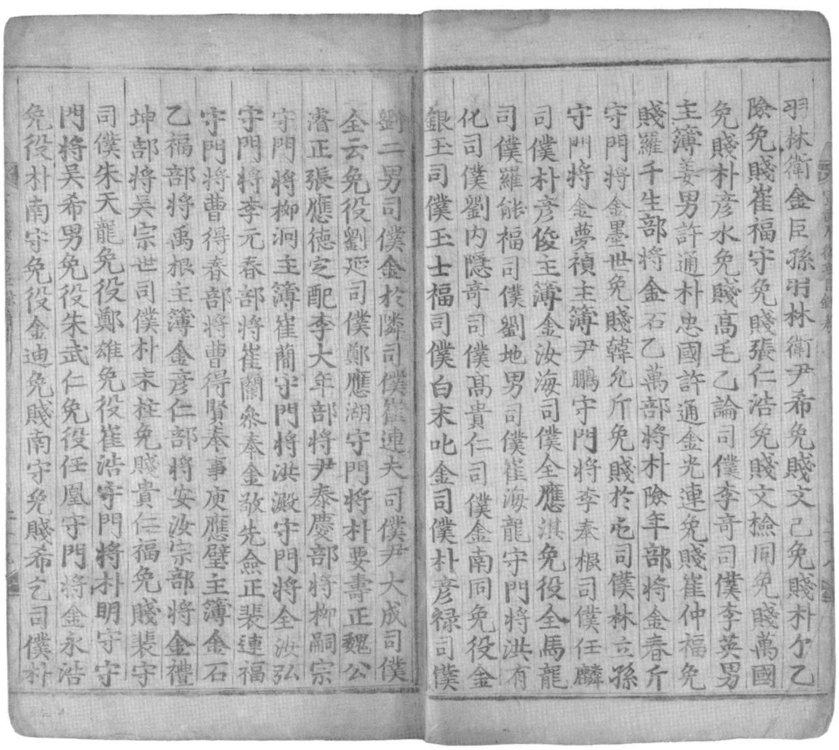

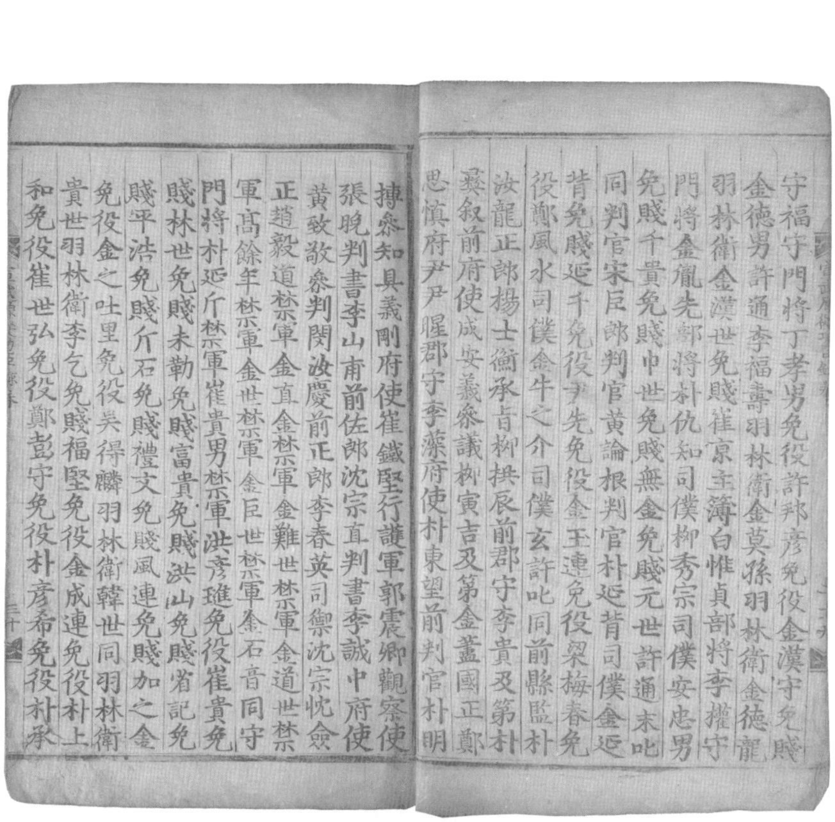

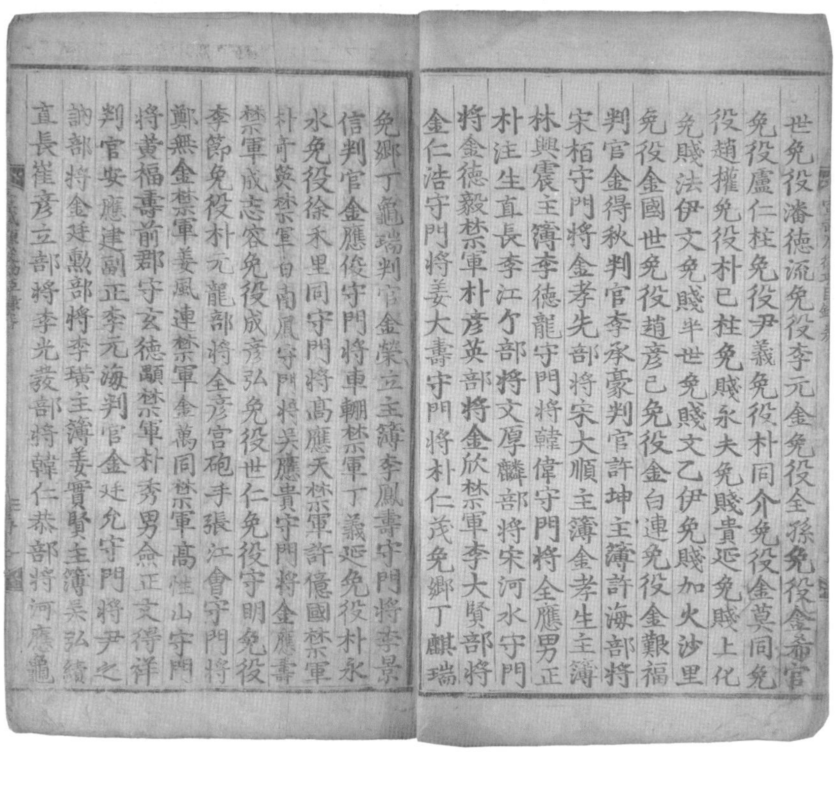

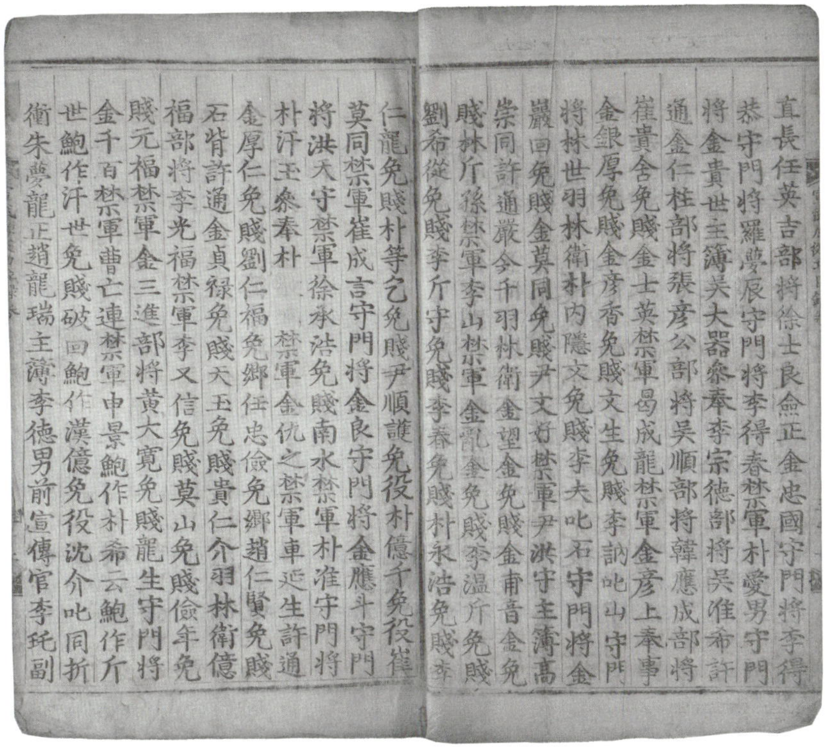

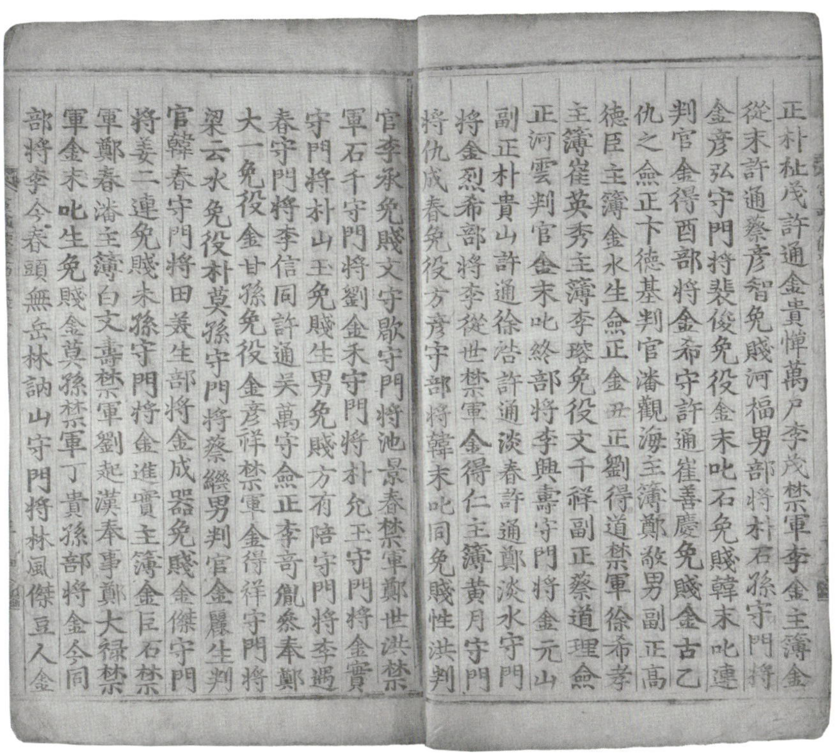

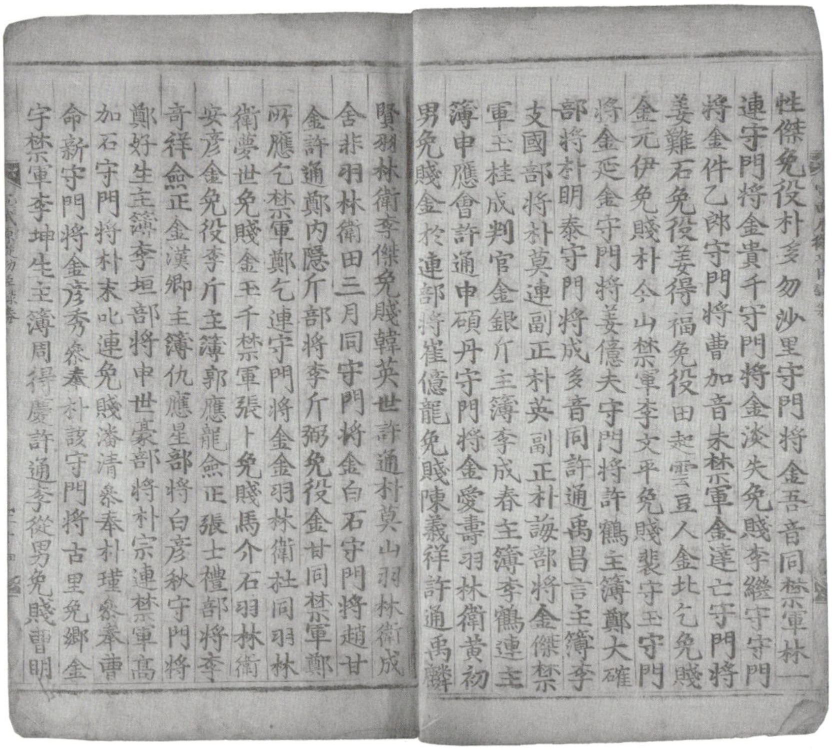

性傑免役朴乡勿沙里守門將金吾音同禁軍林一
連守門將金貴千守門將金淡失免賤李繼守守門
將金件乙郞守門將曹加音未禁軍金達亡守門將
姜難石免役姜得福免役田起雲豆人金北乞免賤
金元伊免賤朴今山禁軍李文平免賤裴守玉守門
將金延金守門將姜億夫守門將許鶴主簿鄭大確
部將朴明泰守門將成乡音同許通禹昌言主簿李
支國部將朴莫連副正朴英副正朴誨部將金傑禁
軍玉桂成判官金銀斤主簿李成春主簿李鶴連主
簿申應會許通申碩丹守門將金愛壽羽林衛黃初
男免賤金於連部將崔億龍免賤陳義祥許通禹麟

賢羽林衛李傑免賤韓英世許通朴莫山羽林衛成
舍非羽林衛田三月同守門將金白石守門將趙甘
金許通鄭內隱斤部將李斤弼免役金甘同禁軍鄭
所應乞禁軍鄭乞連守門將金金羽林衛杜同羽林
衛夢世免賤金玉千禁軍張卜免賤馬介石羽林衛
安彥金免役李斤主簿郭應龍僉正張士禮部將李
奇祥僉正金漢卿主簿仇應星部將白彥秋守門將
鄭好生主簿李垣部將申世豪部將朴宗連禁軍高
加石守門將朴末叱連免賤潘清參奉朴瑾參奉曹
命新守門將金彥秀參奉朴諺守門將古里免鄕金
守禁軍李坤生主簿周得慶許通李從男免賤曹明

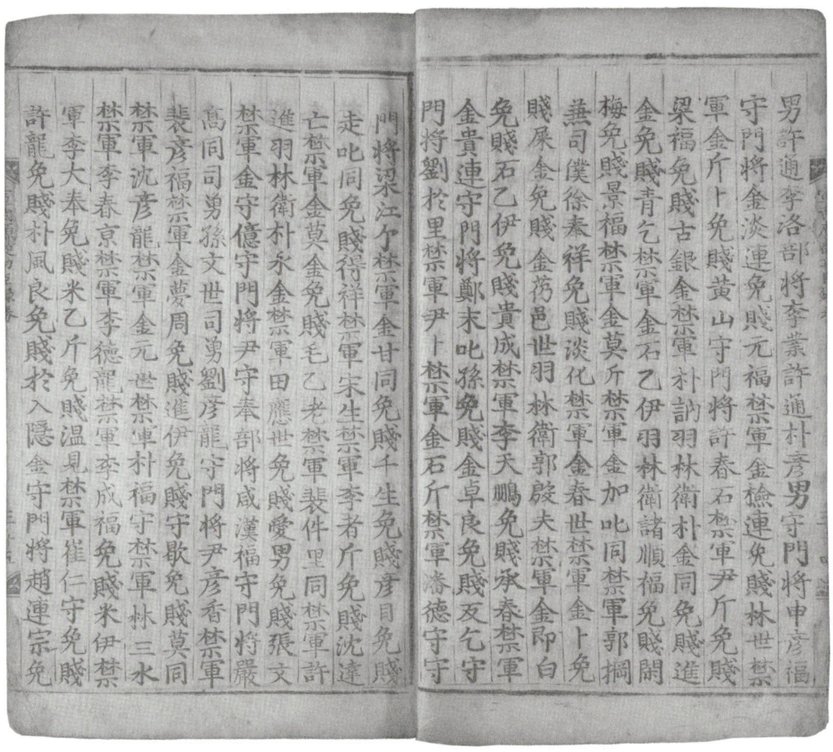

男許通李洛部將李業許通朴彥男守門將申彥福
守門將金淡連免賤元福禁軍金檢連免賤林世禁
軍金斤卜免賤黃山守門將許春石禁軍尹斤免賤
梁福免賤古銀金禁軍朴訥羽林衛朴金同免賤進
金免賤青乞禁軍金石乙伊羽林衛諸順福免賤閑
梅免賤景福禁軍金莫斤禁軍金加叱同禁軍郭擱
善司僕徐奉祥免賤淡化禁軍金春世禁軍金卜免
賤屎金免賤金芿邑世羽林衛郭殷夫禁軍金卽白
免賤石乙伊免賤貴成禁軍李天鵬免賤承春禁軍
金貴連守門將鄭末叱孫免賤金卓良免賤叉乞守
門將劉於里禁軍尹卜禁軍金石斤禁軍潘德守守

門將梁江个禁軍金甘同免賤千生免賤彥日免賤
走叱同免賤得祥禁軍宋生禁軍李者斤免賤沈達
亡禁軍金莫金免賤毛乙老禁軍裵件里同禁軍許
進羽林衛朴永金禁軍田應世免賤愛男免賤張文
禁軍金守億守門將尹守奉部將咸漢福守門將嚴
嵩同司勇孫文世司勇劉彥龍守門將尹彥香禁軍
裵彥福禁軍金夢周免賤進伊免賤守歇免賤莫同
禁軍沈彥龍禁軍金元世禁軍朴福守禁軍林三水
禁軍李春京禁軍李德龍禁軍李成福免賤米伊禁
軍李大奉免賤米乙斤免賤溫見禁軍崔仁守免賤
許龍免賤朴風良免賤於入隱金守門將趙連宗免

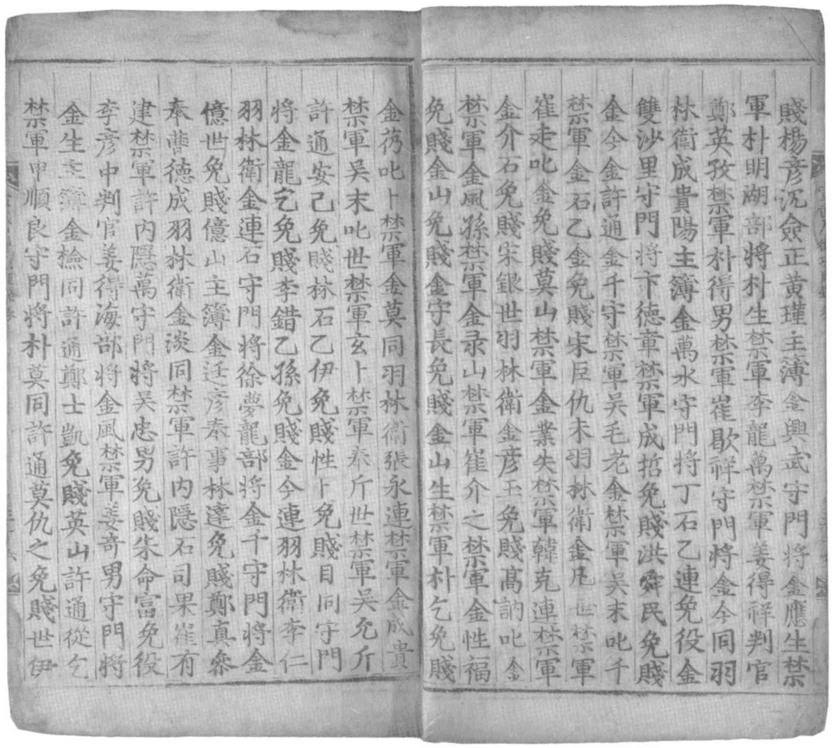

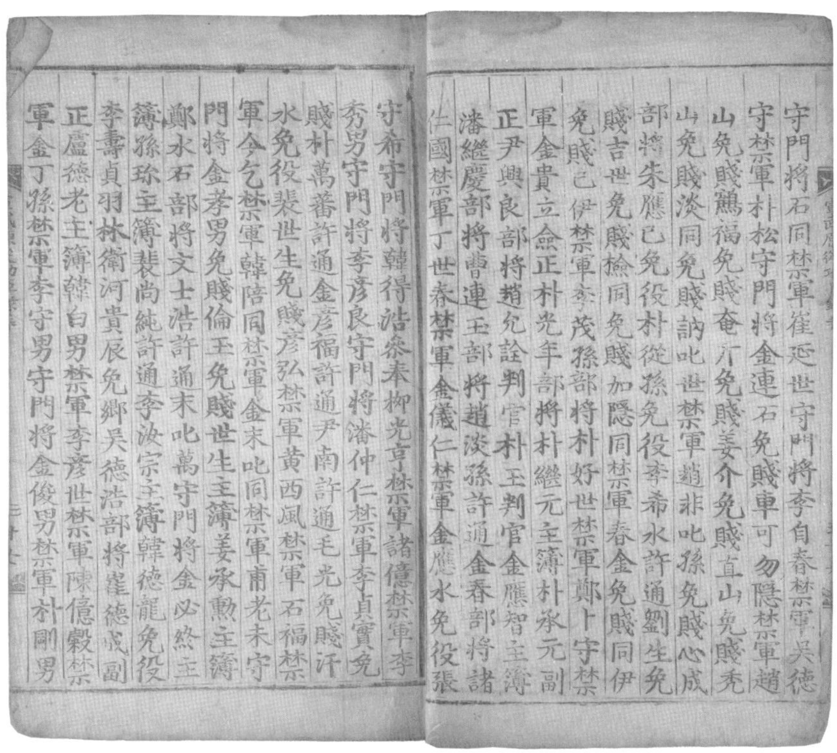

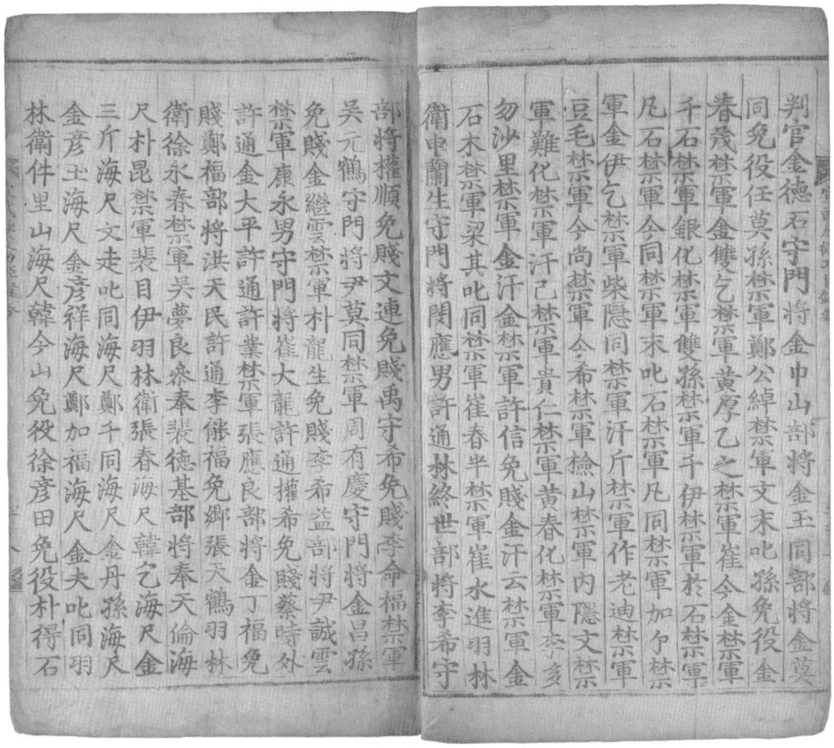

判官金德石守門將金中山部將金王同部將金莫
同免役任莫孫禁軍鄭公綽禁軍文末叱孫免役金
春發禁軍金僐乙擇禁軍黃厚乙之禁軍崔今金禁軍
千石禁軍銀化禁軍雙孫禁軍千伊禁軍於石禁軍
凡石禁軍仝同禁軍末叱石禁軍凡同禁軍加乙禁
軍金伊乙禁軍柴隱同禁軍汗斤禁軍作老迪禁軍
豆毛禁軍仝尚禁軍仝希禁軍檢山禁軍内隱文禁
軍難化禁軍汗己禁軍貴仁禁軍黃春化禁軍李乡
勿沙里禁軍金汗金禁軍許信免賤金汗云禁軍金
石木禁軍梁其叱同禁軍崔春半禁軍崔水進羽林
衛申蘭生守門將閔應男許通林終世部將李希守

部將權順免賤文連免賤禹守希免賤李命福禁軍
吳元鶴守門將尹莫同禁軍周有慶守門將金昌孫
免賤金繼雲禁軍朴龍生免賤李希益部將尹誠雲
禁軍康永男守門將崔大龍許通權希免賤蔡時外
許通金大平許通許業禁軍張應良部將金丁福免
賤鄭福部將洪天民許通李徐福免鄉張天鶴羽林
衛徐永春禁軍吳夢良叅奉裴德基部將奉天倫海
尺朴昆禁軍裴目伊羽林衛張春海尺韓乙海尺金
三斤海尺文走叱同海尺鄭千同海尺金丹孫海尺
金彦王海尺金彦祥海尺鄭加福海尺金夫叱同羽
林衛件里山海尺韓今山免役徐彦田免役朴得石

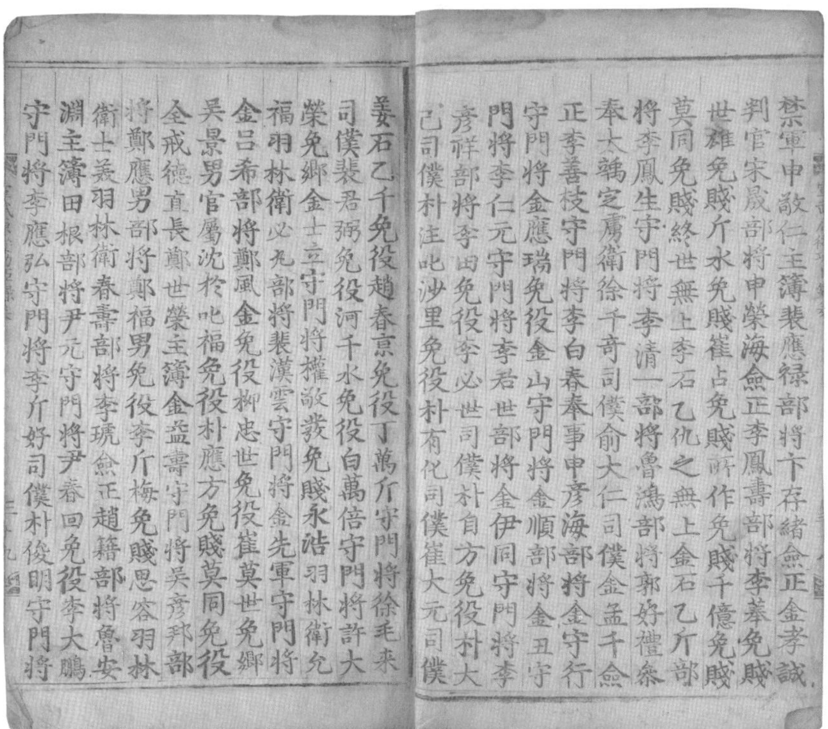

禁軍申敬仁主簿裴應祿部將卞存緖僉正金孝誠
判官宋嚴部將申榮海僉正李鳳壽部將李奉免賤
世雄免賤終世無上李石乙仇之無上金石乙斤部
莫同免賤斤水免賤崔占免賤許作免賤千億免賤
將李鳳生守門將李清一部將曾鴻部將郭好禮叅
奉太鵷定虜衛徐千奇司僕俞大仁司僕金孟千僉
正李善枝守門將李白春奉事申彦海部將金守行
守門將金應瑞免役金山守門將金順部將金丑守
門將李仁元守門將李君世部將金伊同守門將李
彦祥部將李田免役李必世司僕朴自方免役朴大
己司僕朴注叱沙里免役朴有化司僕崔大元司僕

姜石乙千免役趙春京免役丁萬斤守門將徐毛來
司僕裴君弼免役河千水免役白萬倍守門將許大
榮免鄉金士立守門將權敬發免賤永浩羽林衛允
福羽林衛必允部將裴漢雲守門將金先軍守門將
金呂希部將鄭風金免役柳忠世免役崔莫世免鄉
吳景男官屬沈於叱福免役朴應方免賤莫同免役
仝戒德直長鄭世榮主簿金益壽守門將吳彦邦部
將鄭應男部將鄭福男免役李斤梅免賤思容羽林
衛士義羽林衛春壽部將李琥僉正趙籍部將魯安
淵主簿田根部將尹元守門將尹春回免役李大鵬
守門將李應弘守門將李斤好司僕朴俊明守門將

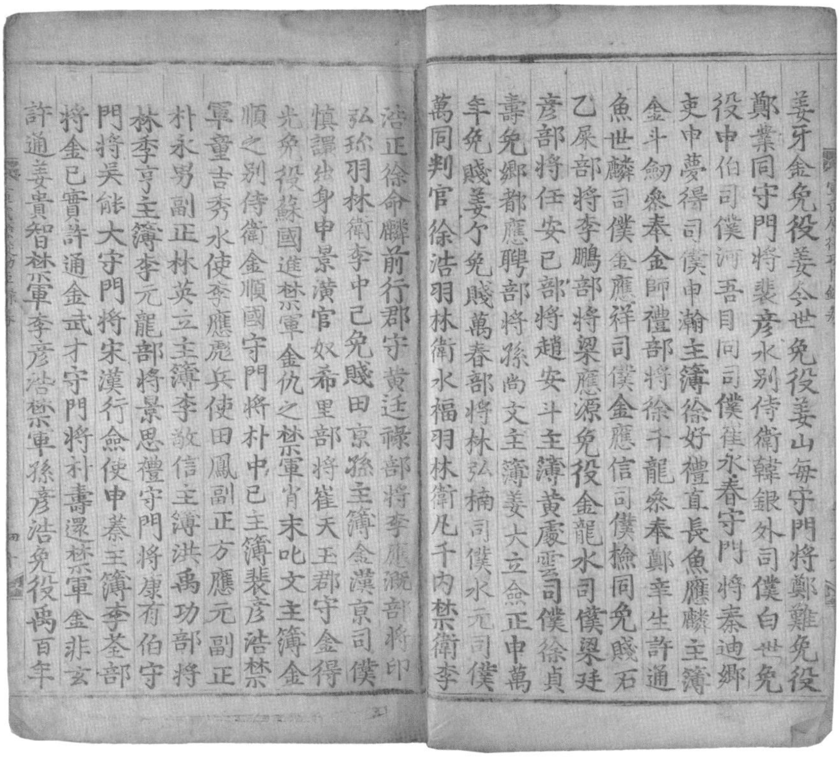

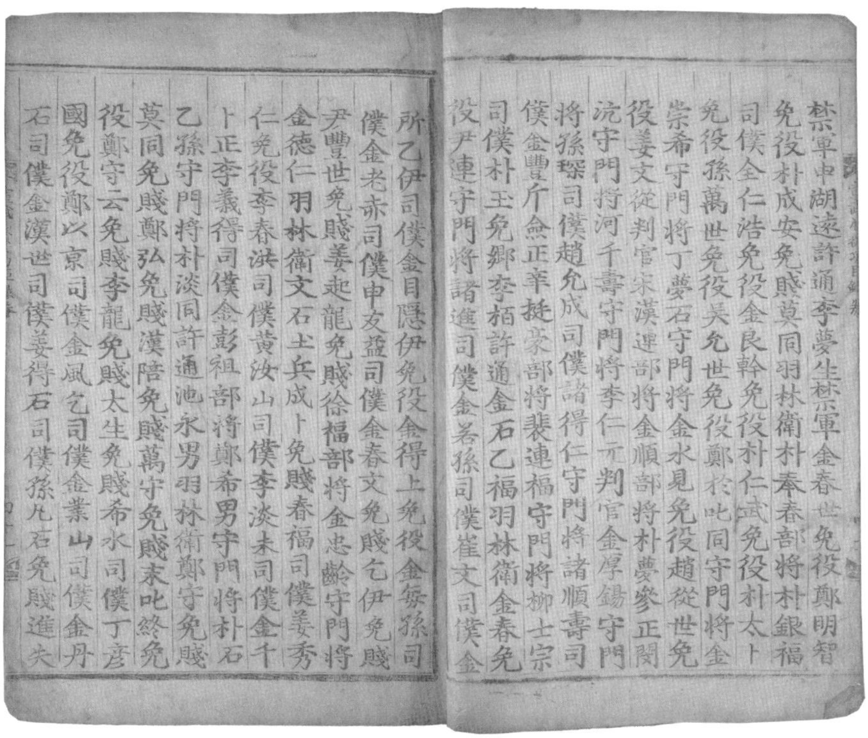

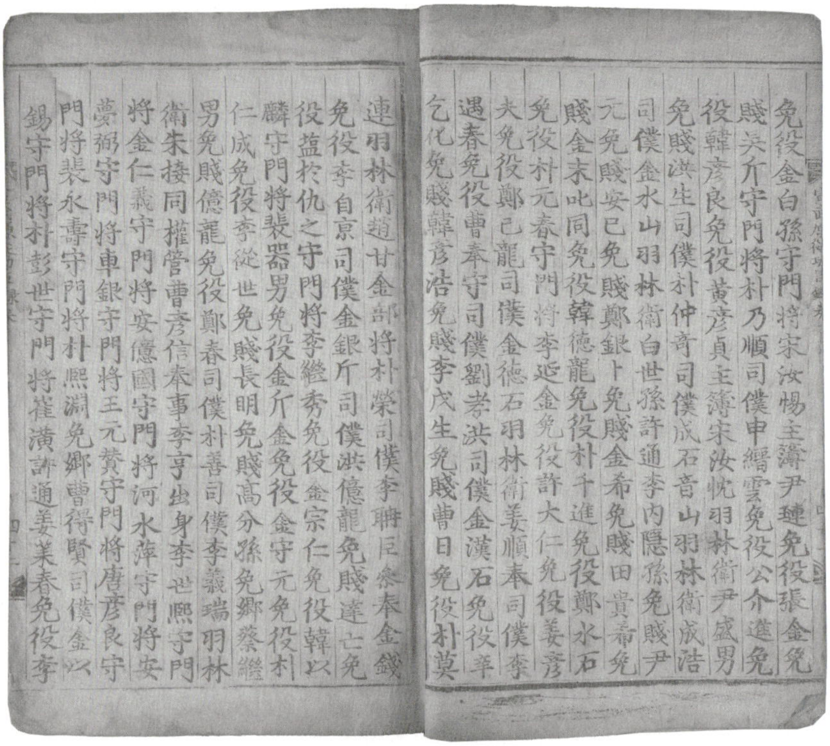

免役金白孫守門將宋汝暢主簿尹璉免役張金免
賤吳斤守門將朴乃順司僕申繼雲免役公介進免
役韓彦良免役黃彦貞主簿宋汝忱羽林衛尹盛男
免賤洪生司僕朴仲奇司僕成石音山羽林衛成浩
司僕金水山羽林衛白世孫許通李內隱孫免賤尹
元免賤安已免賤鄭銀卜免賤金希免賤田貴希免
賤金末叱同免役韓德龍免役朴千進免役鄭水石
免役朴元春守門將李延金免役許大仁免役姜彦
夫免役鄭已龍司僕金德石羽林衛姜順奉司僕李
遇春免役曹奉守司僕劉孝洪司僕金漢石免役莘
乞伦免賤韓彦浩免賤李戊生免賤曹日免役朴莫
連羽林衛趙甘金部將朴榮司僕李聃臣參奉金錢
免役李自京司僕金銀斤司僕洪億龍免賤達亡免
役益於仇之守門將李繼秀免役金宗仁免役韓以
麟守門將裴器男免役金斤金免役金守元免役朴
仁成免役李從世免賤長明免賤高分孫免鄉蔡繼
男免賤億龍免役鄭春司僕朴善司僕李義瑞羽林
衛朱接同權管曹彦信奉事李亨出身李世熙守門
將金仁義守門將安億國守門將河水萍守門將安
夢弼守門將車銀守門將王元贇守門將唐彦良守
門將裴永壽守門將朴熙淵免鄉曹得賢司僕金以
錫守門將朴彭世守門將崔潢許通姜業春免役李

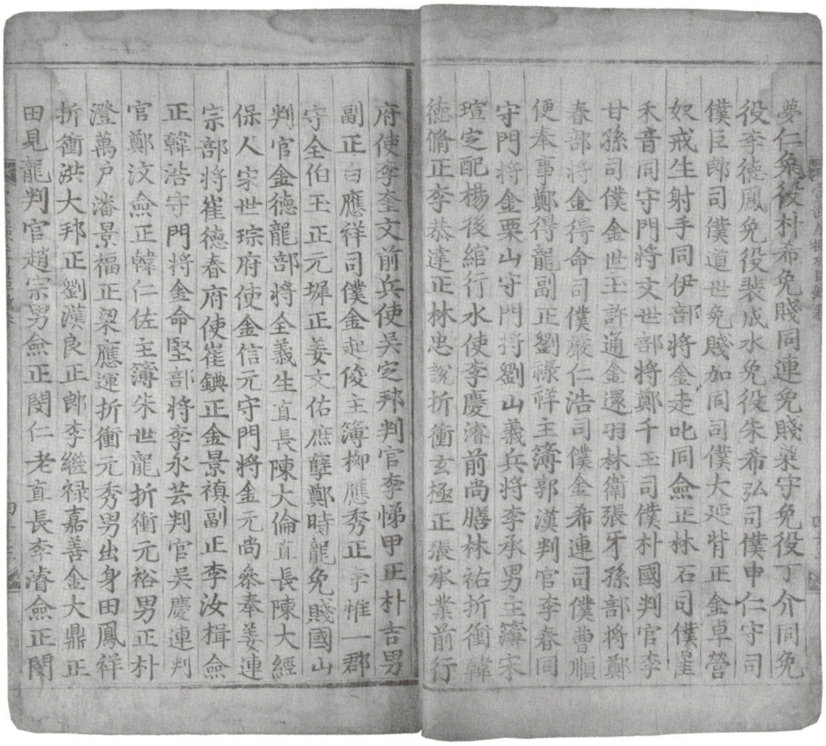

夢仁免役朴希免賤同連免賤梁守免役丁介同免
役李德鳳免役裴成水免役朱希弘司僕申仁守司
僕巨郞司僕道世免賤加同司僕大延背正金卓營
奴戒生射手同伊部將金走叱同僉正林石司僕崖
禾音同守門將文世部將鄭千玉司僕朴國判官李
甘孫司僕金世玉許通金還羽林衛張牙孫部將鄭
春部將金得命司僕嚴仁浩司僕金希連司僕曹順
便奉事鄭得龍副正劉祿祥主簿郭漢判官李春同
守門將金栗山守門將劉山義兵將李承男主簿宋
瑄定配楊後縮行水使李慶濬前尚膳林祐折衝韓
德脩正李恭達正林忠說折衝玄極正張承業前行
府使李奎文前兵使吳定邦判官李悌甲正朴吉男
副正白應祥司僕金起俊主簿柳應秀正李惟一郡
守全伯玉正元塤正姜文佑庶孼鄭時龍免賤國山
判官金德龍部將全義生直長陳大倫直長陳大經
保人宋世琮府使金信元守門將金元尚參奉姜連
宗部將崔德春府使崔鏔正金景禛副正李汝楫僉
正韓浩守門將金命堅部將李永芸判官吳慶連判
官鄭汶僉正韓仁佐主簿宋世龍折衝元裕男正朴
澄萬戶潘景福正梁應運折衝元秀男出身田鳳祥
折衝洪大邦正劉漢良正郞李繼祿嘉善金大鼎正
田見龍判官趙宗男僉正閔仁老直長李濬僉正閔

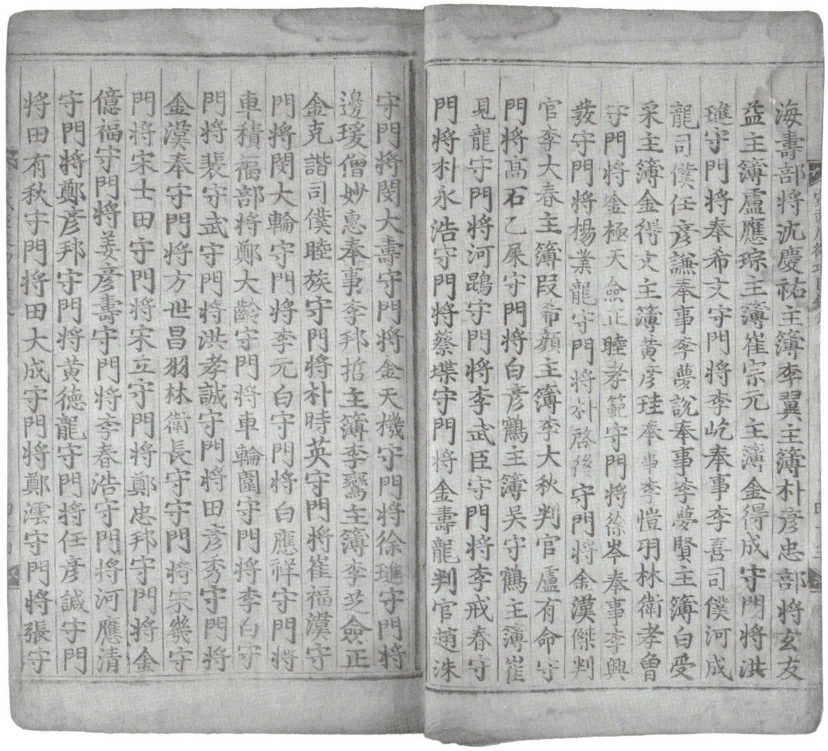
海壽部將沈慶祐主簿李翼主簿朴彦忠部將玄友
益主簿盧應琮主簿崔宗元主簿金得成守門將洪
璡守門將奉希文守門將李屹奉事李喜司僕河成
龍司僕任彦謙奉事李夢說奉事李夢賢主簿白受
采主簿金得文主簿黃彦珪奉事李愷羽林衛孝曾
守門將金極天僉正睦孝範守門將徐岑奉事李興
蕟守門將楊業龍守門將朴啓後守門將金漢傑判
官李大春主簿段希顔主簿李大秋判官盧有命守
門將高石乙屎守門將白彦鶴主簿吳守鶴主簿崔
見龍守門將河鵾守門將李武臣守門將李戒春守
門將朴永浩守門將蔡堞守門將金壽龍判官趙洙
守門將閔大壽守門將金天機守門將徐璡守門將
邊瑗僧妙惠奉事李邦掐主簿李鷟主簿李芝僉正
金克諧司僕睦族守門將朴時英守門將崔福漢守
門將閔大輪守門將李元白守門將白應祥守門將
車積福部將鄭大齡守門將車輪圖守門將李白守
門將裴守武守門將洪孝誠守門將田彦秀守門將
金漢奉守門將方世昌羽林衛長守守門將宋幾守
門將宋士田守門將宋立守門將鄭忠邦守門將金
億福守門將姜彦壽守門將李春浩守門將河應清
守門將鄭彦邦守門將黃德龍守門將任彦誠守門
將田有秋守門將田大成守門將鄭澐守門將張守

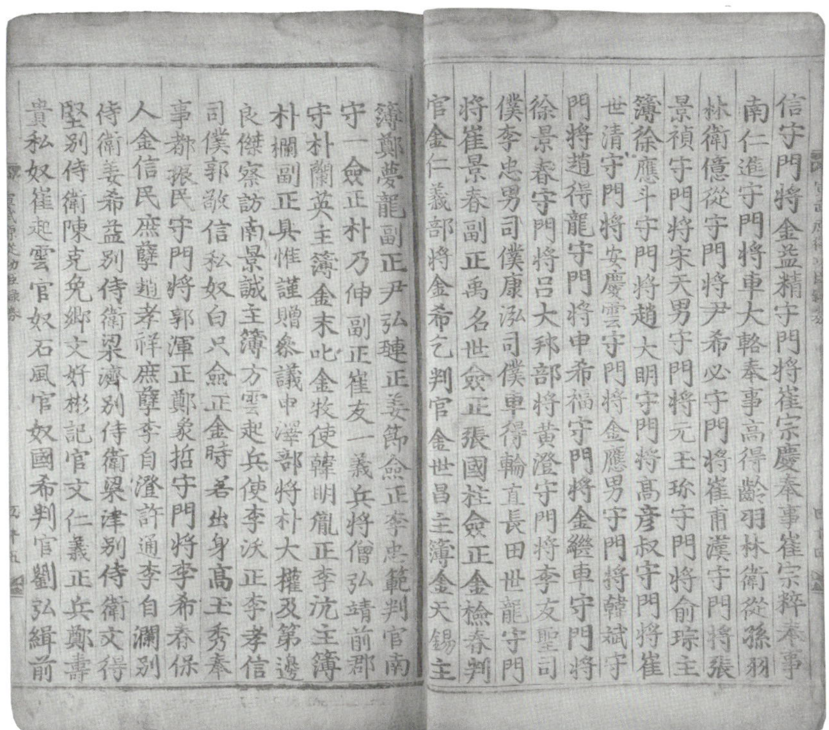
信守門將金益精守門將崔宗慶奉事崔宗粹奉事
南仁進守門將車大輅奉事高得齡羽林衛從孫羽
林衛億從守門將尹希必守門將崔甫漢守門將張
景禎守門將宋天男守門將元王琢守門將俞琮主
簿徐應斗守門將趙大明守門將高彦叔守門將崔
世清守門將安慶雲守門將金應男守門將韓斌守
門將趙得龍守門將申希福守門將金繼車守門將
徐景春守門將呂大邦部將黃澄守門將李友聖司
僕李忠男司僕康泓司僕車得輪直長田世龍守門
將崔景春副正禹名世僉正張國柱僉正金檢春判
官金仁義部將金希乞判官金世昌主簿金天錫主
簿鄭夢龍副正尹弘璉正姜節僉正李忠範判官南
守一僉正朴乃伸副正崔友一義兵將僧弘靖前郡
守朴蘭英主簿金末叱金牧使韓明雒正李沆主簿
朴欄副正吳惟謹贈參議申澤部將朴大權及第邊
良傑察訪南景誠主簿方雲起兵使李沃正李孝信
司僕郭敬信私奴白只僉正金時善出身高王秀奉
事都張民守門將郭渾正鄭象掐守門將李希春保
人金信民庶孽趙孝祥庶孽李自澄許通李自瀾別
侍衛姜希益別侍衛梁濟別侍衛梁津別侍衛文得
堅別侍衛陳克免鄉文好彬記官文仁義正兵鄭壽
貴私奴崔起雲官奴石風官奴國希判官劉弘緝前

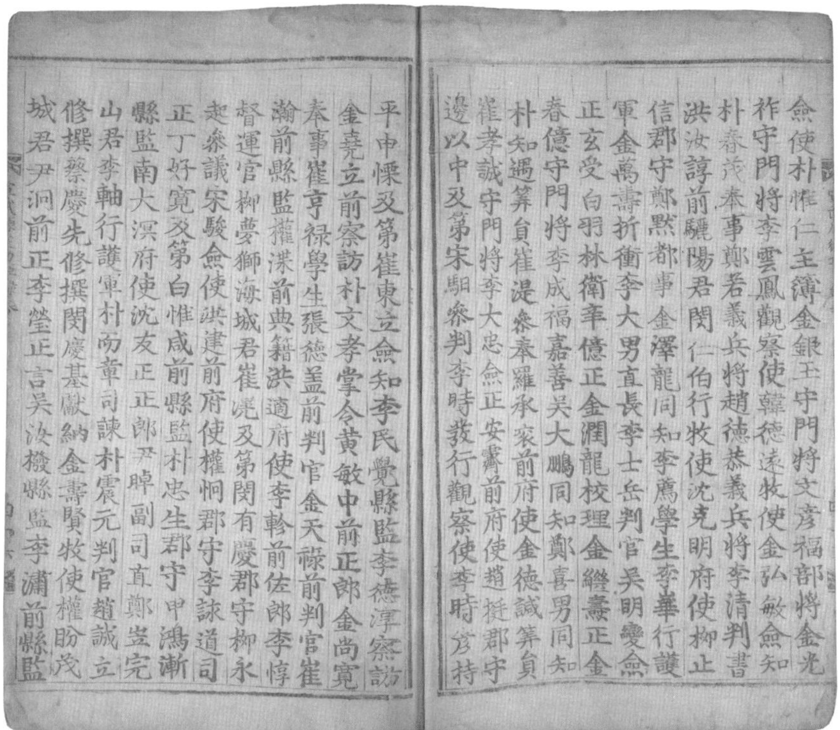

僉使朴惟仁主簿金鍊王守門將文彥福部將金光
祚守門將李雲鳳觀察使韓德遠牧使金弘敏僉知
朴春茂奉事鄭若義兵將趙德恭義兵將李清判書
洪汝諄前驪陽君閔仁伯行牧使沈克明府使柳止
信郡守鄭默都事金澤龍同知李薦學生李華行護
軍金萬壽折衝李大男直長李士岳判官吳明燮僉
正玄受白羽林衛李億正金潤龍校理金繼壽正金
春億守門將李成福嘉善吳大鵬同知鄭喜男同知
朴知遇算員崔湜奉事羅承袞前府使金德誠算員
崔孝誠守門將李大忠僉正安霽前府使趙挺郡守
邊以中及第宋馹參判李時發行觀察使李時彥持

平申慄及第崔東立僉知李民覺縣監李德淳察訪
金堯立前察訪朴文孝掌令黃敏中前正郎金尚寬
奉事崔亨祿學生張德蓋前判官金天祿前判官崔
瀚前縣監權渫前典籍洪適府使李軫前佐郎李惇
督運官柳夢獅海城君崔滉及第閔有慶郡守柳永
建參議宋駿僉使洪建前府使權悯郡守李詠道司
正丁好寬及第白惟咸前縣監朴忠生郡守申鴻漸
縣監南大溟府使沈友正正郎尹暉副司直鄭豈完
山君李軸行護軍朴而章司諫朴震元判官趙誠立
修撰蔡慶先修撰閔慶基獻納金壽賢牧使權盼茂
城君尹泂前正李瑩正言吳汝撥縣監李潚前縣監

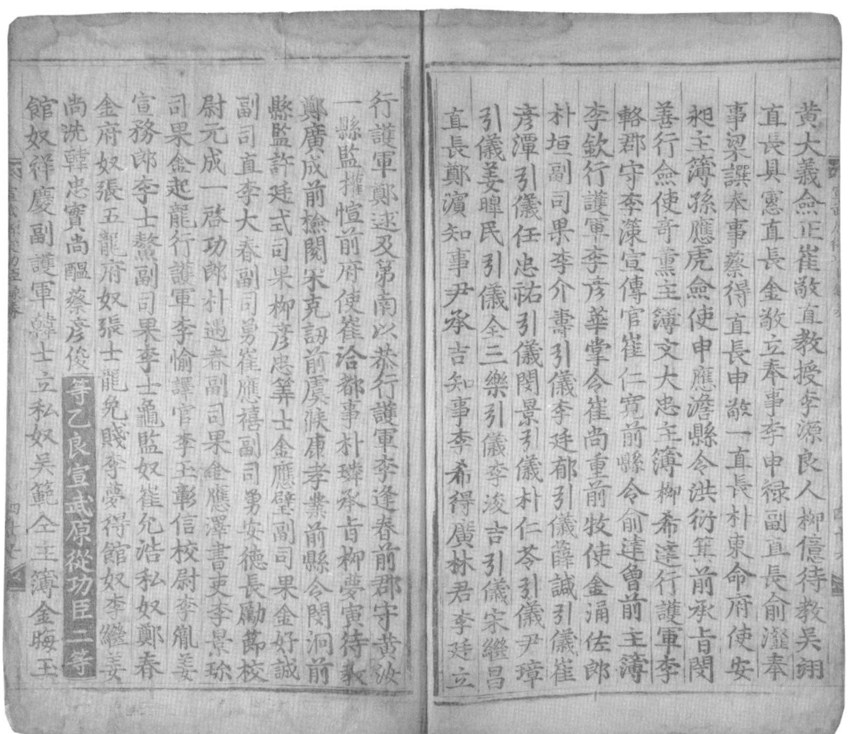

黃大義僉正崔敬直教授李源良人柳億待教吳翊
直長具憲直長金敬立奉事李申祿副直長俞瀣奉
事梁諶奉事蔡得直長申敬一直長朴東命府使安
昶主簿孫應虎僉使申應澹縣令洪衍算前承旨閔
善行僉使奇霦主簿文大忠主簿柳希達行護軍李
軫郡守李藻宣傳官崔仁寬前縣令俞達曾前主簿
李欽行護軍李彥華掌令崔尚重前牧使金涌佐郎
朴垣副司果李介壽引儀李廷郁引儀薛誠引儀崔
彥渾引儀任忠祐引儀閔景引儀朴仁苓引儀尹瑋
引儀姜暐氏引儀金三樂引儀李浚吉引儀宋繼昌
直長鄭濱知事尹承吉知事李希得廣林君李廷立

行護軍鄭述及第南以恭行護軍李逢春前郡守黃汝
一縣監權愃前府使崔洛都事朴璘參吉柳夢寅待教
鄭廣成前掾閔宋克訒前虞候康孝業前縣令閔洞前
縣監許廷式司果柳彥忠算士金應壁副司果金好誠
副司直李大春副司勇崔應禧副司勇安德長勵節校
尉元成一啓功郎朴遇春副司果金應澤書吏李景琇
司果金起龍行護軍李愉譯官李玉彰信校尉李龍姜
宣務郎李士鰲副司果李士龜監奴崔允浩私奴鄭春
金府奴張五龍府奴張士龍免賤李夢得館奴李繼姜
尚洗韓忠實尚醞蔡彥俊 等乙良宣武原從功臣二等
館奴祥慶副護軍韓士立私奴吳範全主簿金晦王

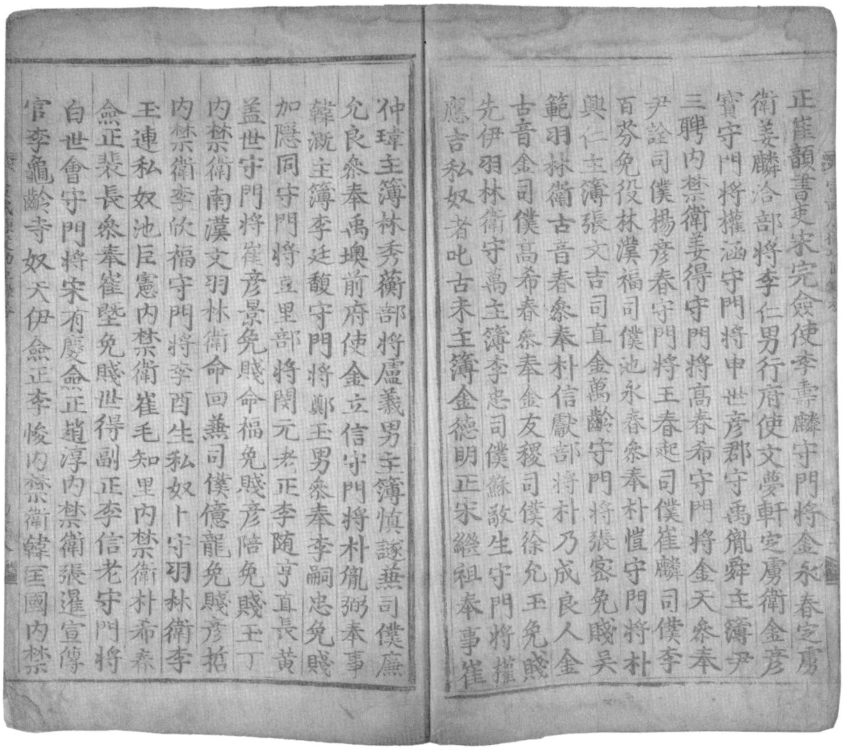

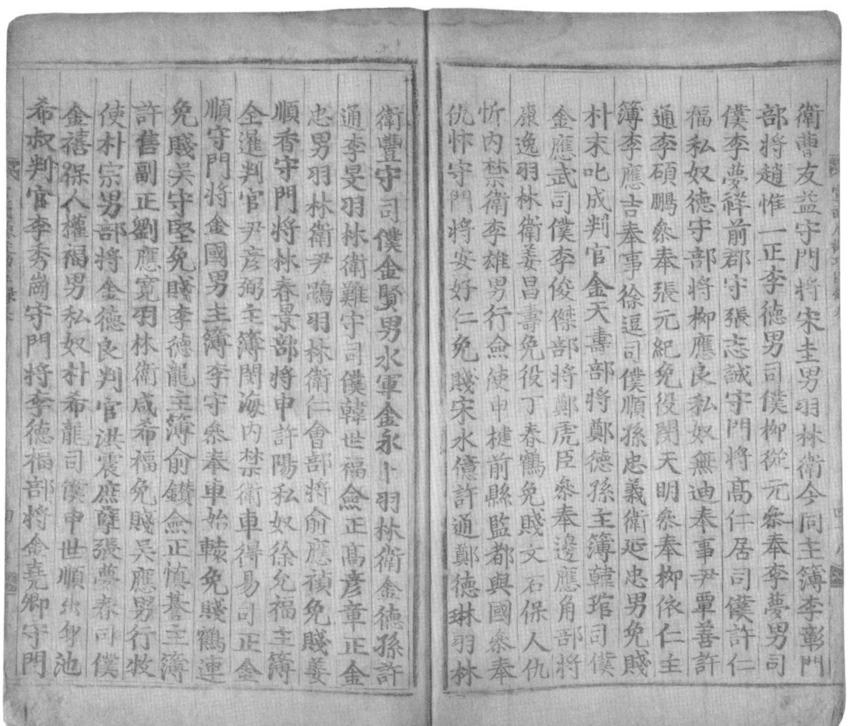

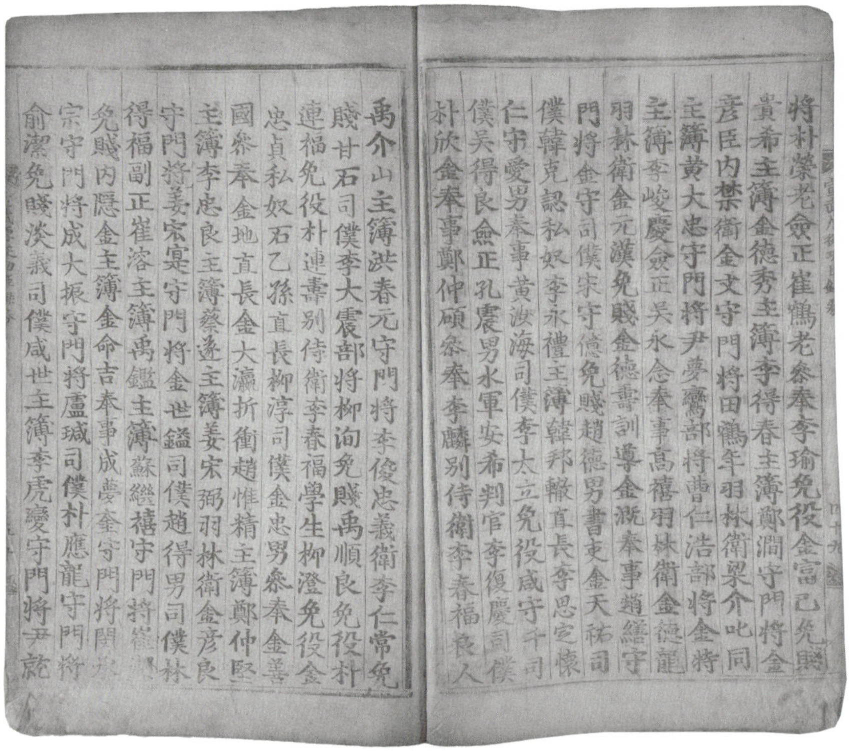

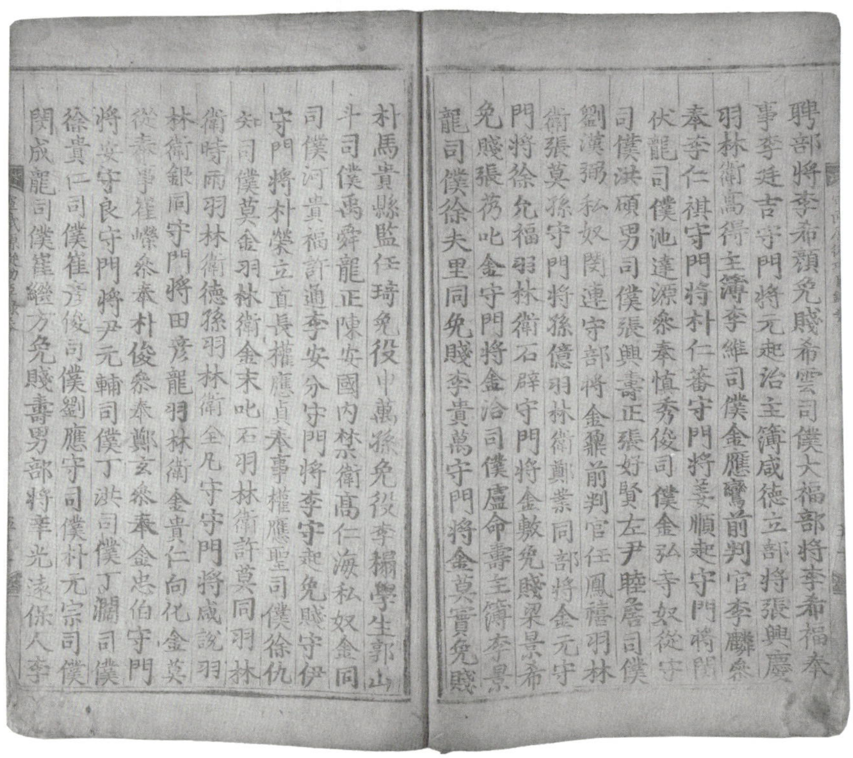

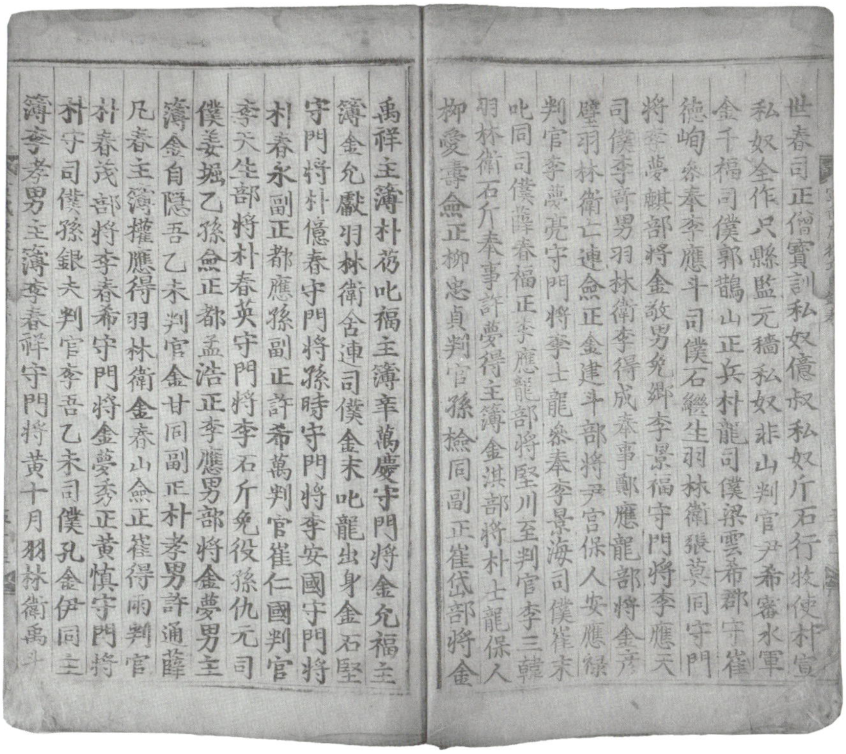
世春司正僧寶訓私奴億叔私奴斤石行牧使朴宣
私奴仝作只縣監元穡私奴非山判官尹希審水軍
金千福司僕郭鵲山正兵朴龍司僕梁雲希郡守崔
德峋叅奉李應斗司僕石繼生羽林衛張莫同守門
將李夢麒部將金敬男免鄉李景福守門將李應天
司僕李齊男羽林衛李得成奉事鄭應龍部將金彥
壁羽林衛仁連僉正金建斗部將尹宮保人安應祿
判官李夢亮守門將李士龍叅奉李景海司僕崔末
叱同司僕薛春福正李應龍部將堅川至判官李三韓
羽林衛石斤奉事許夢得主簿金淇部將朴士龍保人
柳愛壽僉正柳忠貞判官孫檢同副正崔伐部將金

禹祥主簿朴莳叱福主簿辛萬慶守門將金允福主
簿金允獻羽林衛仝連司僕金末叱龍出身金石堅
守門將朴億春守門將孫時守門將李安國守門將
朴春永副正都應孫副正許希萬判官崔仁國判官
李天生部將朴春英守門將李石斤免役孫仇元司
僕姜挺乙孫僉正都孟浩正李應男部將金夢男主
簿金自隱吾乙未判官金甘同副正朴孝男許通薛
凡春主簿權應得羽林衛金春山僉正崔得雨判官
朴春茂部將李春希守門將金夢秀正黃慎守門將
朴守司僕孫銀夫判官李吾乙未司僕孔金伊同主
簿李孝男主簿李春祥守門將黃十月羽林衛禹斗

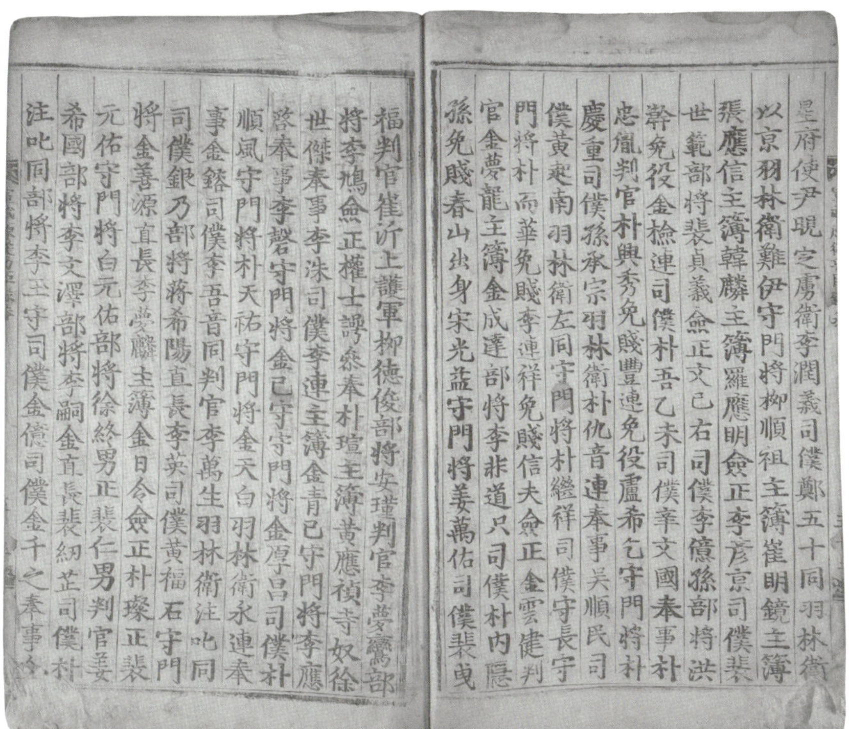
星府使尹晛定虜衛李潤義司僕鄭五十同羽林衛
以京羽林衛難伊守門將柳順祖主簿崔明鏡主簿
張應信主簿韓麟主簿羅應明僉正李彥京司僕裴
世範部將裴貞義僉正文已右司僕李億孫部將洪
幹免役金檢連司僕朴吾乙未司僕辛文國奉事朴
忠龍判官朴興秀免賤豐連免役盧希乞守門將朴
慶重司僕孫承宗羽林衛朴仇音連奉事吳順民司
僕黃走南羽林衛左同守門將朴繼祥司僕守長守
門將朴而華免賤李連祥免賤信夫僉正金雲健判
官金夢龍主簿金成達部將李非道只司僕朴內隱
孫免賤春山出身宋光益守門將姜萬佑司僕裴曳

福判官崔斤上護軍柳德俊部將安瑾判官李夢鸞部
將李鴻僉正權士謙叅奉朴瑄主簿黃應禎寺奴徐
世傑奉事李洙司僕李連主簿金青已守門將李應
啓奉事李磬守門將金已守門將金厚昌司僕朴
順風守門將朴天祐守門將金天白羽林衛永連奉
事金鎔司僕李吾音同判官李萬生羽林衛注叱同
司僕銀乃部將將希陽直長李英司僕黃福石守門
將金善源直長李夢麟主簿金日今僉正朴璨正裴
元佑守門將白元佑部將徐終男正裴仁男判官姜
希國部將李文澤部將李嗣金直長裴紉芷司僕朴
注叱同部將李壬守司僕金億司僕金千之奉事李

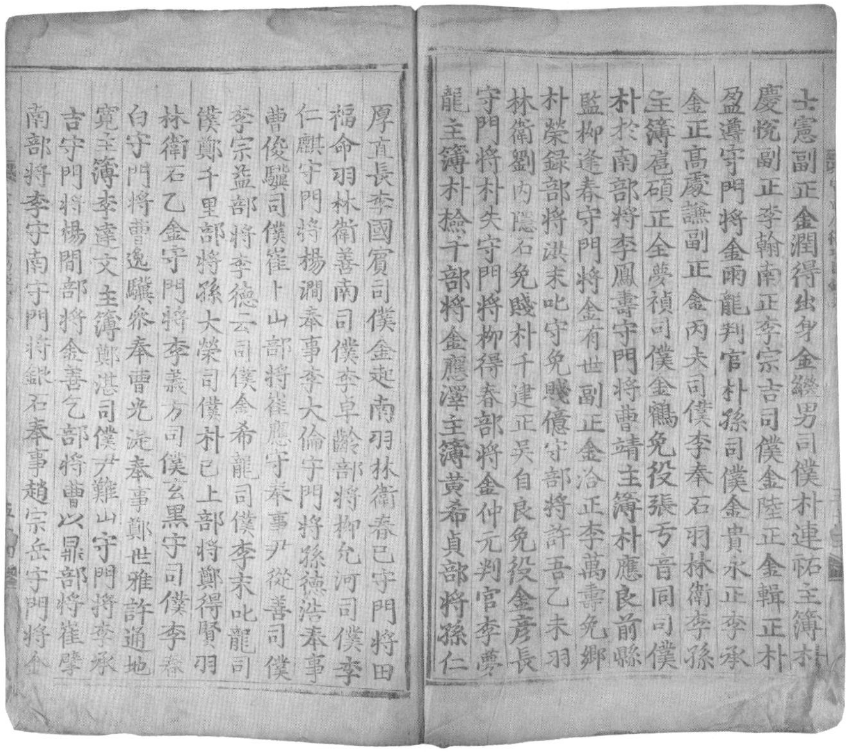

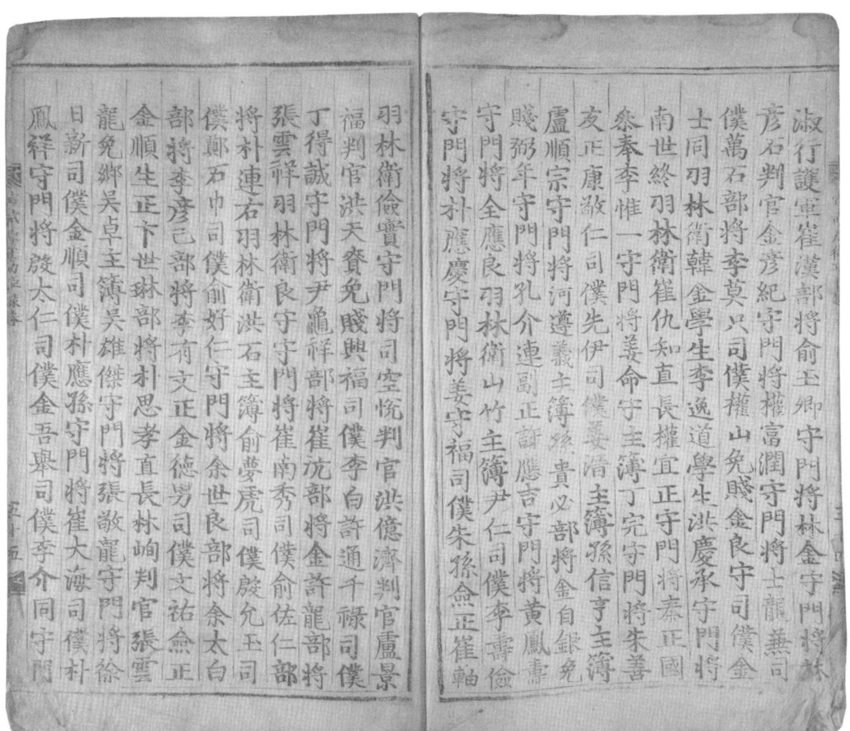

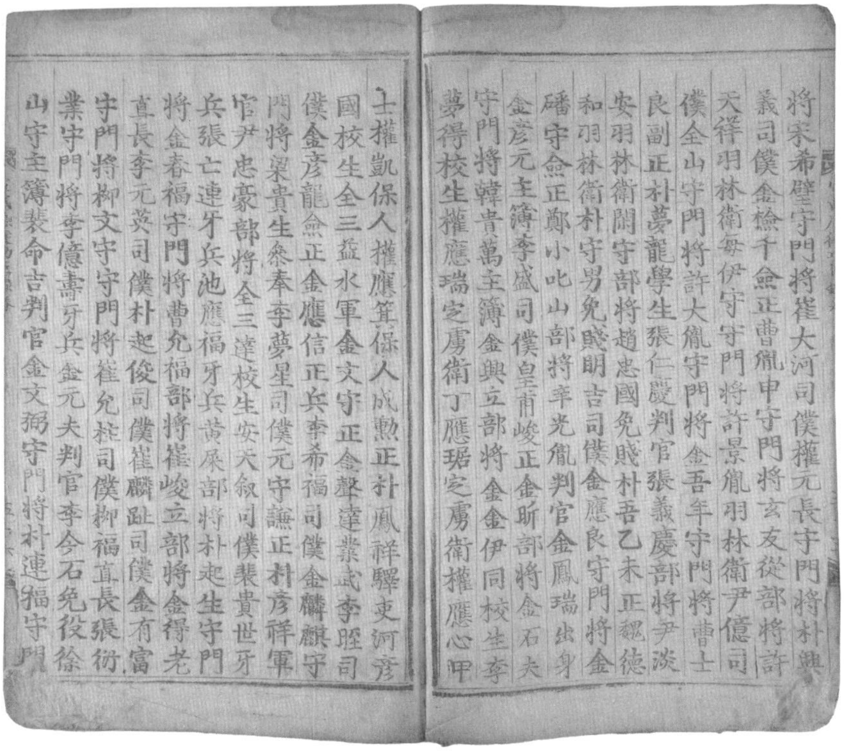

將宋希壁守門將崔大河司僕權元長守門將朴興
義司僕金檢千僉正曹龍申守門將玄友從部將許
天祥羽林衛每伊守門將許景龍羽林衛尹億司
僕全山守門將許大龍守門將金吾年守門將曹士
良副正朴夢龍學生張仁嚴判官張義慶部將尹淡
安羽林衛閔守部將趙忠國免賤朴吾乙未正秘德
和羽林衛朴守男免賤明吉司僕金應良守門將金
磻守僉正鄭小叱山部將李光龍判官金鳳瑞出身
金彥元主簿李盛司僕皇甫峻正金昕部將金石夫
守門將韓貴萬主簿金興立部將金金伊同校生李
夢得校生權應瑞定虜衛丁應瑞定虜衛權應心甲

士權凱保人權應箕保人成勳正朴鳳祥驛吏河彥
國校生全三益水軍金文守正金聲達業武李暹司
僕金彥龍僉正金應信正兵李希福司僕金麟麒守
門將梁貴生參奉李夢星司僕元守謙正朴彥祥軍
官尹忠豪部將全三達校生安天叙司僕裴貴世牙
兵張亡連牙兵池應福牙兵黃承部將朴起生守門
將金春福守門將曹允福部將崔峻立部將金得老
直長李元英司僕朴起俊司僕崔麟趾司僕金有富
守門將柳文守守門將崔允柱司僕柳福直長張衍
業守門將李億壽牙兵金元夫判官李今石免役徐
山守主簿裴命吉判官金文弼守門將朴連福守門

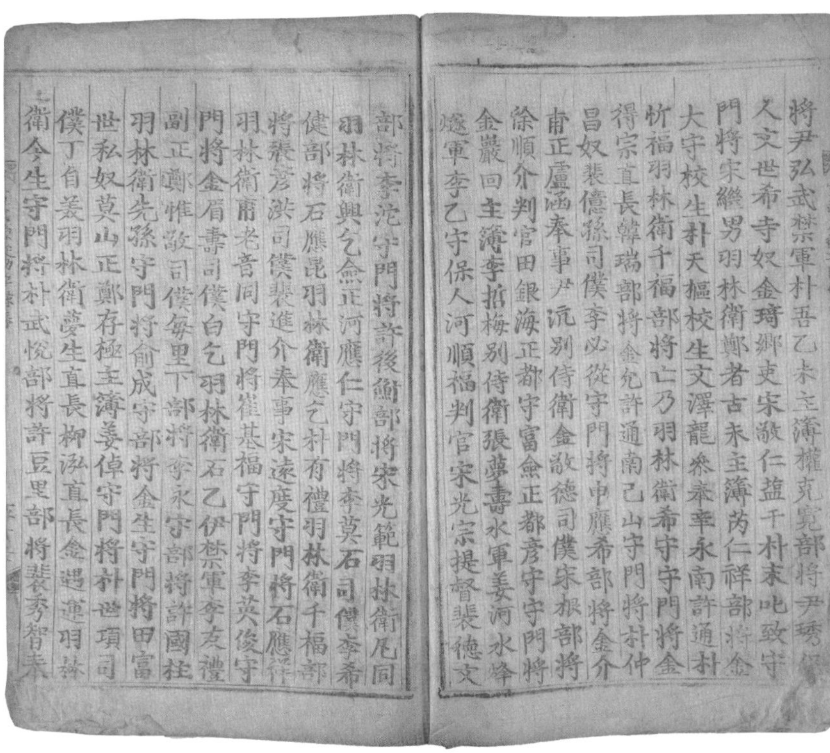

將尹弘武禁軍朴吾乙未主簿權克寬部將尹璹保
人文世希寺奴金琦鄕吏宋敬仁嗇千朴末叱致守
門將宋繼男羽林衛鄭者古未主簿芮仁祥部將金
大守校生朴天樞校生文澤龍參奉辛永南許通朴
忻福羽林衛千福部將亡乃羽林衛希守守門將金
得宗直長韓瑞部將金允許通南乙山守門將朴仲
昌奴裴億孫司僕李必從守門將申應希部將金介
甫正盧涵奉事尹沉別侍衛金敬德司僕宋根部將
徐順介判官田銀海正都守富僉正都彥守守門將
金嚴回主簿李拈梅別侍衛張夢壽水軍姜河水修
燧軍李乙守保人河順福判官宋光宗提督裴德文

部將李沌守門將許後衛部將宋光範羽林衛尼同
羽林衛興乞僉正河應仁守門將李莫石司僕李希
健部將石應昆羽林衛應乞朴有禮羽林衛千福部
將裴彥洪司僕裴進介奉事宋遠度守門將石應祥
羽林衛甫老音同守門將崔基福守門將李英俊守
門將金眉壽司僕白乞羽林衛石乙伊禁軍李友禮
副正鄭惟敬司僕每里下部將李永守部將許國柱
羽林衛先孫守門將俞成守部將金生守門將田富
世私奴莫山正鄭存極主簿姜倬守門將朴世項司
僕丁自美羽林衛夢生直長柳涵直長金遇連羽林
衛今生守門將朴武悅部將許豆里部將裴孝智奉

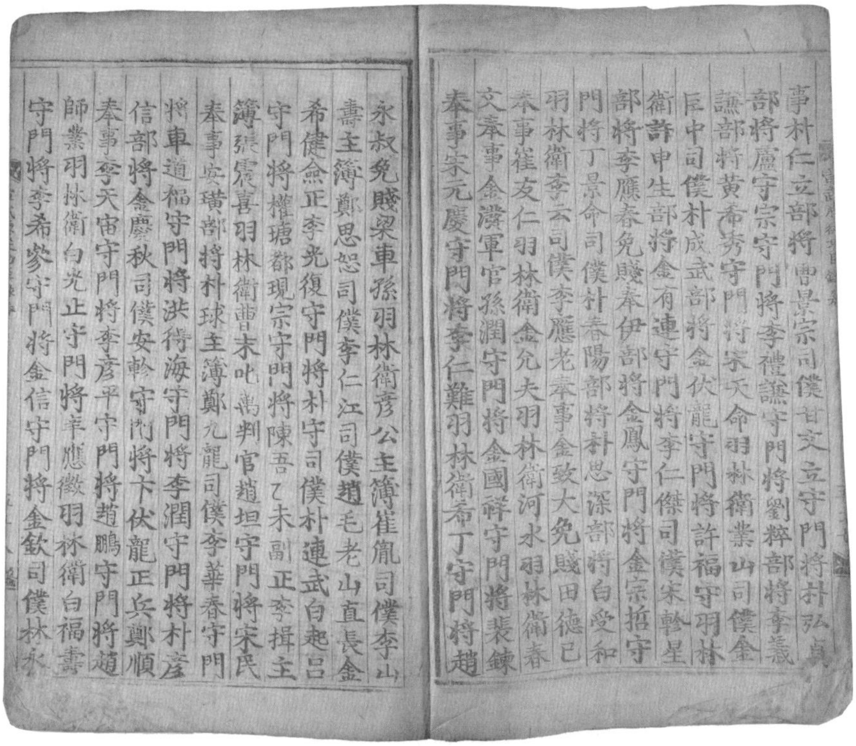
事朴仁立部將曹景宗司僕甘文立守門將朴弘貞
部將盧守宗守門將李禮謙守門將劉粹部將李義
謙部將黃希秀守門將宋天命羽林衛業山司僕金
臣中司僕朴成武部將金伏龍守門將許福守羽林
衛許申生部將金有連守門將李仁傑司僕宋斡星
部將李應春免賤奉伊部將金鳳守門將金宗哲守
門將丁景命司僕朴春陽部將朴思深部將白受和
羽林衛李云司僕李應老奉事金致大免賤田德已
奉事崔友仁羽林衛金允夫羽林衛河水羽林衛春
文奉事金瓚軍官孫潤守門將金國祥守門將裴鍊
奉事宋元慶守門將李仁難羽林衛希丁守門將趙

永叔免賤梁車孫羽林衛彥公主簿崔胤司僕李山
壽主簿鄭思恕司僕李仁江司僕趙毛老山直長金
希健僉正李光復守門將朴守司僕朴連武白起呂
守門將權瑭部現宗守門將陳吾乙未副正李揖主
簿張宸喜羽林衛曹末叱萬判官趙垣守門將宋民
奉事安璜部將朴球主簿鄭允龍司僕李華春守門
將車道福守門將洪得海守門將李潤守門將朴彥
信部將金慶秋司僕安軫守衛將卞伏龍正兵鄭順
奉事李天宙守門將李彥平守門將趙鵬守門將趙
師業羽林衛白光止守門將辛應徵羽林衛白福壽
守門將李希參守門將金信守門將金欽司僕林永

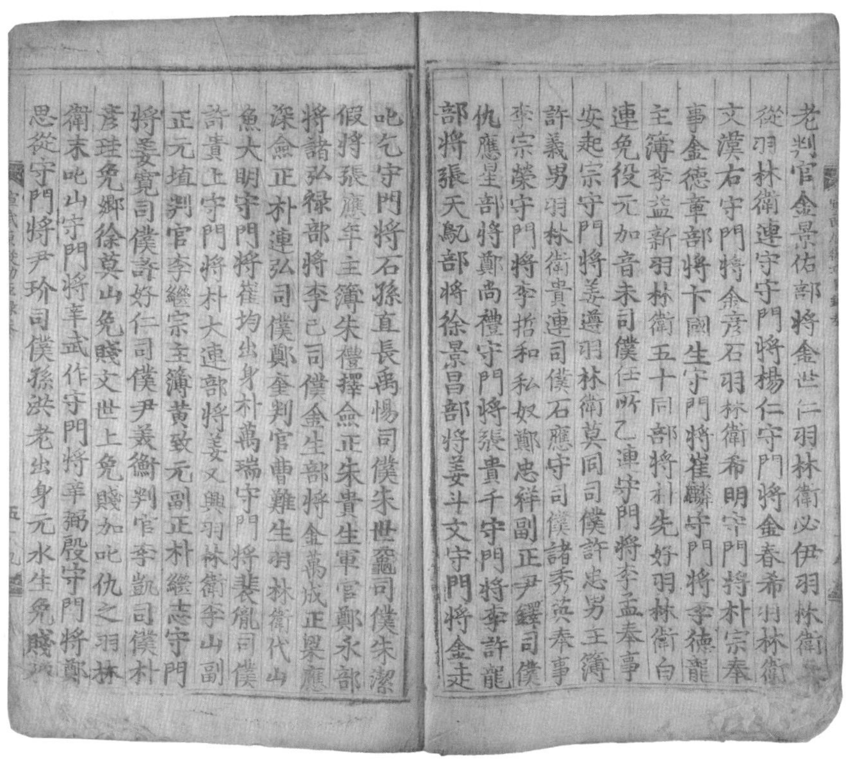
老判官金景佑部將金世仁羽林衛必伊羽林衛
從羽林衛連守守門將楊仁守門將金春希羽林衛
文漢右守門將金彥石羽林衛希明守門將朴宗奉
事金德章部將卞國生守門將崔麟守門將李德龍
主簿李益新羽林衛五十同部將朴先好羽林衛白
連免役元加音未司僕任所乙連守門將李孟奉事
安起宗守門將姜遷羽林衛莫同司僕許忠男主簿
許義男羽林衛貴連司僕石應守司僕諸秀英奉事
李宗榮守門將李哲和私奴鄭忠祥副正尹鐸司僕
仇應星部將鄭尚禮守門將張貴千守門將李許龍
部將張天駁部將徐景昌部將姜斗文守門將金走

叱之守門將石孫直長禹暢司僕朱世龜司僕朱潔
假將張應年主簿朱禮擇僉正朱貴生軍官鄭永部
將諸弘祿部將李已司僕金生部將金萬成正梁應
深僉正朴連弘司僕鄭奎判官曹難生羽林衛代山
魚大明守門將崔均出身朴萬瑞守門將裴胤司僕
許貴上守門將朴大連部將姜文興羽林衛李山副
正元埴判官李繼宗主簿黃致元副正朴繼志守門
將姜寬司僕許好仁司僕尹義衛判官李凱司僕朴
彥珪免鄉徐莫山免賤文世上免賤加叱仇之羽林
衛末叱山守門將辛武作守門將辛鵬殷守門將鄭
思從守門將尹玠司僕孫洪老出身元水生免賤

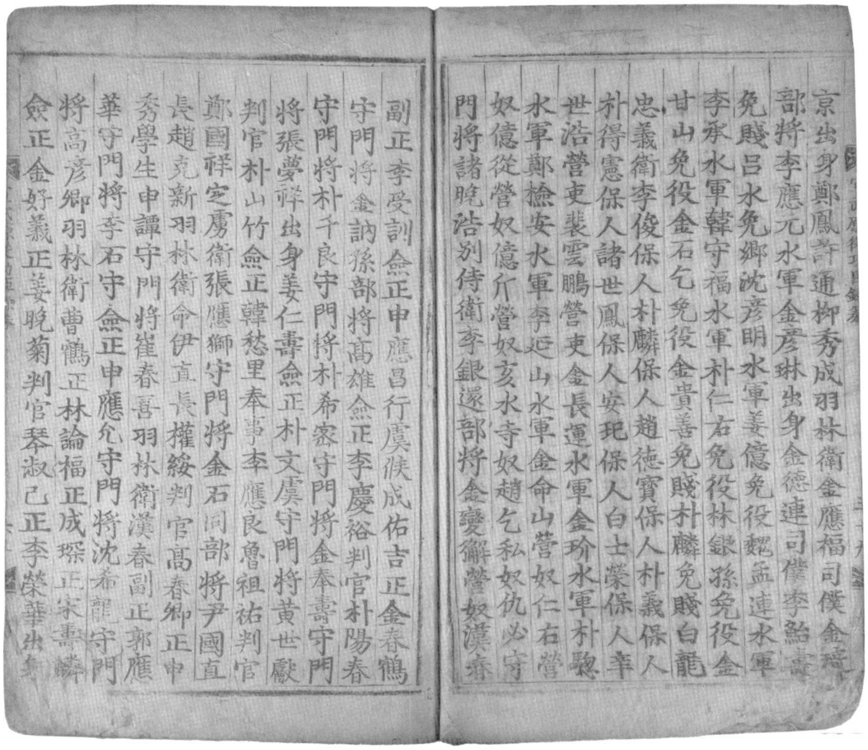

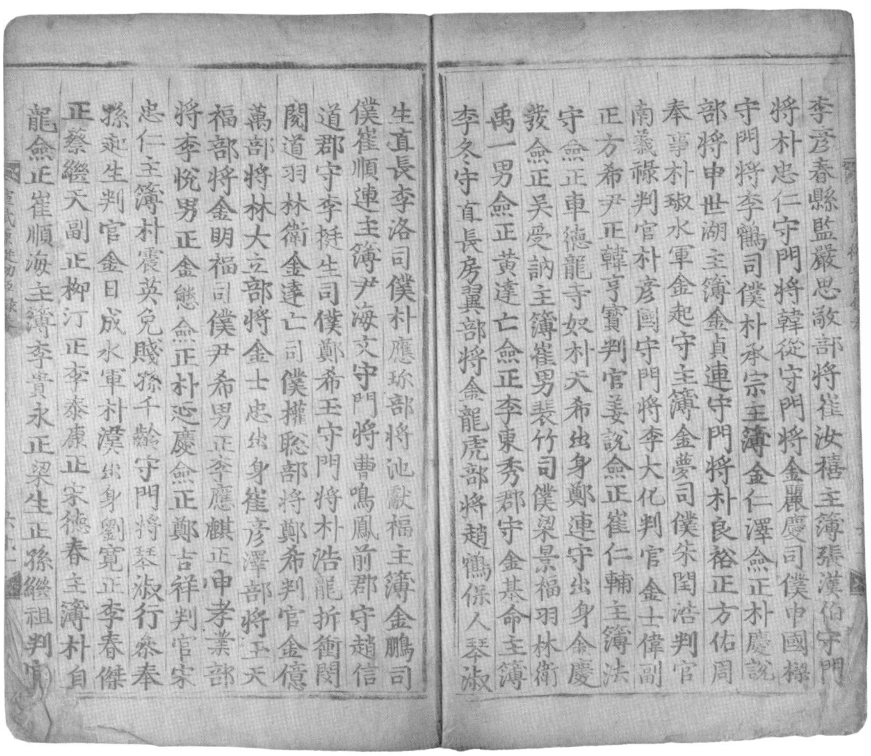

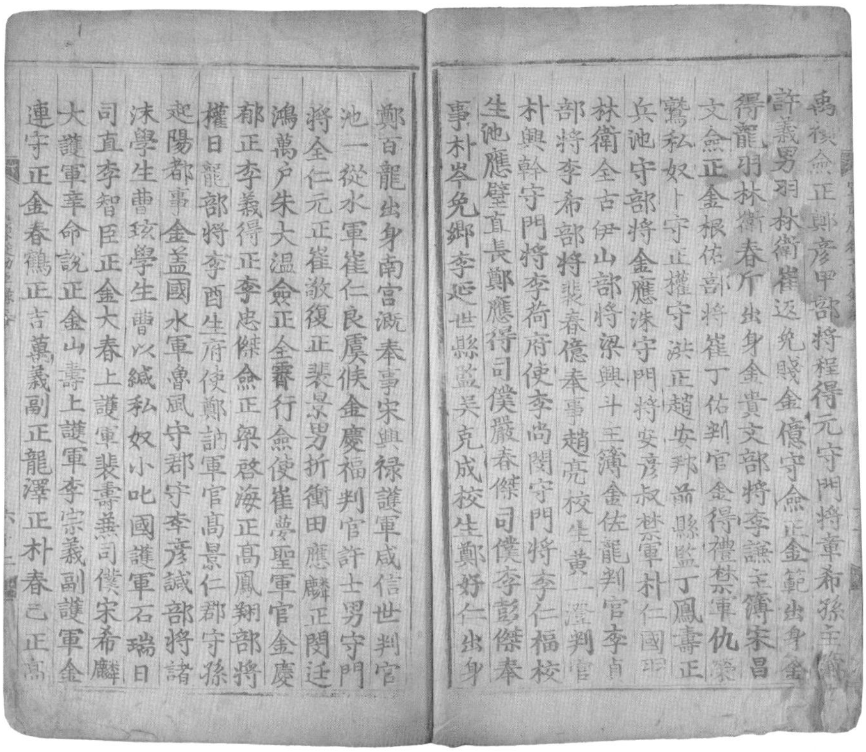

禹祿僉正鄭彦甲部將程得元守門將韋希孫主簿
許義男羽林衛崔迟免賤金億守僉正金範出身金
得龍羽林衛春仁出身金貴文部將李謙主簿宋昌
文僉正金根佐部將崔丁佑判官金得禮禁軍仇豪
鷩私奴卜守正權守洪正趙安邦前縣監丁鳳壽正
兵池守部將金應洙守門將安彦叔禁軍朴仁國羽
林衛全古伊山部將梁興斗主簿金佐龍判官李貞
部將李希部將裴春億奉事趙亮校生黄一澄判官
朴興幹守門將李荷府使李尚閔守門將李仁福校
生池應璧直長鄭應得司僕嚴春傑司僕李彭傑奉
事朴岑免鄉李延世縣監吳克成校生鄭好仁出身

鄭百龍出身南宮溉奉事宋興祿護軍咸信世判官
池一從水軍崔仁良虞候金慶福判官許士男守門
將全仁元正崔敬復正裴景男折衝田應麟正閔廷
鴻萬戶朱大温僉正全齊行僉使崔夢聖軍官金慶
郁正李義得正李忠傑僉正梁啓海正高鳳翔部將
權日龍部將李酉生府使鄭訥軍官高景仁郡守孫
起陽都事金蓋國水軍曺風守郡守李彦誠部將諸
沫學生曹玹學生曹以緘私奴小叱國護軍石瑞日
司直李智臣正金大春上護軍裴壽兼司僕宋希麟
大護軍韋命說正金山壽上護軍李宗義副護軍金
連守正金春鶴正吉萬義副正龍澤正朴春已正高

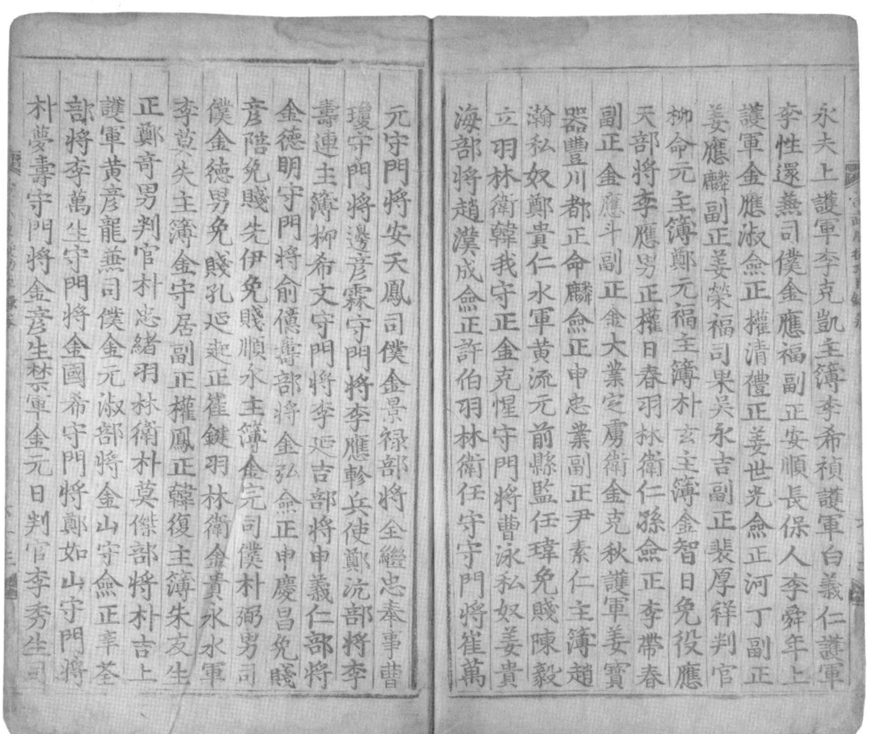

永夫上護軍李克凱主簿李希禎護軍白義仁護軍
李性遝兼司僕金應福副正安順長保人李舜年上
護軍金應淑僉正權清禮正姜世先僉正河丁副正
姜應麟副正姜榮福司果吳永吉副正裴厚祥判官
柳命元主簿鄭元福主簿朴玄主簿金智日免役應
天部將李應男正權日春羽林衛仁孫僉正李帶春
副正金應斗副正金大業定虜衛金克秋護軍姜寶
器豐川都正命麟僉正申忠業副正尹素仁主簿趙
瀚私奴鄭貴仁水軍黃流元前縣監任瑋免賤陳毅
立羽林衛韓我守正金克惺守門將曹泳私奴姜貴
海部將趙漢成僉正許伯羽林衛任守守門將崔萬

元守門將安天鳳司僕金景祿部將金繼忠奉事曹
瓊守門將邊彦霖守門將李應軫兵使鄭沆部將李
壽連主簿柳希文守門將李延吉部將申義仁部將
金德明守門將俞億壽部將金弘僉正申慶昌免賤
彦階免賤先伊免賤順永主簿金完司僕朴彌男司
僕金德男免賤孔延起正崔鍵羽林衛金貴永水軍
李真失主簿金守居副正權鳳正韓復主簿朱友生
正鄭奇男判官朴忠緒羽林衛朴莫傑部將朴吉上
護軍黃彦龍兼司僕金元淑部將金山守僉正辛荃
部將李萬生守門將金國希守門將鄭如山守門將
朴夢壽守門將金彦生禁軍金元日判官李秀生司

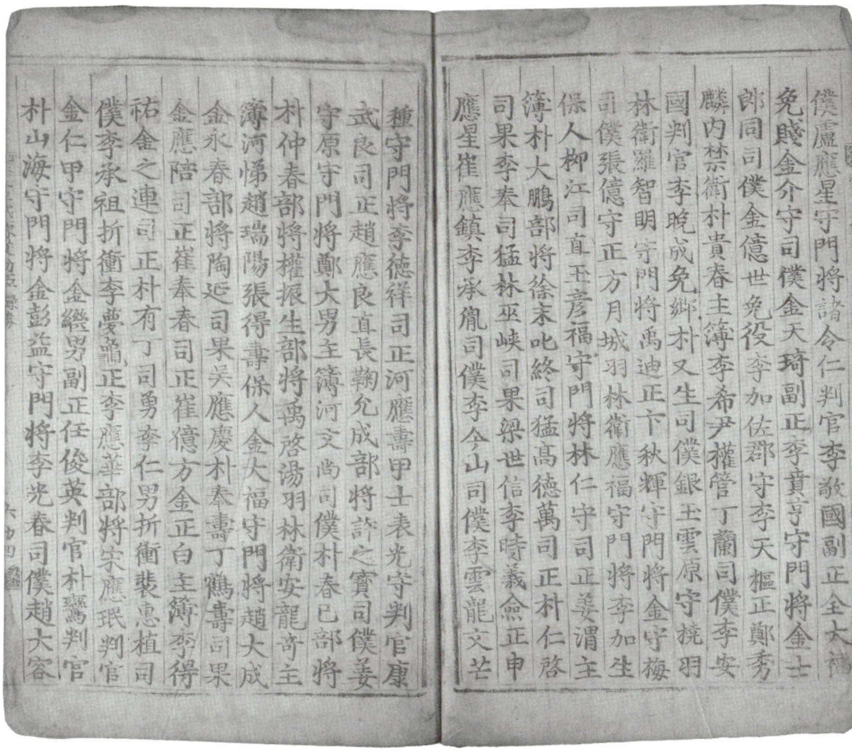

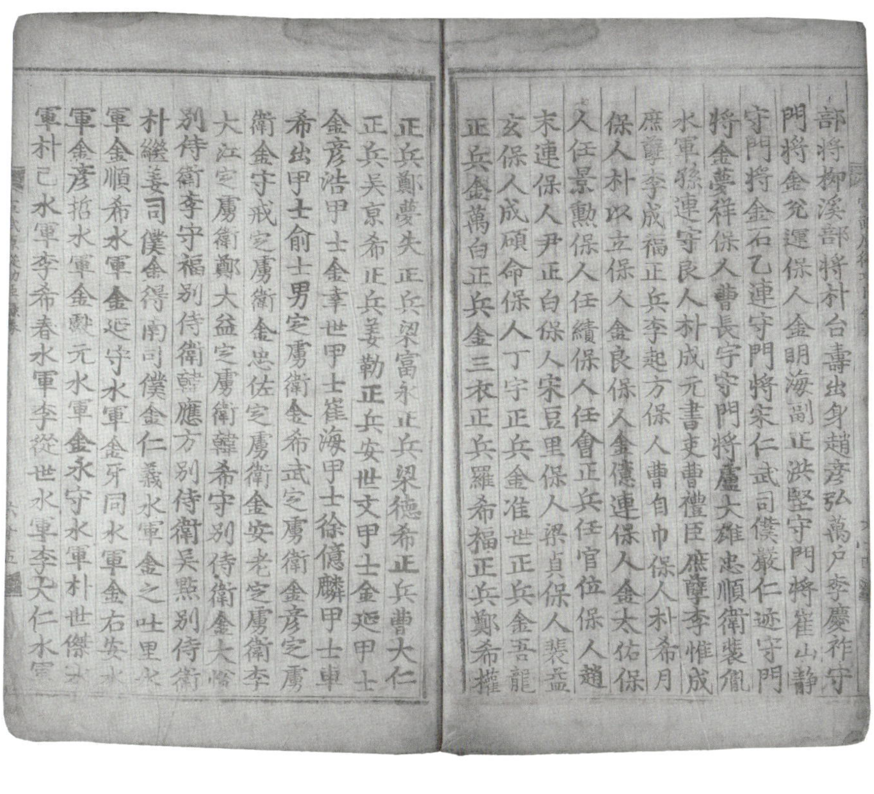

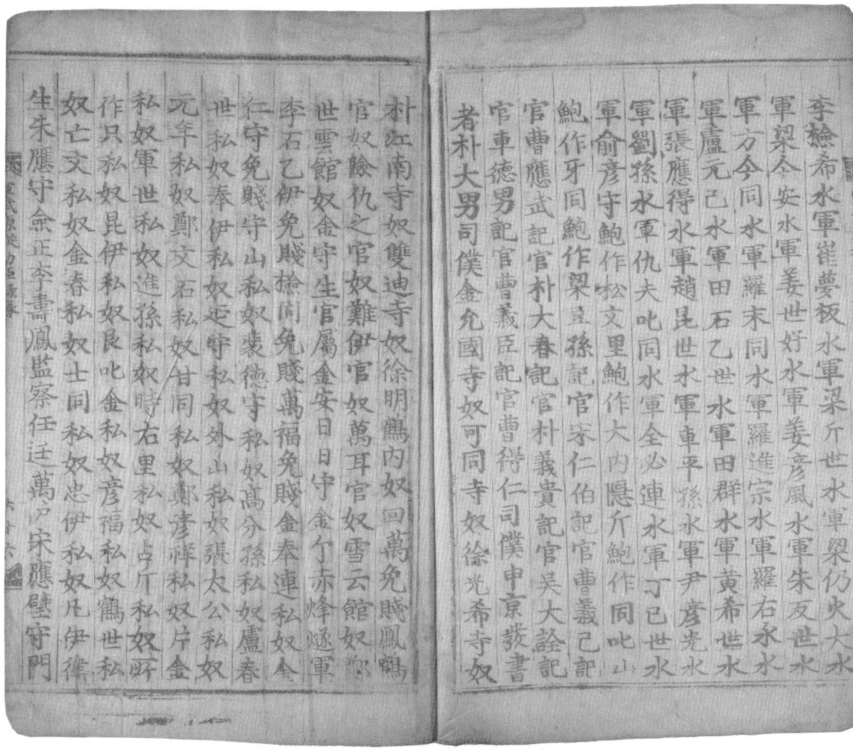

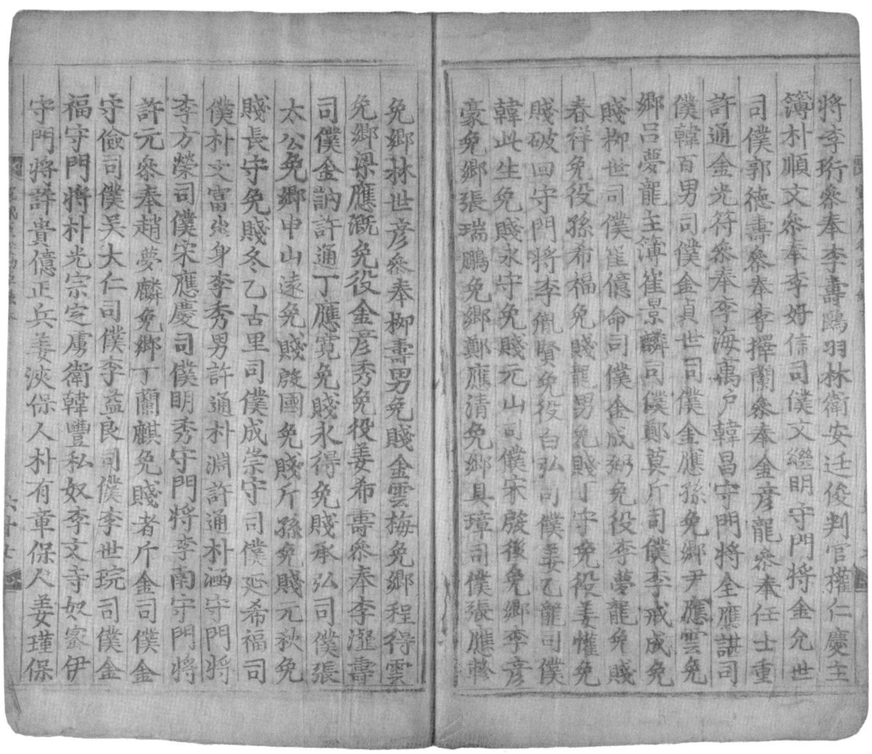

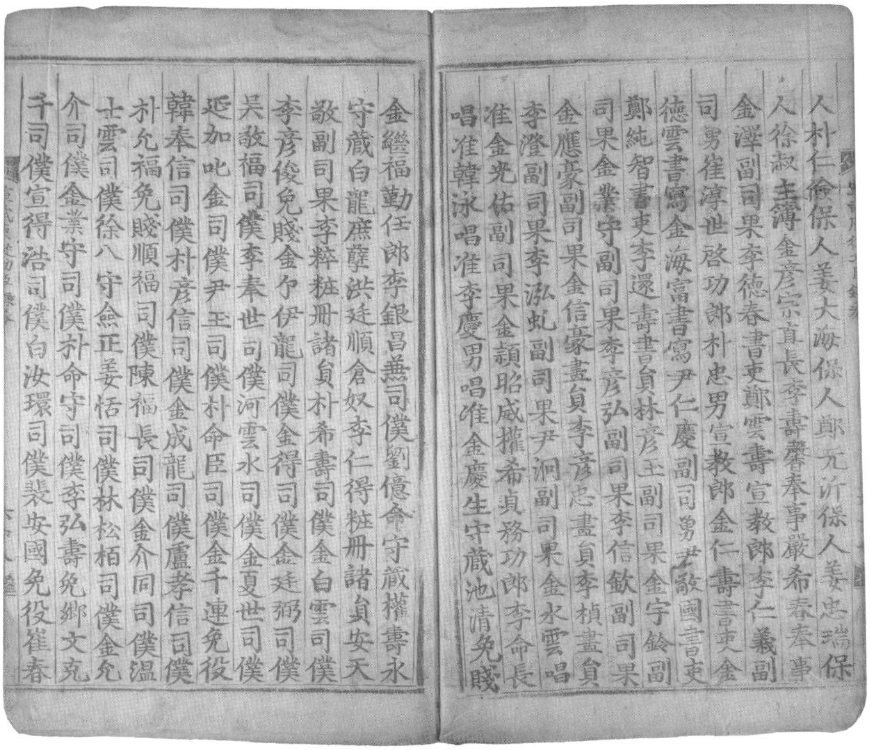

人朴仁儉保人姜大海保人鄭元沂保人姜忠瑞保
人徐叔主簿金彦宗直長李壽馨奉事嚴希春奉事
金澤副司果李德春書吏鄭雲壽宣教郎李仁義副
司勇崔淳世啓功郎朴忠男宣教郎金仁壽書吏金
德雲書寫金海富書寫尹仁慶副司勇尹敬國書吏
鄭純智書吏李還壽書員林彦王副司果金守鈴副
司果金業守副司果李彦弘副司果李信欽副司果
金應豪副司果金信豪畫員李彦忠畫員李楨畫員
李澄副司果李泓虬副司果尹洞副司果金水雲唱
准金允佑副司果金頲昭威權希貞務功郎李命長
唱准韓泳唱准李慶男唱准金慶生守藏池清免賤

金繼福勤任郎李銀昌兼司僕劉億命守藏權壽永
守藏白龍應孽洪廷順倉奴李仁得粧冊諸員安天
敬副司果李粹粧冊諸員朴希壽司僕金白雲司僕
李彦俊免賤金仐伊龍司僕金得司僕金廷弼司僕
吳敬福司僕李奉世司僕河雲水司僕金夏世司僕
延加叱金司僕尹王司僕朴命臣司僕金千連免役
韓奉信司僕朴彦信司僕金成龍司僕盧孝信司僕
朴允福免賤順福司僕陳福長司僕金介同司僕溫
士雲司僕徐八守僉正姜恬司僕林松栢司僕金允
介司僕金業守司僕朴命守司僕李弘壽免鄉文充
千司僕宣得浩司僕白汝環司僕裴安國免役崔春

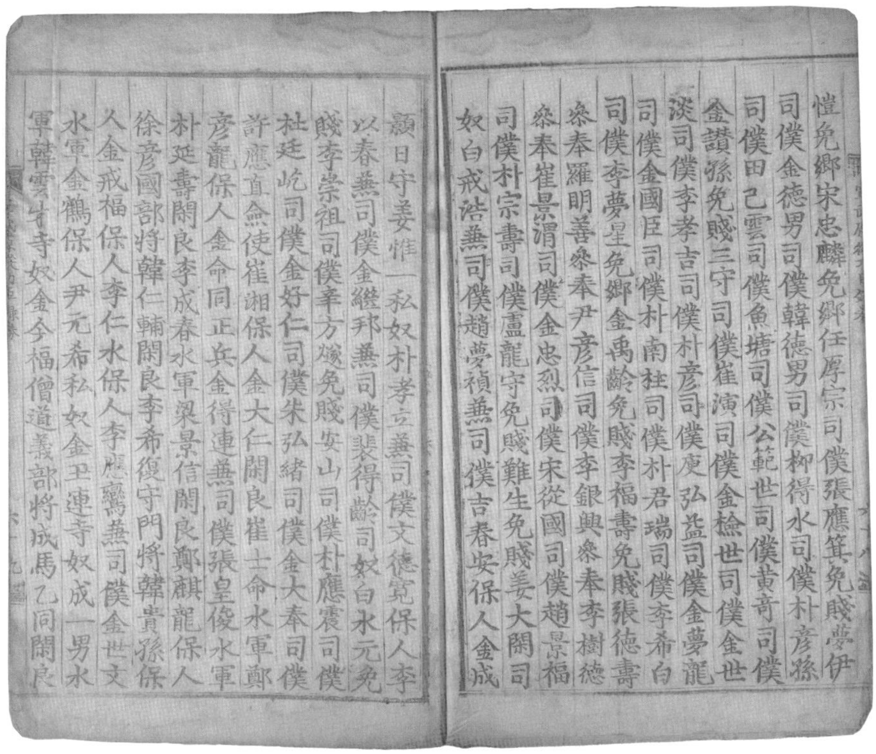

愷免鄉宋忠麟免鄉任厚宗司僕張應箕免賤夢伊
司僕金德男司僕韓德男司僕柳得水司僕朴彦孫
司僕田己雲司僕魚塘司僕公範世司僕黃奇司僕
金讃孫免賤三守司僕崔演司僕金梌世司僕金世
淡司僕李孝吉司僕朴彦司僕庚弘益司僕金夢龍
司僕金國臣司僕朴南柱司僕朴君瑞司僕李希白
司僕李夢星免鄉金禹齡免賤李福壽免賤張德壽
叅奉羅明善叅奉尹彦信司僕李銀與叅奉李樹德
叅奉崔景渭司僕金忠烈司僕宋從國司僕趙景福
司僕朴宗壽司僕盧龍守免賤難生免賤姜大開司
奴白戒浩兼司僕趙夢禎兼司僕吉春安保人金成

顏日守姜惟一私奴朴孝立兼司僕文德寬保人李
以春兼司僕金繼邦兼司僕裴得齡司奴白水元免
賤李崇祖司僕辛方璲免賤安山司僕朴應震司僕
杜廷屹司僕金好仁司僕朱弘緒司僕金大奉司僕
許應直僉使崔湘保人金大仁閑良崔士命水軍鄭
彦龍保人金命同正兵金得連兼司僕張皇俊水軍
朴廷壽閑良李成春水軍梁景信閑良鄭麒龍保人
徐彦國部將韓仁輔閑良李希復守門將韓貴孫保
人金戒福保人李仁水保人李應鶴兼司僕金世文
水軍金鶴保人尹元希私奴金王連寺奴成一男水
軍韓雲守寺奴金今福僧道義部將成馬乙同閑良

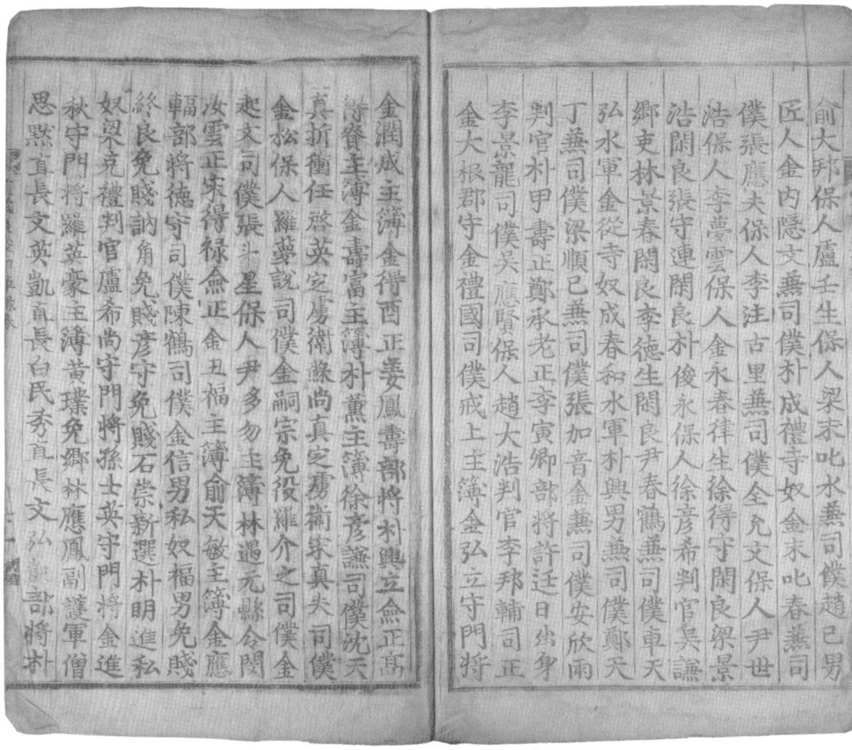

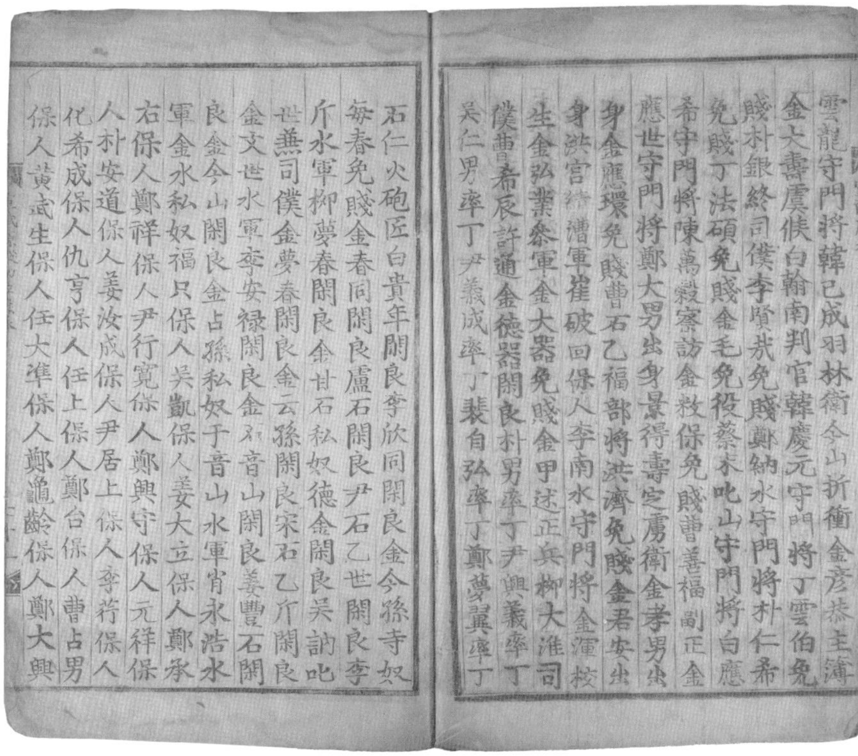

保人黃宗福保人金儉同保人鄭孝貞保人姜斗元
保人姜汝增保人蘇喜保人姜應攢保人姜守延保
人仇麟介保人權大鉄保人鄭亨福保人姜滌保人
鄭麟保人鄭義祥保人鄭天夫保人卞酉未保人鄭
希保人孫貴保人鄭從世保人河應祥保人姜活保
人崔有源保人姜景林保人李大任保人全沉保人
李武成保人尹宗保人韓述保人河應世保人趙允
世保人鄭深保人趙進保人姜好才保人李夢春保
人姜漢保人趙宗亨保人鄭元男保人尹莫仝保人
黃齡保人尹小叱同保人鄭天民保人姜友仁保人
姜斗明保人河天舍保人姜得麟保人李厚同忠義

衛鄭元凱正兵田得夫正兵仇仁正兵鄭仁龍正兵
鄭光國正兵李厚年正兵孫秀光正兵沈元正兵朴
晩生正兵金末叱致正兵鄭連守正兵徐仲仁正兵
河上正兵河淡正兵朱上正兵金卓正兵安夢正兵
鄭延貴正兵文順良正兵李希分正兵沈末叱從正
兵鄭希獻正兵鄭允生正兵河應禮正兵禹應祥正
兵白居秋正兵李明浩正兵李世春正兵姜銀福正
兵沈愈正兵李順希正兵尹芝正兵河斗億正兵安
丁希正兵任明玉正兵金七夫正兵姜結正兵辛嵓
難正兵化連世正兵金春男正兵朴大甖惡正兵姜
應貞正兵姜石正兵柳長英正兵韓日正兵鄭仁福

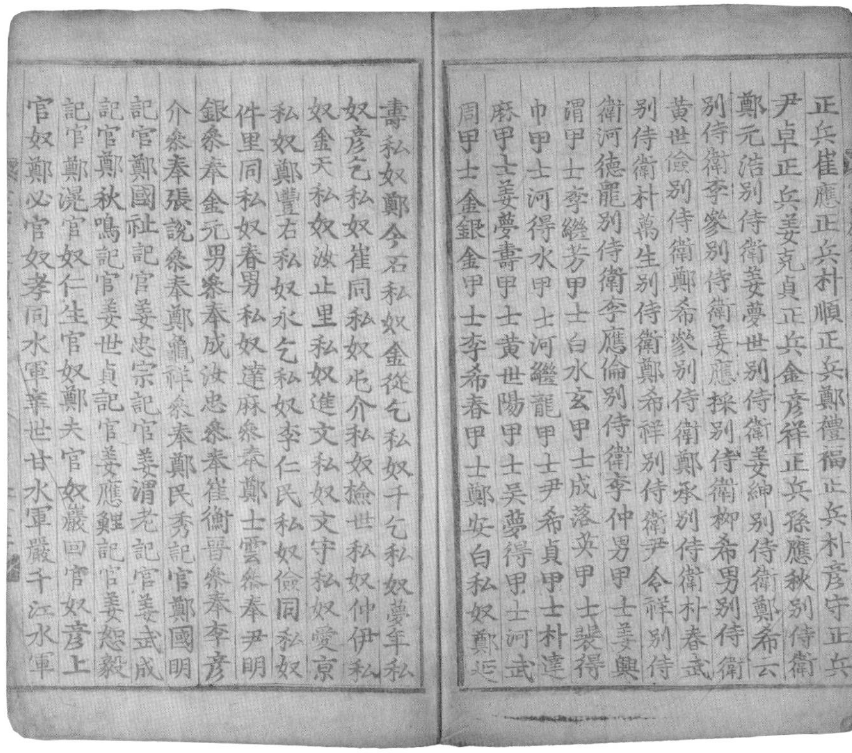

正兵崔應正兵朴順正兵鄭禮福正兵朴彥守正兵
尹卓正兵姜克貞正兵金彥祥正兵孫應秋別侍衛
鄭元浩別侍衛姜夢世別侍衛姜紳別侍衛鄭希云
別侍衛李參別侍衛姜應採別侍衛柳希男別侍衛
黃世儉別侍衛鄭希參別侍衛鄭承別侍衛朴春武
別侍衛朴萬生別侍衛鄭希祥別侍衛尹令祥別侍
衛河德龍別侍衛李應倫別侍衛李仲男甲士姜興
渭甲士李繼芳甲士白水玄甲士成落英甲士裵得
巾甲士河得水甲士河繼龍甲士尹希貞甲士朴達
麻甲士姜夢壽甲士黃世陽甲士吳夢得甲士河武
周甲士金銀金甲士李希春甲士鄭安白私奴鄭延

壽私奴鄭今石私奴金從乞私奴千乞私奴夢年私
奴彥乞私奴崔同私奴屯介私奴檢世私奴仲伊私
奴金天私奴汝止里私奴進文私奴文守私奴愛京
私奴鄭豊右私奴永乞私奴李仁民私奴儉同私奴
件里同私奴春男私奴達麻叅奉鄭士雲叅奉尹明
銀叅奉金元男叅奉成汝忠叅奉崔衛晋叅奉李彥
介叅奉張說叅奉鄭龜祥叅奉鄭民秀記官鄭國明
記官鄭國祉記官姜忠宗記官姜渭老記官姜武成
記官鄭秋鳴記官姜世貞記官姜應鯉記官姜恕毅
記官鄭涀官奴仁生官奴鄭夫官奴巖回官奴彥上
官奴鄭必官奴孝同水軍華世甘水軍嚴千江水軍

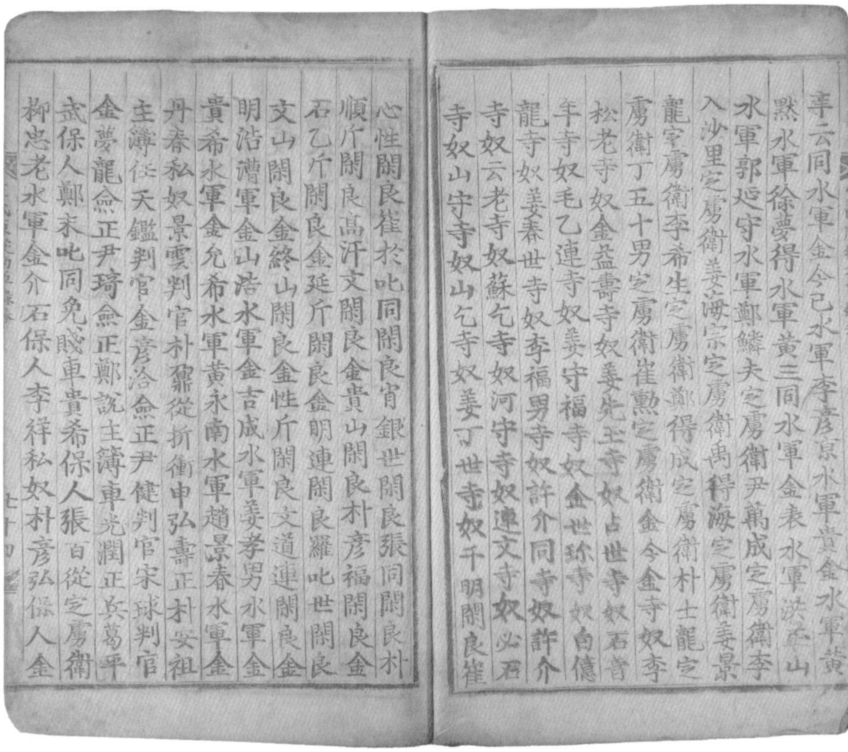

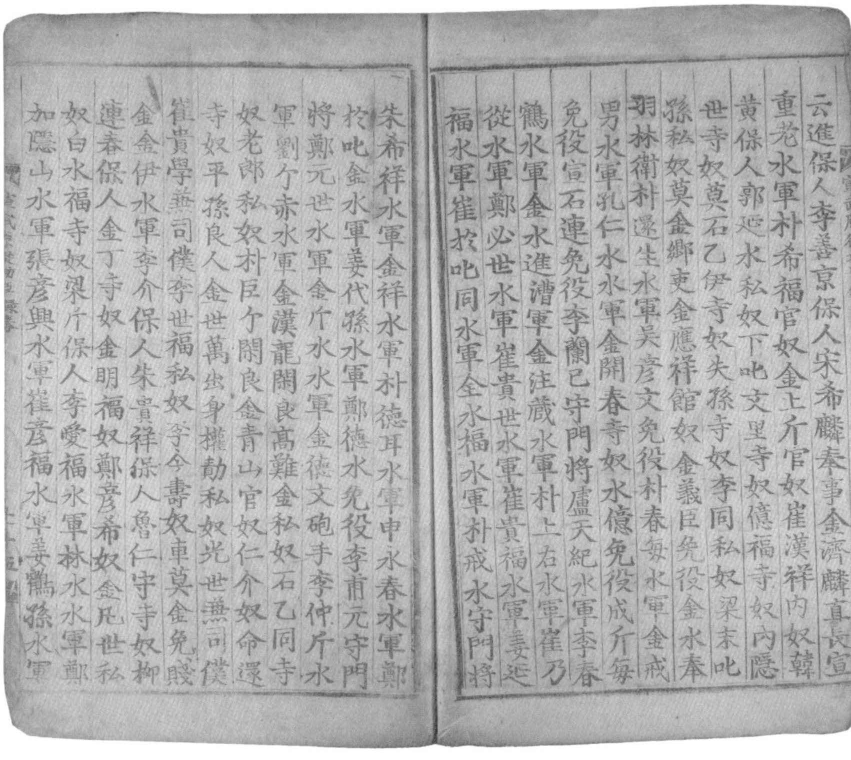

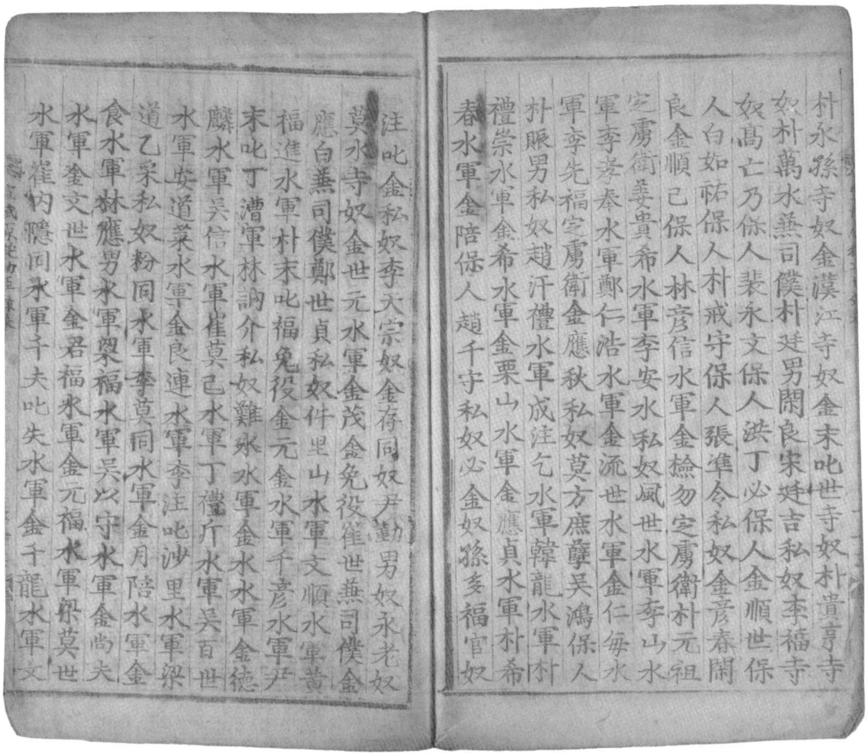

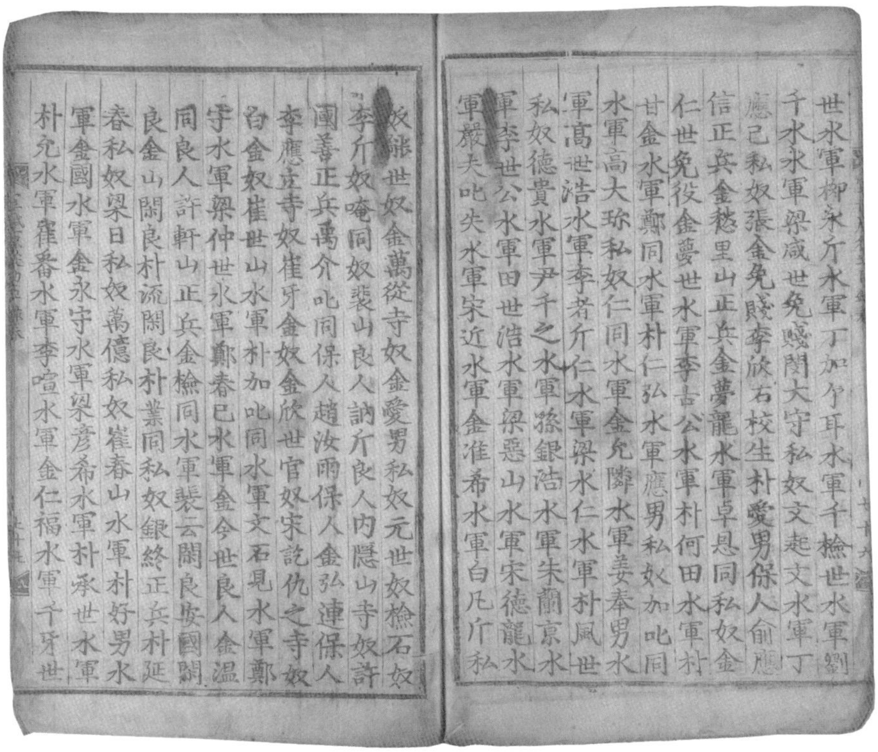

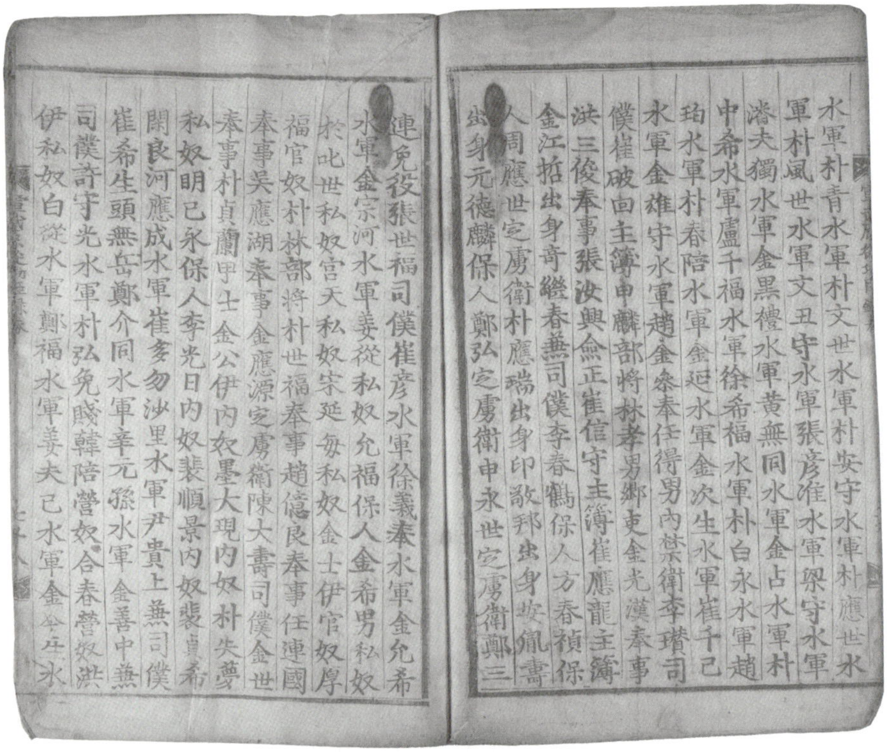

水軍朴青水軍朴文世水軍朴安守水軍朴應世水
軍朴風世水軍文丑守水軍張彦准水軍梁守水軍
潘夫獨水軍金黑禮水軍黃無同水軍金占水軍朴
中希水軍盧千福水軍徐希福水軍朴白永水軍趙
玽水軍朴春陪水軍金廷水軍金次生水軍崔千己
水軍金雄守水軍趙金叅奉任得男內禁衛李璜司
僕崔破回主簿申麟部將林孝男鄉吏金光漢奉事
洪三俊奉事張汝興僉正崔信守主簿崔應龍主簿
金江掐出身奇繼春兼司僕李春鶴保人方春禎保
人周應世定虜衛朴應瑞出身印敬邦出身安佩壽
出身元德麟保人鄭弘定虜衛申永世定虜衛鄭三

連免役張世福司僕崔彦水軍徐義奉水軍金允希
水軍金宗河水軍姜從私奴允福保人金希男私奴
於叱世私奴宮天私奴宋延每私奴金士伊官奴厚
福官奴朴林部將朴世福奉事趙億良奉事任連國
奉事吳應湖奉事金應源定虜衛陳大壽司僕金世
奉事朴貞蘭甲士金公伊內奴墨大現內奴朴失夢
私奴明已永保人李光日內奴裴順景內奴裴貞希
閑良河應成水軍崔多勿沙里水軍尹貴上兼司僕
崔希生頭無岳鄭介同水軍辛元孫水軍金善中兼
司僕許守光水軍朴弘免賤韓陪營奴合春營奴洪
伊私奴白從水軍鄭福水軍姜夫已水軍金仐乭水

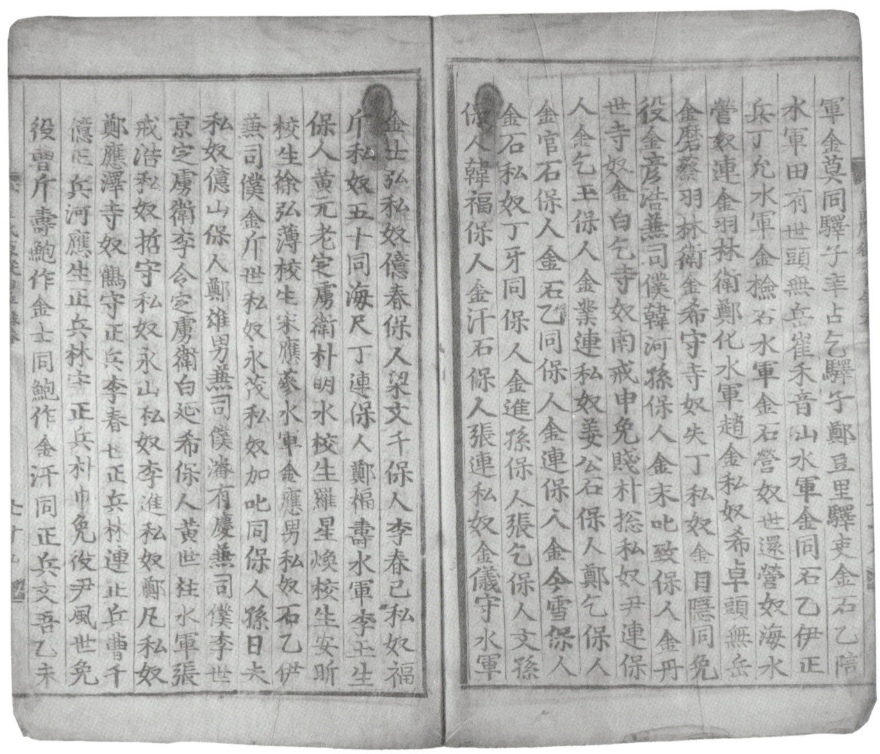

軍金莫同驛子辛占乞驛子鄭豆里驛吏金石乙陪
水軍田有世頭無岳崔禾音山水軍金同石乙伊正
兵丁允水軍金檢石水軍金石營奴世還營奴海水
營奴連金羽林衛鄭化水軍趙金私奴希卓頭無岳
金磨蔡羽林衛金希守寺奴失丁私奴金目隱同免
役金彦浩兼司僕韓河孫保人金末叱致保人金丹
世寺奴金白乞寺奴南戒申免賤朴捻私奴尹連保
人金乞王保人金業連私奴姜公石保人鄭乞保人
金官石保人金石乙同保人金連保人金今雪保人
金石私奴丁牙同保人金進孫保人張乞保人文孫
保人韓福保人金汗石保人張連私奴金儀守水軍

金士弘私奴億春保人梁文千保人李春己私奴福
斤私奴五十同海尺丁連保人鄭福壽水軍李玉生
保人黃元老定虜衛朴明水校生羅星煥校生安斯
校生徐弘薄校生宋應參水軍金應男私奴石乙伊
兼司僕金斤世私奴永茂私奴加叱同保人孫日夫
私奴億山保人鄭雄男兼司僕潘有慶兼司僕李世
京定虜衛李今定虜衛白延希保人黃世柱水軍張
戒浩私奴招守私奴永山私奴李進私奴鄭凡私奴
鄭應澤寺奴鶴守正兵李春七正兵林連正兵曹千
億正兵河應生正兵林守正兵朴巾免役尹風世免
役曹斤壽鮑作金士同鮑作金汗同正兵文吾乙未

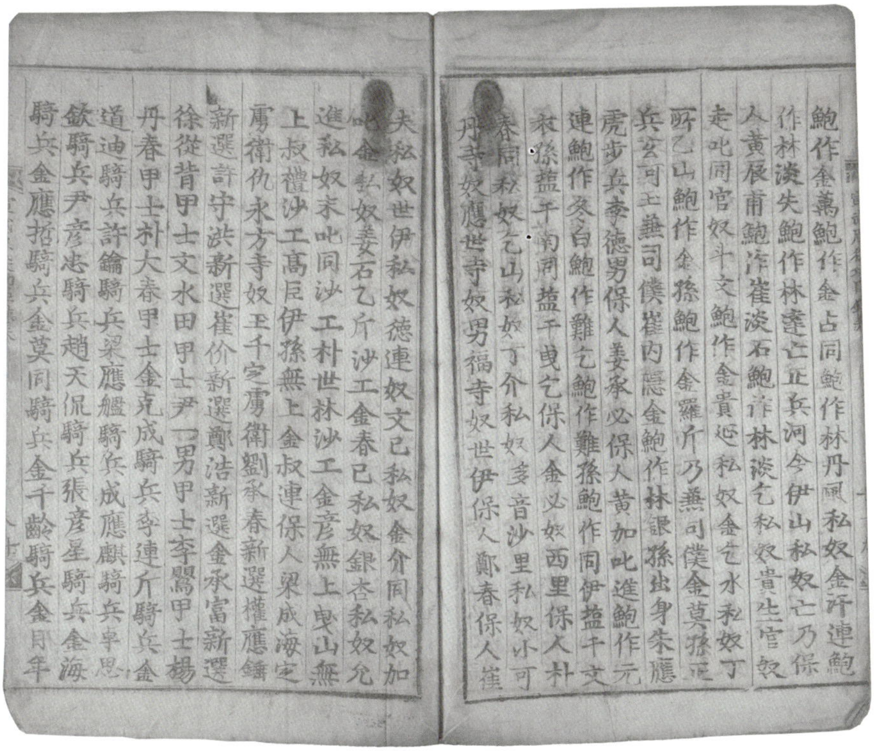

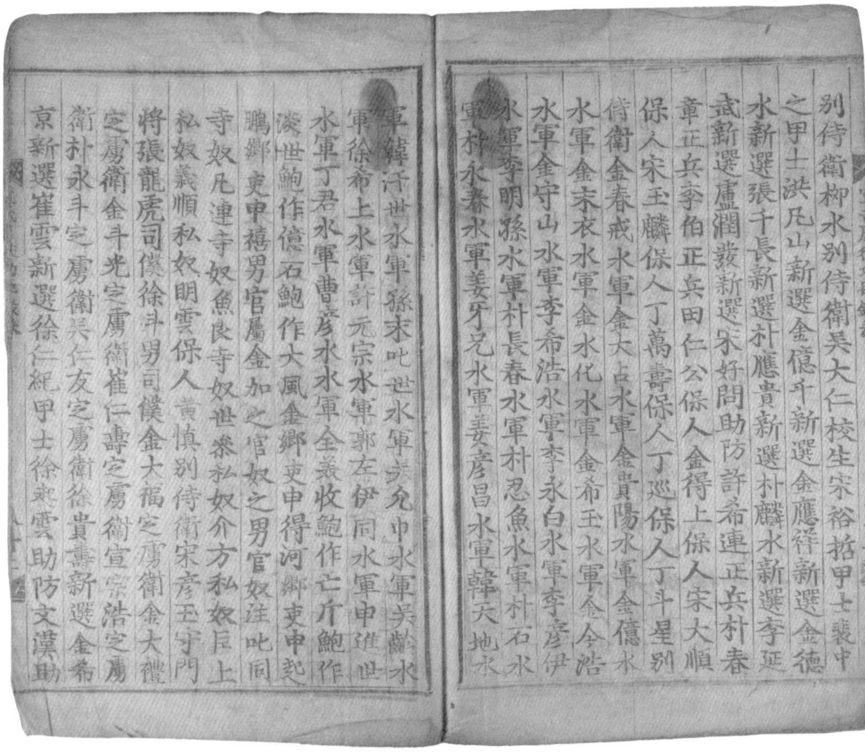

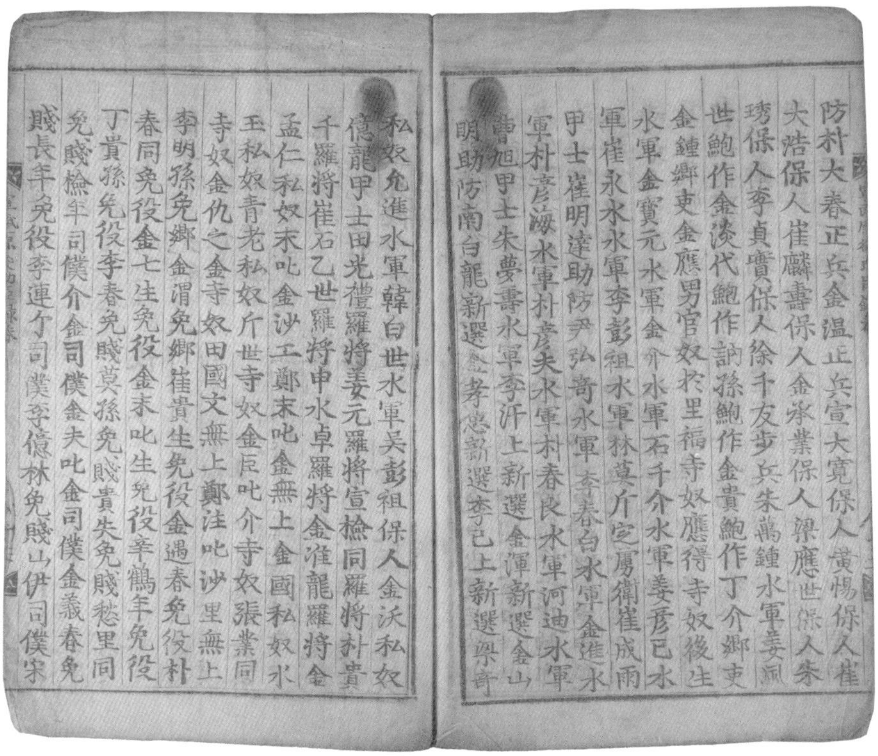

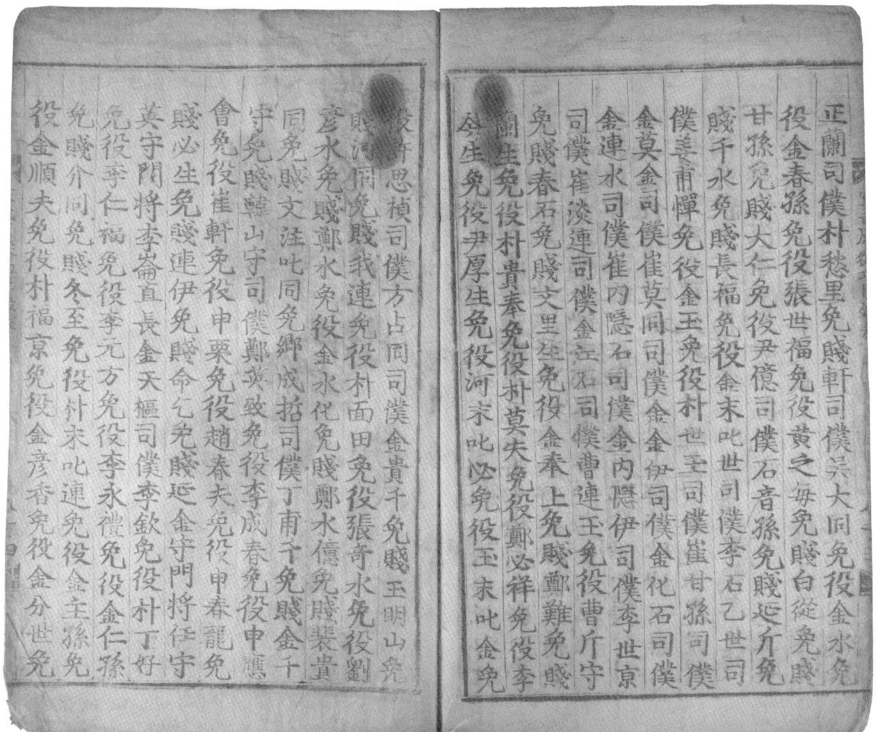

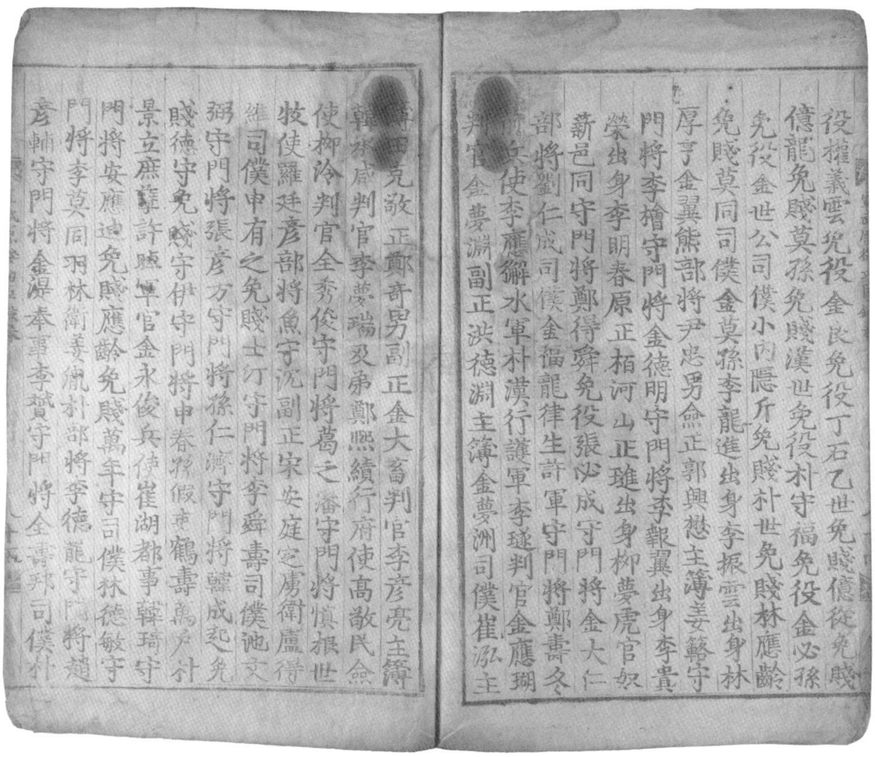

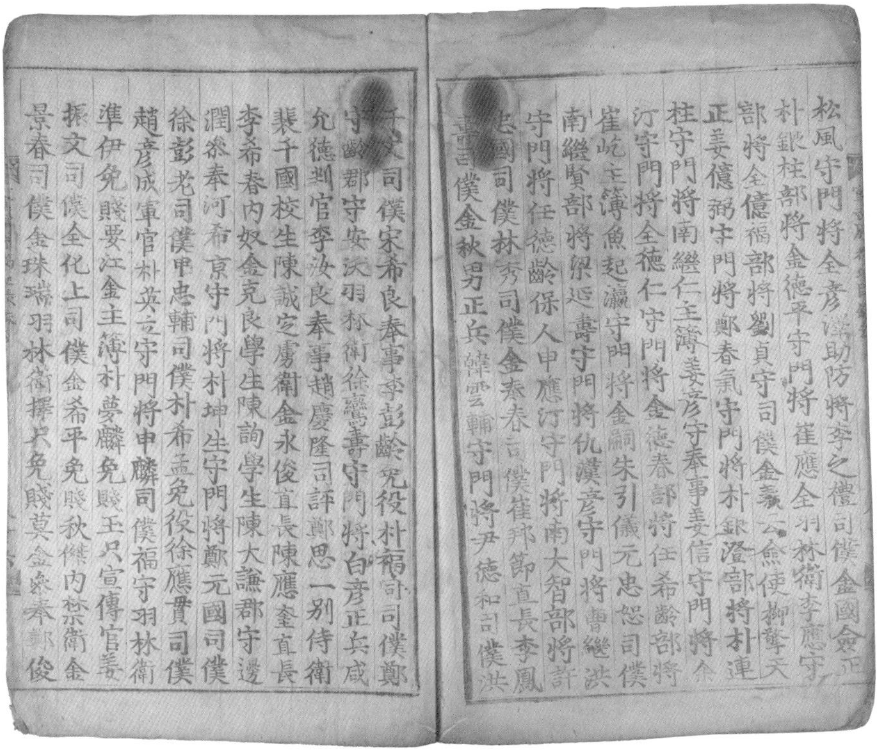

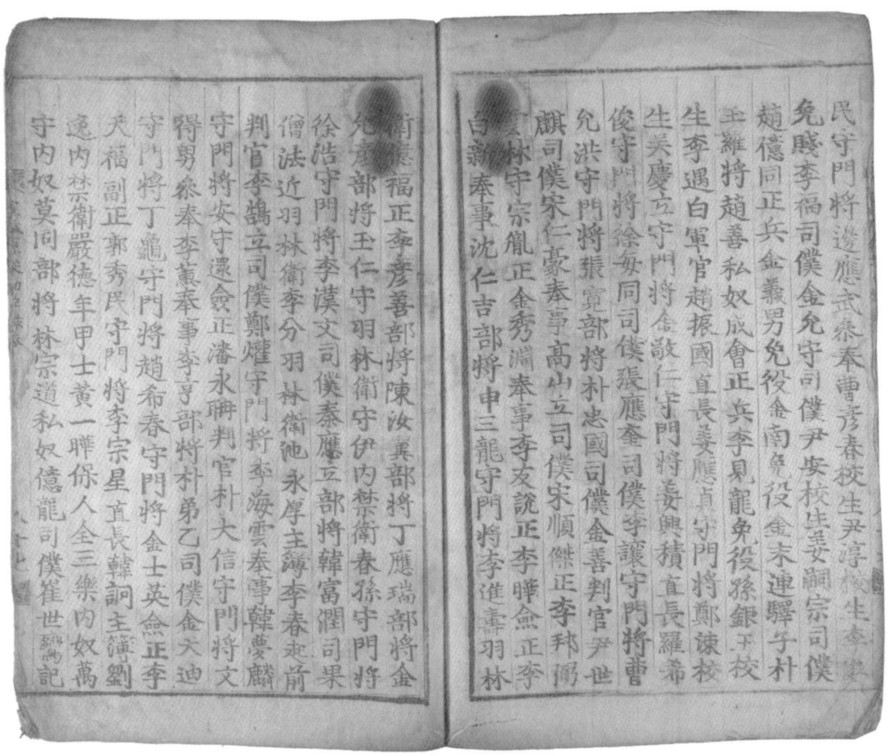

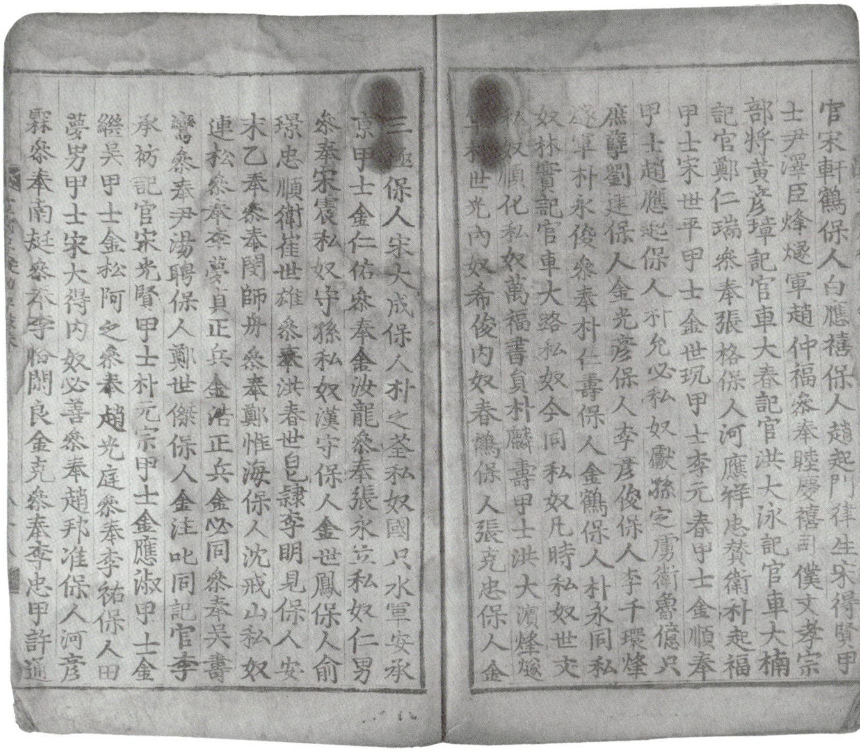

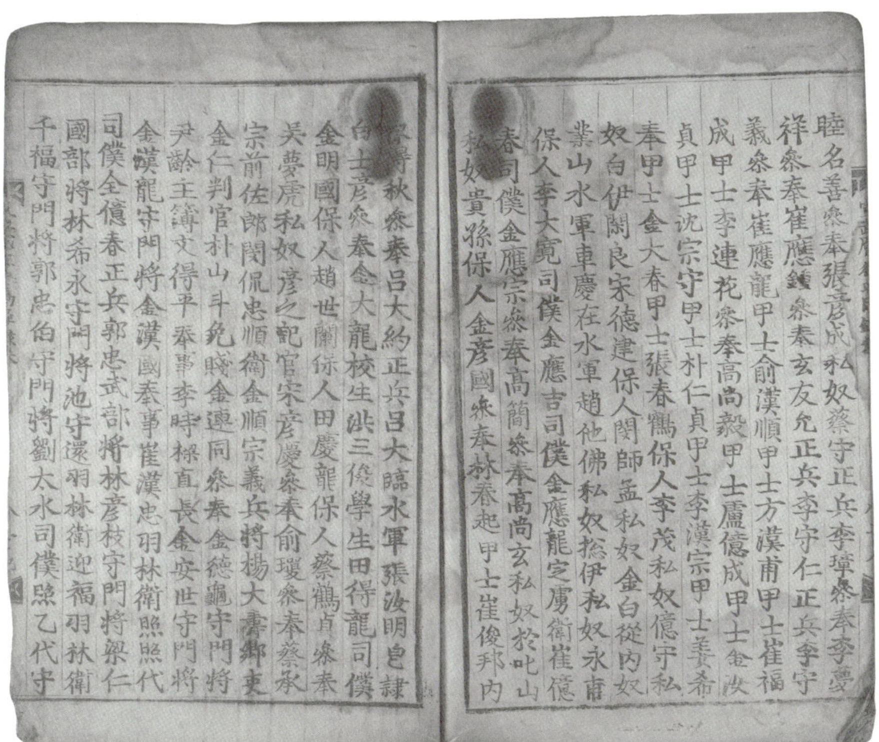

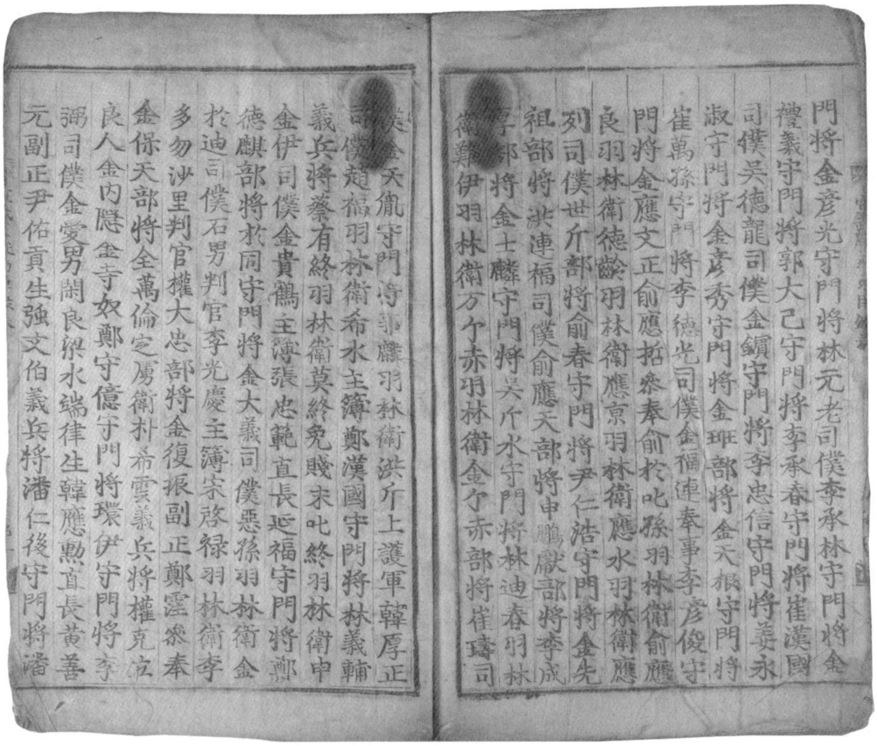

門將金彦光守門將林元老司僕李承林守門將金
禮義守門將郭大己守門將李承春守門將崔漢國
司僕吳德龍司僕金鋼守門將李忠信守門將姜永
淑守門將金彦秀守門將金琠部將金天根守門將
崔萬孫守門將李德光司僕金福連奉事李彦俊守
門將金應文正俞應招衆奉俞於叱孫羽林衛俞應
良羽林衛德齡羽林衛應京羽林衛應水羽林衛應
列司僕世斤部將俞春守門將尹仁浩守門將金先
祖部將洪連福司僕俞應天部將申鵬獻部將李成
守郭將金士麟守門將吳斤水守門將林迪春羽林
衛鄭伊羽林衛万个赤羽林衛金个赤部將崔璹司

僕金天胤守門將鄭麟羽林衛洪斤上護軍韓厚正
司僕趙福羽林衛希水主簿鄭漢國守門將林義輔
義兵將蔡有終羽林衛莫終免賤末叱終羽林衛申
金伊司僕金貴鶴主簿張忠範直長延福守門將鄭
德麒部將於同守門將金大義司僕惡孫羽林衛金
於迪司僕石男判官李光慶主簿宋啓祿羽林衛李
多勿沙里判官權大忠部將金復根副正鄭霆衆奉
金保天部將金萬倫定虜衛朴希雲義兵將權克泫
良人金內隱金寺奴鄭守億守門將環伊守門將李
彌司僕金愛男閑良梁水端律生韓應勳直長黃善
元副正尹佑貢生強文伯義兵將潘仁後守門將潘

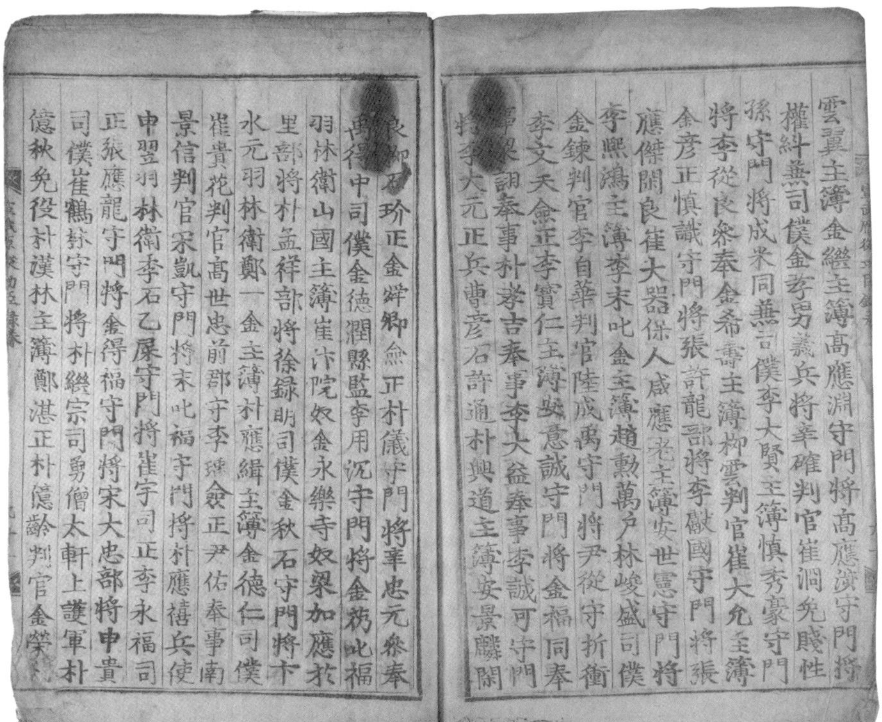

雲翼主簿金繼主簿高應淵守門將高應演守門將
權糾無司僕金孝男義兵將辛確判官崔洞免賤性
孫守門將成來同無言僕李大賢主簿愼秀豪守門
將李從良衆奉金希壽主簿柳雲判官崔大允主簿
金彦正愼誠守門將張許龍部將李獻國守門將張
應傑閑良崔大器保人咸應老主簿安世憲守門將
李熙鴻主簿李末叱金主簿趙勳萬戶林峻盛司僕
金鍊判官李自華判官陸成禹守門將尹從守折衝
李文天僉正李寶仁主簿姜懿誠守門將金福同奉
事梁詡奉事朴孝吉奉事李大益奉事李誠可守門
將李大元正兵曹彦石許通朴興道主簿安景麟閑

良鄭石玠正金紳卿僉正朴儀守門將辛忠元衆奉
尹得中司僕金德潤監李用沉守門將金莸叱福
羽林衛山國主簿崔汴院奴金永樂寺奴衆加應於
里部將朴孟祥部將徐錄明司僕金秋石守門將卞
水元羽林衛鄭一金主簿朴應緝主簿金德仁司僕
崔貴祀判官高世忠前郡守李瑗僉正尹佑奉事南
景信判官宋凱守門將末叱福守門將朴應禧兵使
中盟羽林衛李石乙屎守門將崔守司正李永福司
正張應龍守門將金得福守門將宋大忠部將申貴
司僕崔鶴孫守門將朴繼宗司勇僧太軒上護軍朴
億秋免役朴漢林主簿鄭湛正朴億齡判官金榮

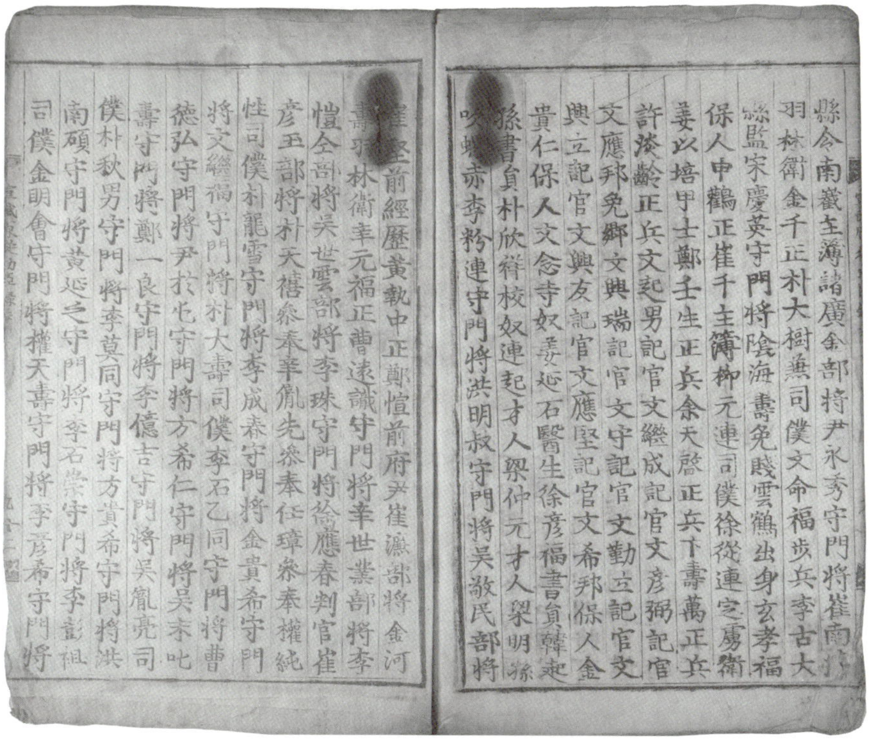

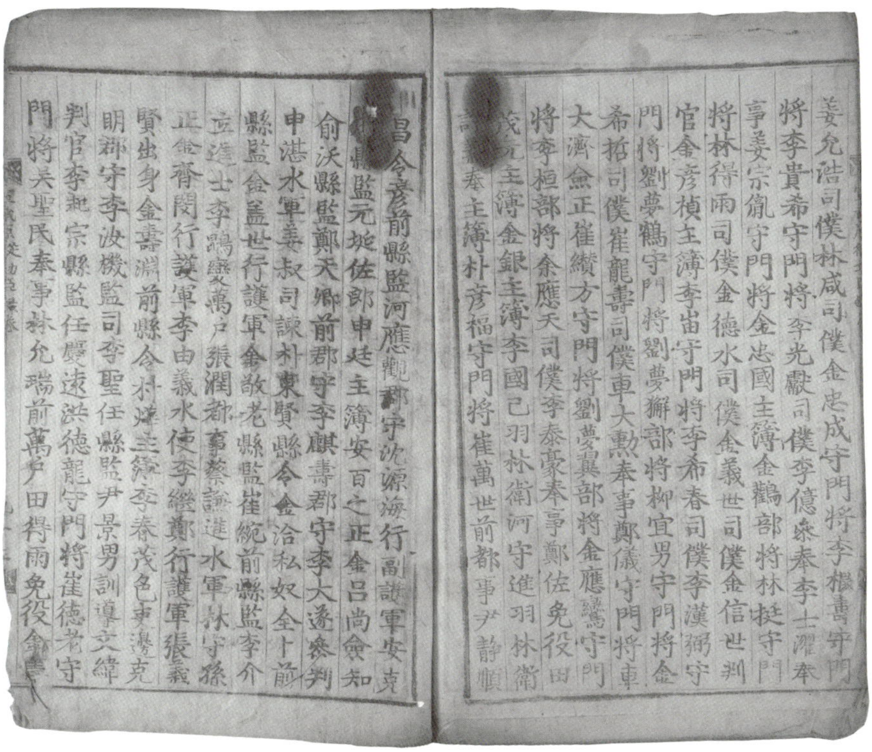

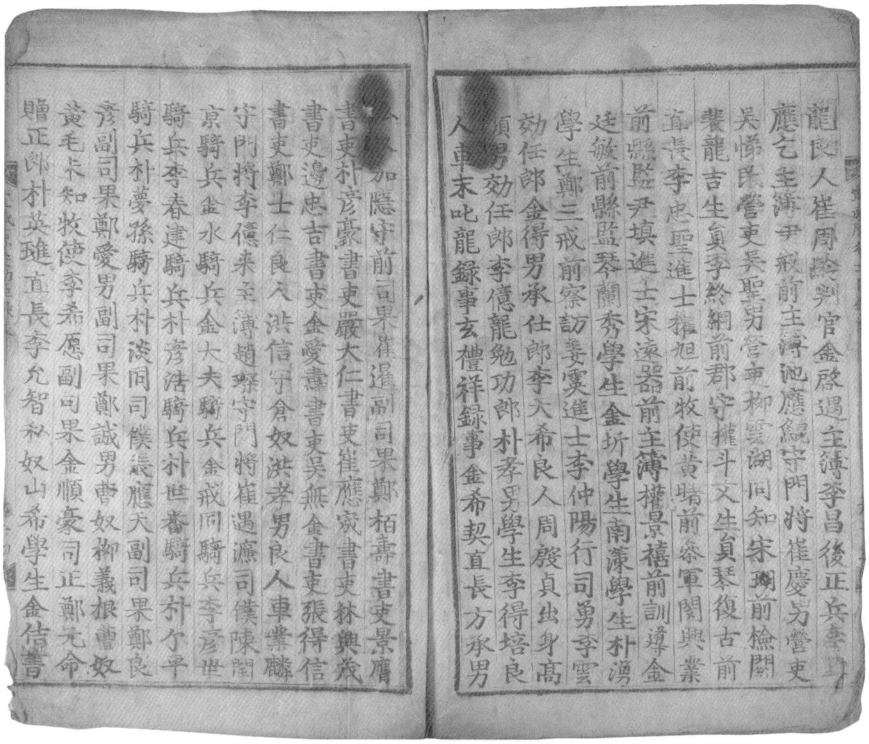
龍良人崔周龍判官金啓遇主簿李昌俊正兵李[illegible]
應乞主簿尹毅前主簿池應鯤守門將崔慶男營吏
吳悌臣營吏吳聖男營吏柳雲湖同知宋璵前檢閱
裵龍吉生員李紹綱前郡守權斗文生員琴復古前
直長李忠聖進士權旭前牧使黃暐前參軍閔興業
前縣監尹填進士宋遠器前主簿權景禧前訓導金
廷鈹前縣監琴蘭秀學生金圻學生南漢學生朴湧
學生鄭三戒前察訪姜㝡進士李仲陽行司勇李雲
効任郎金得男承仕郎李大希良人周殷貞出身高
須男効任郎李億龍勉功郎朴孝男學生李得培良
人車末叱龍錄事玄禮祥錄事金希契直長方承男

以加隱守前司果崔暹副司果鄭栢壽書吏景膺
書吏朴彦豪書吏嚴大仁書吏崔應宗書吏林興岑
書吏邊忠吉書吏金愛壽書吏吳無金書吏張得信
書吏鄭士仁良人洪信守倉奴洪孝男良人車業麟
守門將李億承主簿趙琛守門將崔遇源司僕陳閏
京騎兵金水騎兵金大夫騎兵金戒同騎兵李彦世
騎兵李春建騎兵朴彦浩騎兵朴世春騎兵朴今乎
騎兵朴蔓孫騎兵朴浚同司僕張應天副司果鄭良
彦副司果鄭愛男副司果鄭誠男曹奴御義根曹奴
黃毛乙知牧使李希愿副司果金順豪司正鄭元命
贈正郎朴英璡直長李允智私奴山希學生金信書

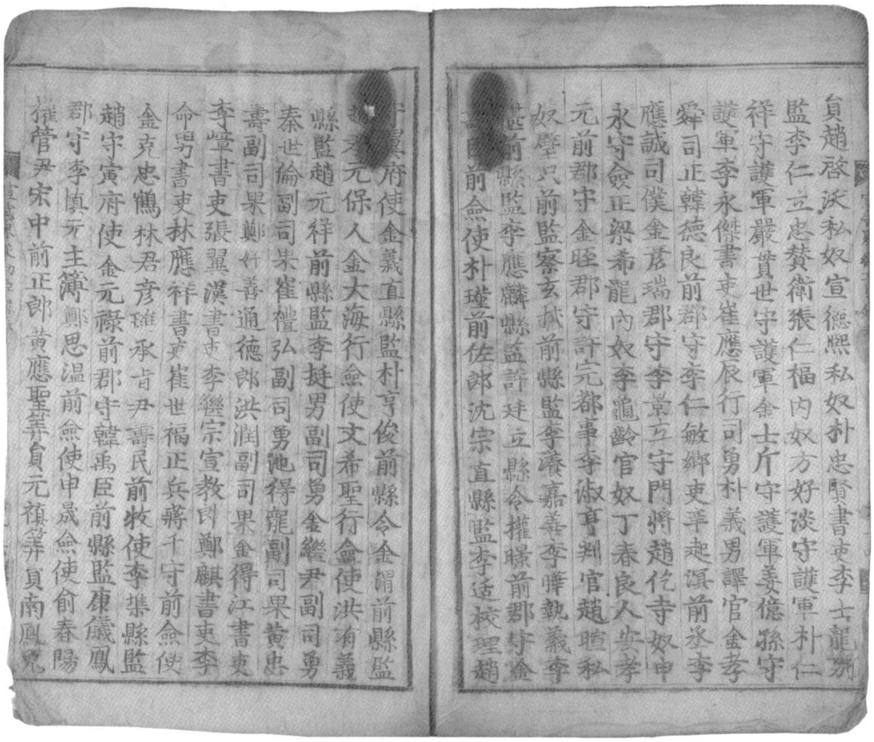
員趙啓汝私奴宣德熙私奴朴忠賢書吏李士龍別
監李仁立忠贊衛張仁福內奴方好淡守護軍朴仁
祥守護軍嚴貴世守護軍金士斤守護軍姜億縣守
護軍李永傑書吏崔應辰行司勇朴義男譯官金孝
舜司正韓德良前郡守李仁敏鄕吏華起源前參奉李
永守僉正吳希龍內奴李龜齡官奴丁春良人安孝
應誠司僕金彦瑞郡守李景立守門將趙佐寺奴申
元前郡守金[illegible]郡守許完都事李徽判官趙暄私
奴學只前監察玄[illegible]前縣監李濬嘉善李曄執義李
[illegible]前縣監李應麟縣監許廷立縣令權暻前郡守金
[illegible]前僉使朴璡前佐郎沈宗直縣監李廷桂理趙

[illegible]府使金義直縣監朴守俊前縣令金謂前縣監
[illegible]元保人金大海行僉使文希聖行僉使洪有義
縣監趙元祥前縣監李挺男副司勇金繼君副司勇
秦世倫副司果崔禮弘副司勇池得龍副司果黃忠
壽副司果鄭竹春通德郎洪潤副司果金得江書吏
李嶂書吏張翼漢書吏李繼宗宣教郎鄭麒書吏李
命男書吏林應祥書吏崔世福正兵蔣千守前僉使
金克忠鷦林君彦璡承旨尹壽民前牧使李集縣監
趙守寅府使金元祿前郡守韓禹臣前縣監康儀鳳
郡守李愼元主簿鄭思溫前僉使申晟僉使俞春陽
權管尹宋中前正郎黃應聖業員元[illegible]業員南鳳兒

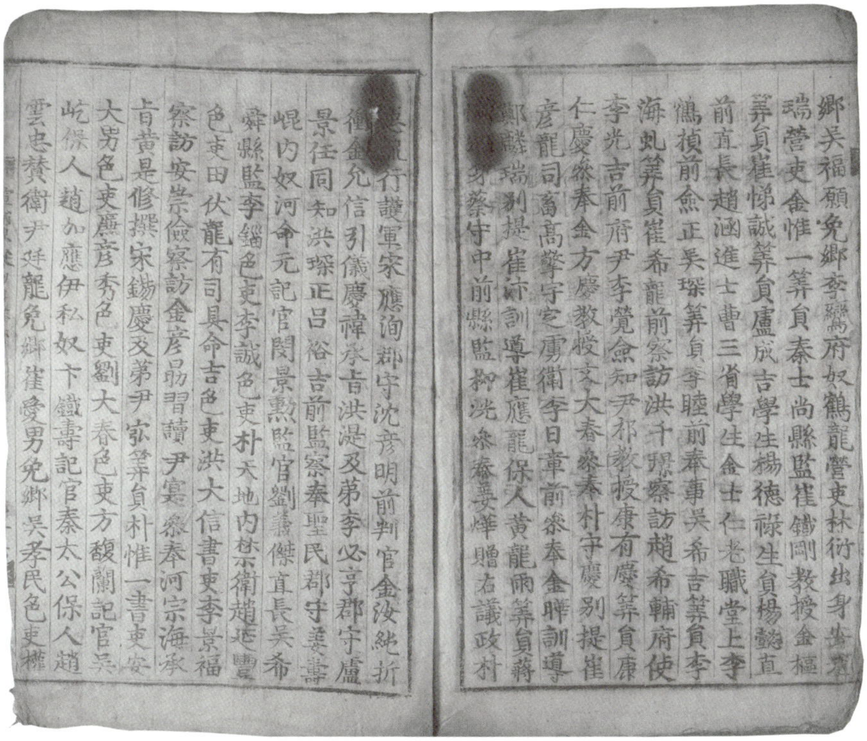

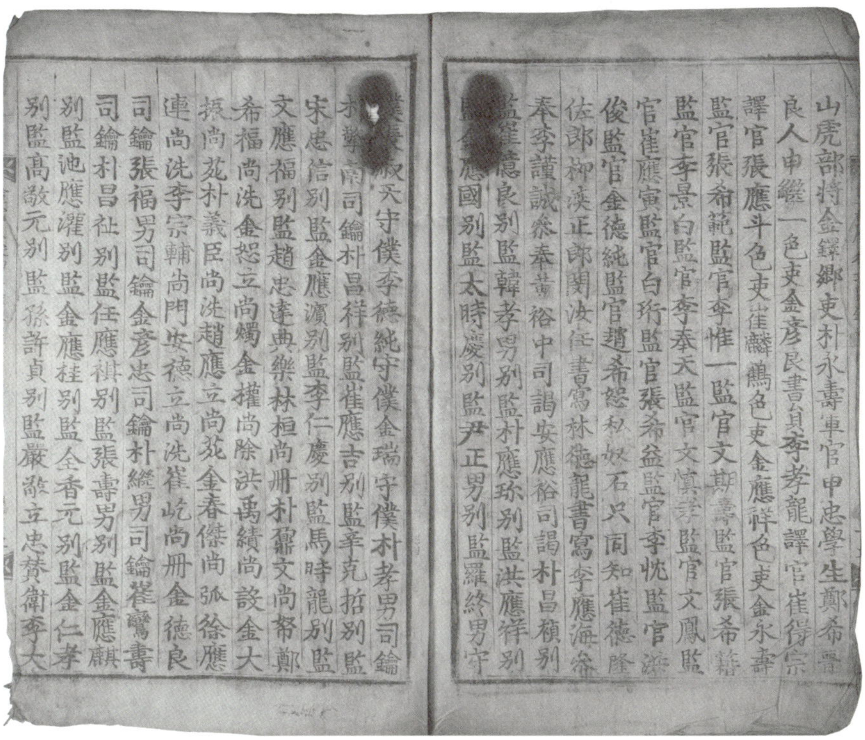

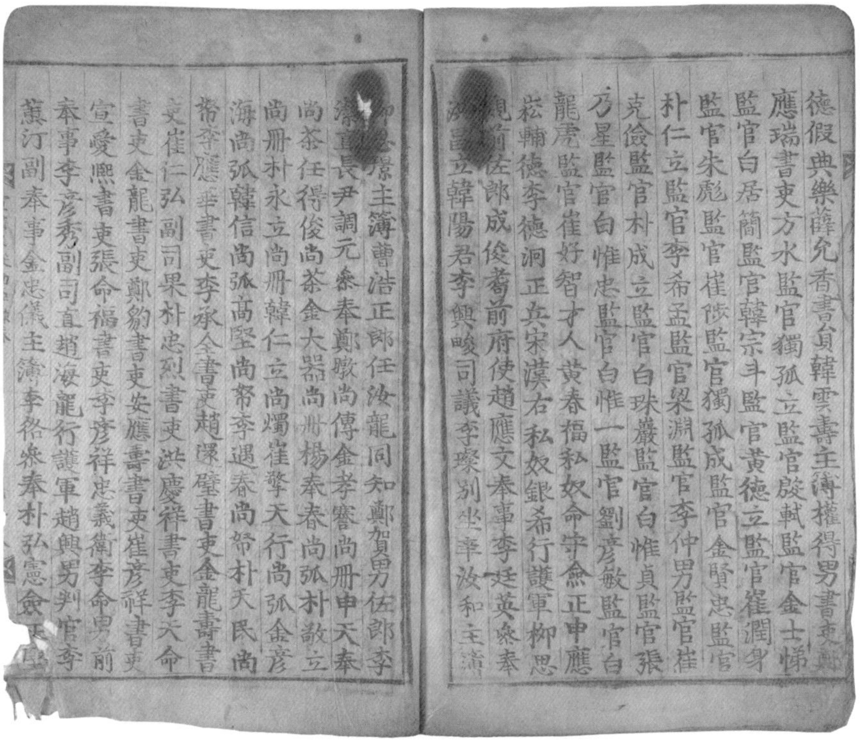

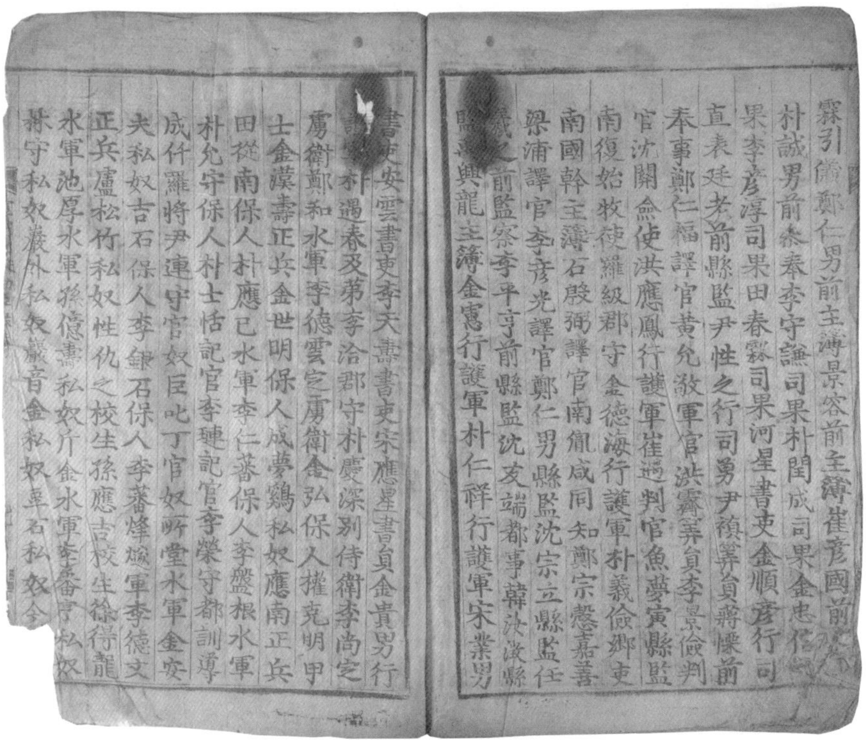

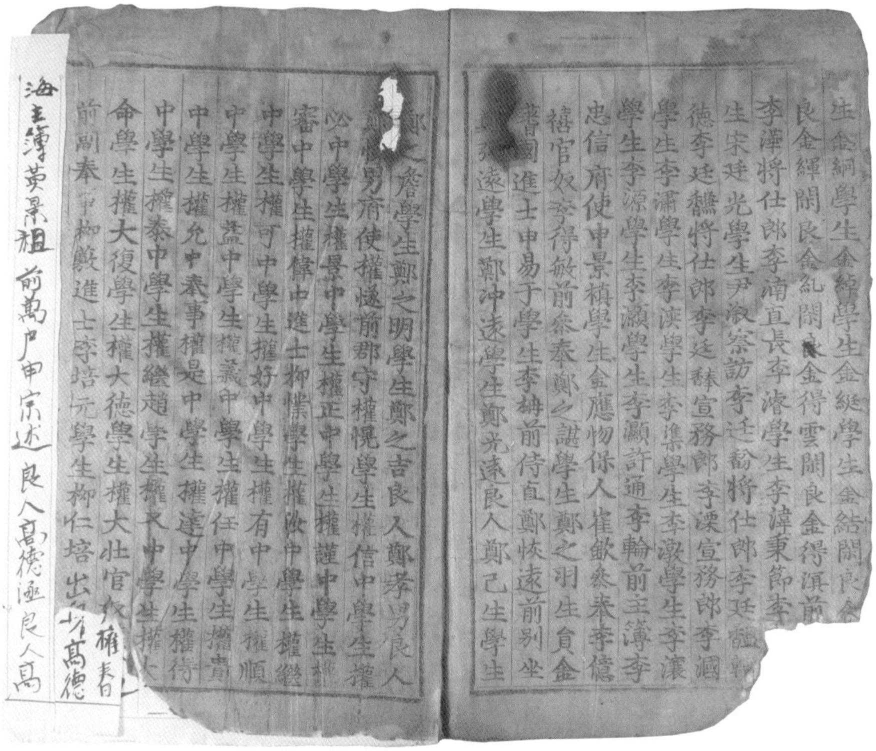

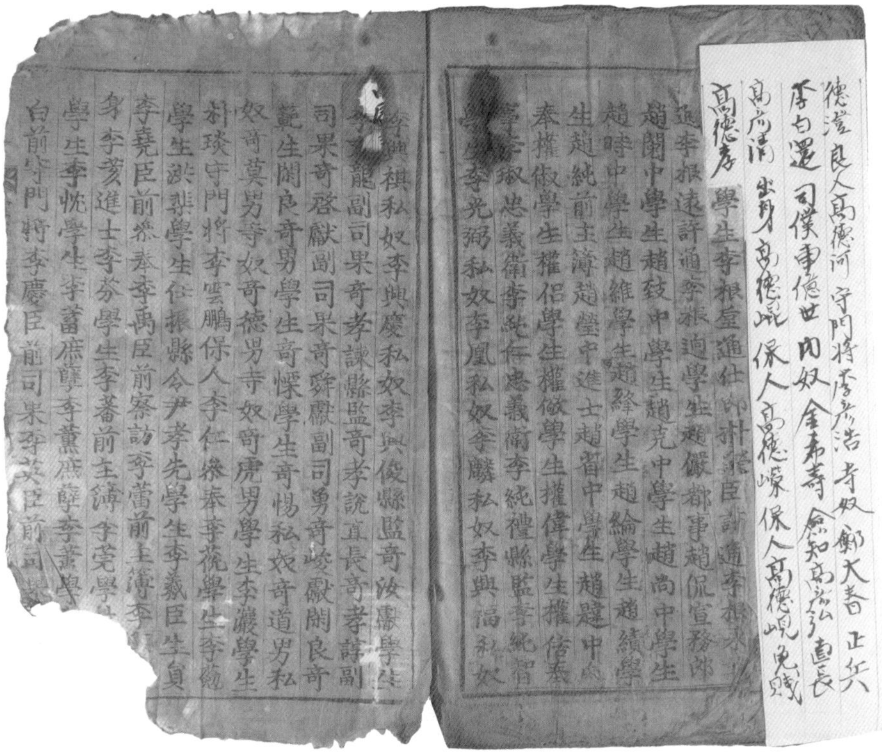

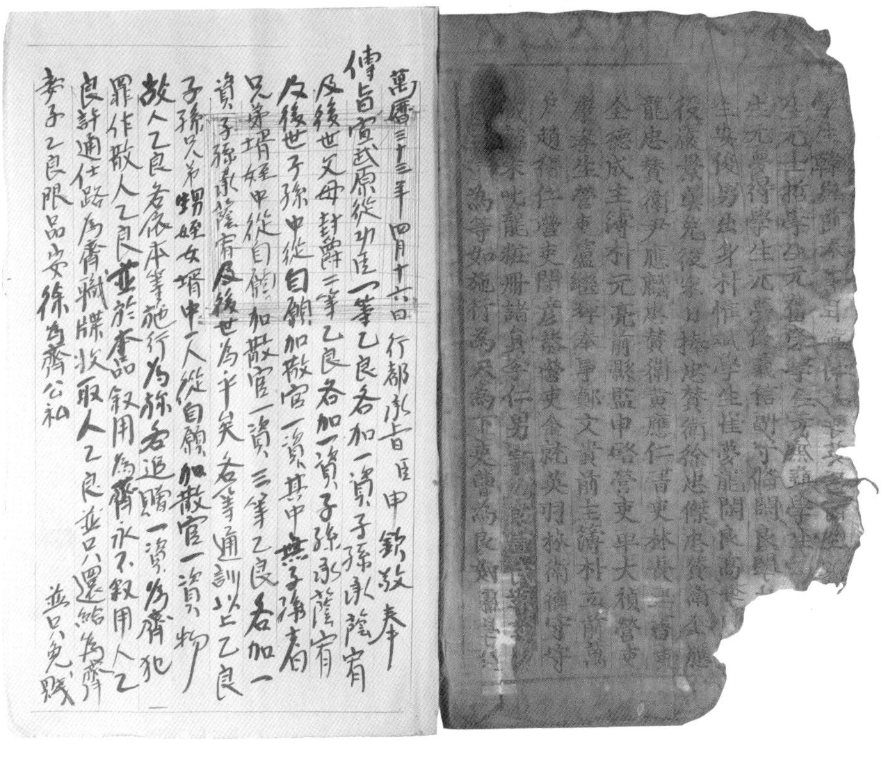

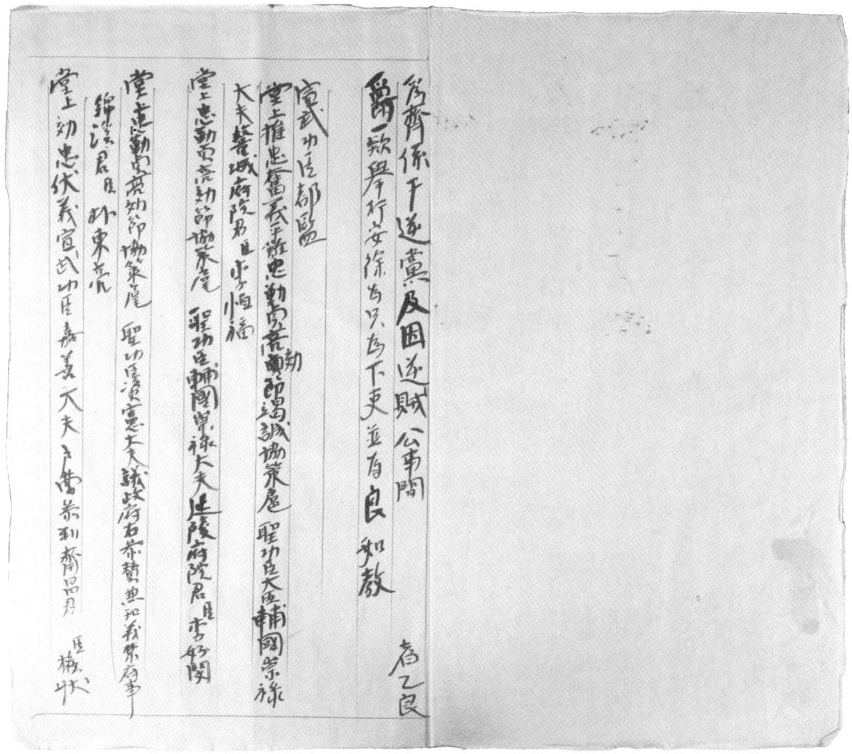

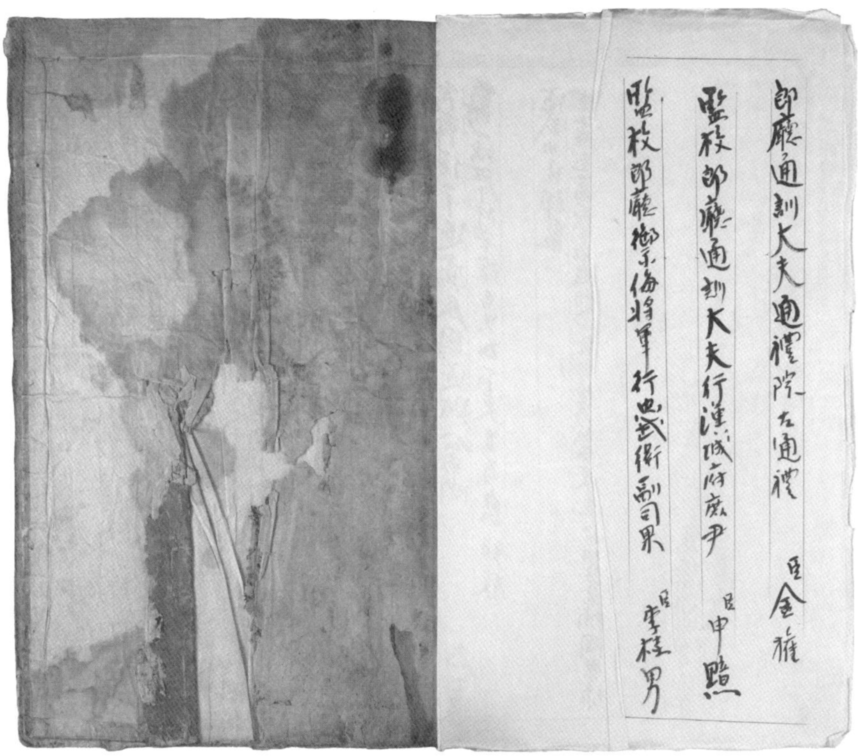

丁酉十二月二十日 新

진도읍

1

敎令類

白牌 1

1891년(고종 28), 84×64

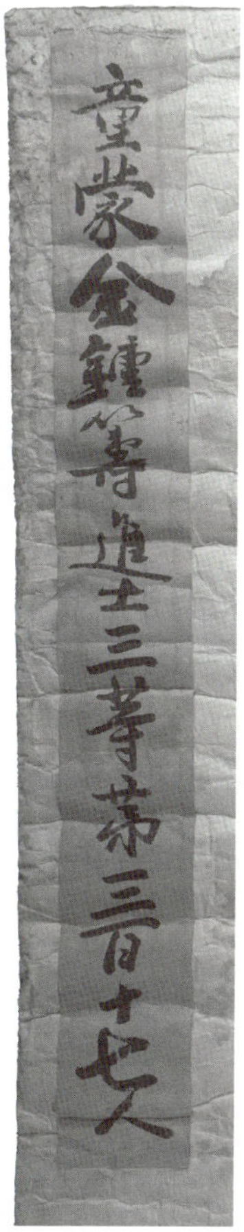

童蒙金鍾籌進士三等第三百十七人

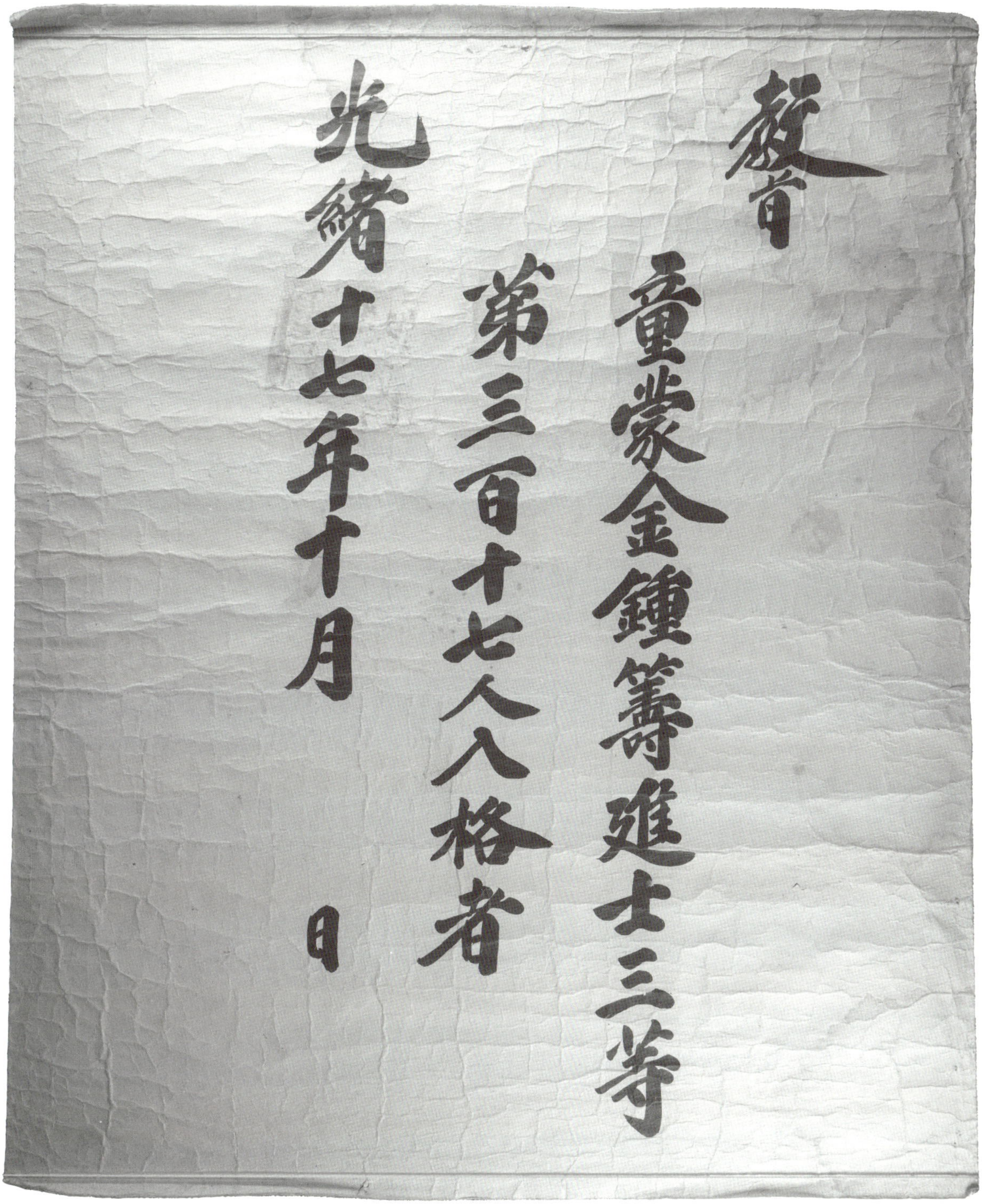

敎旨

童蒙金鍾籌進士三等

第三百十七人入格者

光緒十七年十月 日

1891년에 童蒙 金鍾籌가 進士試에 入格하고 받은 白牌

告身 1

1888년(고종 25), 69×54

敎旨

金昞淳爲

折衝將軍

行龍驤衛

副護軍者

光緒十四年四月 日

1888년 4월에 金昞淳을 折衝將軍 行 龍驤衛 副護軍으로 임명하는 문서

告身 2

1888년(고종 25), 69×54

敎旨

金昞淳爲嘉

善大夫同知

中樞府事兼

五衛將者

光緖十四年四月 日

1888년 4월에 金昞淳을 嘉善大夫 同知中樞府事 兼 五衛將으로 임명하는 문서

告身 3

1888년(고종 25), 68×56

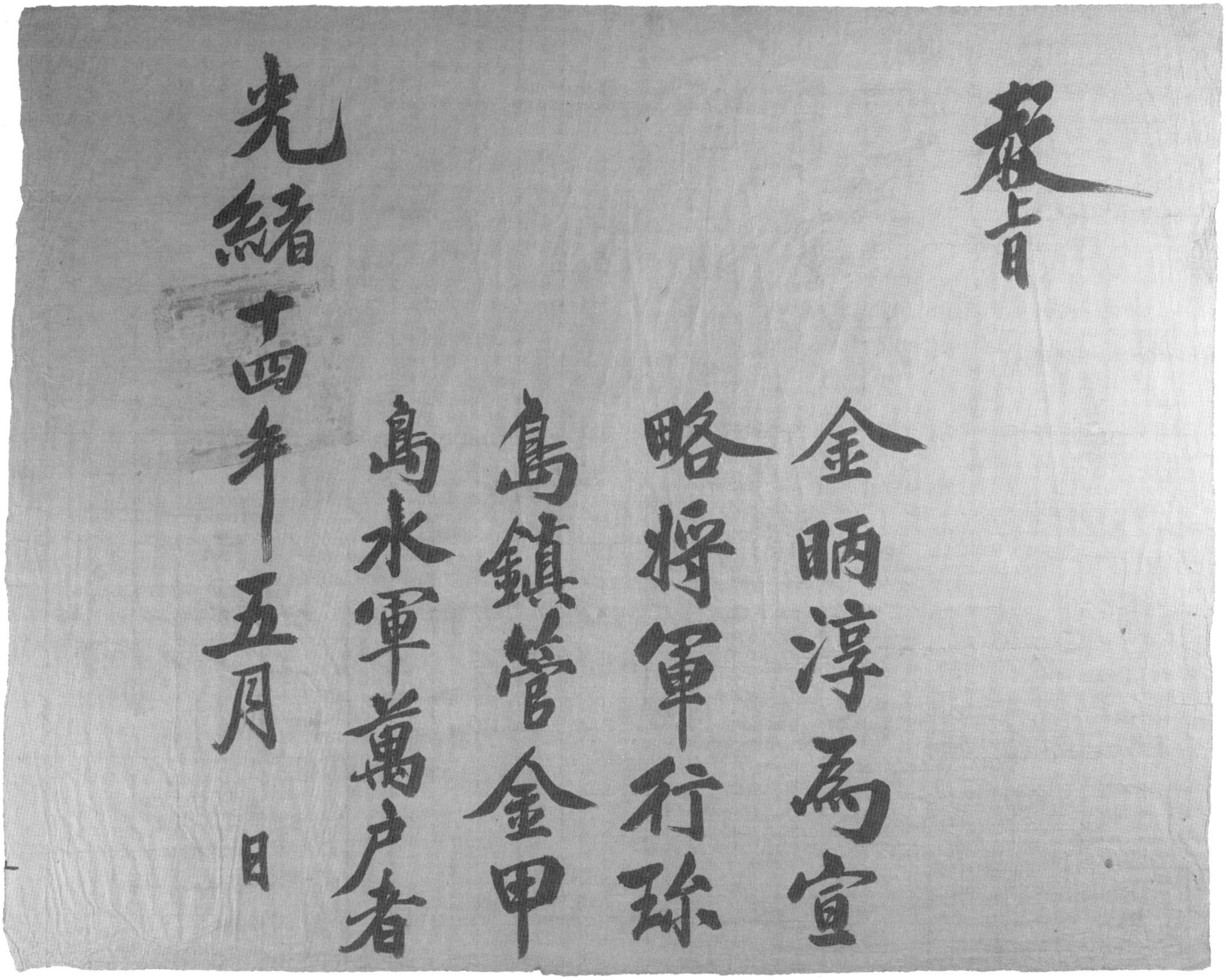
敎旨

金昞淳爲宣
略將軍行珍
島鎭管金甲
島水軍萬戶者

光緖十四年五月 日

1888년 5월에 金昞淳을 宣略將軍 行 珍島鎭管 金甲島水軍萬戶로 임명하는 문서

告身 4

1888년(고종 25), 69×54

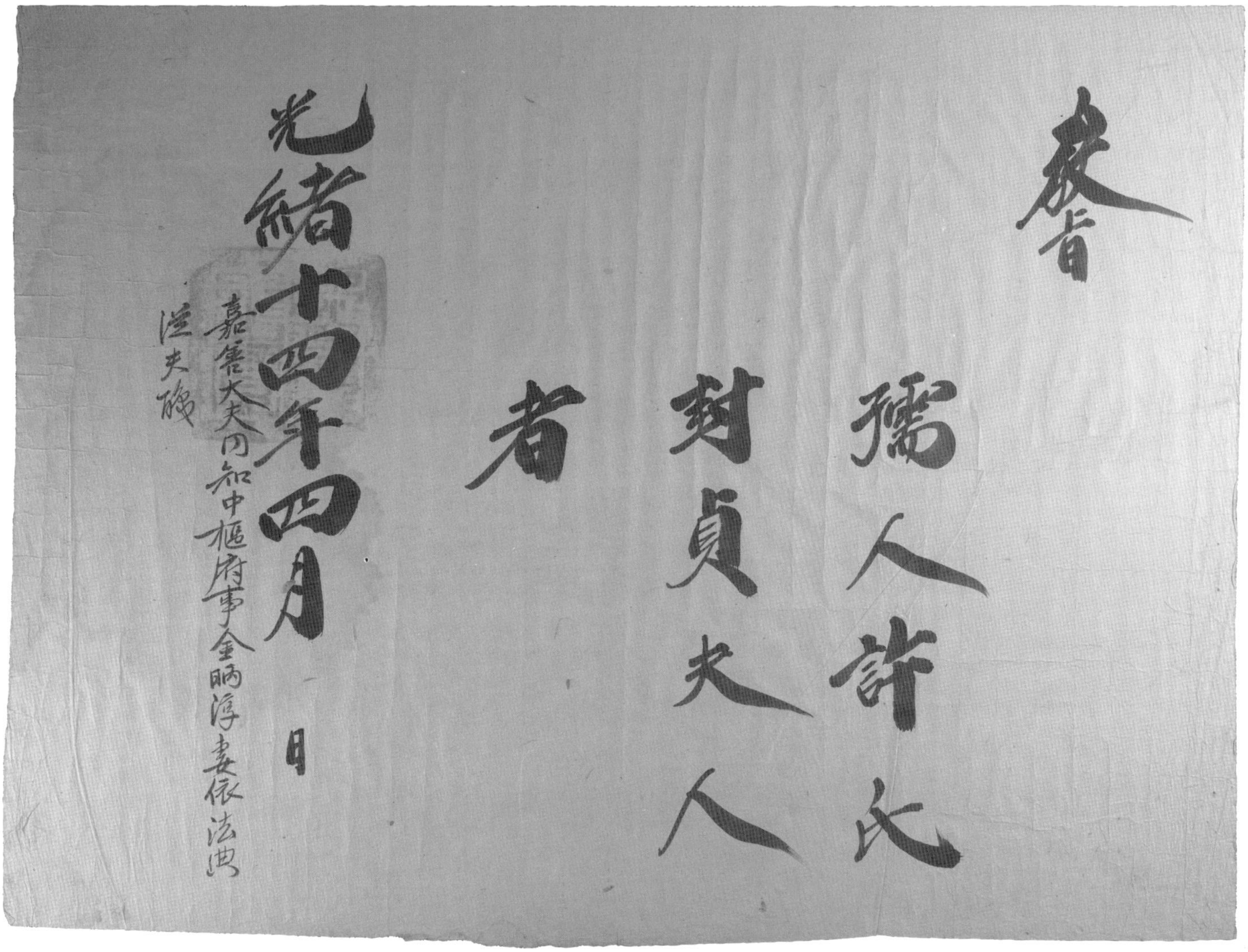

1888년 4월에 孺人 許氏를 貞夫人으로 임명하는 문서

告身 5

1890년(고종 27), 69×54

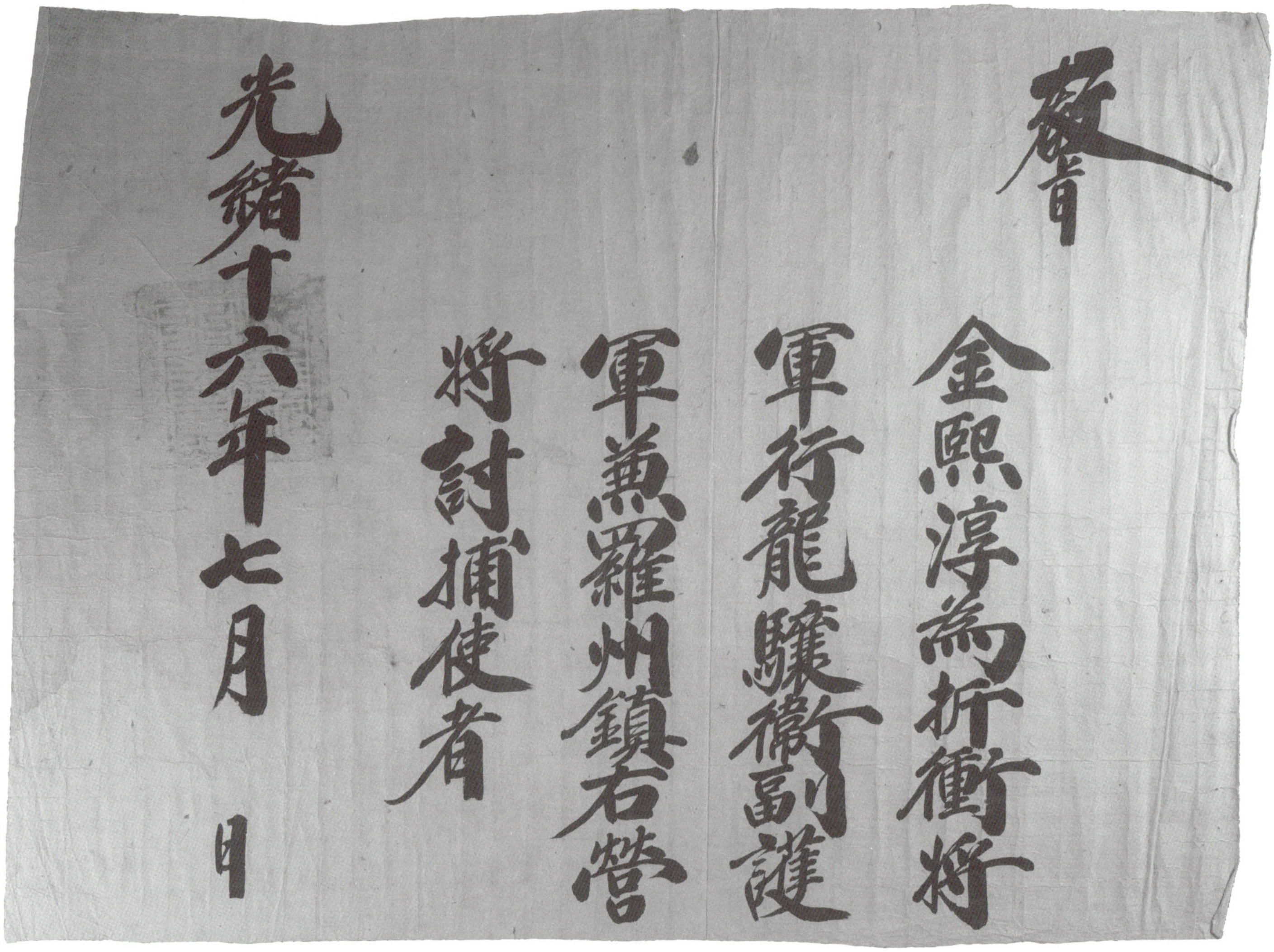
敎旨
金熙淳爲折衝將
軍行龍驤衛副護
軍兼羅州鎭右營
將討捕使者
光緖十六年七月 日

1890년 7월에 金熙淳을 折衝將軍 行 龍驤衛 副護軍 兼 羅州鎭右營將 討捕使로 임명하는 문서

追贈教旨 1

1888년(고종 25), 69×54

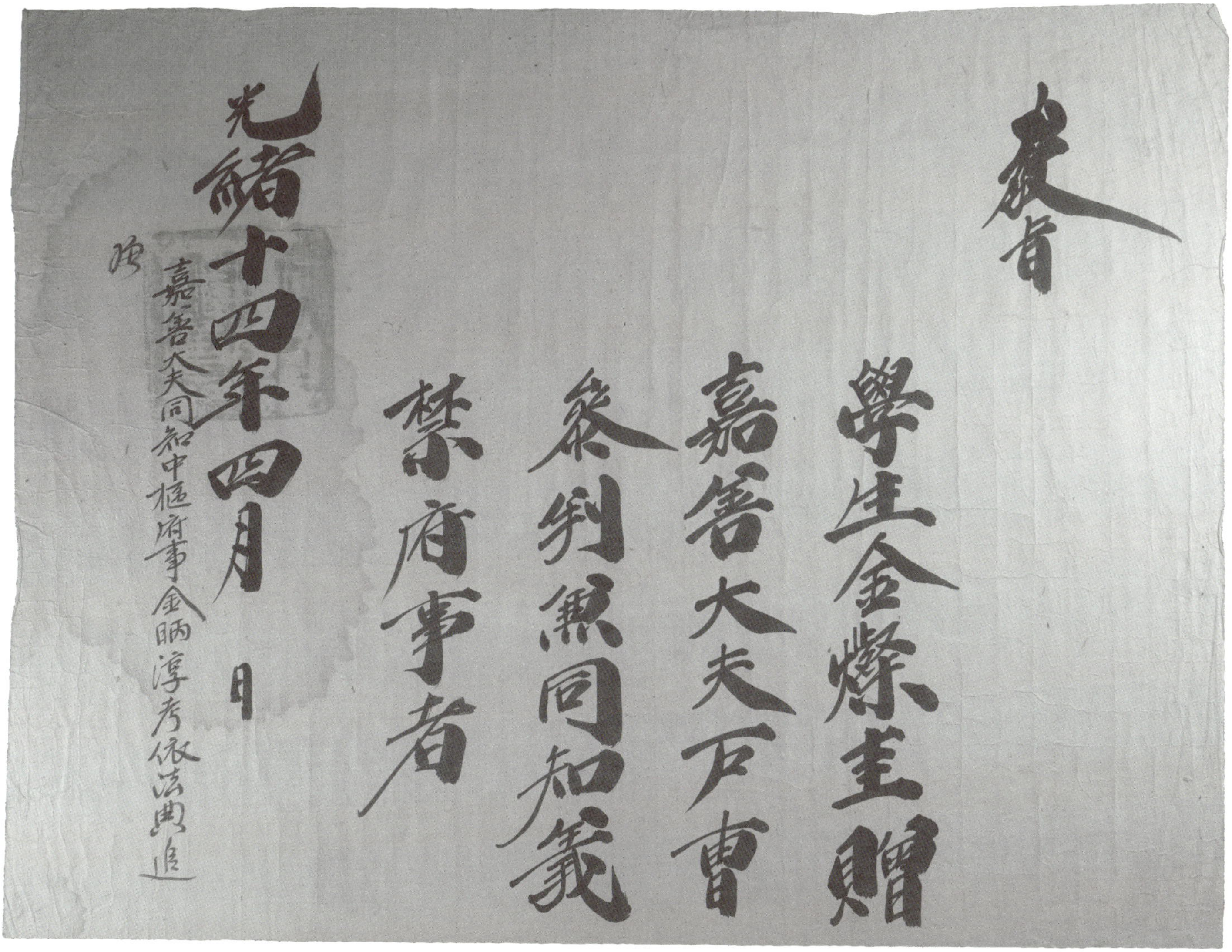

教旨

學生金燦圭贈

嘉善大夫戶曹

參判兼同知義

禁府事者

光緒十四年四月 日

嘉善大夫同知中樞府事金昞淳孝依法典追

1888년 4월에 學生 金燦圭를 嘉善大夫 戶曹參判 兼 同知義禁府事로 추증하는 문서

追贈敎旨 2

1888년(고종 25), 69×54

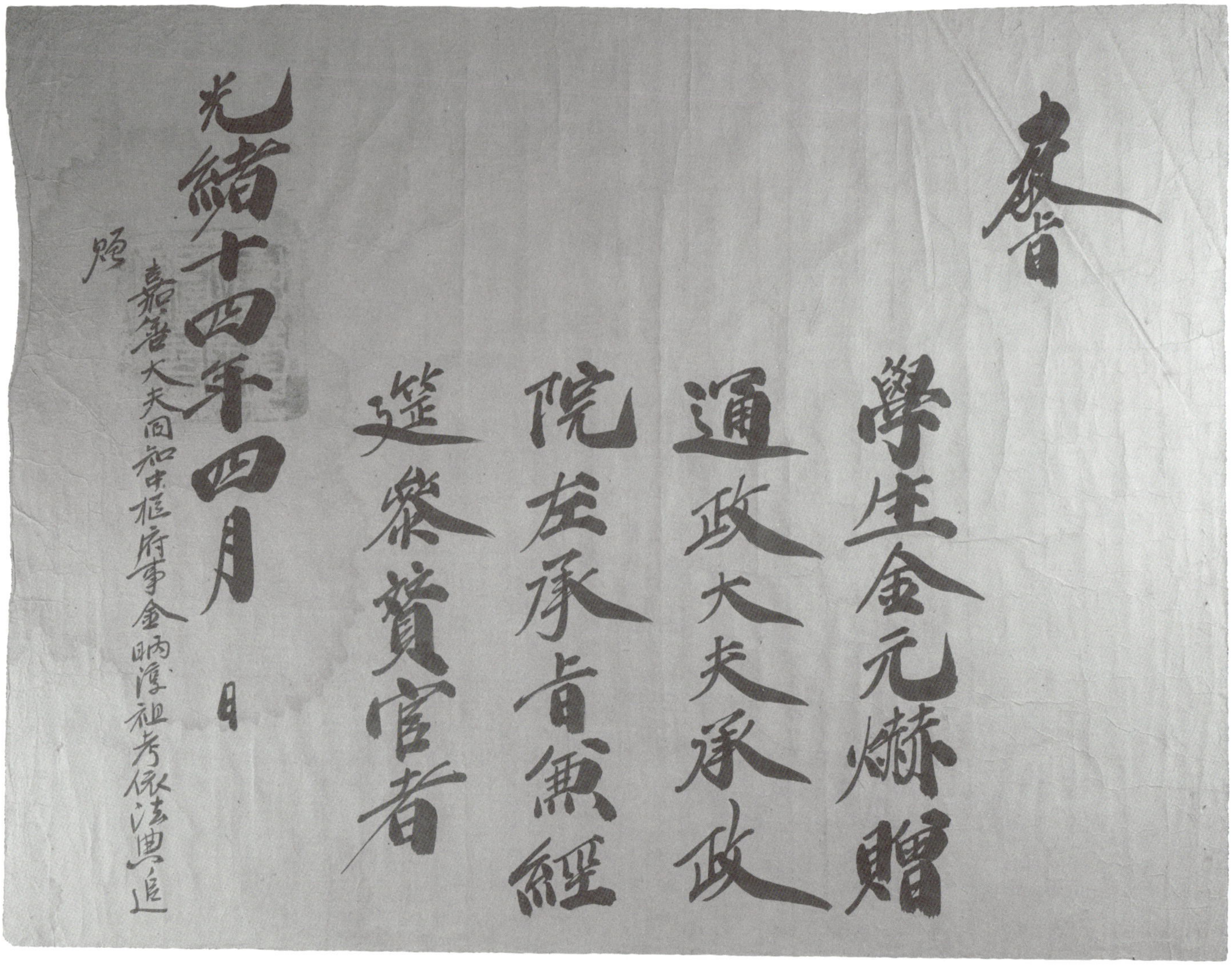

敎旨

學生金元爀贈

通政大夫承政

院左承旨兼經

筵參贊官者

光緒十四年四月 日

嘉善大夫同知中樞府事金昞淳祖考依法典追贈

1888년 4월에 學生 金元爀을 通政大夫 承政院 左承旨 兼 經筵參贊官으로 추증하는 문서

追贈敎旨 3

1888년(고종 25), 65×54

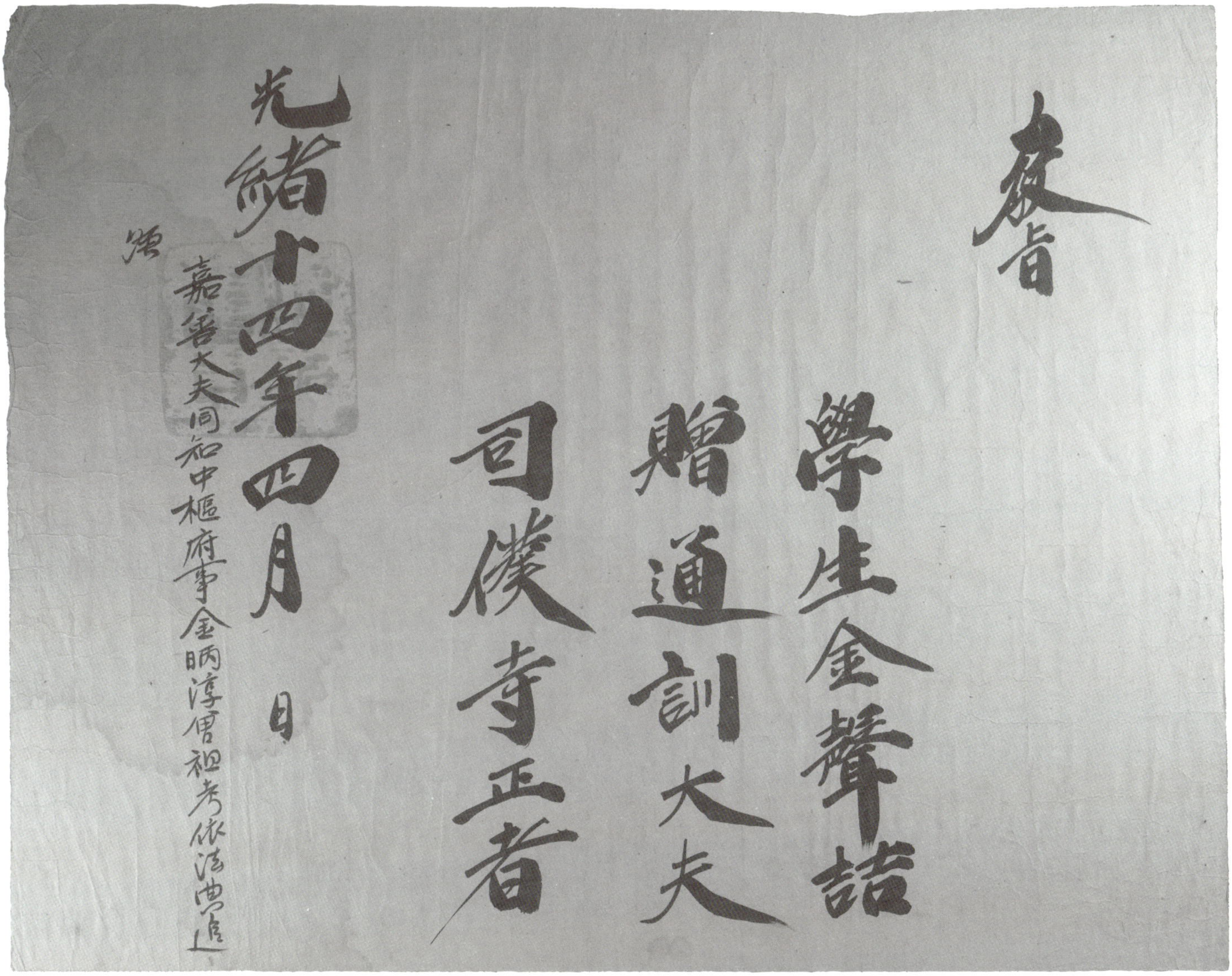

敎旨

學生金聲喆

贈通訓大夫

司僕寺正者

光緒十四年四月 日

嘉善大夫同知中樞府事金昞淳曾祖考依法典追

1888년 4월에 學生 金聲喆을 通訓大夫 司僕寺正으로 추증하는 문서

追贈敎旨 4

1888년(고종 25), 69×54

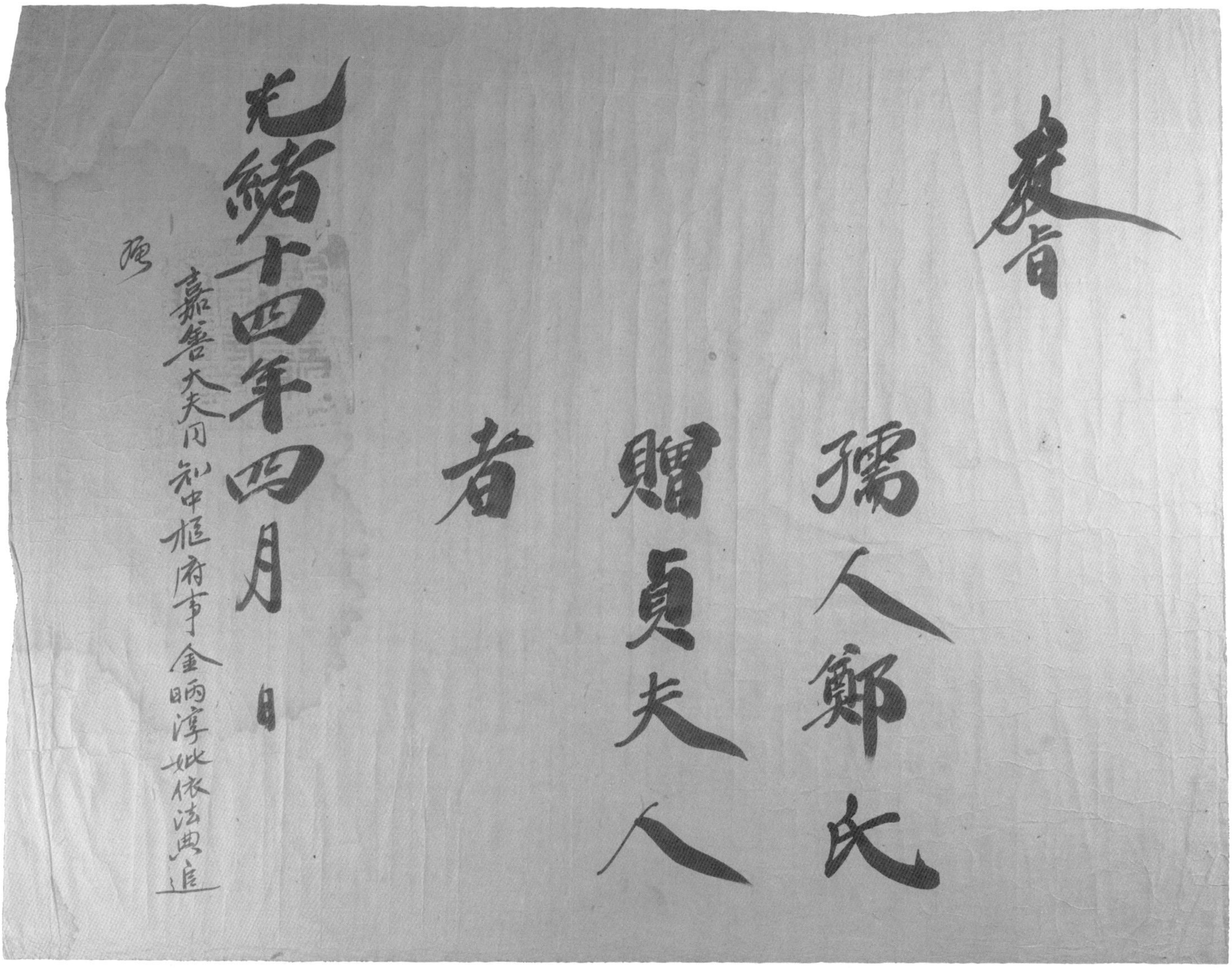

敎旨

孺人鄭氏

贈貞夫人

者

光緖十四年四月 日

嘉善大夫同知中樞府事金昞淳妣依法典追

1888년 4월에 孺人 鄭氏을 貞夫人으로 추증하는 문서

追贈敎旨 5

1888년(고종 25), 65×54

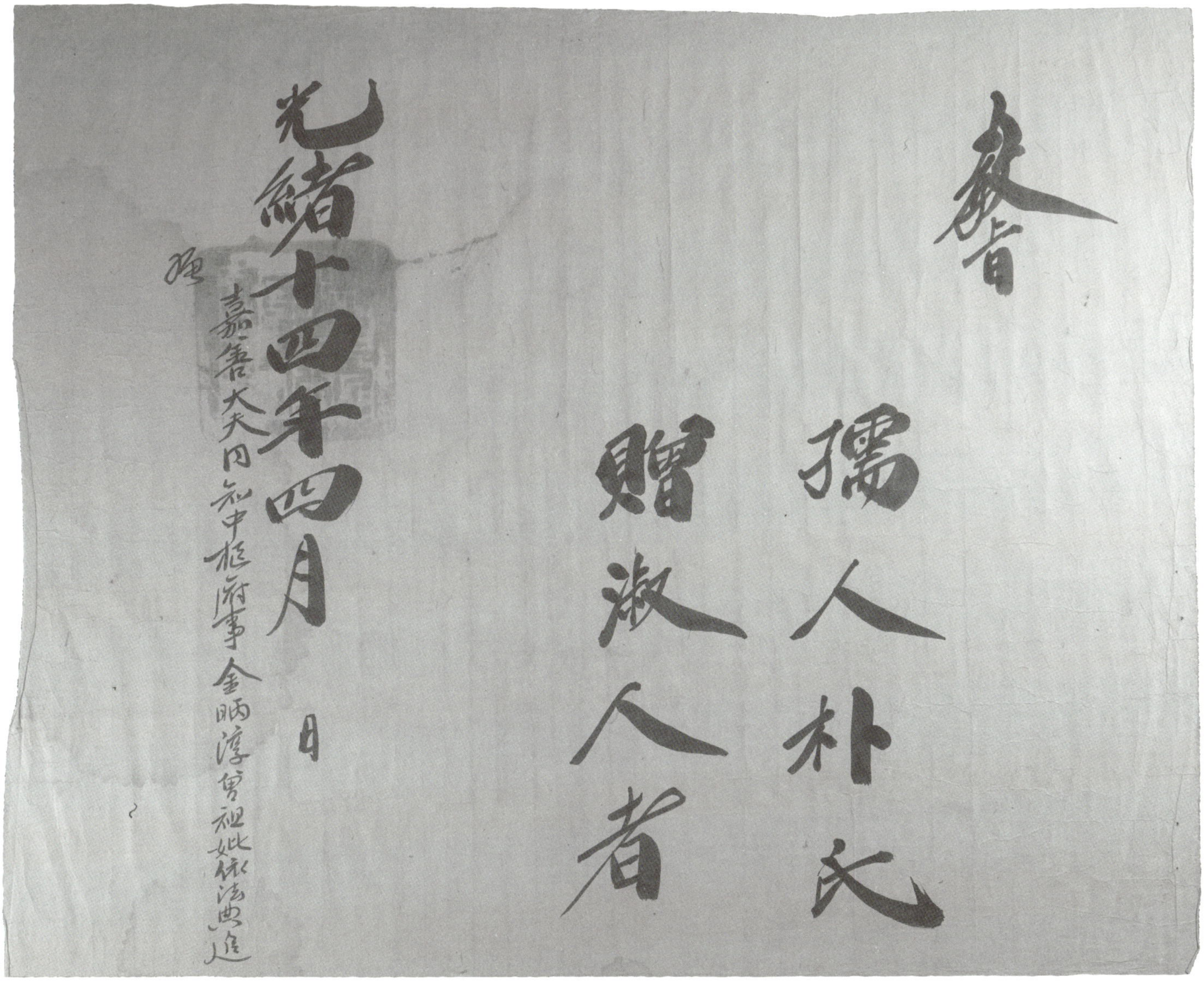
敎旨

孺人朴氏

贈淑人者

光緖十四年四月 日

嘉善大夫同知中樞府事金昞淳曾祖妣依法典追

贈

1888년 4월에 孺人 朴氏을 淑人으로 추증하는 문서

差帖 1

1890년(고종 27), 66×58

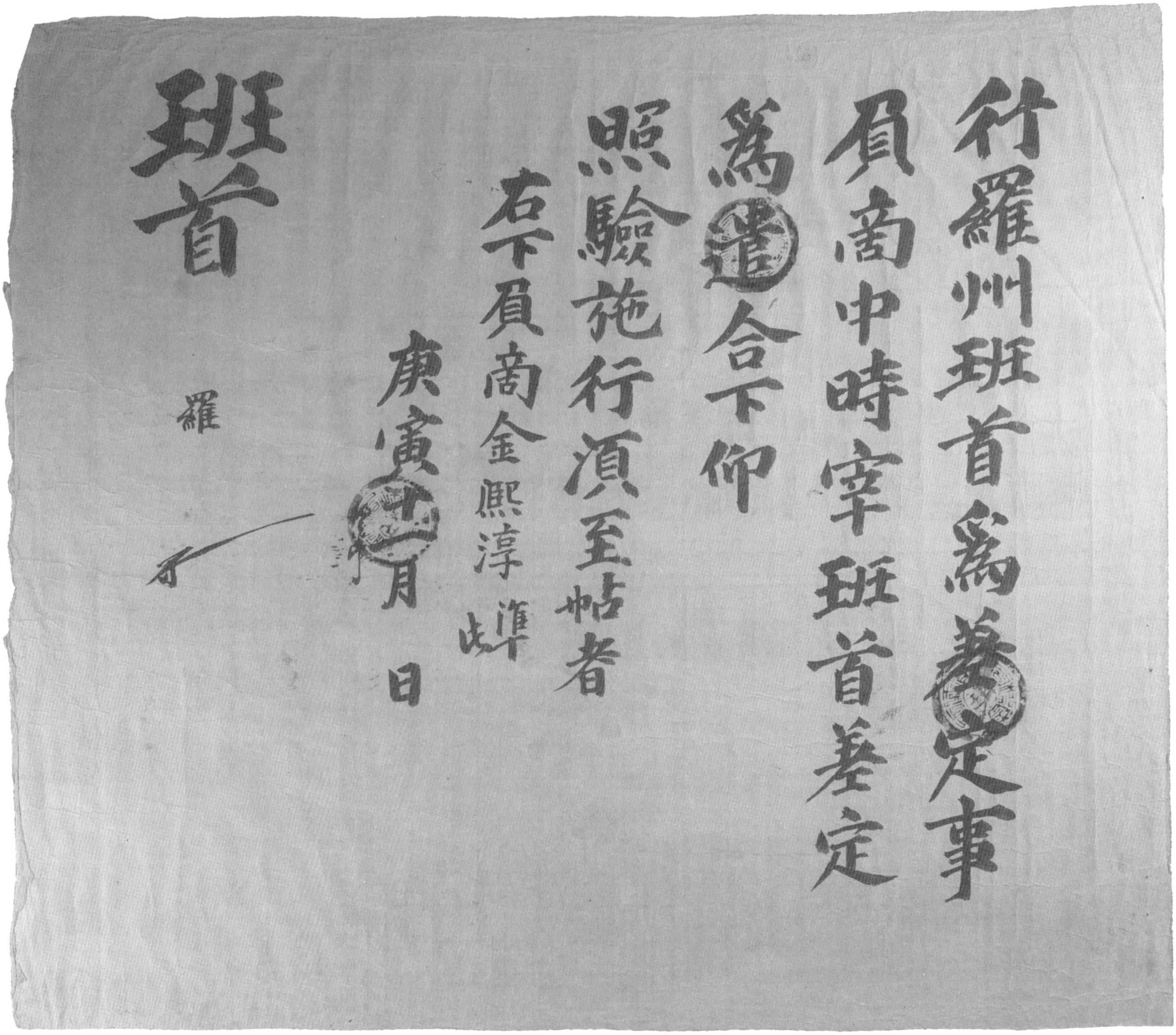

行羅州班首爲差定事

負商中時宰班首差定

爲遣合下仰

照驗施行須至帖者

右下負商金熙淳 準此

庚寅十一月 日

班首

羅 (手決)

1890년에 班首 羅가 負商 金熙淳을 時宰班首로 임명하는 문서

2

疏·箚·啓·狀類

所志 1

1888년(고종 25), 51×89

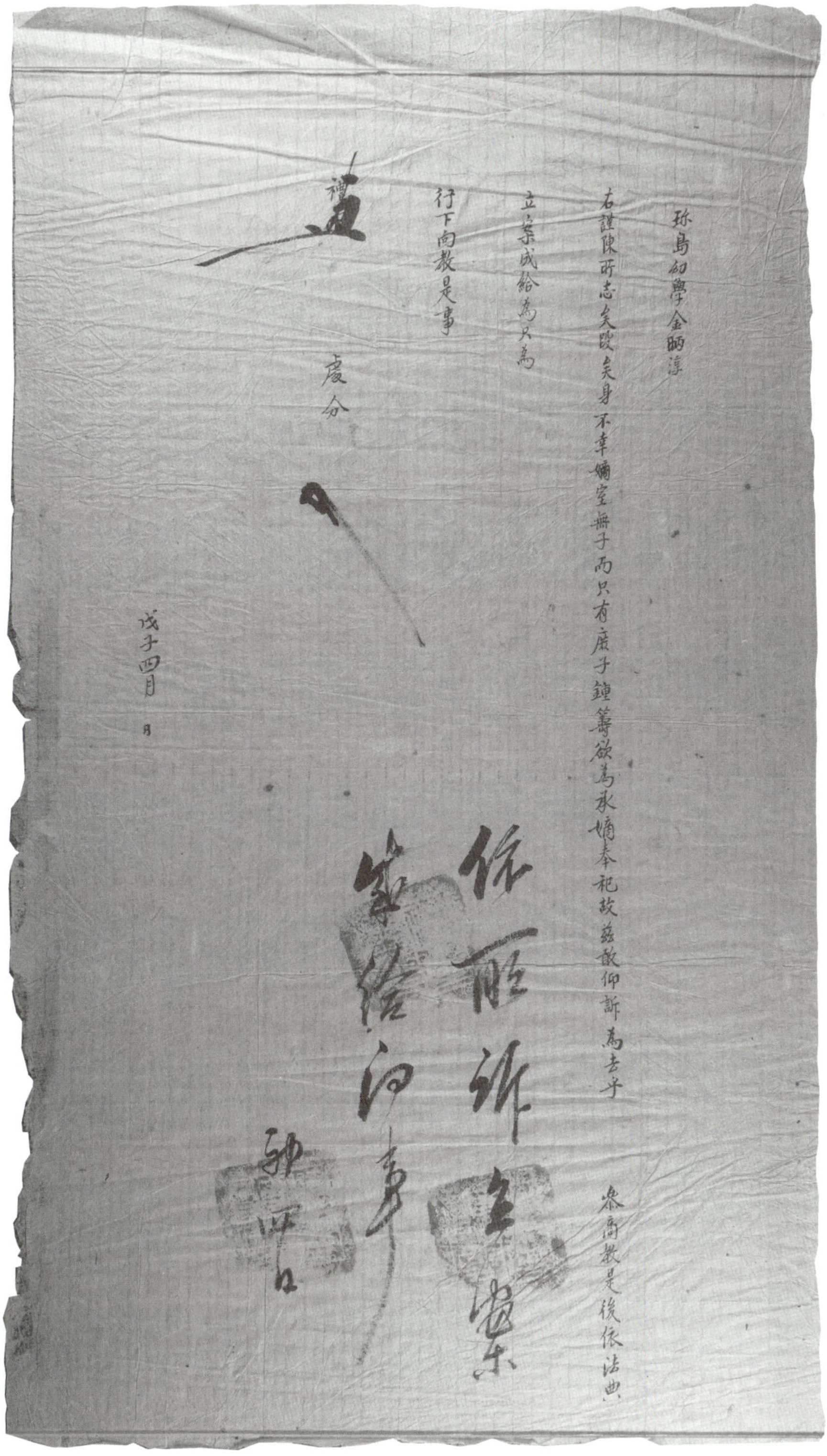

1888년에 金昞淳이 禮曹에 올린 所志

所志 2

1903년(고종 40), 34×66

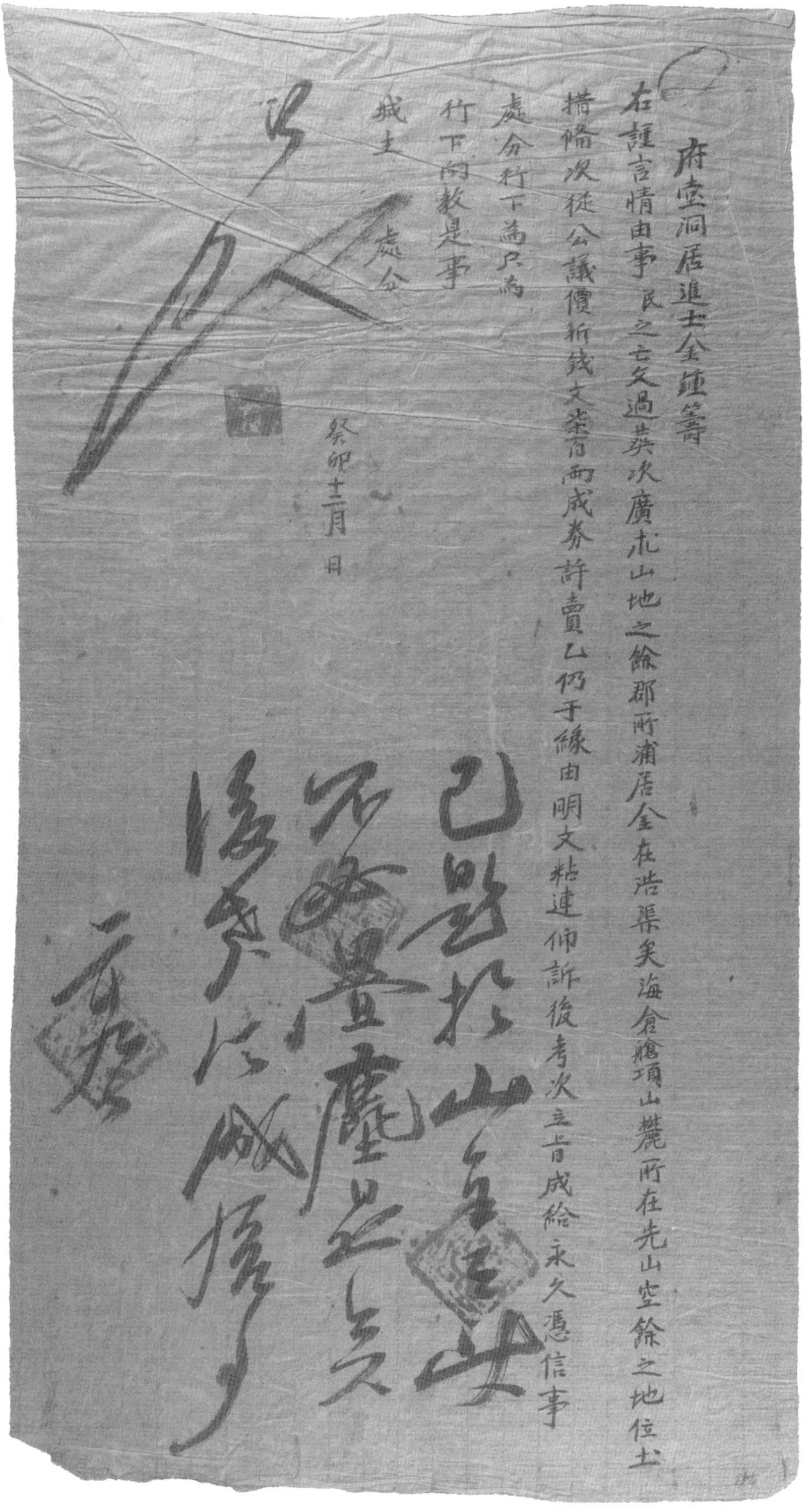

1903년에 金鍾籌가 行官에게 올린 所志

訴狀 1

1903년(고종 40), 36×27

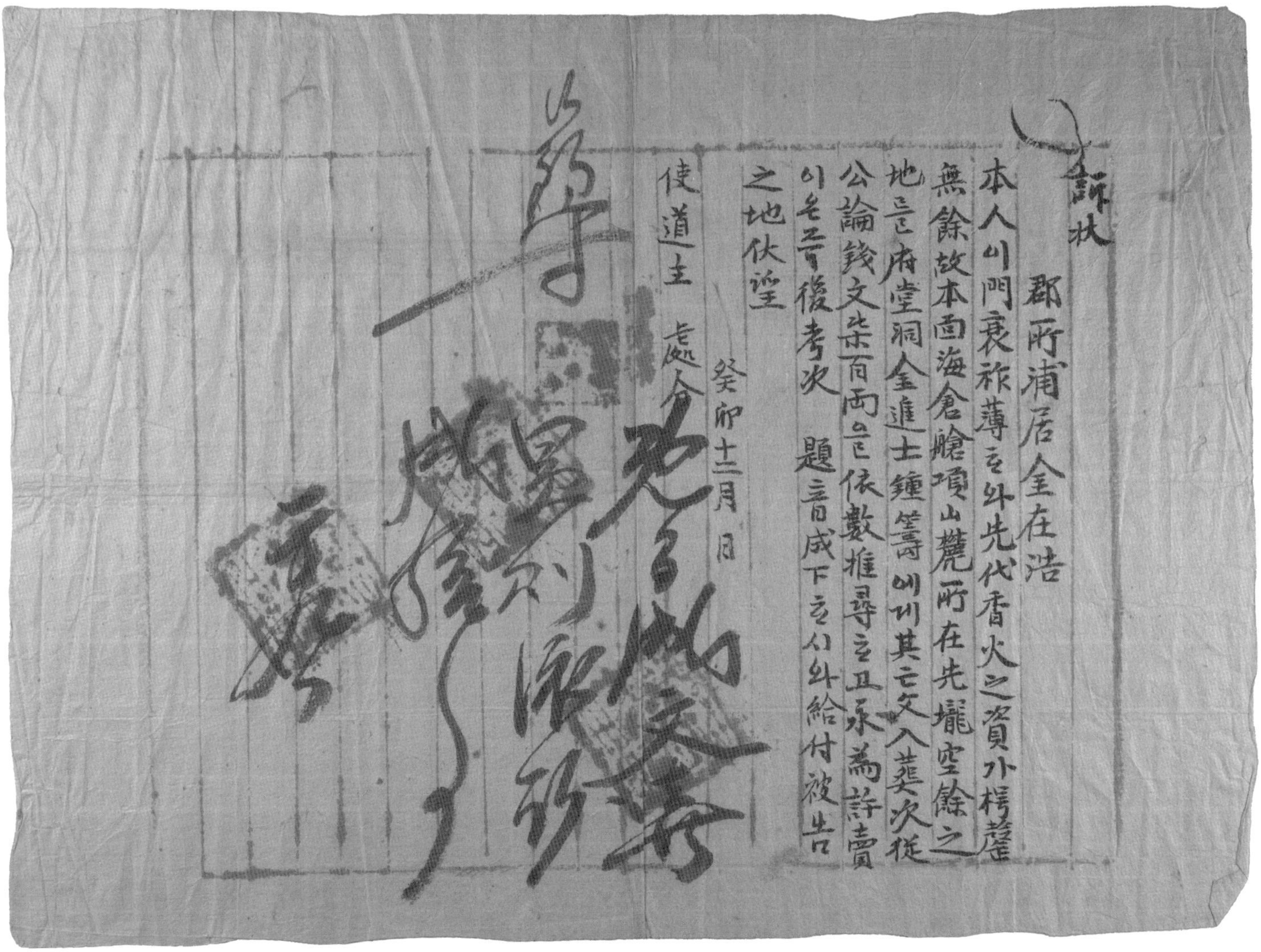

1903년에 金在浩가 行郡守에게 올린 訴狀

3 牒·關·通報類

傳令 1

1888년(고종 25), 56×47

金甲島萬戶金昞淳

傳令

道軍官自望

島爲來現者

戊子六月 日

右湖水軍節度使

候

1888년에 右湖水軍節度使가 金甲島萬戶 金昞淳에게 보낸 傳令

傳令 2

1889년 (고종 26), 56×47

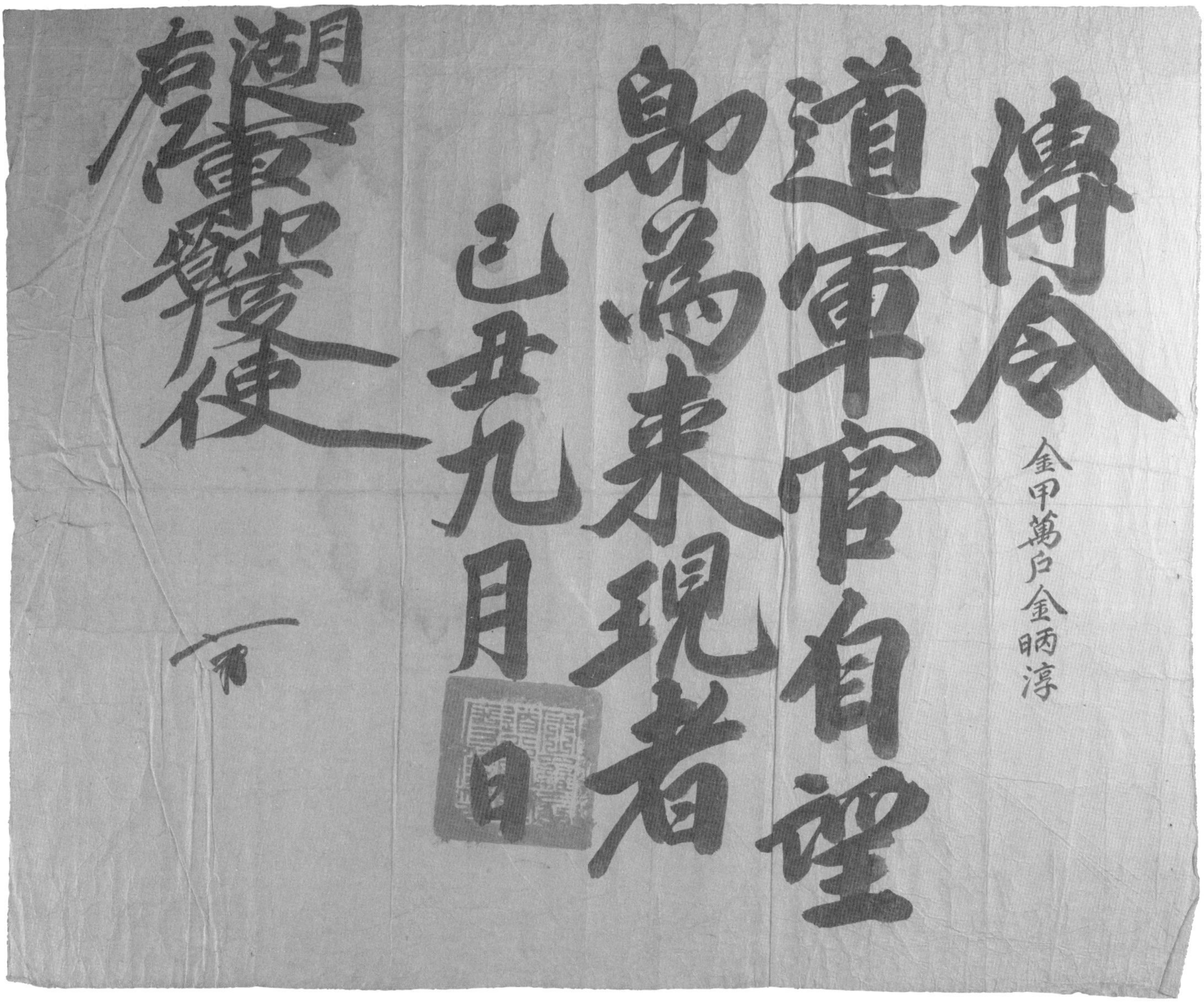

傳令
道軍官白望
即爲來現者
己丑九月 日
金甲萬戶金昞淳

1889년에 右湖水軍節度使가 金甲島萬戶 金昞淳에게 보낸 傳令

4

證憑類

戶口單子 1

癸酉, 56.3×36.1

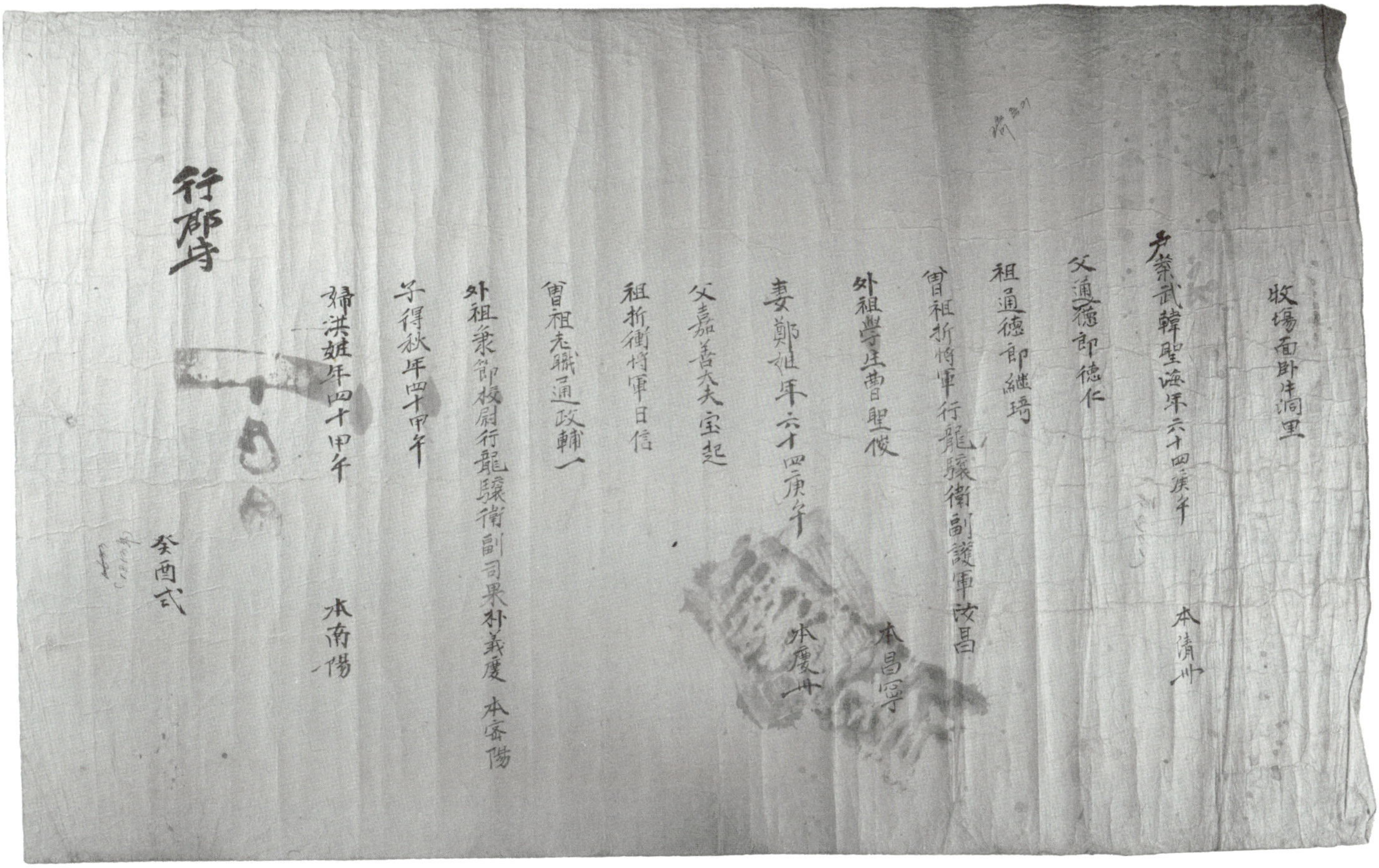

계유년에 韓聖海가 行郡守에게 올린 戶口單子

戶口單子 2

癸酉, 46×37.1

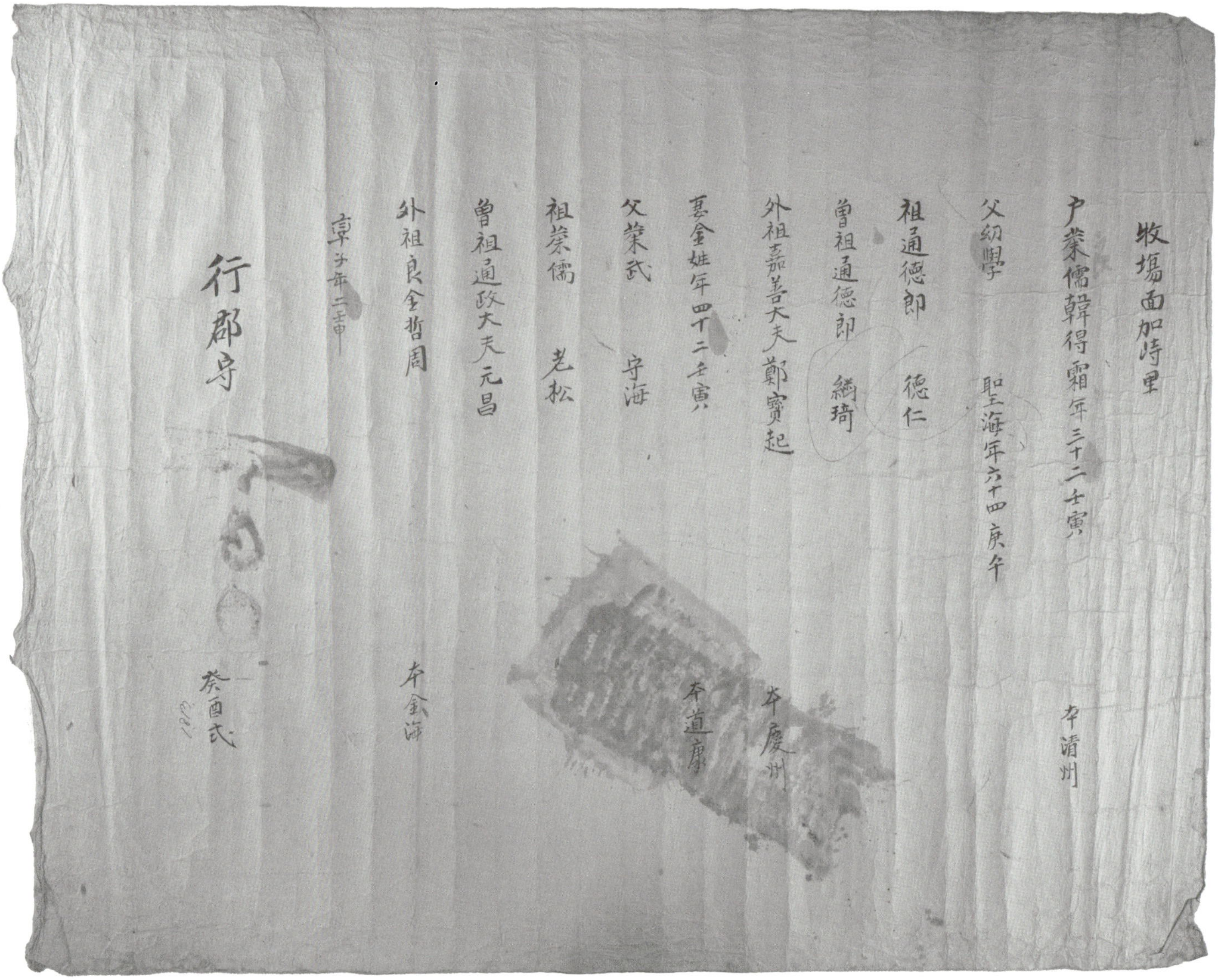

계유년에 韓得霜이 行郡守에게 올린 戶口單子

戶口單子 3

癸卯, 68.2×38.3

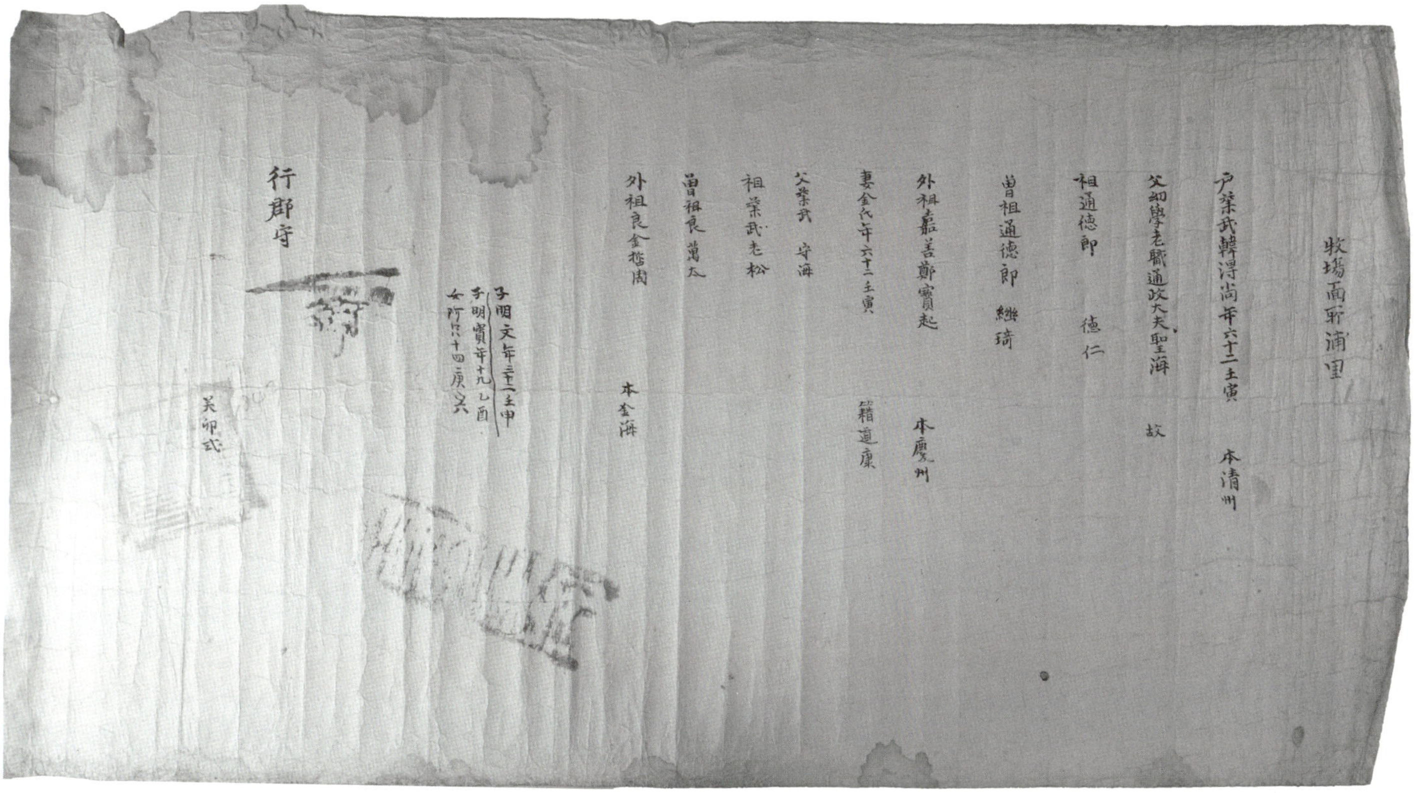

계묘년에 韓得尙이 行郡守에게 올린 戶口單子

建陽, 22×33

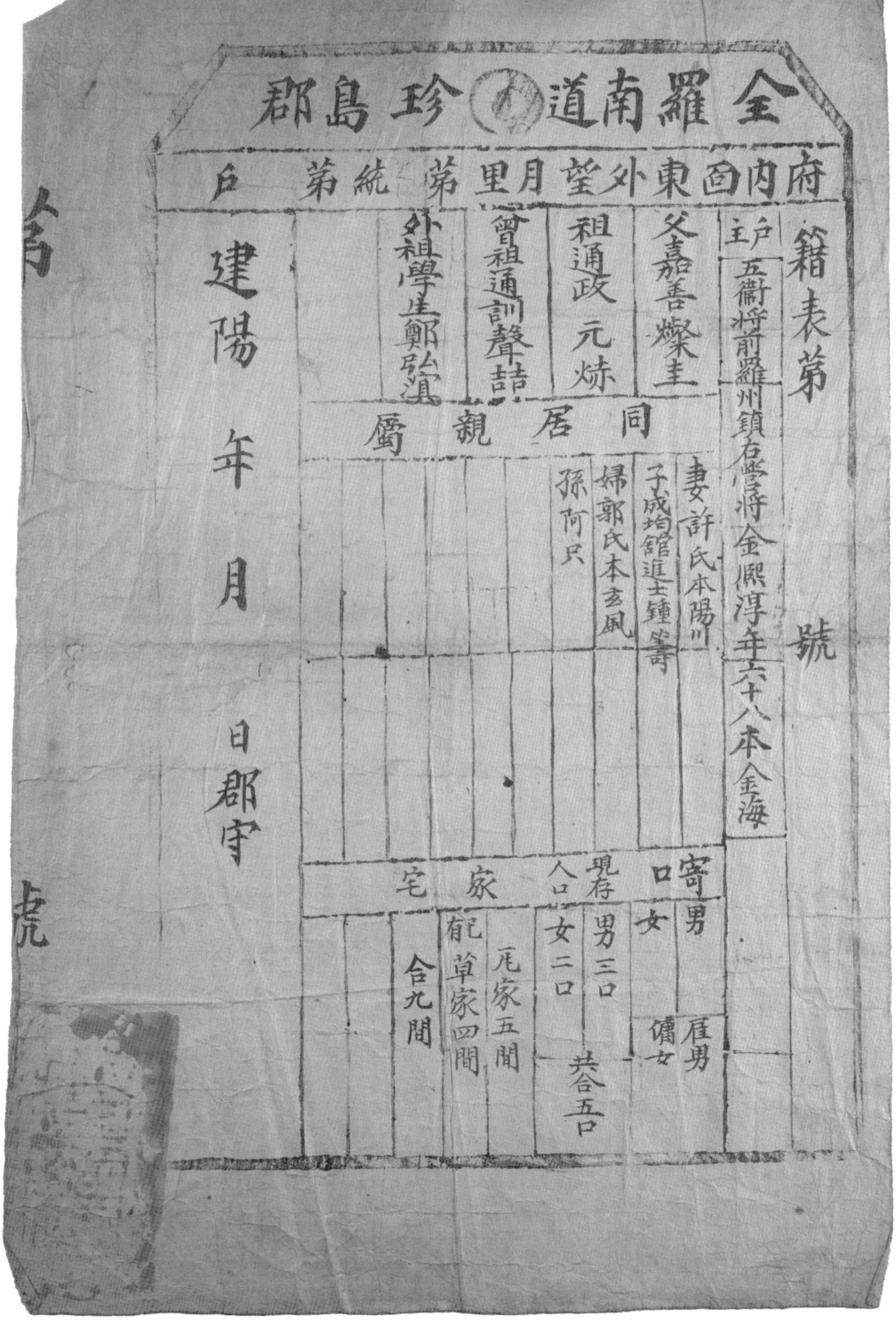
全羅南道 珍島郡

府內面東外望月里 第 統 第 戶

籍表第 號

戶主 五衛將前羅州鎮右營將金熙淳 年六十八 本金海

父 嘉善 爕圭

祖 通政 元烋

曾祖 通訓 聲喆

外祖 學生 鄭弘道

同居親屬

妻 許氏 本陽川

子 成均館進士 鍾壽

婦 郭氏 本玄風

孫 阿只

現存人口 男三口 女二口 共合五口

寄口 男 女 雇男 傭女

家宅 瓦家五間 草家四間 合九間

建陽 年 月 日 郡守

金熙淳이 전라남도 진도군수에게 올린 戶籍表

試券 1

1891년(고종 28), 70×108

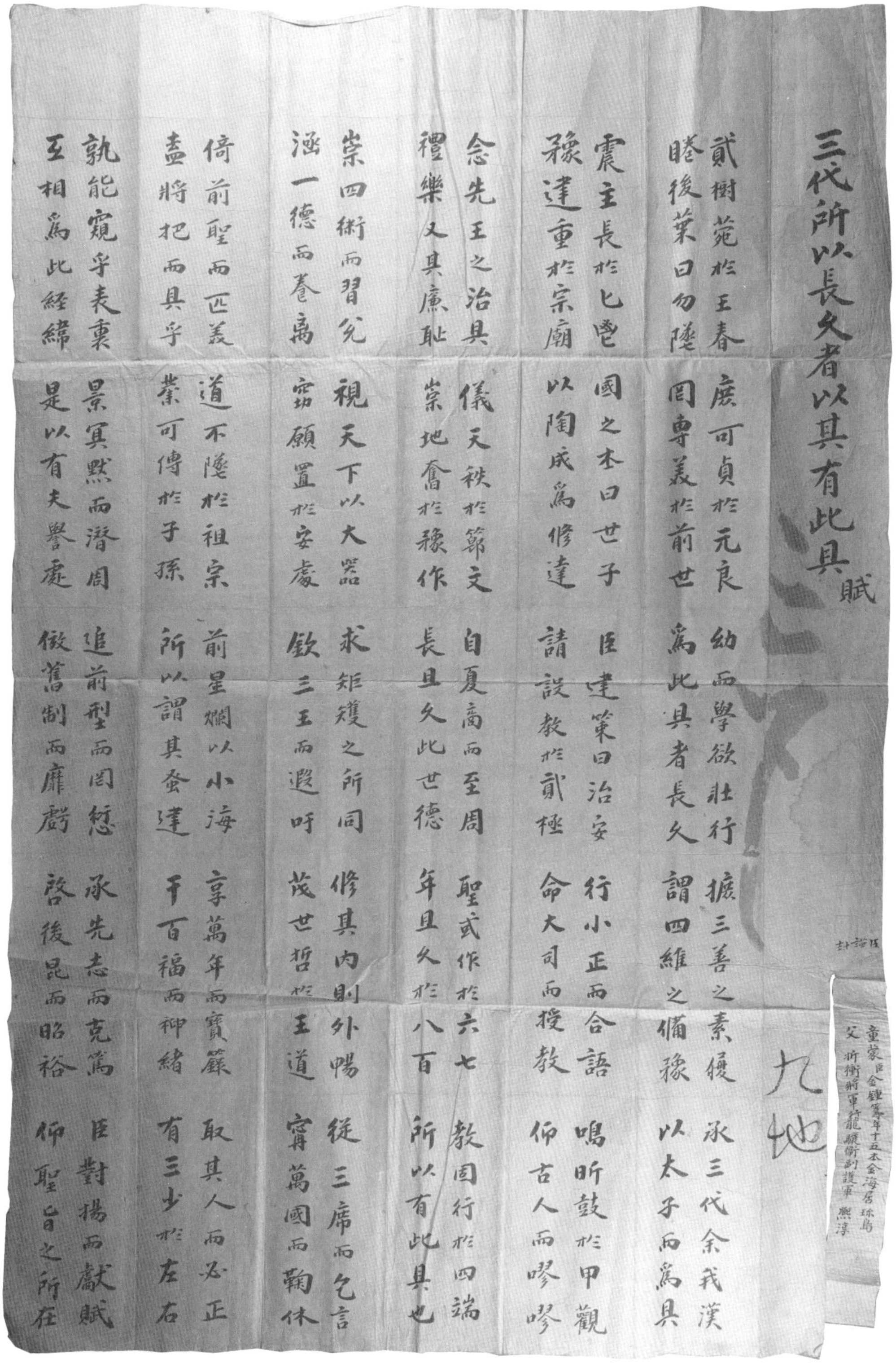

三代所以長久者以其有此具 賦

1891년에 金鍾籌가 15세에 작성한 試券

證書 1

1912년, 38×27

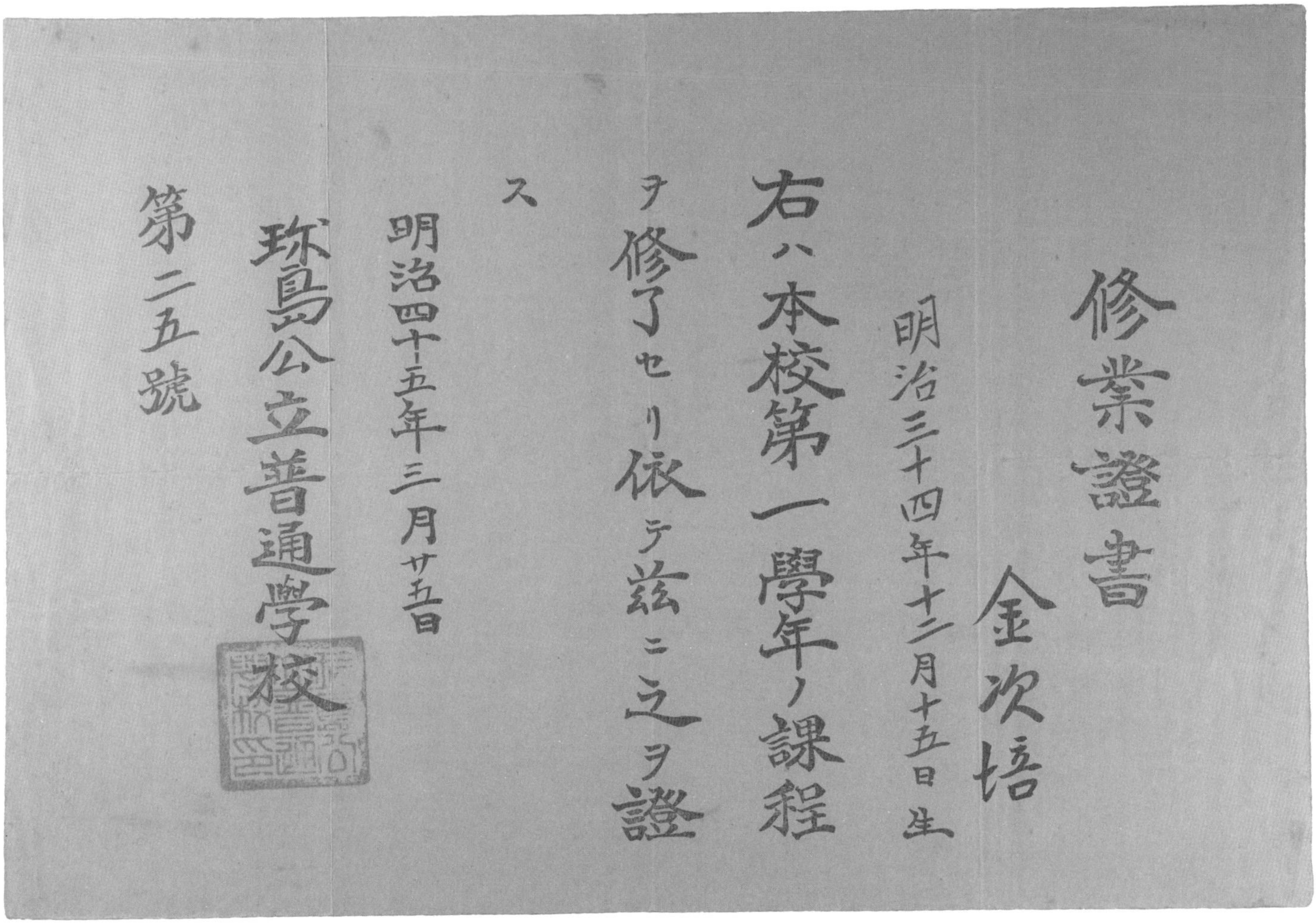
修業證書
金次培
明治三十四年十二月十五日生
右ハ本校第一學年ノ課程ヲ修了セリ依テ玆ニ之ヲ證ス
明治四十五年三月廿五日
珍島公立普通學校
第二五號

1912년 3월 25일에 珍島公立普通學校에서 본교 제1학년의 과정을 수료한 金次培(1901년 12월 15일 생, 수료증서 제25호)에게 수여한 修業증서

證書 2

1913년, 38×27

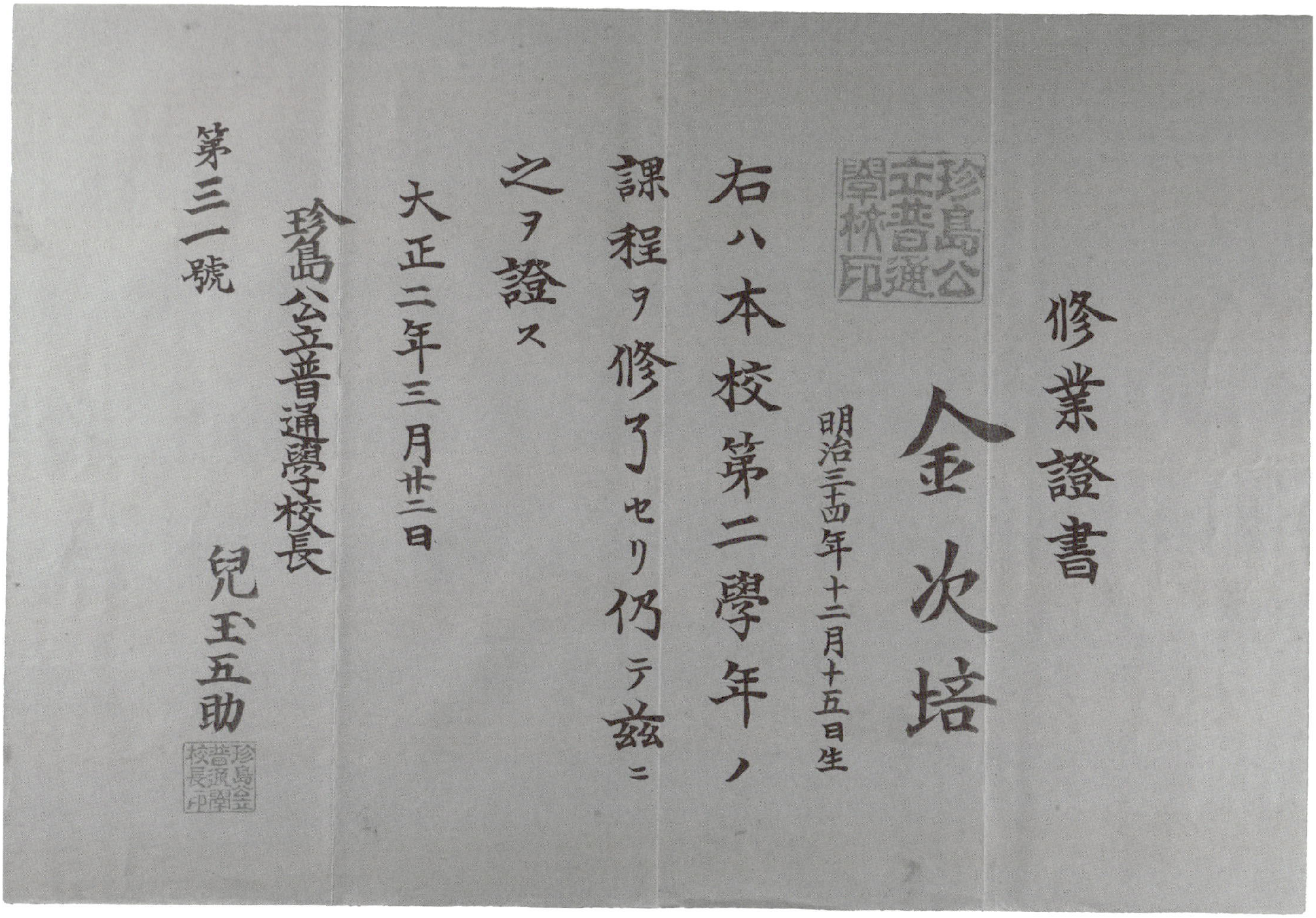

修業證書

金次培

明治三十四年十二月十五日生

右ハ本校第二學年ノ課程ヲ修了セリ仍テ茲ニ之ヲ證ス

大正二年三月廿二日

珍島公立普通學校長 兒玉五助

第三一號

1913년 3월 22일에 珍島公立普通學校長 兒玉五助가 본교 제2학년의 과정을 수료한 金次培(1901년 12월 15일 생, 수료증서 제31호)에게 수여한 修業증서

證書 3

1914년, 38×27

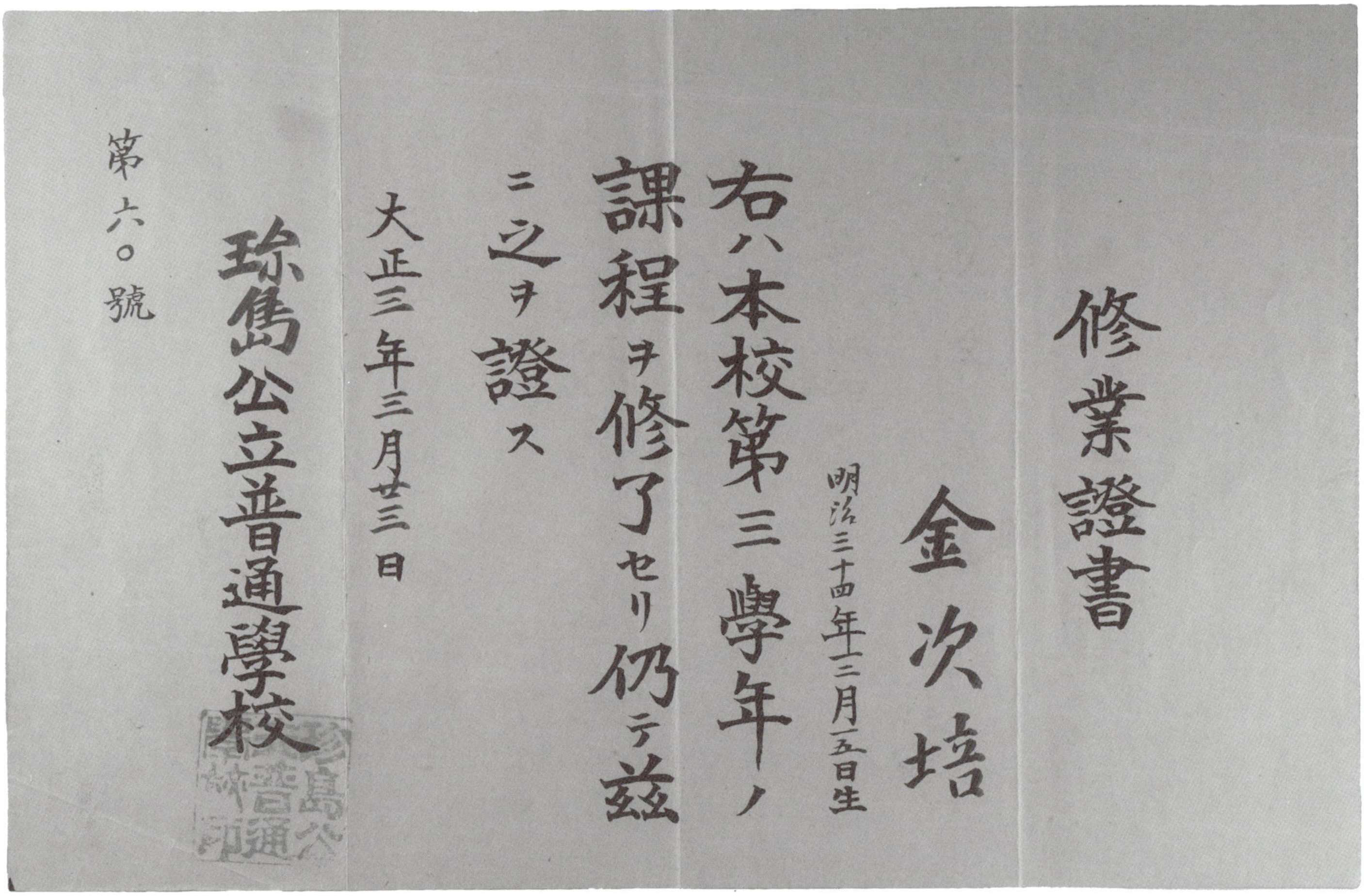

修業證書

金次培

明治三十四年十二月十五日生

右ハ本校第三學年ノ課程ヲ修了セリ仍テ茲ニ之ヲ證ス

大正三年三月廿三日

珍島公立普通學校

第六〇號

1914년 3월 23일에 珍島公立普通學校에서 본교 제3학년의 과정을 수료한 金次培(1901년 12월 15일 생, 수료증서 제60호)에게 수여한 修業증서

證書 4

1915년, 37×27

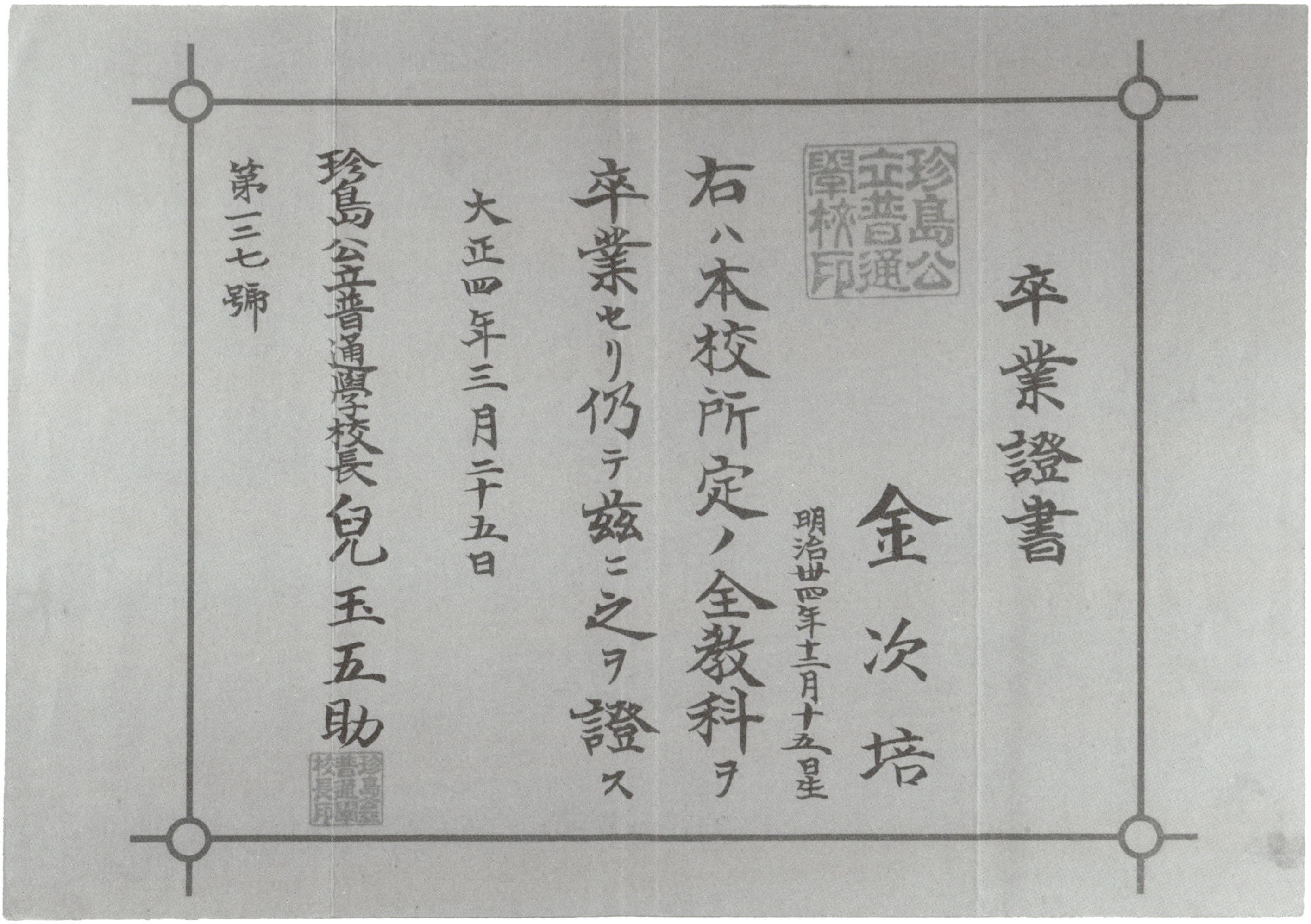
卒業證書

金次培

明治卅四年十二月十五日生

右ハ本校所定ノ全教科ヲ卒業セリ仍テ玆ニ之ヲ證ス

大正四年三月二十五日

珍島公立普通學校長 兒玉五助

第一三七號

1915년 3월 25일에 珍島公立普通學校長 兒玉五助가 본교에서 소정의 교과목을 졸업한 金次培(1901년 12월 15일 생, 졸업증서 제127호)에게 수여한 卒業증서

褒狀 1

1911년, 28×25

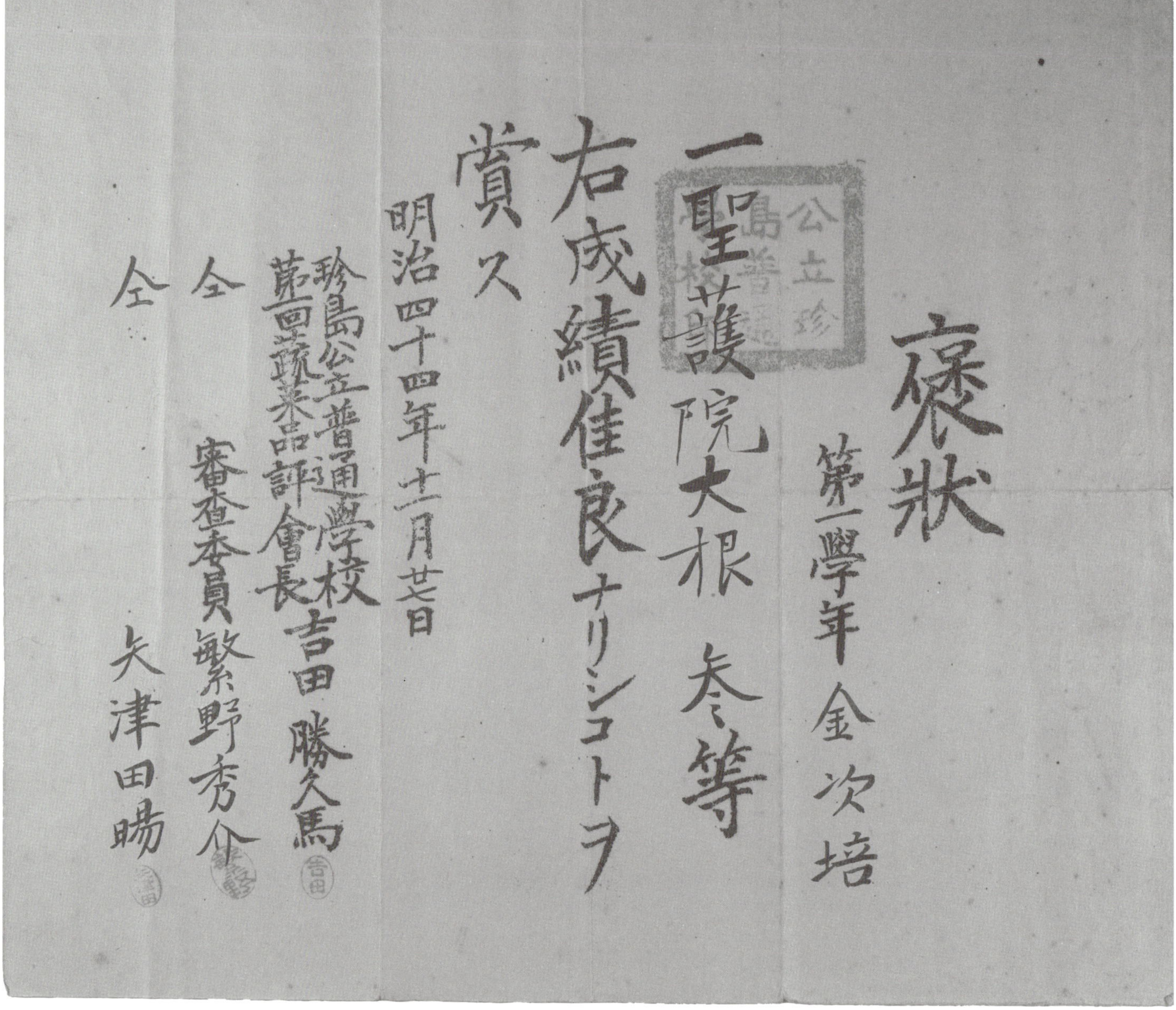

褒狀

第一學年 金次培

一聖護院大根 參等

右成績佳良ナリシコトヲ

賞ス

明治四十四年十一月廿七日

珍島公立普通學校

第四回蔬菜品評會長 吉田勝久馬

仝 審査委員 繁野秀介

仝 矢津田暘

1911년 11월 27일에 1학년 金次培가 성적이 좋아서 받은 褒狀 문서

褒狀 2

1912년, 38×27

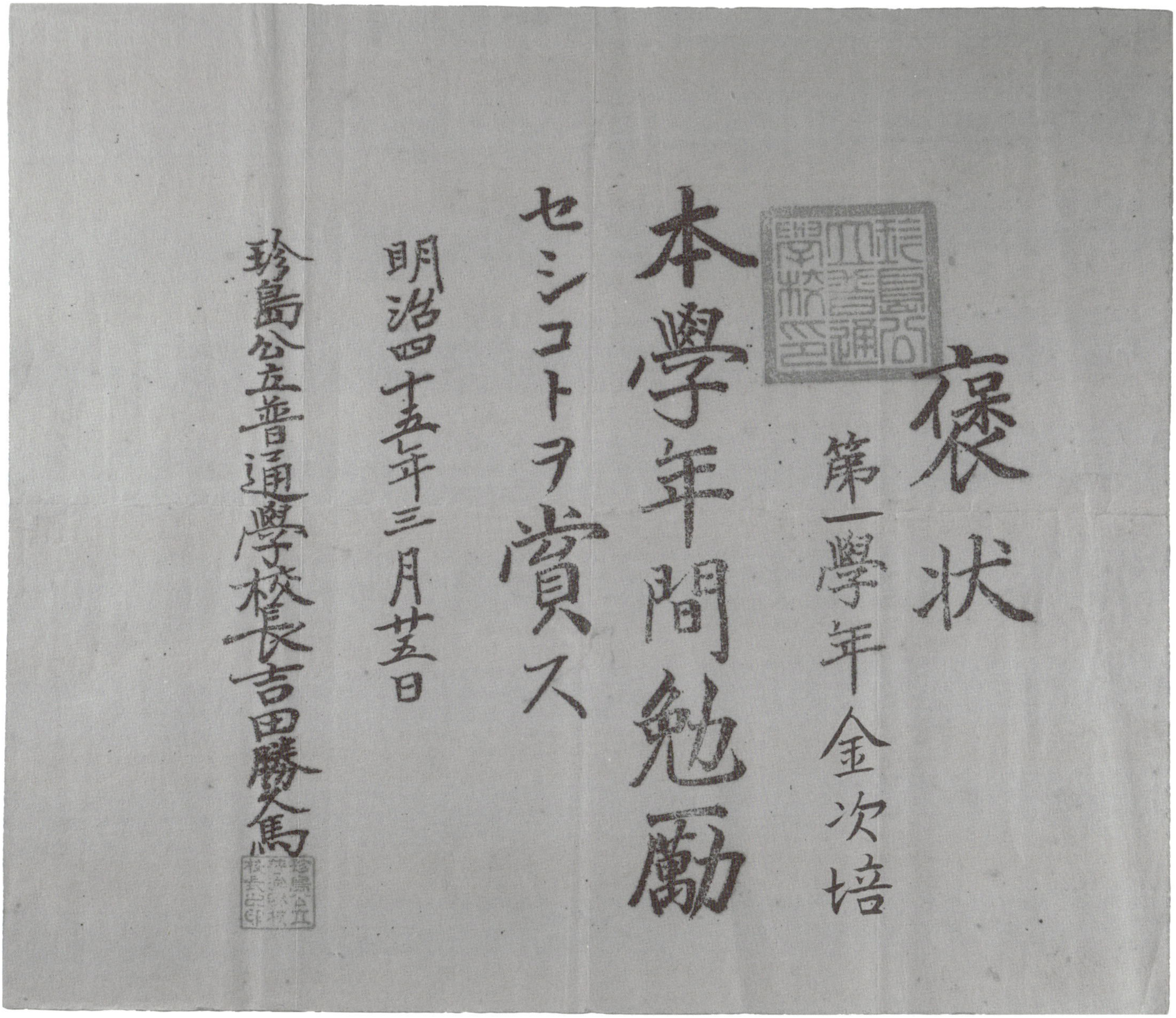

褒狀

第一學年金次培

本學年間勉勵セシコトヲ賞ス

明治四十五年三月廿五日

珍島公立普通學校長吉田勝久馬

1912년 3월 25일에 1학년 金次培가 본 학년에서 勉勵하였으므로 받은 褒狀 문서

5

書簡·通告類

書簡 1

庚人, 41×23

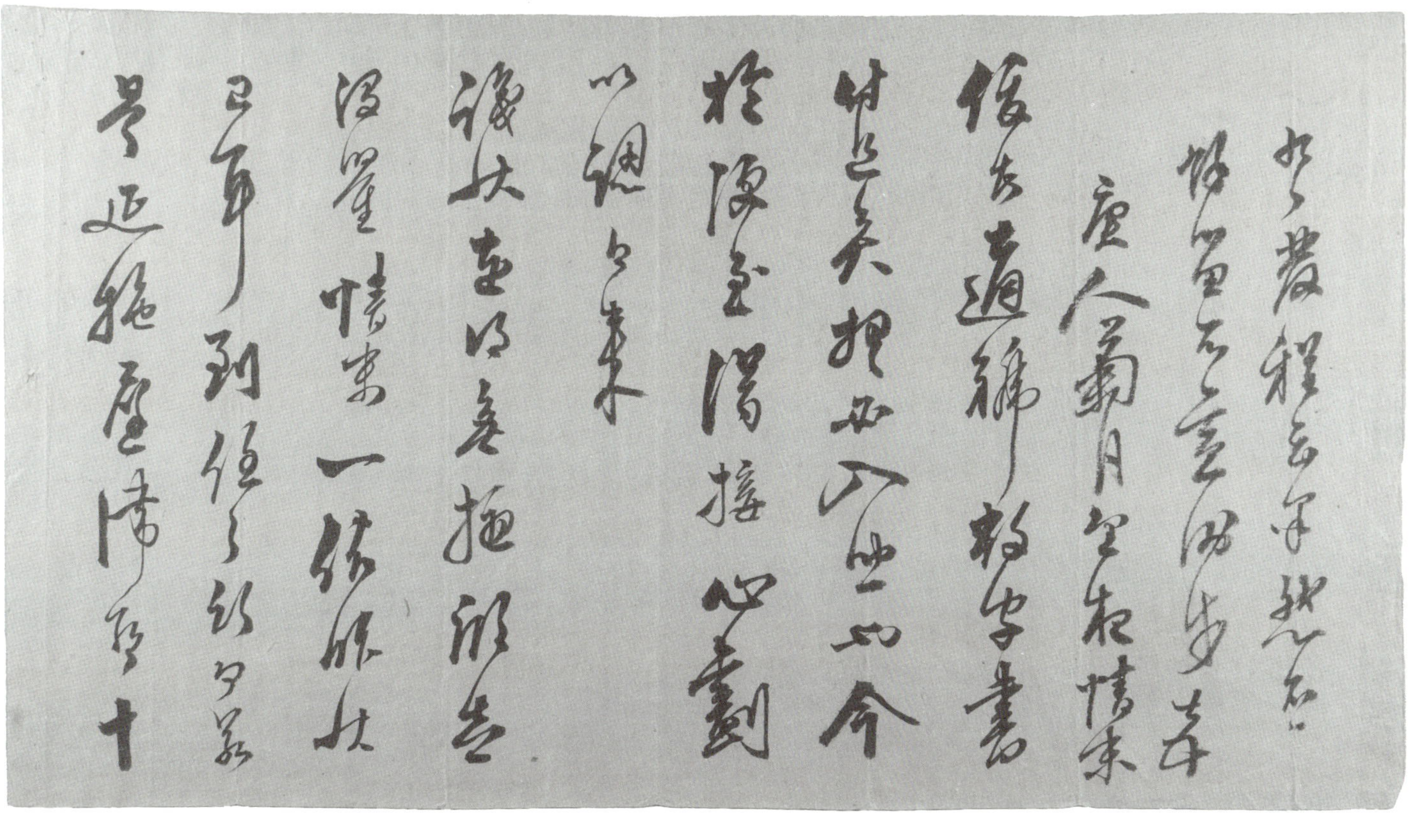

庚人 菊月에 情末이 미상자에게 보낸 편지

書簡 2

戊子, 39.5×23

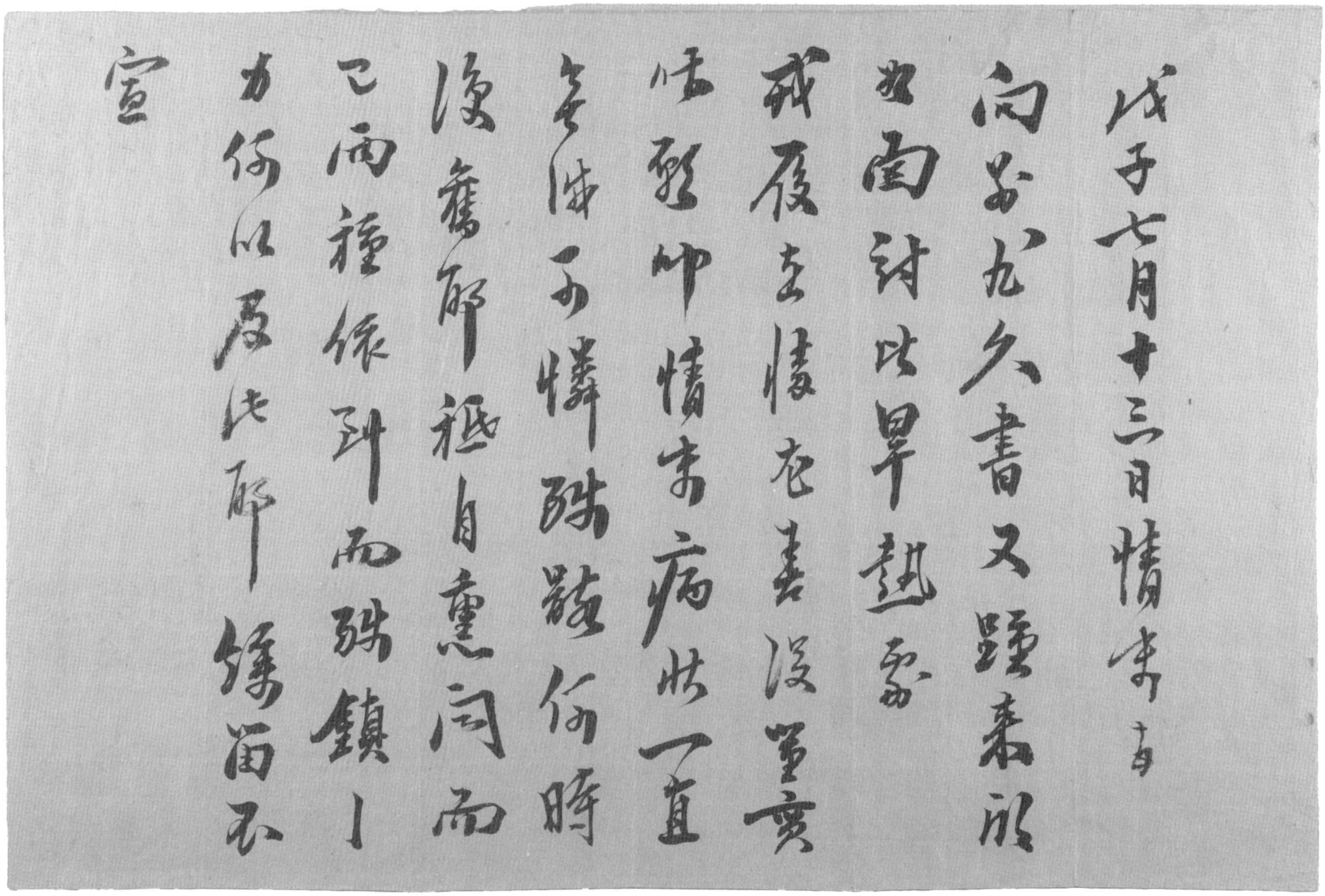

戊子年 7월 13일에 情末이 미상자[戎體]에게 보낸 편지

書簡 3

庚寅, 33×23

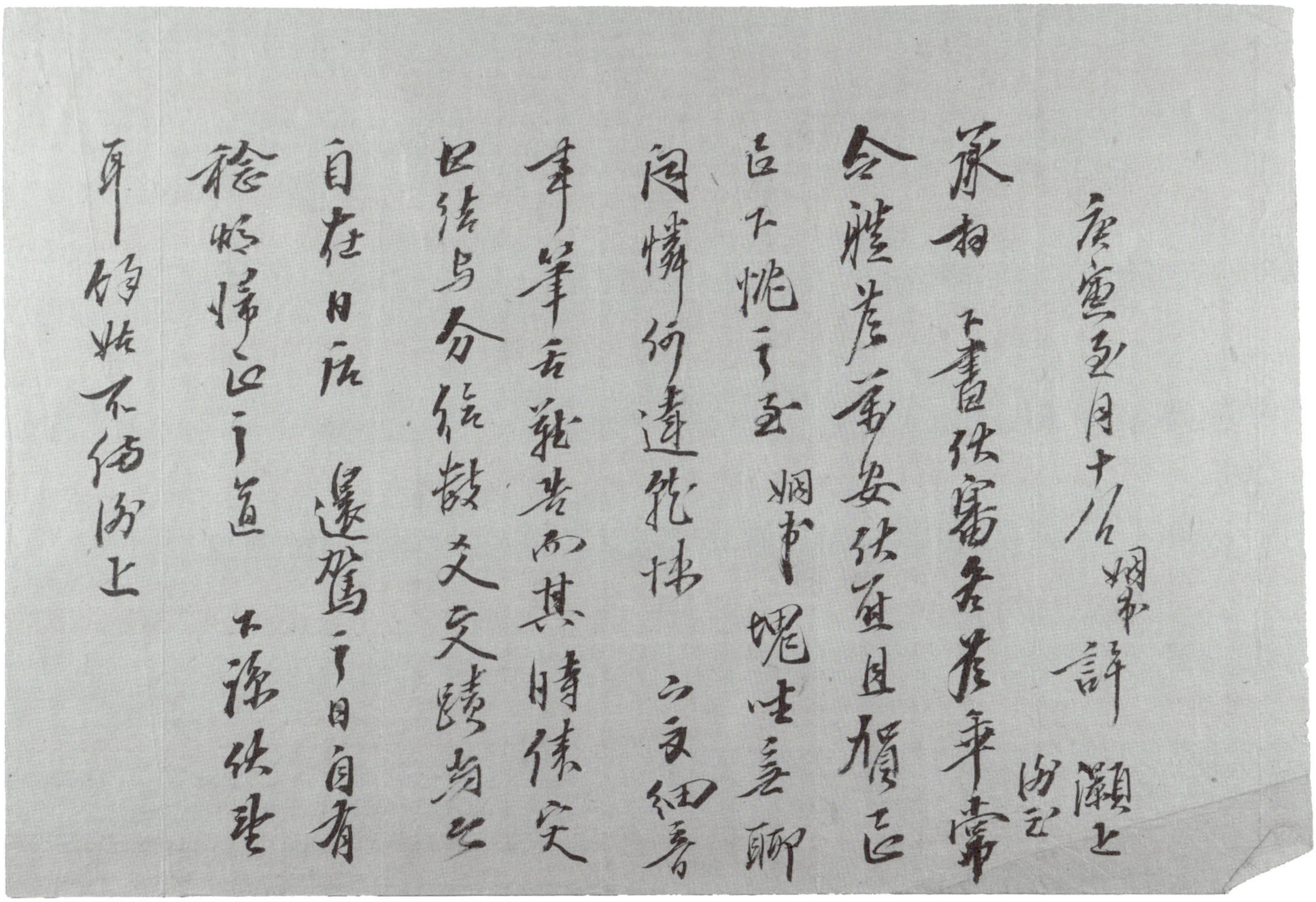

庚寅年 11월 18일에 姻弟 許灝가 미상자에게 보낸 편지

書簡 4

戊子, 37×23

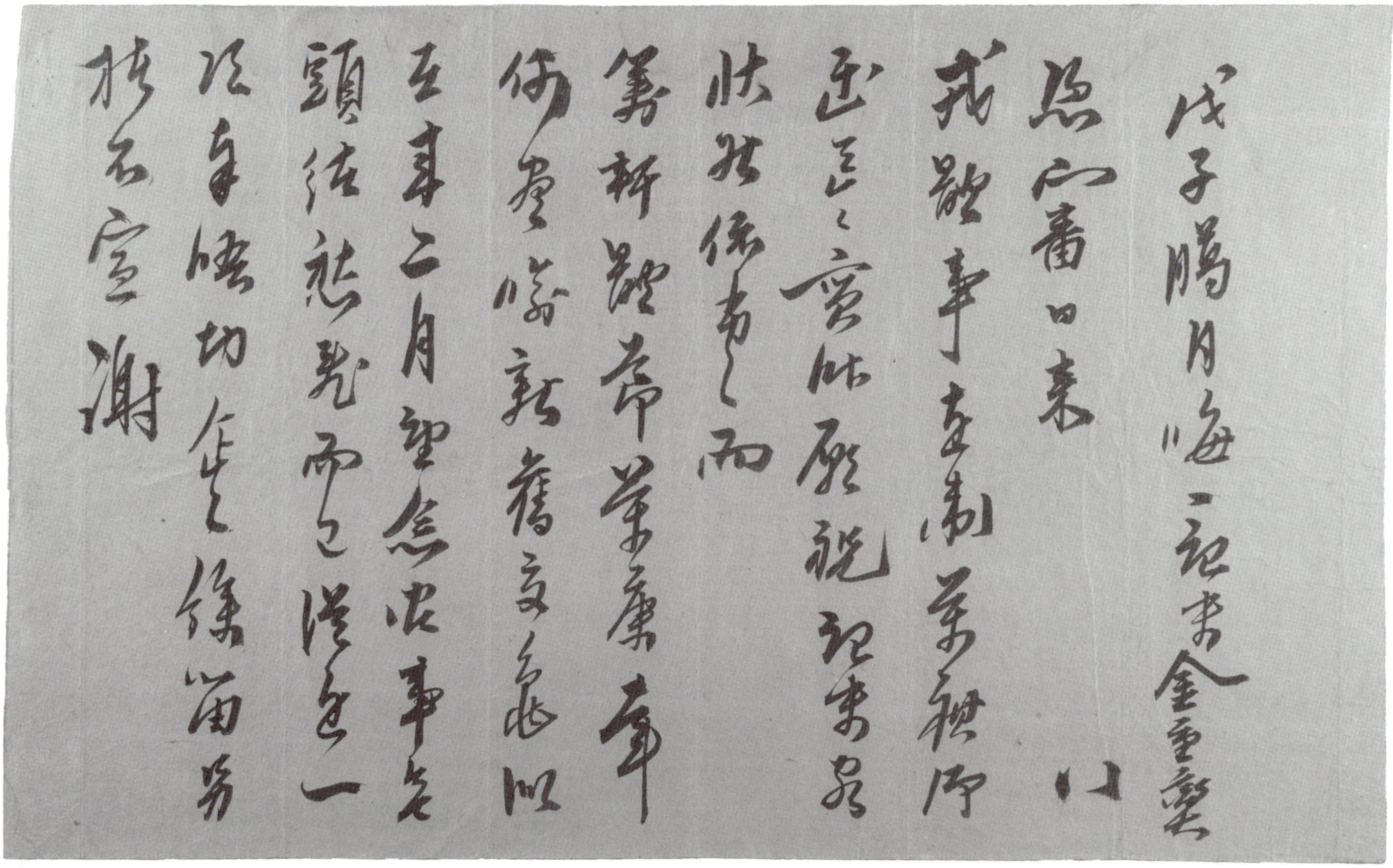

戊子年 12월 그믐에 記末 金重夑이 미상자[戎體]에게 보낸 편지

書簡 5

己丑, 40×21.5

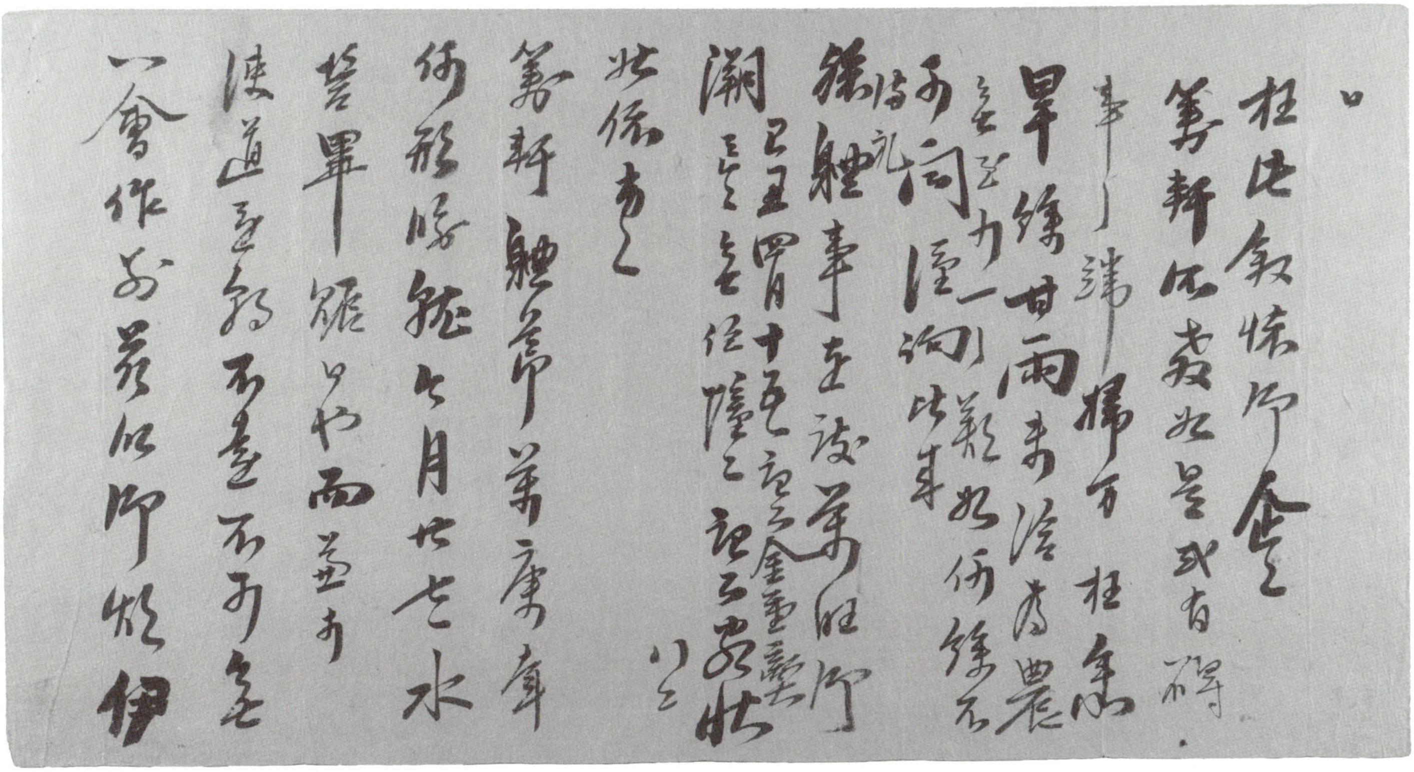

己丑年 4월 15일에 記下 金重燮이 미상자에게 보낸 편지

書簡 6

1892년(고종 29), 42×25

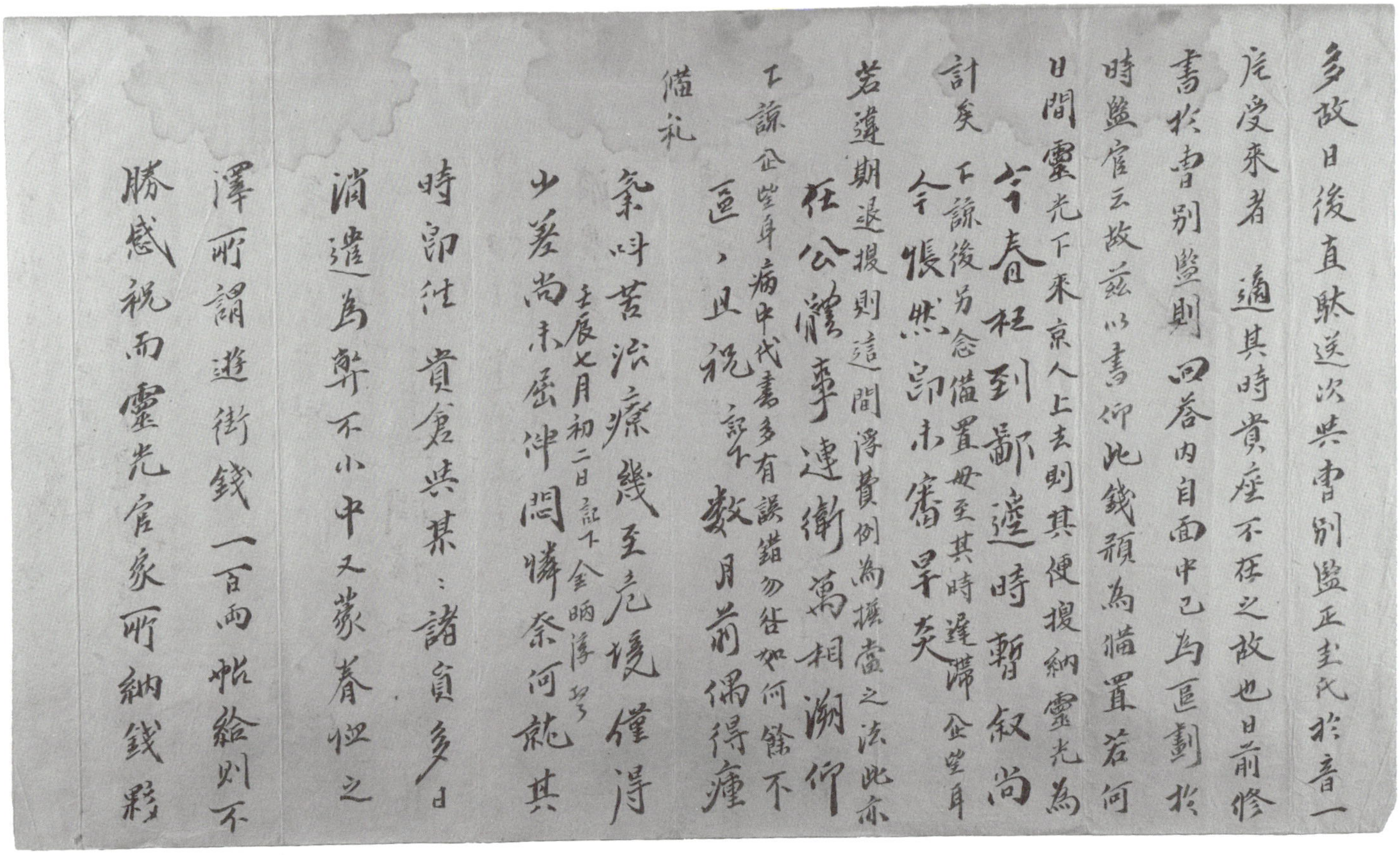

1892년 7월 2일에 記下 金昞淳이 미상자에게 보낸 편지

書簡 7

1889년(고종 26), 38×23

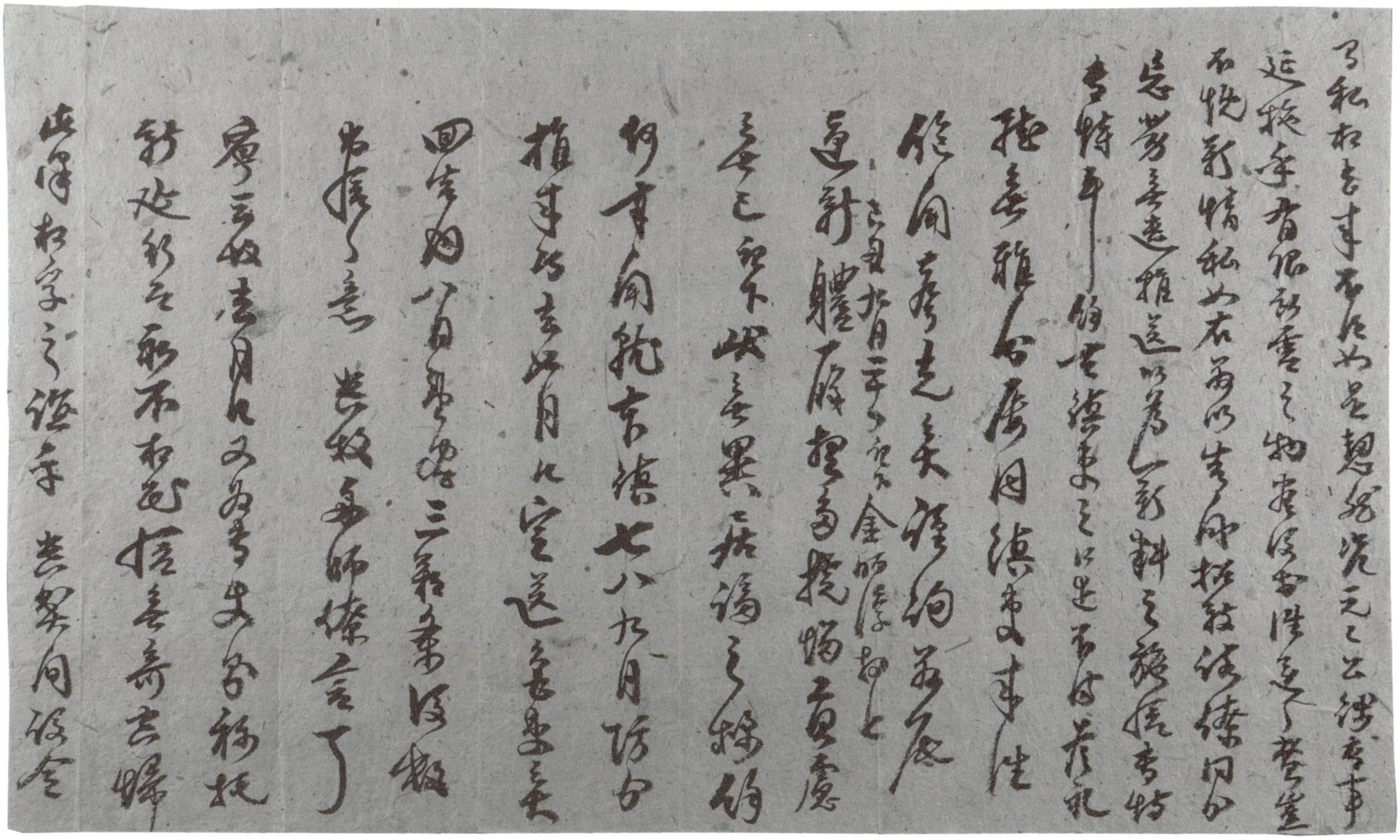

1889년 9월 20일에 記下 金昞淳이 미상자에게 보낸 편지

書簡 8

庚人, 43×23

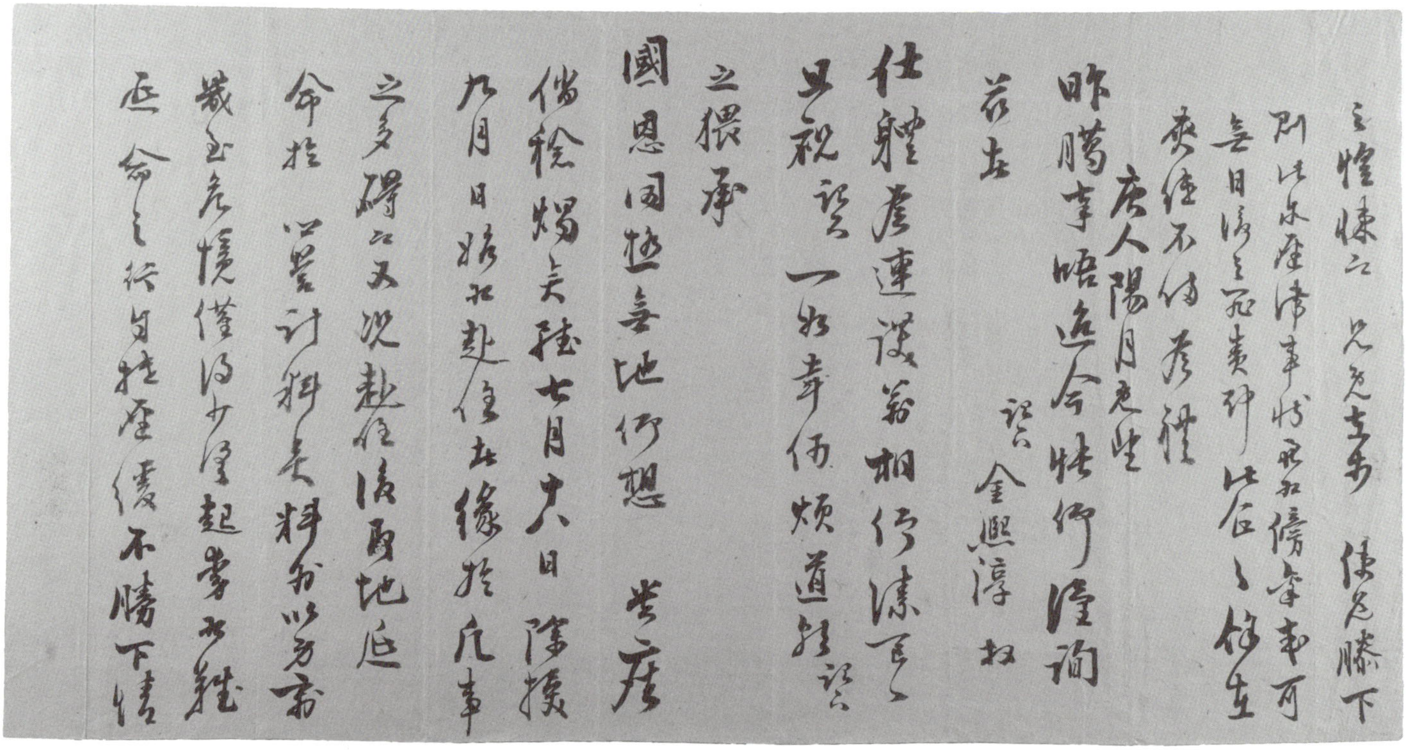

庚人 10월 16일에 記下 金熙淳이 미상자에게 보낸 편지

書簡 9

辛未, 6.8×17.5

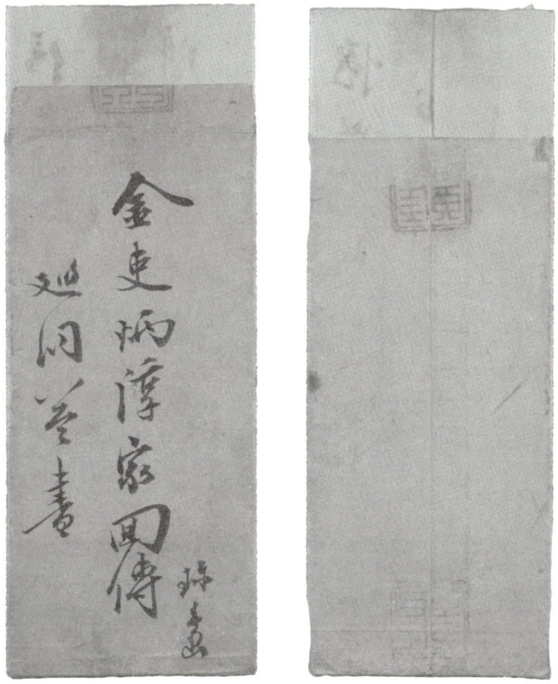

巡洞에서 金昞淳에게 보낸 편지의 피봉.

書簡 10

辛未, 36×28

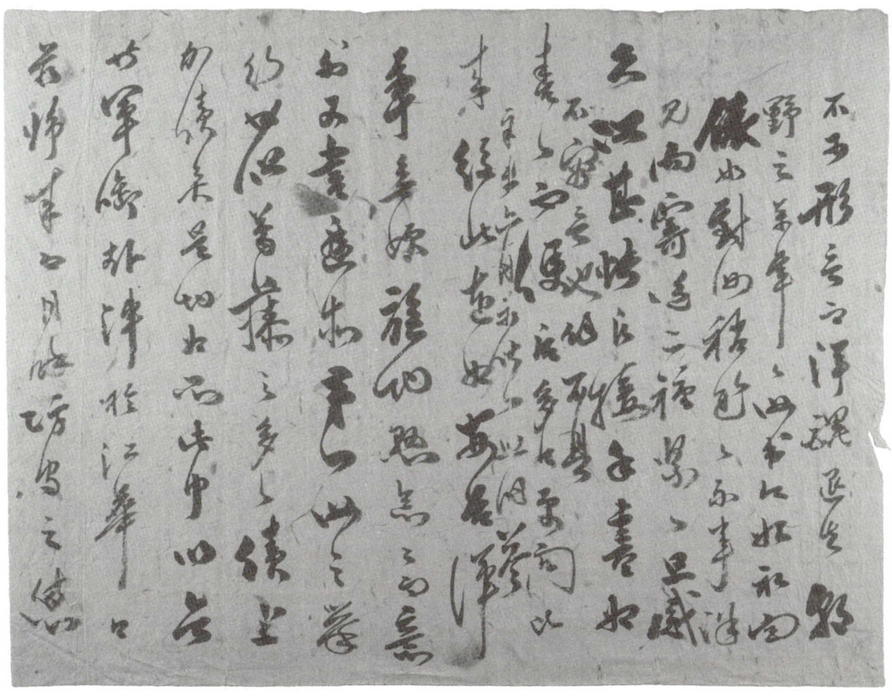

辛未年 6월에 巡洞에서 보낸 답장 편지

書簡 11

癸○, ×16

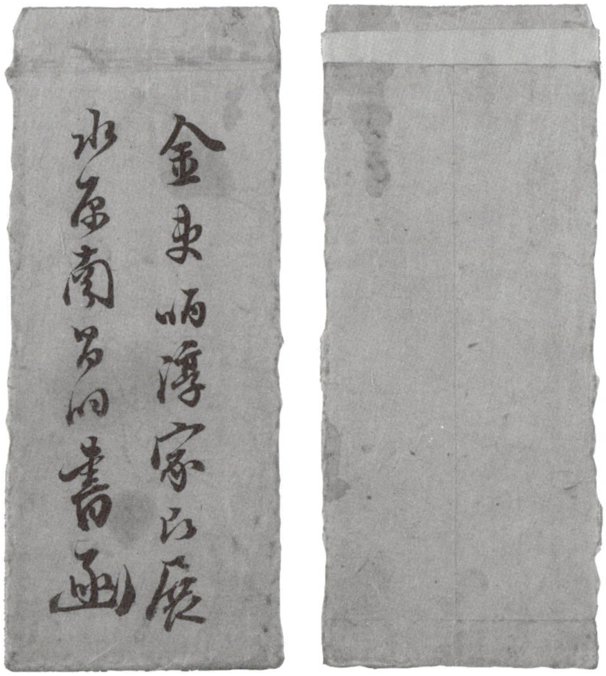

수원 남창동에서 金昞淳에게 보낸 편지의 피봉

書簡 12

癸○, 48.5×14.5

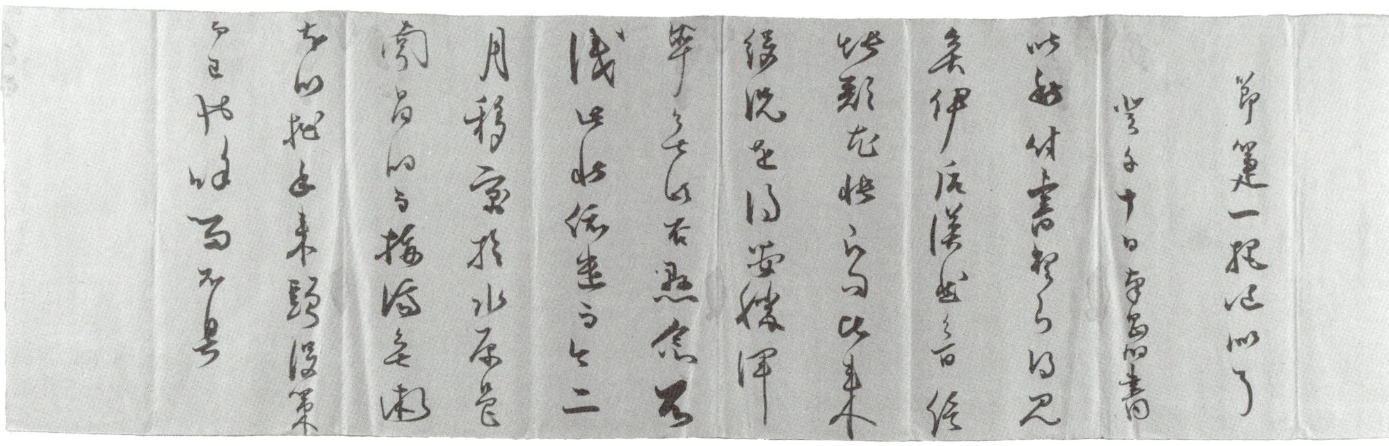

癸○年 5월 10일에 南昌洞에서 미상자[金昞淳]에게 보낸 편지

書簡 13

36.5×23.8

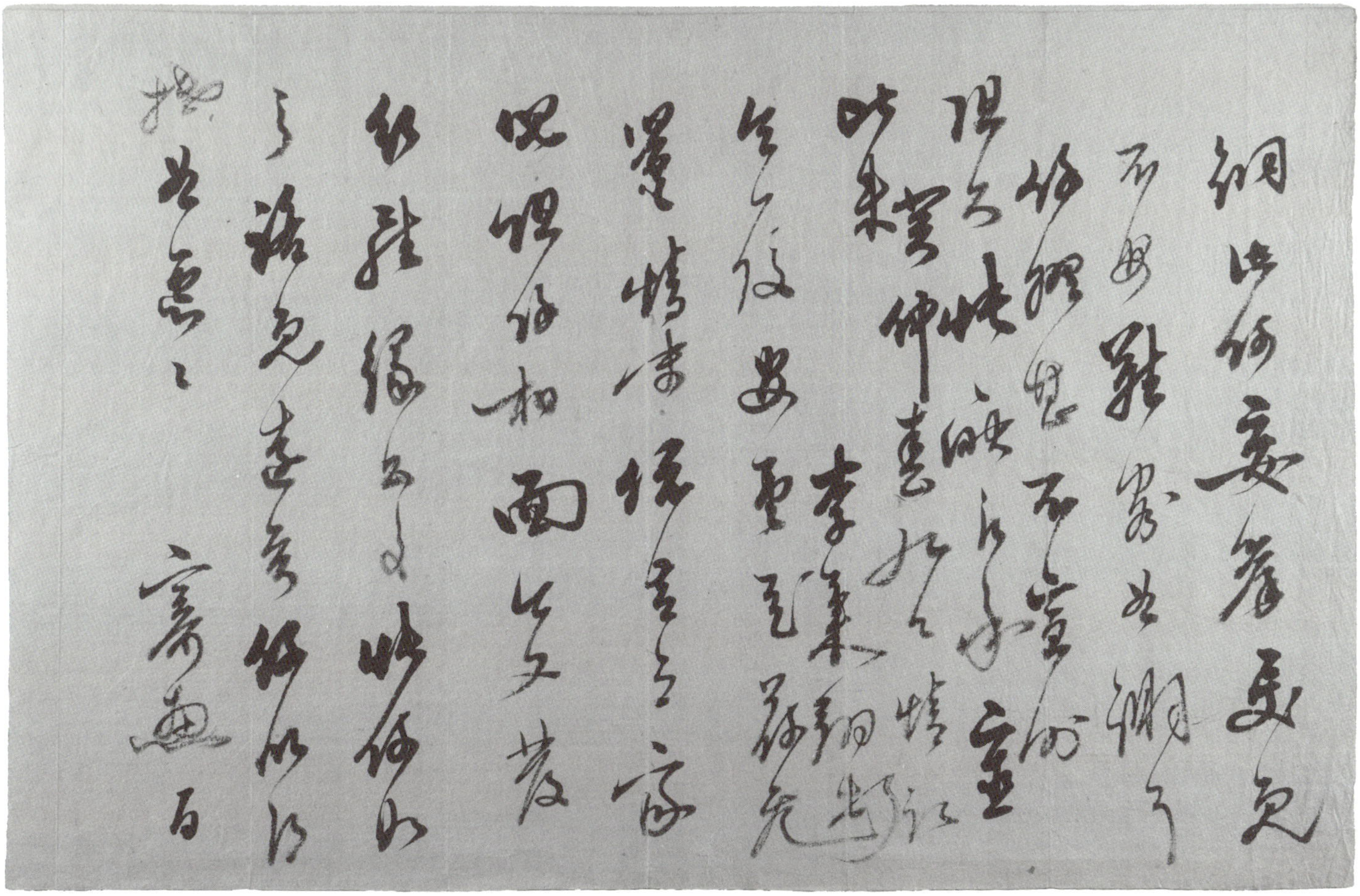

李秉翊가 미상자에게 보낸 편지

書簡 14

己巳, 40×24.5

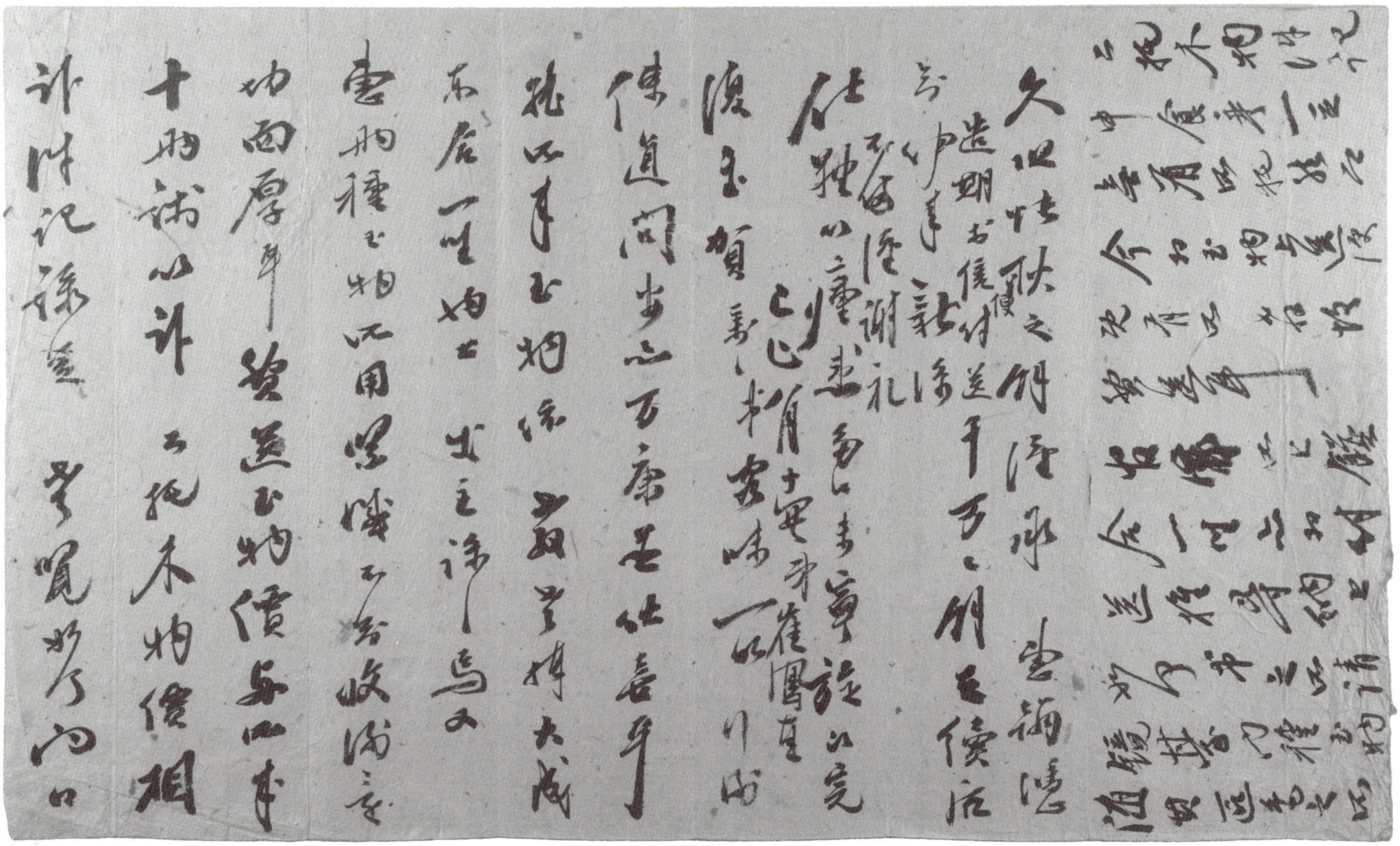

己巳年 8월 14일에 弟 崔鳳奎가 미상자에게 보낸 편지

書簡 15

己巳, 40×24

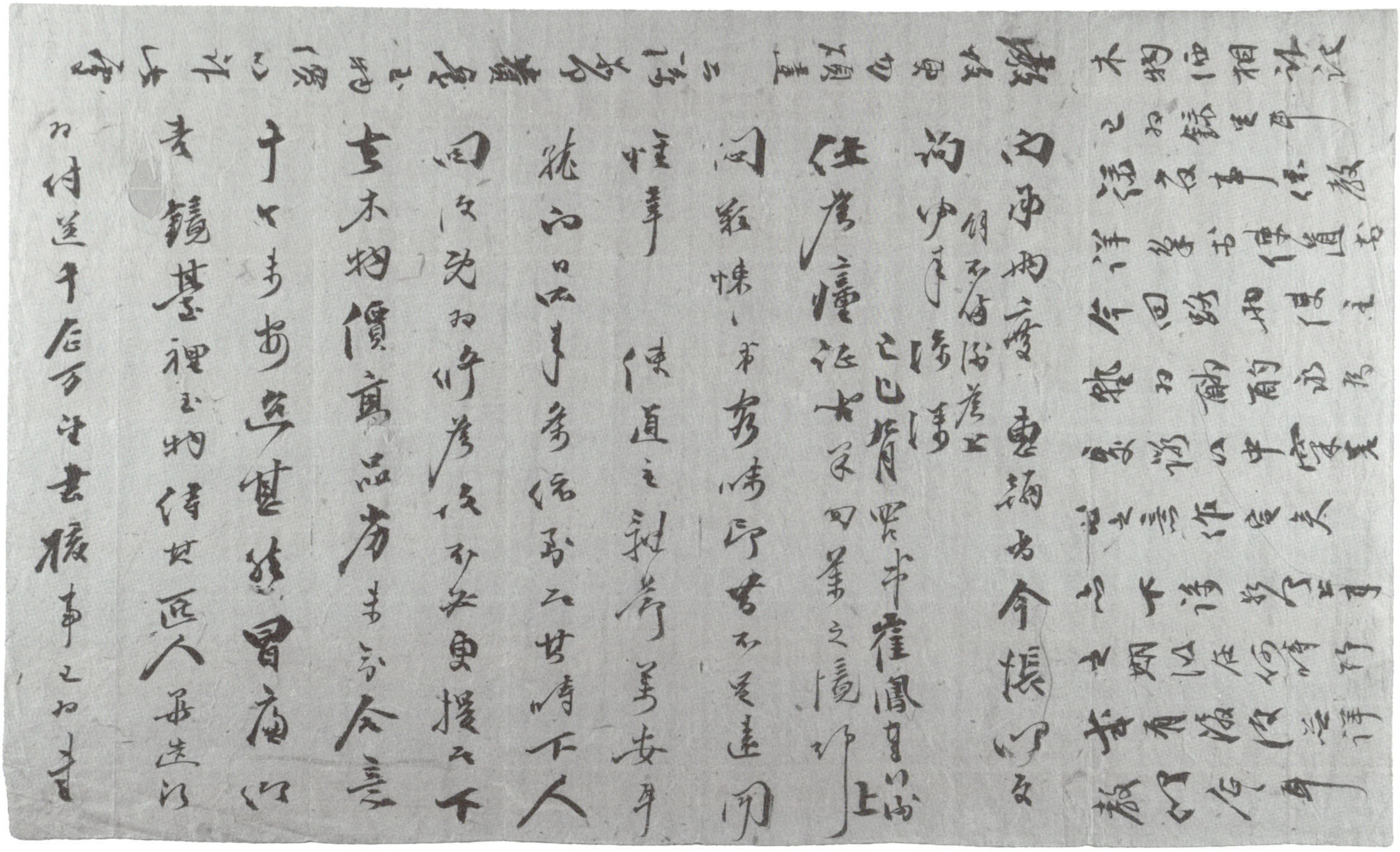

己巳年 9월 4일에 弟 崔鳳奎가 使道에게 보낸 편지

書簡 16

庚寅, 35×23

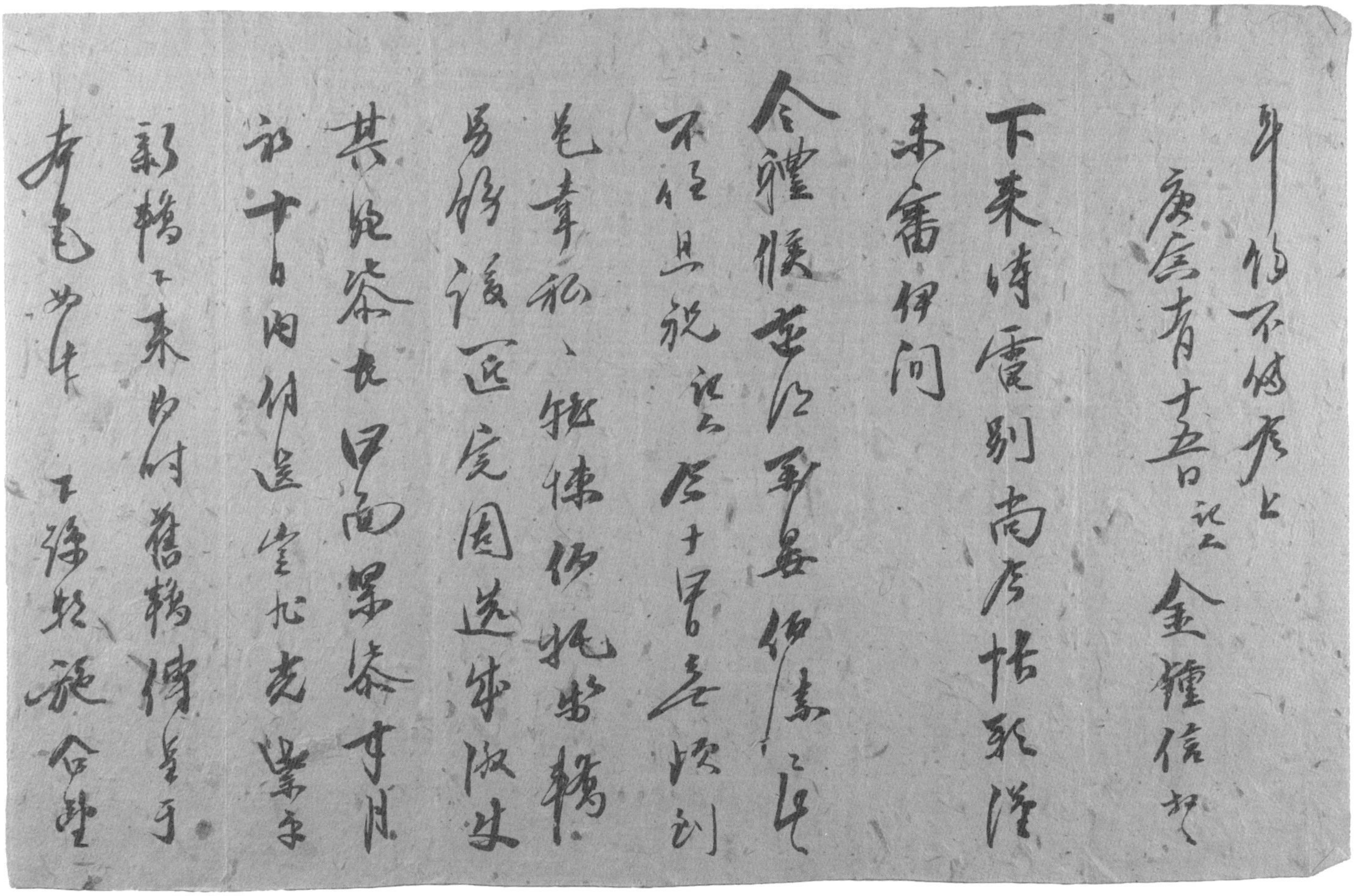

庚寅年 11월 15일에 記下 金鍾信이 미상자에게 보낸 편지

書簡 17

庚寅 , 38×22.7

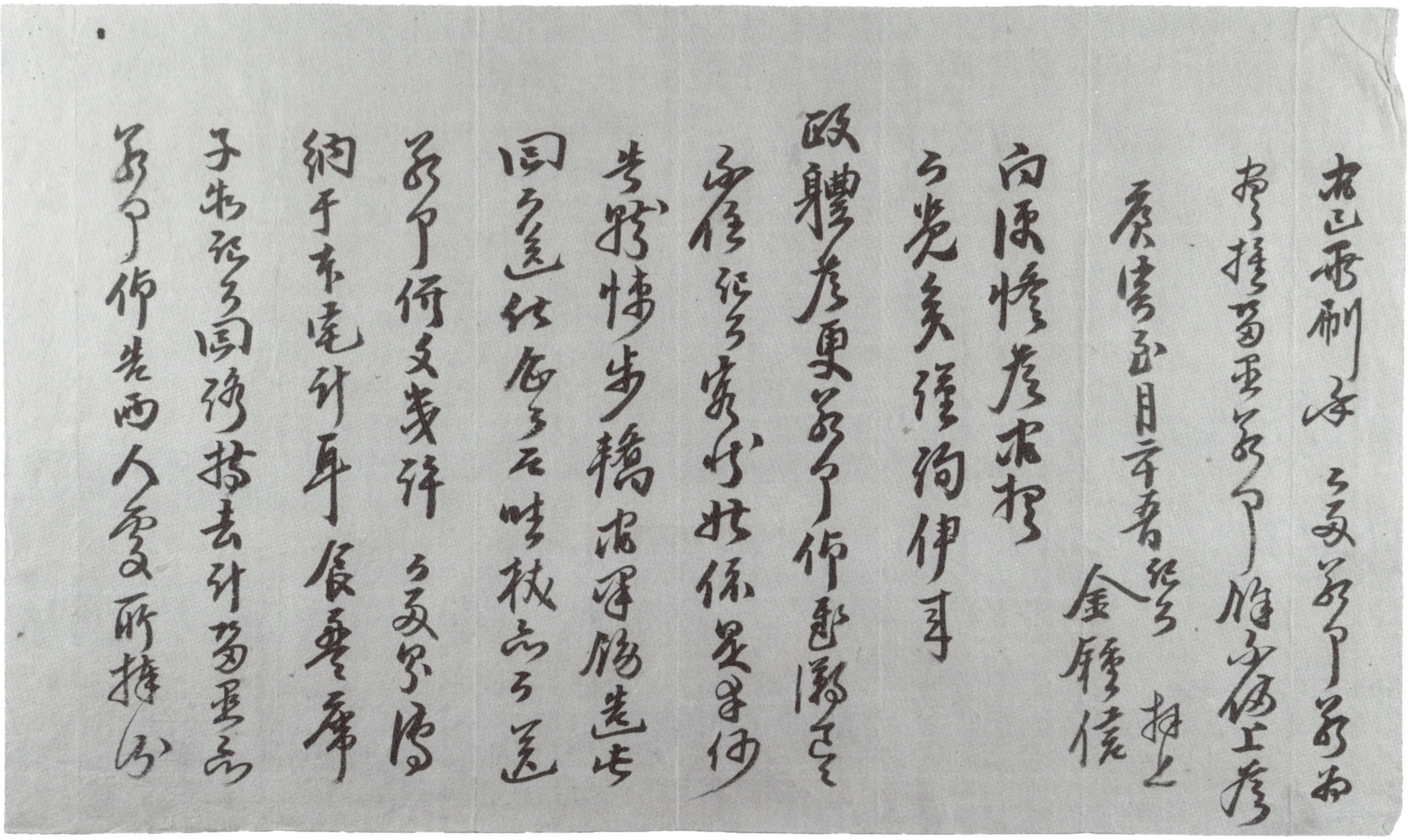

庚寅年 11월 25일에 記下 金鍾信이 미상자에게 보낸 편지

書簡 18

辛卯, 47×23

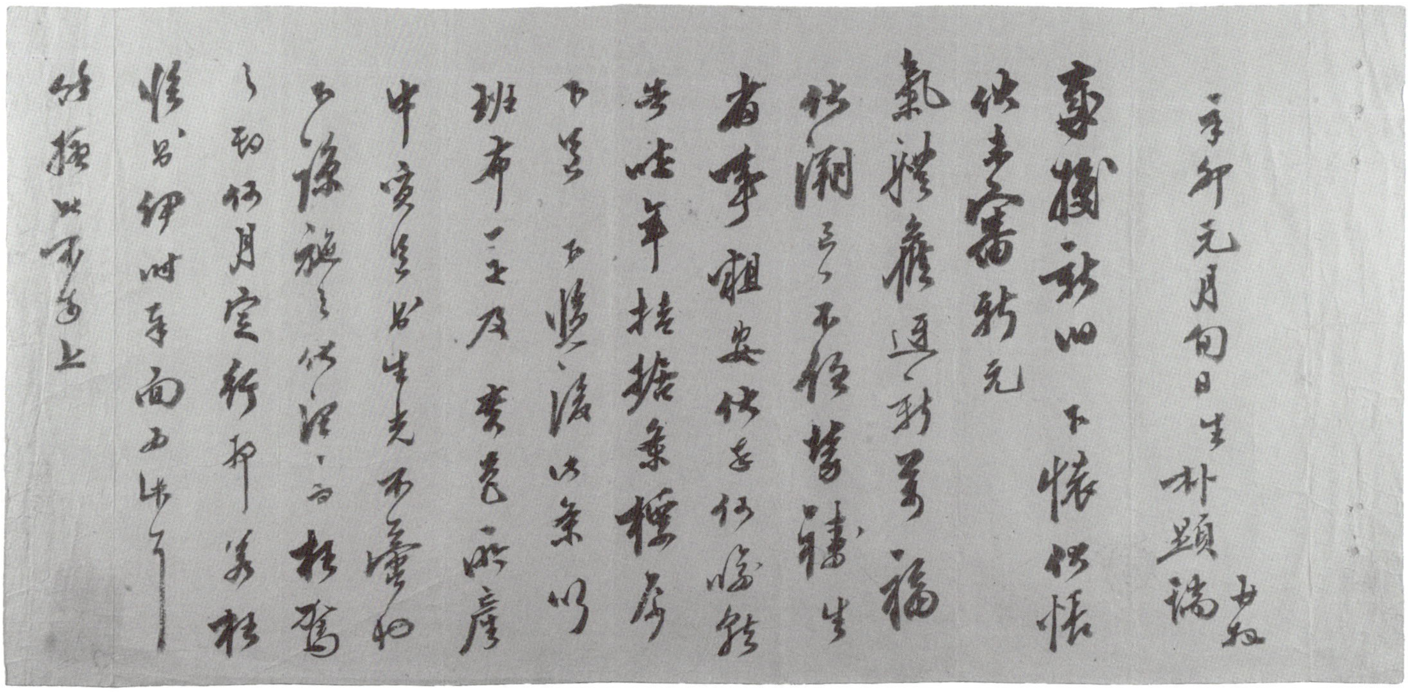

辛卯年 1월 10일에 生 朴顯瑞가 미상자에게 보낸 편지

書簡 19

戊子, 45.5×24

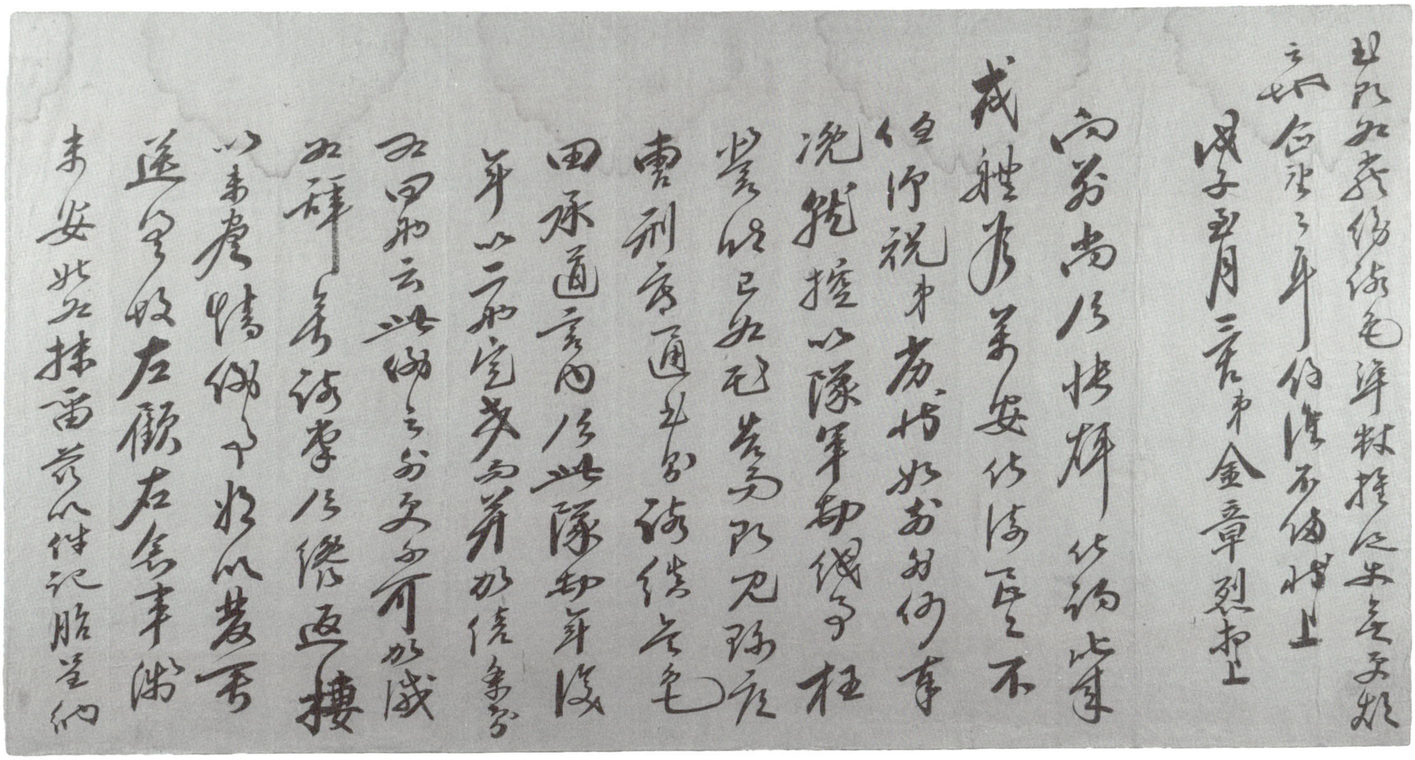

戊子年 11월 30일에 弟 金章烈이 미상자[戎體]에게 보낸 편지

書簡 20

乙亥, 36.8×22

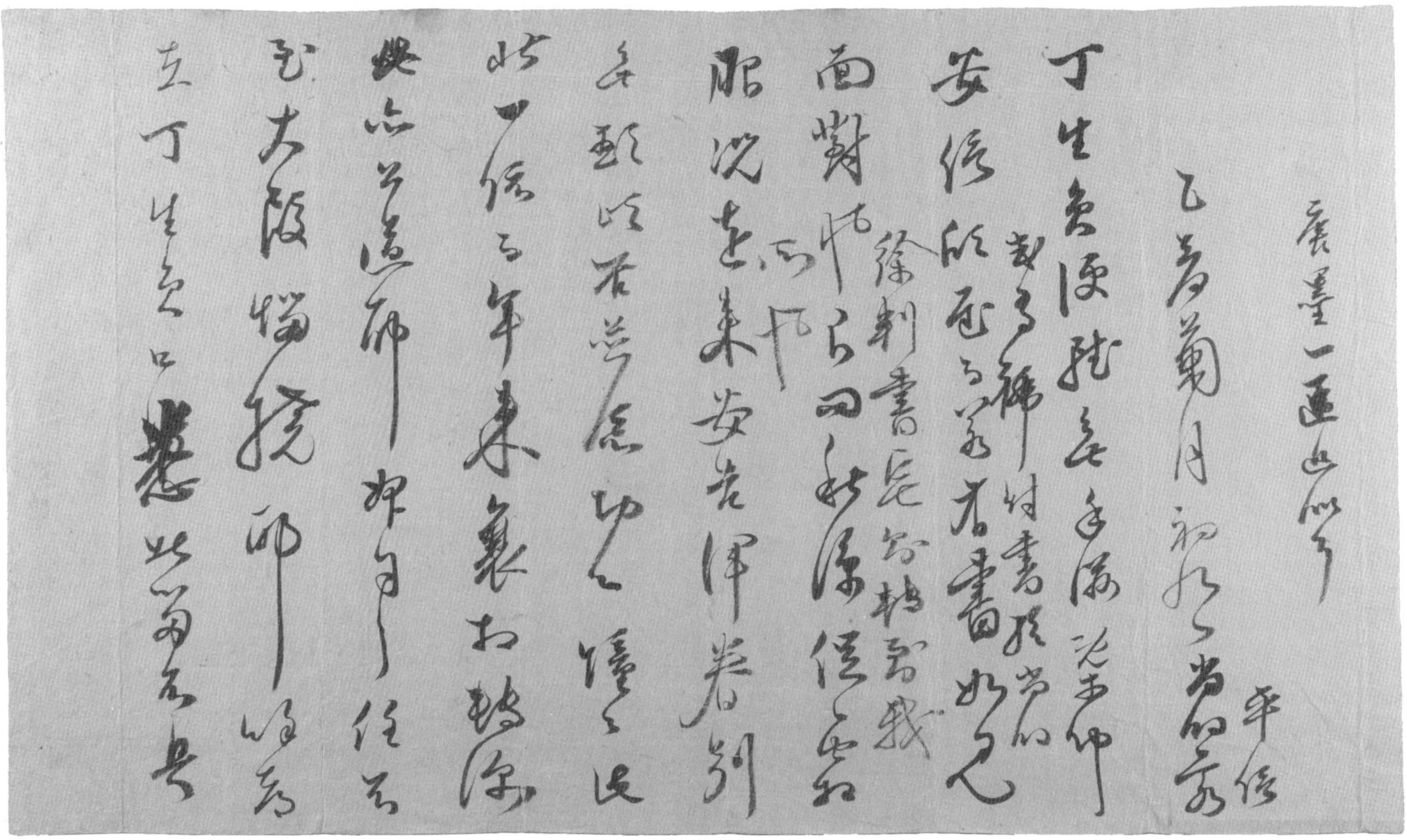

乙亥年 9월 9일에 尙洞에 있는 客이 미상자에게 보낸 편지

書簡 21

乙○, 34.5×23

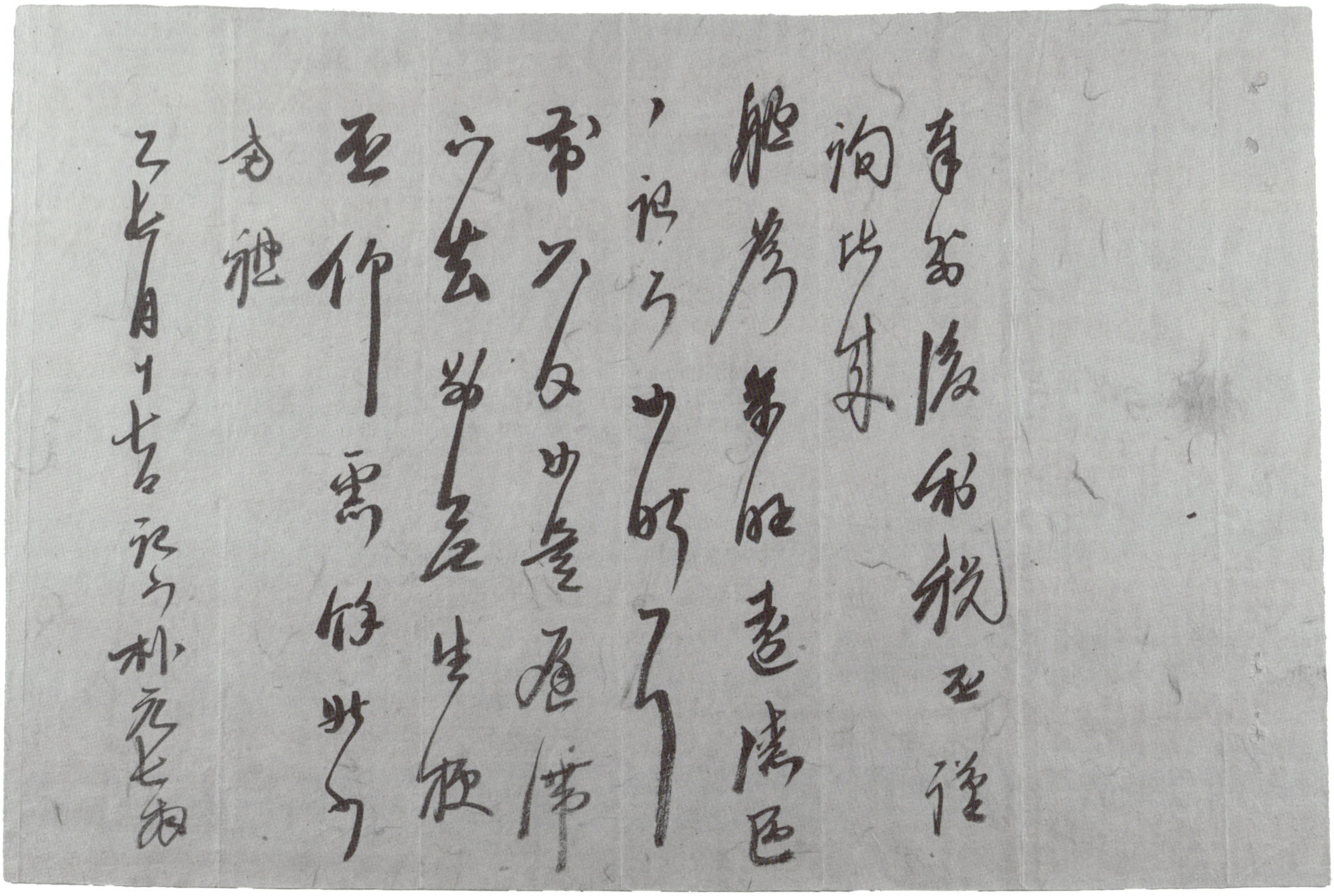

乙○年 9월 17일에 記下 朴元長이 미상자에게 보낸 편지

書簡 22

戊子, 39.5×23

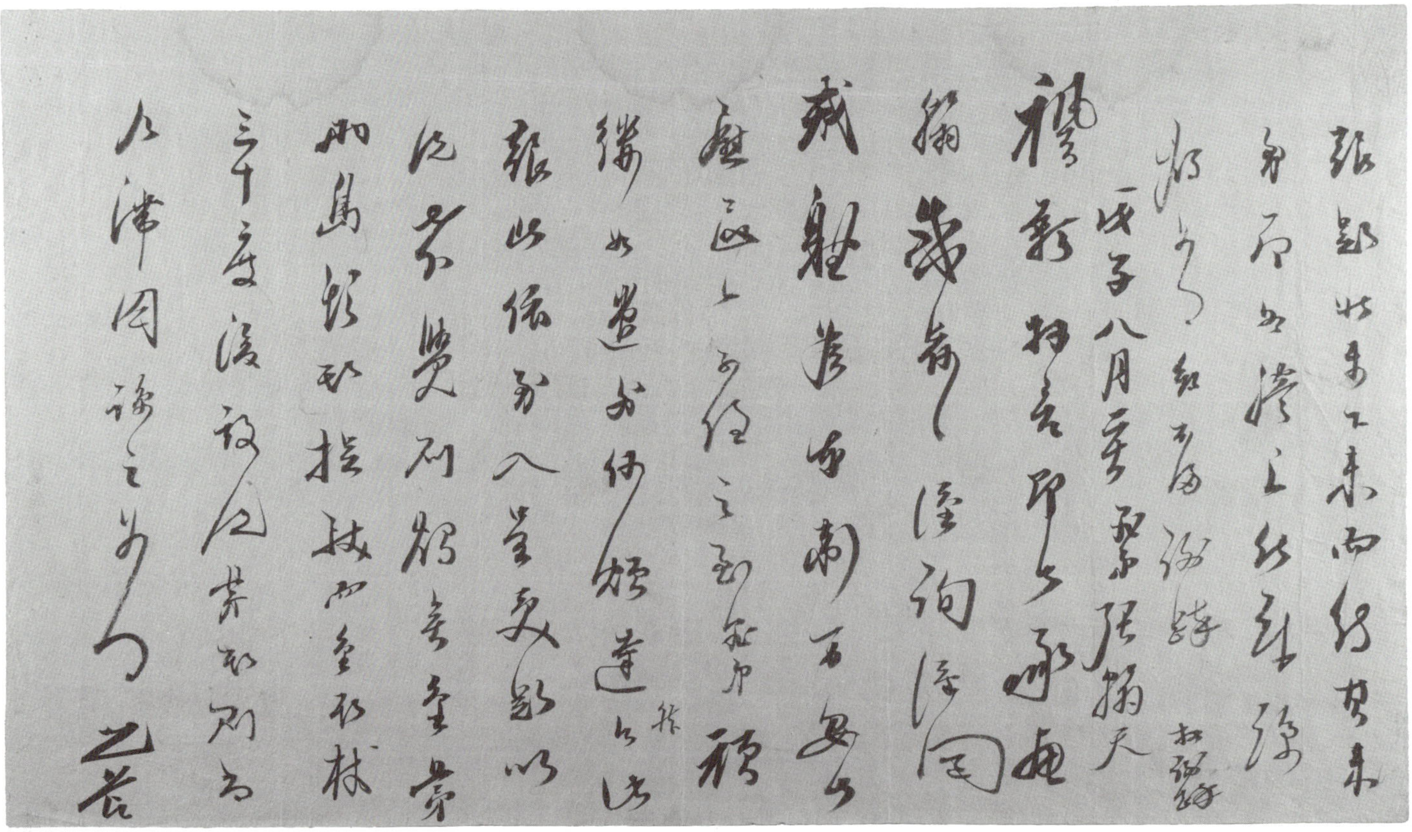

戊子年 8월 20일에 罪弟 張翰天이 미상자[戎體]에게 보낸 편지

書簡 23

己丑, 40.5×23

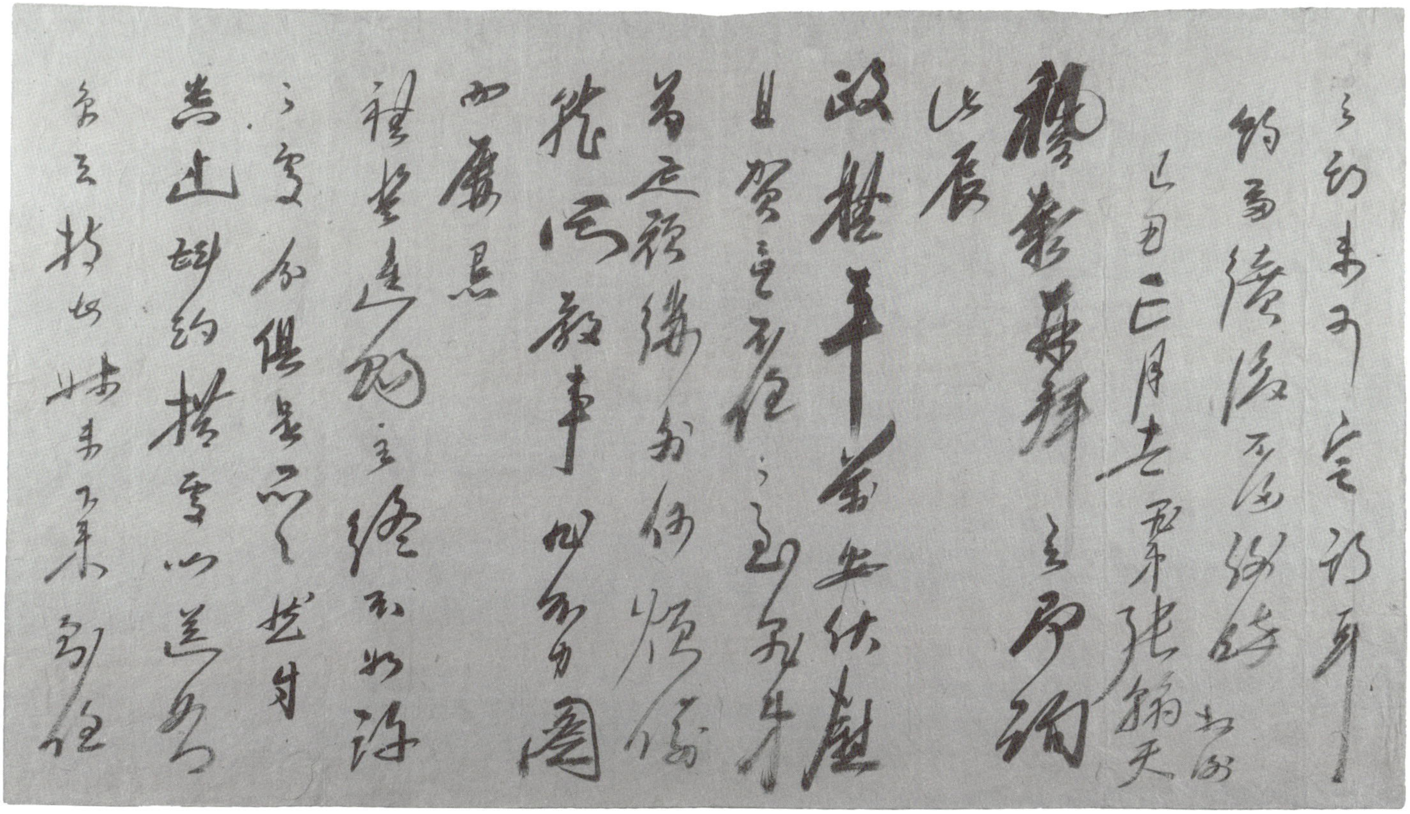

己丑年 1월 11일에 罪弟 張翰天이 미상자에게 보낸 편지

書簡 24

己丑, 39.5×23

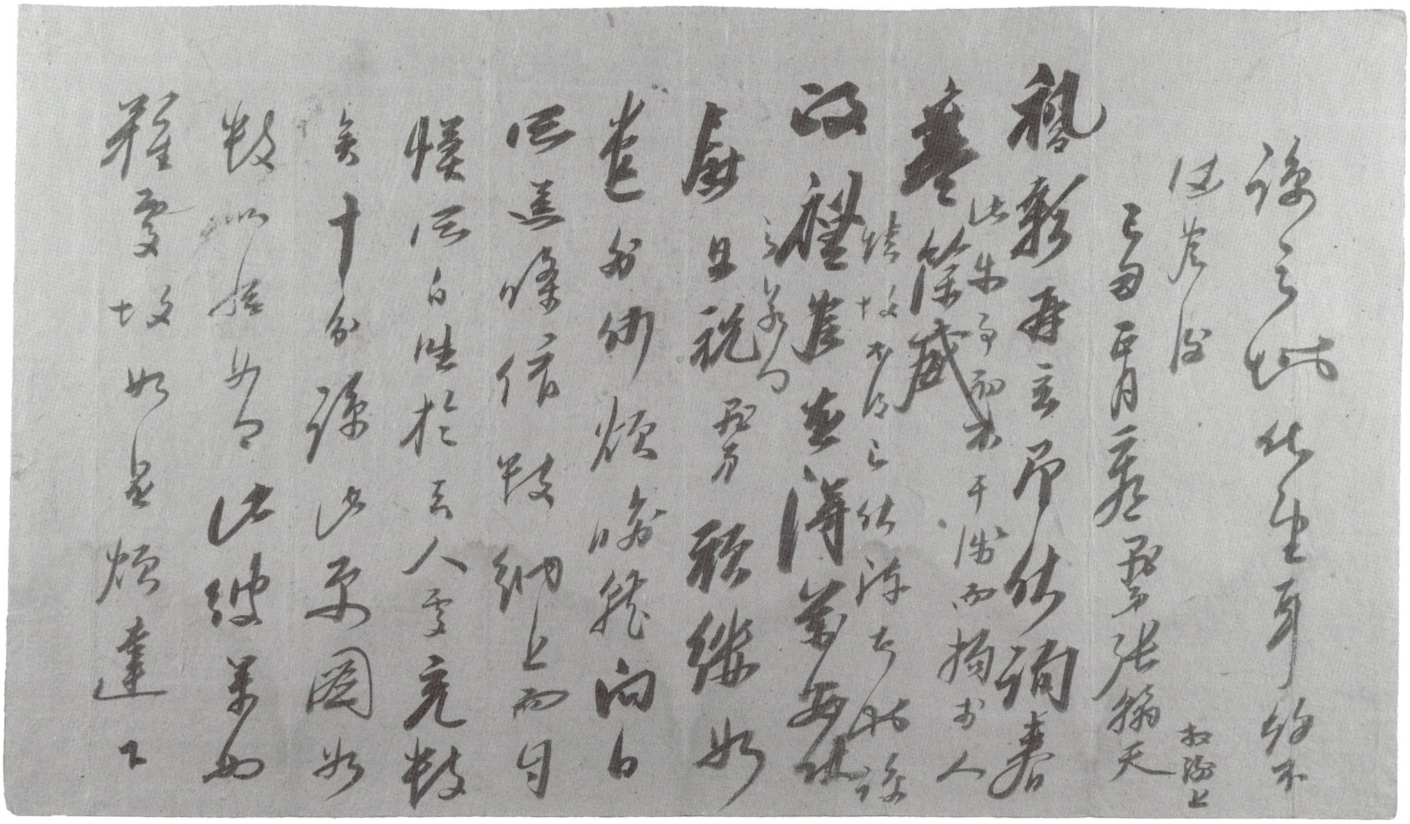

己丑年 1월 29일에 罪弟 張翰天이 미상자에게 보낸 편지

書簡 25

壬辰, 37×24

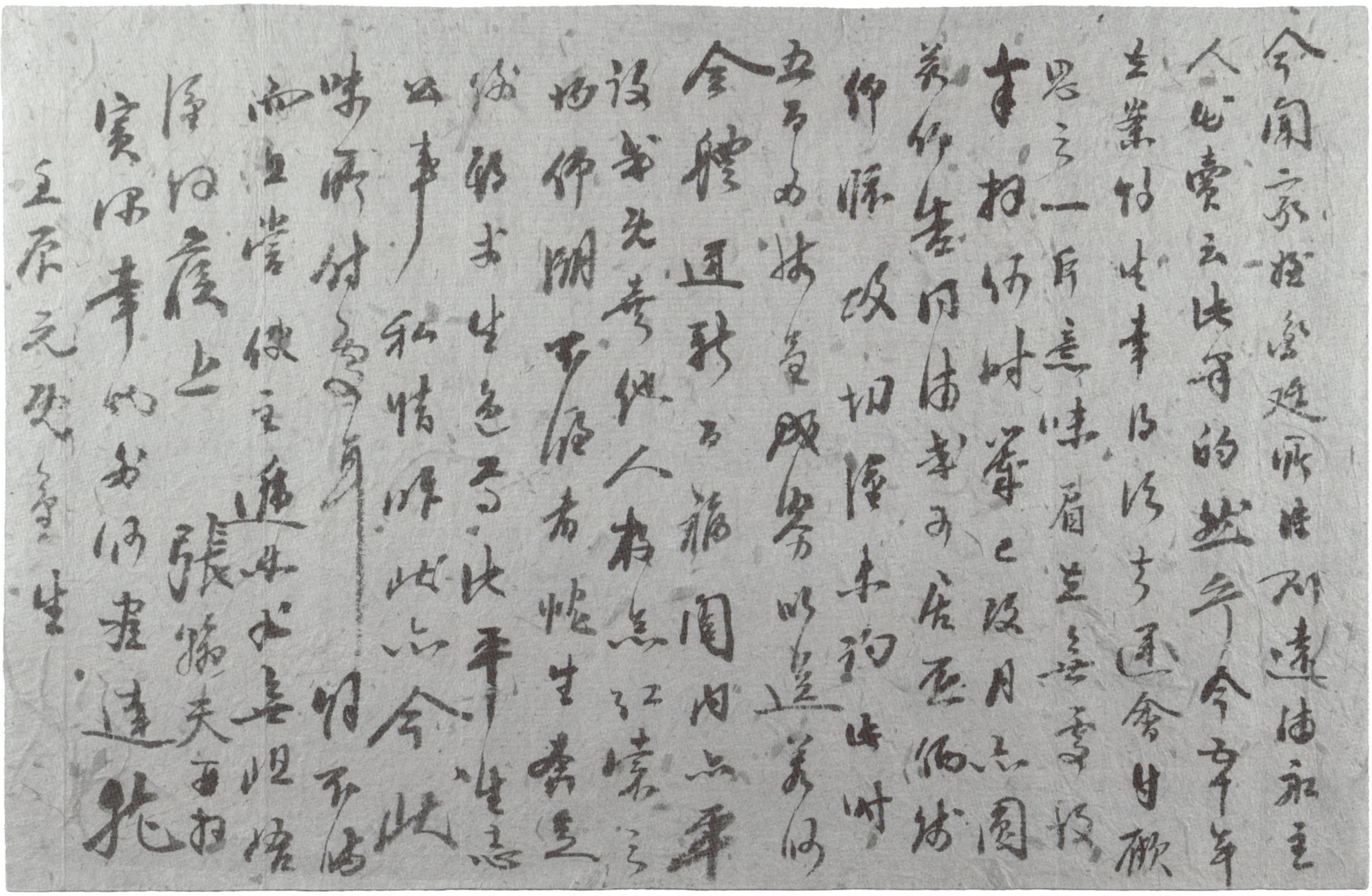

壬辰年 1월 16일에 張翰天이 미상자에게 보낸 편지

書簡 26

己丑, 39×21

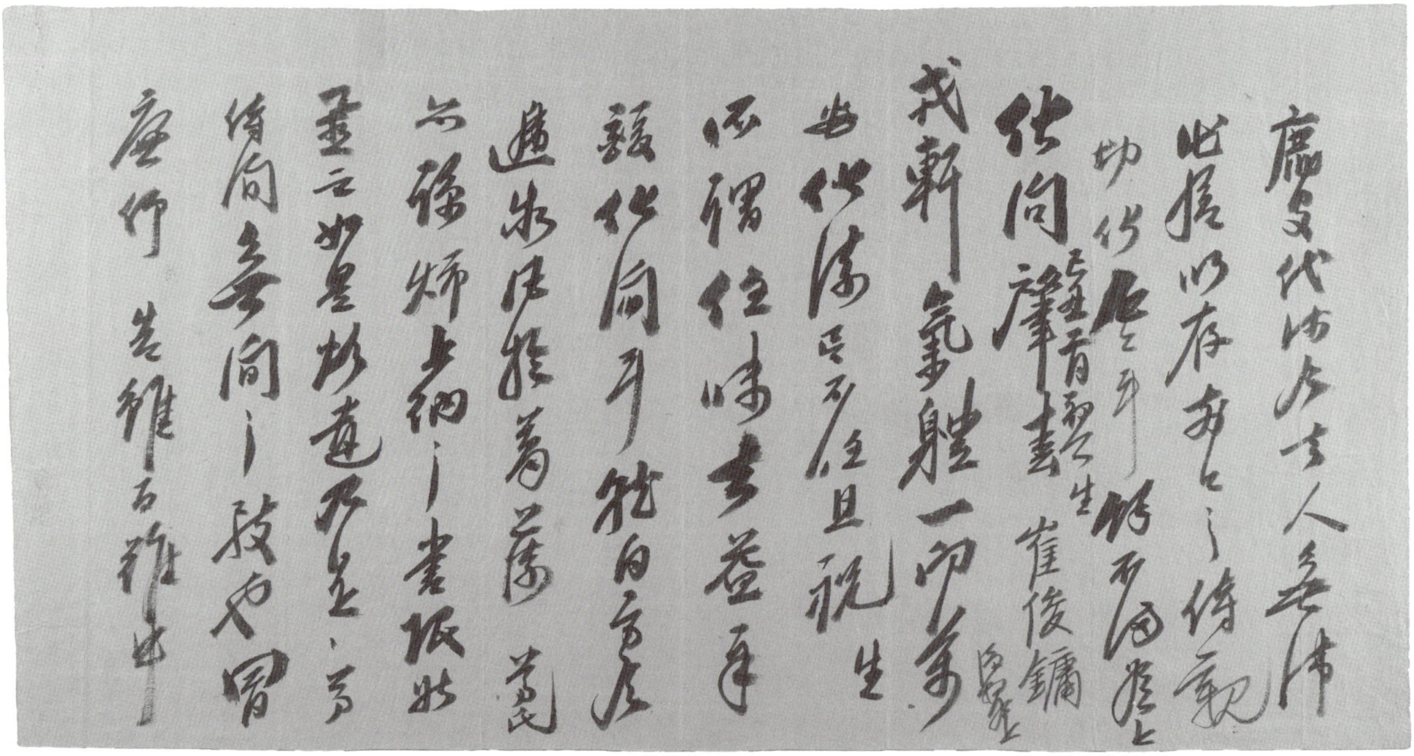

己丑年 2월 1일에 生 崔俊鏞이 미상자[戎軒]에게 보낸 편지

書簡 27

己酉, 35×24

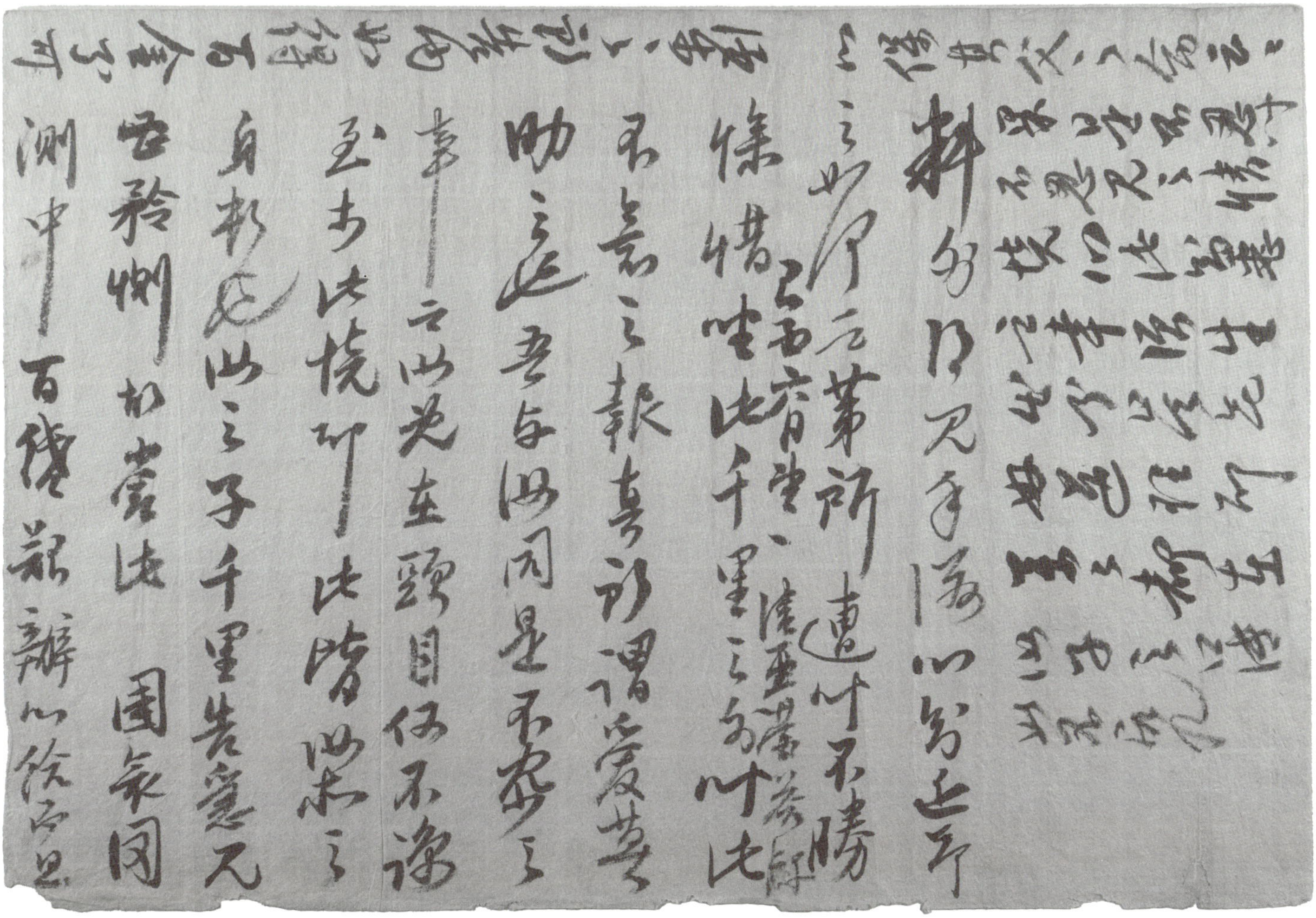

己酉年 6월 보름에 작성된 편지

書簡 28

卽日, 38×23

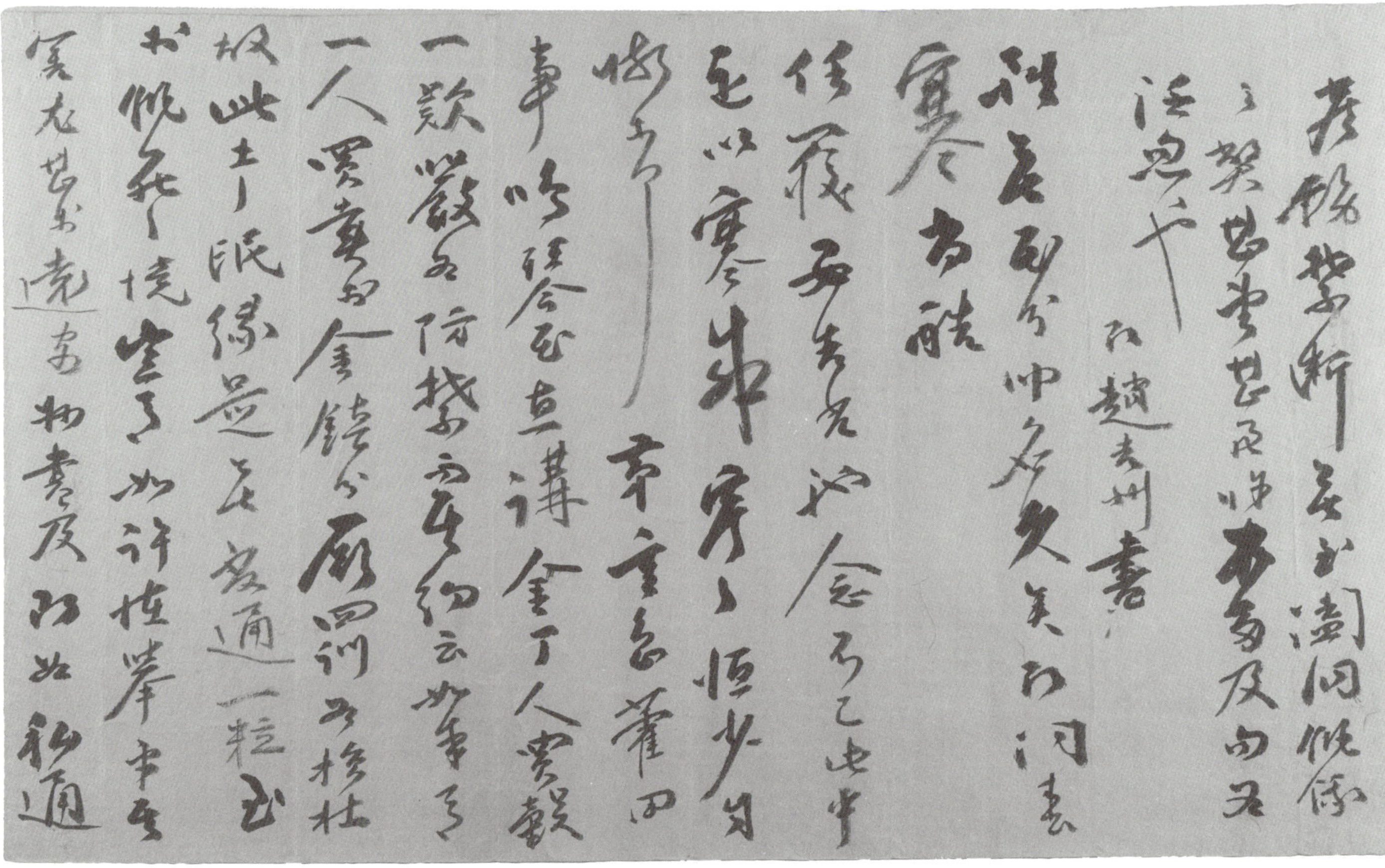

卽日에 趙吉州가 작성한 편지

書簡 29

卽日, 44×23.5

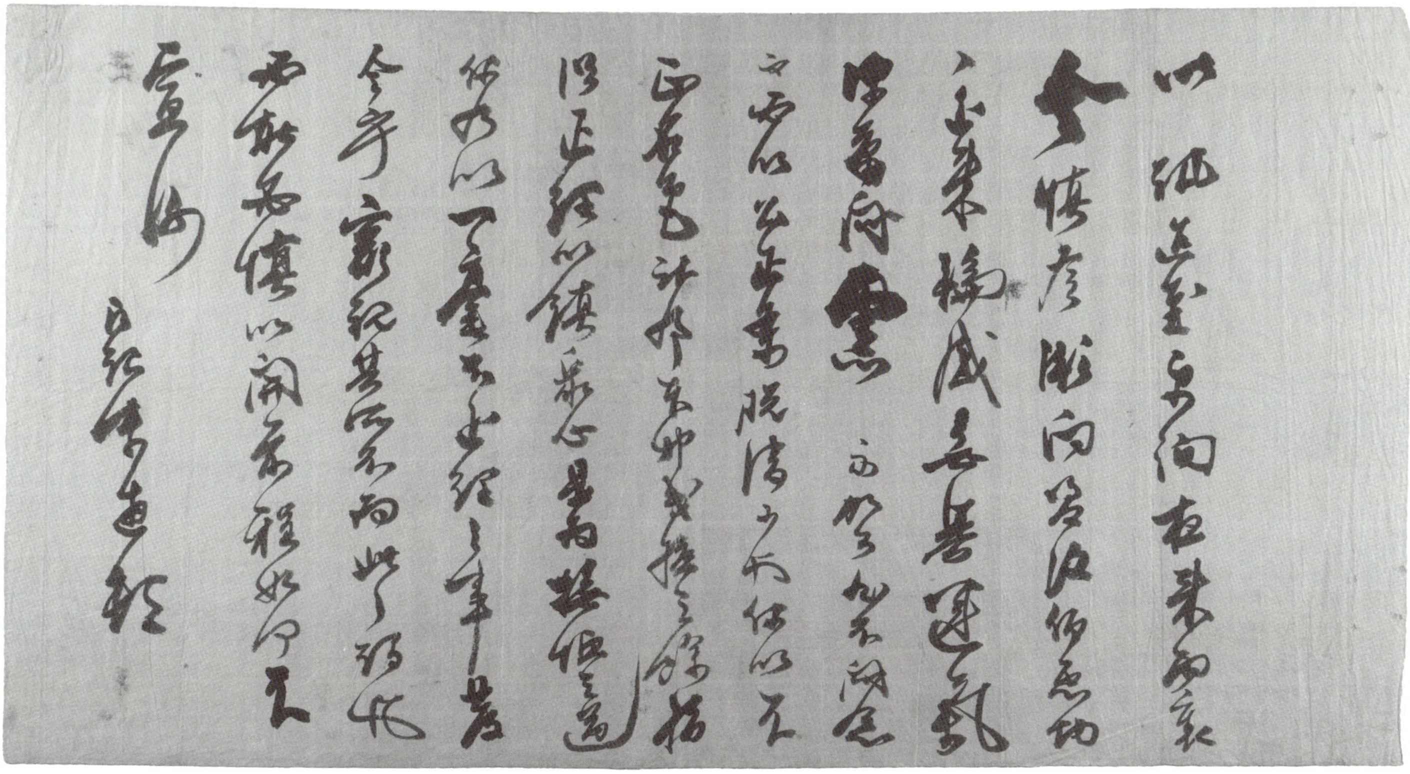

卽日에 記末 아무개가 작성한 편지

書簡 30

辛卯, 36×21

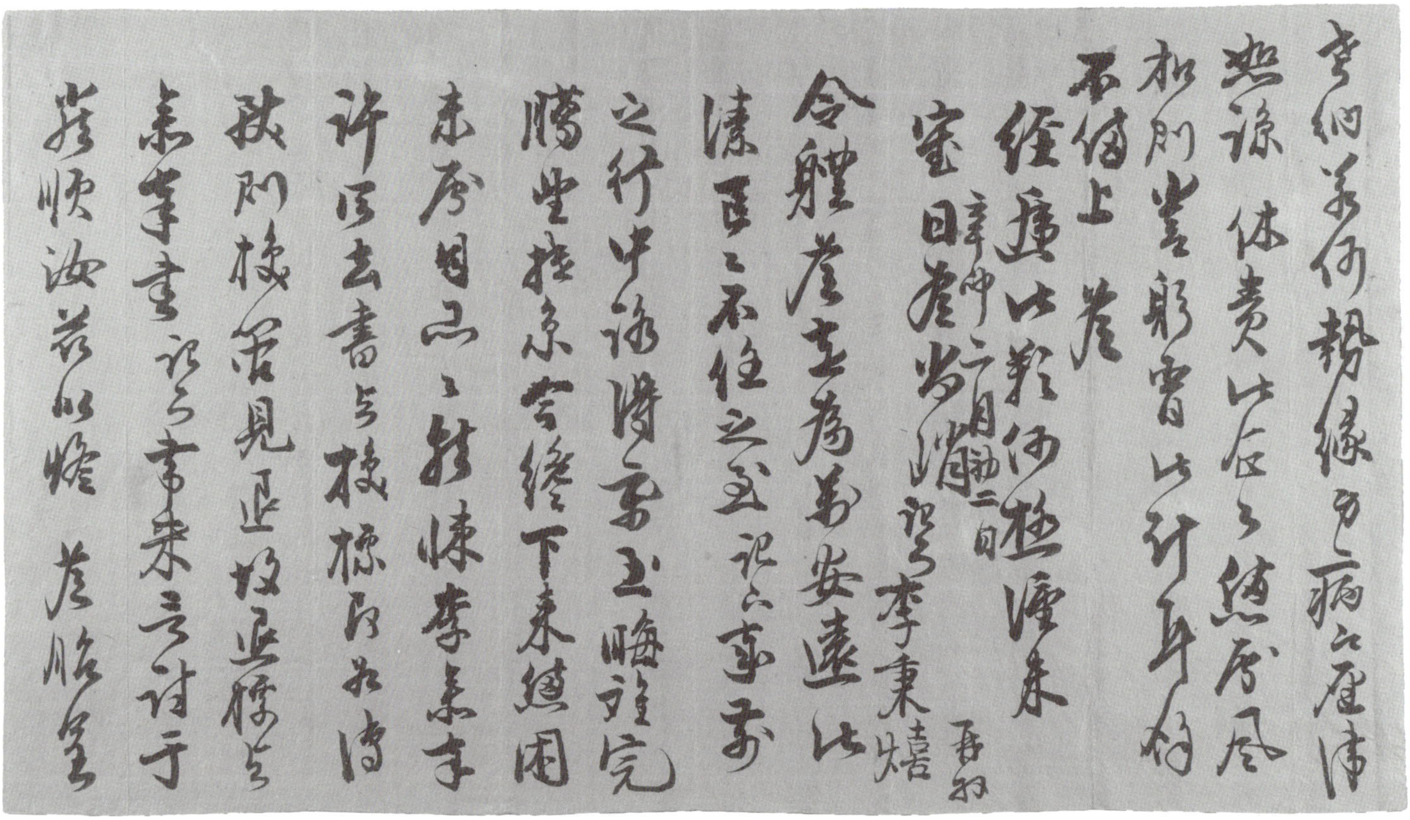

辛卯年 2월 2일에 記下 李秉熺가 미상자에게 보낸 편지

書簡 31

己丑, 42×21.5

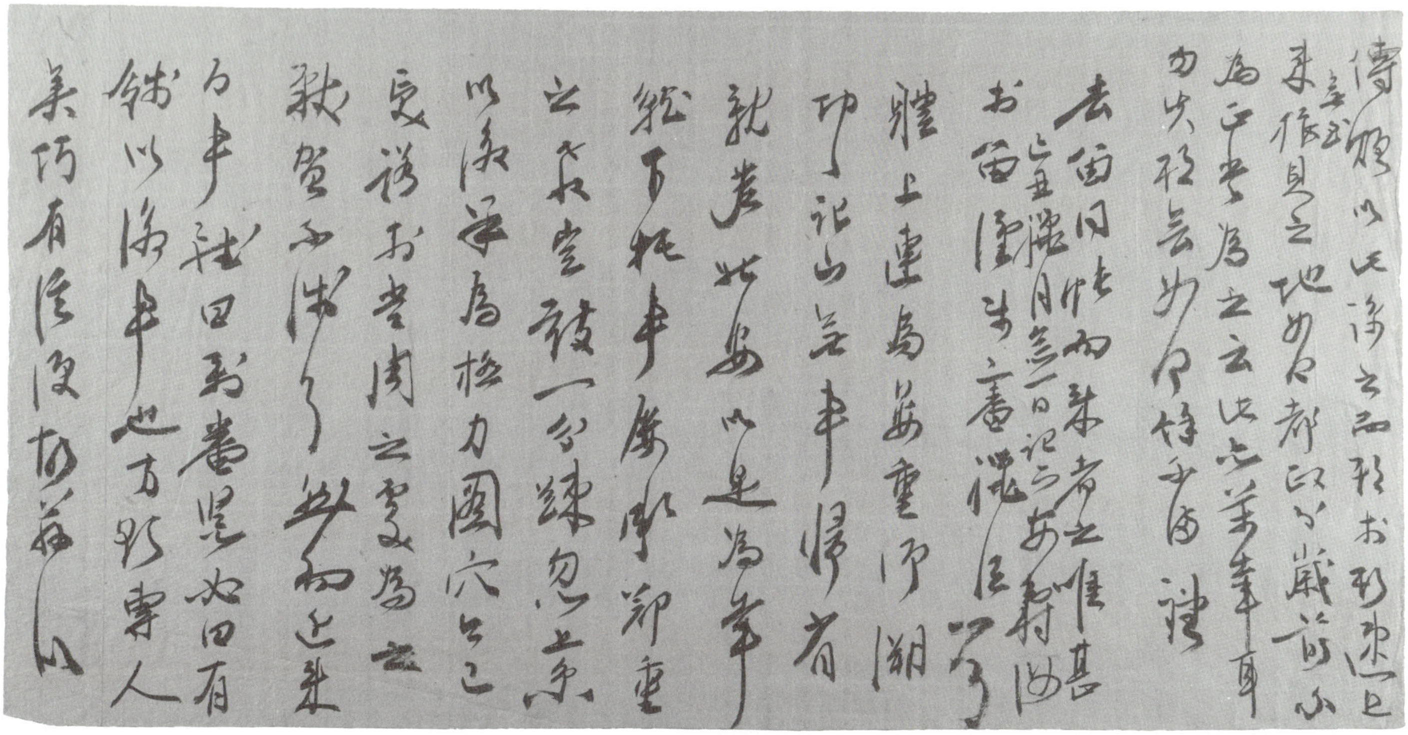

己丑年 12월 21일에 記下 安壽汝가 미상자에게 보낸 편지

書簡 32

壬辰, 34×24.5

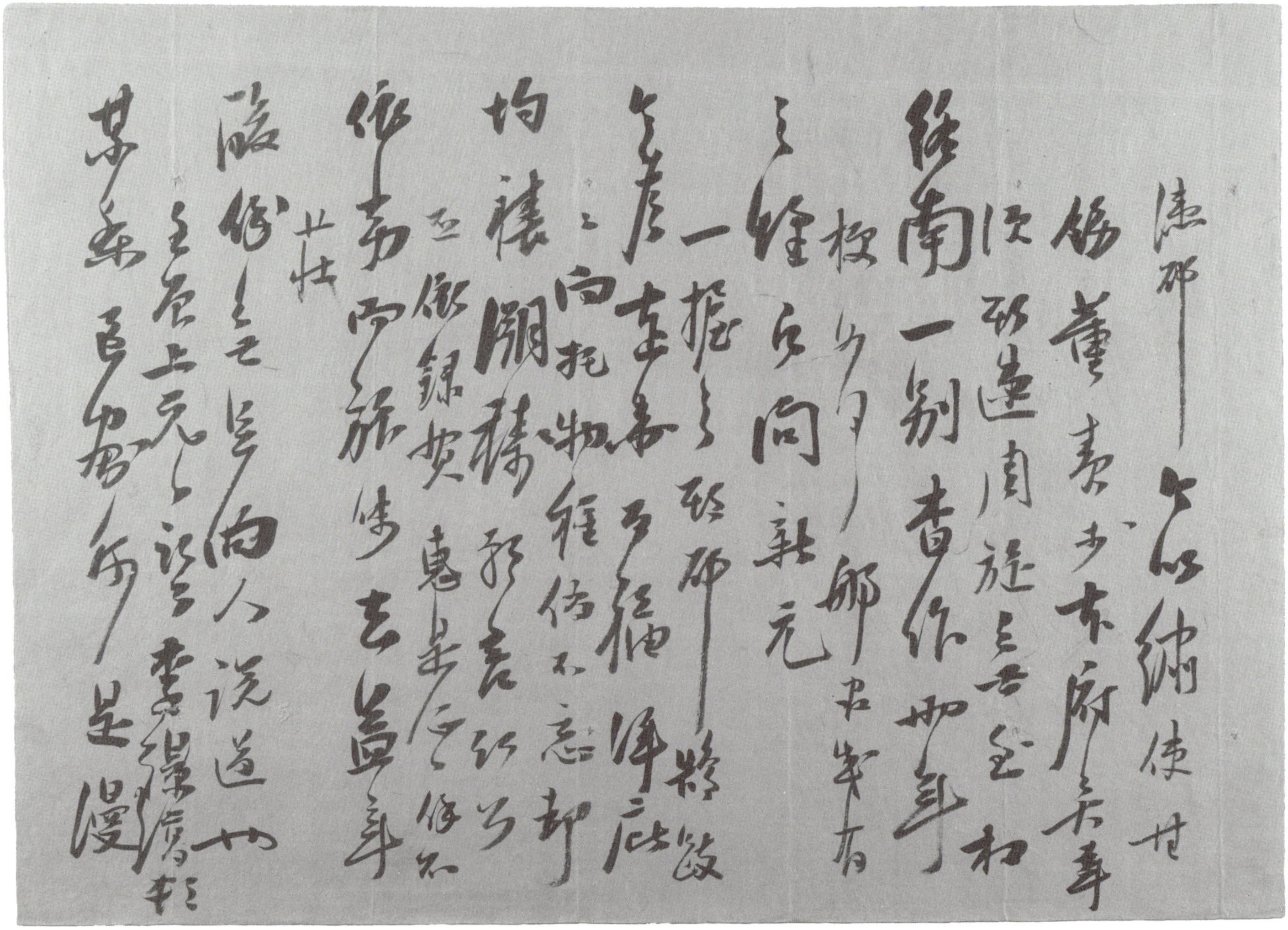

壬辰年 정월 보름날에 記下 李澋漓가 미상자에게 보낸 편지

書簡 33

36×25

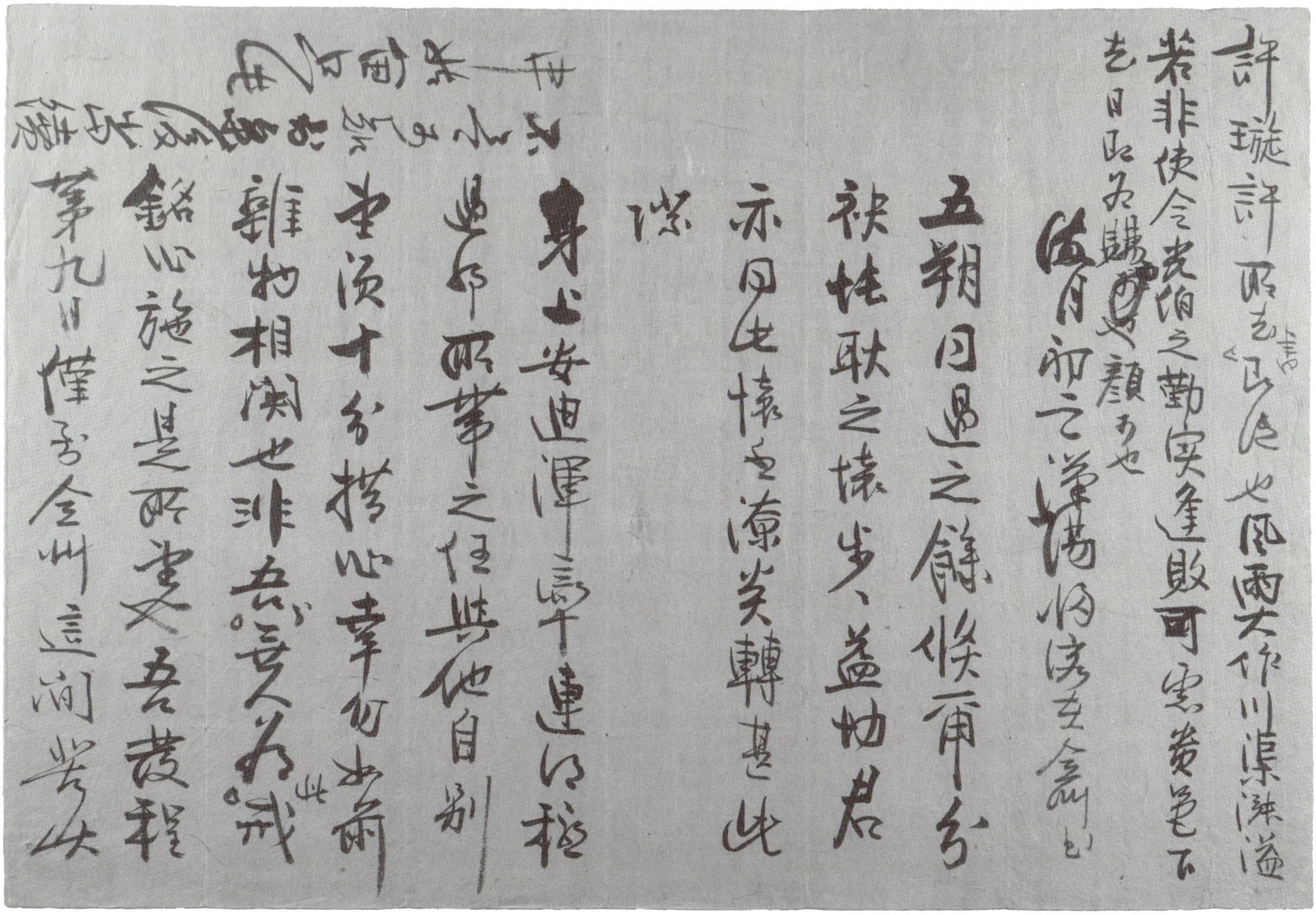

6월 2일에 潭陽歸客이 전주에서 미상자에게 보낸 편지

書簡 34

乙亥, 40×20.5

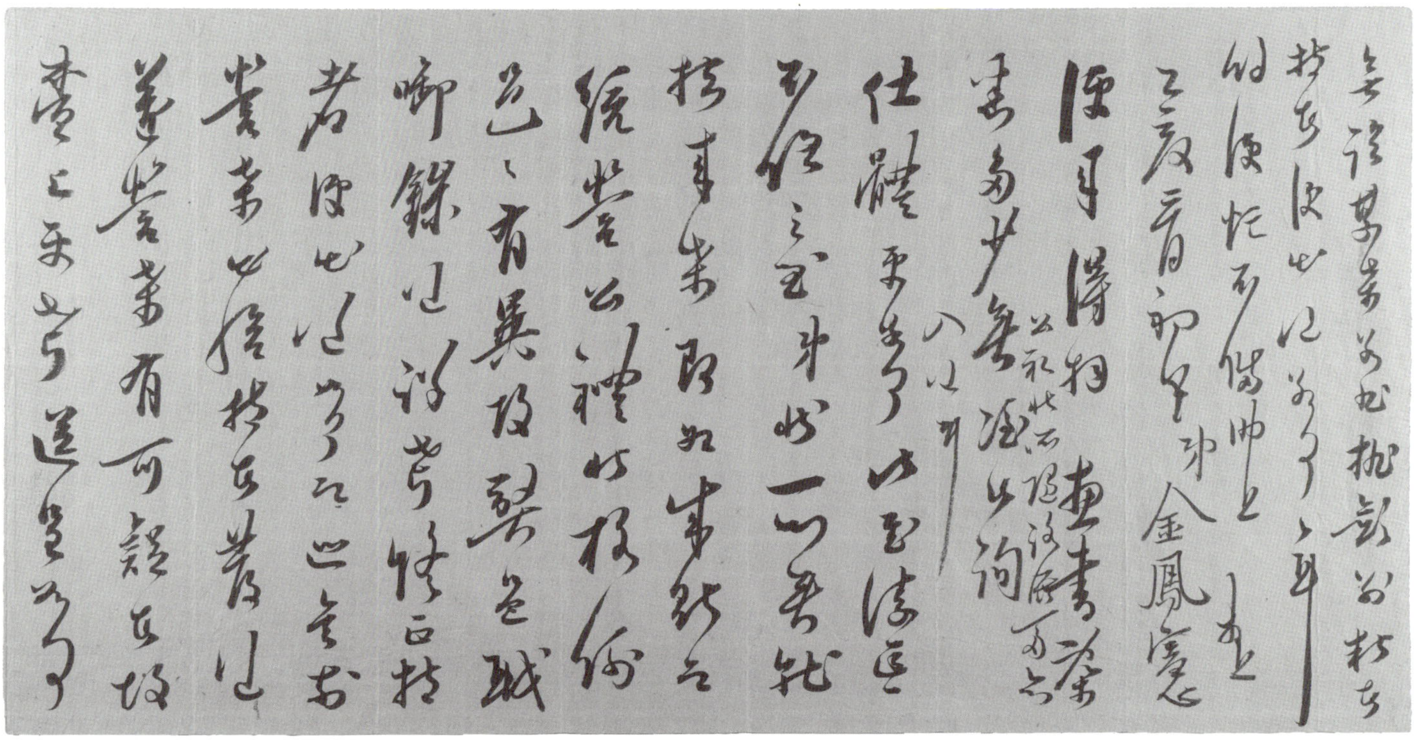

乙亥年 3월 5일에 弟 金鳳憲이 미상자에게 보낸 편지

書簡 35

35×24.

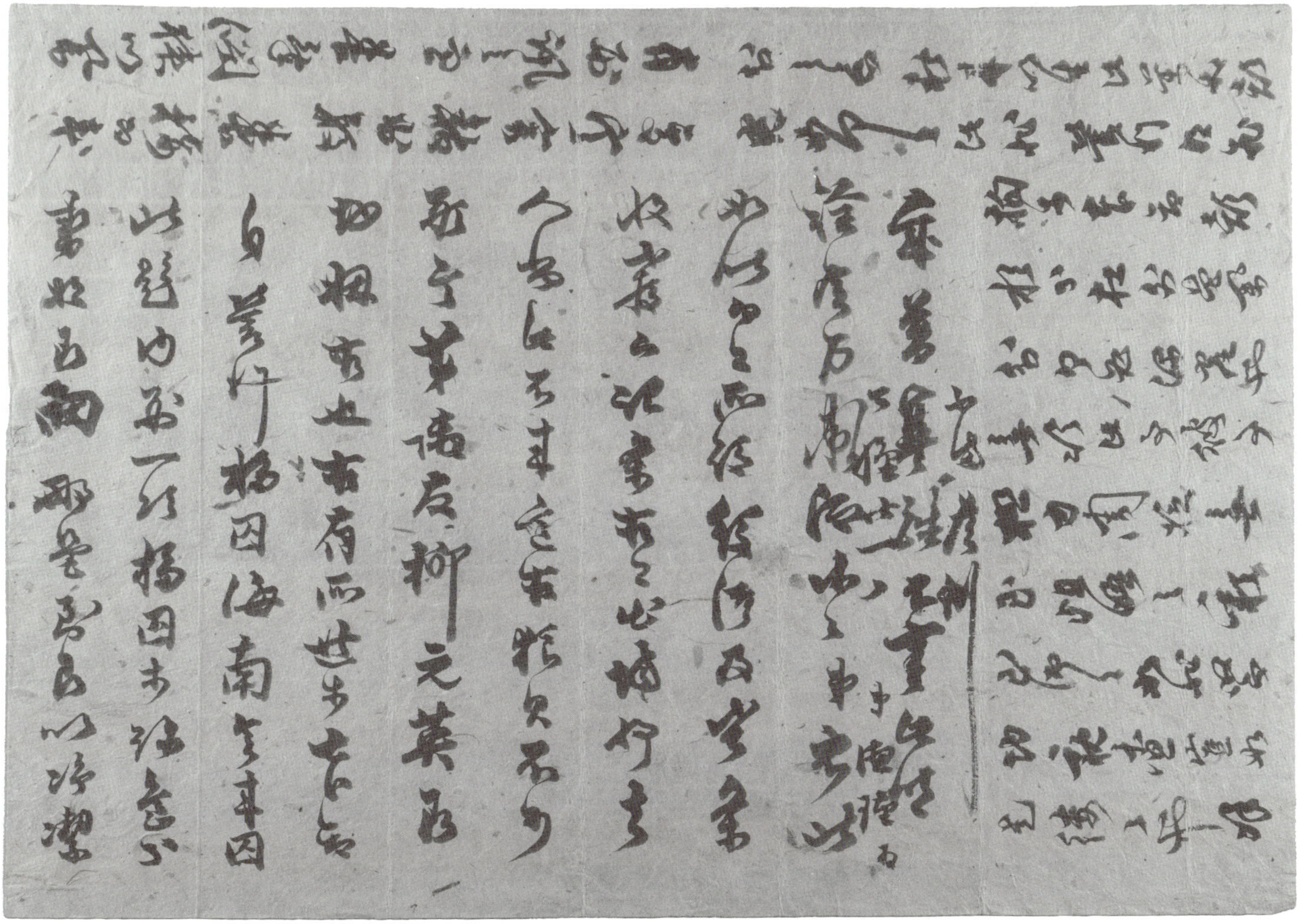

12월 21일에 弟 德瑾이 미상자에게 보낸 편지

書簡 36

庚寅, 39.5×22

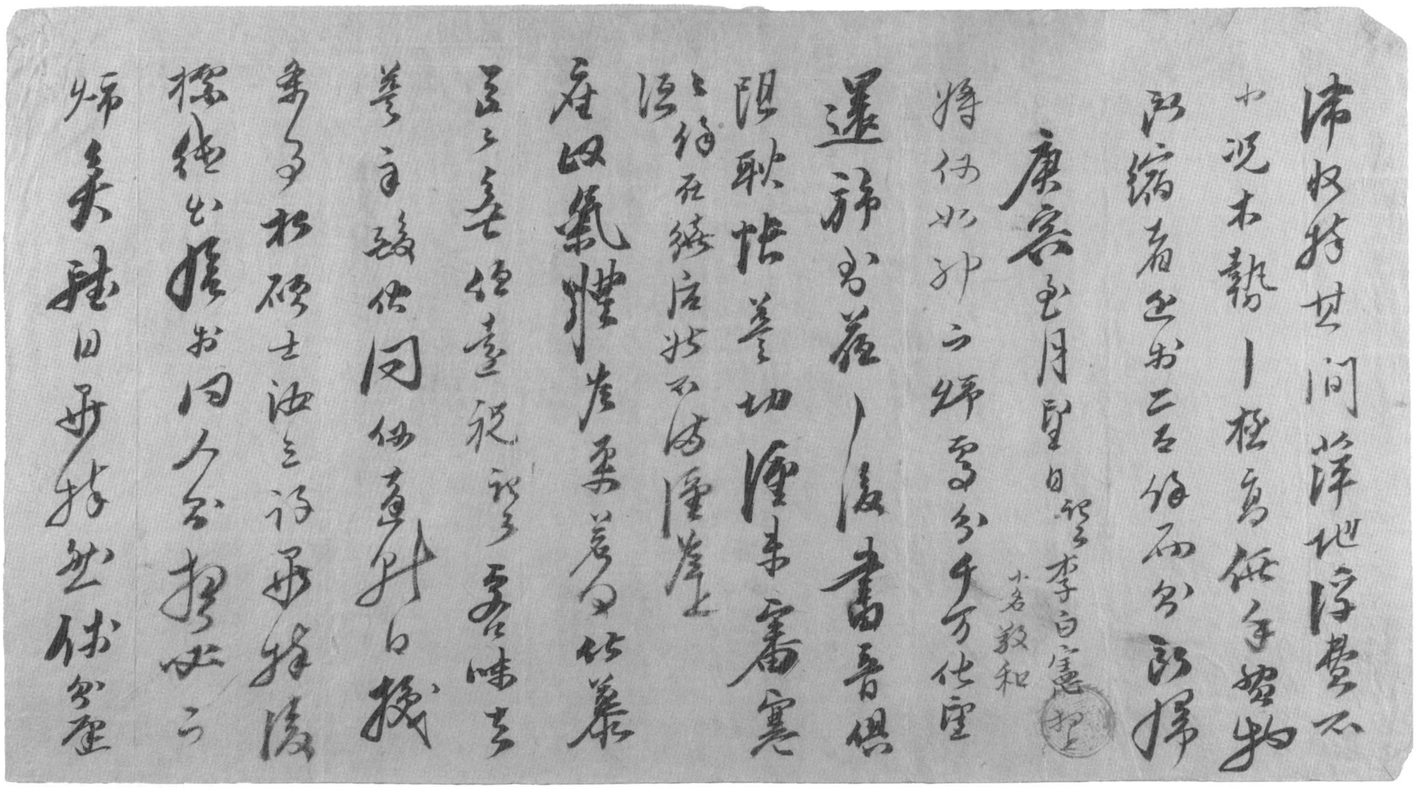

庚寅年 11월 보름에 記下 李白憲이 미상자에게 보낸 편지

書簡 37

丁丑, 44×21.5

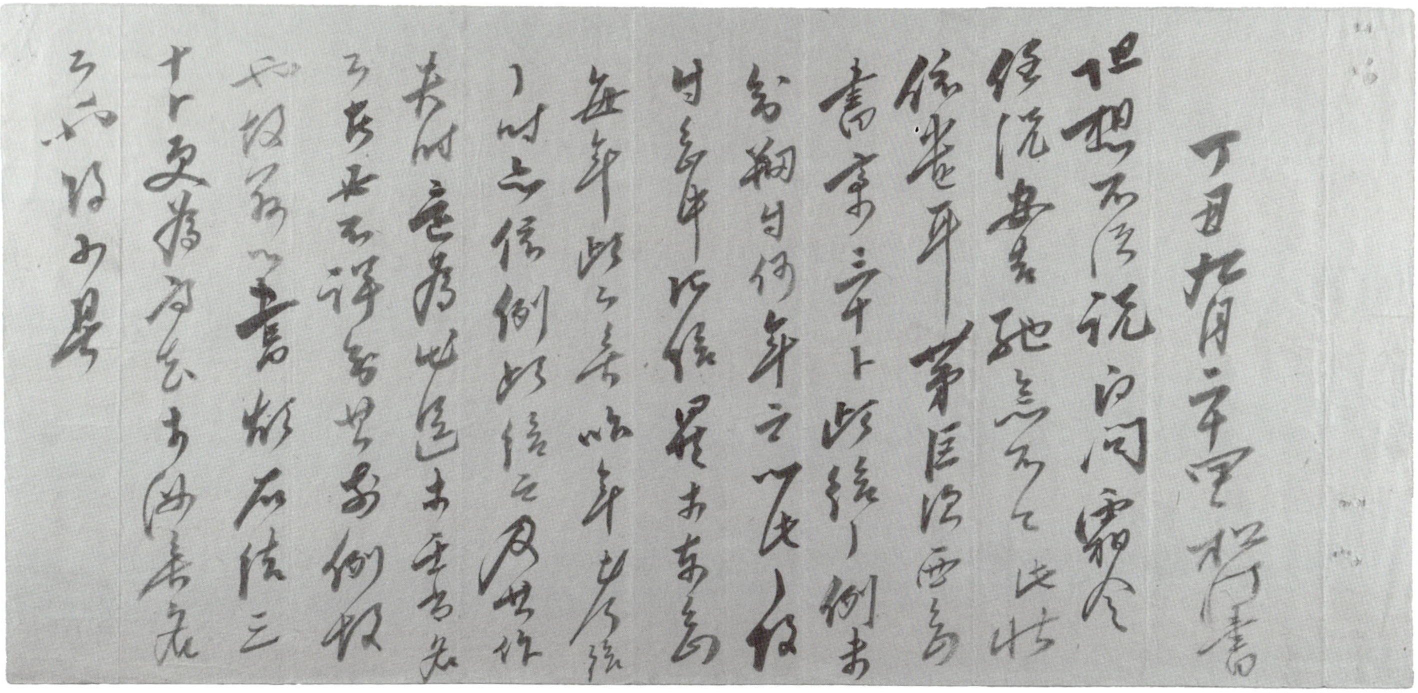

丁丑年 9월 24일에 松汀이 미상자에게 보낸 편지

書簡 38

庚人, 39×23.5

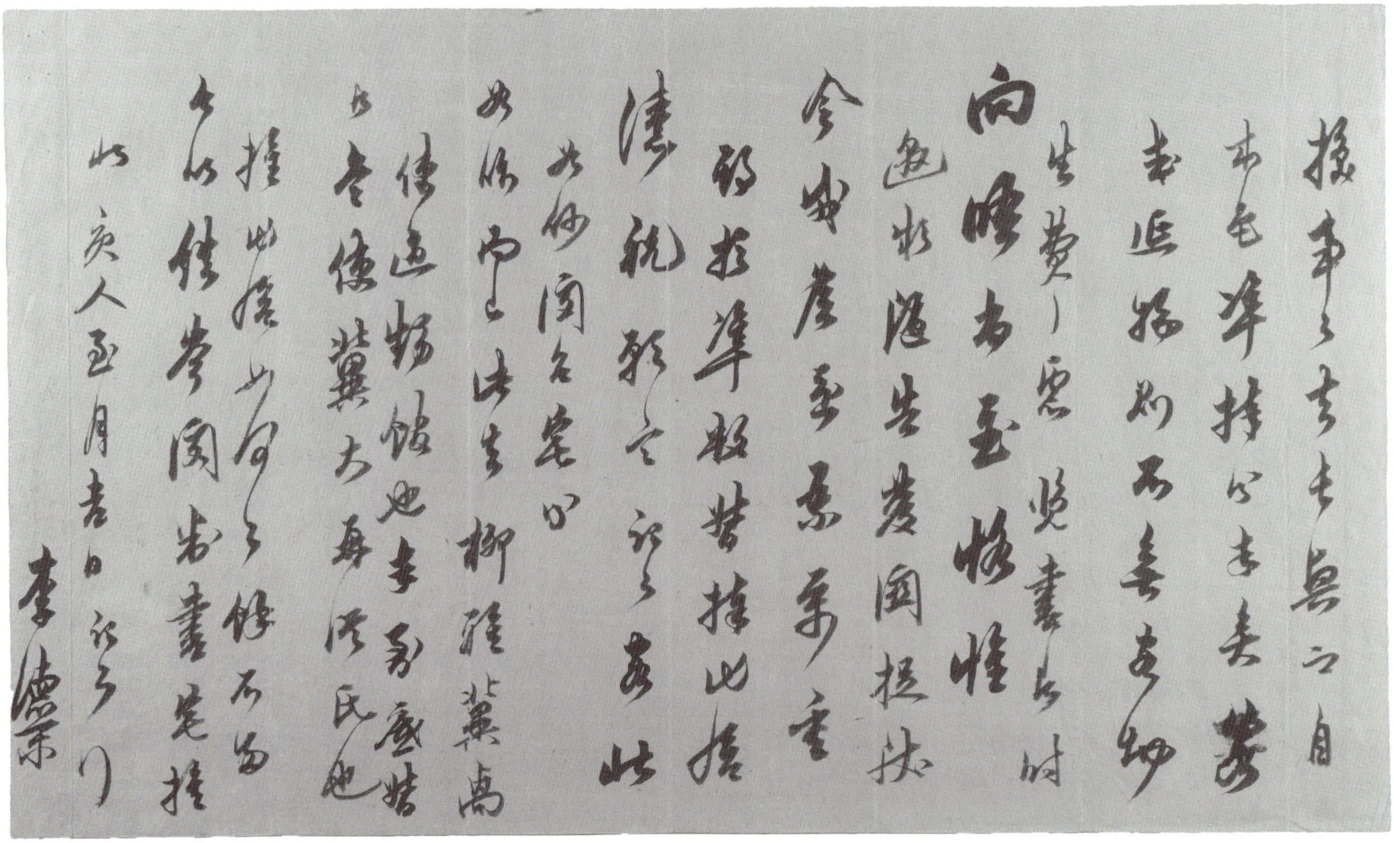

庚人 11월 초하룻날에 記下 李德榮이 미상자[令戎]에게 보낸 편지

書簡 39

庚○, 39×23.5

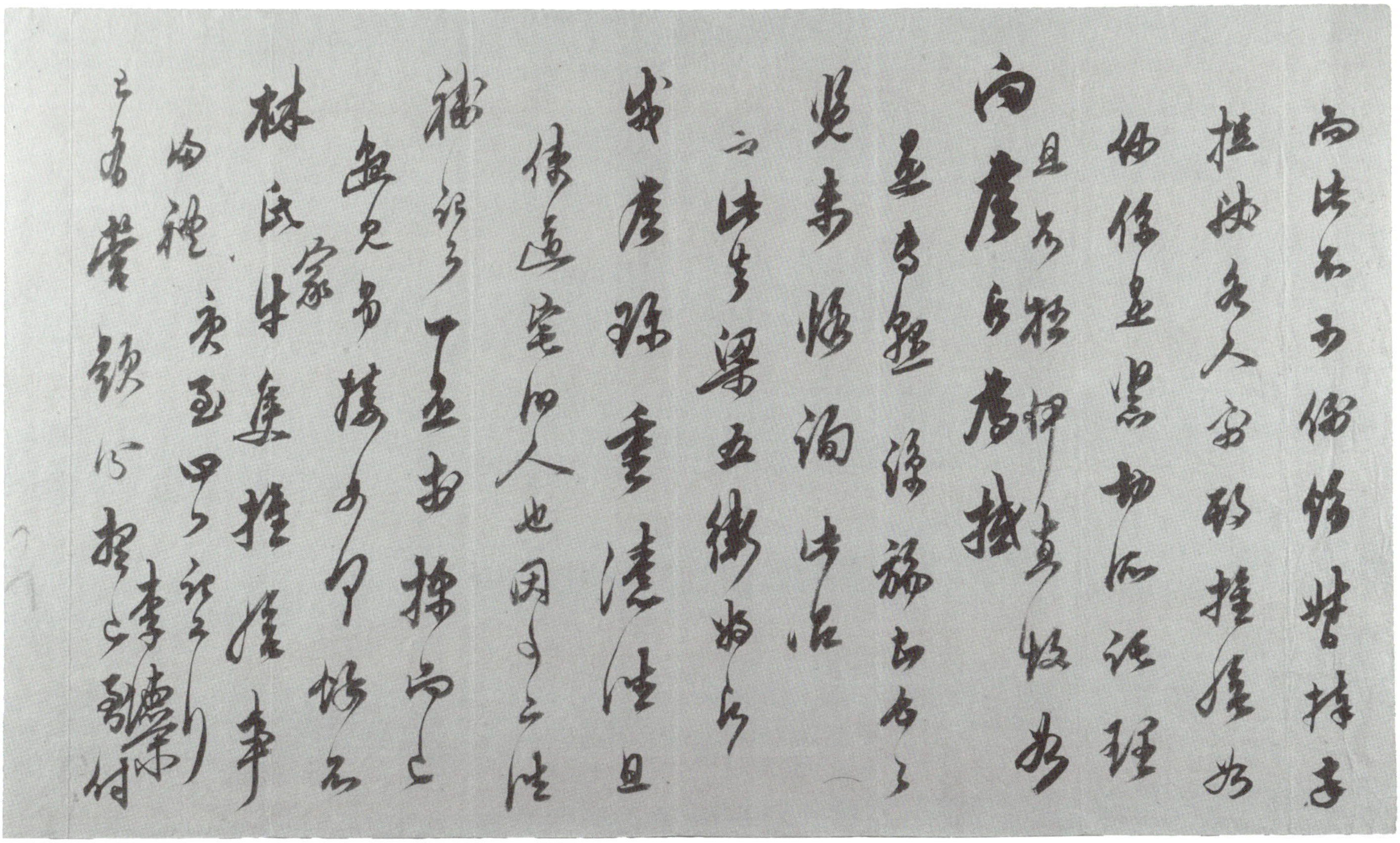

庚○ 11월 4일에 記下 李德榮이 미상자[戎候]에게 보낸 편지

書簡 40

庚寅, 37×22

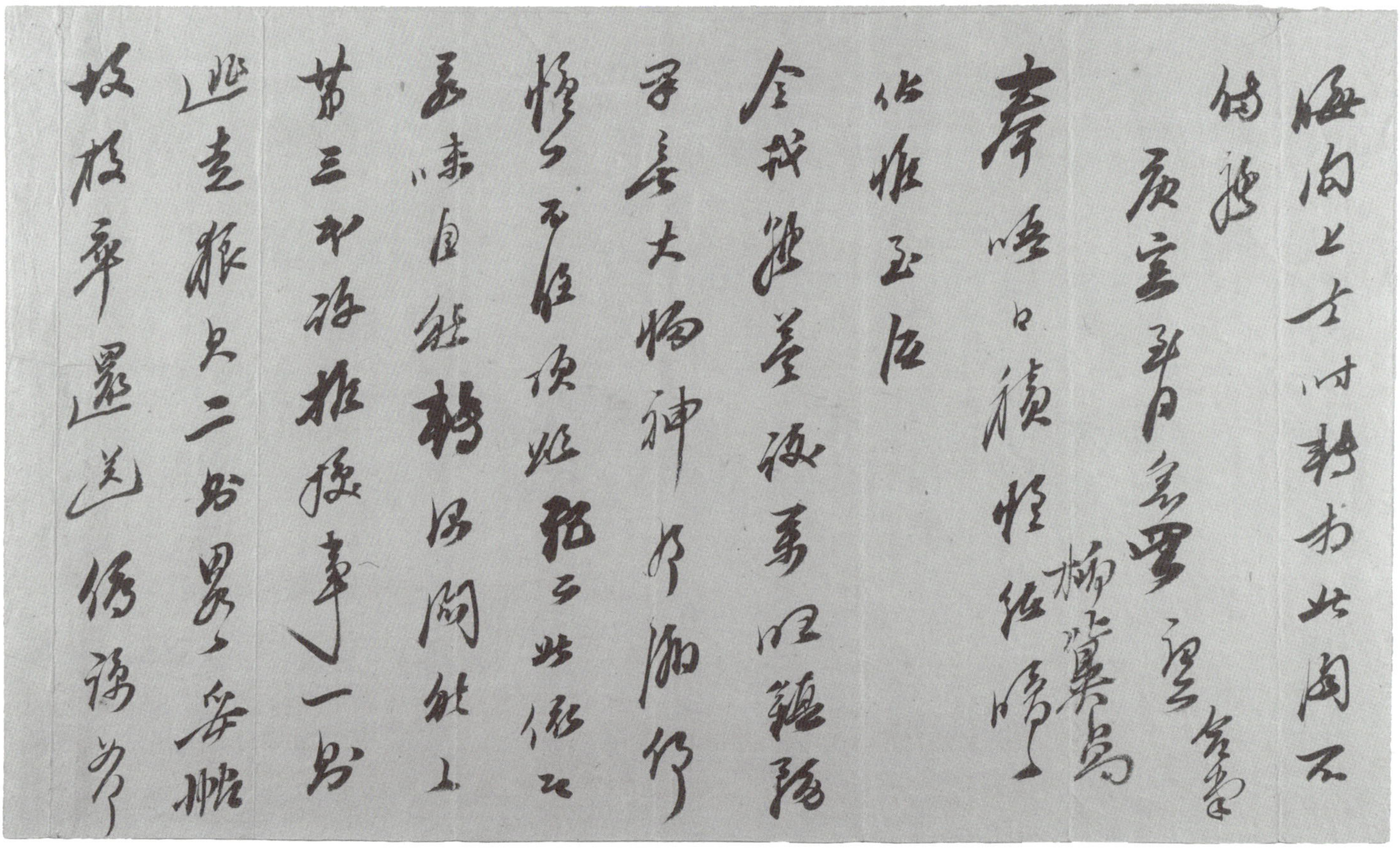

庚寅年 11월 24일에 記下 柳冀嵩이 미상자[戎體]에게 보낸 편지

書簡 41

庚寅, 34.5×23

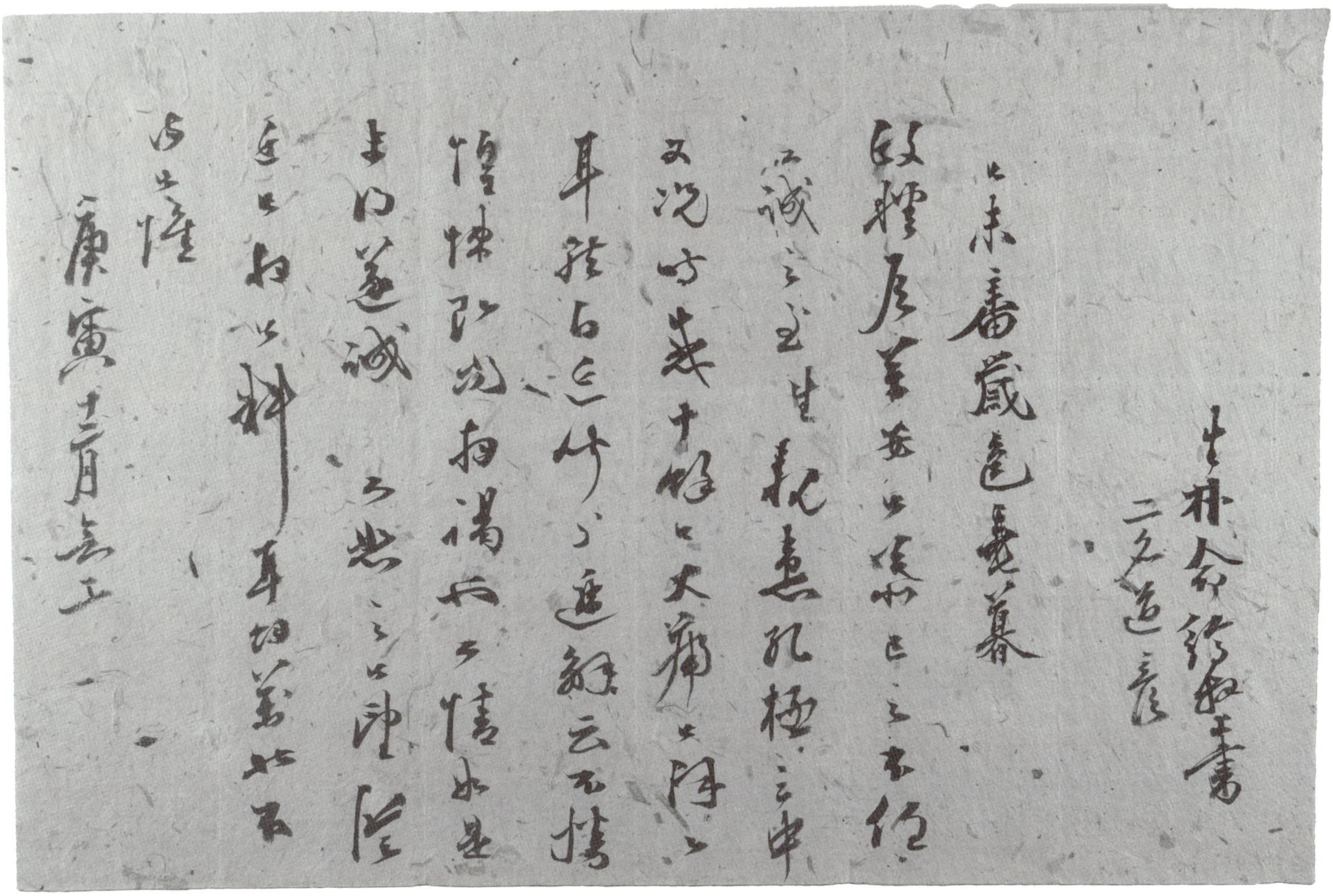

庚寅年 12월 22일에 生 朴命鎬가 미상자에게 보낸 편지

書簡 42

庚人, 36×23

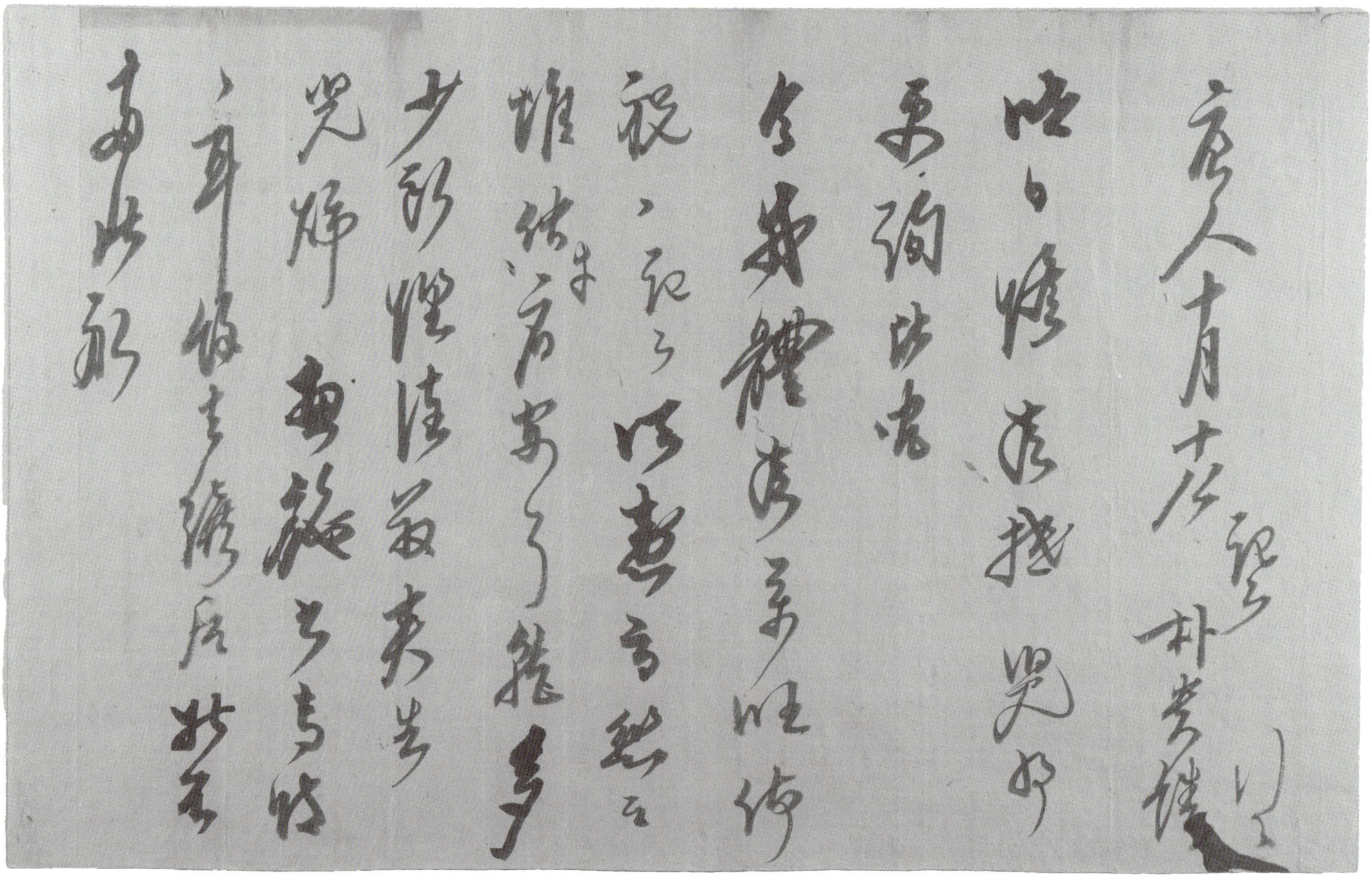

庚人 10월 18일에 記下 朴貴鎭이 미상자에게 보낸 편지

書簡 43

庚人, 35×24

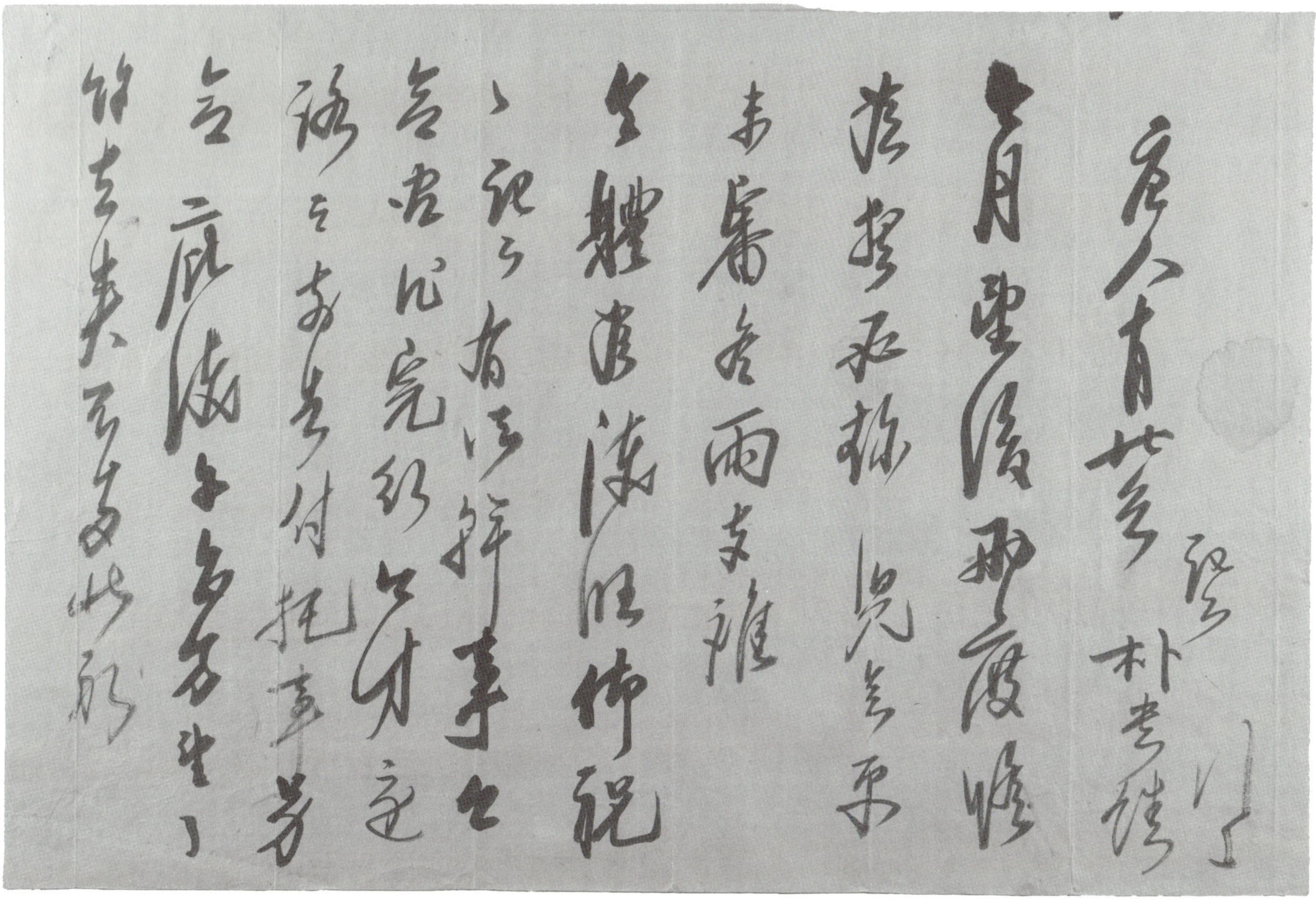

庚人 10월 26일에 朴貴鎭이 미상자에게 보낸 편지

書簡 44

庚人, 38×21.5

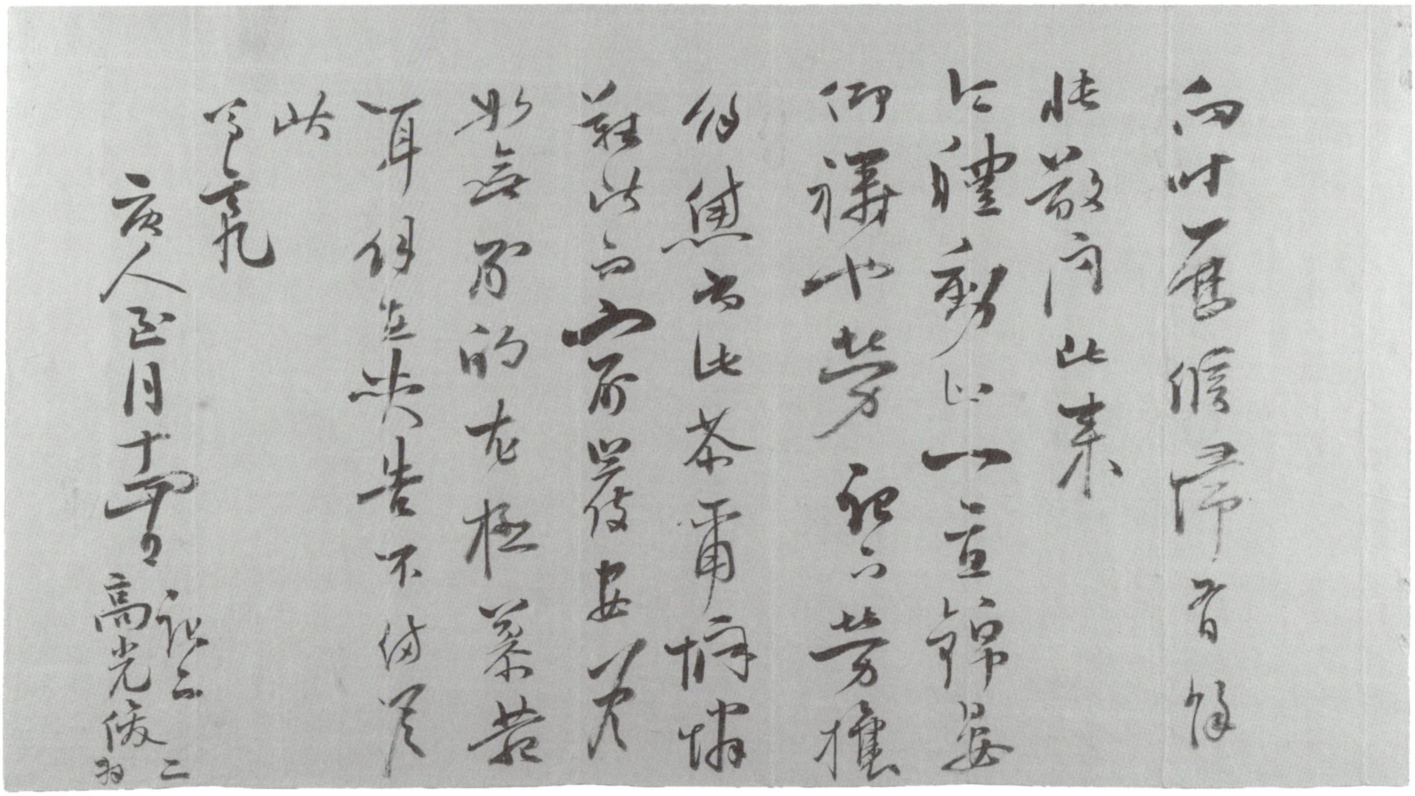

庚人 11월 14일에 記下 高光俊이 미상자에게 보낸 편지

書簡 45

庚寅, 38×23

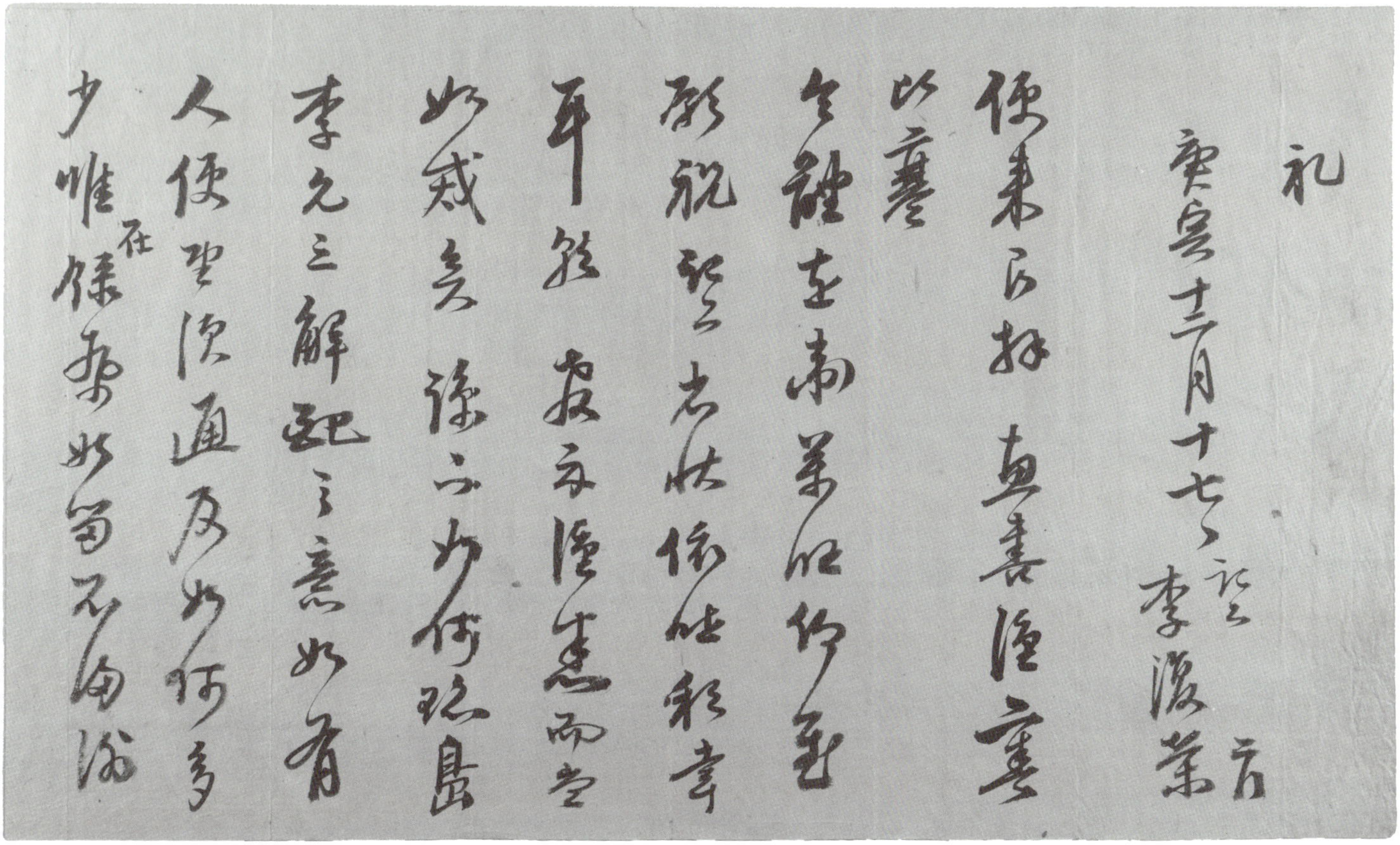

庚寅年 12월 17일에 記下 李復榮이 미상자에게 보낸 편지

書簡 46

庚寅, 37×22

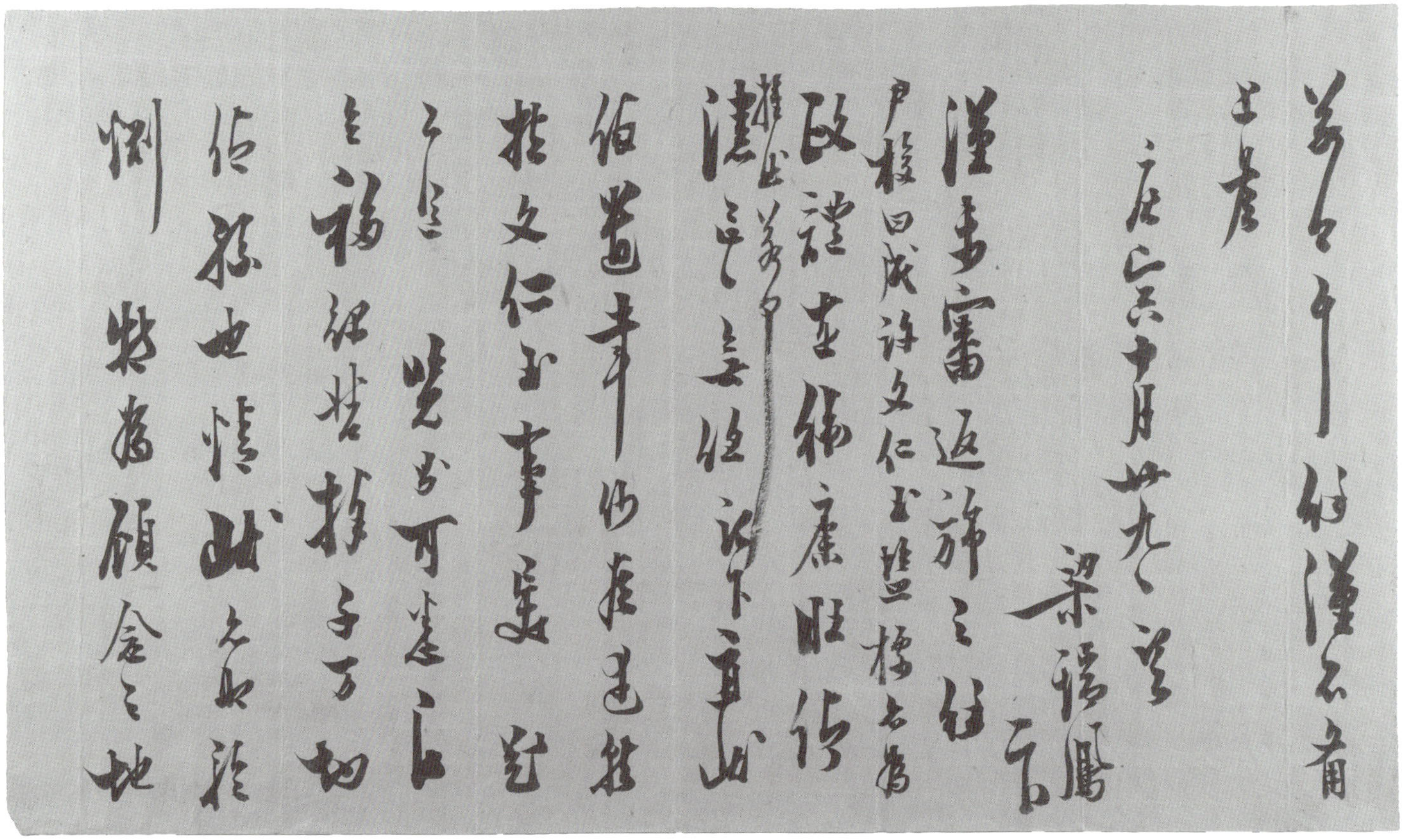

庚寅年 10월 29일에 記下 梁瑞鳳이 미상자에게 보낸 편지

書簡 47

庚○, 37×22.5

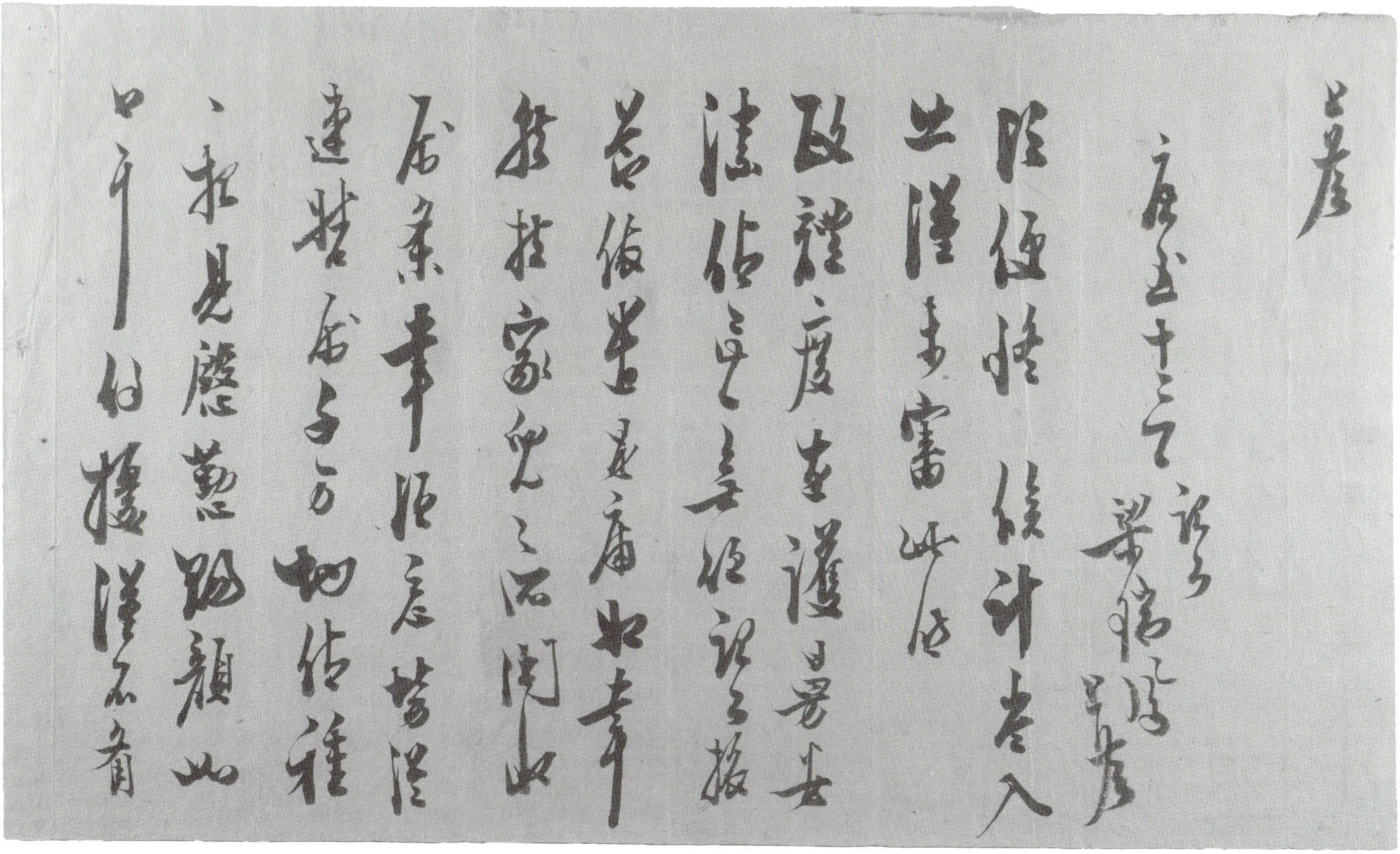

庚○ 11월 13일에 記下 梁瑞鳳이 미상자에게 보낸 편지

書簡 48

庚寅, 33×22.8

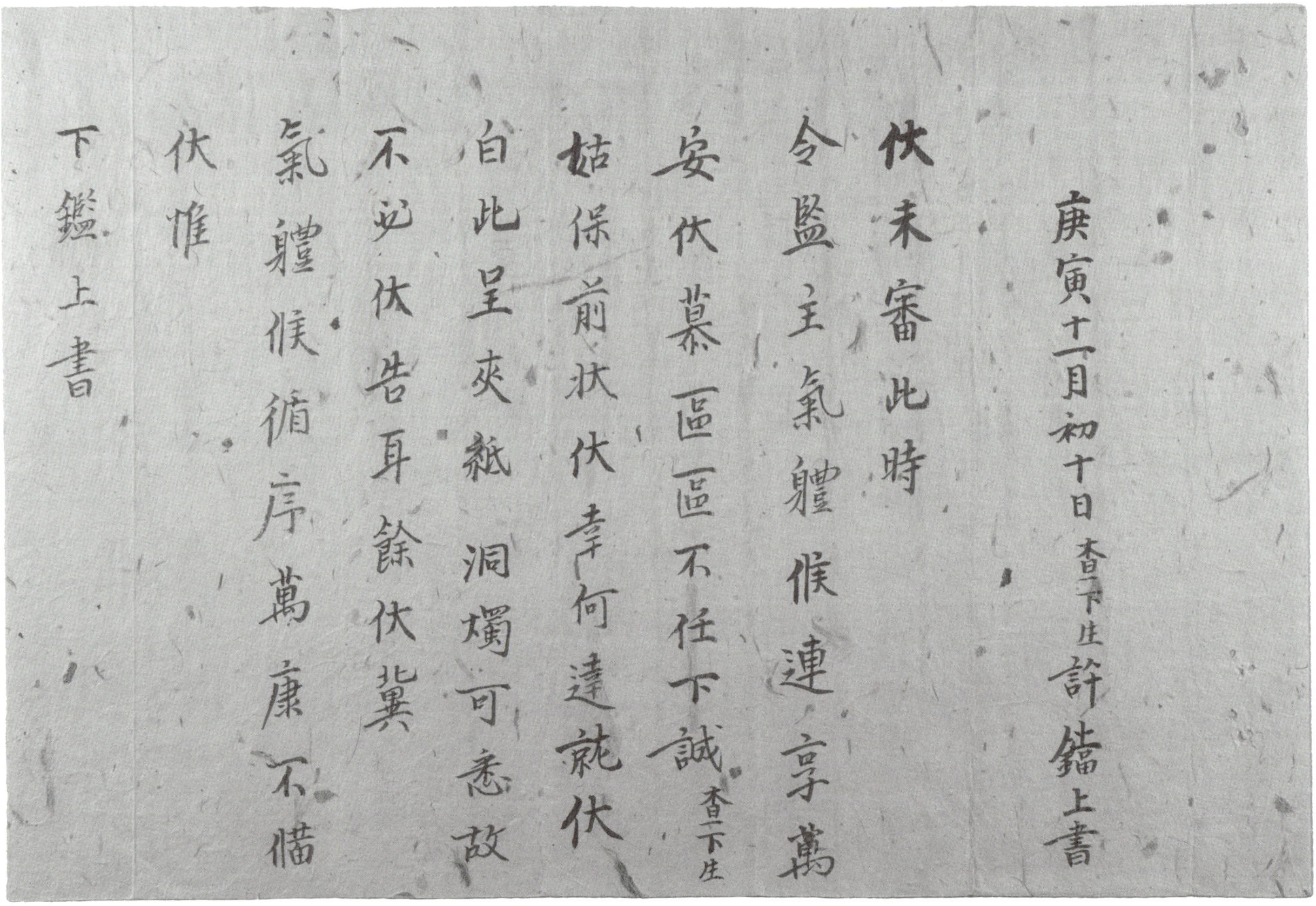

庚寅十一月初十日 査下生 許鐺上書

伏未審此時

令監主氣體候連享萬

安伏慕區區不任下誠 査下生

姑保前狀伏幸何達就伏

白此呈夾紙洞燭可恚故

不必伏告耳餘伏冀

氣體候循序萬康不備

伏惟

下鑑上書

庚寅年 11월 10일에 査下生 許鐺이 미상자에게 보낸 편지

書簡 49

戊子, 38.5×22

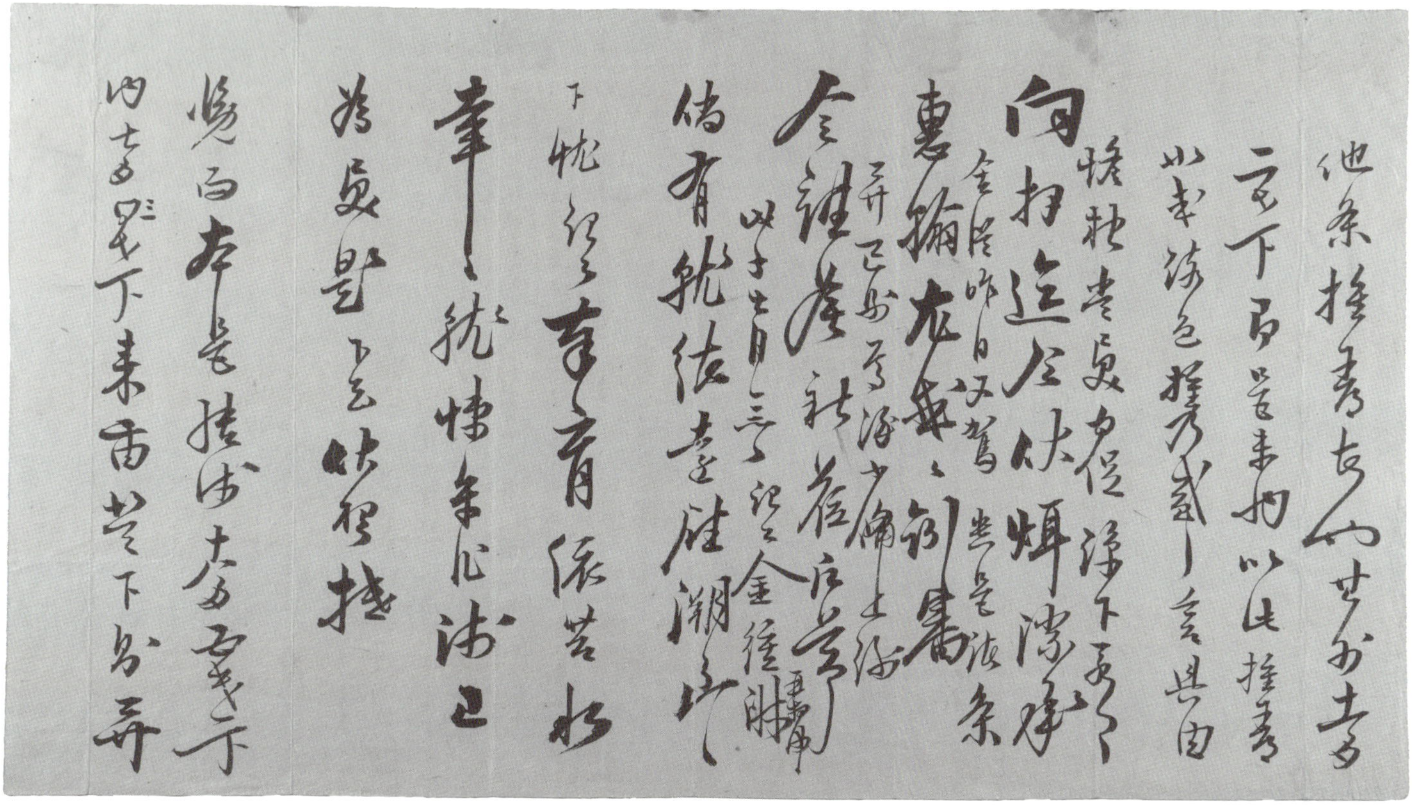

戊子年 7월 20일에 記下 金鍾淑이 미상자에게 보낸 편지

書簡 50

戊子, 38×21.5

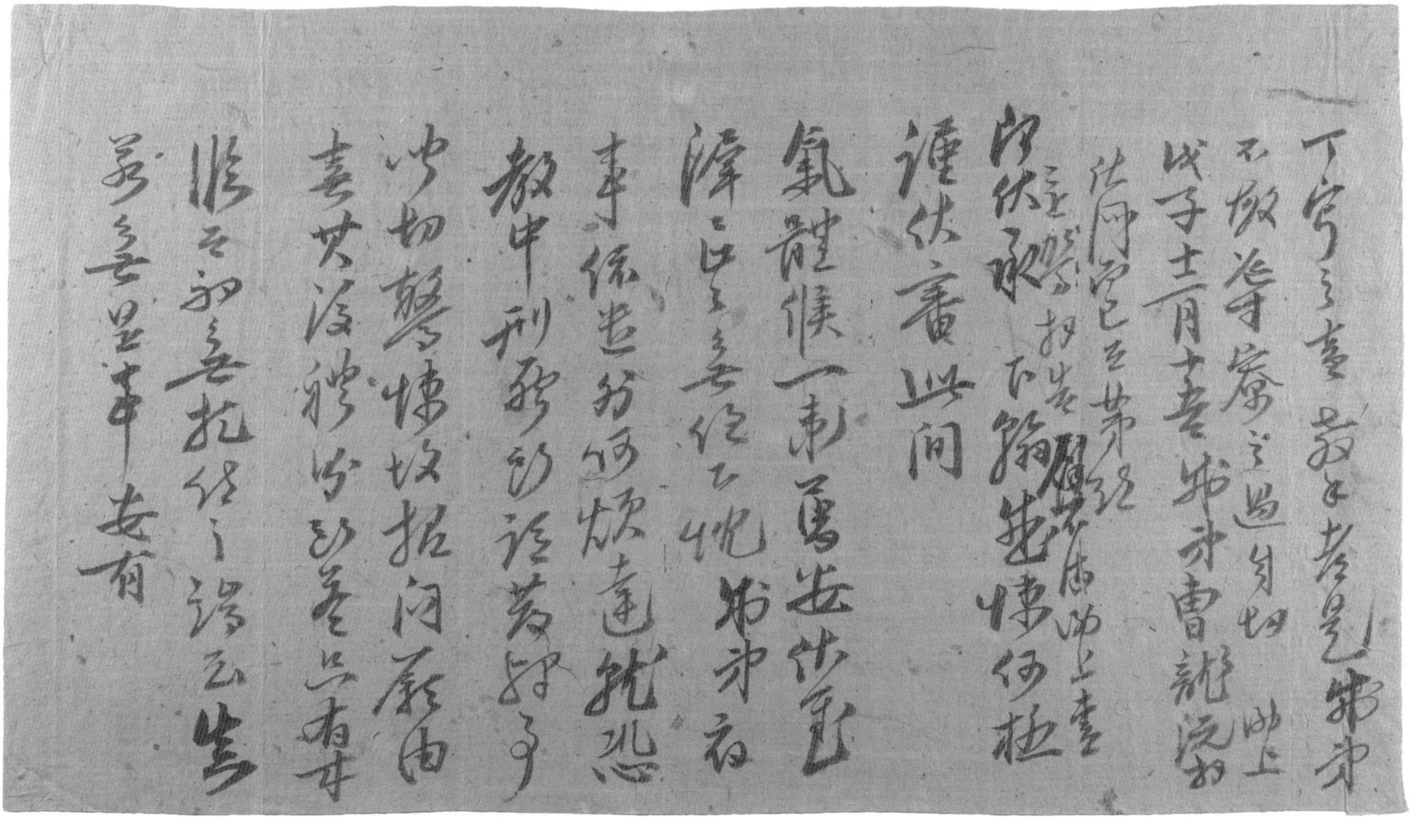

戊子年 12월 15일에 戚弟 曺龍浣이 미상자에게 보낸 편지

書簡 51

癸酉, 46.5×17.5

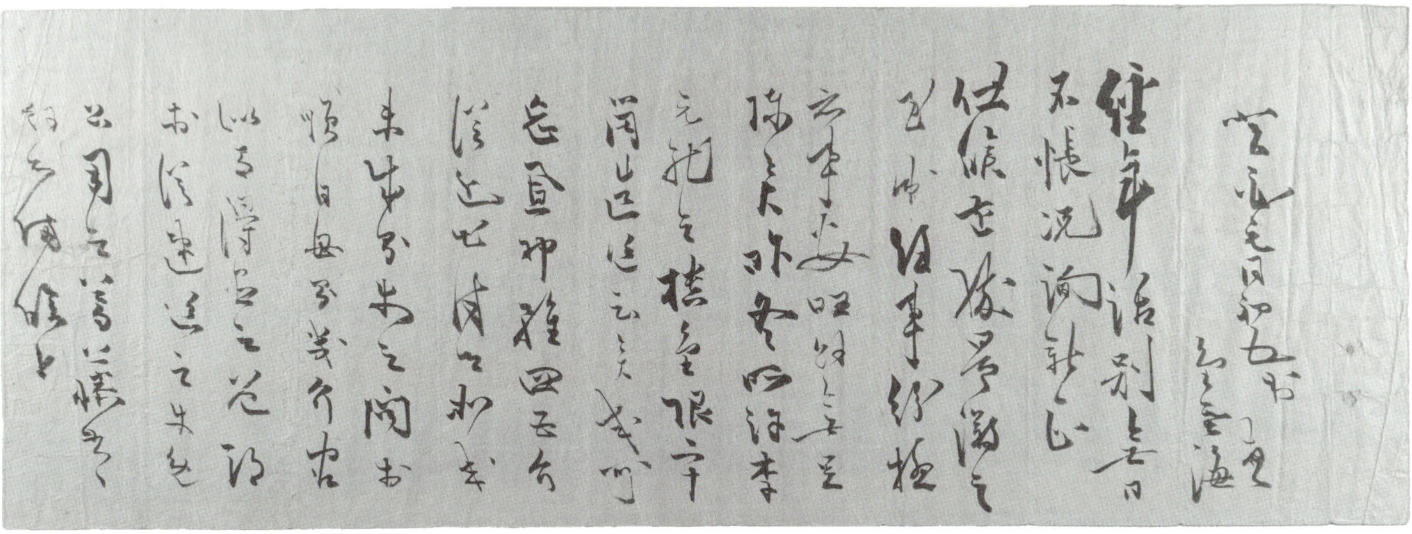

癸酉年 1월 5일에 弟 金聖海가 미상자에게 보낸 편지

書簡 52

癸酉, 44×19

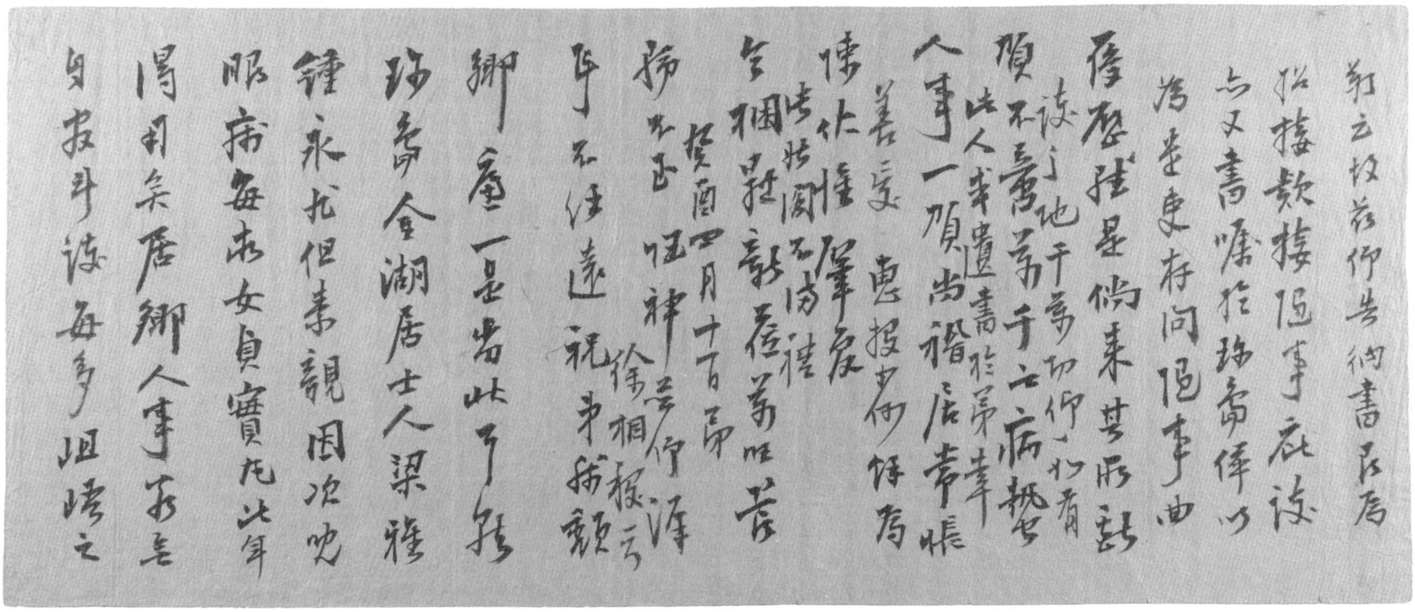

癸酉年 4월 11일에 弟 徐相稷이 미상자에게 보낸 편지

書簡 53

壬○, 45×17

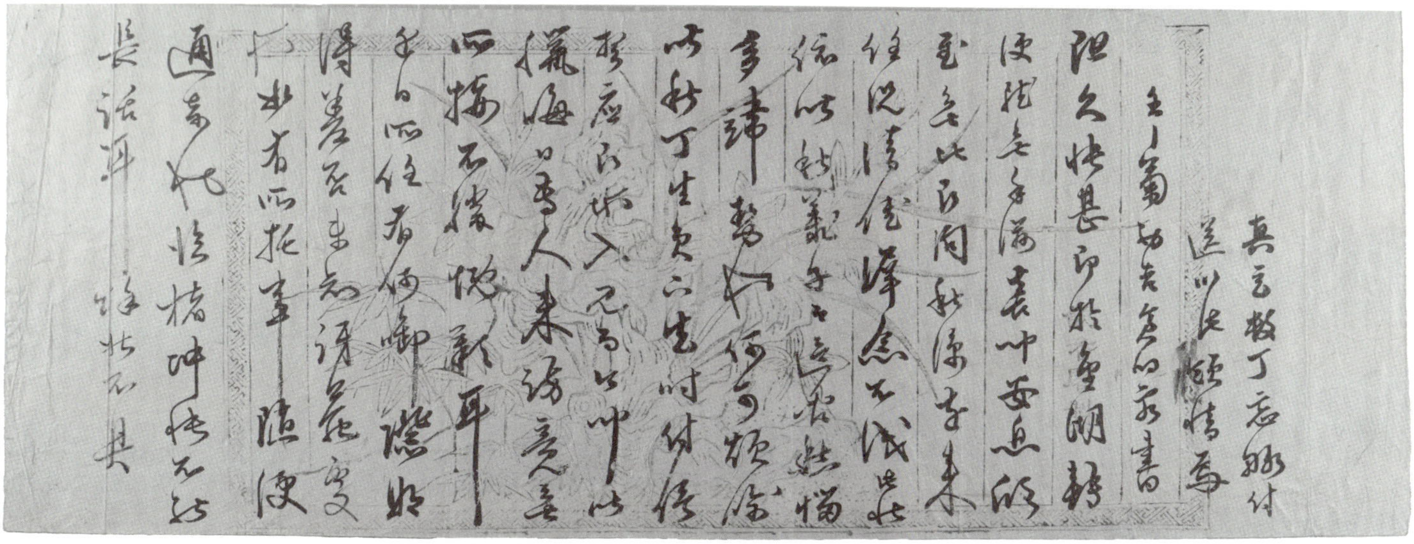

壬○年 9월 초하룻날에 倉洞客이 미상자에게 보낸 편지

書簡 54

己丑, 38×22.8

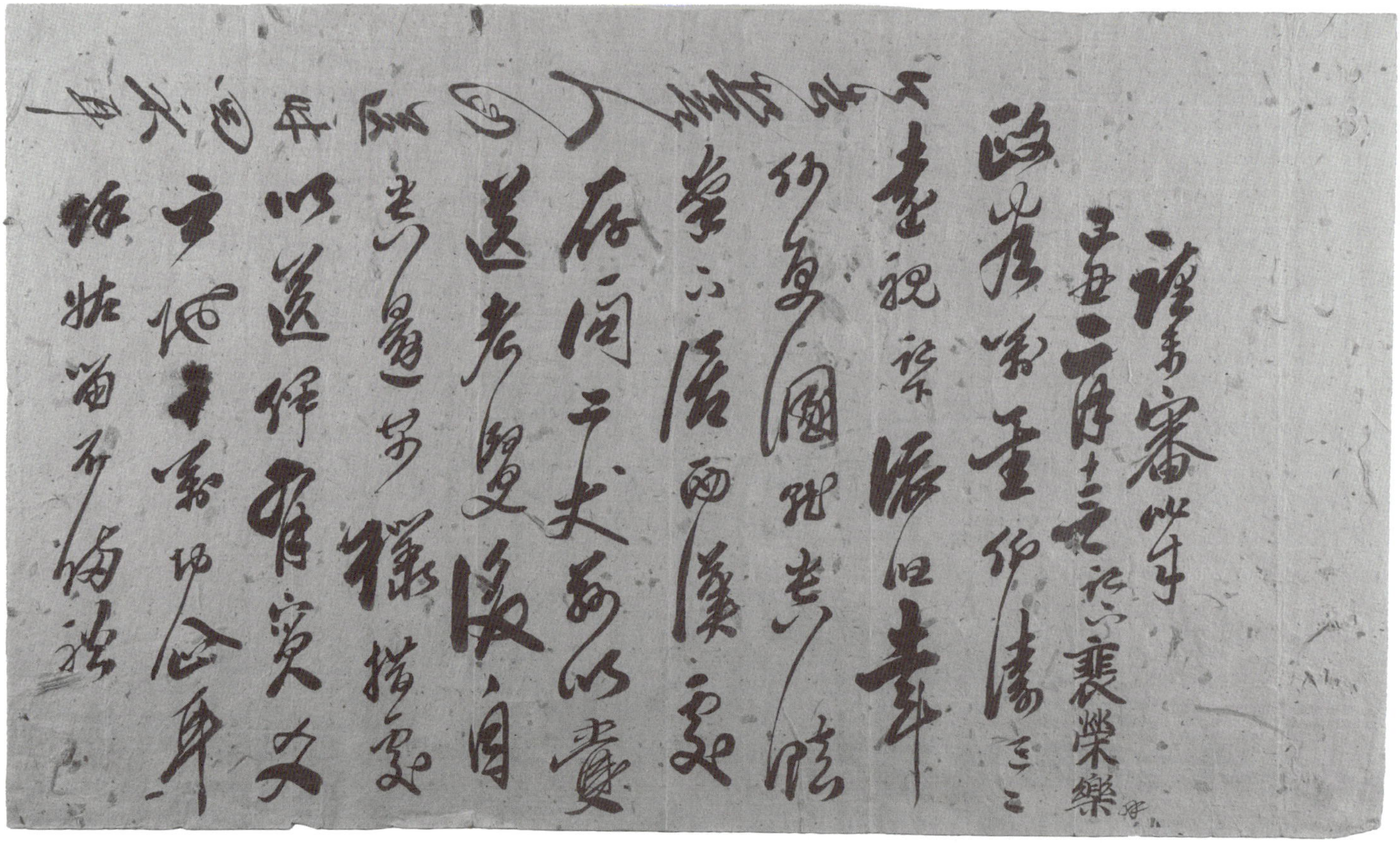

己丑年 2월 13일에 記下 裵榮樂이 미상자에게 보낸 편지

書簡 55

丁丑, 35×22

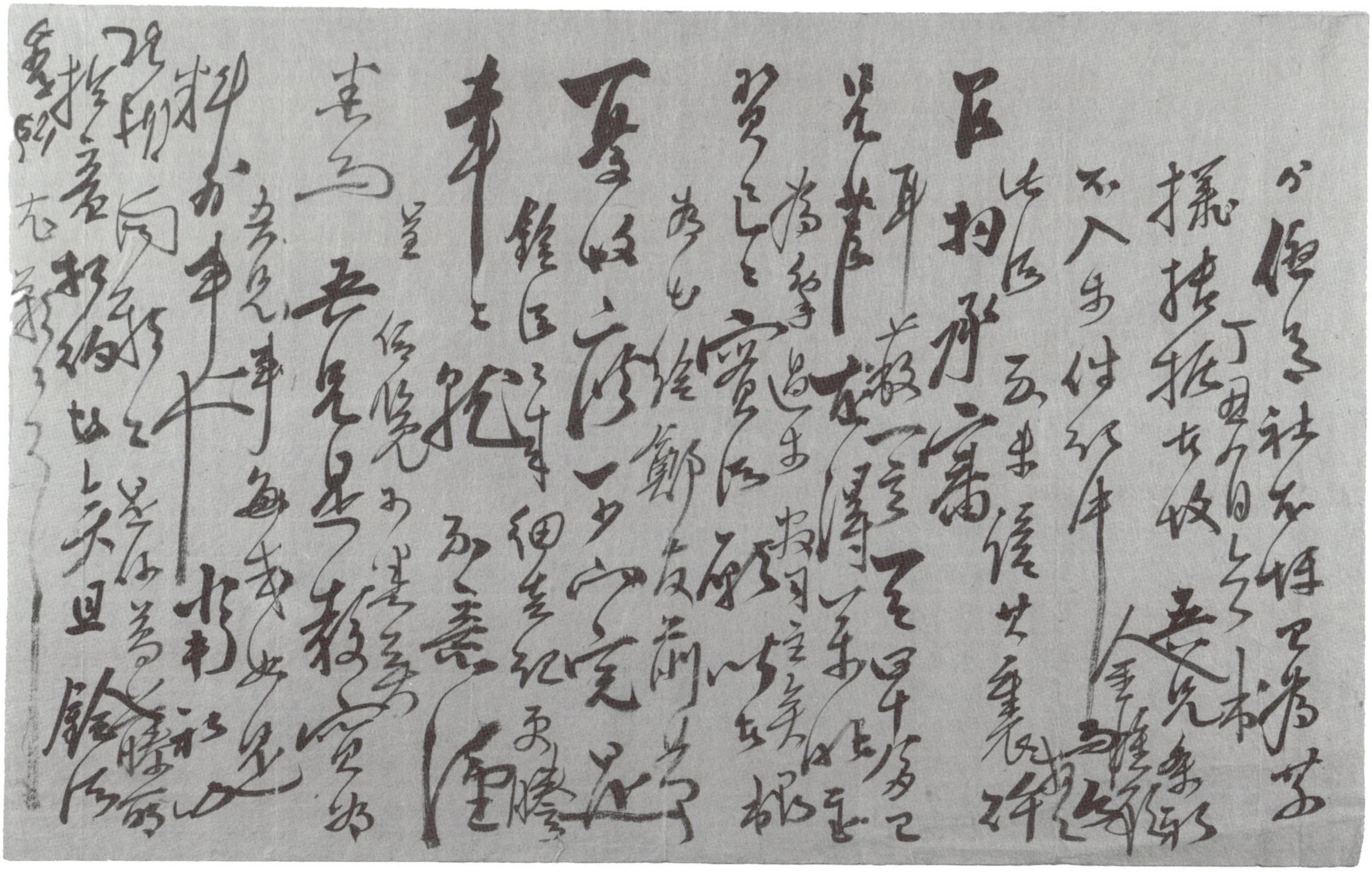

丁丑年 8월 6일에 弟 金種顧이 미상자에게 보낸 편지

書簡 56

[壬○], 6.8×16.5

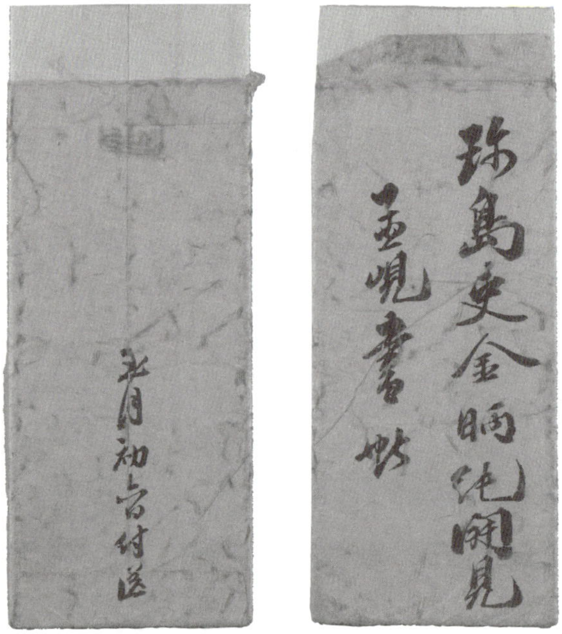

壬○ 11월 6일에 釜山 孟峴에 사는 金이
金昞純에게 보낸 편지 봉투.

書簡 57

壬○, 44×15

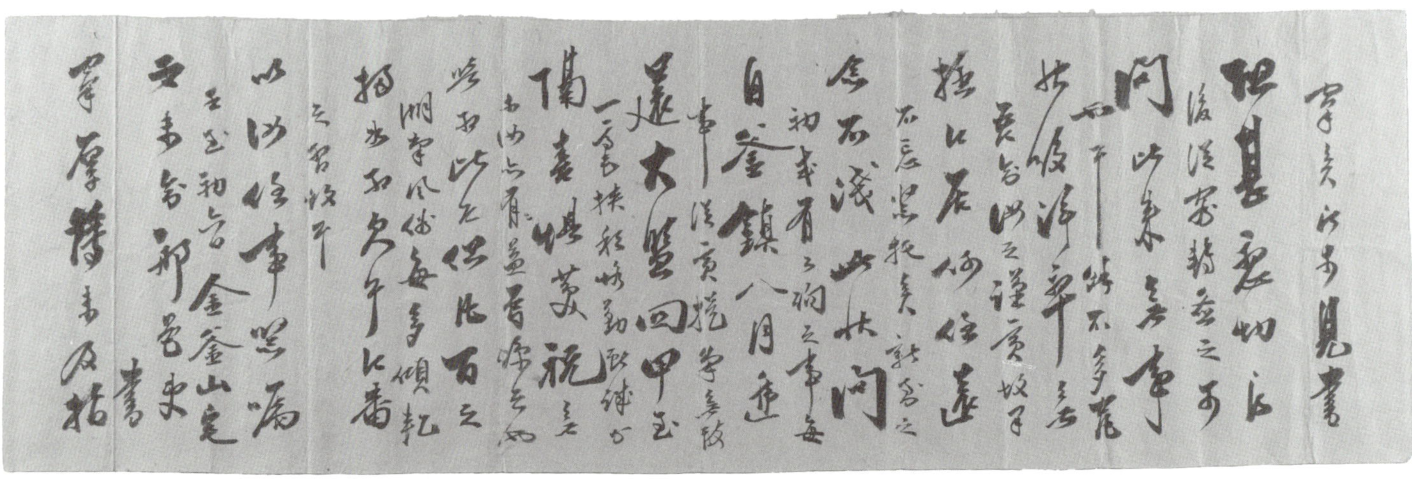

壬○ 11월 6일에 釜山 孟峴에 사는 金이 미상자[金昞純]에게 보낸 편지

書簡 58

癸酉, 7×16

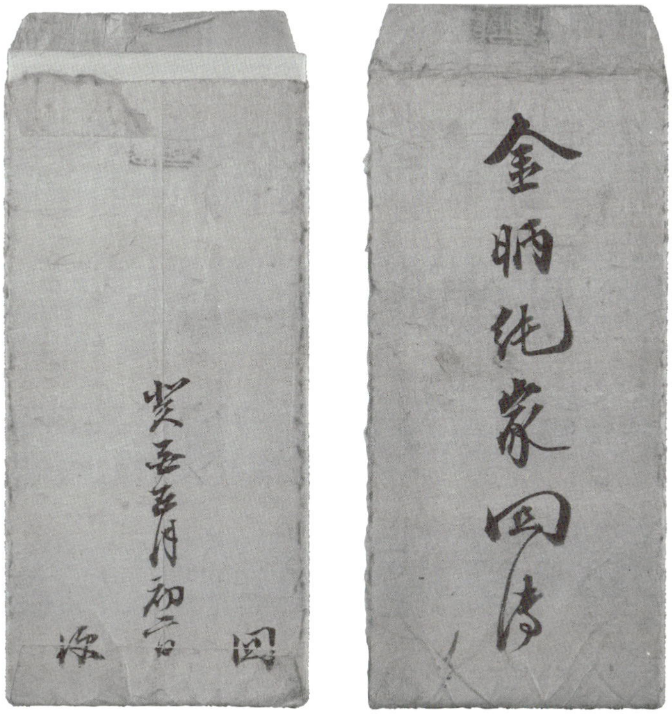

癸酉年 1월 2일에 金昞純이 받은 편지의 봉투.

書簡 59

癸酉, 46.5×14.5

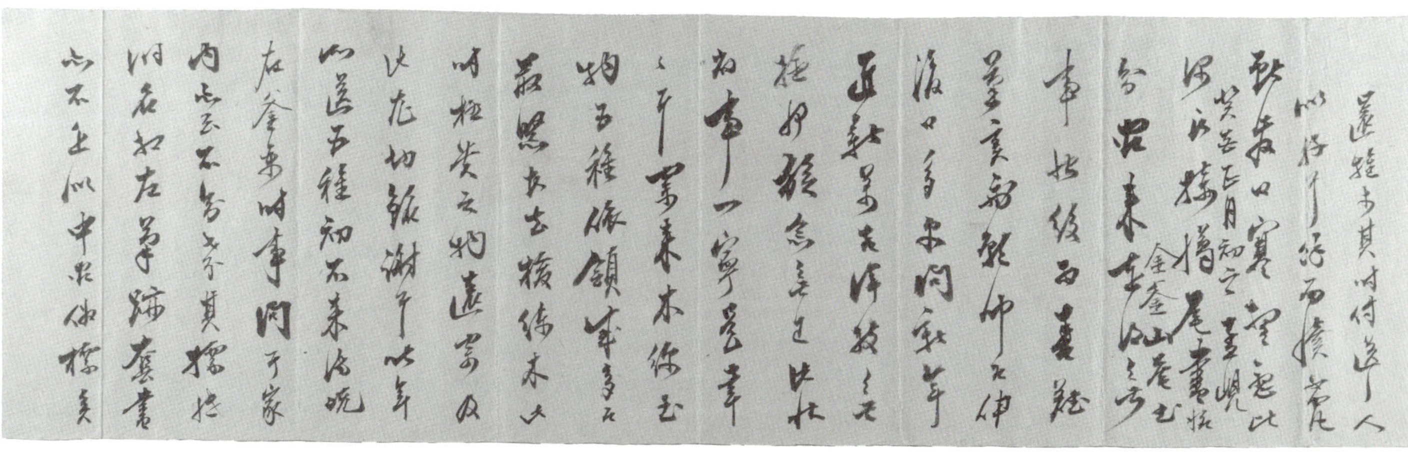

癸酉年 1월 2일에 釜山에 있는 金이 미상자[金昞純]에게 보낸 편지

書簡 60

癸酉, 36×21.8

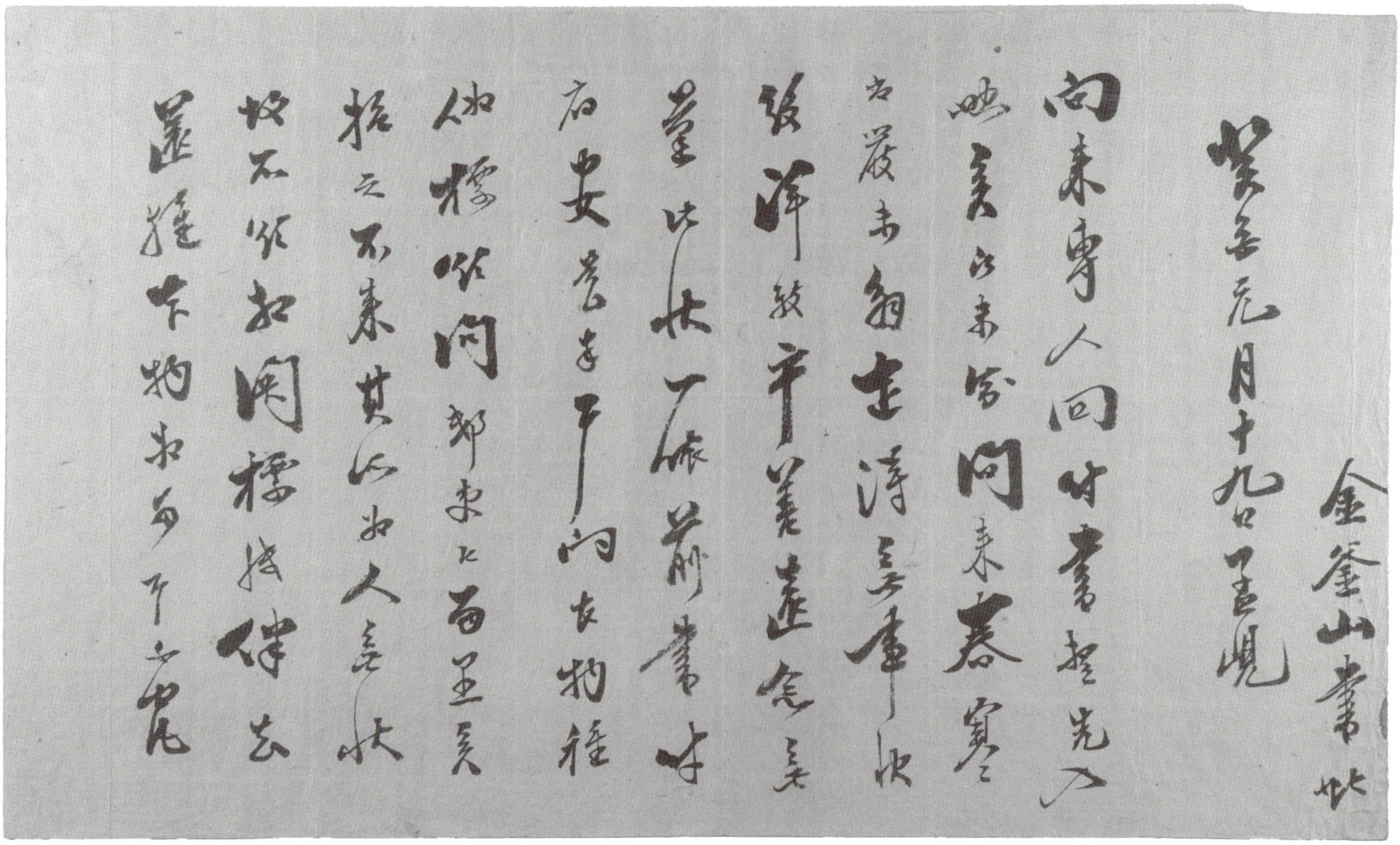

癸酉年 1월 19일에 釜山 孟峴에 있는 金이 미상자에게 보낸 편지

書簡 61

癸酉, 30.5×21.5

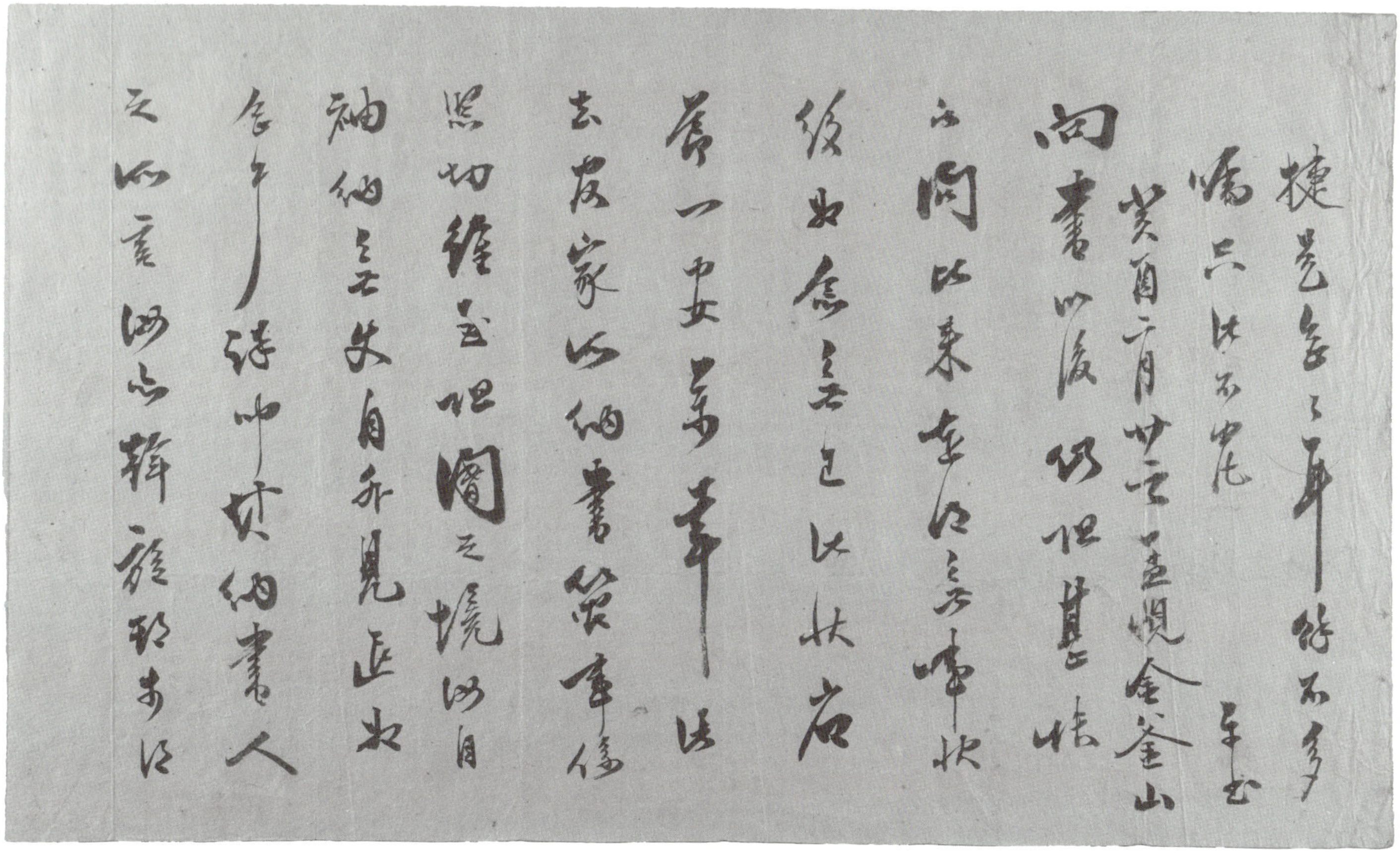

癸酉年 2월 22일에 釜山 孟峴에 있는 金이 미상자에게 보낸 편지

書簡 62

丁丑, 40×21

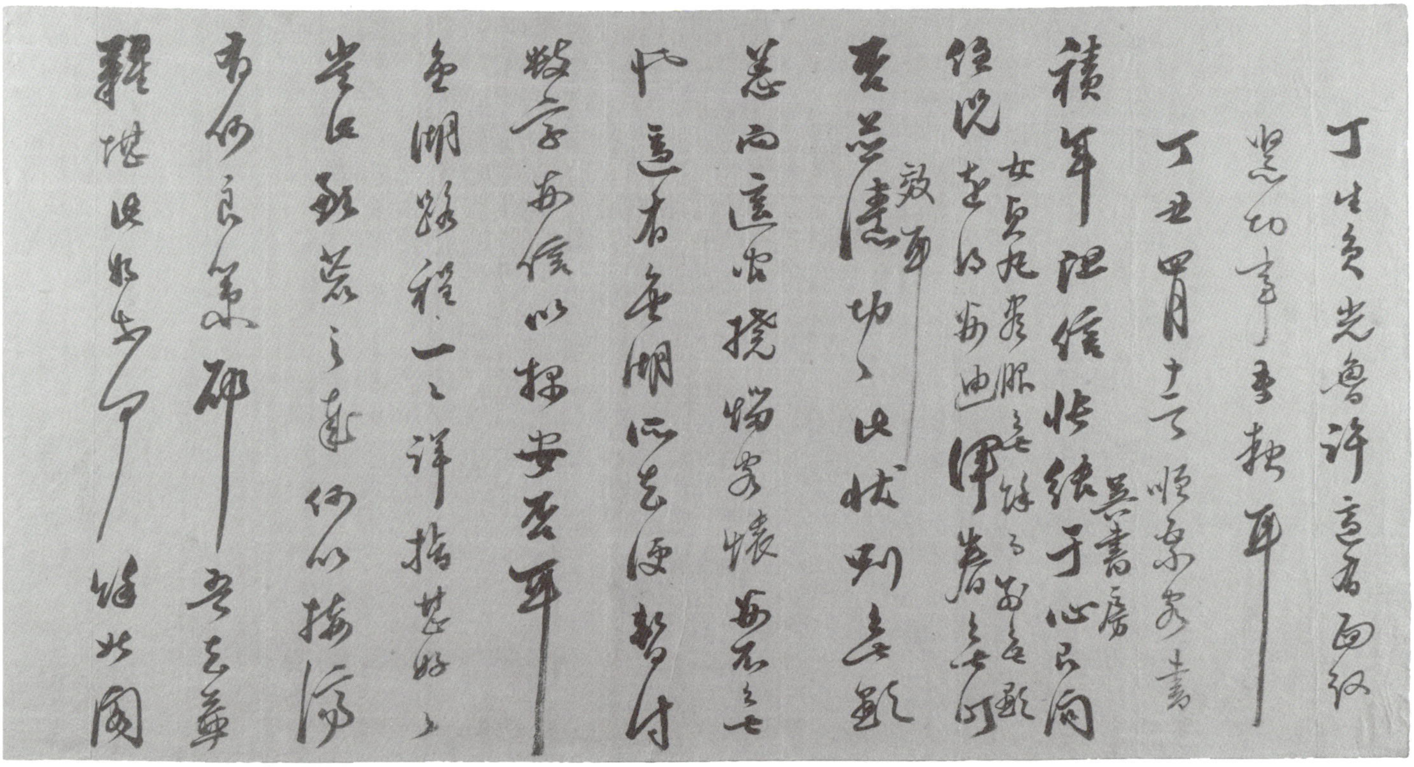

丁丑年 4월 12일 順衛客이 미상자에게 보낸 편지

書簡 63

庚寅, 42×19.8

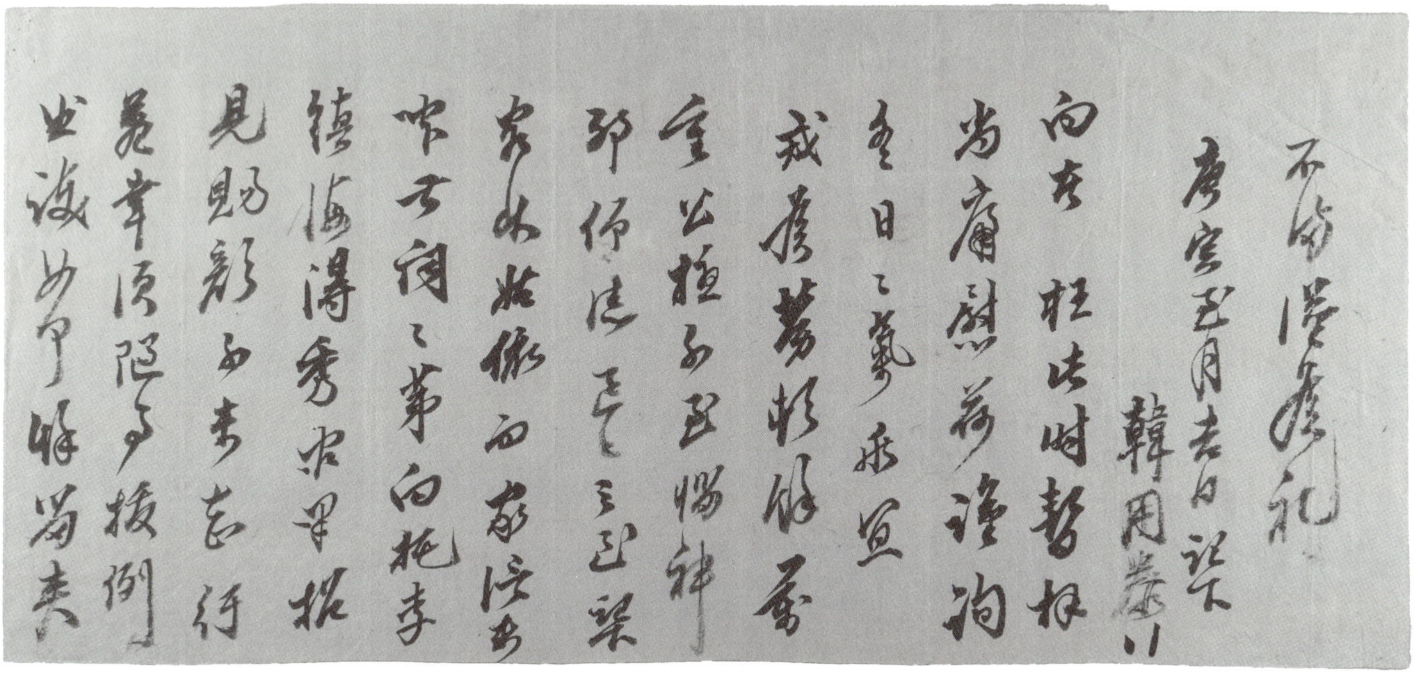

庚寅年 11월 초하룻날에 韓用泰가 미상자[戎候]에게 보낸 편지

書簡 64

庚寅, 41×19.5

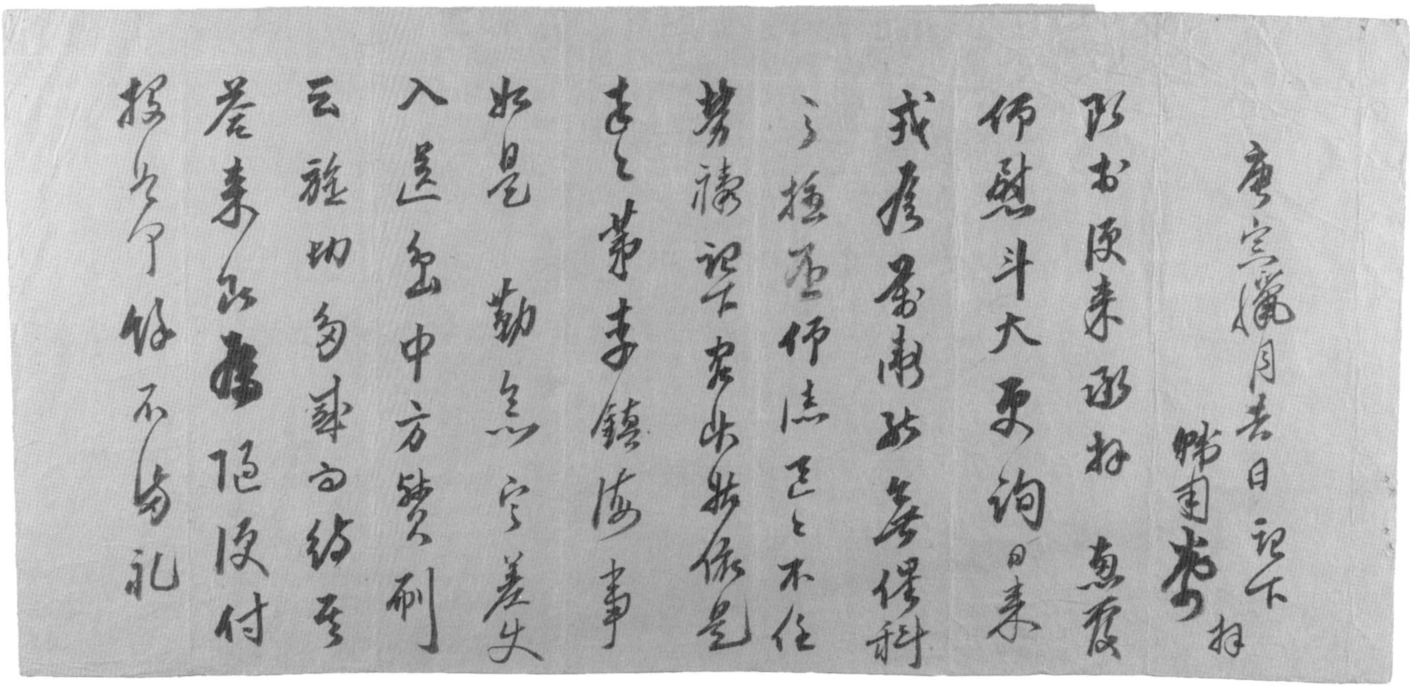

庚寅年 12월 초하룻날에 記下 韓用泰가 미상자[戎候]에게 보낸 편지

書簡 65

壬申, 40.5×20.5

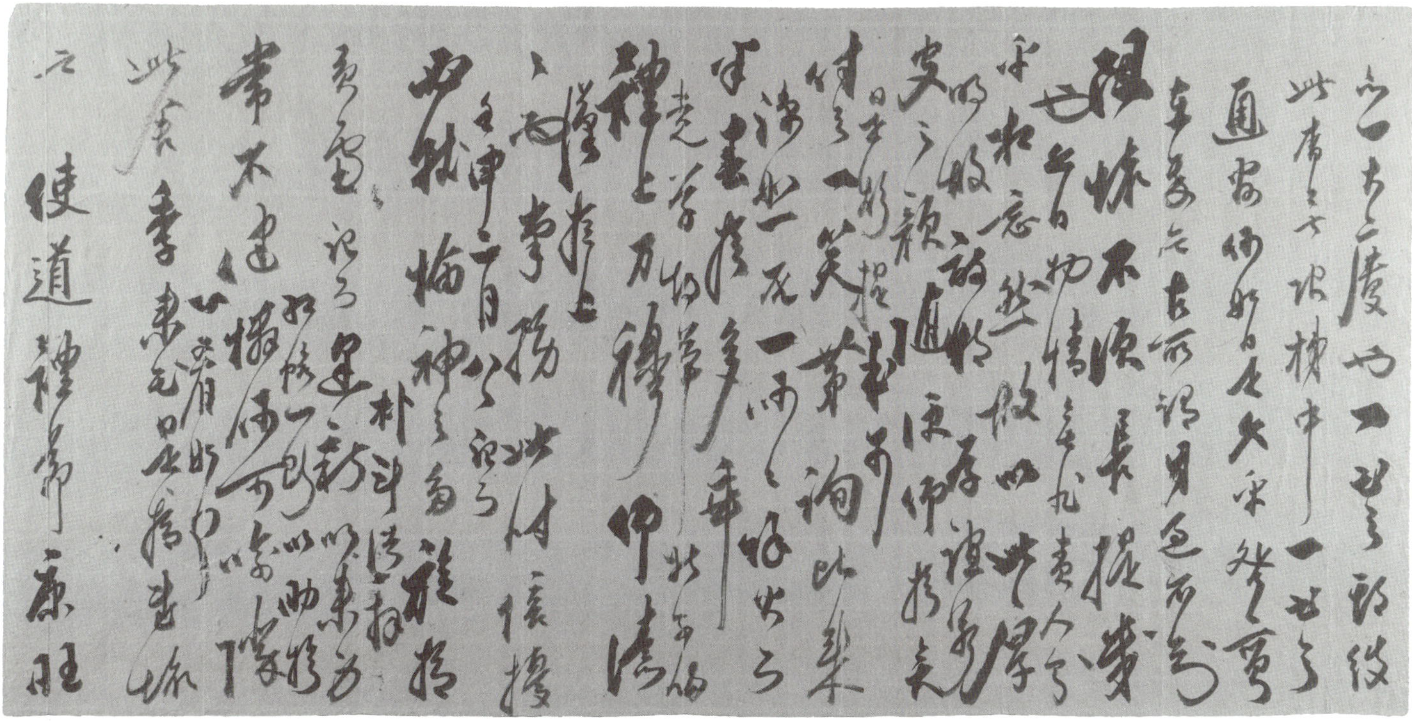

壬申年 2월 8일에 記下 朴斗浩가 미상자에게 보낸 편지

書簡 66

庚寅, 38×23

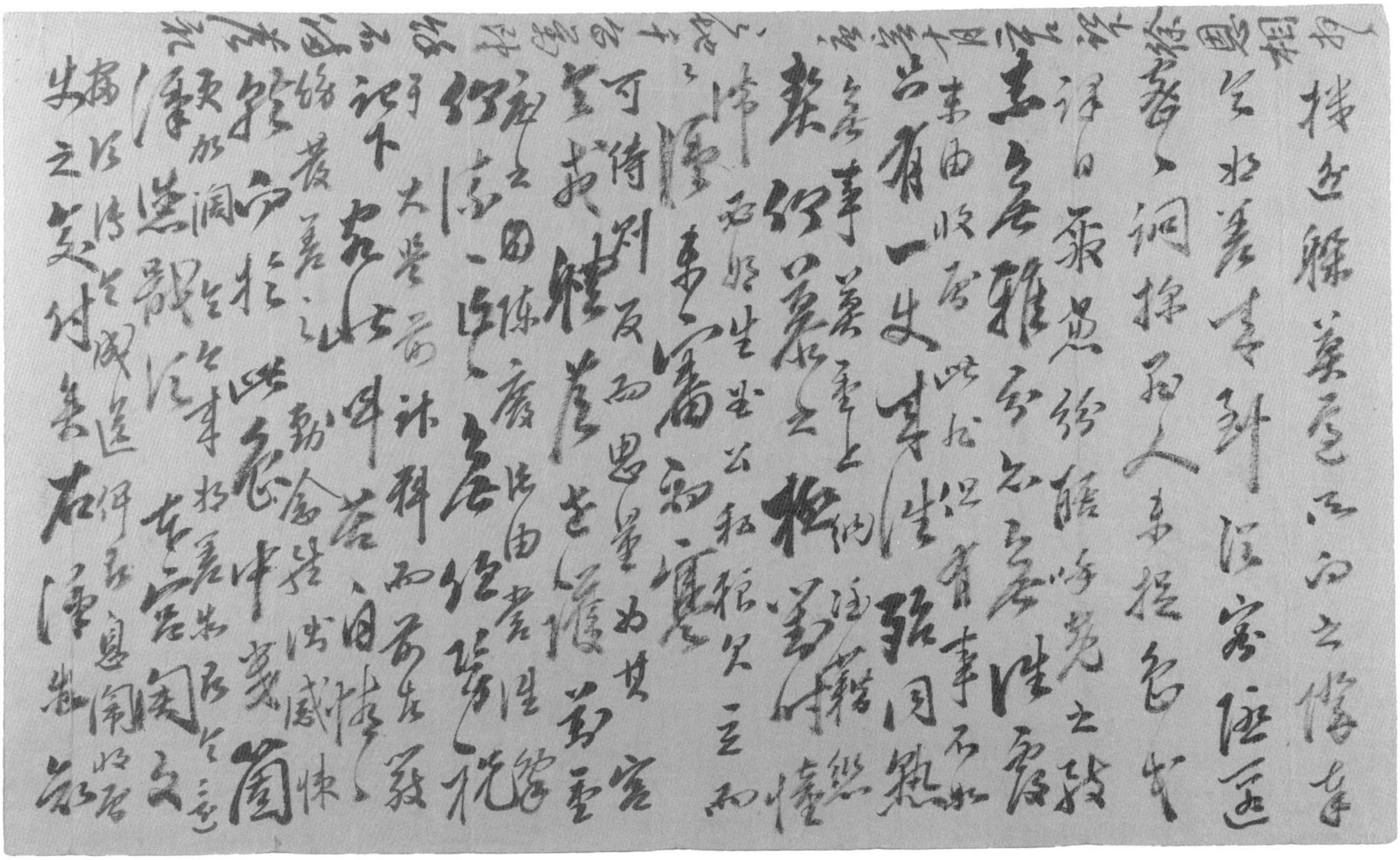

庚寅年 10월 20일에 記下 徐恩相이 미상자[戎體]에게 보낸 편지

書簡 67

庚人, 43×23

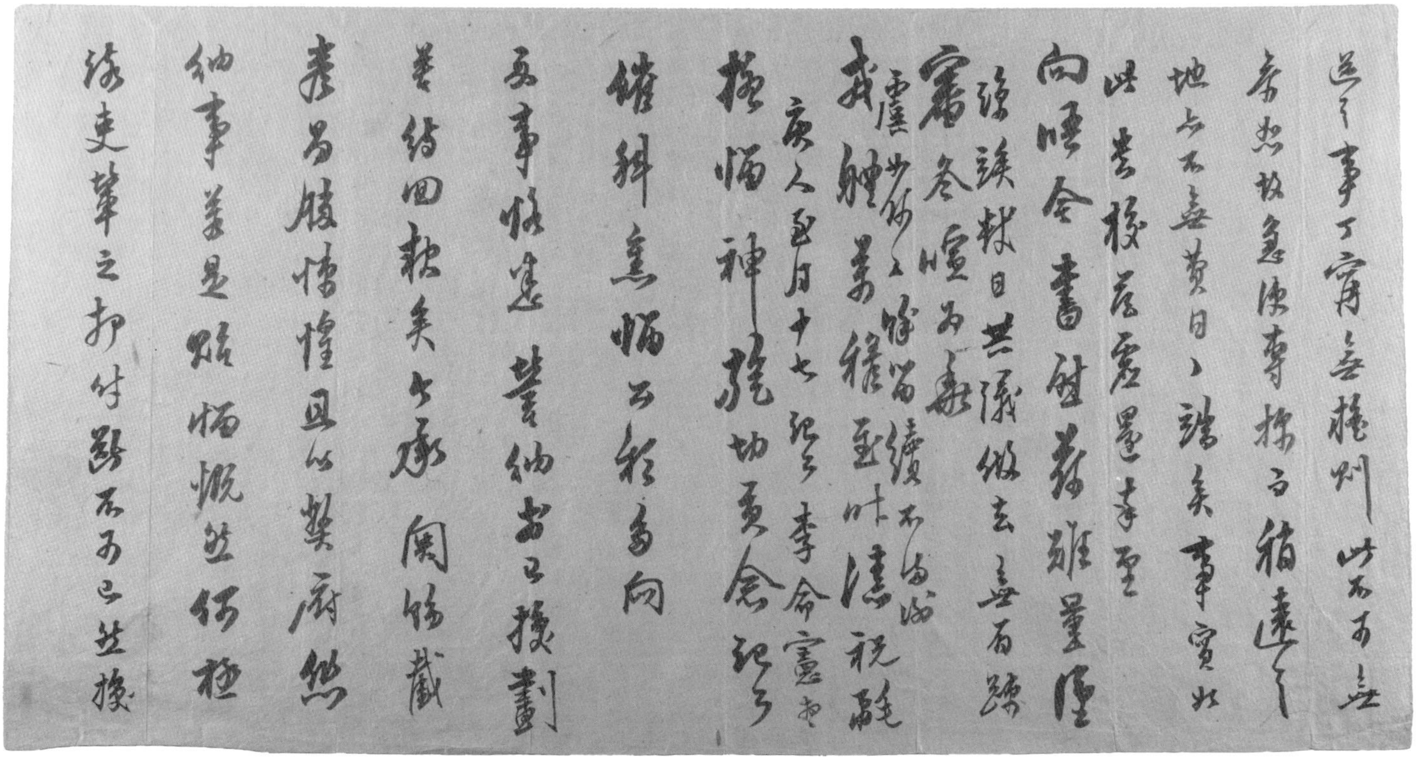

庚人 11월 17일에 記下 李命憲이 미상자[戎體]에게 보낸 편지

書簡 68

庚人, 37.5×23

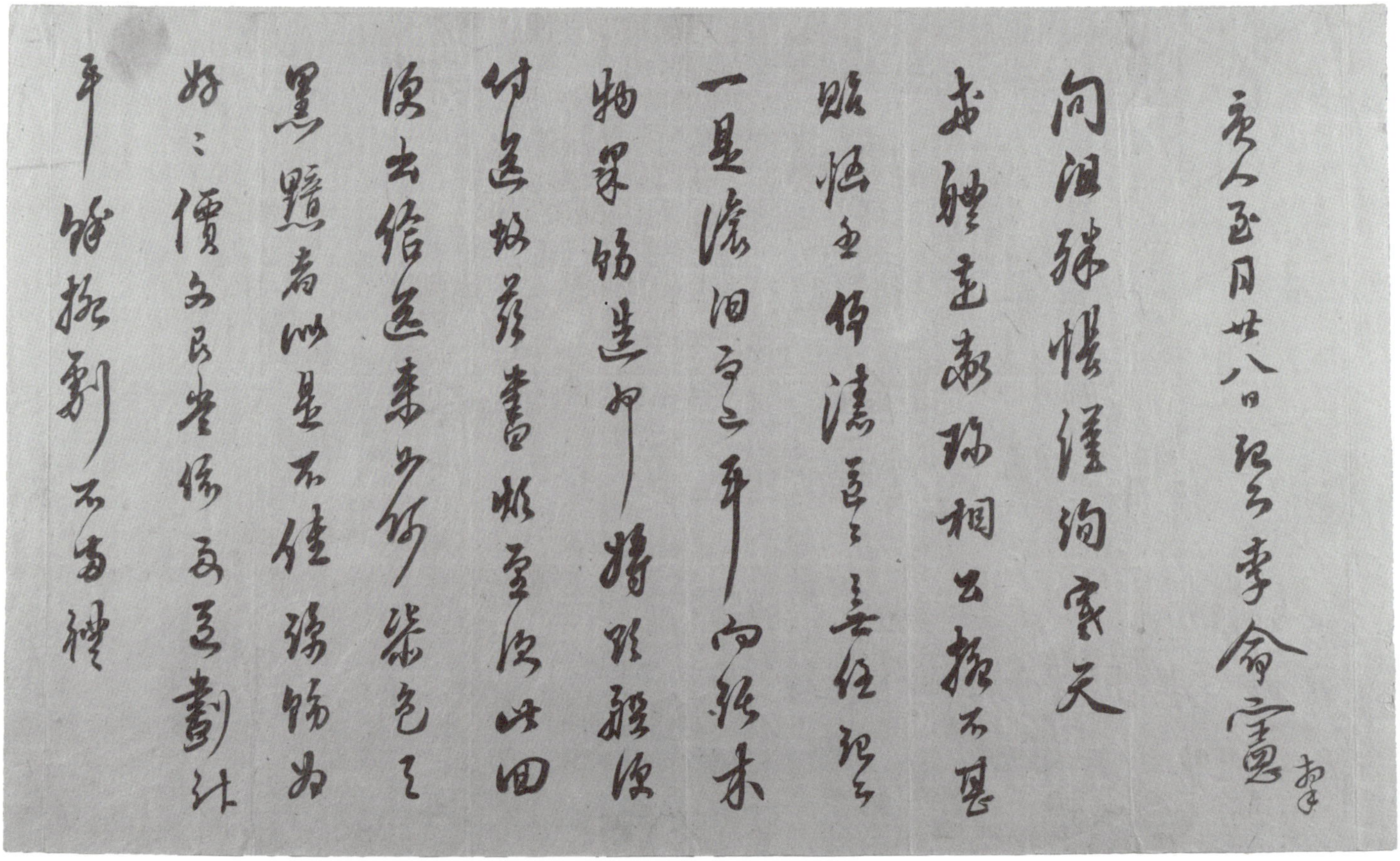

庚人 11월 28일에 記下 李命憲이 미상자[戎體]에게 보낸 편지

書簡 69

庚人, 42×23

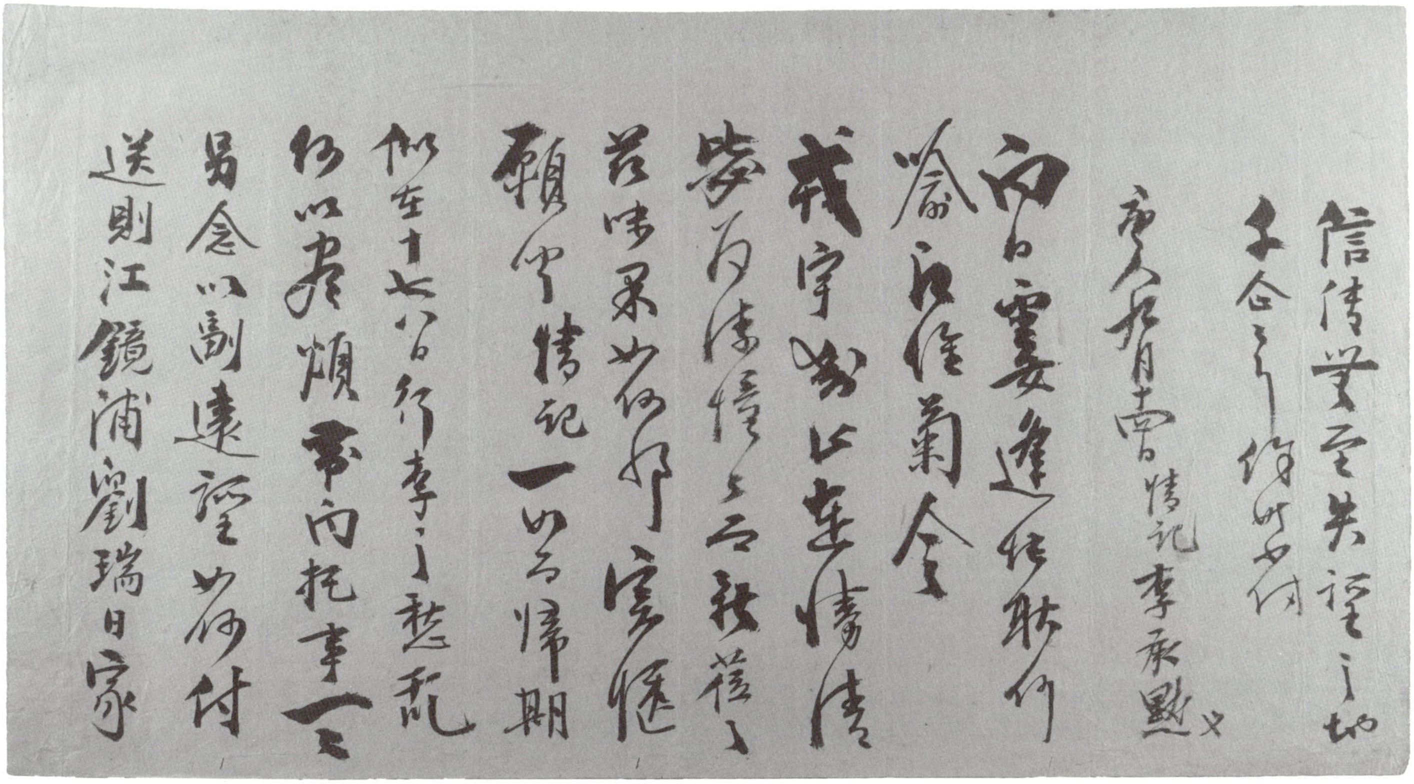

庚人 9월 14일에 情記 李承默이 미상자[戎宇]에게 보낸 편지

書簡 70

乙酉, 36.5×23.5

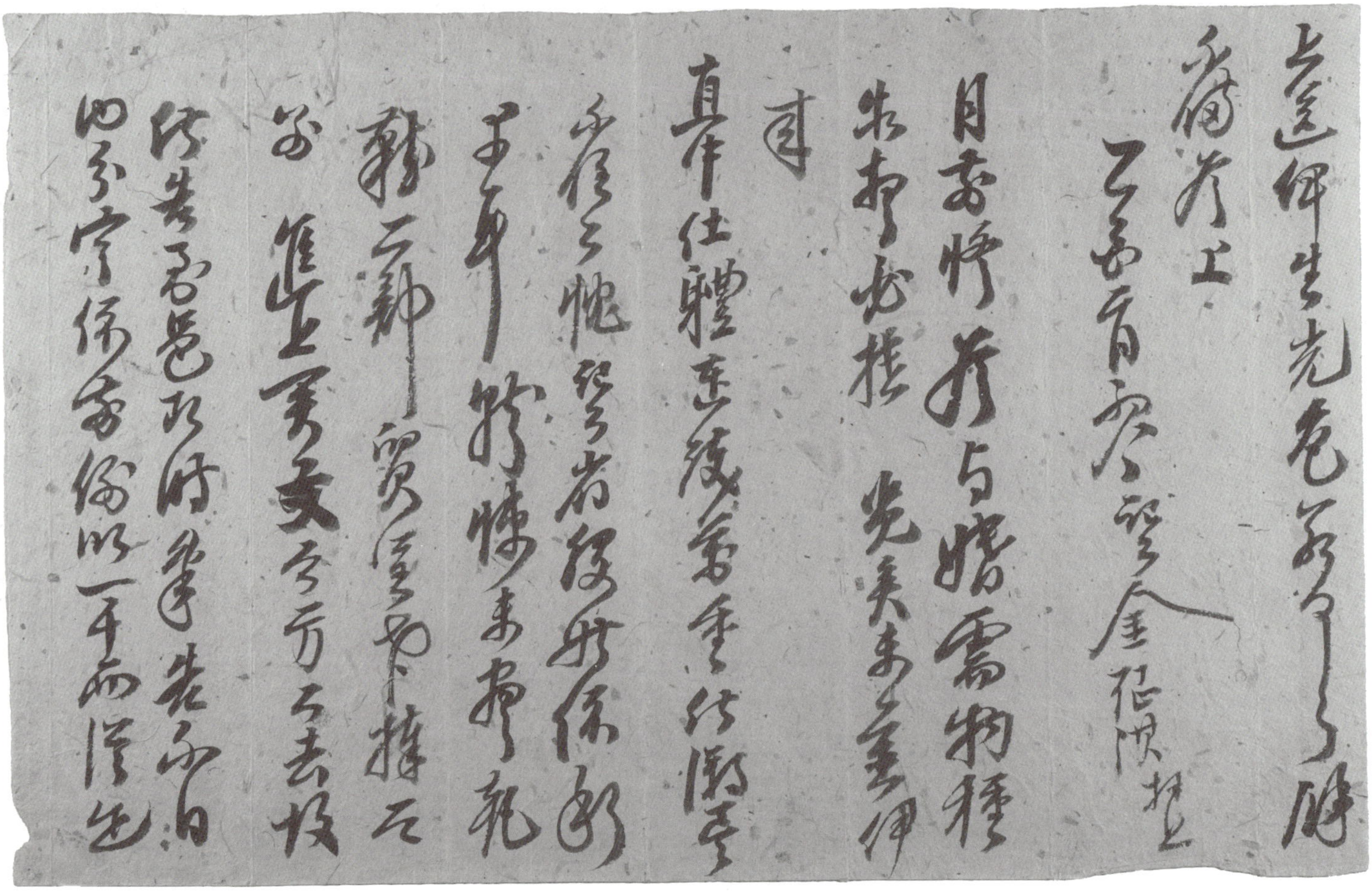

乙酉年 2월 8일에 記下 金瑁淇가 미상자에게 보낸 편지

書簡 71

己丑, 45.5×23.5

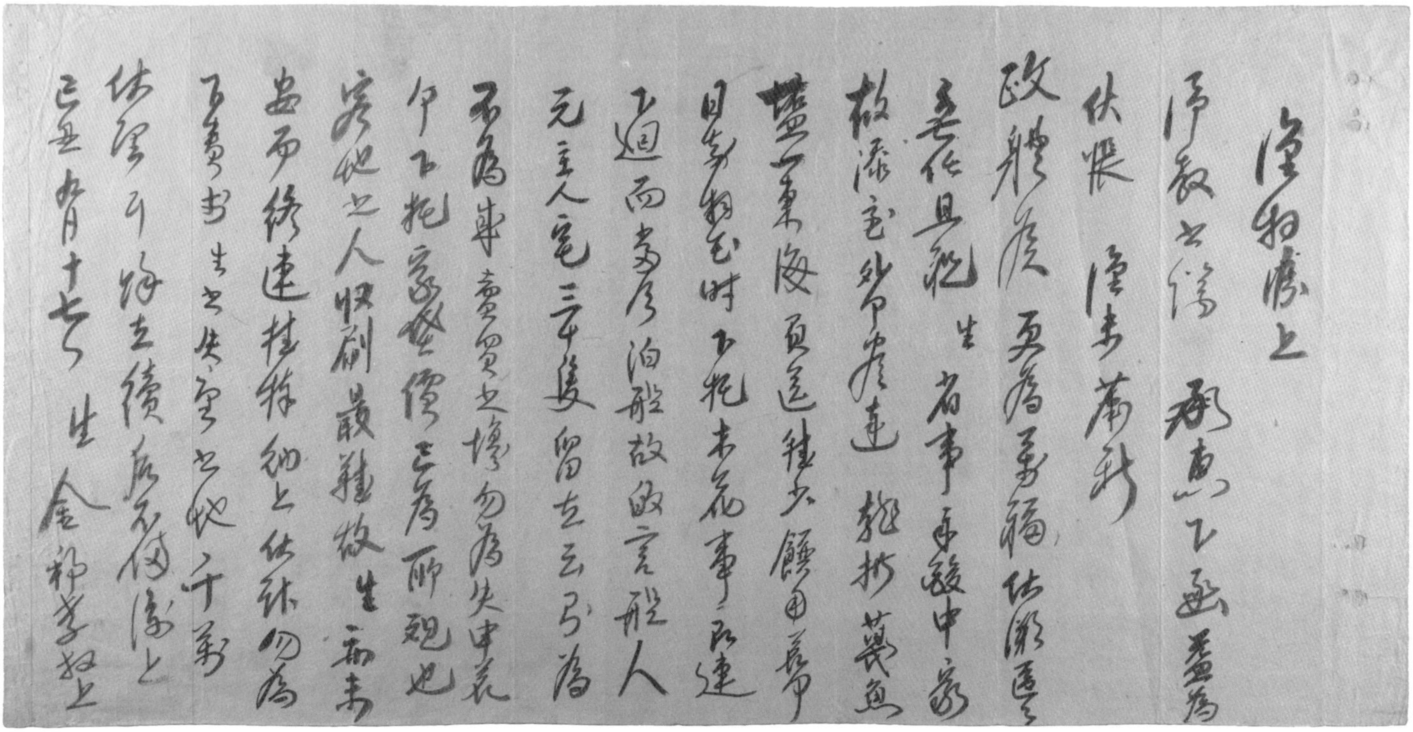

己丑年 9월 17일에 生 金邦孝가 미상자에게 보낸 편지

書簡 72

庚寅, 42×24.5

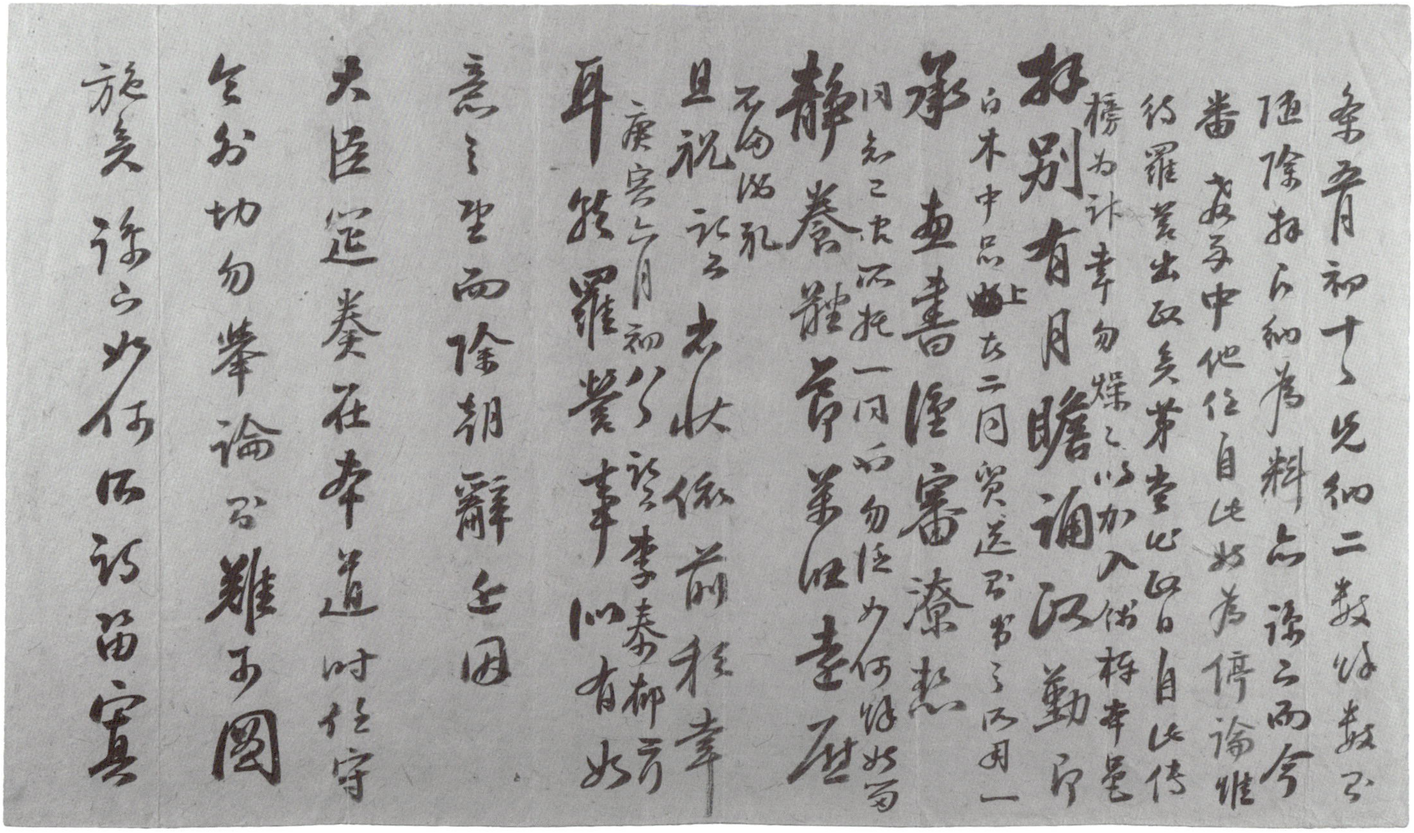

庚寅年 6월 8일에 記下 李泰郁이 미상자에게 보낸 편지

書簡 73

庚寅, 42×24

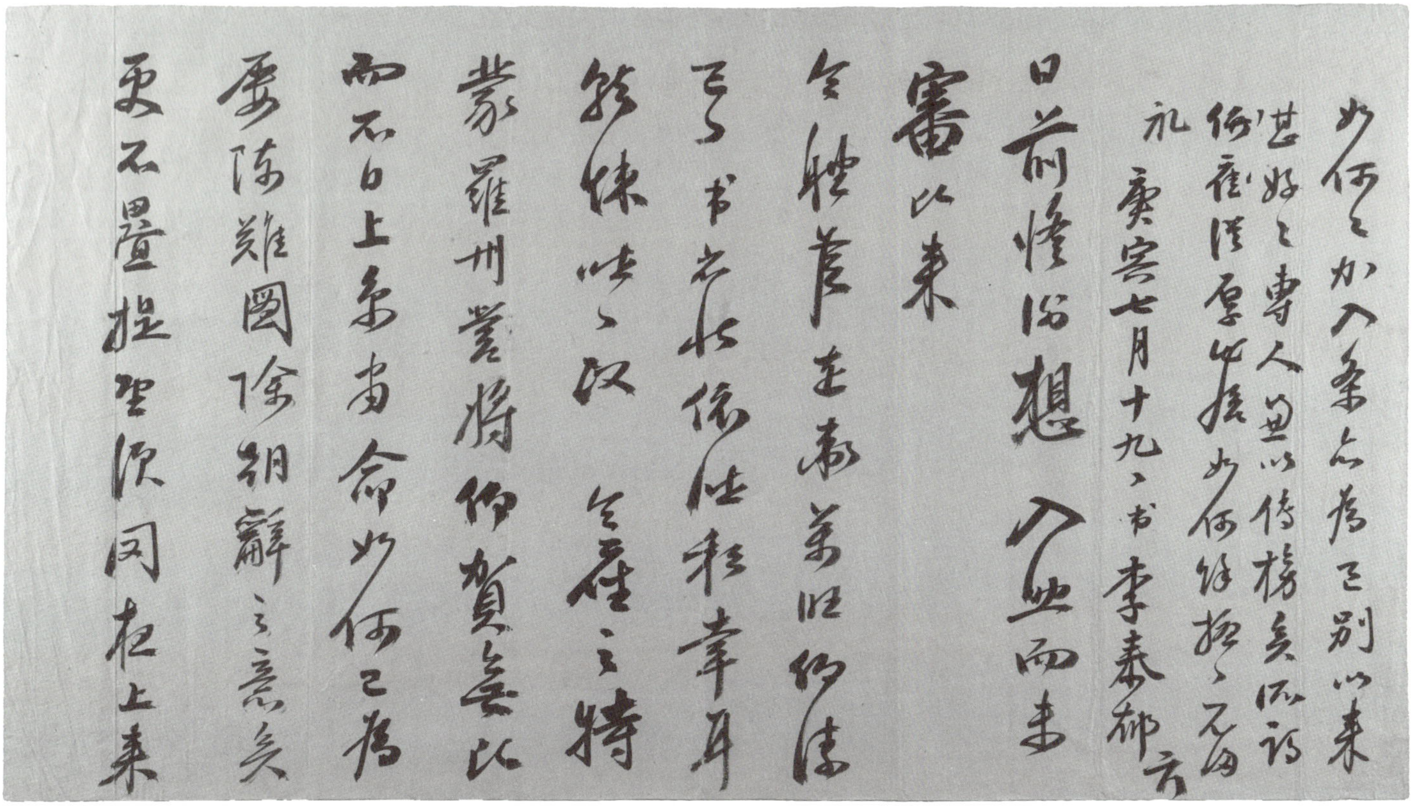

庚寅年 7월 19일에 弟 李泰郁이 미상자에게 보낸 편지

書簡 74

庚寅, 42×24

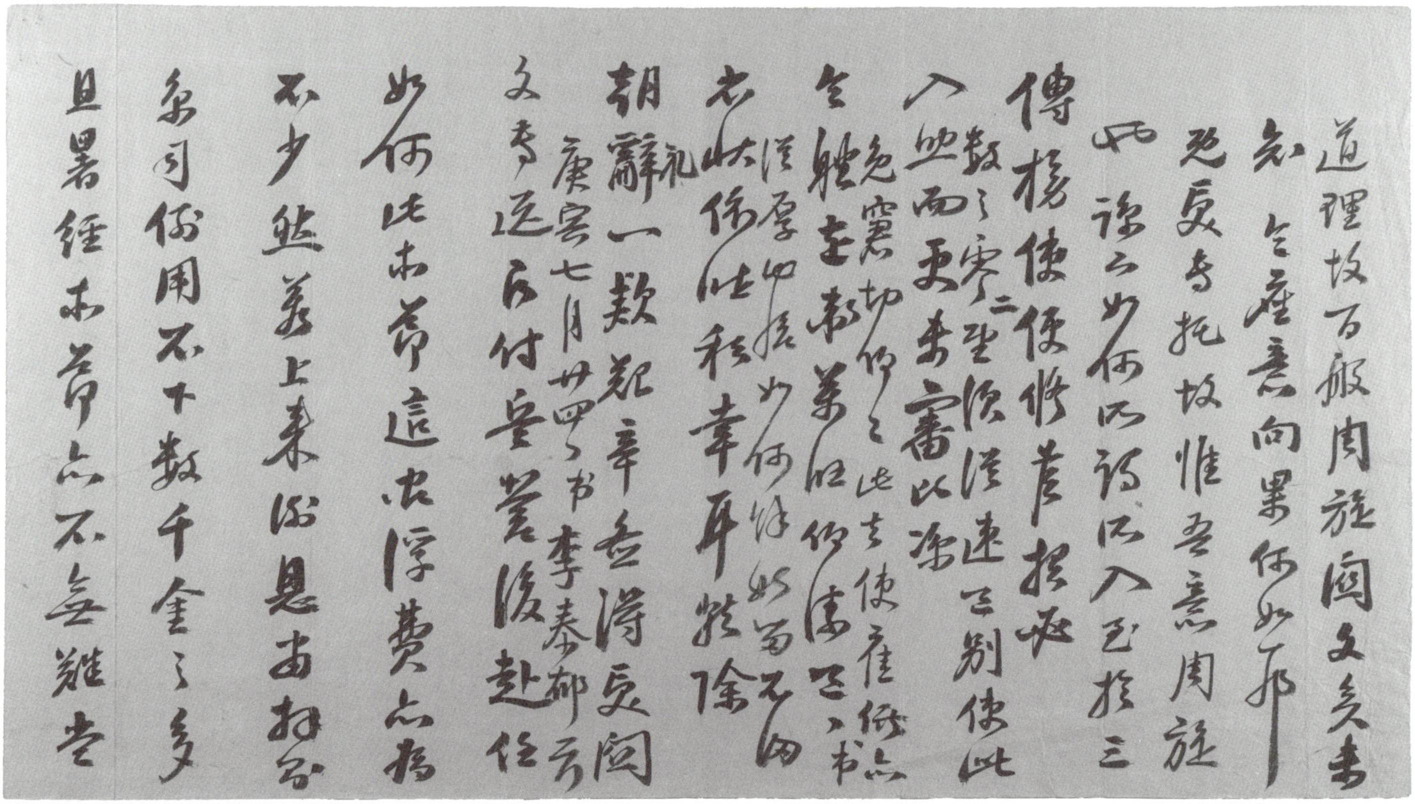

庚寅年 7월 24일에 李泰郁이 미상자에게 보낸 편지

書簡 75

庚寅, 42×24.5

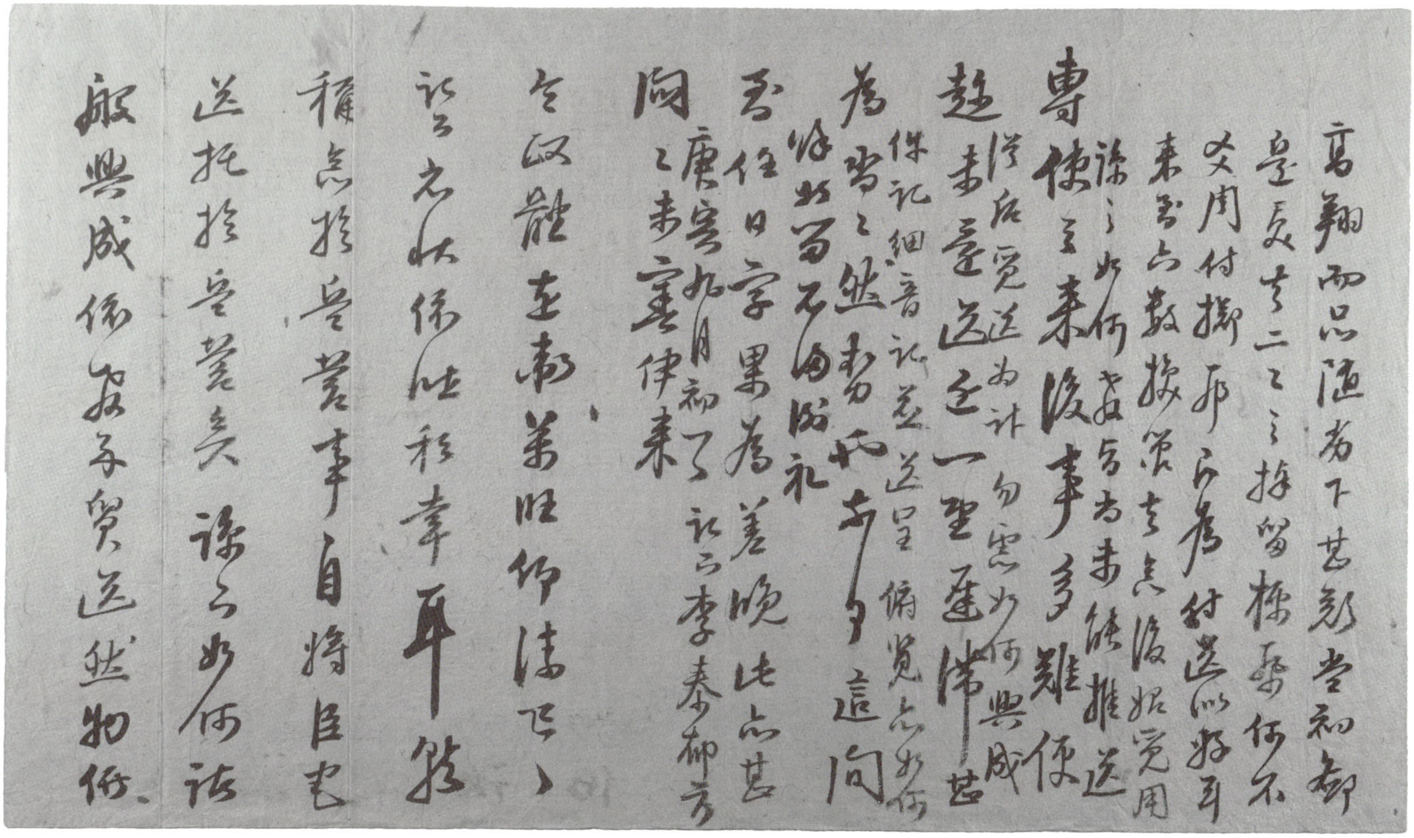

庚寅年 9월 1일에 記下 李泰郁가 미상자에게 보낸 편지

書簡 76

庚寅, 42×25

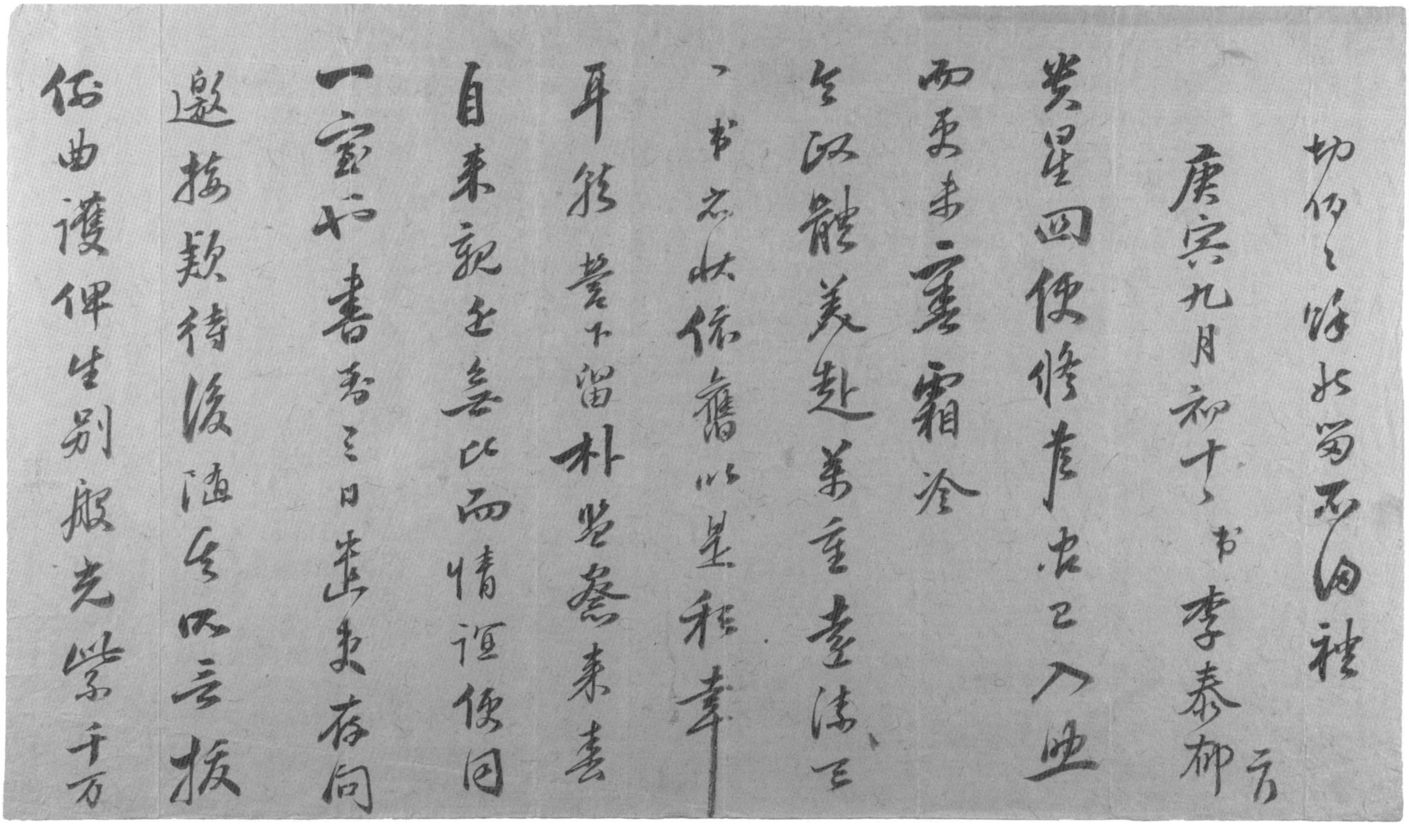

庚寅年 9월 10일에 弟 李泰郁이 미상자에게 보낸 편지

書簡 77

庚寅 , 42×24

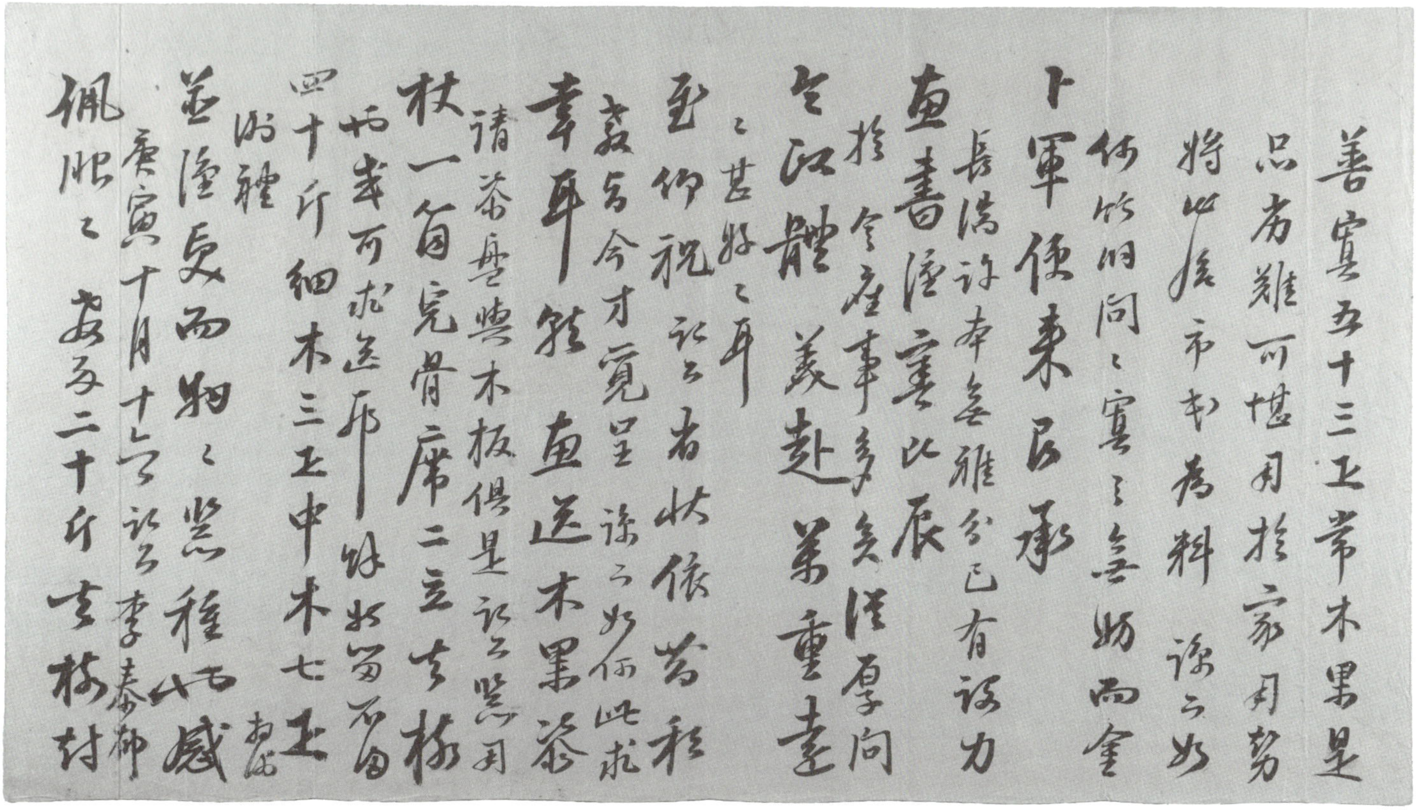

庚寅年 10월 16일에 記下 李泰郁이 미상자에게 보낸 편지

書簡 78

庚寅, 47×23

庚寅年 9월 23일에 生 金致圭가 미상자[撫戎]에게 보낸 편지

書簡 79

庚寅, 42.5×23

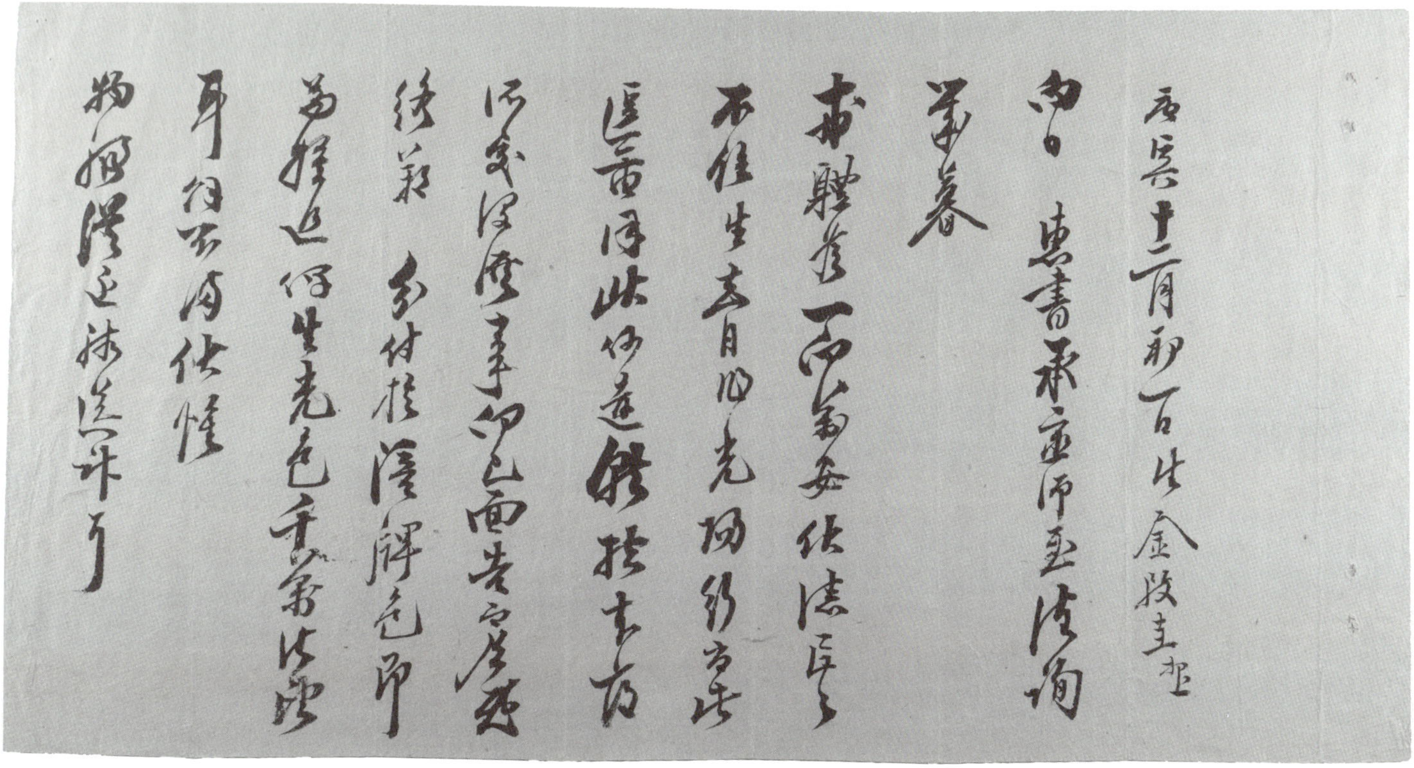

庚寅年 12월 초1일에 生 金致圭가 미상자[戎體]에게 보낸 편지

書簡 80

辛卯, 38×23.5

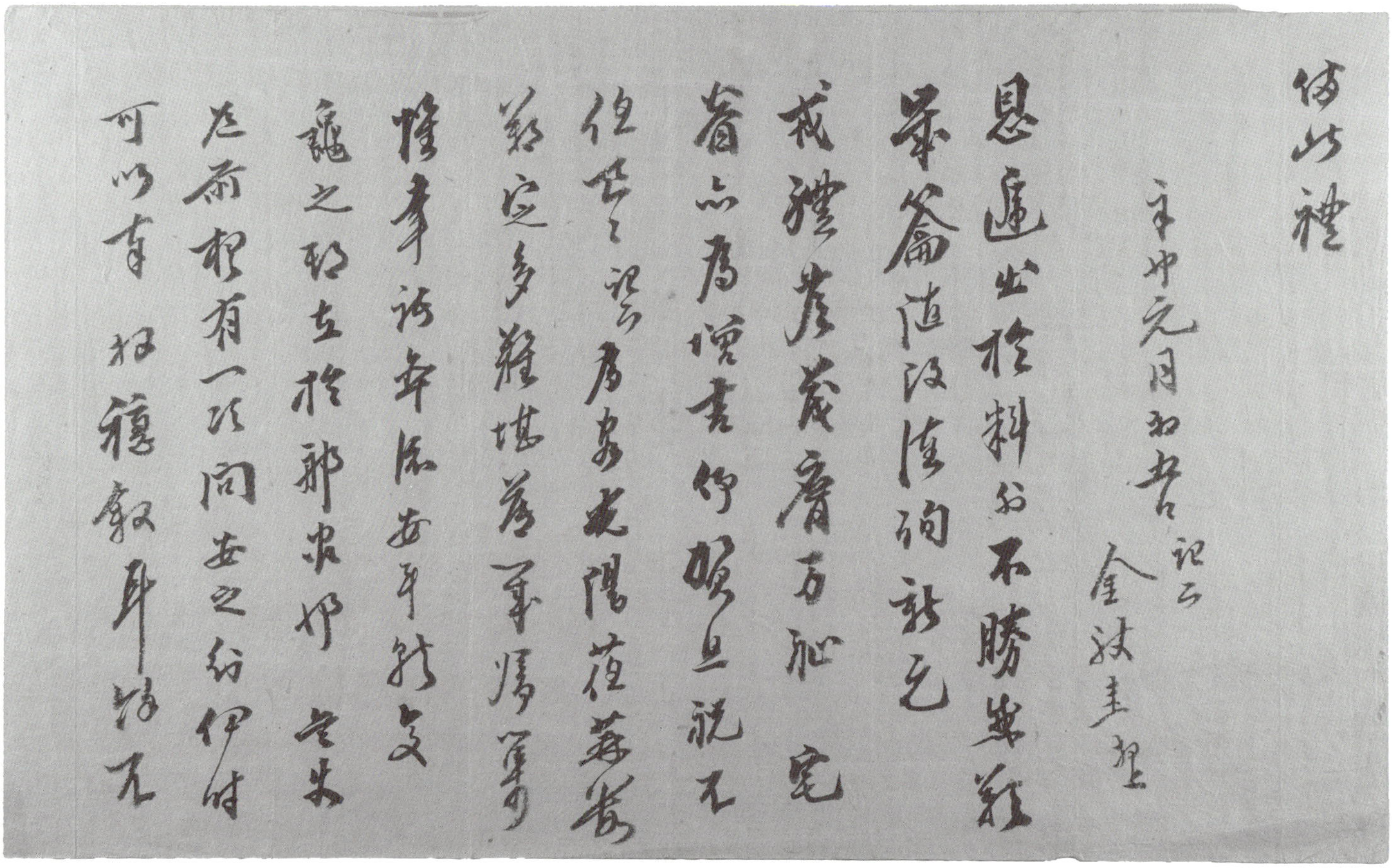

辛卯年 1월 5일에 記下 金致圭가 미상자[戎體]에게 보낸 편지

書簡 81

戊子, 42×26

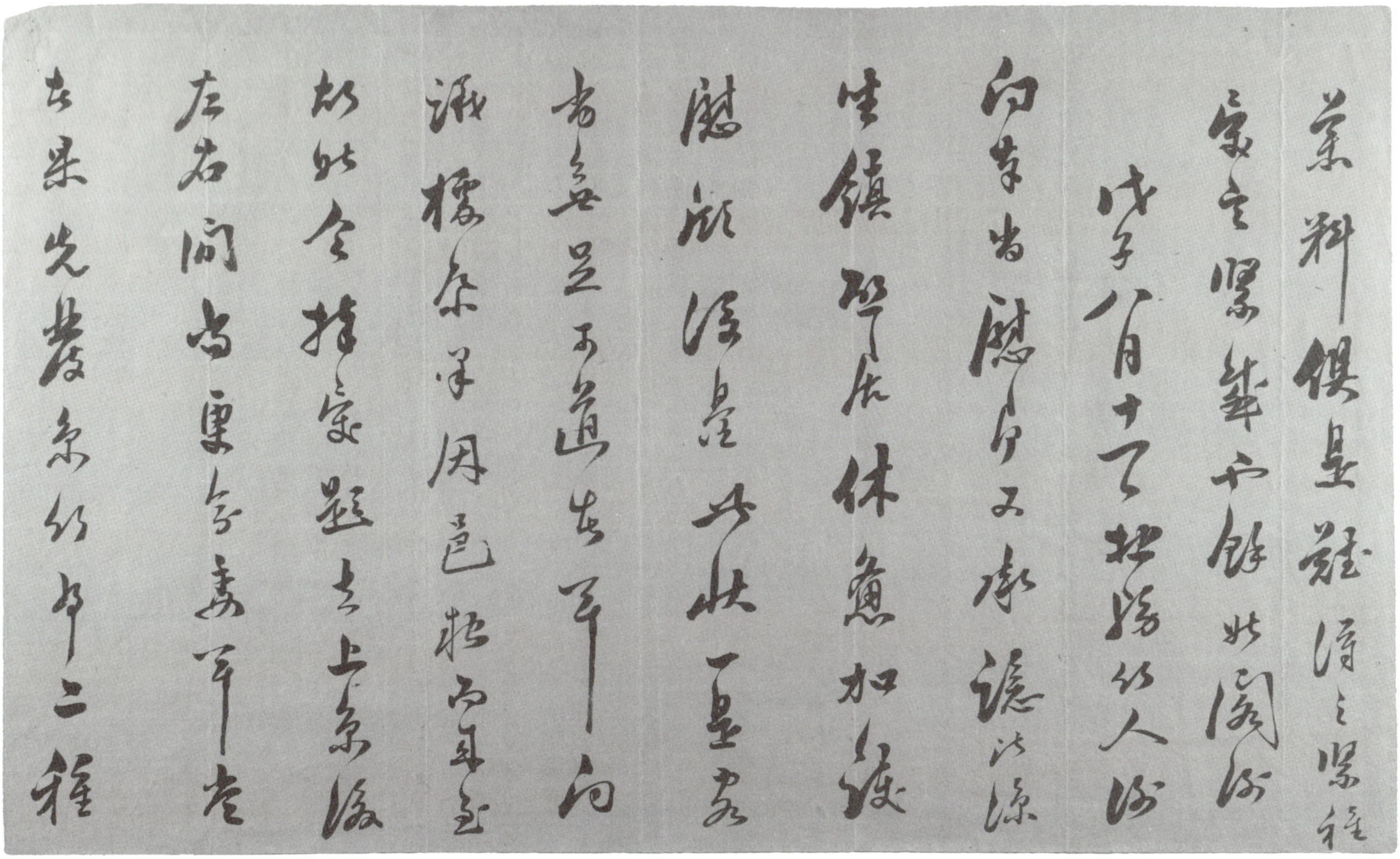

戊子年 8월 11일에 摠務行人이 미상자에게 보낸 편지

書簡 82

庚之, 42×25.3

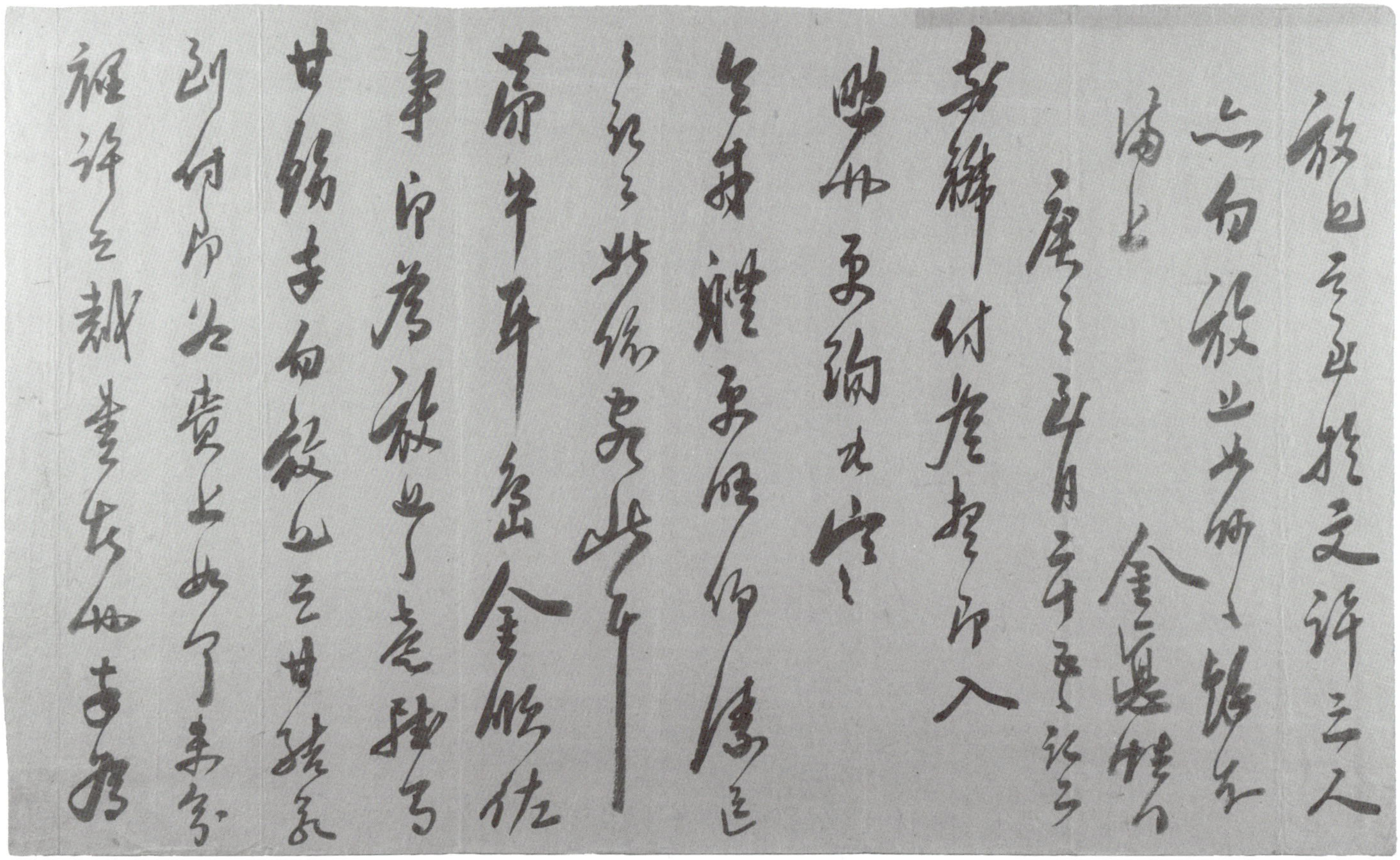

庚之 11월 25일에 記下 金憲性이 미상자[戎體]에게 보낸 편지

書簡 83

庚人, 37×23.5

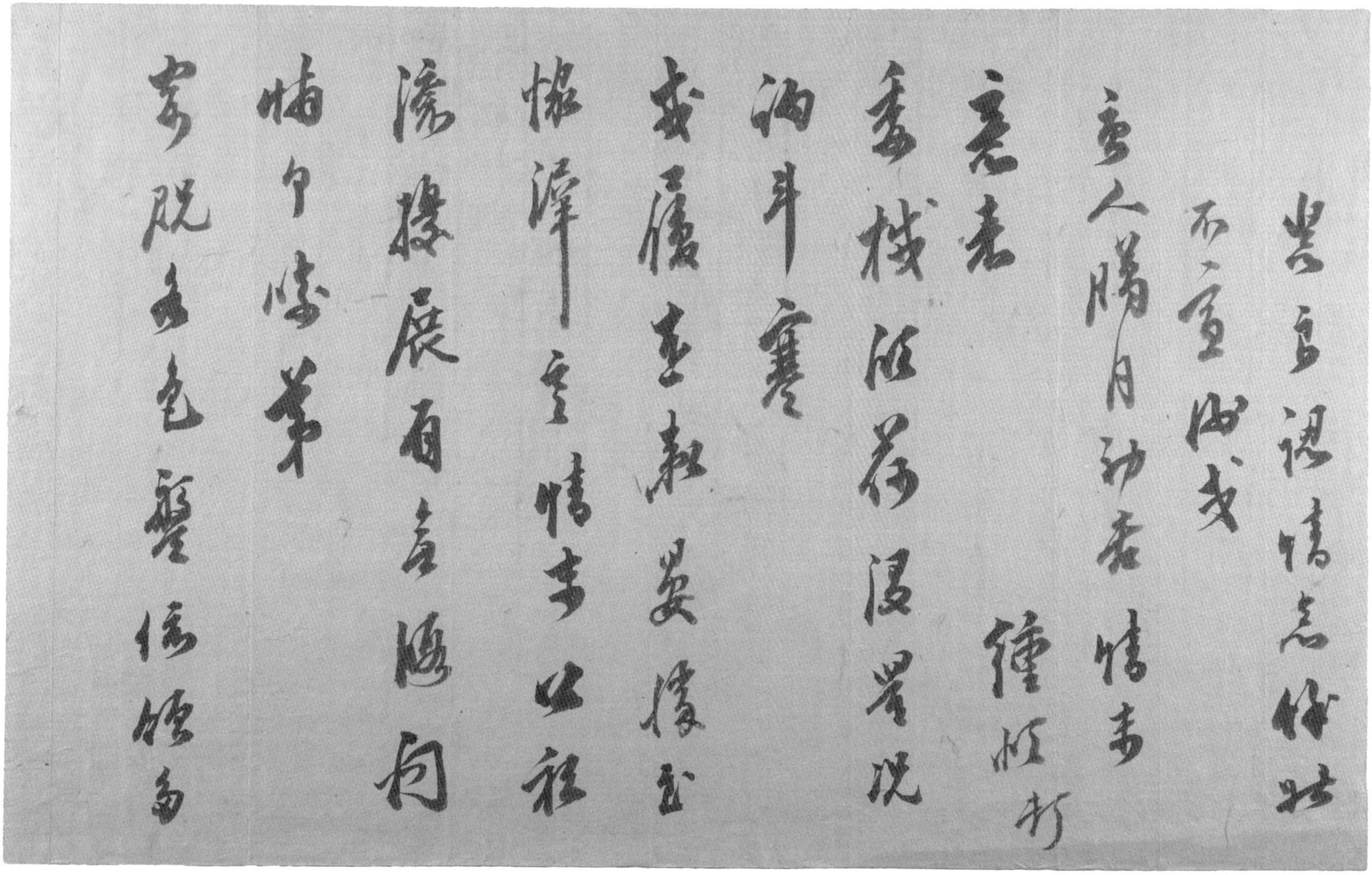

庚人 12월 초하룻날에 情末 鍾順이 미상자[戎履]에게 보낸 편지

書簡 84

戊寅, 39.5×25

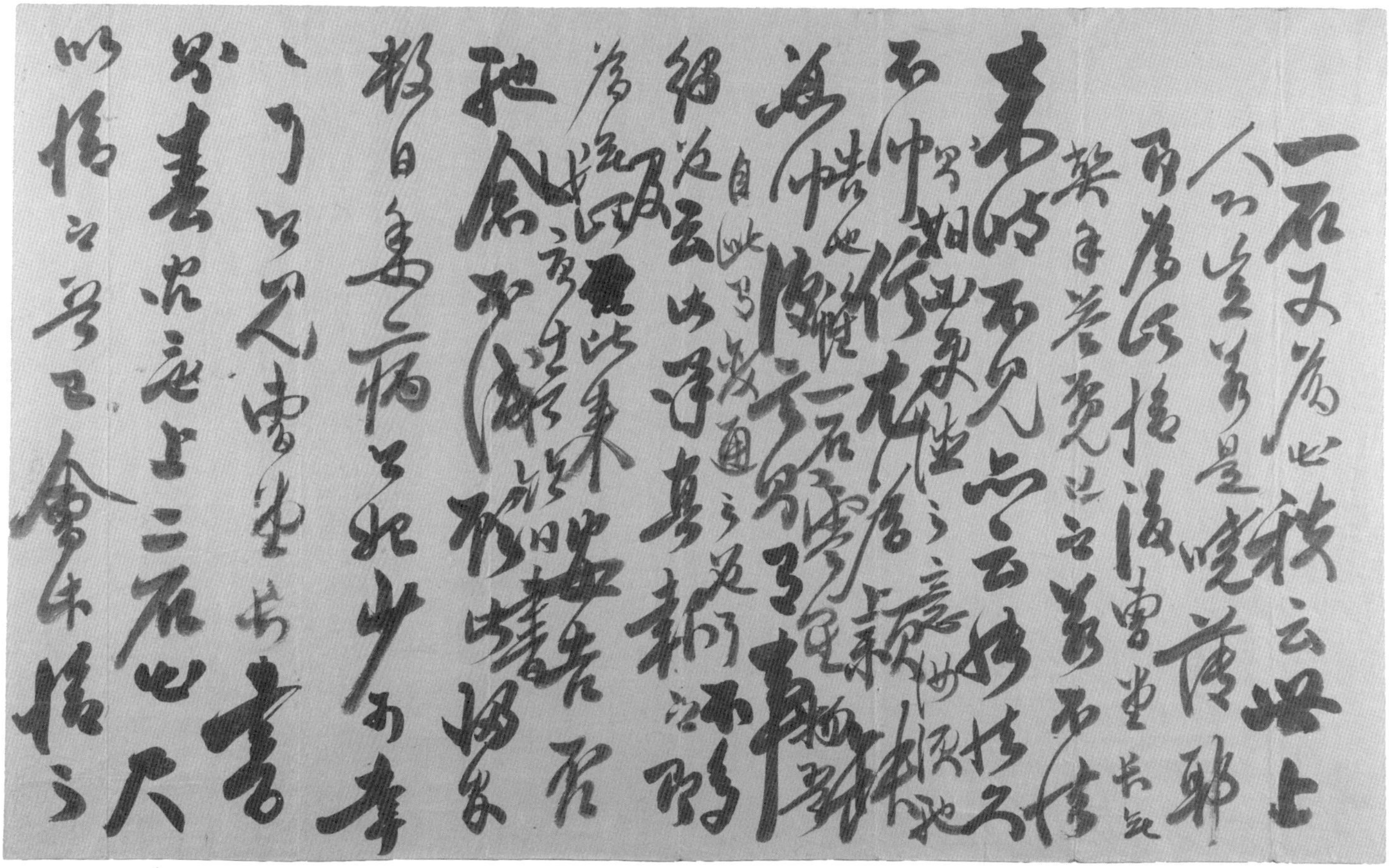

戊寅年에 竹洞에서 미상자에게 보낸 편지

書簡 85

庚午, 46×26.5

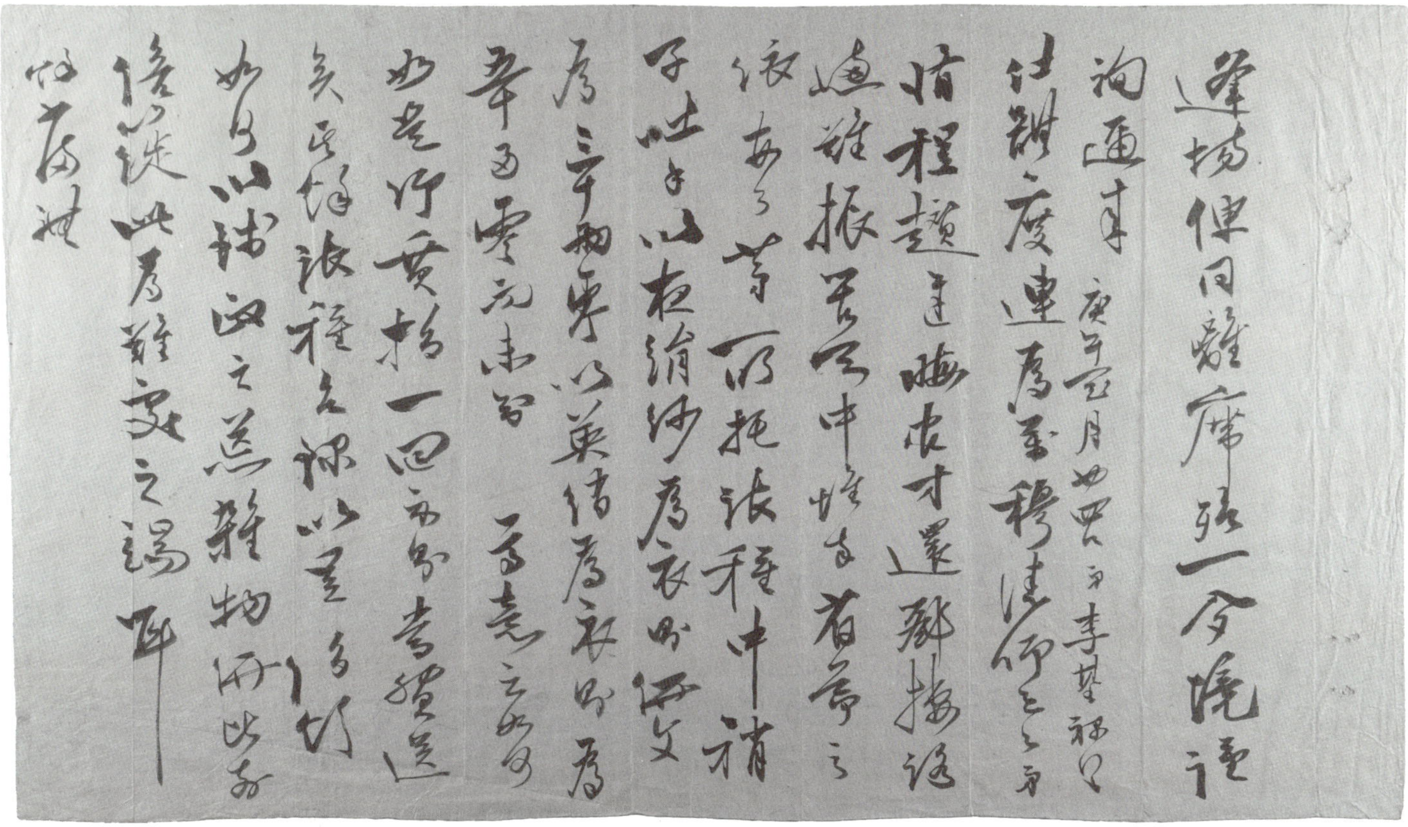

庚午年 2월 4일에 弟 李基祿이 미상자에게 보낸 편지

書簡 86

戊子, 38×25

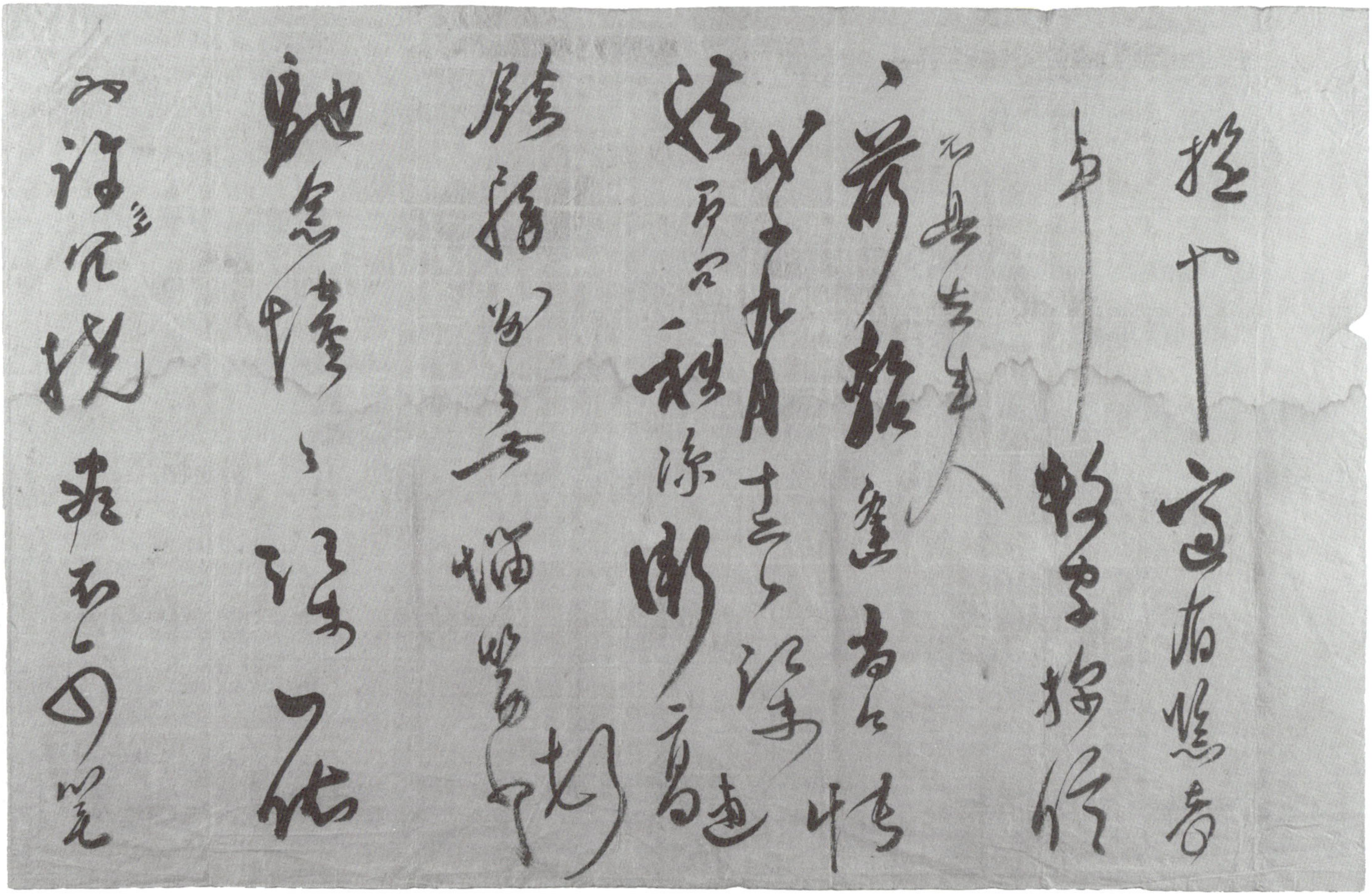

戊子年 9월 12일에 記末이 미상자에게 보낸 편지

書簡 87

己卯, 36×22

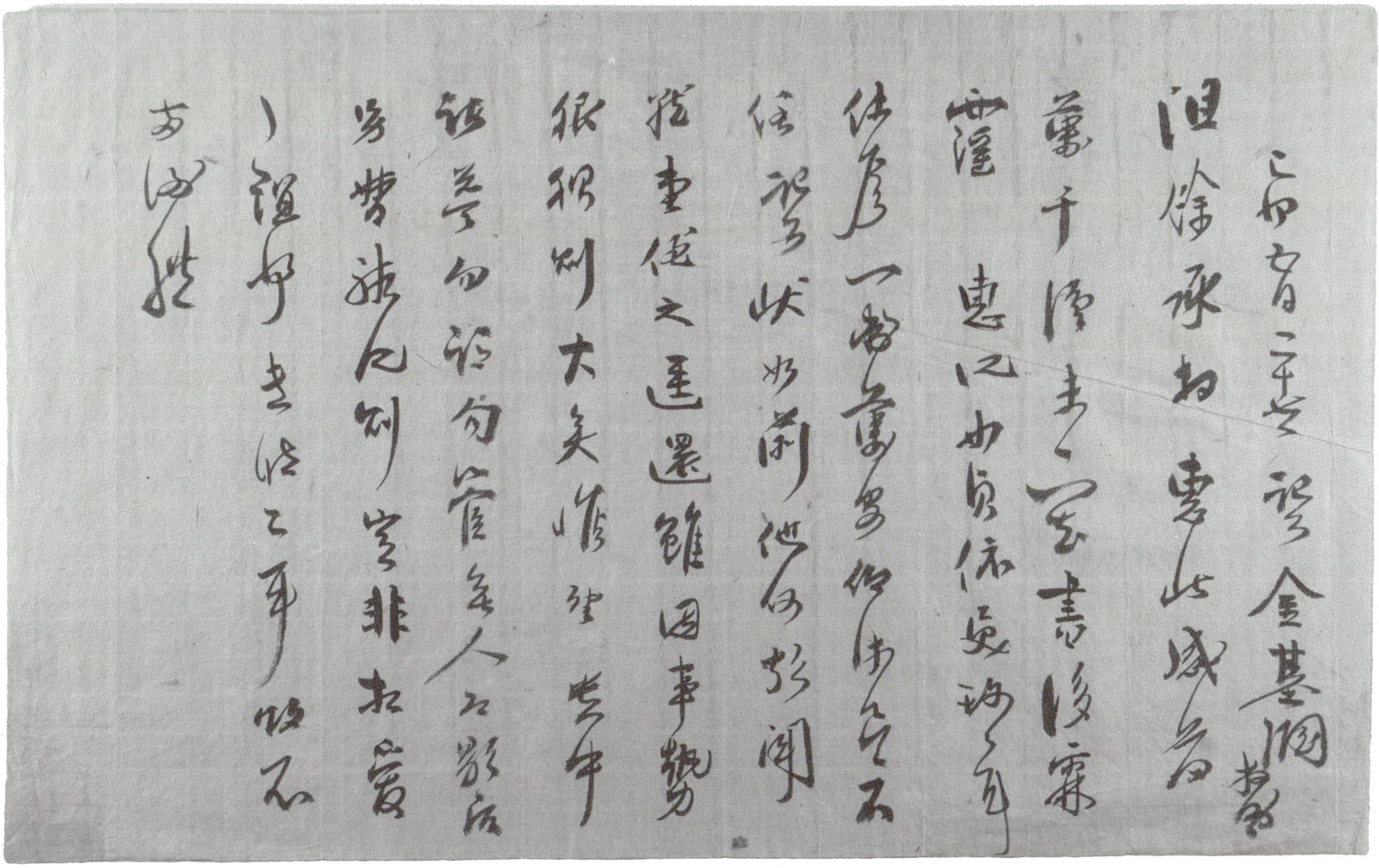

己卯年 5월 27일에 記下 金基潤이 미상자에게 보낸 편지

書簡 88

庚辰, 29.5×22

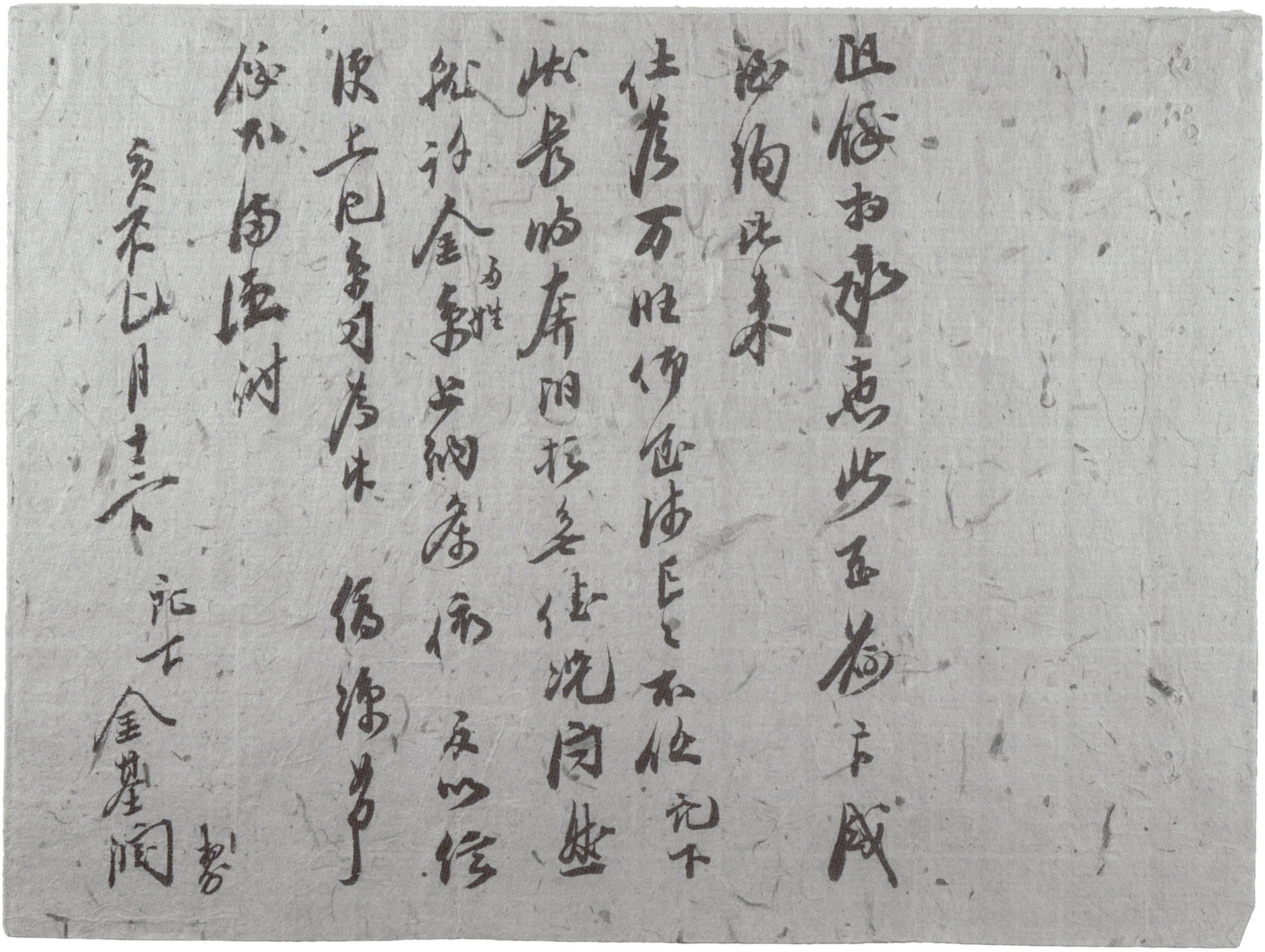

庚辰年 4월 13일에 記下 金基潤이 미상자에게 보낸 편지

書簡 89

乙亥, 33×21.5

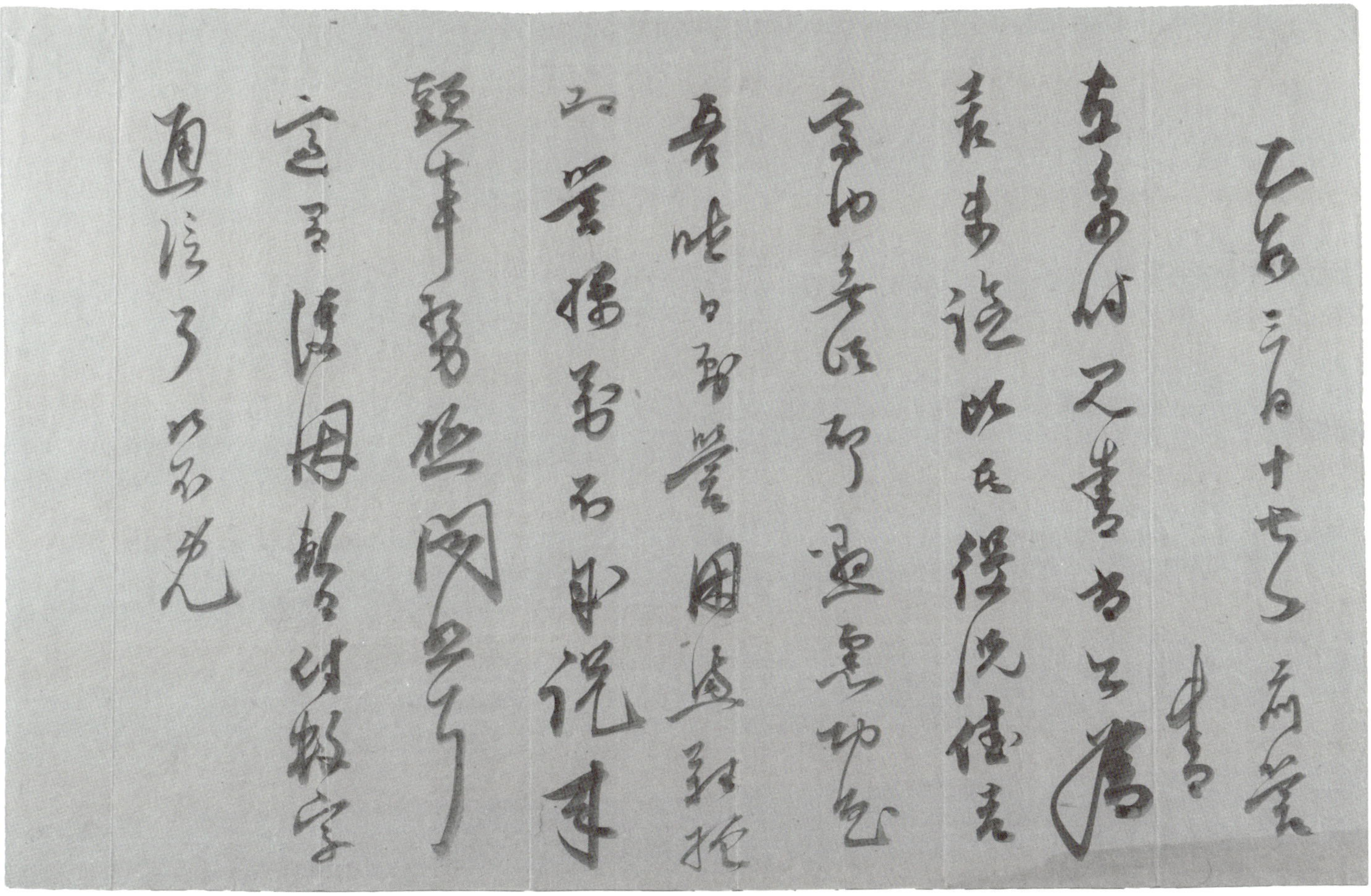

乙亥年 3월 17일에 前營에서 미상자에게 보낸 편지

書簡 90

乙亥, 34×24

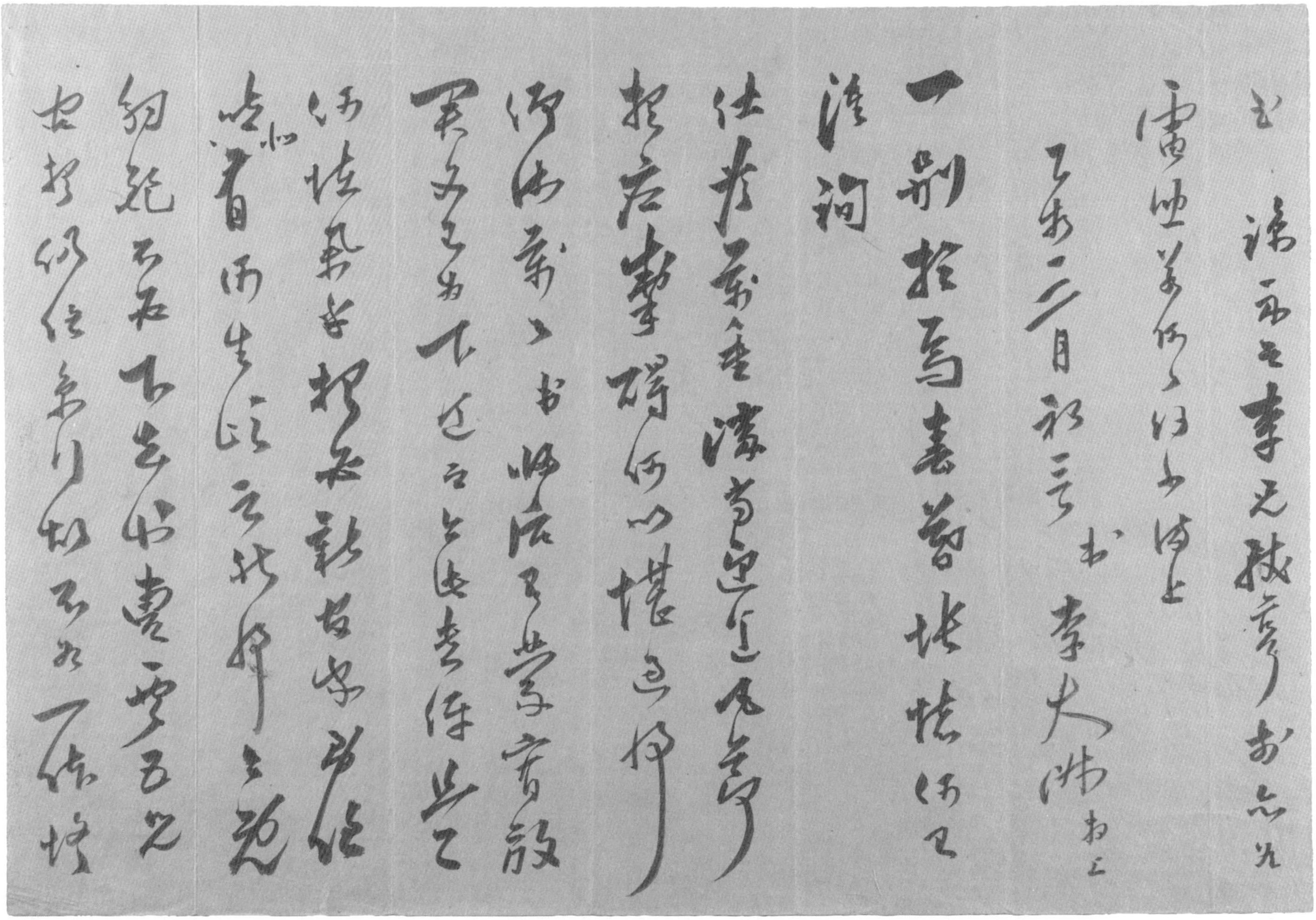

乙亥年 3월 3일에 弟 李大淑이 미상자에게 보낸 편지

書簡 91

癸巳, 37×23

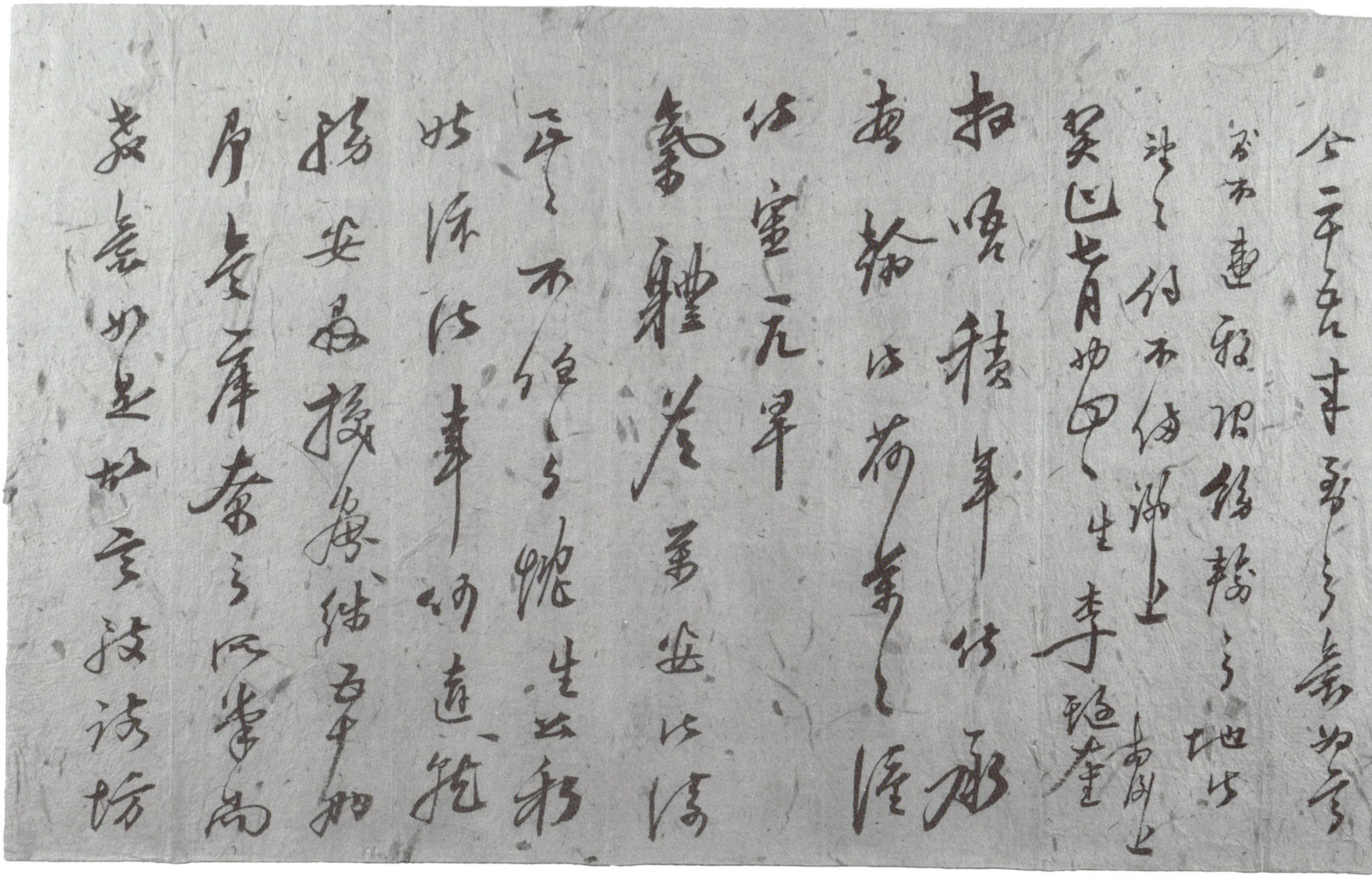

癸巳年 7월 4일에 李珽奎가 미상자에게 보낸 편지

書簡 92

戊子, 36.5×22

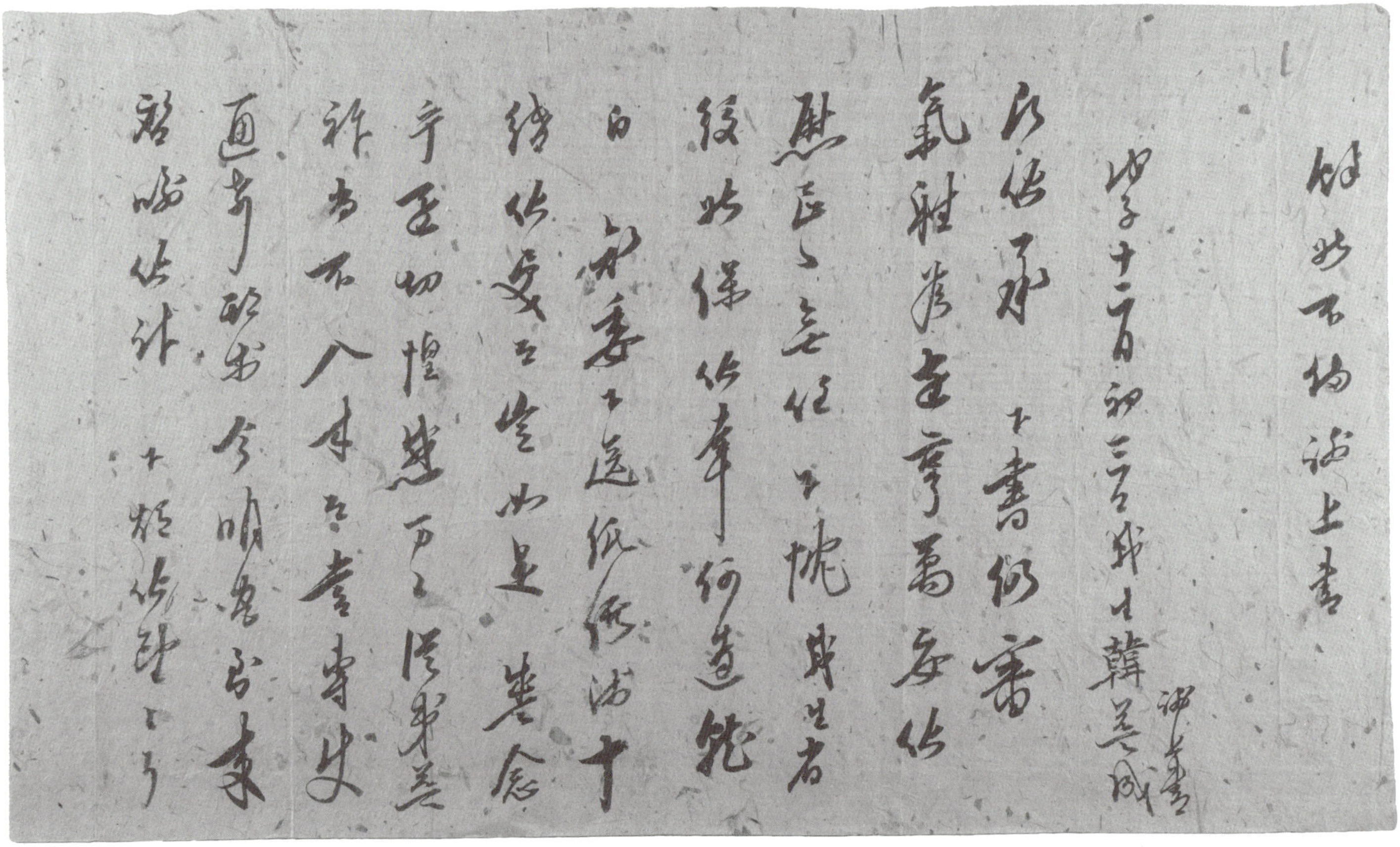

戊子年 12월 3일에 戚生 韓益成이 미상자에게 보낸 편지

書簡 93

辛卯, 44×23.5

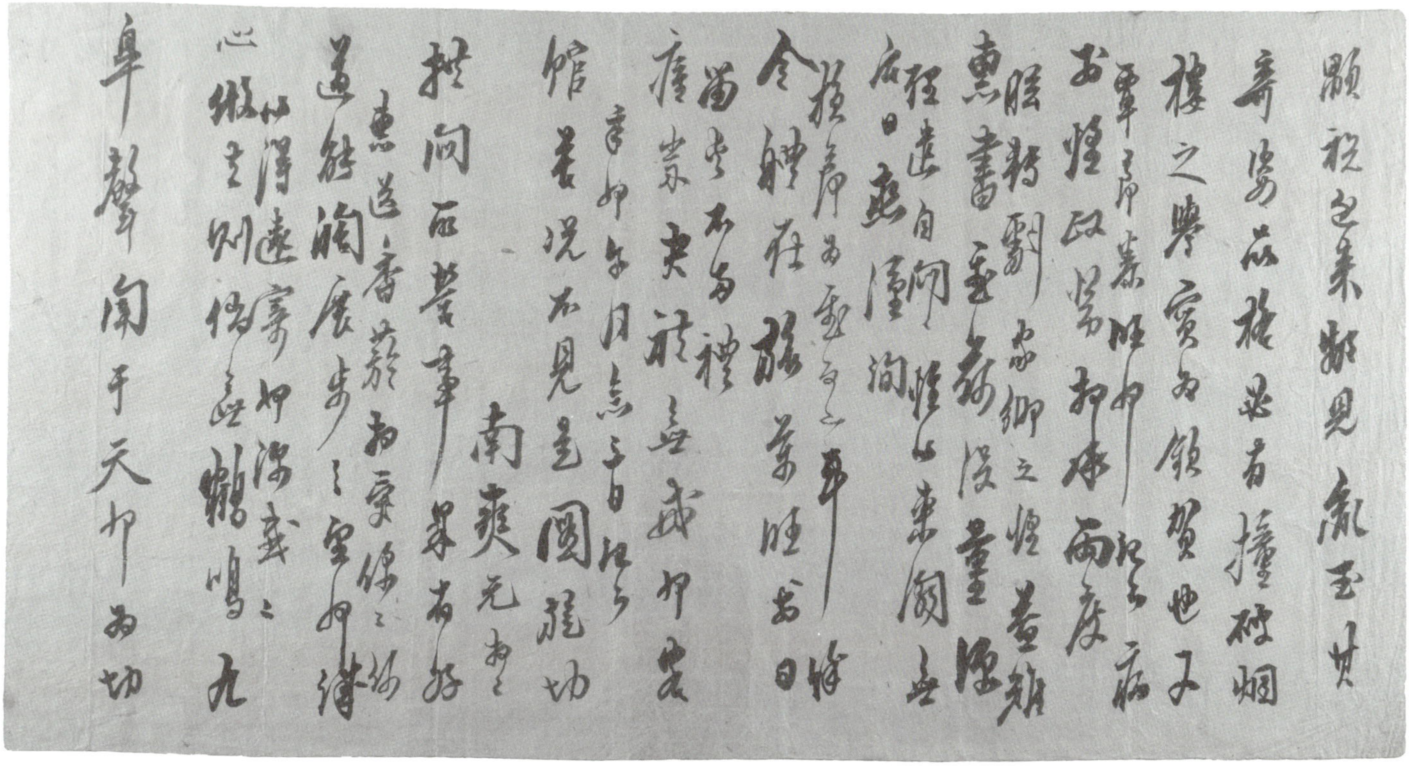

辛卯年 5월 23일에 記下 南爽元이 미상자에게 보낸 편지

書簡 94

辛卯, 43×23.5

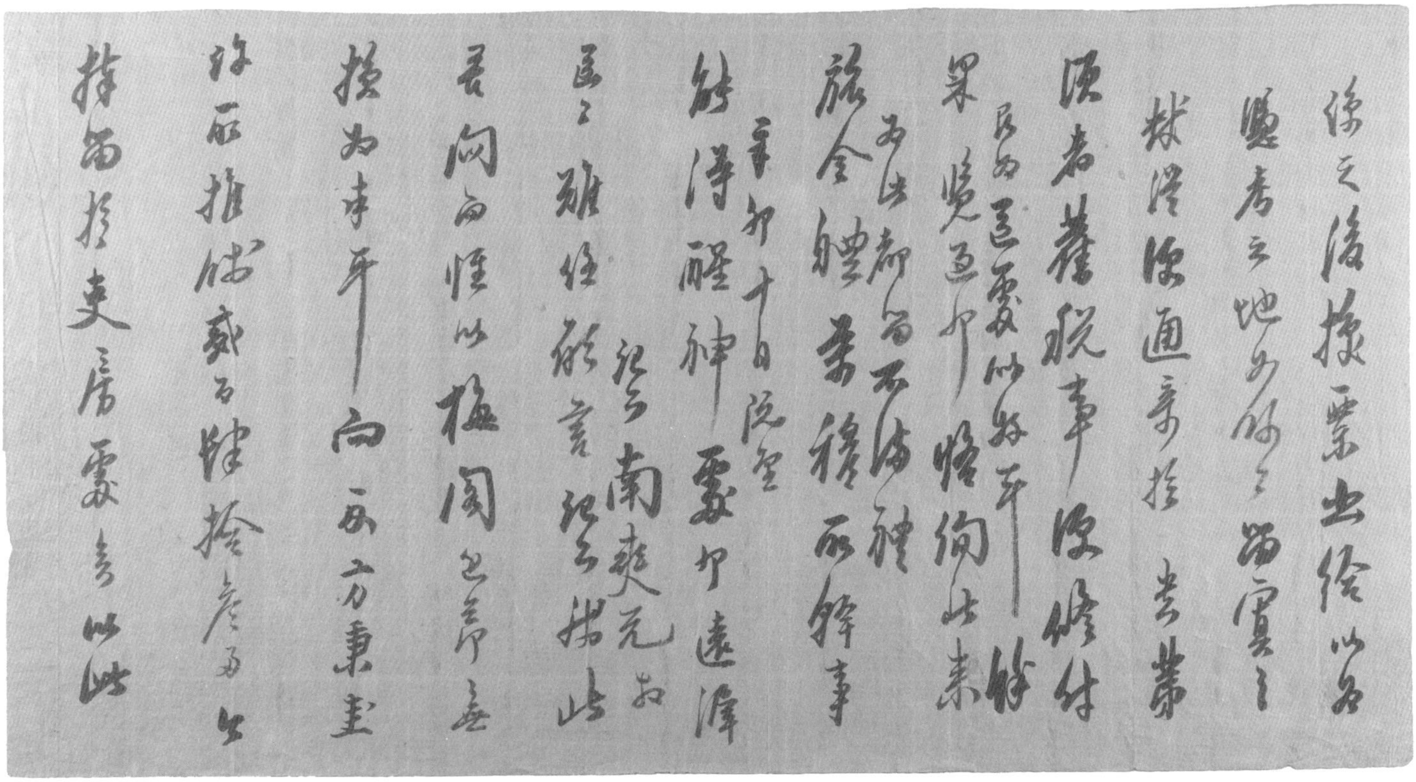

辛卯年 10월 16일 記下 南爽元이 미상자에게 보낸 편지

書簡 95

辛未 , 37×24

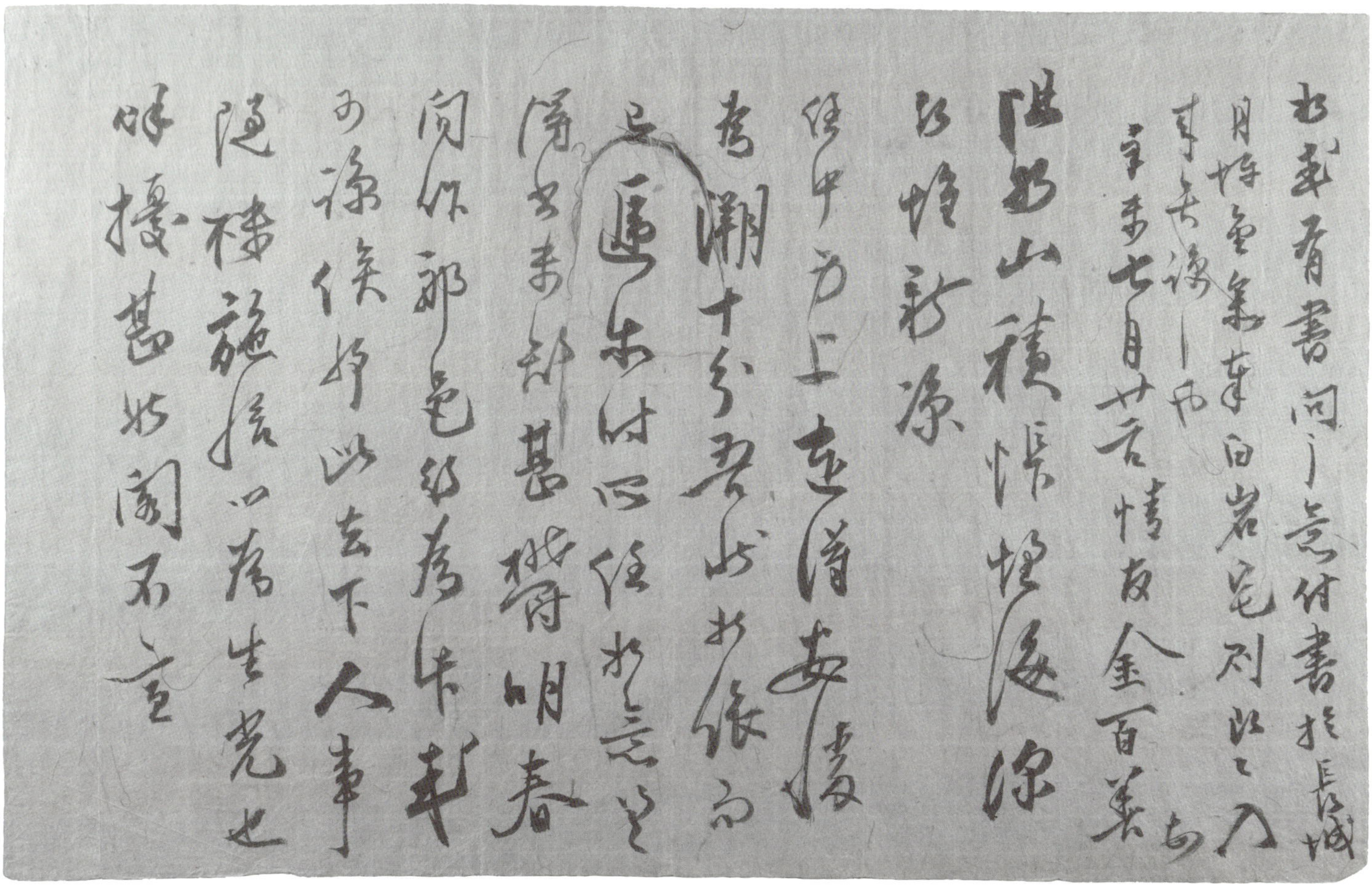

辛未年 7월 22일에 情友 金百善이 미상자에게 보낸 편지

書簡 96

己丑, 43×22.8

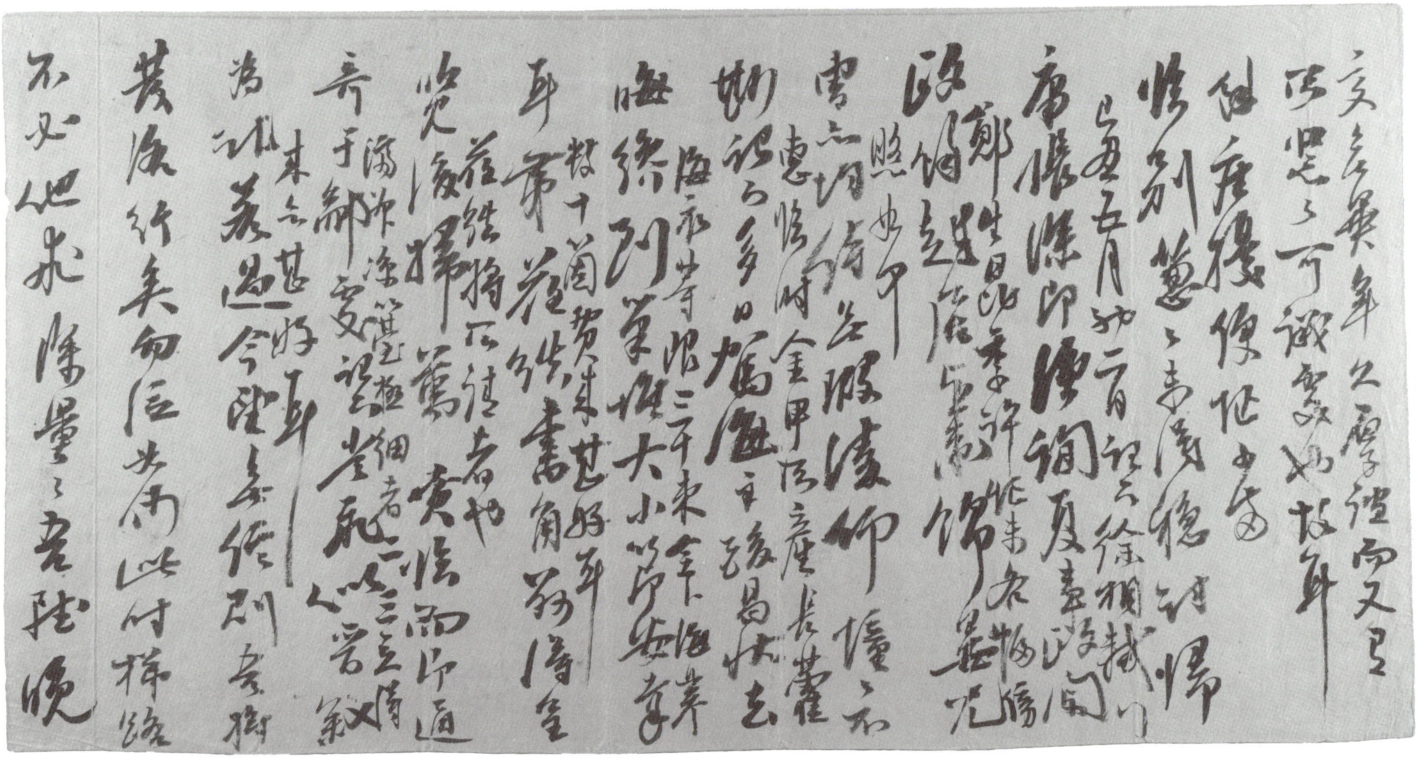

己丑年 5월 2일에 記下 徐相軾이 미상자에게 보낸 편지

書簡 97

庚寅, 41.5×25.5

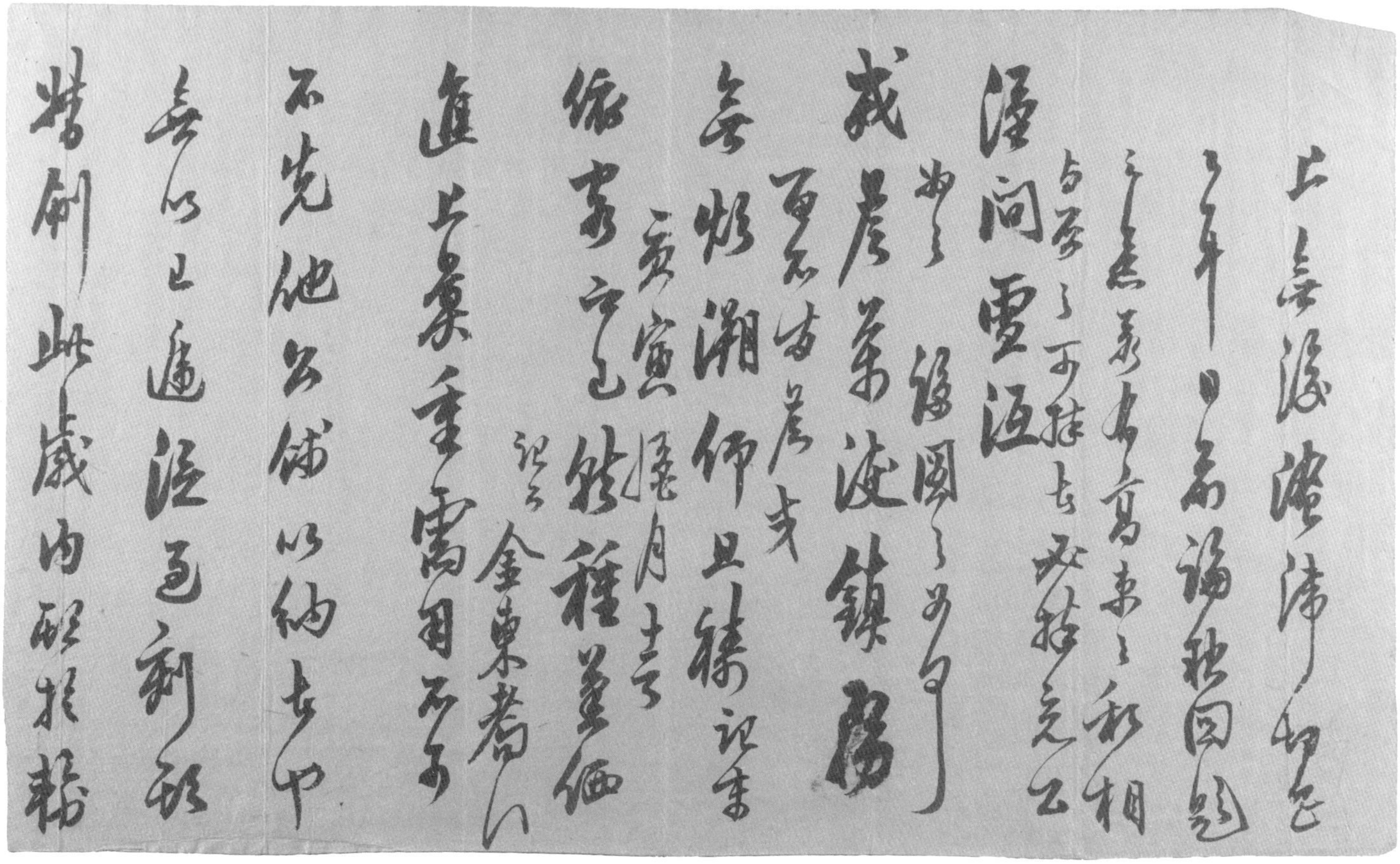

庚寅年 12월 12일에 記下 金東耉가 미상자[戎候]에게 보낸 편지

書簡 98

庚寅, 42×27

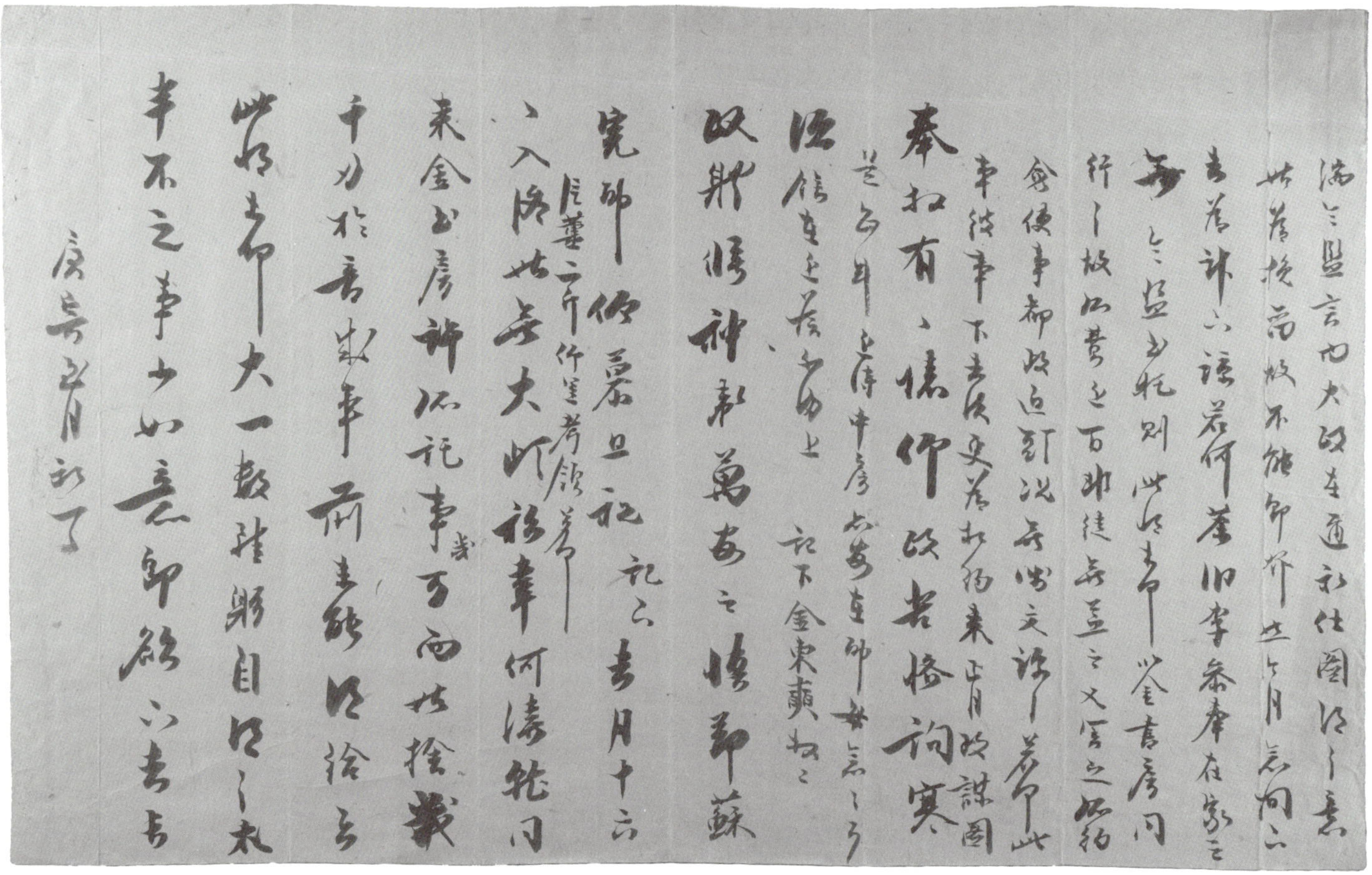

庚寅年 11월 1일에 記下 金東奭이 미상자에게 보낸 편지

書簡 99

己巳, 39.5×27

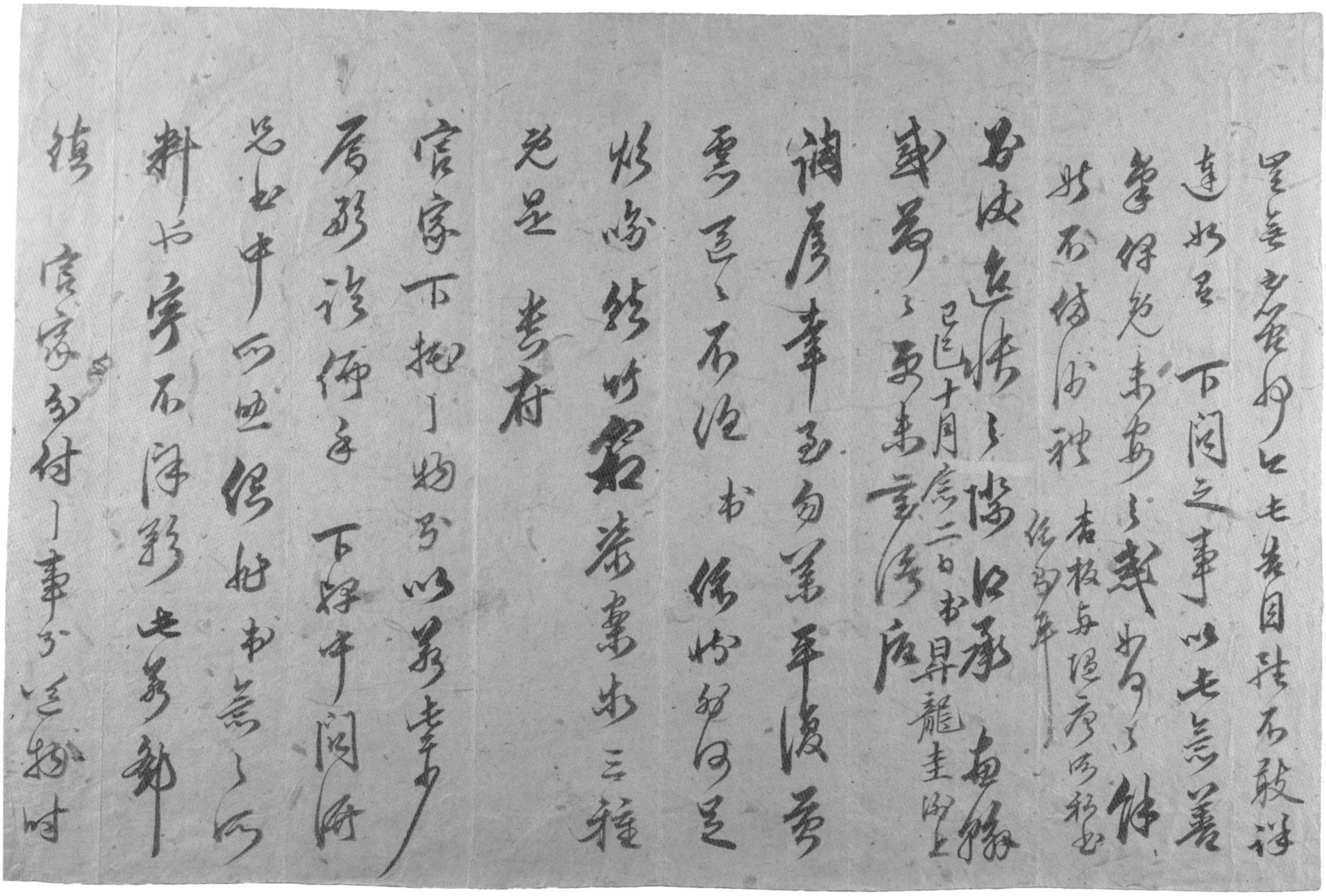

己巳年 10월 22일에 弟 昇龍圭가 미상자에게 보낸 편지

書簡 100

丁未, 40.5×30

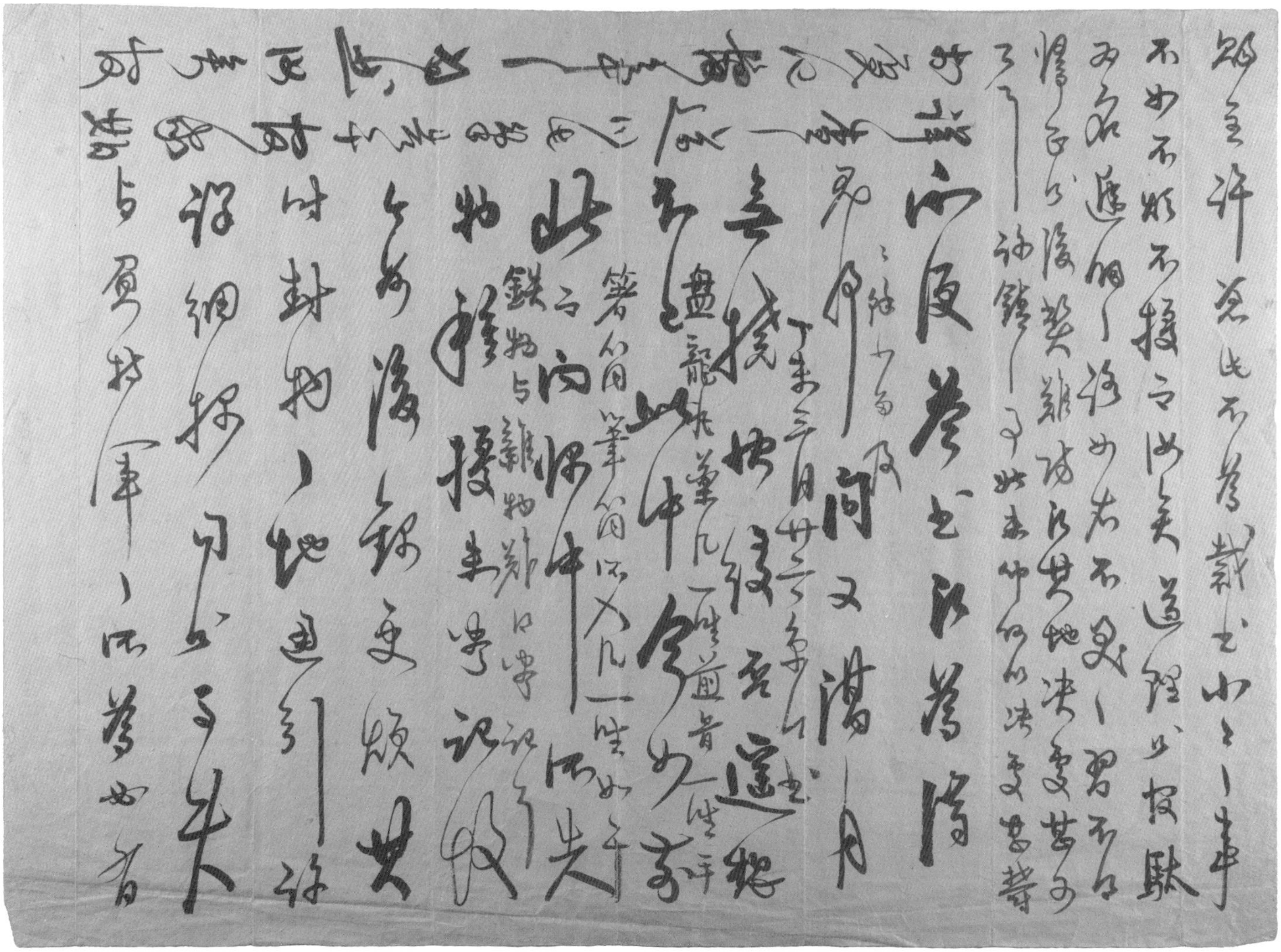

丁未年 3월 22일에 京口에서 보낸 편지

書簡 101

丁未, 41.5×29.5

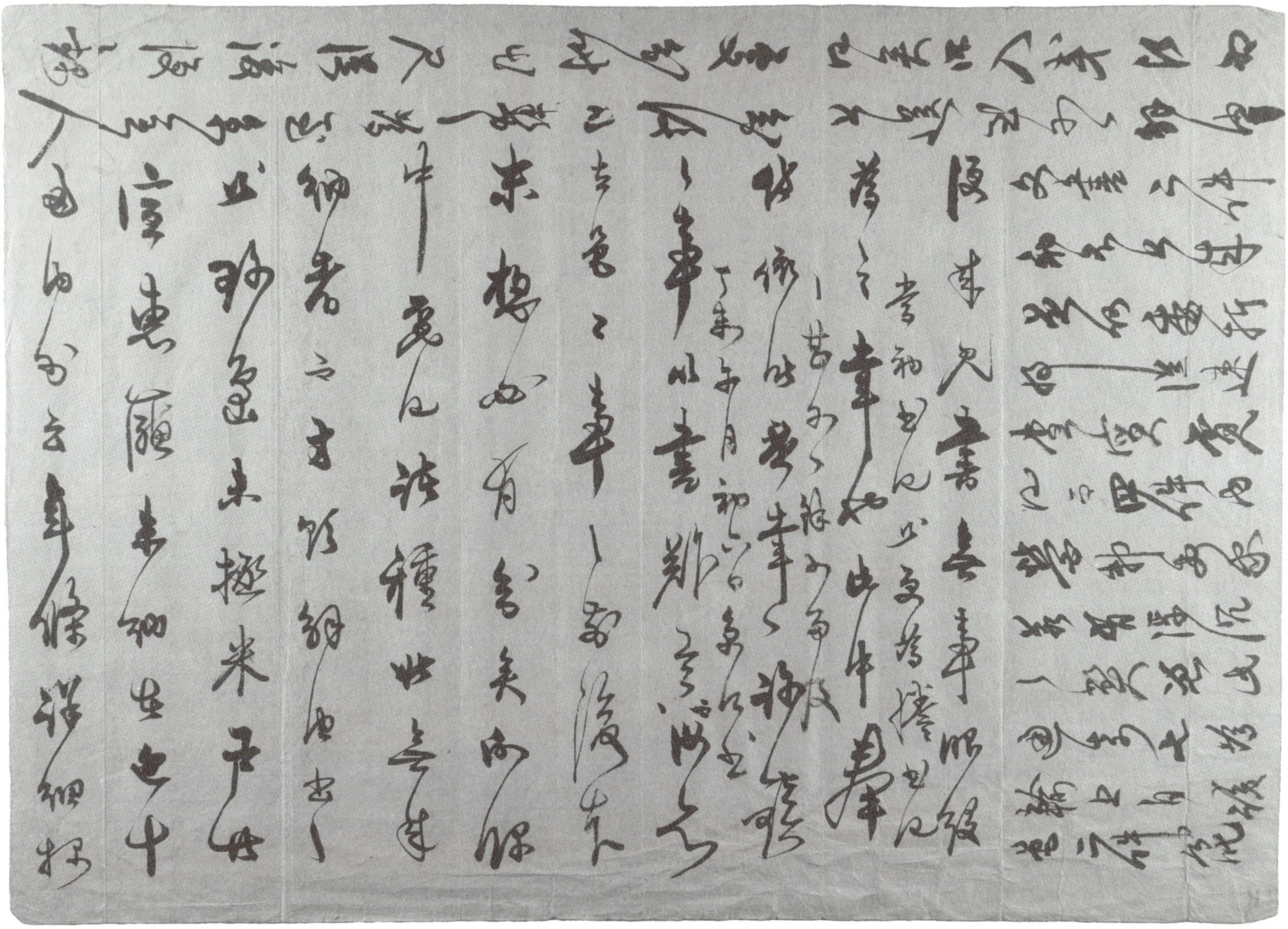

丁未年 5월 6일에 京口에서 보낸 편지

書簡 102

丁未, 41×29

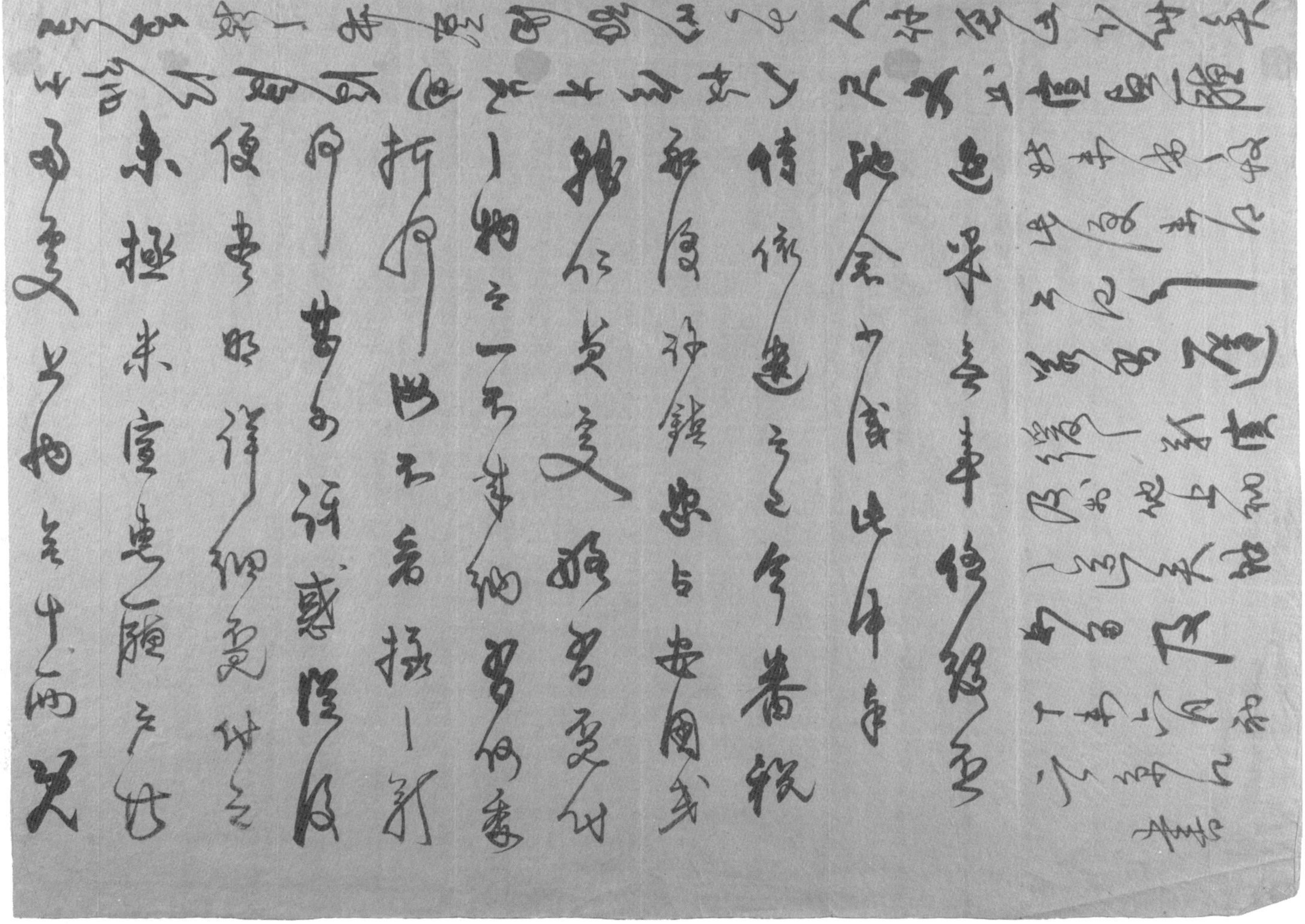

丁未年 6월 2일에 京口에서 미상자에게 보낸 편지

書簡 103

丁未, 41×30

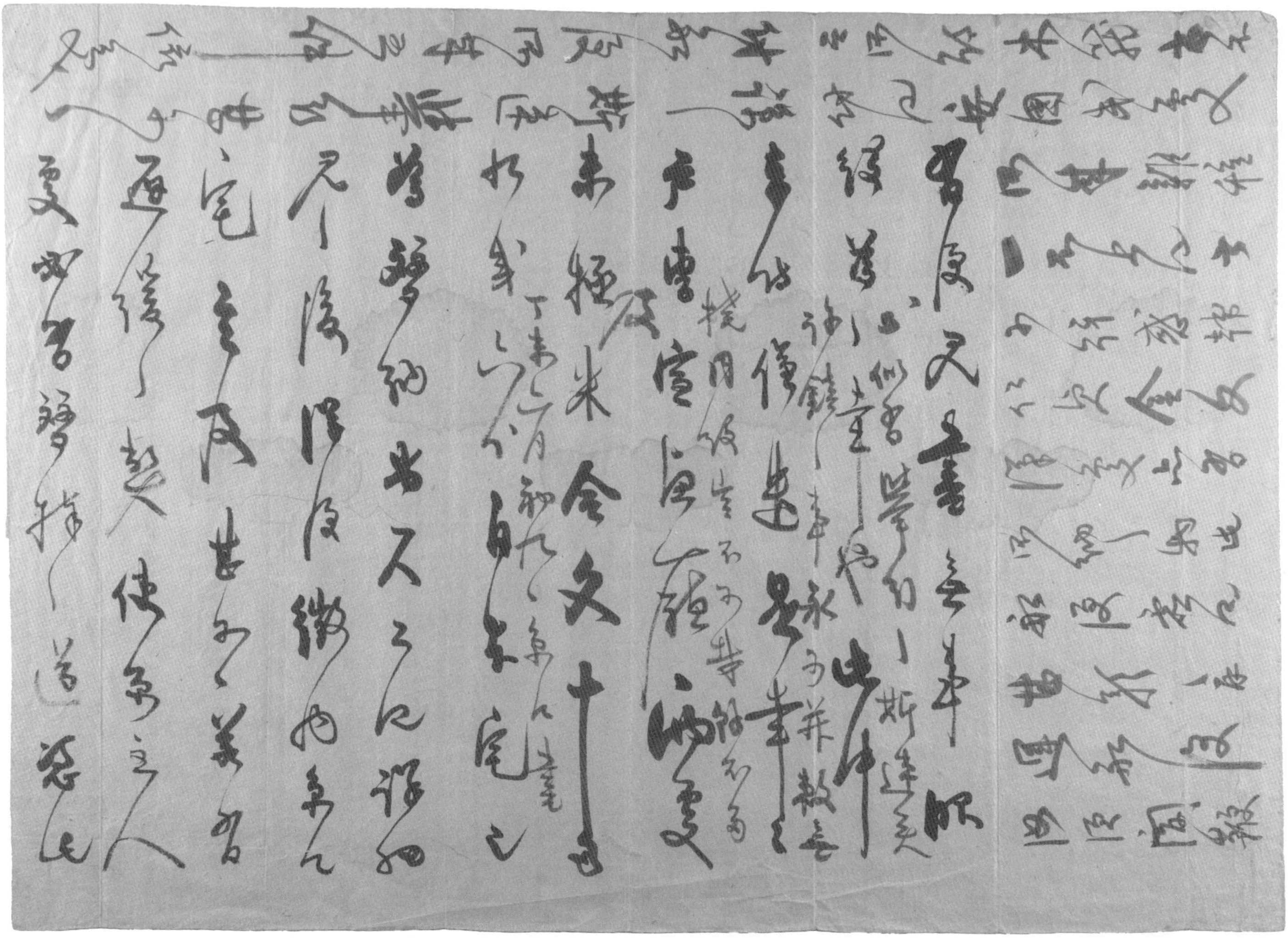

丁未年 6월 9일에 京口에서 미상자에게 보낸 편지

書簡 104

戊辰, 42.8×29

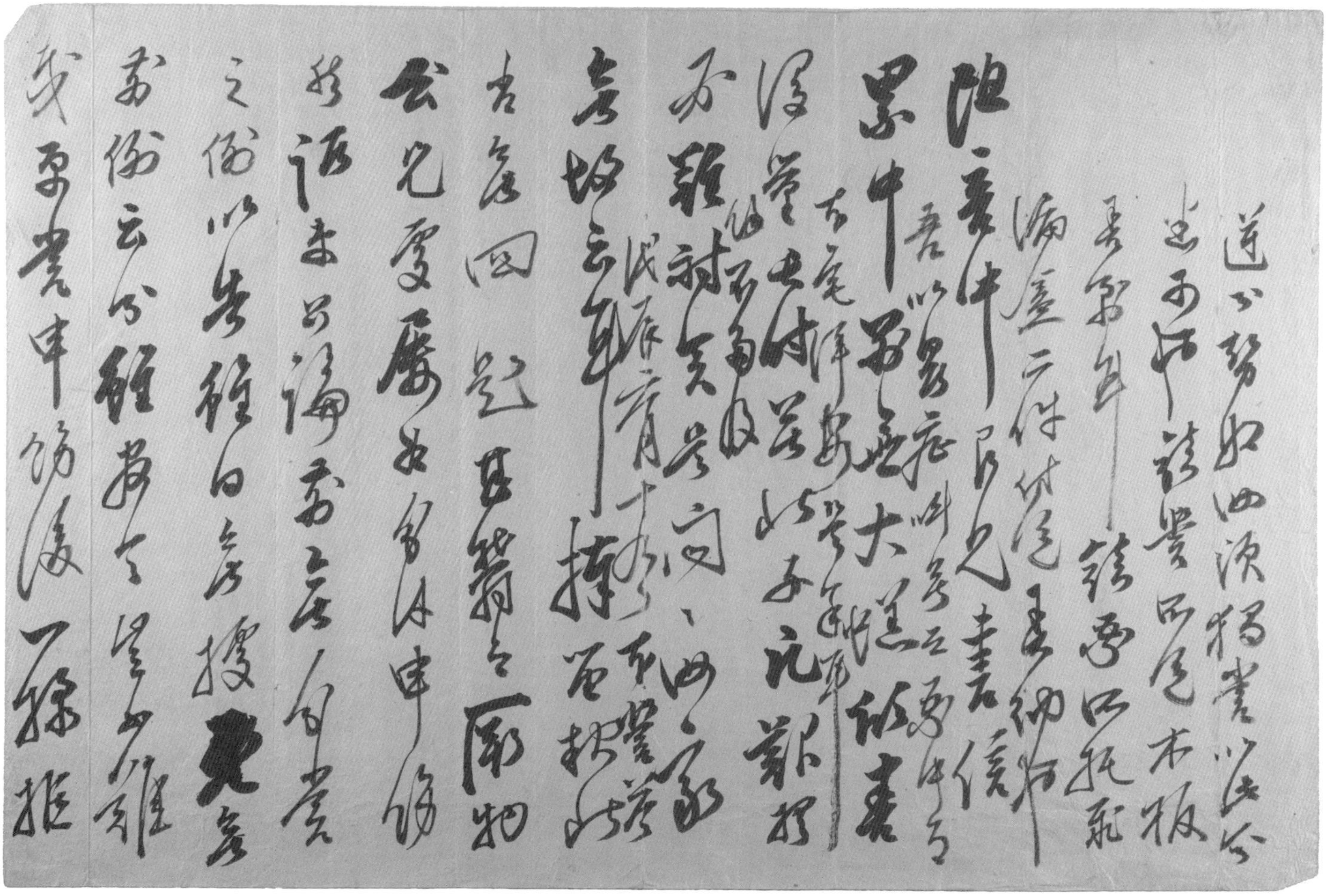

戊辰年 6월 19일에 本營에서 보낸 답장 편지

書簡 105

戊辰, 43.5×26.5

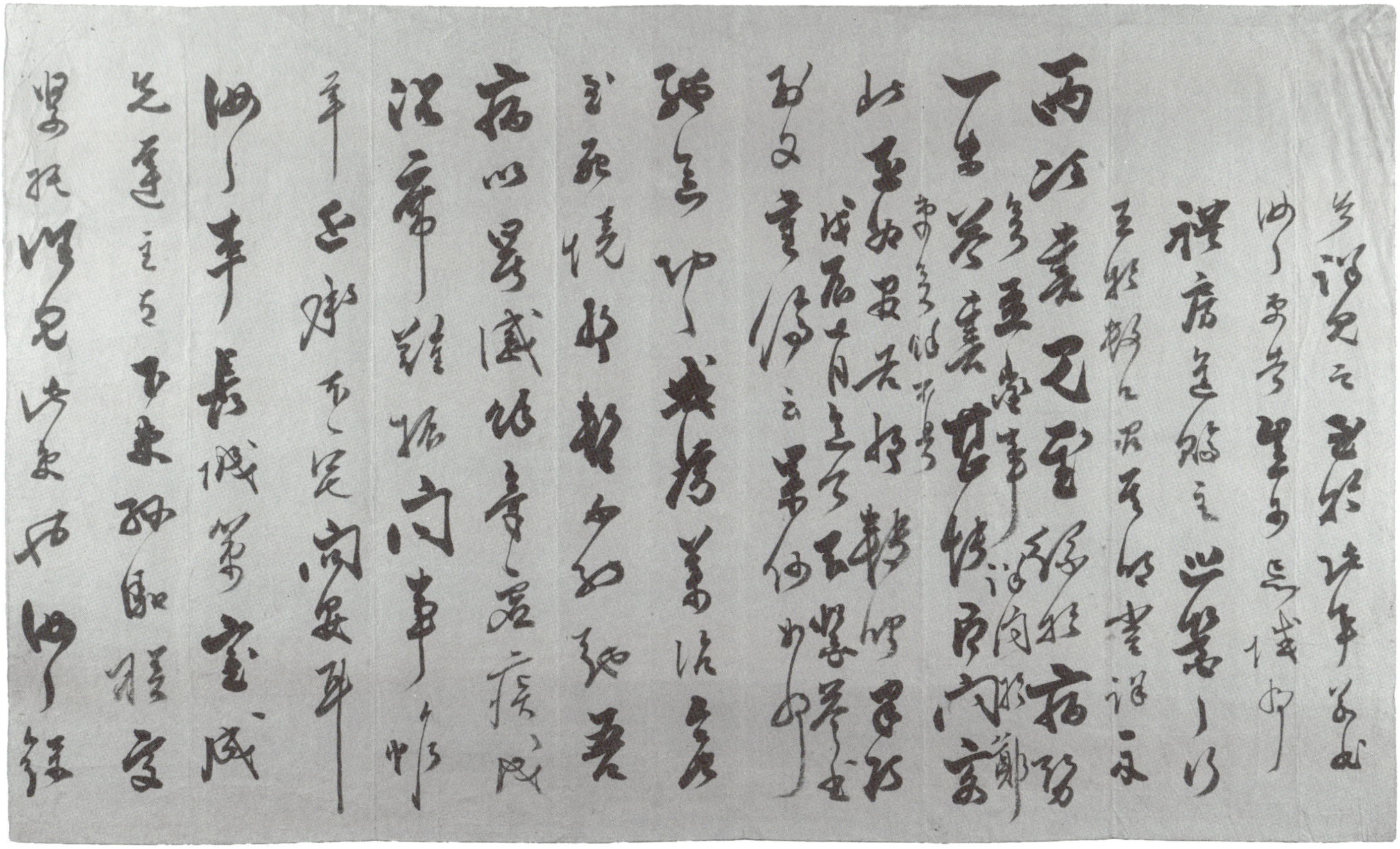

戊辰年 7월 21일에 本營에서 보낸 답장 편지

書簡 106

庚寅, 44.5×29

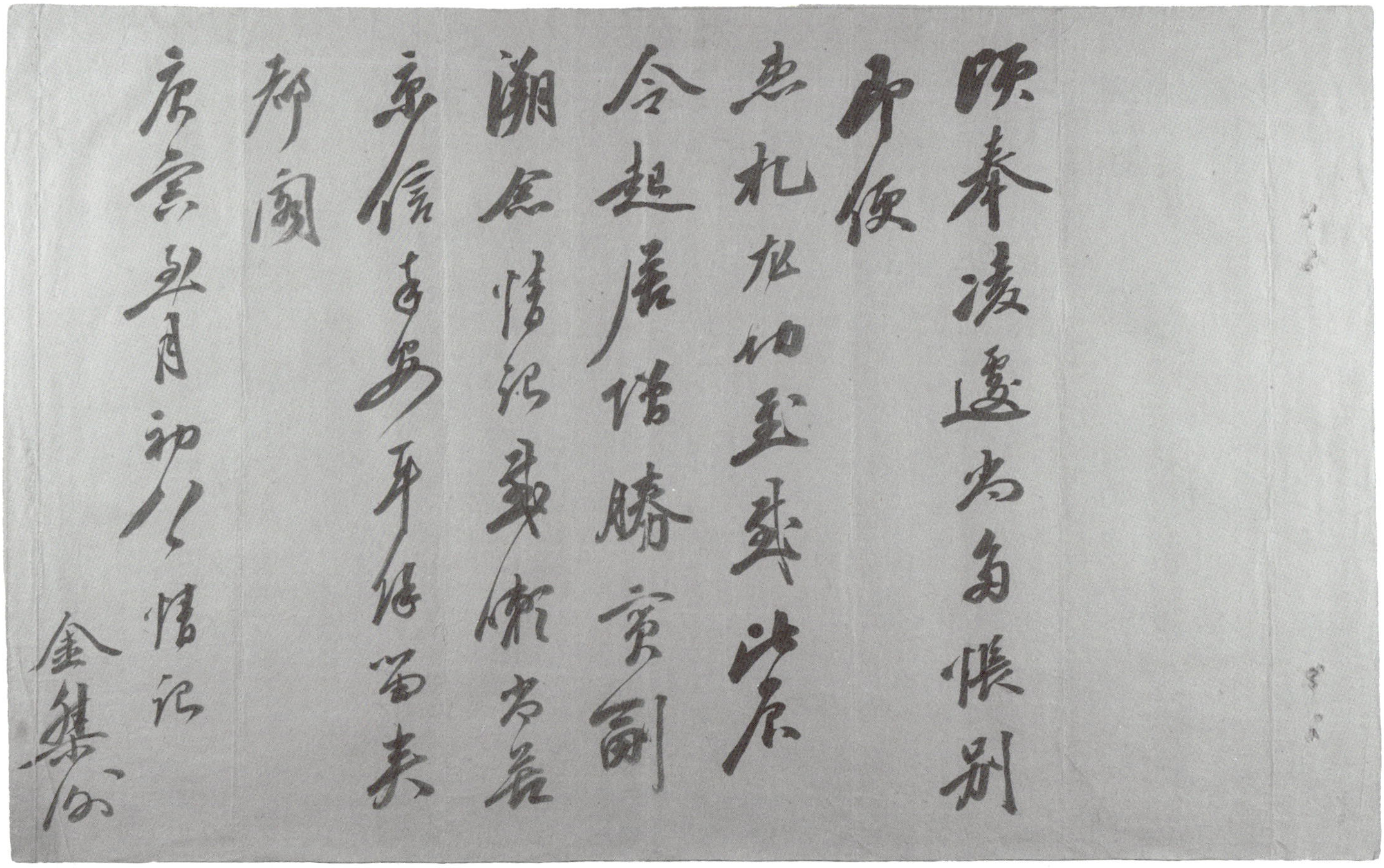

庚寅年 11월 8일에 情記 金桀이 미상자에게 보낸 편지

書簡 107

戊申, 42.5×30

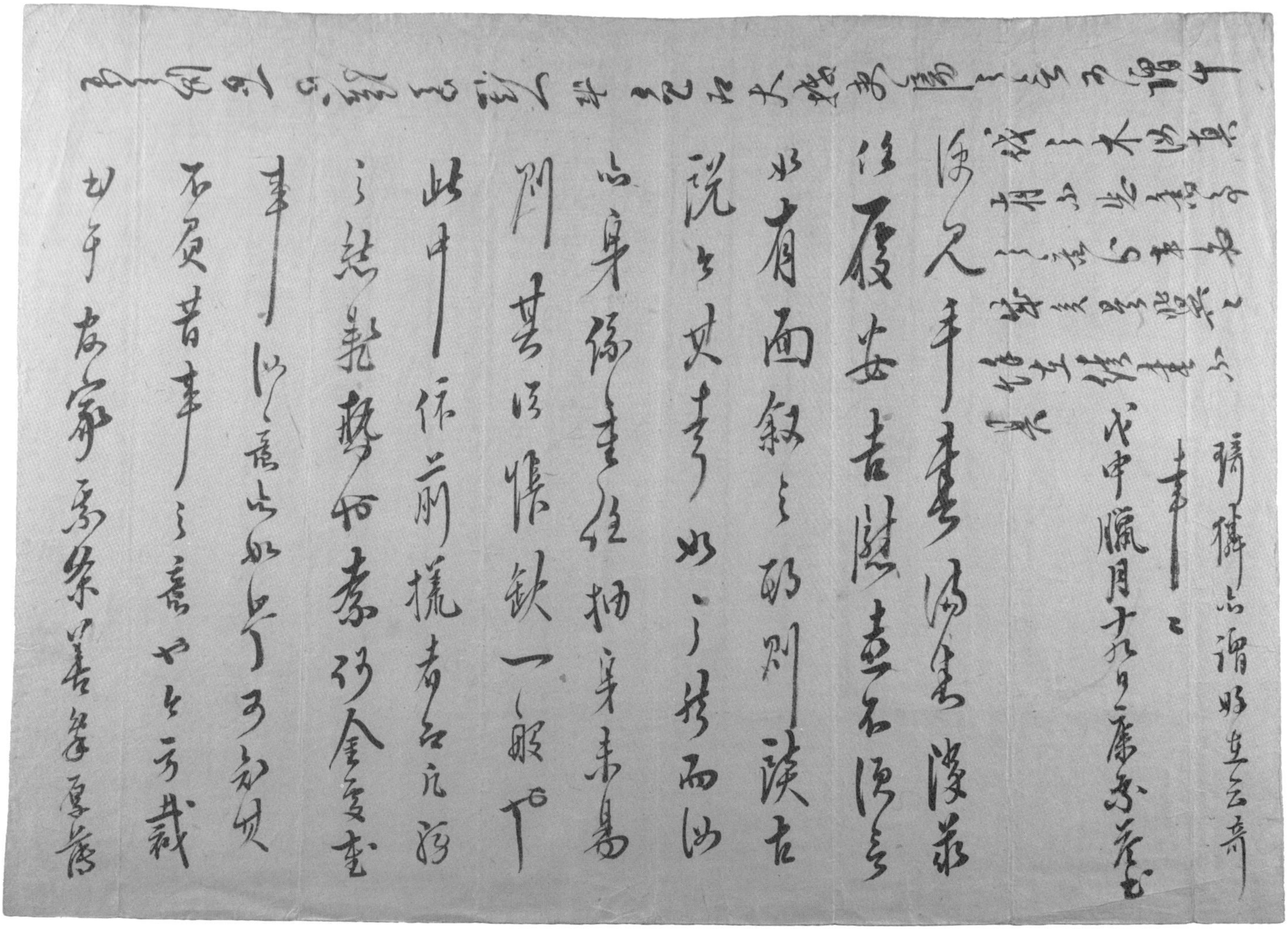

戊申年 12월 19일에 康衙에서 보낸 답장 편지

書簡 108

丁未, 41×30

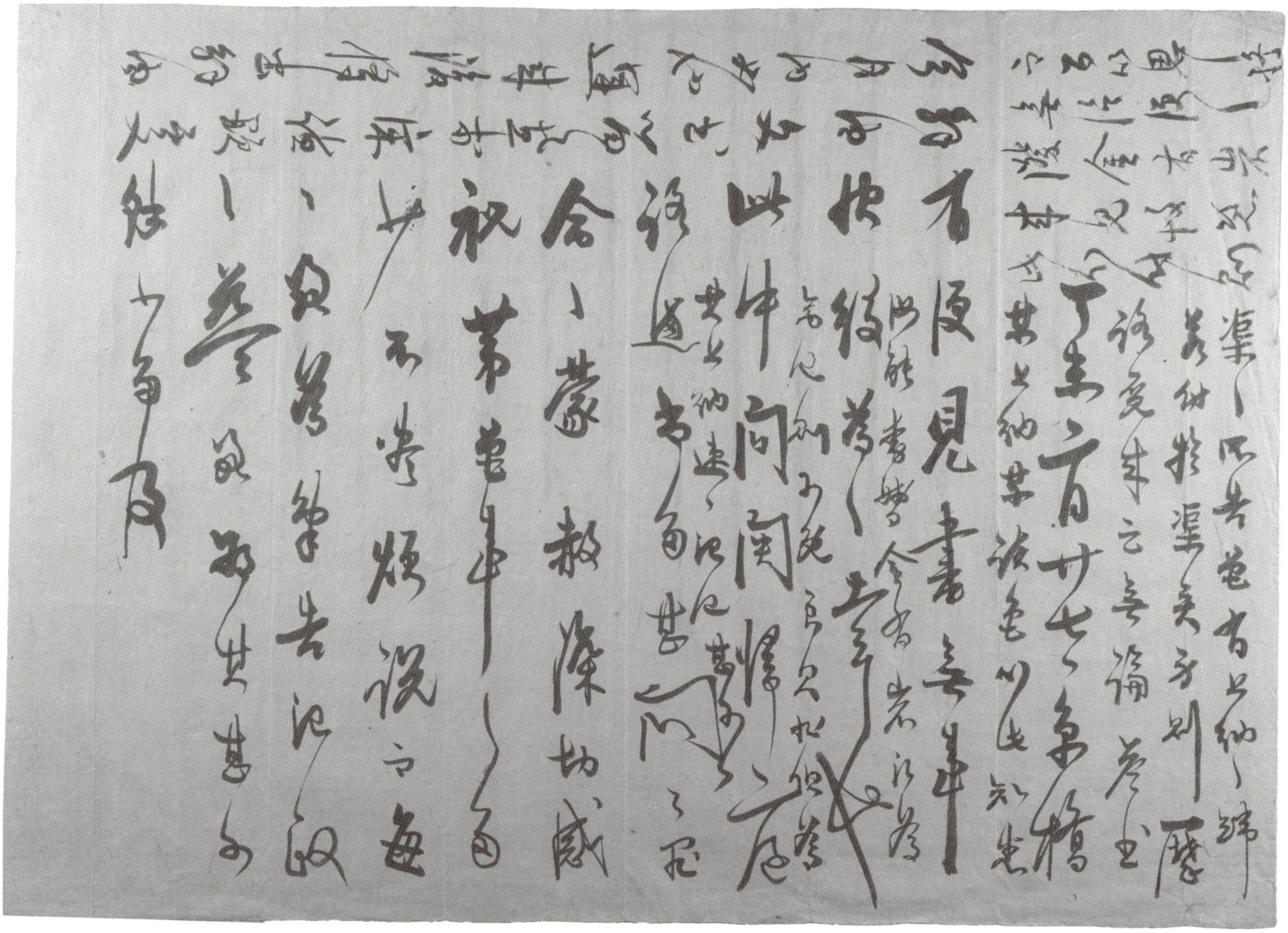

丁未年 2월 27일에 京橋에서 보낸 편지

書簡 109

庚午, 44.8×30

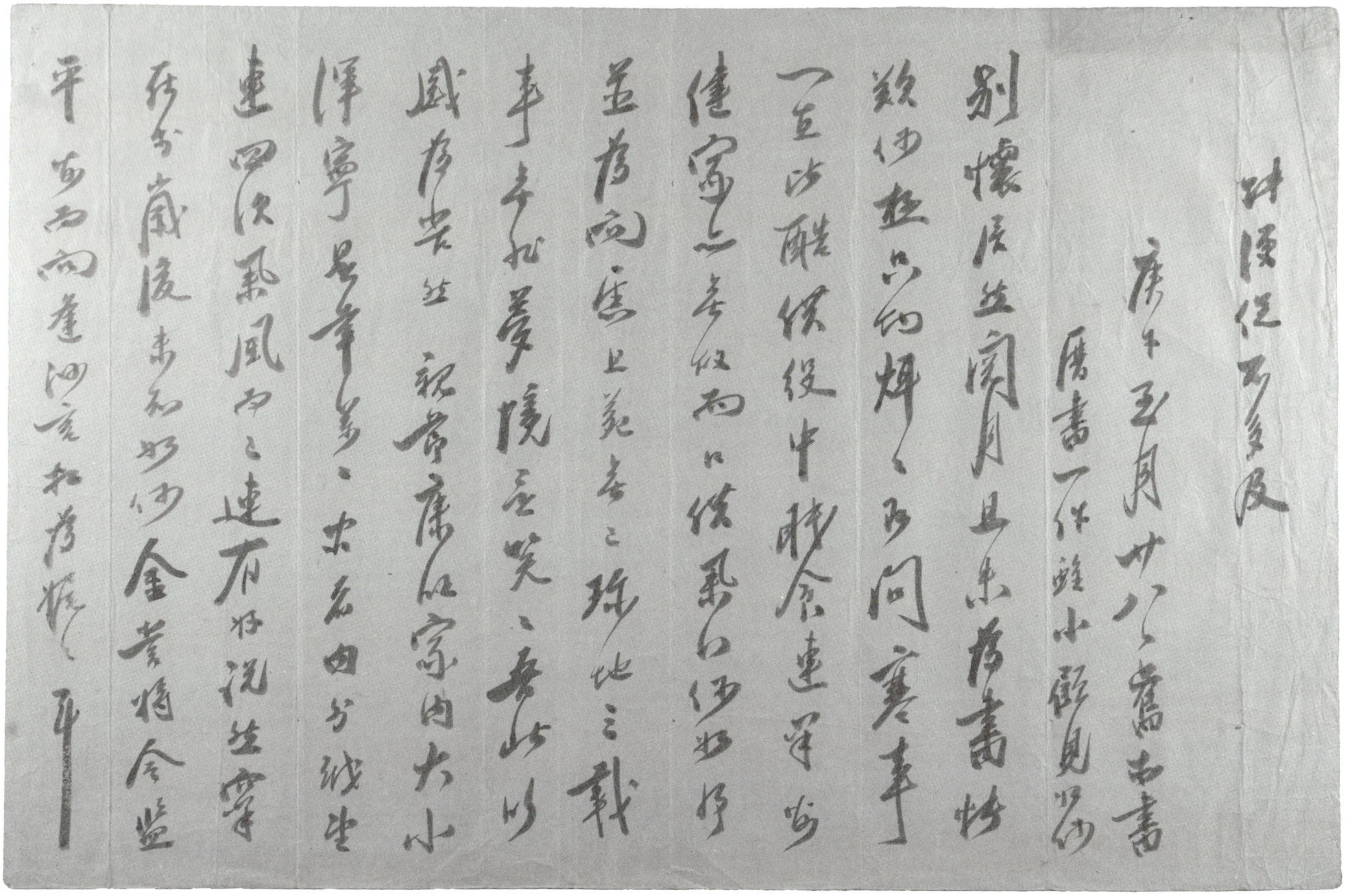

庚午年 11월 28일에 舊等이 미상자에게 보낸 편지

書簡 110

辛未, 32×28

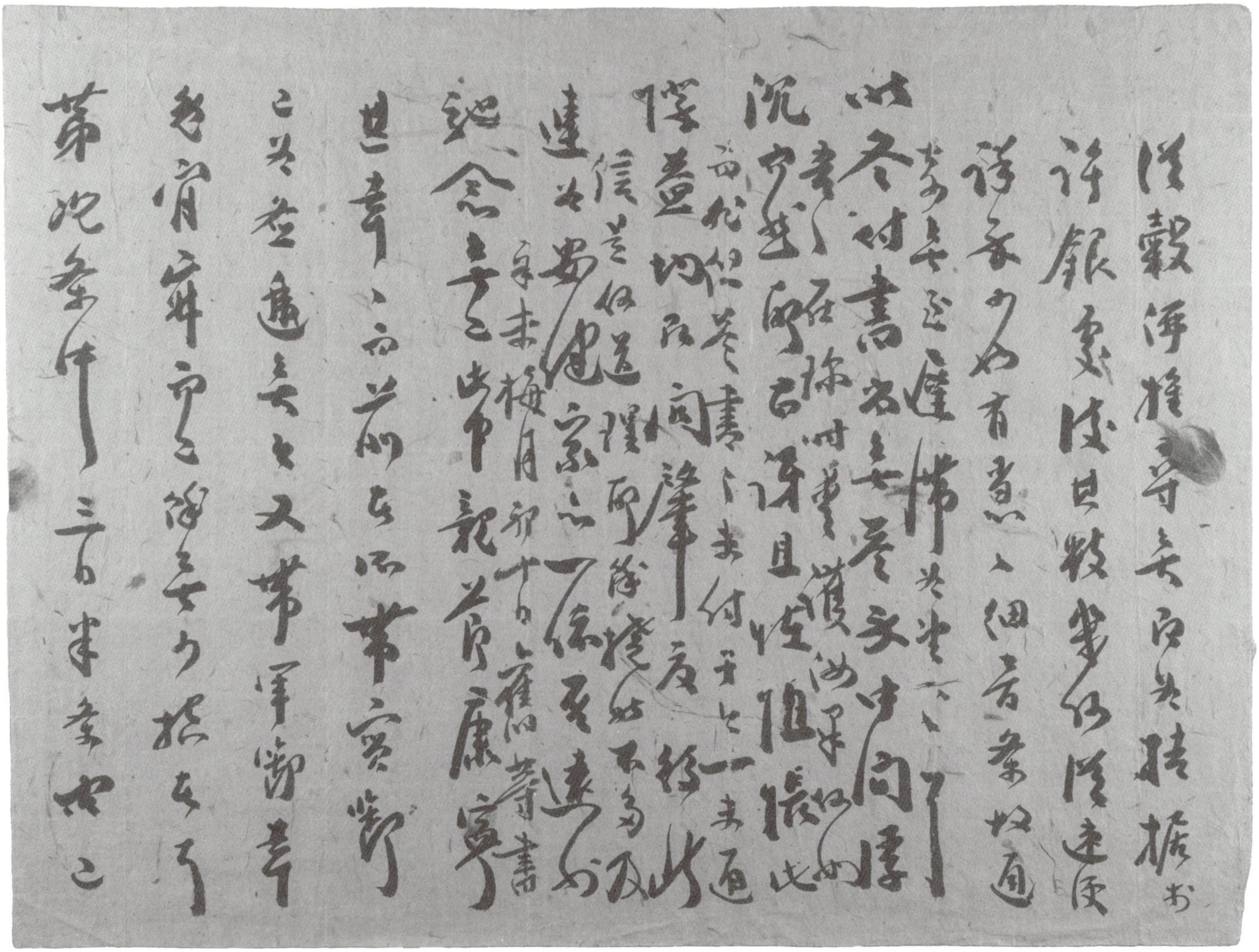

辛未年 10월 10일에 舊等이 미상자에게 보낸 편지

書簡 111

庚○, 49×31

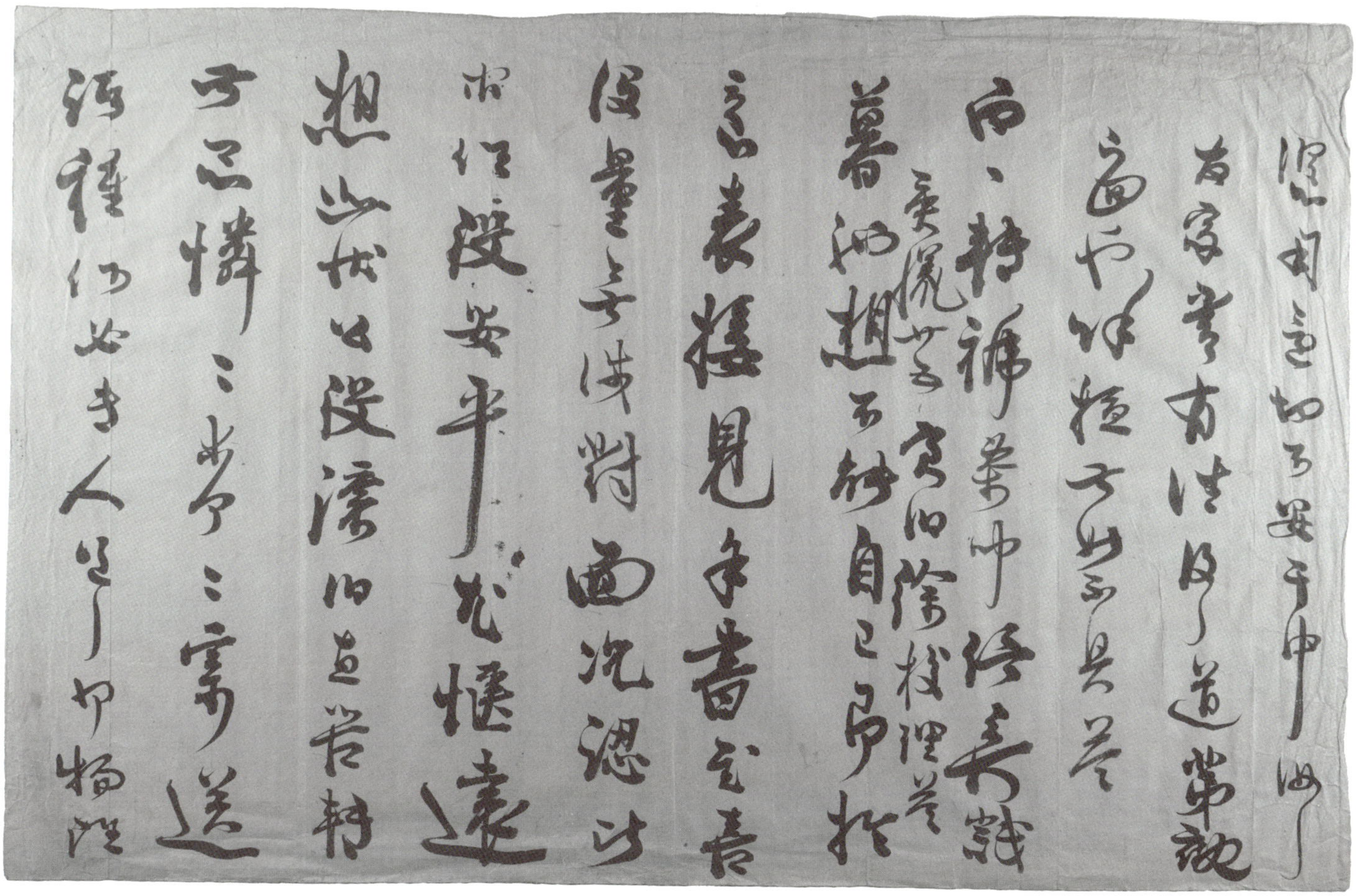

庚○年 12월 25일에 倉洞 徐校理가 보낸 답장 편지

書簡 112

丁未, 38.8×25

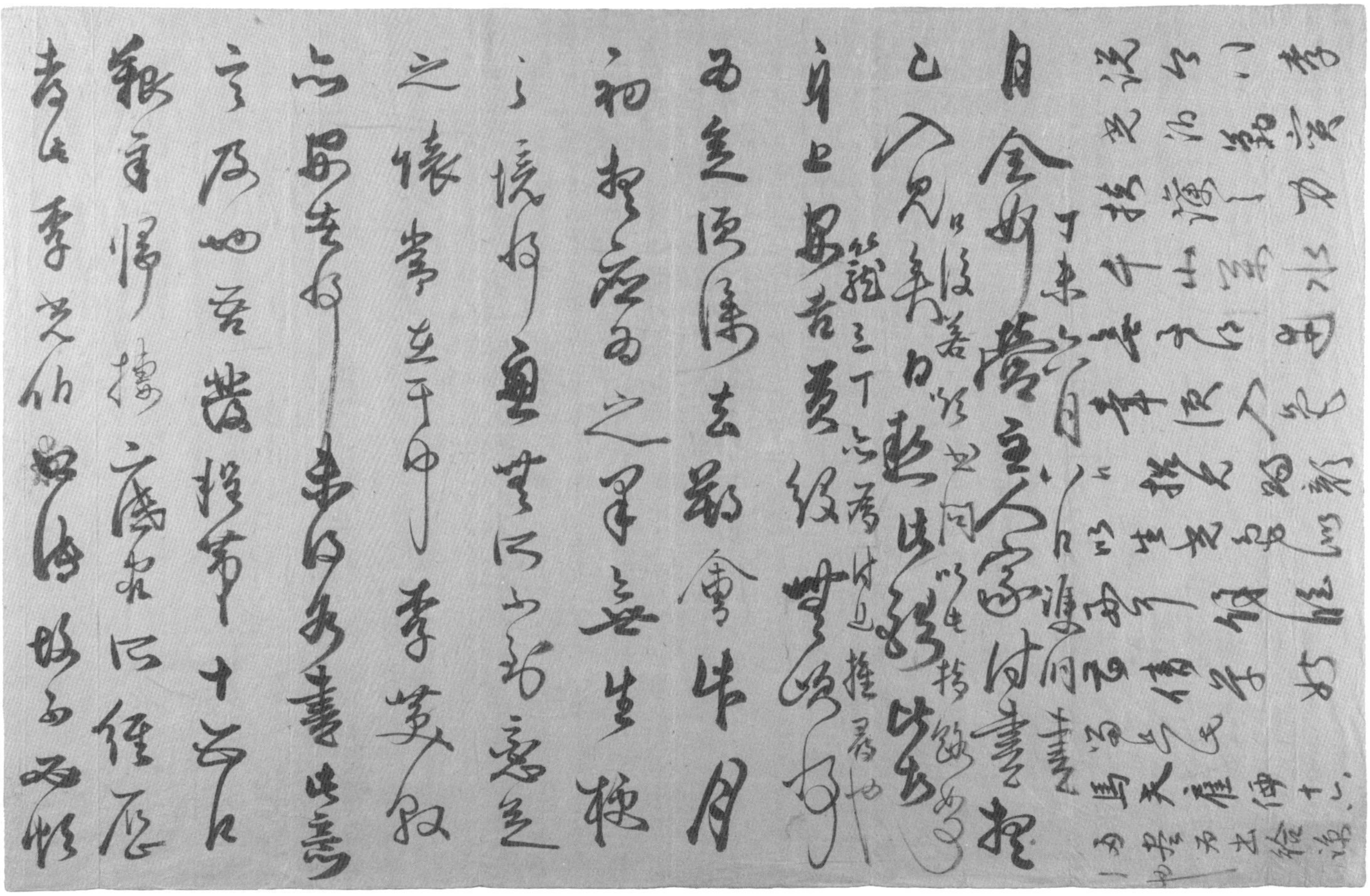

丁未年 6월 8일에 雙洞에서 보낸 편지

書簡 113

庚之, 41.5×25.5

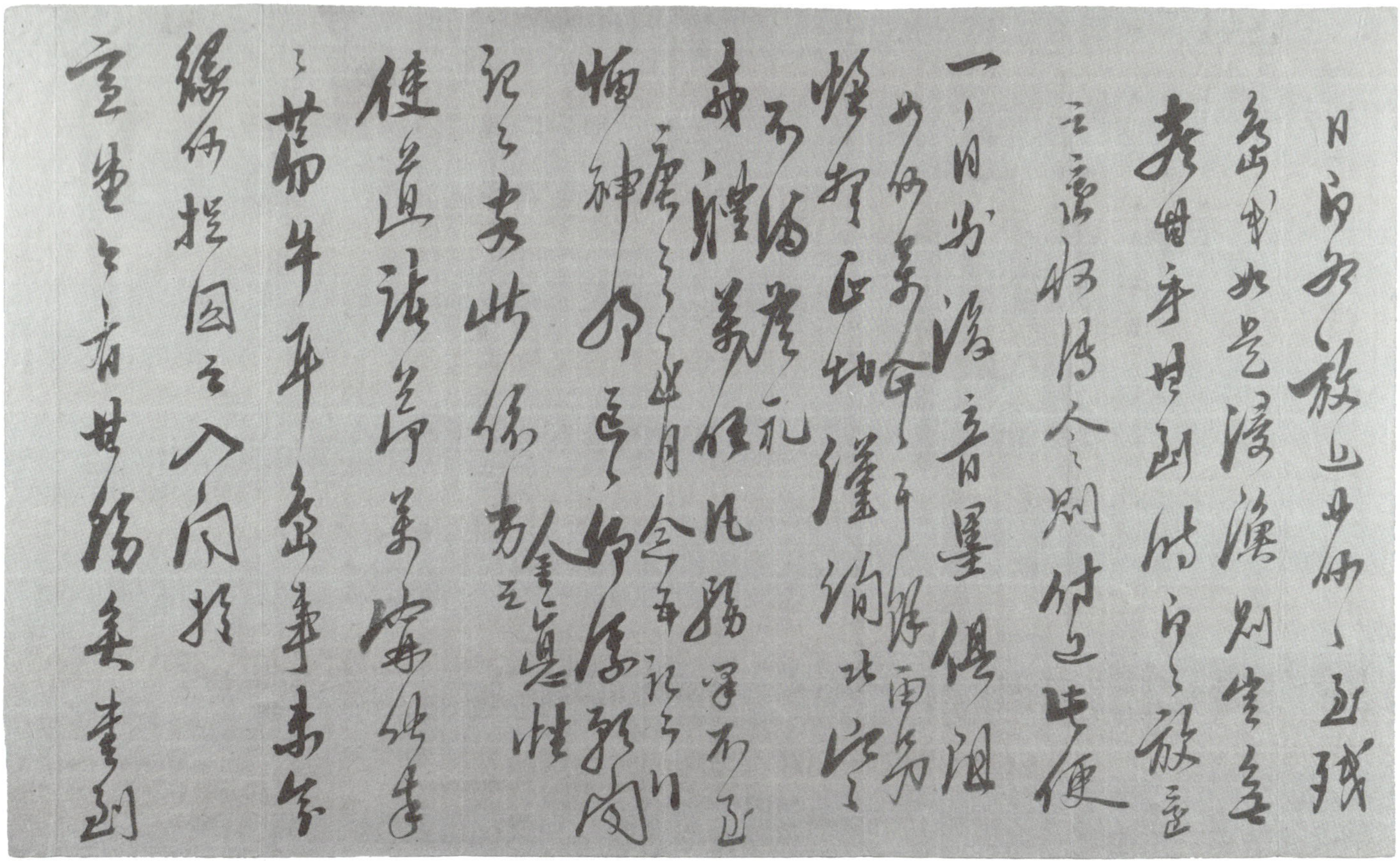

庚之 11월 25일에 記下 金德性이 미상자[戎體]에게 보낸 편지

書簡 114

庚寅, 40×26

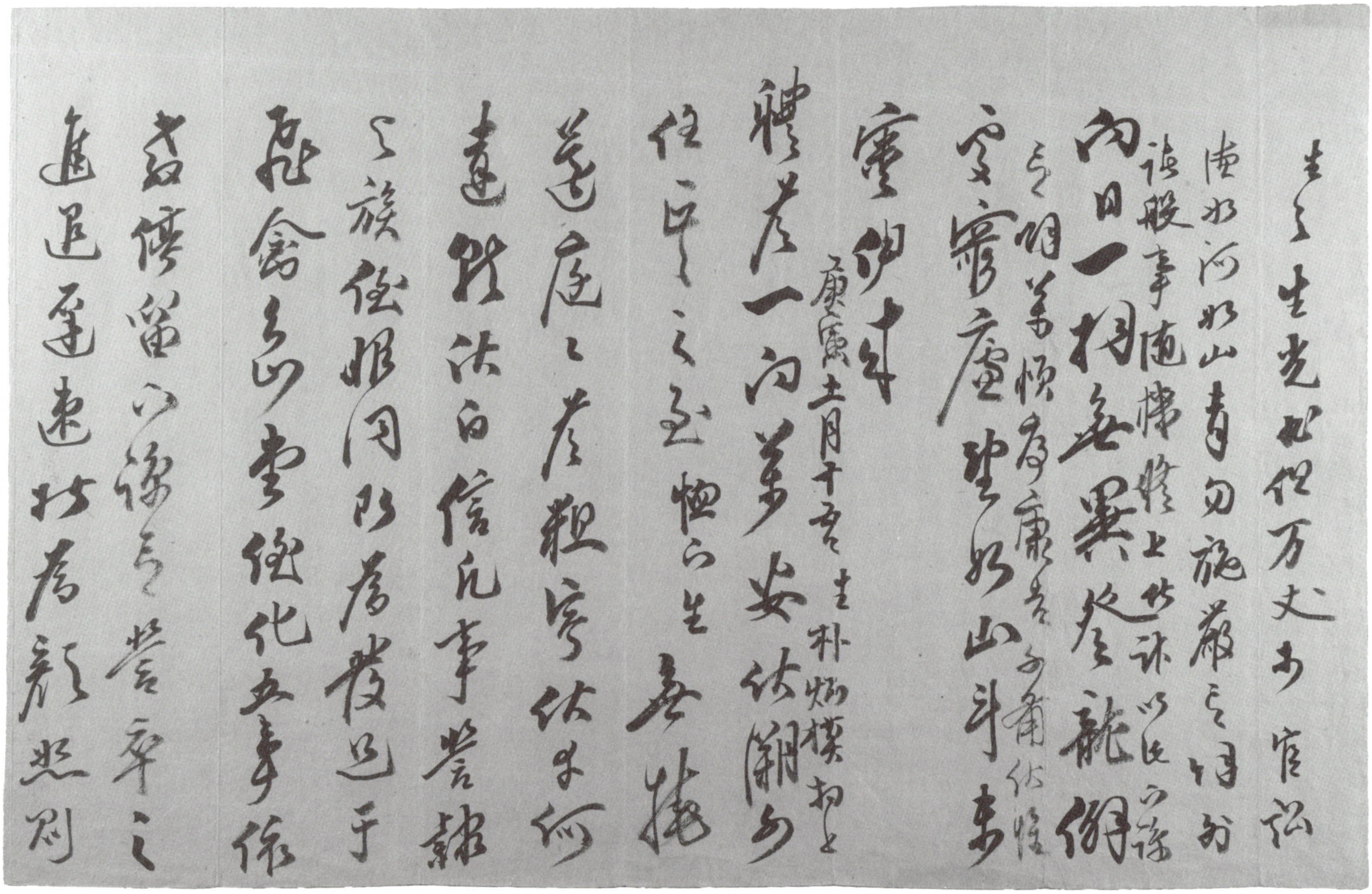

庚寅年 11월 15일에 生 朴炳模가 미상자에게 보낸 편지

書簡 115

辛卯, 41×27

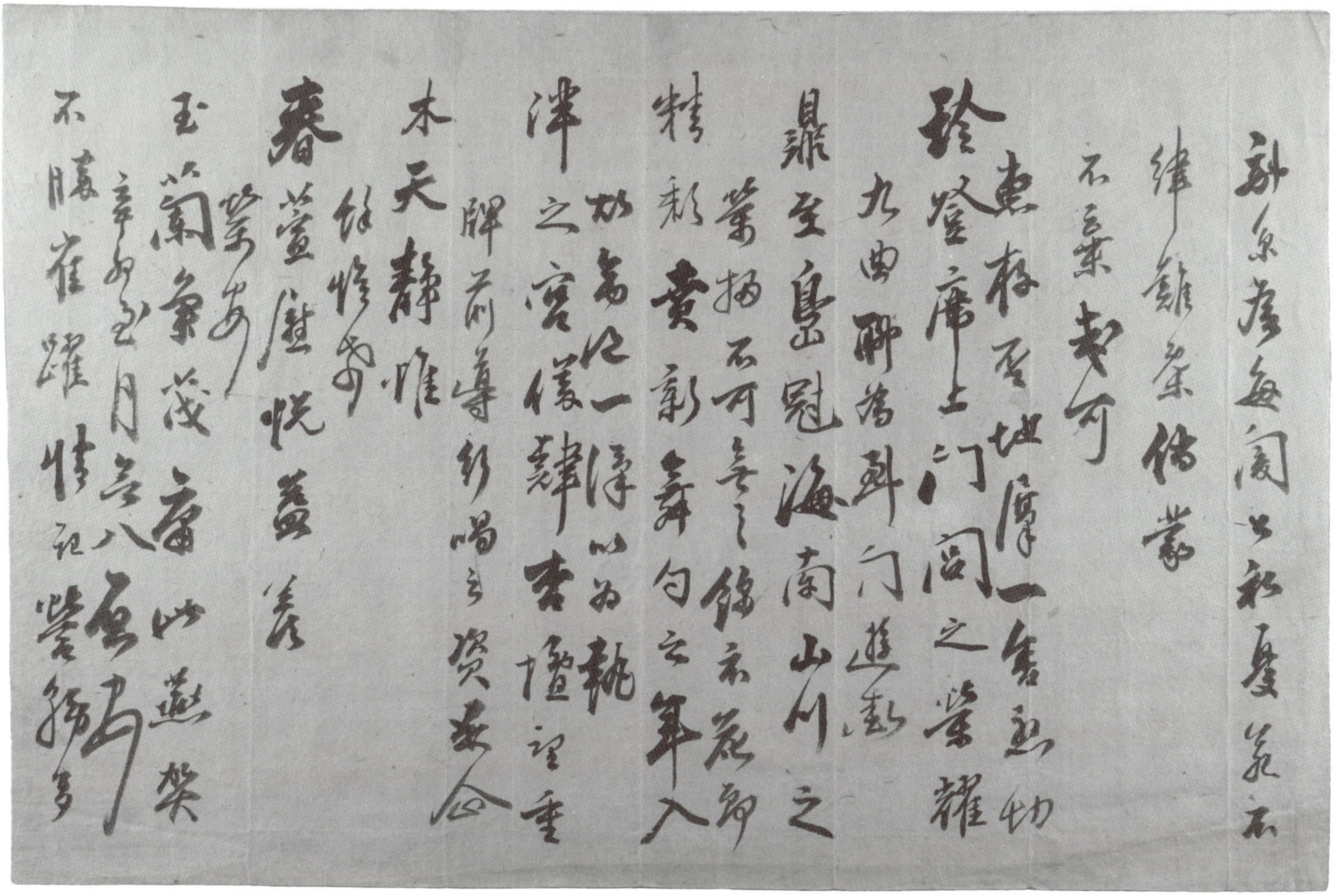

辛卯年 11월 28일에 原이 미상자에게 보낸 편지

書簡 116

庚○, 43×28.5

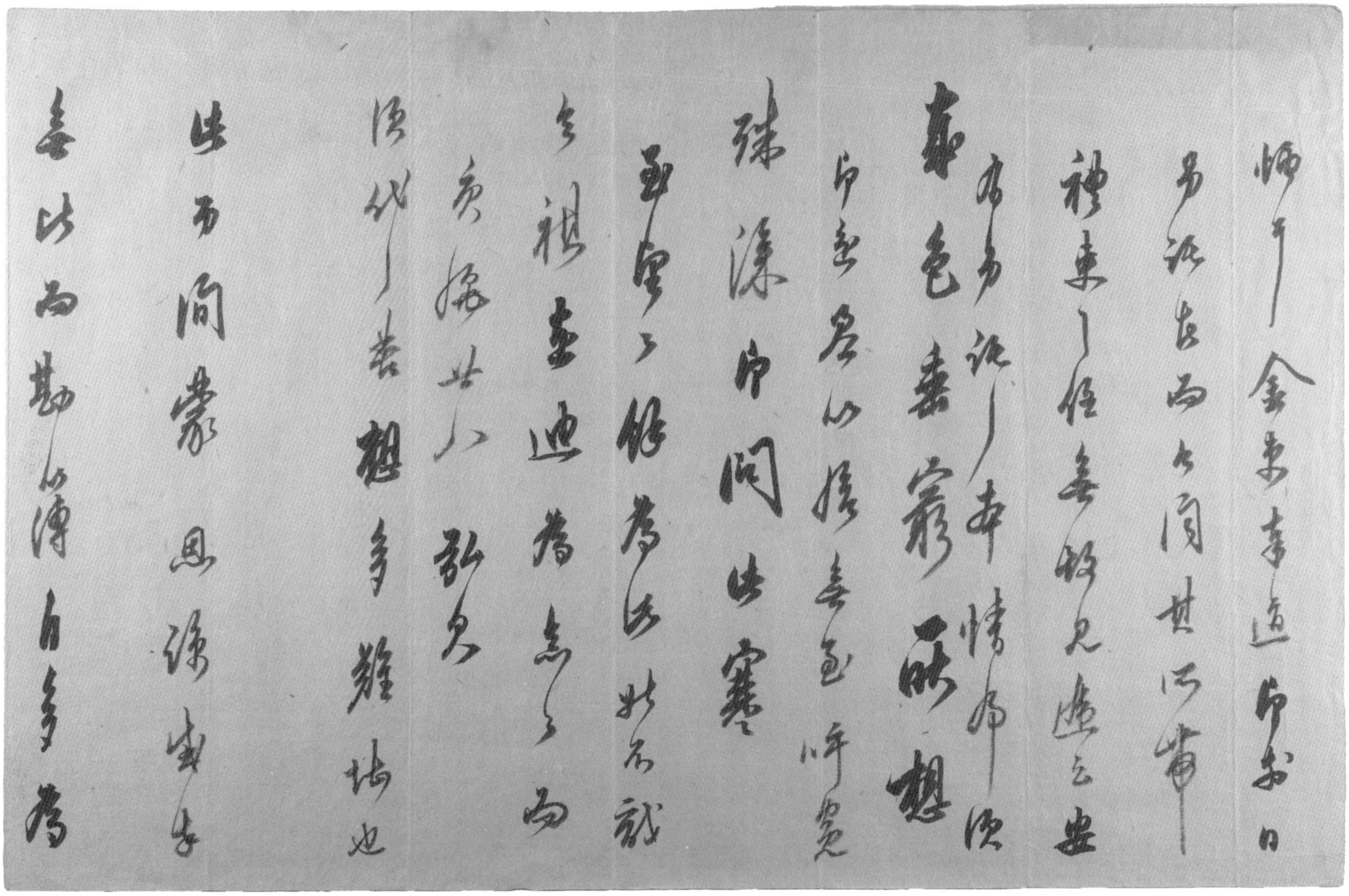

庚○年 12월 28일에 弘이 미상자에게 보낸 편지

書簡 117

辛卯, 42.5×25.8

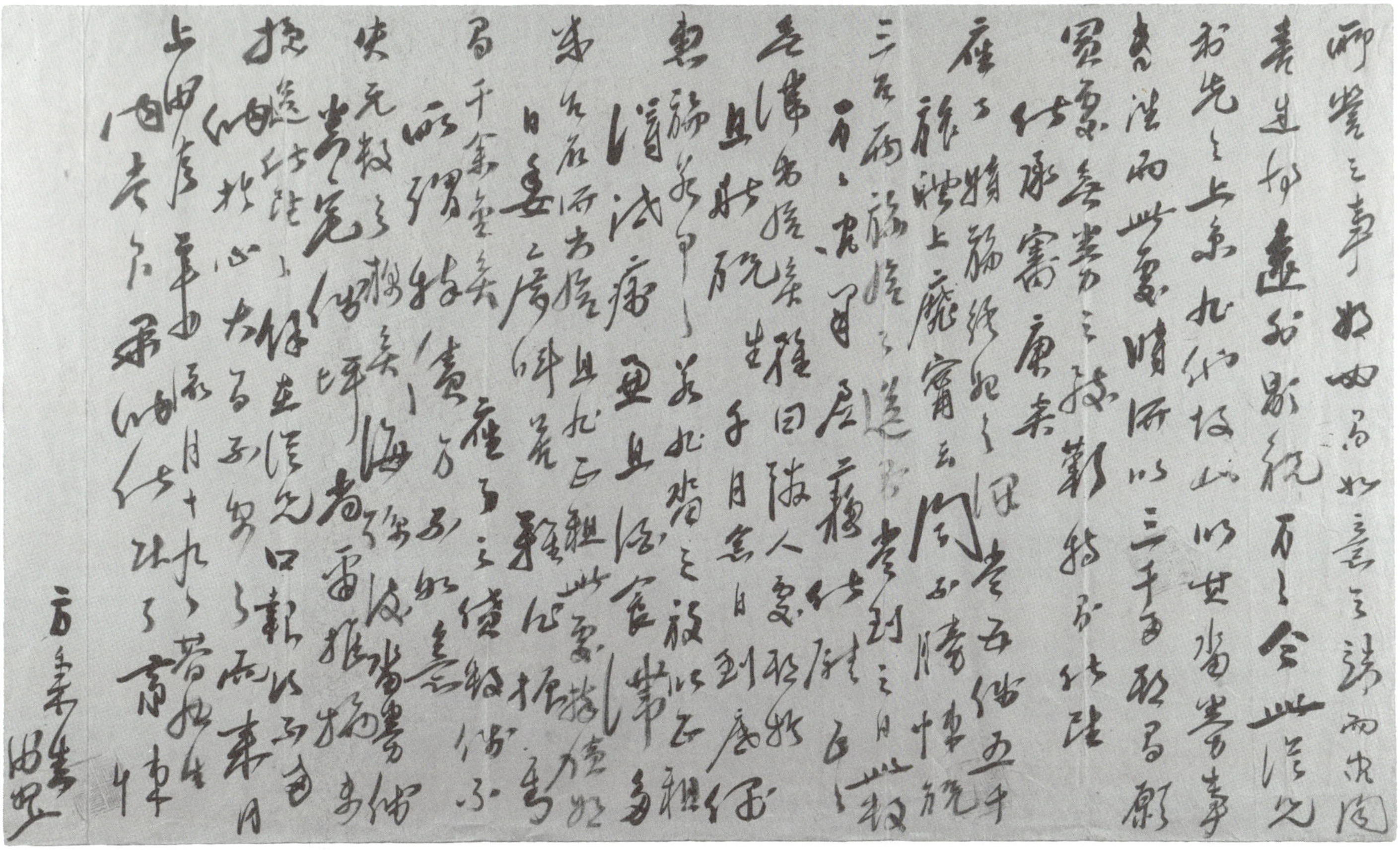

辛卯年 6월 19일에 朞服生 方秉圭가 미상자에게 보낸 편지

書簡 118

辛卯, 40×25.8

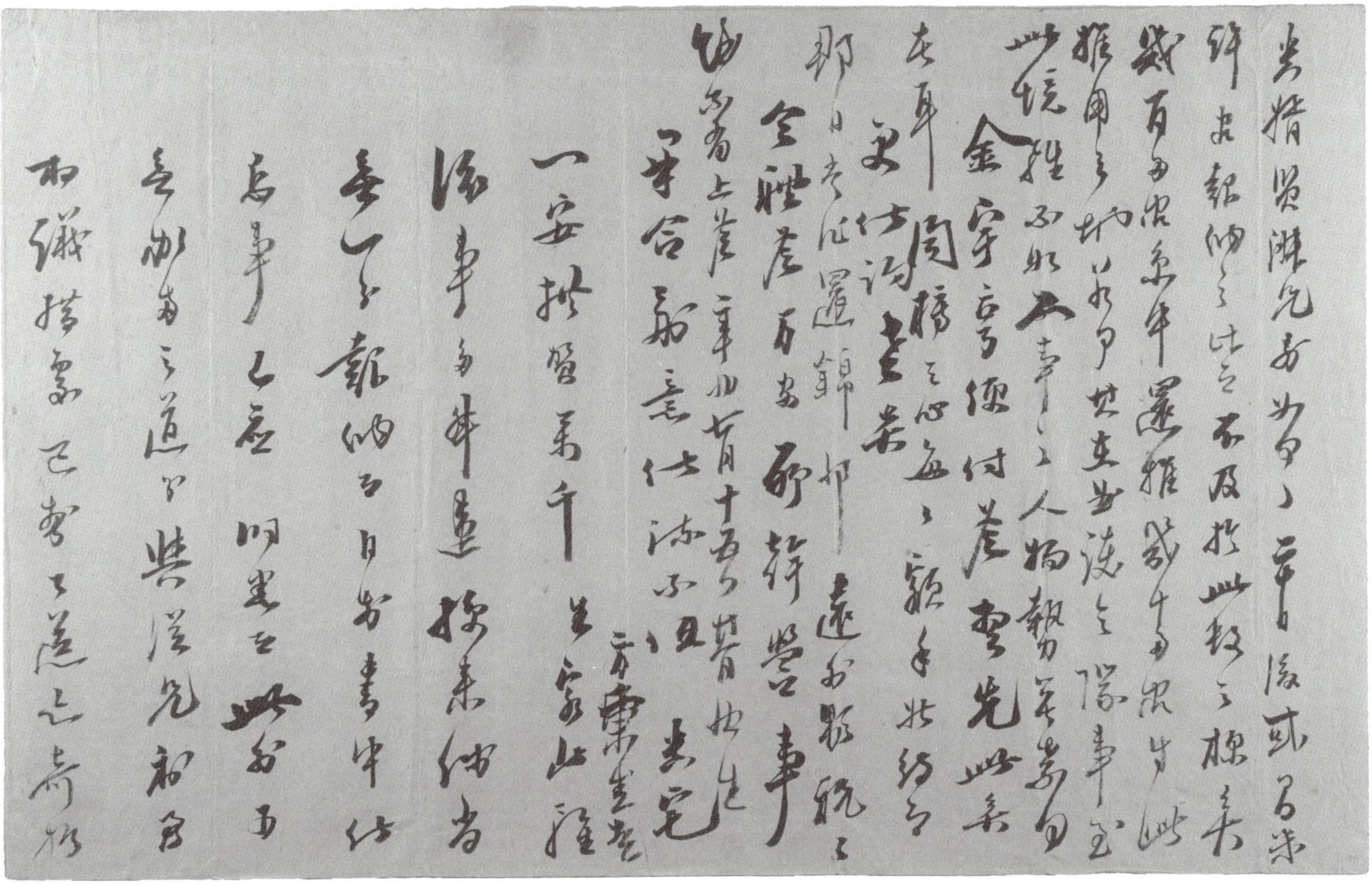

辛卯年 7월 15일에 朞服生 方方秉가 미상자에게 보낸 편지

書簡 119

甲午, 37×22

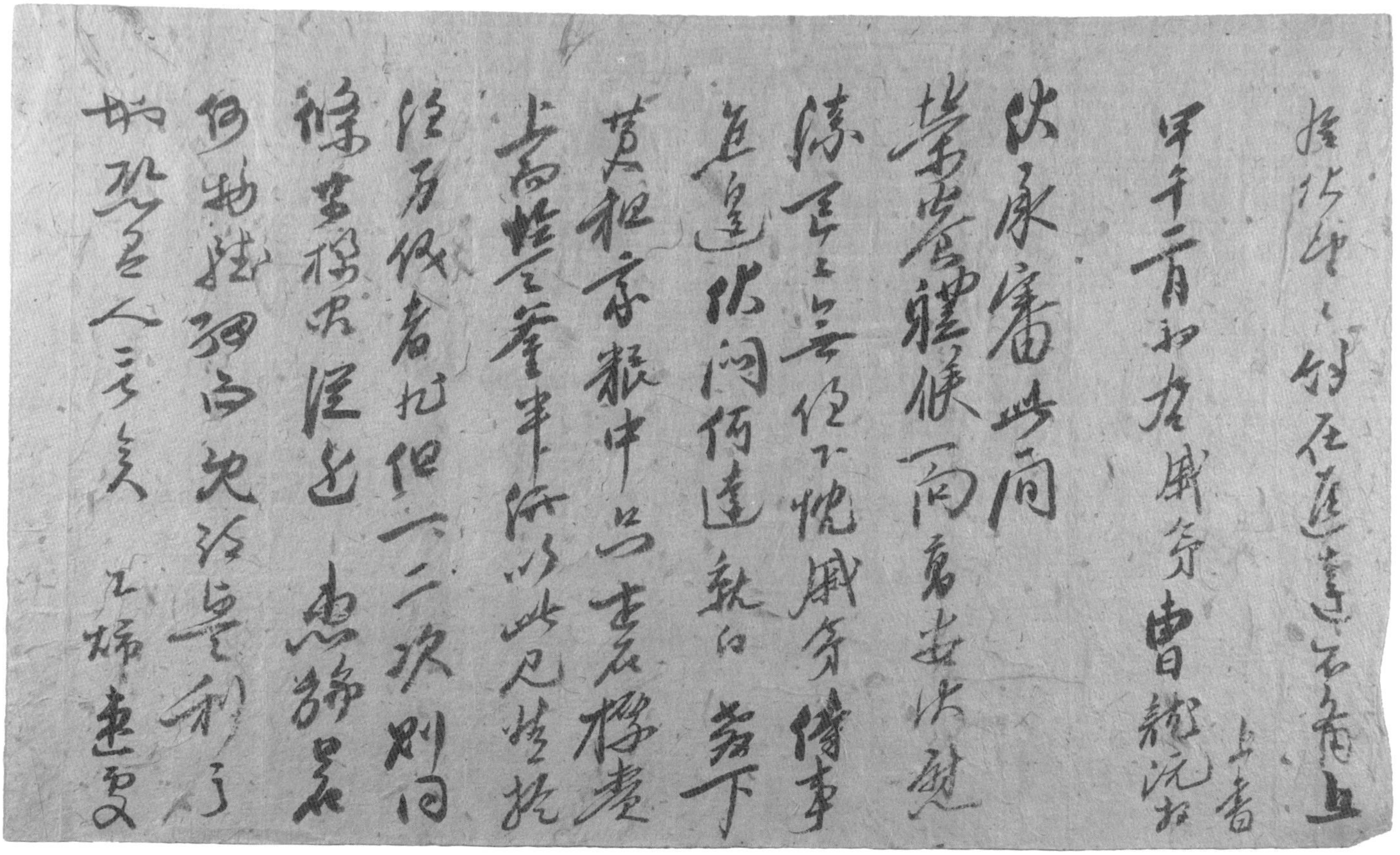

甲午年 2월 9일에 戚弟 曺龍沅이 미상자에게 보낸 편지

書簡 120

甲午, 38×23

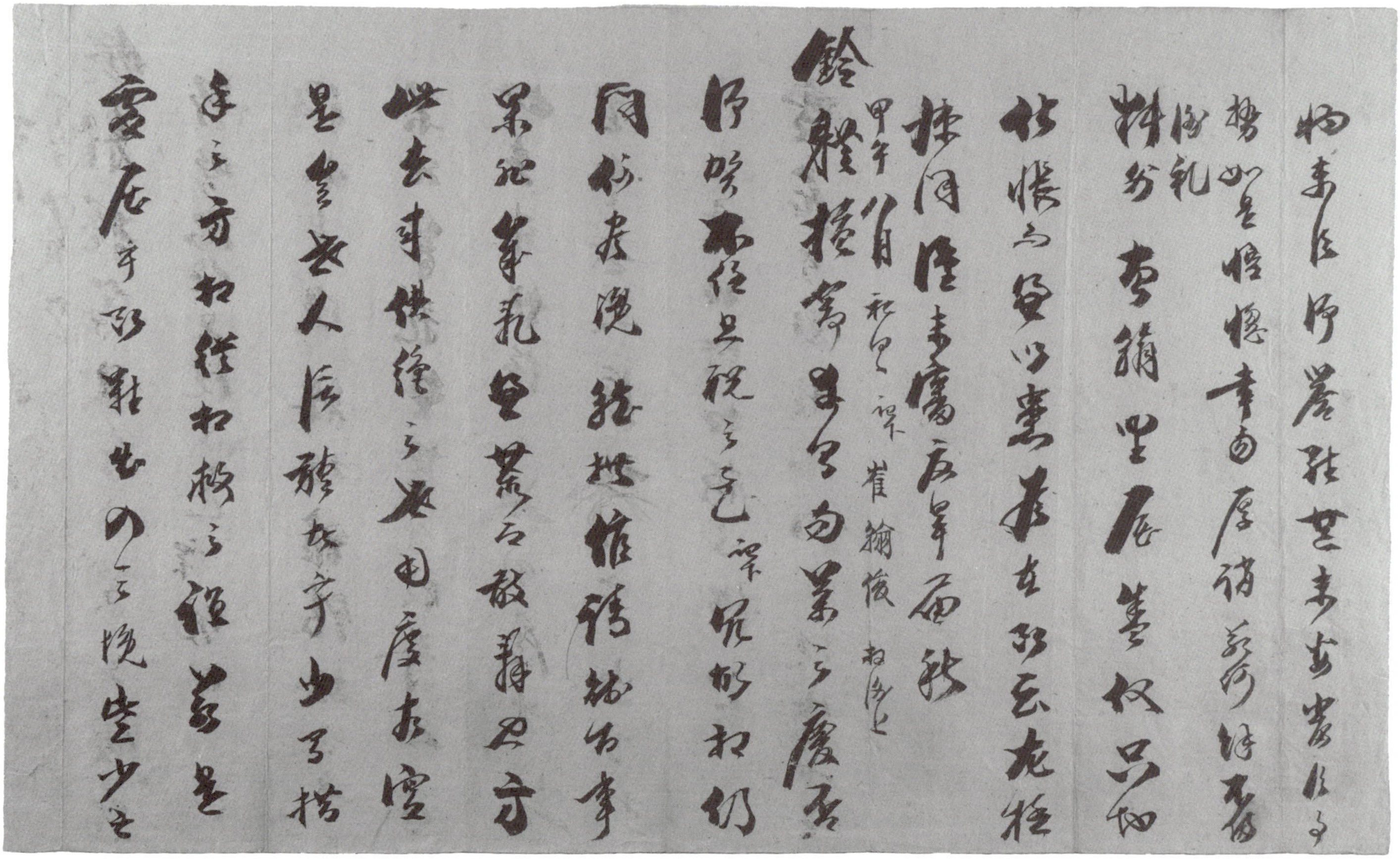

甲午年 8월 4일에 記下 崔翰俊이 미상자에게 보낸 편지

書簡 121

壬辰, 38×25

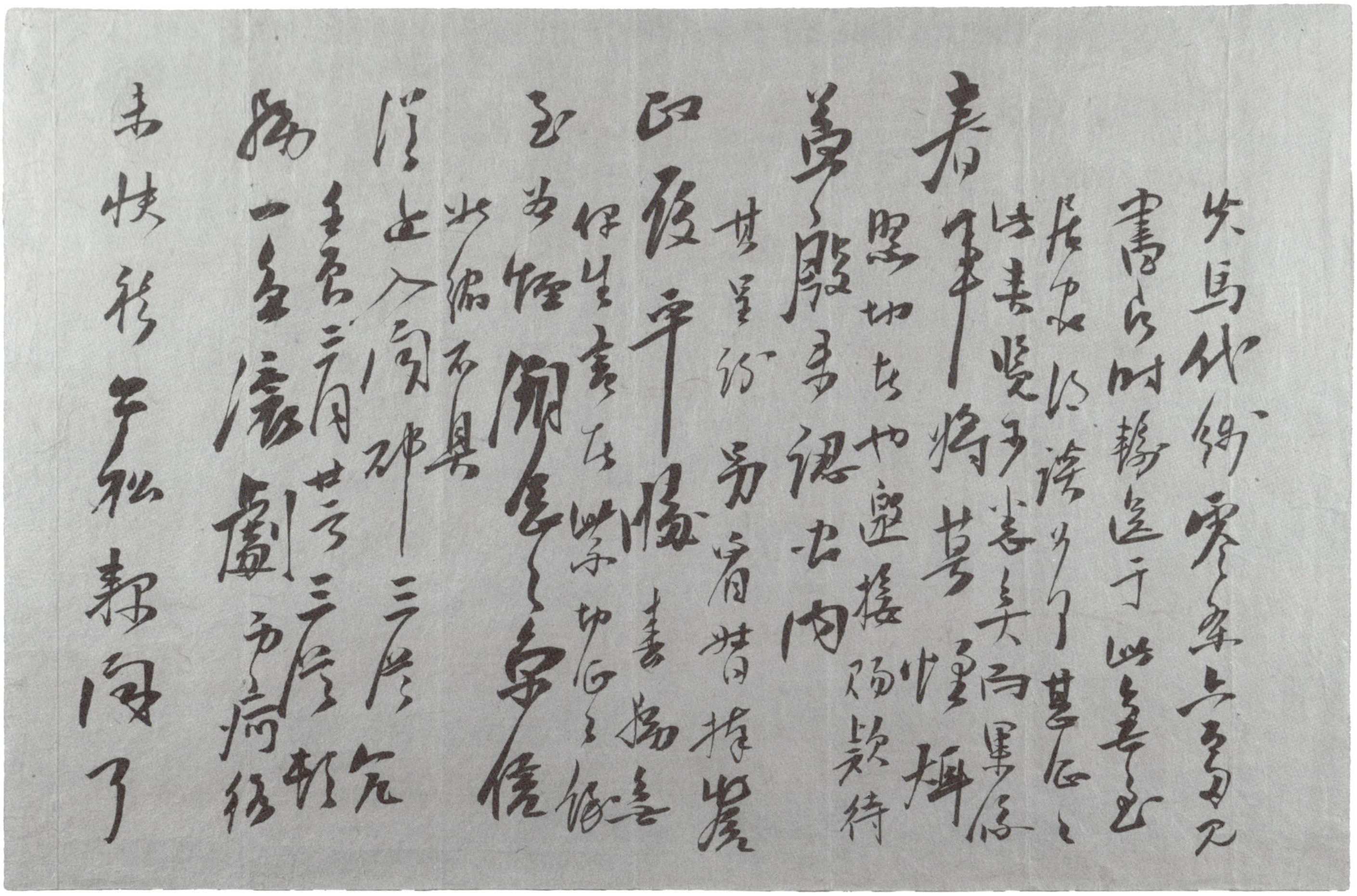

壬辰 3월 22일에 三從이 미상자에게 보낸 편지

書簡 122

戊子, 42.5×24.8

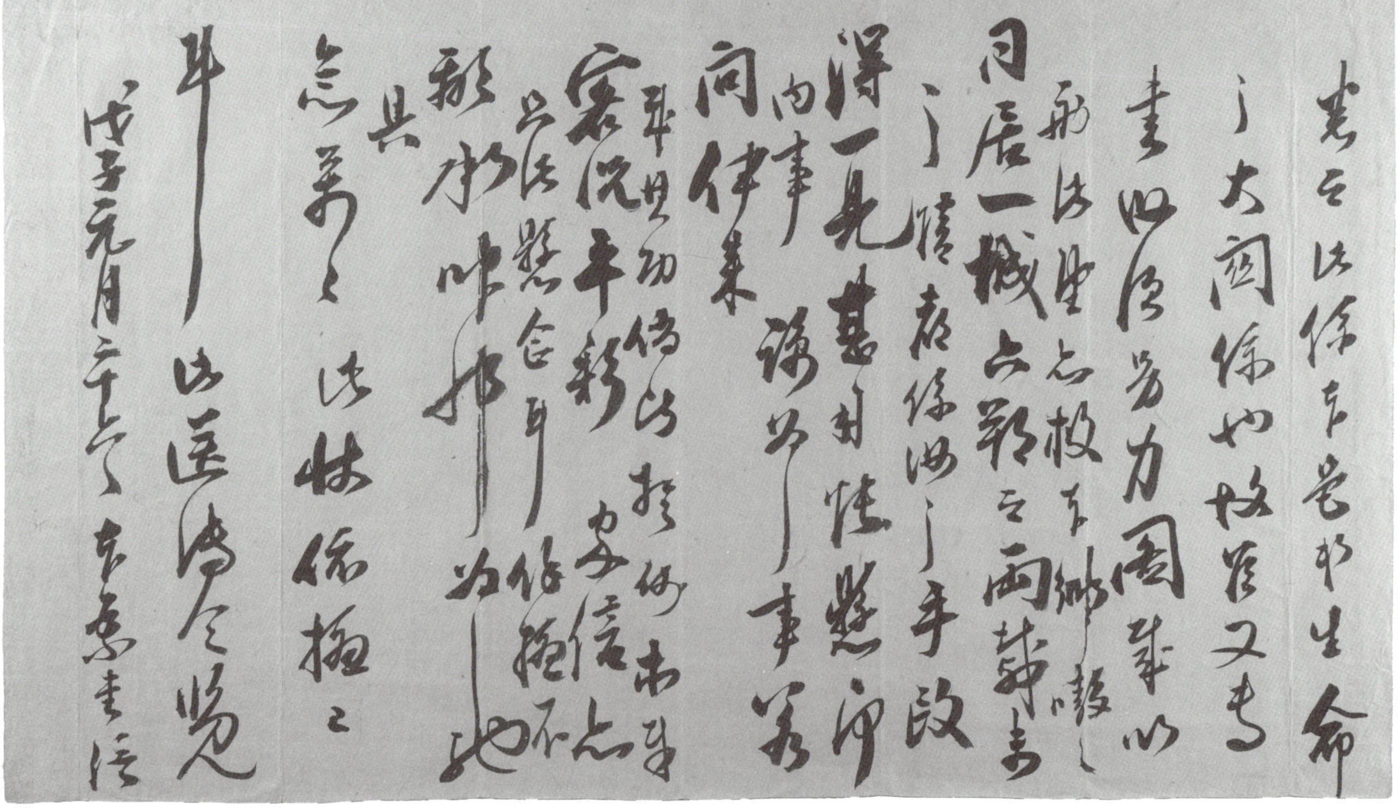

戊子年 1월 26일에 本衙에서 보낸 편지

書簡 123

庚人, 60×22.5

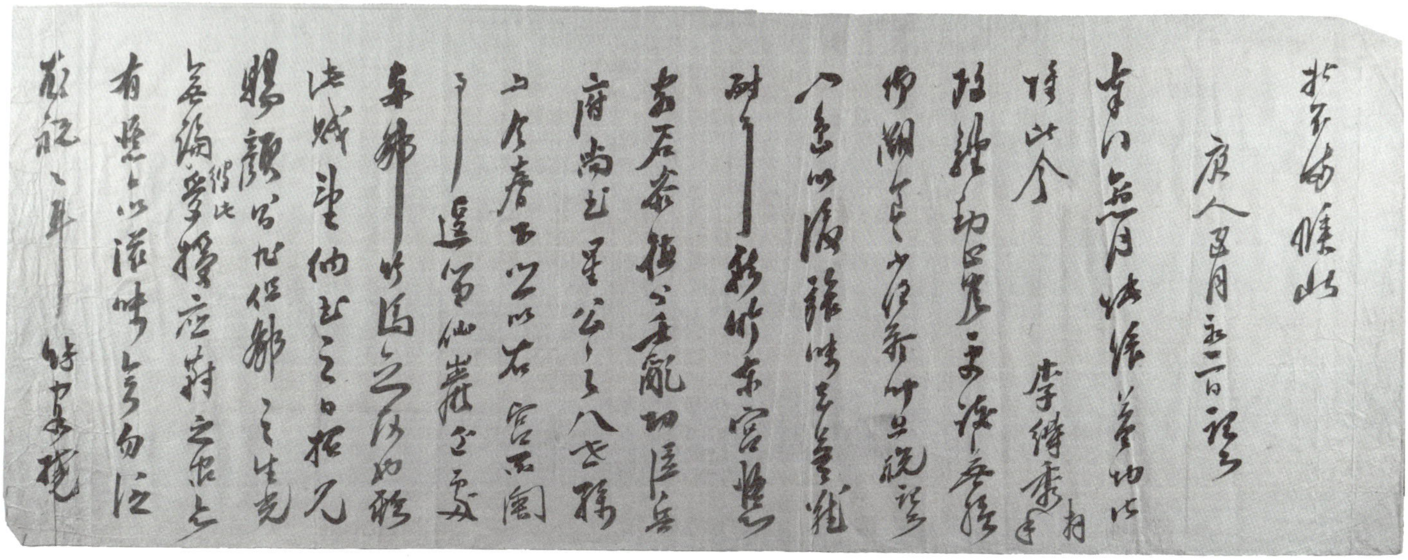

庚人 11월 2일에 記下 李待秀가 미상자에게 보낸 편지

書簡 124

壬申, 30.5×20.5

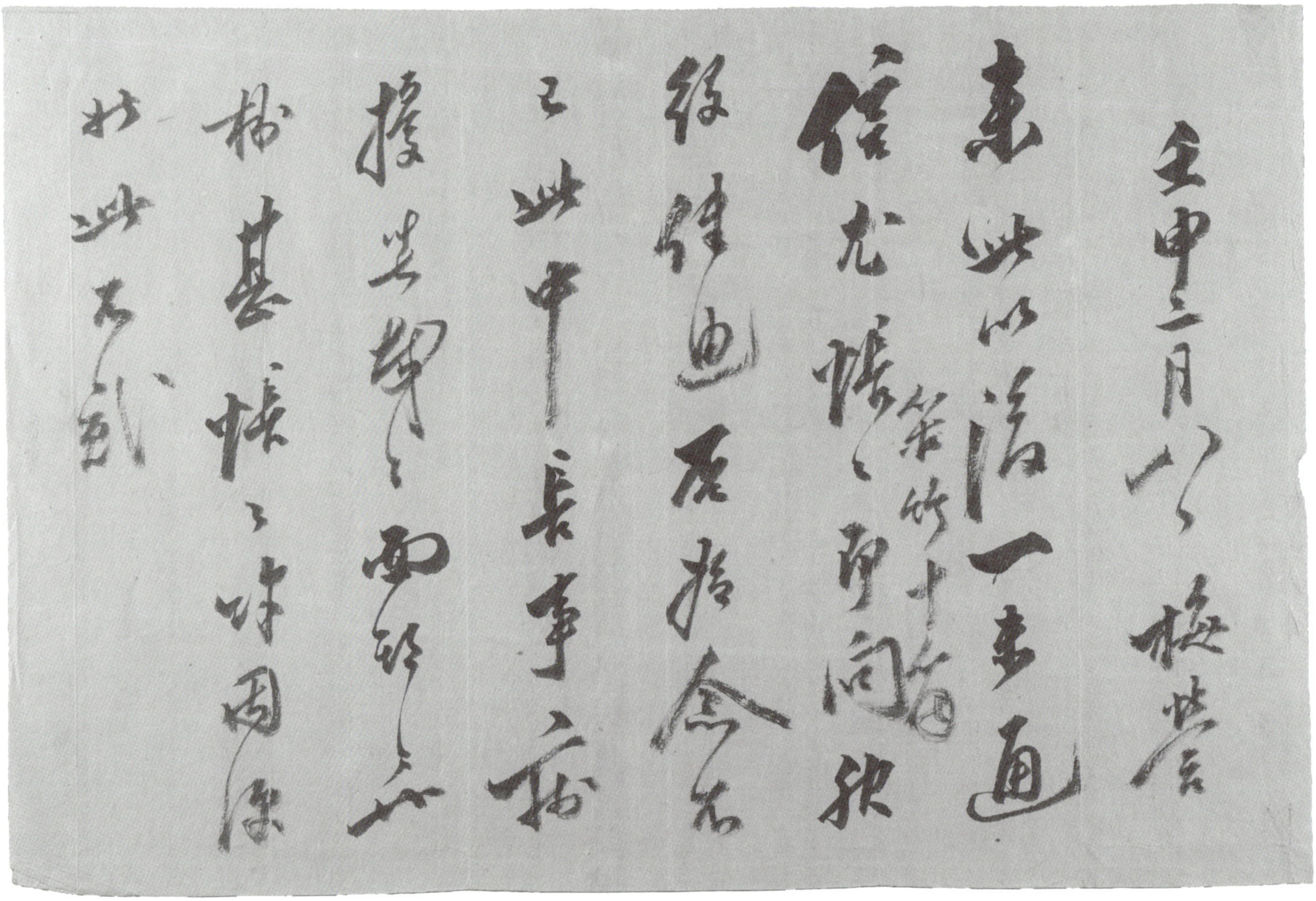

壬申年 2월 8일에 梅營에서 보낸 편지

書簡 125

丁丑 , 35×21

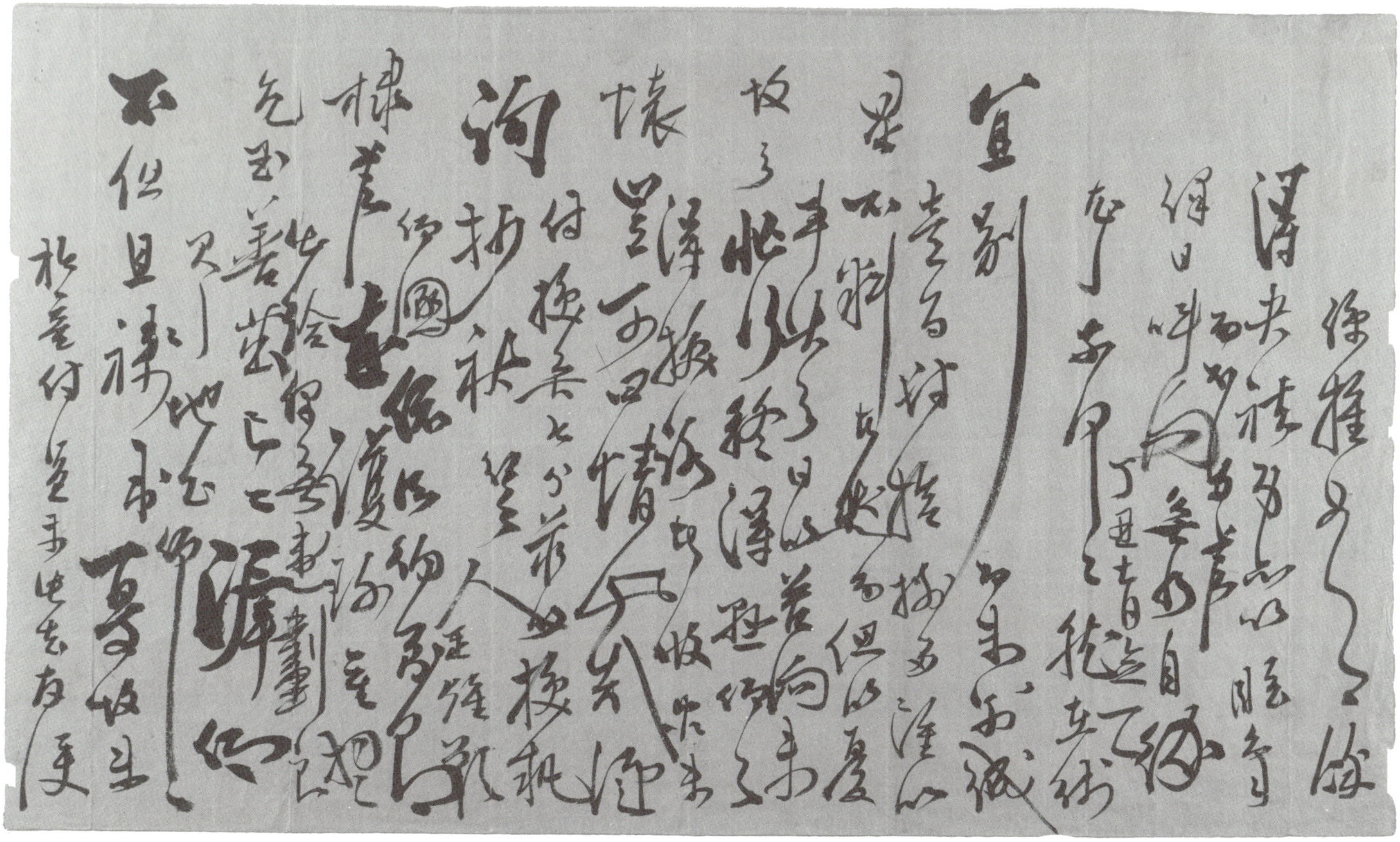

丁丑年 7월 21일에 작성된 편지

書簡 126

戊子, 36.5×22.5

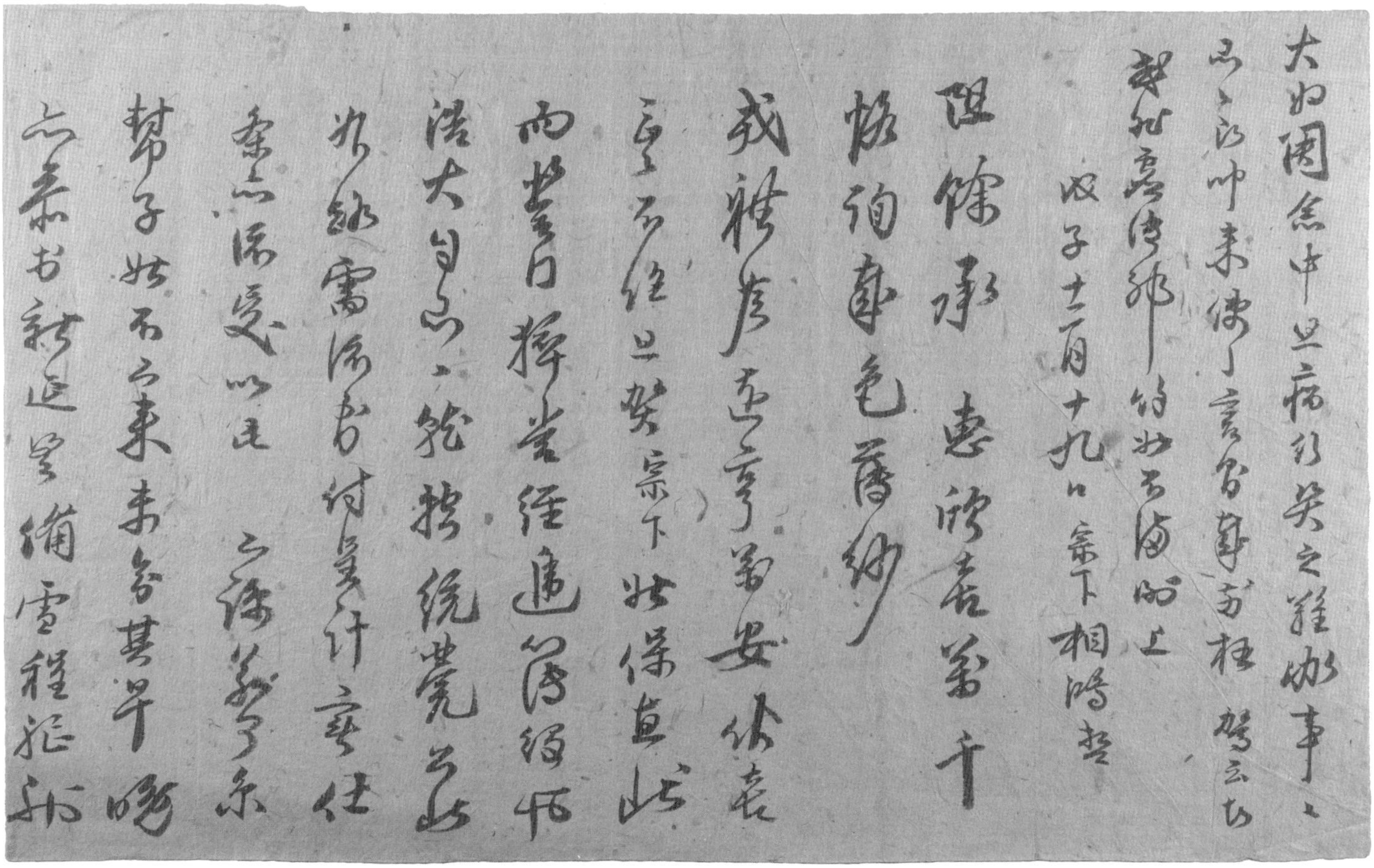

戊子年 12월 19일에 宗下 相鴻이 미상자[戎體候]에게 보낸 편지

書簡 127

己丑, 38×22.5

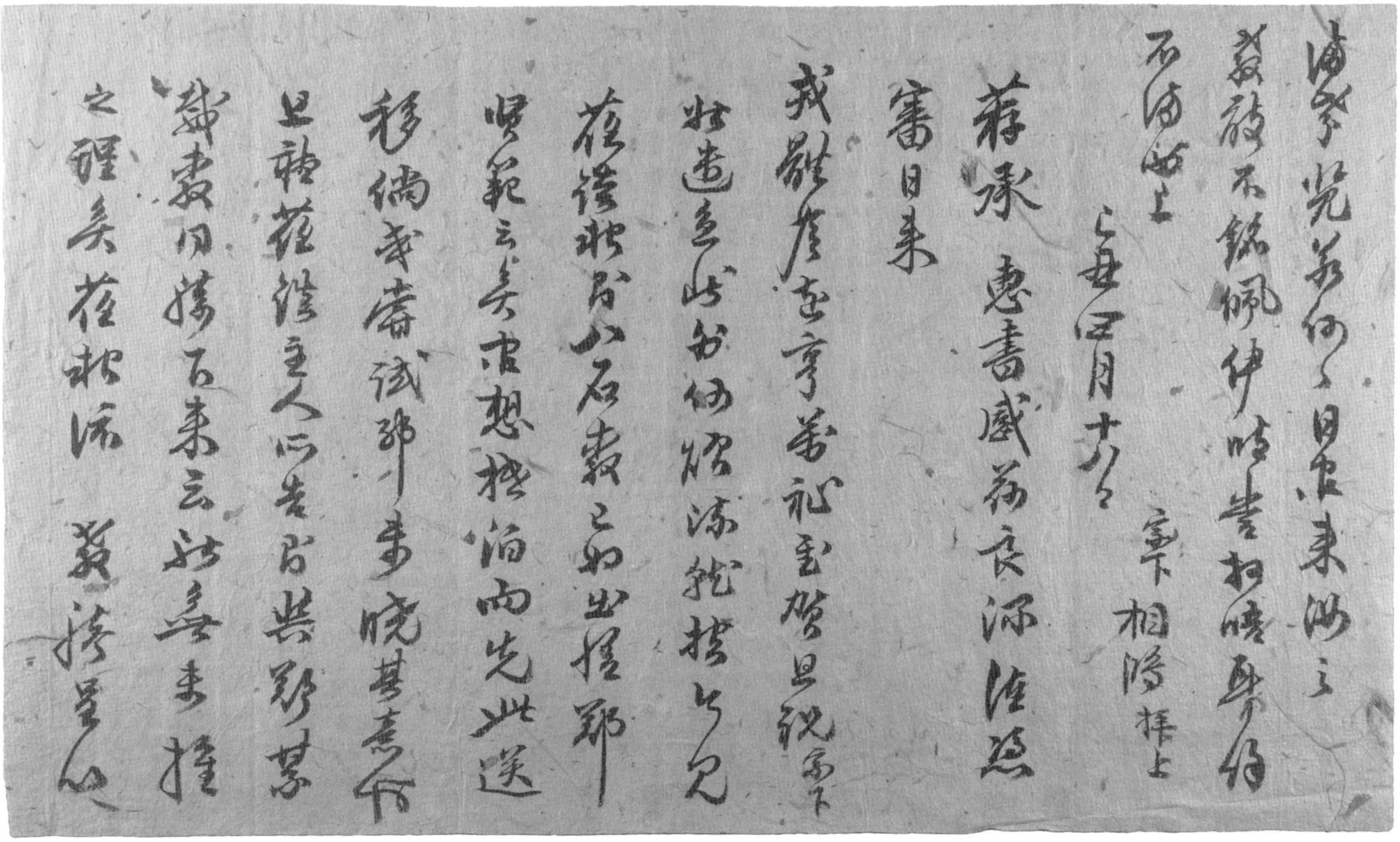

己丑年 4월 18일에 宗下 相鴻이 미상자[戎體]에게 보낸 편지

書簡 128

戊○, 38×23

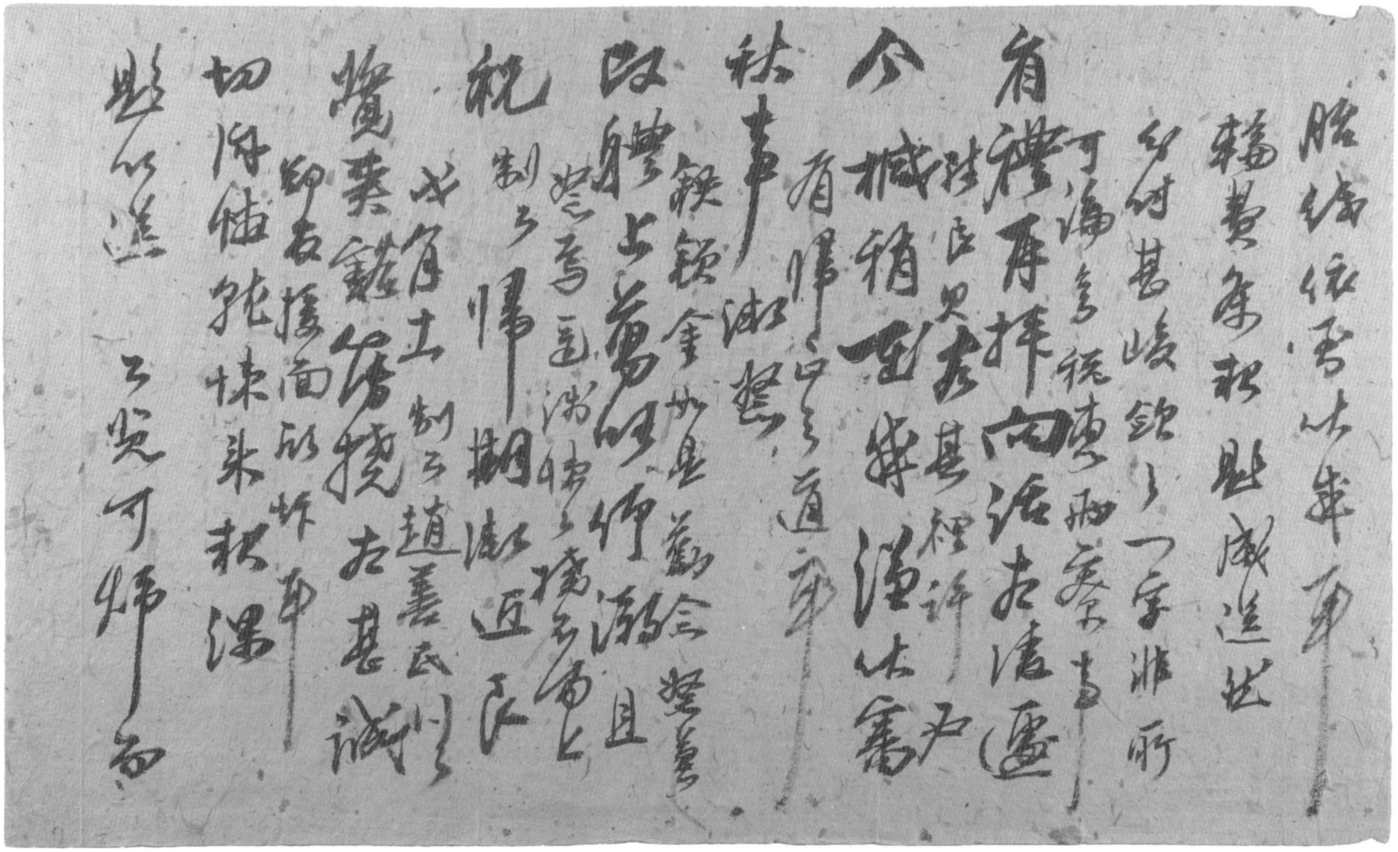

戊○年 8월 11일에 制下 趙善民이 미상자에게 보낸 편지

書簡 129

乙亥, 39×21

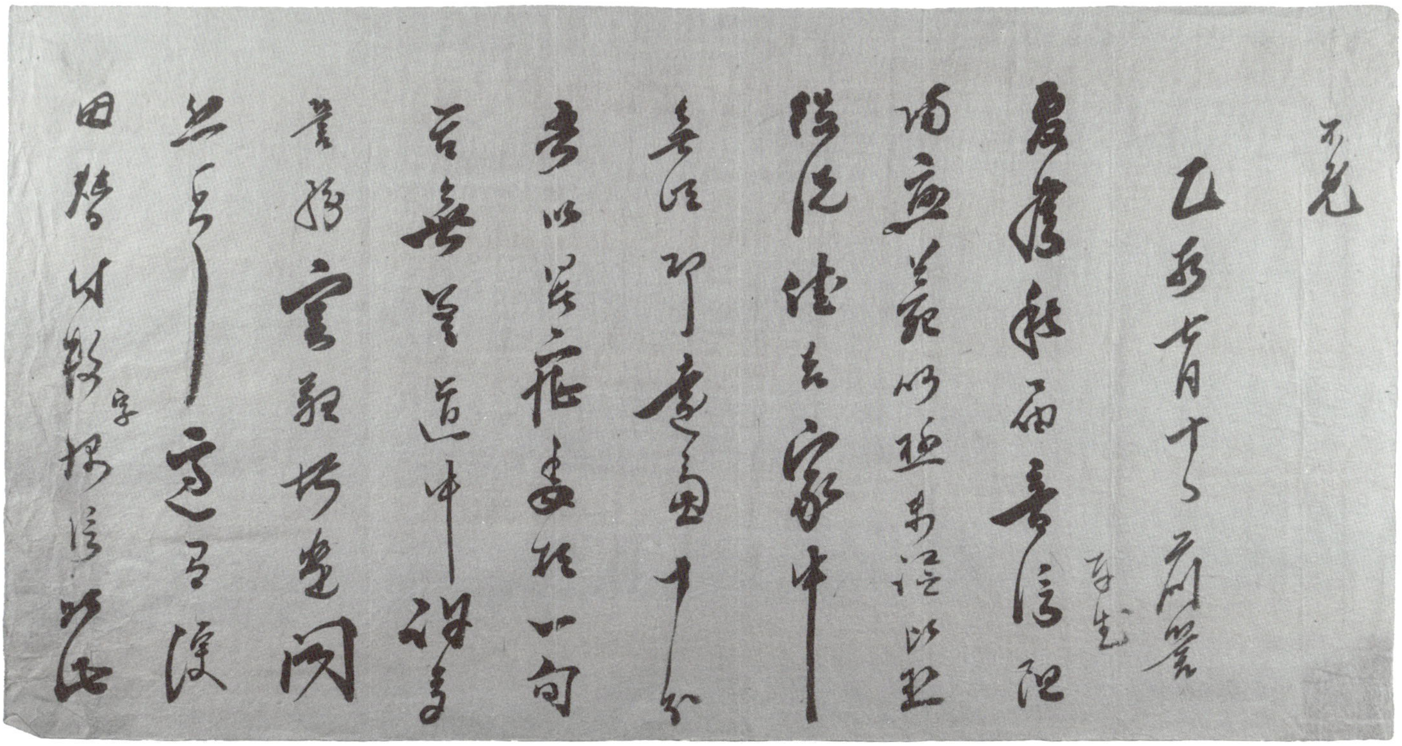

乙亥年 7월 10일에 前營에서 작성된 편지

書簡 130

壬申, 43×14

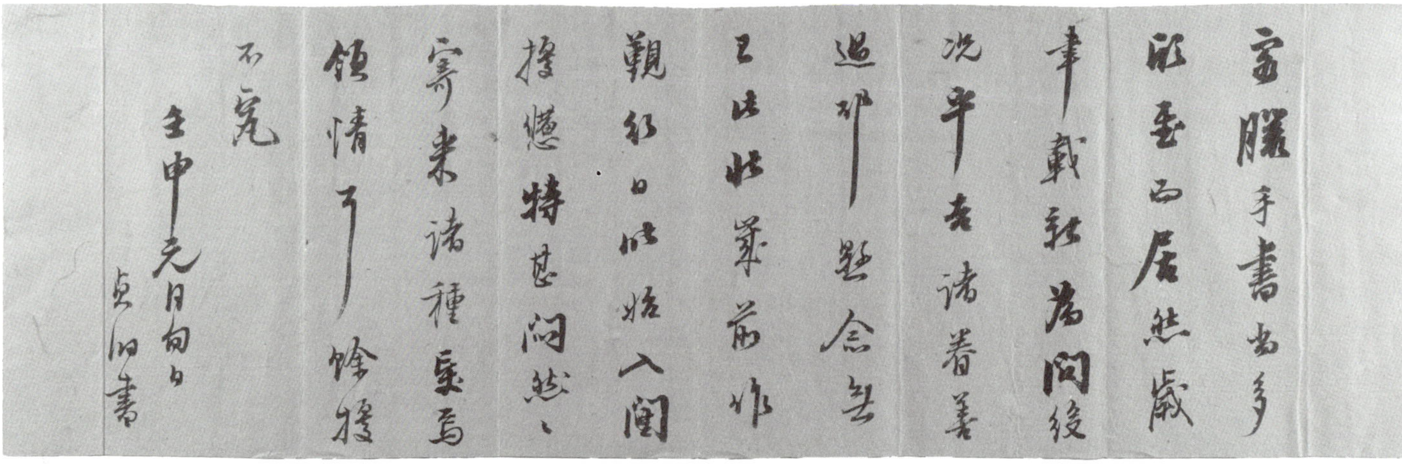

壬申年 1월 10일에 貞洞에서 작성된 편지

書簡 131

6.8×18

편지의 피봉

書簡 132

壬申, 46.5×16.8

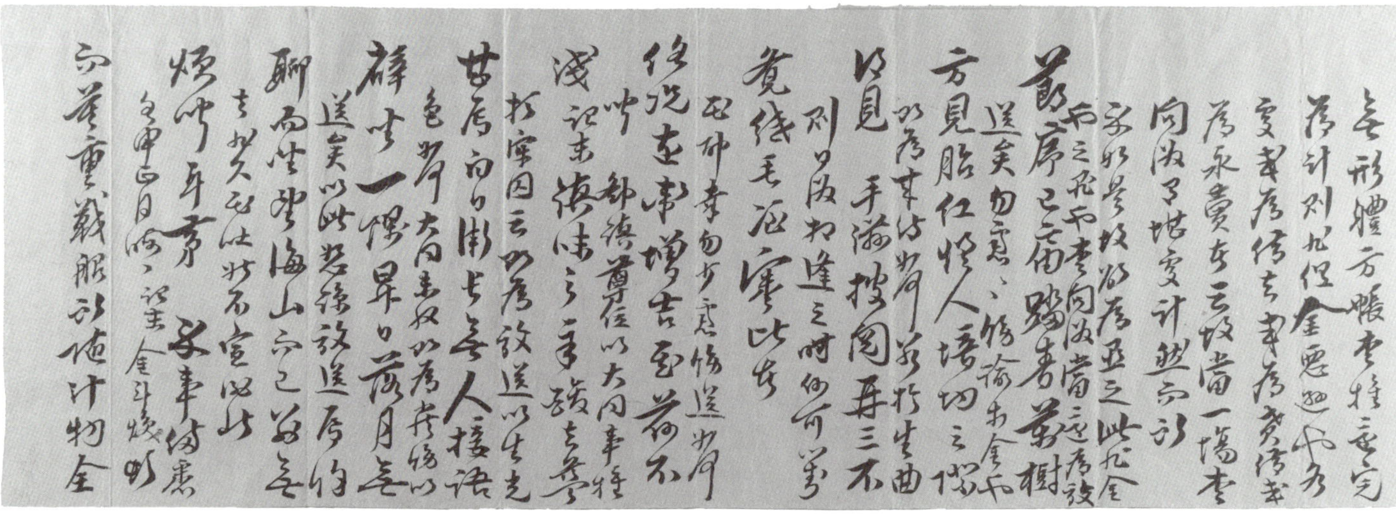

壬申年 1월 그믐에 記末 金斗煥이 미상자에게 보낸 편지

書簡 133

壬申, 43.8×14

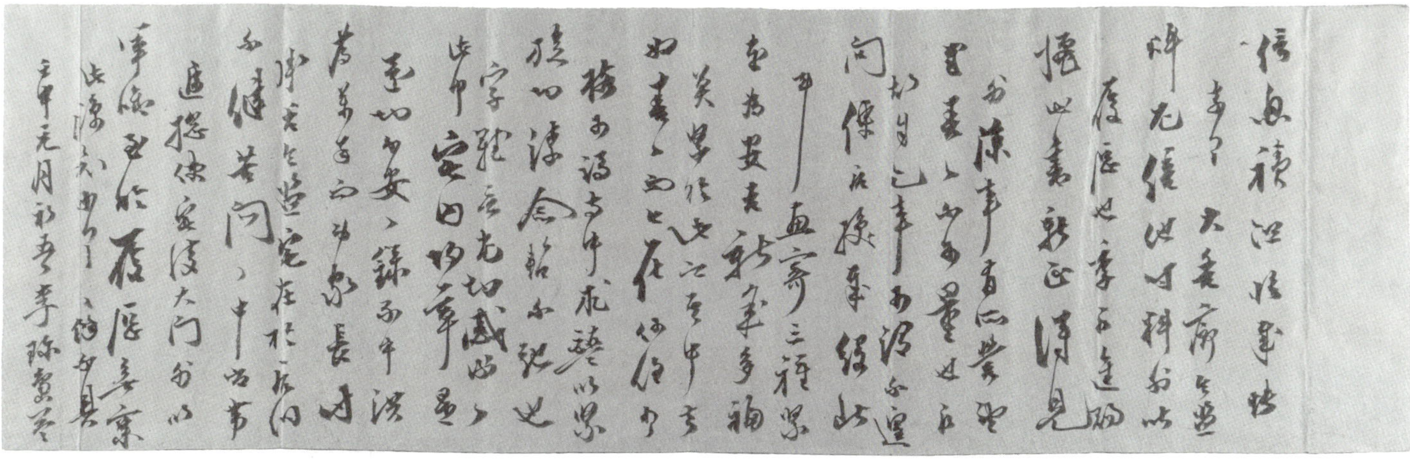

壬申年 1월 5일에 珍島에 사는 李가 미상자에게 보낸 편지

書簡 134

5.5×27.5

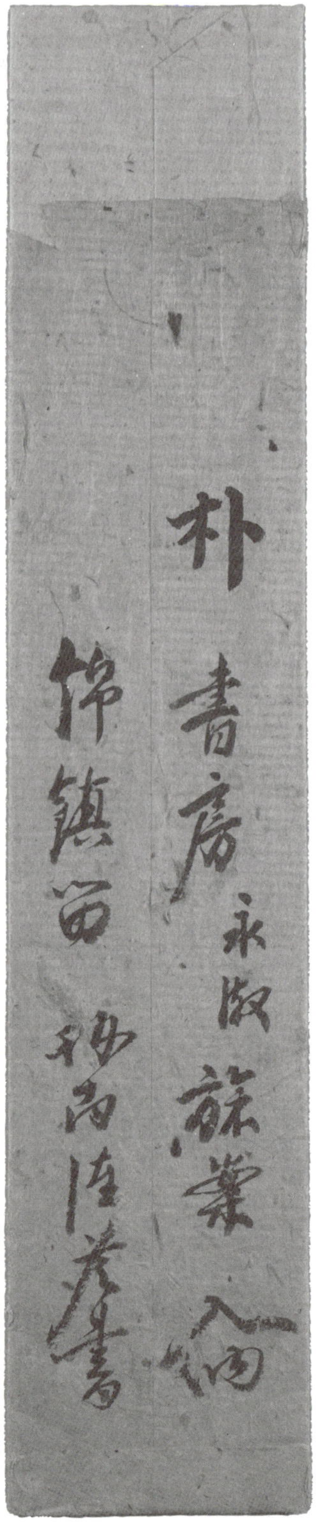

朴永淑이 錦鎭에 보낸 편지의 봉투

書簡 135

庚人, 36.8×23.5

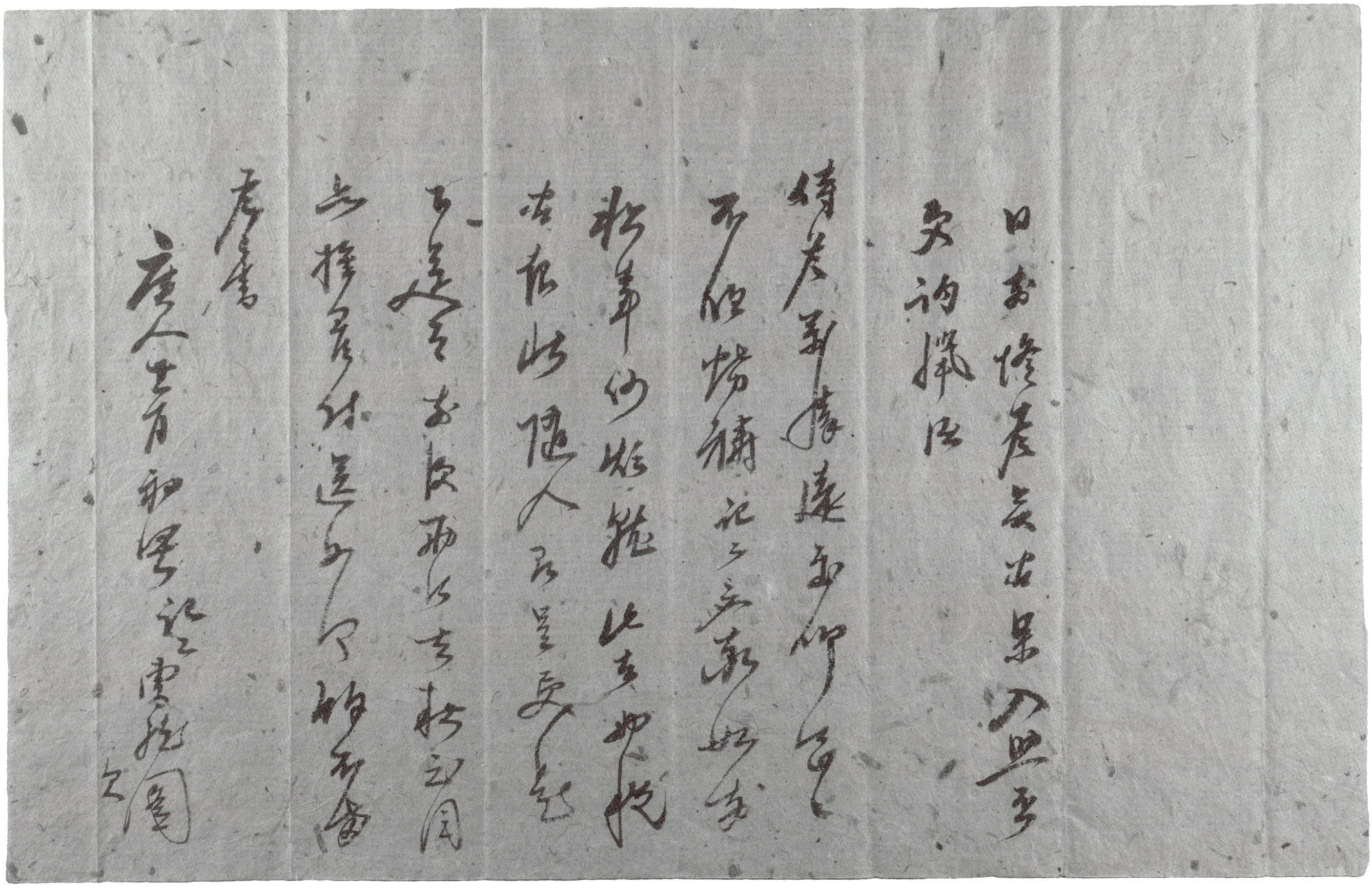

庚人 12월 4일에 曺龍圖가 미상자에게 보낸 편지

婚書 1

1770년(영조 46), 46×52

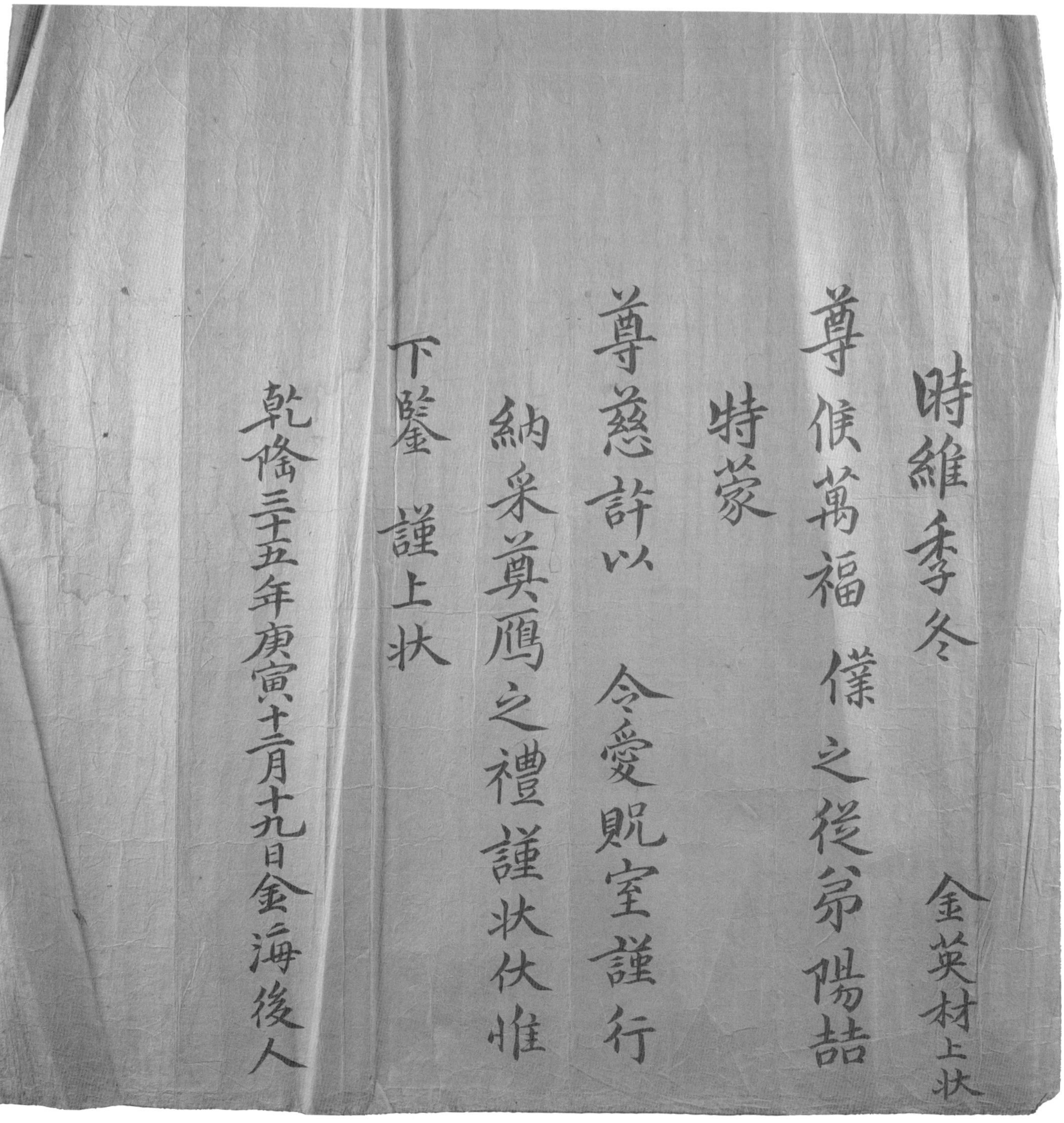
金英材上狀
時維季冬
尊候萬福 僕 之從弟陽喆
特蒙
尊慈許以 令愛貺室謹行
納采奠鴈之禮謹狀伏惟
下鑒 謹上狀
乾隆三十五年庚寅十二月十九日金海後人

1770년 12월 19일에 金英材가 보낸 婚書

婚書 2

1790년(정조 14), 43×49

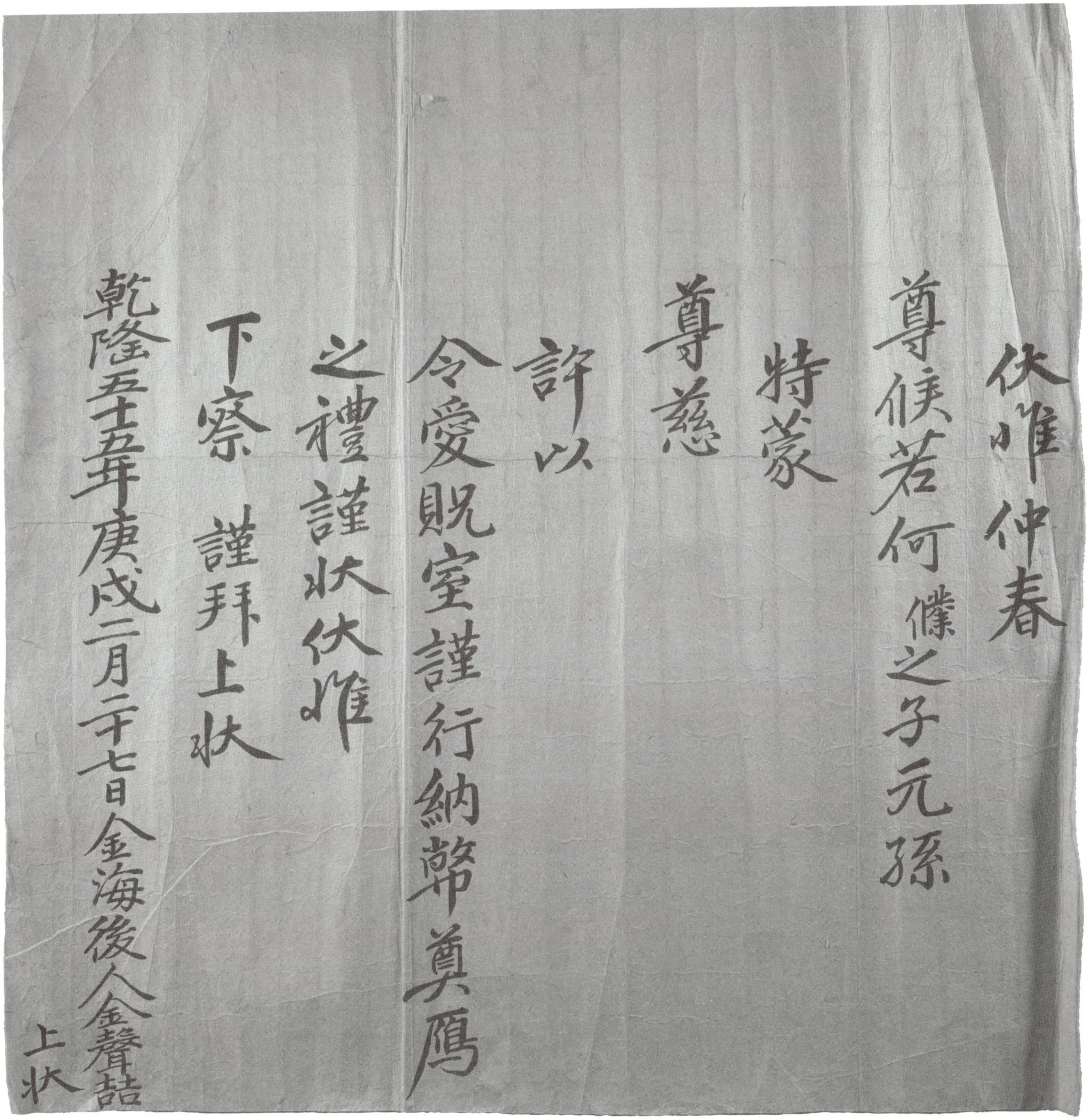

伏惟仲春
尊候若何 僕之子元孫
特蒙
尊慈
許以
令愛貺室謹行納幣奠鴈
之禮謹状伏惟
下察 謹拜上状
乾隆五十五年庚戌二月二十七日金海後人金聲喆
上状

1790년 2월 27일에 金聲喆이 보낸 婚書

婚書 3

1864년(고종 원년), 39×49

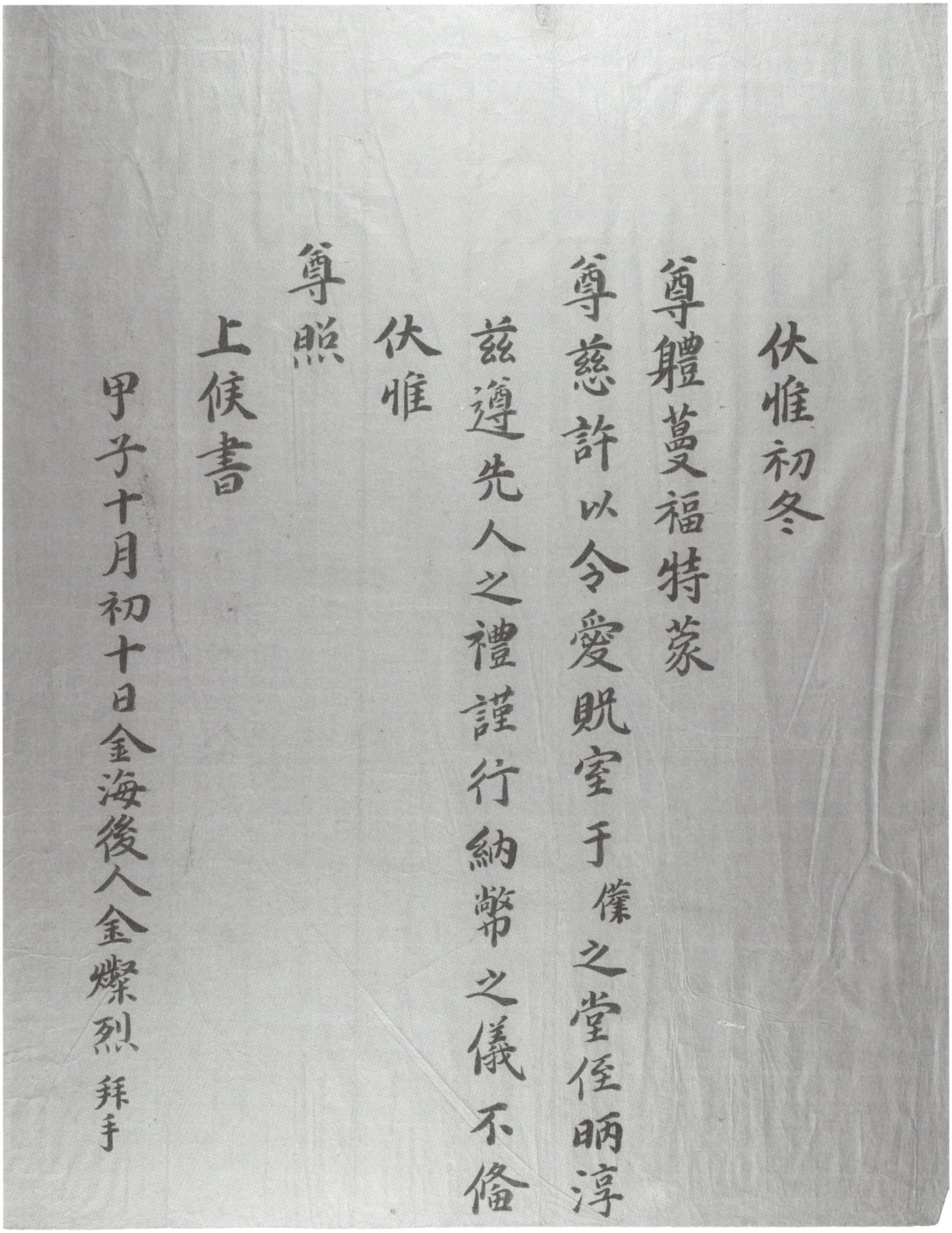

伏惟初冬
尊體萬福特蒙
尊慈許以令愛貺室于 僕之堂侄昞淳
茲遵先人之禮謹行納幣之儀不備
伏惟
尊照
上候書
甲子十月初十日金海後人金燦烈 拜手

1864년 10월 10일에 金燦烈이 보낸 婚書

婚書 4

壬申, 39×49

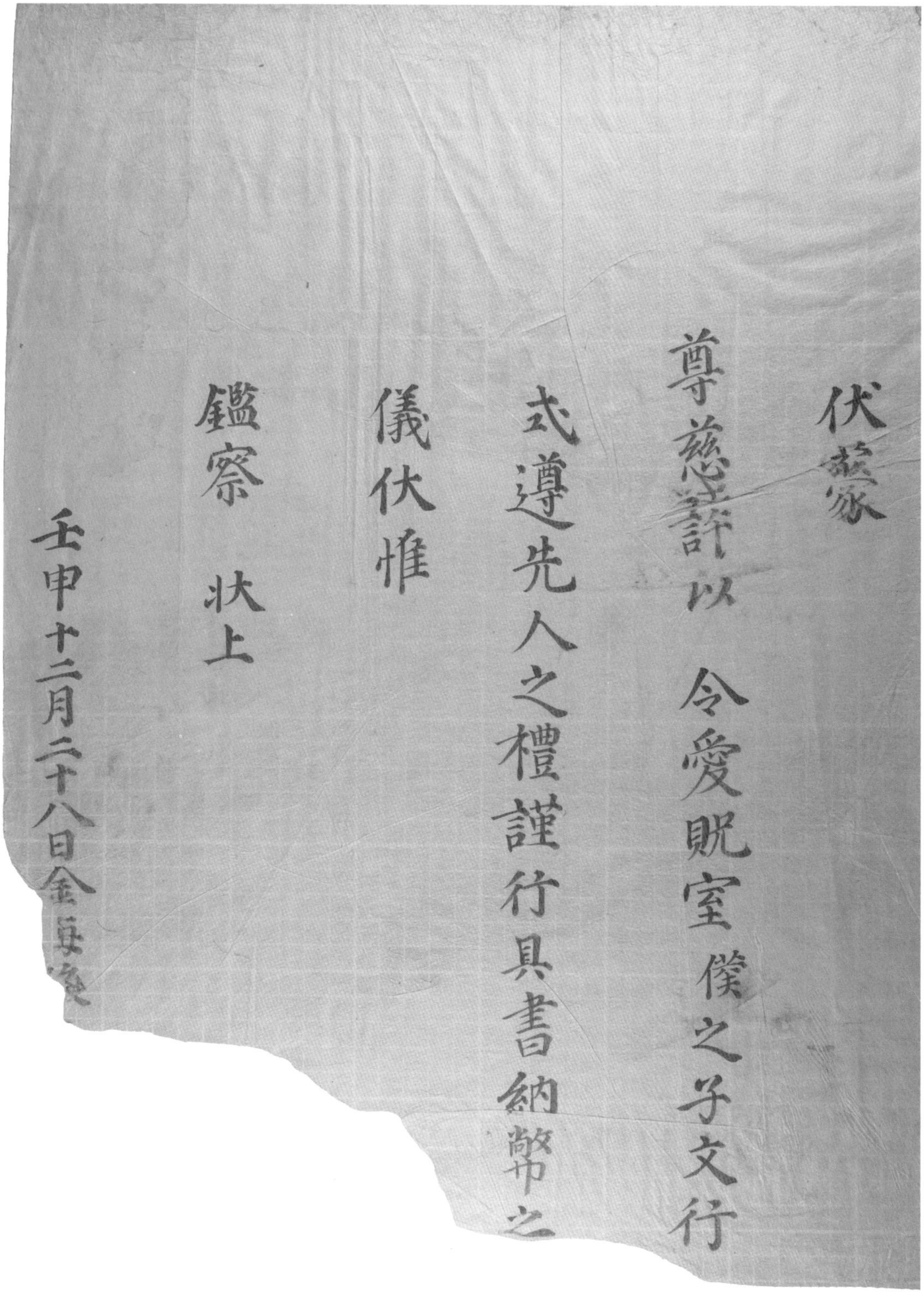

伏蒙
尊慈許以 令愛貺室僕之子文行
式遵先人之禮謹行具書納幣之
儀伏惟
鑑察 狀上
壬申十二月二十八日金[illegible]

壬申年 12월 28일에 金■■가 보낸 婚書

6

置簿記錄類

榜目 1

1891년(고종 28), 121×20

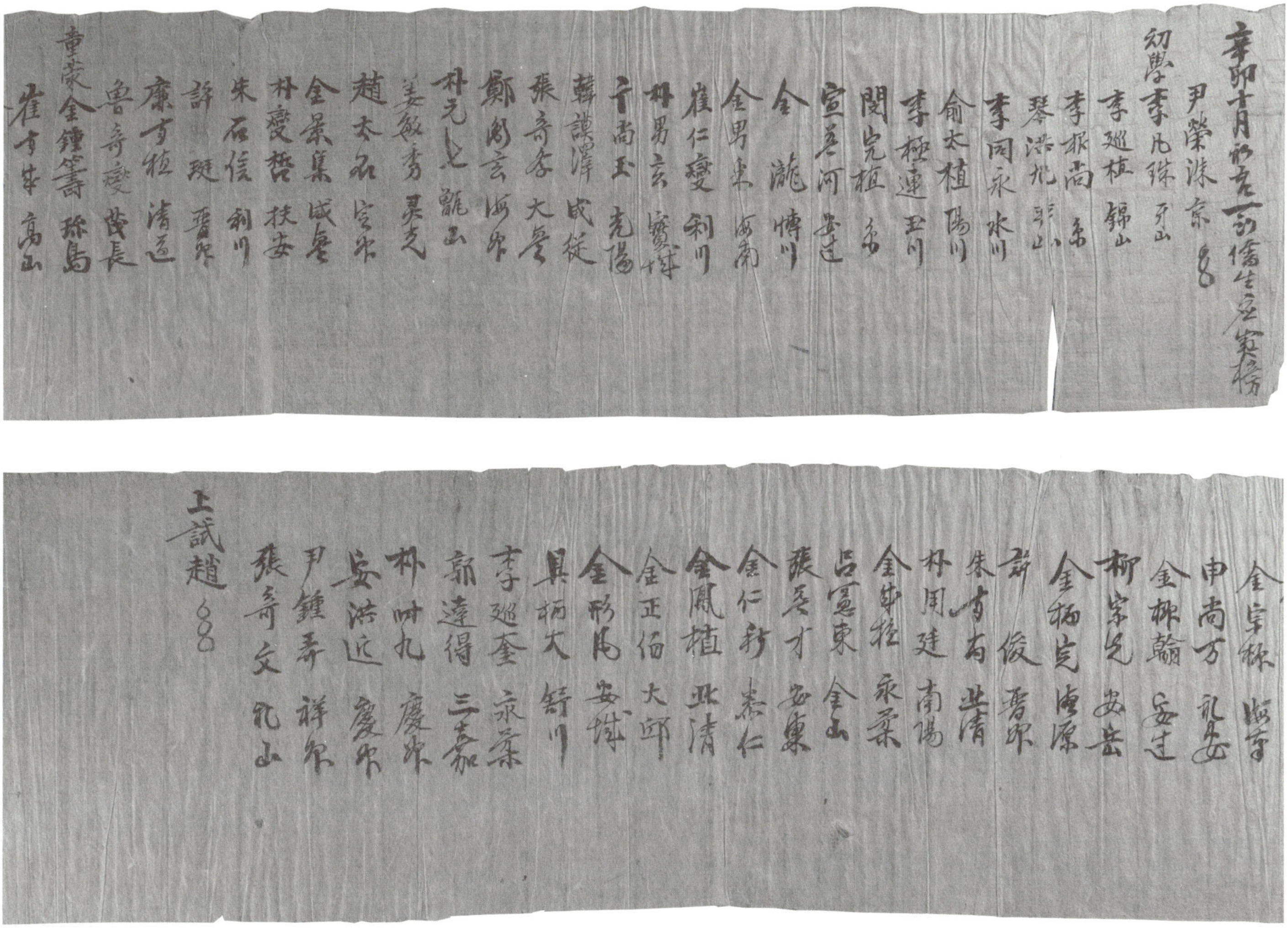

1891년 10월 5일에 一所에서 시험을 치른 儒生들의 應製榜

契案 1

24×27

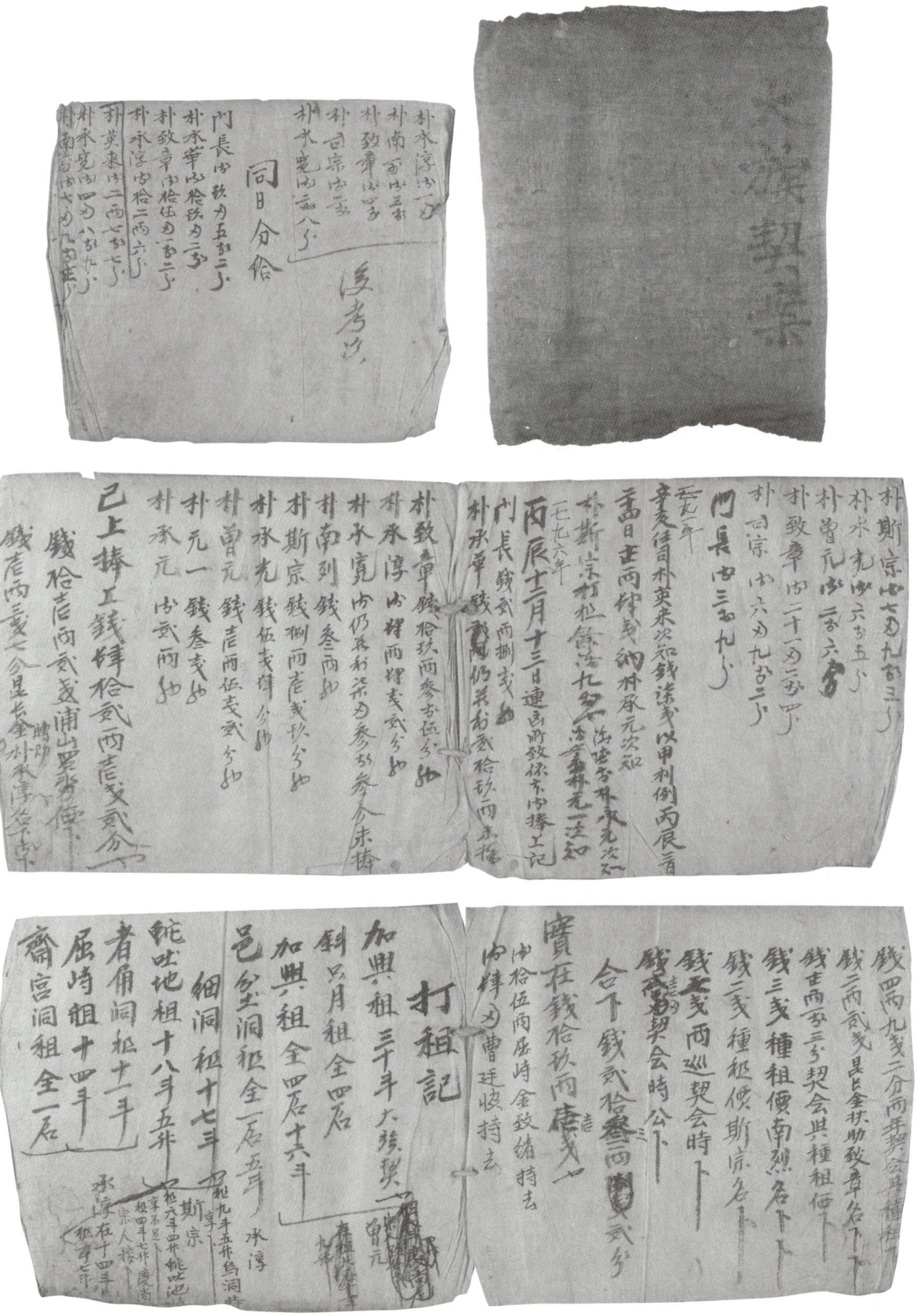

박씨 문중에서 작성된 大族契案

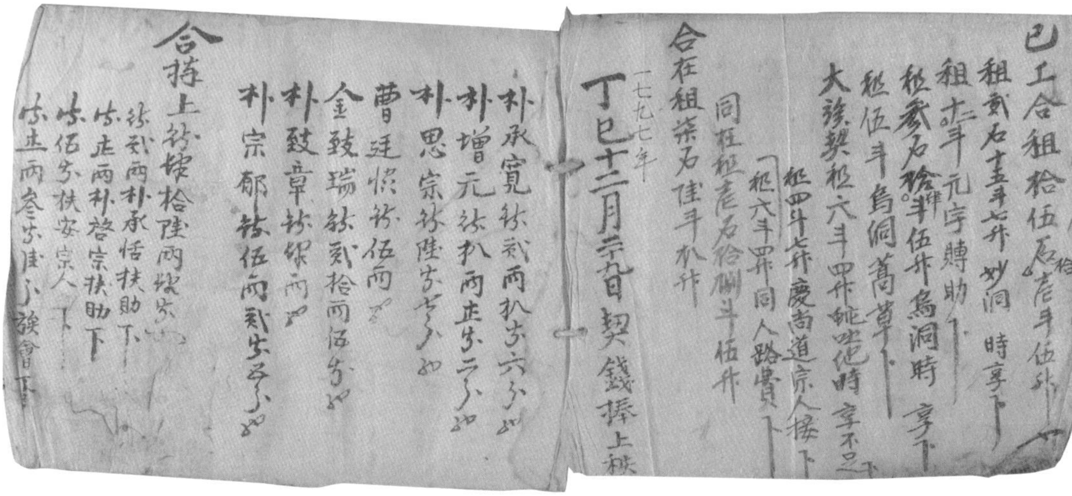

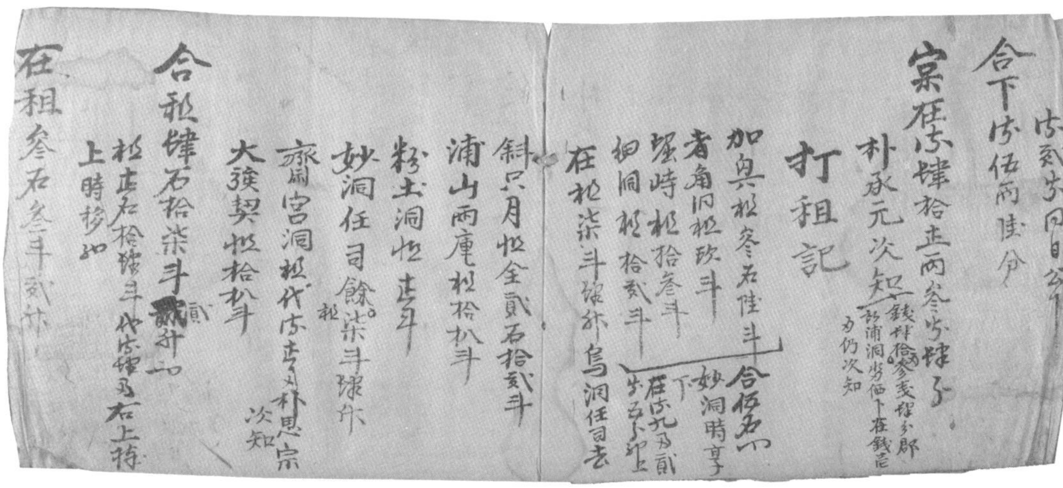

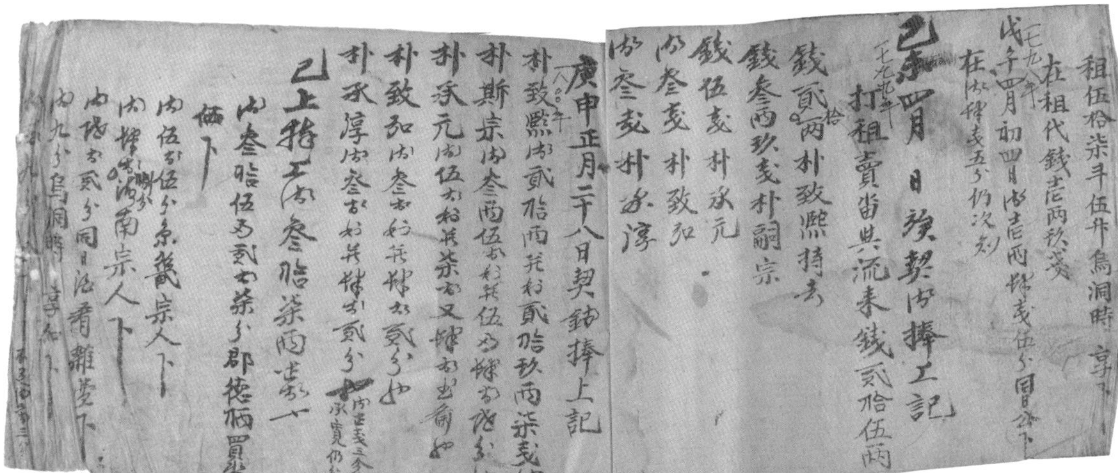

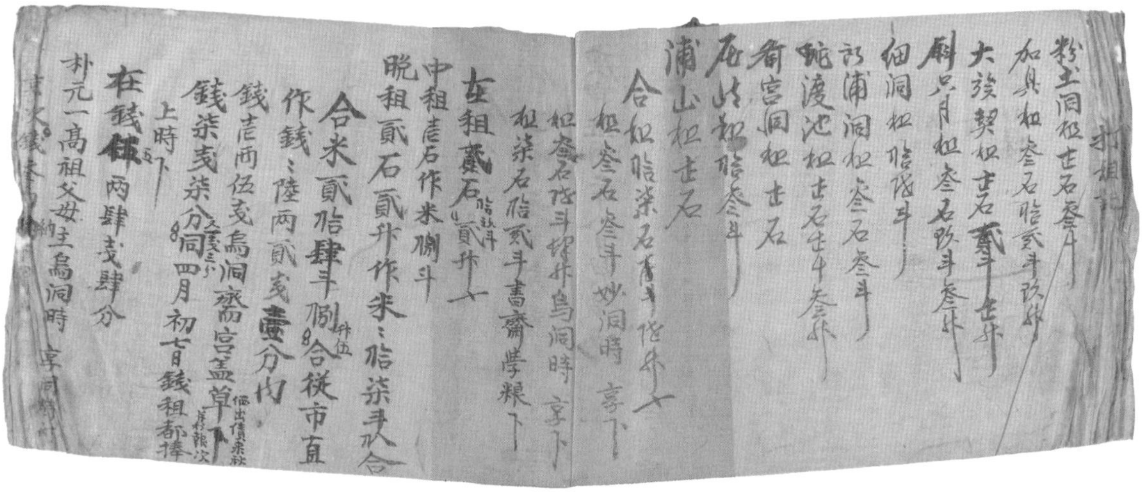

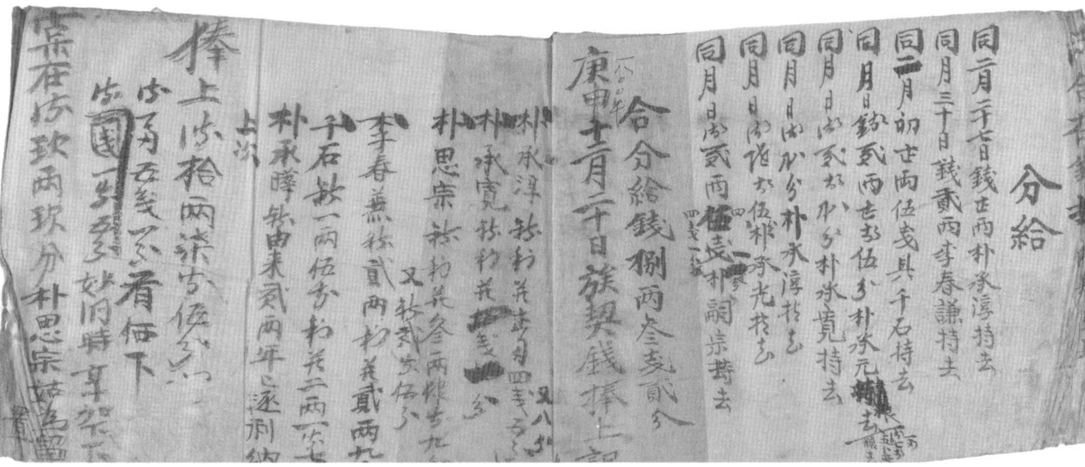

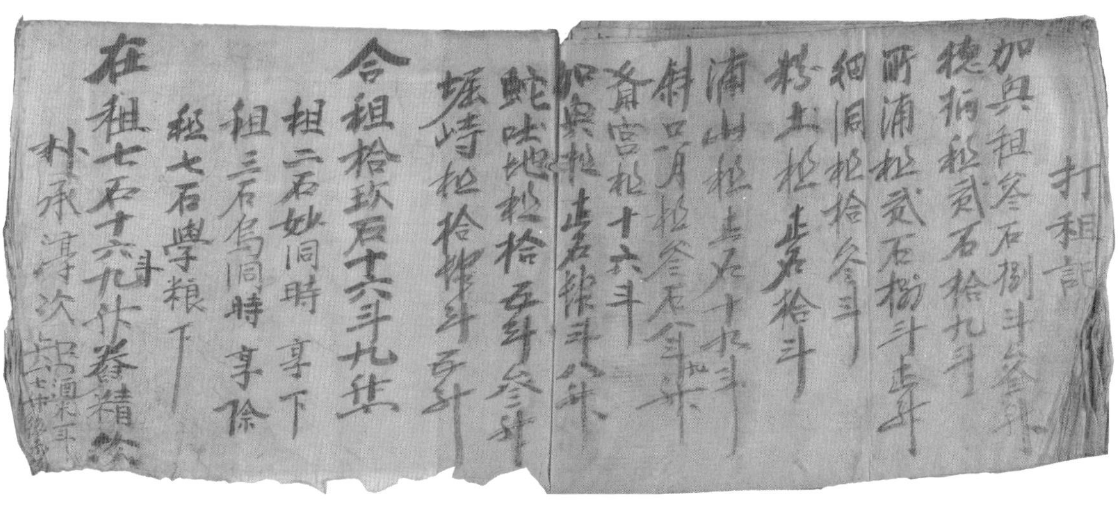

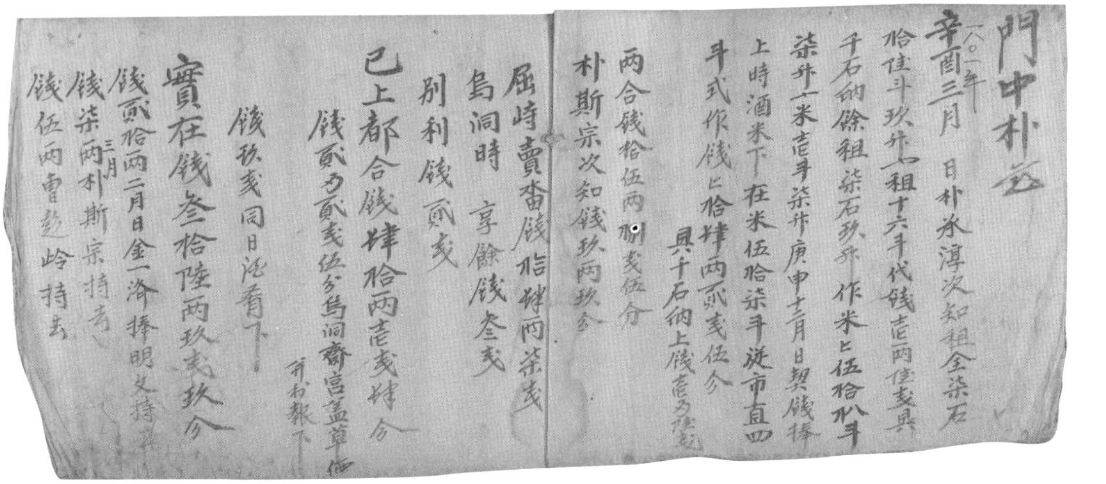

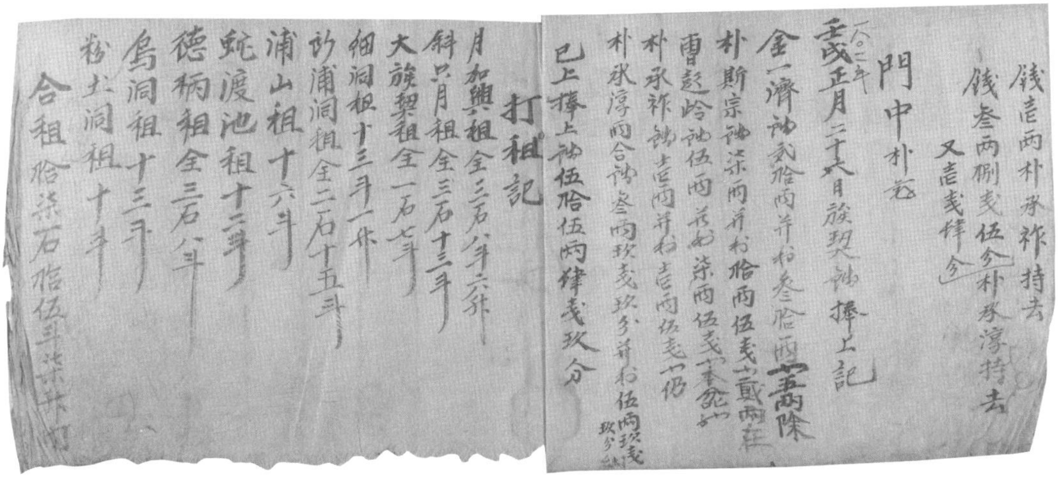

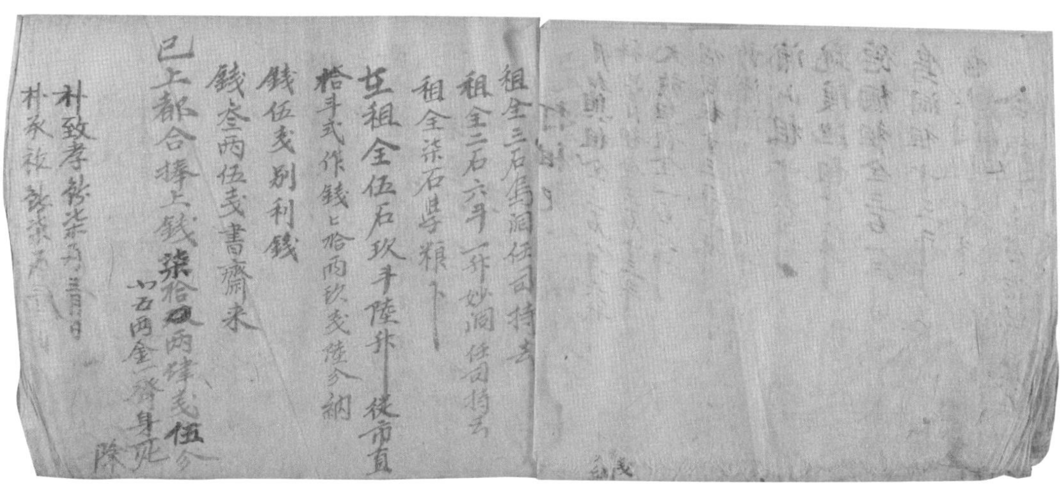

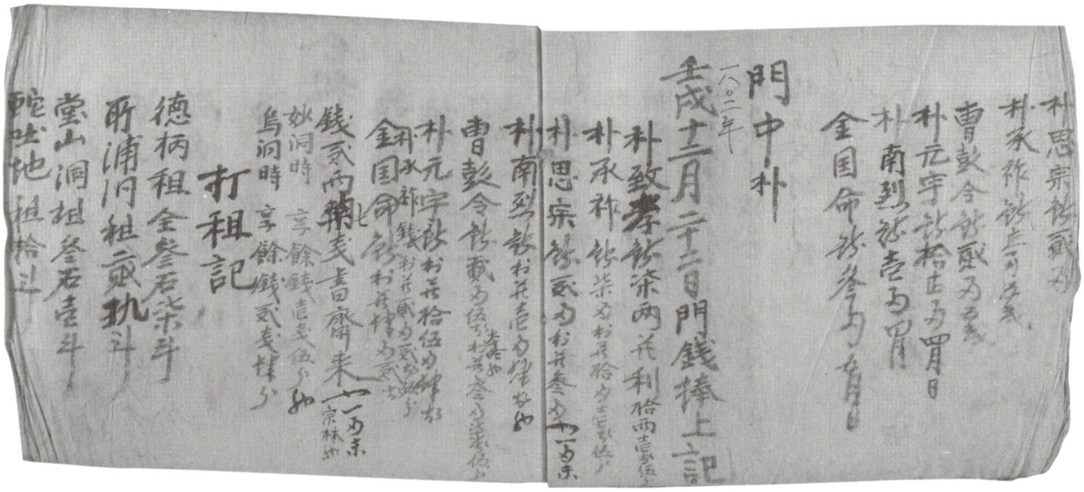

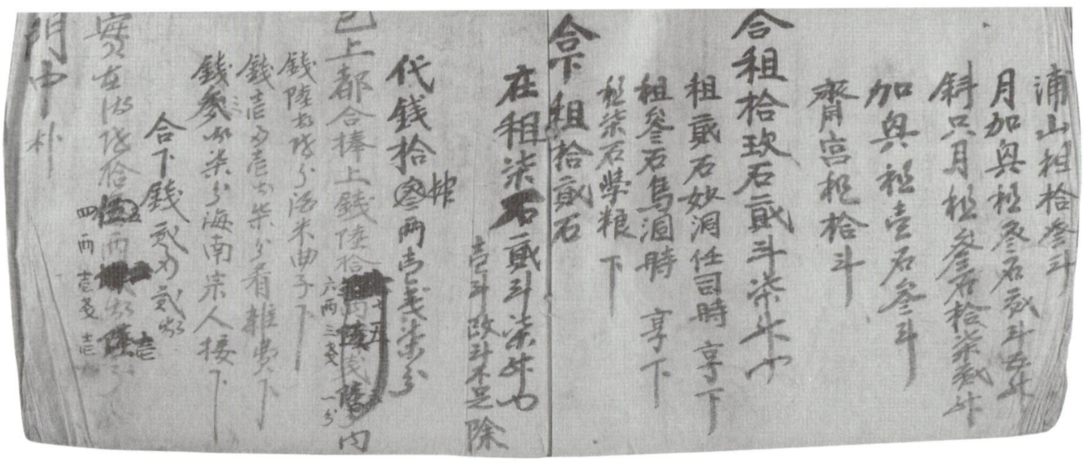

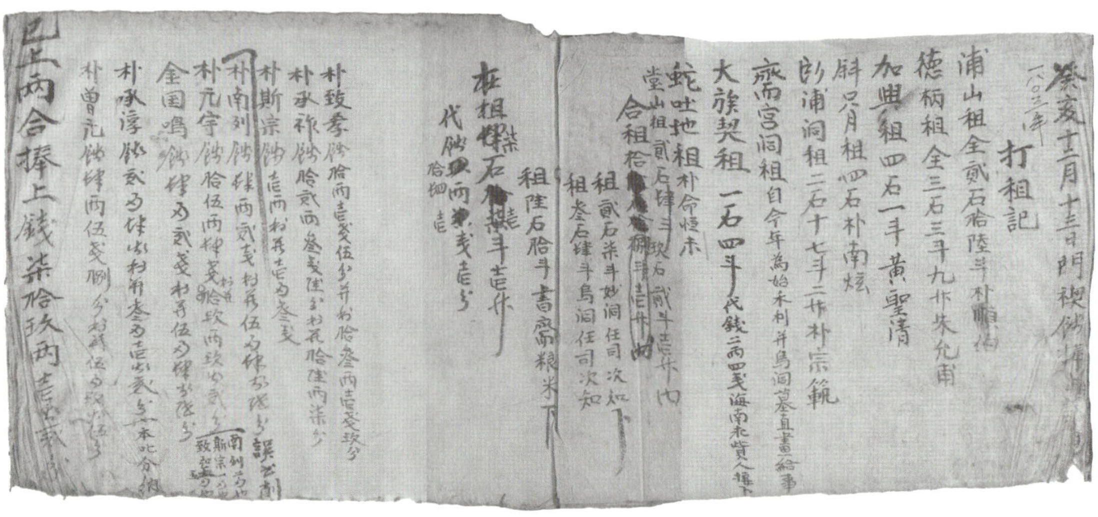

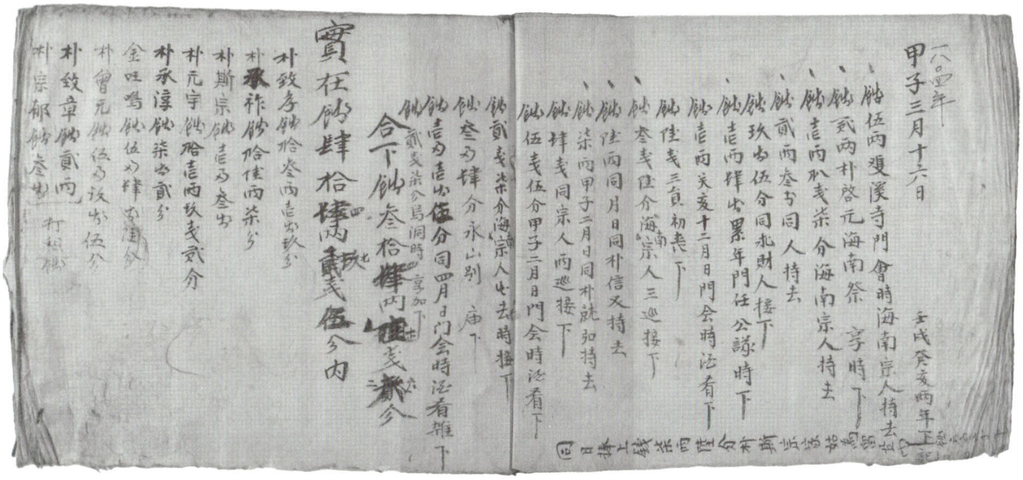

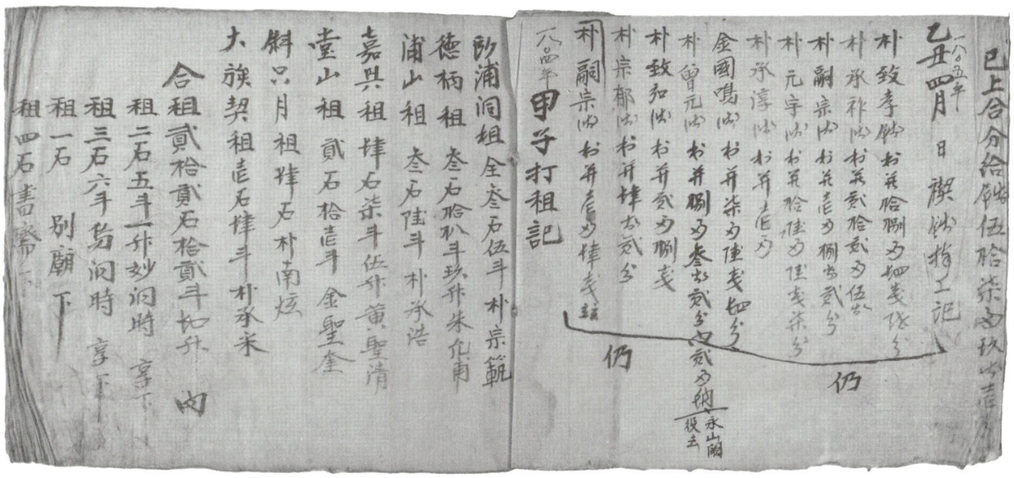

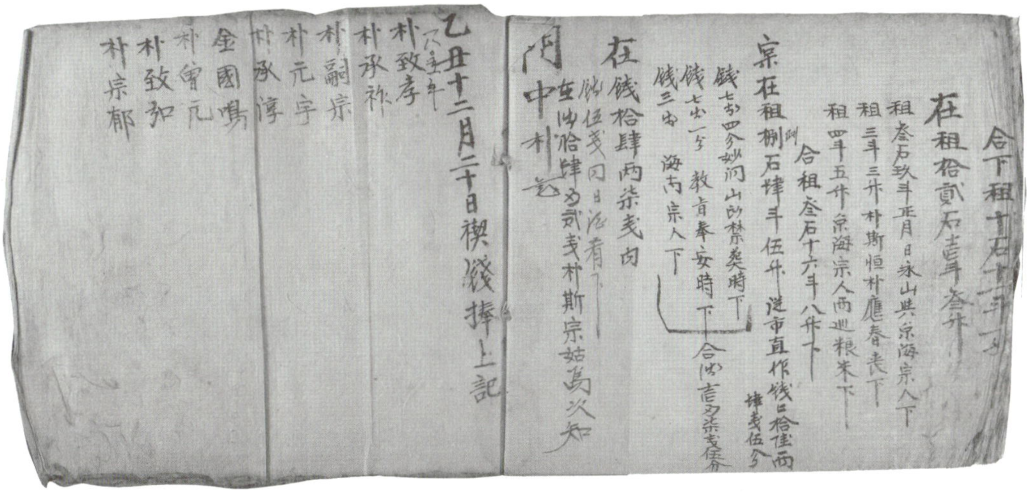

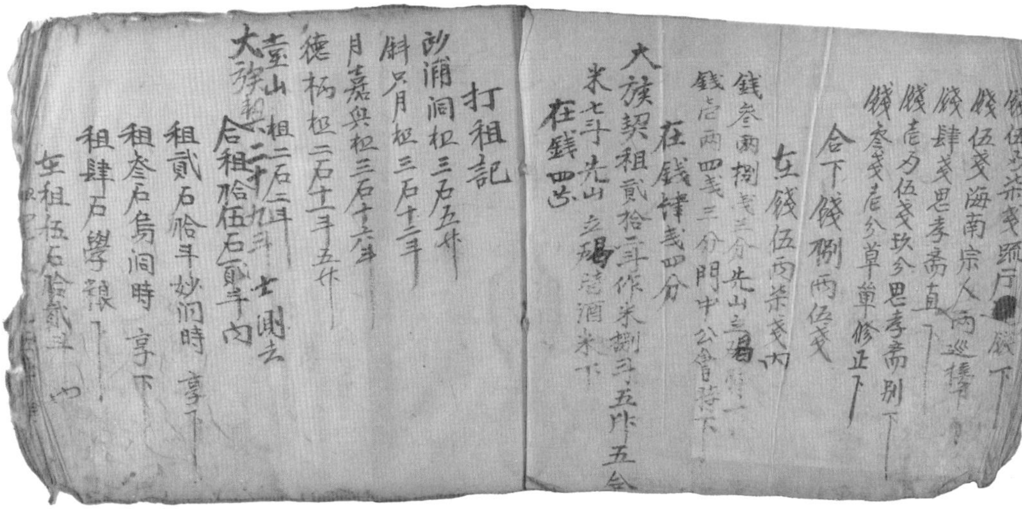

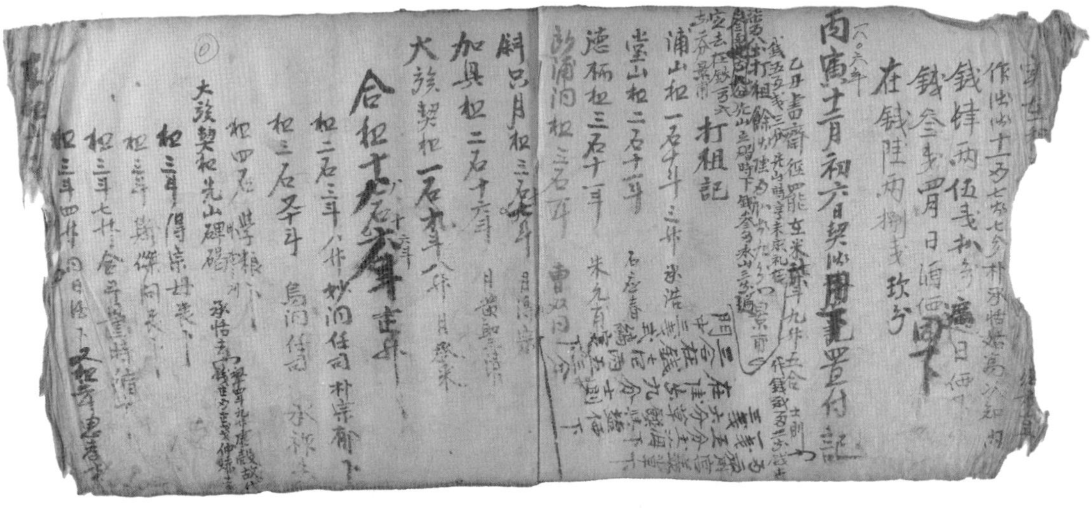

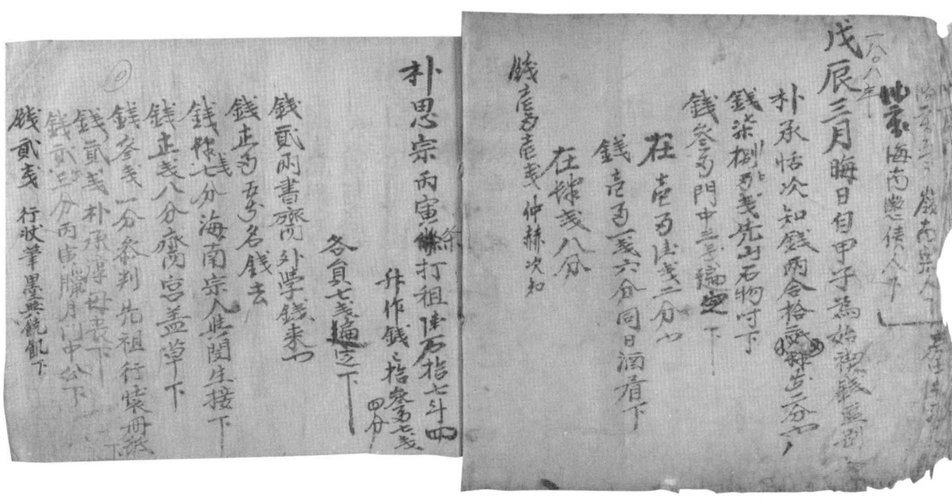

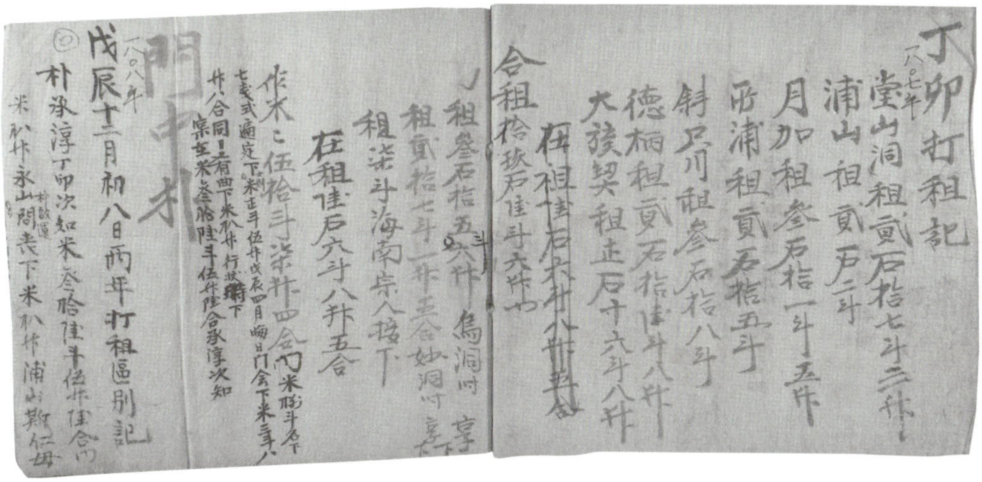

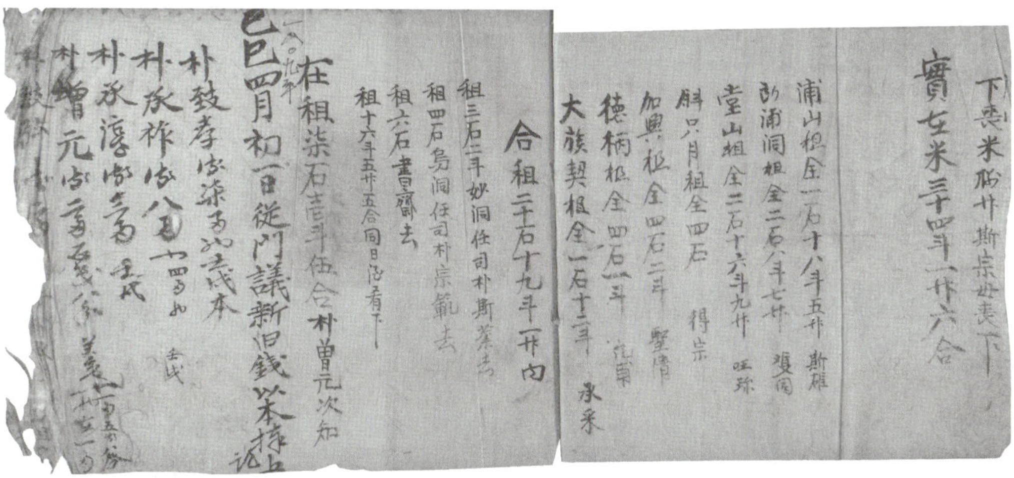

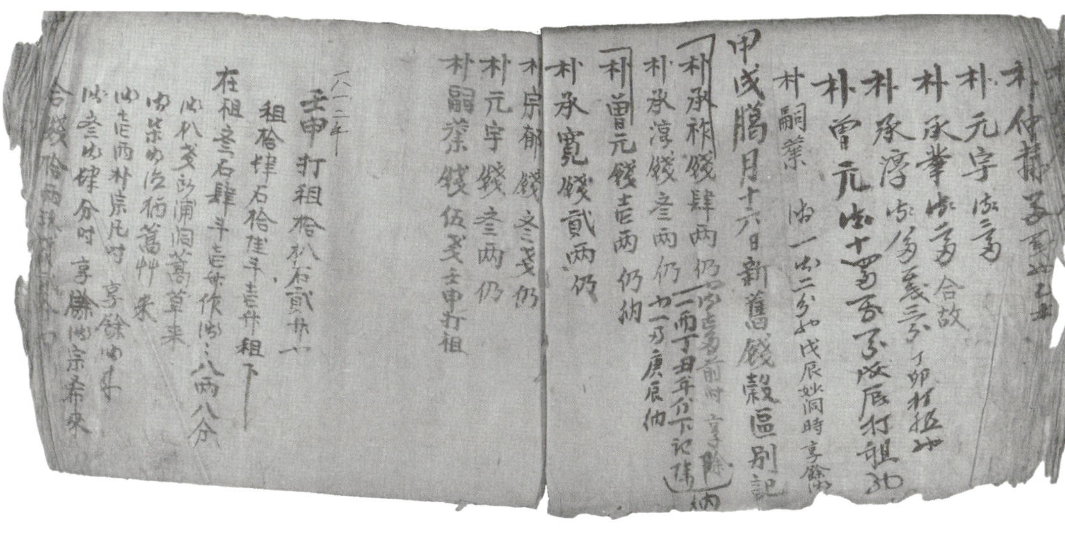

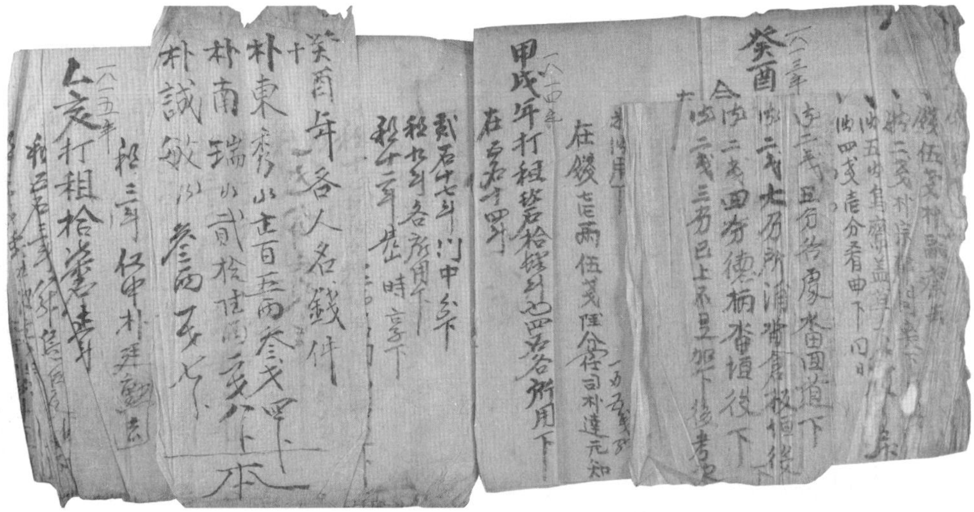

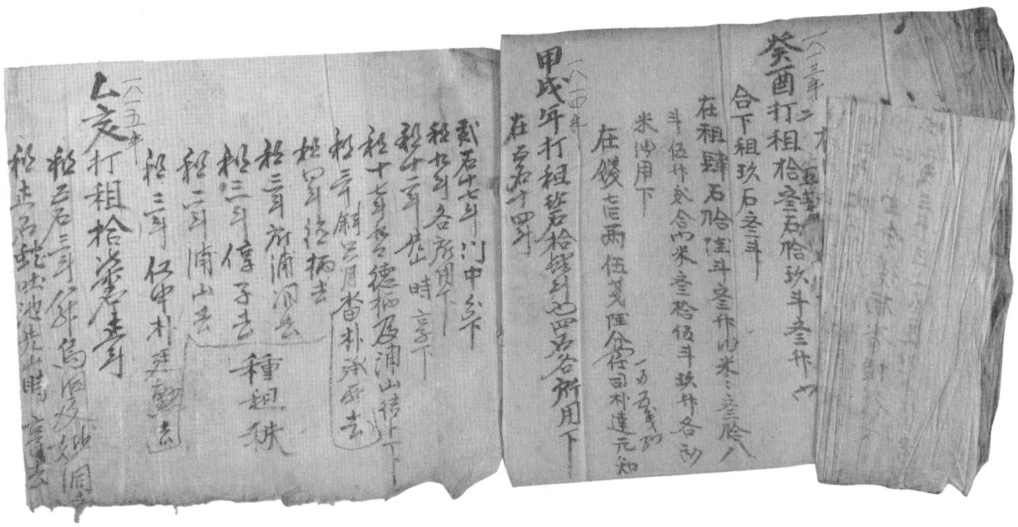

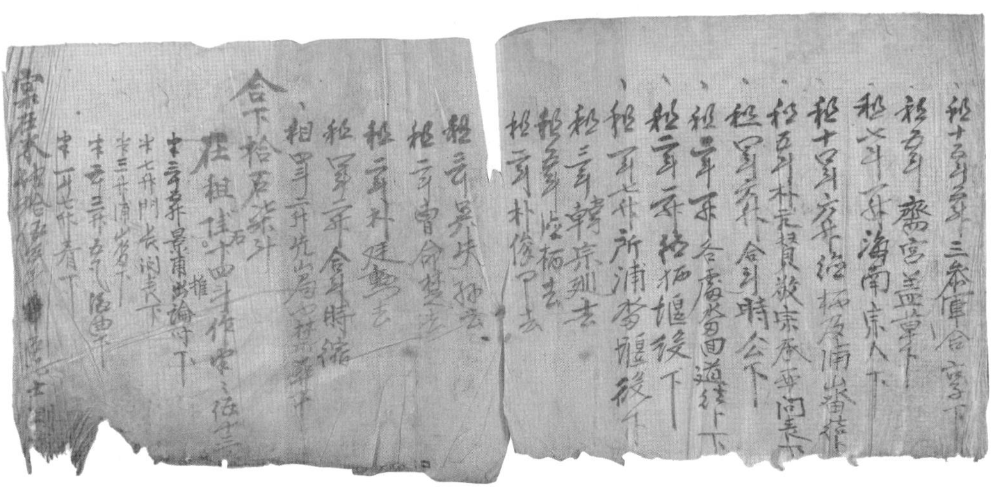

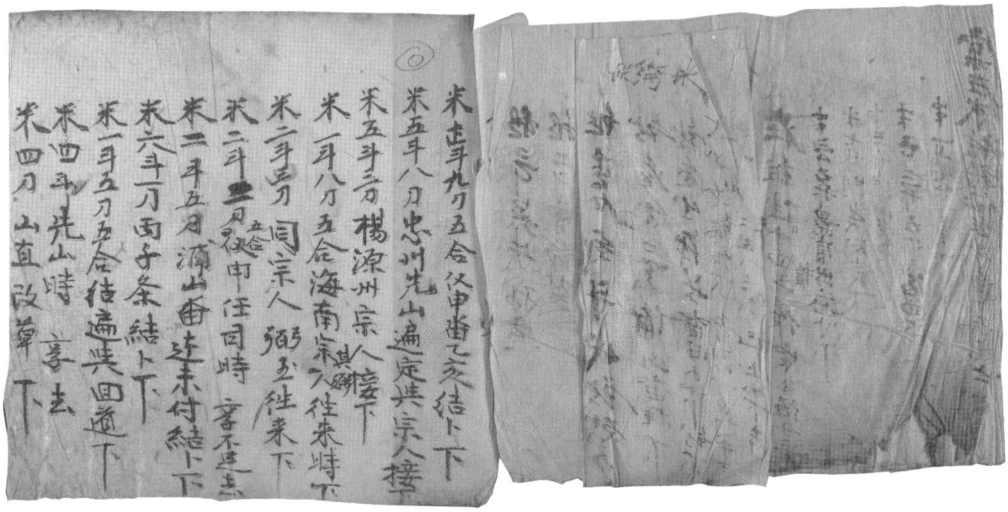

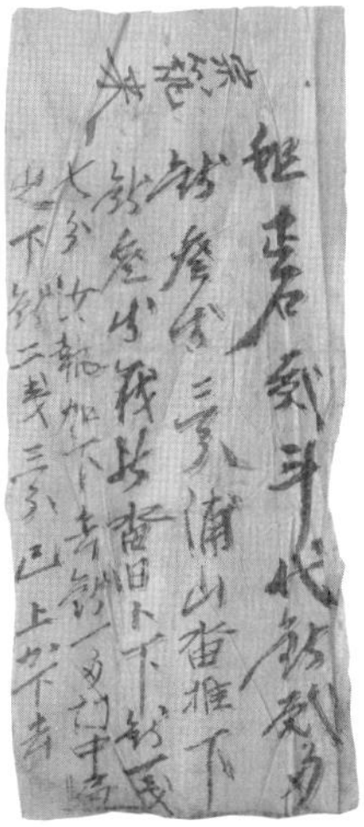

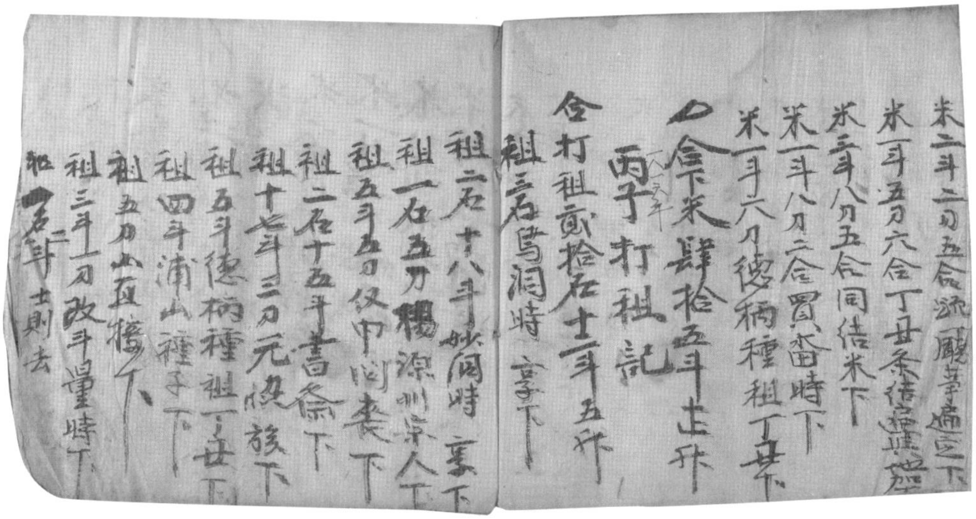

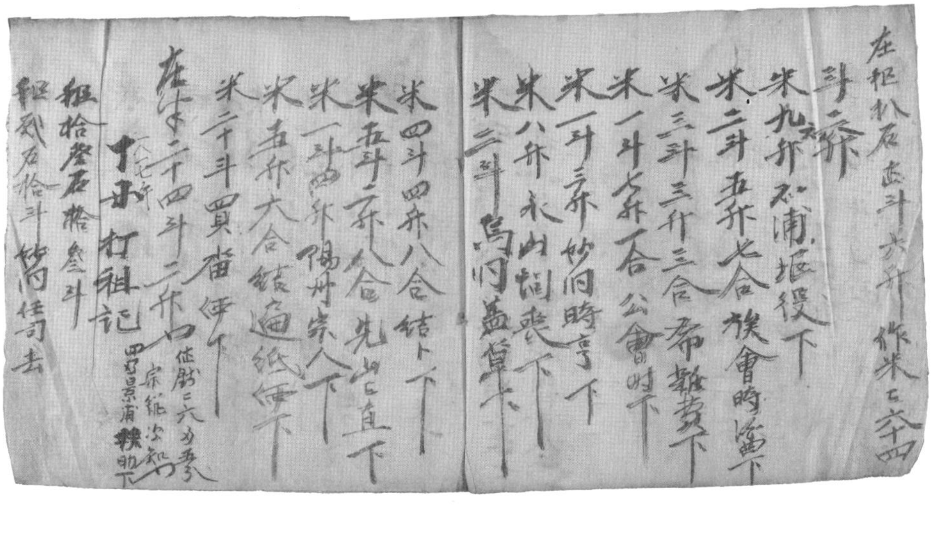

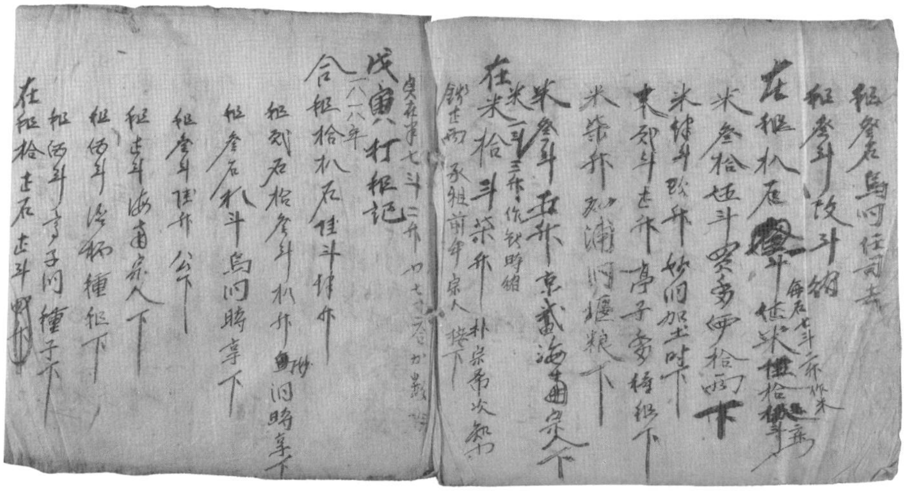

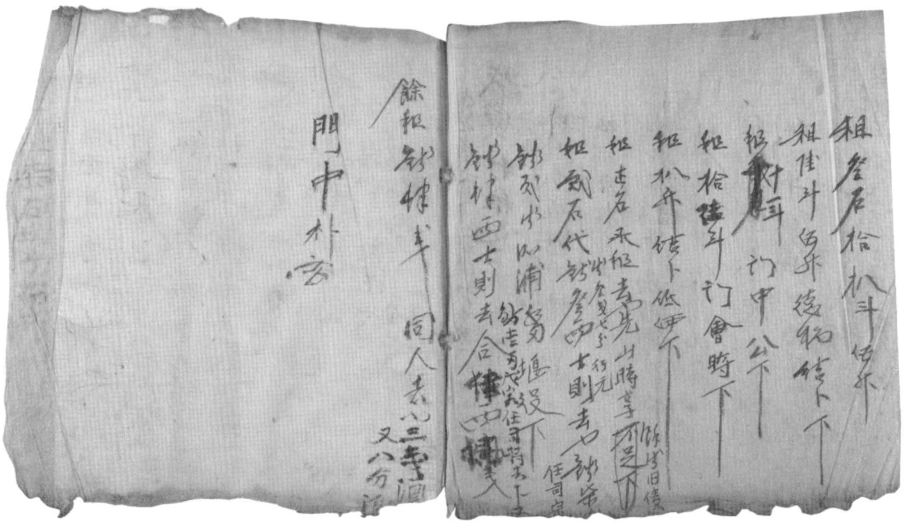

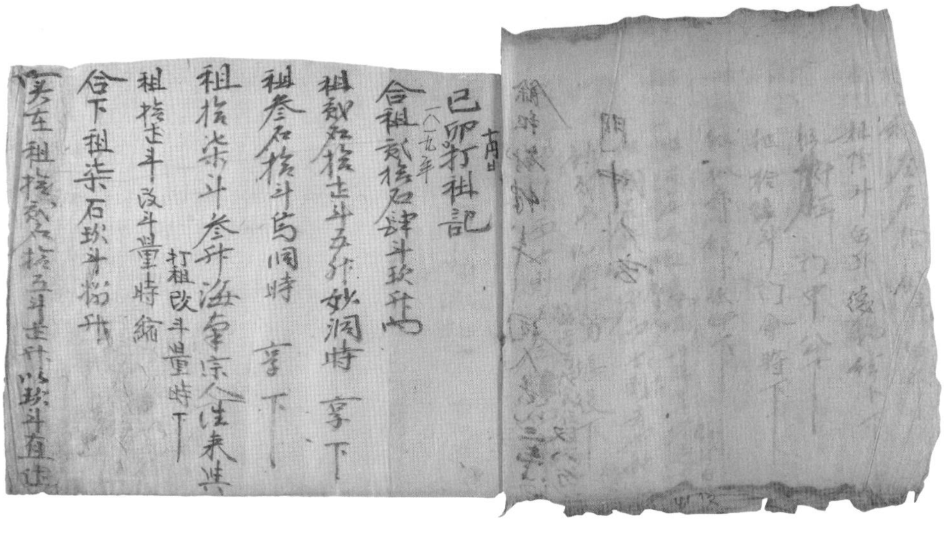

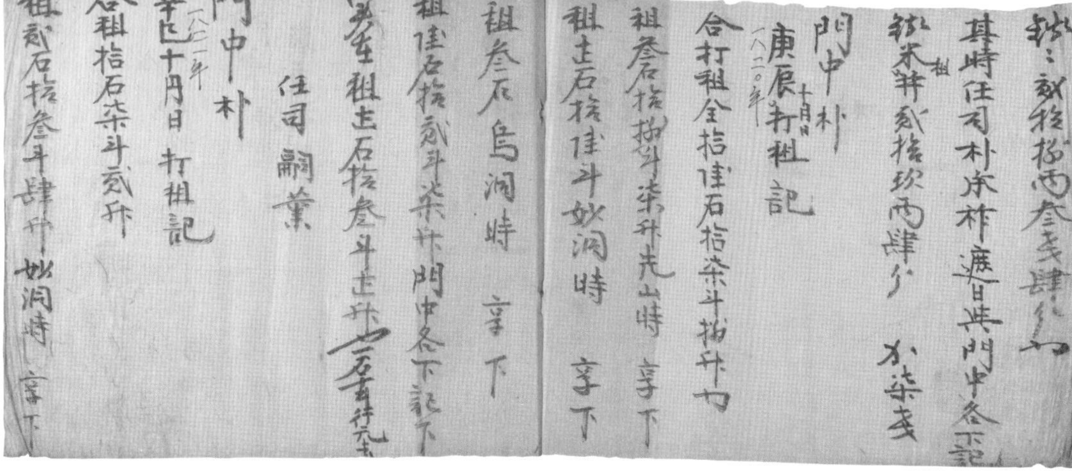

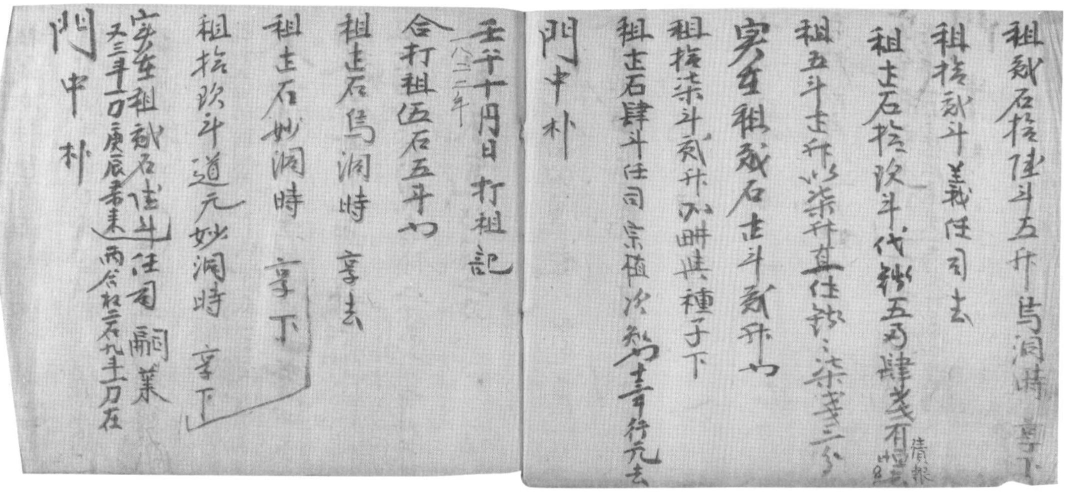

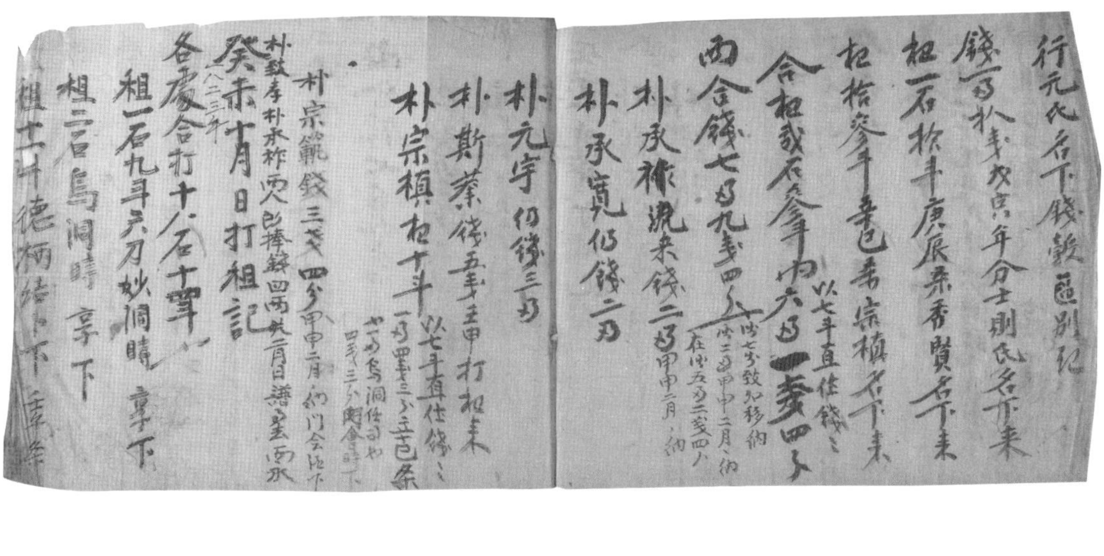

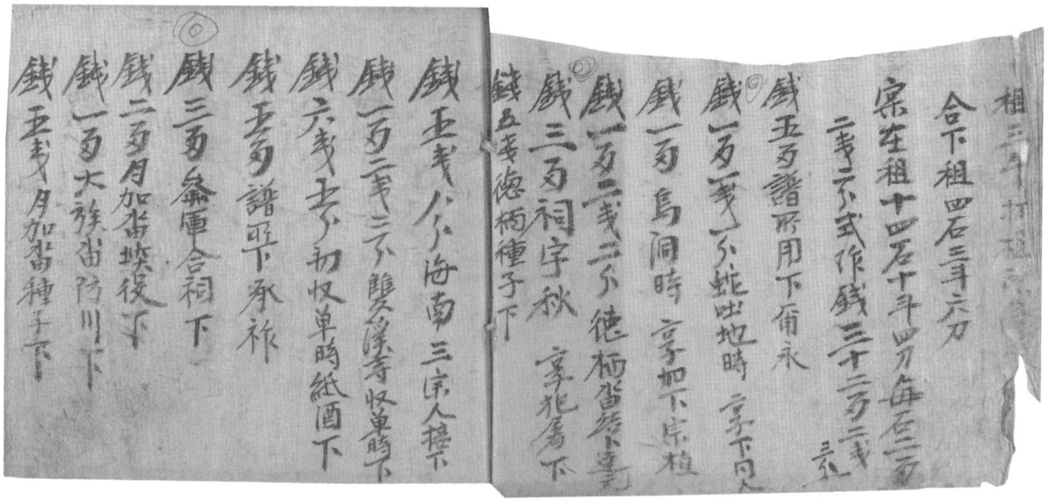

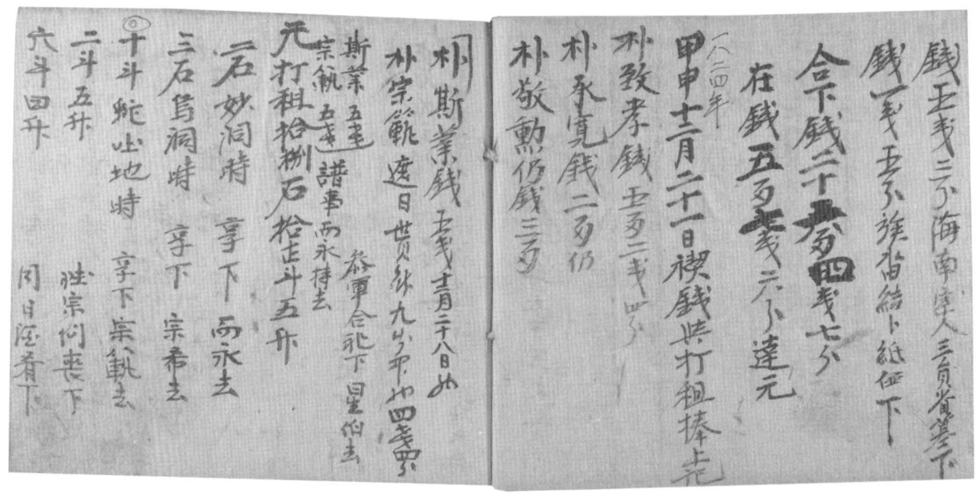

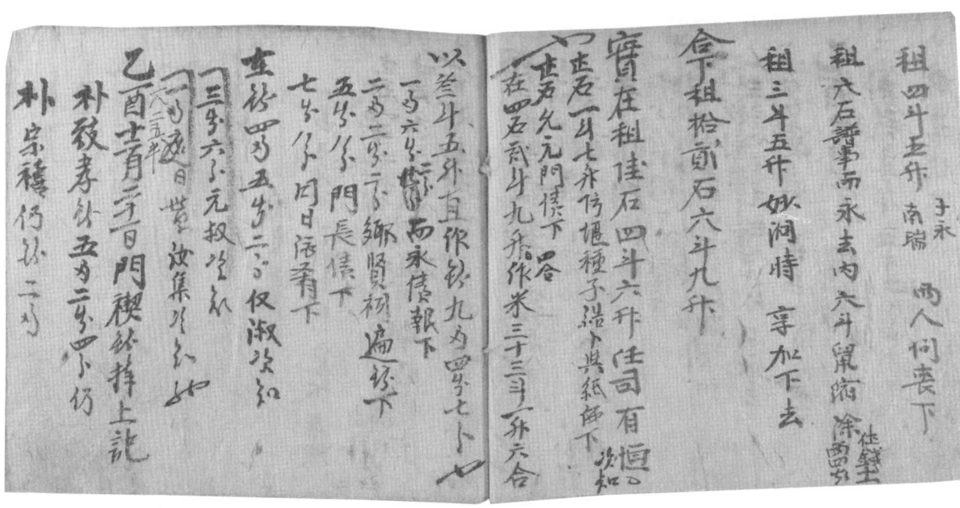

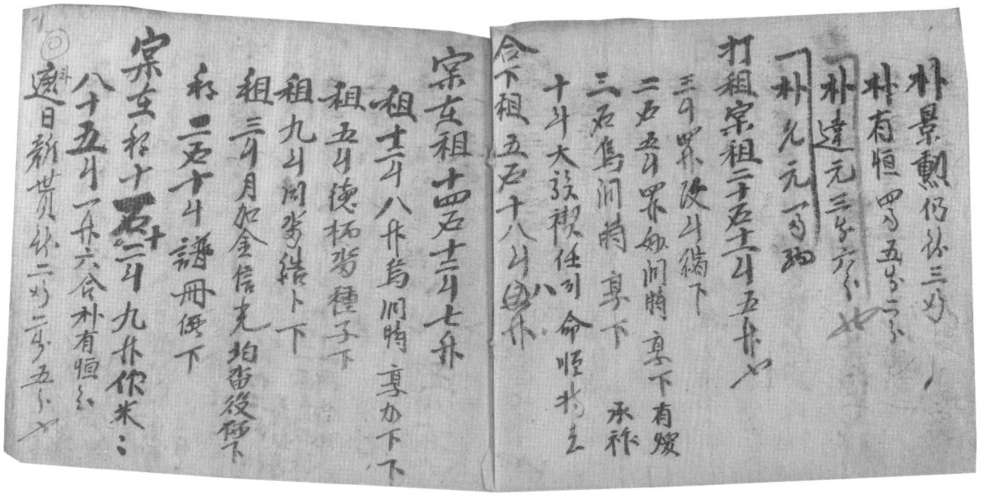

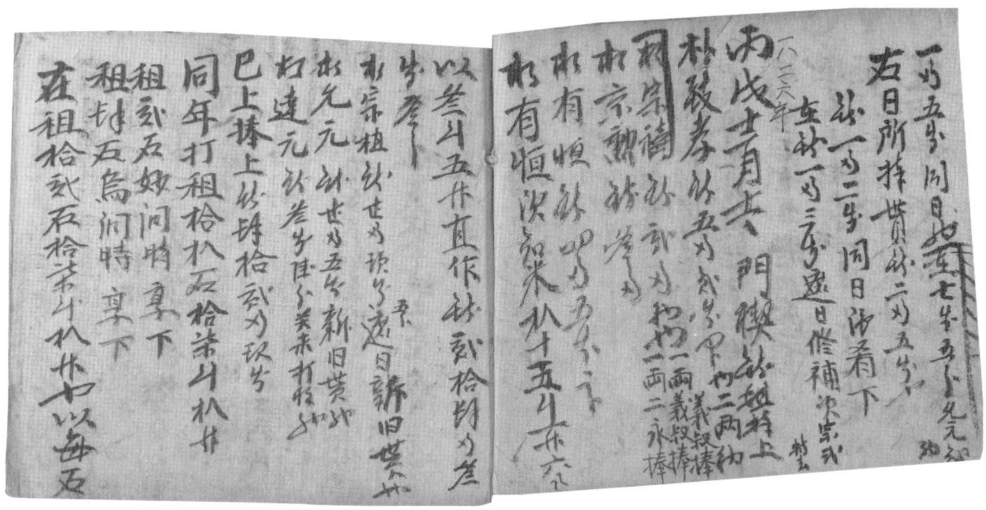

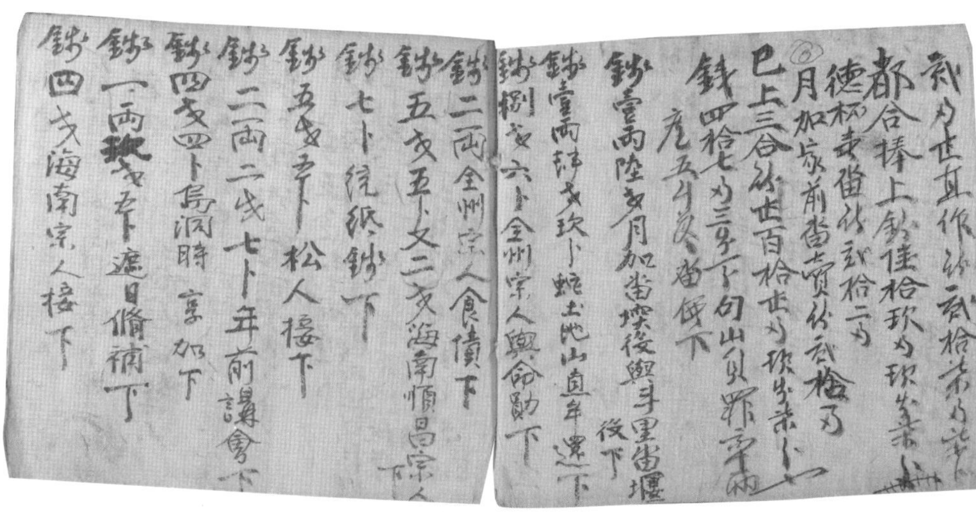

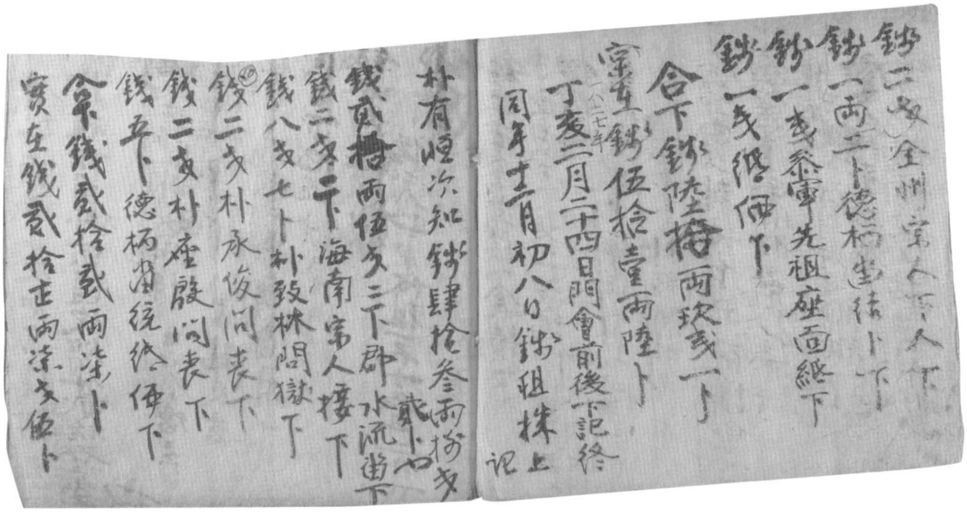

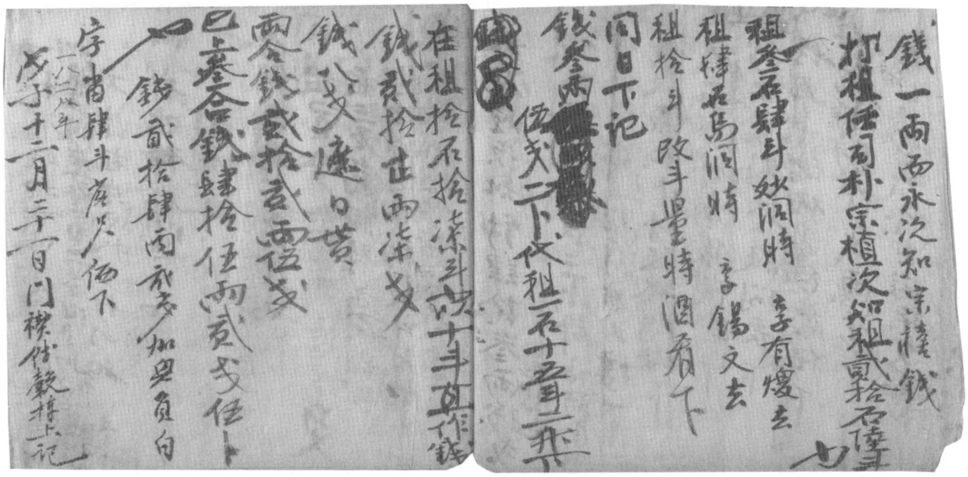

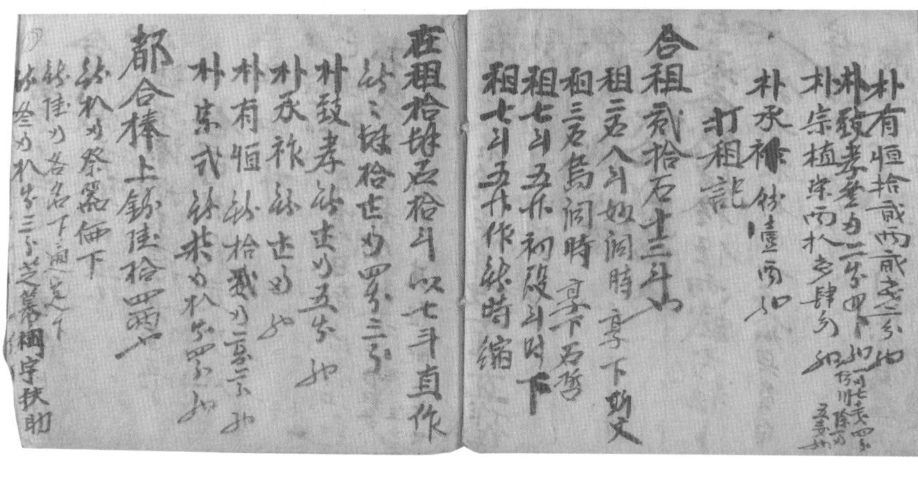

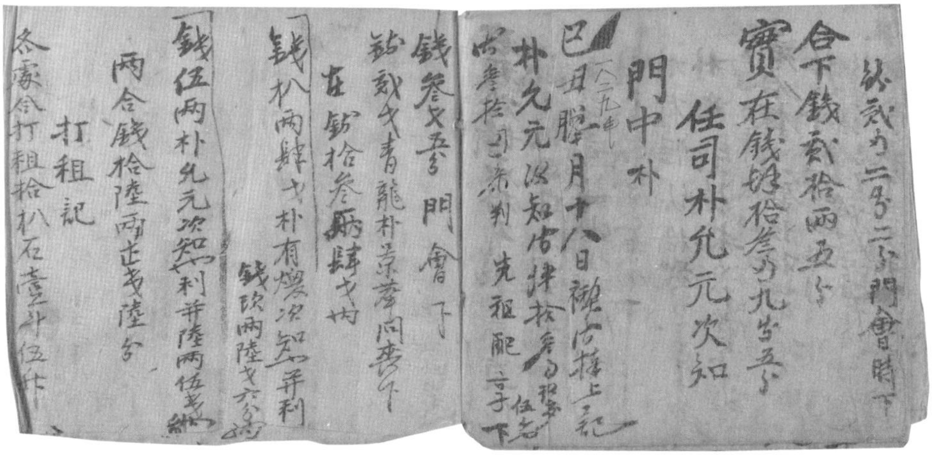

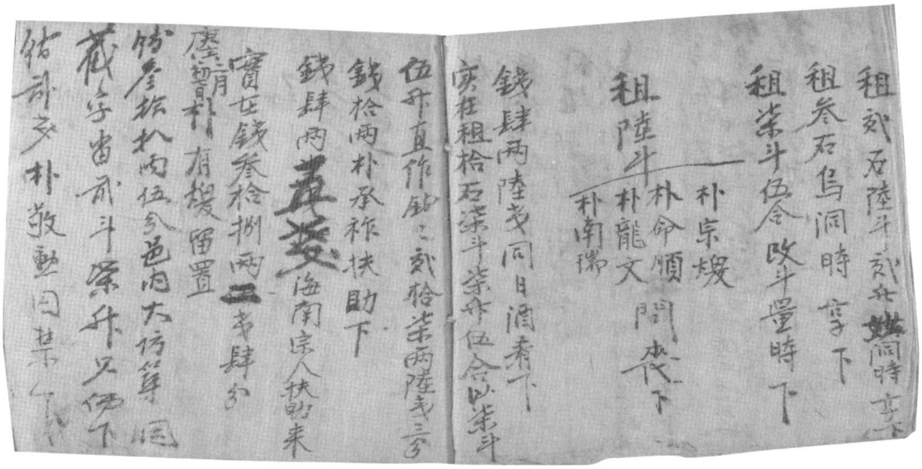

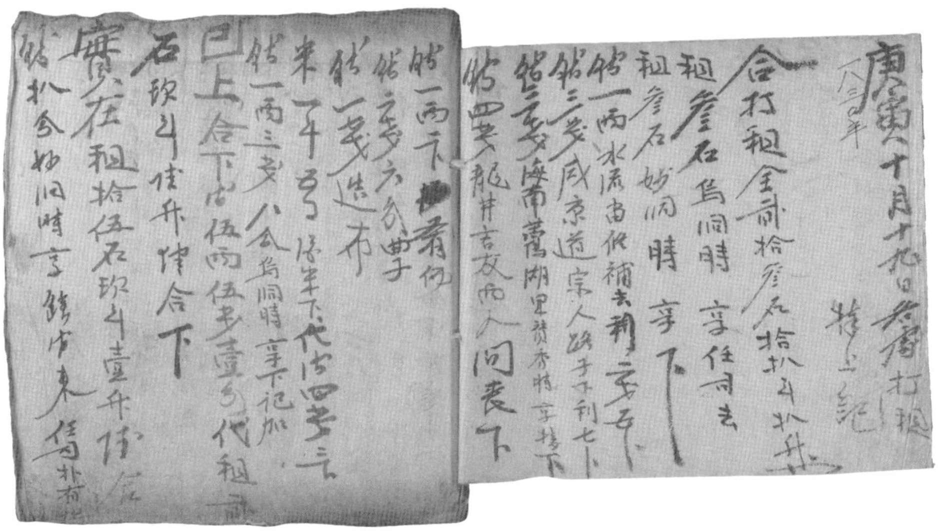

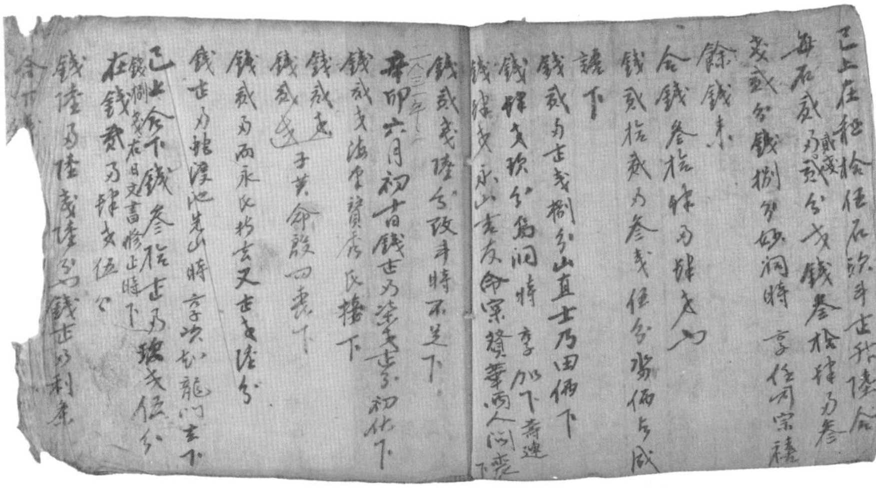

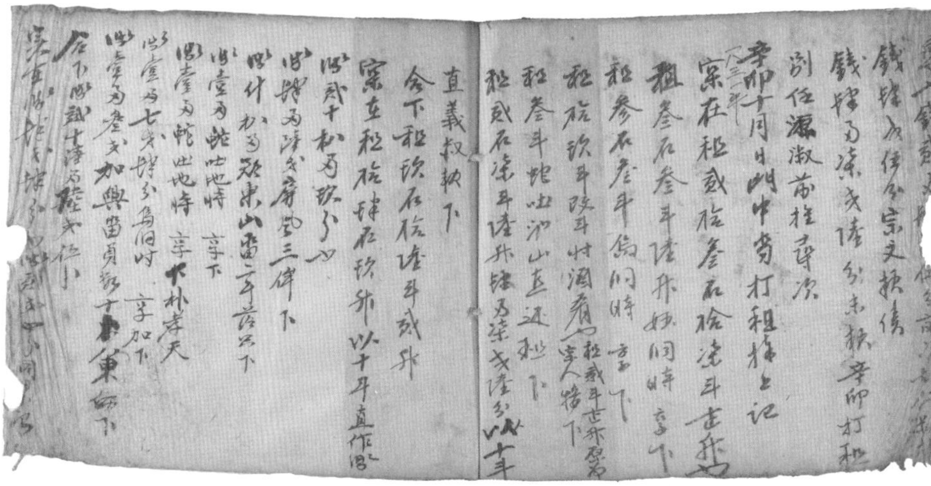

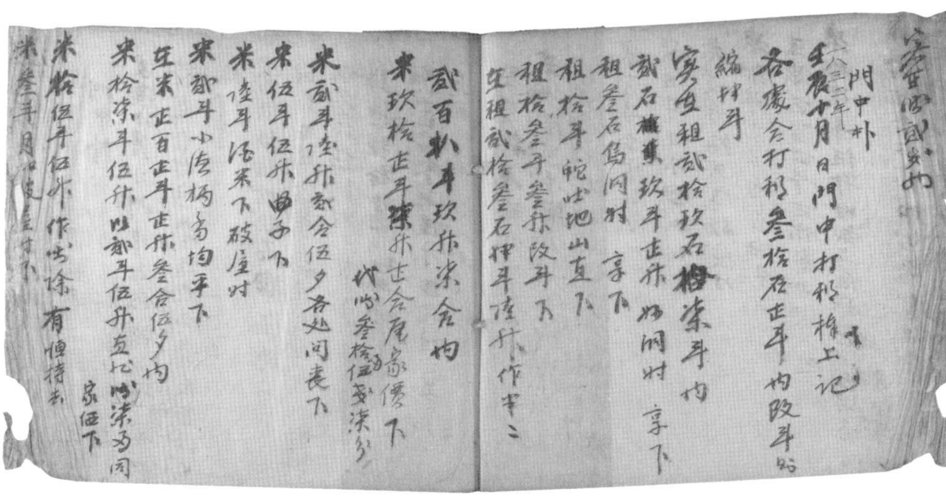

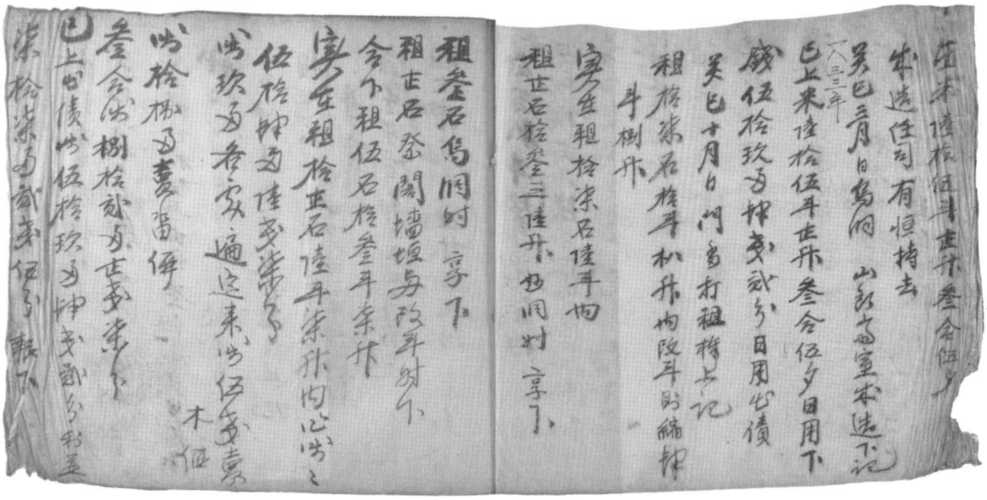

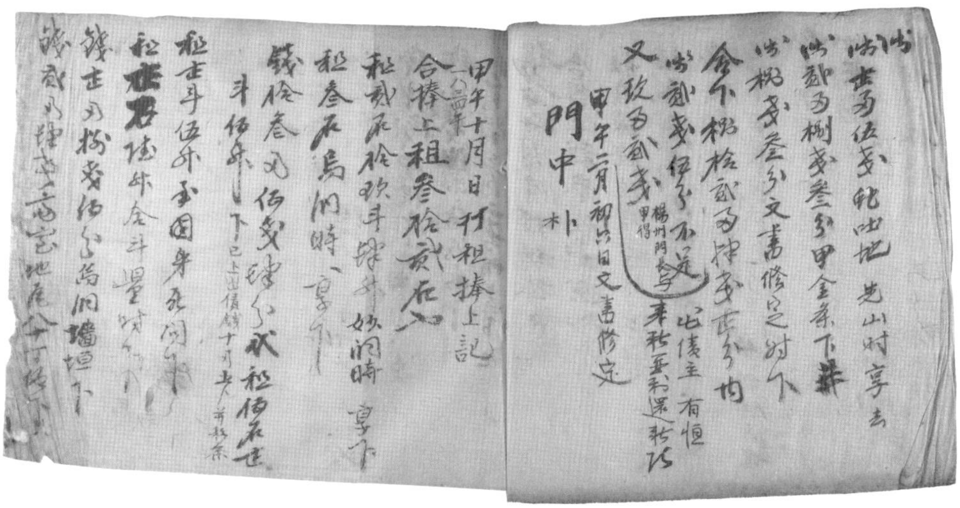

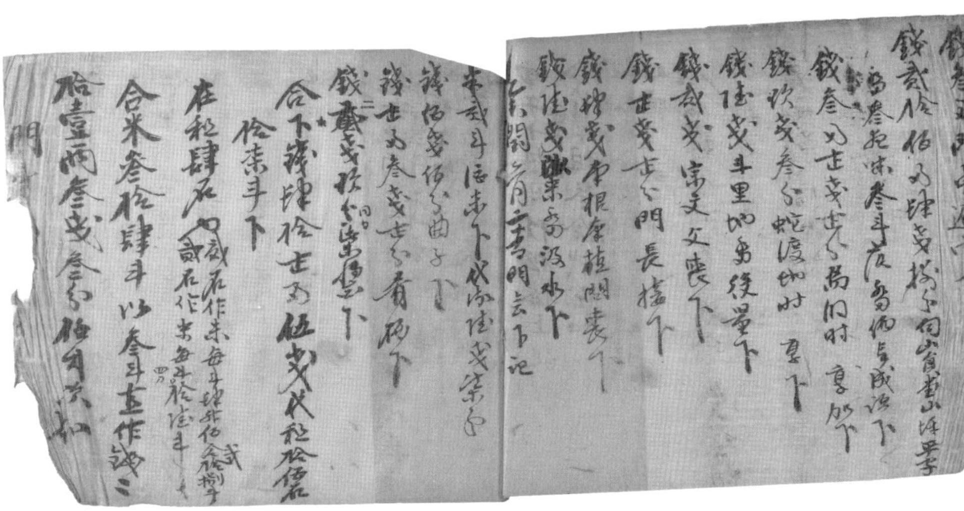

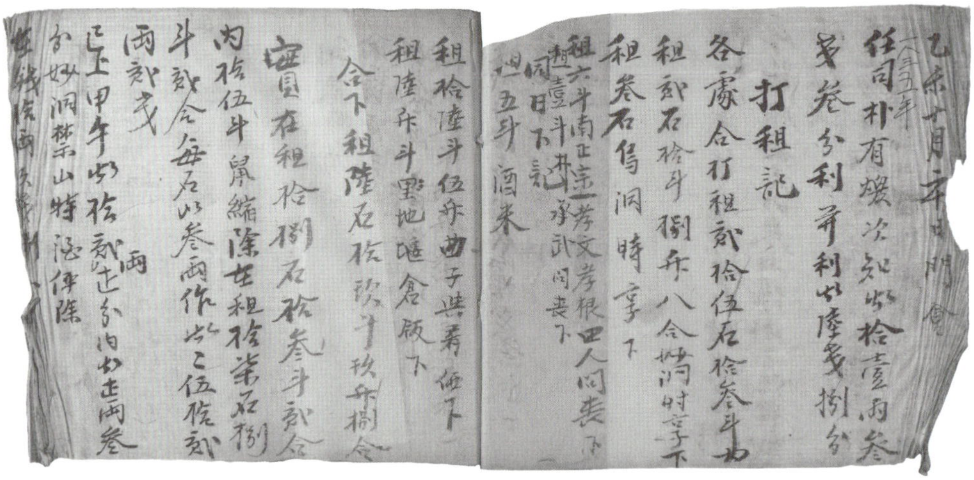

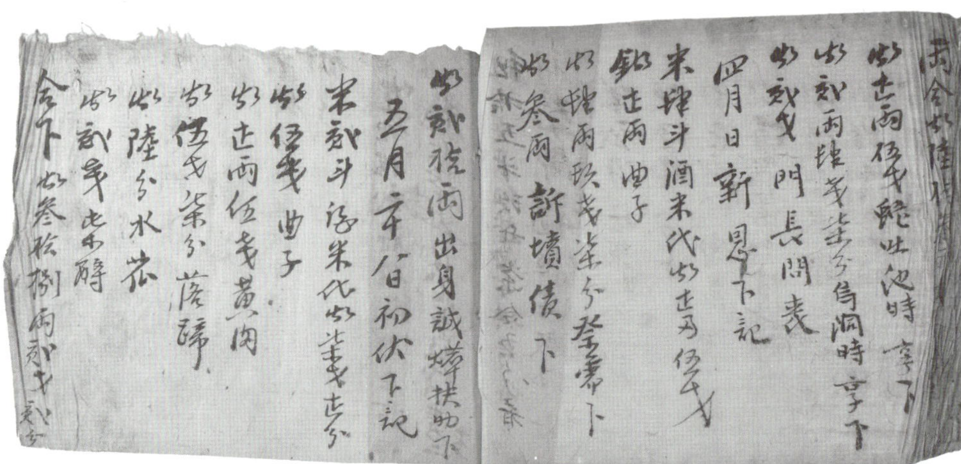

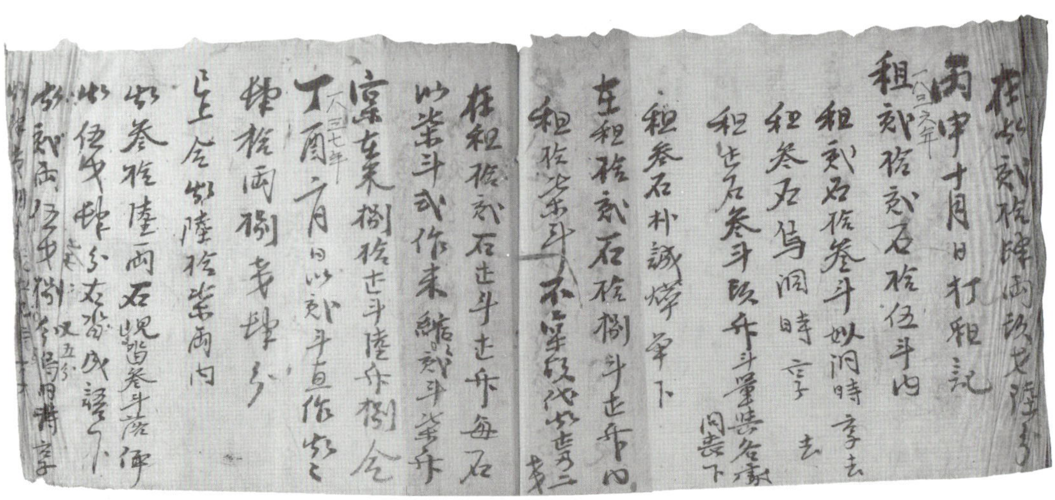

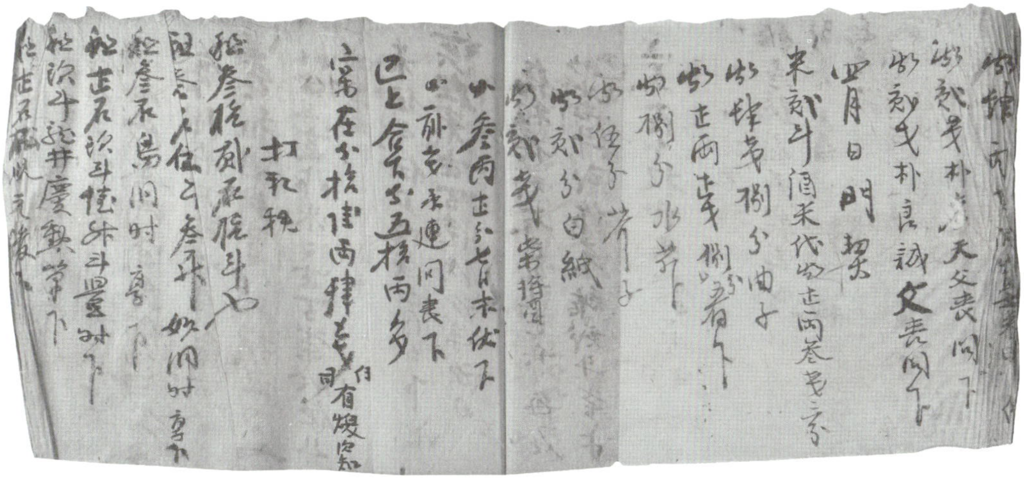

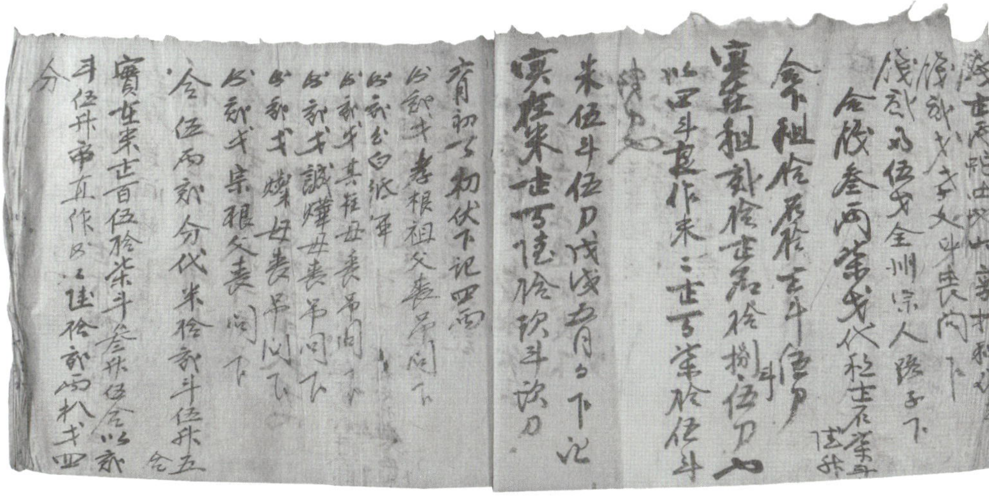

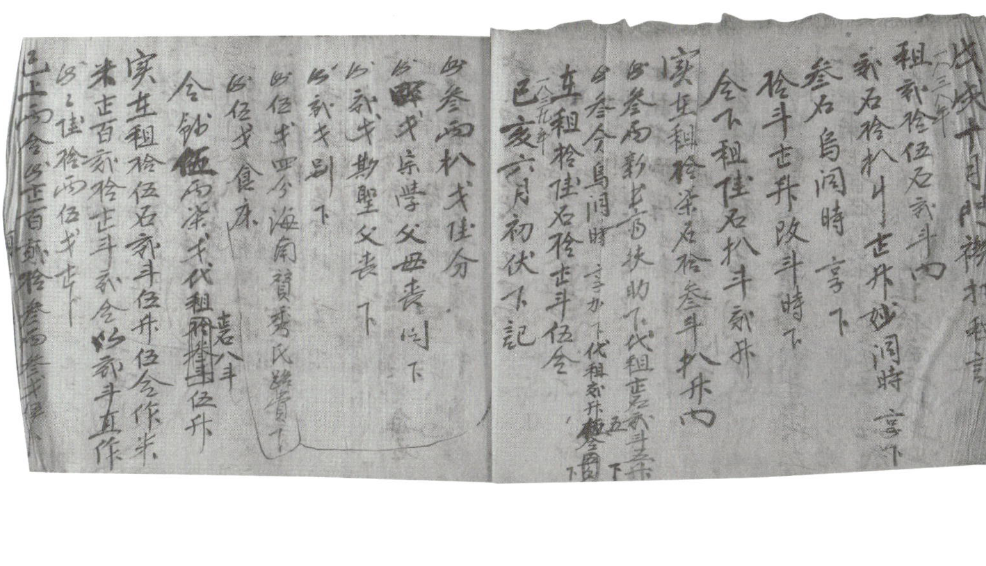

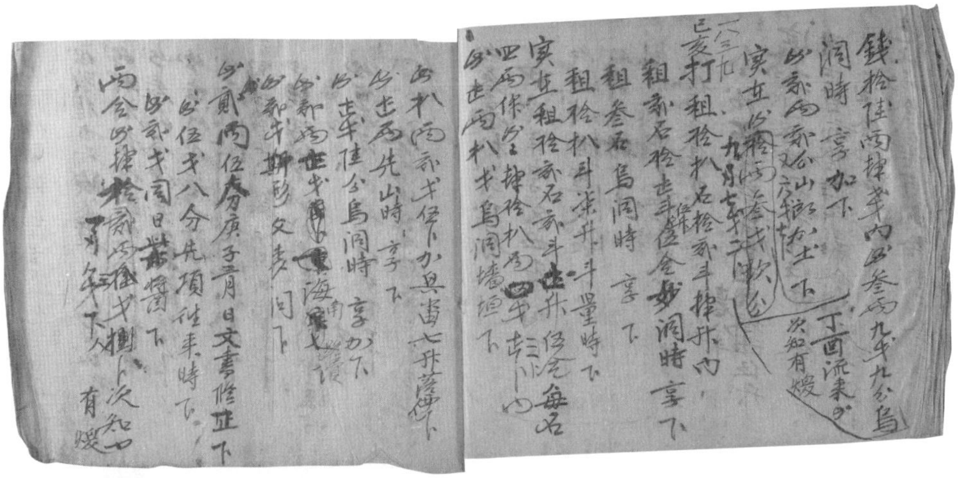

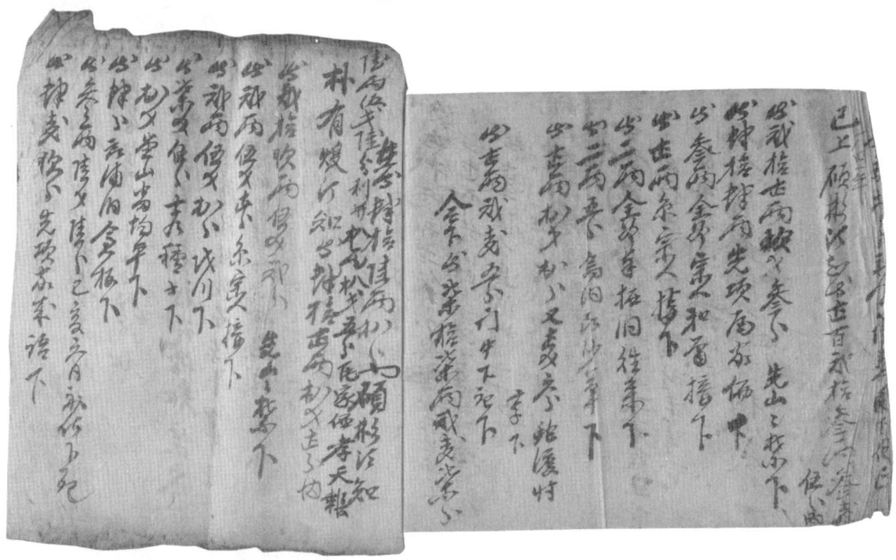

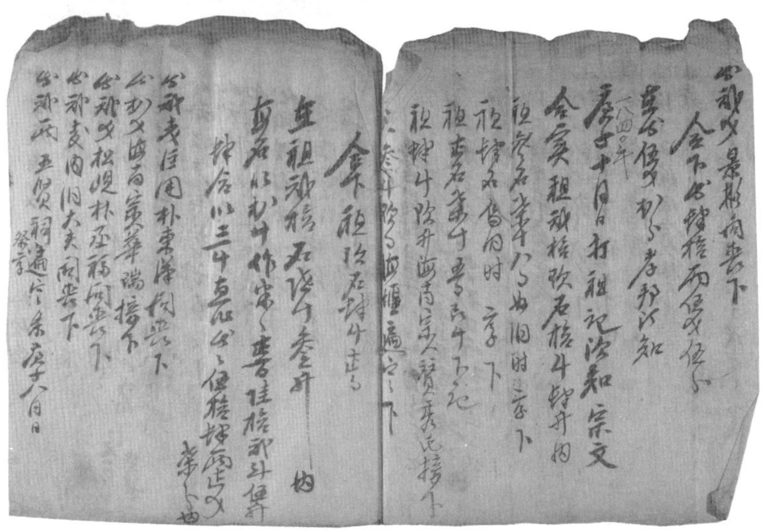

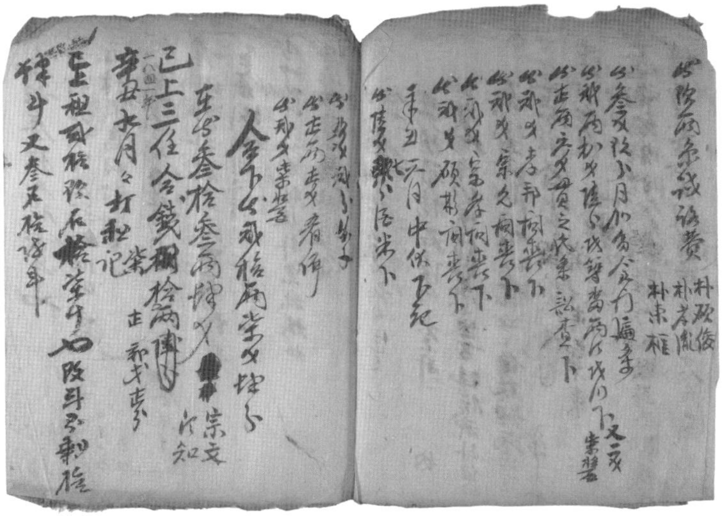

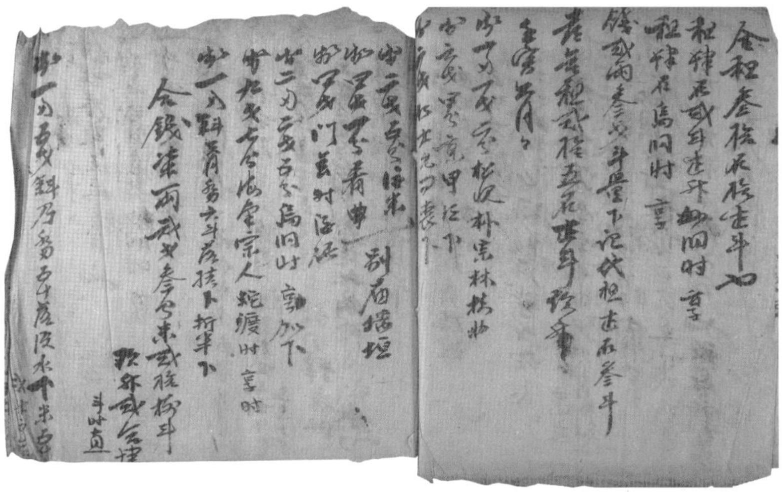

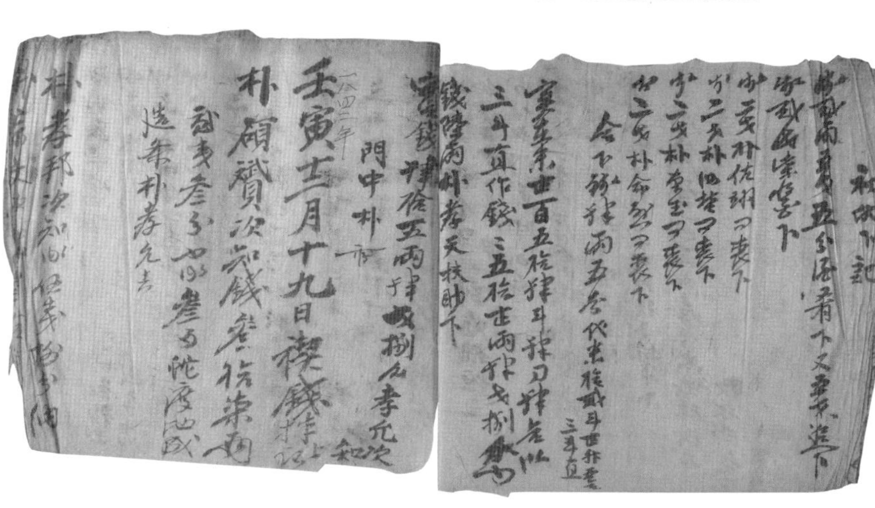

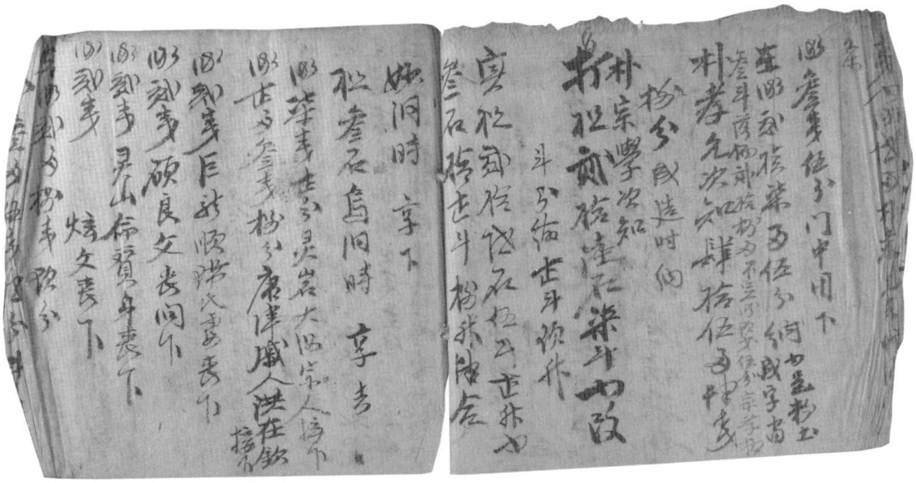

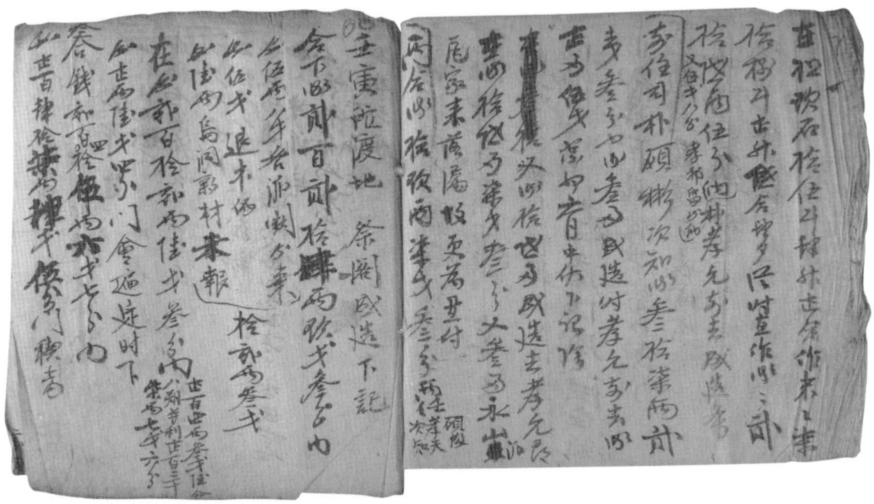

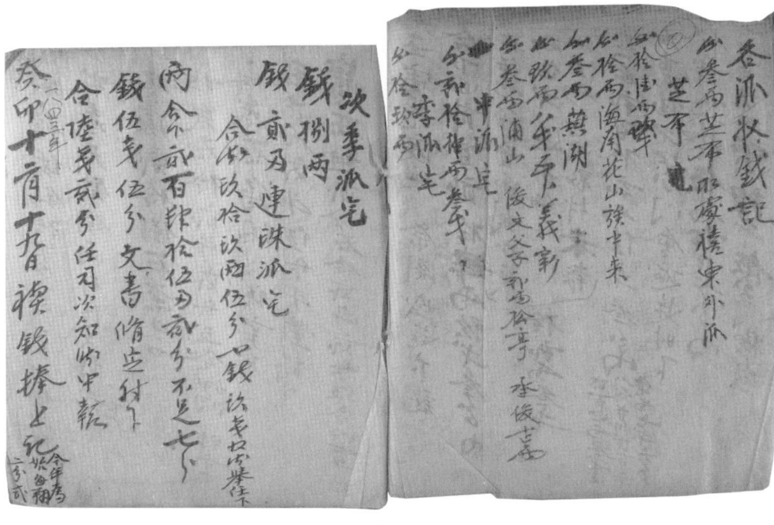

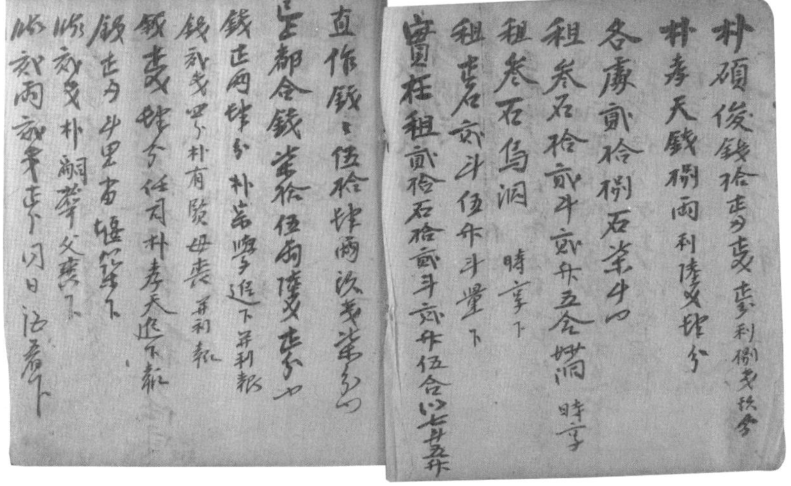

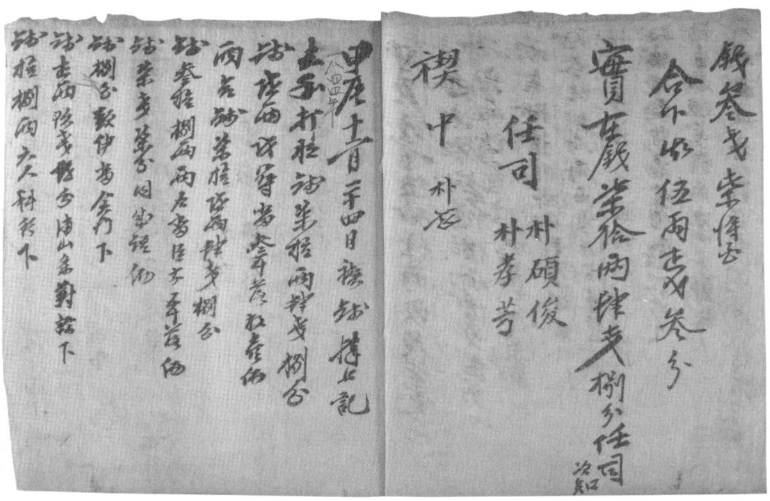

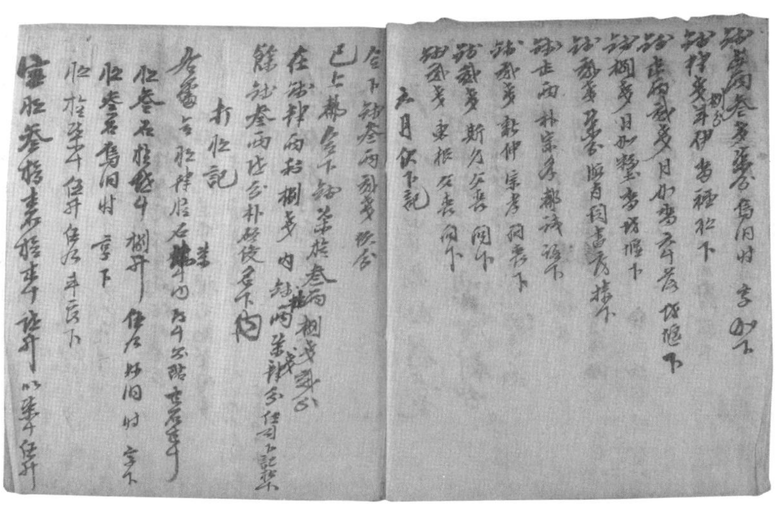

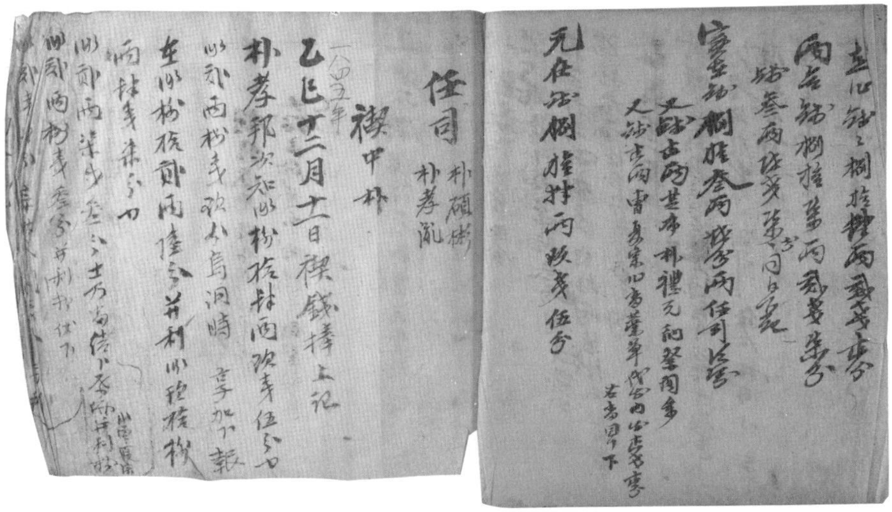

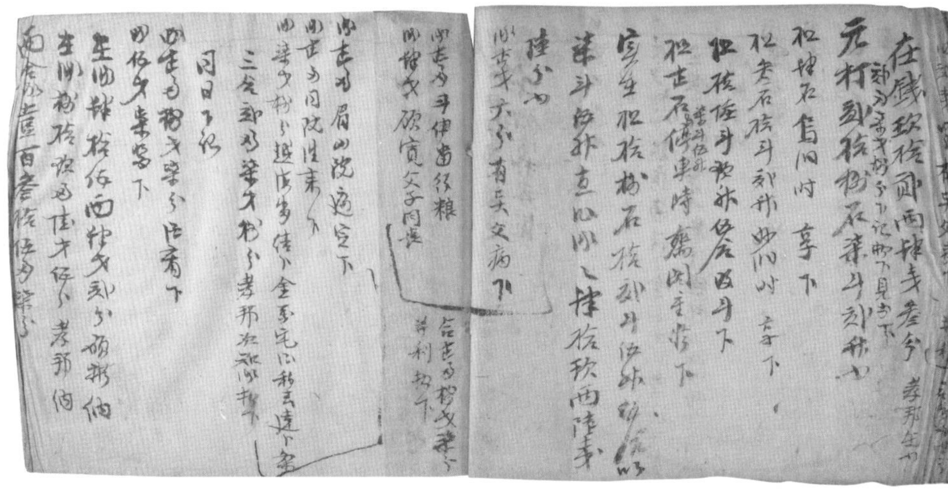

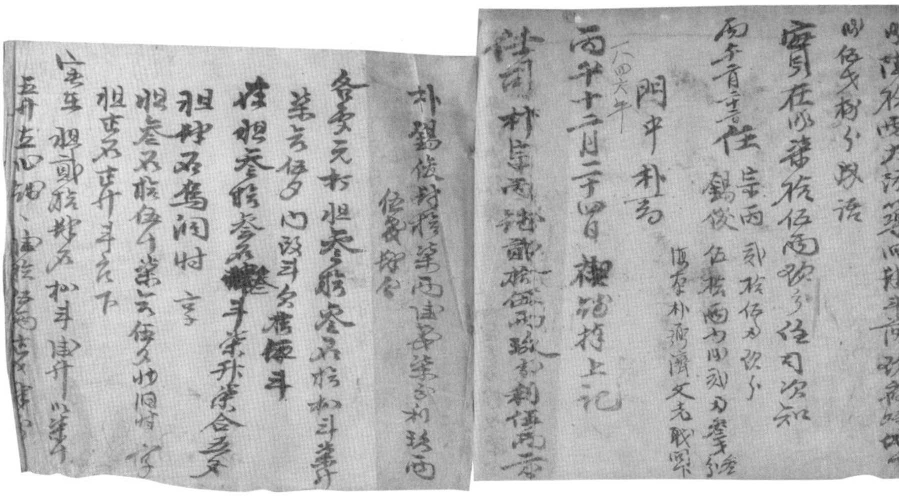

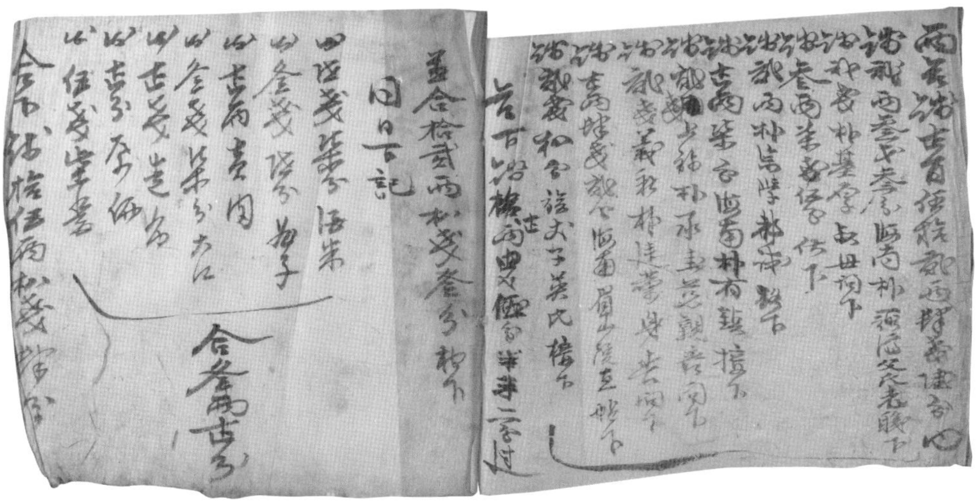

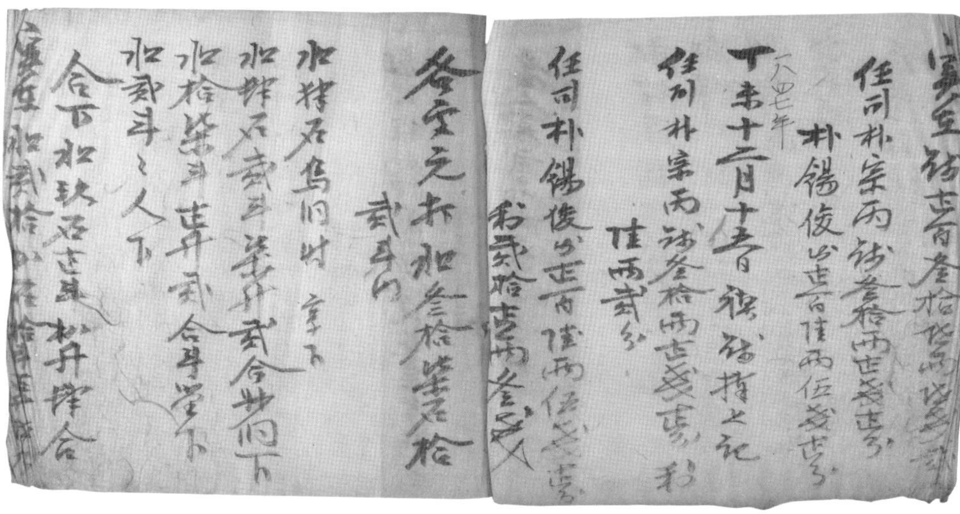

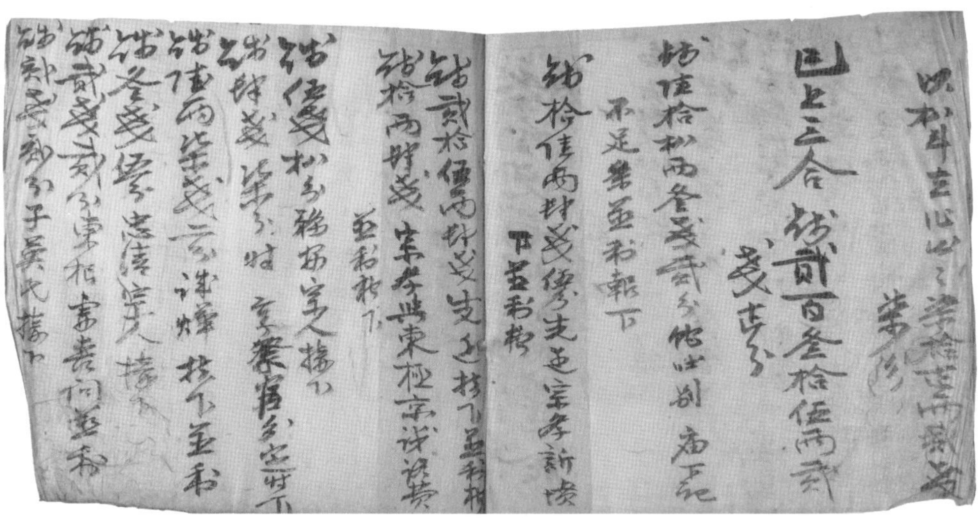

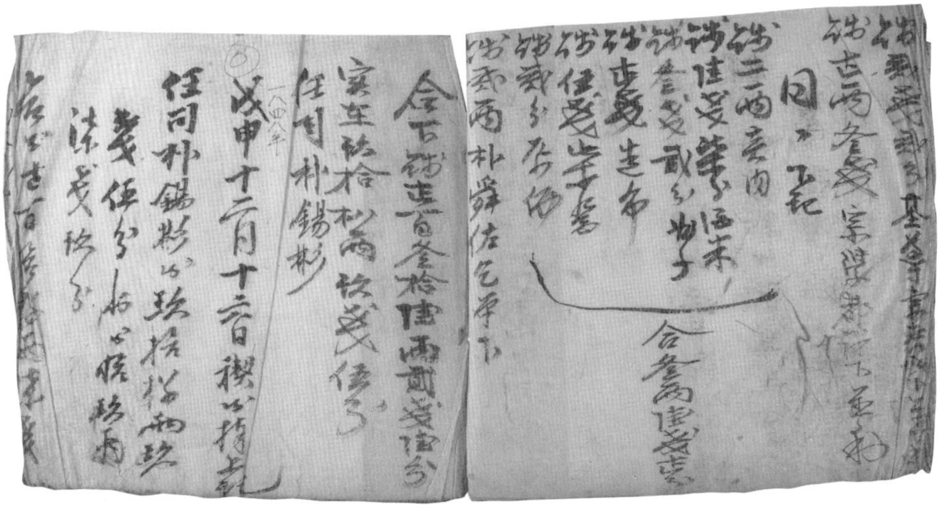

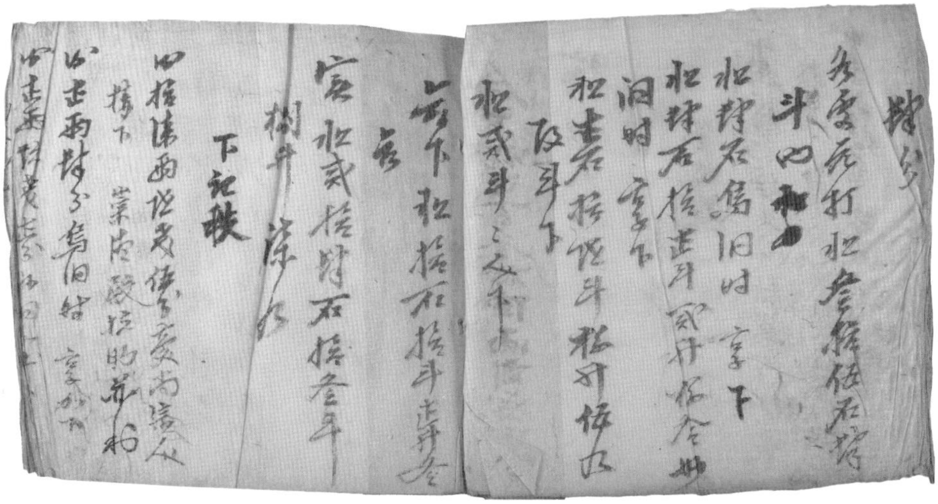

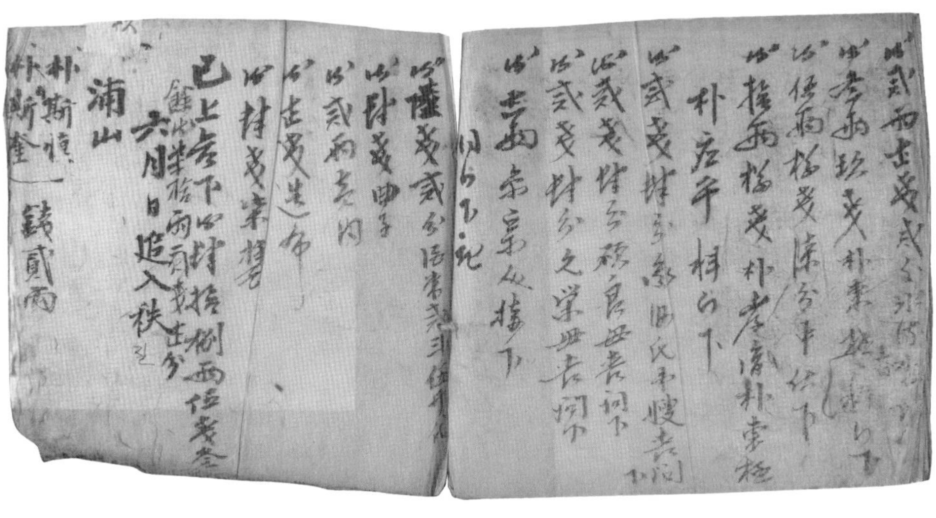

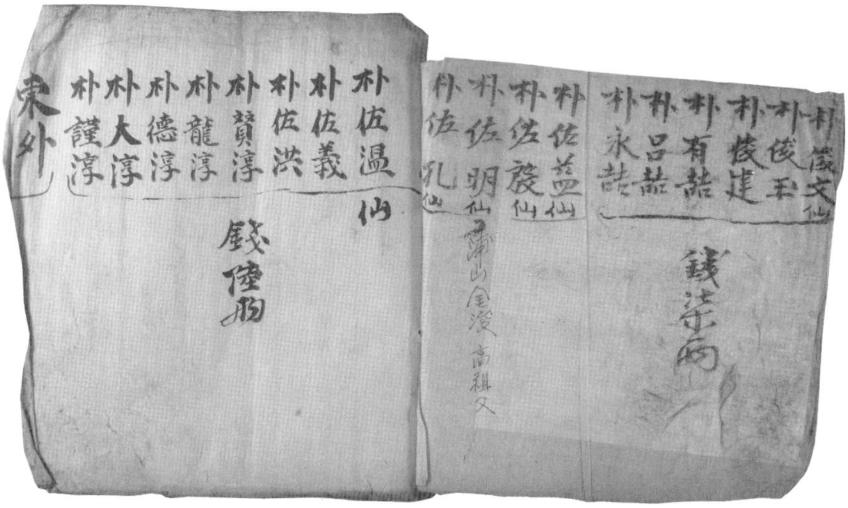

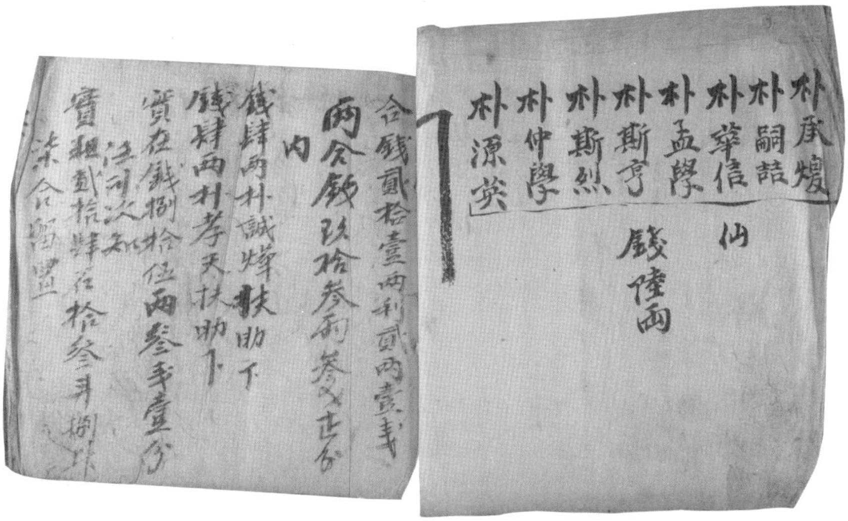

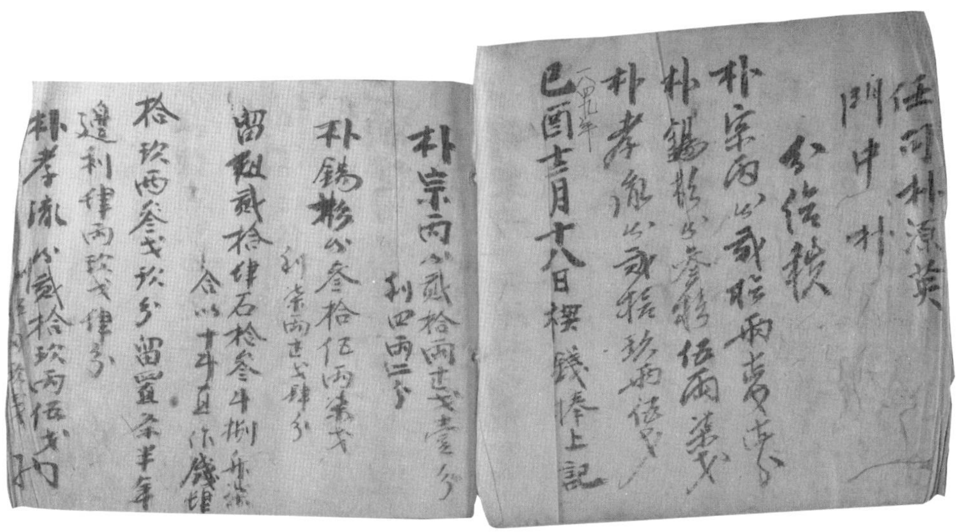

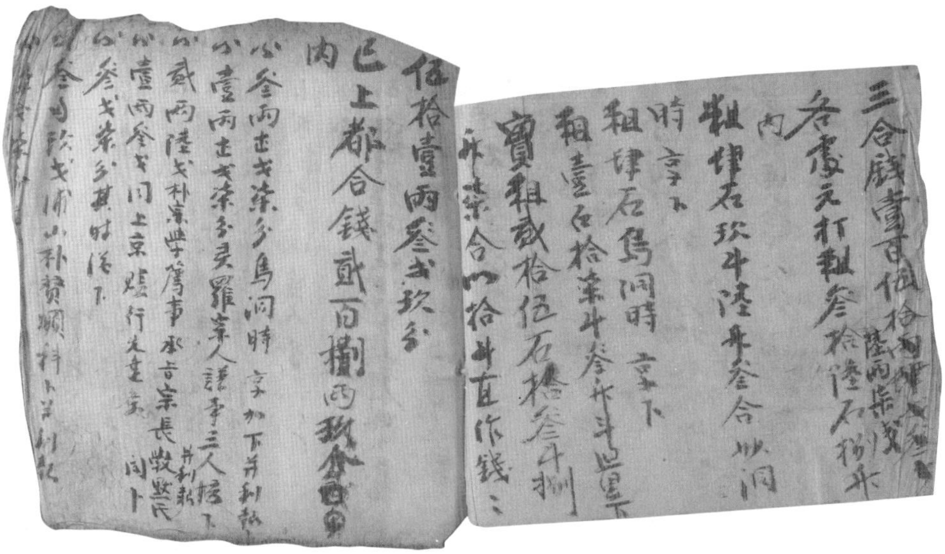

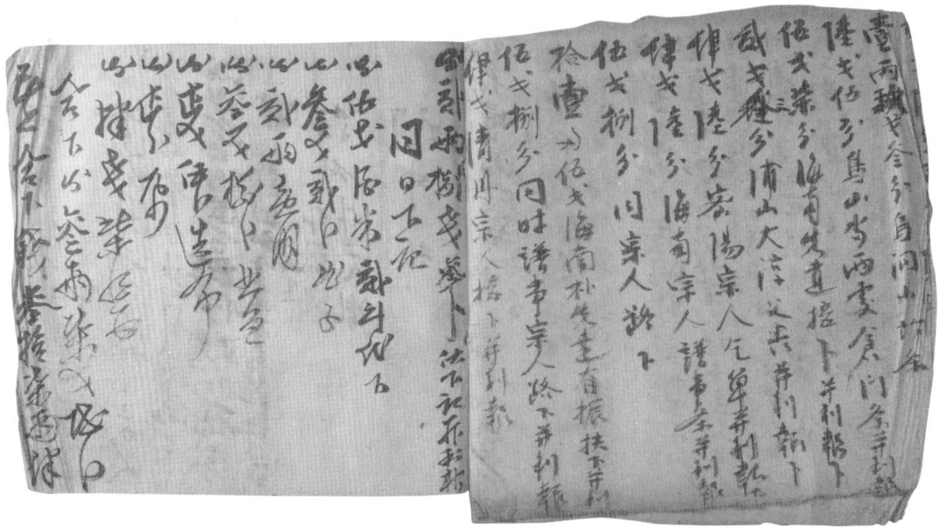

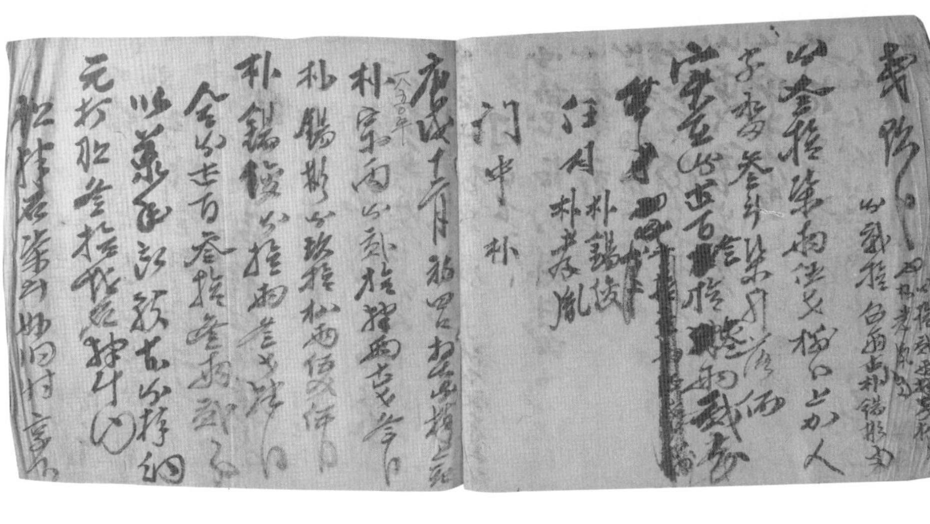

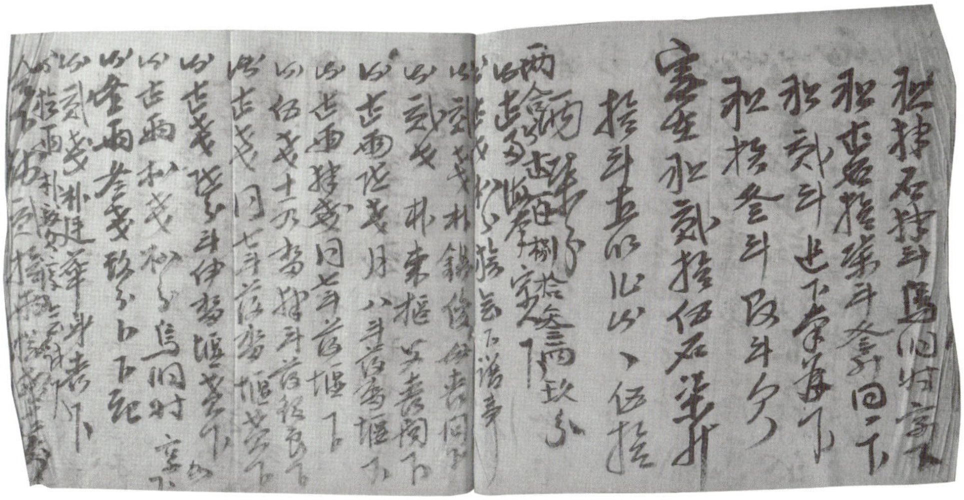

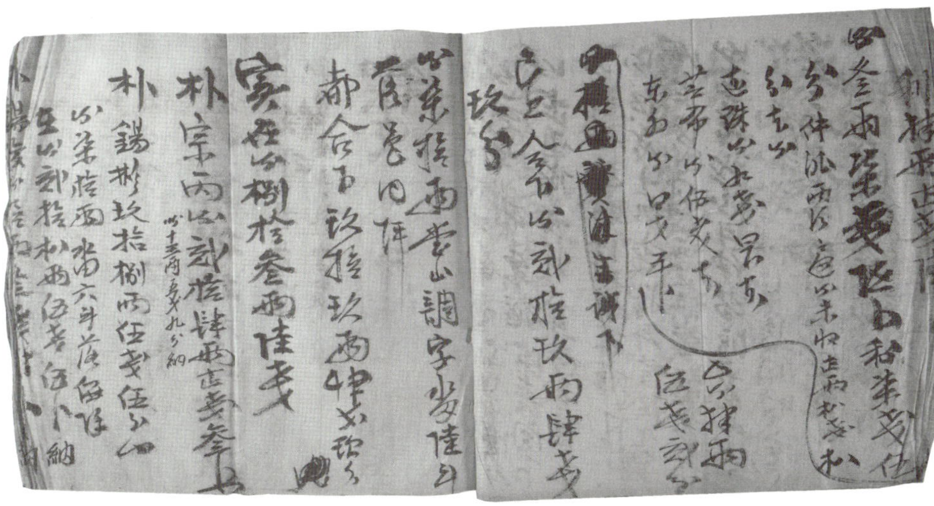

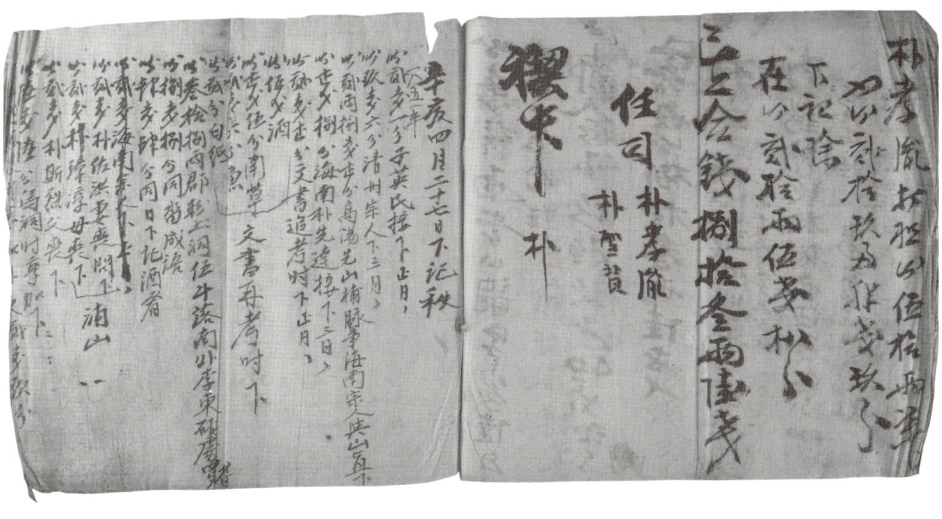

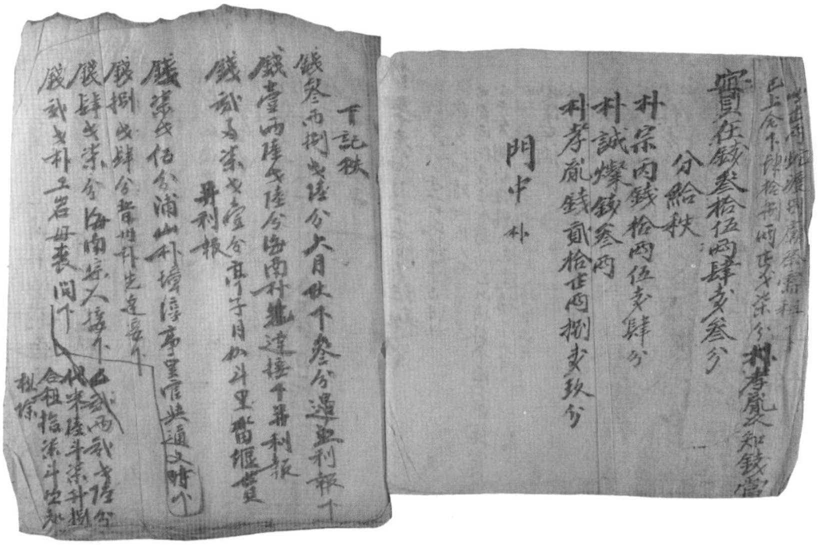

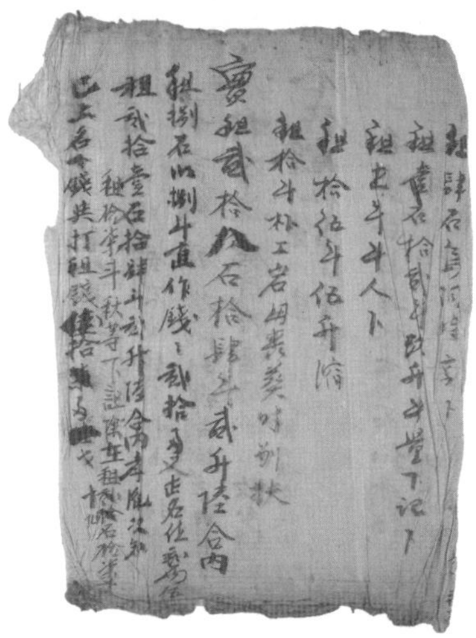

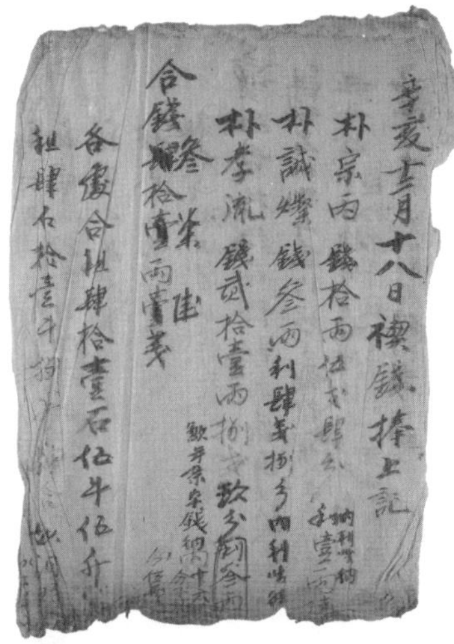

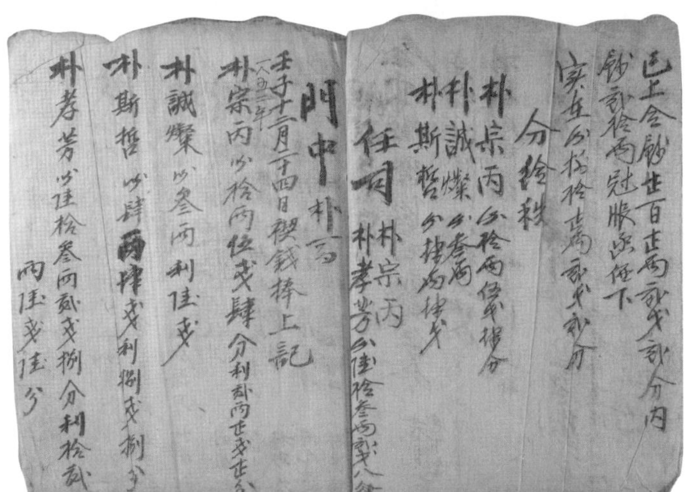

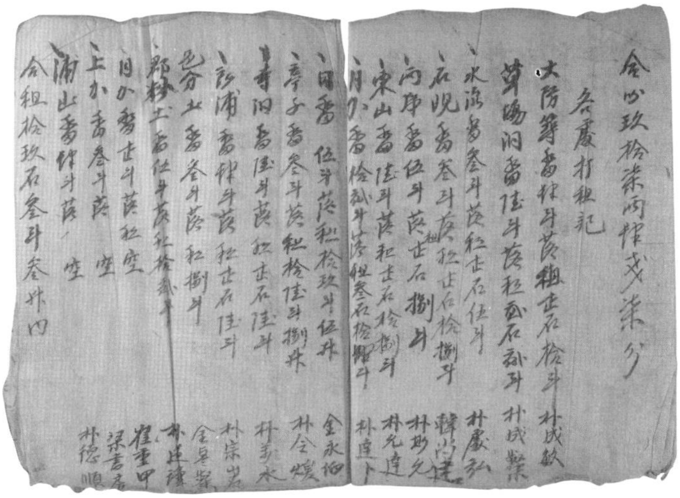

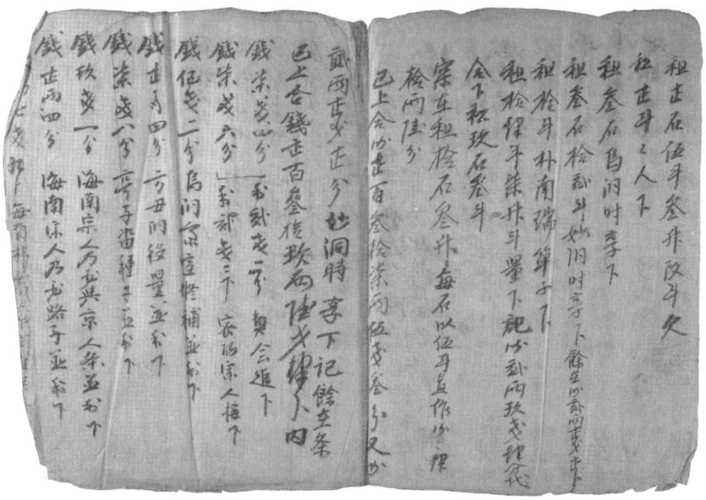

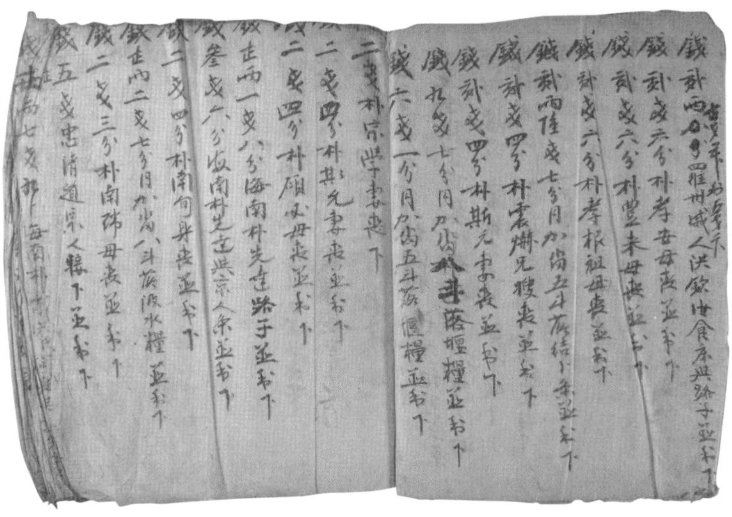

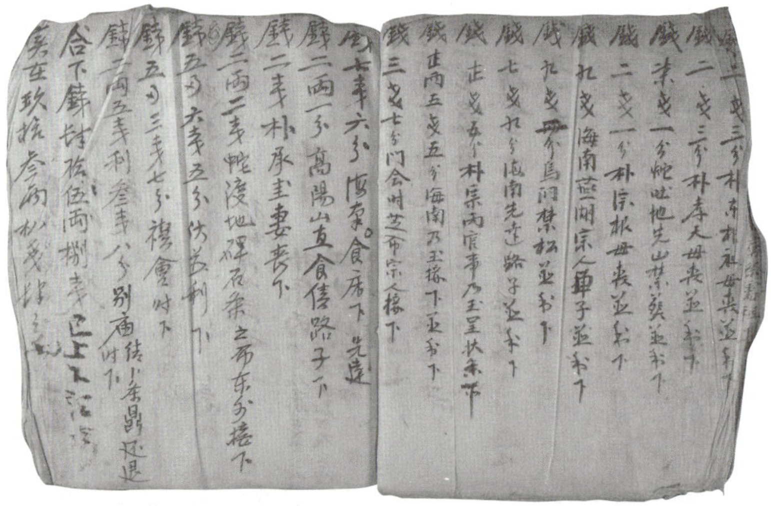

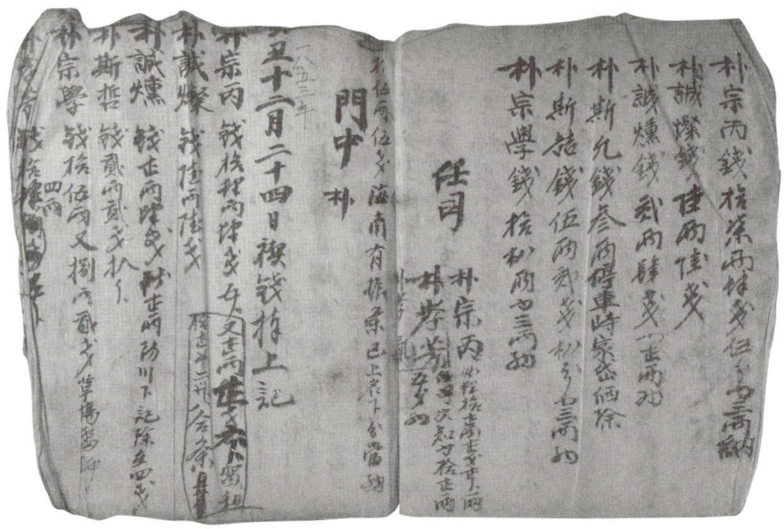

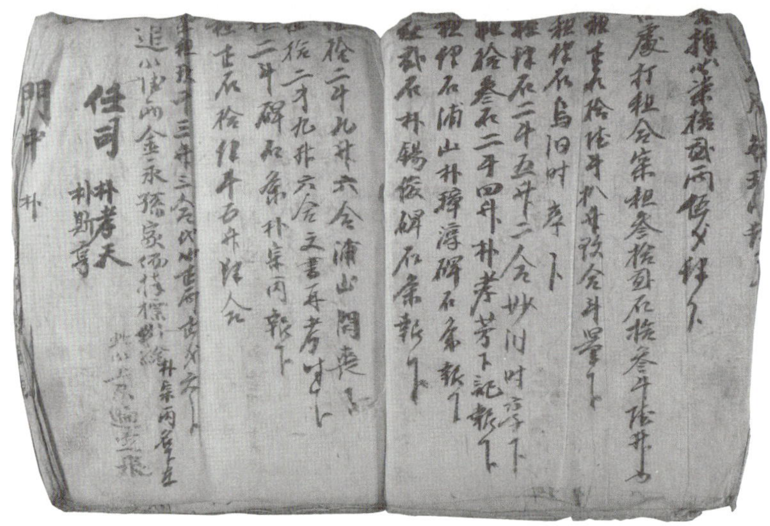

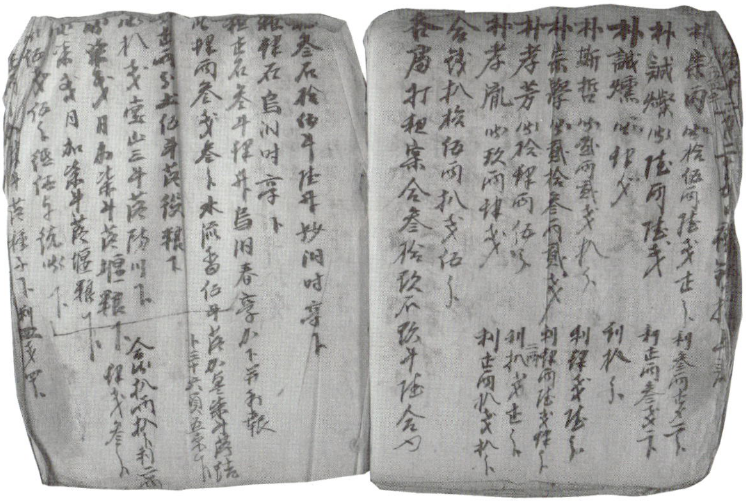

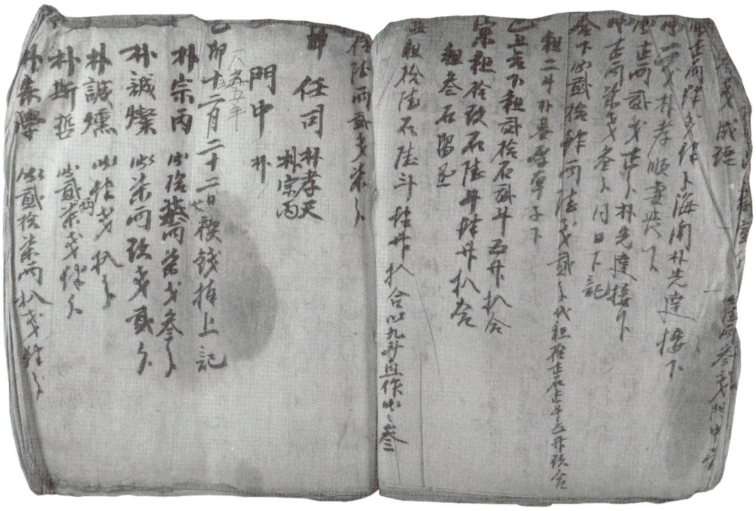

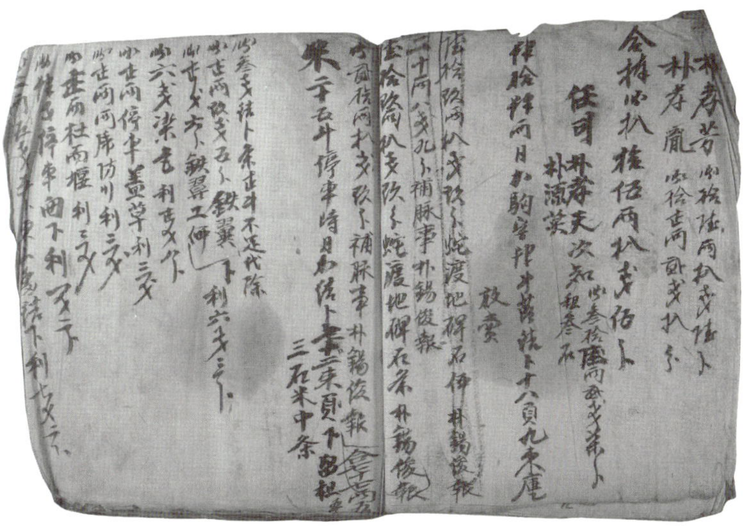

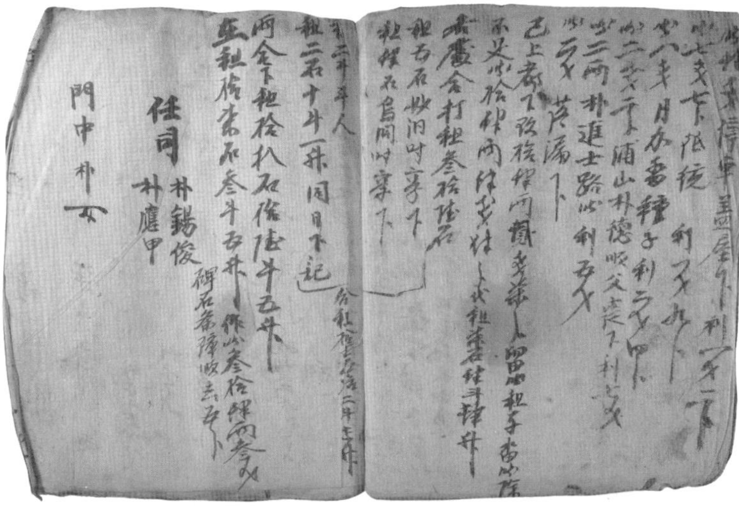

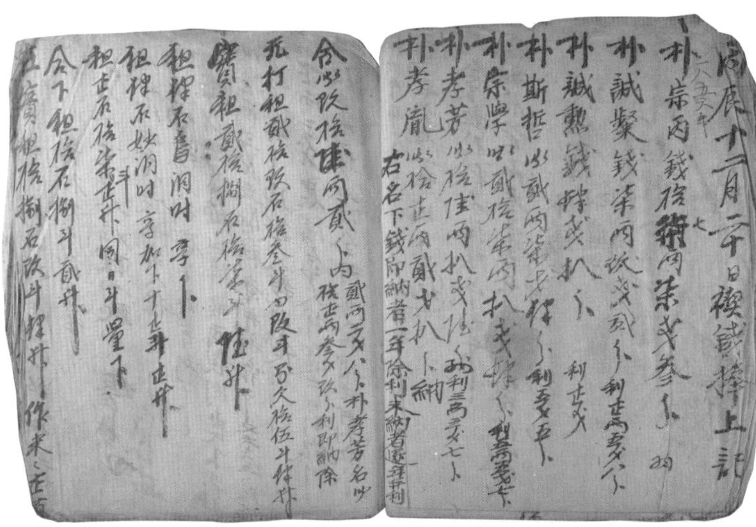

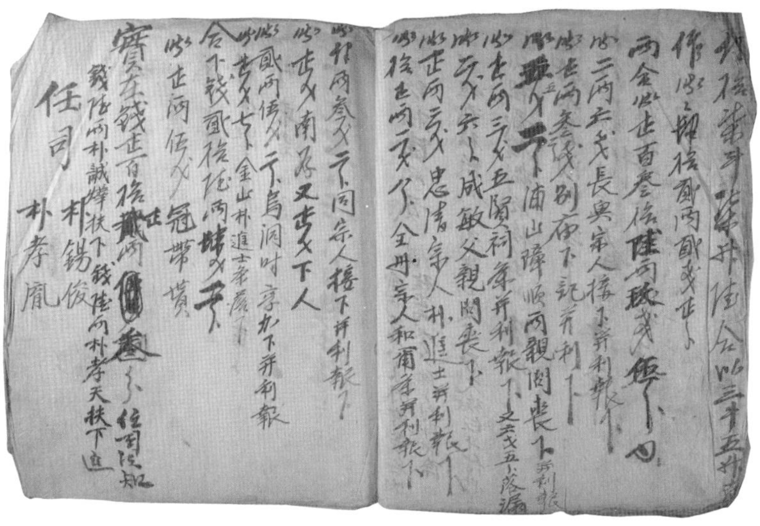

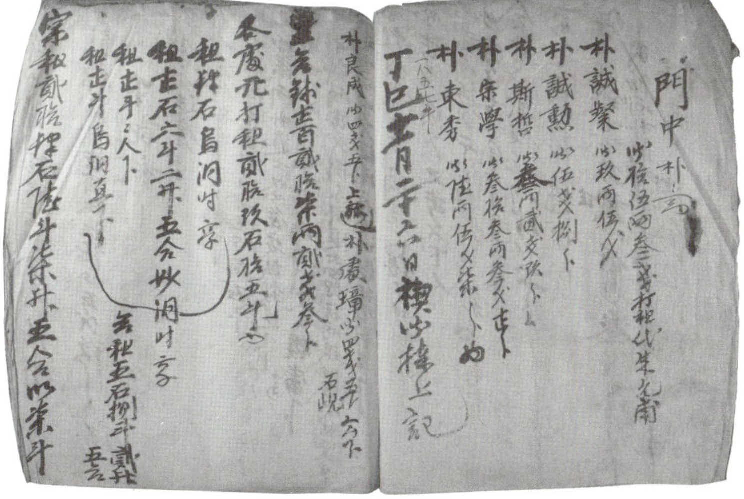

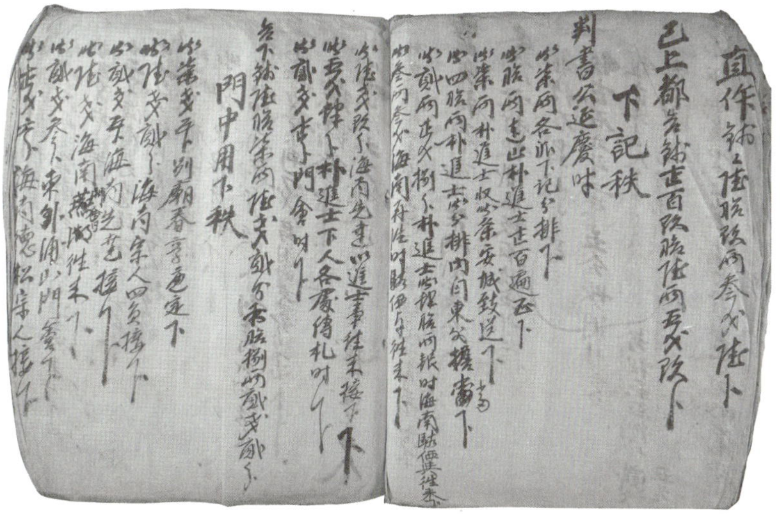

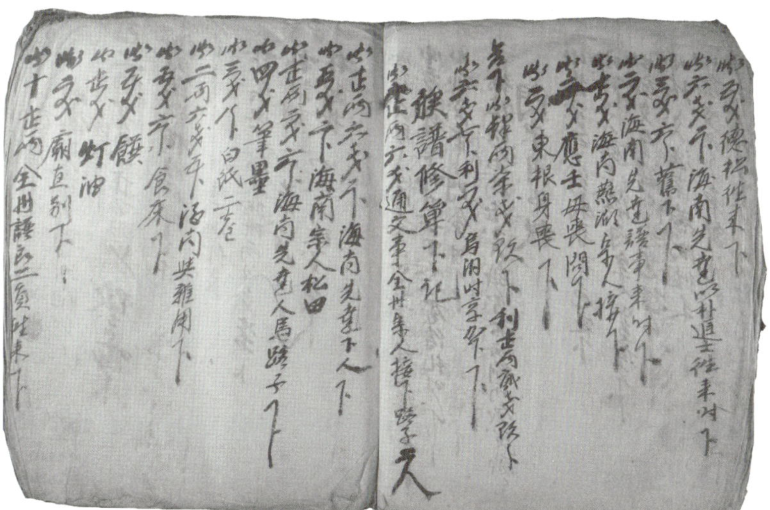

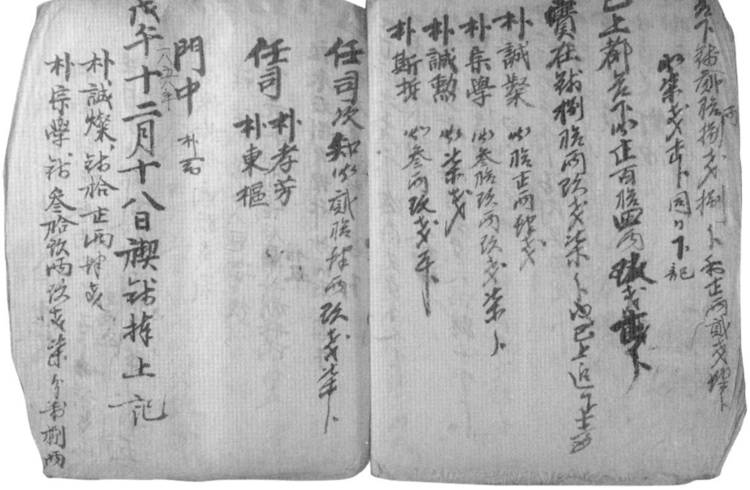

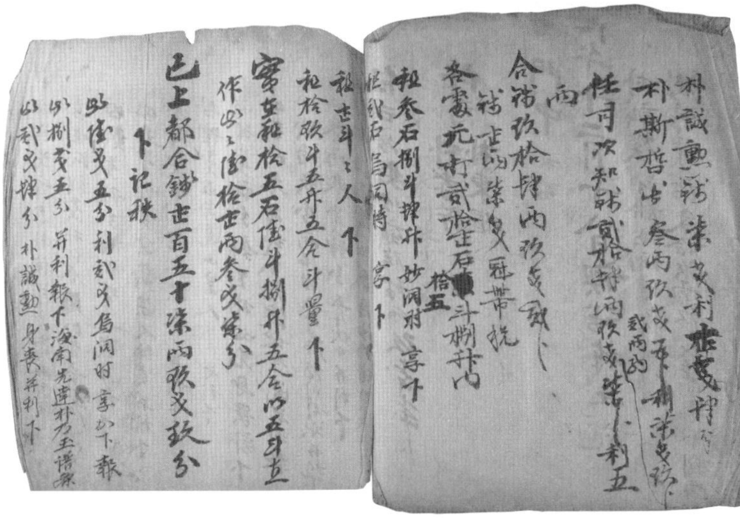

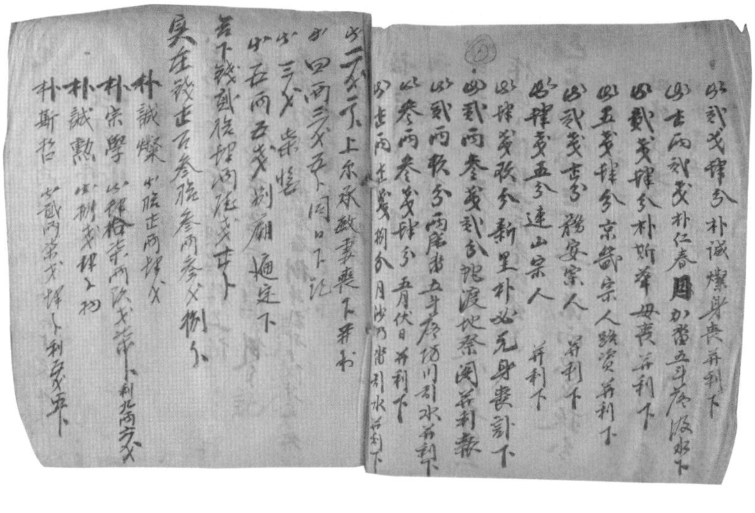

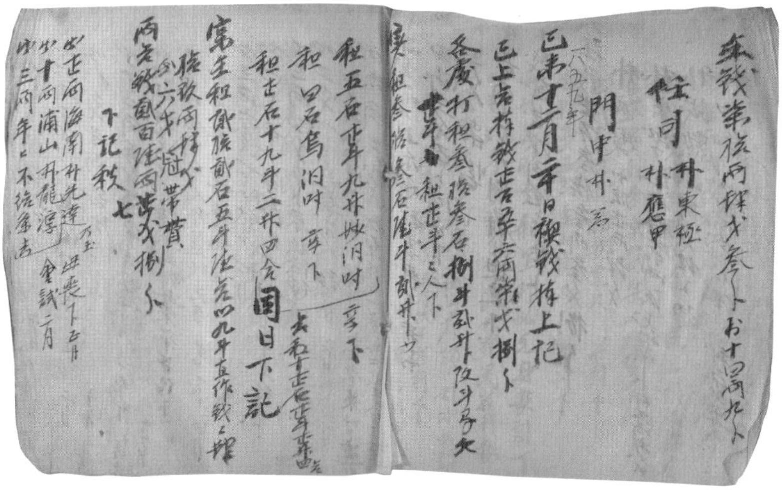

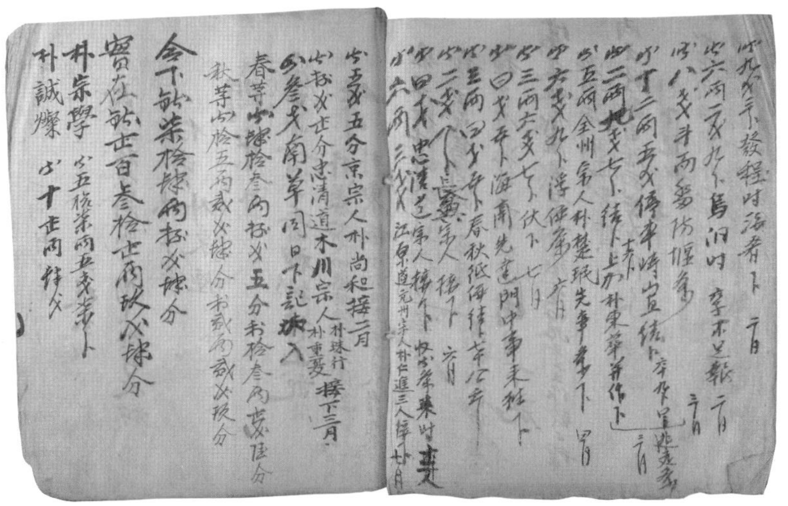

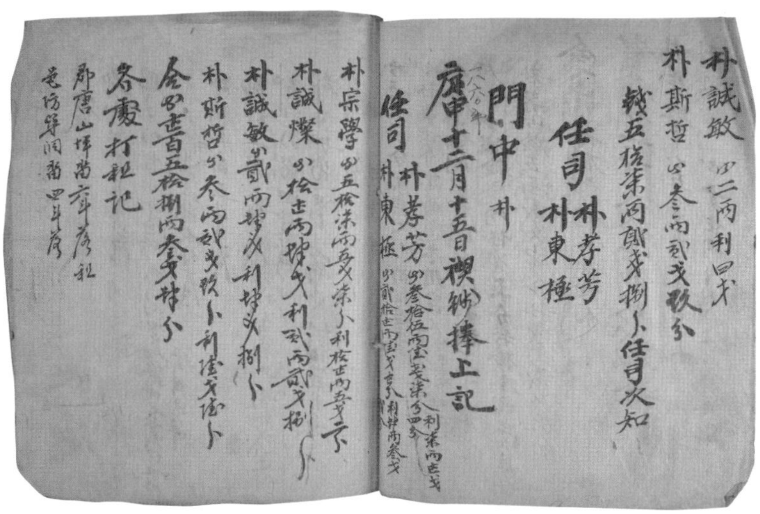

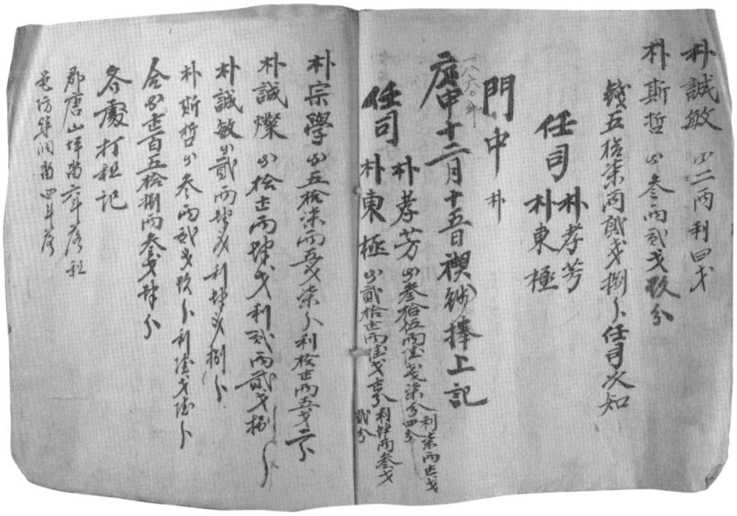

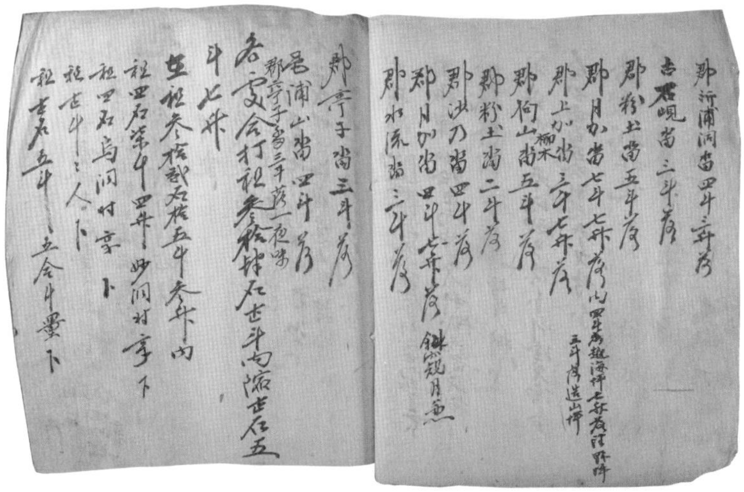

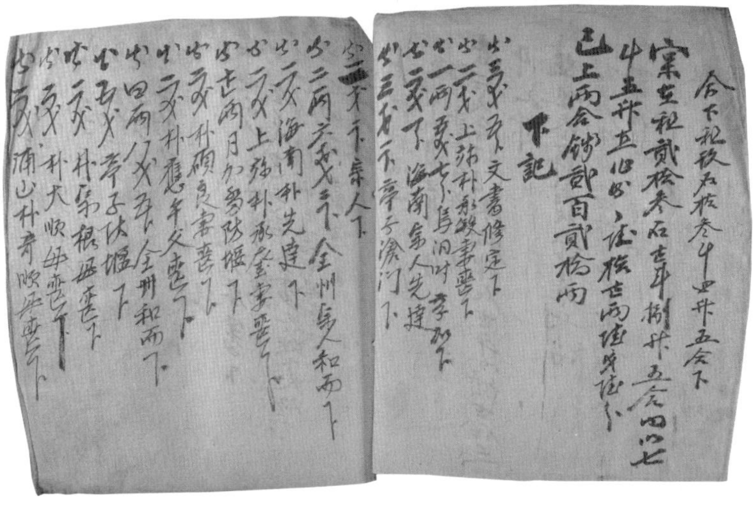

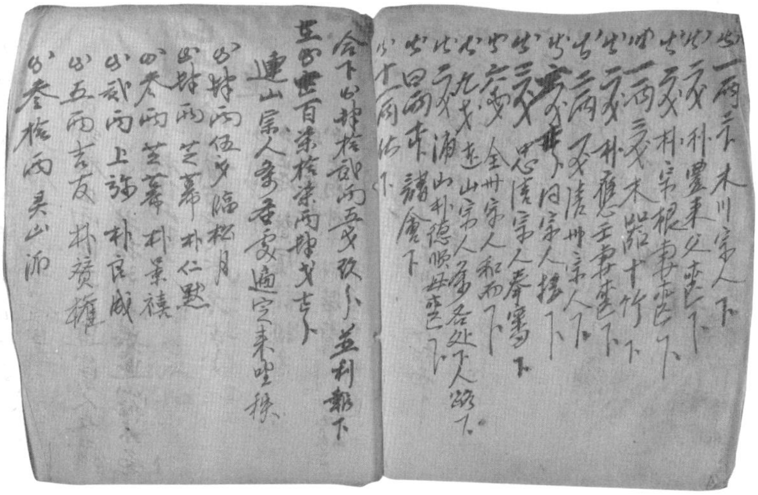

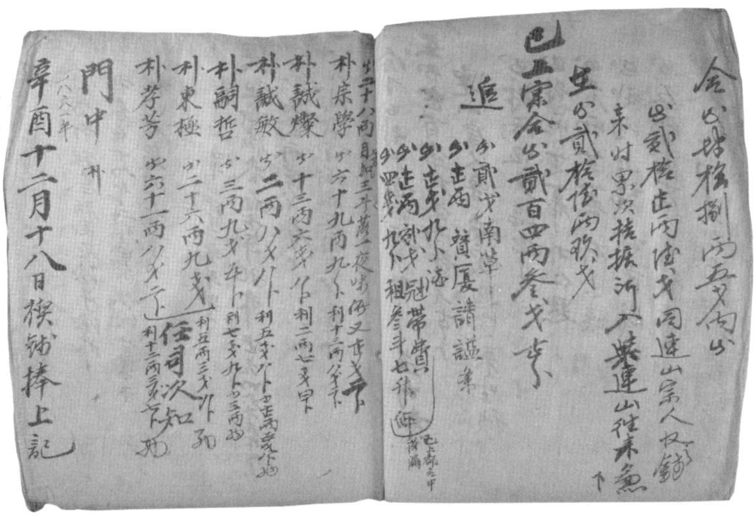

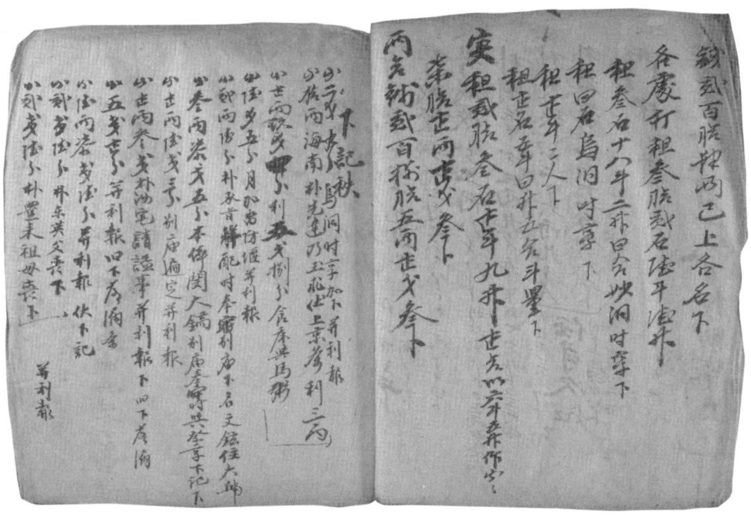

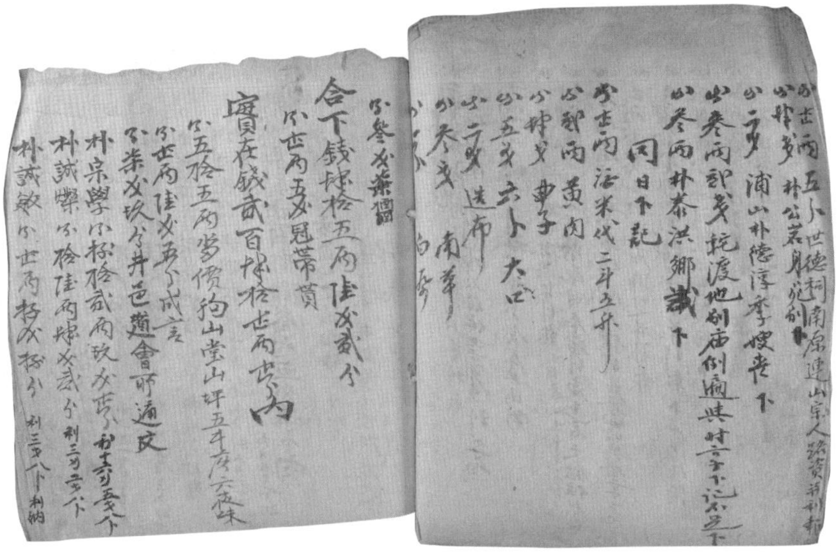

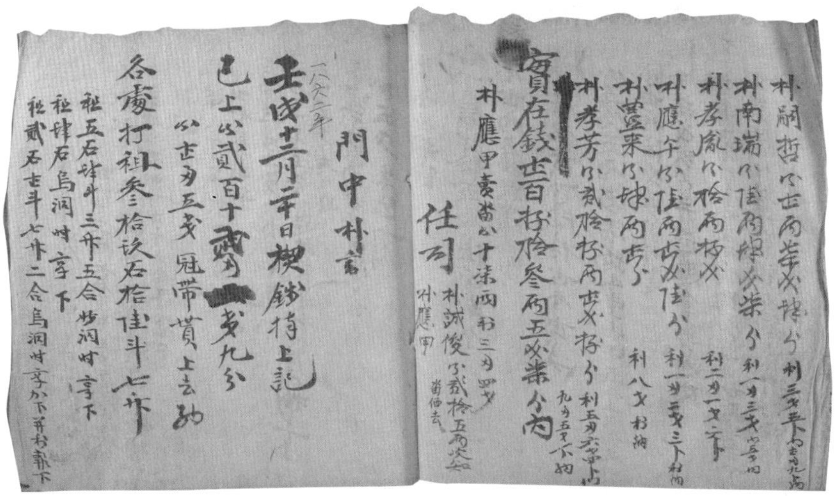

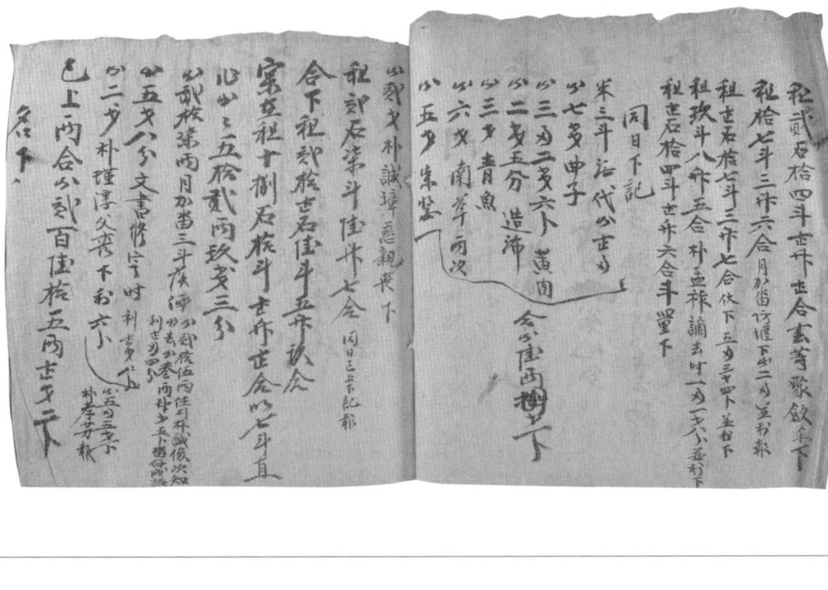

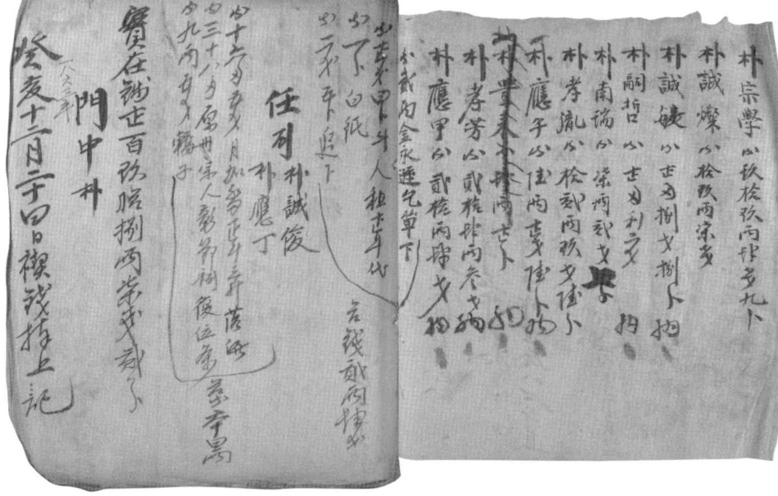

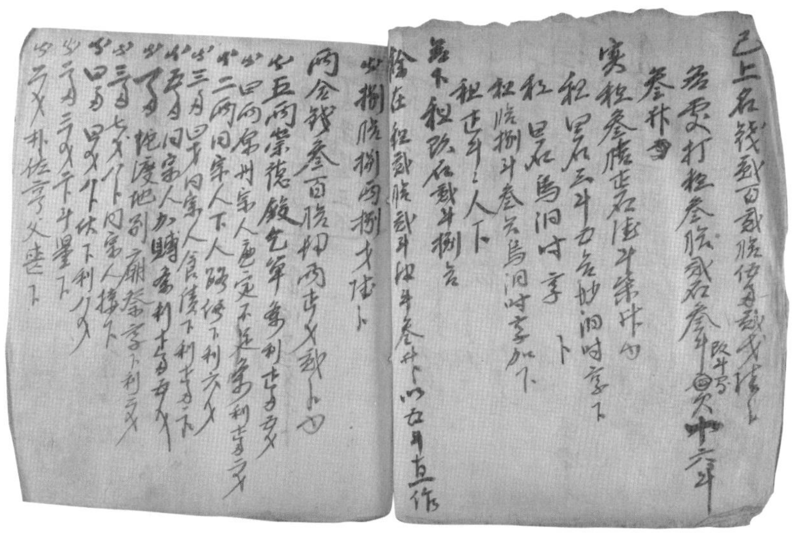

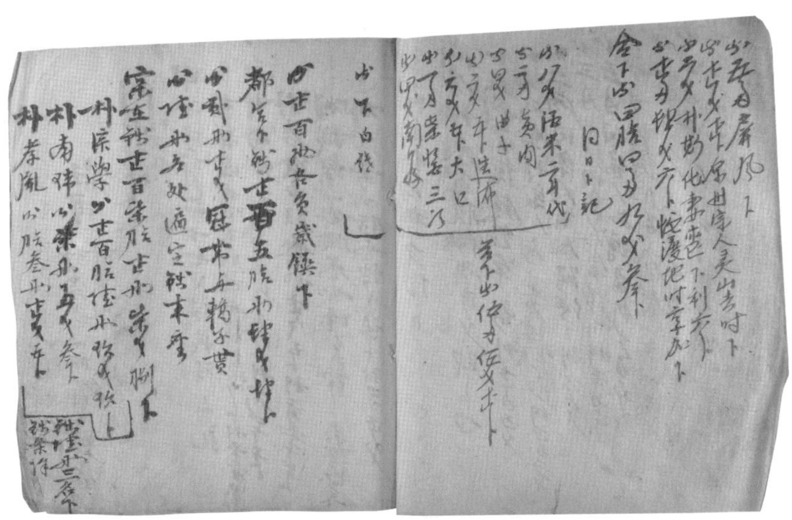

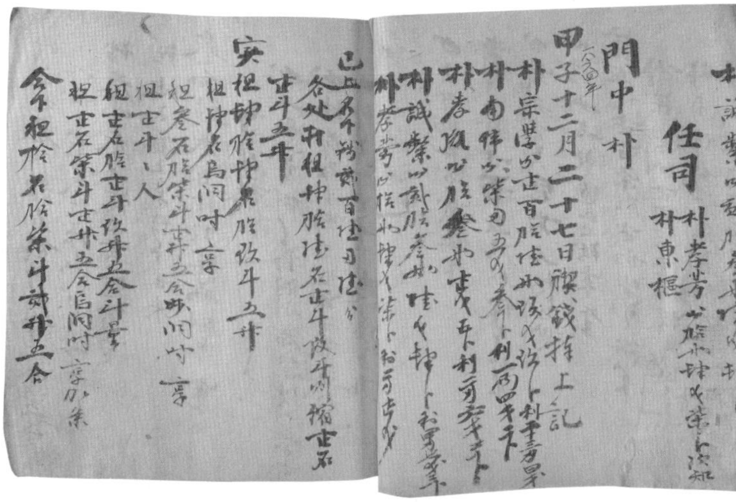

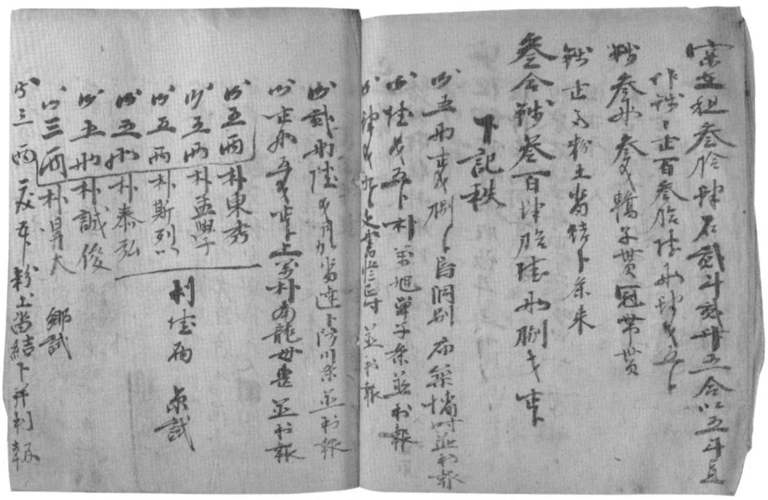

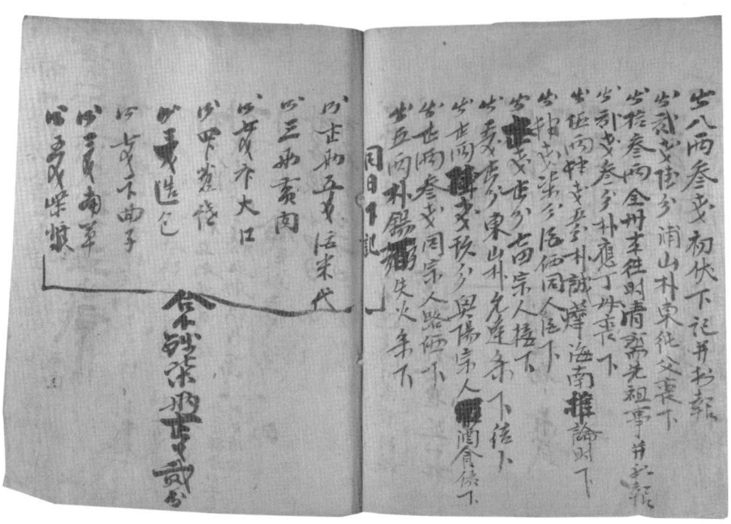

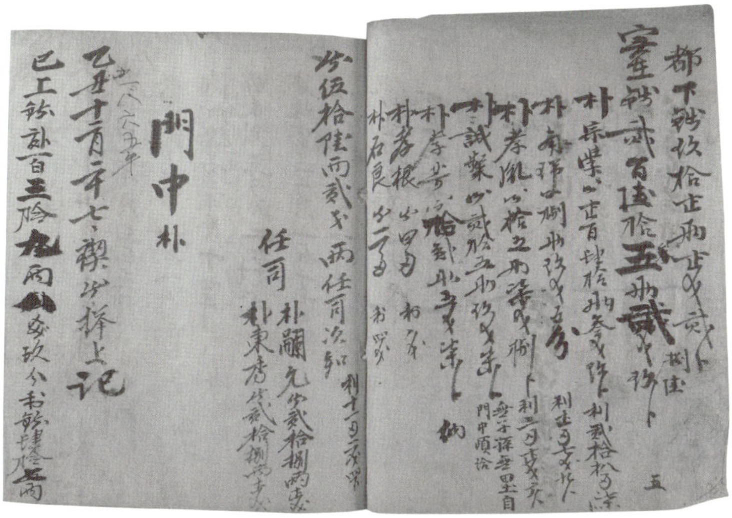

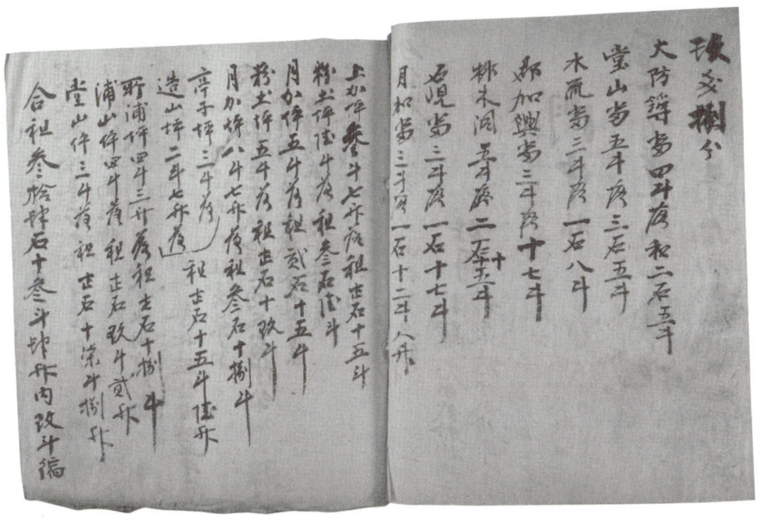

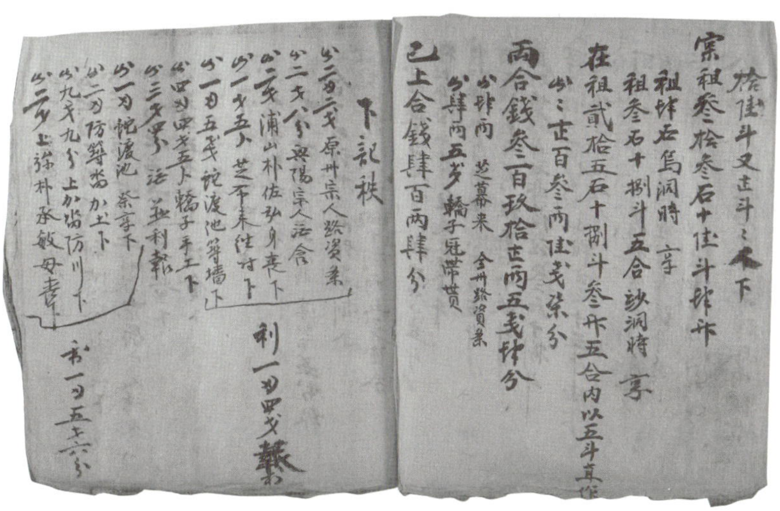

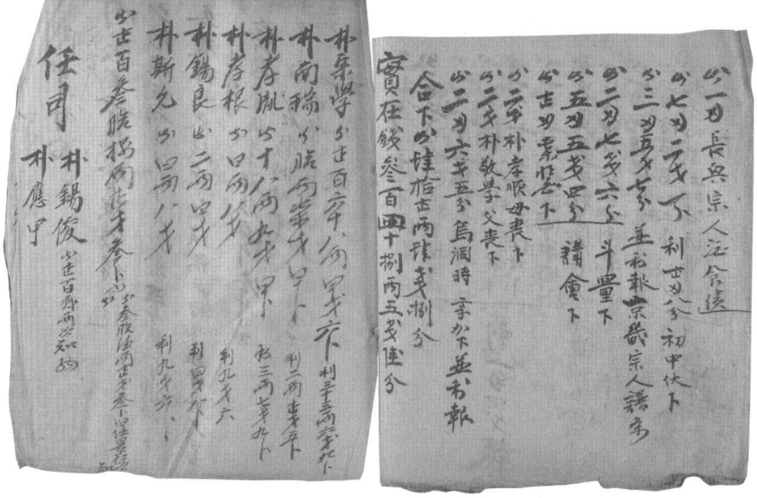

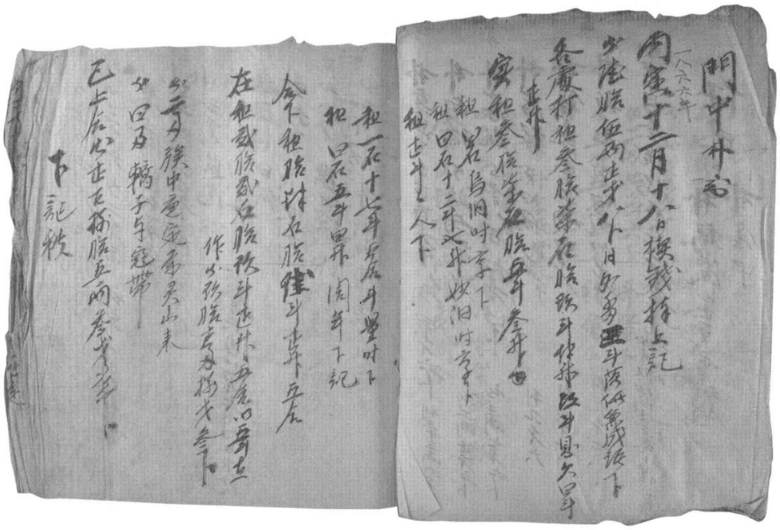

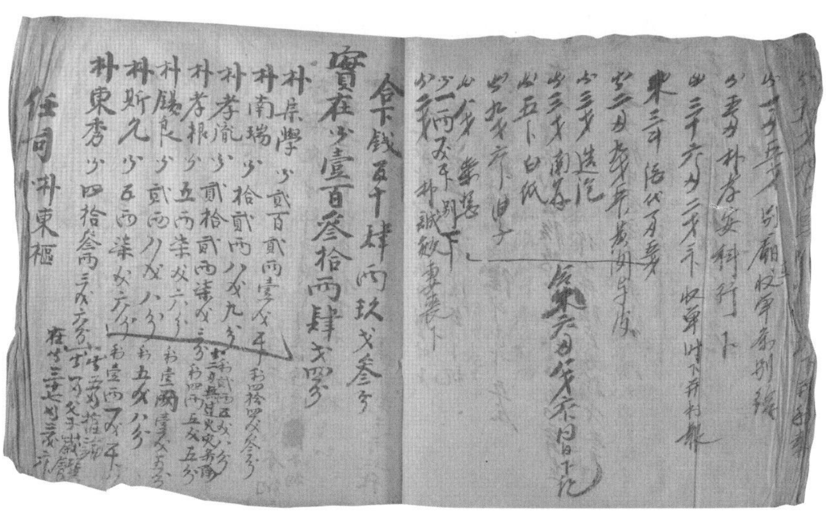

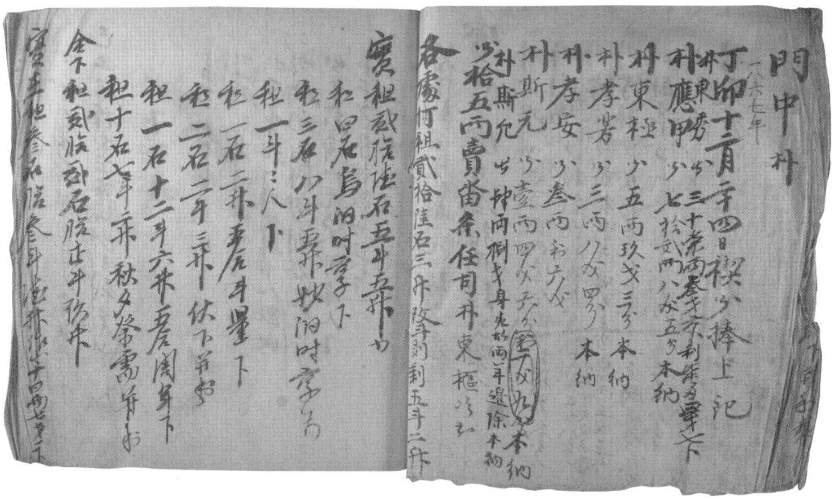

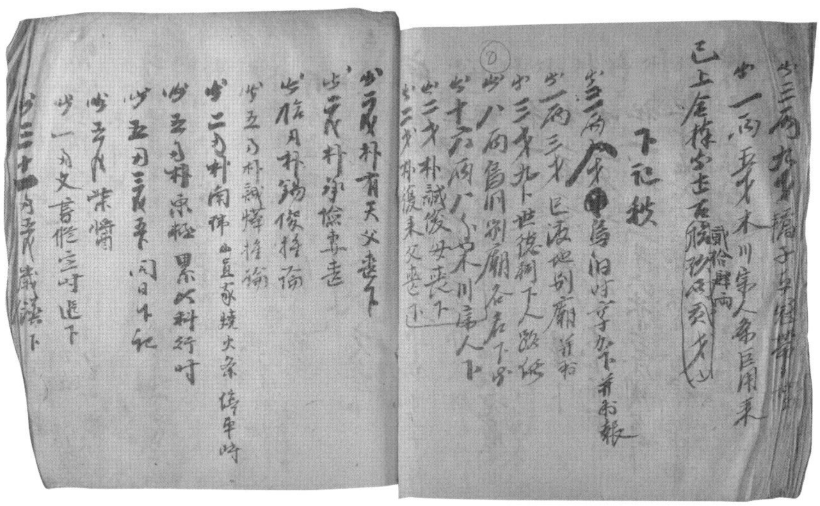

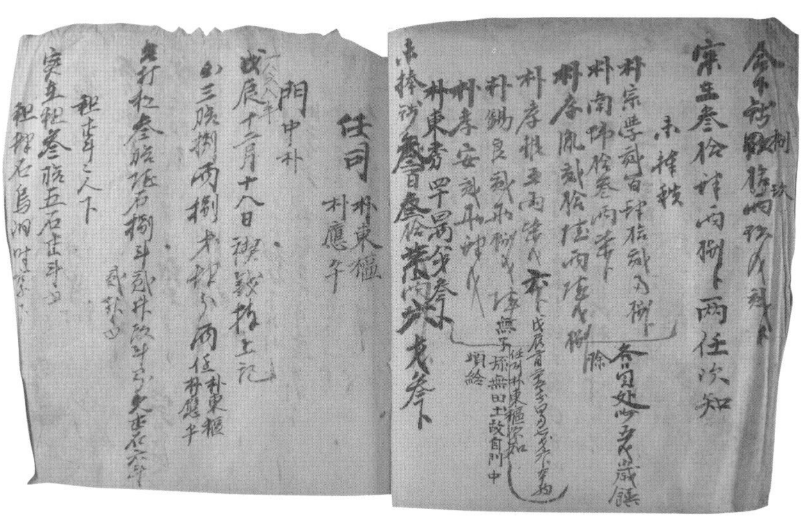

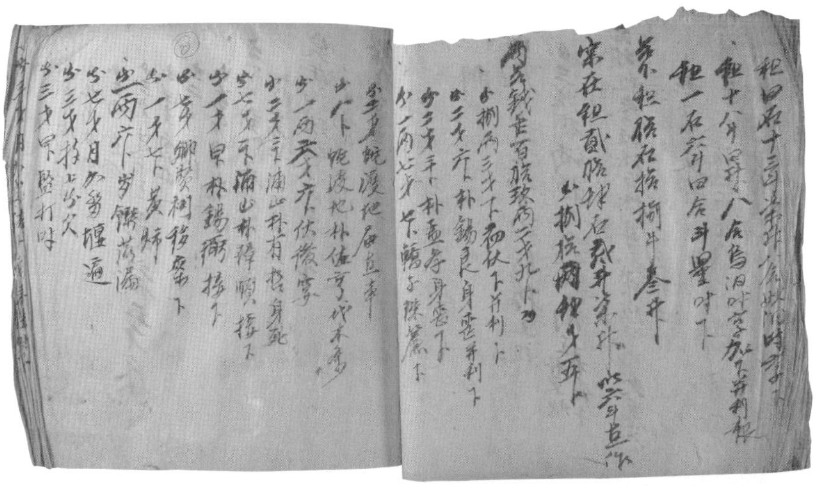

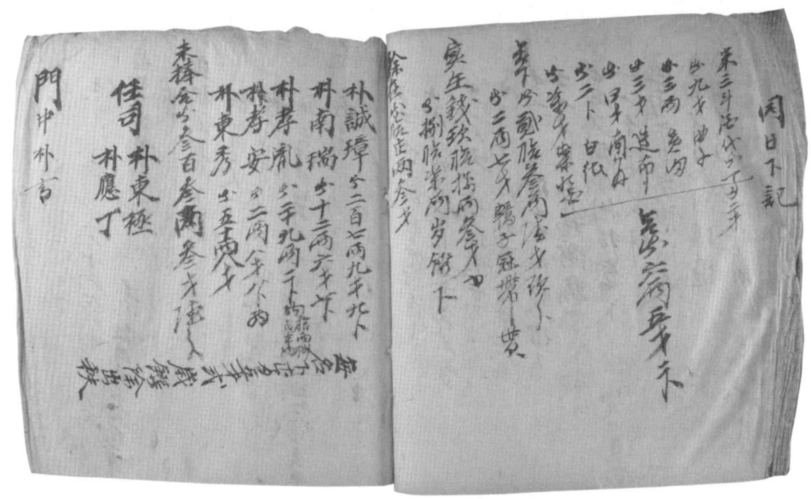

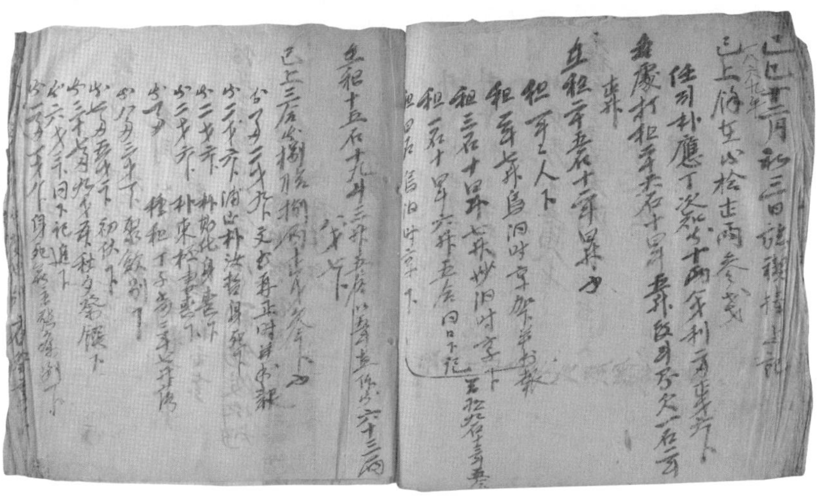

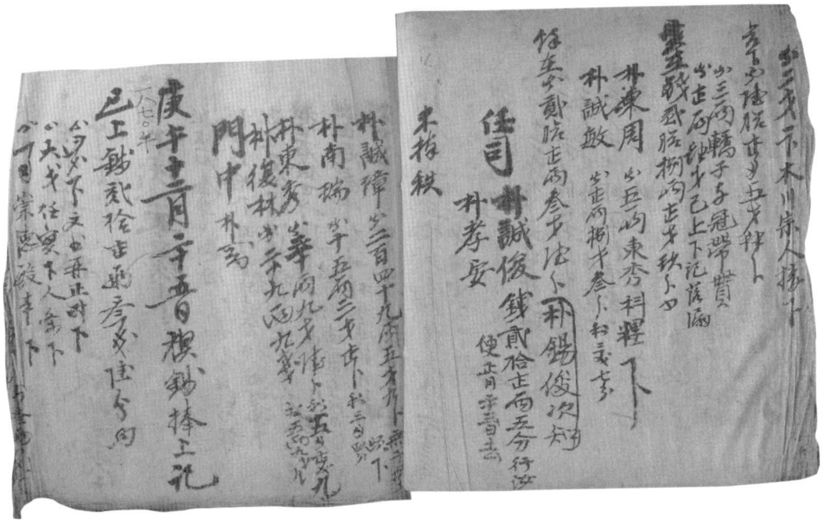

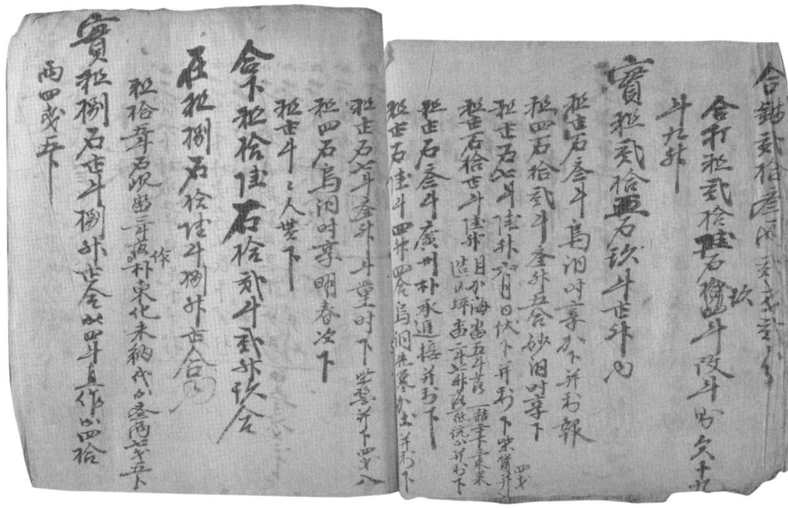

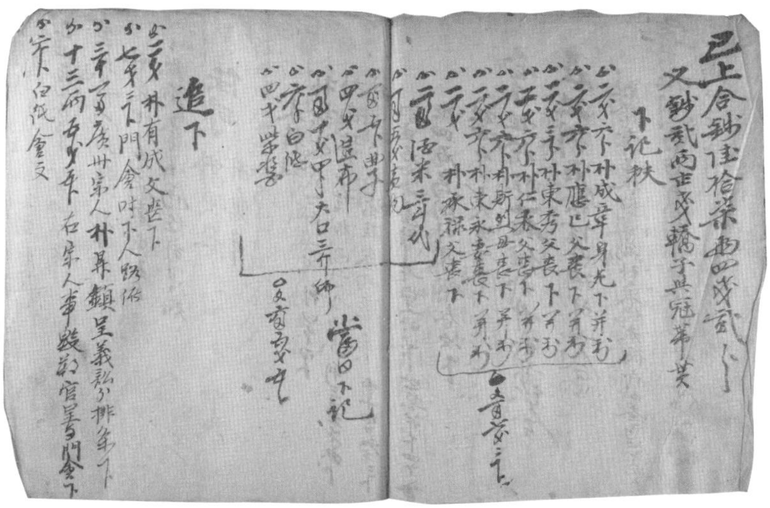

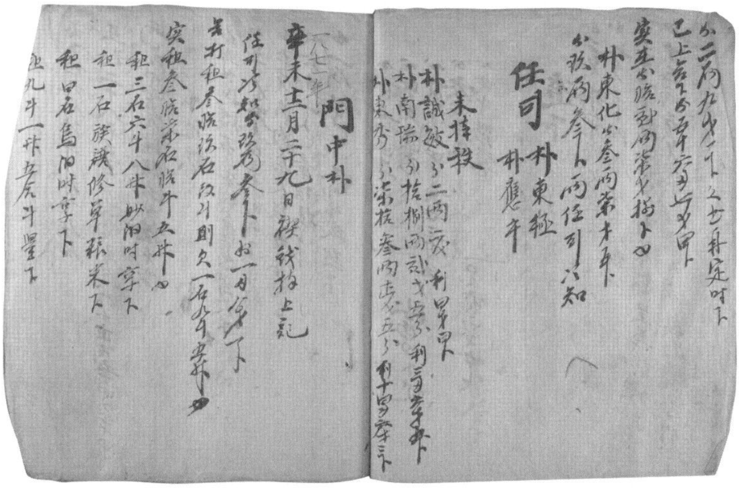

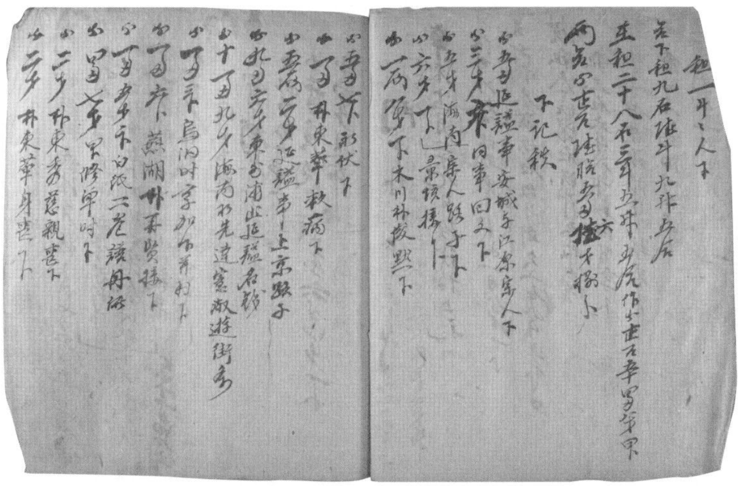

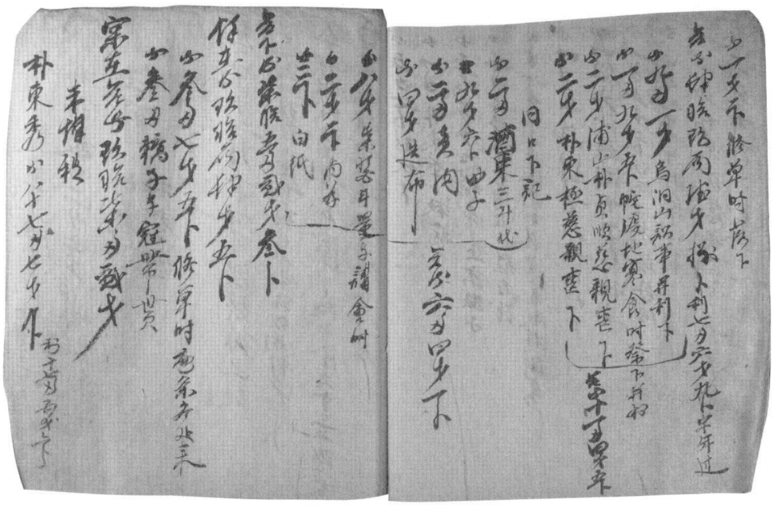

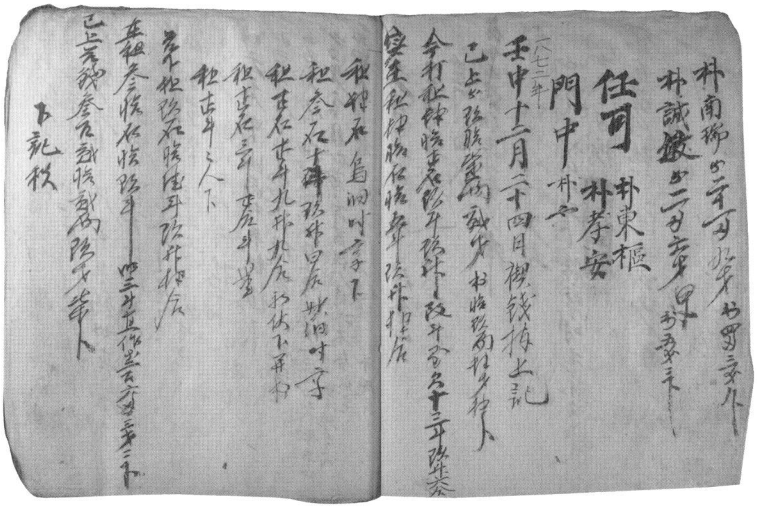

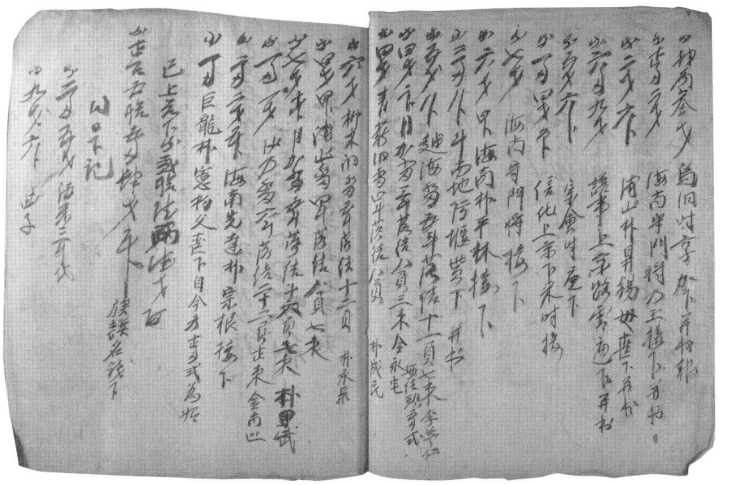

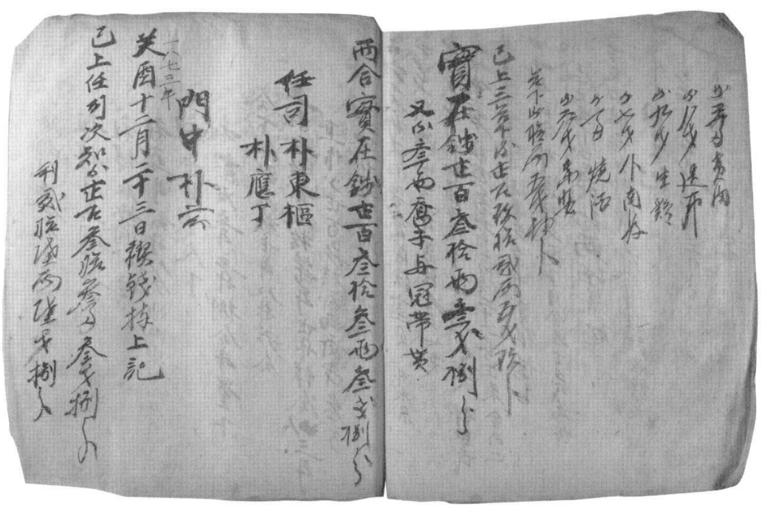

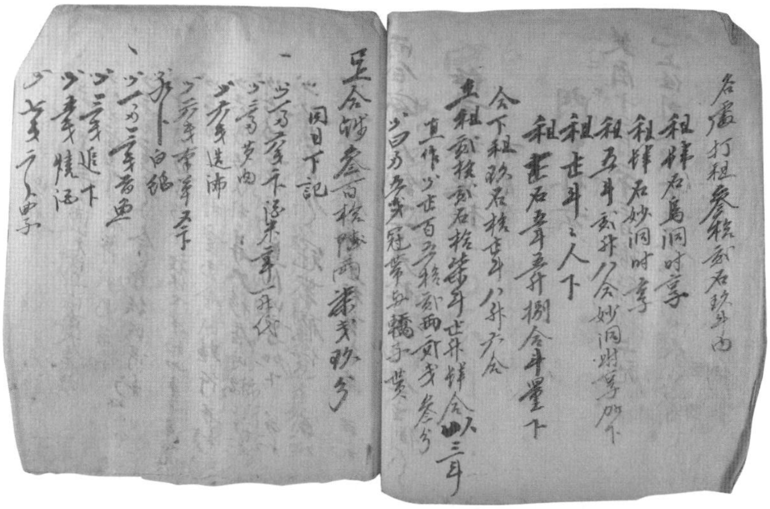

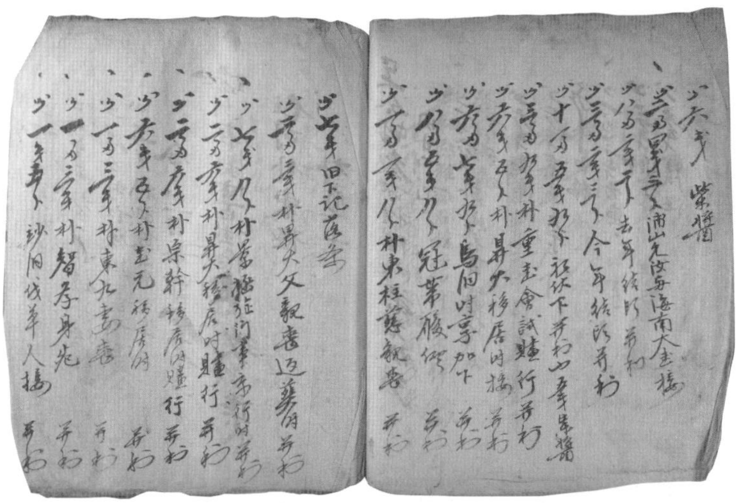

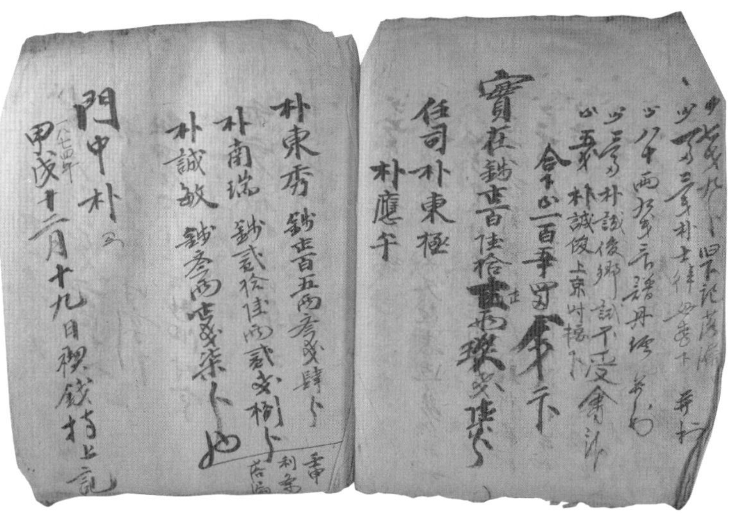

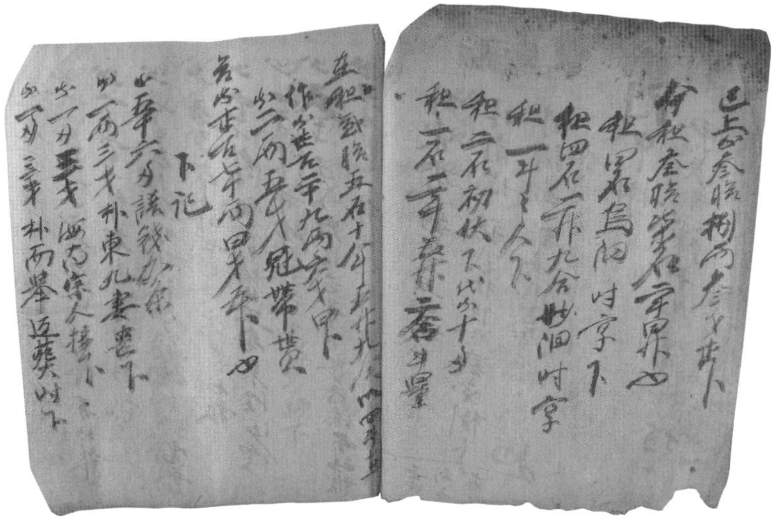

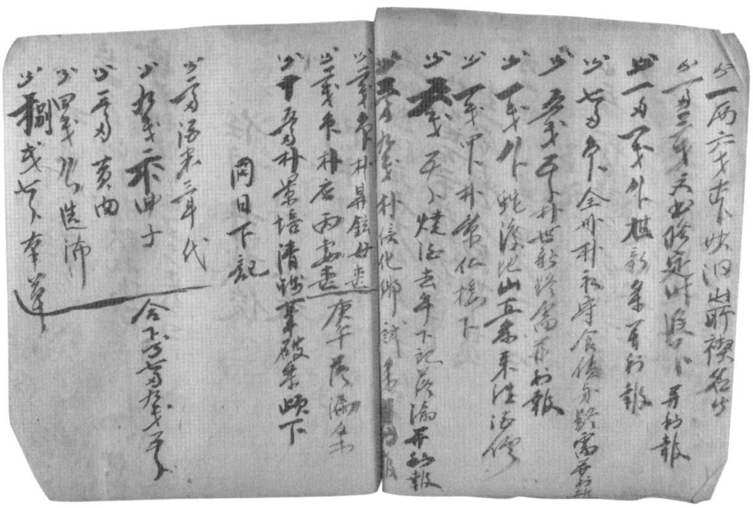

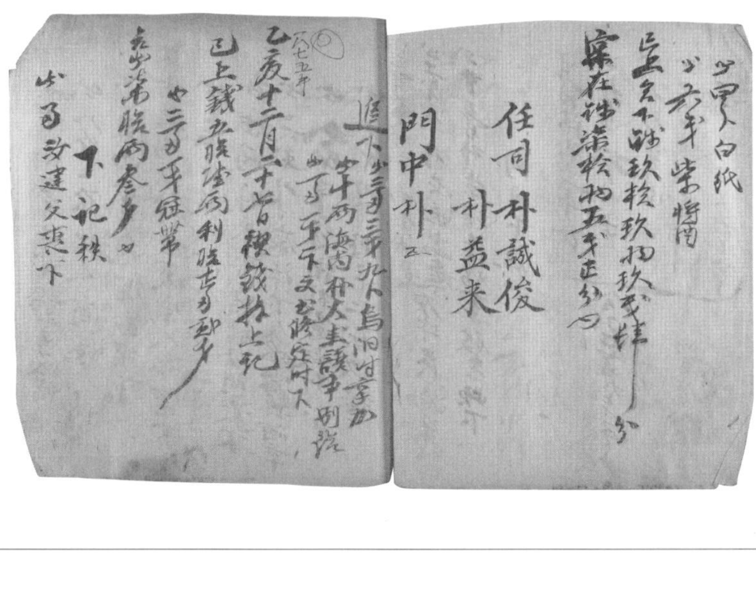

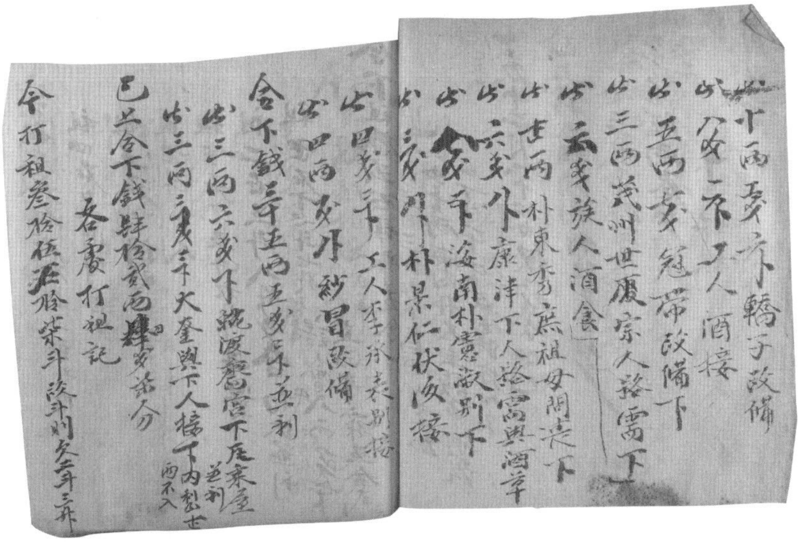

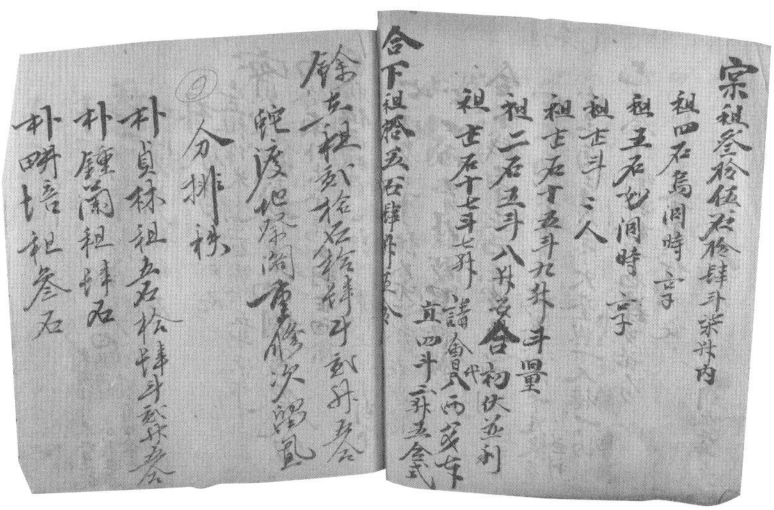

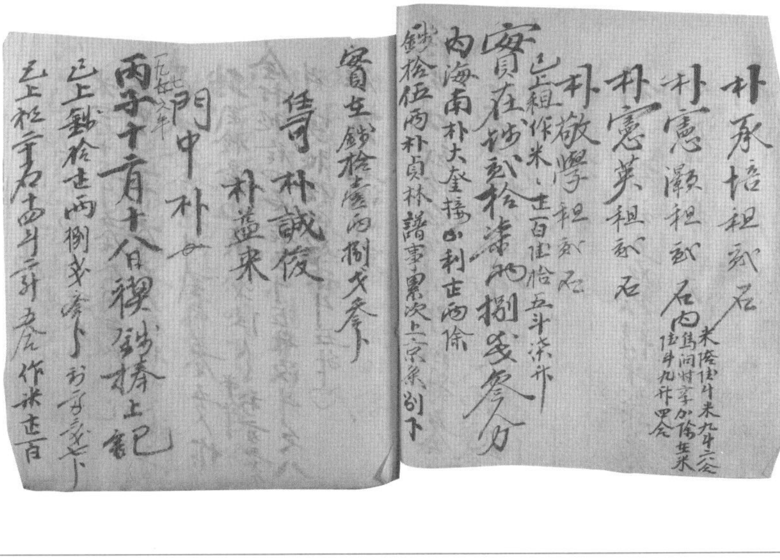

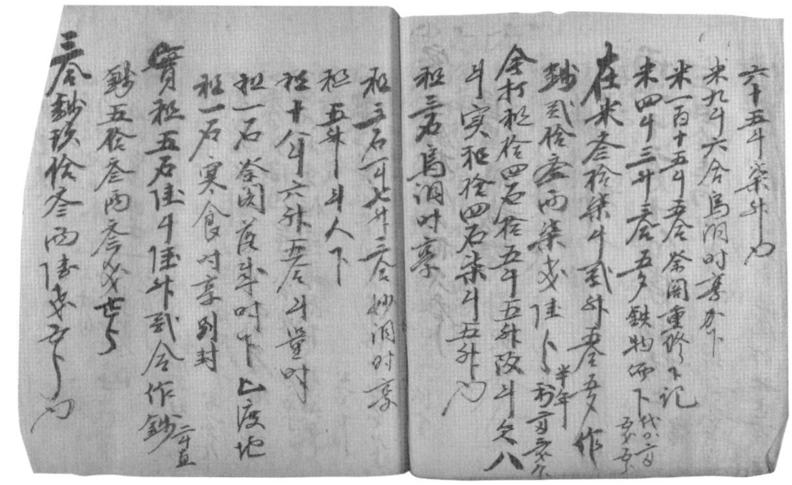

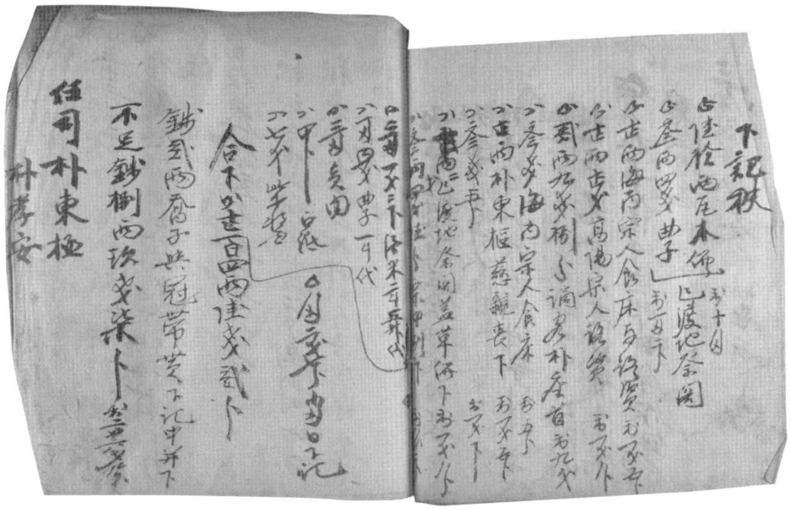

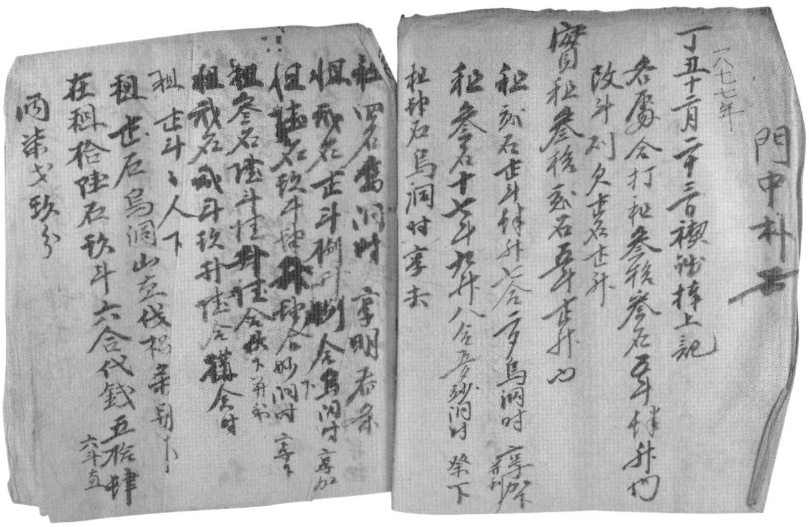

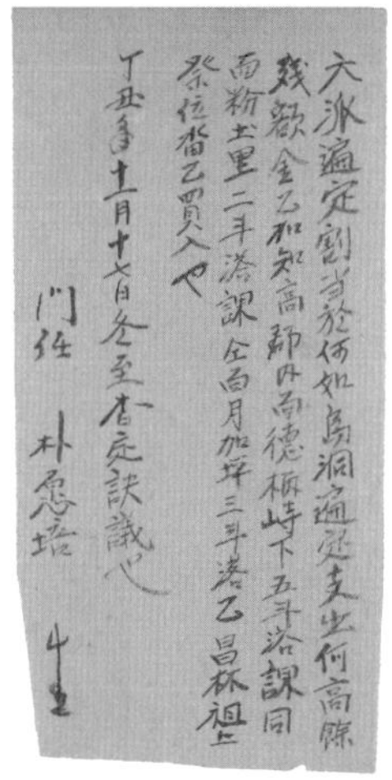

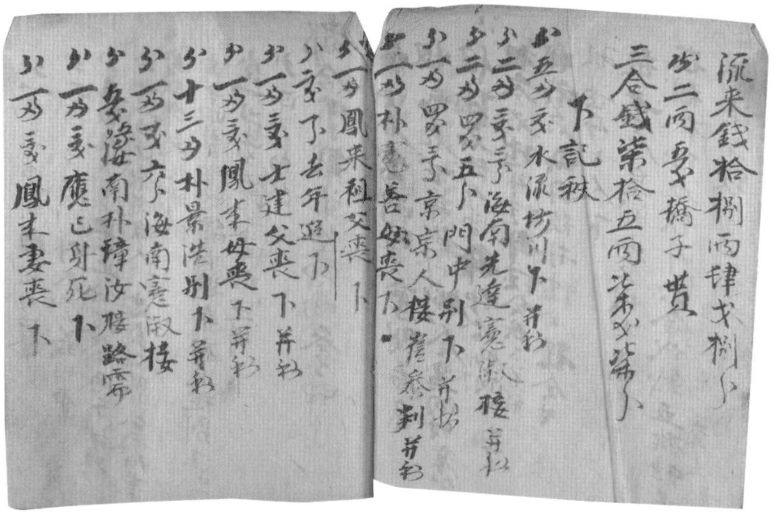

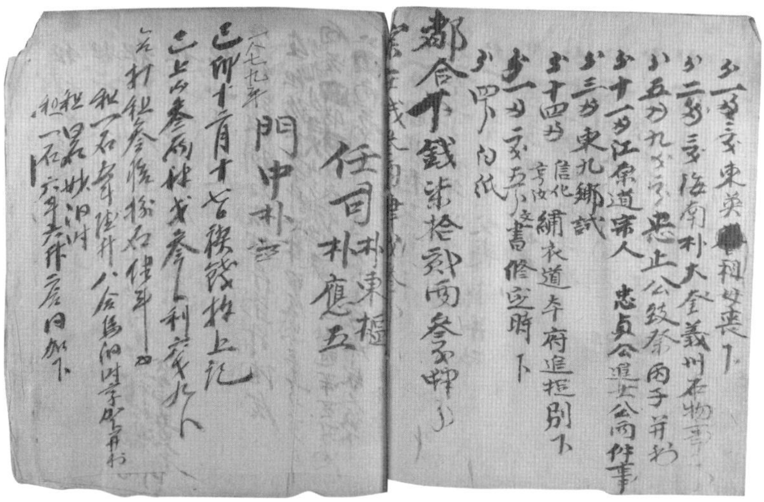

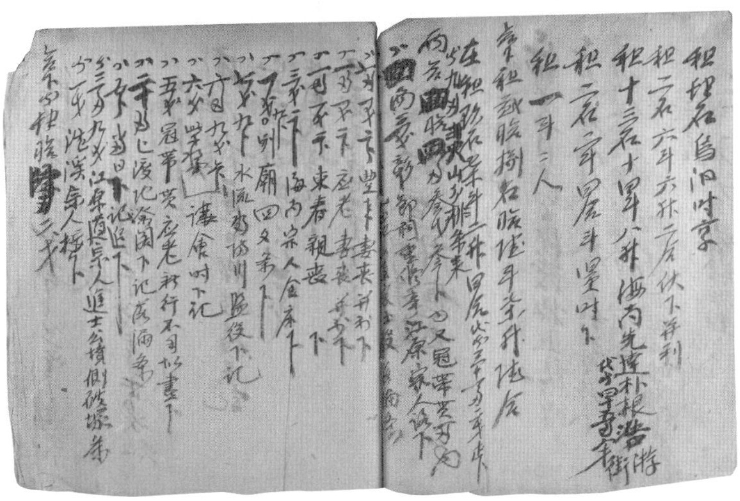

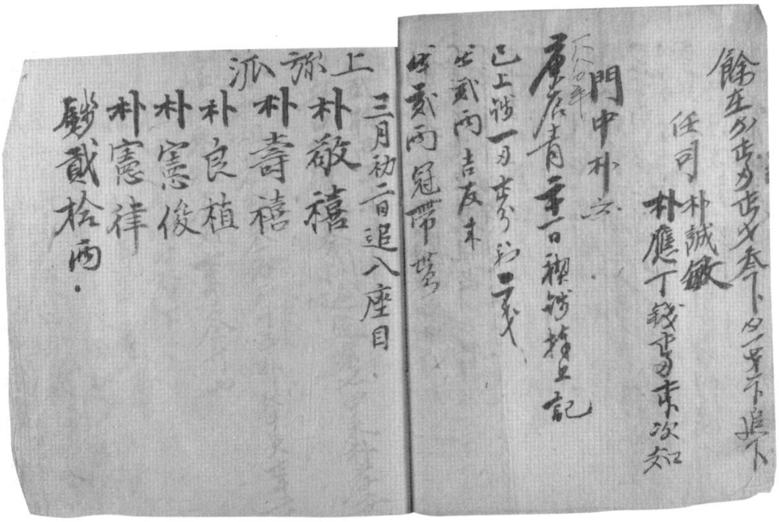

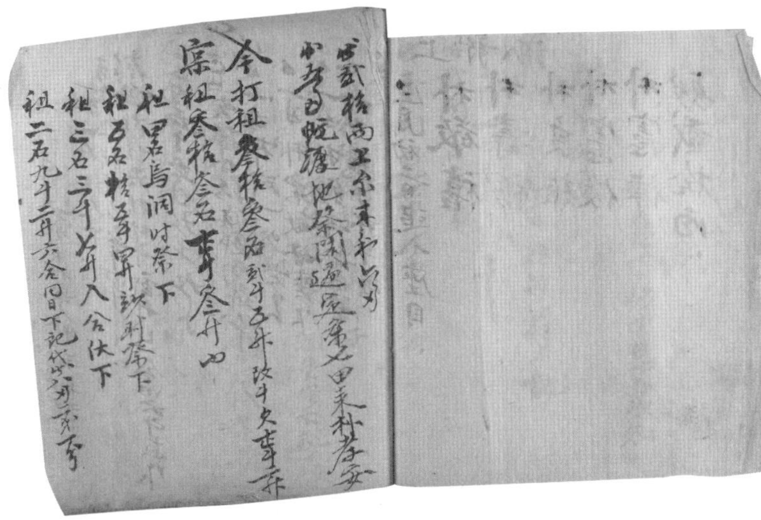

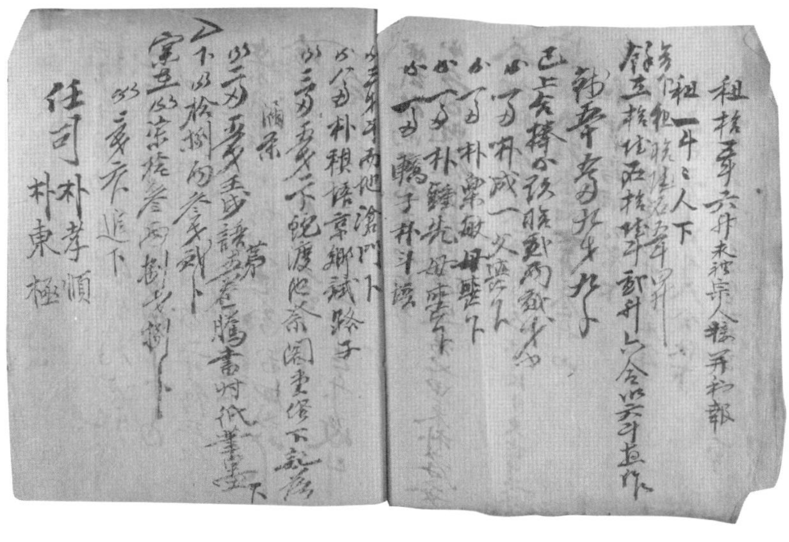

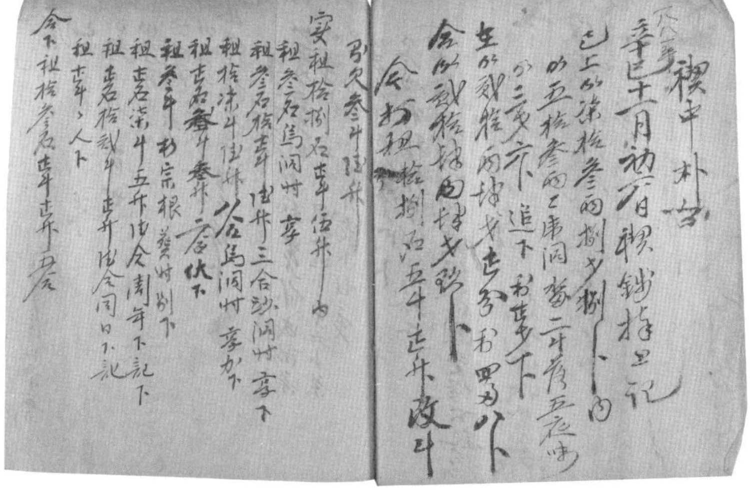

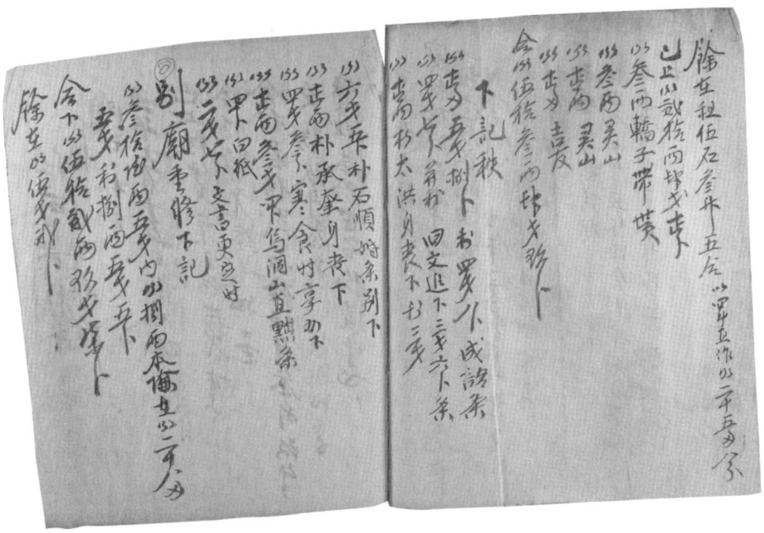

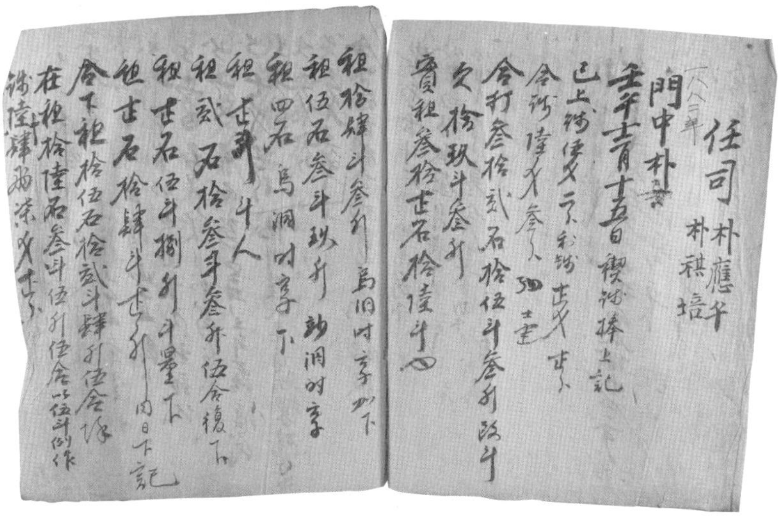

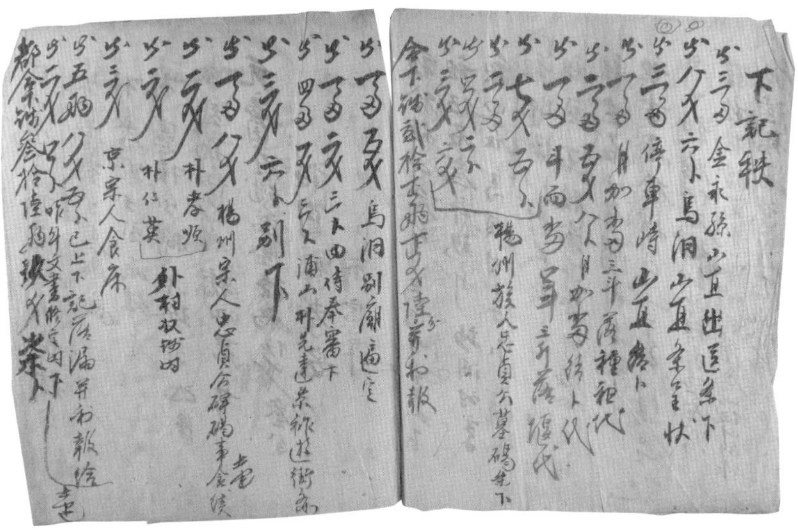

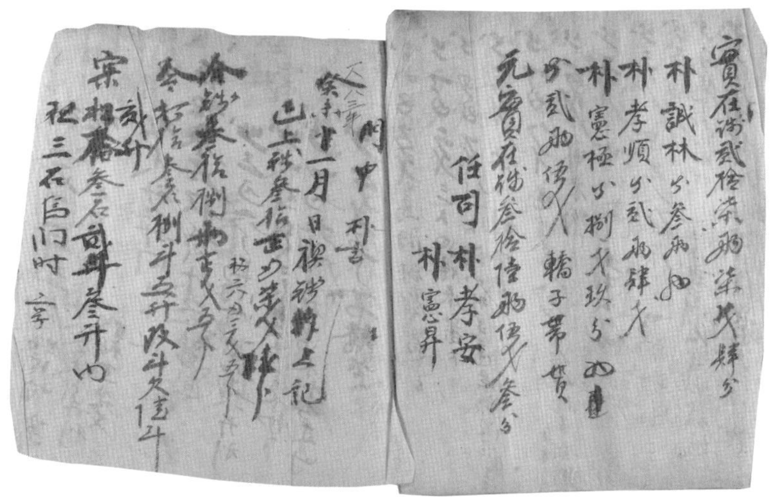

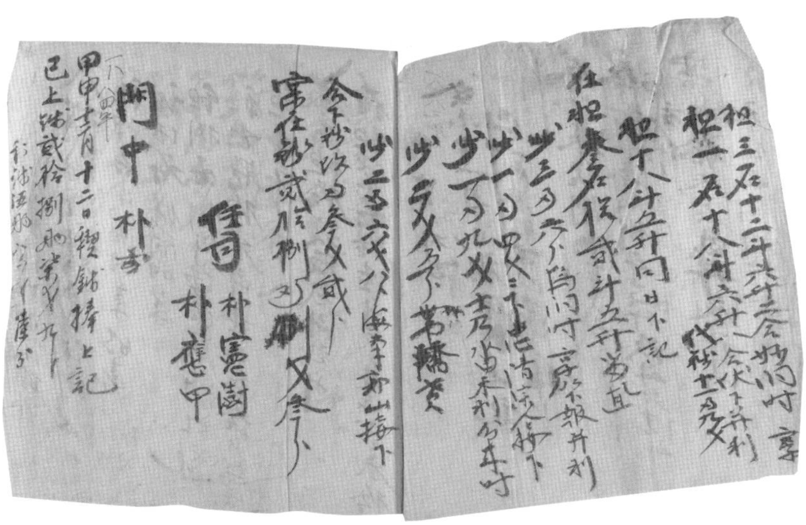

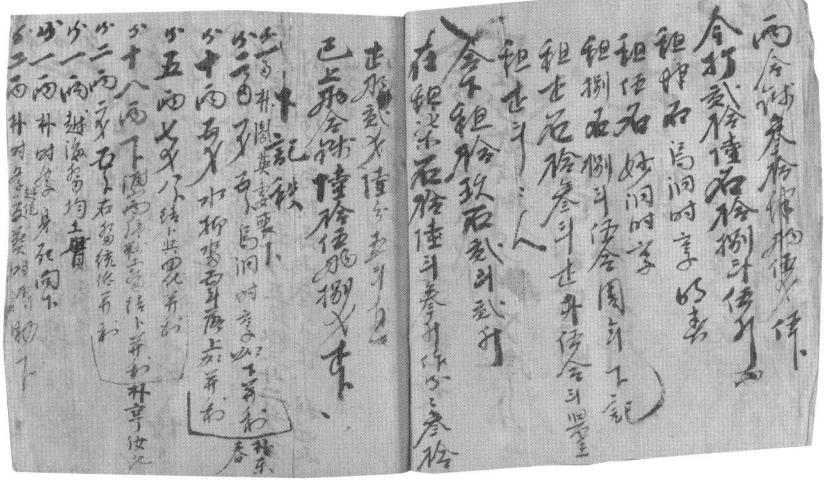

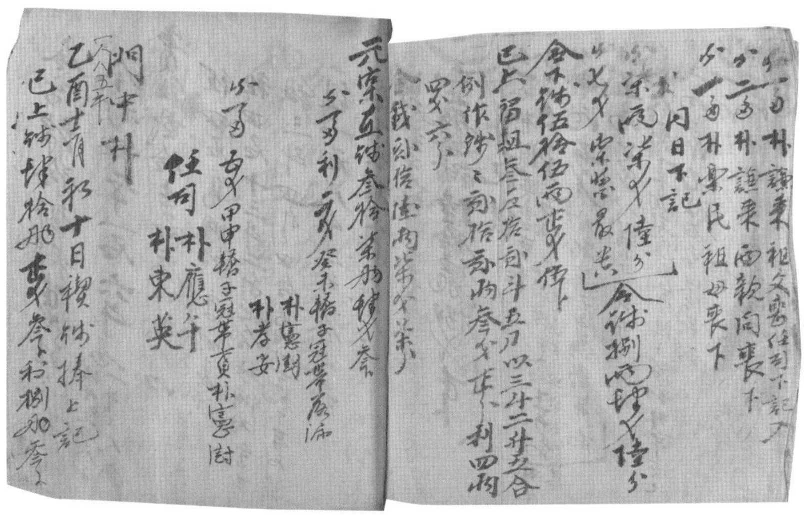

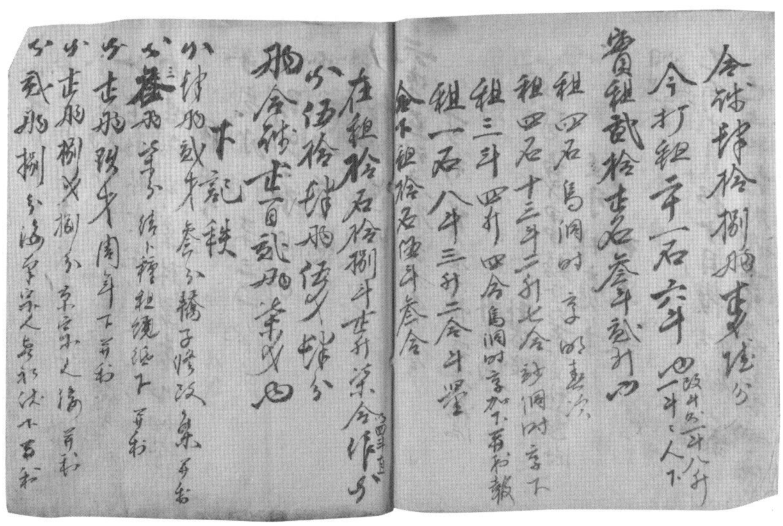

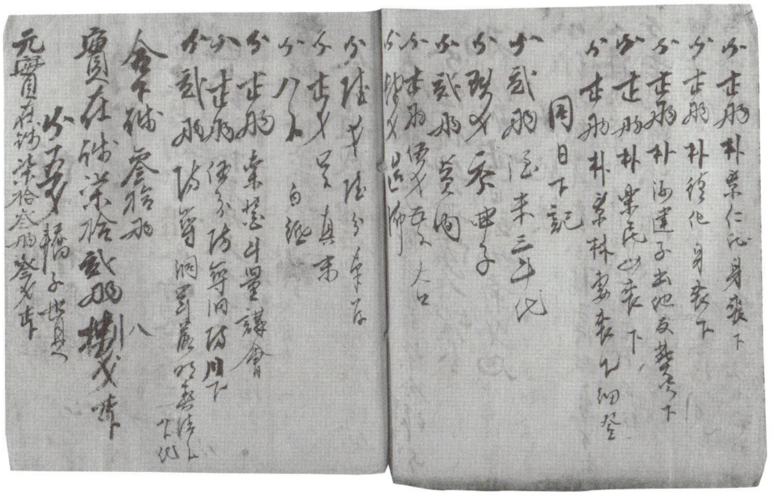

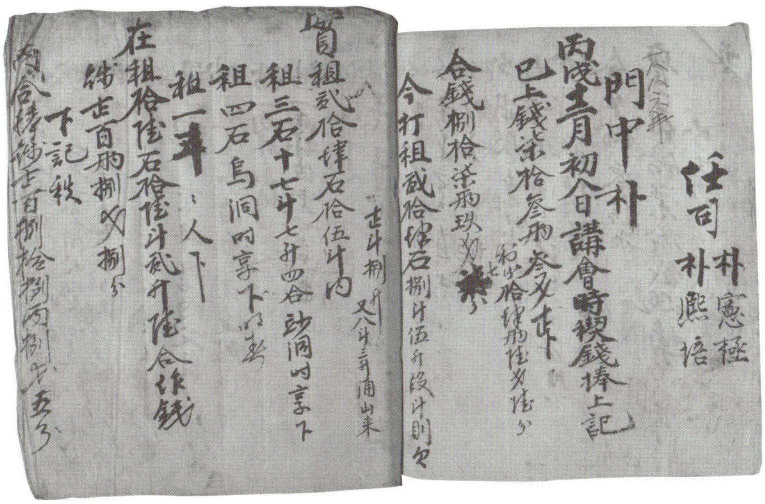

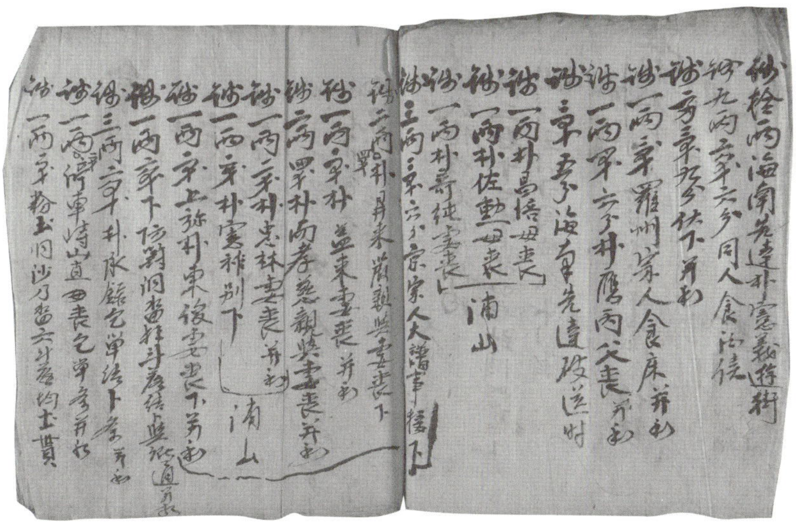

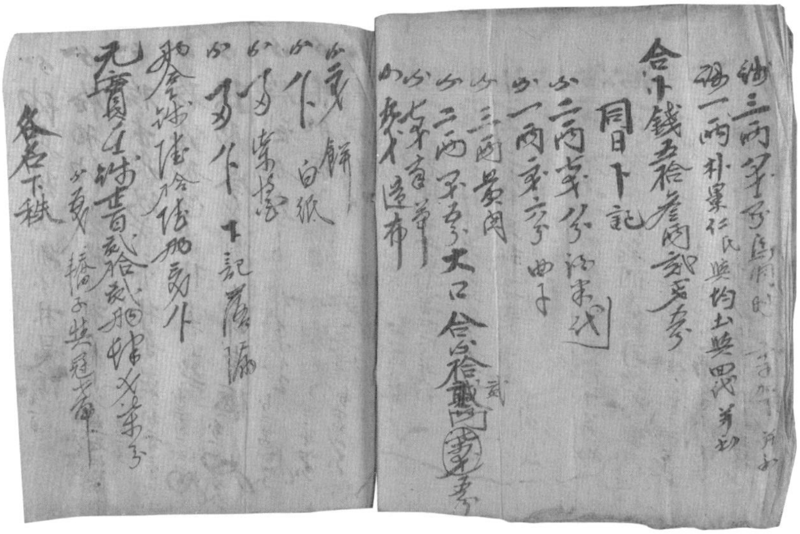

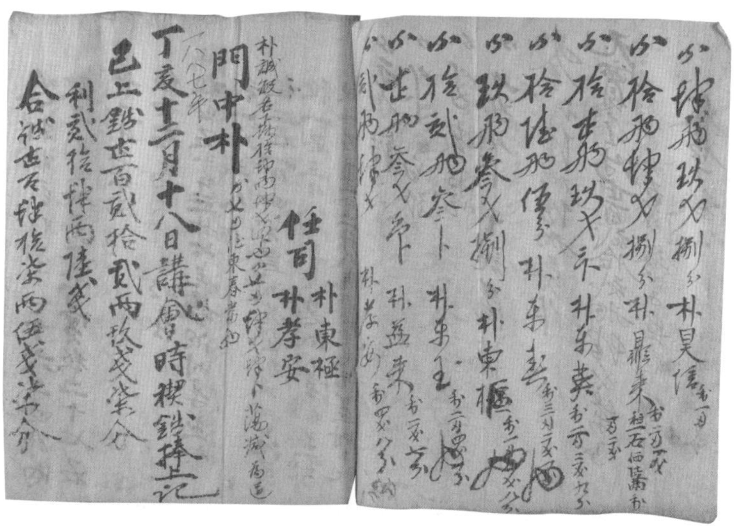

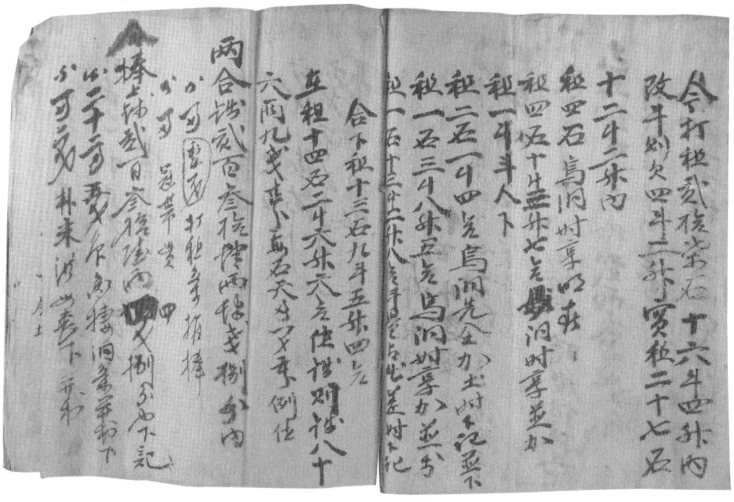

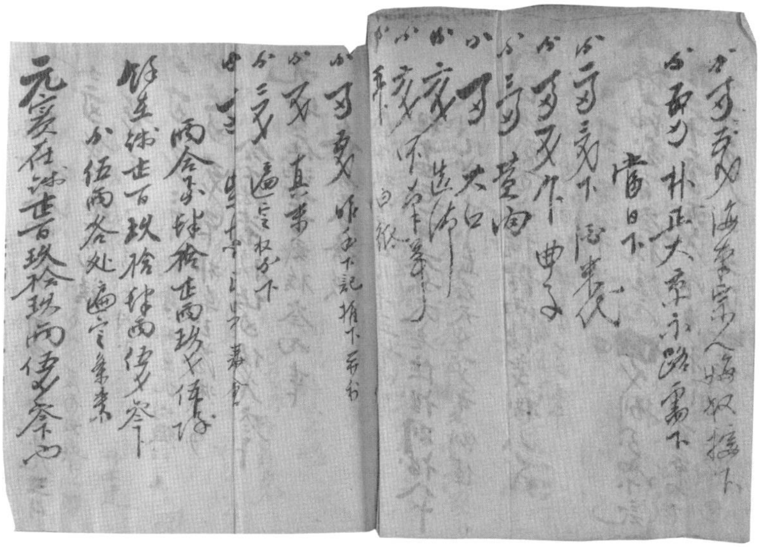

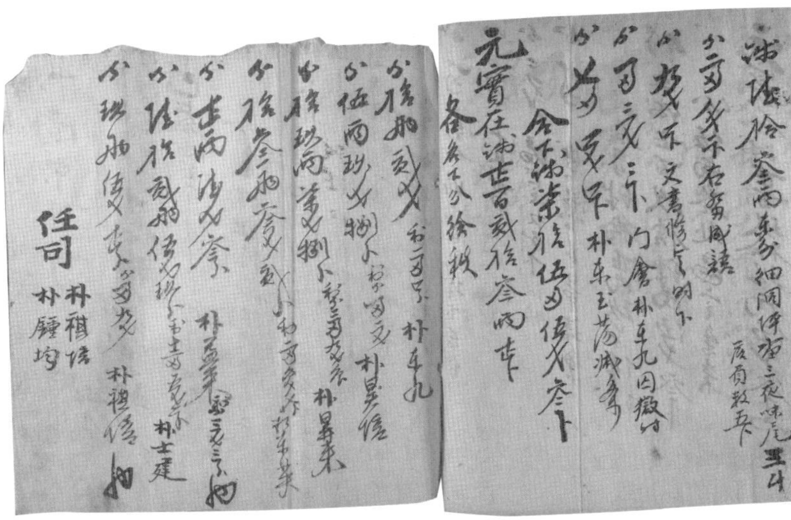

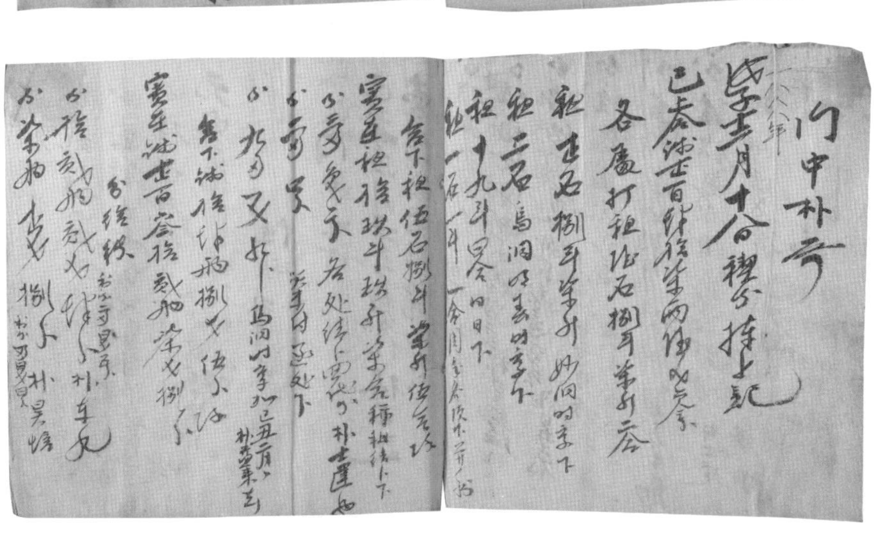

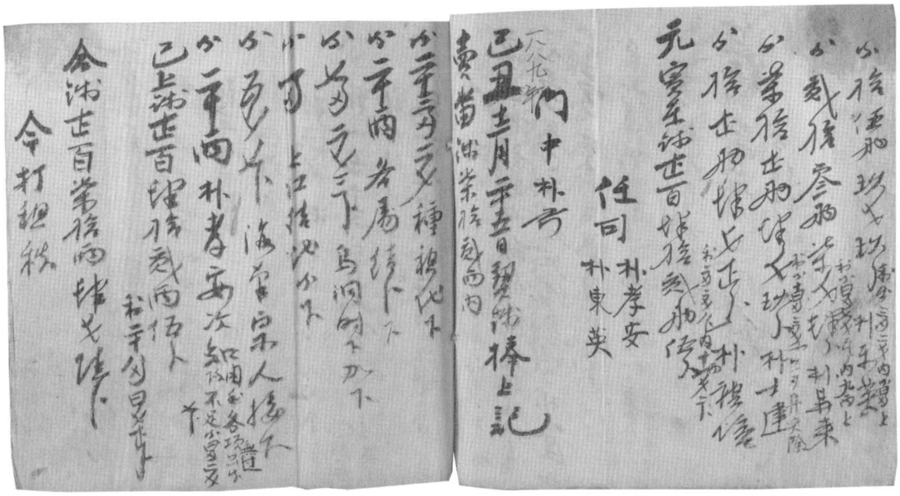

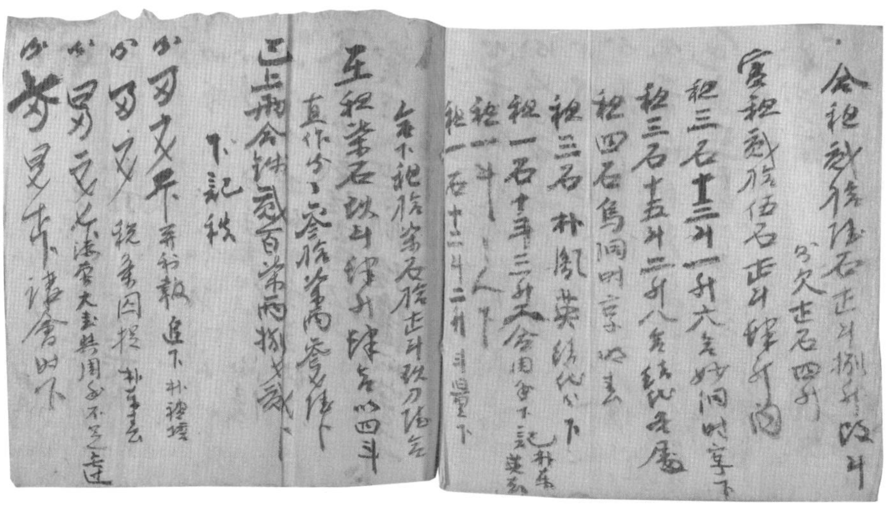

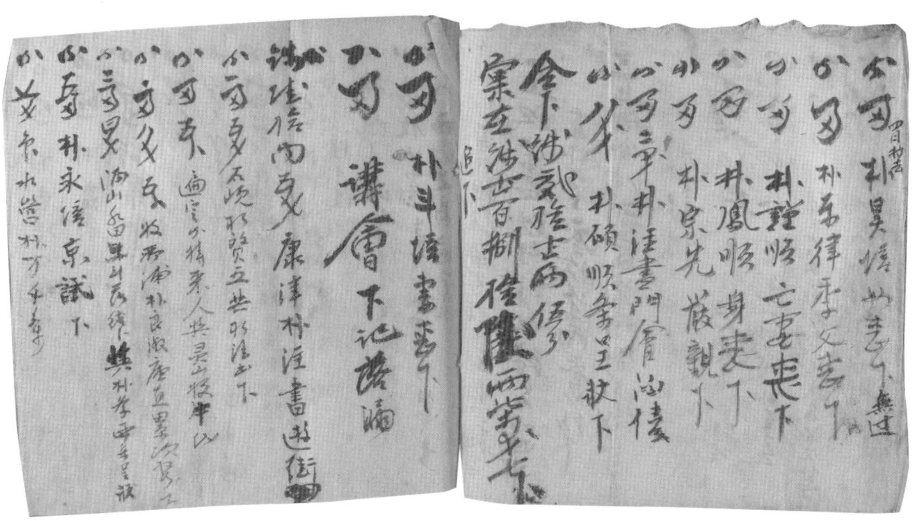

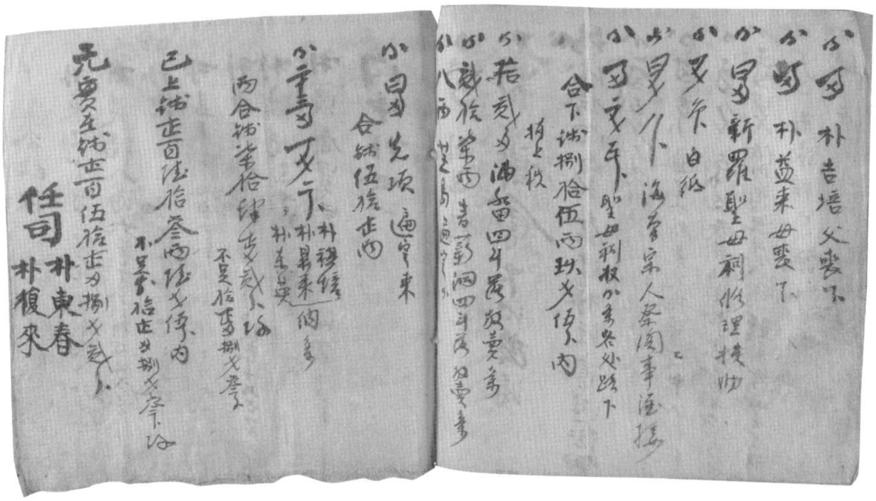

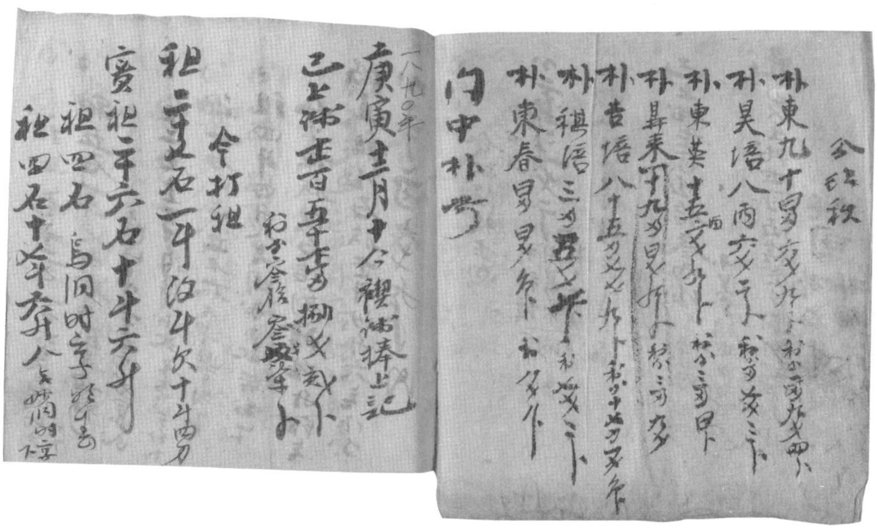

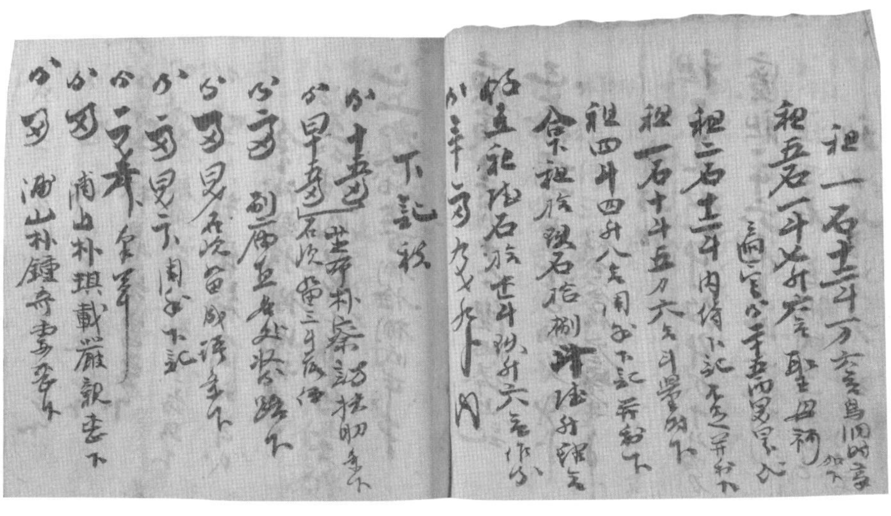

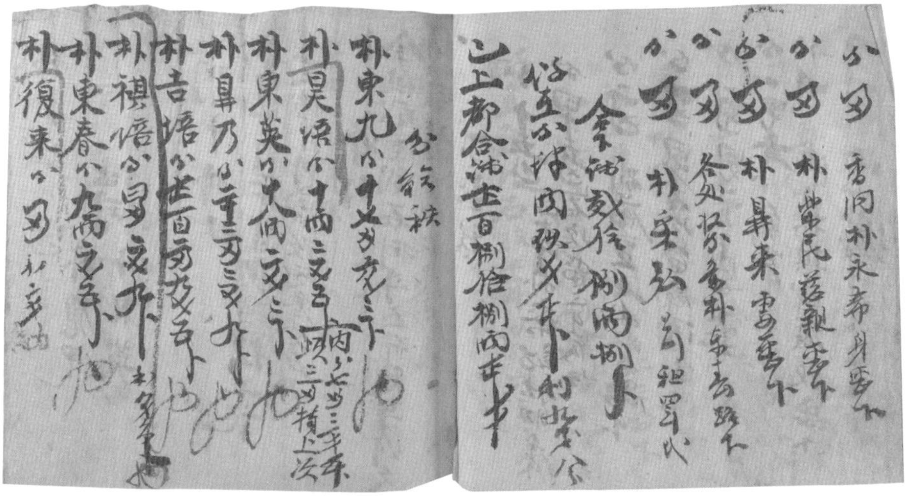

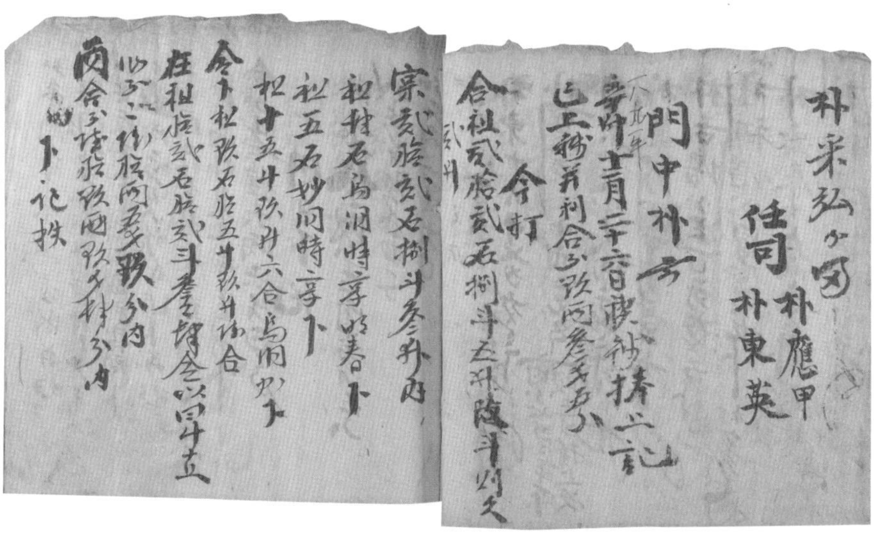

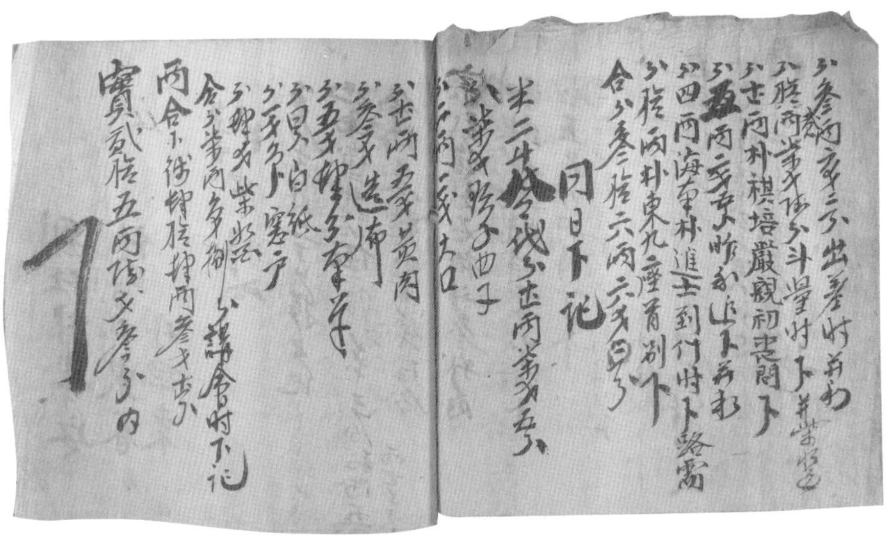

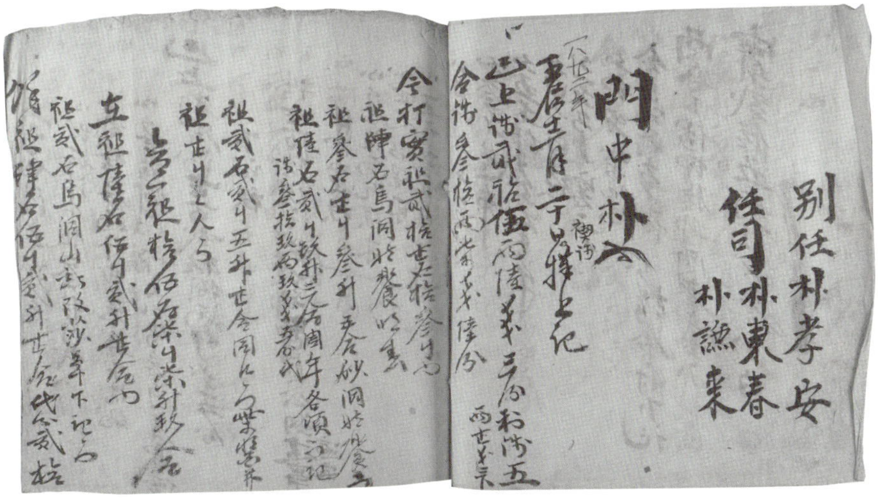

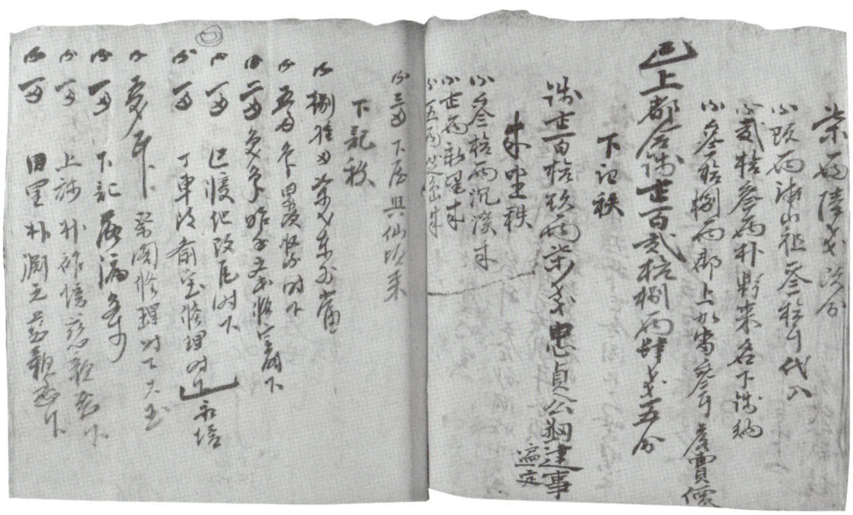

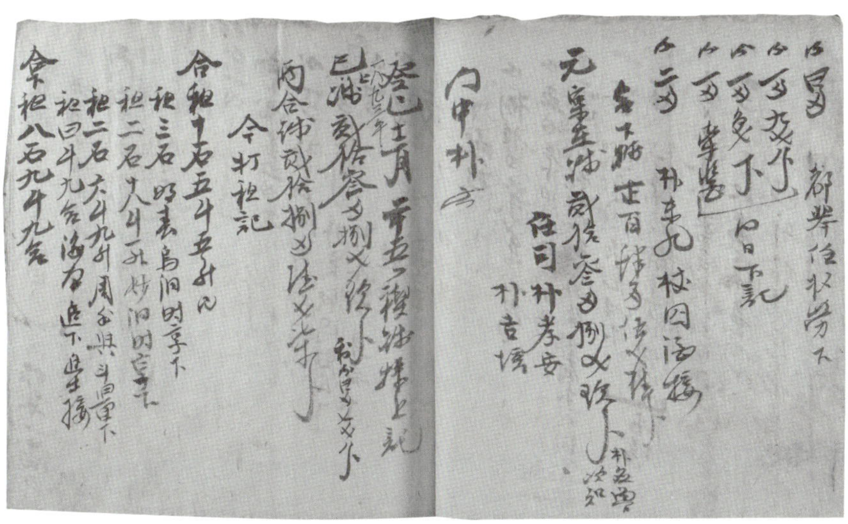

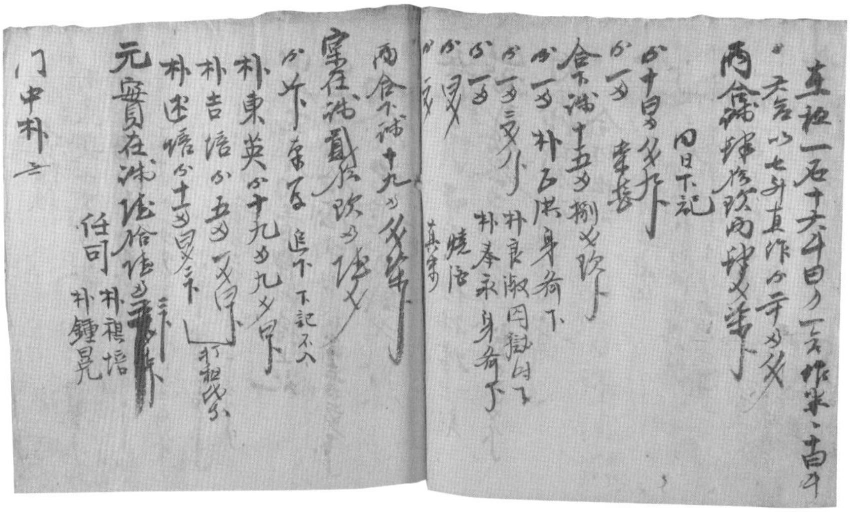

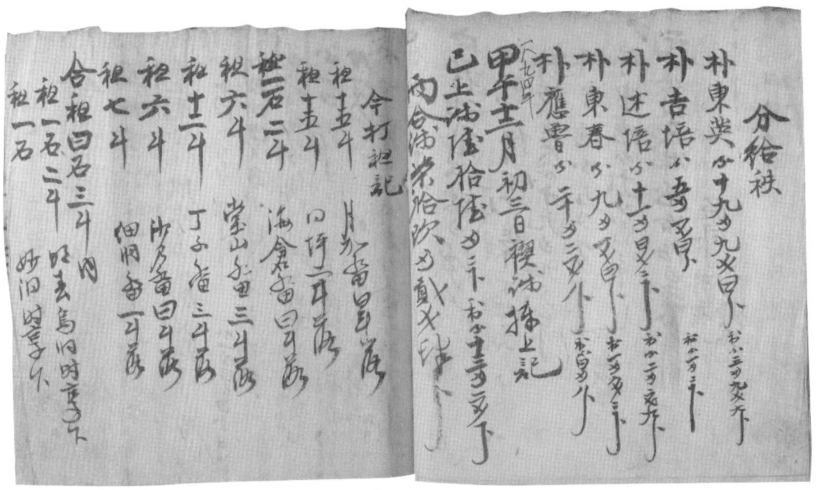

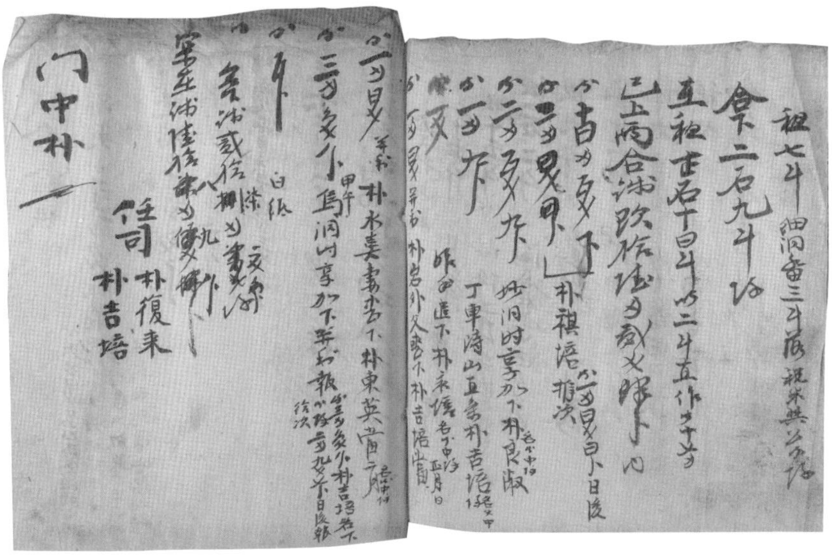

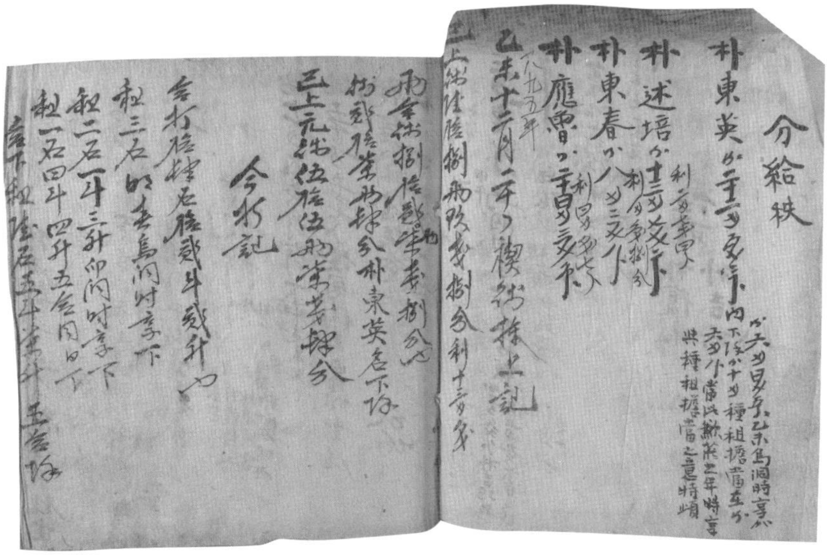

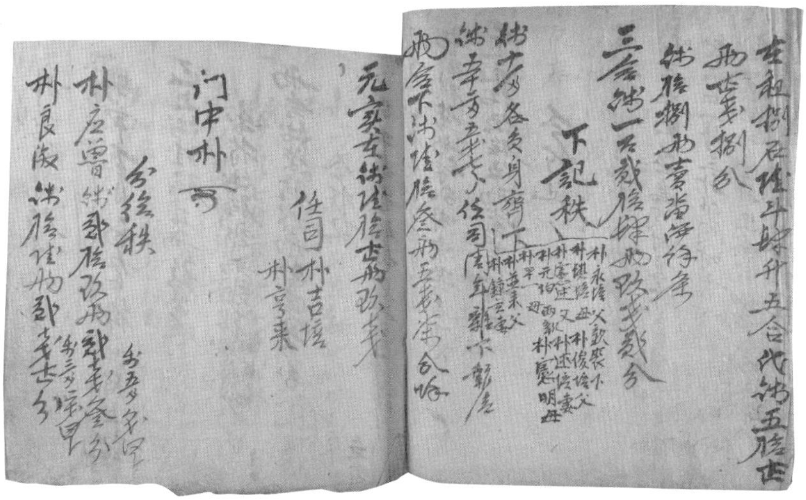

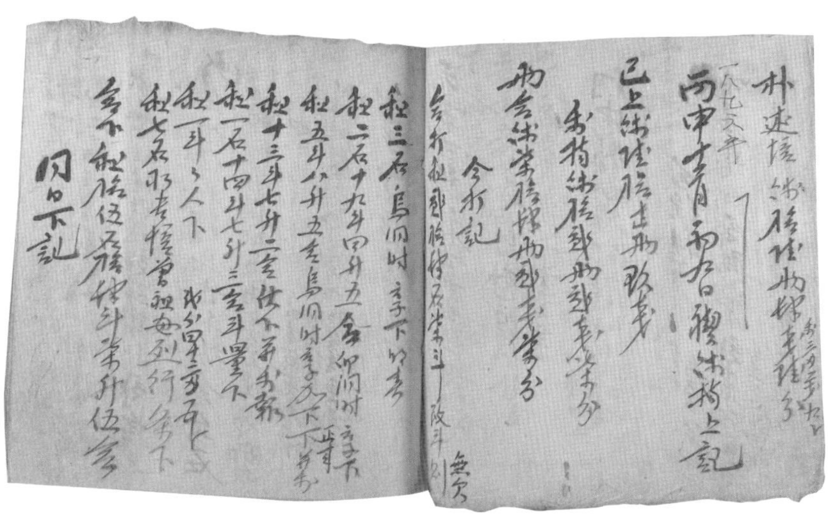

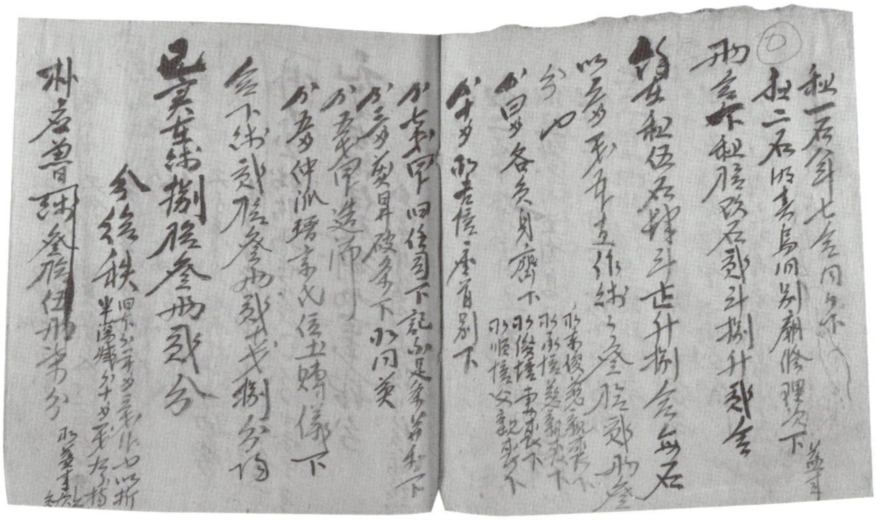

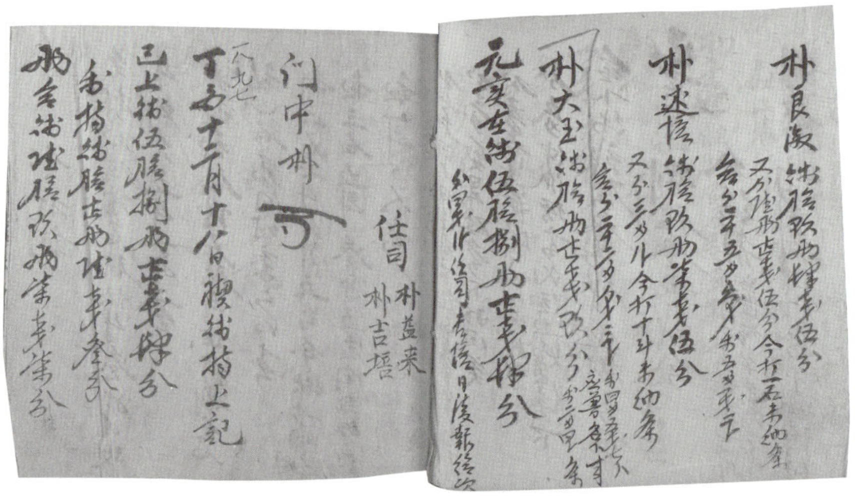

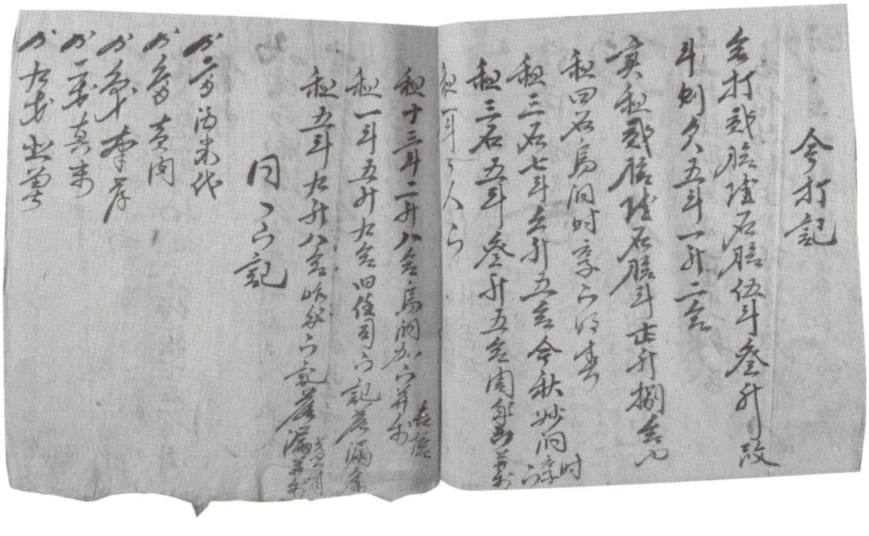

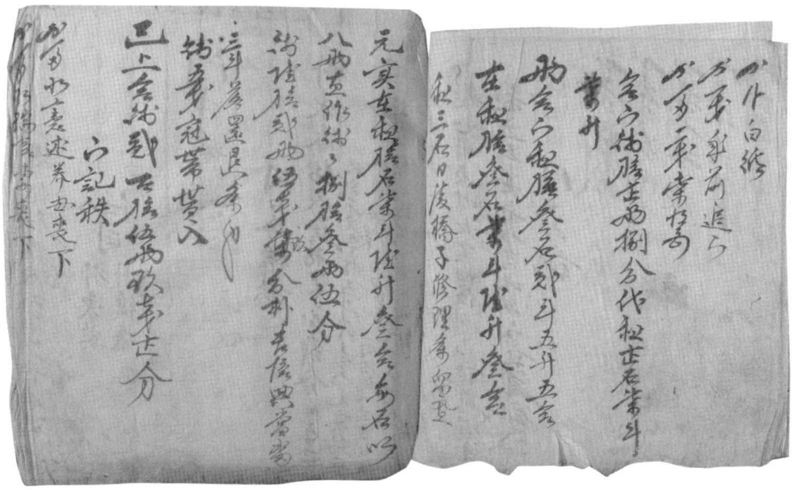

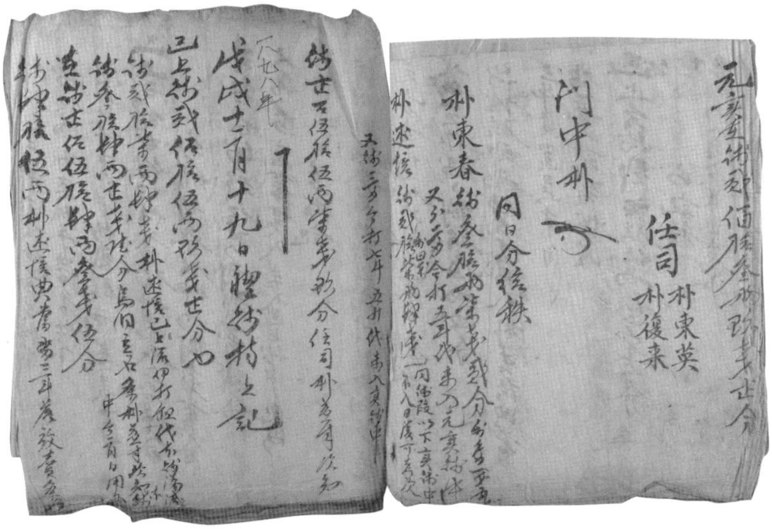

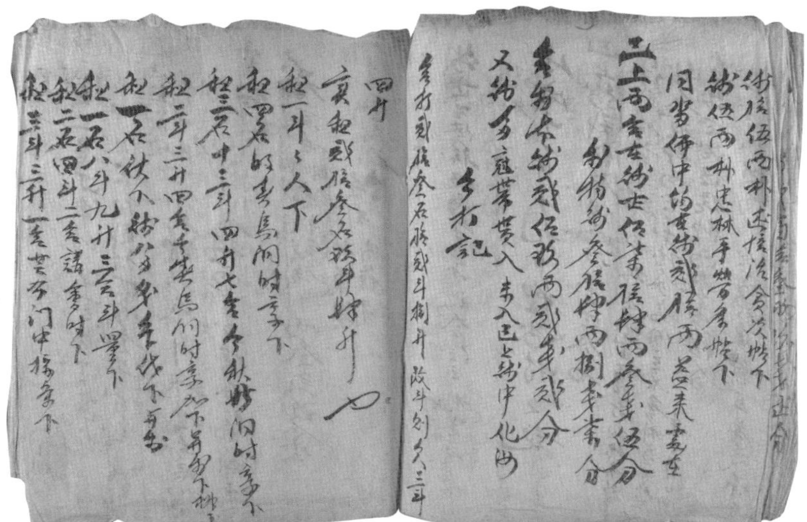

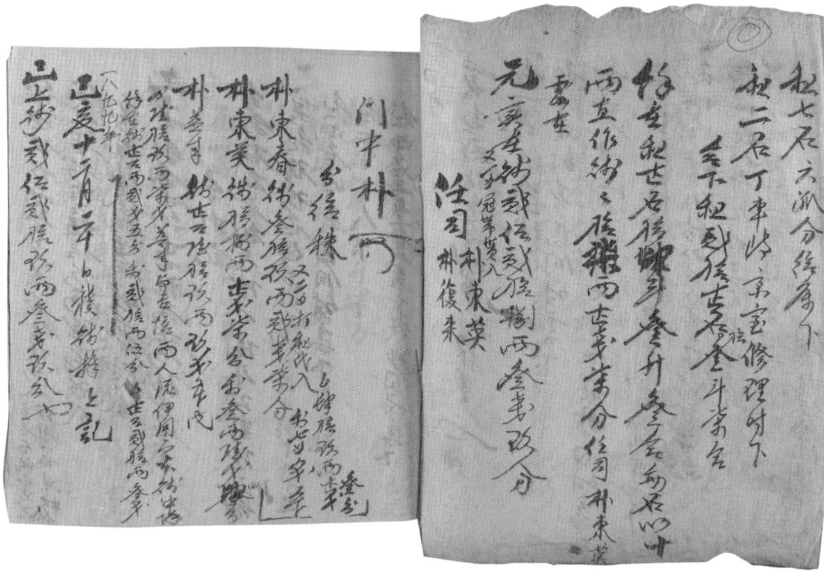

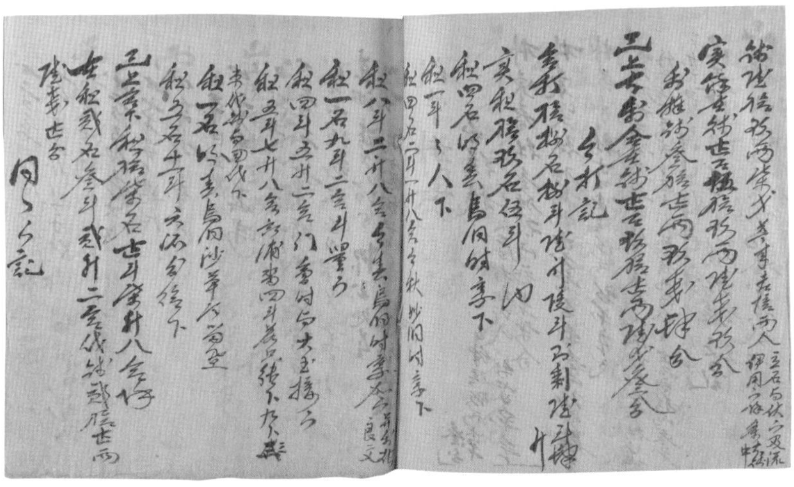

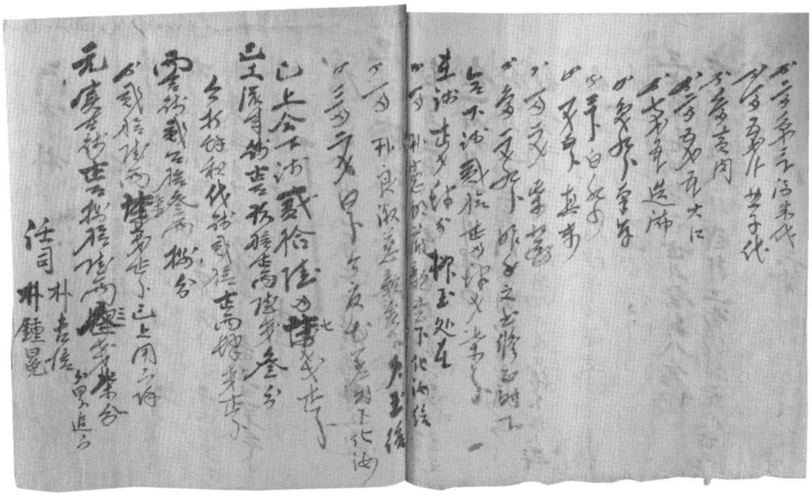

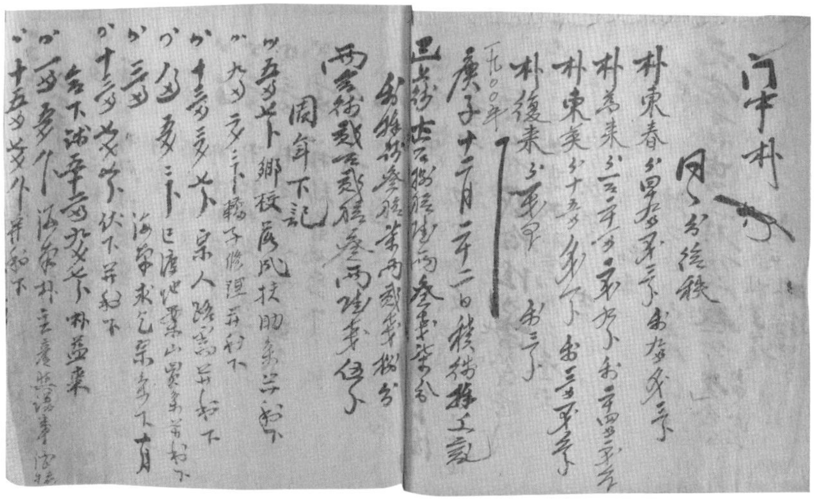

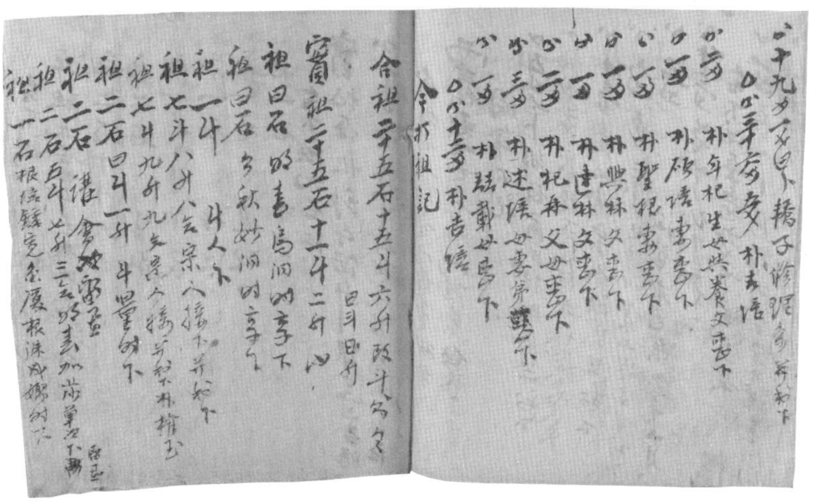

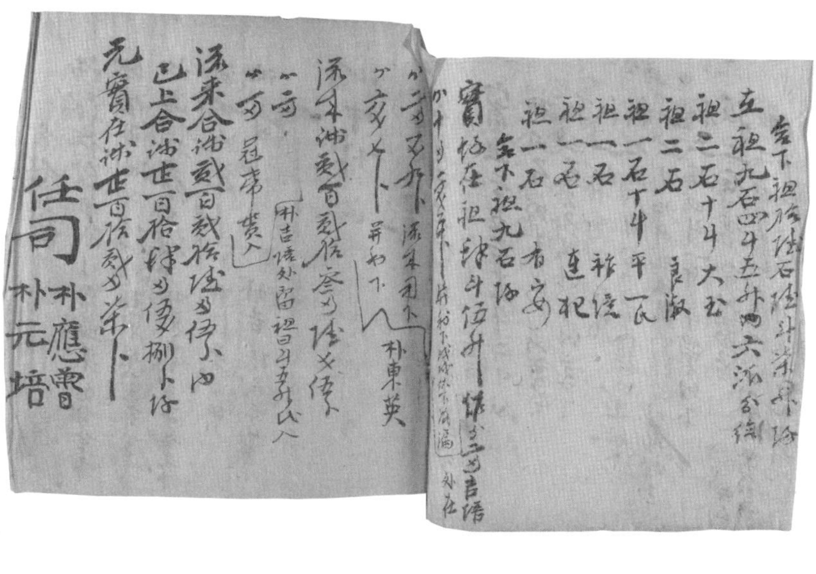

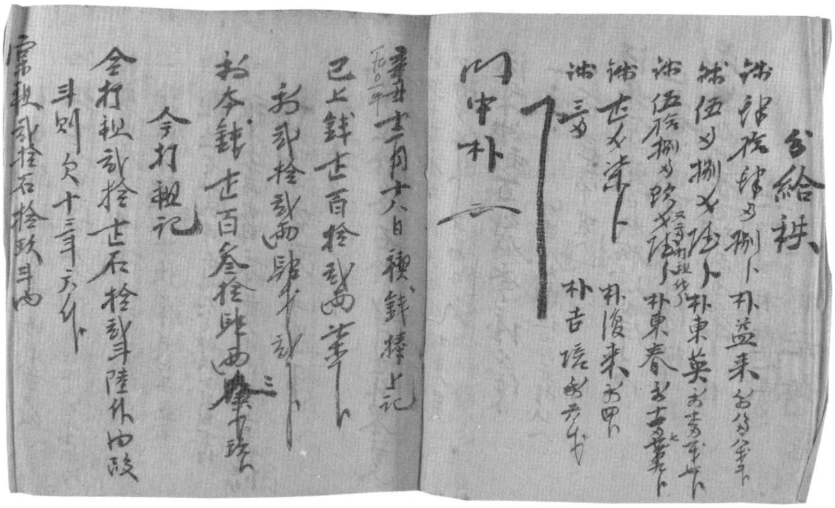

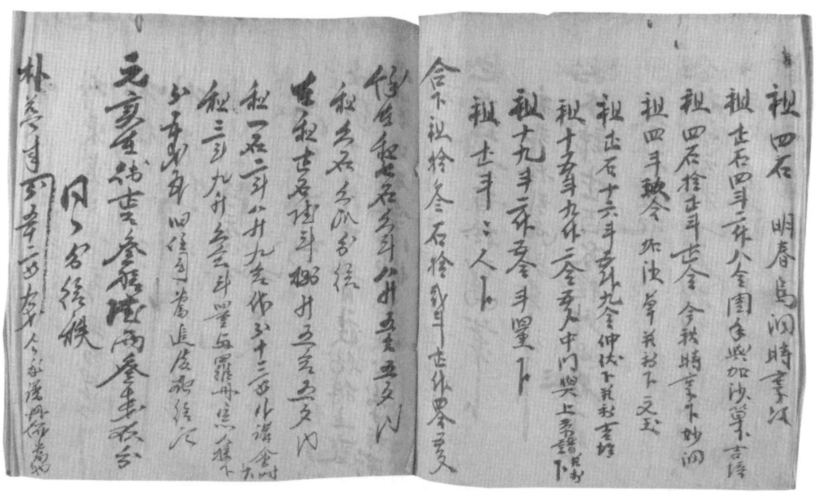

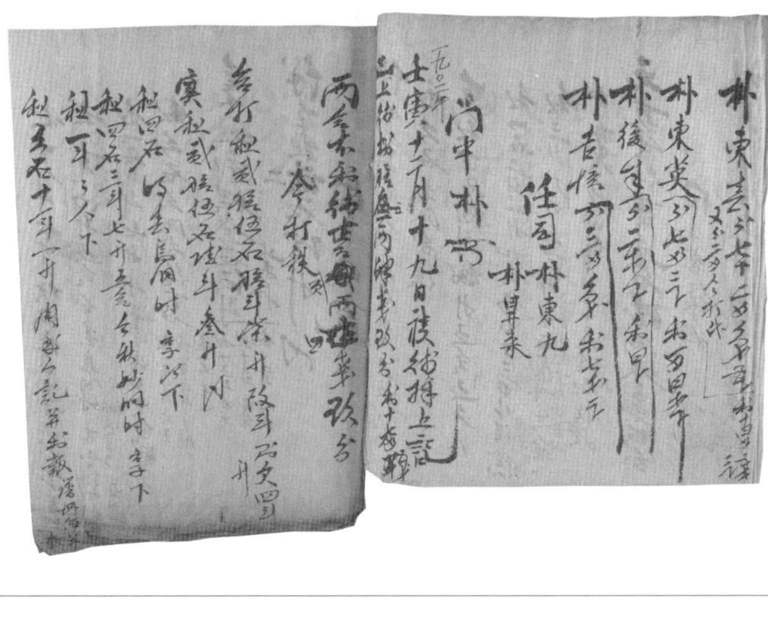

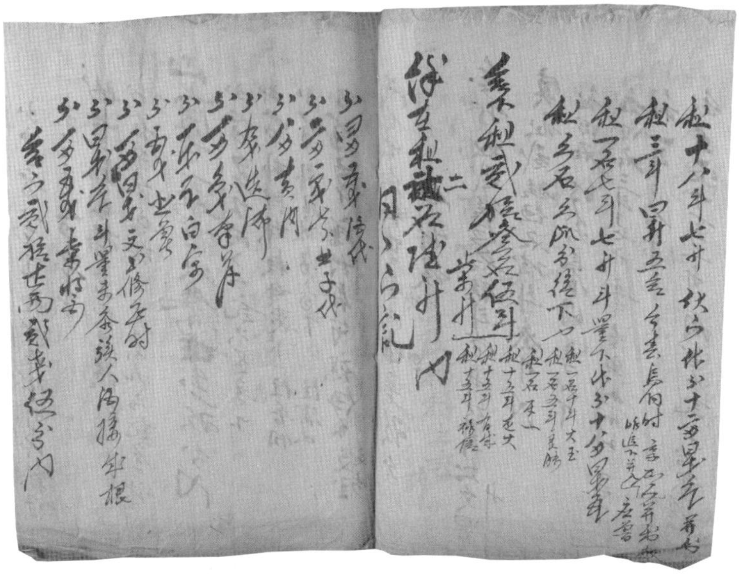

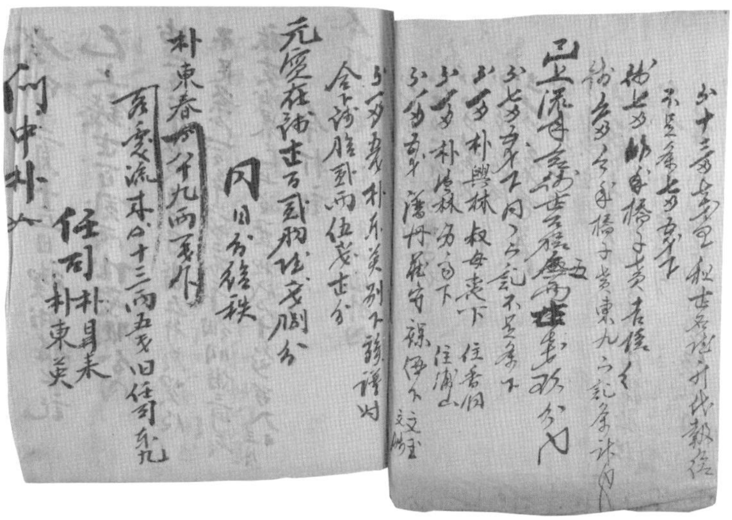

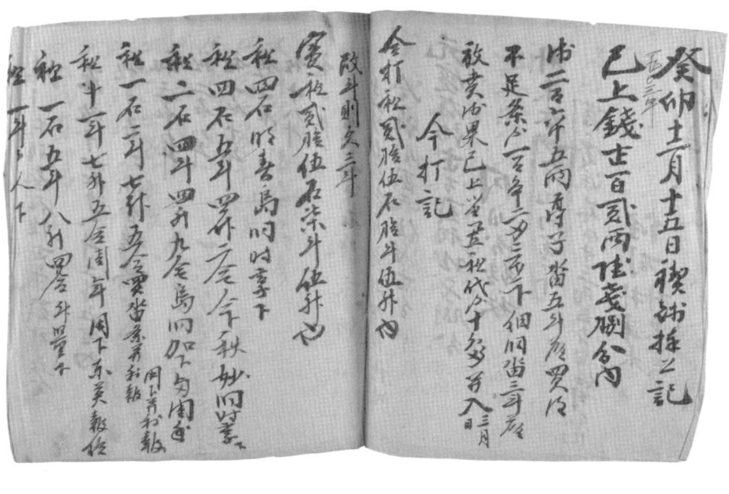

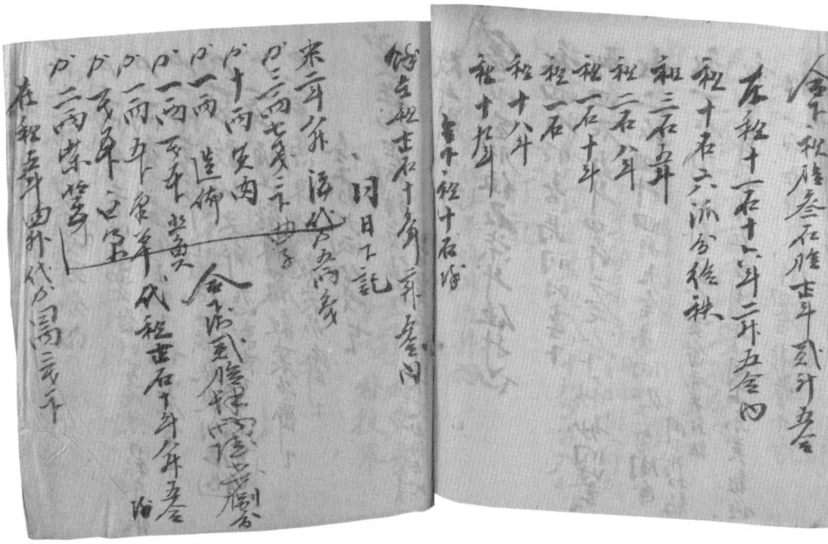

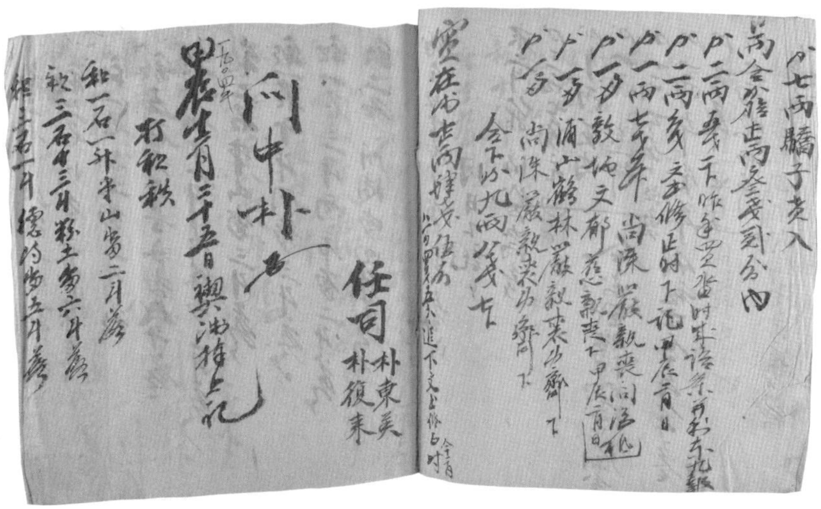

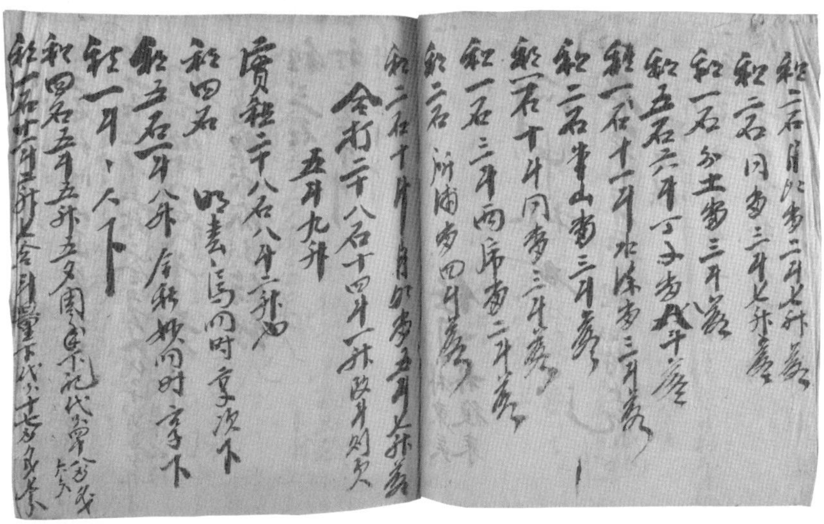

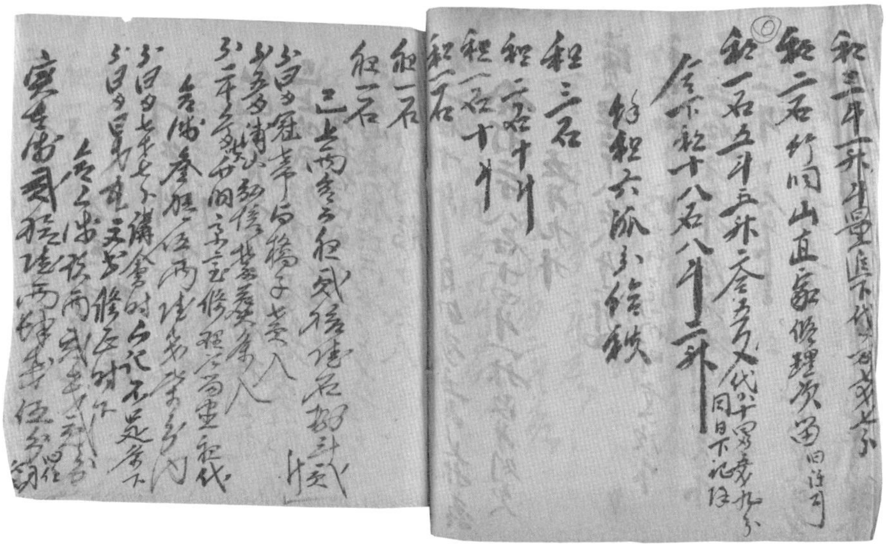

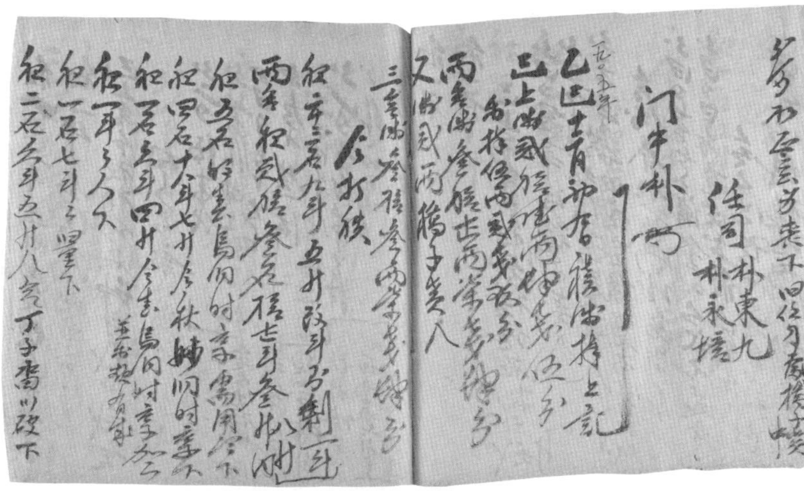

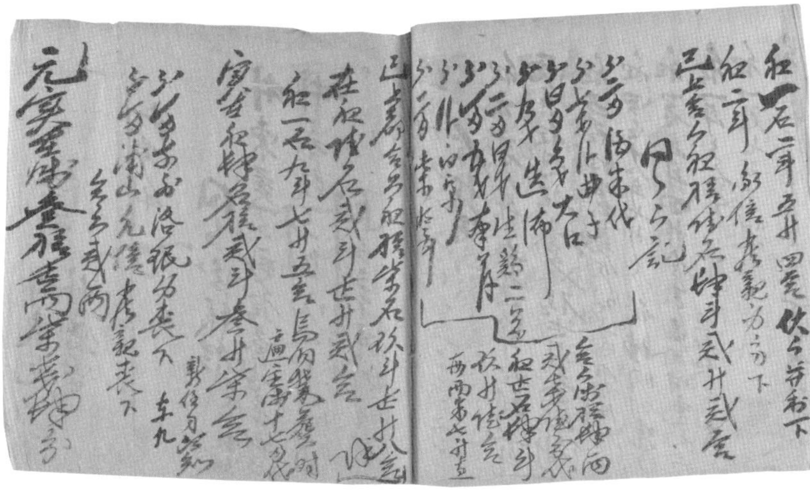

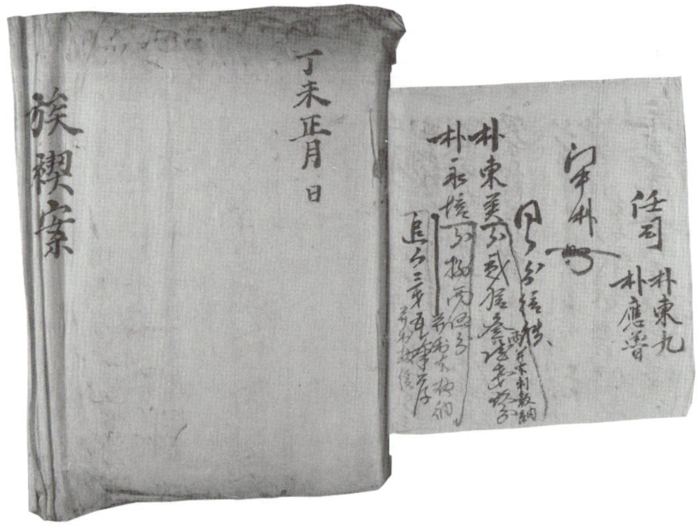
族稧案
丁未正月 日

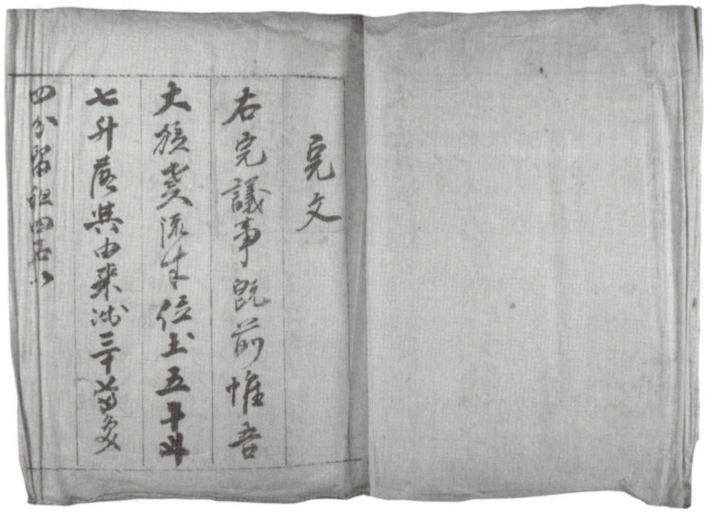
完文

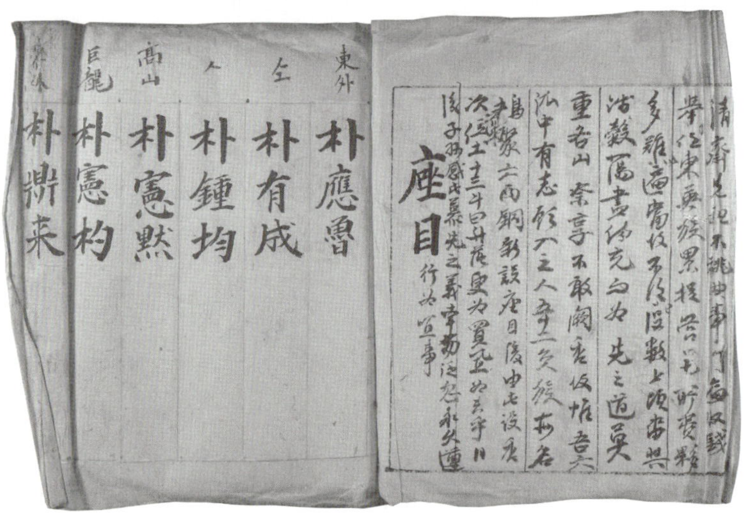
座目
朴應魯
朴有成
朴鍾均
朴憲默
朴憲杓
朴淵來

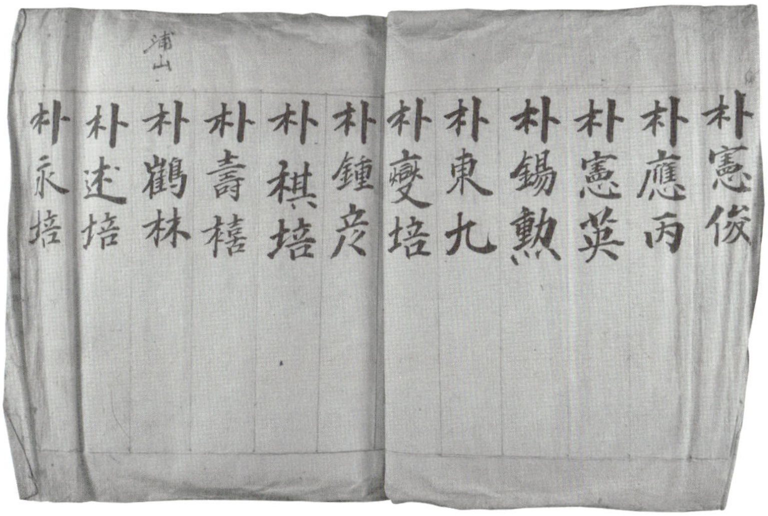

朴憲俊
朴應丙
朴憲英
朴錫勳
朴東九
朴夔培
朴鍾彦
朴祺培
朴壽禧
浦山 朴鶴林
朴述培
朴永培

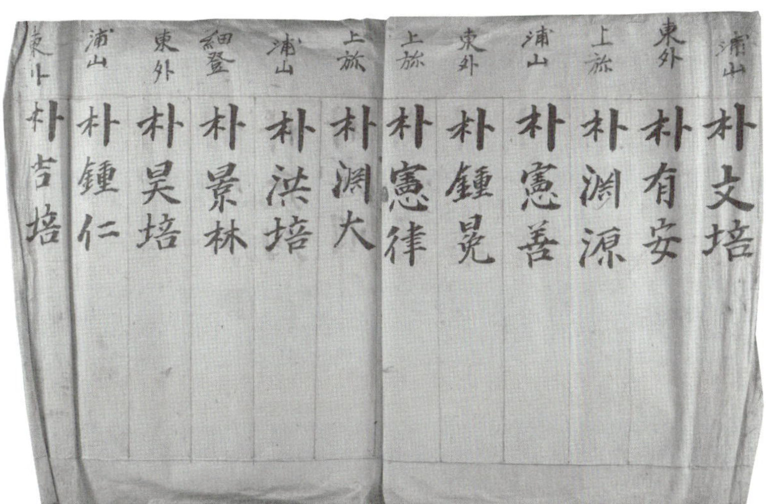

浦山 朴文培
東外 朴有安
上旀 朴渕源
浦山 朴憲善
東外 朴鍾晃
上旀 朴憲律
上旀 朴渕大
浦山 朴洪培
細登 朴景林
東外 朴昊培
浦山 朴鍾仁
東外 朴吉培

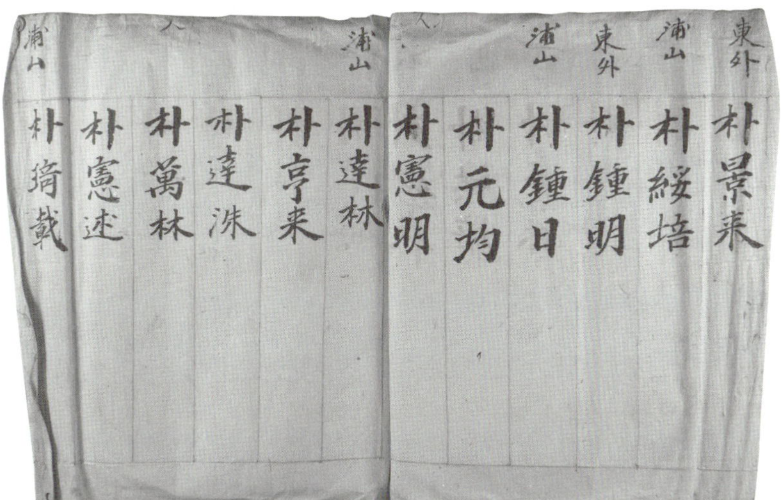

東外 朴景来
浦山 朴綏培
東外 朴鍾明
浦山 朴鍾日
朴元均
朴憲明
浦山 朴達林
朴亨来
朴達洙
朴萬林
朴憲述
浦山 朴琦戴

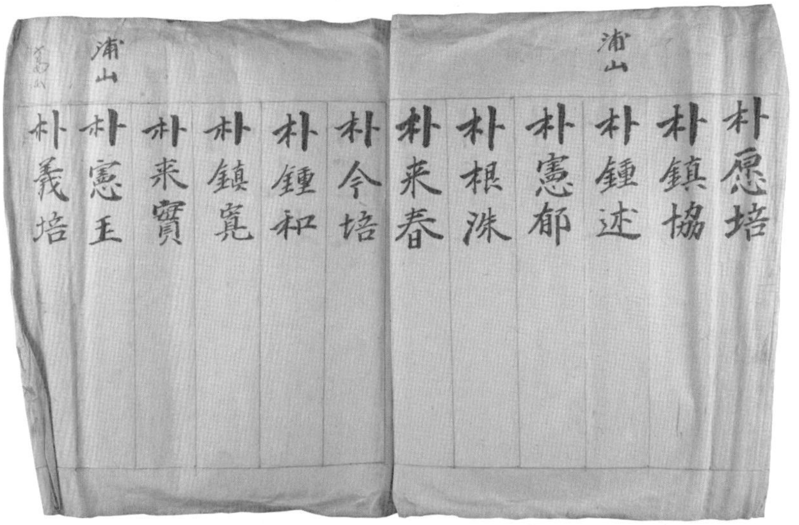

浦山
朴愿培
朴鎭協
朴鍾述
朴憲郁
朴根洙
浦山
朴来春
朴令培
朴鍾和
朴鎭寛
朴来寶
朴憲玉
浦山
朴義培

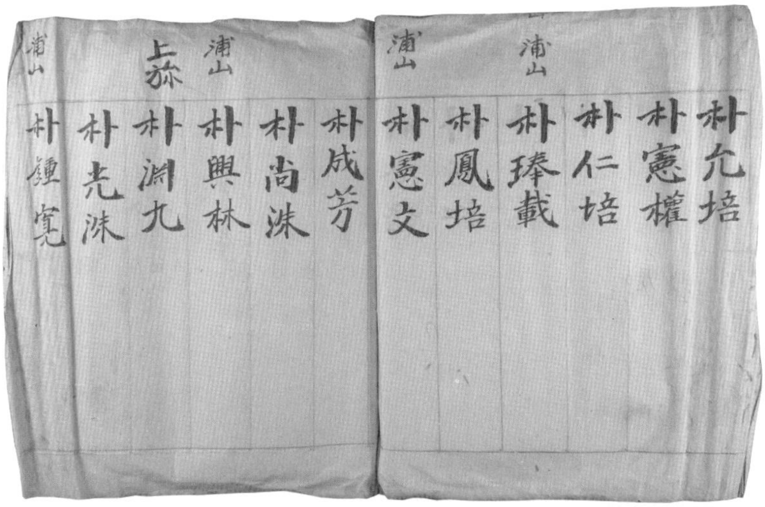

朴允培
朴憲權
朴仁培
浦山
朴琫載
朴鳳培
浦山
朴憲文
朴成芳
朴尚洙
朴興林
浦山
上秝
朴渊九
朴光洙
浦山
朴鍾寛

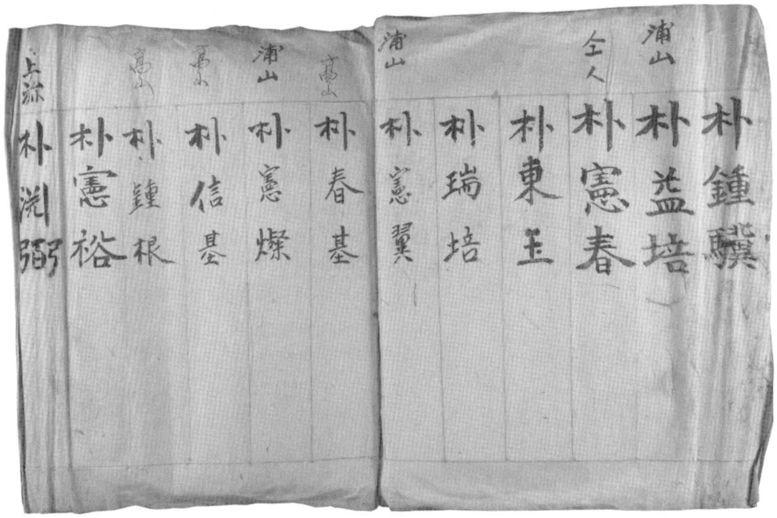

朴鍾驥
浦山
朴益培
仝人
朴憲春
朴東玉
朴瑞培
浦山
朴憲翼
朴春基
浦山
朴憲燦
朴信基
朴鍾根
朴憲裕
上秝
朴渊[illegible]

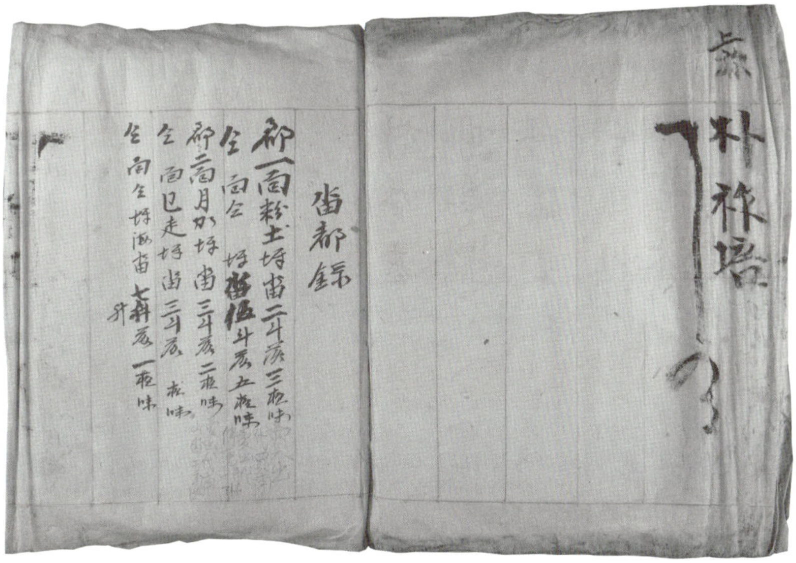

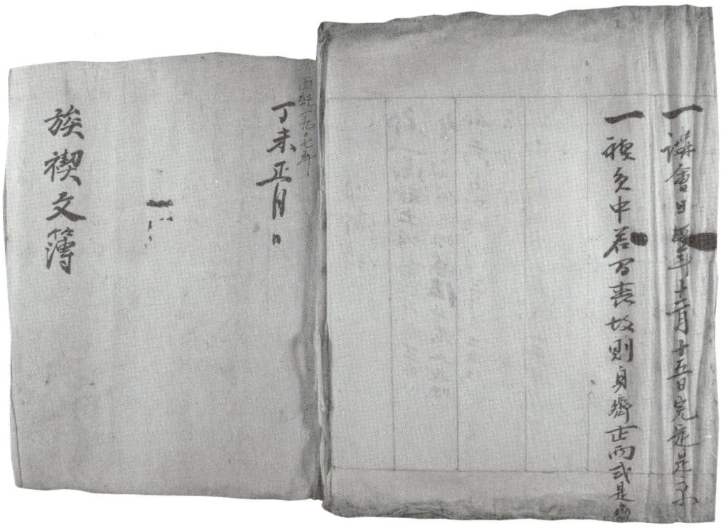

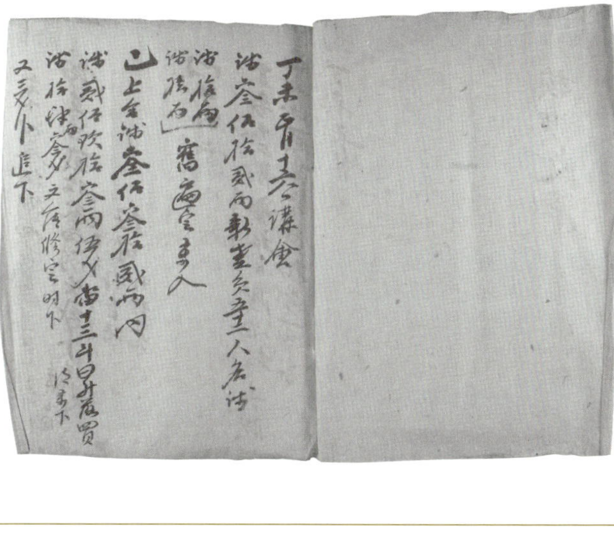

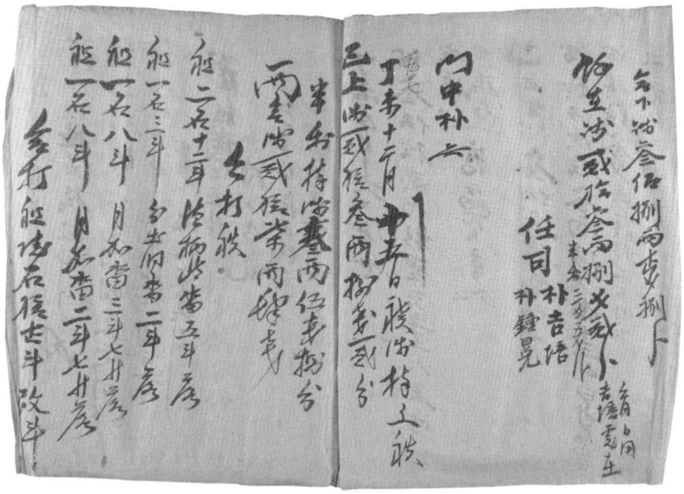

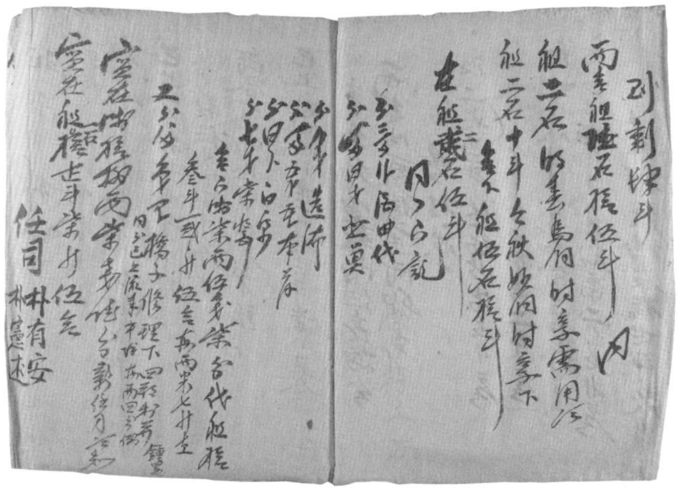

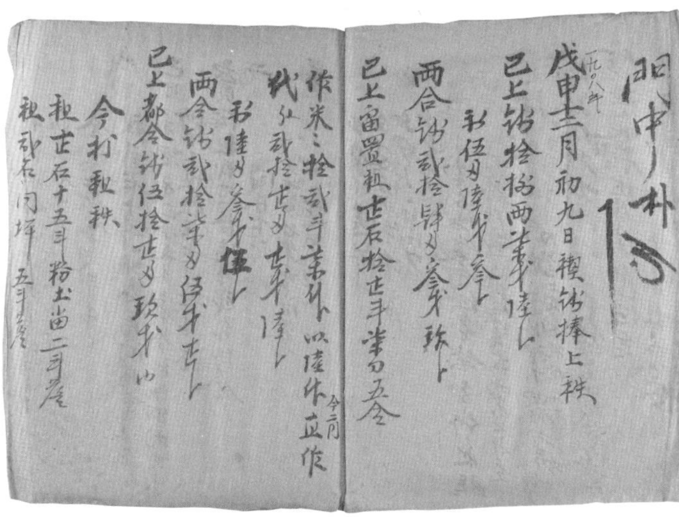

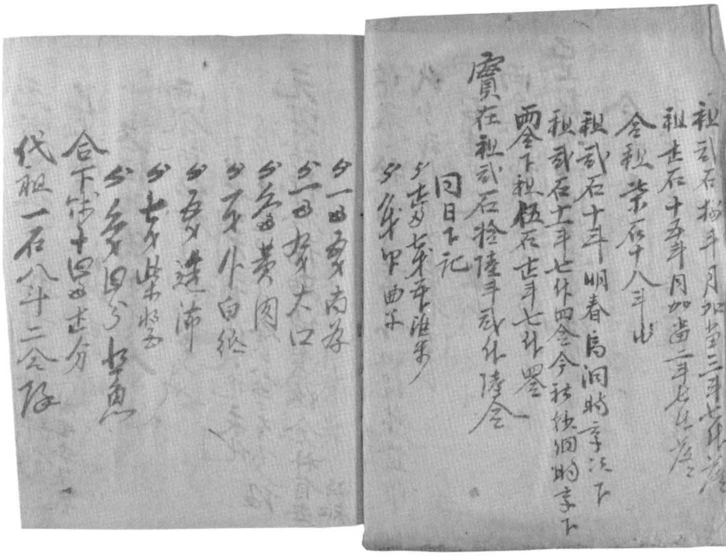

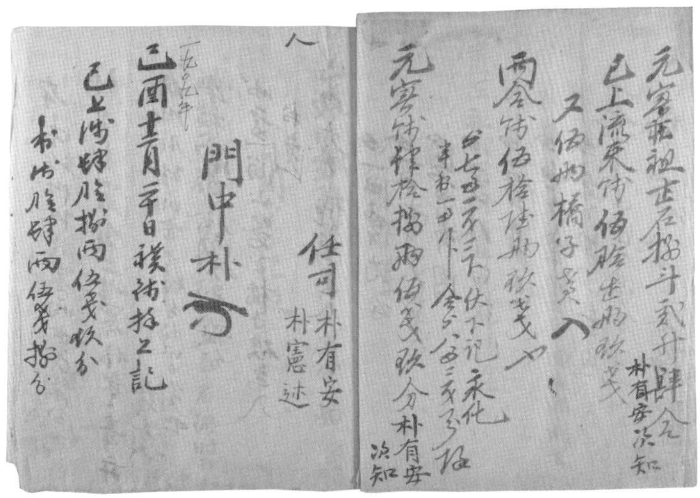

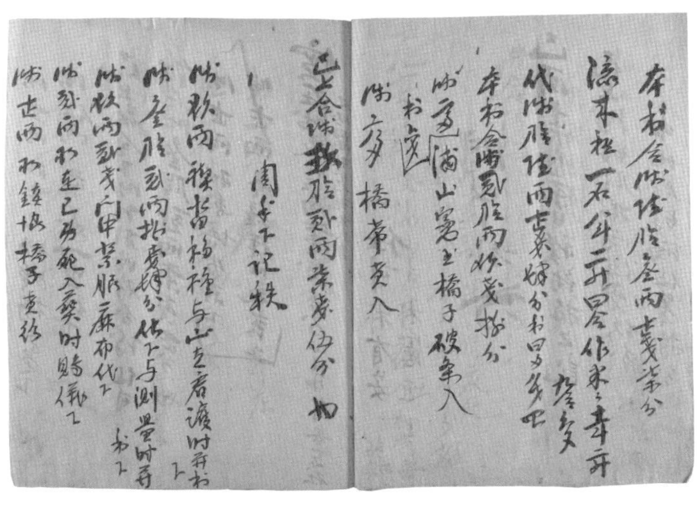

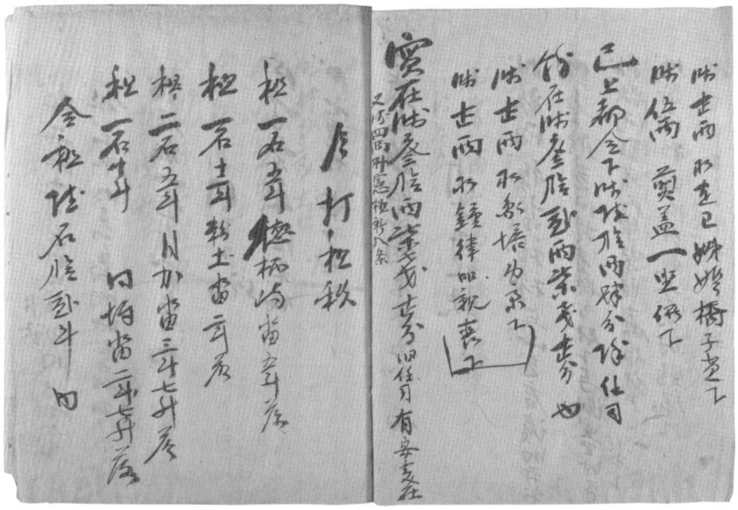

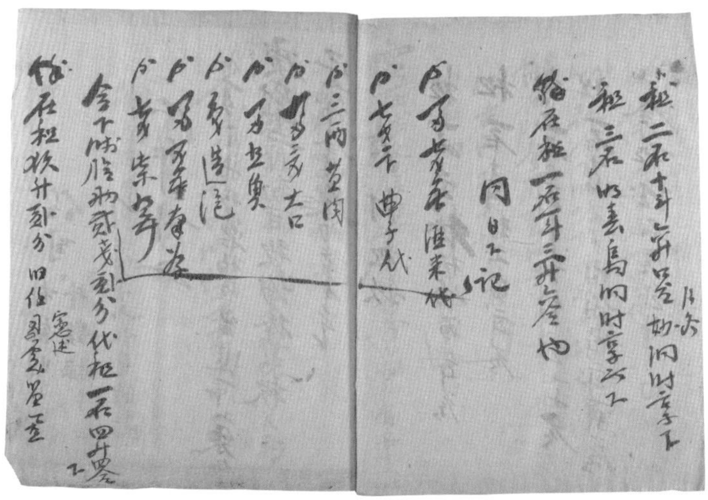

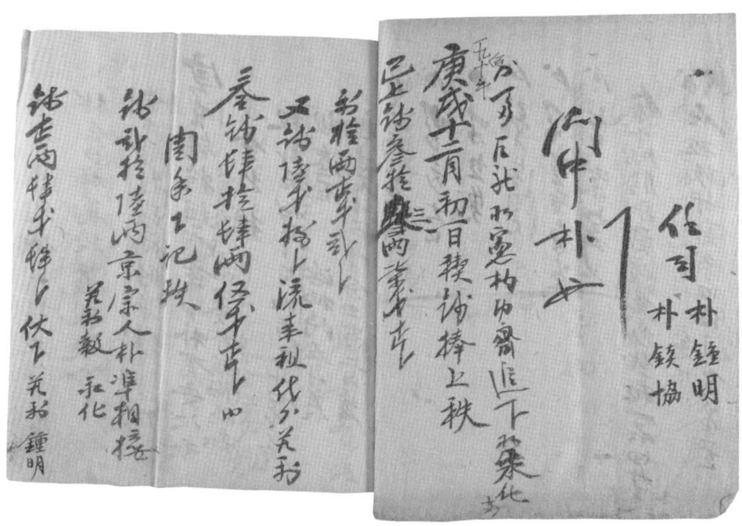

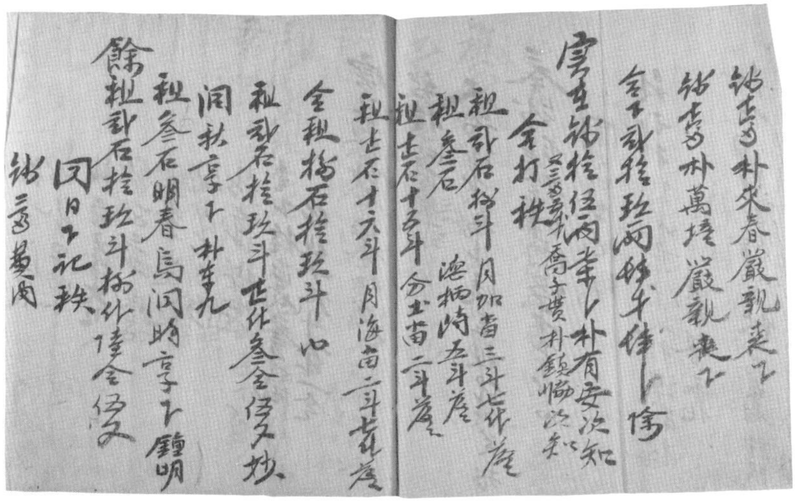

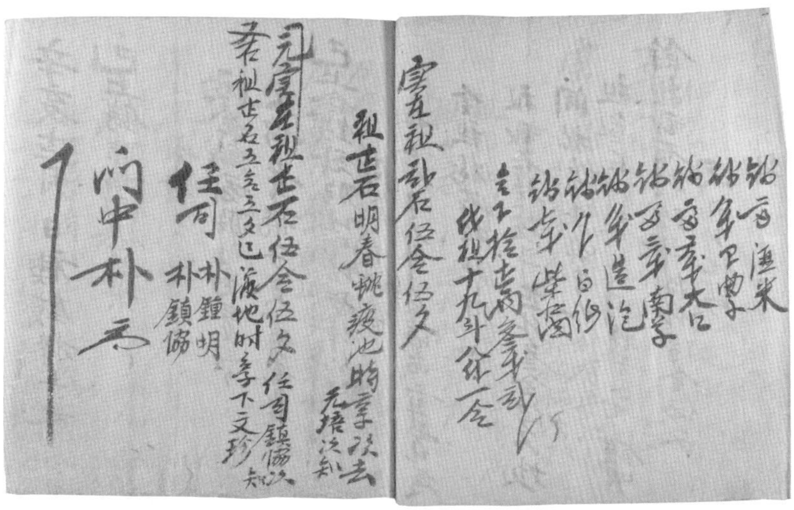

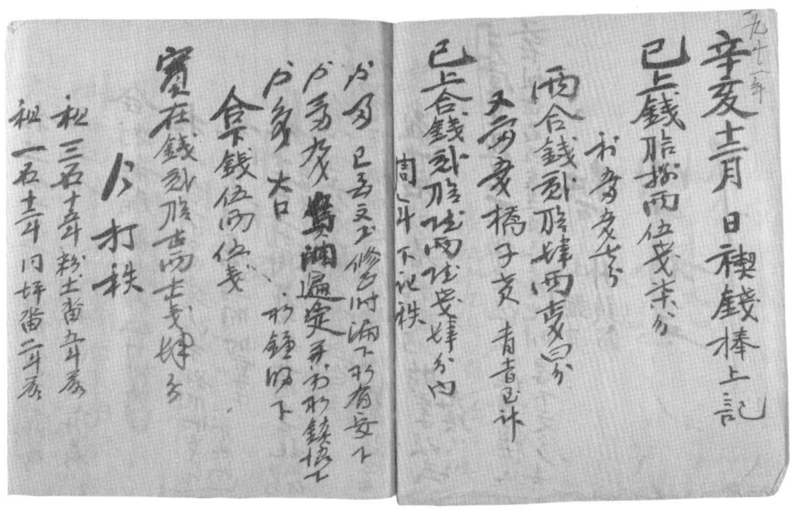

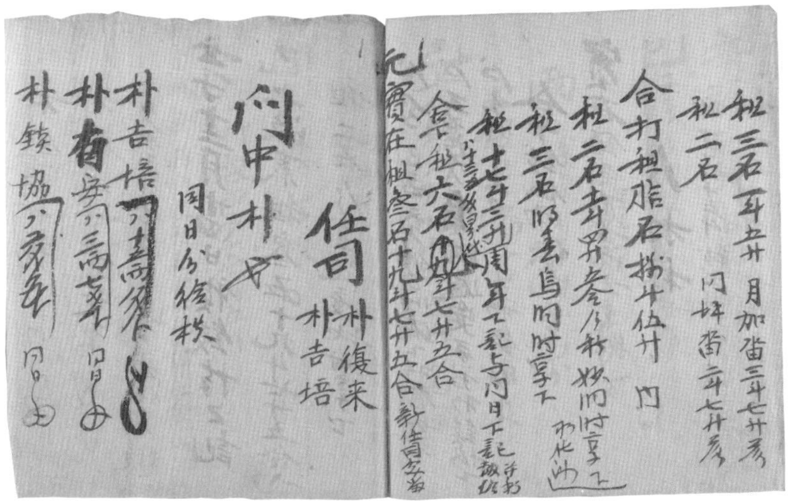

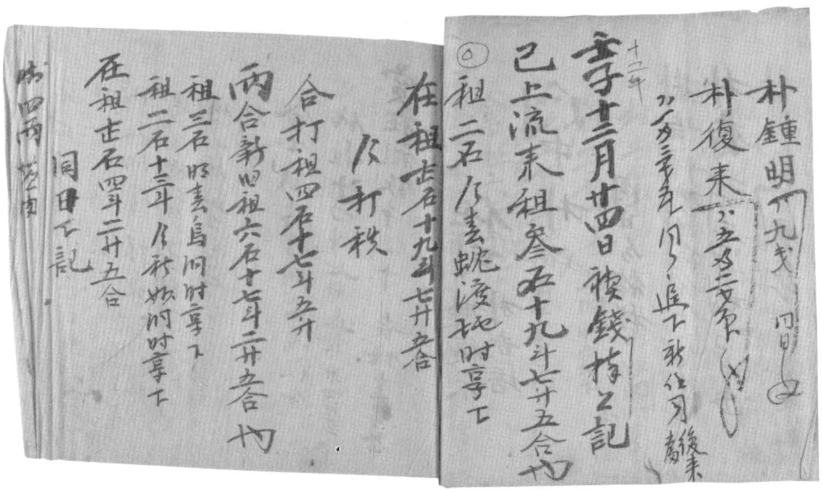

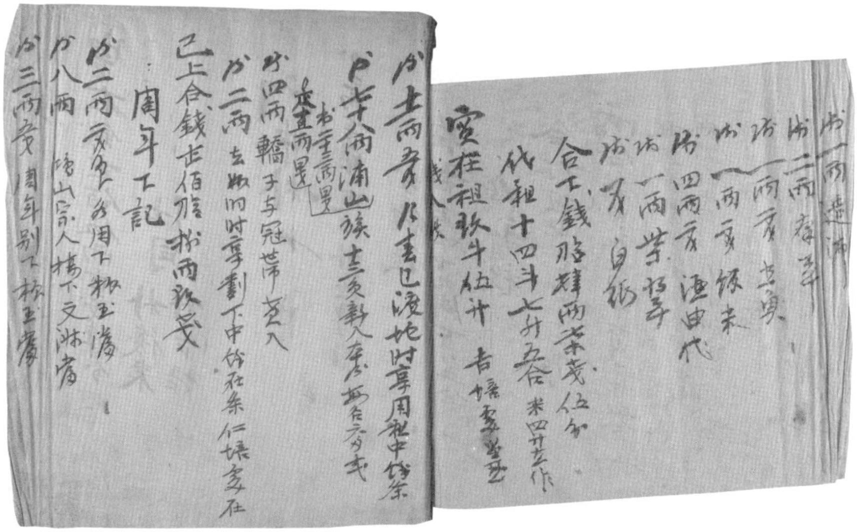

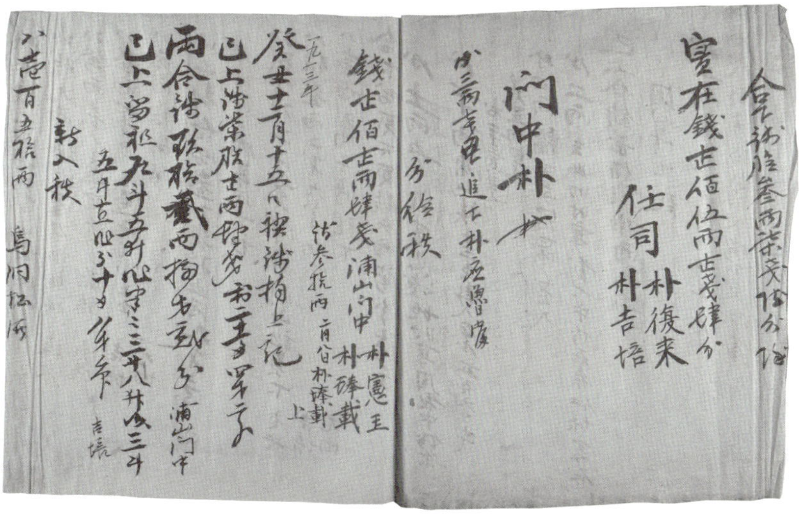

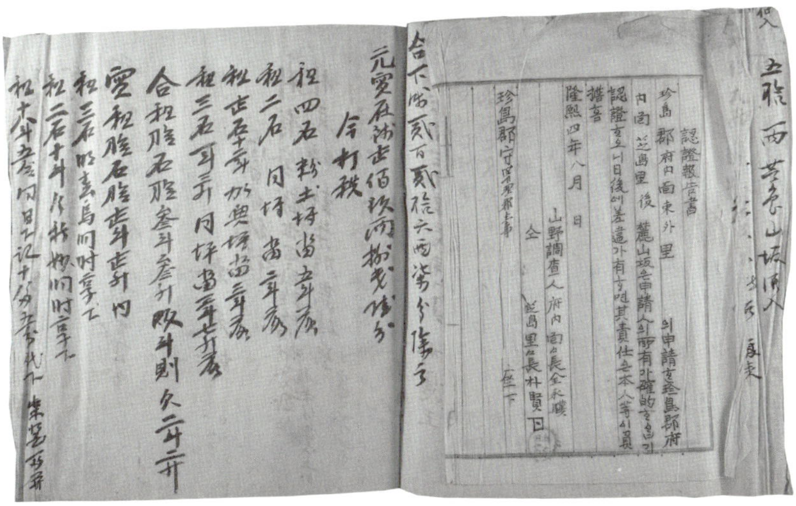

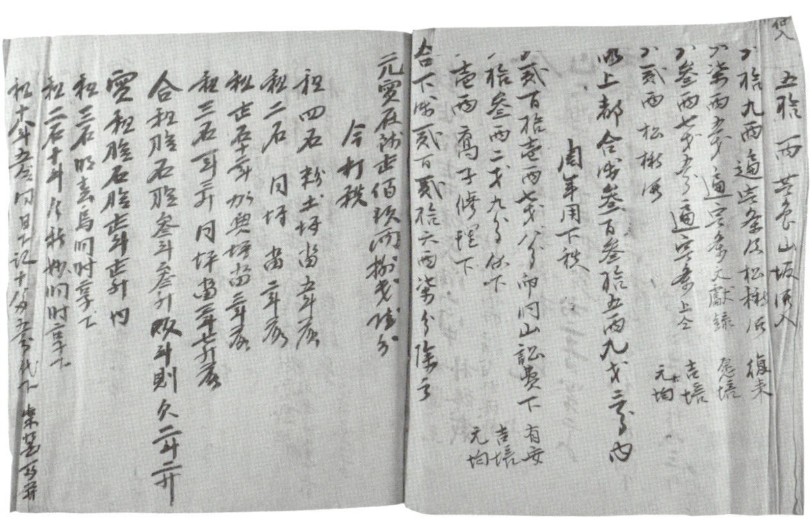

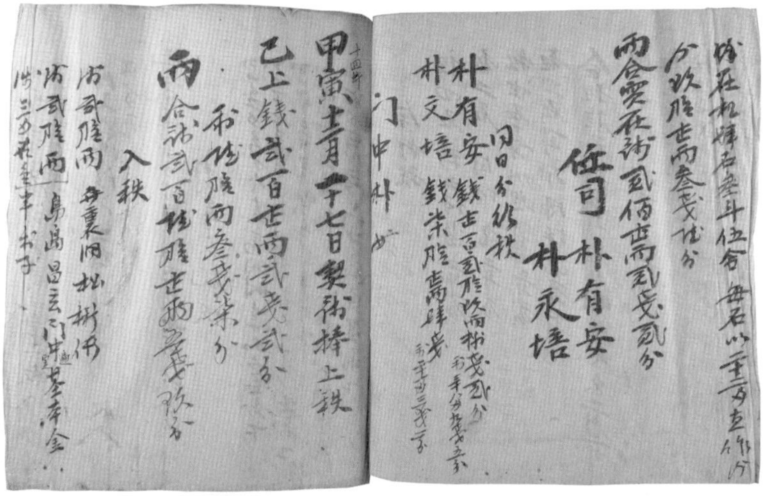

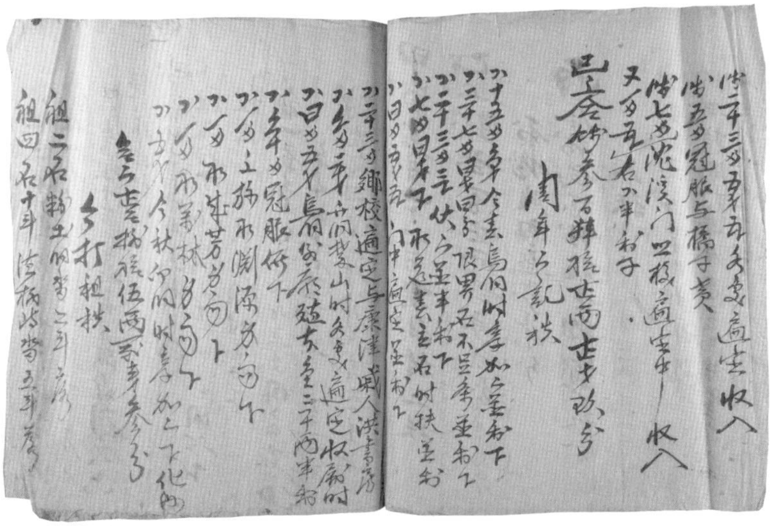

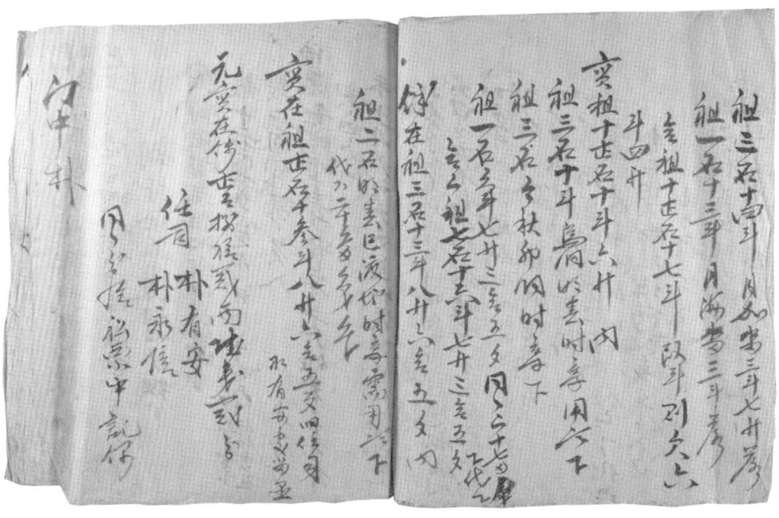

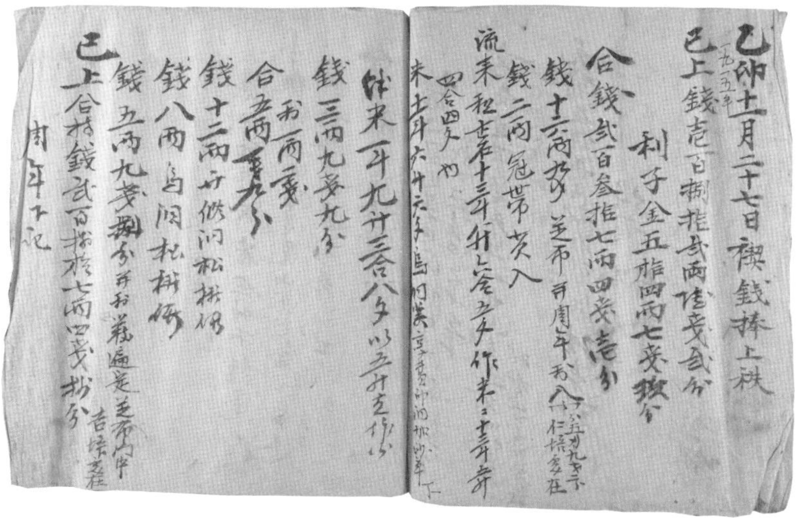

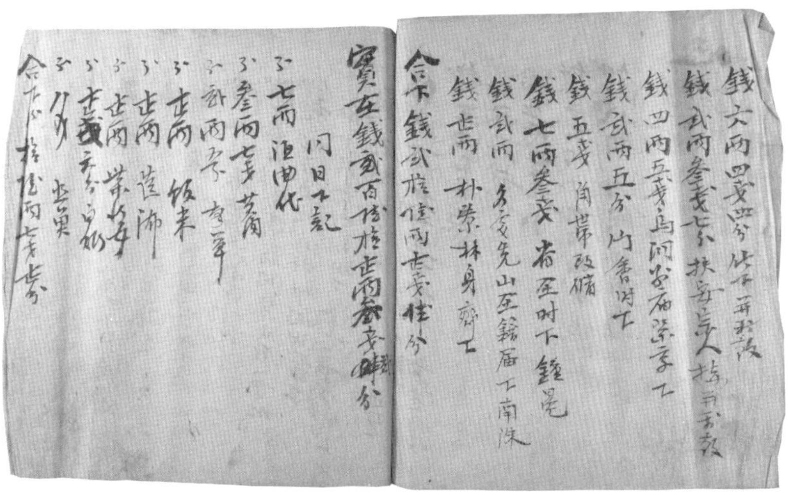

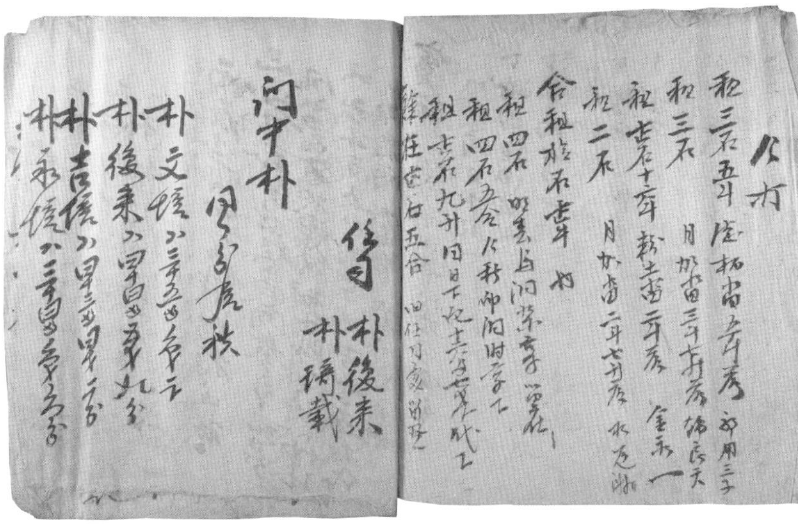

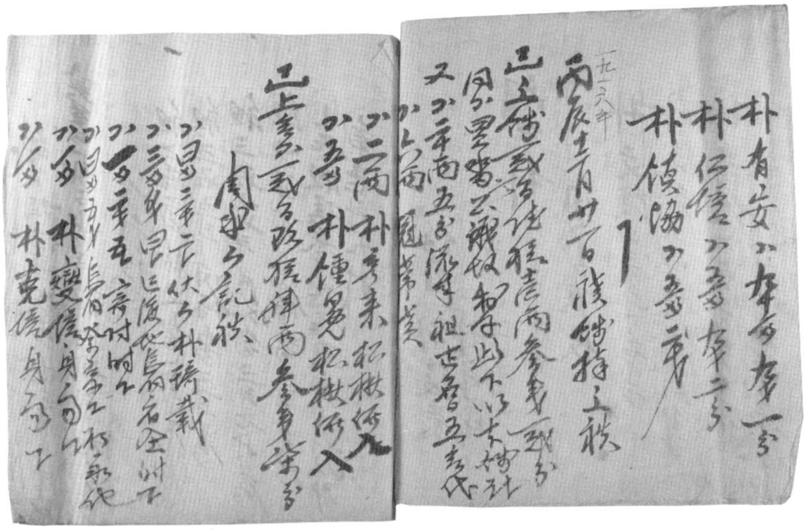

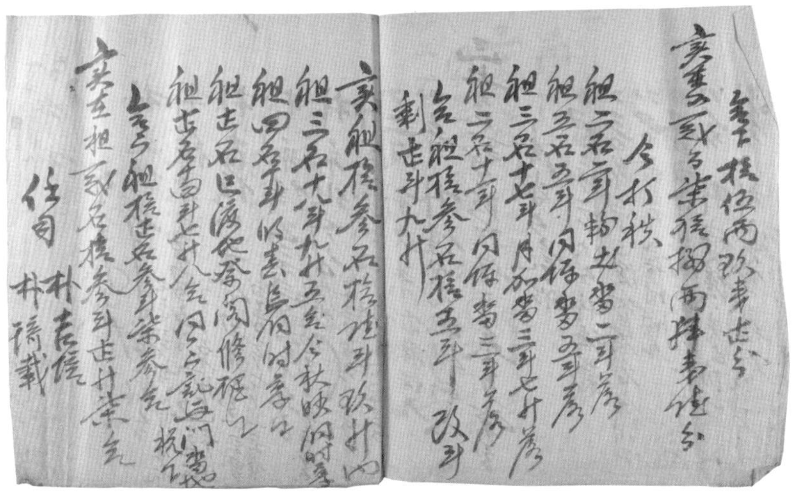

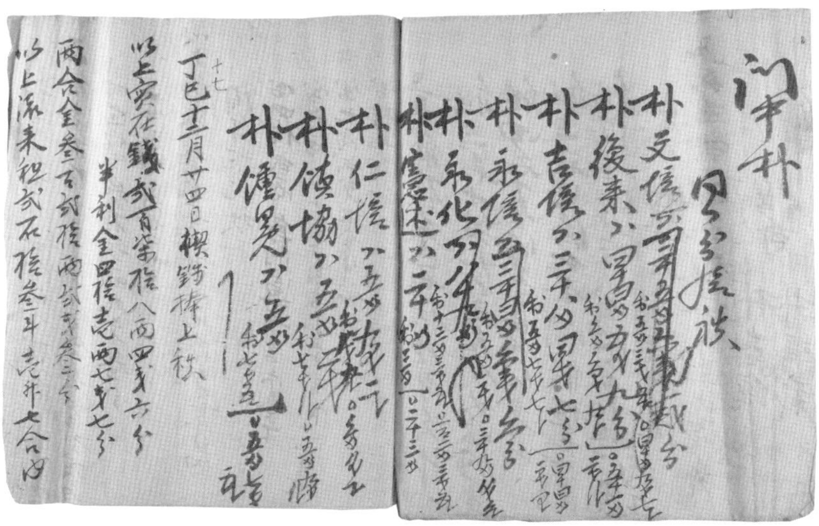

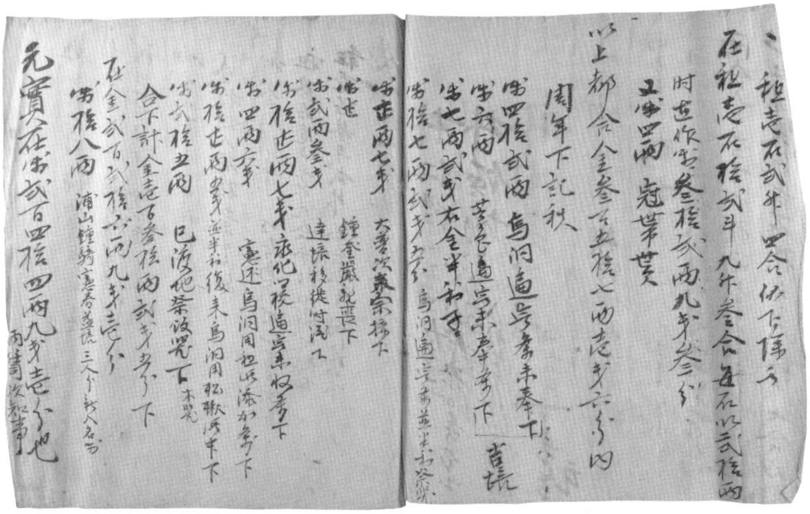

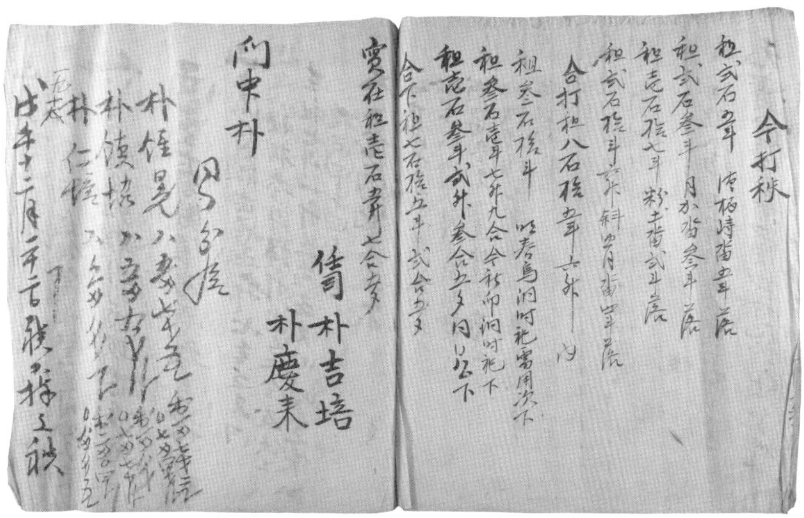

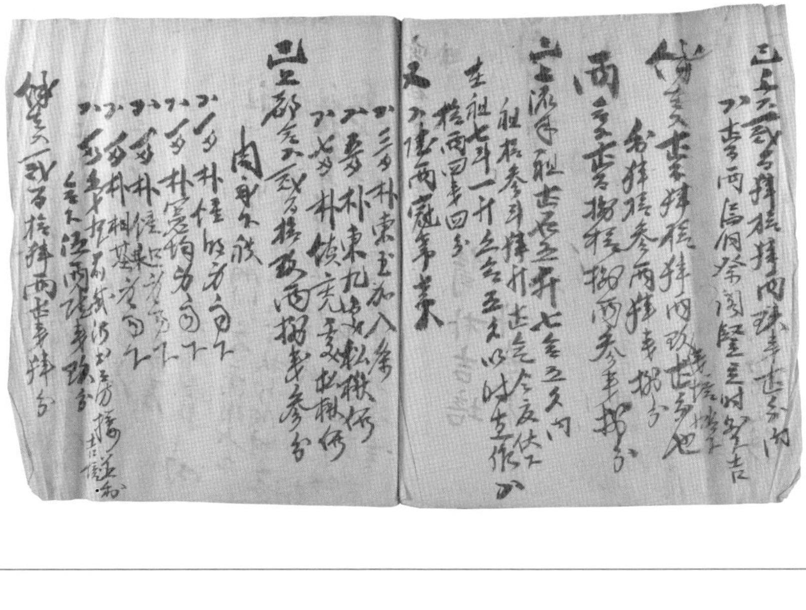

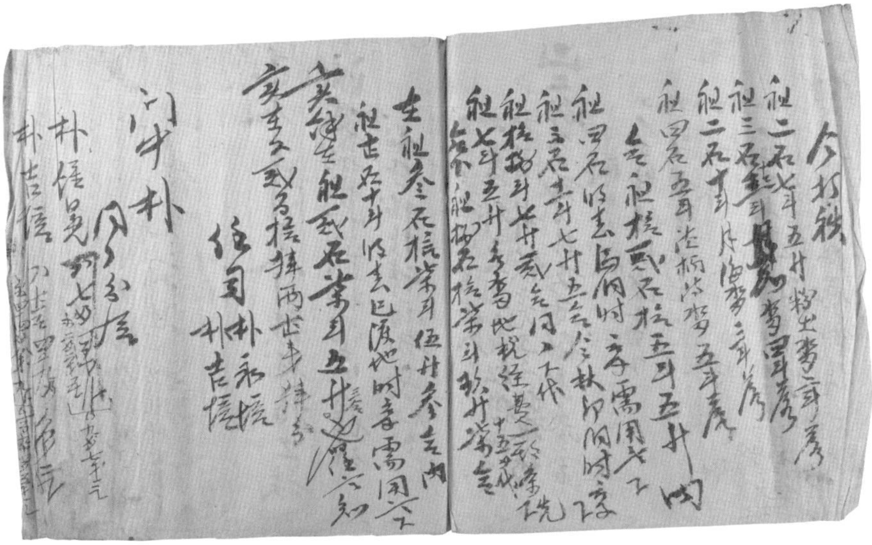

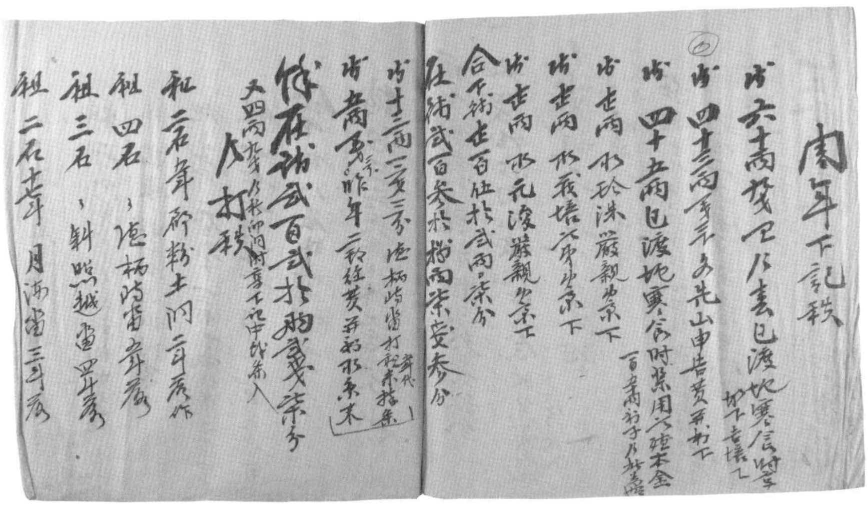

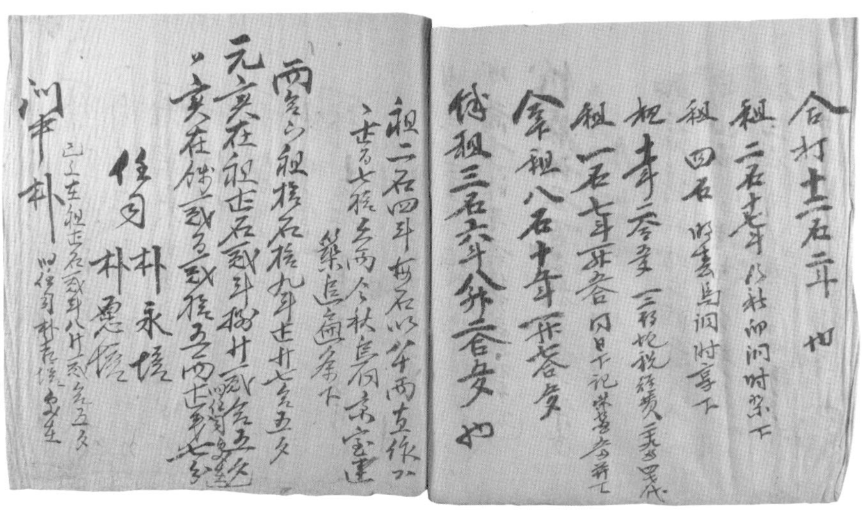

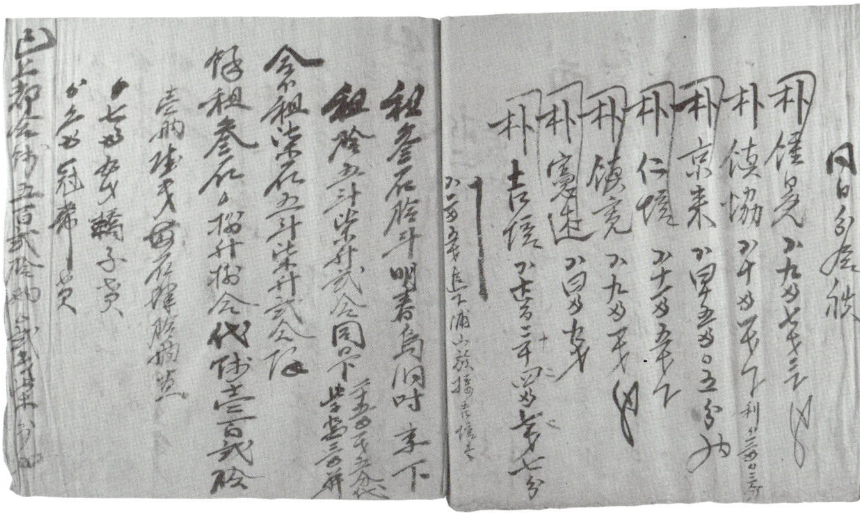

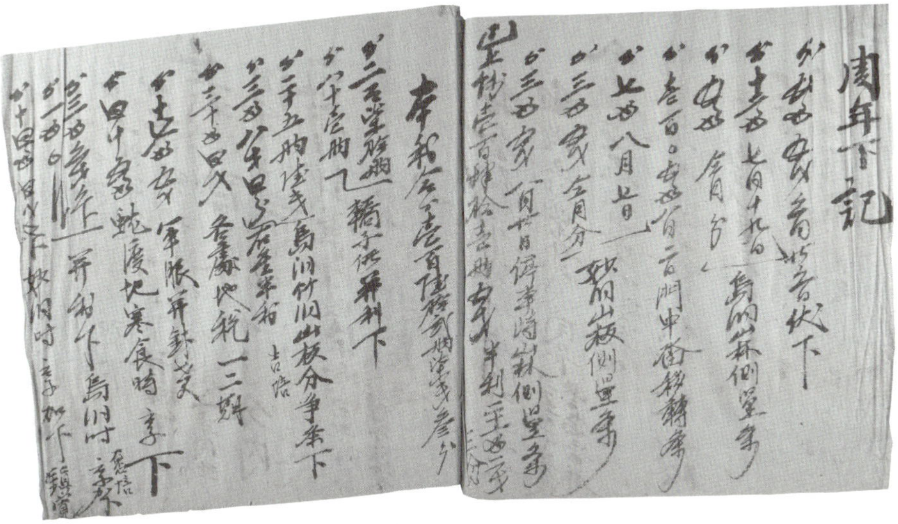

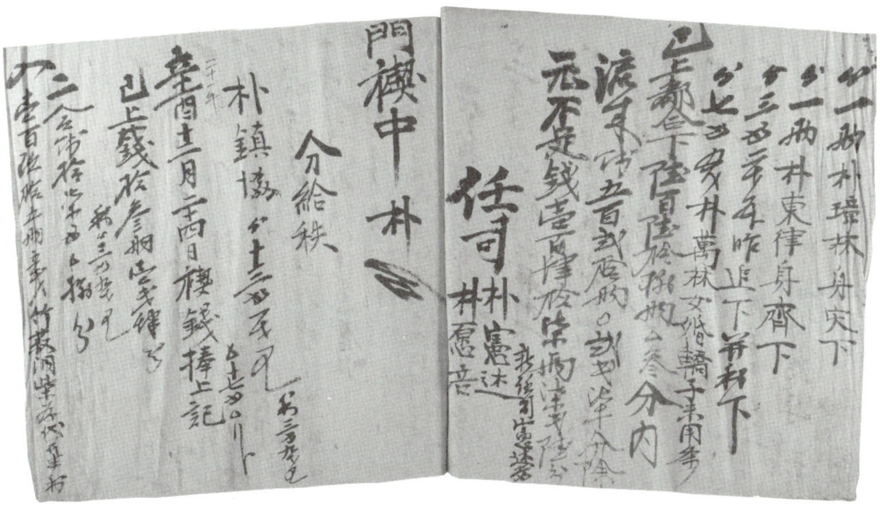

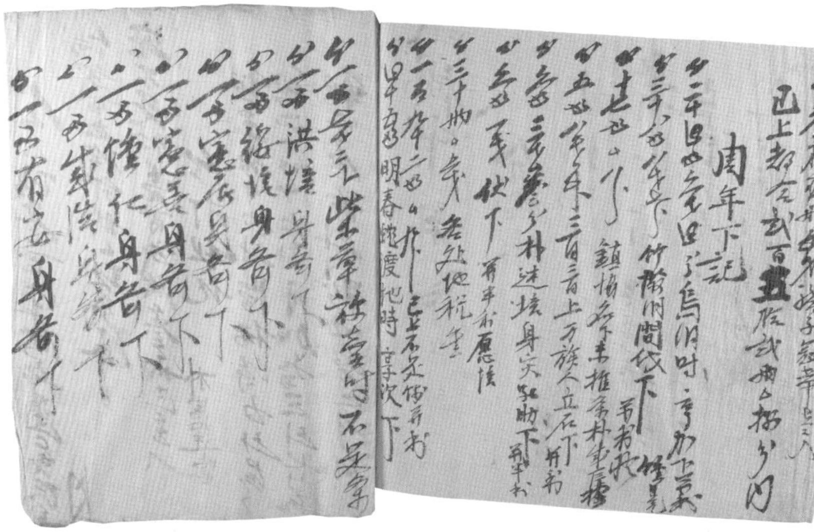

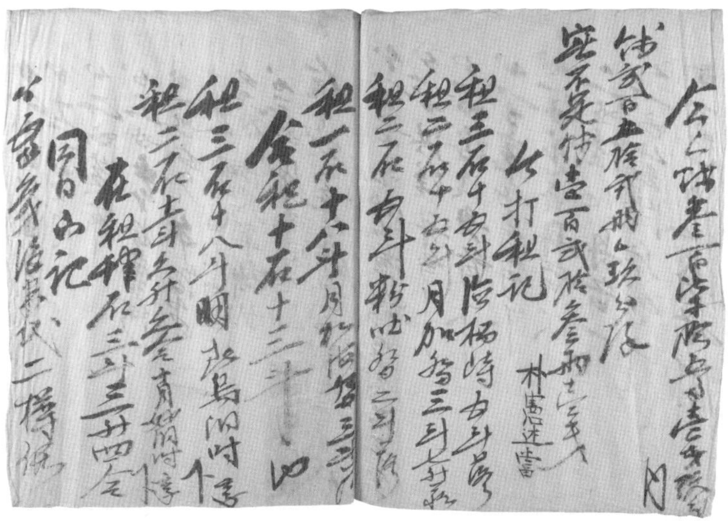

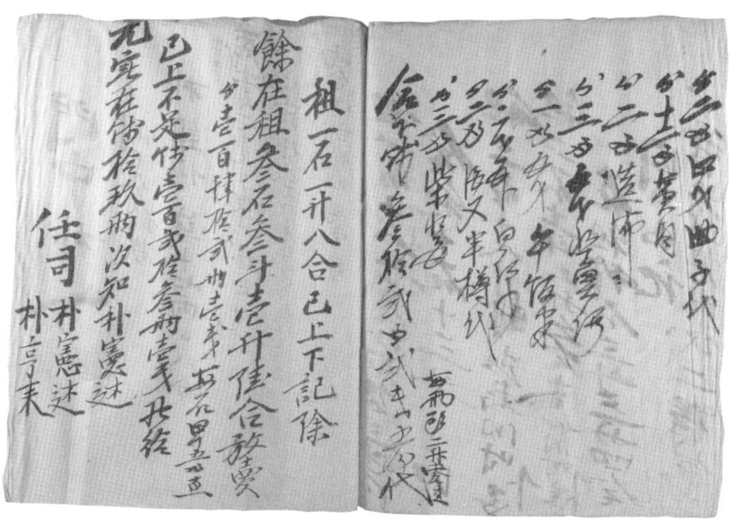

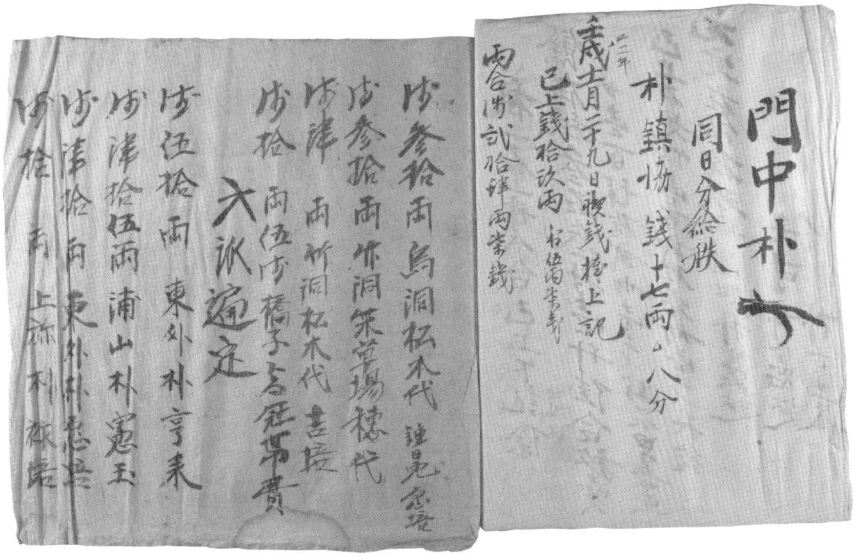

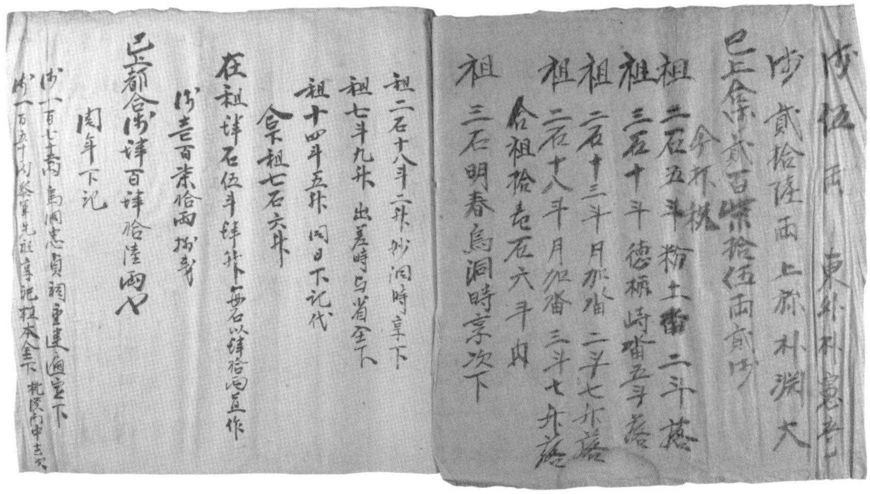

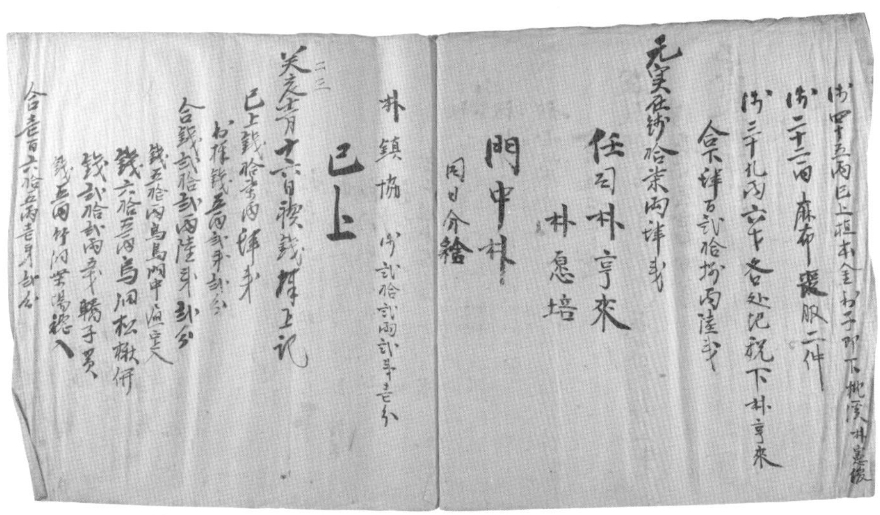

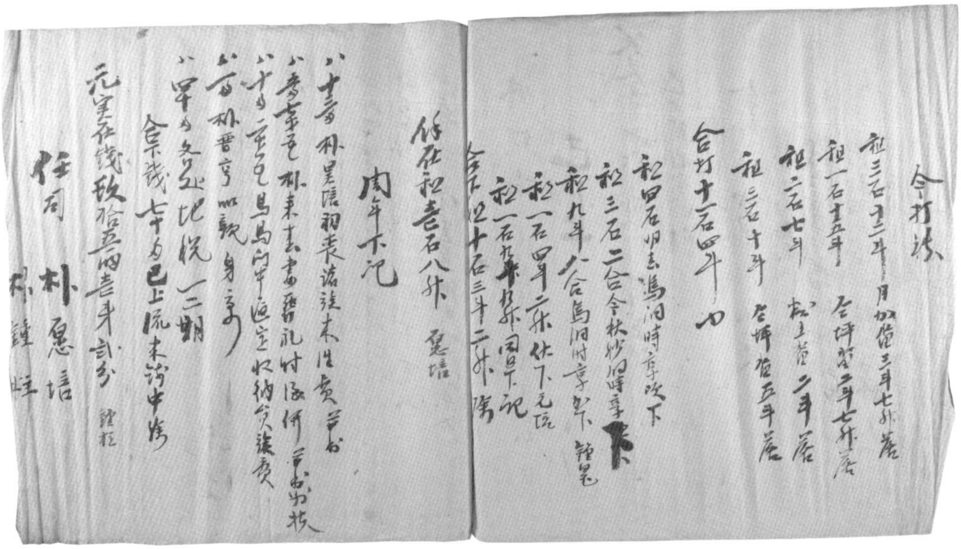

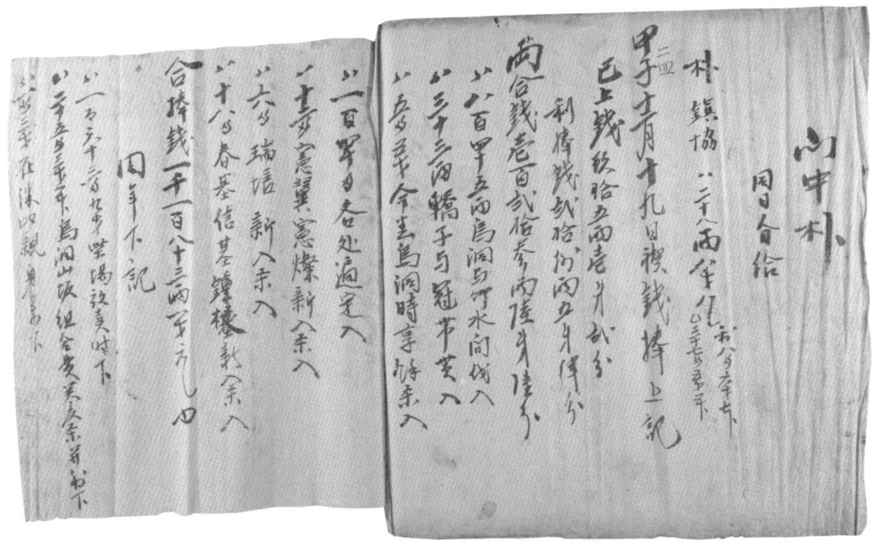

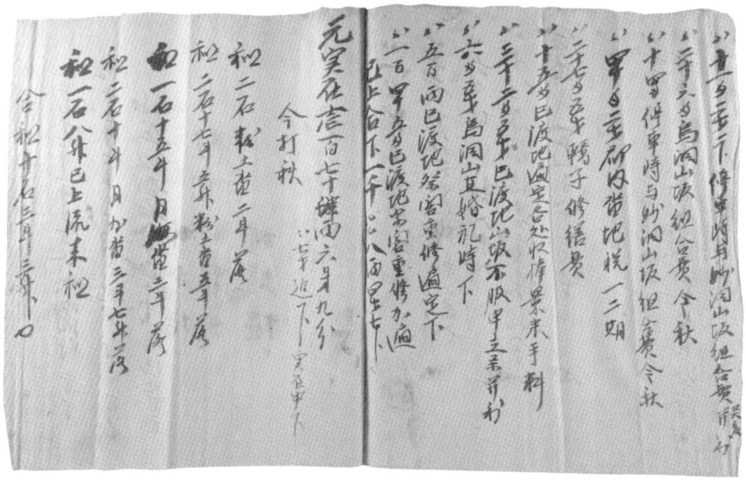

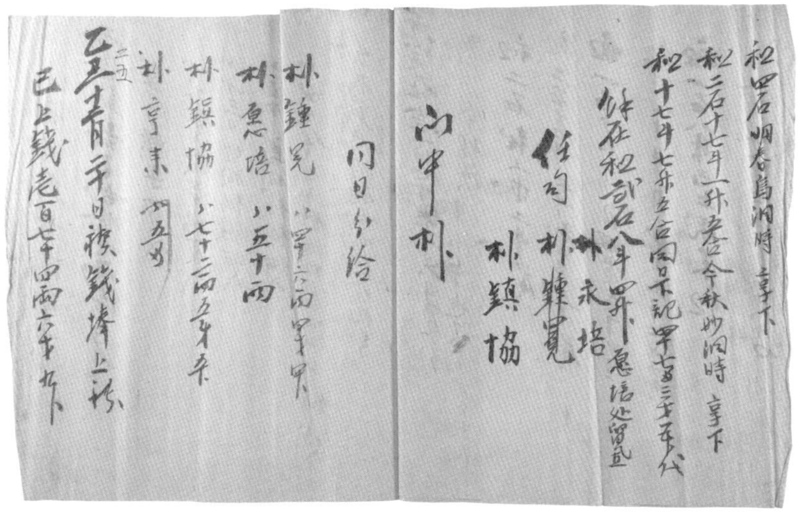

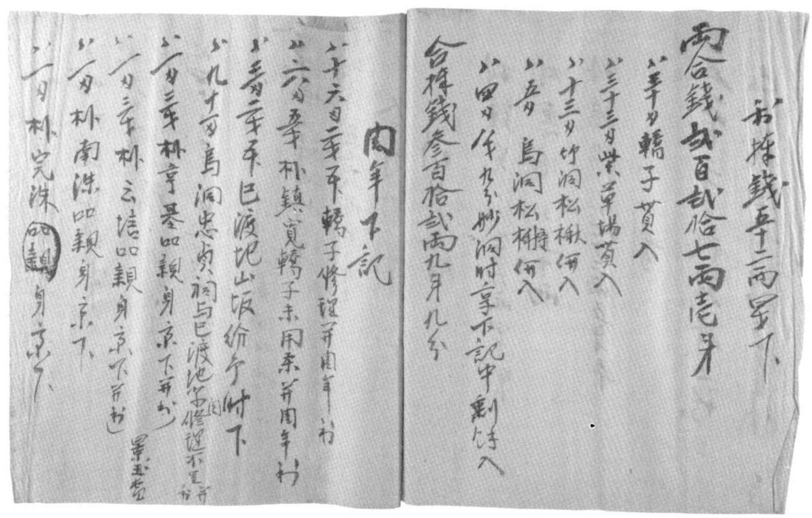

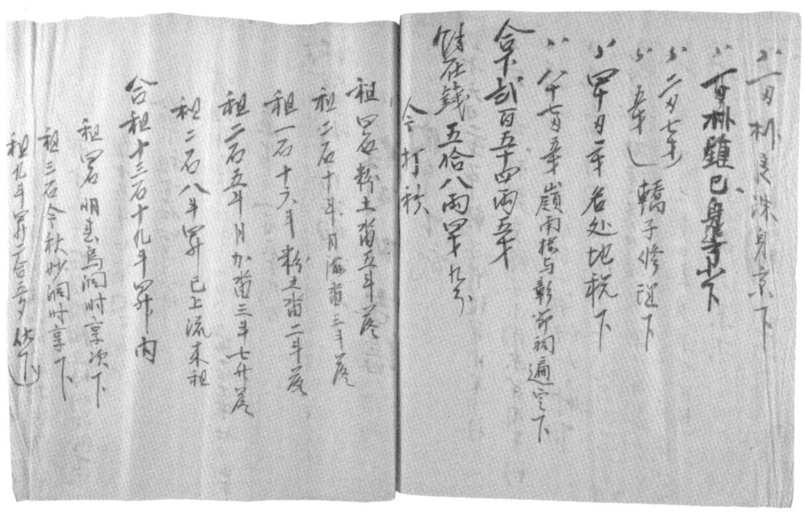

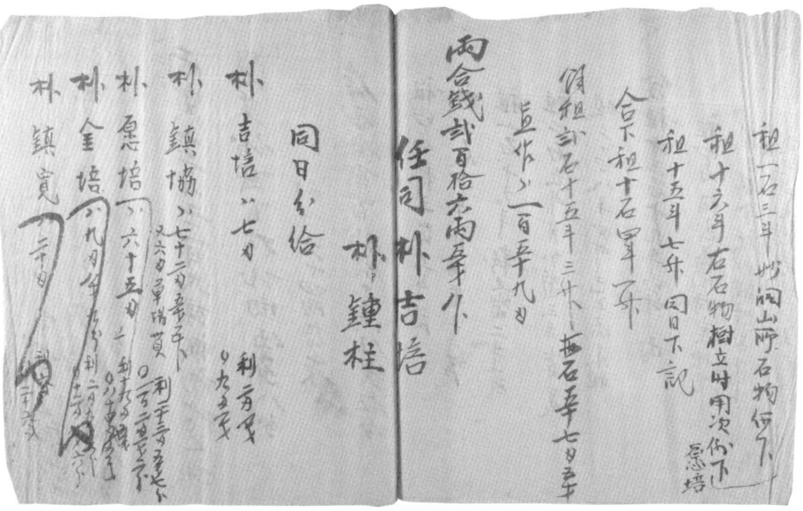

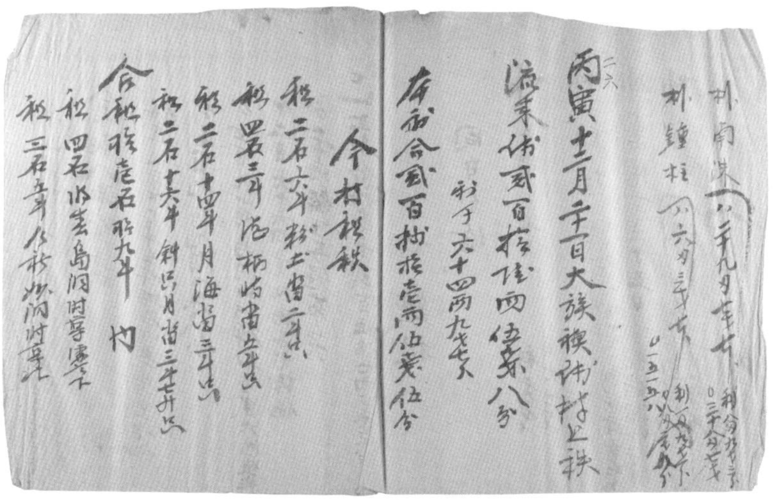

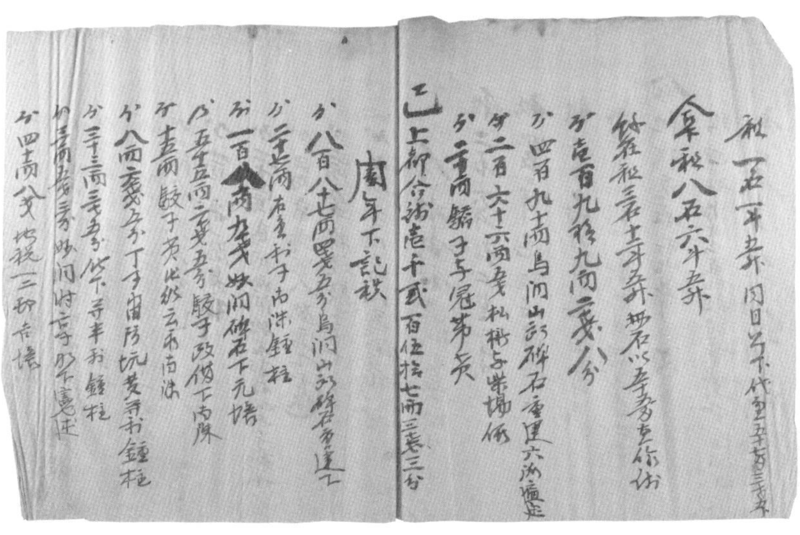

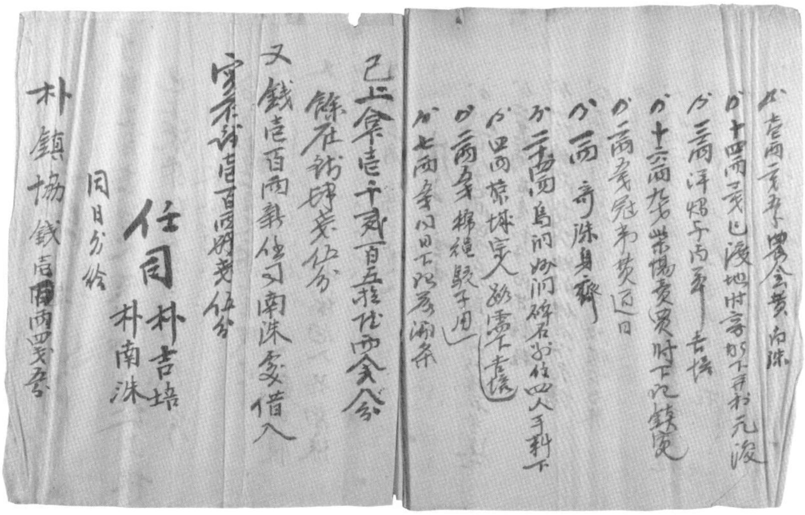

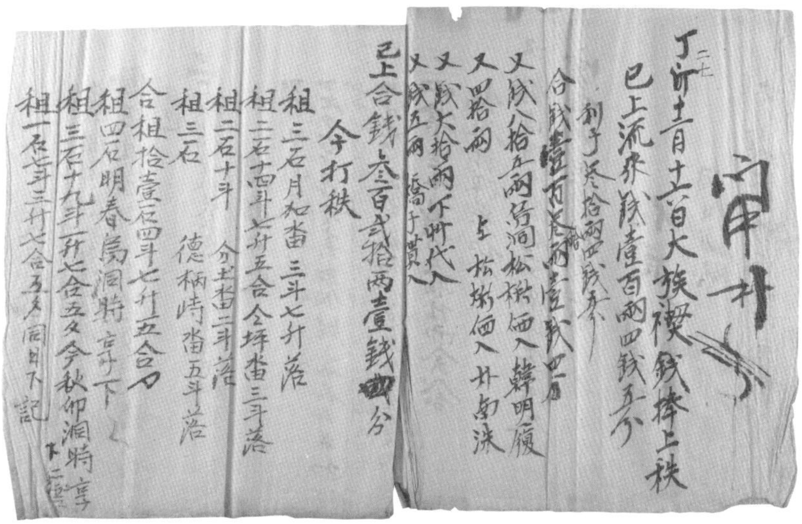

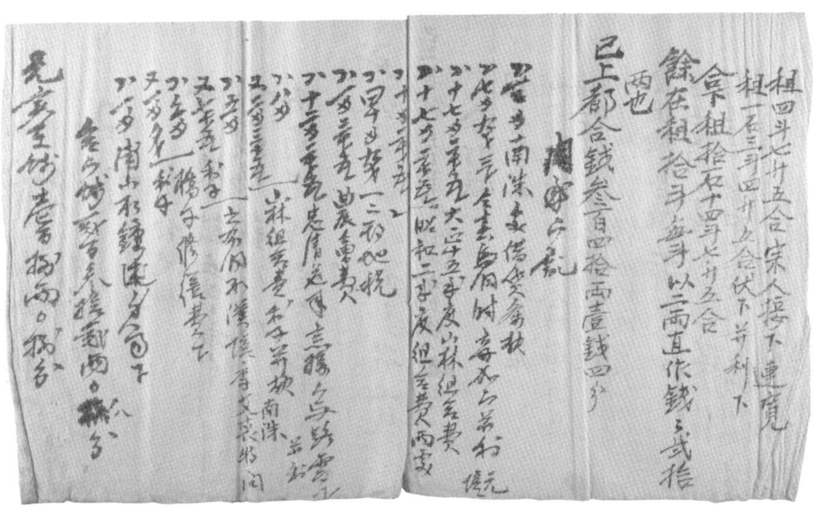

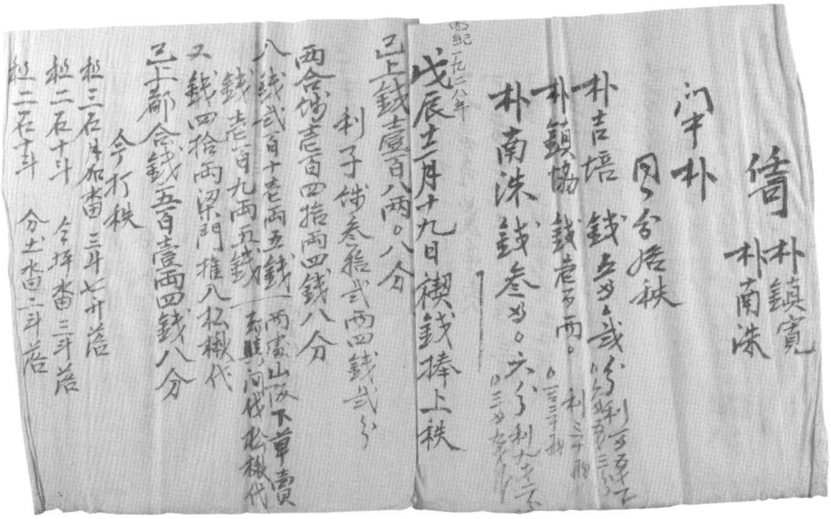

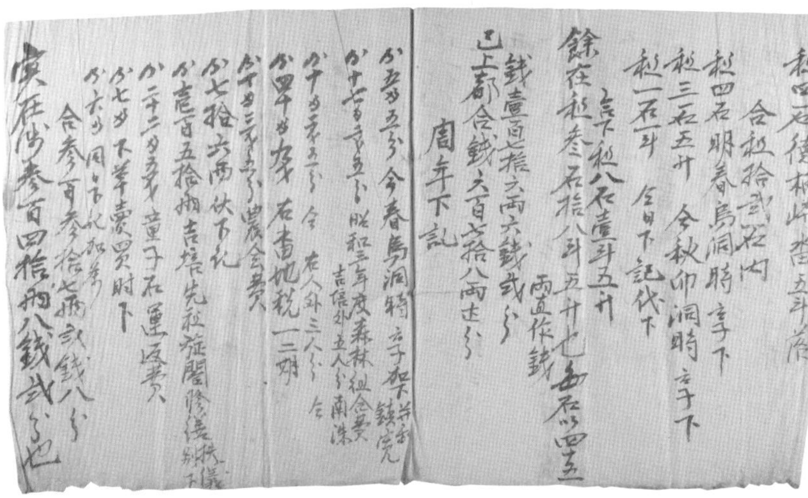

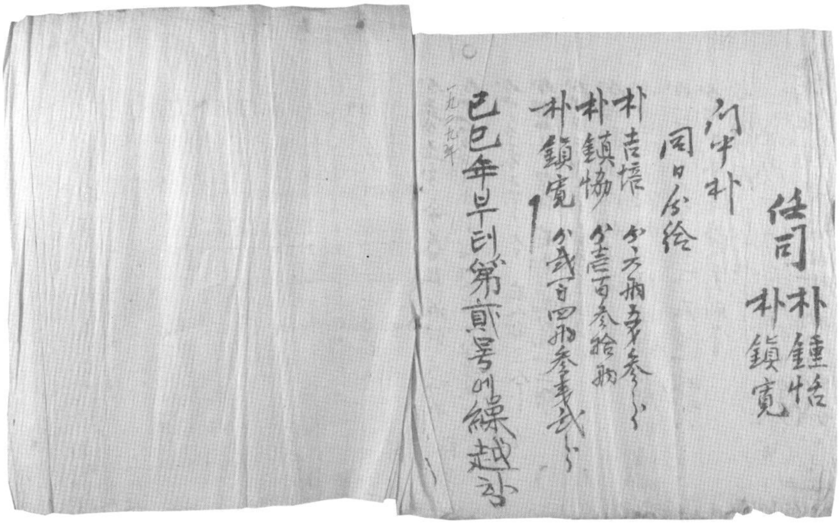

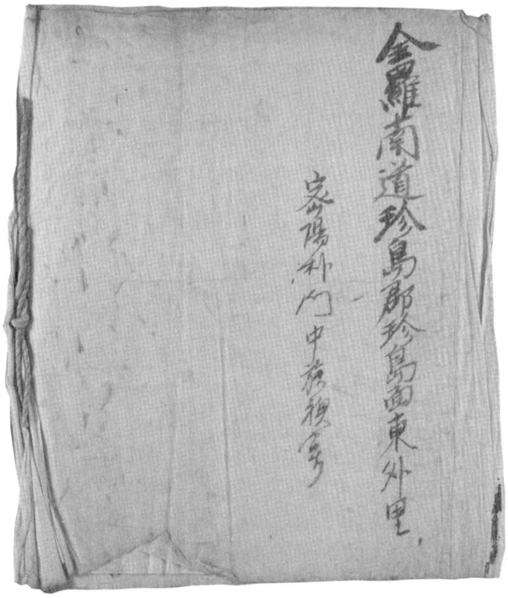
全羅南道珍島郡珍島面東外里

置簿 1

辛卯, 19×18

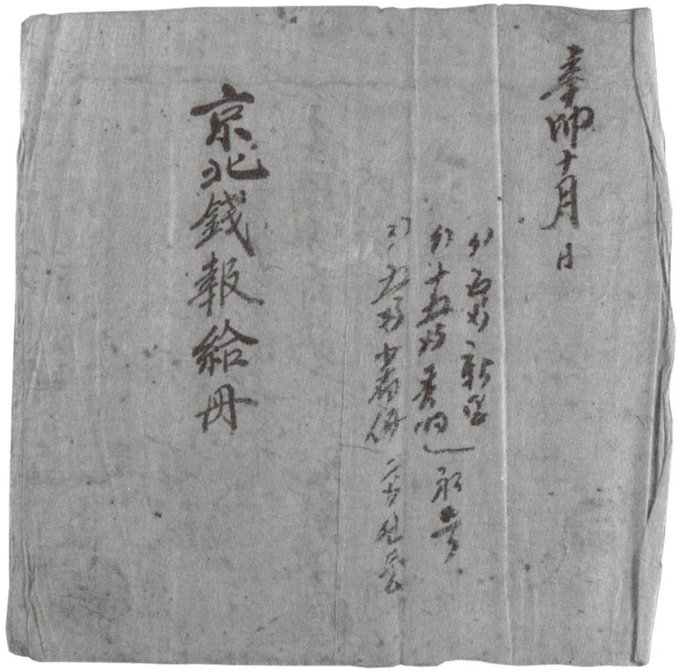

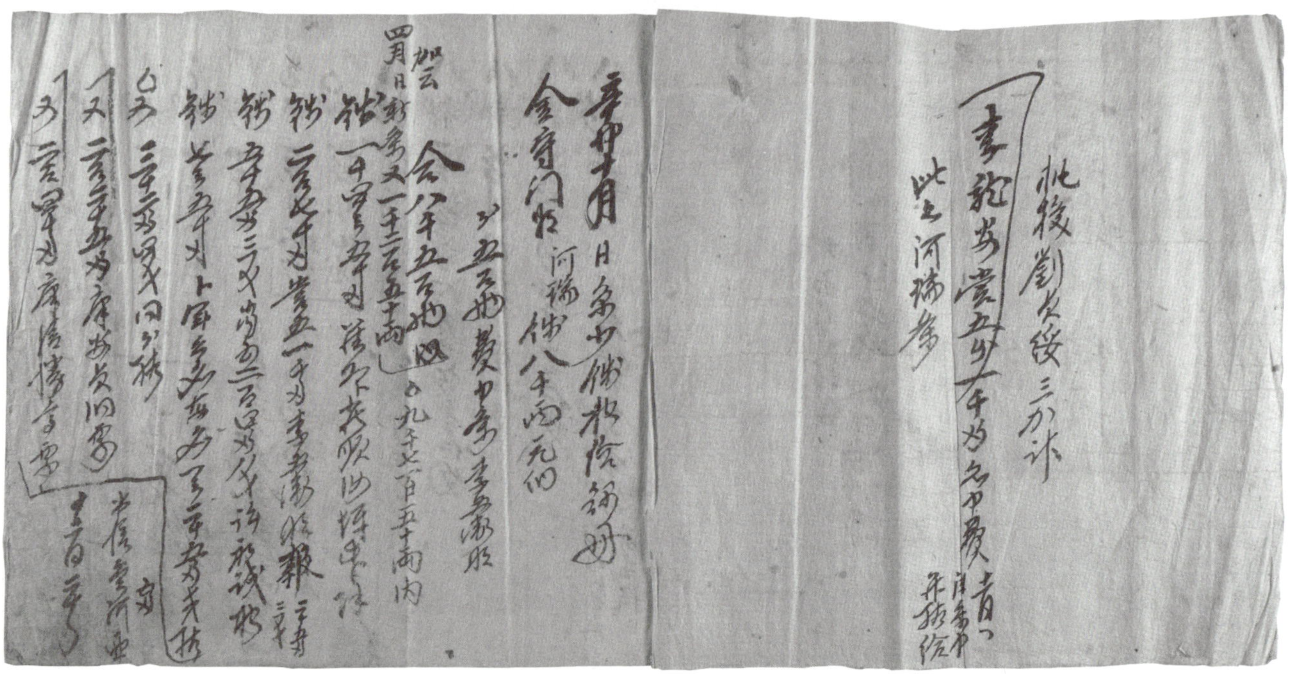

辛卯年 10월에 작성된 京北錢報給冊

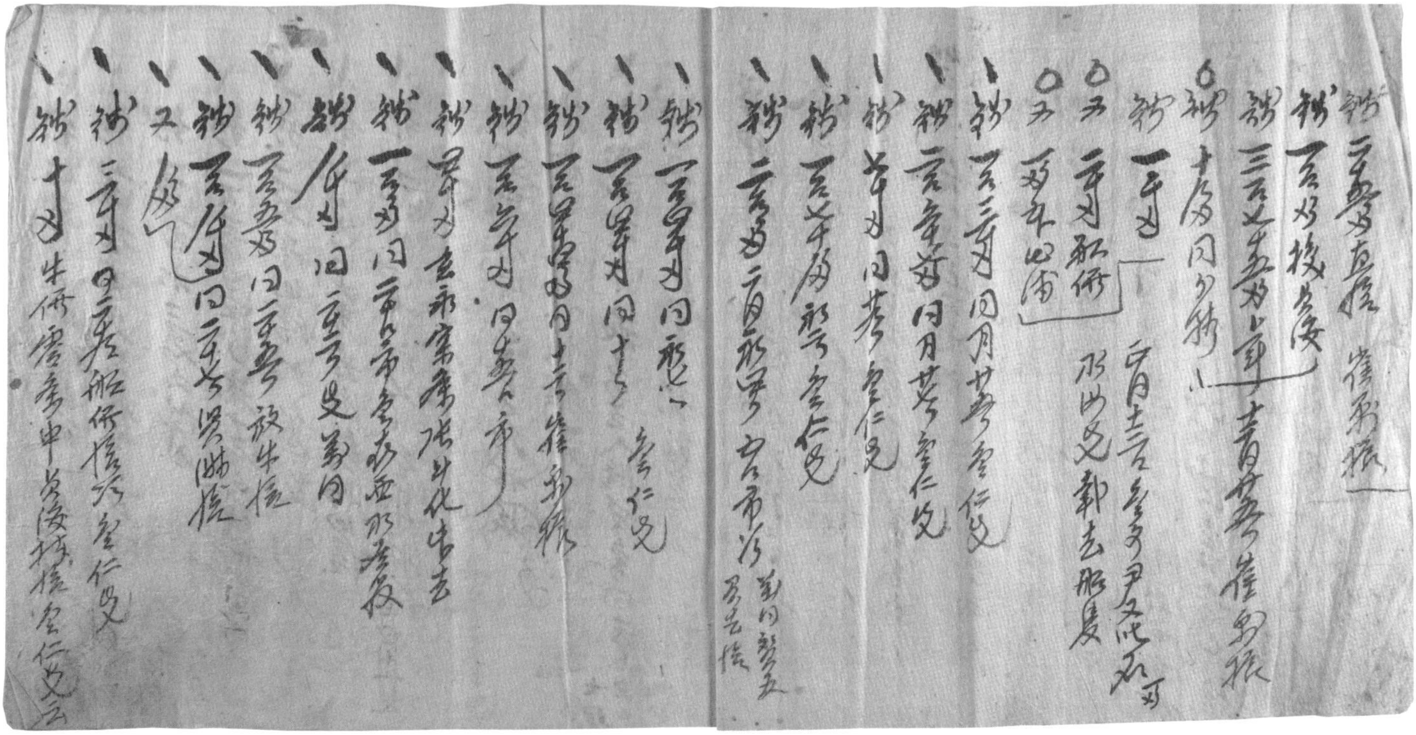

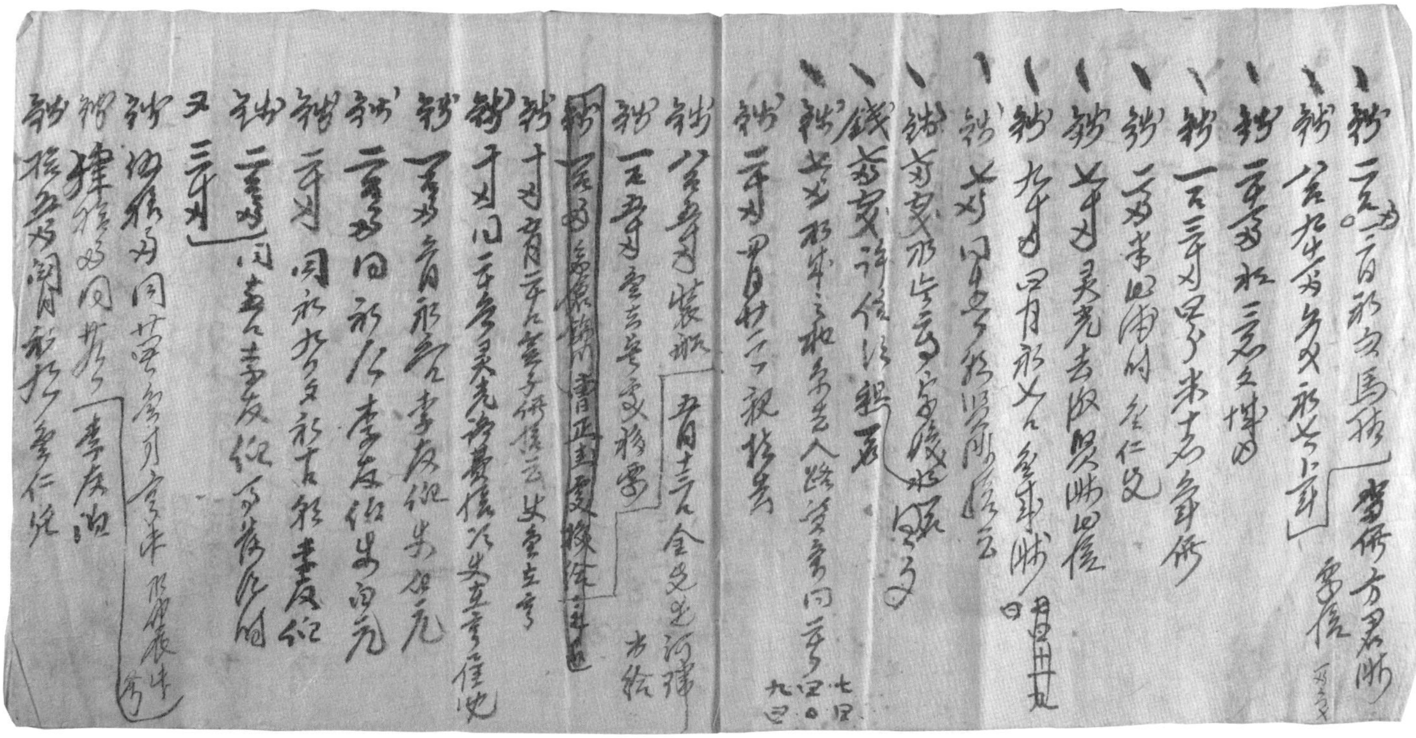

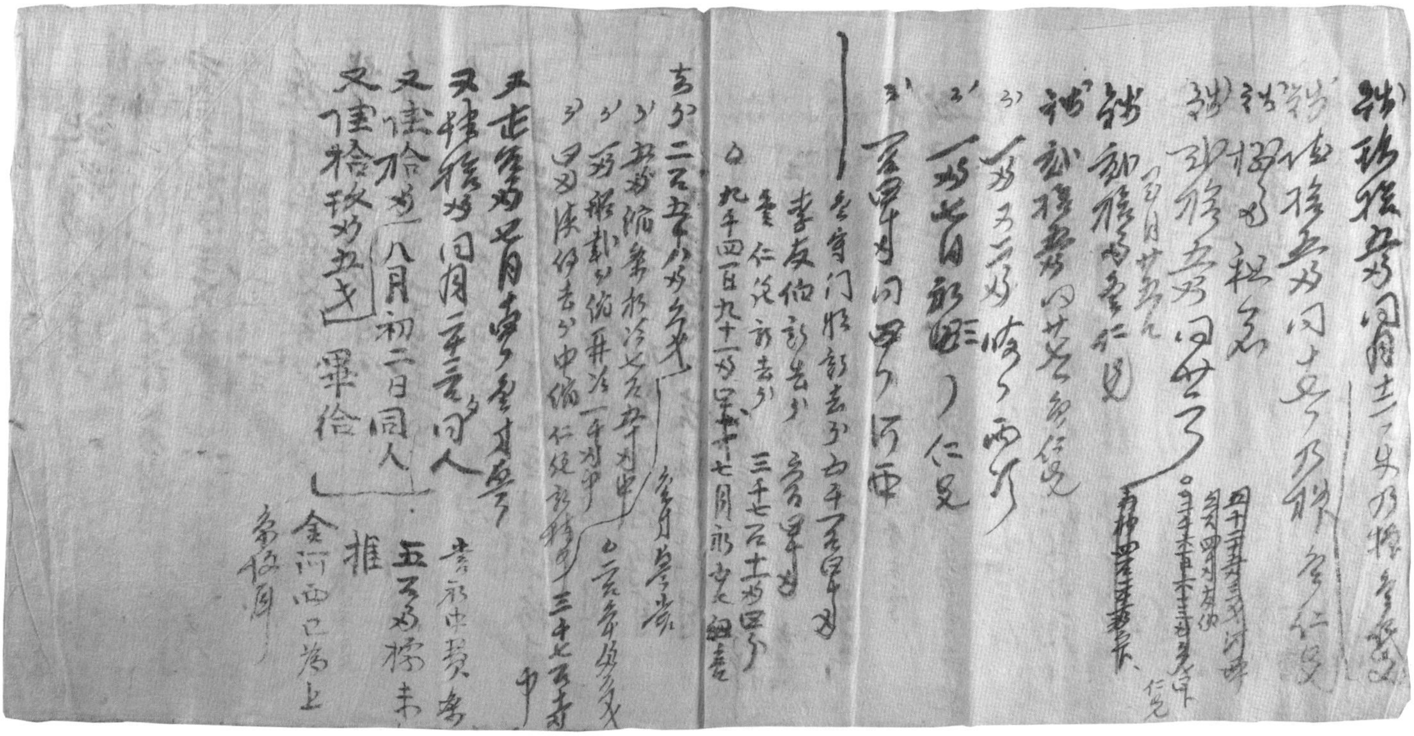

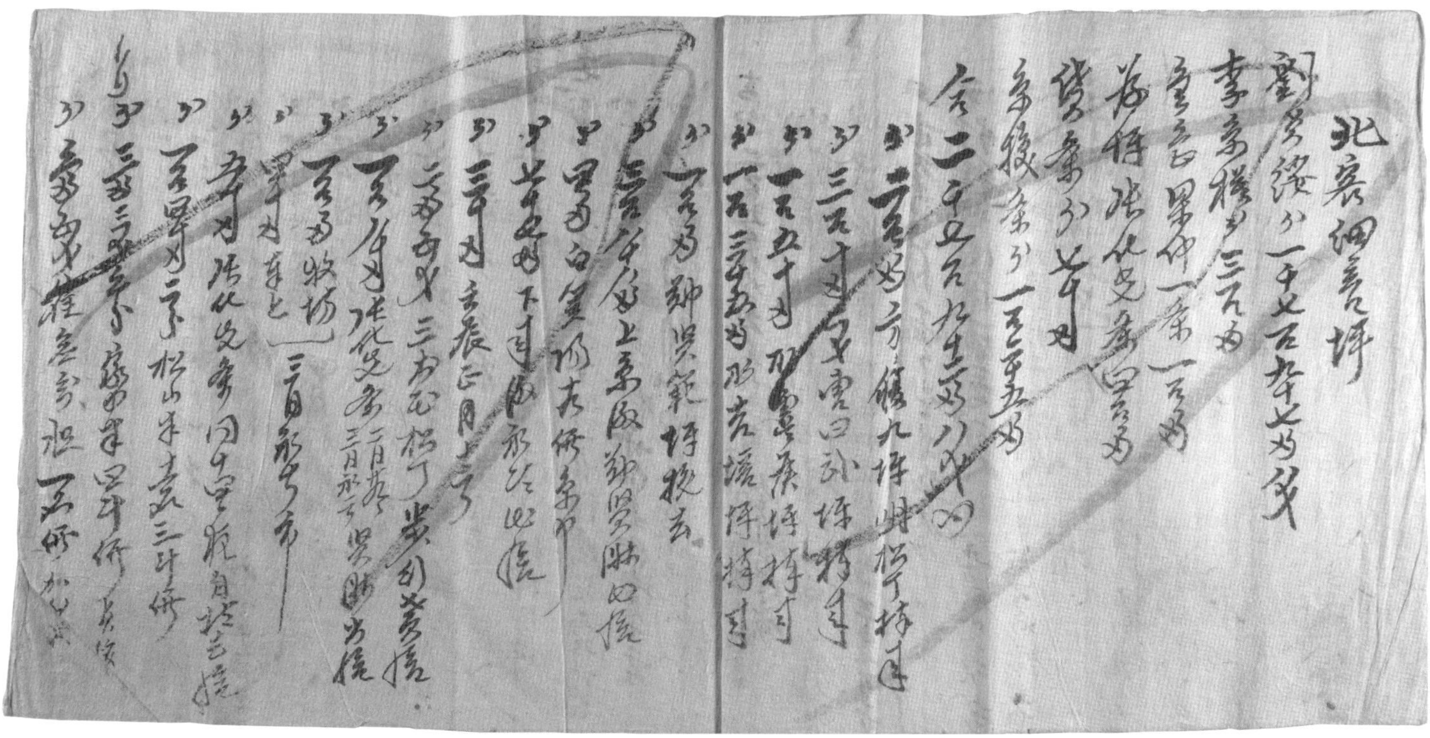

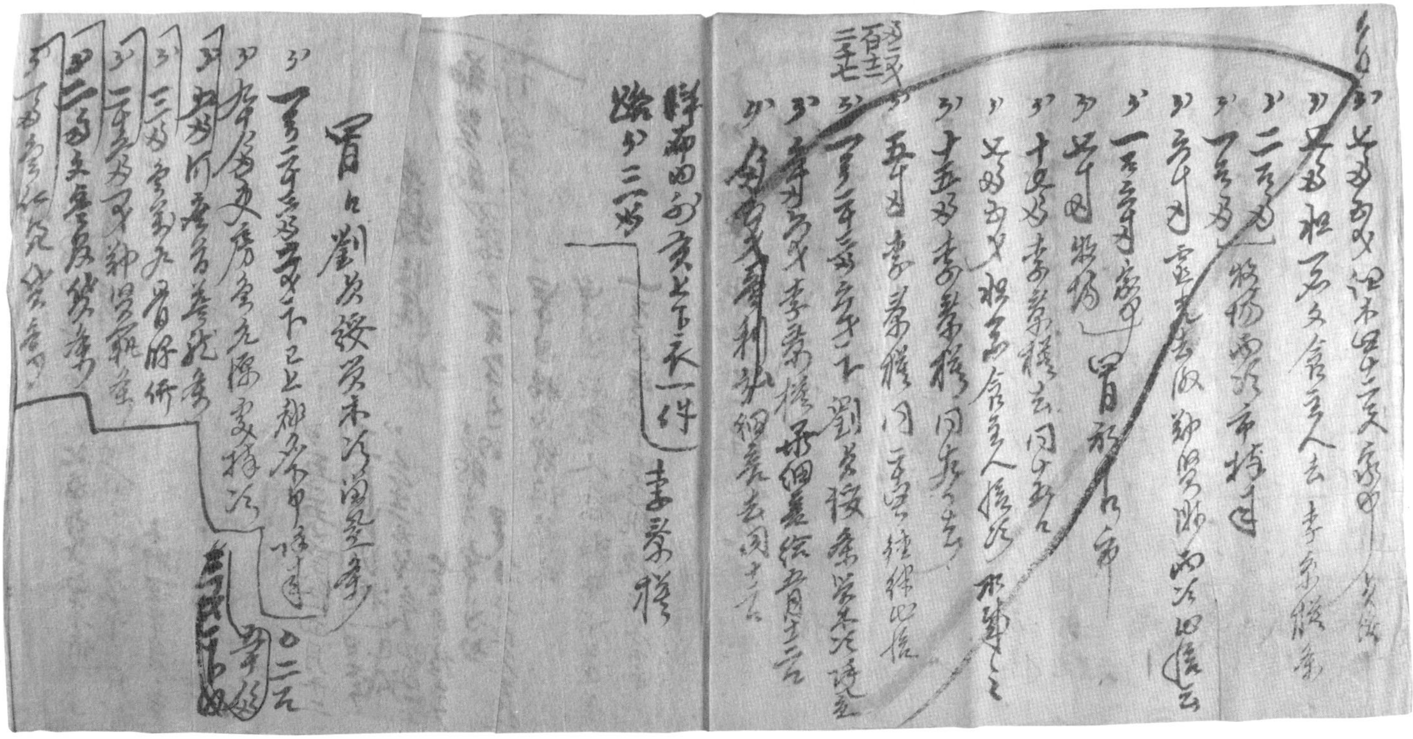

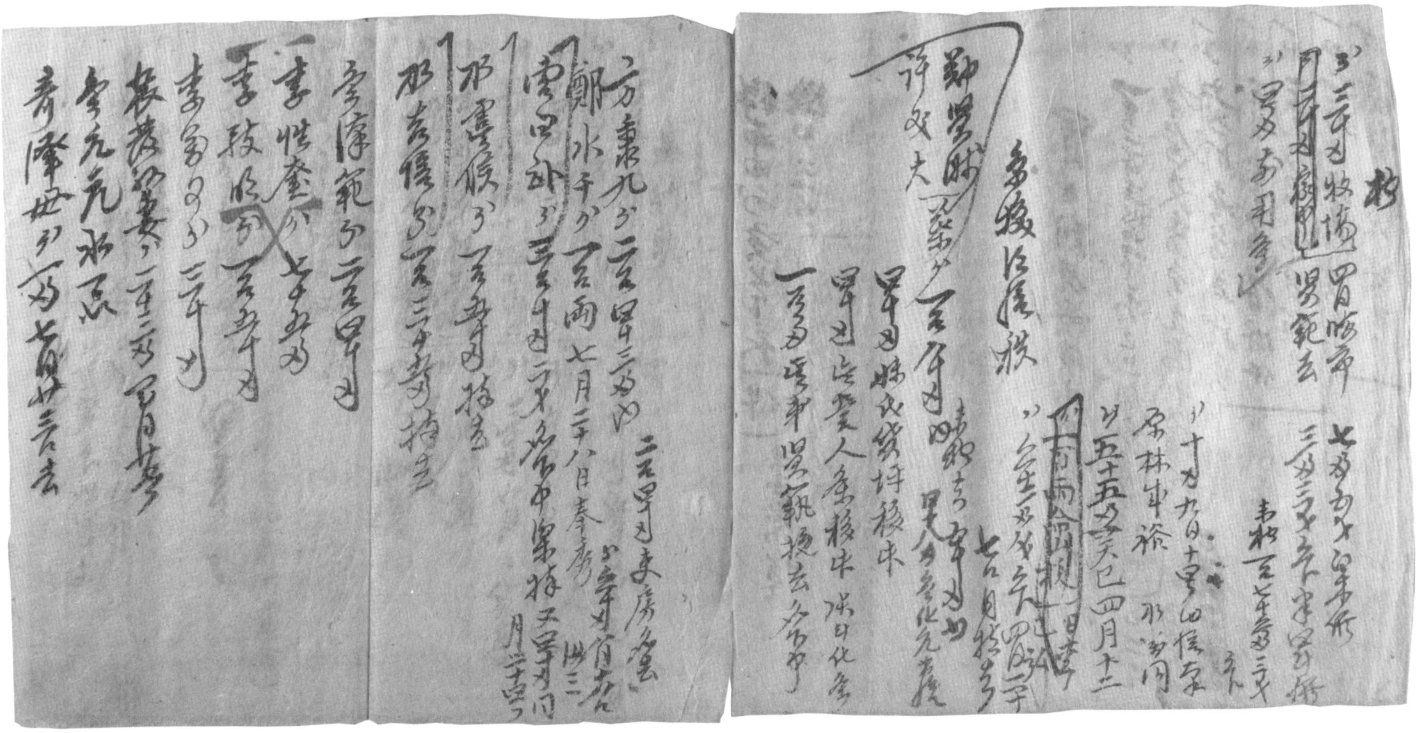

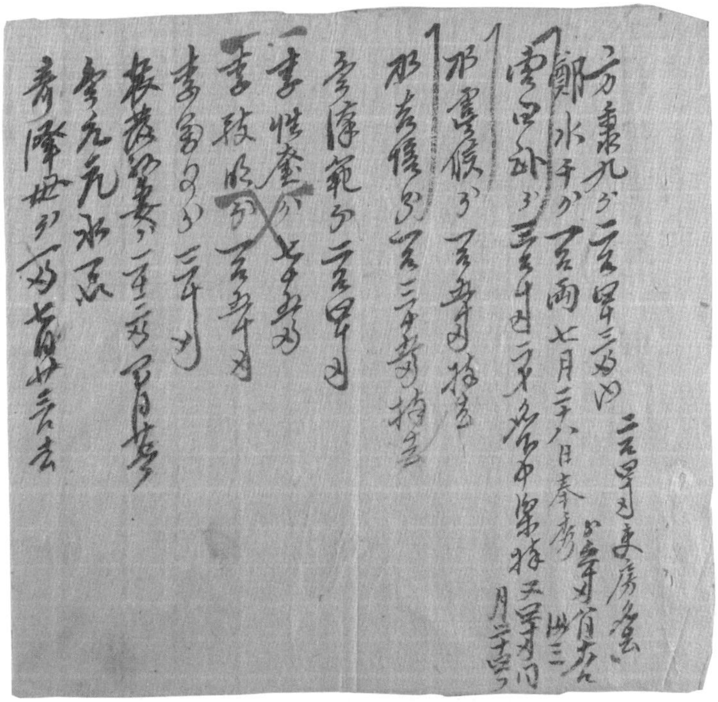

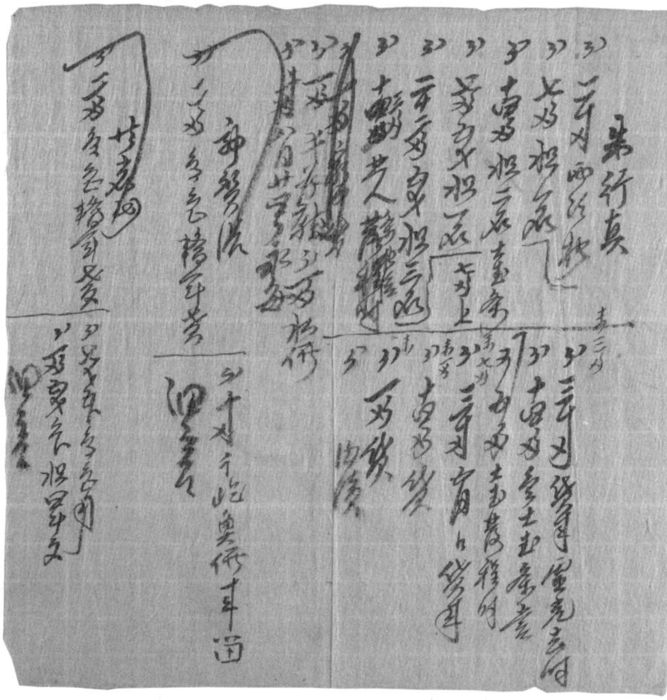

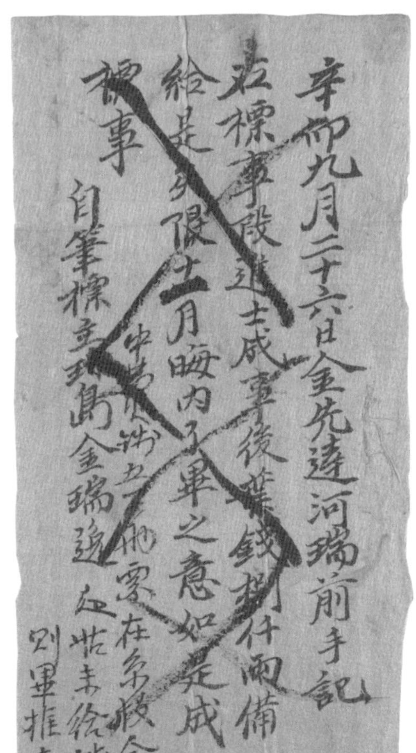

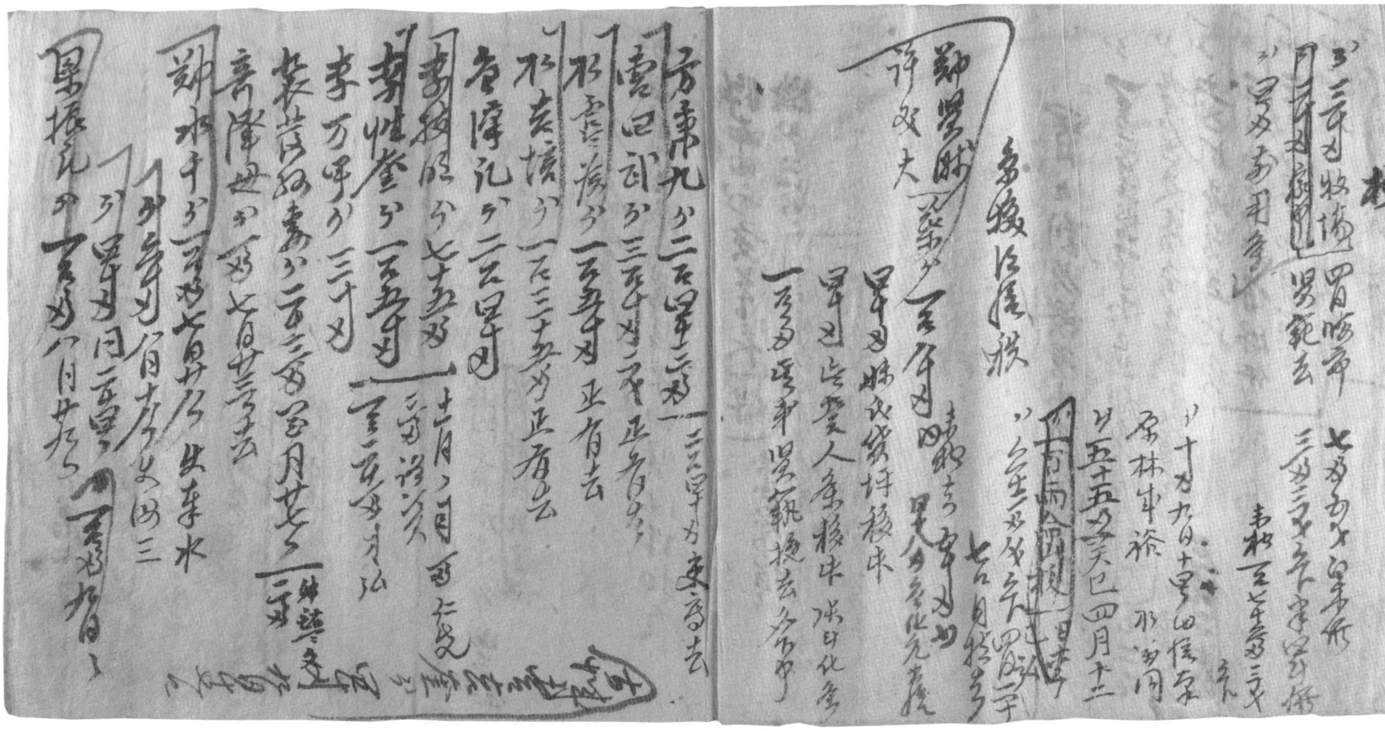

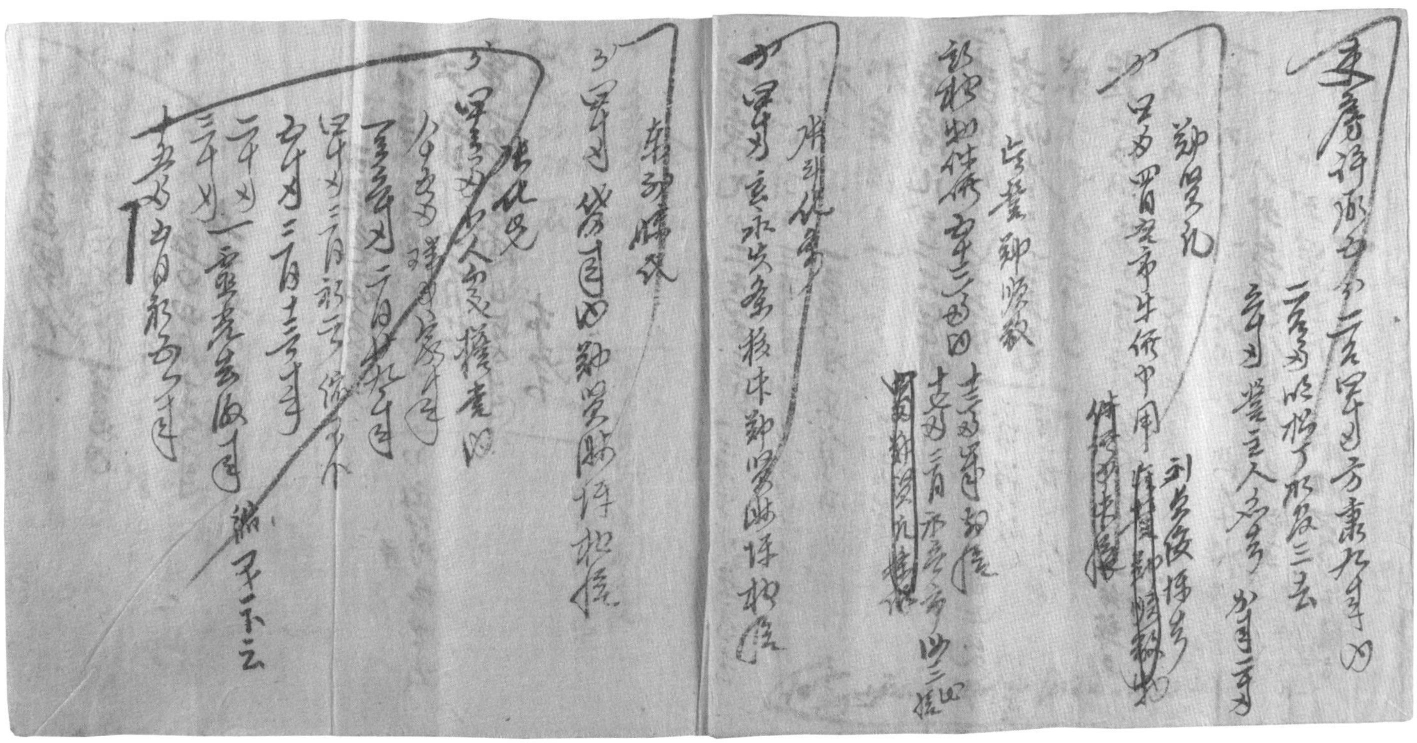

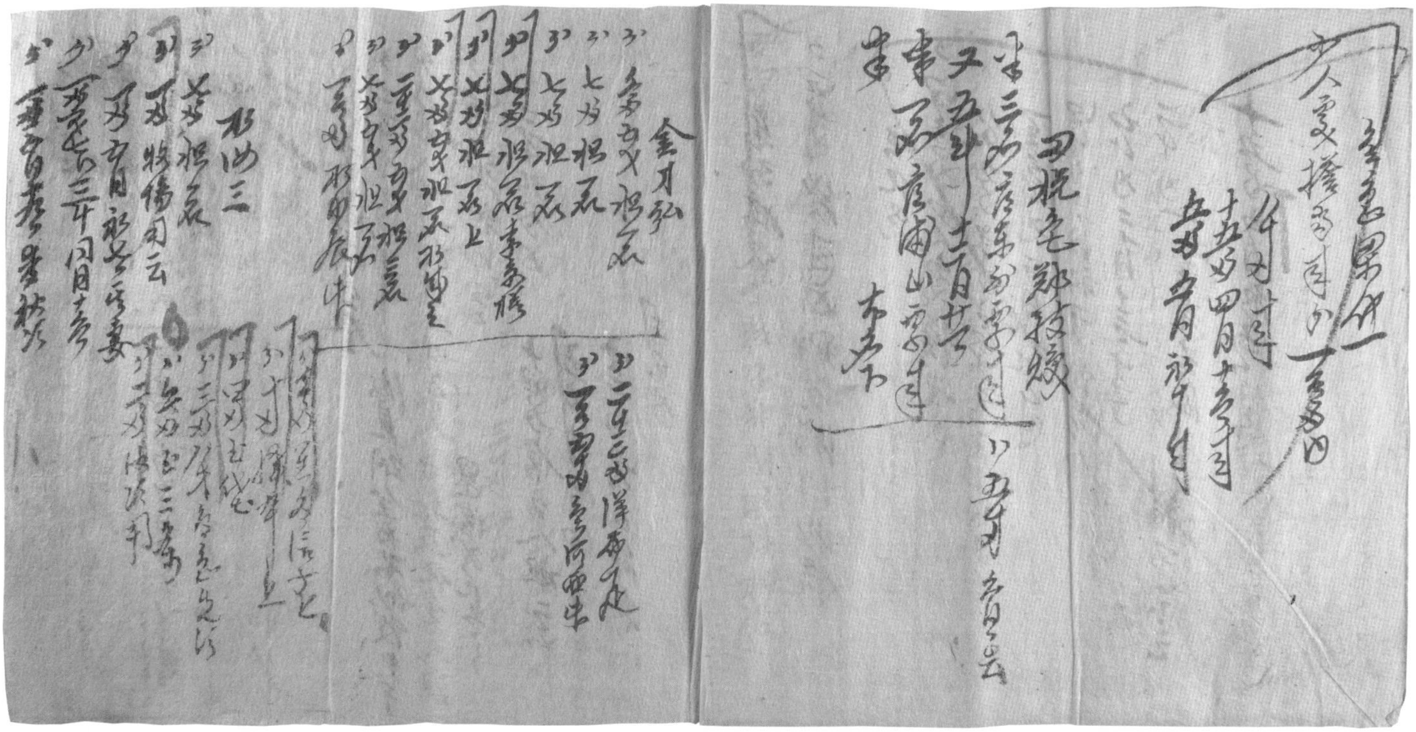

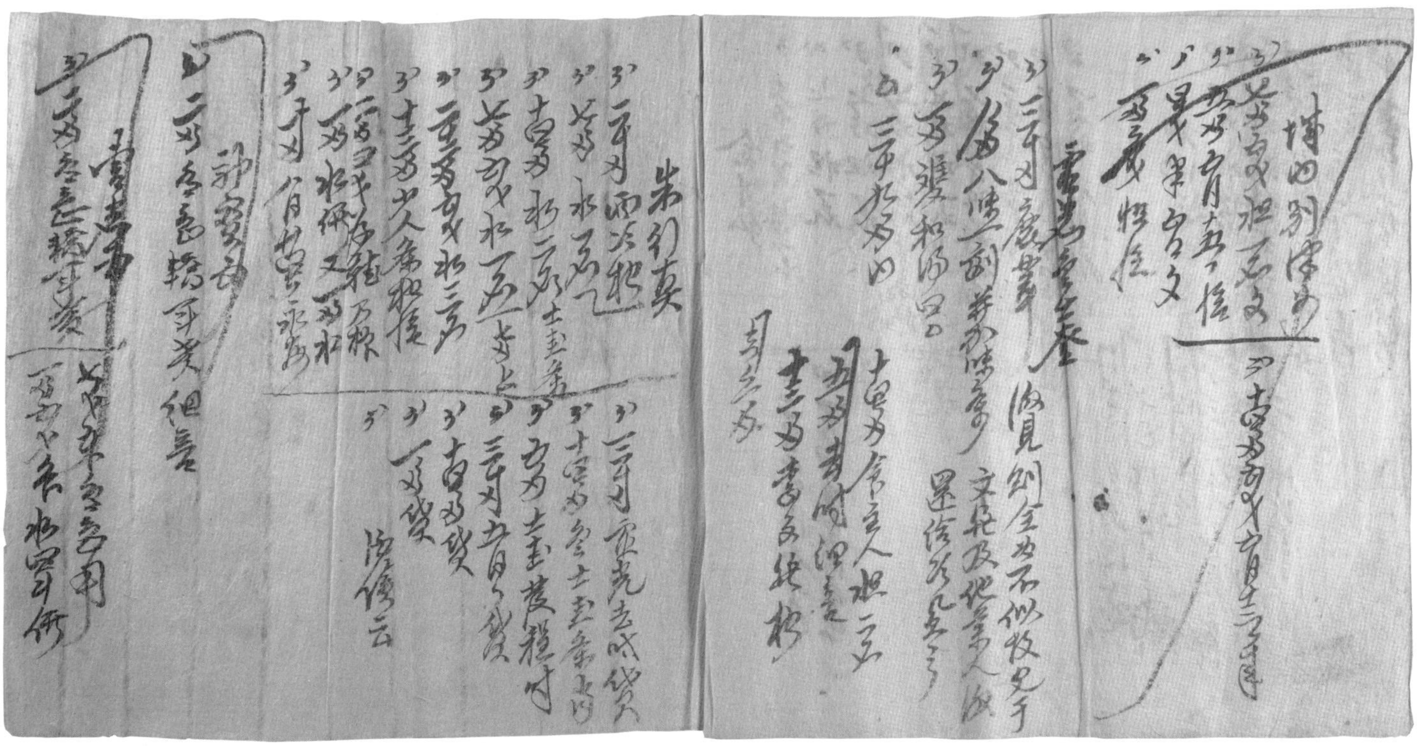

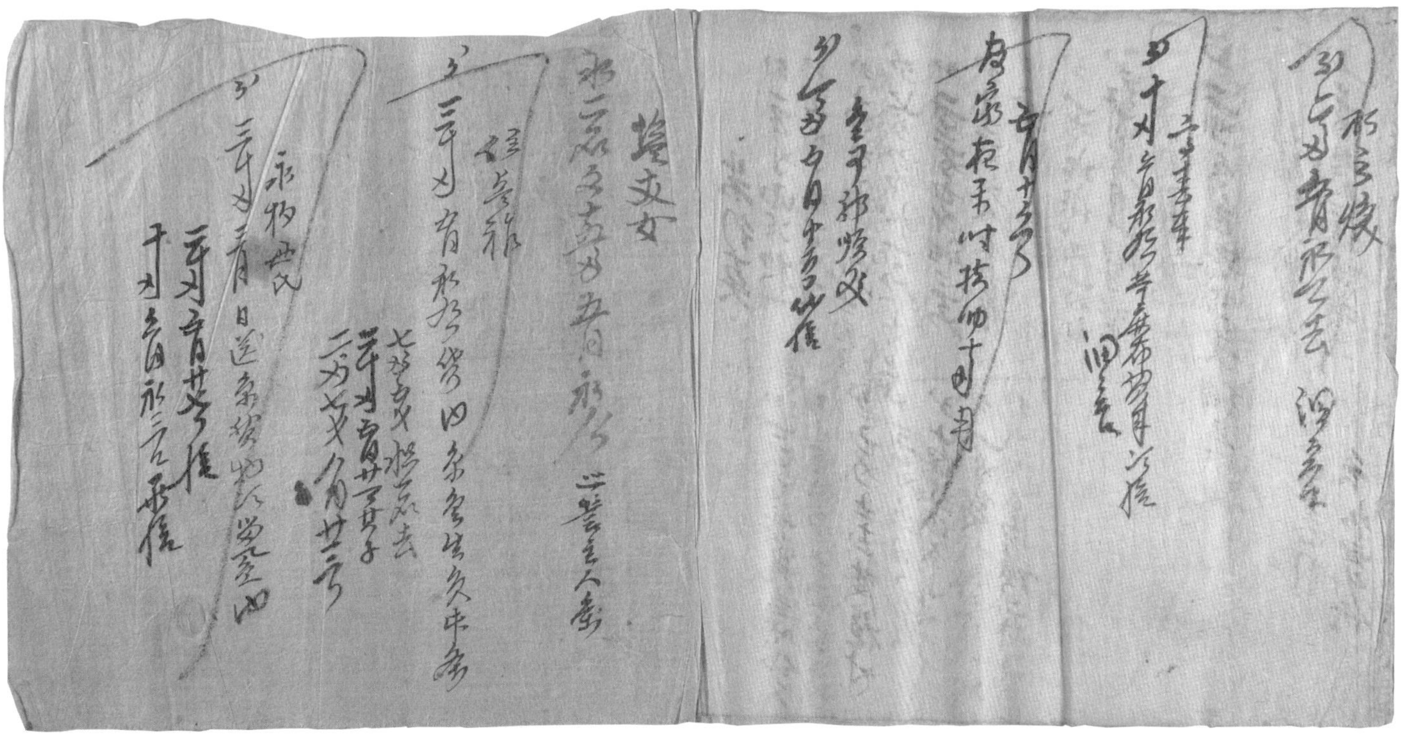

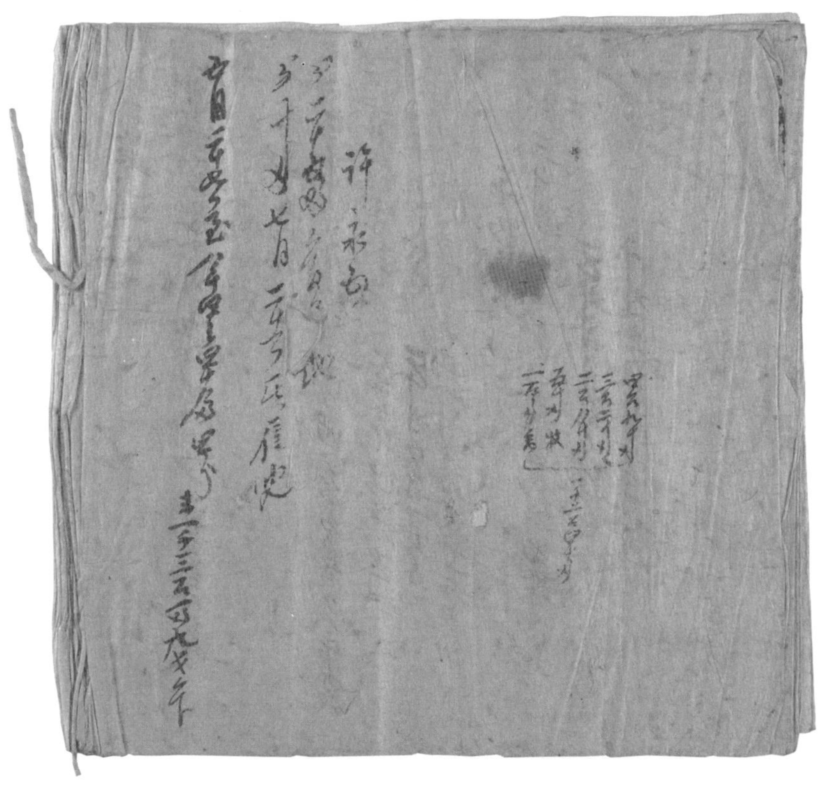

置簿 2

26×32

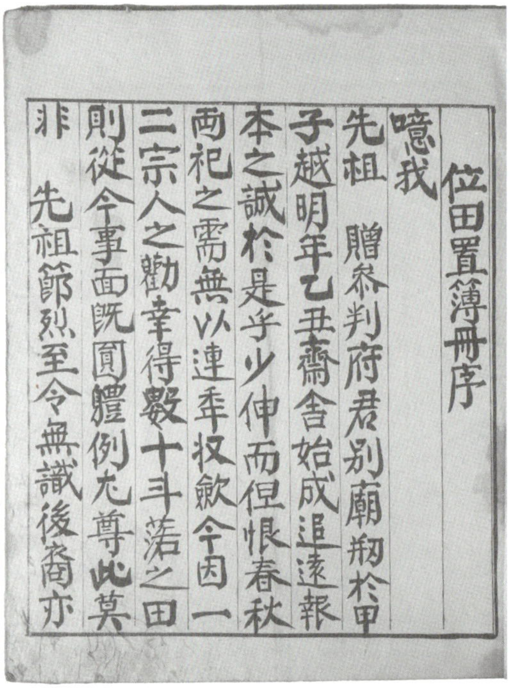

位田置簿冊序

噫我
先祖 贈叅判府君別廟刱於甲
子越明年乙丑齋舍始成追遠報
本之誠於是乎少伸而但恨春秋
而祀之需無以連年收斂今因一
二宗人之勸幸得數十斗落之田
則從今事面既圓體例尤尊此莫
非 先祖節烈至今無識後裔亦

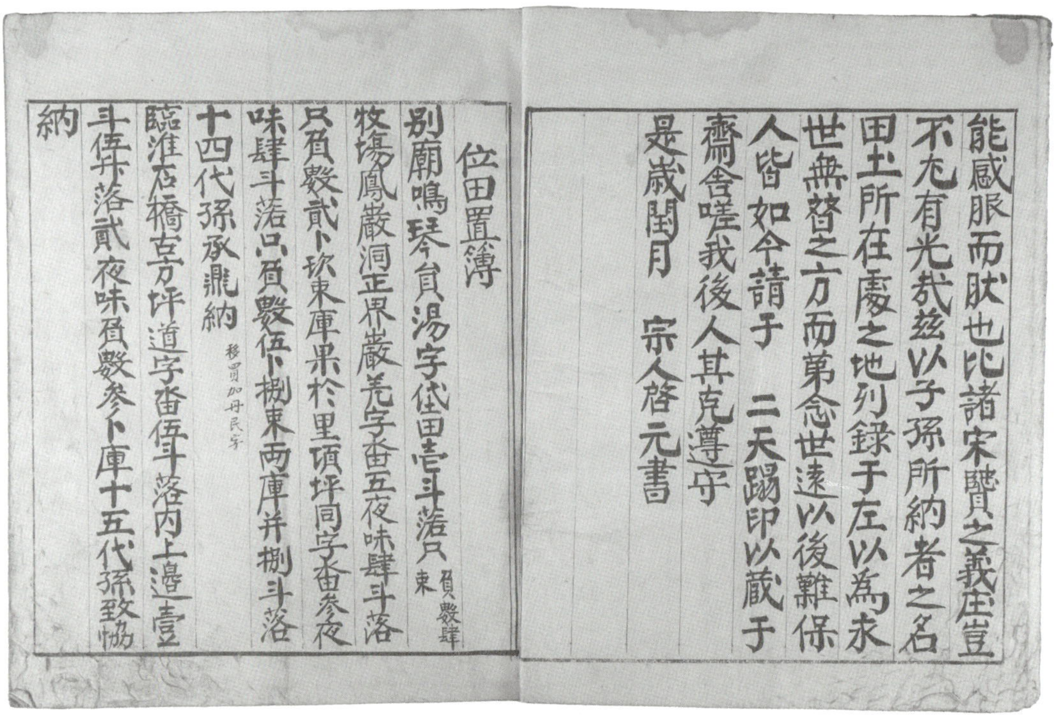

能感服而然也比諸宋賢之義庄豈
不尤有光哉茲以子孫所納者之名
田土所在處之地列錄于左以為永
世無替之方而第念世遠以後難保
人皆如今請于 二天踏印以藏于
齋舍嗟我後人其克遵守
是歲閏月 宗人啓元書

位田置簿
別廟鳴琴員湯字位田壹斗落只 東 負數肆
牧場鳳巖洞正界巖羌字畓五夜味肆斗落
只負數貳卜玖束庫果於里項坪同字畓參夜
味肆斗落只負數伍卜捌束兩庫并捌斗落
十四代孫承鼎納 移買加伊民字
臨淮石橋古方坪道字畓伍斗落內上邊壹
斗伍升落貳夜味負數參卜庫十五代孫致協
納

位田置付冊으로 선조 贈 參判府君의 別廟를 창건할 때 마련된 위전 관련한 치부 기록

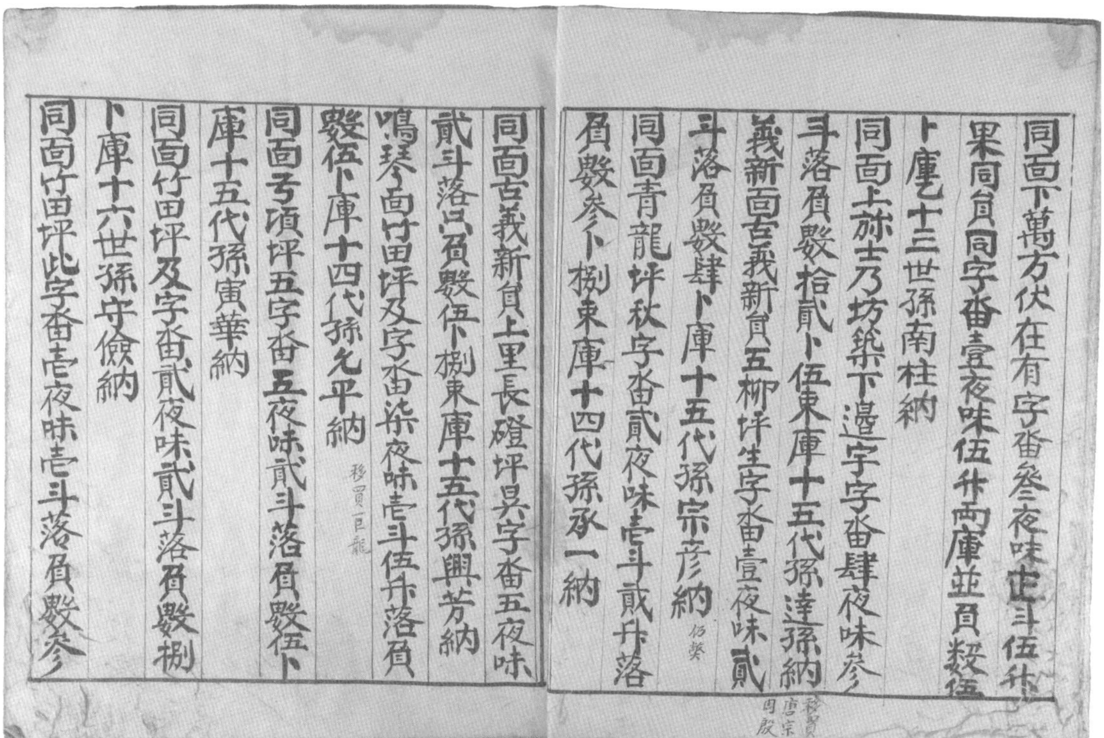

同面下萬方伏在有字畓叁夜味[illegible]斗伍升
果同員同字畓壹夜味伍升兩庫並負數伍
卜庫乙十三世孫南柱納
同面上亦士乃坊築下邉字字畓肆夜味叁
斗落負數拾貳卜伍束庫十五代孫達孫納
義新面古義新員五柳坪生字畓壹夜味貳
斗落負數肆卜庫十五代孫宗彦納
同面青龍坪秋字畓貳夜味壹斗貳升落
負數叁卜捌束庫十四代孫承一納
同面古義新員上里長磴坪吳字畓五夜味
貳斗落只負數伍卜捌束庫十五代孫興芳納
鳴琴面竹田坪及字畓[illegible]夜味壹斗伍升落負
數伍卜庫十四代孫允平納
同面弓項坪五字畓五夜味貳斗落負數伍卜
庫十五代孫寅華納
同面竹田坪及字畓貳夜味貳斗落負數捌
卜庫十六世孫守儉納
同面竹田坪此字畓壹夜味壹斗落負數叁

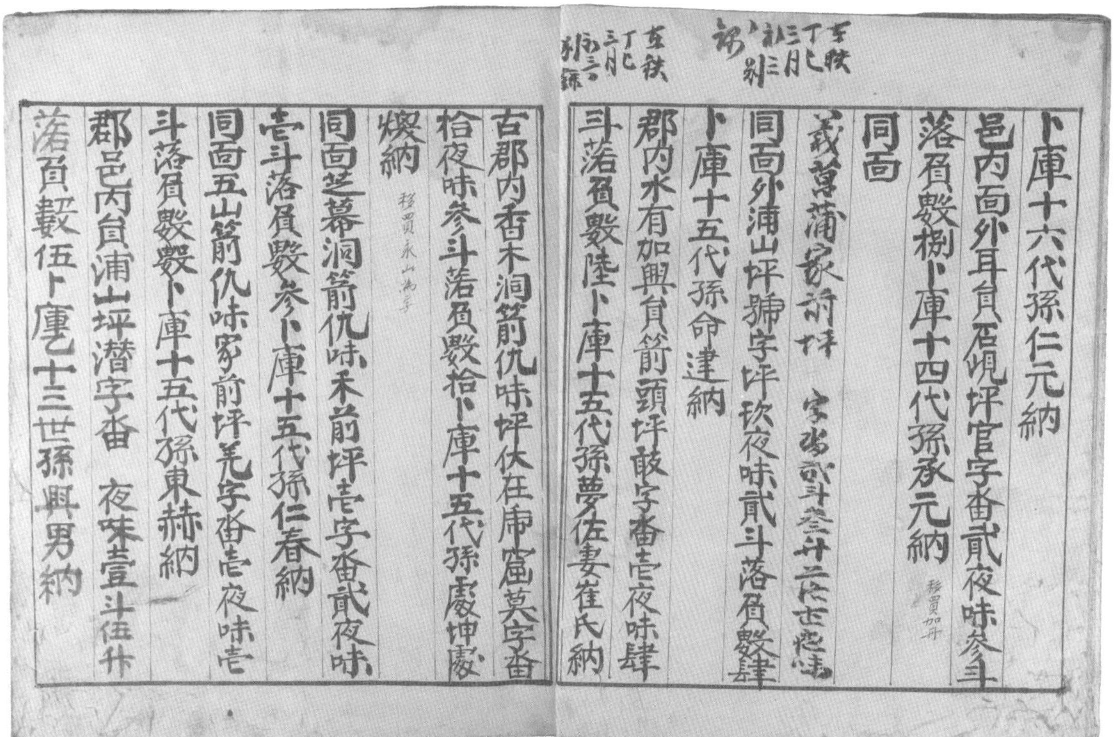

卜庫十六代孫仁元納
邑內面外耳員石峴坪官字畓貳夜味叁斗
落負數捌卜庫十四代孫承元納
同面
義莫蒲家詩坪 字畓貳斗叁升[illegible]
同面外浦山坪歸字坪玖夜味貳斗落負數肆
卜庫十五代孫命建納
郡內水有加興員箭頭坪敢字畓壹夜味肆
斗落負數陸卜庫十五代孫夢佐妻崔氏納
古郡內畓木洞箭仇味坪伏在甫富莫字畓
拾夜味叁斗落負數拾卜庫十五代孫慶坤慶
煥納
同面芝幕洞箭仇味禾前坪壹字畓貳夜味
壹斗落負數叁卜庫十五代孫仁春納
同面五山箭仇味家前坪羔字畓壹夜味壹
斗落負數數卜庫十五代孫東赫納
郡邑內員浦山坪潛字畓 夜味壹斗伍升
落負數伍卜庫乙十三世孫興男納

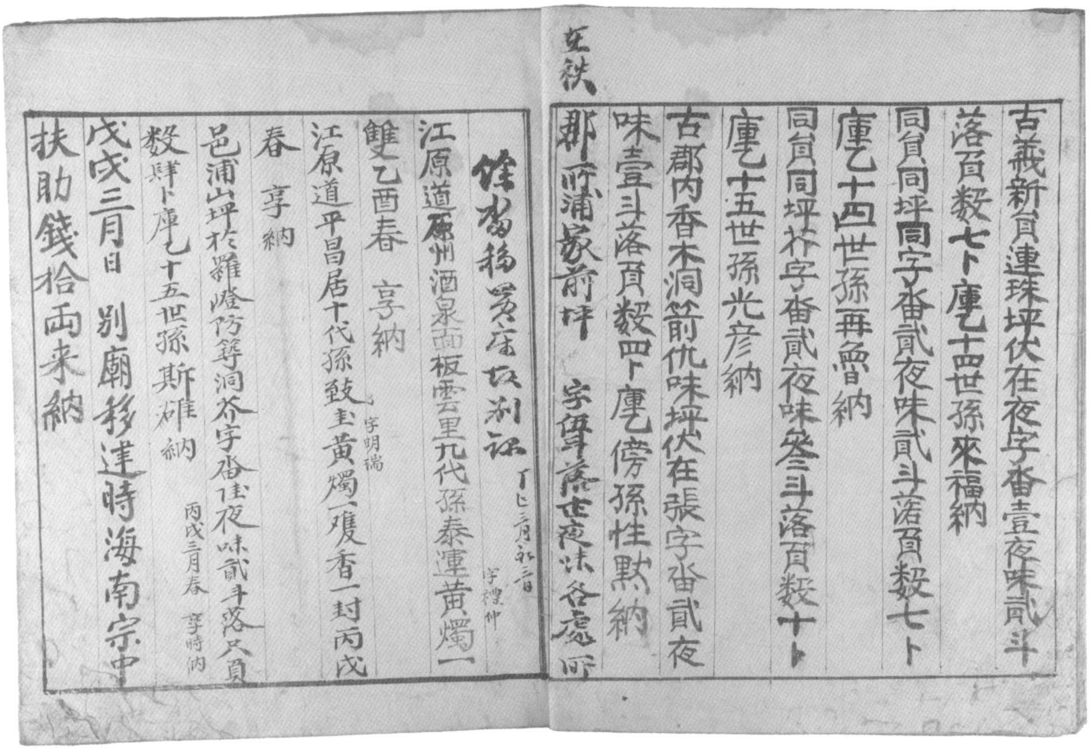

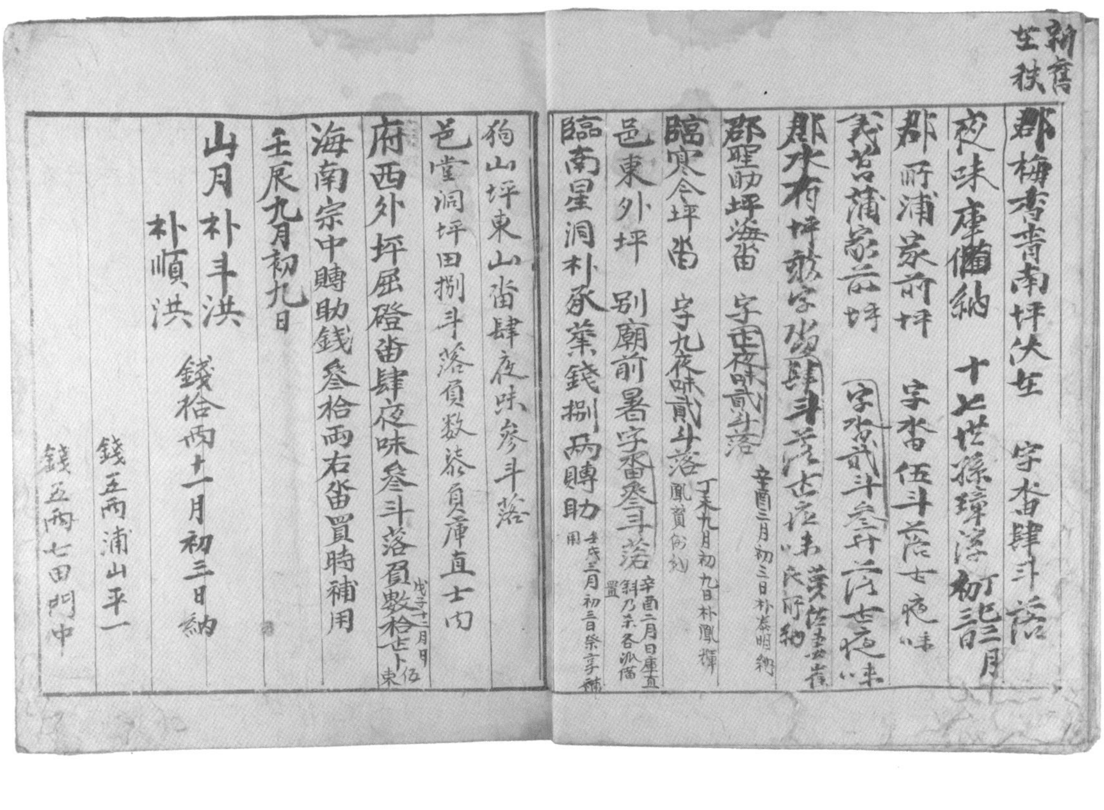

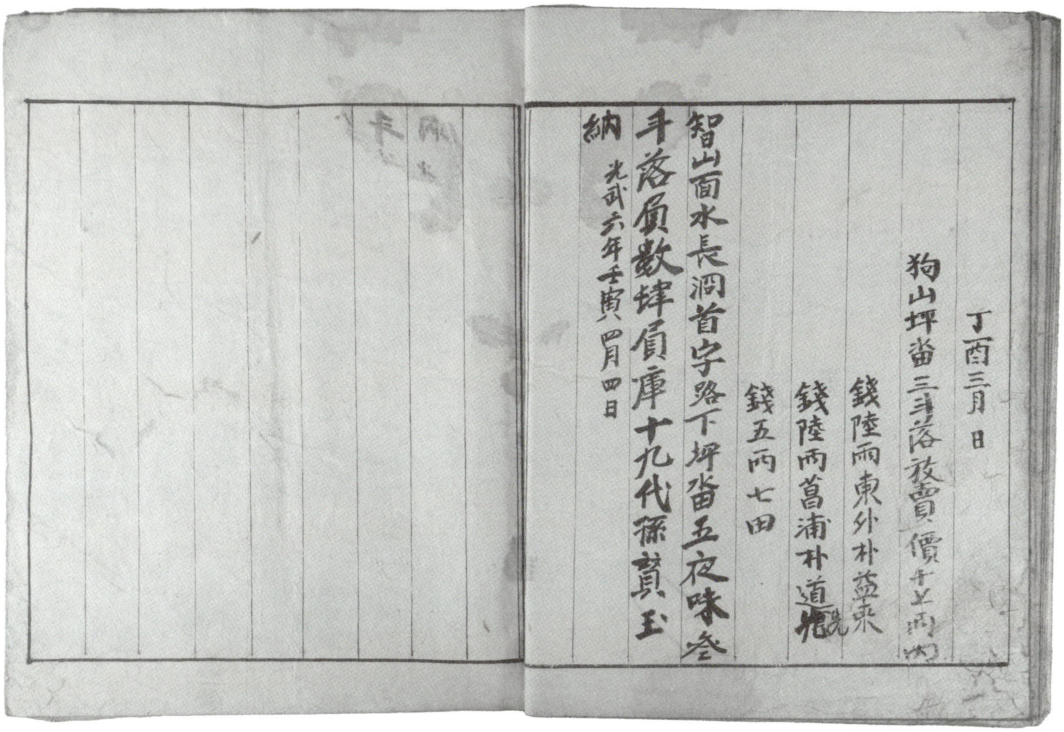

丁酉三月 日
狗山坪畓三斗落夜賣價十五兩內
錢陸兩東外朴兹來
錢陸兩菖浦朴道先
錢五兩七田
智山面水長洞首字路下坪畓五夜味叁
手落負數肆負庫十九代孫貢玉
納
光武六年壬寅四月四日

置簿 3

1915년, 26×30

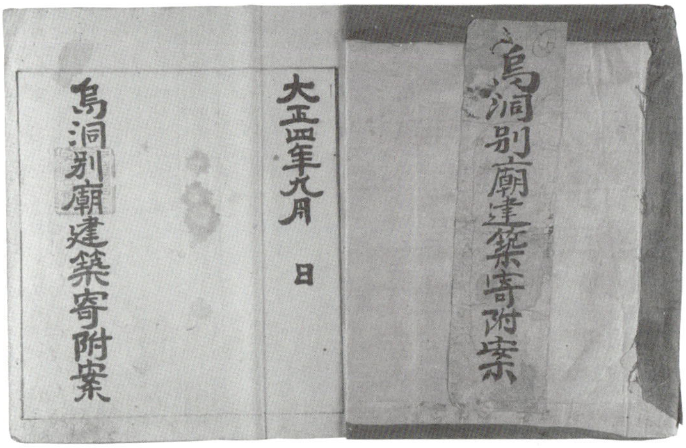

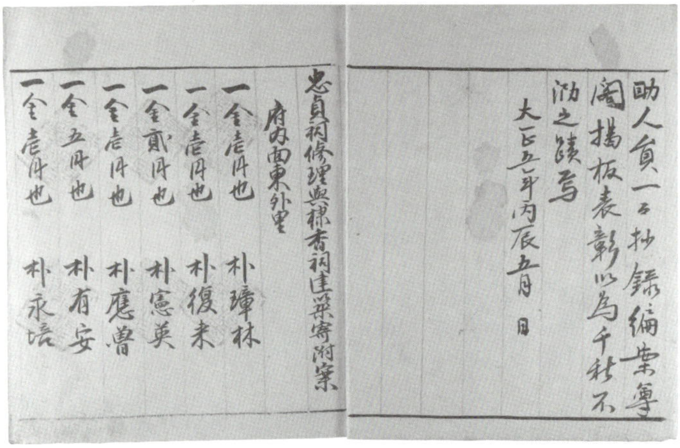

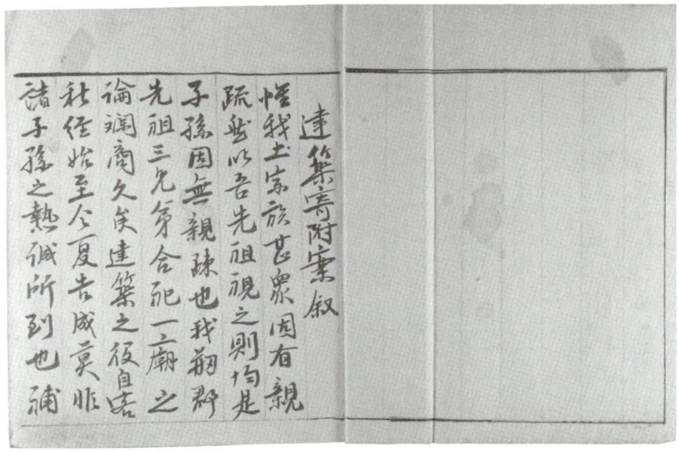

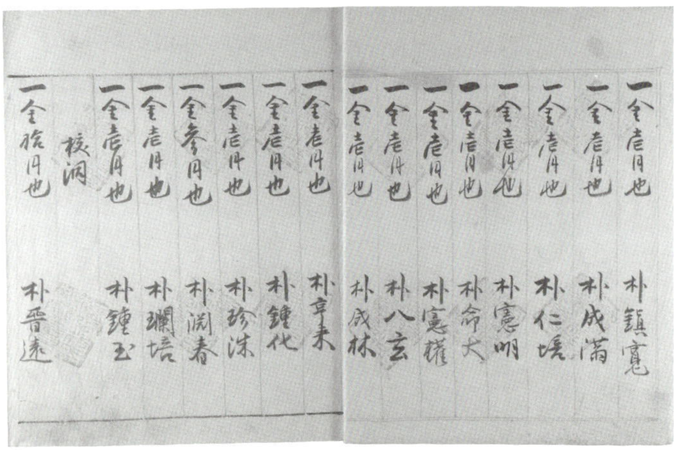

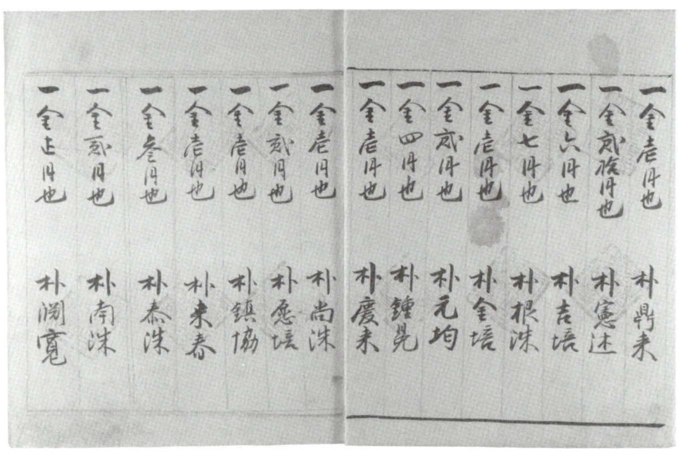

1915년 9월에 烏洞 別廟建築의 寄附案

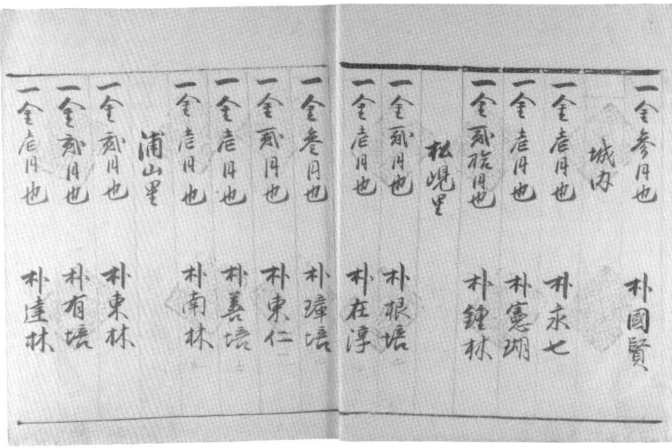
城內
一金参両也 朴國賢
一金壹両也 朴永七
一金壹両也 朴憲瑚
一金貳拾両也 朴鍾林
松峴里
一金貳両也 朴根培
一金壹両也 朴在淳
一金参両也 朴璋培
一金貳両也 朴東仁
一金壹両也 朴善培
一金壹両也 朴南林
浦山里
一金貳両也 朴東林
一金貳両也 朴有培
一金壹両也 朴達林

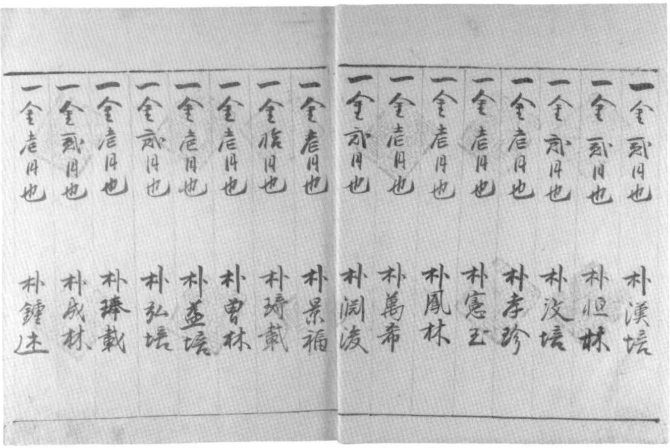
一金貳両也 朴漢培
一金貳両也 朴恒林
一金貳両也 朴汶培
一金壹両也 朴孝珍
一金壹両也 朴憲玉
一金壹両也 朴鳳林
一金壹両也 朴萬希
一金貳両也 朴潤凌
一金壹両也 朴景福
一金拾両也 朴琦載
一金壹両也 朴曺林
一金壹両也 朴益培
一金貳両也 朴弘培
一金壹両也 朴璘載
一金貳両也 朴成材
一金壹両也 朴鍾述

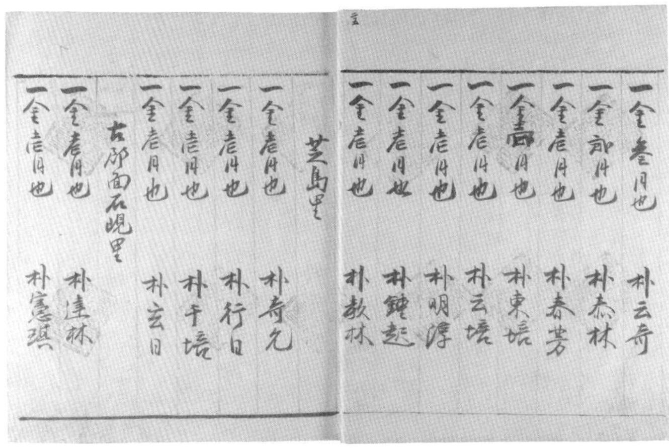
一金参両也 朴云奇
一金貳両也 朴泰林
一金壹両也 朴春芳
一金拾両也 朴東培
一金壹両也 朴云培
一金壹両也 朴明淳
一金壹両也 朴鍾起
一金壹両也 朴敎林
芝島里
一金壹両也 朴奇允
一金壹両也 朴行日
一金壹両也 朴千培
一金壹両也 朴玄日
古郡面石峴里
一金参両也 朴達林
一金壹両也 朴憲琪

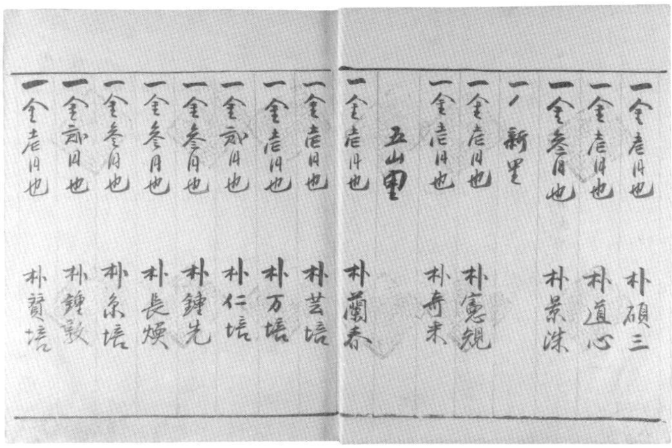
一金壹両也 朴碩三
一金壹両也 朴道心
一金参両也 朴景洙
新里
一金壹両也 朴憲魏
一金壹両也 朴奇来
五山里
一金壹両也 朴蘭春
一金壹両也 朴芸培
一金壹両也 朴万培
一金貳両也 朴仁培
一金参両也 朴鍾先
一金参両也 朴長煥
一金参両也 朴永培
一金貳両也 朴鍾敦
一金壹両也 朴贊培

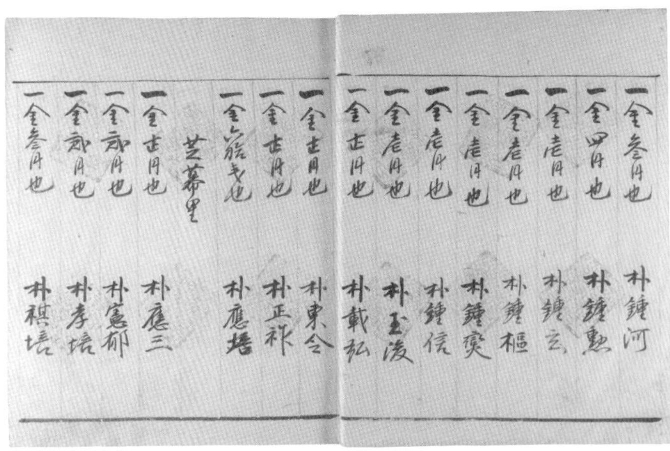
一金参両也 朴鍾河
一金四両也 朴鍾勲
一金壹両也 朴鍾玄
一金壹両也 朴鍾樞
一金壹両也 朴鍾奭
一金壹両也 朴鍾侊
一金壹両也 朴玉淩
一金五両也 朴載弘
一金五両也 朴東仝
一金五両也 朴正祚
一金拾五両也 朴應培
芝幕里
一金五両也 朴應三
一金貳両也 朴憲郁
一金貳両也 朴孝培
一金参両也 朴祺培

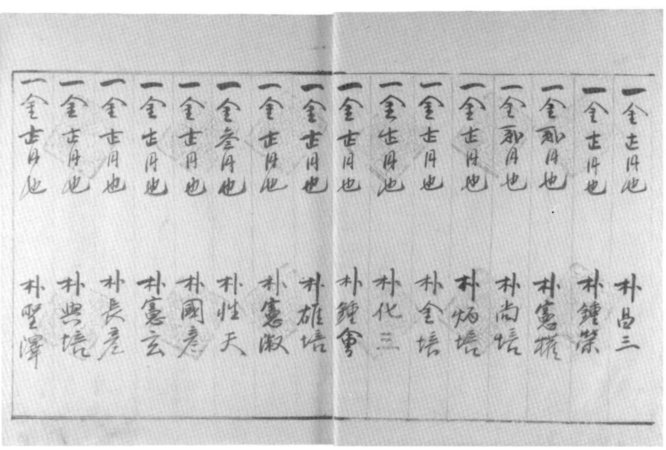
一金五両也 朴呂三
一金五両也 朴鍾榮
一金貳両也 朴憲揆
一金貳両也 朴尙培
一金五両也 朴炳培
一金五両也 朴全培
一金五両也 朴化三
一金五両也 朴鍾會
一金五両也 朴雄培
一金五両也 朴憲澈
一金参両也 朴性天
一金五両也 朴國彦
一金五両也 朴憲玄
一金五両也 朴長彦
一金五両也 朴興培
一金五両也 朴聖澤

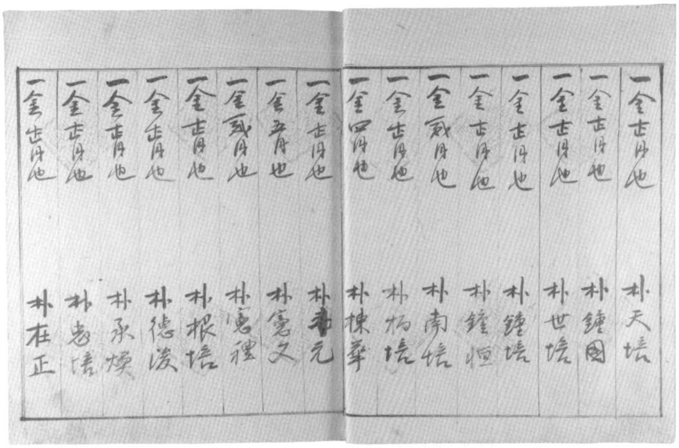

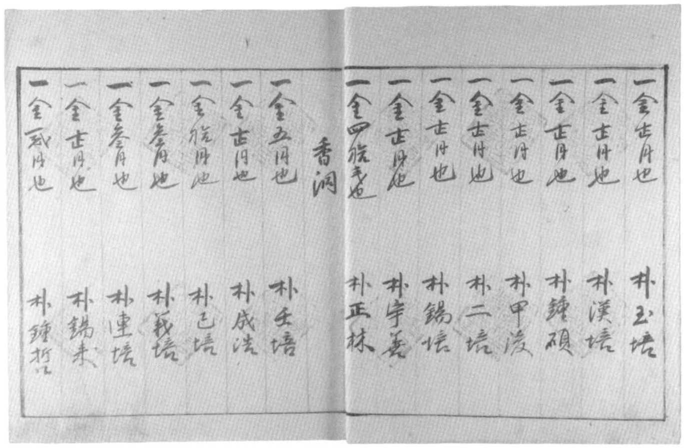

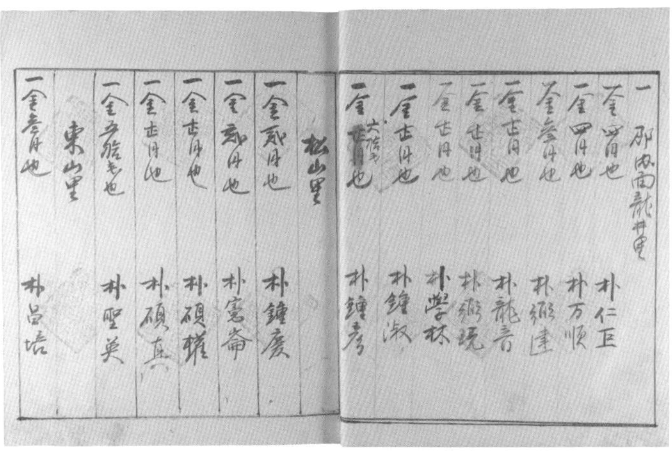

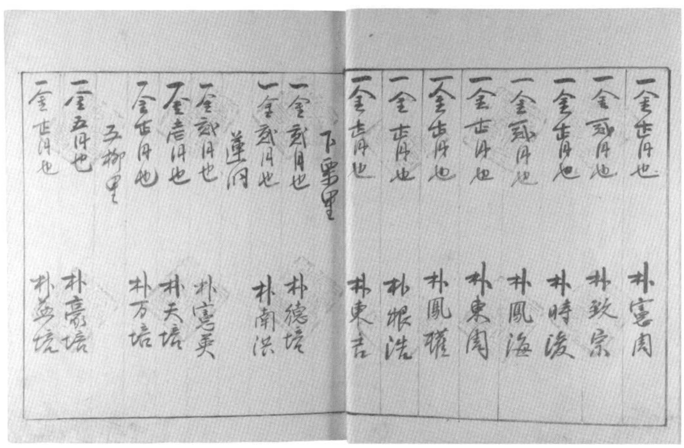

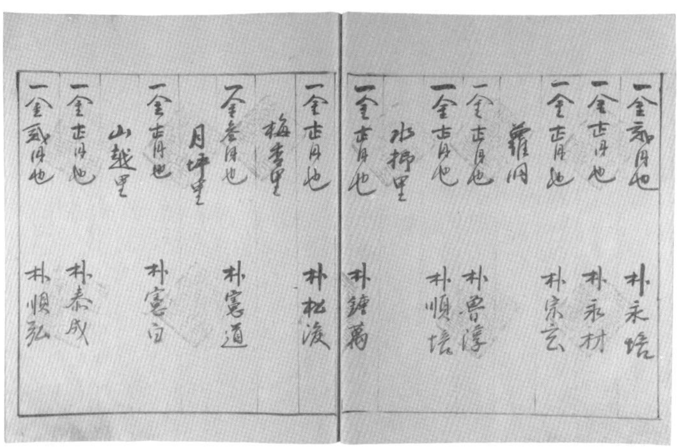

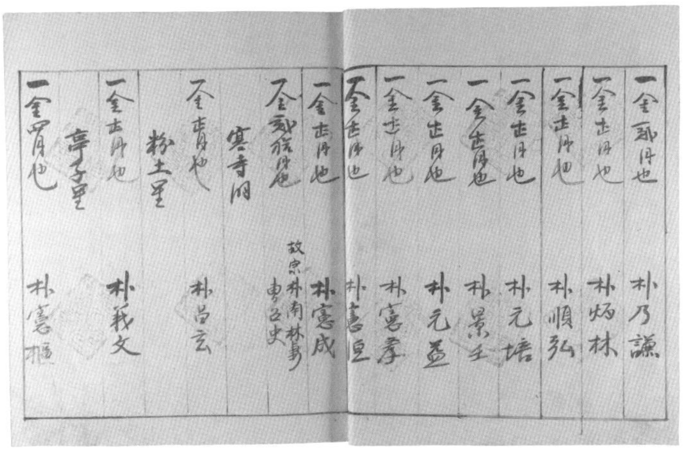

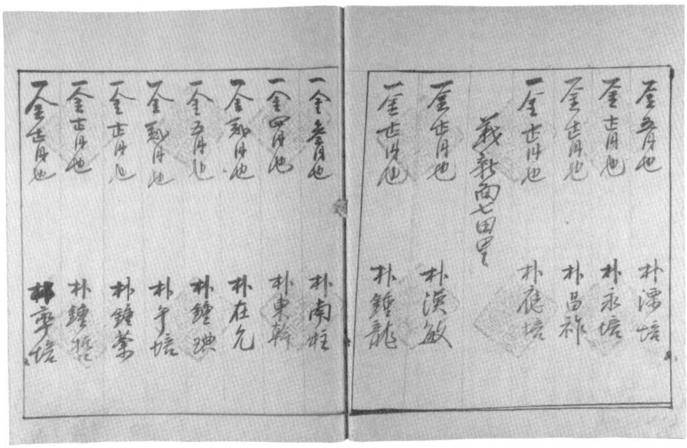

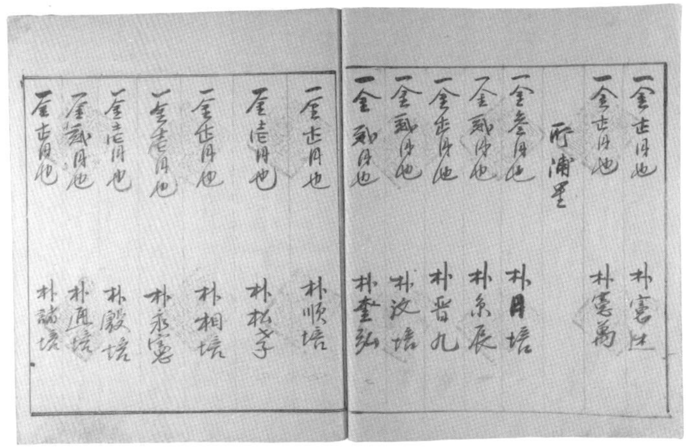

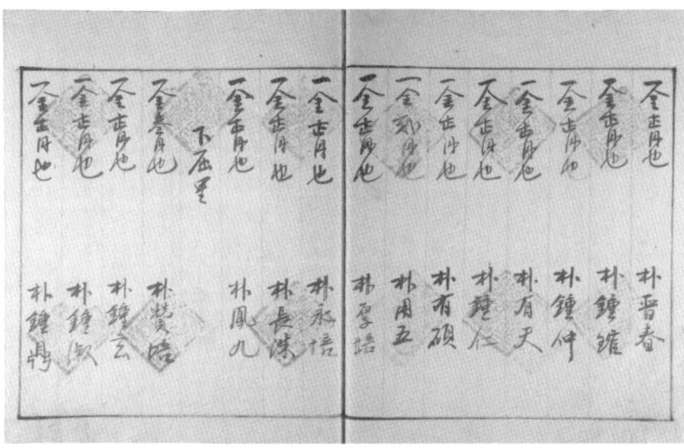

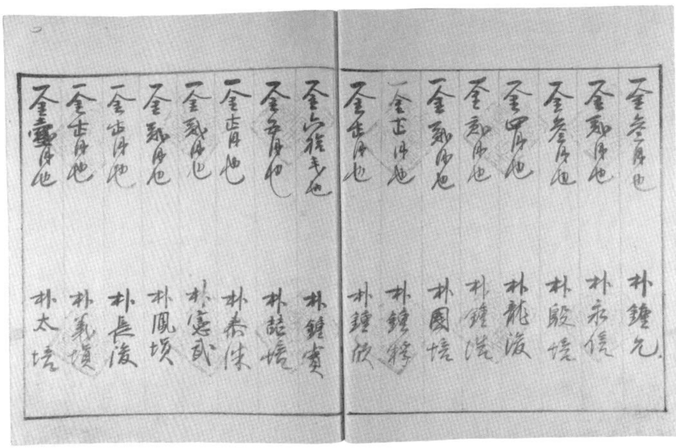

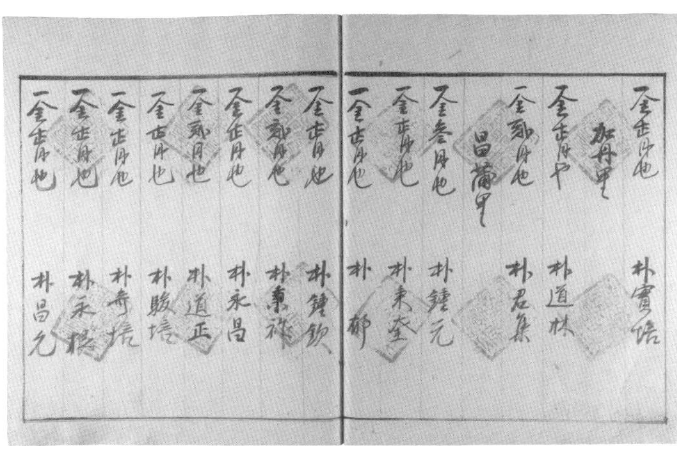

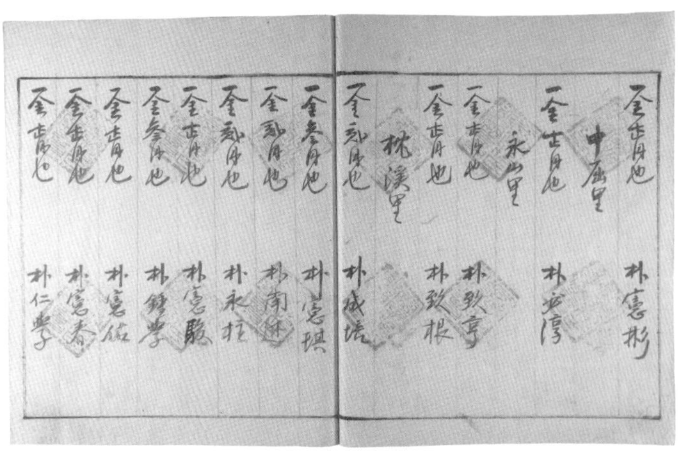

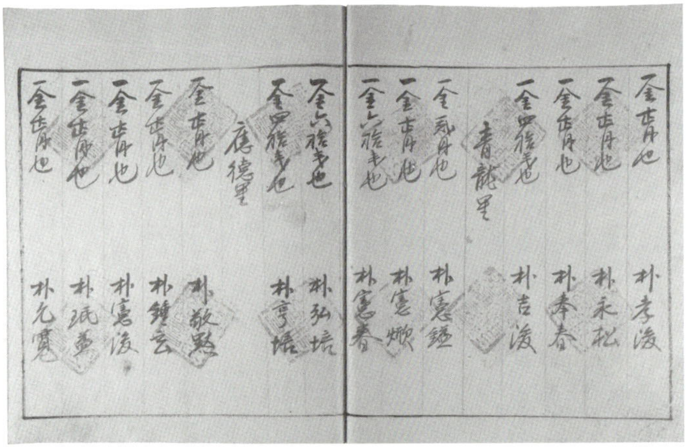

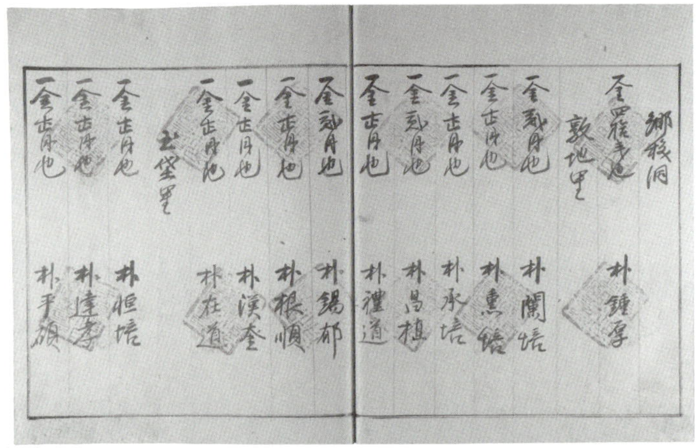

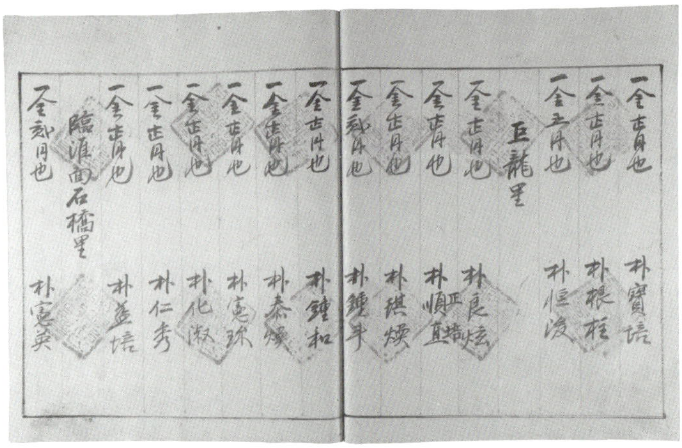

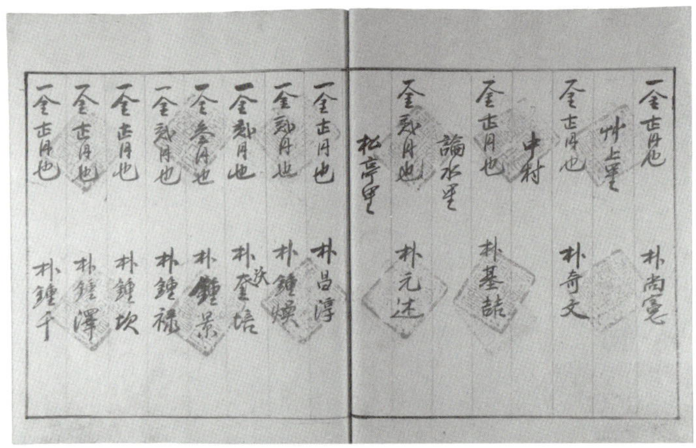

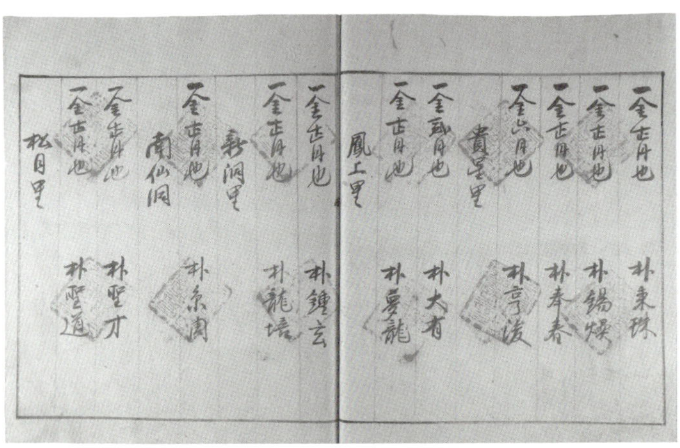

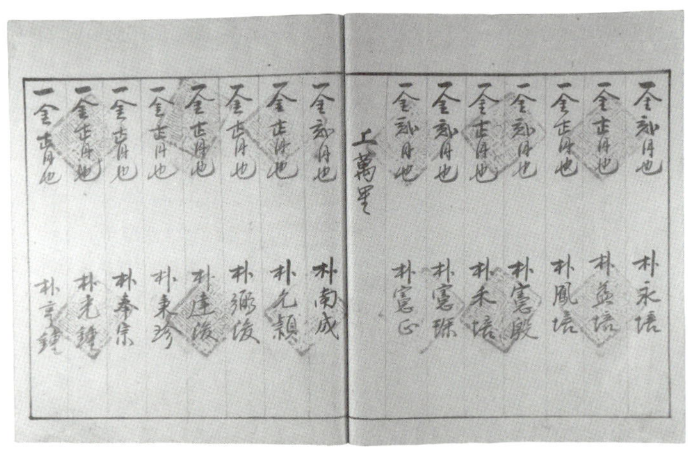

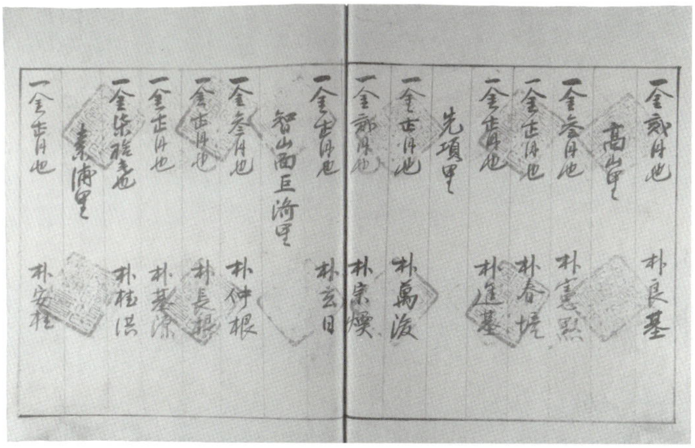

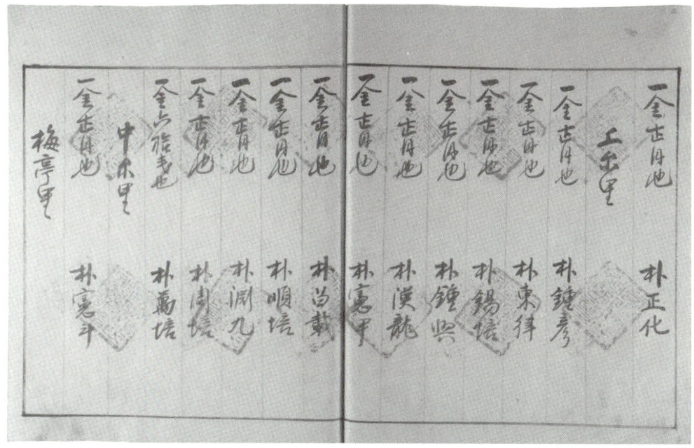

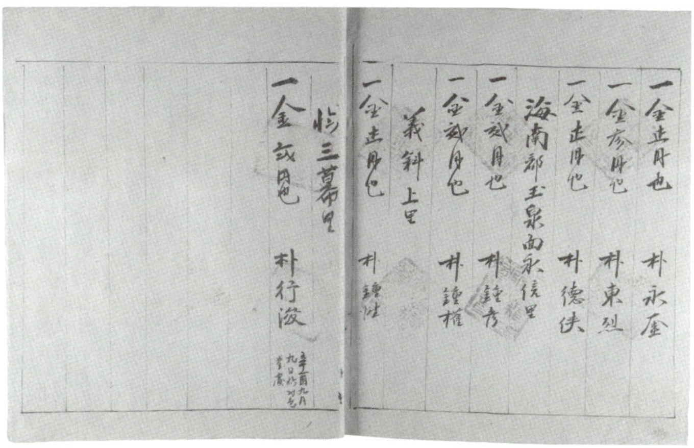

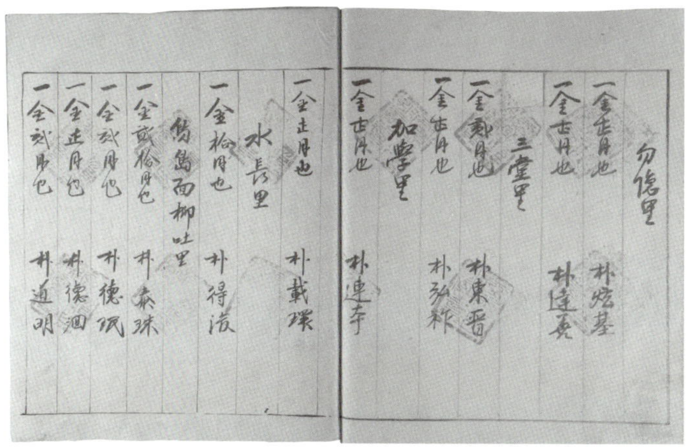

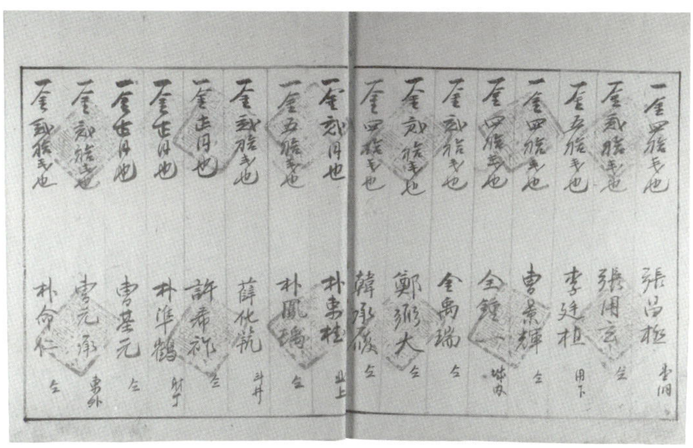

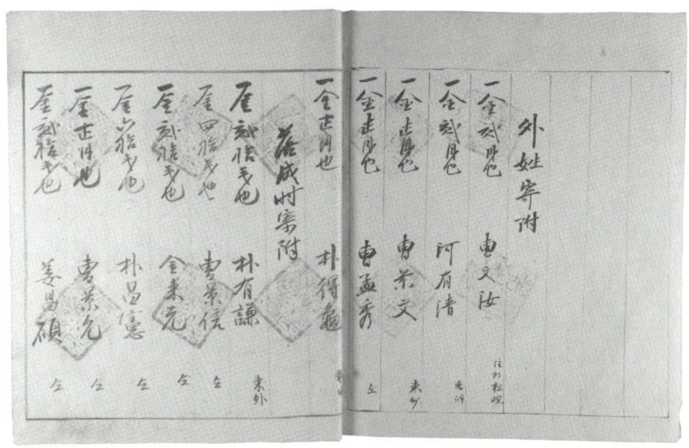

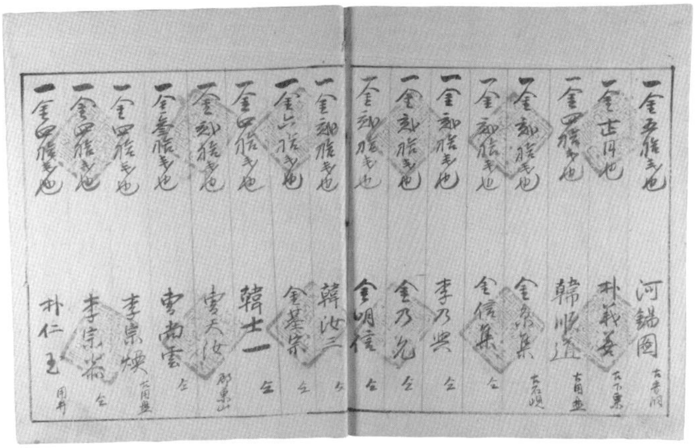

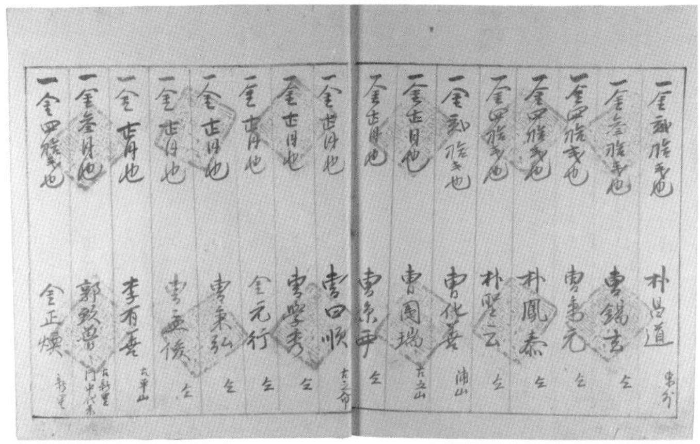

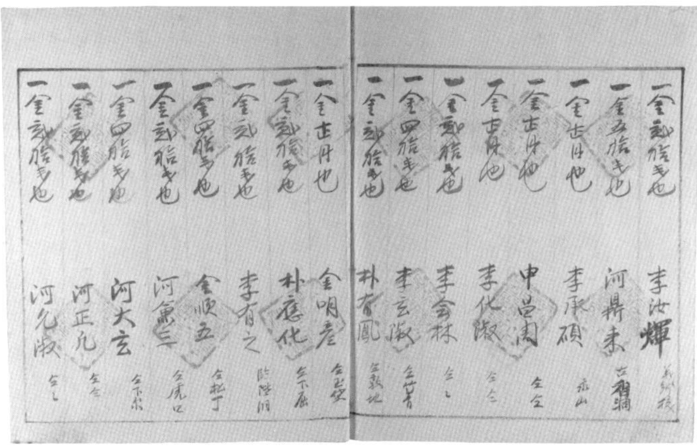

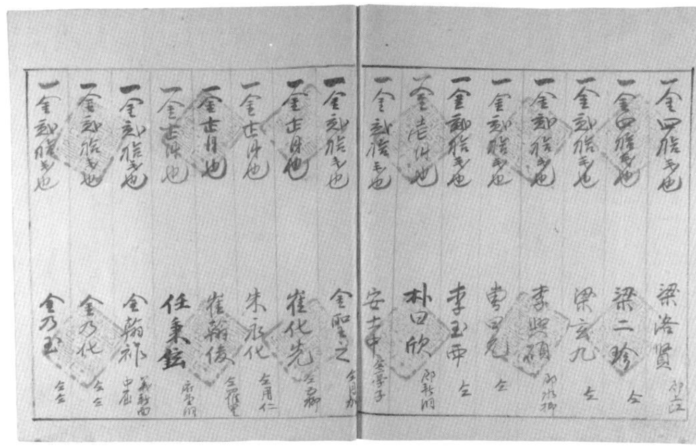

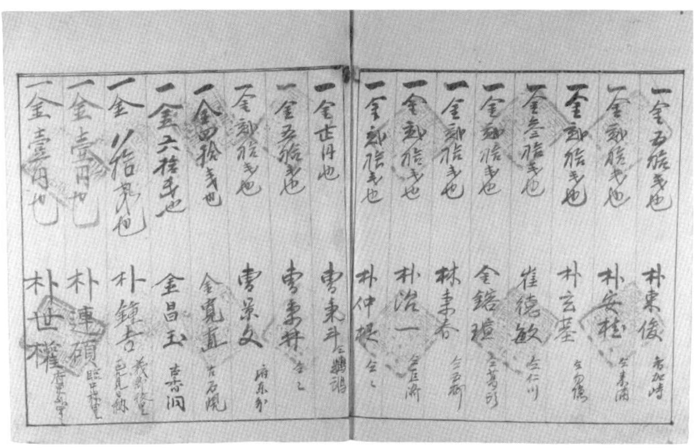

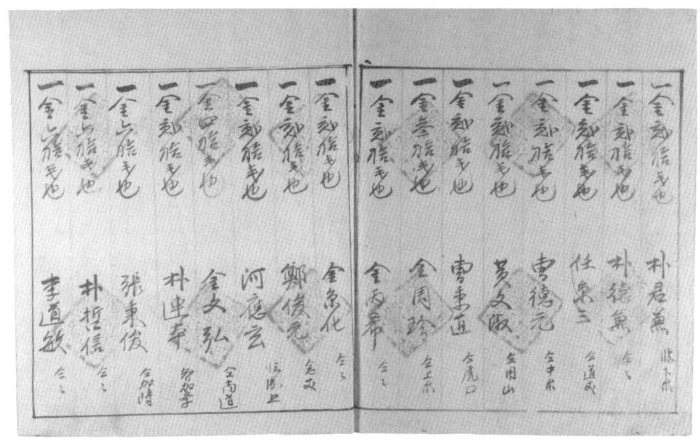

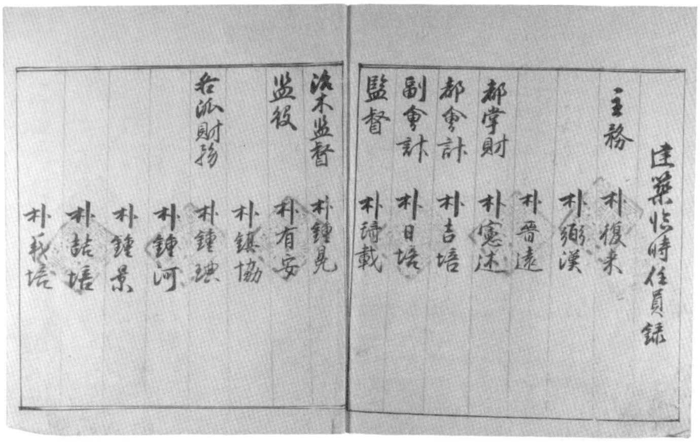

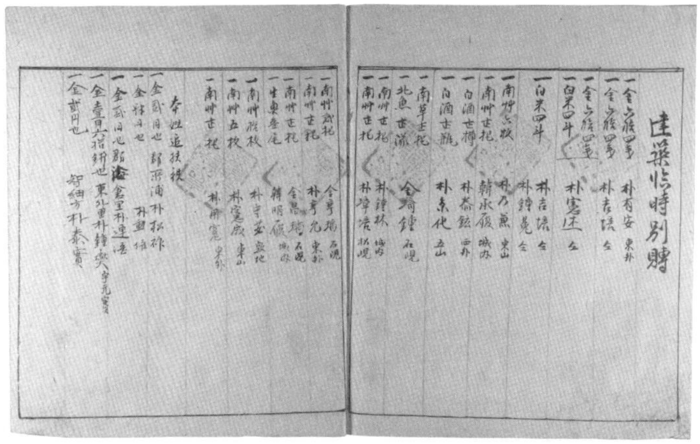

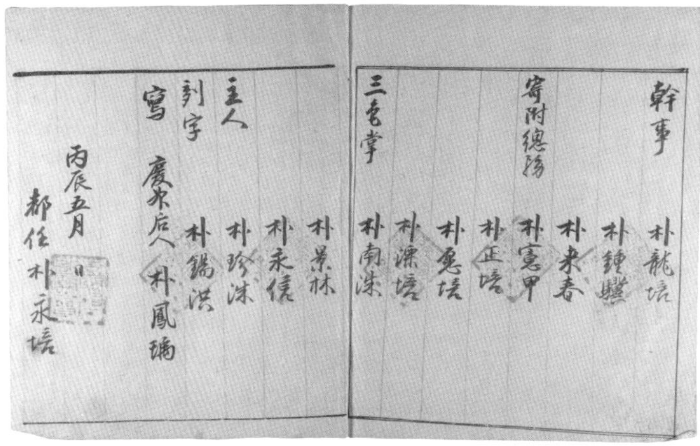

笏記 1

1917년, 9.4×29.2

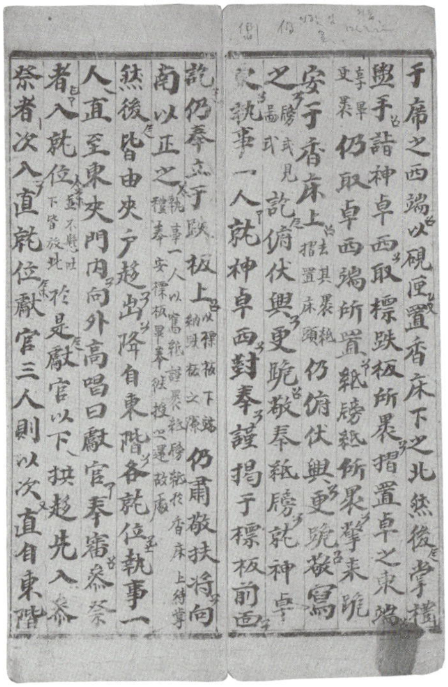
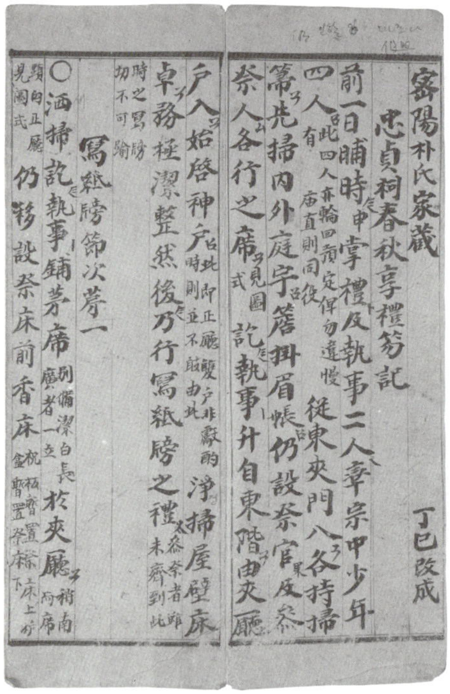

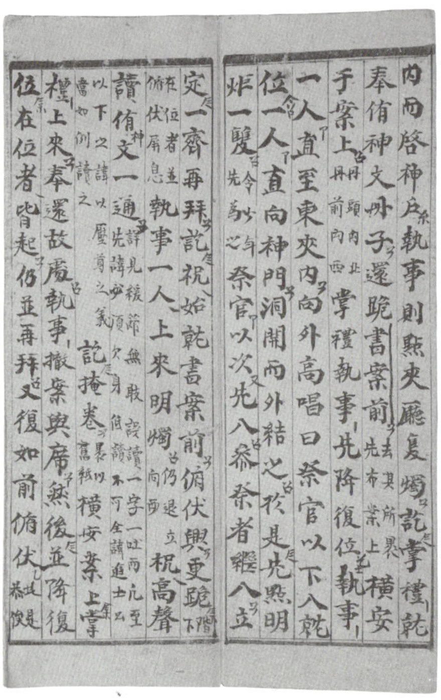
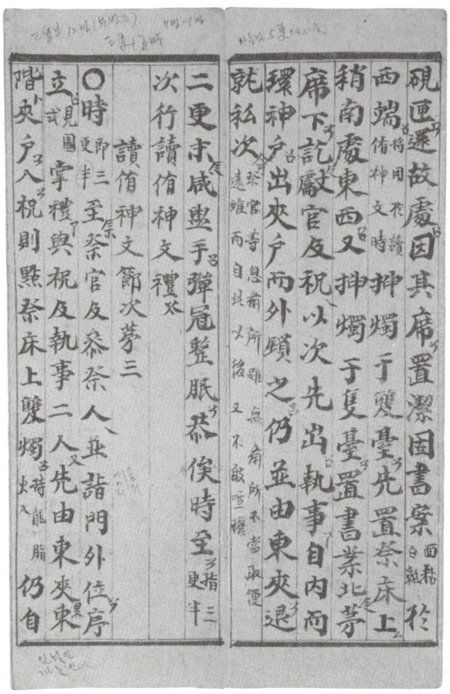
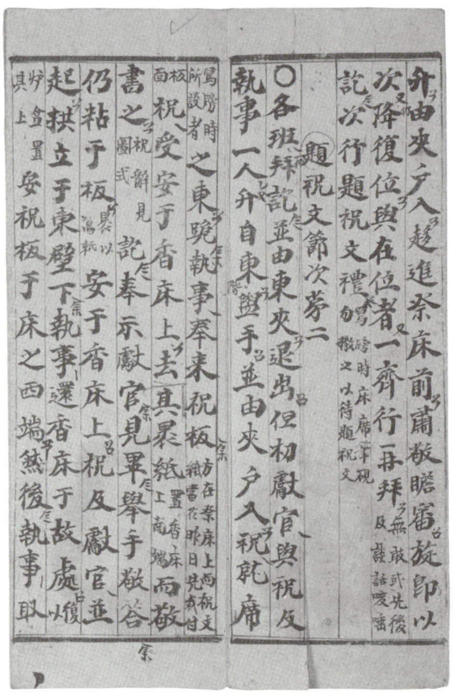

밀양박씨 집에서 보관한 忠貞祠의 春秋享禮의 홀기

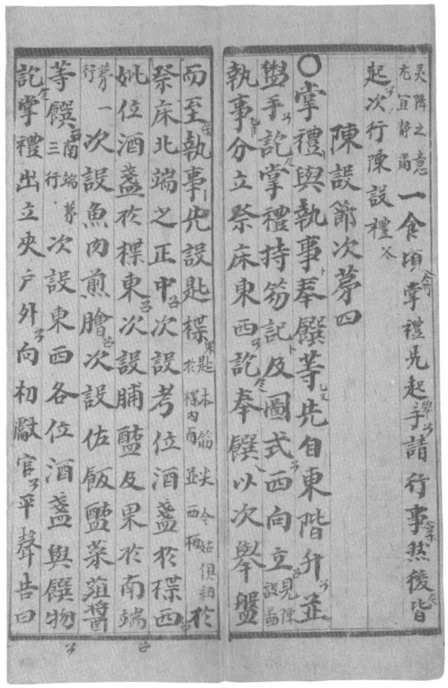
一食頃掌禮先起手請行事然後皆
起次行陳設禮
陳設節次第四
○掌禮與執事奉饌等先自東階升並
盥手訖掌禮持笏記及圖式西向立
執事分立祭床東西訖奉饌以次擧盤
而至執事先設匙楪於
祭床北端之正中次設考位酒盞於楪西
妣位酒盞於楪東次設脯醢及果於南端
一次設魚肉煎膾次設佐飯醢菜葅醬
等饌次設東西各位酒盞與饌物
訖掌禮出立夾戶外向初獻官平聲告曰

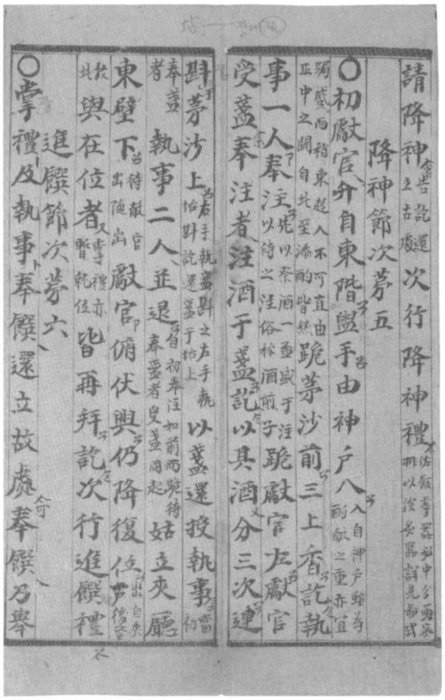
請降神次行降神禮
降神節次第五
○初獻官升自東階盥手由神戶入
跪焚香沙前三上香訖執
事一人奉注跪獻官左獻官
受盞奉注者注酒于盞訖以其酒分三次連
斟茅沙上以盞還授執事
者執事二人並退姑立夾廳
東壁下獻官俯伏興仍降復位
與在位者皆再拜訖次行進饌禮
進饌節次第六
○掌禮及執事奉饌還立故處奉饌乃擧

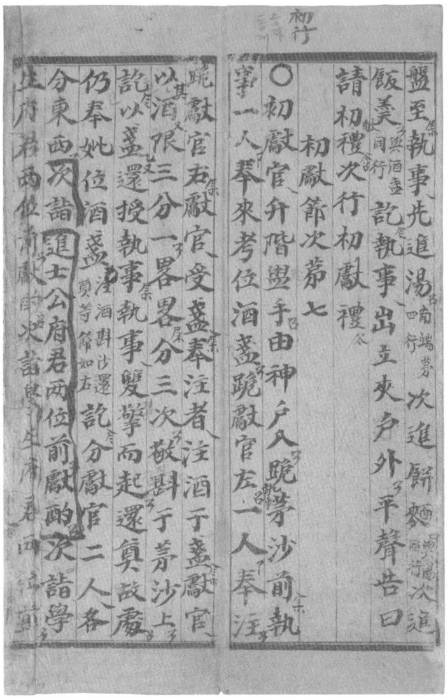
盤至執事先進湯次進餠麪次進
飯羹訖執事出立夾戶外平聲告曰
請初禮次行初獻禮
初獻節次第七
○初獻官升階盥手由神戶入跪焚香沙前執
事一人奉來考位酒盞跪獻官左一人奉注
跪獻官右獻官受盞奉注者注酒于盞獻官
以其酒限三分一畧畧分三次敬斟于茅沙上
訖以盞還授執事執事雙擧而起還奠故處
仍奉妣位酒盞訖分獻官二人各
分東西次詣進士公府君兩位前獻酌次詣學

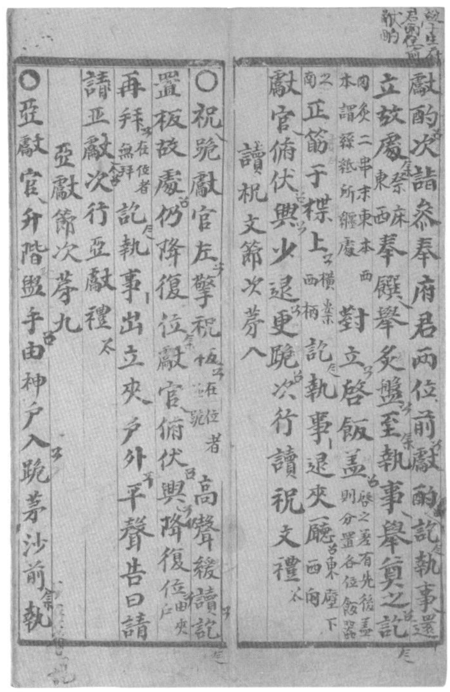
獻酌次詣祭奉府君兩位前獻酌訖執事還
立故處奉饌擧炙盤至執事擧奠之訖
正箸于楪上對立啓飯蓋訖執事退夾廳
獻官俯伏興少退更跪次行讀祝文禮
讀祝文節次第八
○祝跪獻官左擎祝高聲緩讀訖
置板故處仍降復位獻官俯伏興降復位
再拜訖執事出立夾戶外平聲告曰請
請亞獻次行亞獻禮
亞獻節次第九
○亞獻官升階盥手由神戶入跪焚香沙前執

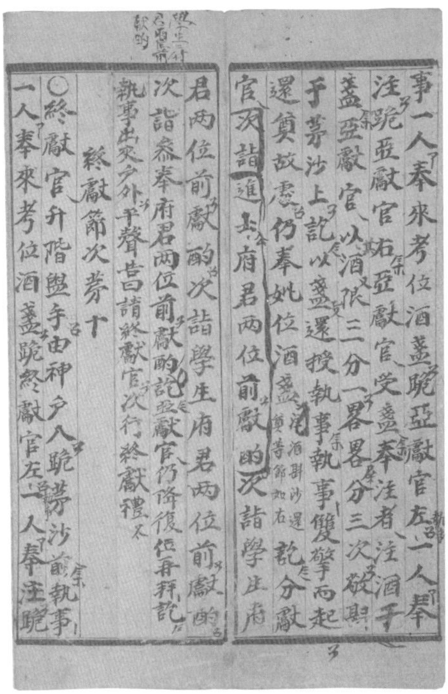
事一人奉來考位酒盞跪亞獻官左一人奉
注跪亞獻官右亞獻官受盞奉注者注酒于
盞亞獻官以酒限三分一畧畧分三次敬斟
于茅沙上訖以盞還授執事執事雙擧而起
還奠故處仍奉妣位酒盞訖分獻
官次詣進士府君兩位前獻酌次詣學生府
君兩位前獻酌次詣學生府君兩位前獻酌
次詣祭奉府君兩位前獻酌訖亞獻官仍降復位再拜訖
執事出夾戶外平聲告曰請終獻官次行終獻禮
終獻節次第十
○終獻官升階盥手由神戶入跪焚香沙前執事
一人奉來考位酒盞跪終獻官左一人奉注跪

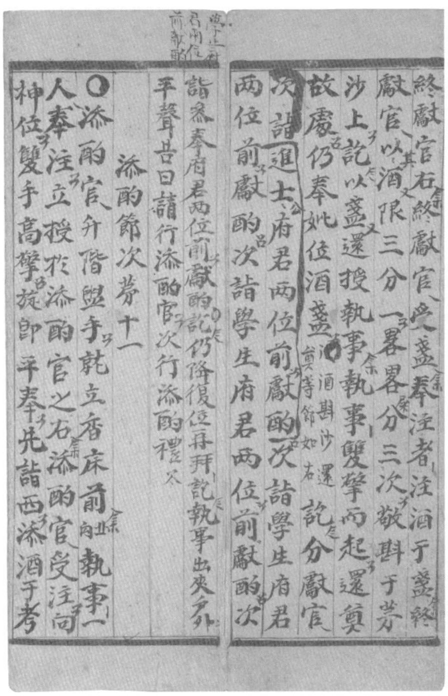
終獻官右終獻官受盞奉注者注酒于盞終
獻官以其酒限三分一畧畧分三次敬斟于茅
沙上訖以盞還授執事執事雙擧而起還奠
故處仍奉妣位酒盞訖分獻官
次詣進士府君兩位前獻酌次詣學生府君
兩位前獻酌次詣學生府君兩位前獻酌次
詣祭奉府君兩位前獻酌訖仍降復位再拜訖執事出夾戶外
平聲告曰請行添酌官次行添酌禮
添酌節次第十一
○添酌官升階盥手跪立香床前執事一
人奉注立授於添酌官之右添酌官受注向
神位雙手高擧旋即平奉先詣西添酒于考

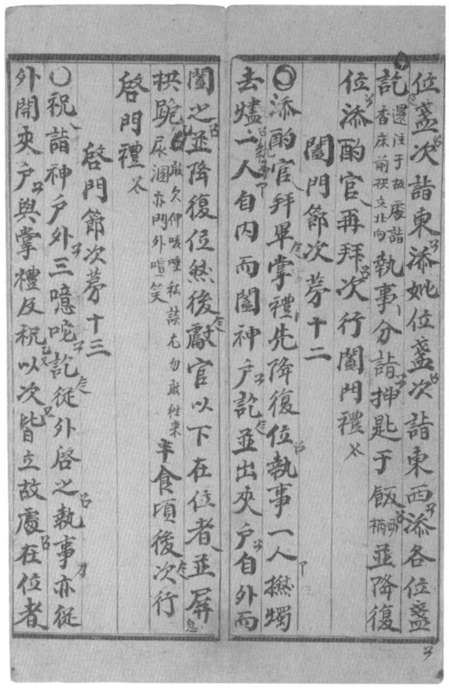

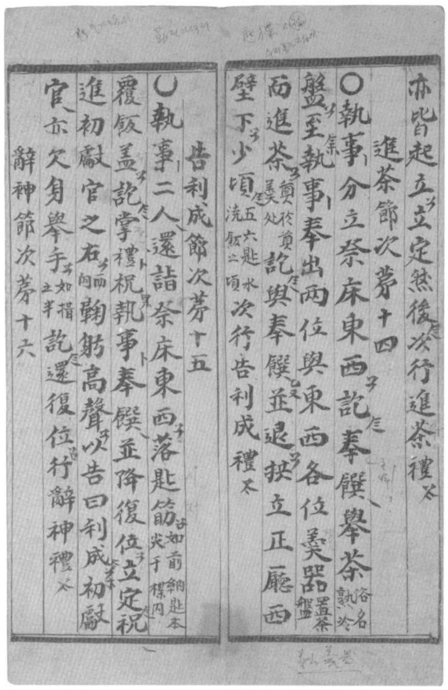

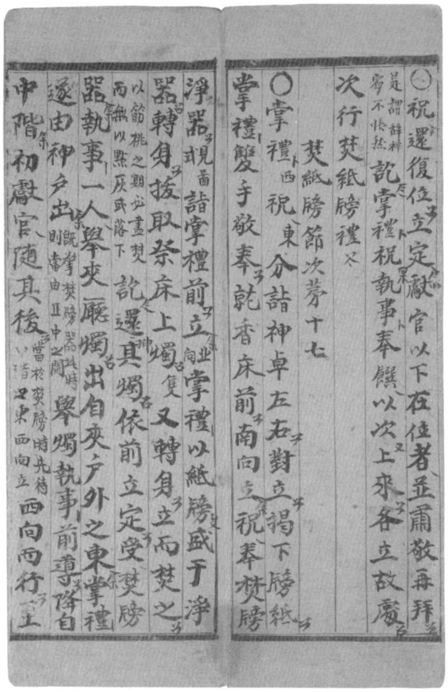

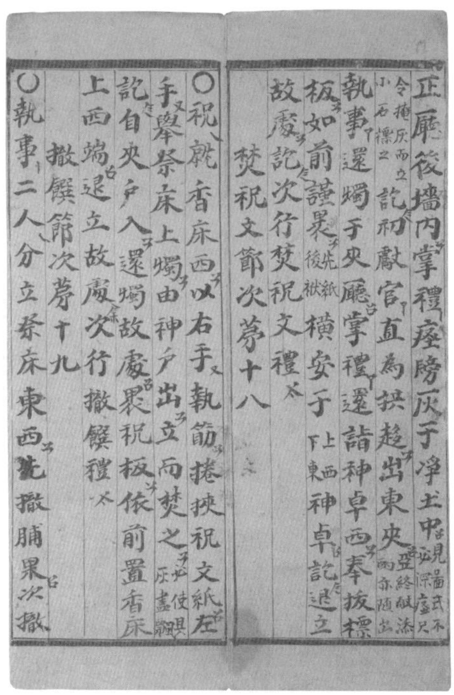

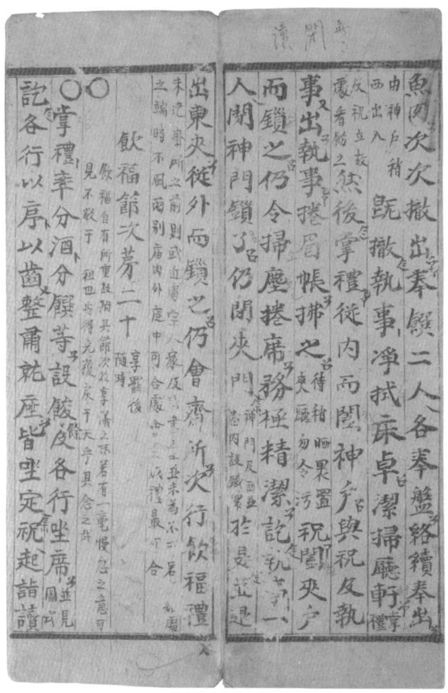

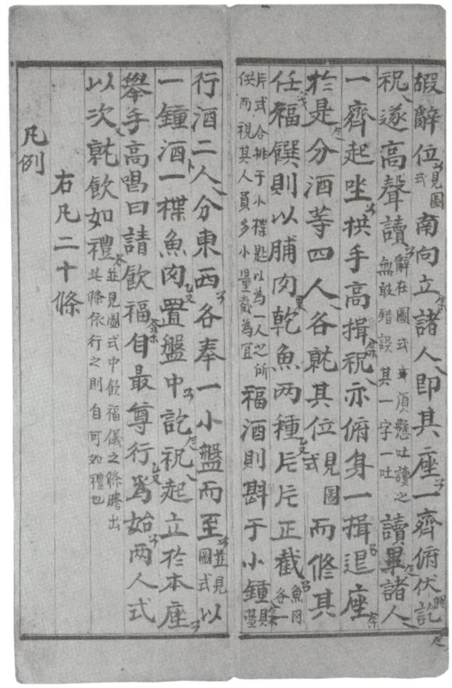
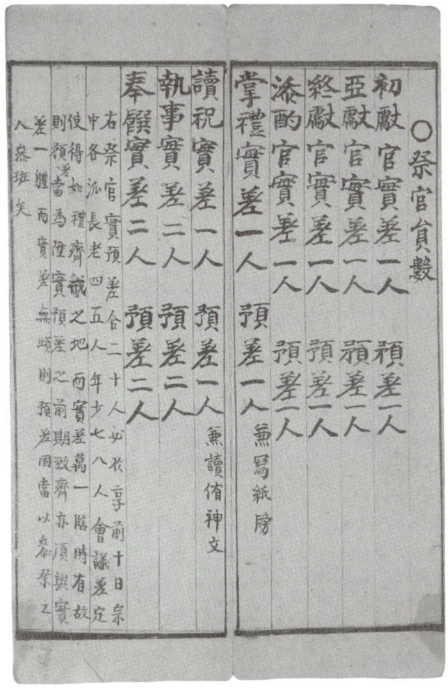
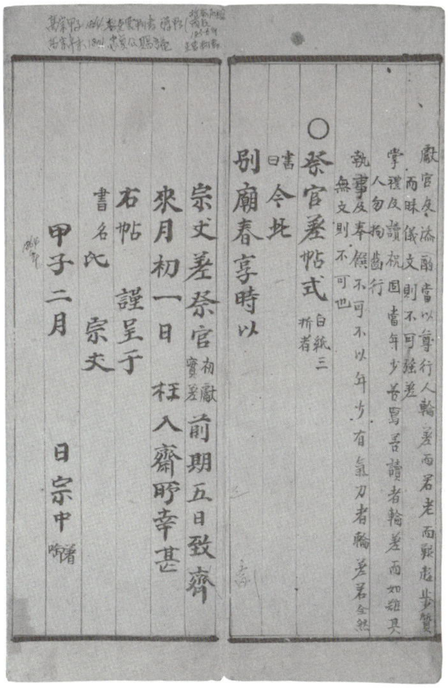
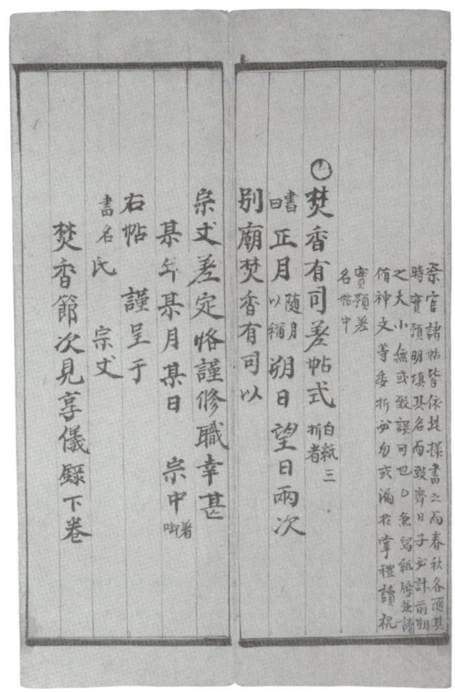
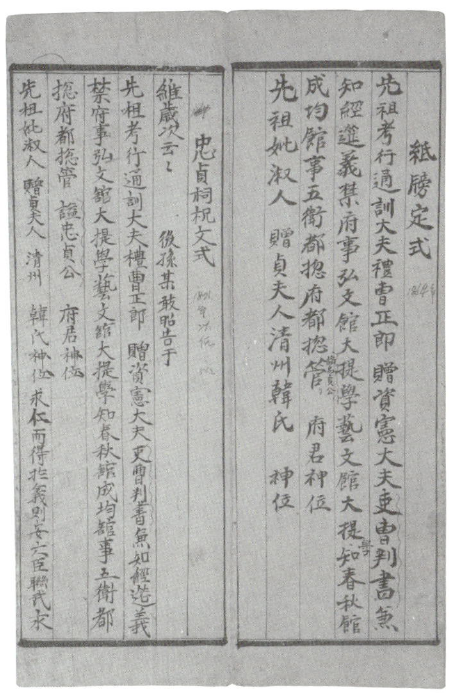
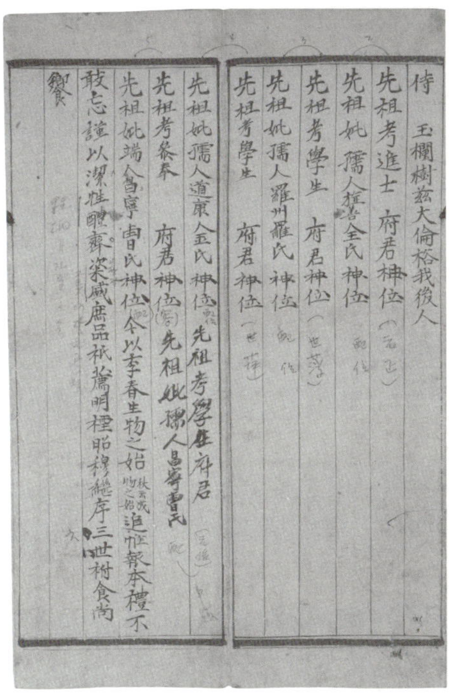

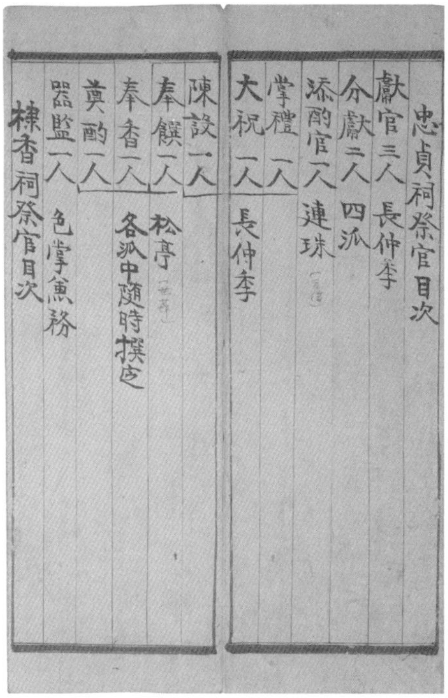
忠貞祠祭官目次
獻官三人 長仲季
分獻二人 四派
添酌官一人 連珠
掌禮一人
大祝一人 長仲季
陳設一人
奉饌一人 松亭
奉香一人 各派中隨時擇定
奠酌一人
器監一人 色掌兼務
棟香祠祭官目次

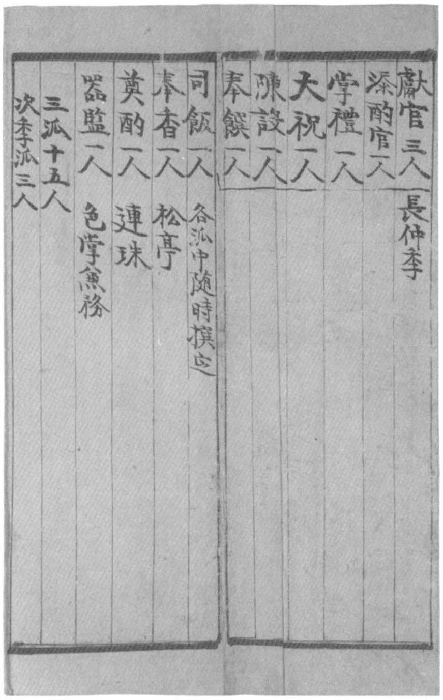
獻官三人 長仲季
添酌官一人
掌禮一人
大祝一人
陳設一人
奉饌一人
司飯一人 各派中隨時擇定
奉香一人 松亭
奠酌一人 連珠
器監一人 色掌兼務
三派十五人
次季派三人

連珠 二人

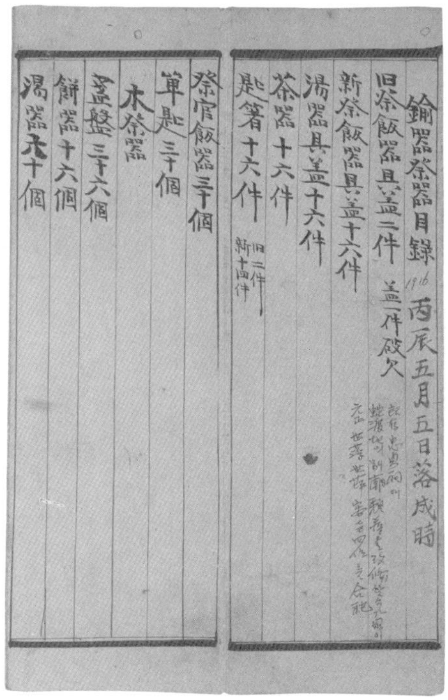
鍮器祭器目錄 1916 丙辰五月五日落成時
旧祭飯器具蓋二件 蓋一件破欠
新祭飯器具蓋十六件
湯器具蓋十六件
茶器 十六件
匙箸十六件 旧二件 新十四件
祭官飯器 三十個
單匙 三十個
木祭器
盞盤 三十六個
餠器 十六個
湯器 六十個

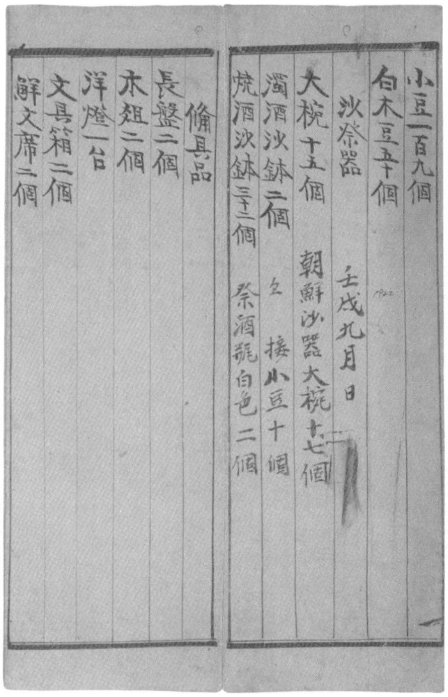
小豆一百九個
白木豆五十個
沙祭器 壬戌九月日 1922
大梡十五個 朝鮮沙器大梡十七個
濁酒沙鉢二個 仝 接小豆十個
燒酒沙鉢三十三個 祭酒瓶白色二個
備具品
長盤二個
木俎二個
洋燈一台
文具箱二個
鮮文席二個

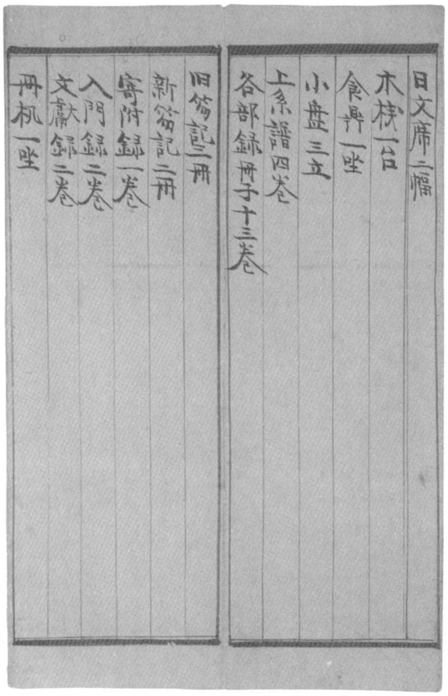
日文席二幅
木枕一台
食卓一坐
小盤三立
上系譜四卷
各部錄冊子十三卷
旧簿記二冊
新簿記二冊
寄附錄一卷
入門錄二卷
文獻錄二卷
冊机一坐

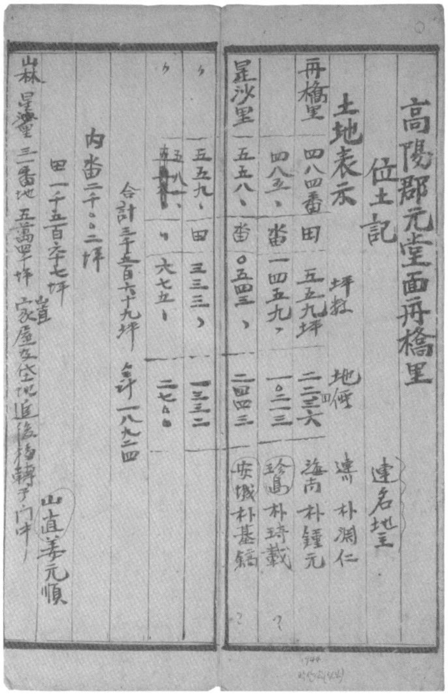

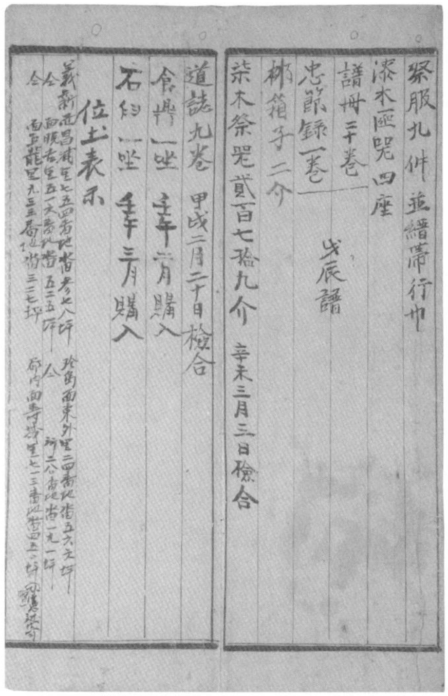

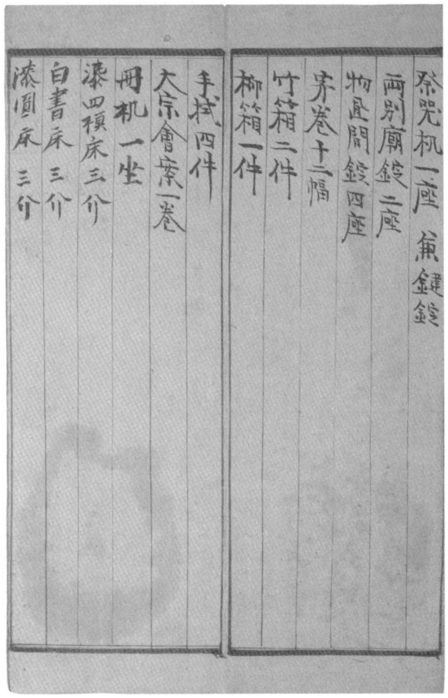

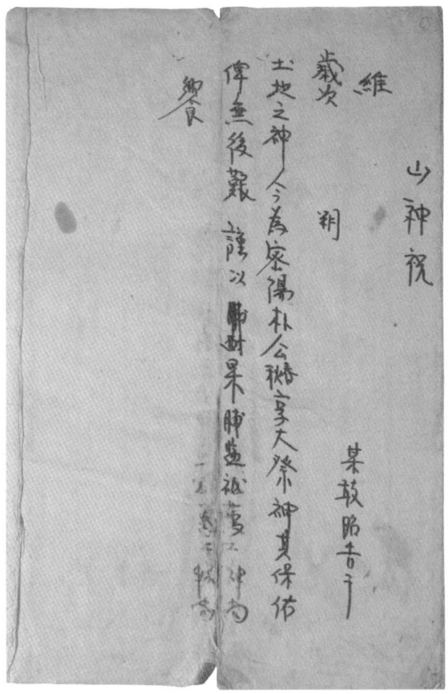

笏記 2

1917년, 10×30.3

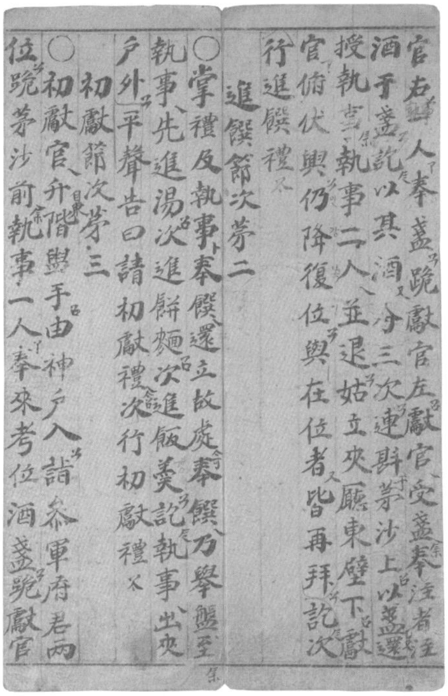

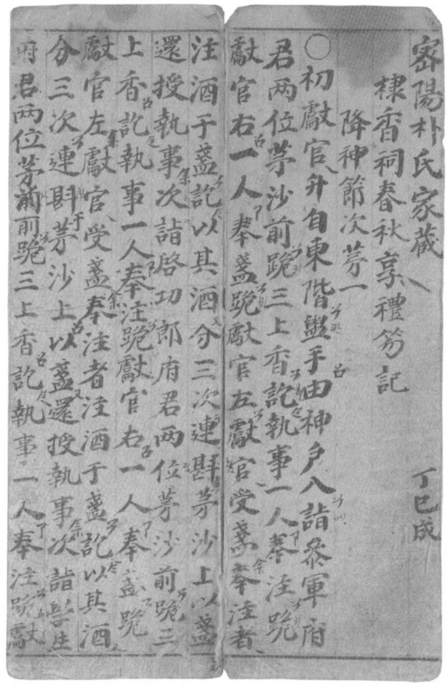

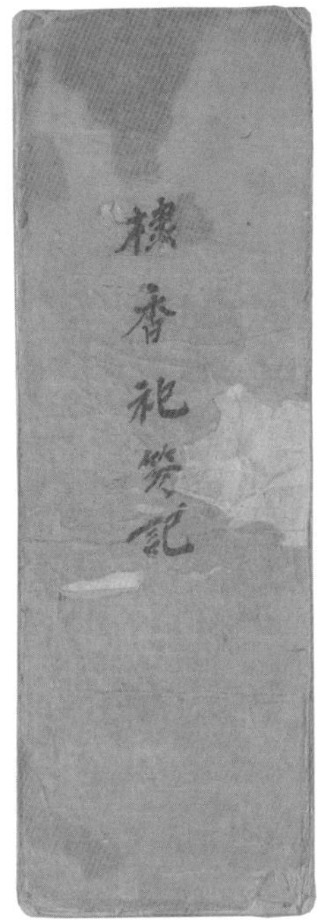

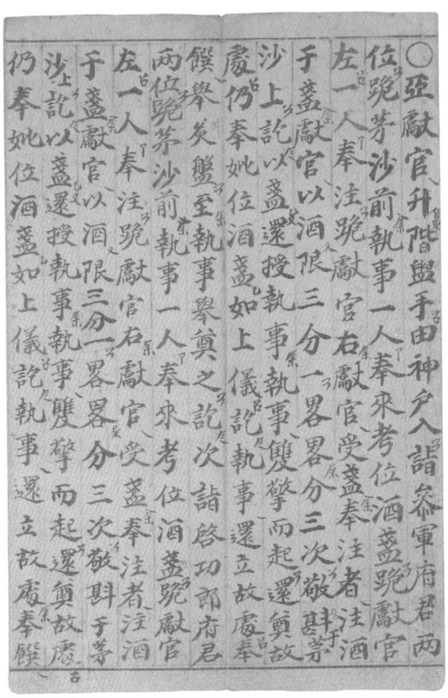

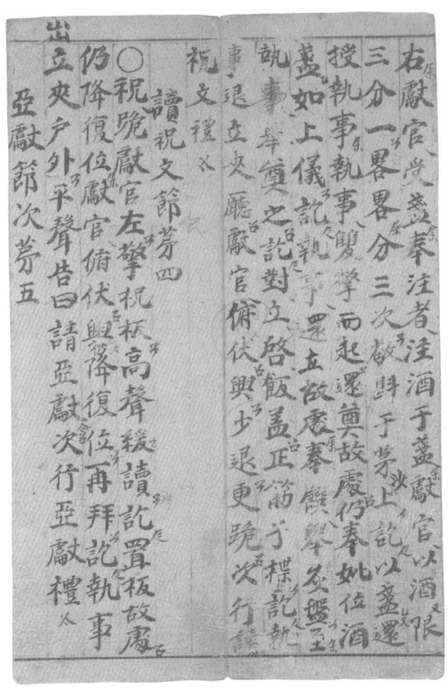

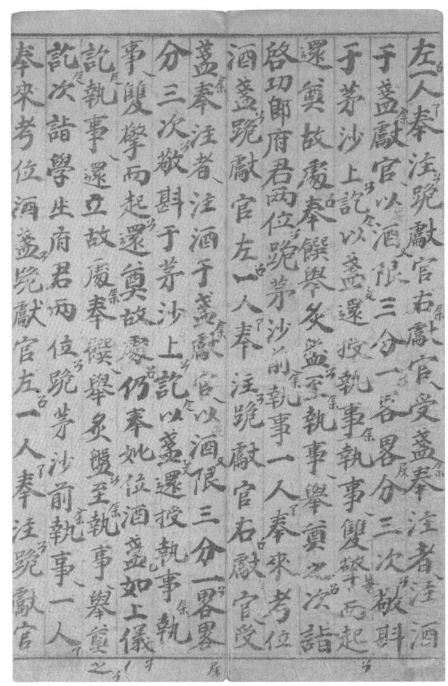

밀양박씨 집에서 보관한 棣香祠의 春秋享禮의 홀기

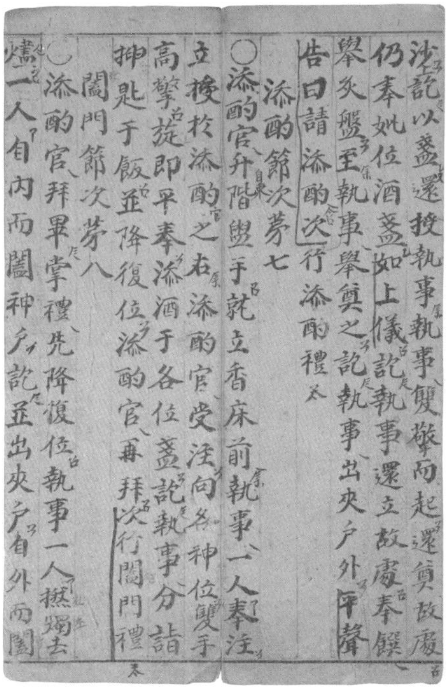

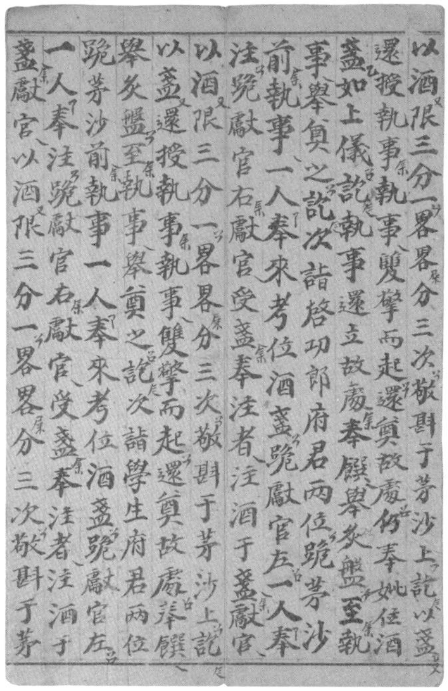

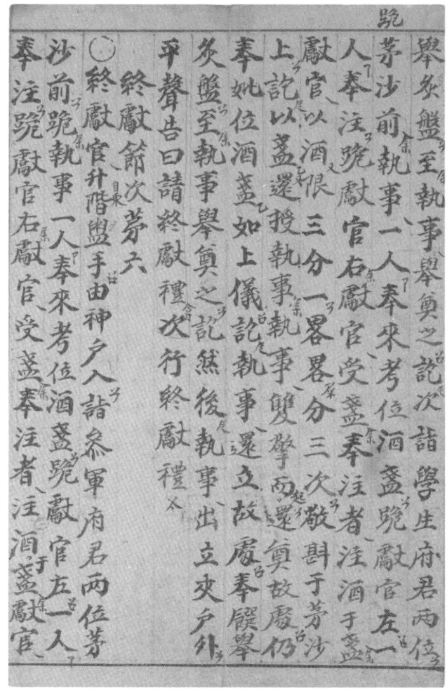

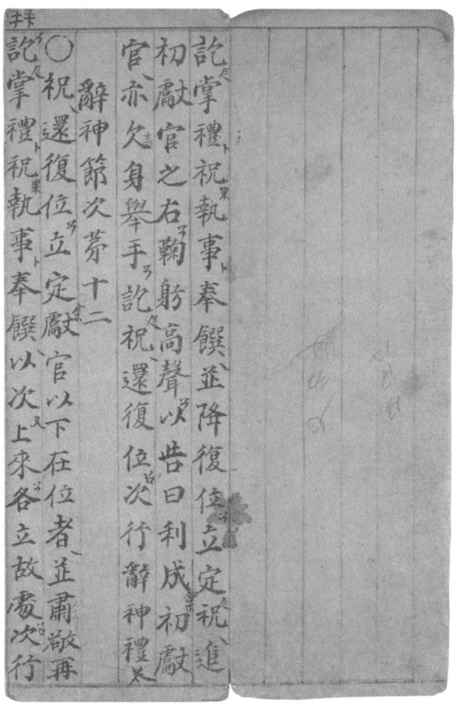

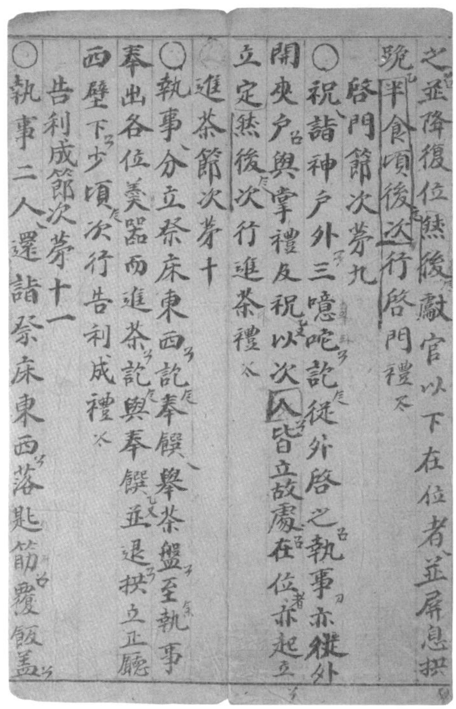

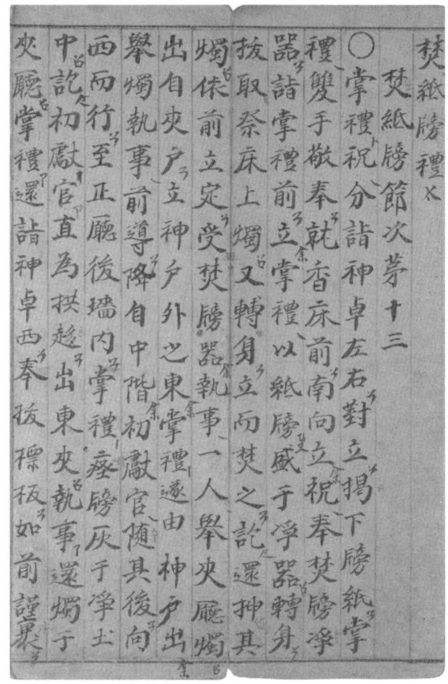
焚紙牓禮
○焚紙牓節次第十三
○掌禮祝分詣神卓左右對立揖下牓紙掌
禮雙手敬奉就香床前南向立祝奉焚牓淨
器詣掌禮前立掌禮以紙牓盛于淨器轉身
拔取祭床上燭文轉身立而焚之訖還神其
燭依前立定受焚牓器執事一人舉夾廳燭
出自夾戶立神戶外之東掌禮還由神戶出
舉燭執事前導降自中階初獻官隨其後向
西而行至正廳後墻內掌禮瘞牓灰于淨土
中訖初獻官直為拱趍出東夾執事還燭于
夾廳掌禮還詣神卓西奉抜櫝板如前謹某

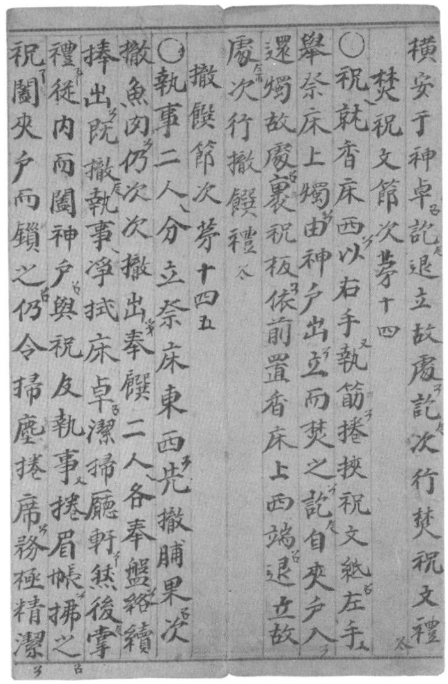
橫安于神卓訖退立故處訖次行焚祝文禮
○焚祝文節次第十四
○祝就香床西以右手執笏搢挾祝文紙左手
舉祭床上燭由神戶出立而焚之訖自夾戶入
還燭故處褁祝板依前置香床上西端退立故
處次行撤饌禮
撤饌節次第十四五
○執事二人分立祭床東西先撤脯果次
撤魚肉仍次次撤出奉饌二人各奉盤移續
捧出院撤執事淨拭床卓潔掃廳軒然後掌
禮徒內而閤神戶與祝及執事捲眉帳拂之
祝闔夾戶而鎖之仍令掃塵捲席務極精潔

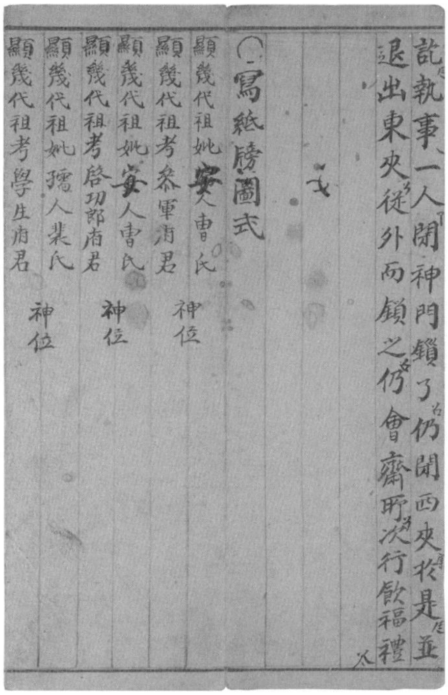
訖執事一人閉神門鎖了仍閉西夾於是並
退出東夾從外而鎖之仍會齋所次行飮福禮
○寫紙牓圖式
顯幾代祖妣安人曺氏 神位
顯幾代祖考叅軍府君 神位
顯幾代祖妣安人曺氏 神位
顯幾代祖考啓功郎府君
顯幾代祖妣孺人裴氏 神位
顯幾代祖考學生府君

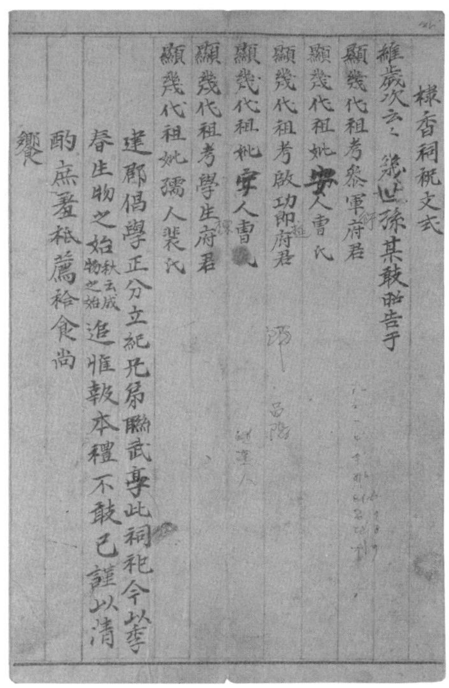
棣香祠祝文式
維歲次云云幾世孫某敢昭告于
顯幾代祖考叅軍府君
顯幾代祖妣安人曺氏
顯幾代祖考啓功郎府君
顯幾代祖妣安人曺氏
顯幾代祖考學生府君
顯幾代祖妣孺人裴氏
逮郞偶學正分立祀先象聯武享此祠祀今以季
春生物之始(秋云成物之始)追惟報本禮不敢忘謹以清
酌庶羞祇薦祫食尚
饗

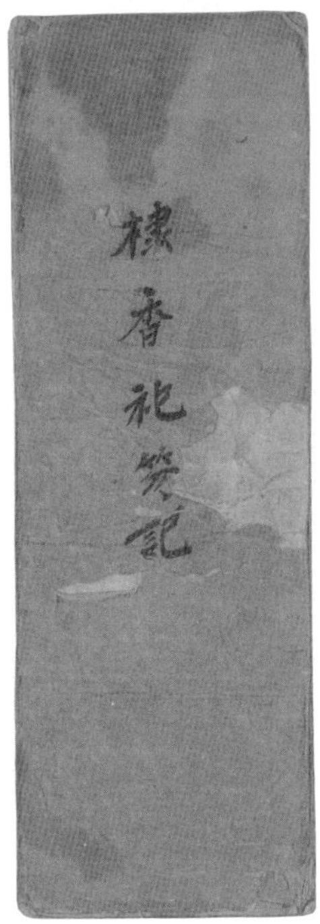
棣香祀笏記

葬擇記 1

50×46

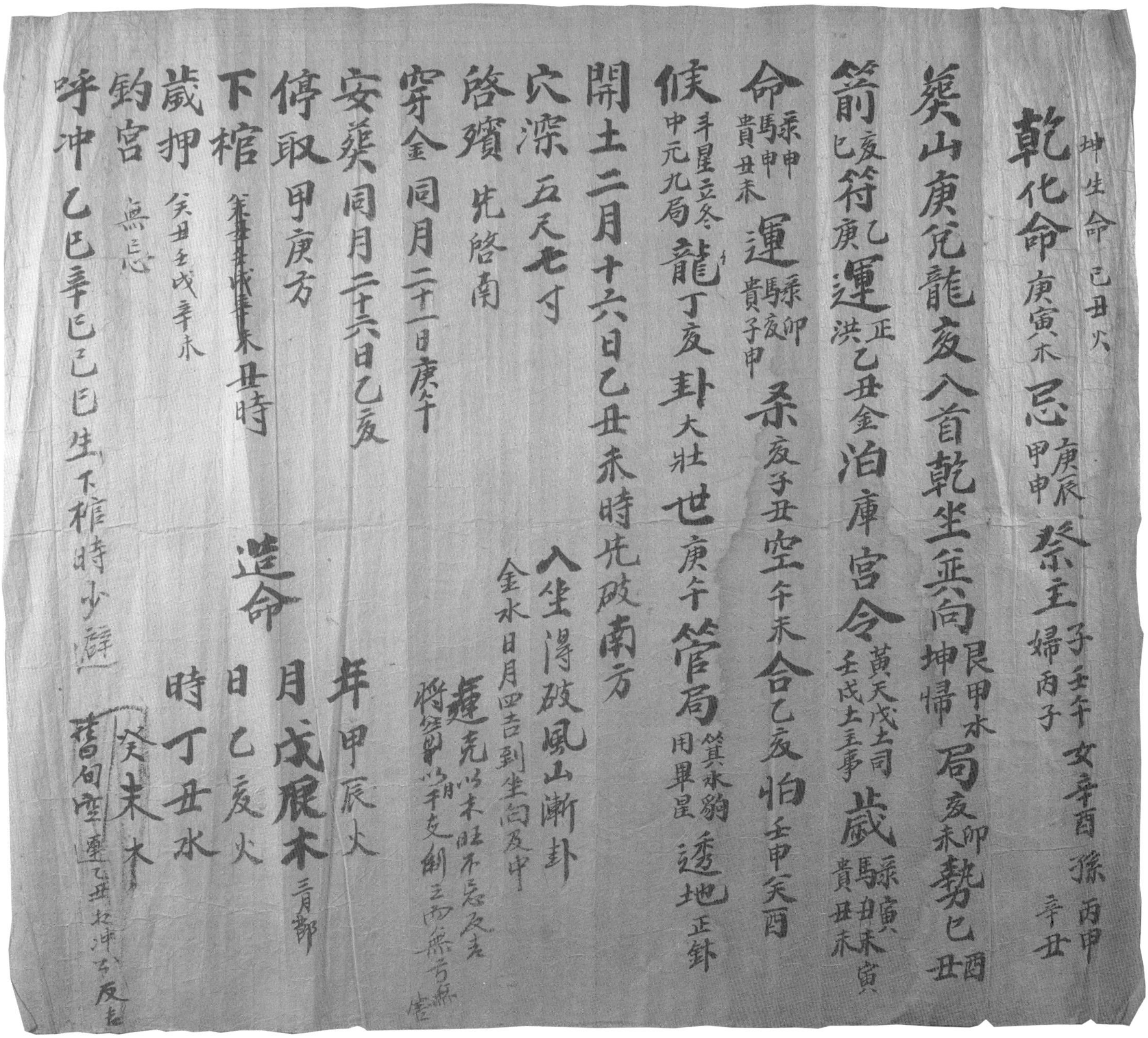

庚寅生인 金熙淳의 葬事 日時를 정하는 葬事擇日記

傳掌記 1

27×32

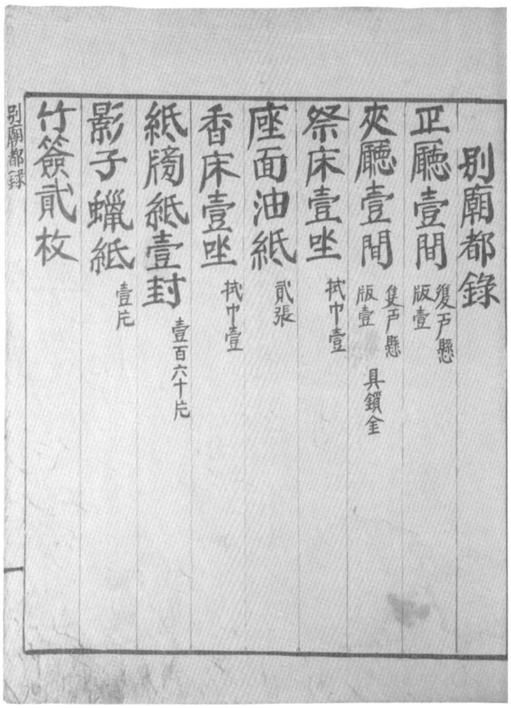

別廟都錄
亞廳壹間 覆戶懸版壹
夾廳壹間 覆戶懸版壹 具鎖金
祭床壹坐 拭巾壹
座面油紙 貳張
香床壹坐 拭巾壹
紙牓紙壹封 壹百六十片
影子蠟紙 壹片
竹簽貳枚

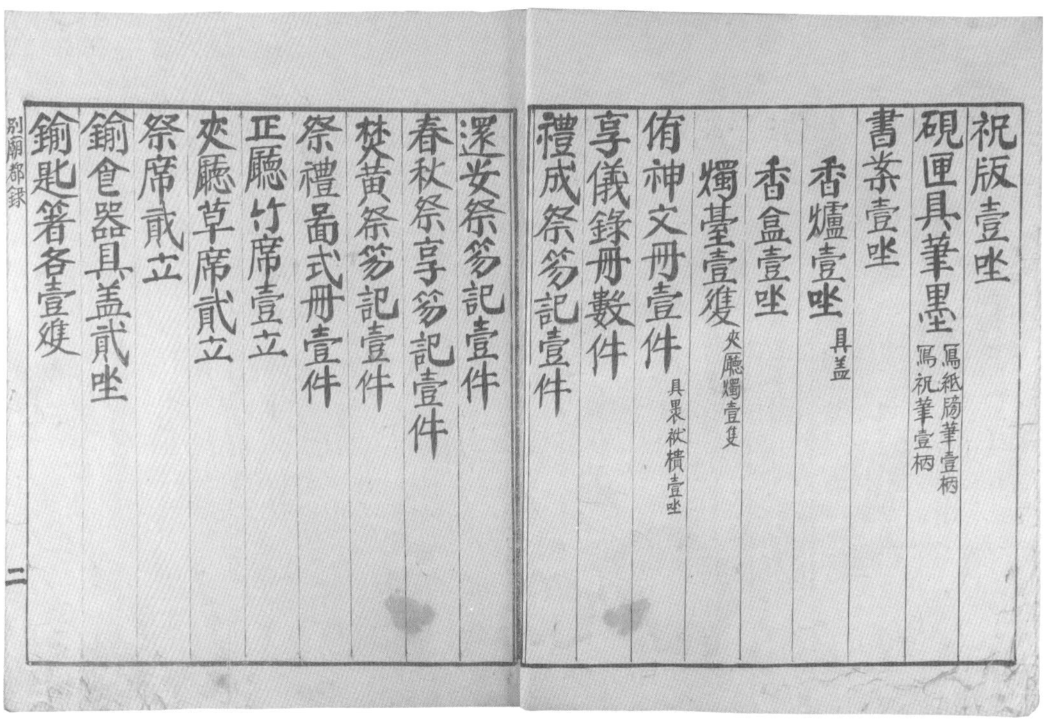

祝版壹坐
硯匣具筆墨 寫紙牓筆壹柄 寫祝筆壹柄
書案壹坐
香爐壹坐 具盖
香盒壹坐
燭臺壹雙 夾廳燭壹雙
侑神文冊壹件 具褁袱褙壹坐
享儀錄冊數件
禮成祭笏記壹件

別廟都錄
還安祭笏記壹件
春秋祭享笏記壹件
焚黃祭笏記壹件
祭禮畵式冊壹件
亞廳竹席壹立
夾廳草席貳立
祭席貳立
鍮食器具盖貳坐
鍮匙箸各壹雙

충정사의 別廟都錄

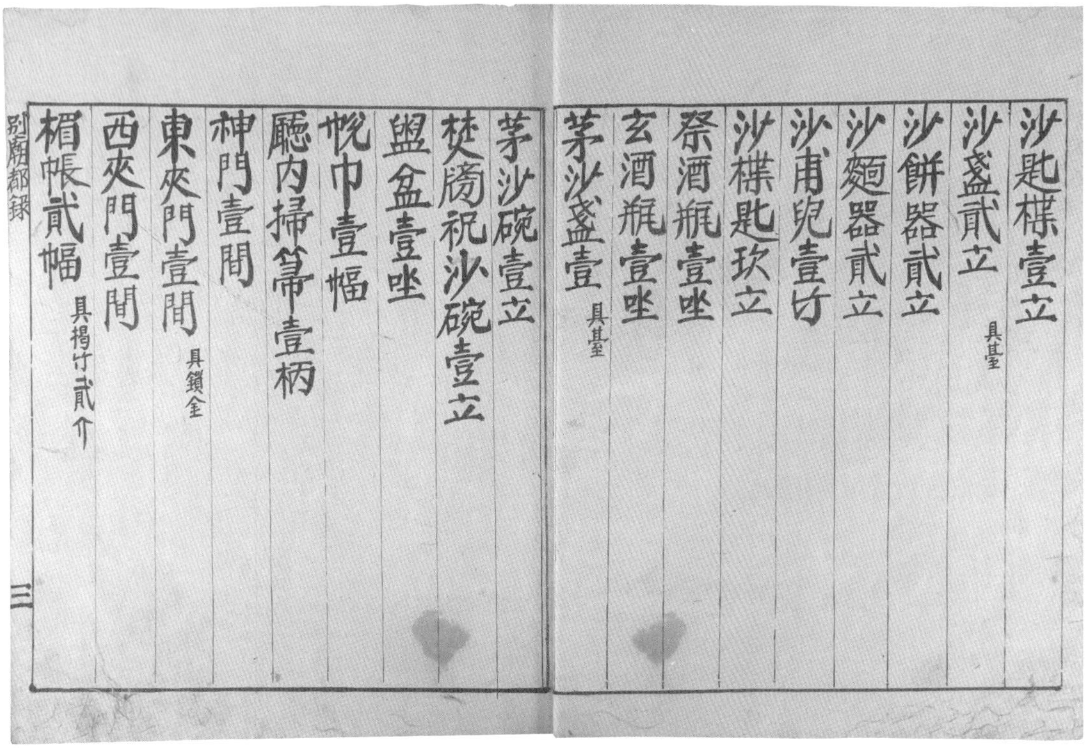
別廟都錄 三

沙匙楪壹立
沙盞貳立 具臺
沙餠器貳立
沙麪器貳立
沙甫兒壹竹
沙楪匙玖立
祭酒甁壹坐
玄酒甁壹坐
茅沙盞壹 具臺
茅沙碗壹立
焚膋祝沙碗壹立
盥盆壹坐
帨巾壹幅
廳內掃箒壹柄
神門壹間
東夾門壹間 具鎖金
西夾門壹間
楣帳貳幅 具揭竹貳介

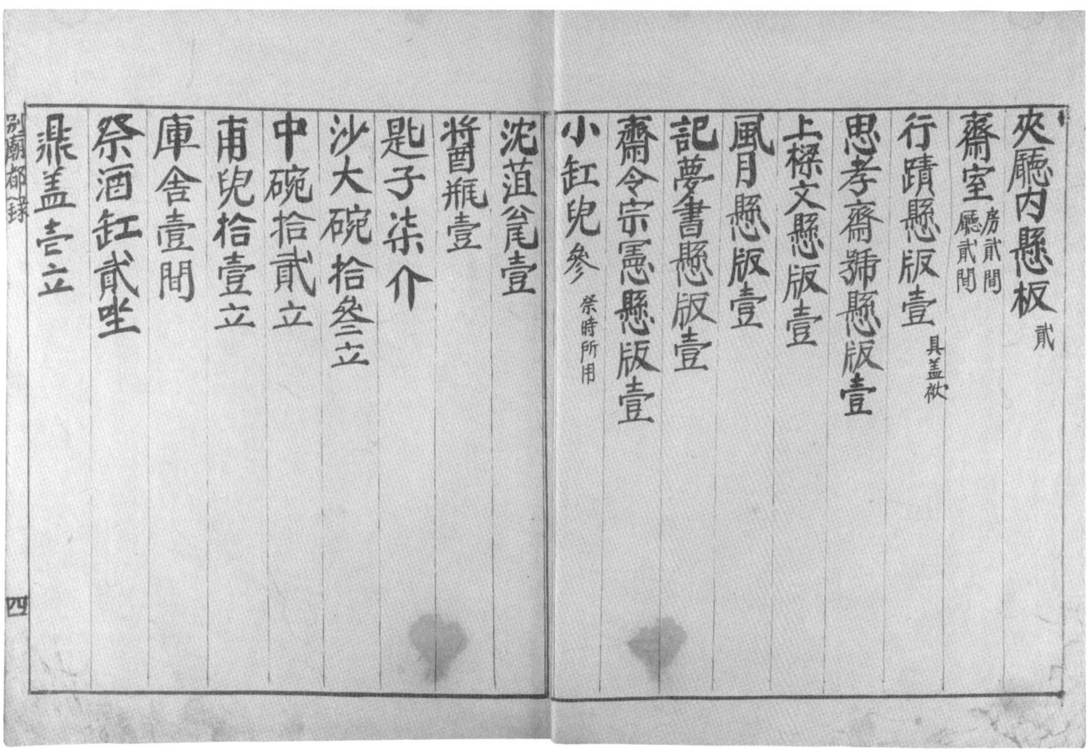
別廟都錄 四

夾廳內懸板 貳
齋室 房貳間 廳貳間
行蹟懸版壹 具盖袱
思孝齋辨懸版壹
上樑文懸版壹
風月懸版壹
記夢書懸版壹
齋令宗憲懸版壹
小釭兒參 祭時所用
沈菹瓮壹
醬甁壹
匙子柒介
沙大碗拾叄立
中碗拾貳立
甫兒拾壹立
庫舍壹間
祭酒釭貳坐
鼎盖壹立

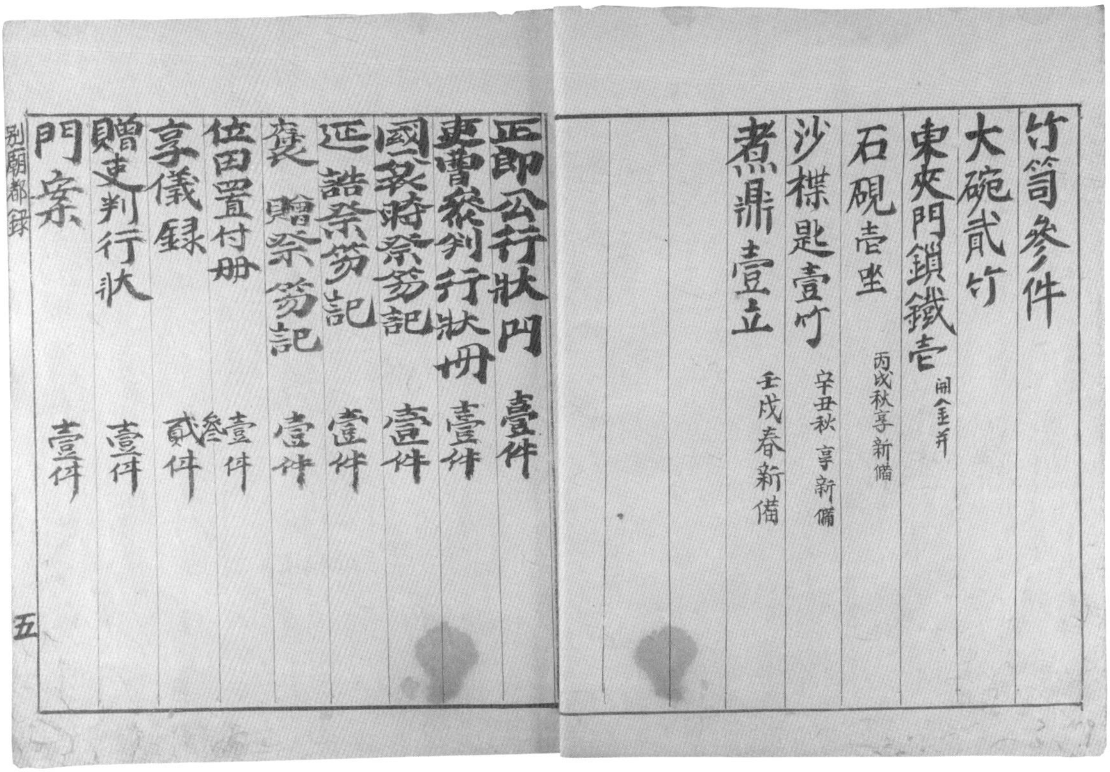

竹筒參件
大碗貳竹
東夾門鎖鐵壹 開金并
石硯壹坐 丙戌秋享新備
沙楪匙壹竹 辛丑秋享新備
煮鼎壹立 壬戌春新備

正郞公行狀門 壹件
吏曹叅判行狀冊 壹件
國叅將祭笏記 壹件
延諡祭笏記 壹件
襄贈祭笏記 壹件
位田置付冊 壹件
享儀錄 叅貳件
贈吏判行狀 壹件
門案 壹件

別廟都錄 五

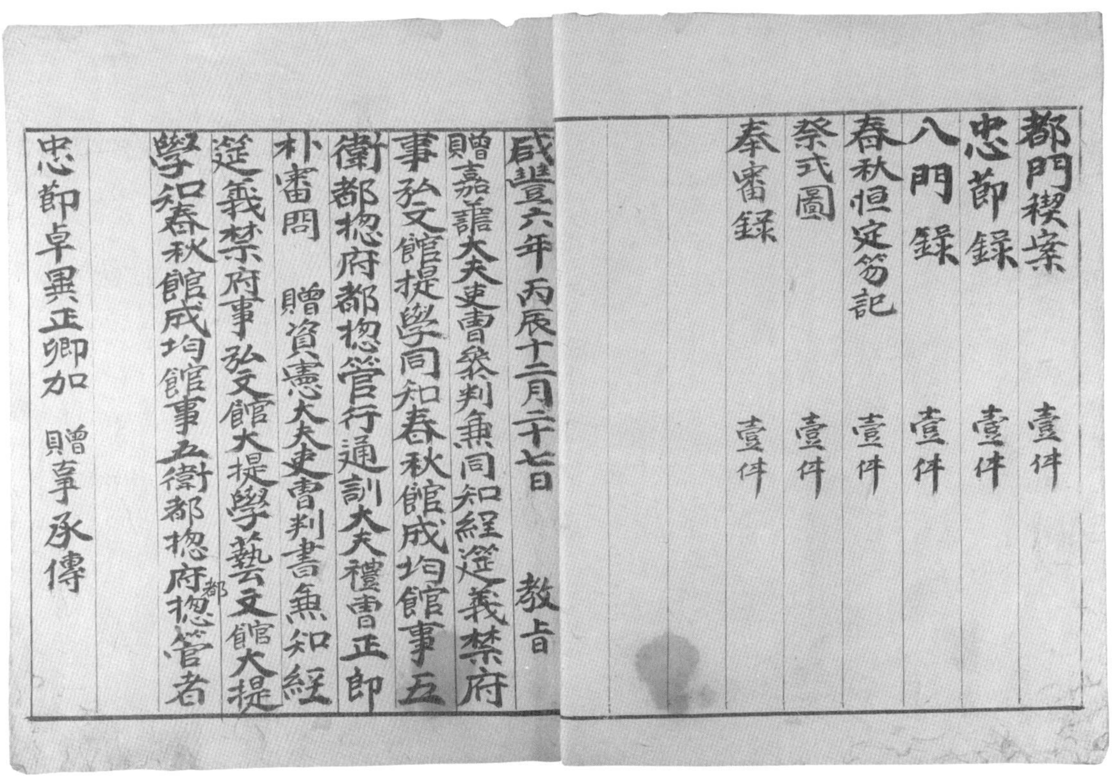

都門楔案 壹件
忠節錄 壹件
八門錄 壹件
春秋恒定笏記 壹件
祭式圖 壹件
奉審錄 壹件

咸豐六年丙辰十二月二十七日 教旨
贈嘉善大夫吏曹叅判兼同知經筵義禁府
事弘文館提學同知春秋館成均館事五
衛都摠府都摠管行通訓大夫禮曹正郞
朴審問 贈資憲大夫吏曹判書兼知經
筵義禁府事弘文館大提學藝文館大提
學知春秋館成均館事五衛都摠府都摠管者
忠節卓異正卿加 贈享承傳

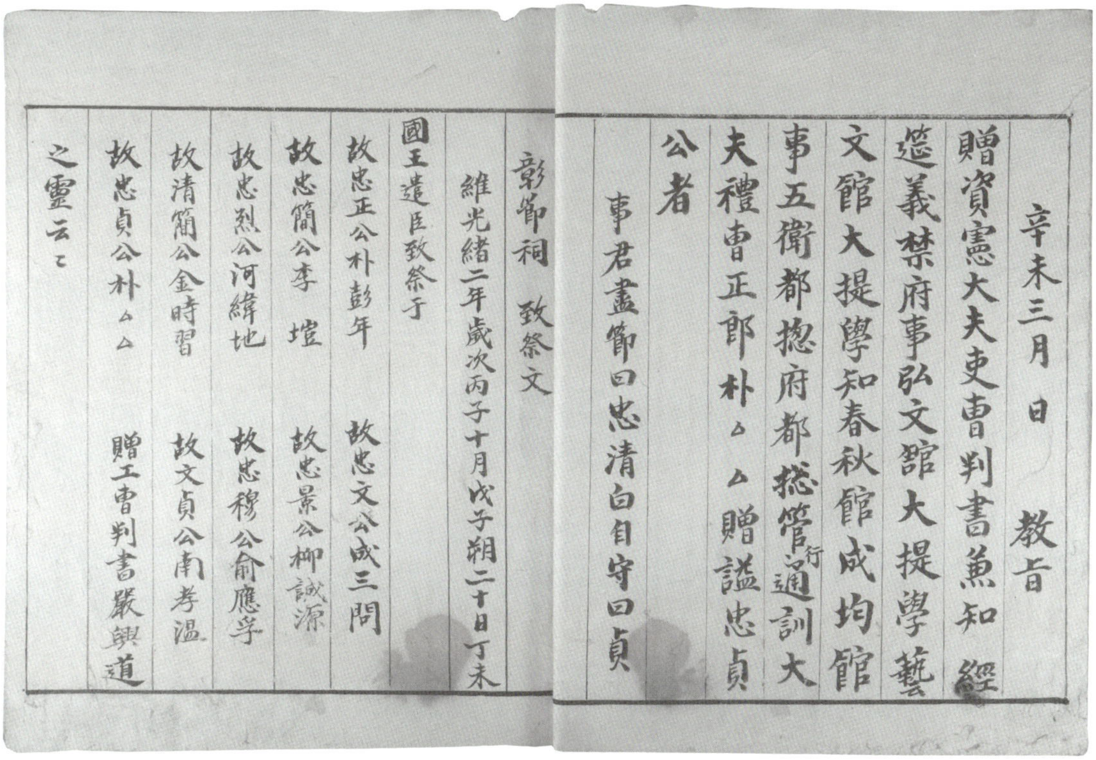

辛未三月 日 教旨

贈資憲大夫吏曹判書兼知經
筵義禁府事弘文舘大提學藝
文館大提學知春秋館成均館
事五衛都摠府都摠管行通訓大
夫禮曹正郎朴ㅿㅿ贈諡忠貞
公者

事君盡節曰忠 清白自守曰貞

彰節祠 致祭文

維光緖二年歲次丙子十月戊子朔二十日丁未
國王遣臣致祭于
故忠正公朴彭年 故忠文公成三問
故忠簡公李塏 故忠景公柳誠源
故忠烈公河緯地 故忠穆公兪應孚
故清簡公金時習 故文貞公南孝溫
故忠貞公朴ㅿㅿ 贈工曹判書嚴興道
之靈云云

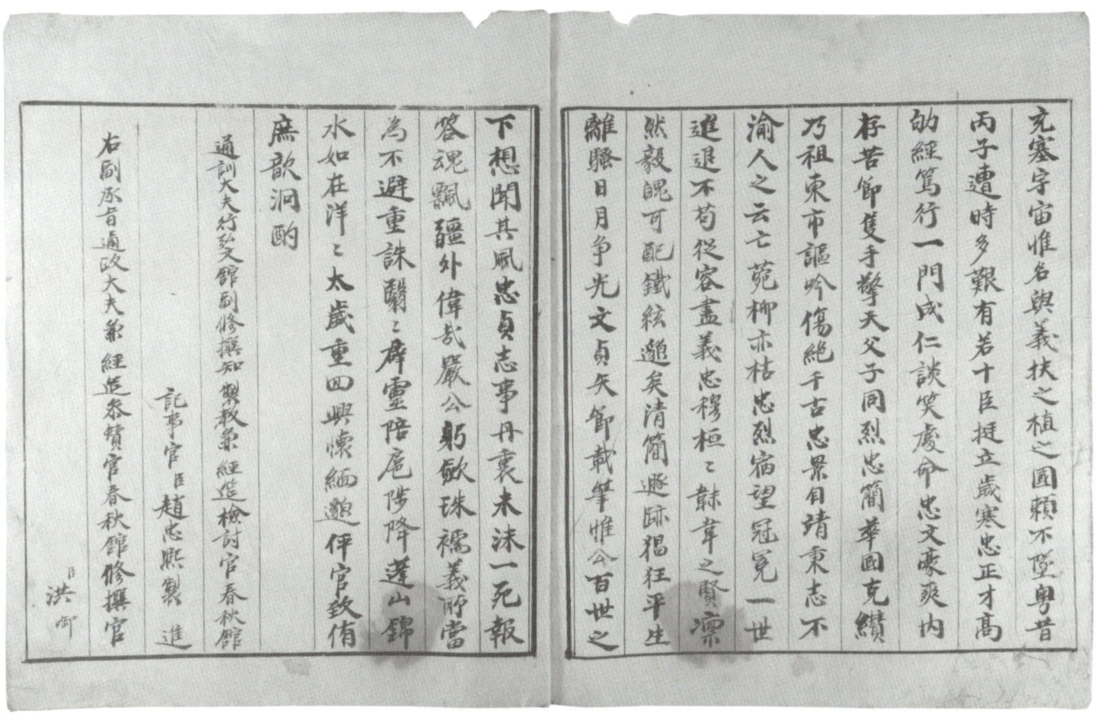

克塞宇宙惟名與義扶之植之罔頼不墜粤昔
丙子遭時多艱有若十臣挺立歲寒忠正才高
的經篤行一門成仁談笑處命忠文豪爽内
存苦節隻手擎天父子同烈忠簡華國克纘
乃祖東市謳吟傷絶千古忠景自靖東志不
渝人之云亡苑柳亦枯忠烈宿望冠冕一世
進退不苟從容盡義忠穆桓桓彝章之賢凜
然毅魄可配鐵絃邈矣清簡遯跡猖狂平生
離騷日月爭光文貞矢節載筆惟公百世之
下想聞其風忠貞志事丹衷未沫一死報
答魂飄疆外偉哉嚴公躬斂殊禍義所當
為不避重誅鬱鬱彝靈陪扈陟降莊山錦
水如在洋洋太歲重回興懷緬邈俾官致侑
庶歆洞酌

通訓大夫行弘文舘副修撰知製敎兼經筵檢討官春秋館
記事官臣趙忠熙製進

右副承旨通政大夫兼經筵參贊官春秋舘修撰官
臣洪 [illegible]

時到記 1

25×33

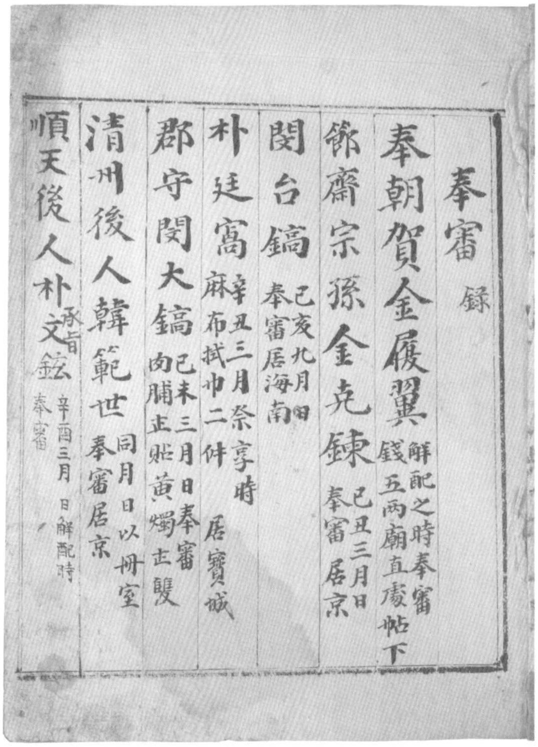

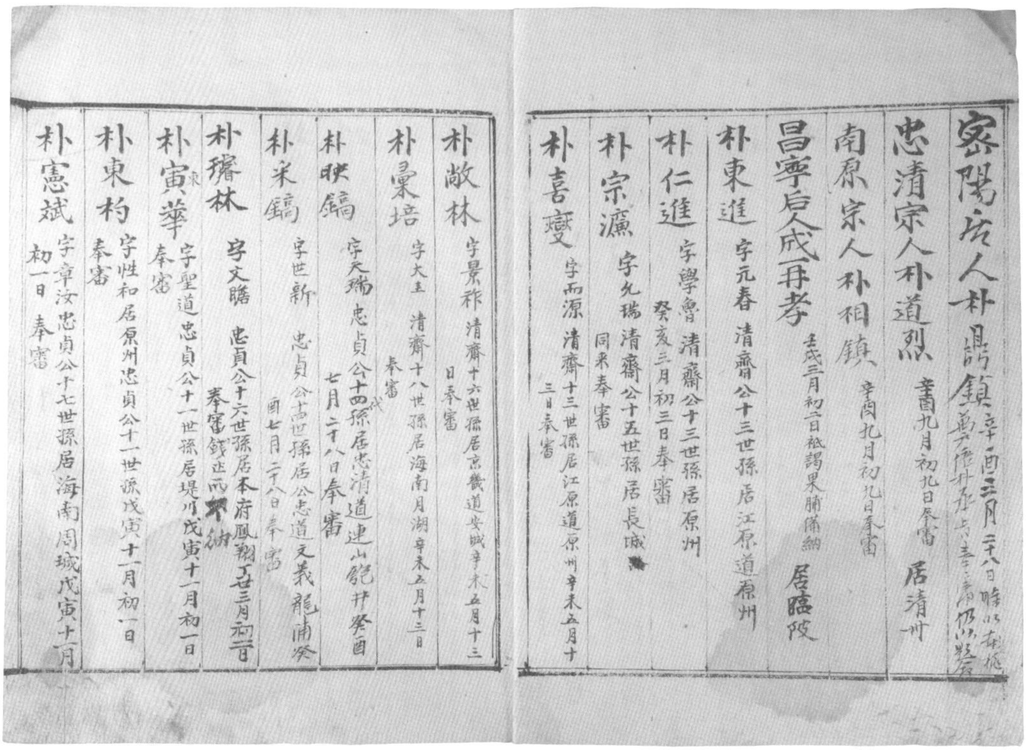

奉審錄으로 충정사에 봉심한 奉朝賀 金履翼, 節齋 종손 金克鍊, 民台鎬 등이 기록됨

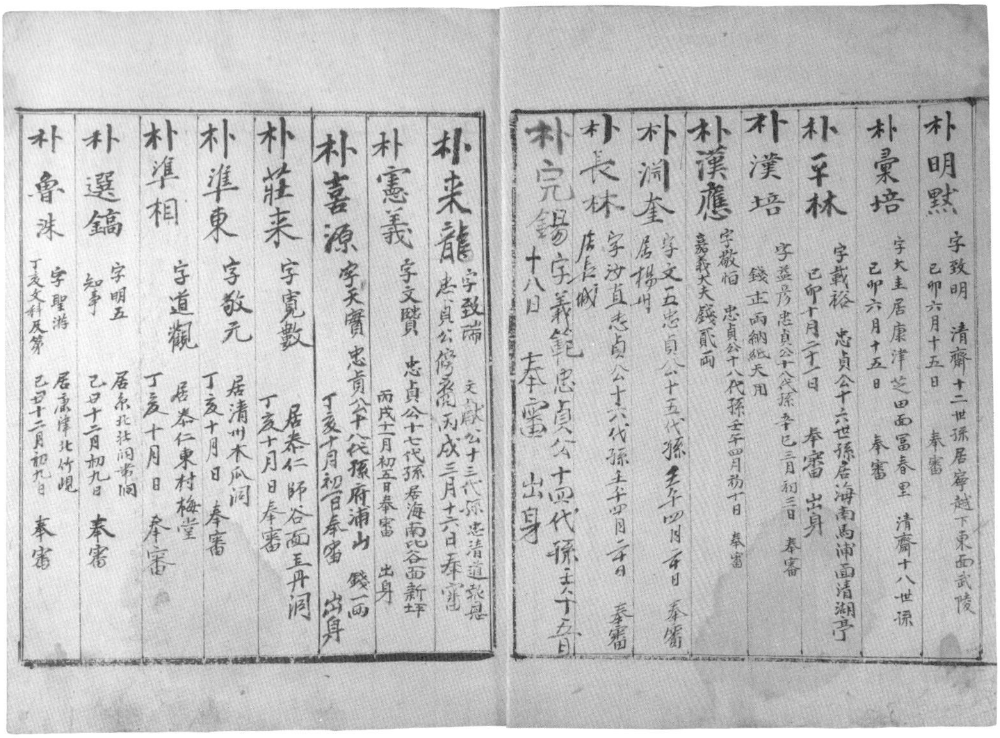

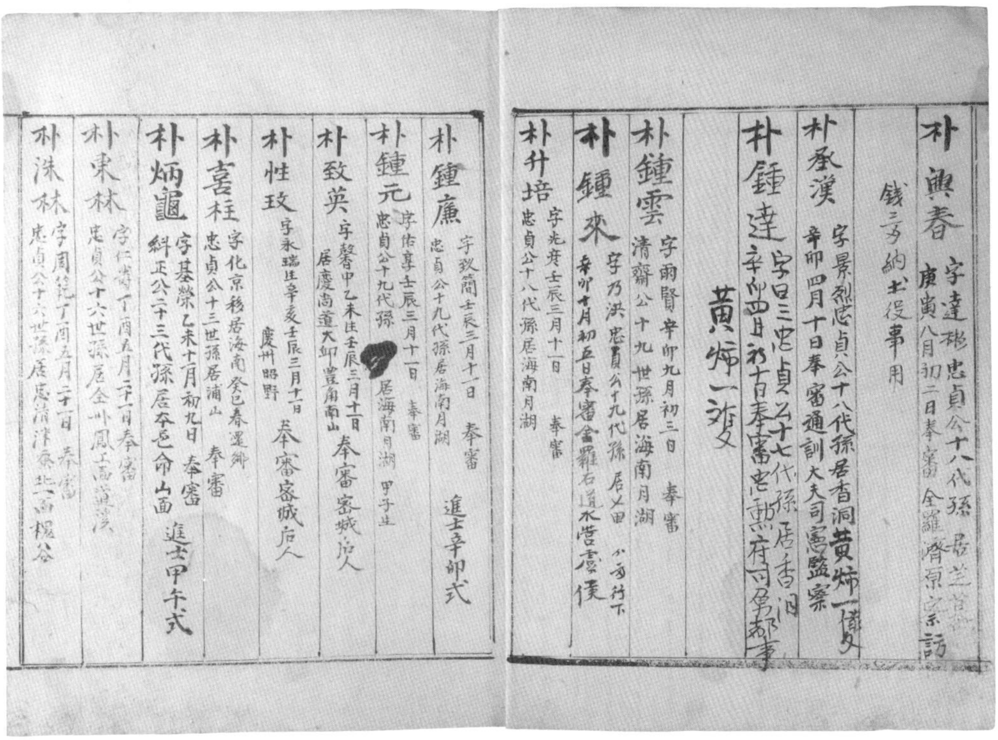

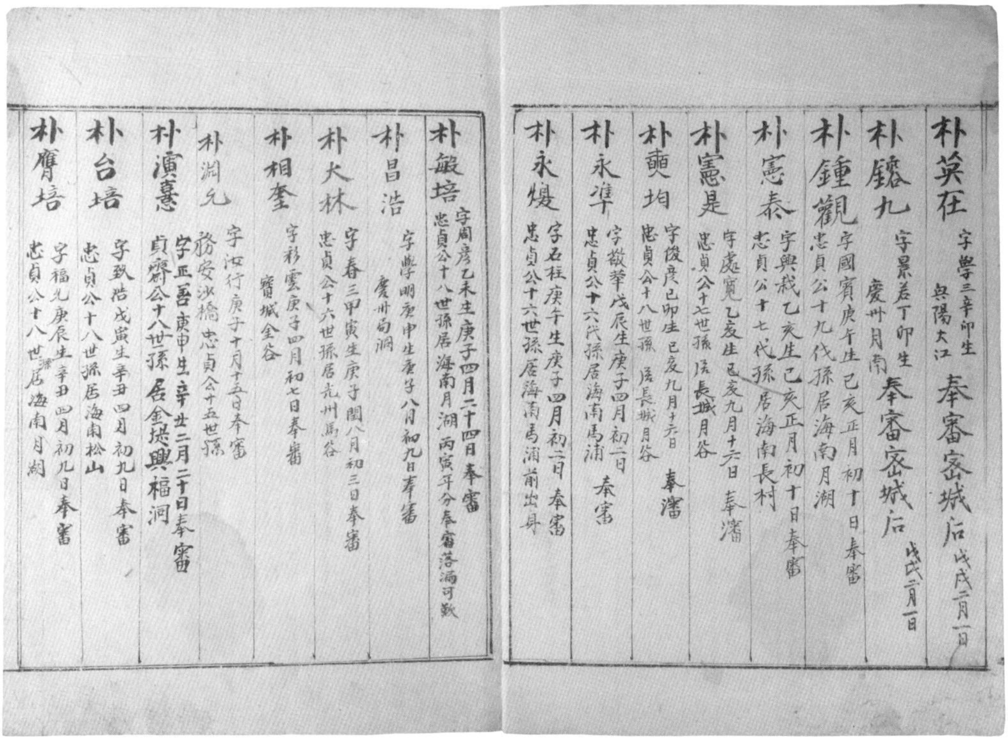

朴英在 字學三 辛卯生 與陽大江 奉審密城后 戊戌二月一日

朴鑅九 字景若 丁卯生 慶州月南 奉審密城后 戊戌二月一日

朴鍾觀 字國賓 庚午生 忠貞公十九代孫 居海南月湖 己亥正月初十日奉審

朴憲泰 字興哉 乙亥生 忠貞公十七代孫 居海南長村 己亥正月初十日奉審

朴憲是 字處寬 乙亥生 忠貞公十七世孫 居長城月谷 己亥九月十六日 奉審

朴夔均 字俊彦 己卯生 忠貞公十八世孫 居長城月谷 己亥九月十六日 奉審

朴永準 字徽華 戊辰生 忠貞公十六代孫 居海南馬浦 庚子四月初二日 奉審

朴永爕 字石柱 庚午生 忠貞公十六世孫 居海南馬浦前出身 庚子四月初二日 奉審

朴敏培 字周彦 乙未生 忠貞公十八世孫 居海南月湖 庚子四月二十四日奉審 丙寅年分奉審落漏可歎

朴昌浩 字學明 庚申生 慶州向洞 庚子八月初九日奉審

朴大林 字春三 甲寅生 忠貞公十六世孫 居光州馬谷 庚子閏八月初三日奉審

朴相奎 字彩雲 寶城金谷 庚子四月初七日奉審

朴淵允 字汝行 務安沙橋 忠貞公十五世孫 庚子十月十五日奉審

朴濱憙 字正善 庚申生 貞齋公十八世孫 居金堤興福洞 辛丑二月二十日奉審

朴台培 字致浩 戊寅生 忠貞公十八世孫 居海南松山 辛丑四月初九日奉審

朴膺培 字福允 庚辰生 忠貞公十八世孫 居海南月湖 辛丑四月初九日奉審

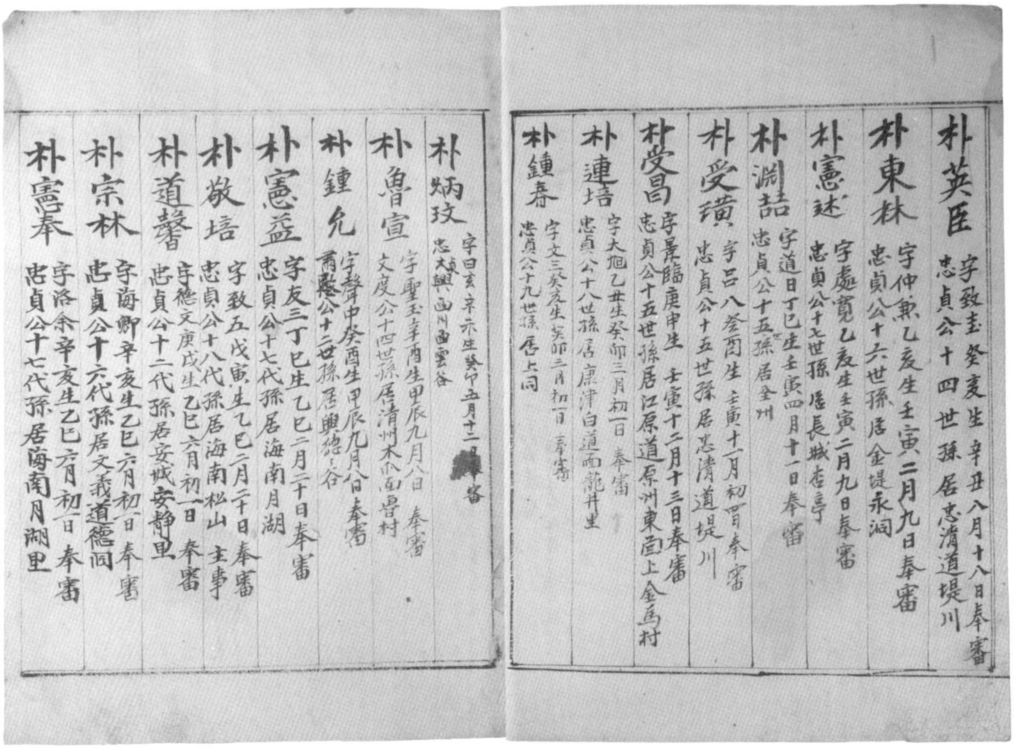

朴英臣 字致圭 癸亥生 忠貞公十四世孫 居忠清道堤川 辛丑八月十八日奉審

朴東林 字仲兼 乙亥生 忠貞公十六世孫 居金堤永洞 壬寅二月九日奉審

朴憲述 字處寬 乙亥生 忠貞公十七世孫 居長城杏亭 壬寅二月九日奉審

朴淵喆 字道日 丁巳生 忠貞公十五世孫 居全州 壬寅四月十一日奉審

朴受璜 字呂八 癸酉生 忠貞公十五世孫 居忠清道堤川 壬寅十一月初四日奉審

朴受昌 字景臨 庚申生 忠貞公十五世孫 居江原道原州東面上金馬村 壬寅十二月十三日奉審

朴連培 字大[illegible] 乙丑生 忠貞公十八世孫 居康津白道面龍井里 癸卯三月初一日 奉審

朴鍾春 字文三 癸亥生 忠貞公十九世孫 居上同 癸卯三月初一日 奉審

朴炳玟 字白玄 辛亥生 忠貞公 興西州西雲谷 癸卯五月十二日奉審

朴魯宣 字聖玉 辛酉生 文度公十四世孫 居清州木伐面魯村 甲辰九月八日 奉審

朴鍾允 字聲中 癸酉生 肅愍公十二世孫 居興德谷 甲辰九月八日奉審

朴憲益 字友三 丁巳生 忠貞公十七代孫 居海南月湖 乙巳二月二十日奉審

朴敬培 字致五 戊寅生 忠貞公十八代孫 居海南松山 主事 乙巳二月二十日奉審

朴道馨 字德文 庚戌生 忠貞公十二代孫 居安城安靜里 乙巳六月初一日 奉審

朴宗林 字海卿 辛亥生 忠貞公十六代孫 居文義道德洞 乙巳六月初一日奉審

朴憲奉 字洛余 辛亥生 忠貞公十七代孫 居海南月湖里 乙巳六月初一日 奉審

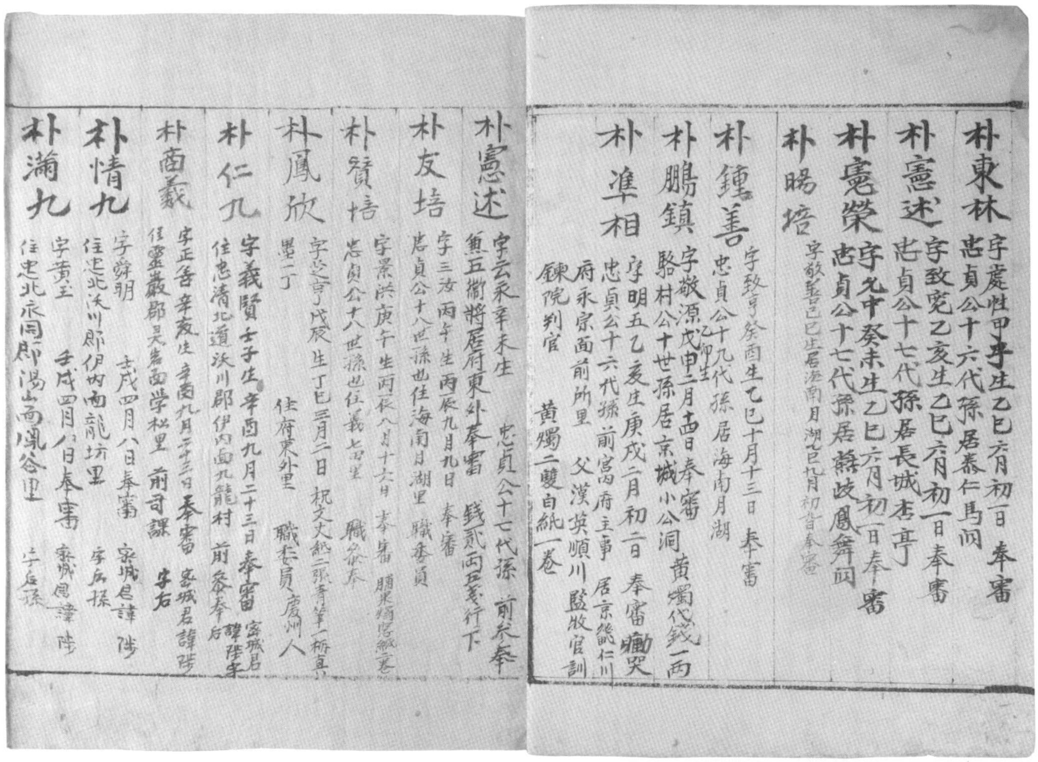

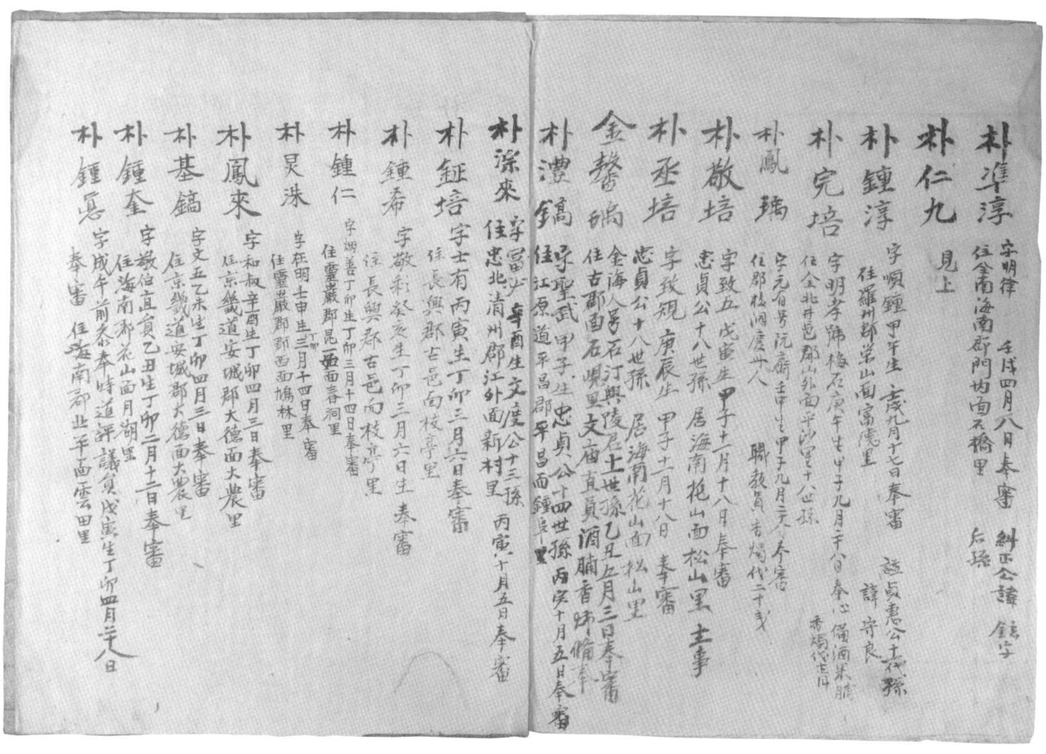

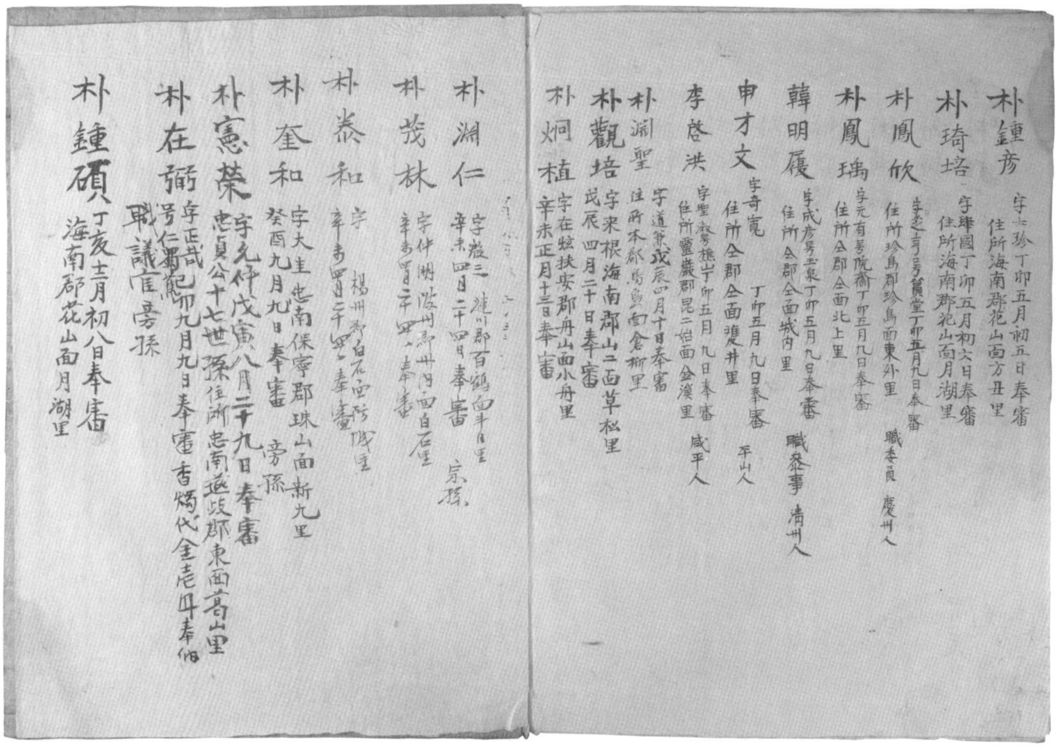

朴鍾彥
朴琦培
朴鳳欣
朴鳳瑞
韓明履
申才文
李啓洪
朴淵聖
朴觀培
朴炯植
朴淵仁
朴茂林
朴恭和
朴奎和
朴憲榮
朴在𥙿
朴鍾碩

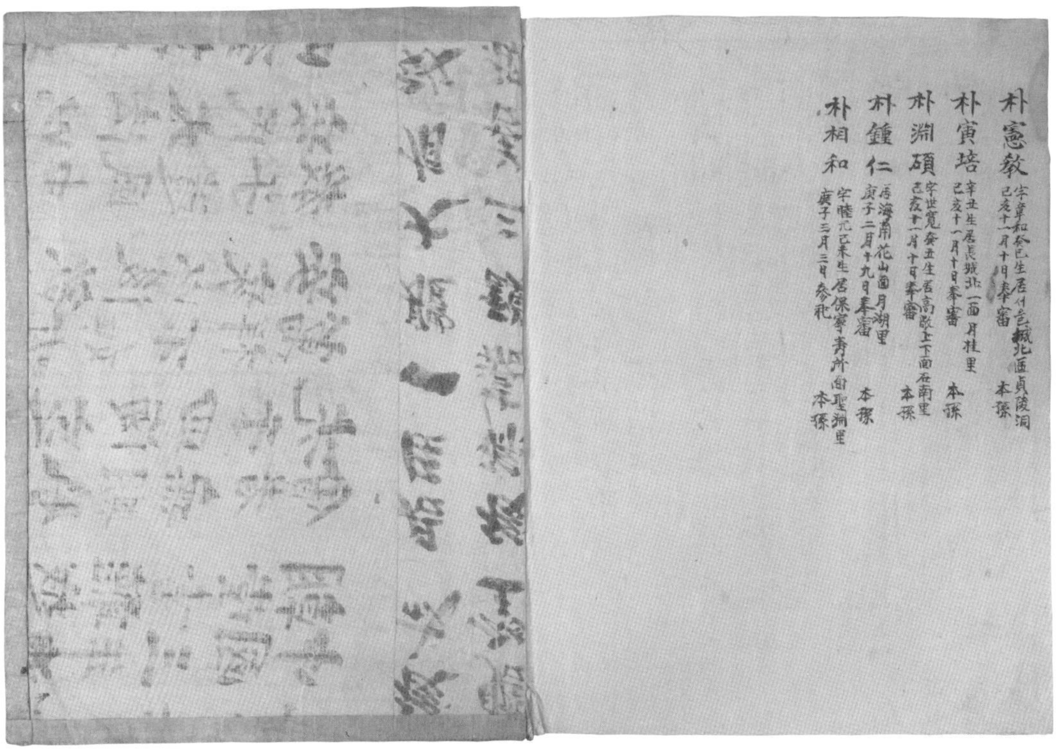

朴憲教
朴寅培
朴淵碩
朴鍾仁
朴相和

享儀錄 1

29×34

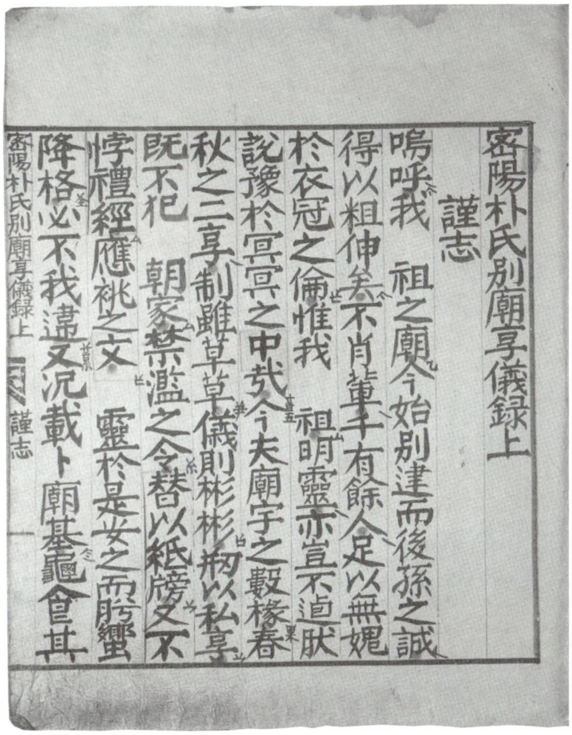

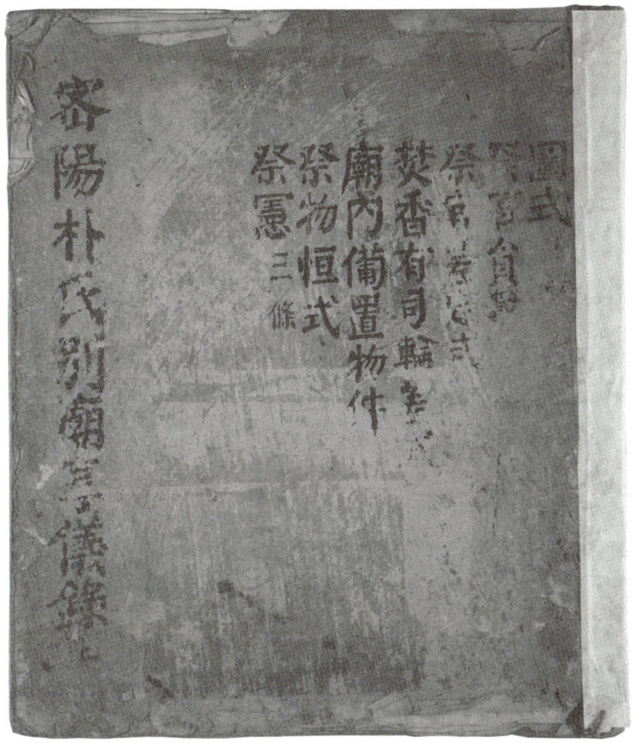

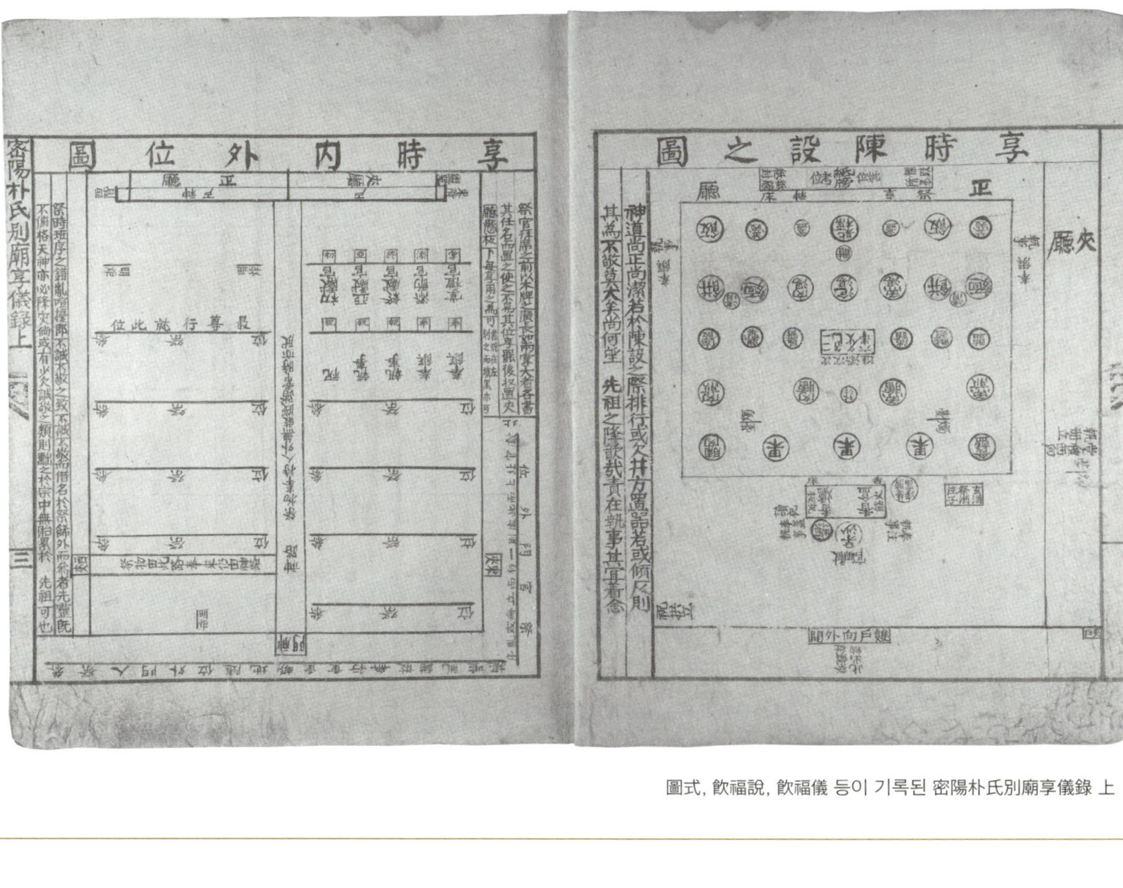

圖式, 飮福說, 飮福儀 등이 기록된 密陽朴氏別廟享儀錄 上

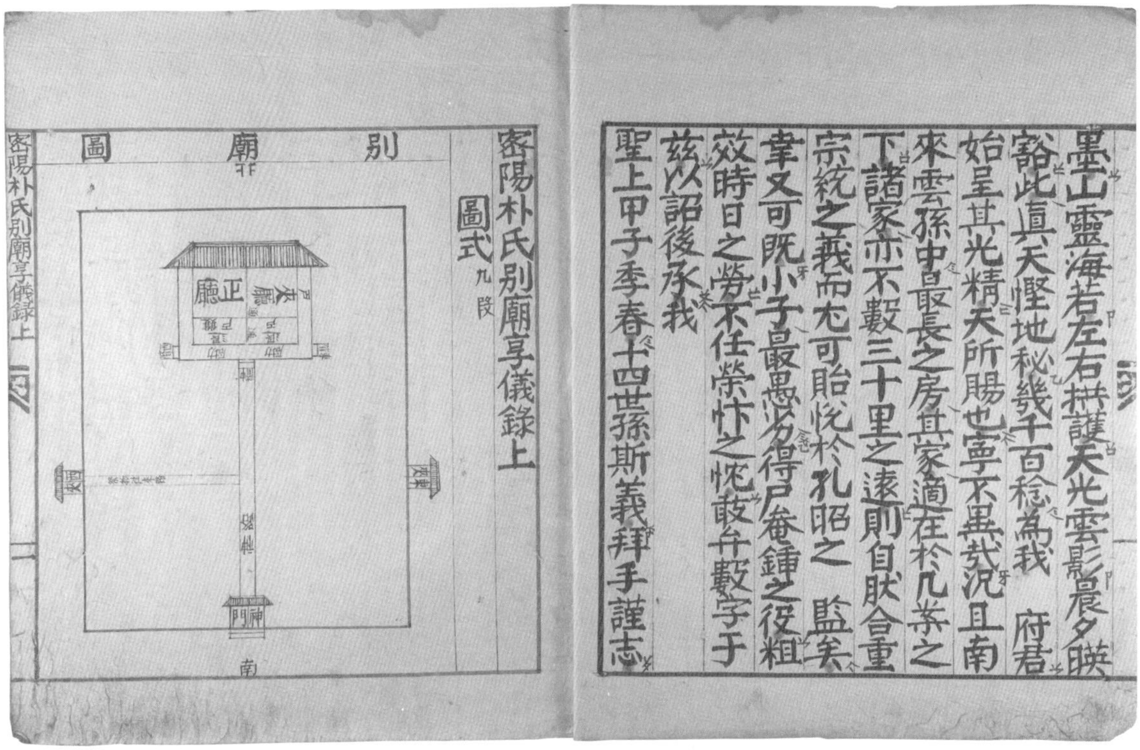
寄陽朴氏別廟享儀錄上
別廟圖
圖式 九段
正廳
夾廳
神門
南
北
墨山靈海若左右拱護天光雲影晨夕暎
翳此眞天慳地秘幾千百稔爲我 府君
始呈其光精天所賜也寧不異哉况且南
來雲孫中最長之房其家適在於几筵之
下諸家亦不數三十里之遠則自然合重
宗統之義而尤可貽恱於孔昭之 監矣
辛又可旣小子最愚劣得尸奄鍾之役粗
效時日之勞不任榮忭之悰敢弁數字于
玆以詔後承我
聖上甲子季春十四世孫斯義拜手謹志

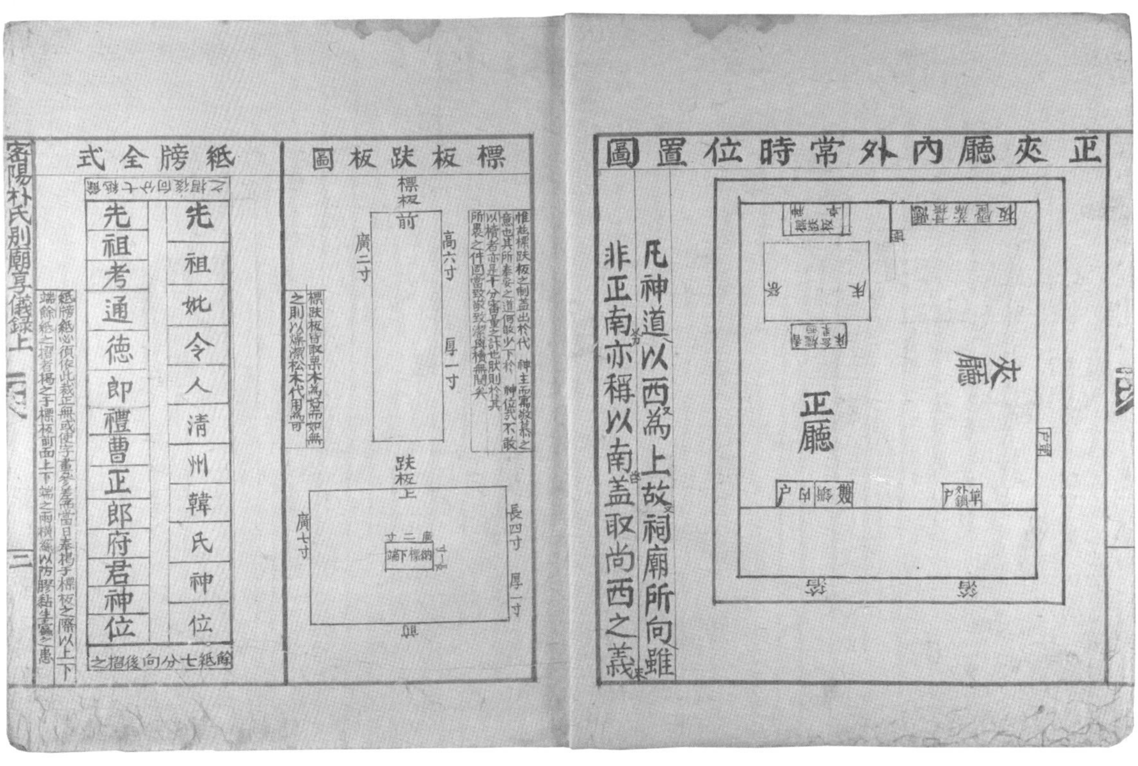
寄陽朴氏別廟享儀錄上
紙牓全式
先祖考通德郎禮曹正郎府君神位
先祖妣令人淸州韓氏神位
標板趺板圖
標板
前
高六寸
厚一寸
廣二寸
趺板
上
長四寸
厚一寸
廣七寸
正夾廳內外常時位置圖
凡神道以西爲上故祠廟所向雖
非正南亦稱以南盖取尚西之義
正廳
夾廳
床

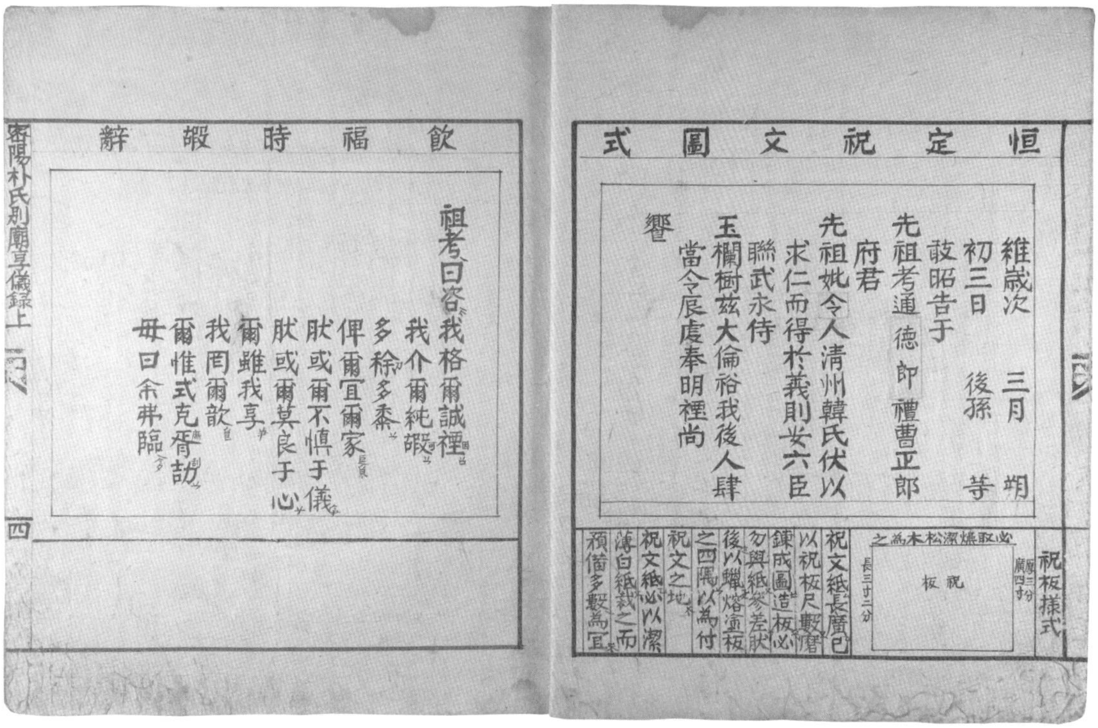
恒定祝文圖式
維歲次 三月 朔
初三日 後孫 等
敢昭告于
先祖考通德郎禮曹正郎
府君
先祖妣令人清州韓氏伏以
求仁而得於義則安六臣
聯武永侍
玉欄樹茲大倫裕我後人肆
當令辰虔奉明禋尚
饗
祝板樣式
飮福時嘏辭
祖考曰咨我格爾誠禋
我介爾純嘏
多稌多黍
俾爾宜爾家
肰或爾不慎于儀
肰或爾莫良于心
爾雖我享
我罔爾歆
爾惟式克胥詁
毋曰余弗臨
密陽朴氏別廟享儀錄上

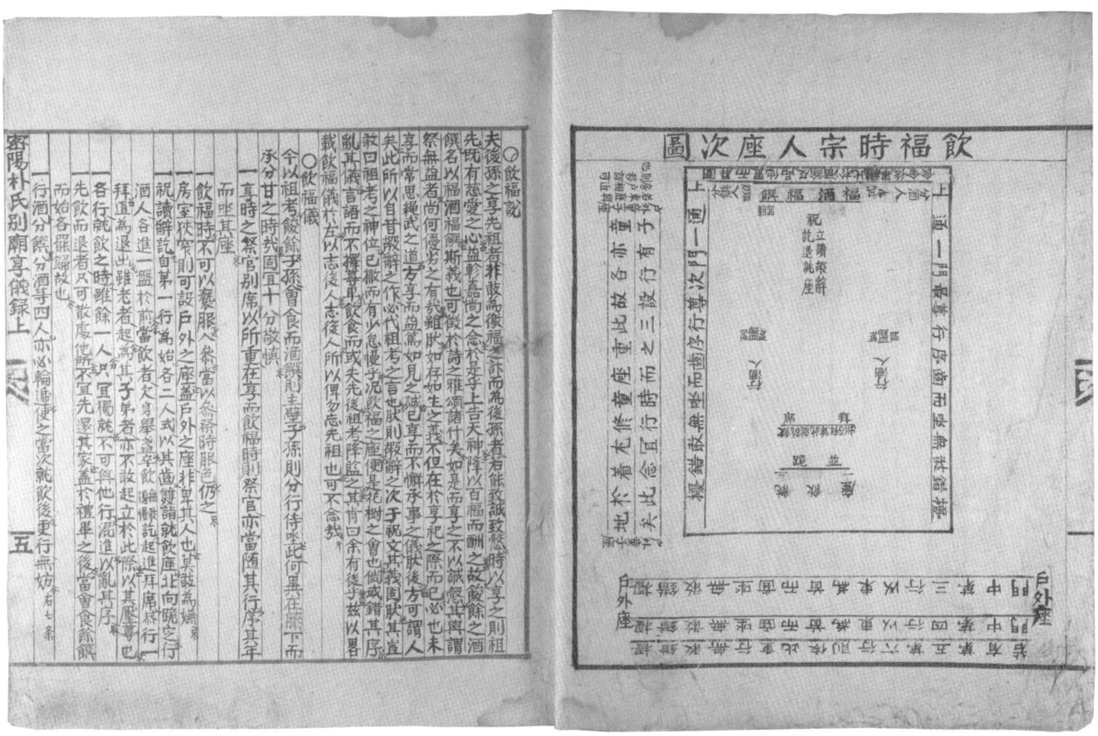
飮福時宗人座次圖
○飮福說
○飮福儀
密陽朴氏別廟享儀錄上

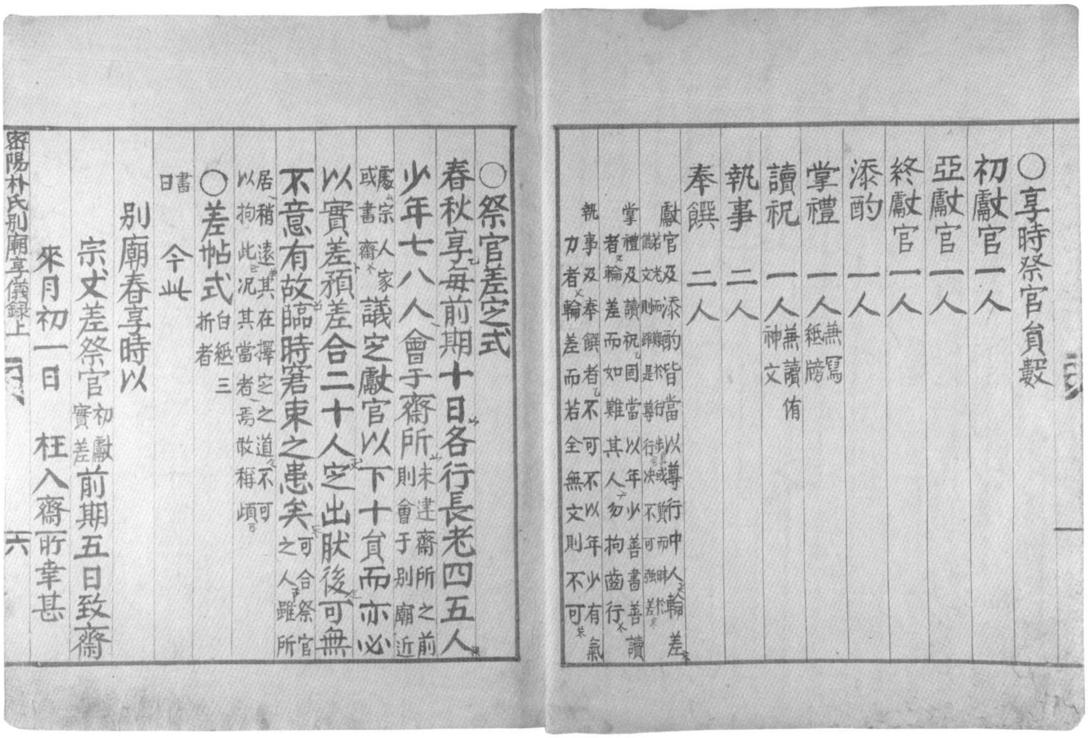
密陽朴氏別廟享儀錄上 六

○祭官差定之式
春秋享每前期十日各行長老四五人少年七八人會于齋所議定獻官以下十員而亦必以實差預差合二十人定之然後可無不意有故臨時窘束之患矣
○差帖式
今此
別廟春享時以
宗丈差祭官前期五日致齋
來月初一日 枉入齋所幸甚

○享時祭官負數
初獻官一人
亞獻官一人
終獻官一人
添酌一人
掌禮一人
讀祝一人
執事二人
奉饌二人

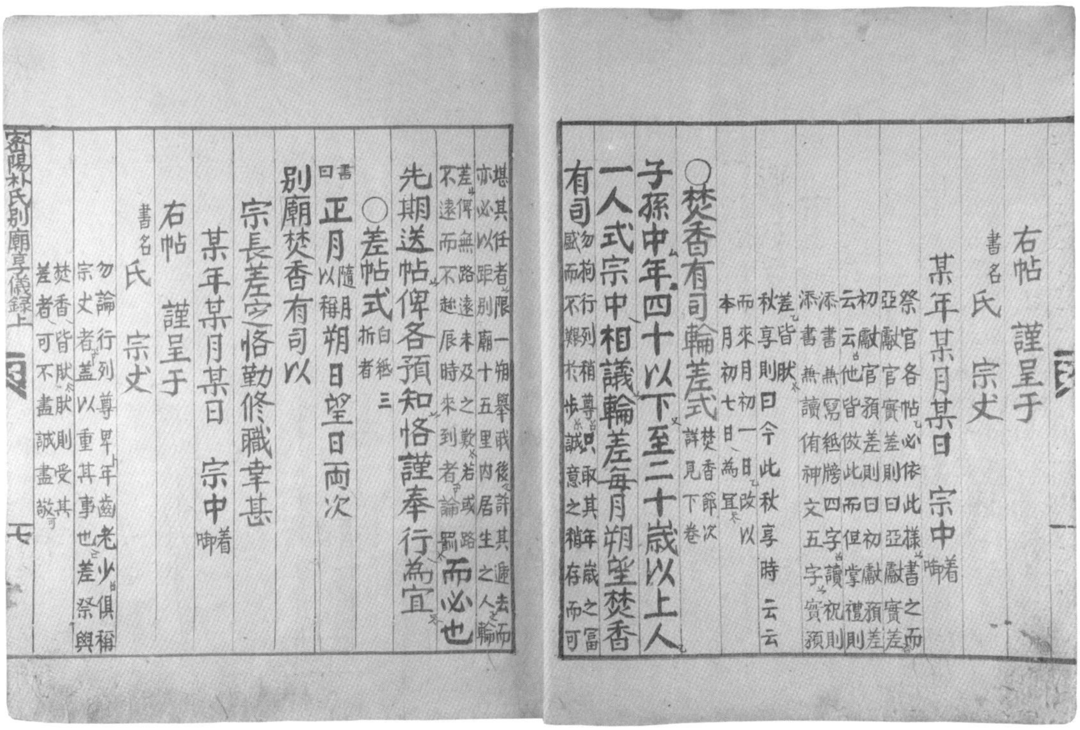
密陽朴氏別廟享儀錄上 七

先期送帖俾各預知恪謹奉行爲宜
○差帖式
正月 日 望日兩次
別廟焚香有司以
宗長差定恪勤修職幸甚
某年某月某日 宗中
右帖 謹呈于
氏 宗丈

右帖 謹呈于
氏 宗丈
某年某月某日 宗中
○焚香有司輪差式
子孫中年四十以下至二十歲以上人一人式宗中相議輪差每月朔望焚香
有司

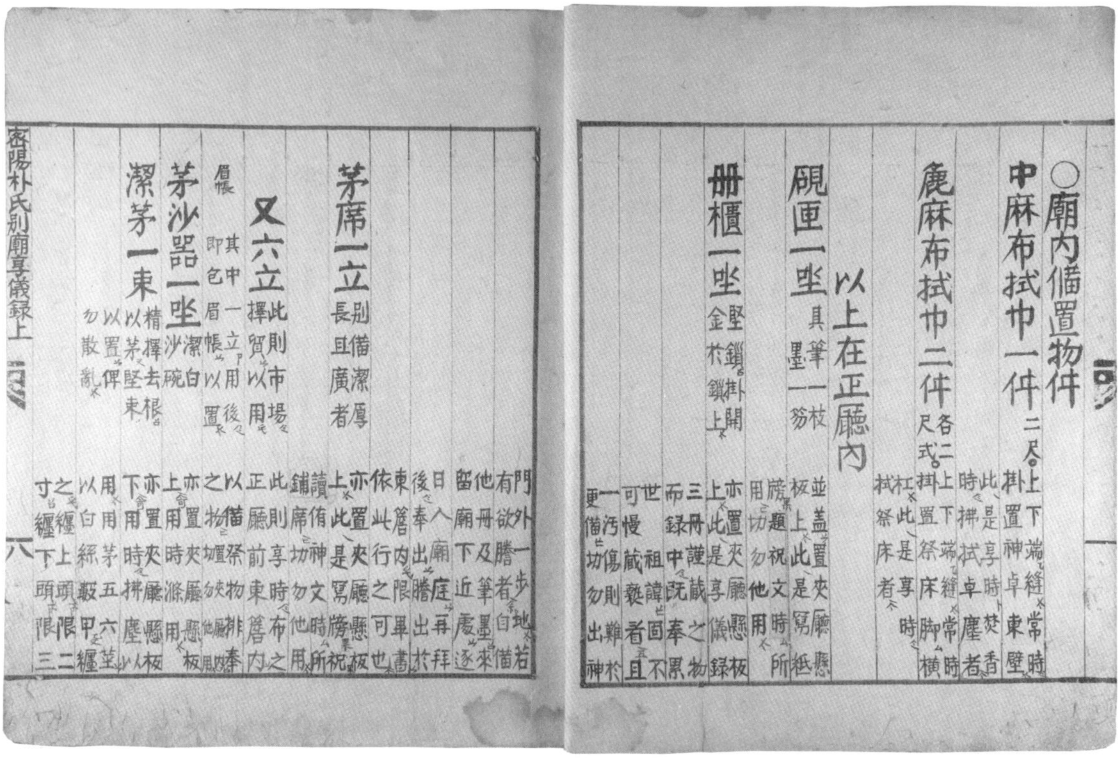
○廟內備置物件
中麻布拭巾一件
麤麻布拭巾二件
以上在正廳內
硯匣一坐
冊櫃一坐
茅席一立
又六立
茅沙器一坐
潔茅一束
密陽朴氏別廟享儀錄上

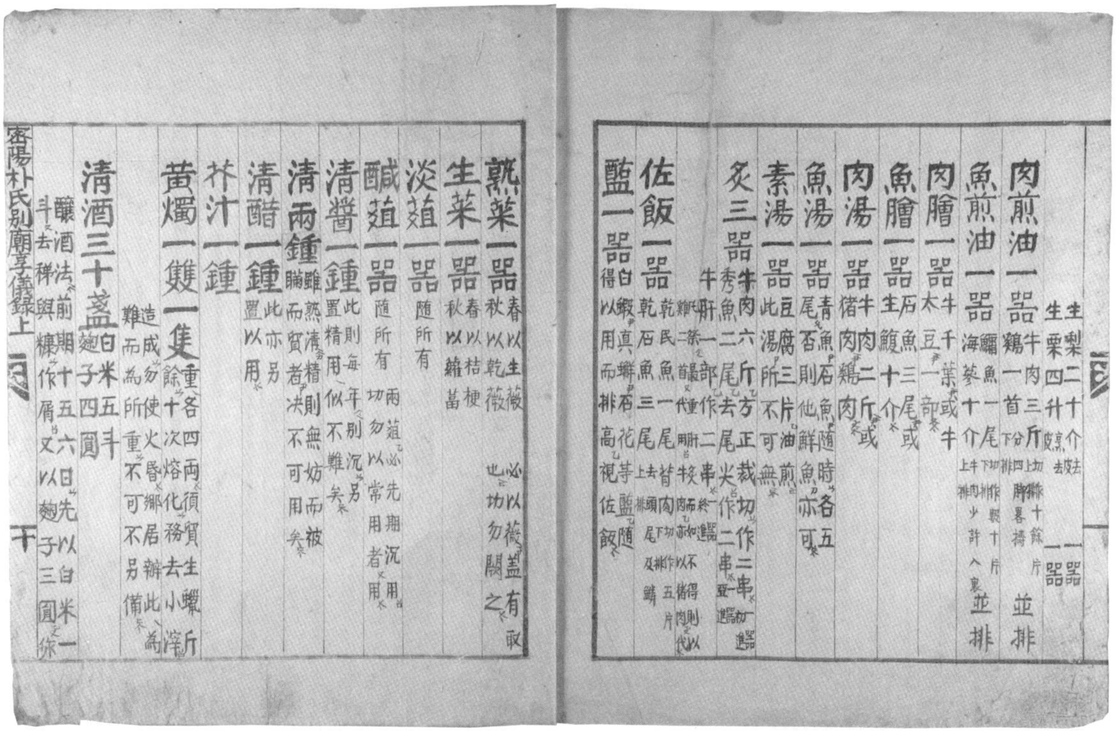
肉煎油一器
魚煎油一器
肉膾一器
魚膾一器
肉湯一器
魚湯一器
素湯一器
炙三器
佐飯一器
醢一器
熟菜一器
生菜一器
淡菹一器
醎菹一器
清醬一鍾
清[illegible]一鍾
清醋一鍾
芥汁一鍾
黃燭一雙
清酒三十盞
密陽朴氏別廟享儀錄上

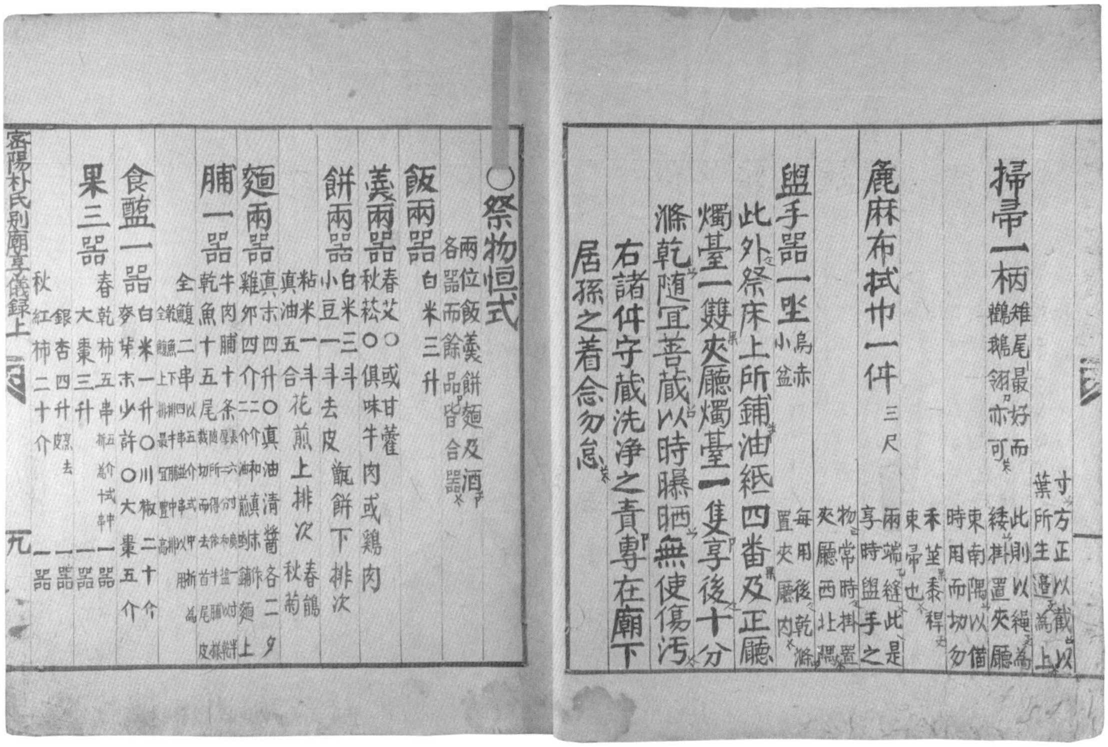

密陽朴氏別廟享儀錄上 九
掃帚一柄 雉尾最好而鵝鴇翎亦可
麁麻布拭巾一件 三尺
盥手器一坐 小烏盆 赤
此外祭床上所鋪油紙四番及正廳燭臺一雙夾廳燭臺一隻享後十分滌乾隨宜善藏以時曝晒無使傷汚
右諸件守藏洗淨之責專在廟下居孫之着念勿怠
○祭物恒式
飯兩器 白米三升
羹兩器
餅兩器
麵兩器
脯一器
食醢一器
果三器

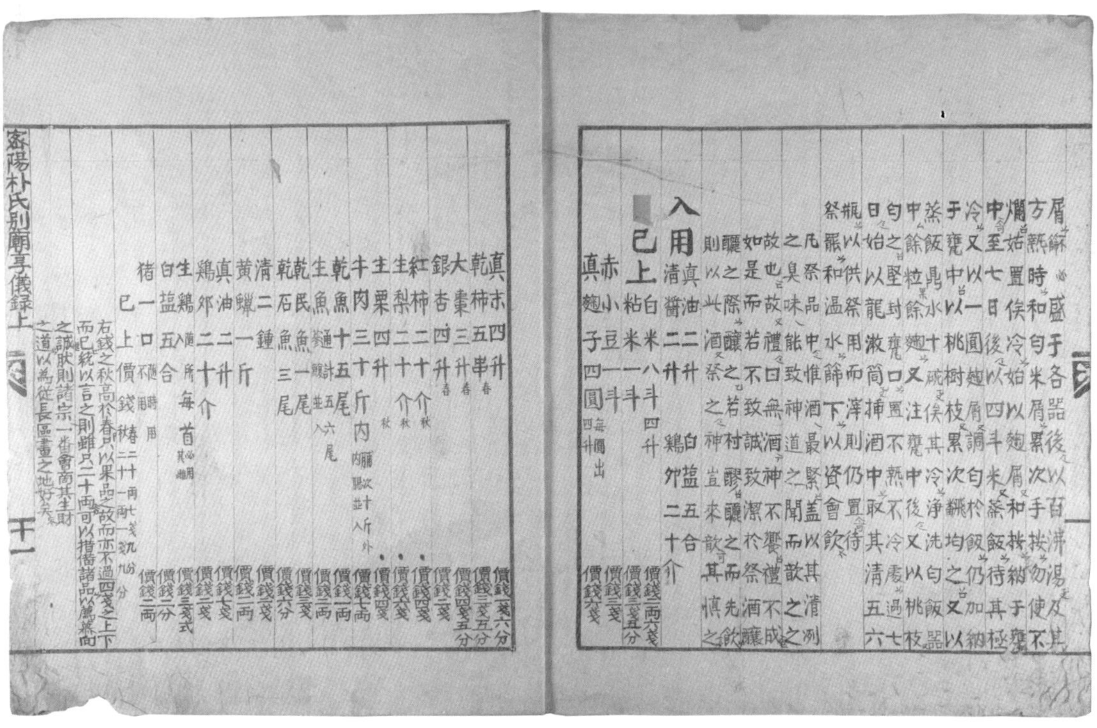

密陽朴氏別廟享儀錄上 十一
入用
己上

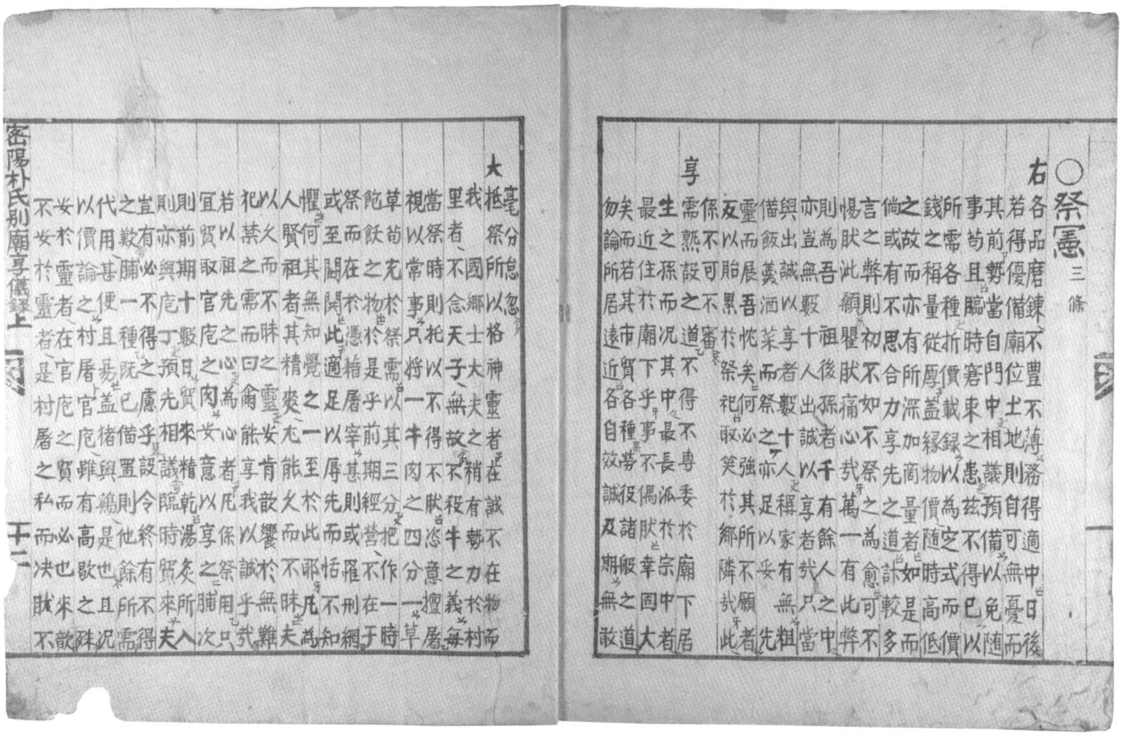

密陽朴氏別廟享儀錄上

○祭憲 三條

密陽朴氏別廟享儀錄上

享儀錄 2

29×34

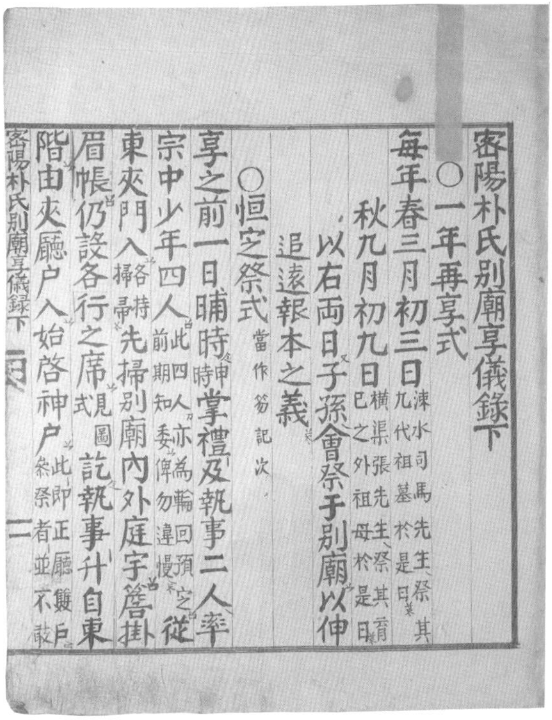

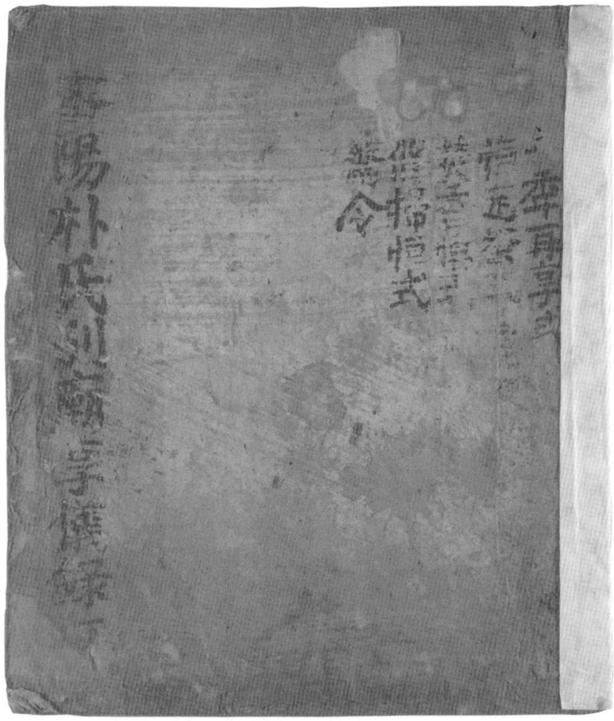

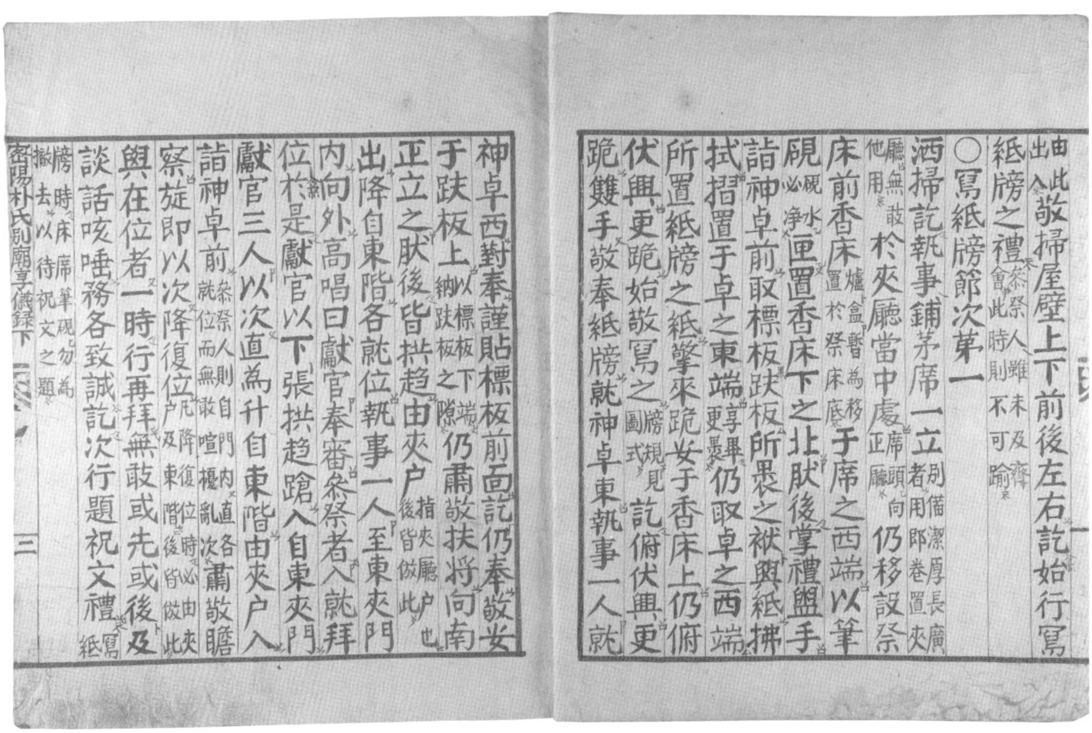

一年再享式, 恒定祭式 등이 기록된 密陽朴氏別廟享儀錄 下

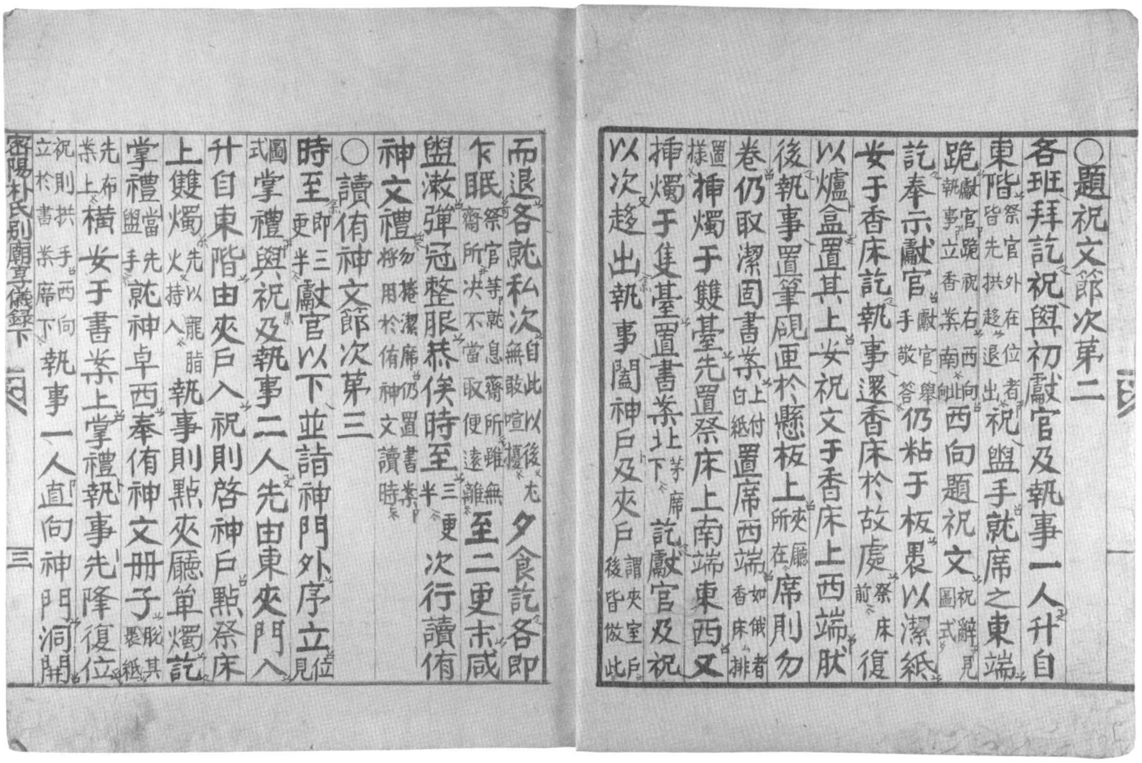

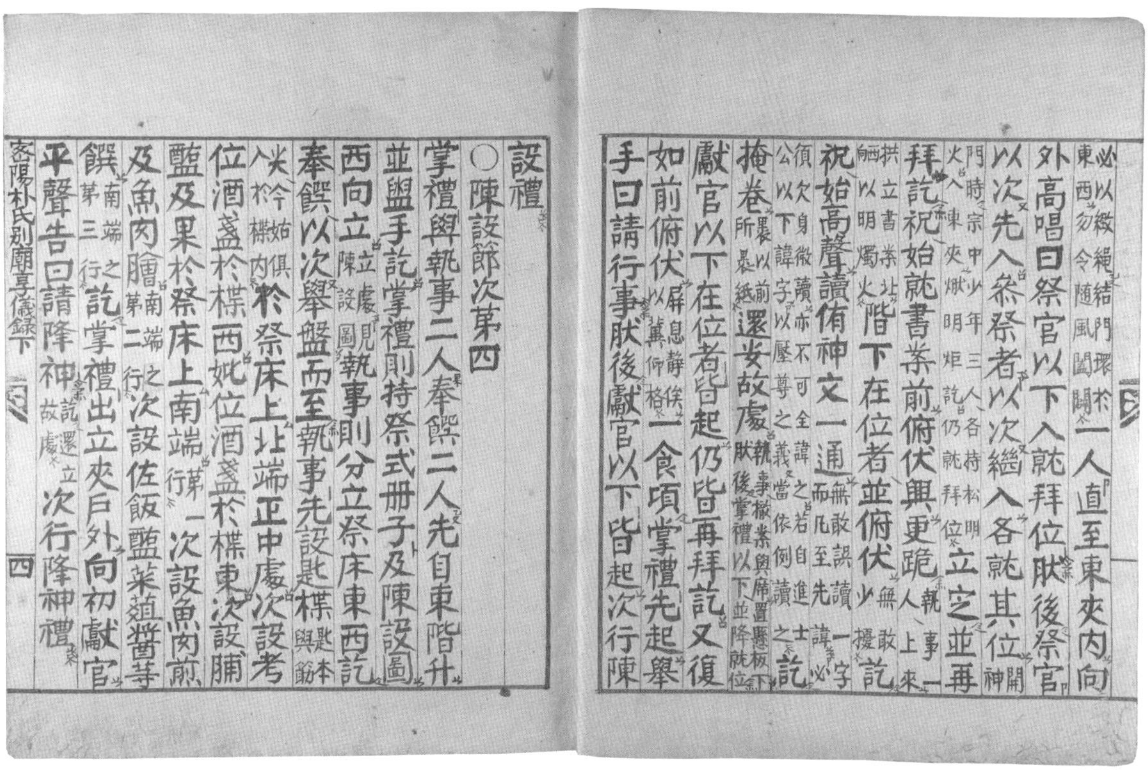

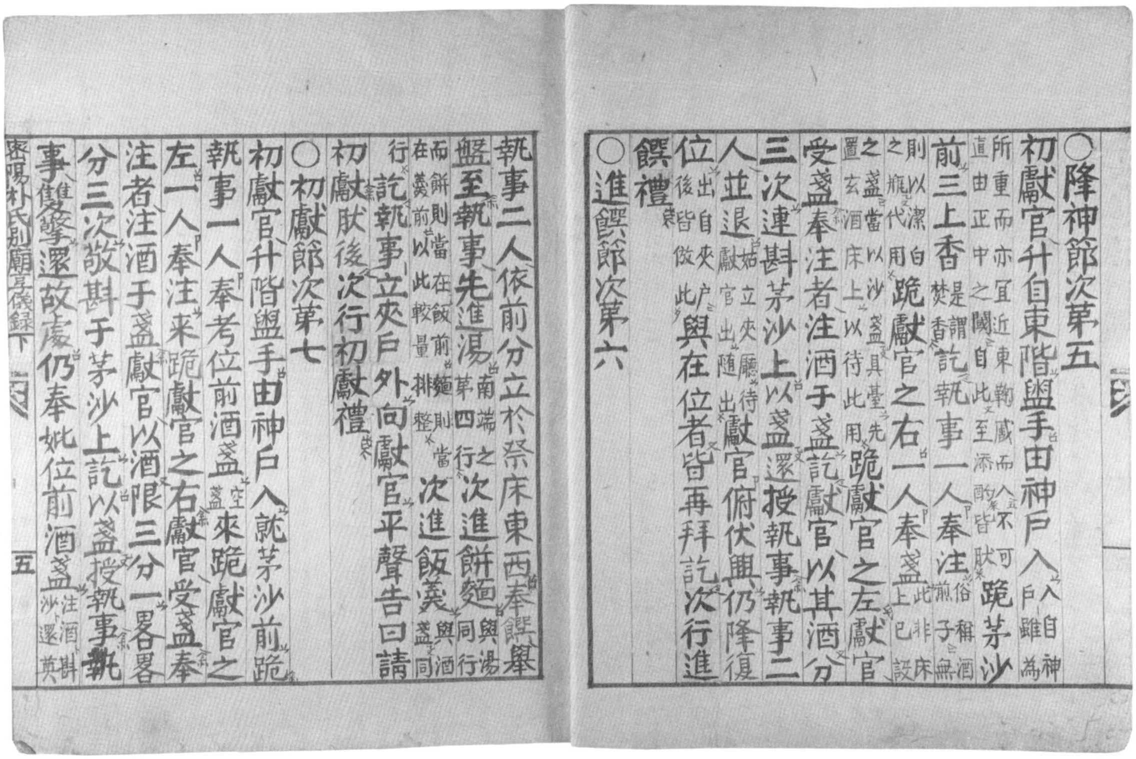

○降神節次第五
初獻官升自東階盥手由神戶入
前三上香訖執事一人奉注跪茅沙
跪獻官之右一人奉盞
受盞奉注者注酒于盞訖獻官以其酒分
三次連斟茅沙上以盞還授執事執事二
人並退獻官俯伏興仍降復
位與在位者皆再拜訖次行進
饌禮
○進饌節次第六

執事二人依前分立於祭床東西奉饌舉
盤至執事先進湯次進餅麵
行訖執事立夾戶外向獻官平聲告曰請
初獻然後次行初獻禮
○初獻節次第七
初獻官升階盥手由神戶入就茅沙前跪
執事一人奉考位前酒盞來跪獻官之
左一人奉注來跪獻官之右獻官受盞奉
注者注酒于盞獻官以酒限三分
分三次斟于茅沙上訖以盞授執事執
事還故處仍奉妣位前酒盞

密陽朴氏別廟享儀錄下 五

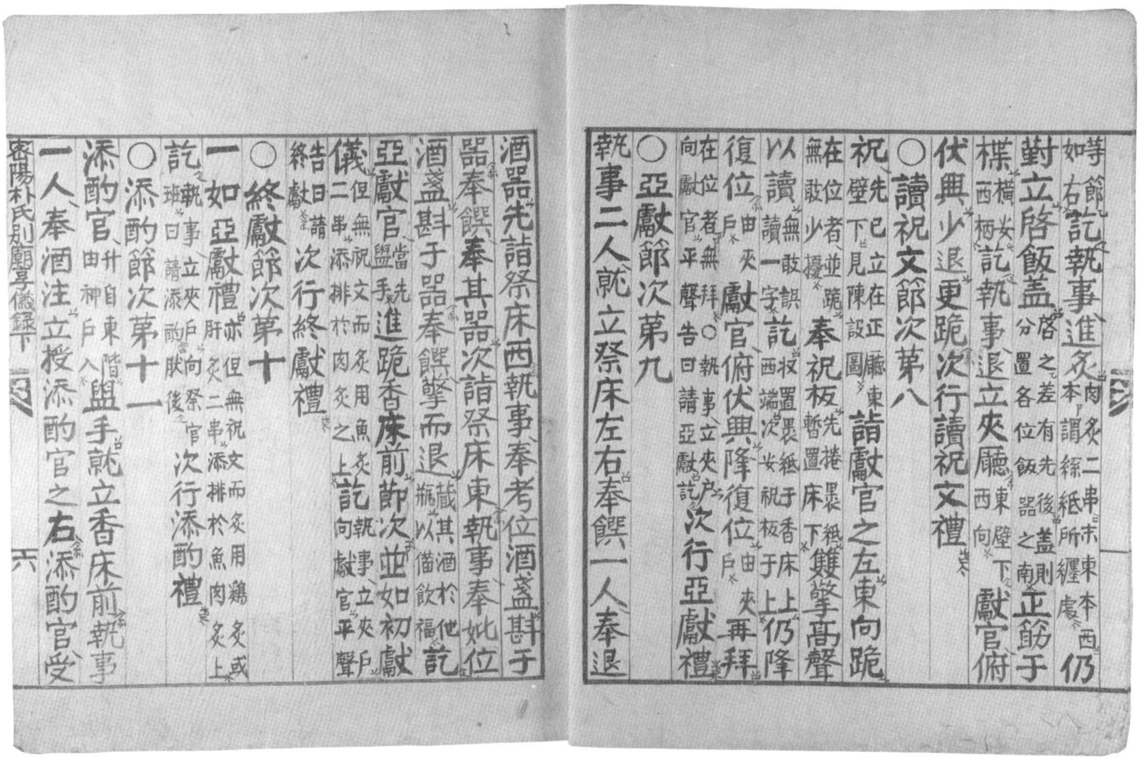

右訖執事進炙仍
對立啓飯蓋分置各位飯器之南則立筯于
楪訖執事退立夾廳西東向獻官俯
伏興少退更跪次行讀祝文禮
○讀祝文節次第八
祝詣獻官之左東向跪
奉祝板雙擎高聲
以讀訖上仍降
復位獻官俯伏興降復位再拜
執事立夾戶向獻官平聲告曰請亞獻訖次行亞獻禮
○亞獻節次第九
執事二人就立祭床左右奉饌一人奉退

酒器先詣祭床西執事奉考位酒盞斟于
器奉饌奉其器次詣祭床東執事奉妣位
酒盞斟于器奉饌擎而退
亞獻官進跪香床前節次並如初獻
儀
次行終獻禮
○終獻節次第十
一如亞獻禮
訖
○添酌節次第十一
添酌官盥手就立香床前執事
一人奉酒注立授添酌官之右添酌官受

密陽朴氏別廟享儀錄下 六

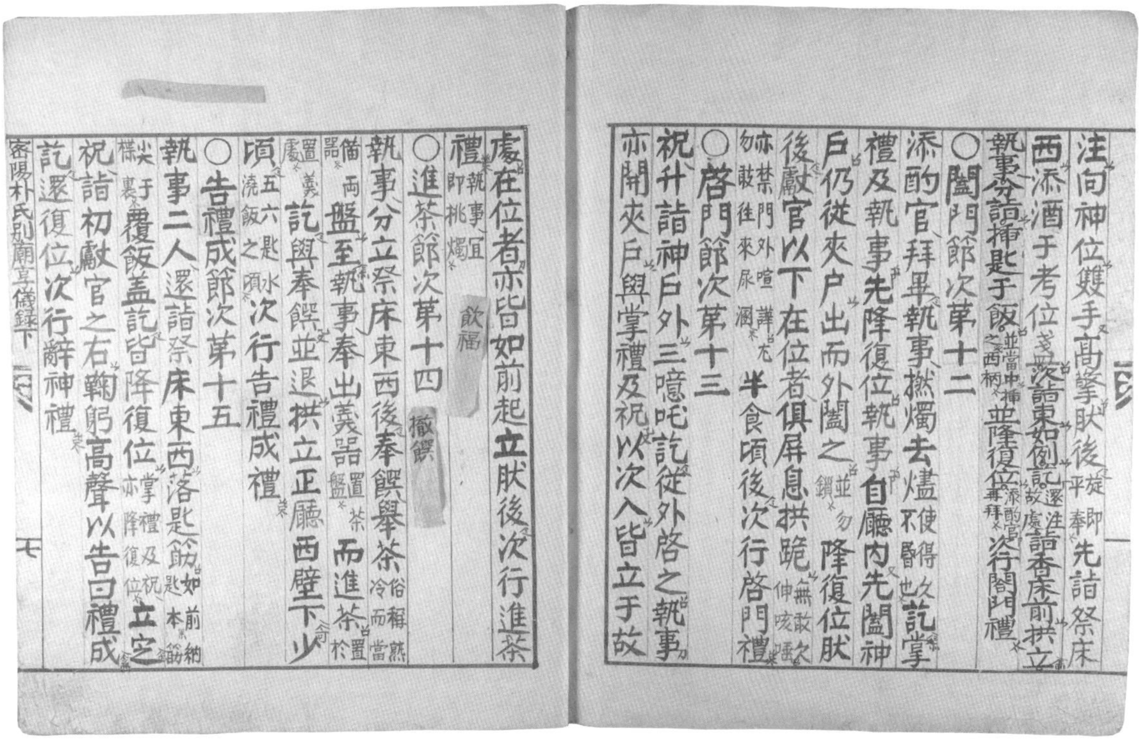

注向神位雙手高擎肰後(平擡/即奉)先詣祭床
西添酒于考位(妣位)還詣東如例訖還注(故處)詣香床前拱立
執事分詣揷匙于飯(並當中揷/之西柄)並降復位(添酌官再拜)次行闔門禮
○闔門節次第十二
添酌官拜畢執事撤燭去燼(不使餘得也)訖掌
禮及執事先降復位執事自廳內先闔神
戶仍從夾户出而外闔之(並鎖)勿降復位肰
後獻官以下在位者俱屏息拱跪(無敢欠伸咳嚏)
(亦禁門外喧譁尤勿敢往來厖㘅)半食頃後次行啓門禮
○啓門節次第十三
祝升詣神戶外三噫吒訖從外啓之執事
亦開夾戶與掌禮及祝以次入皆立于故

處在位者亦皆如前起立肰後次行進茶
禮(執事宜即挑燭)
飮福
○進茶節次第十四
撤饌
執事分立祭床東西後奉饌舉茶(俗稱熟冷而當)
備(兩器)盤至執事奉出羹器(盤置茶)而進茶(於置羹)
(置處)訖與奉饌並退拱立正廳西壁下少
頃(五六匙流飯之水)次行告禮成禮
○告禮成節次第十五
執事二人還詣祭床東西落匙筯(如前納尖于本楪裏)覆飯盖訖皆降復位(掌禮及祝亦降復位)立定
祝詣初獻官之右鞠躬高聲以告曰禮成
訖還復位次行辭神禮

密陽朴氏別廟享儀錄下 七

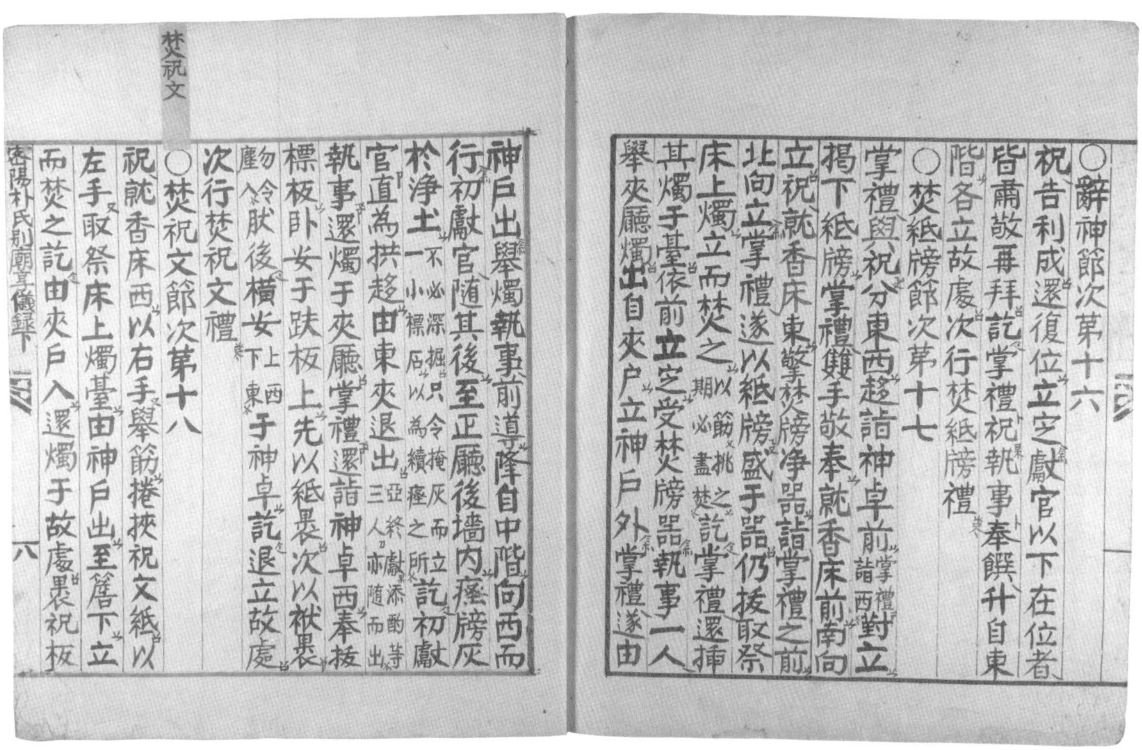

○辭神節次第十六
祝告利成還復位立定獻官以下在位者
皆肅敬再拜訖掌禮祝執事奉饌升自東
階各立故處次行焚紙牓禮
○焚紙牓節次第十七
掌禮與祝分東西趍詣神卓前(掌禮詣西)對立
揭下紙牓掌禮雙手敬奉就香床前南向
立祝就香床東擎焚牓淨器詣掌禮之前
北向立掌禮遂以紙牓盛于器仍拔取祭
床上燭立而焚之(以筯挑之期必盡焚)訖掌禮還揷
其燭于臺依前立定受焚牓器執事一人
舉夾廳燭出自夾户立神戶外掌禮遂由

焚祝文
神戶出舉燭執事前導降自中階向西而
行初獻官隨其後至正廳後墻內瘞牓灰
於淨土(不必深掘只令掩灰而一小標石以爲續瘞之所)訖初獻
官直爲拱趍由東夾退出(亞終三人亦隨添酌而出等)
執事還燭于夾廳掌禮還詣神卓西奉拔
標板卧安于趺板上先以紙褁次以袱褁
(勿令塵入)肰後橫安(上西下東)于神卓訖退立故處
次行焚祝文禮
○焚祝文節次第十八
祝就香床西以右手舉筯捲挾祝文紙以
左手取祭床上燭臺由神戶出至階下立
而焚之訖由夾戶入還燭于故處褁祝板

密陽朴氏別廟享儀錄下 八

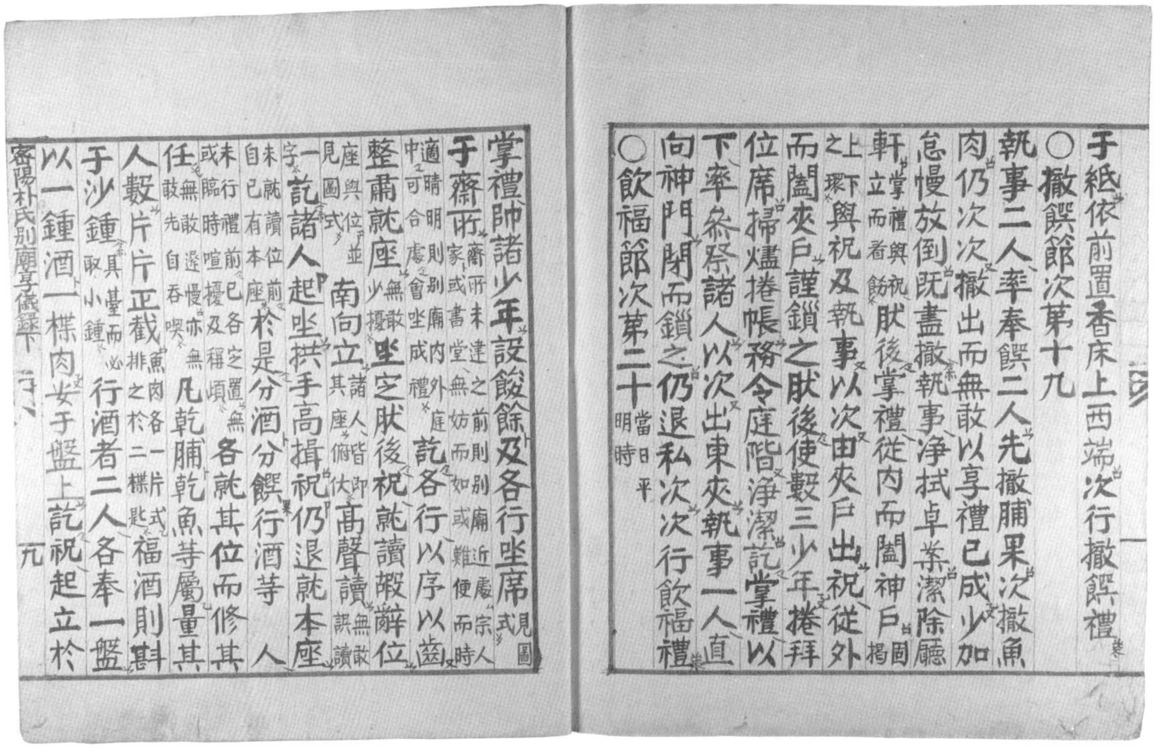

于紙依前置香床上西端次行撤饌禮

○撤饌節次第十九

執事二人率奉饌二人先撤脯果次撤魚肉仍次次撤出而無敢以享禮已成少加怠慢放倒既盡撤執事淨拭卓案潔除廳軒(掌禮與祝立而看飭)然後掌禮從內而闔神戶(固揭之上下環)與祝及執事以次由夾戶出祝從外而闔夾戶謹鎖之然後使數三少年捲拜位席掃燼捲帳務令庭階淨潔訖掌禮以下率參祭諸人以次出東夾執事一人直向神門閉而鎖之仍退私次次行飮福禮

○飮福節次第二十(當日平明時)

掌禮帥諸少年設餕餘及各行坐席(見圖式)于齋所(齋所未建之前則別廟近處宗人家或書堂無妨而如或難便而時適晴明則廟內外庭中可合處會坐成禮)訖各行以序以齒整肅就座(無敢少擾)坐定然後祝就讀報辭位(座與位並見圖式)南向立(諸人皆即其座俯伏)高聲讀(無敢誤讀一字)訖諸人起坐拱手高揖祝仍退就本座(未就讀位前自已有本座)於是分酒分餕行酒等人(未行禮前已各定置無或臨時喧擾及稱頓)各就其位而修其任(無敢遲慢亦無敢先自吞喫)凡乾脯乾魚等屬量其人數片片正截(魚肉各一片式排之於二楪匙)福酒則斟于沙鍾(其臺而必取小鍾)行酒者二人各奉一盤以一鍾酒一楪肉安于盤上訖祝起立於

密陽朴氏別廟享儀錄下 九

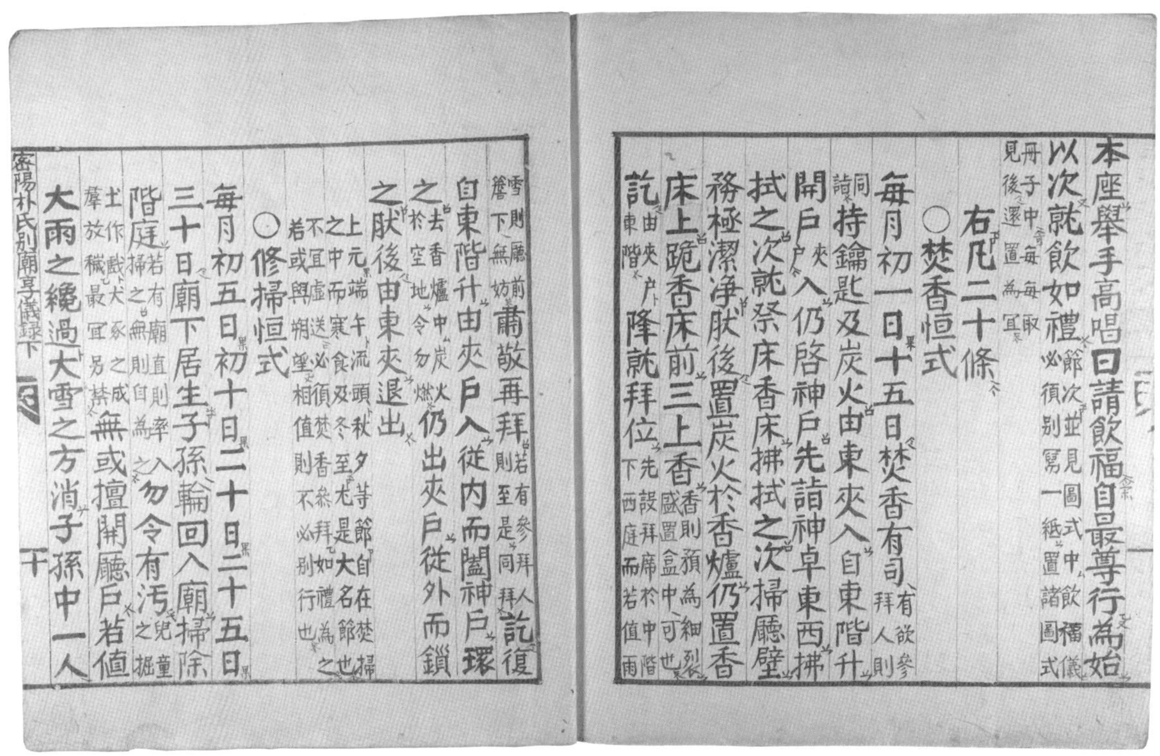

本座擧手高唱曰請飮福自最尊行爲始以次就飮如禮(節次並見圖式中飮福儀必須別寫一紙置諸圖式冊子中每每取見後還置爲宜)

右凡二十條

○焚香恒式

每月初一日十五日焚香有司(有欲參拜人則同詣)持鑰匙及炭火由東夾入自東階升開戶(夾戶)入仍啓神戶先詣神卓東西拂拭之次就祭床香床拂拭之次掃廳壁務極潔淨然後置炭火於香爐仍置香床上跪香床前三上香(香則須爲細裂盛置盒中可也)訖(由夾戶東階)降就拜位(先設拜席於中階下西庭而若値雨雪則廳前簷下無妨)肅敬再拜(若有參拜人則至是同拜)訖復自東階升由夾戶入從內而闔神戶環之(去香爐中炭火於空地令勿燃)仍出夾戶從外而鎖之然後由東夾退出(上元端午流頭秋夕等節自在焚掃之中而寒食及冬至是大名節也不宜虛送必須焚香參拜如禮爲之若或與朔望相値則不必別行也)

○修掃恒式

每月初五日初十日二十日二十五日三十日廟下居生子孫輪回入廟掃除階庭(若有廟直則率入掃之無則自爲之)勿令有汚(兒童之掘土作戲犬豕之成群放穢最宜另禁)無或擅開廳戶若値大雨之纔過大雪之方消子孫中一人

密陽朴氏別廟享儀錄下 二十

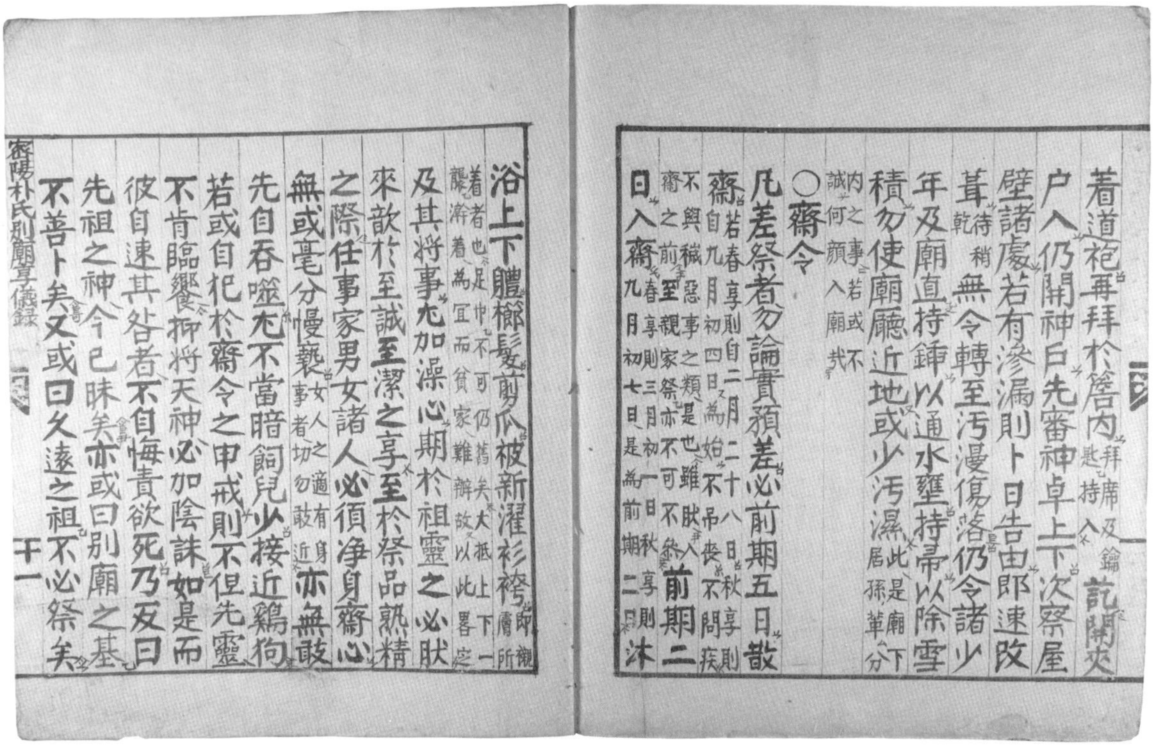

着道袍再拜於簷內(拜席及鑰匙持入)訖開夾
户入仍開神主先審神卓上下次察屋
壁諸處若有滲漏則卜日告由即速改
葺(待稍乾)無令轉至汚漫傷落仍令諸少
年及廟直持鍤以通水壅持帚以除雪
積勿使廟廳近地或少汚濕(此是廟下居孫輩分)
(內之事若或不誠何顏入廟哉)

○齋令

凡差祭者勿論實預差必前期五日散
齋(若春享則自二月二十八日秋享則自九月初四日爲始不弔喪不問疾不與穢惡事之類至親家不祭亦不可不然)前期二
日入齋(春享則三月初一日秋享則九月初七日是爲前期二日)沐
浴上下體櫛髮剪爪被新濯衫袴(所謂明衣着者也是巾不可仍舊矣大抵上下襲滌着爲宜而貧家難辦故以此畧之)
及其將事尤加澡心期於祖靈之必肸
來歆於至誠至潔之享至於祭品熟精
之際任事家男女諸人必須淨身齋心
無或毫分慢褻(女人之適有身事者切勿敢近)亦無敢
先自吞噬尤不當暗飼兒少接近鷄狗
若或自犯於齋令之中戒則不但先靈
不肯臨饗抑將天神必加陰誅如是而
彼自速其咎者不自悔責欲死乃反曰
先祖之神今已昧矣亦或曰別廟之基
不善卜矣又或曰久遠之祖不必祭矣

密陽朴氏別廟享儀錄

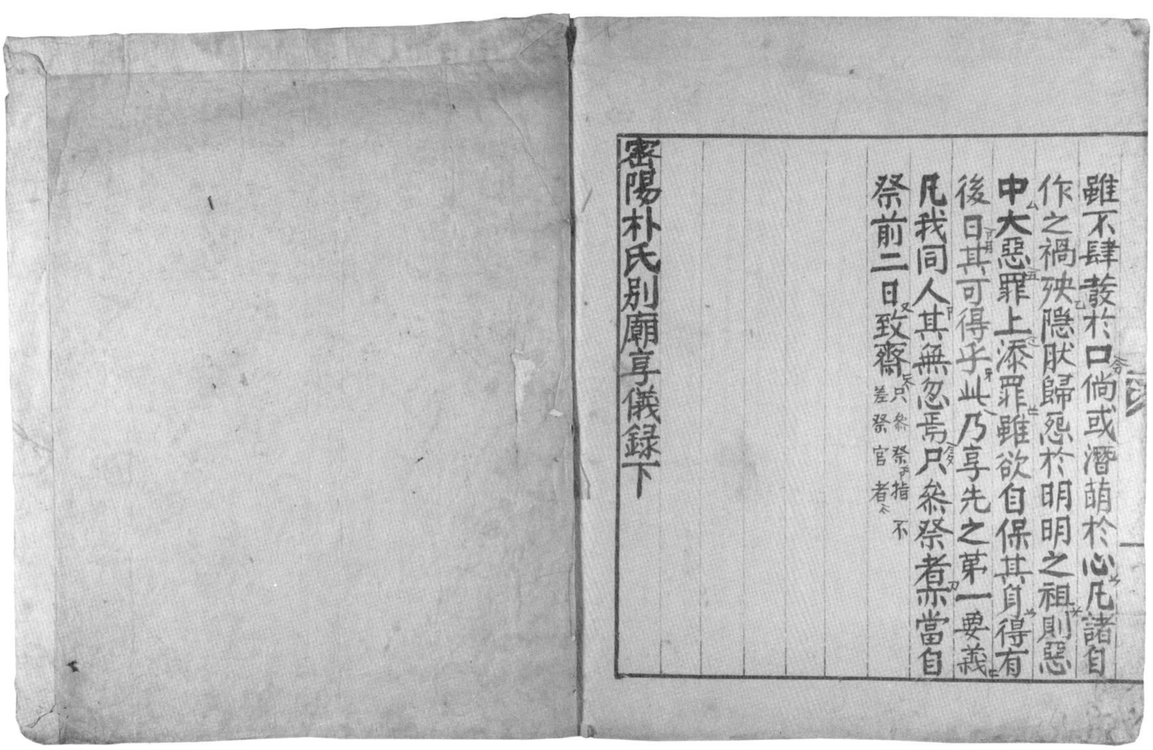

雖不肆發於口倘或潛萌於心凡諸自
作之禍殃隱貽歸怨於明明之祖則惡
中大惡罪上添罪雖欲自保其身得有
後日其可得乎此乃享先之第一要義
凡我同人其無忽焉只參祭者亦當自
祭前二日致齋(只參祭者指不差祭官者)

密陽朴氏別廟享儀錄下

門中記錄 1

1803년(순조 3), 22×32

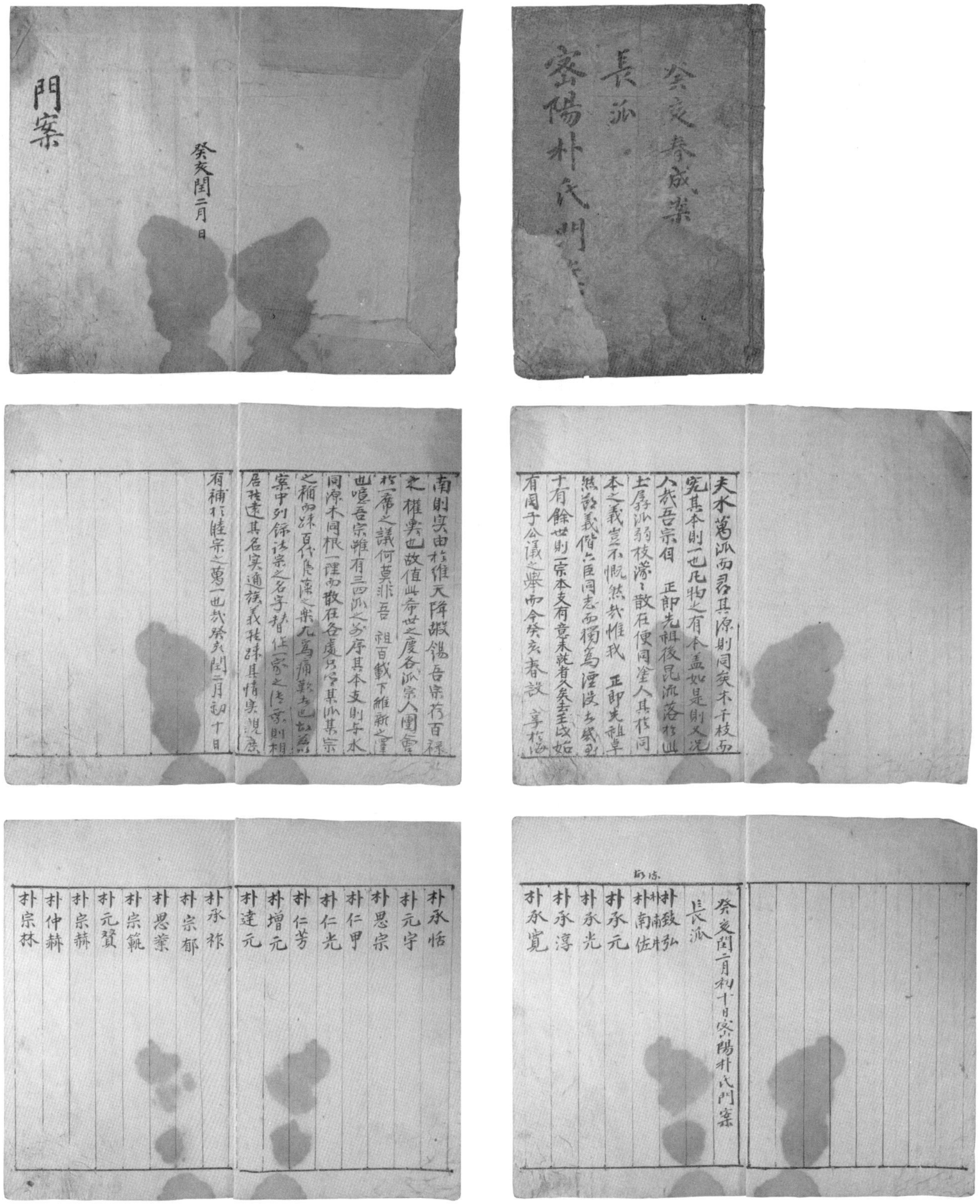

癸亥年(1803, 순조3) 閏 2월 10일에 작성된 密陽朴氏門案

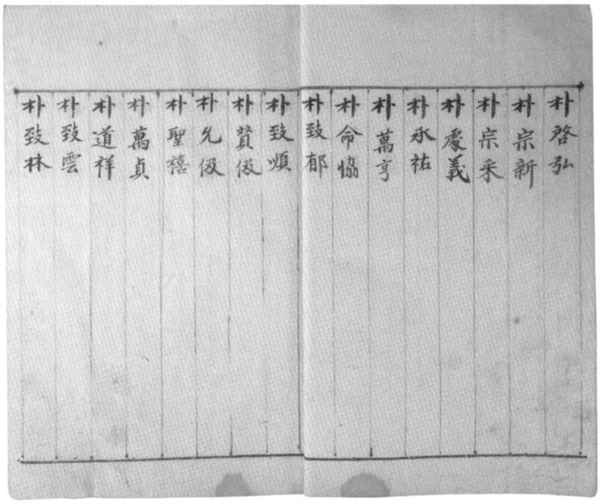

朴啓弘 朴宗新 朴宗来 朴慶義 朴永祐 朴萬亨 朴命協 朴致郁 朴致順 朴贊俊 朴允俊 朴聖德 朴萬貞 朴道祥 朴致雲 朴致林

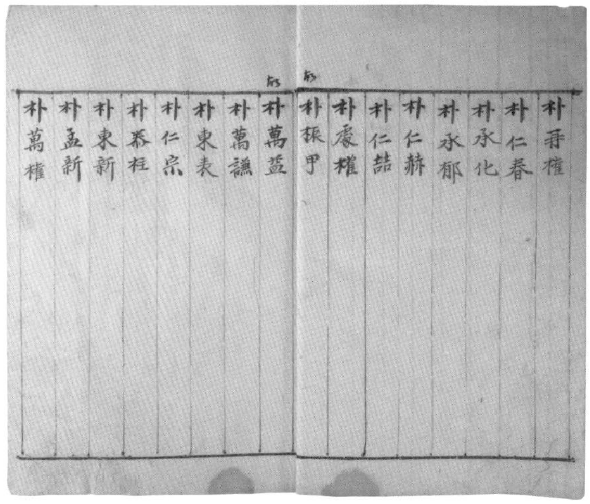

朴再權 朴仁春 朴永化 朴永郁 朴仁赫 朴仁喆 朴慶權 朴振甲 朴萬益 朴萬謐 朴東表 朴仁宗 朴春柱 朴東新 朴孟新 朴萬權

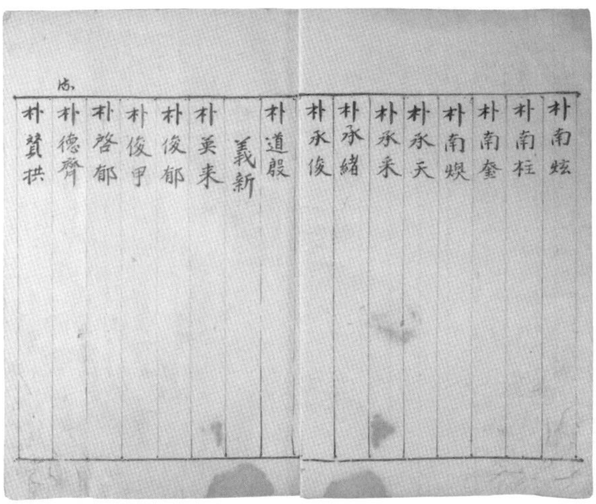

朴南炫 朴南柱 朴南奎 朴南煥 朴承天 朴承来 朴承緒 朴承俊 朴道殷 義新 朴美来 朴俊郁 朴俊甲 朴啓郁 朴德齊 朴贊拱

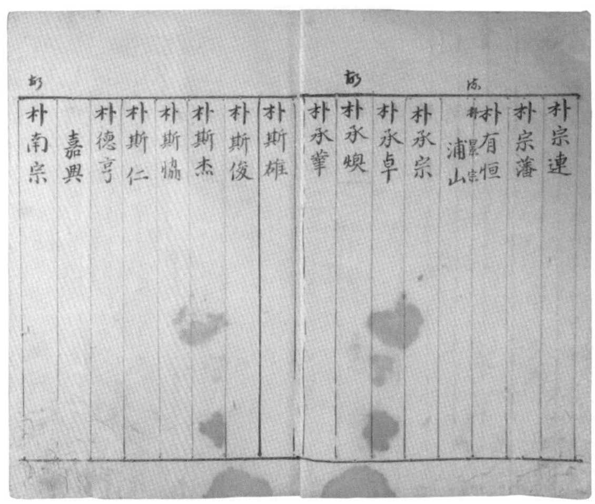

朴宗連 朴宗藩 朴有恒 浦山 朴承宗 朴承卓 朴承煥 朴承華 朴斯雄 朴斯俊 朴斯杰 朴斯協 朴斯仁 朴德亨 嘉興 朴南宗

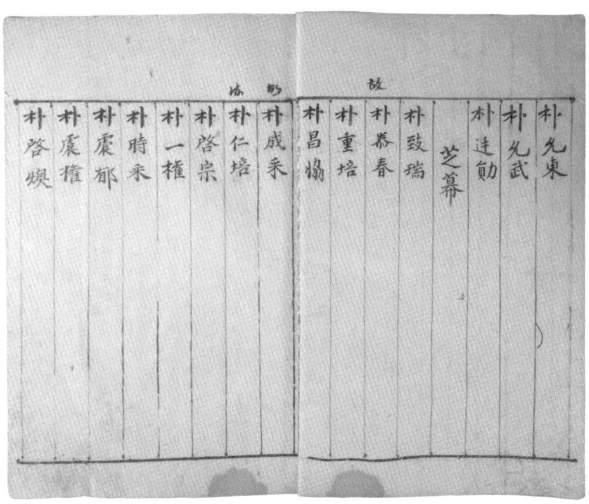

朴允東 朴允武 朴連勛 芝幕 朴致瑞 朴春春 朴重培 朴昌協 朴成来 朴仁培 朴啓宗 朴一權 朴時来 朴震郁 朴震權 朴啓煥

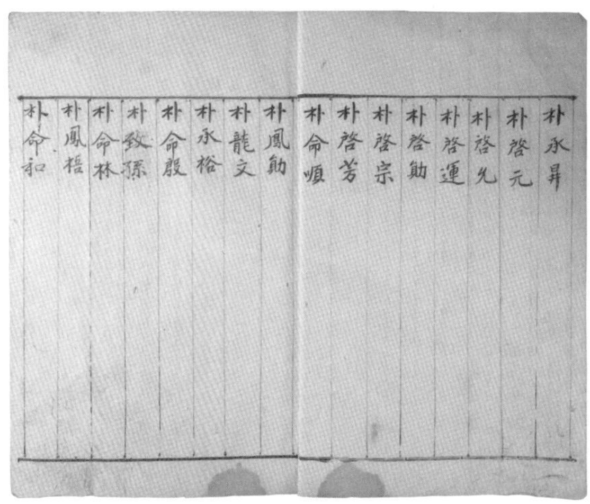

朴永昇 朴啓元 朴啓允 朴啓運 朴啓勛 朴啓宗 朴啓芳 朴命順 朴鳳勛 朴龍文 朴永裕 朴命殷 朴致孫 朴命林 朴鳳植 朴命和

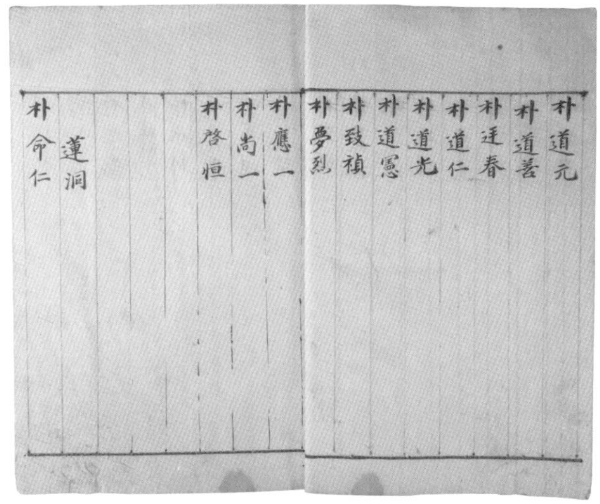
朴道元
朴道善
朴廷春
朴道仁
朴道光
朴道憲
朴致禎
朴夢烈
朴應一
朴尚一
朴啓恒
蓮洞
朴命仁

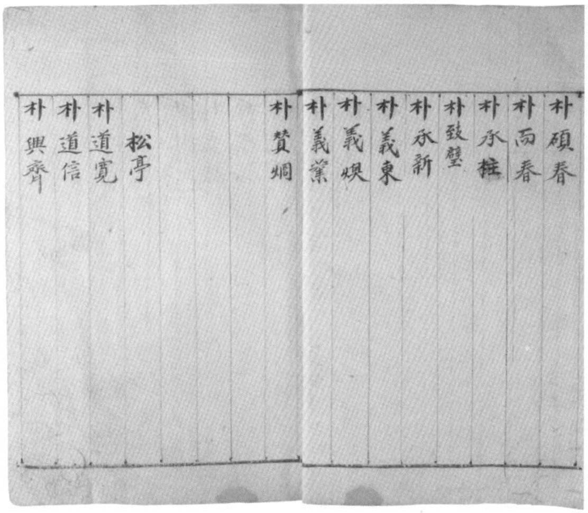
朴碩春
朴而春
朴承桂
朴致璧
朴永新
朴義東
朴義煥
朴義業
朴贊烱
松亭
朴道寬
朴道信
朴興齊

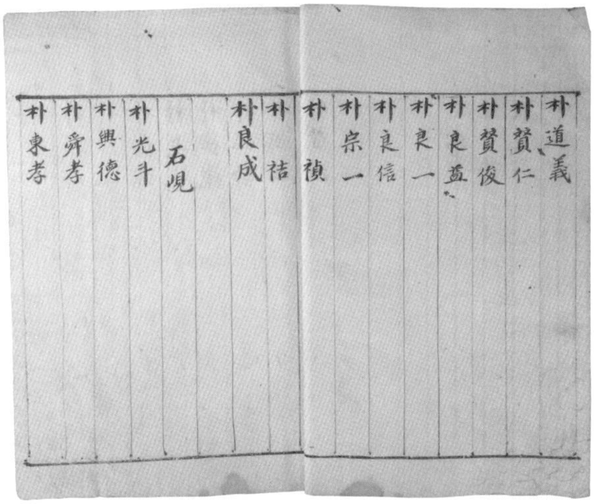
朴道義
朴贊仁
朴贊俊
朴良益
朴良一
朴良信
朴宗一
朴禎
朴喆
朴良成
石峴
朴光斗
朴興德
朴舜孝
朴東孝

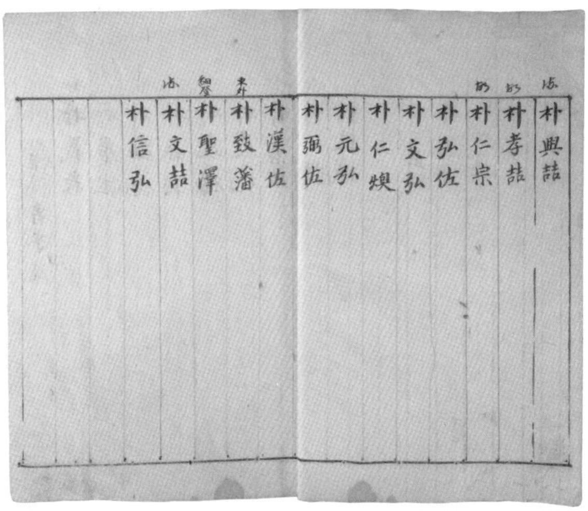
朴興喆
朴孝喆
朴仁宗
朴弘佐
朴文弘
朴仁煥
朴元弘
朴弼佐
朴漢佐
朴致藩
朴聖澤
朴文喆
朴信弘

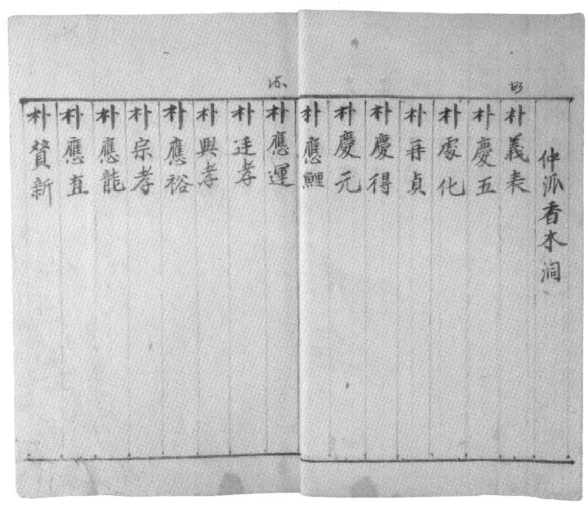
仲派 香木洞
朴義表
朴慶五
朴慶化
朴善貞
朴慶得
朴慶元
朴應璽
朴應運
朴廷孝
朴興孝
朴應裕
朴宗孝
朴應龍
朴應直
朴贊新

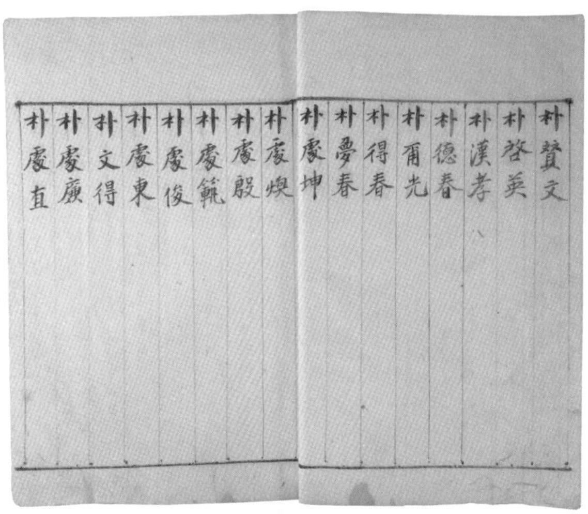
朴贊文
朴啓英
朴漢孝
朴德春
朴有光
朴得春
朴夢春
朴慶坤
朴慶煥
朴慶殷
朴慶毓
朴慶俊
朴慶東
朴文得
朴慶廣
朴慶直

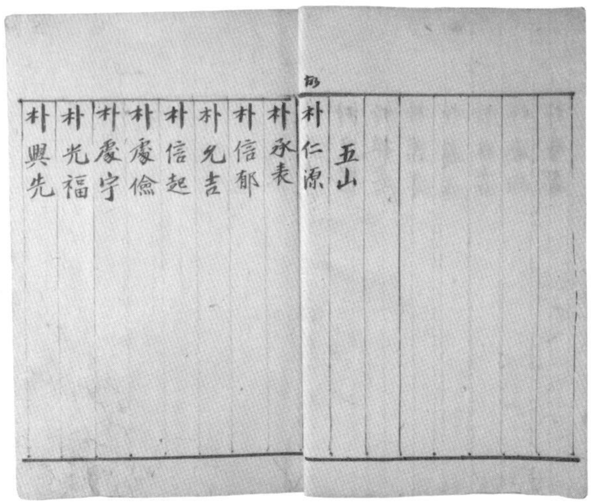
五山
朴仁源
朴承表
朴信郁
朴允吉
朴信起
朴慶儉
朴慶守
朴光福
朴興先

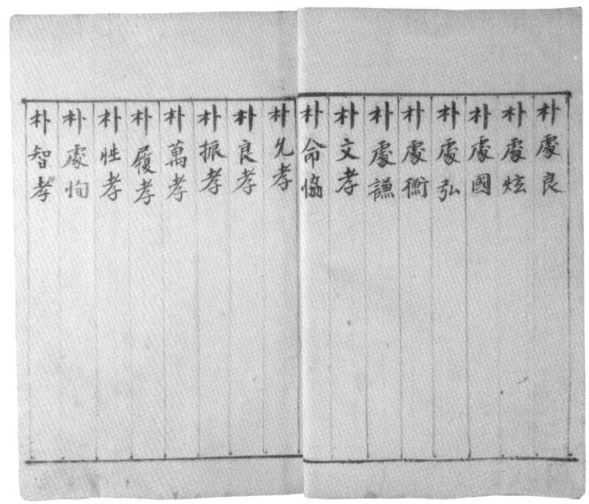
朴慶良
朴慶炫
朴慶國
朴慶弘
朴慶衡
朴慶謙
朴文孝
朴命協
朴允孝
朴良孝
朴振孝
朴萬孝
朴履孝
朴胜孝
朴慶恂
朴智孝

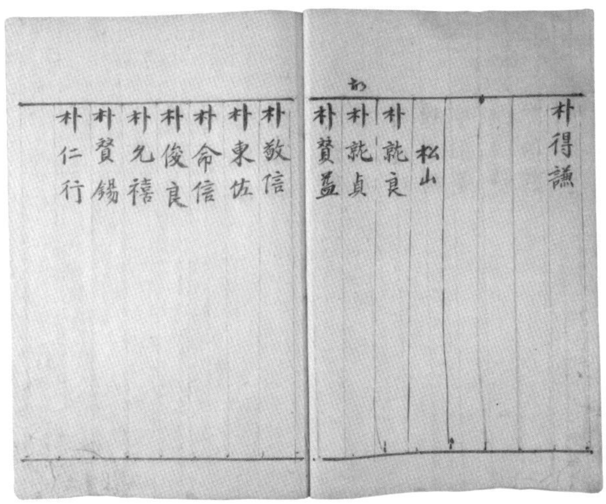
朴得謙
松山
朴龍良
朴龍貞
朴贊益
朴敬信
朴東佐
朴命信
朴俊良
朴允禧
朴贊錫
朴仁行

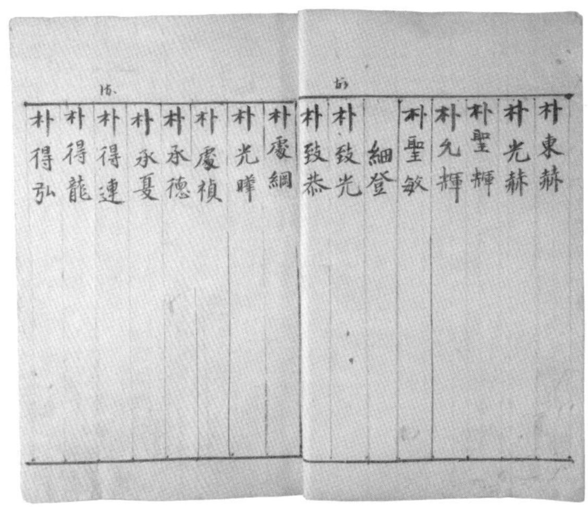
朴東赫
朴光赫
朴聖梅
朴允揮
朴聖敏
細登
朴致光
朴致恭
朴慶綱
朴光暉
朴慶禎
朴承德
朴承夏
朴得連
朴得龍
朴得弘

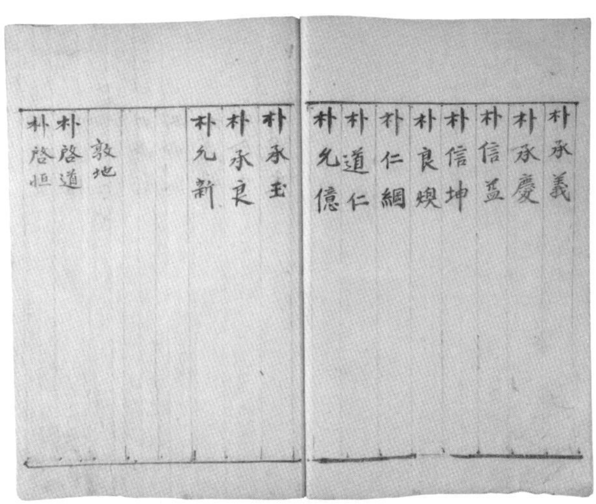
朴承義
朴承慶
朴信益
朴信坤
朴良燠
朴仁綱
朴道仁
朴允德
朴承玉
朴承良
朴允新
敦地
朴啓道
朴啓恒

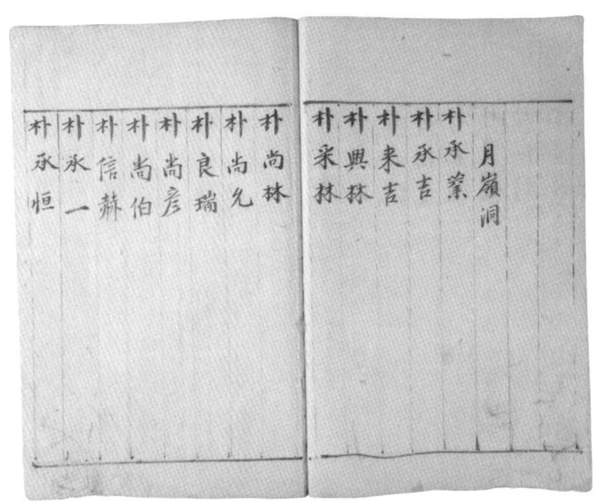
月嶺洞
朴承棠
朴承吉
朴來吉
朴興林
朴采林
朴尚林
朴尚允
朴良瑞
朴尚彦
朴尚伯
朴信赫
朴承一
朴承恒

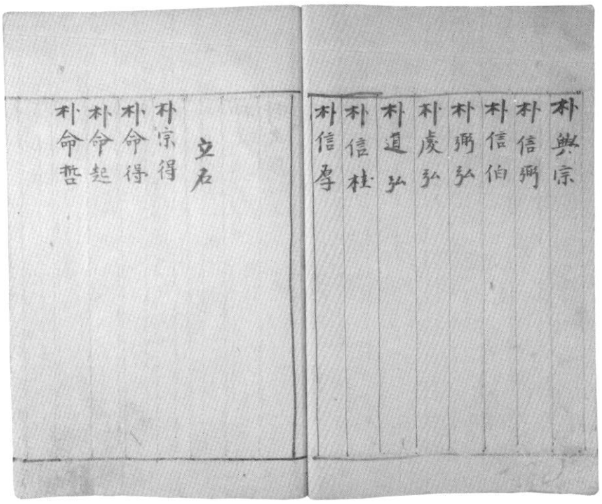

朴興宗
朴信弼
朴信伯
朴弼弘
朴處弘
朴道弘
朴信柱
朴信孝
立石
朴宗得
朴命得
朴命起
朴命哲

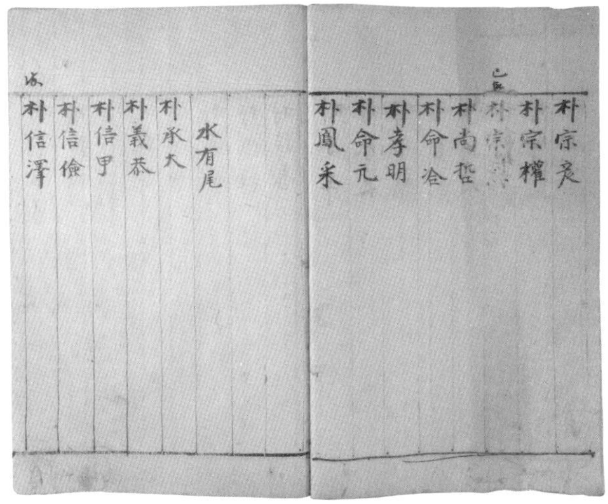

朴宗炎
朴宗權
朴宗[illegible]
朴尙哲
朴命洽
朴孝明
朴命元
朴鳳采
水有尾
朴承大
朴義恭
朴信甲
朴信儉
朴信澤

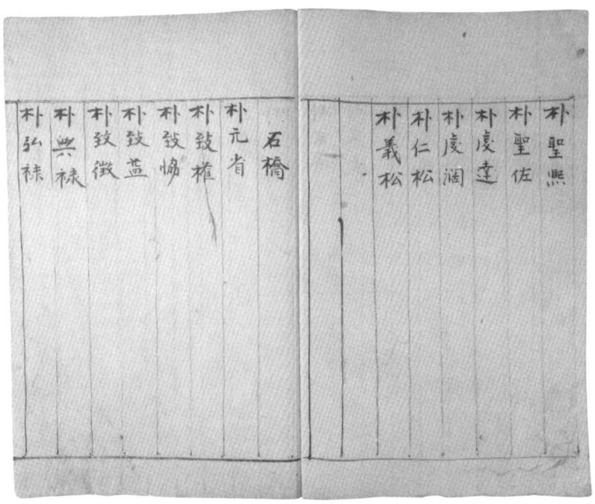

朴聖熙
朴聖佐
朴處達
朴處潤
朴仁松
朴義松
石橋
朴元者
朴致權
朴致恊
朴致益
朴致徵
朴興祿
朴弘祿

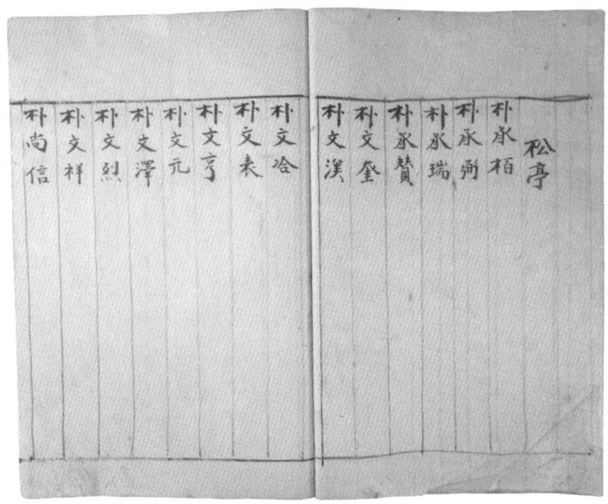

松亭
朴承栢
朴承弼
朴承瑞
朴承贊
朴文奎
朴文漢
朴文洽
朴文表
朴文亨
朴文元
朴文澤
朴文烈
朴文祥
朴尙信

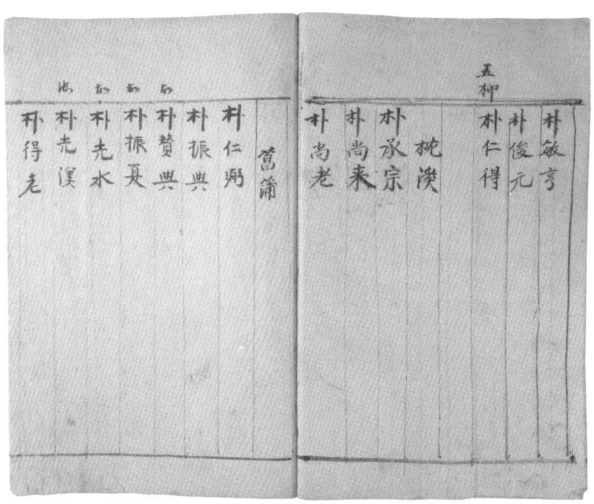

朴敏亨
朴俊元
朴仁得
五柳
枕溪
朴承宗
朴尙來
朴尙老
菖蒲
朴仁弼
朴振興
朴贊興
朴振英
朴先水
朴先漢
朴得老

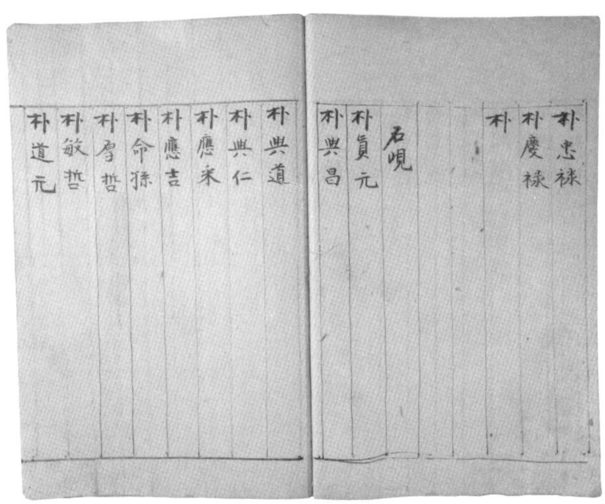

朴忠祿
朴慶祿
朴
石峴
朴貴元
朴興昌
朴興道
朴興仁
朴應來
朴應吉
朴命祿
朴孝哲
朴敏哲
朴道元

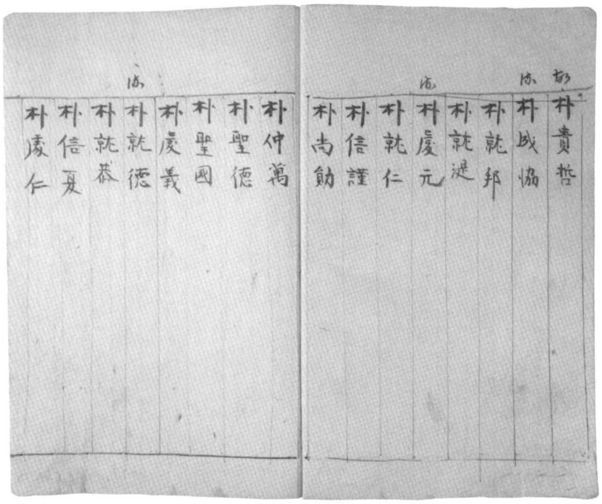

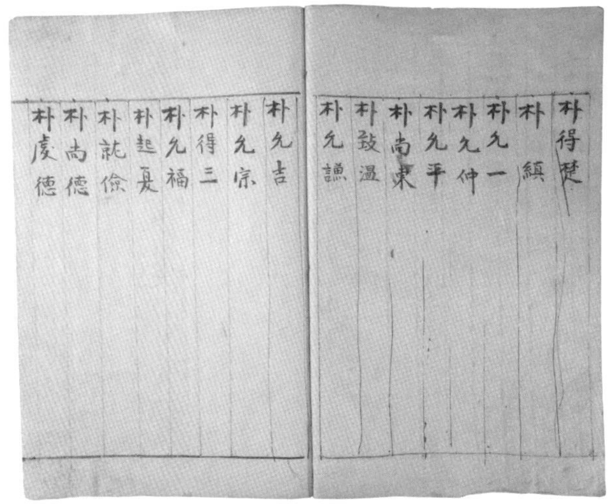

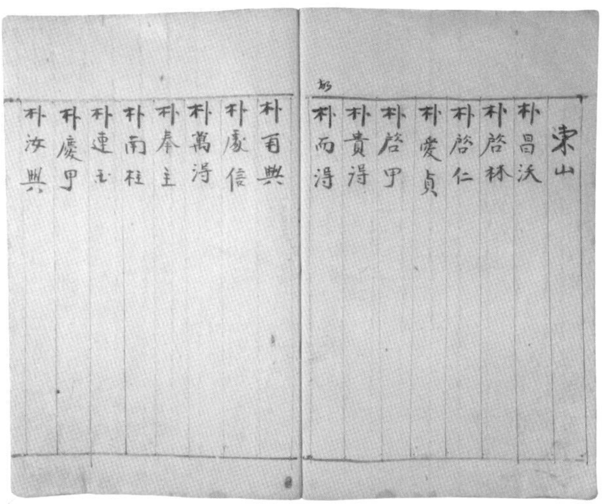

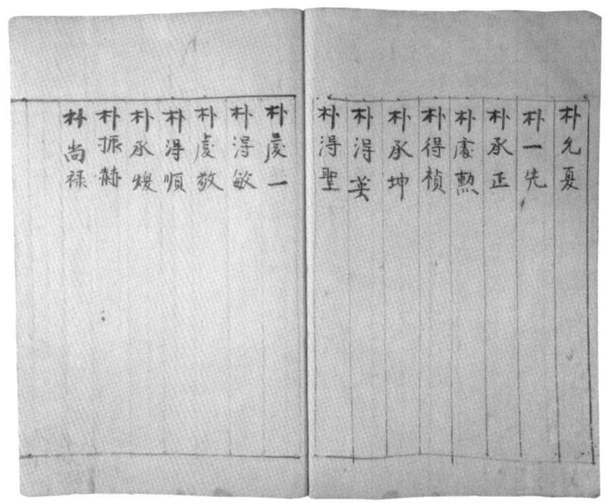

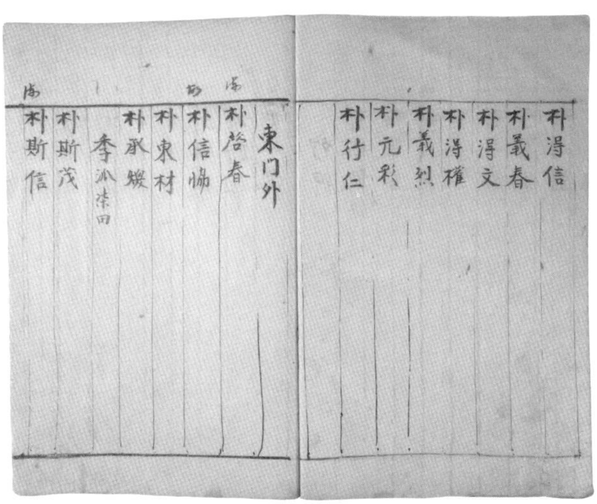

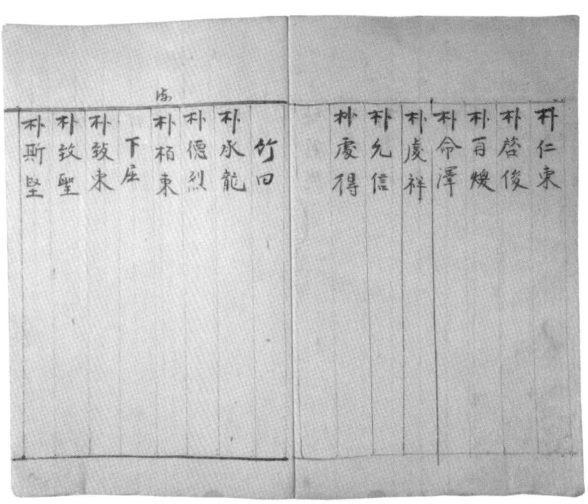

朴慶東
朴斯元
朴斯義
朴斯祥
朴斯哲
朴斯永
朴斯性
朴一元

朴大協
朴舜協
朴啓沃
朴義昌
朴啓完
朴斯浩
朴啓義
朴義楫

朴希元
朴丙炫
朴思福
朴孝元
朴命興
朴義員
朴元湜
朴啓連

朴丙勳
朴命和
朴良元
朴命鳳
朴性和
朴文㛓
朴南奎
朴達孫

朴哲元
朴秀貞
朴茂㛓
朴聖甫
朴廷奎
朴壽楫
朴孝忠
朴南秀

朴斯俊

靈山
朴興春
朴時源
朴承春
朴時澈

朴良采
朴福春
朴英俊

西門外
朴恭英

朴啓孫
朴啓德
朴奎三
朴啓亨
朴應宸
朴應祿
朴啓膺
朴道烈

朴道貞
朴應邦
朴應鉉
朴應福
朴應佐
朴應順
朴應樞
朴致熙

朴大良
朴應林
朴應妹
朴良禧
朴良臣
朴致烈
朴承球
朴潤柱

朴致澤
朴承珪
朴承琮
朴致穀
朴承厚
朴承權
朴承紀
朴義敦

朴師重
朴衡重
朴義敎
朴履重
朴山重
朴南重
朴鼎重
朴萬樞

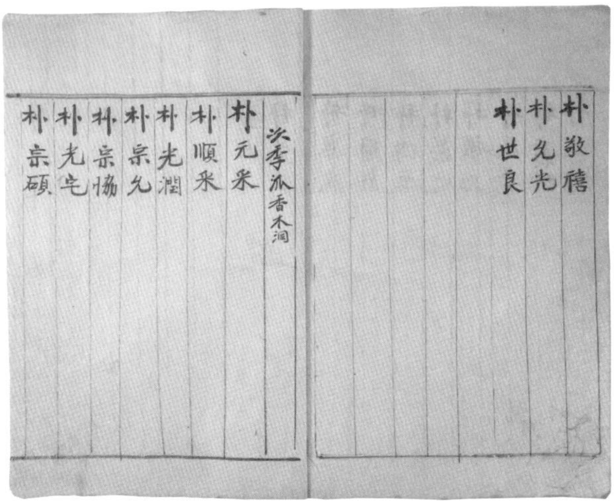

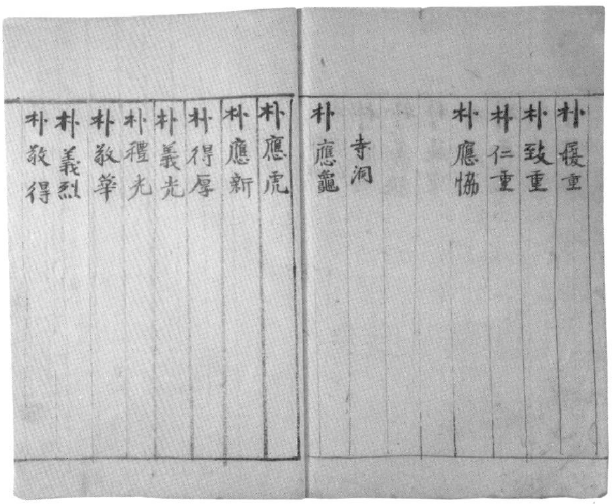

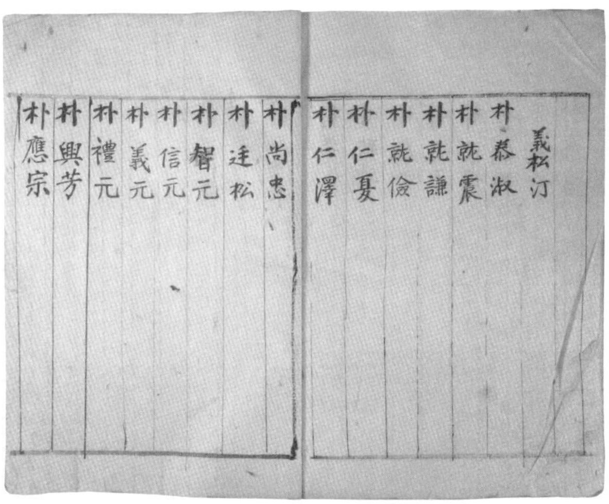

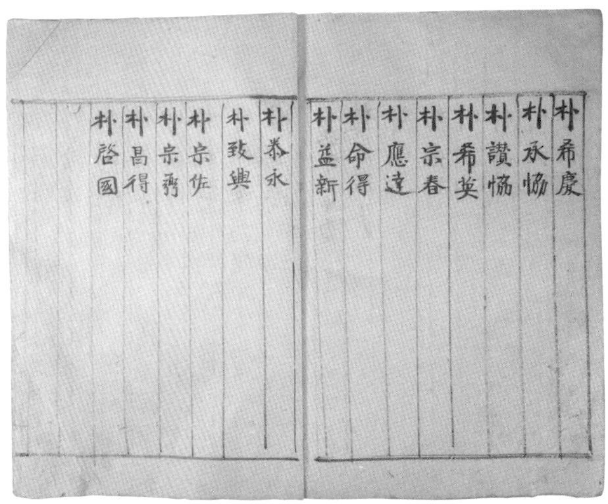

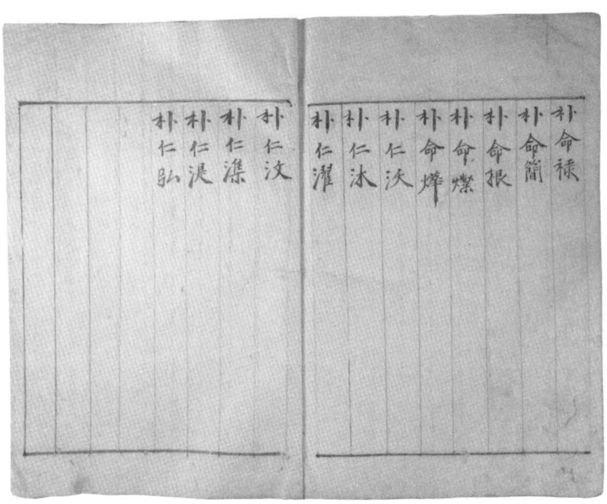

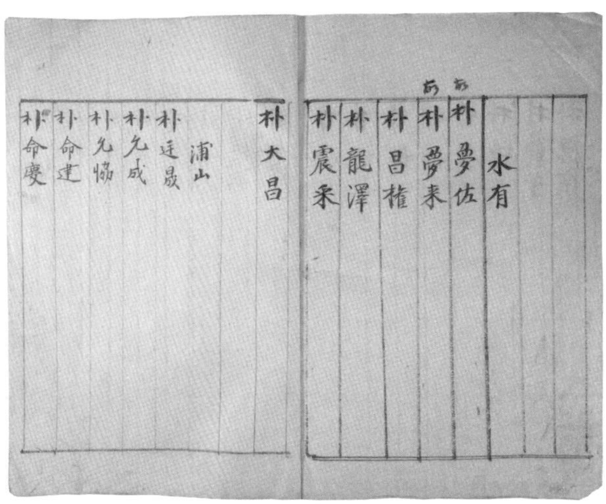

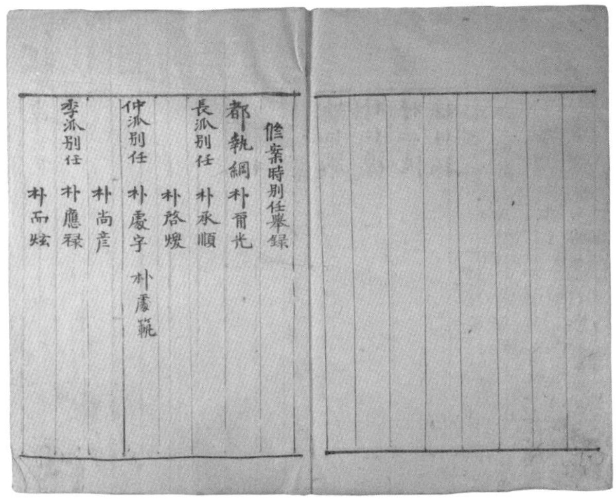

門中記錄 2

1804년(순조 4), 27×32

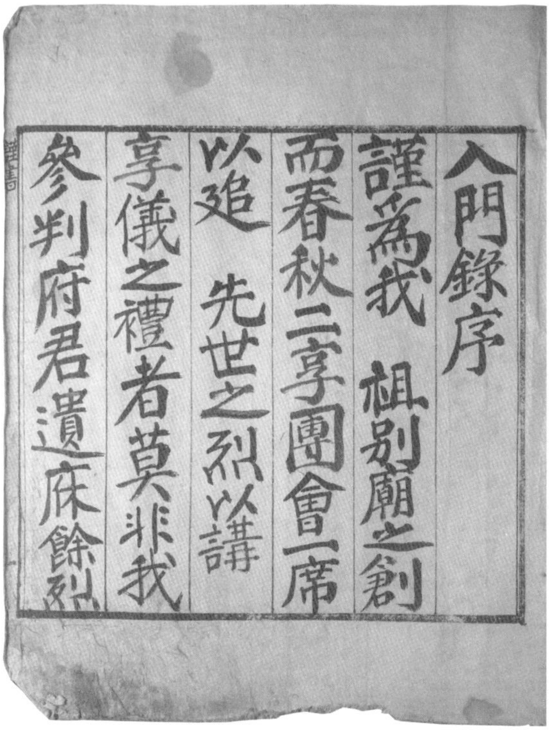

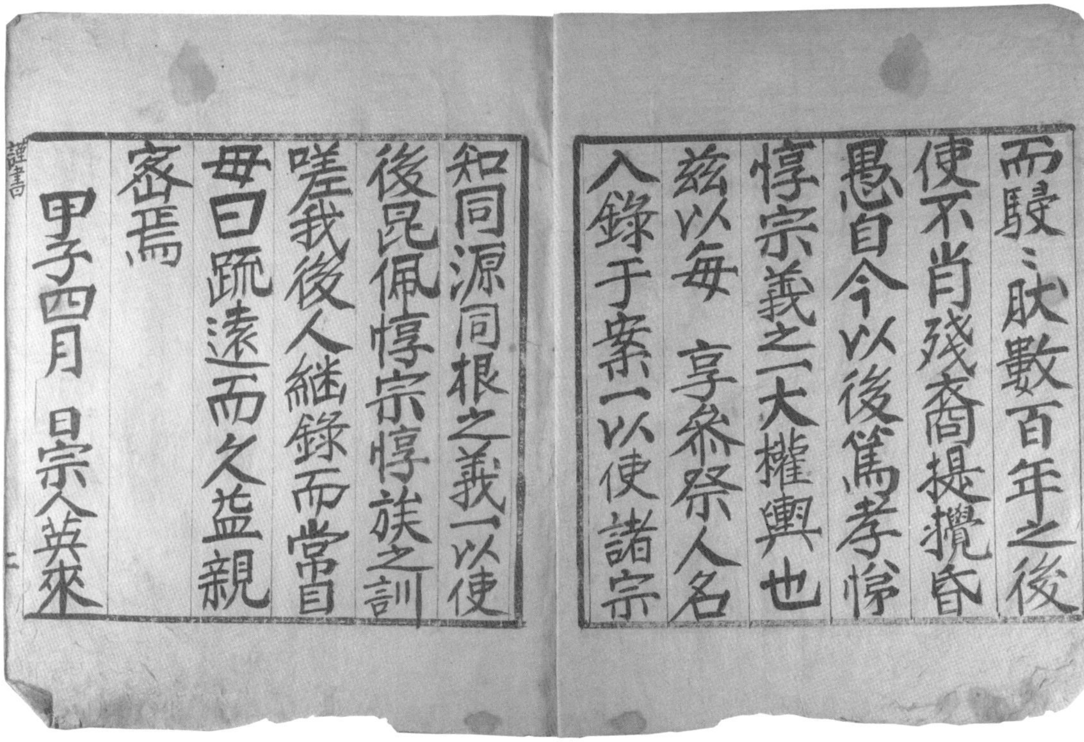

1804년(순조 4)부터 1916년까지의 入門錄

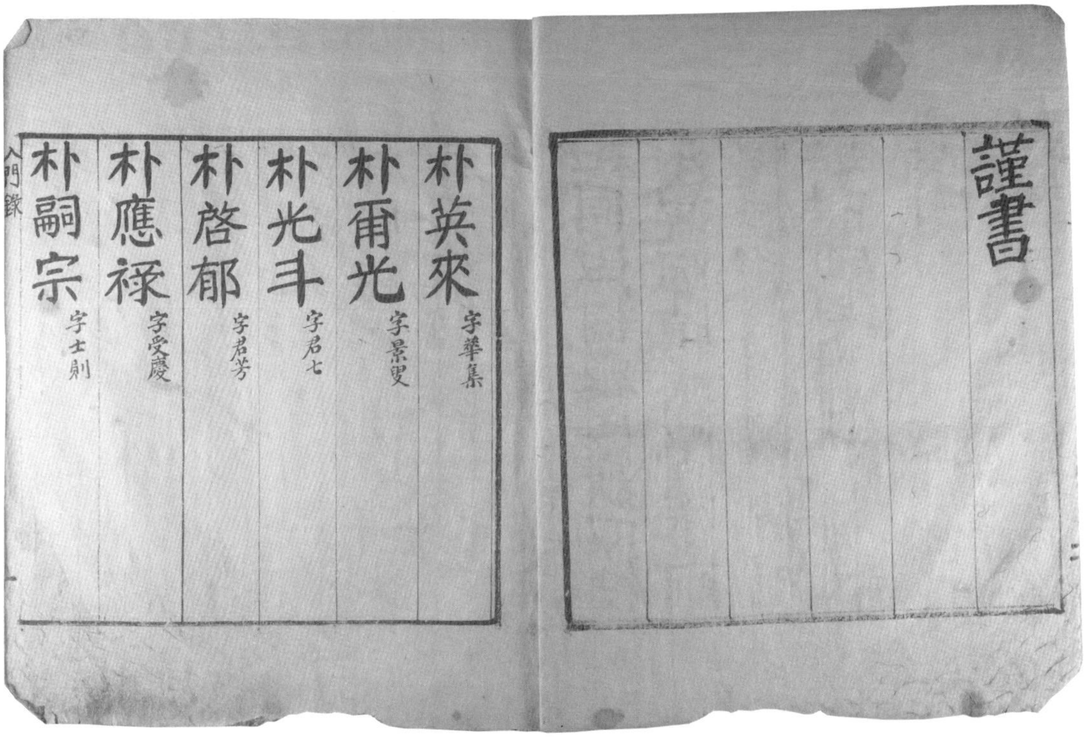
謹書

入門錄

朴英來 字華集
朴爾光 字景叟
朴光斗 字君七
朴啓郁 字君芳
朴應祿 字受慶
朴嗣宗 字士則

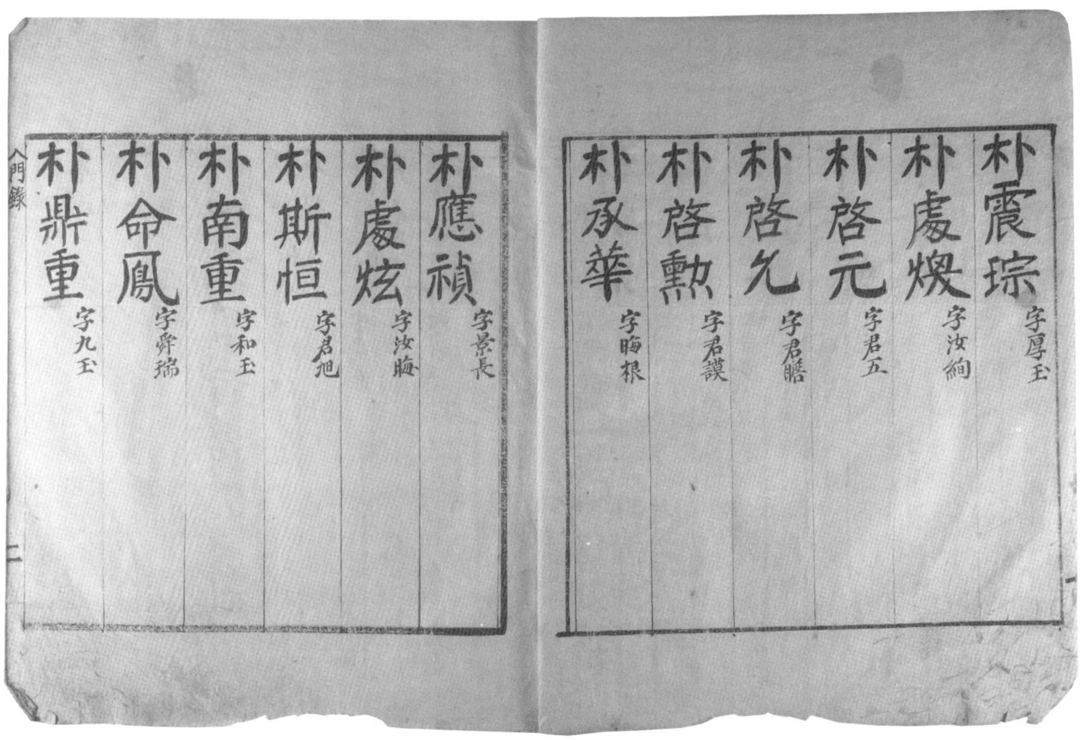
朴震琮 字厚玉
朴處煥 字汝絢
朴啓元 字君五
朴啓允 字君瞻
朴啓勲 字君讃
朴承華 字晦根

入門錄

朴應禎 字景長
朴處炫 字汝晦
朴斯恒 字君旭
朴南重 字和玉
朴命鳳 字舜瑞
朴鼎重 字九玉

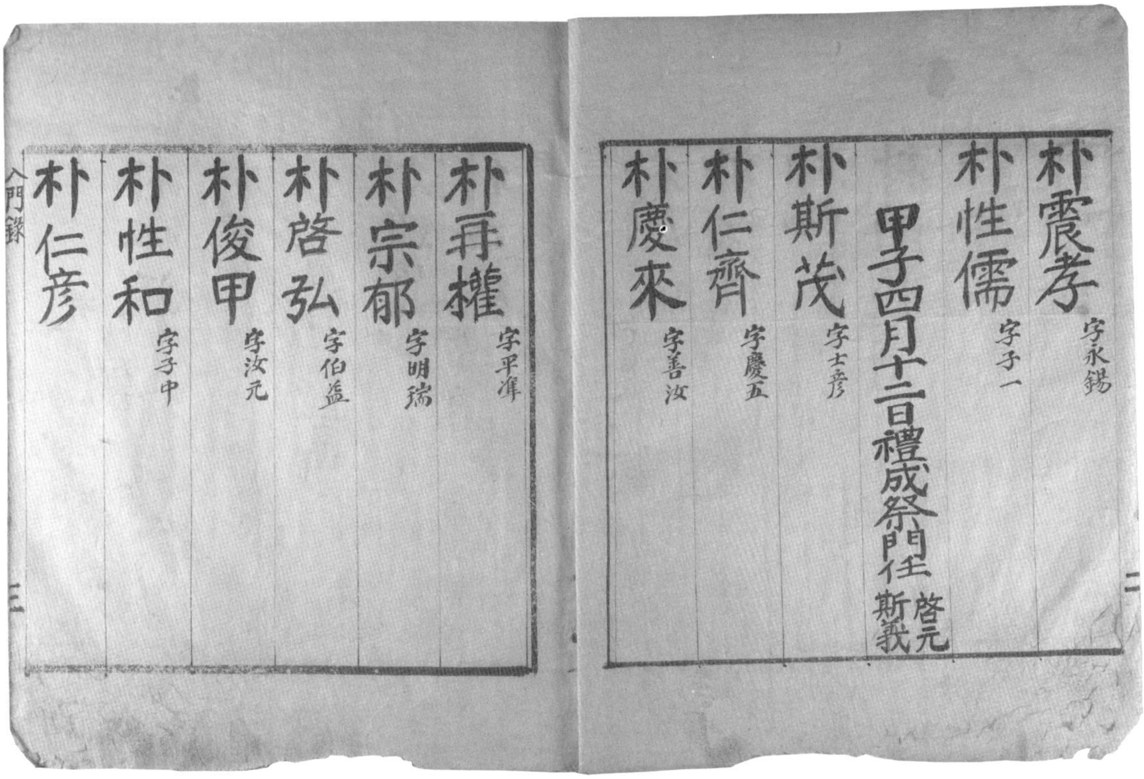

朴震孝 字永錫
朴性儒 字子一
甲子四月十二日禮成祭門任 啓元 斯義
朴斯茂 字士彦
朴仁齊 字慶五
朴慶來 字善汝

朴再權 字平準
朴宗郁 字明瑞
朴啓弘 字伯益
朴俊甲 字汝元
朴性和 字子中
朴仁彦

入門錄 三

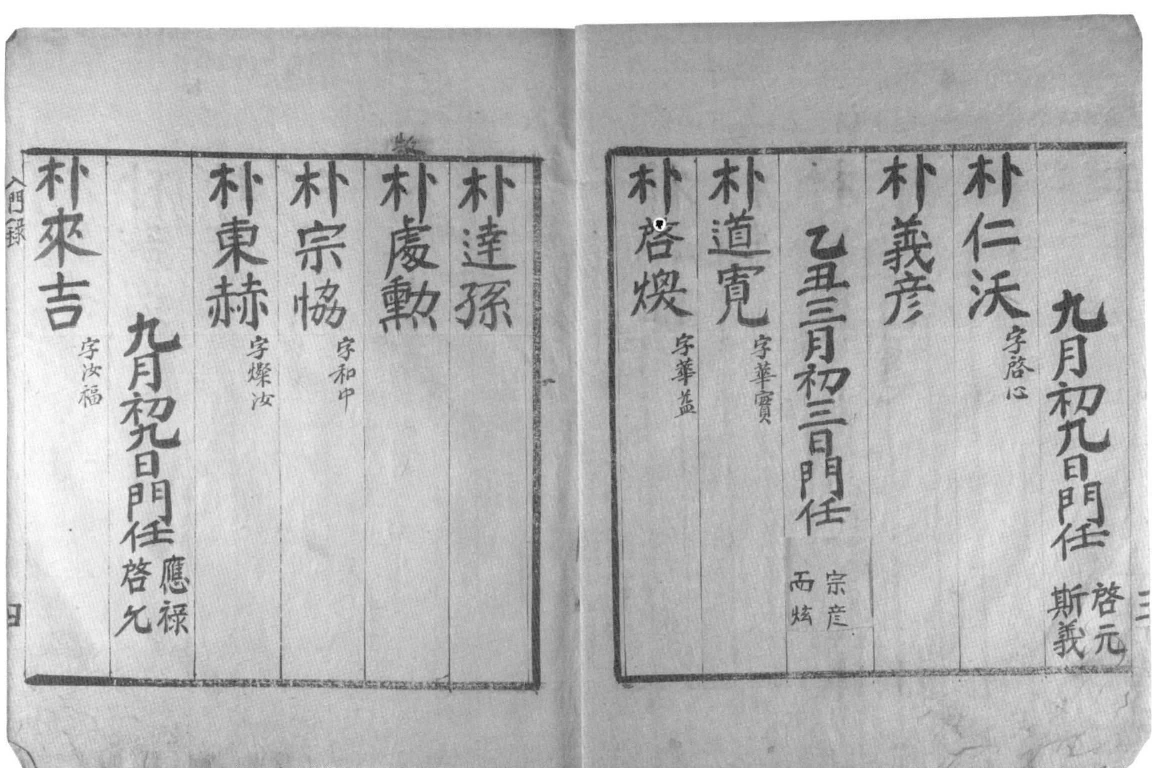

三
九月初九日門任 啓元 斯義
朴仁沃 字啓心
朴義彦
乙丑三月初三日門任 宗彦 丙炫
朴道寬 字華寶
朴啓燮 字華益

朴達孫
朴處勳
朴宗協 字和中
朴東赫 字燦汝
九月初九日門任 應祿 啓允
朴來吉 字汝福

入門錄 四

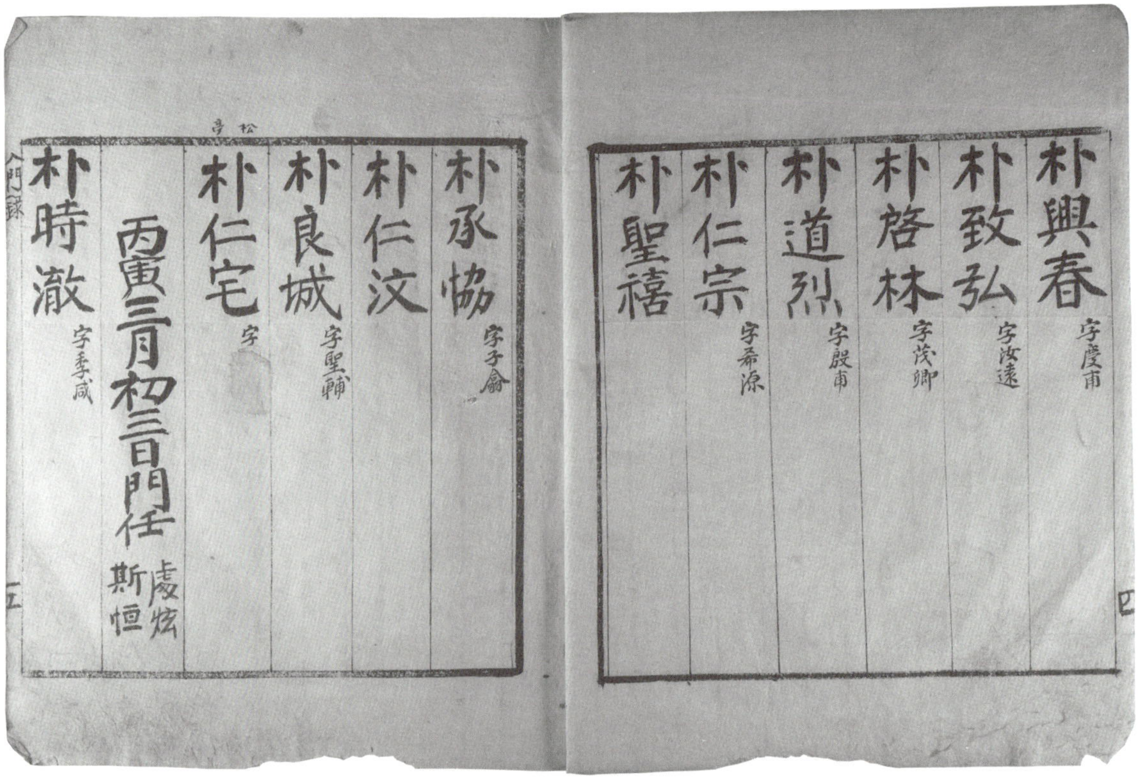

松亭

朴興春 字度甫
朴致弘 字汝遠
朴啓林 字茂卿
朴道烈 字殷甫
朴仁宗 字希源
朴聖禧

四

朴承協 字子愈
朴仁汶
朴良城 字聖輔
朴仁宅 字
丙寅三月初三日門任 處炫 斯恒
朴時澈 字季咸

五

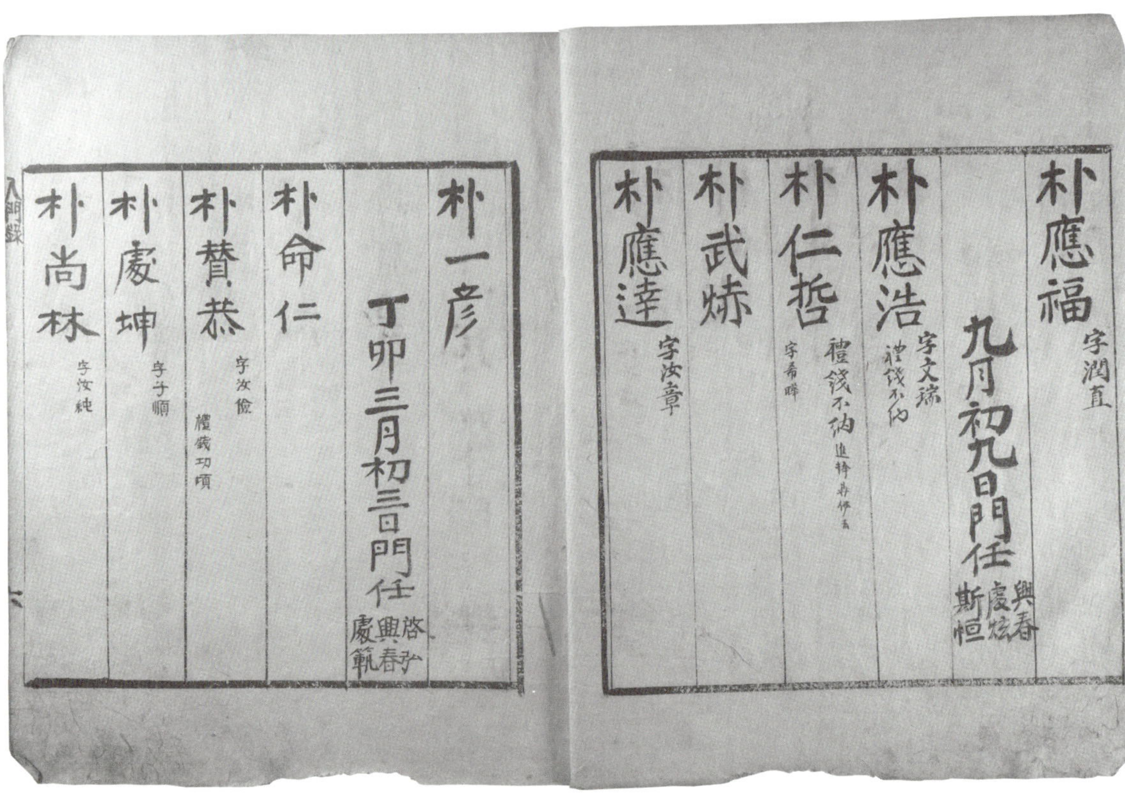

朴應福 字潤直
九月初九日門任 興春 處炫 斯恒
朴應浩 字文謙 禮錢不納
朴仁哲 字希晦 禮錢不納 進特奉伊五
朴武烋
朴應達 字汝章

六

朴一彦
丁卯三月初三日門任 啓弘 興春 處範
朴命仁
朴贊恭 字汝儉 禮錢功債
朴處坤 字子顺
朴尚林 字汝純

七

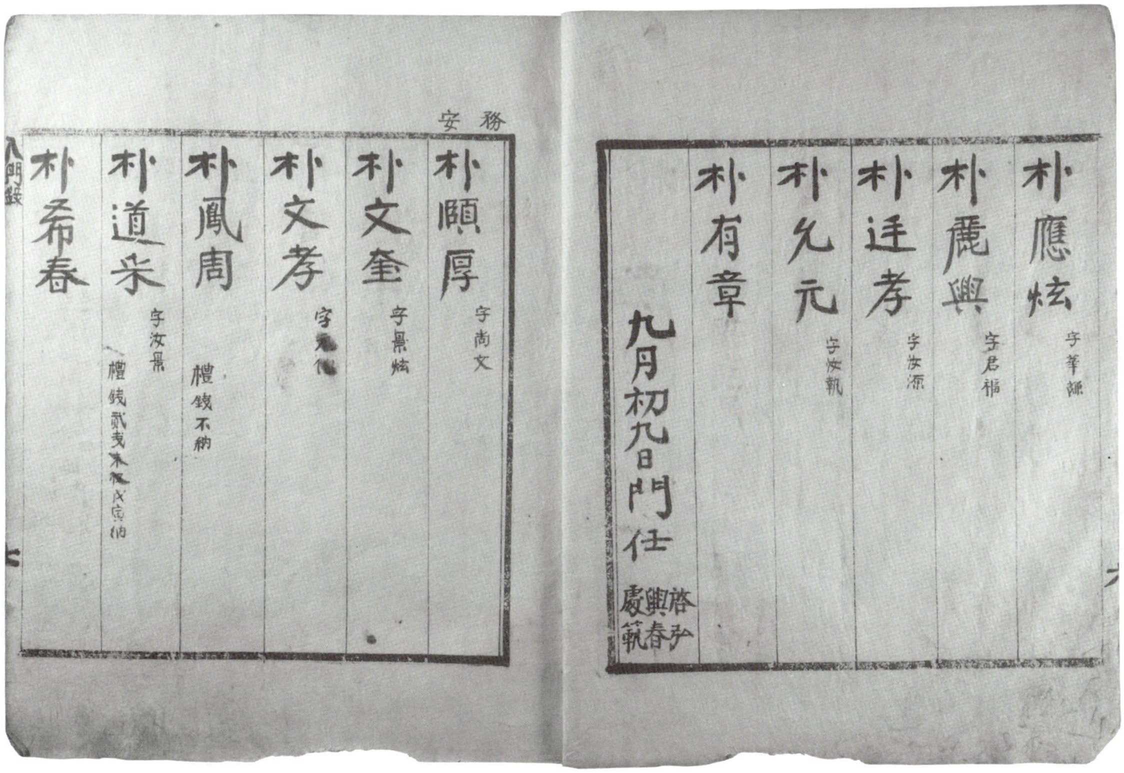
朴應炫
朴麗興
朴廷孝
朴允元
朴有章
九月初九日門任
啓彦 興春 處範
務安
朴顯厚 字尚文
朴文奎 字景炫
朴文孝
朴鳳周 禮錢不納
朴道采
朴希春

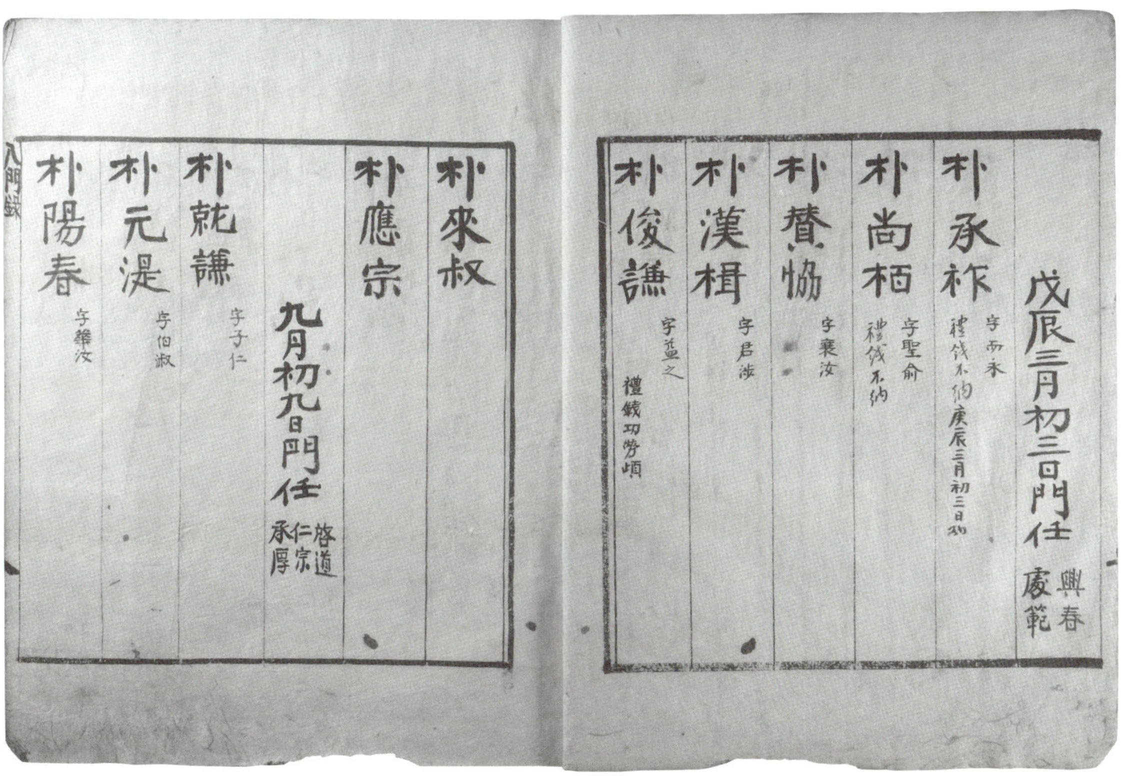
戊辰三月初三日門任
興春 處範
朴承祚 禮錢不納
朴尚栢 字聖命 禮錢不納
朴贊協
朴漢楫
朴俊謙 字益之
朴來叔
朴應宗
九月初九日門任
啓道 仁宗 承厚
朴就謙 字子仁
朴元湜 字伯淑
朴陽春

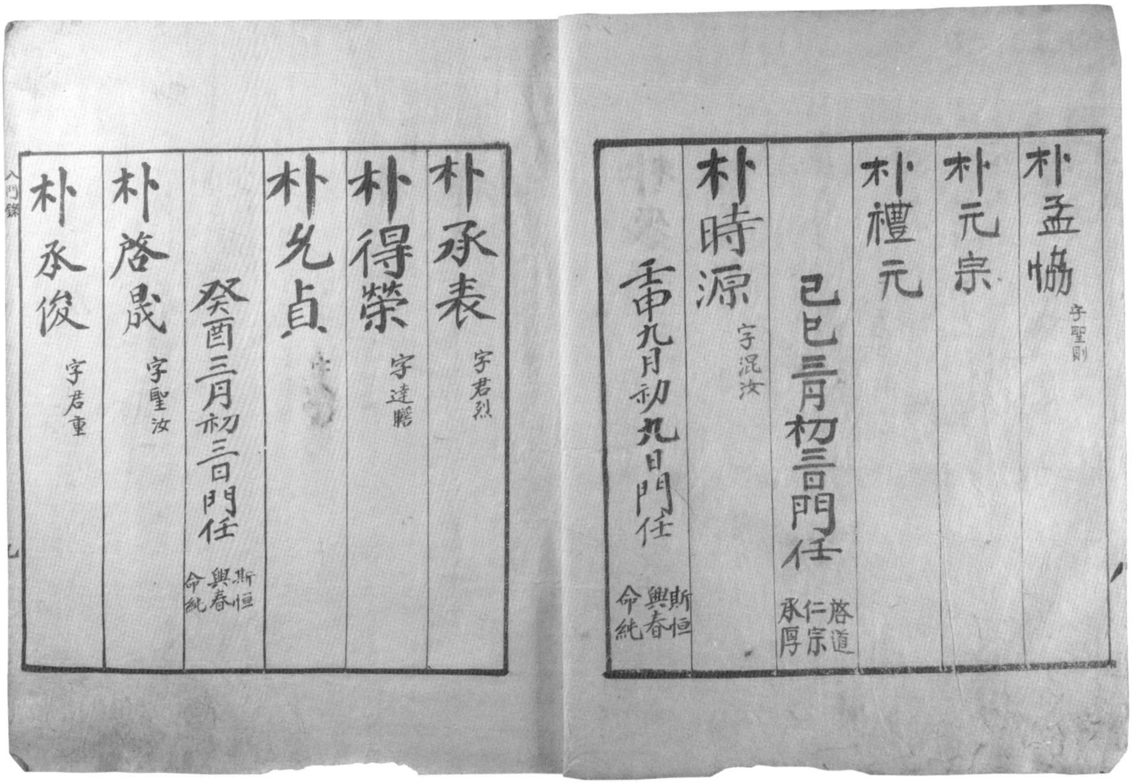

朴孟協 字聖則
朴元宗
朴禮元
己巳三月初三日門任 啓道 仁宗 承厚
朴時源 字混汝
壬申九月初九日門任 斯恒 興春 命純
朴承表 字君烈
朴得榮 字達聰
朴允貞
癸酉三月初三日門任 斯恒 興春 命純
朴啓晟 字聖汝
朴承俊 字君重

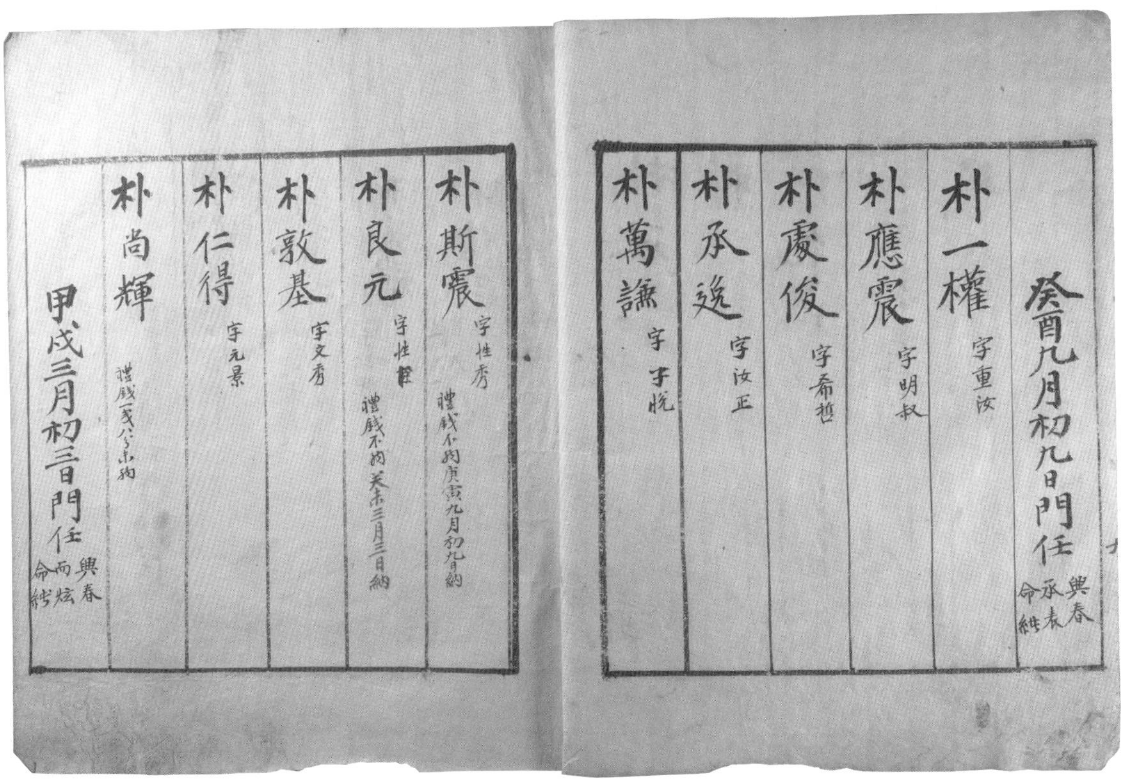

癸酉九月初九日門任 興春 承表 命純
朴一權 字重汝
朴應震 字明叔
朴處俊 字希哲
朴承逸 字汝正
朴萬謙 字子悅
朴斯震 字性彥 禮錢不納 庚寅九月初九日納
朴良元 字性眞 禮錢不納 癸未三月三日納
朴敦基 字文彥
朴仁得 字元景
朴尙輝 禮錢一兩八戔來納
甲戌三月初三日門任 興春 而炫 命純

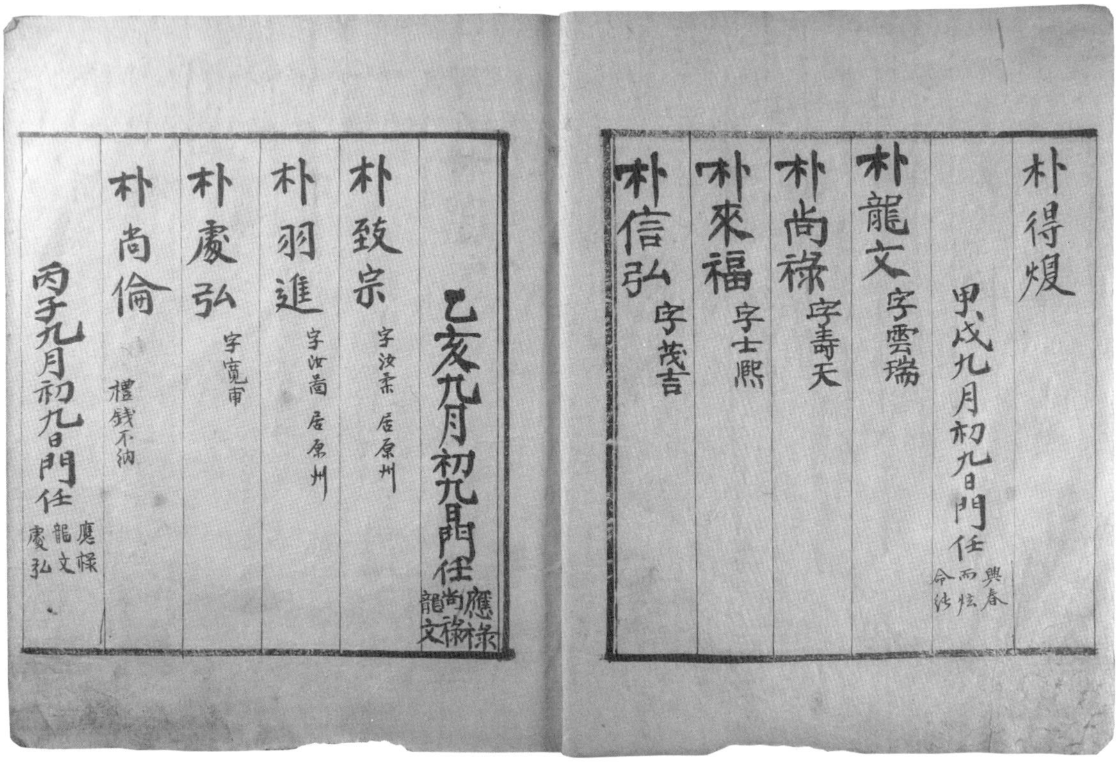

朴得煥

甲戌九月初九日門任 興春 丙炫 命浩

朴龍文 字雲瑞

朴尙祿 字壽天

朴來福 字士熙

朴信弘 字茂吉

乙亥九月初九日門任 應祿 尙祿 龍文

朴致宗 字汝宗 居原州

朴羽進 字汝尙 居原州

朴慶弘 字寬甫

朴尙倫 禮錢不納

丙子九月初九日門任 應祿 龍文 慶弘

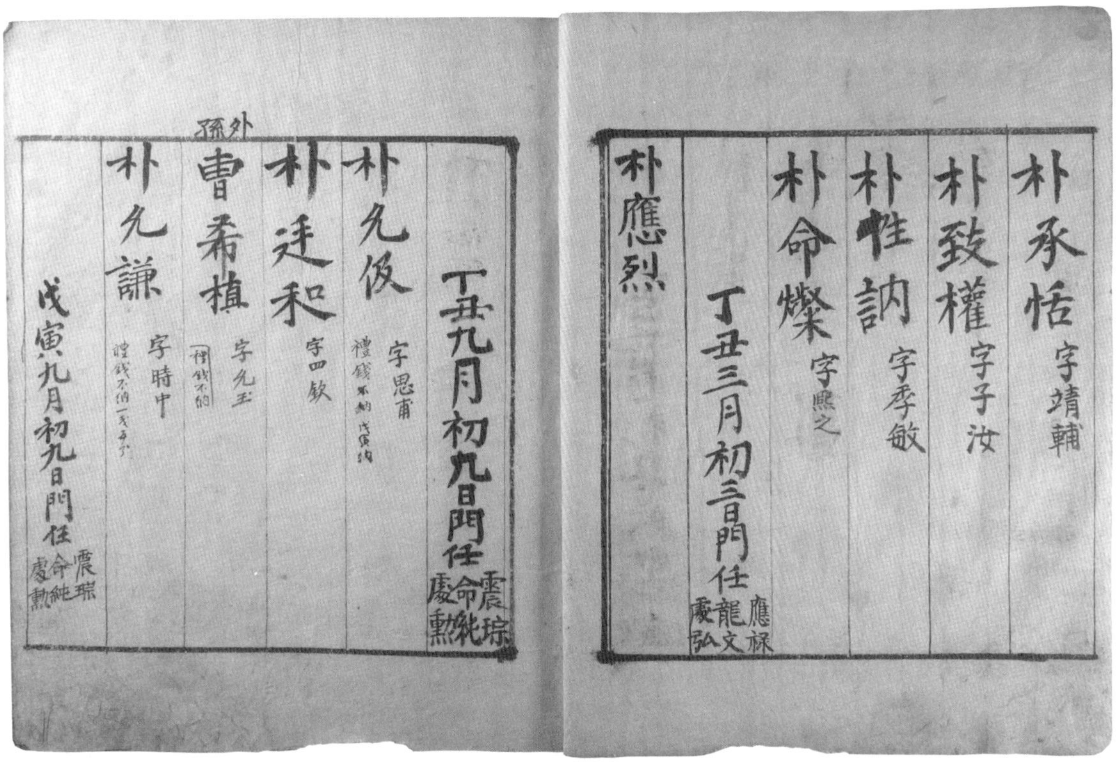

朴承恬 字靖輔

朴致權 字子汝

朴性訥 字季敏

朴命燦 字熙之

丁丑三月初三日門任 應祿 龍文 慶弘

朴應烈

丁丑九月初九日門任 震琮 命純 慶勳

朴允仮 字思甫 禮錢未納 戊寅納

朴廷和 字四欽

外孫 曺希植 字允玉 禮錢不納

朴允謙 字時中 禮錢不納 一戊子

戊寅九月初九日門任 震琮 命純 慶勳

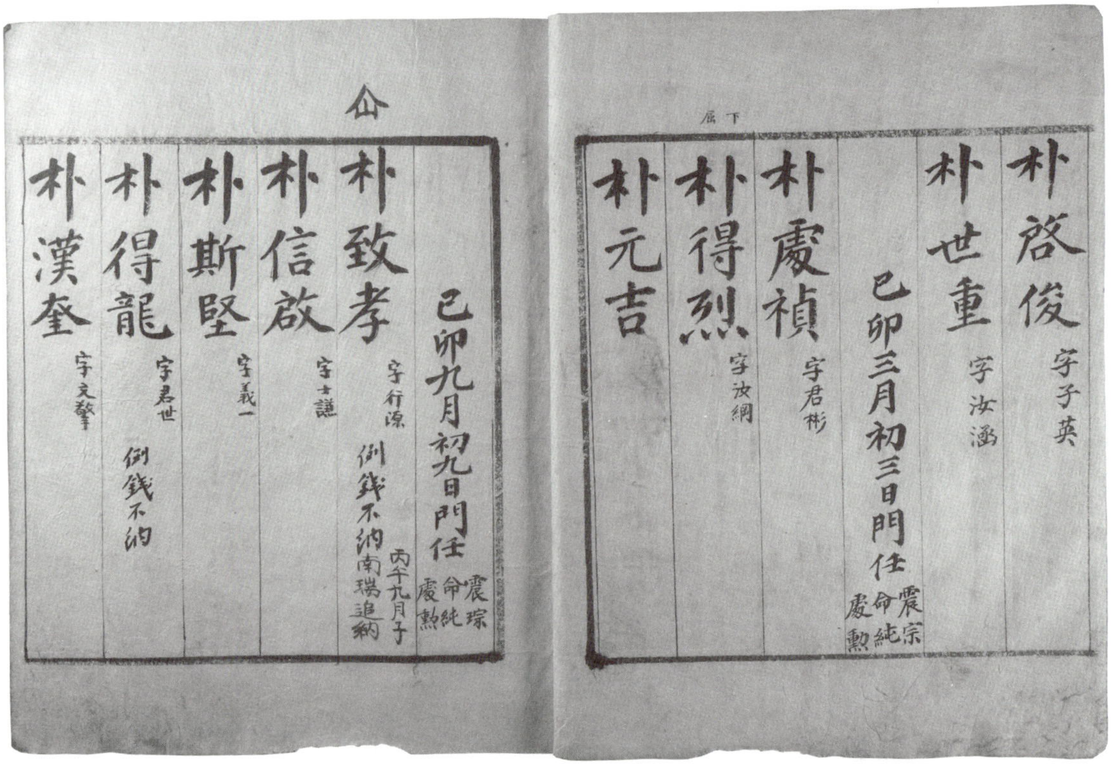
朴啓俊 字子英
朴世重 字汝涵
己卯三月初三日門任 震宗 命純 慶勳
朴慶禎 字君彬
朴得烈 字汝綱
朴元吉
下居
己卯九月初九日門任 震琮 命純 慶勳
朴致孝 字行源 例錢不納 丙午九月子南瑞追納
朴信啟 字士謙
朴斯堅 字義一
朴得龍 字君世 例錢不納
朴漢奎 字文擎

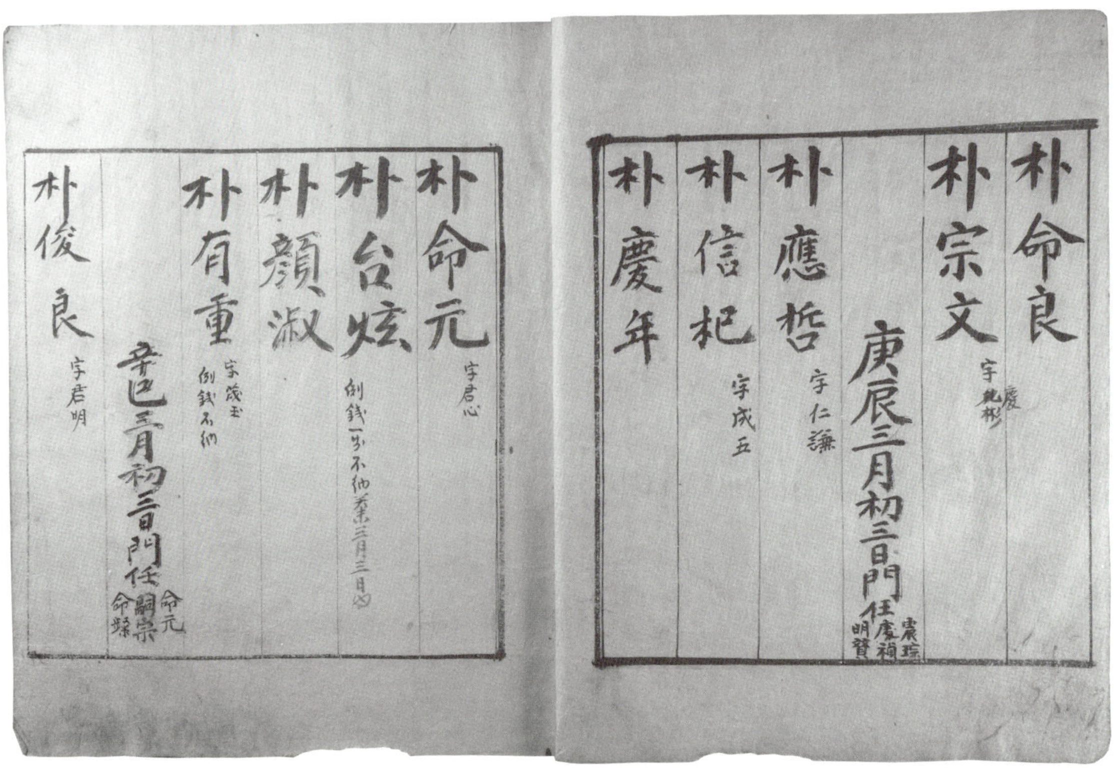
朴命良
朴宗文 字震彬
庚辰三月初三日門任 震琮 慶禎 明贊
朴應哲 字仁謙
朴信杞 字成五
朴慶年
朴命元 字君心
朴台炫 例錢一分不納 三月三日
朴顥淑
朴有重 字茂玉 例錢不納
辛巳三月初三日門任 命元 顯宗 命燦
朴俊良 字君明

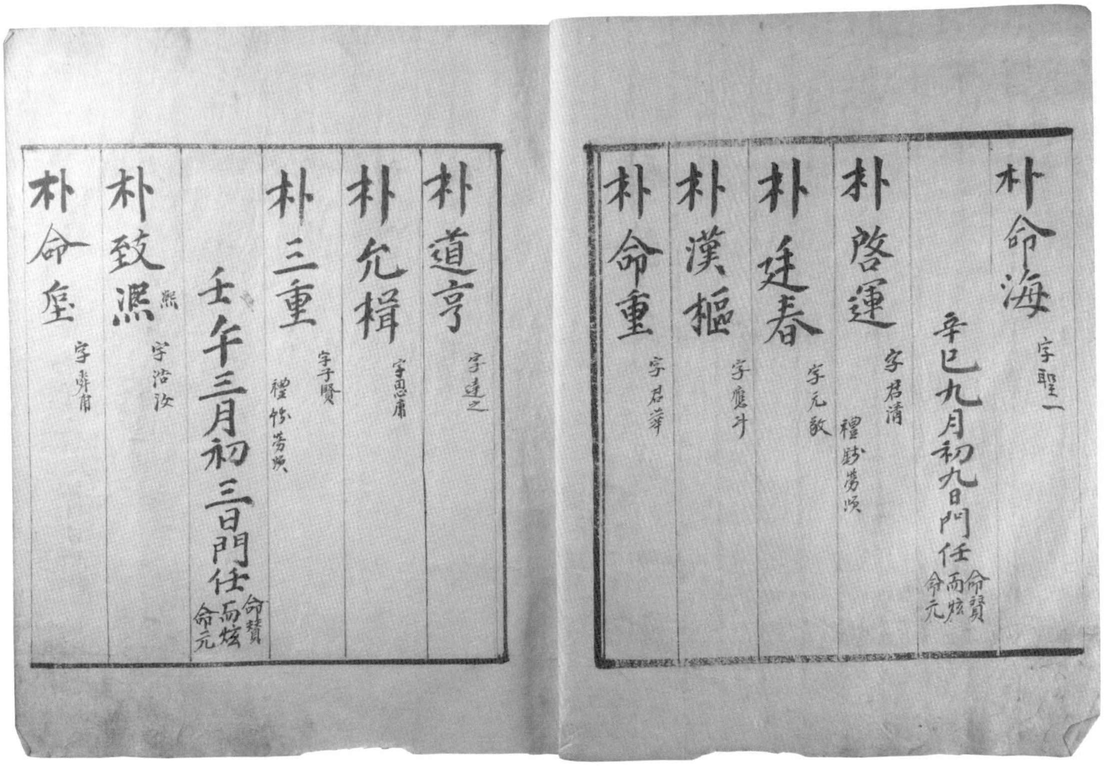
朴命海 字聖一
辛巳九月初九日門任 命贇 丙炫 命元
朴啓運 字君清
朴廷春 字元敎
朴漢樞 字應斗
朴命重 字君華
朴道亨 字達之
朴允楫 字回甫
朴三重 字子賢
壬午三月初三日門任 命贇 丙炫 命元
朴致淵 字浩汝
朴命垕 字壽甫

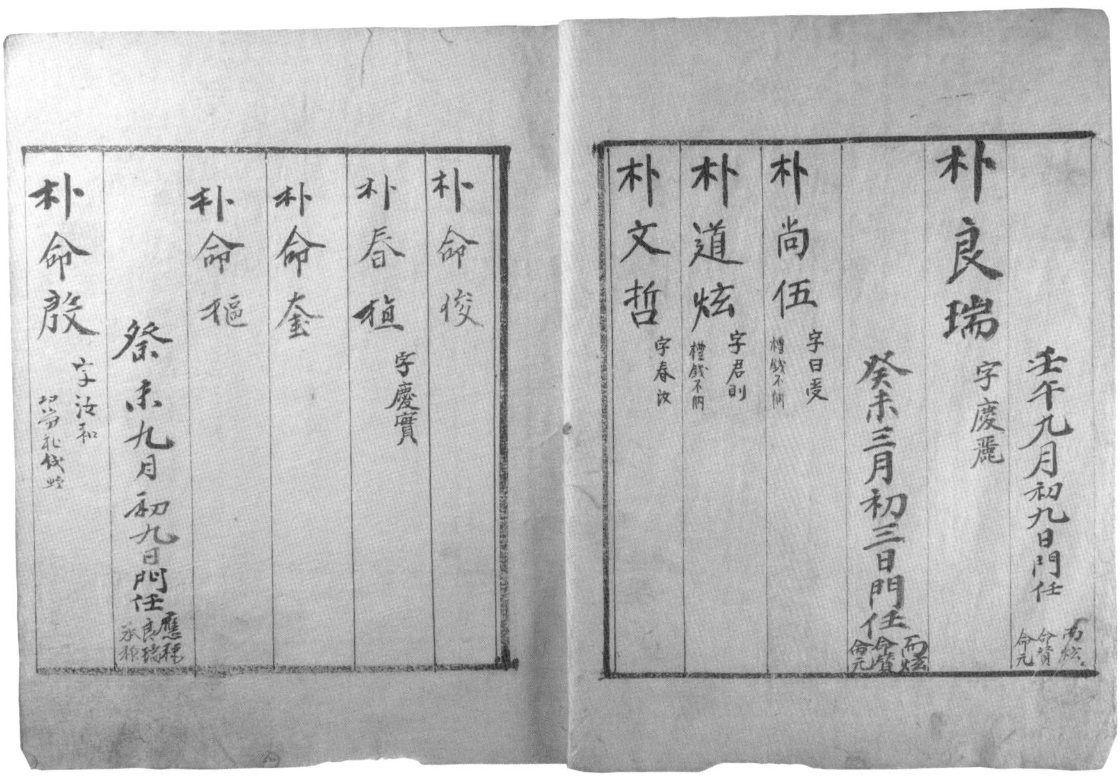
朴良瑞 字慶麗
壬午九月初九日門任 丙炫 命贇 命元
朴尚伍 字日叟
朴道炫 字君則
癸未三月初三日門任 丙炫 命贇 命元
朴文哲 字春汝
朴命俊
朴春植 字慶實
朴命奎
朴命樞
癸未九月初九日門任 應穆 良瑞 永梓
朴命敎 字汝和

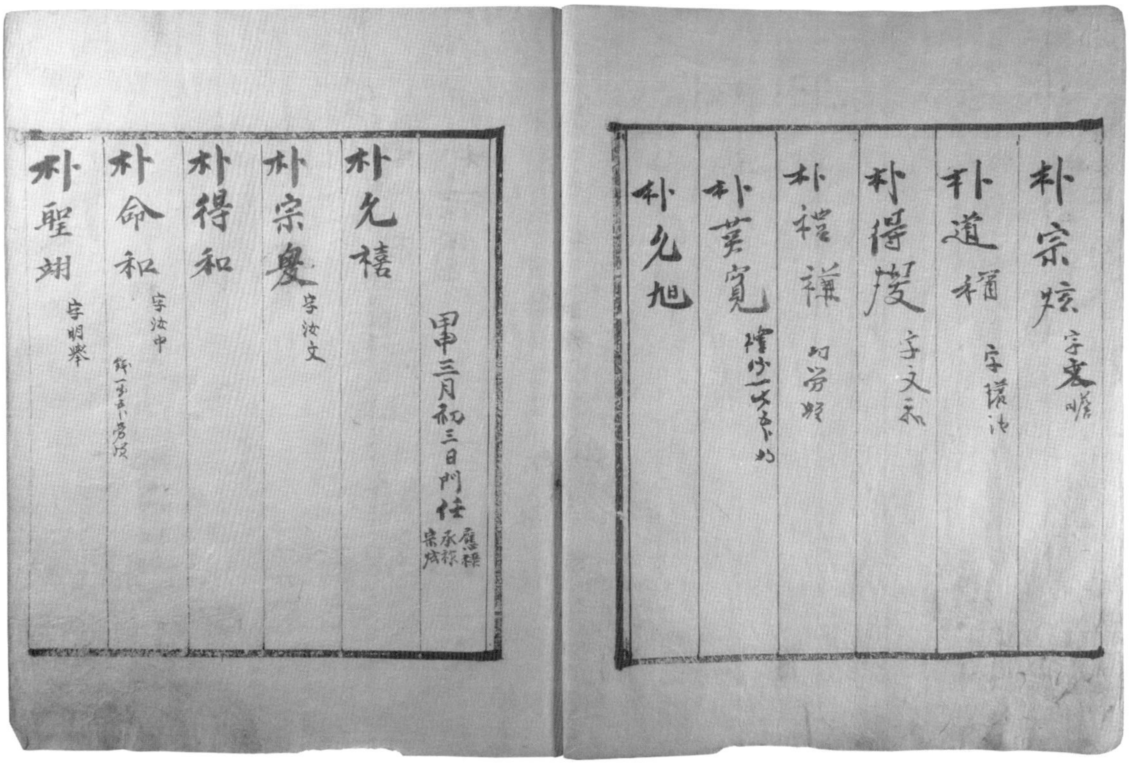
朴允禧
朴宗夔 字汝文
朴得和
朴命和 字汝中
朴聖翊 字明擧

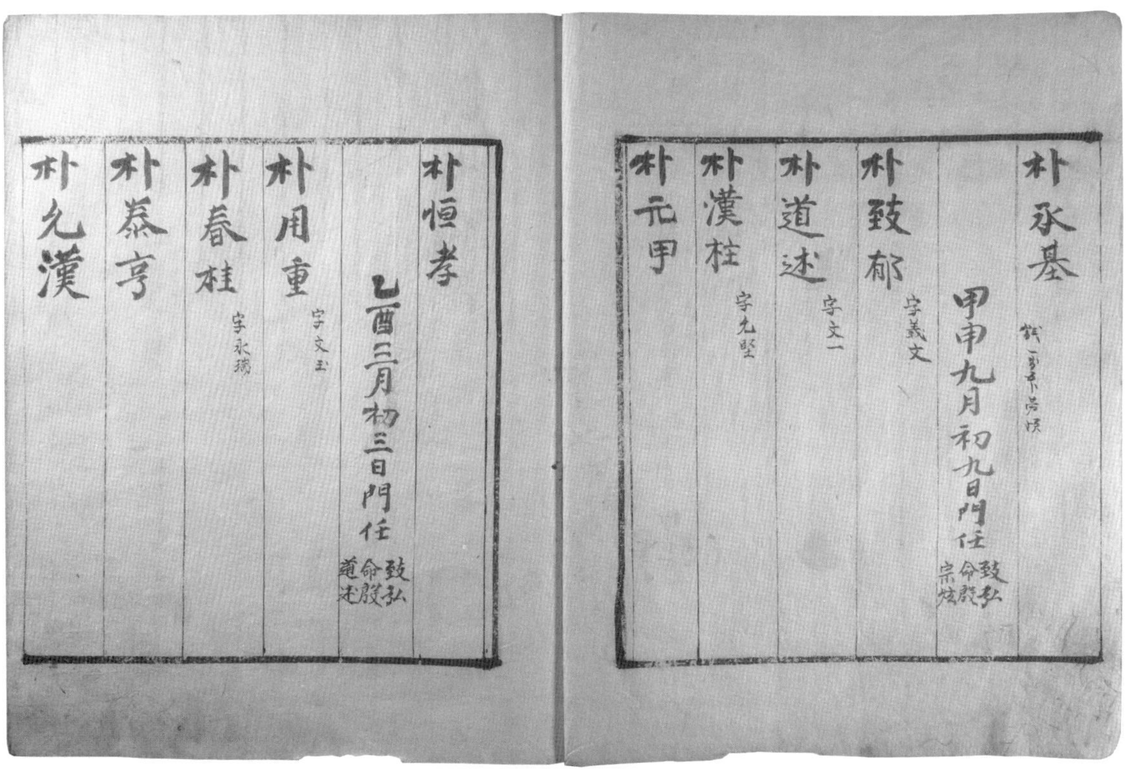
朴承基
甲申九月初九日門任
致弘 命殷 宗炫
朴致郁 字義文
朴道述 字文一
朴漢柱 字允堅
朴元甲
朴恒孝
乙酉三月初三日門任
致弘 命殷 道述
朴用重 字文玉
朴春桂
朴恭亨
朴允漢

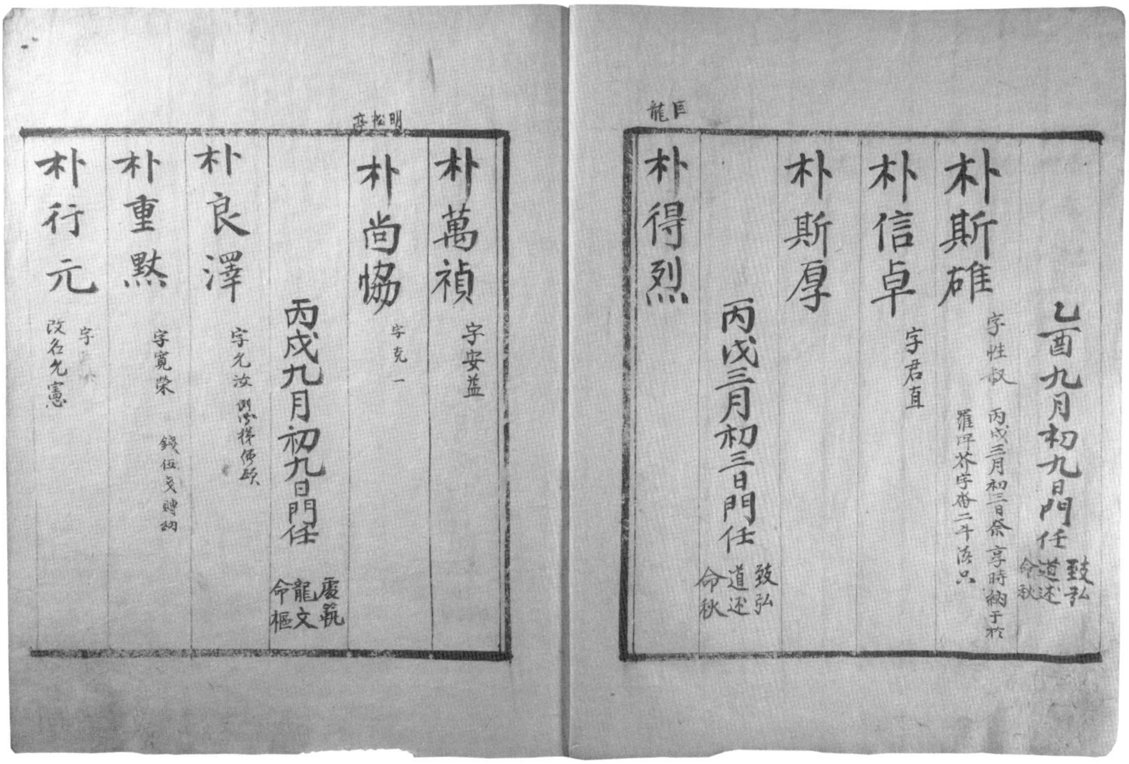

朴斯雄 字性叔
乙酉九月初九日門任
朴信卓 字君直
朴斯厚
丙戌三月初三日門任
朴得烈
朴萬禎 字安益
朴尙協 字允一
丙戌九月初九日門任
朴良澤 字允汝
朴重默 字寬栄
朴行元

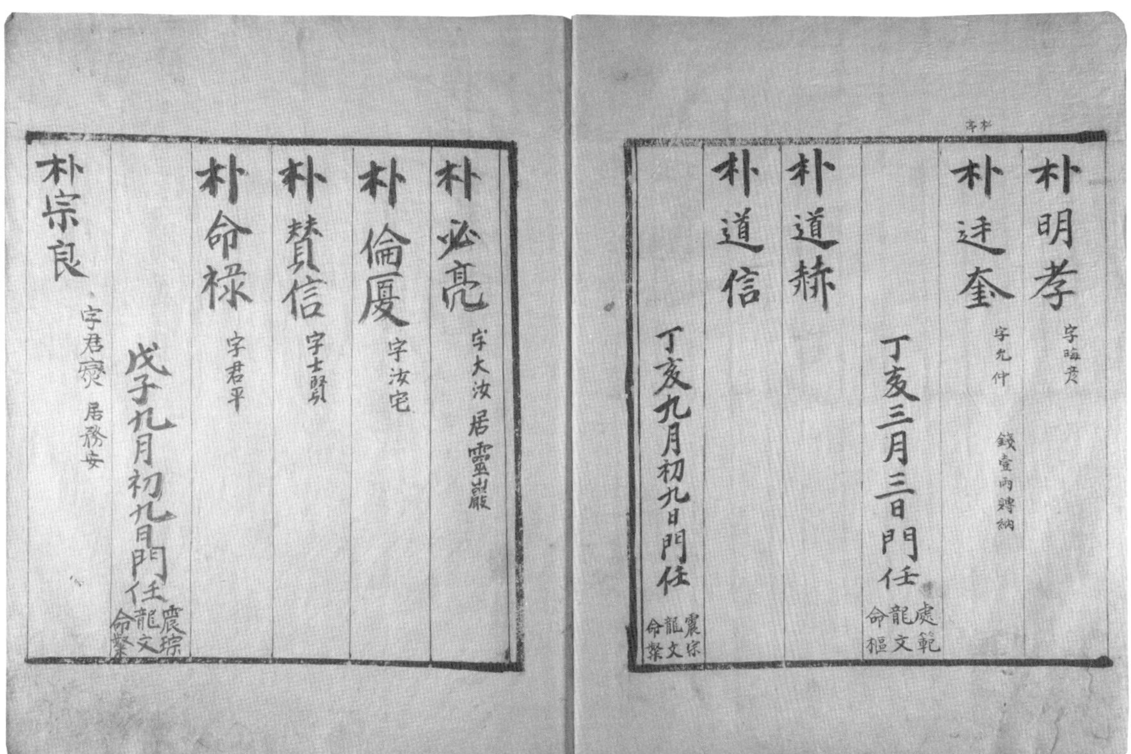

朴明孝 字晦秀
朴廷奎 字允仲
丁亥三月三日門任
朴道赫
朴道信
丁亥九月初九日門任
朴必亮 字大汝 居靈巖
朴倫厦 字汝宅
朴贊信 字士賢
朴命祿 字君平
戊子九月初九日門任
朴宗良 居務安

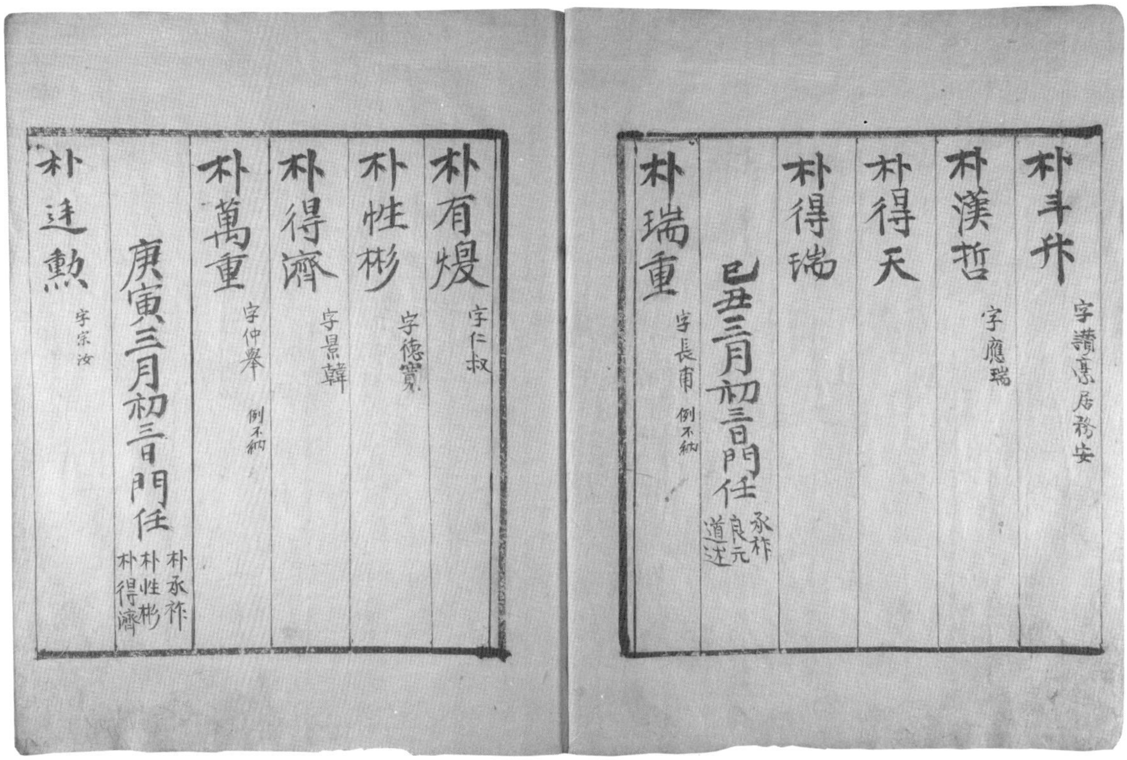

朴丰升 字讚憲 居務安

朴漢哲 字應瑞

朴得天

朴得瑞

乙丑三月初三日門任 朴承祚 朴良元 朴道述

朴瑞重 字長甫 例不納

朴有熴 字仁叔

朴性彬 字德賓

朴得濟 字景韓

朴萬重 字仲擧 例不納

庚寅三月初三日門任 朴承祚 朴性彬 朴得濟

朴廷勳 字宗汝

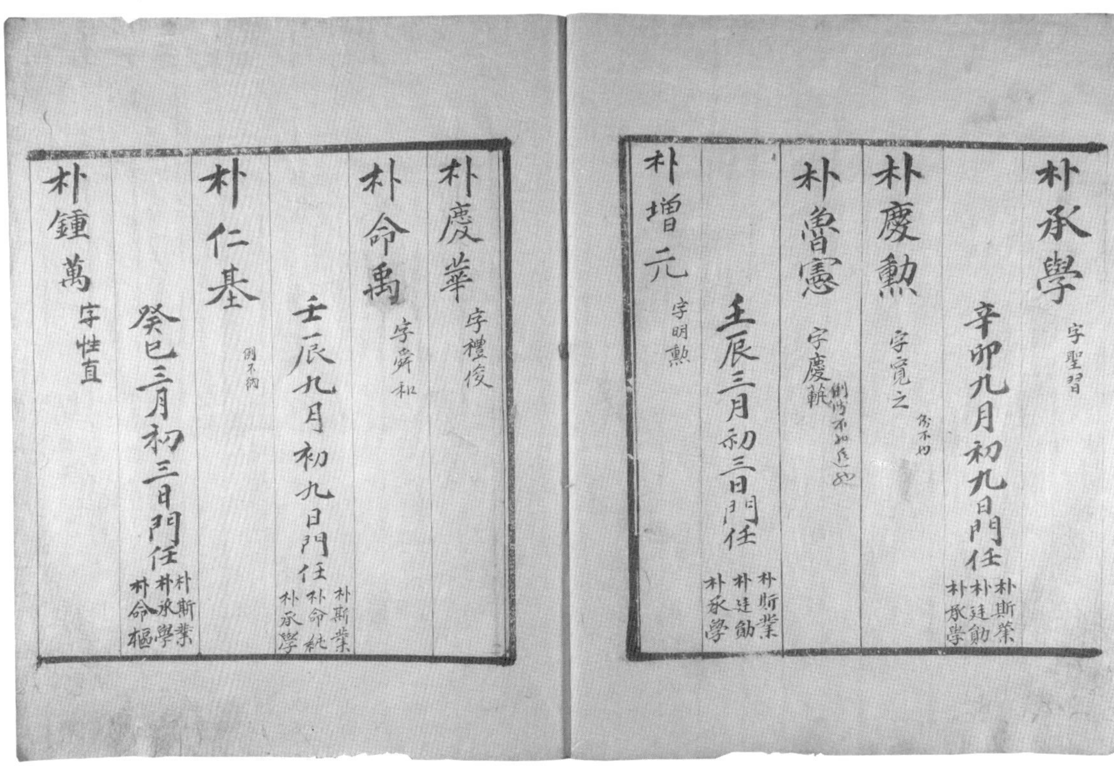

朴承學 字聖習

辛卯九月初九日門任 朴斯業 朴廷勳 朴承學

朴慶勳 字寬之 例不納

朴魯憲 字慶執

壬辰三月初三日門任 朴斯業 朴廷勳 朴承學

朴增元 字明勳

朴慶華 字禮俊

朴命禹 字舜和

壬辰九月初九日門任 朴斯業 朴命杭 朴承學

朴仁基 例不納

癸巳三月初三日門任 朴斯業 朴承學 朴命樞

朴鍾萬 字性直

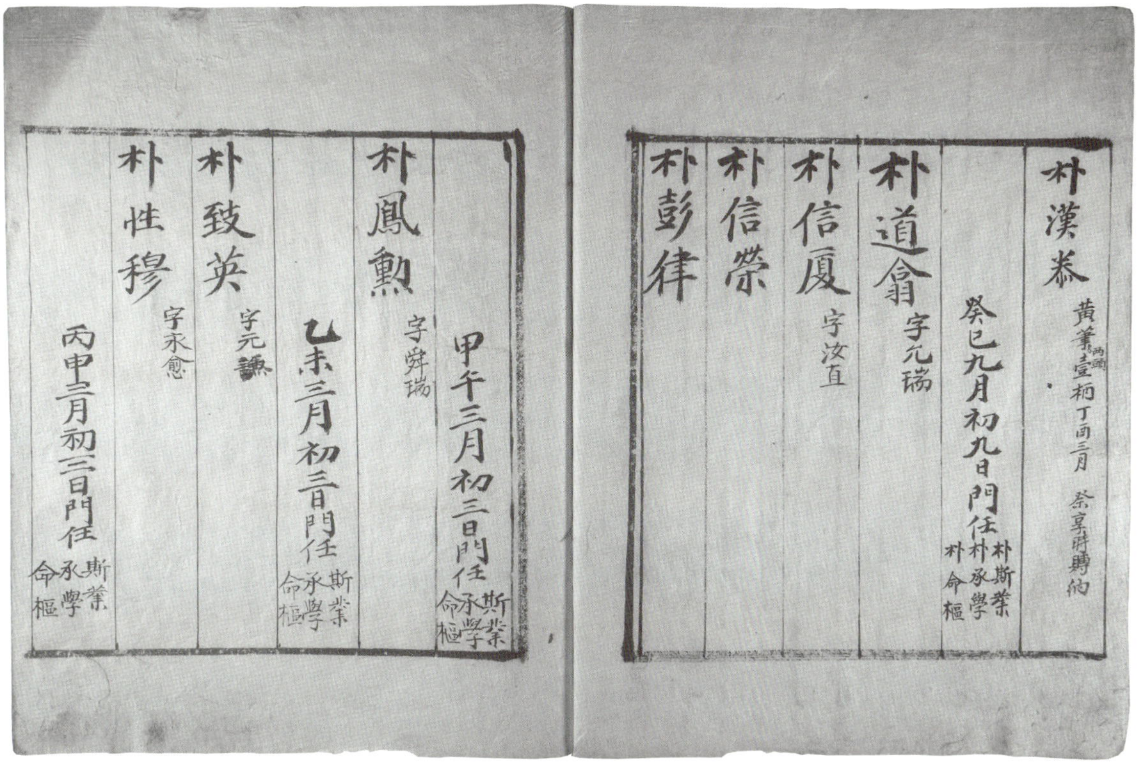

朴漢叅 黃筆壹柄丁酉三月 …納
癸巳九月初九日門任 朴斯榮 朴承學 朴命樞
朴道翕 字元瑞
朴信厦 字汝直
朴信榮
朴彭律
甲午三月初三日門任 斯榮 承學 命樞
朴鳳勳 字舜瑞
乙未三月初三日門任 斯榮 承學 命樞
朴致英 字元謙
朴性穆 字永愈
丙申三月初三日門任 斯榮 承學 命樞

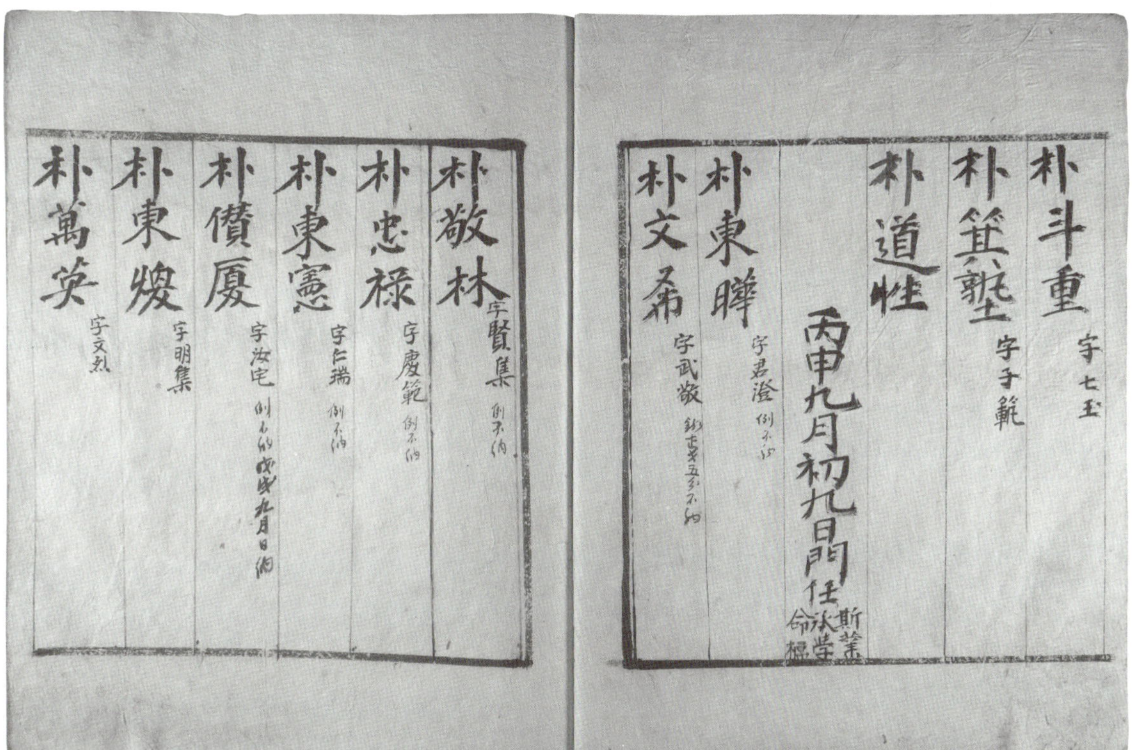

朴斗重 字七玉
朴箕璧 字子範
朴道性
丙申九月初九日門任 斯榮 承學 命樞
朴東曄 字君澄 例不納
朴文希 字武敬
朴敬林 字賢集 例不納
朴忠祿 字慶範 例不納
朴東憲 字仁瑞 例不納
朴儹厦 字汝宅 例不納 戊戌九月日納
朴東燮 字明集
朴萬英 字文烈

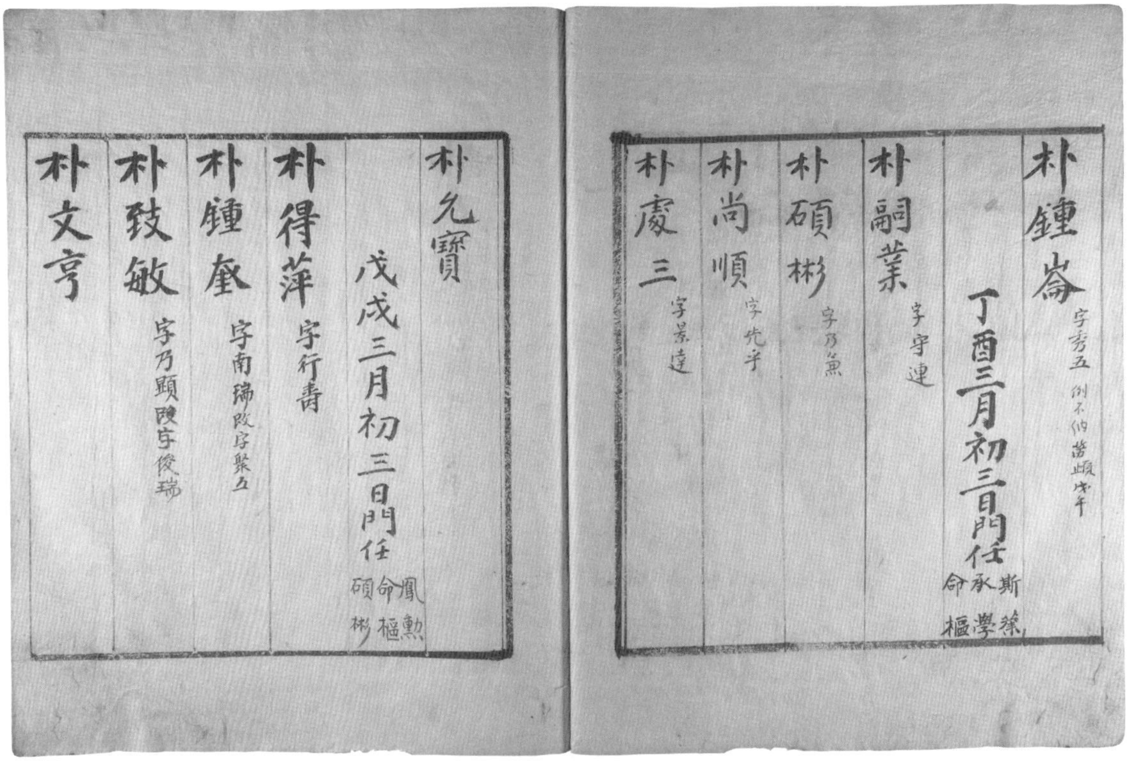

朴鍾崙 字秀五 例不納 當峴 [illegible]
丁酉三月初三日門任 斯琮 命承 學樞
朴嗣業 字守連
朴碩彬 字乃兼
朴尚順 字允平
朴慶三 字景達

朴允寶
戊戌三月初三日門任 鳳勲 命樞 碩彬
朴得萍 字行青
朴鍾奎 字南瑞 改字聚五
朴致敏 字乃顕 改字俊瑞
朴文亨

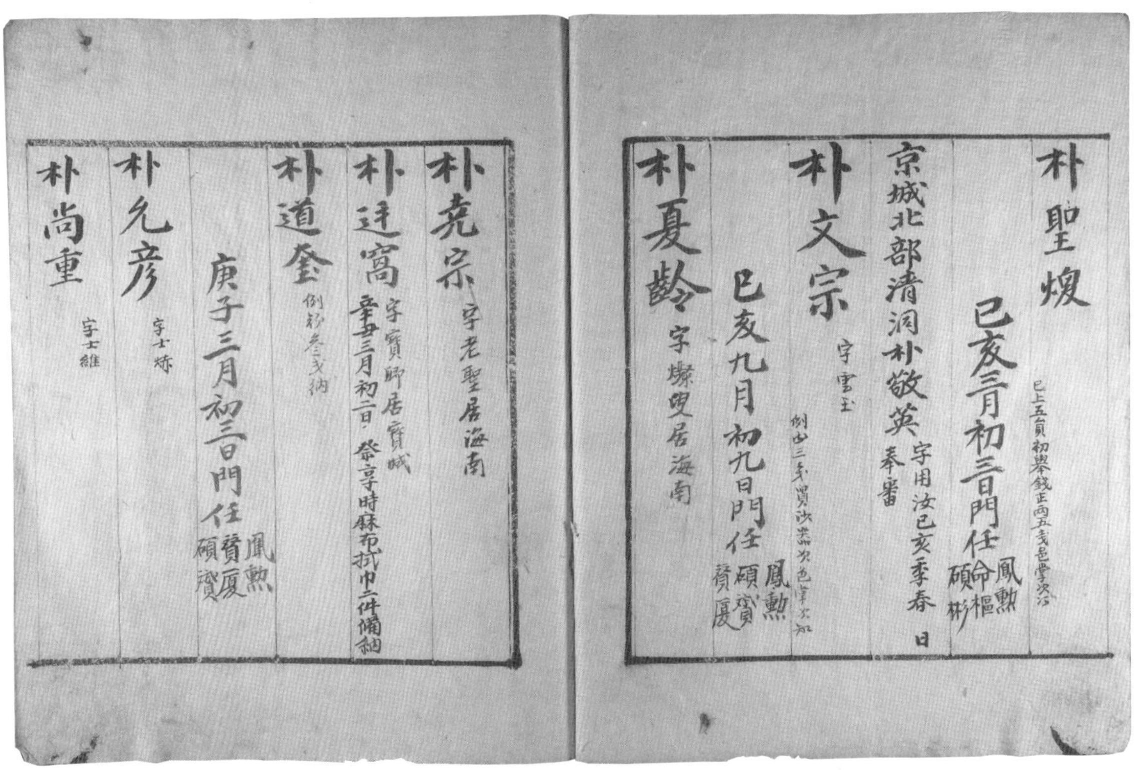

朴聖煥 已上五員初案錢 [illegible]
己亥三月初三日門任 鳳勲 命樞 碩彬
京城北部清洞朴敬英 字用汝 己亥季春 日 奉審
朴文宗 字雲玉
己亥九月初九日門任 鳳勲 碩賓 賛厦
例出三年 [illegible]
朴夏齡 字擧叟 居海南

朴尭宗 字老聖 居海南
朴廷寓 字寶卿 居寶城
辛丑三月初三日 [illegible]
朴道全 例初 [illegible] 納
庚子三月初三日門任 鳳勲 碩賓 賛厦
朴允彦 字士琢
朴尚重 字士維

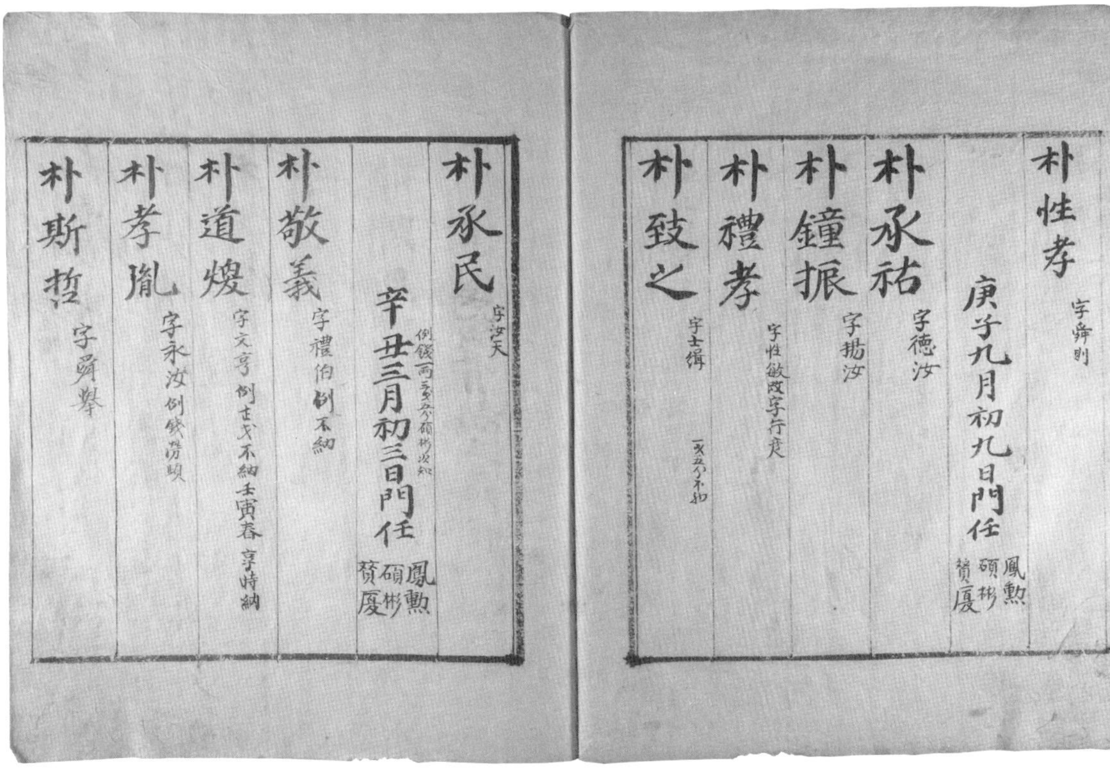
朴性孝 字舜則
庚子九月初九日門任
鳳勳 碩彬 贊履
朴承祐 字德汝
朴鍾振 字揚汝
朴禮孝 字性欽 改字行彥
朴致之 字士傳
朴承民 字汝天
辛丑三月初三日門任
鳳勳 碩彬 贊履
朴敬義 字禮伯 例不納
朴道煥 字文亨
朴孝胤 字永汝
朴斯哲 字舜擧

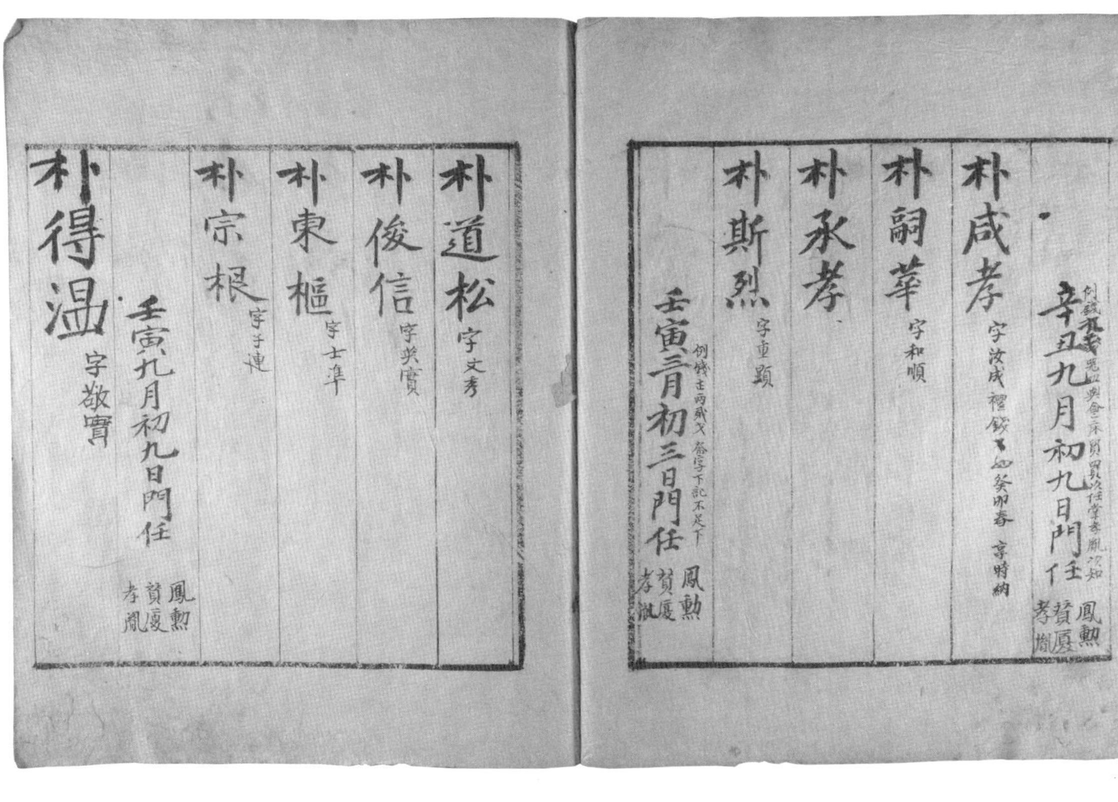
辛丑九月初九日門任
鳳勳 贊履
朴咸孝 字汝成
朴嗣華 字和順
朴承孝
朴斯烈 字重顯
壬寅三月初三日門任
鳳勳 贊履 孝澈
朴道松 字文彥
朴俊信 字英實
朴東樞 字士準
朴宗根 字子連
朴得溫 字敬實
壬寅九月初九日門任
鳳勳 贊履 孝胤

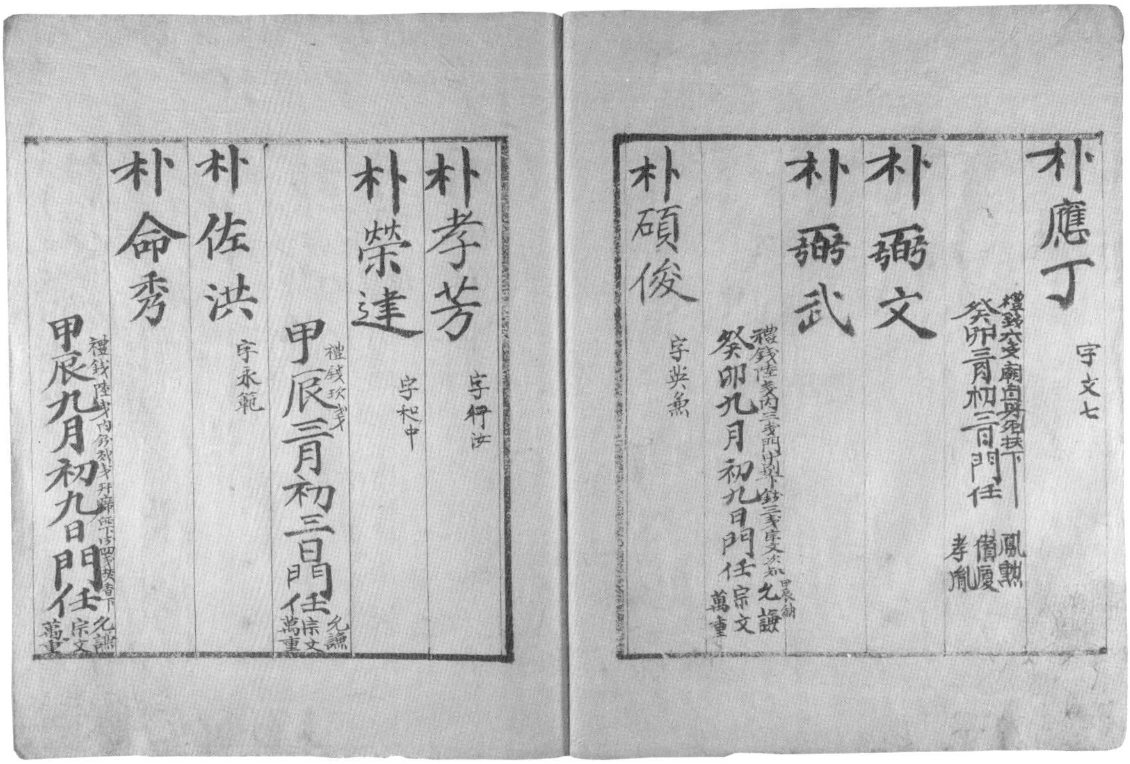
朴應丁 字文七
癸卯二月初三日門任
鳳勲 儁履 孝胤
朴𤨪文
朴𤨪武
癸卯九月初九日門任 宗文 允謙 萬重
朴碩俊 字英喬
朴孝芳 字仲汝
朴榮達 字秘中
甲辰二月初三日門任 宗文 允謙 萬重
朴佐洪 字永範
朴命秀
甲辰九月初九日門任 宗文 允謙 萬重

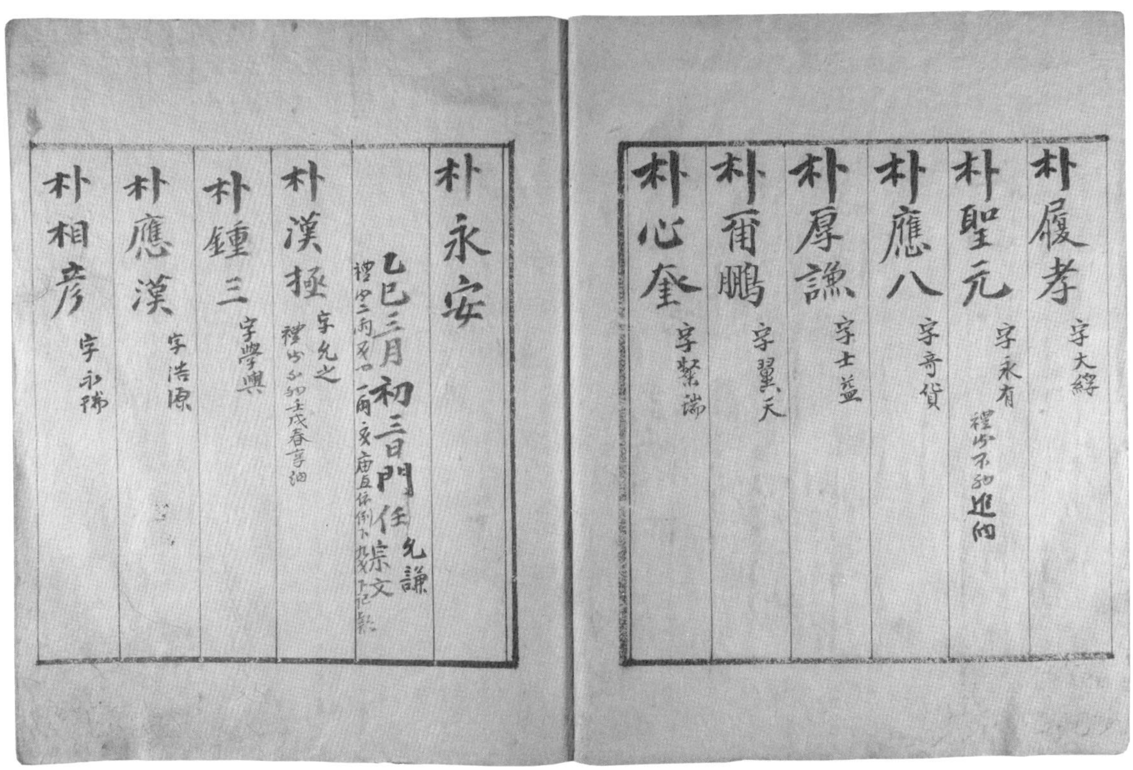
朴履孝 字大綍
朴聖元 字永有
朴應八 字奇貨
朴厚謙 字士益
朴甭鵬 字翼天
朴心奎 字繁瑞
朴永安
乙巳三月初三日門任 宗文 允謙
朴漢極 字允之
朴鍾三 字學興
朴應漢 字浩源
朴相彦

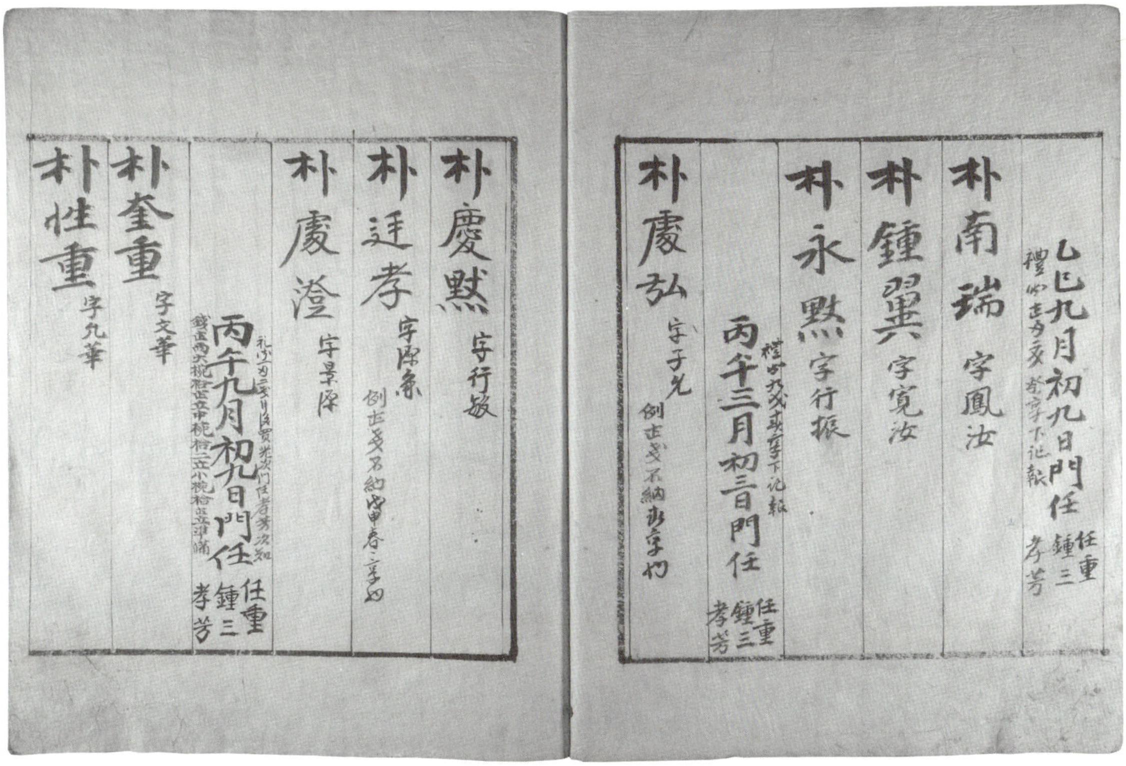

朴南瑞 字鳳汝

乙巳九月初九日門任 任重 鍾三 孝芳

朴鍾翼 字寬汝

朴永默 字行振

丙午三月初三日門任 任重 鍾三 孝芳

朴處弘 字子允

朴慶默 字行敏

朴廷孝

朴處澄

丙午九月初九日門任 任重 鍾三 孝芳

朴奎重 字文華

朴性重 字九華

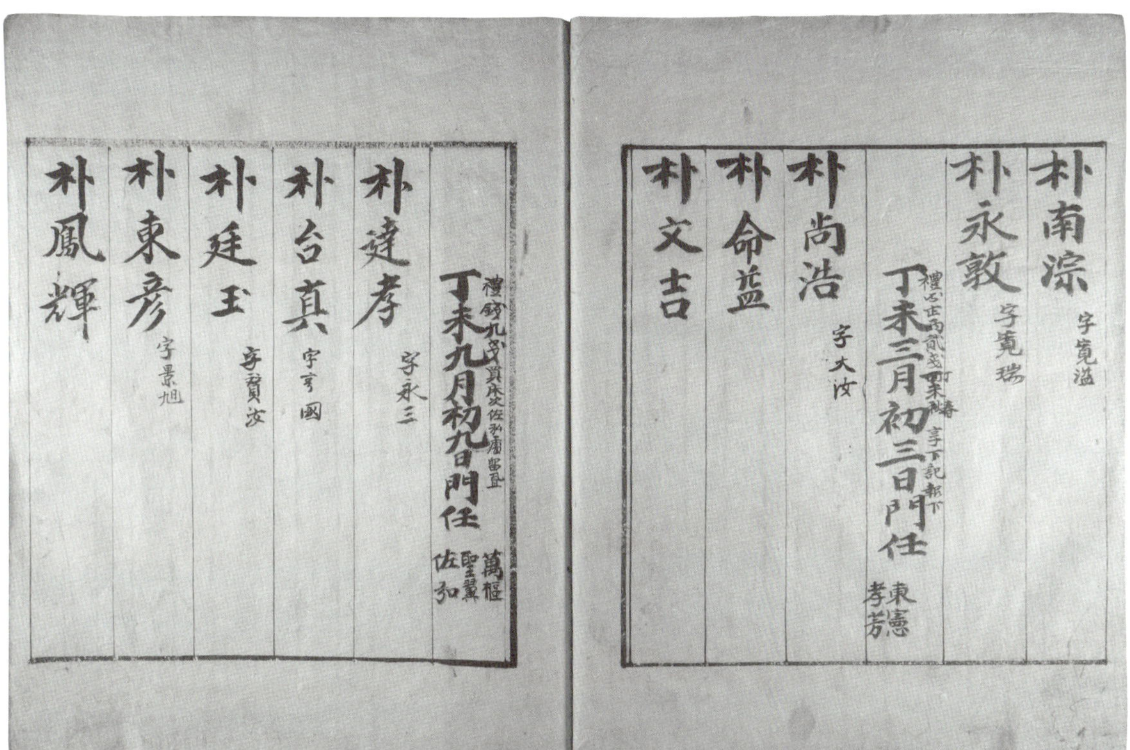

朴南淙 字寬溢

朴永敦 字寬瑞

丁未三月初三日門任 東憲 孝芳

朴尚浩 字大汝

朴命益

朴文吉

丁未九月初九日門任

朴達孝 字永三

朴台真 字亨國

朴廷玉

朴東彦 字景旭

朴鳳輝

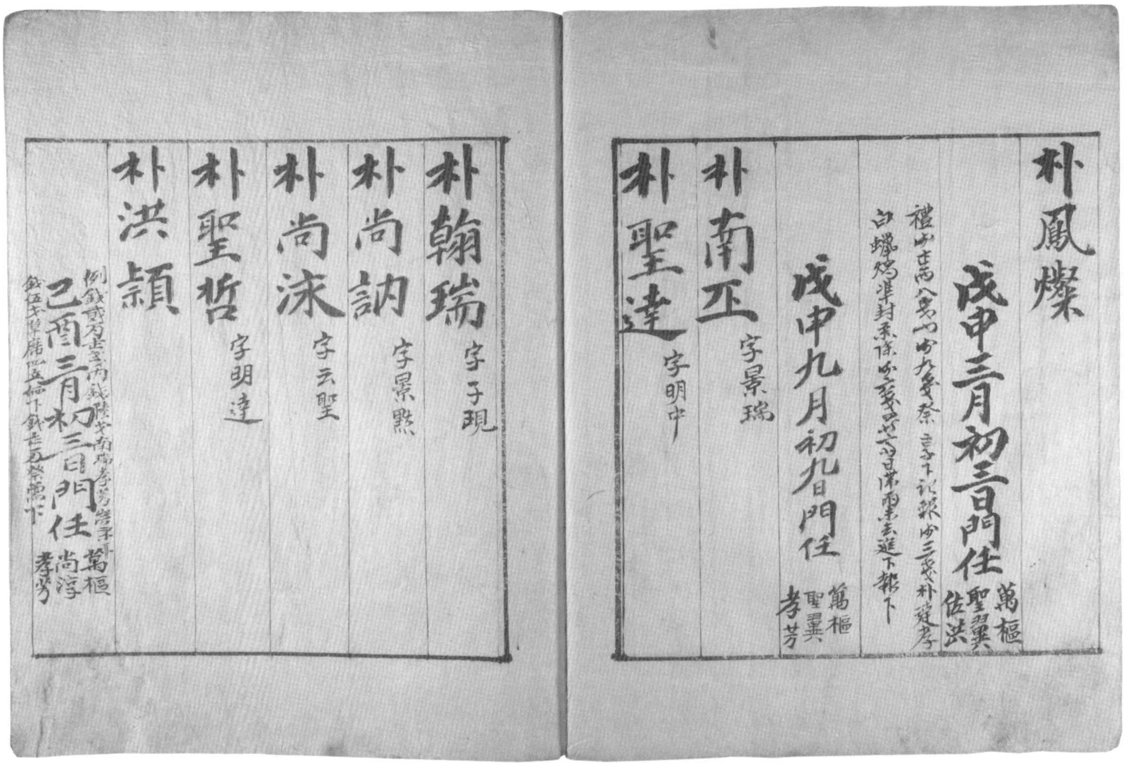
朴鳳燦
戊申三月初三日門任 萬樞 聖翼 佐洪
戊申九月初九日門任 萬樞 聖翼 孝芳
朴南丕 字景瑞
朴聖達 字明中
朴翰瑞 字子現
朴尚訥 字景黙
朴尚洙 字云聖
朴聖哲 字明達
朴洪頡
己酉三月初三日門任 萬樞 尚淳 孝芳

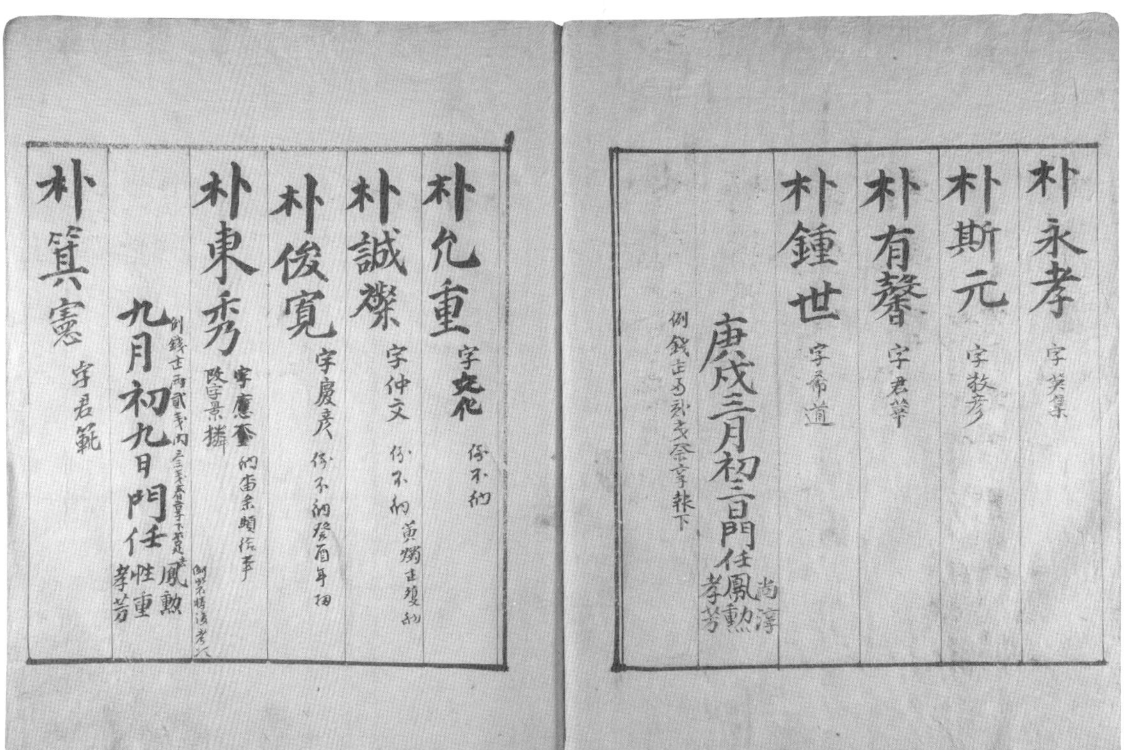
朴永孝 字英集
朴斯元 字敬彥
朴有馨 字君華
朴鍾世 字希道
庚戌三月初三日門任 尚淳 鳳勳 孝芳
朴允重 字文化
朴誠燦 字仲文
朴俊寬 字慶彥
朴東秀 字應奎
九月初九日門任 鳳勳 性重 孝芳
朴箕憲 字君範

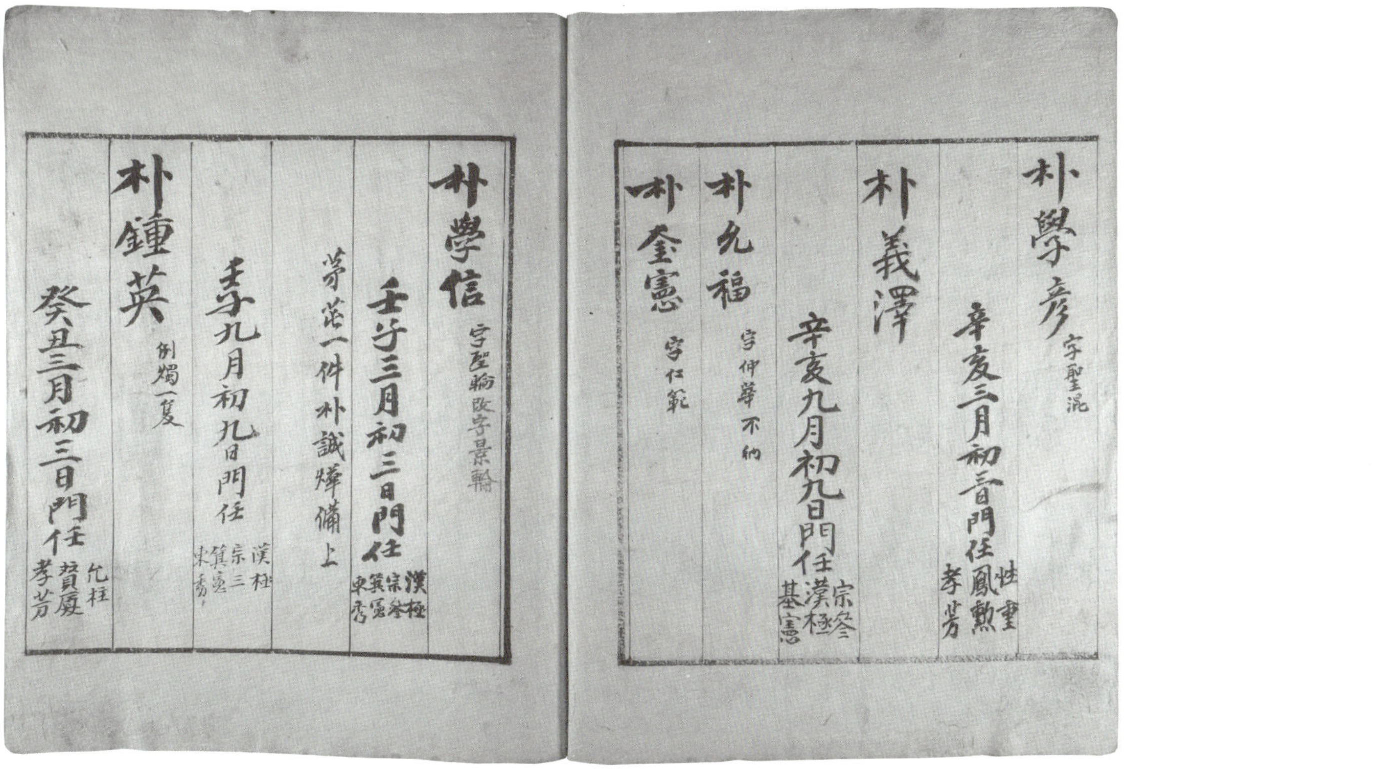

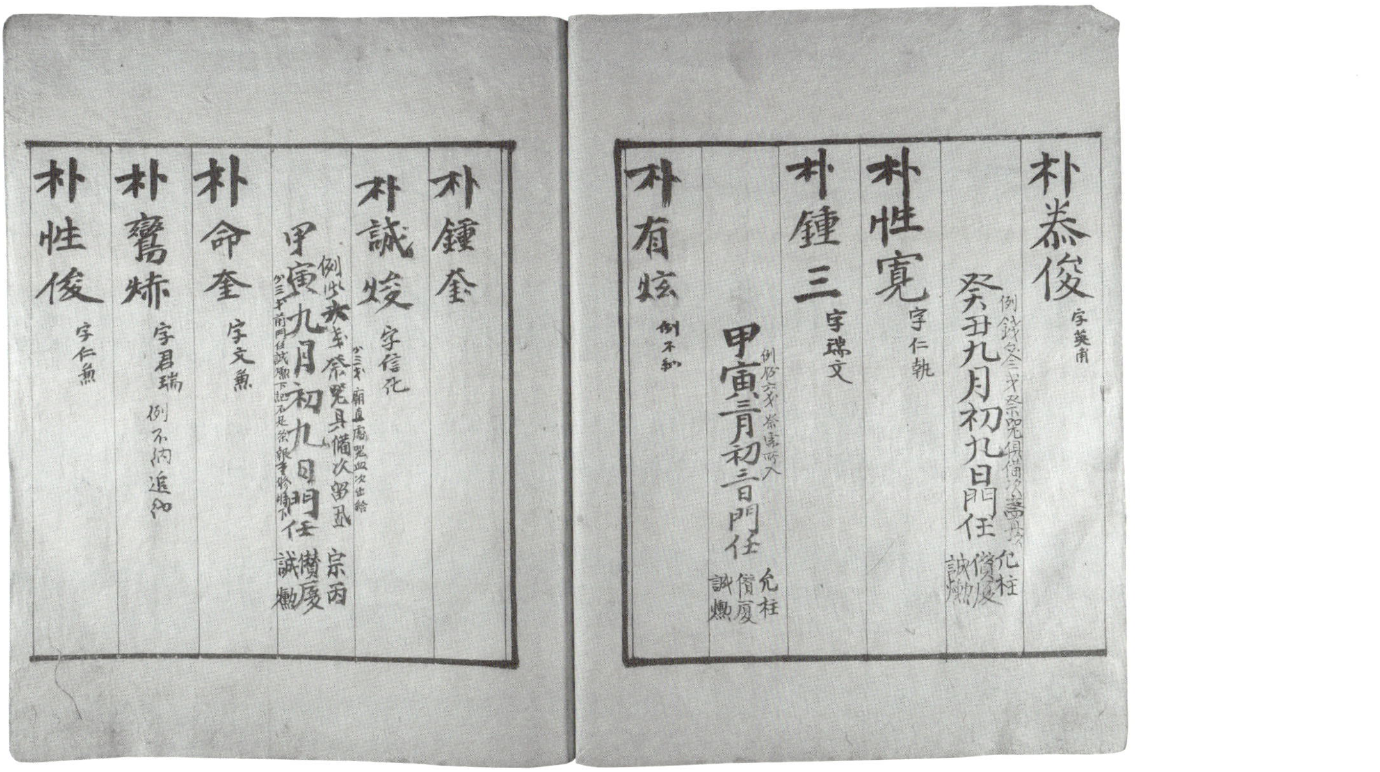

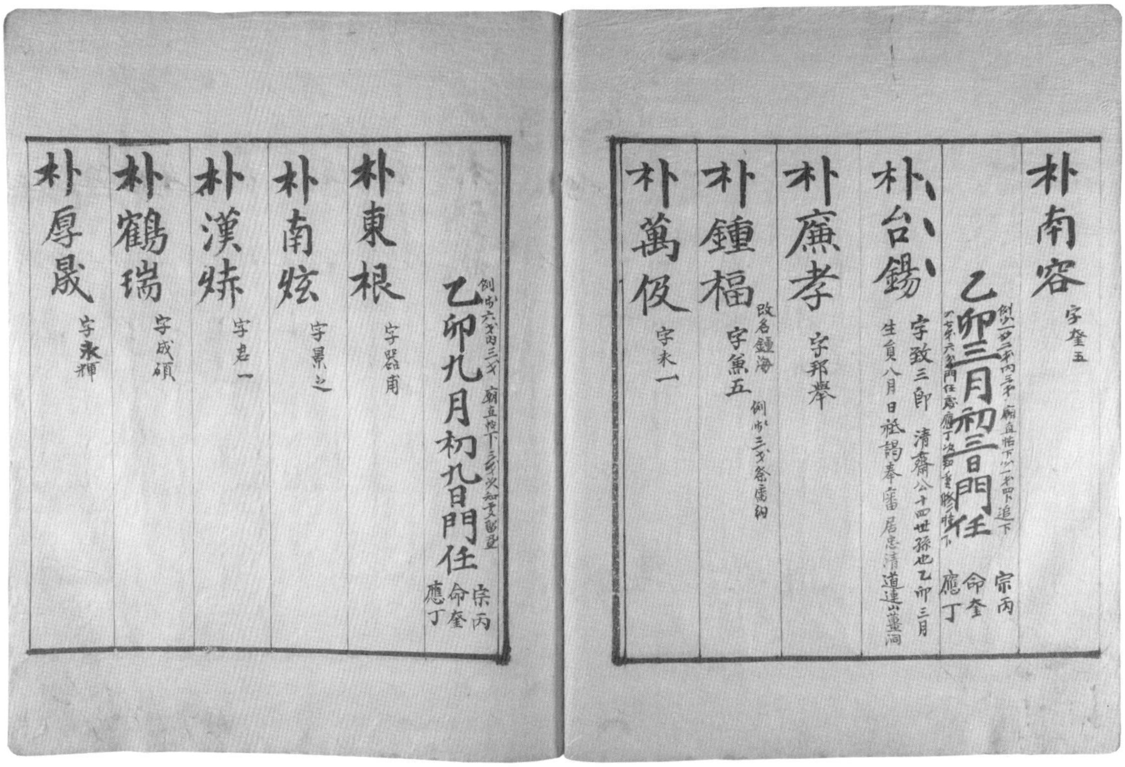
朴南容 字登五
乙卯三月初三日門任
宗丙
命奎
應丁
朴台錫
字致三郎
朴廉孝 字邦擧
朴鍾福 改名鍾海 字兼五
朴萬伋 字禾一
乙卯九月初九日門任
宗丙
命奎
應丁
朴東根 字器甫
朴南炫 字景之
朴漢殊 字君一
朴鶴瑞 字成碩
朴厚晟 字永卿

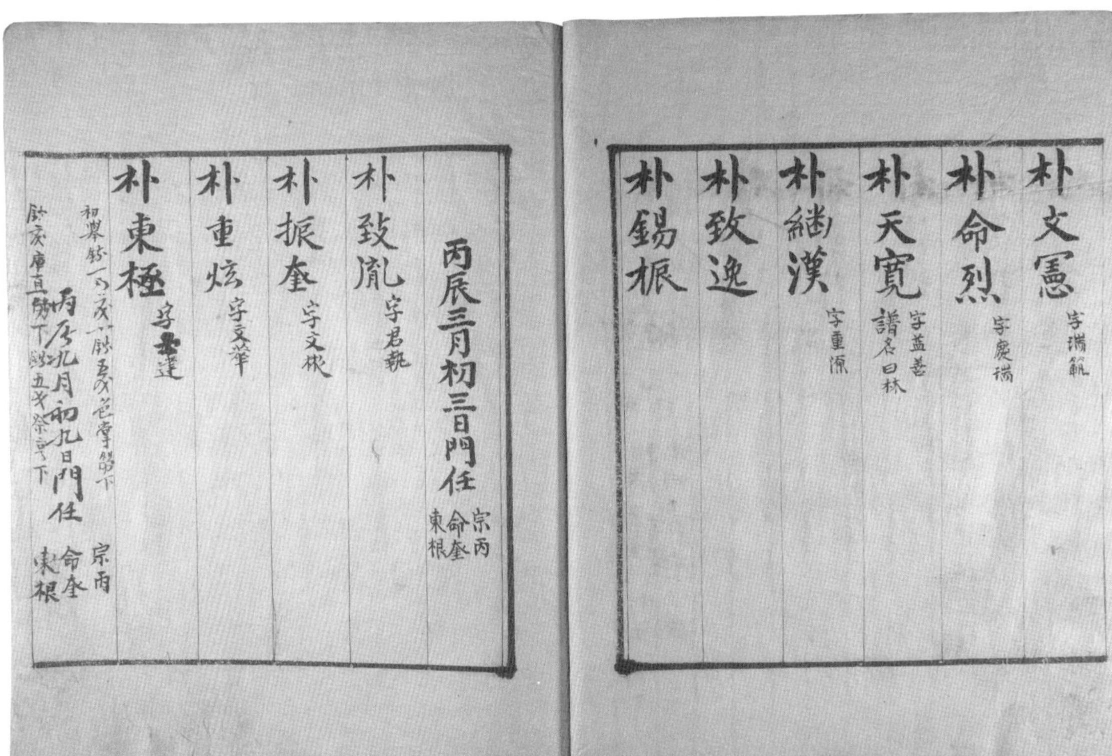
朴文憲 字瑞範
朴命烈 字慶瑞
朴天寛 字益善 譜名曰林
朴繼漢 字重源
朴致逸
朴錫根
丙辰三月初三日門任
宗丙
命奎
東根
朴致胤 字君執
朴振奎
朴重炫 字文華
朴東極
丙辰九月初九日門任
宗丙
命奎
東根

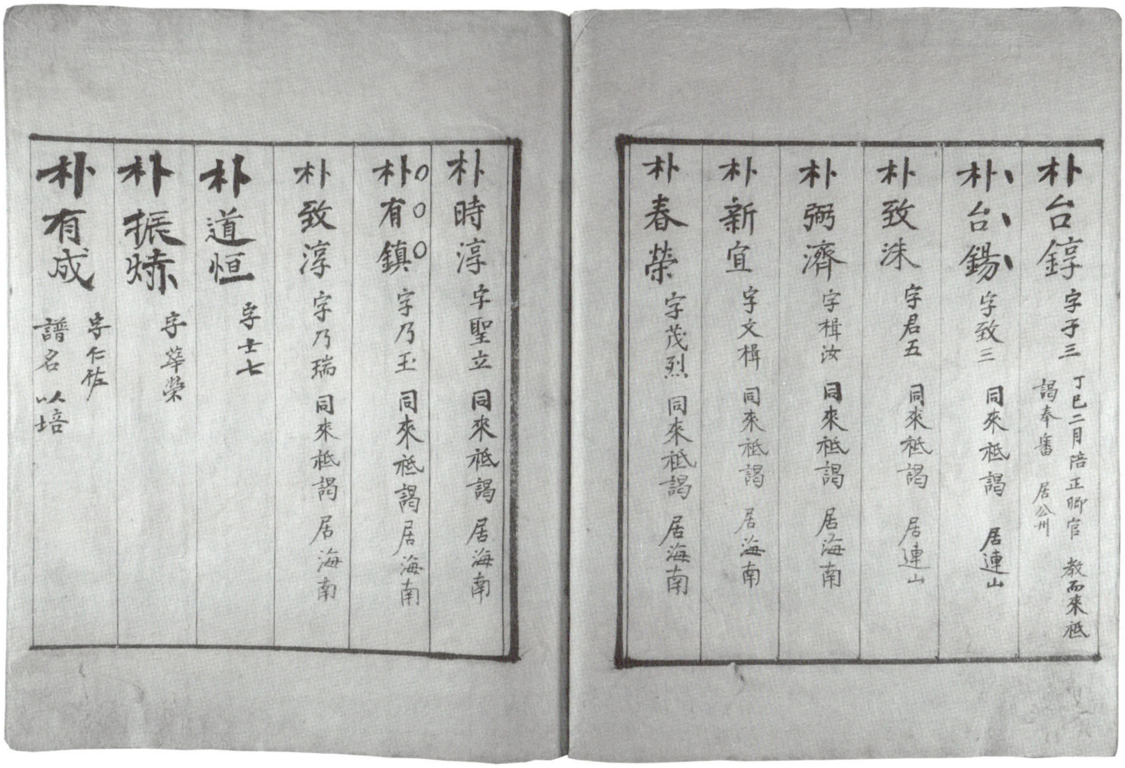

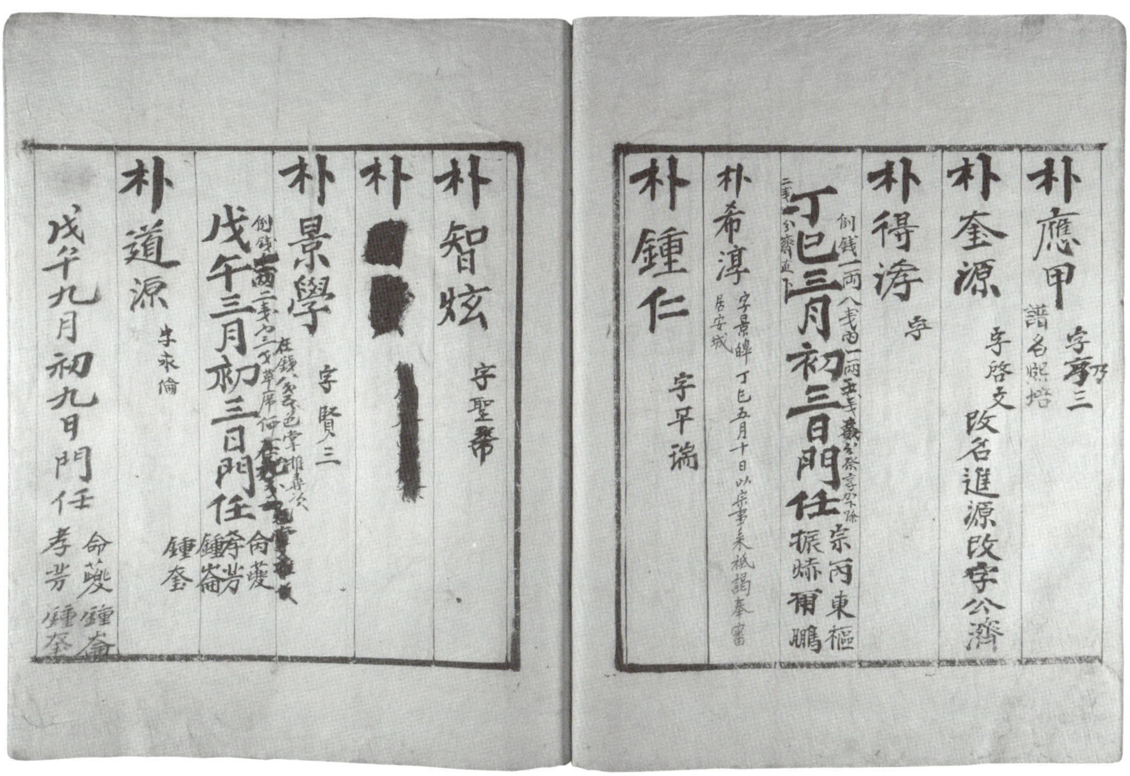

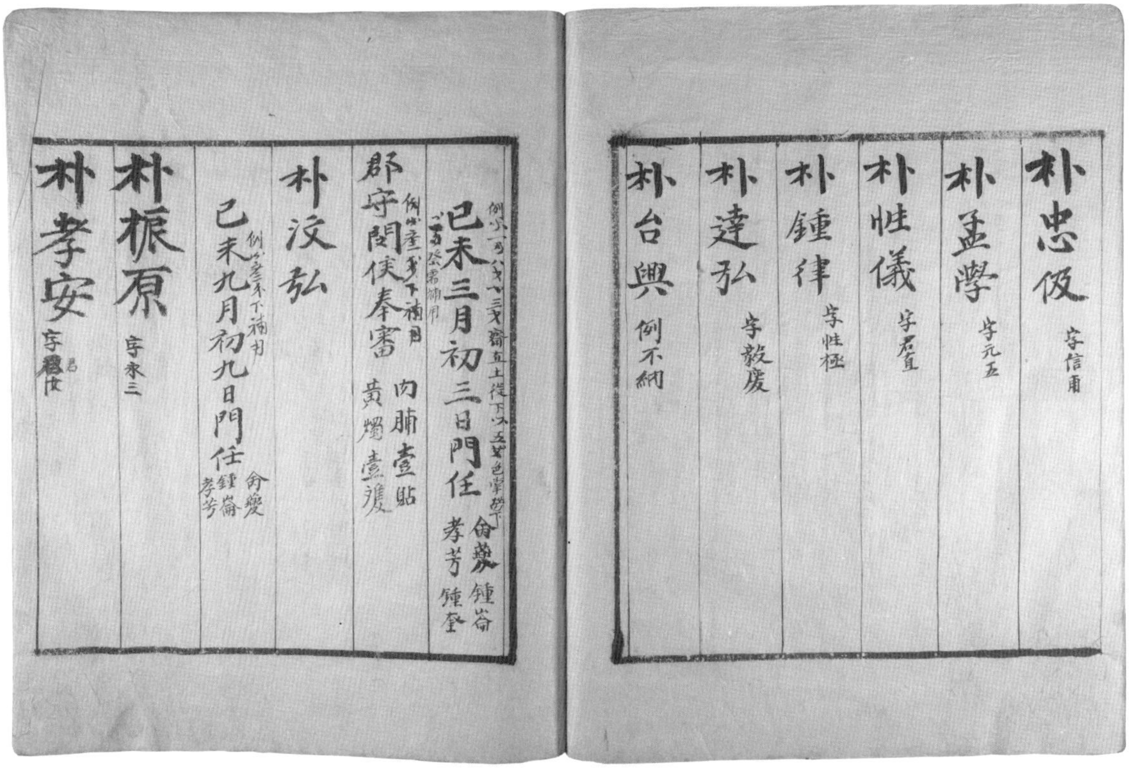

朴忠伋 字信甫
朴孟學 字元五
朴性儀 字君直
朴鍾律 字性極
朴達弘 字敎彦
朴台興 例不納

己未三月初三日門任 命燮 鍾崙 孝芳 鍾奎
郡守閔侯奉審 內脯壹貼 貴燭壹雙
朴汶弘
己未九月初九日門任 命燮 鍾崙 孝芳
朴根原 字永三
朴孝安 字聖汝

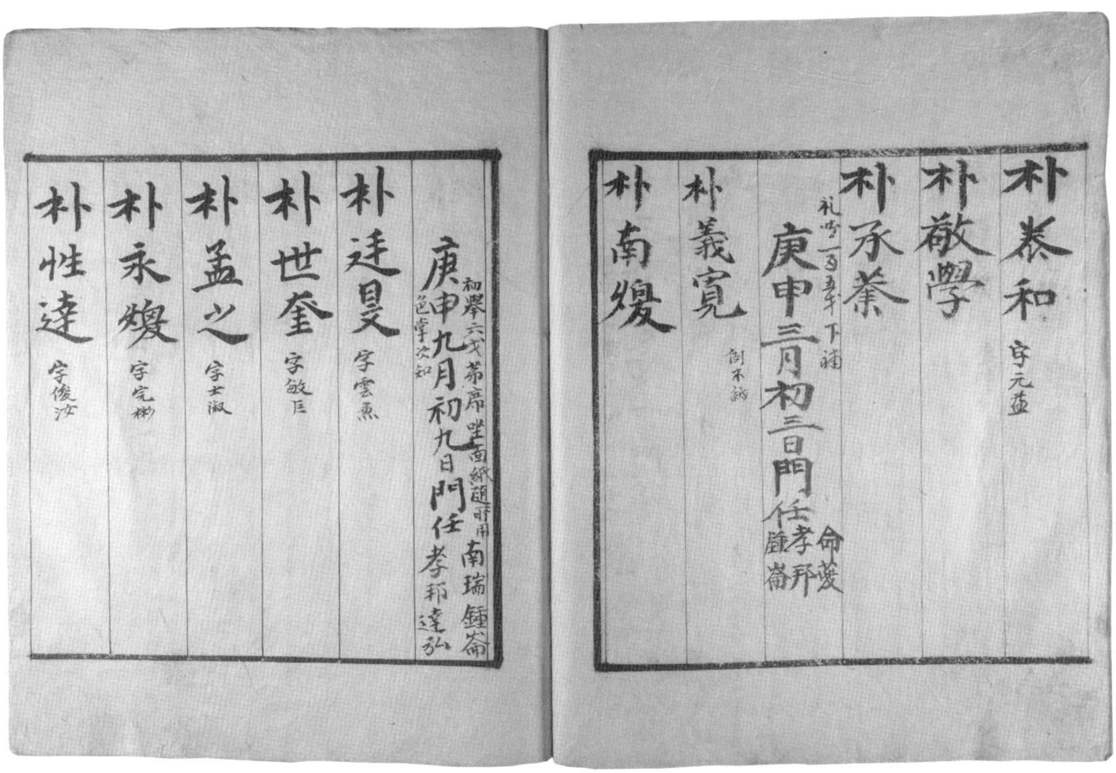

朴泰和 字元益
朴敬學
朴承秦
庚申三月初三日門任 命燮 孝邦 鍾崙
朴義寬 例不納
朴南燮

庚申九月初九日門任 南瑞 鍾崙 孝邦 達弘
朴廷昊 字雲惠
朴世奎 字敬臣
朴孟之 字士淑
朴永燮 字完卿
朴性達 字俊汝

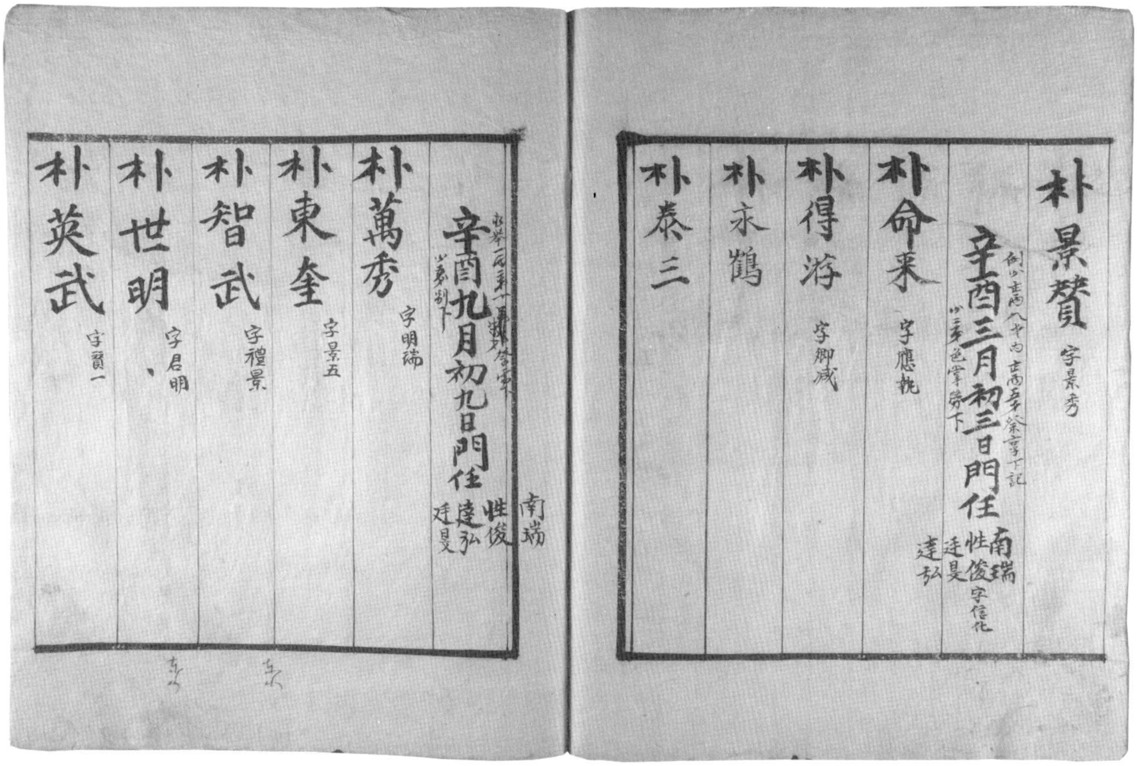
朴景贇 字景秀
辛酉三月初三日門任 南瑞 性俊 廷是 達弘
朴命来 字應輓
朴得浒 字卿成
朴永鶴
朴泰三

辛酉九月初九日門任 南瑞 性俊 達弘 廷是
朴萬秀 字明瑞
朴東奎 字景五
朴智武 字禮景
朴世明 字君明
朴英武 字貢一

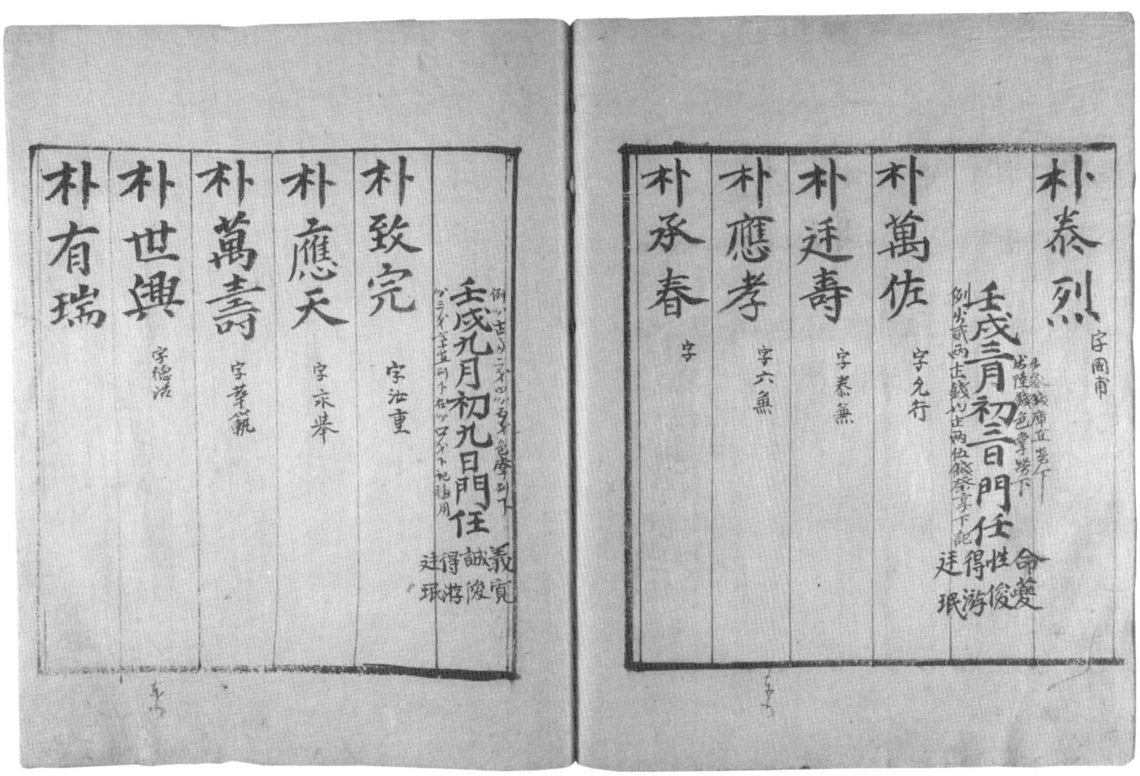
朴泰烈 字國甫
壬戌三月初三日門任 命夔 性俊 得浒 廷珉
朴萬佐 字允行
朴廷壽 字泰兼
朴應孝 字六兼
朴承春 字

壬戌九月初九日門任 義寬 誠俊 得浒 廷珉
朴致完 字汝重
朴應天 字永拳
朴萬壽 字華範
朴世興 字德浩
朴有瑞

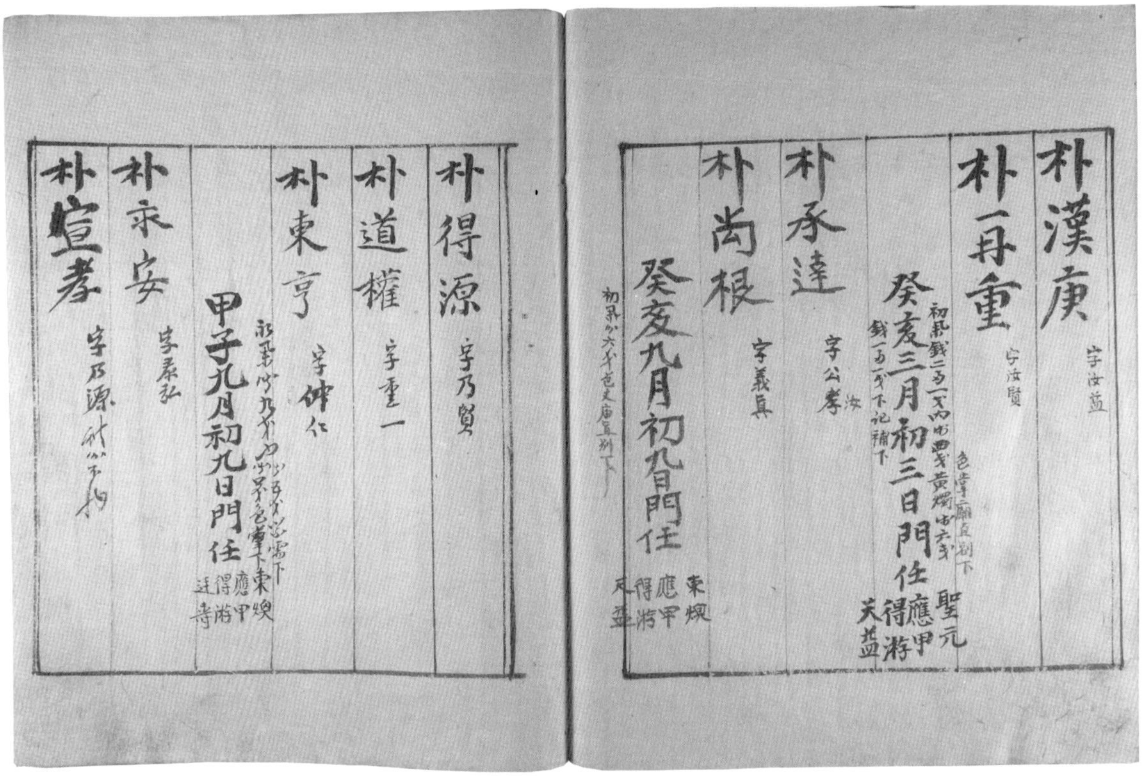

朴漢庚 字汝益
朴再重 字汝賢
癸亥三月初三日門任
朴承達 字公孝
朴尚根 字義真
癸亥九月初九日門任
朴得源 字乃負
朴道權 字重一
朴東亨 字仲仁
甲子九月初九日門任
朴永安 字泰弘
朴宣孝 字乃源

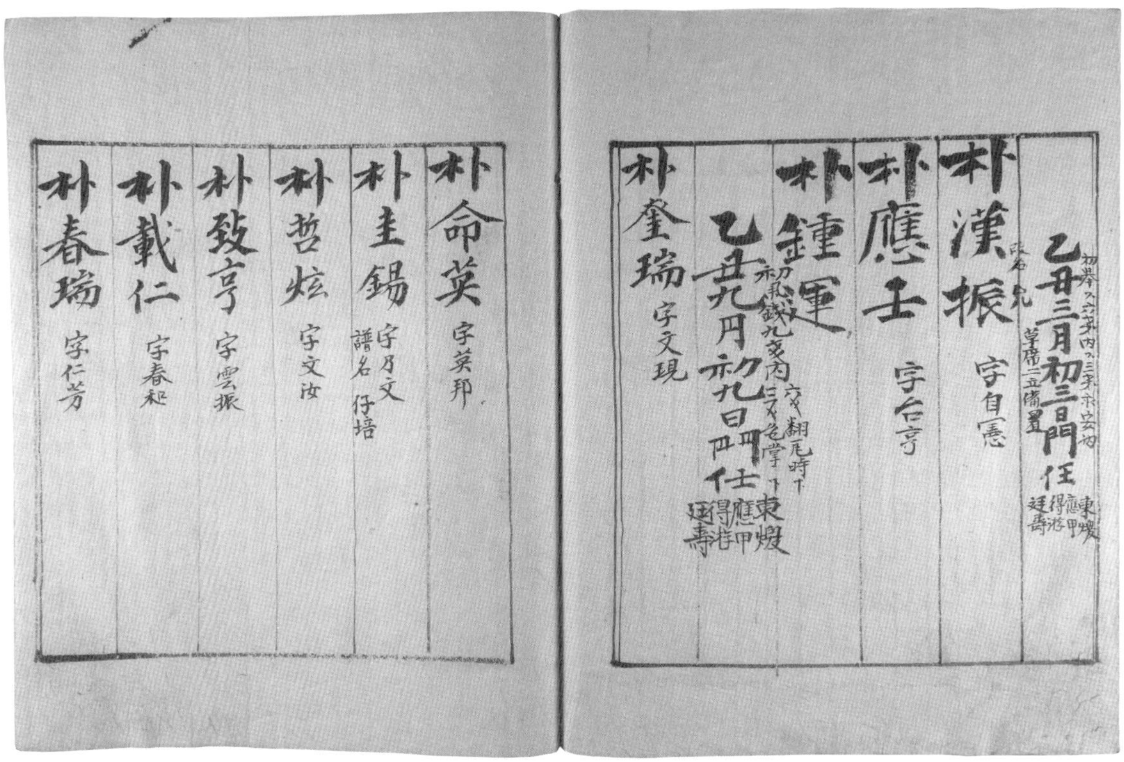

朴漢振 字自憲
乙丑三月初三日門任
朴應壬 字台亨
朴鍾運
乙丑九月初九日門任
朴奎瑞 字文現
朴命英 字英邦
朴圭錫 字乃文 譜名 仔培
朴哲炫 字文汝
朴致亨 字雲振
朴載仁 字春起
朴春瑞 字仁芳

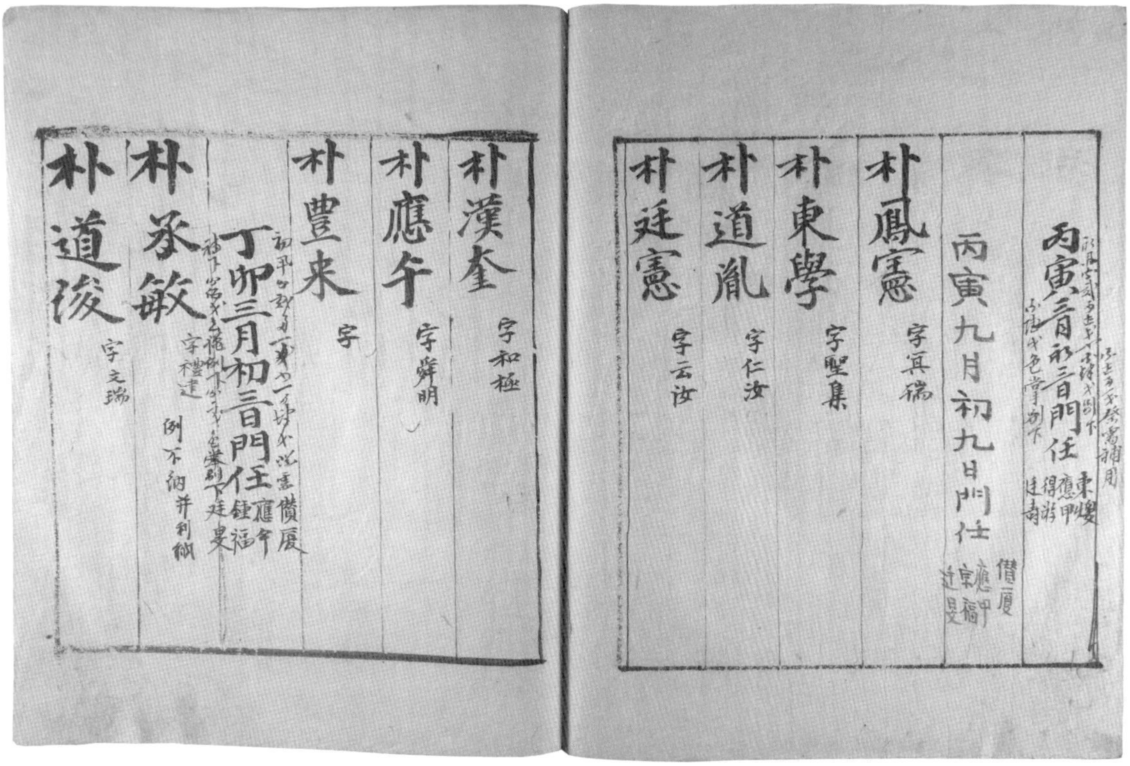

丙寅十一月初三日門任

朴鳳憲 字冝瑞

丙寅九月初九日門任

朴東學 字聖集

朴道胤 字仁汝

朴廷憲 字云汝

朴漢奎 字和極

朴應午 字舜明

朴豊来 字

丁卯三月初三日門任

朴承敏 字禮達

朴道俊 字文瑞

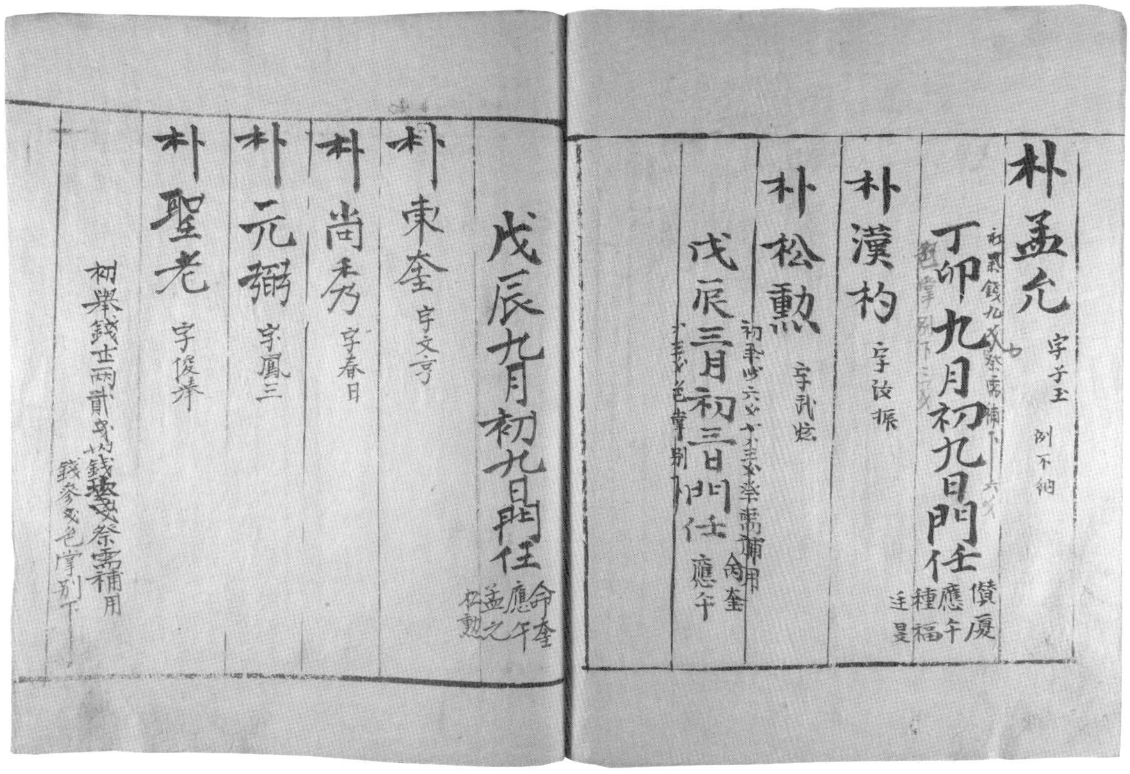

朴孟允 字子玉 例下納

丁卯九月初九日門任

朴漢杓 字汝振

朴松勲 字武炫

戊辰三月初三日門任

戊辰九月初九日門任

朴東奎 字文亨

朴尚秀 字春日

朴元璐 字鳳三

朴聖老 字俊彦

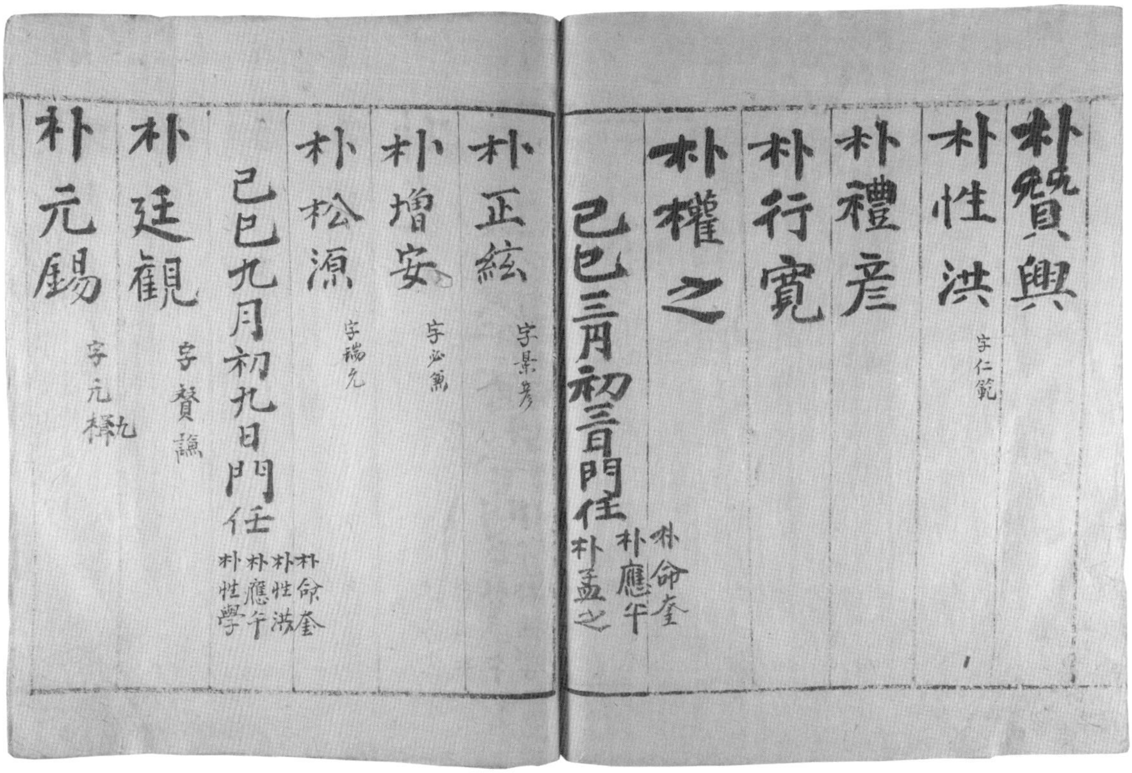
朴贊興
朴性洪 字仁範
朴禮彦
朴行寬
朴權之
己巳三月初三日門任
朴命奎
朴應午
朴孟之
朴正紘 字景彦
朴增安 字必萬
朴松源 字瑞允
己巳九月初九日門任
朴命奎
朴性洪
朴應午
朴性學
朴廷觀 字贊謙
朴元錫 字元擇

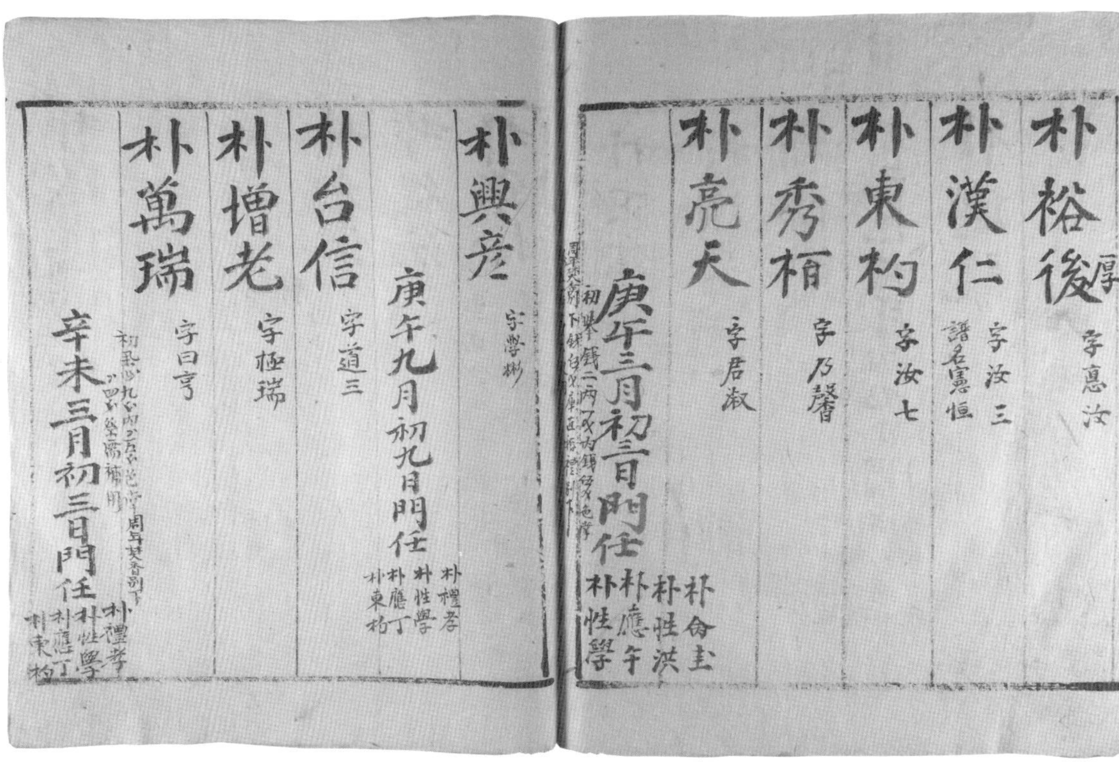
朴裕後 字惪汝
朴漢仁 字汝三 諱名憲恒
朴東杓 字汝七
朴秀栢 字乃馨
朴亮天 字居叔
庚午三月初三日門任
朴命圭
朴性洪
朴應午
朴性學
朴興彦 字譽彬
庚午九月初九日門任
朴禮彦
朴性學
朴應丁
朴東杓
朴台信 字道三
朴增老 字極瑞
朴萬瑞 字日亨
辛未三月初三日門任
朴禮孝
朴性學
朴應丁
朴東杓

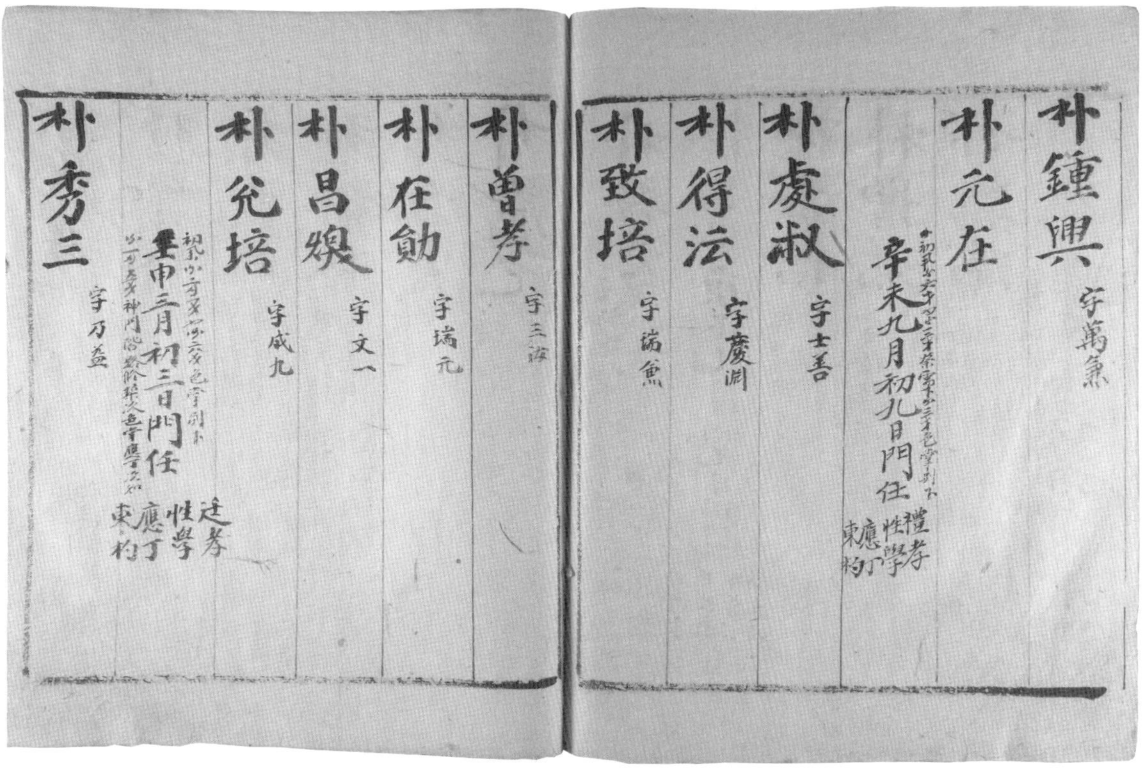
朴鍾興
朴元在
辛未九月初九日門任
朴慶淑
朴得法
朴致培
朴曾孝
朴在勛
朴昌俊
朴允培
壬申三月初三日門任
朴秀三

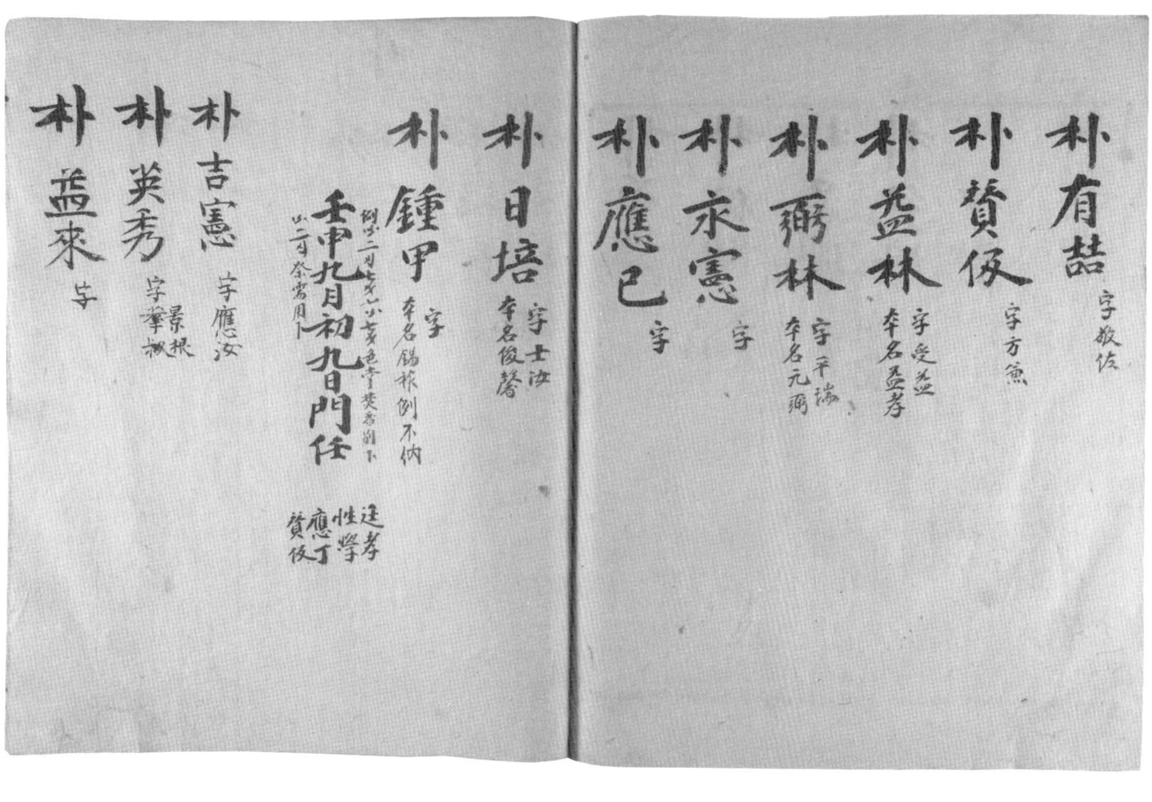
朴有喆
朴贊伋
朴益林
朴彌林
朴來憲
朴應巳
朴日培
朴鍾甲
壬申九月初九日門任
朴吉憲
朴英秀
朴益來

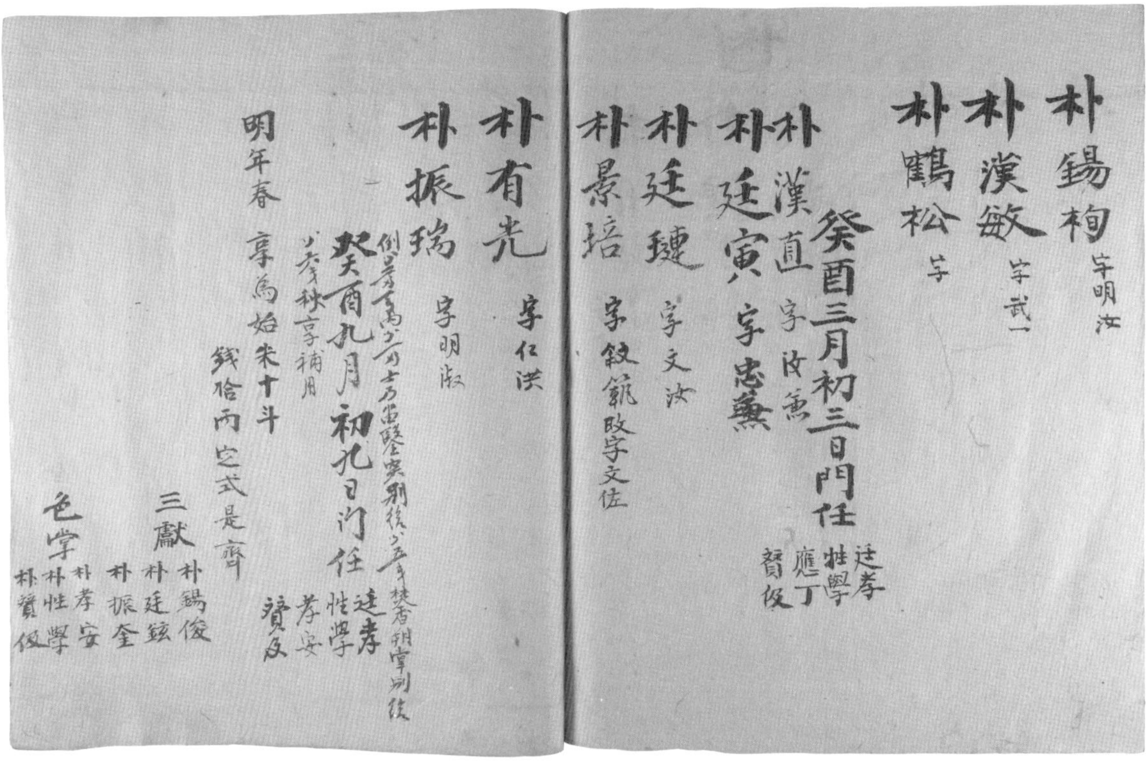
朴錫栒 字明汝
朴漢敏 字武一
朴鶴松 字
朴漢直 字汝憲
癸酉三月初三日門任 廷孝 性學 應丁 贊伋
朴廷寅 字忠燾
朴廷璉 字文汝
朴景培 字敍範
朴有光 字仁洪
朴振瑀 字明淑
癸酉九月初九日門任 廷孝 性學 孝安 贊伋
明年春 享爲始米十斗 錢拾兩 定式是齊
三獻 朴錫俊 朴廷鉉 朴振奎
色掌 朴孝安 朴性學 朴贊伋

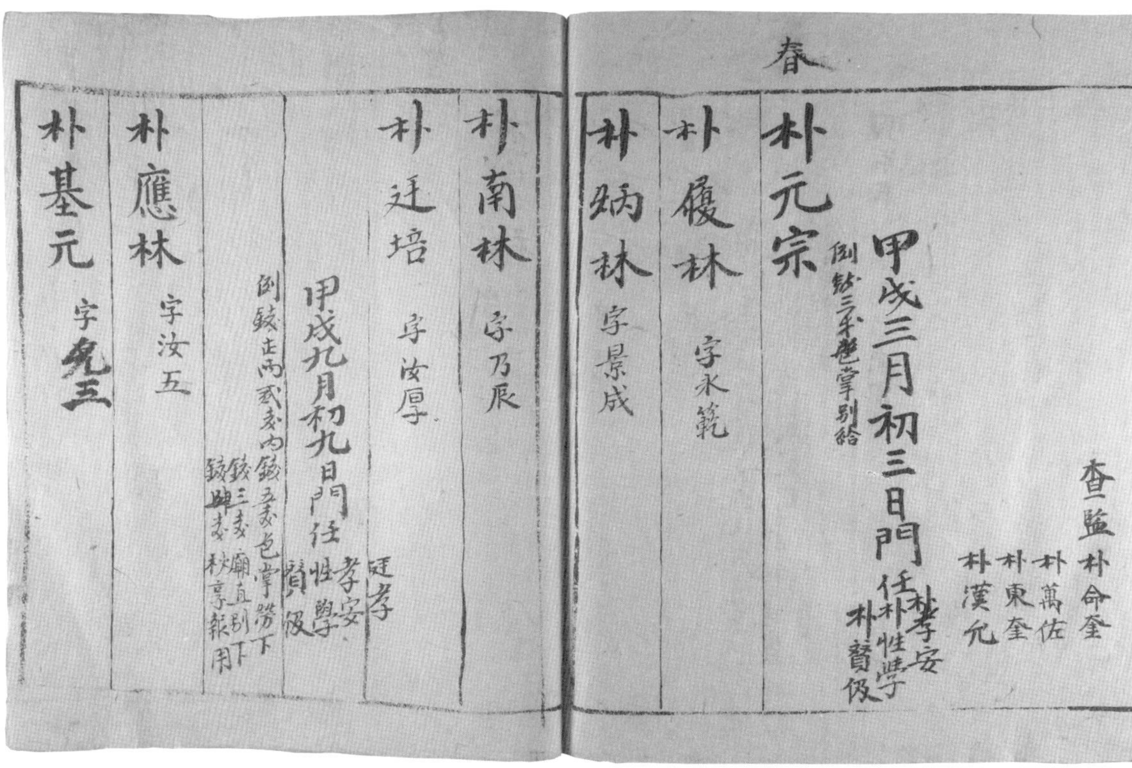
春
朴元宗
甲戌三月初三日門任 朴孝安 朴性學 朴贊伋
朴儇林 字永範
朴炳林 字景成
查監 朴命奎 朴萬佐 朴東奎 朴漢允
朴南林 字乃辰
朴廷培 字汝厚
甲戌九月初九日門任 廷孝 孝安 性學 贊伋
朴應林 字汝五
朴基元 字允三

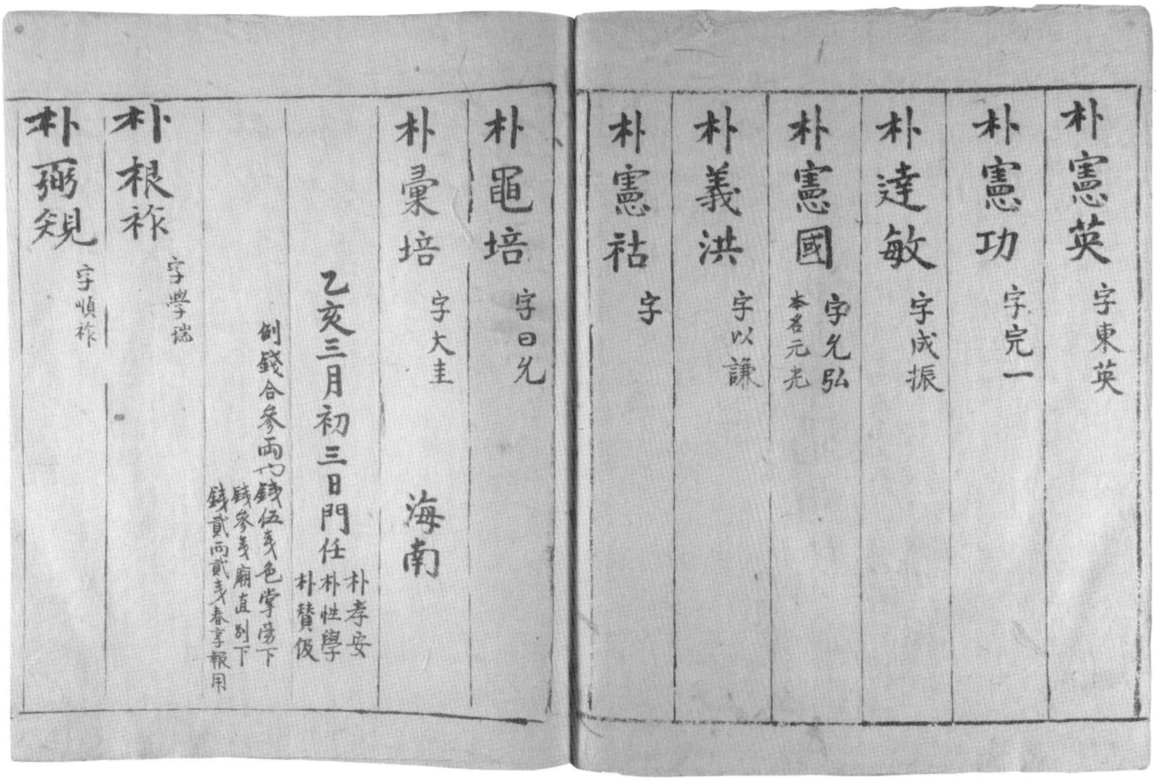
朴憲英 字東英
朴憲功 字完一
朴達敏 字成振
朴憲國 字允弘 本名元光
朴義洪 字以謙
朴憲祜 字
朴黽培 字日允
朴彙培 字大圭 海南
乙亥三月初三日門任 朴孝安 朴性學 朴贊俊
例錢合參兩七錢伍戔 色掌房下 錢參戔廟直別下 錢貳兩貳戔春享報用
朴根袾 字學瑞
朴琊規 字順袾

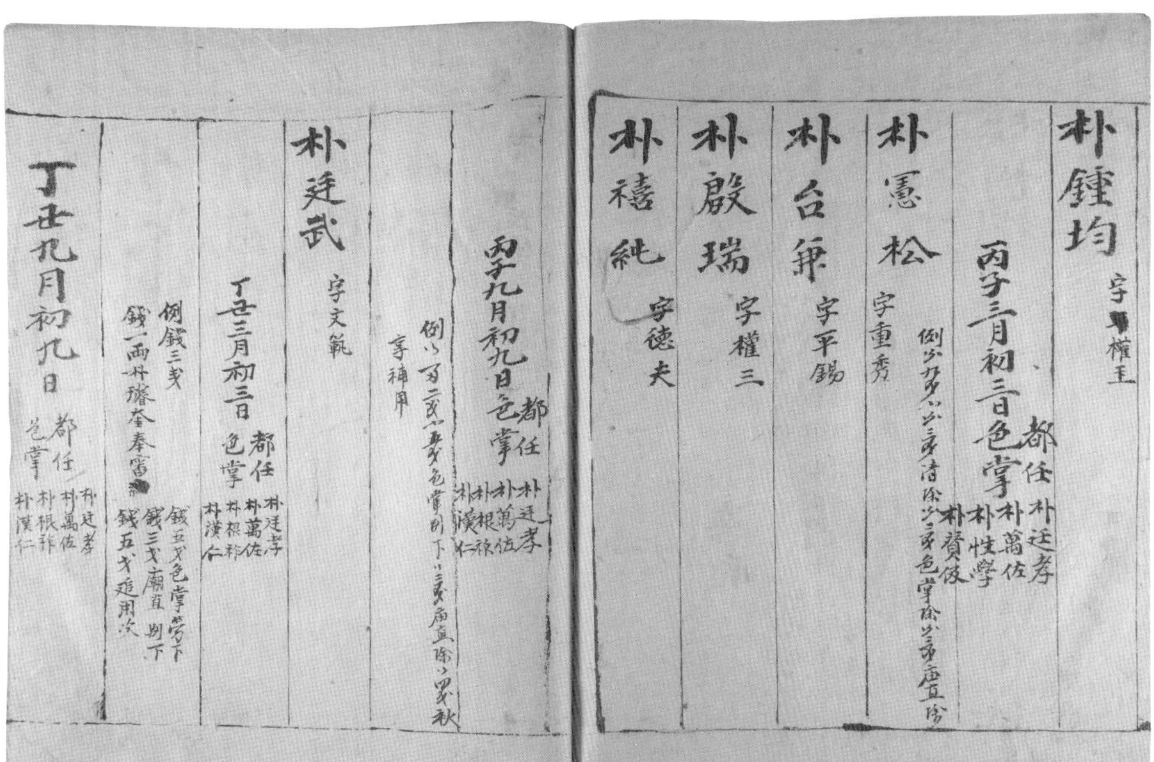
朴鍾均 字權玉
丙子三月初三日 都任 色掌 朴廷孝 朴萬佐 朴性學 朴贊俊
朴憲松 字重秀
朴台秉 字平錫
朴殷瑞 字權三
朴禧純 字德夫
丙子九月初九日 都任 色掌 朴廷孝 朴萬佐 朴根袾 朴漢仁
朴廷武 字文範
丁丑三月初三日 都任 色掌 朴廷孝 朴萬佐 朴根袾 朴漢仁
例錢三戔 錢一兩丹□奉當 錢五戔色掌房下 錢三戔廟直別下 錢五戔延用次
丁丑九月初九日 都任 色掌 朴廷孝 朴萬佐 朴根袾 朴漢仁

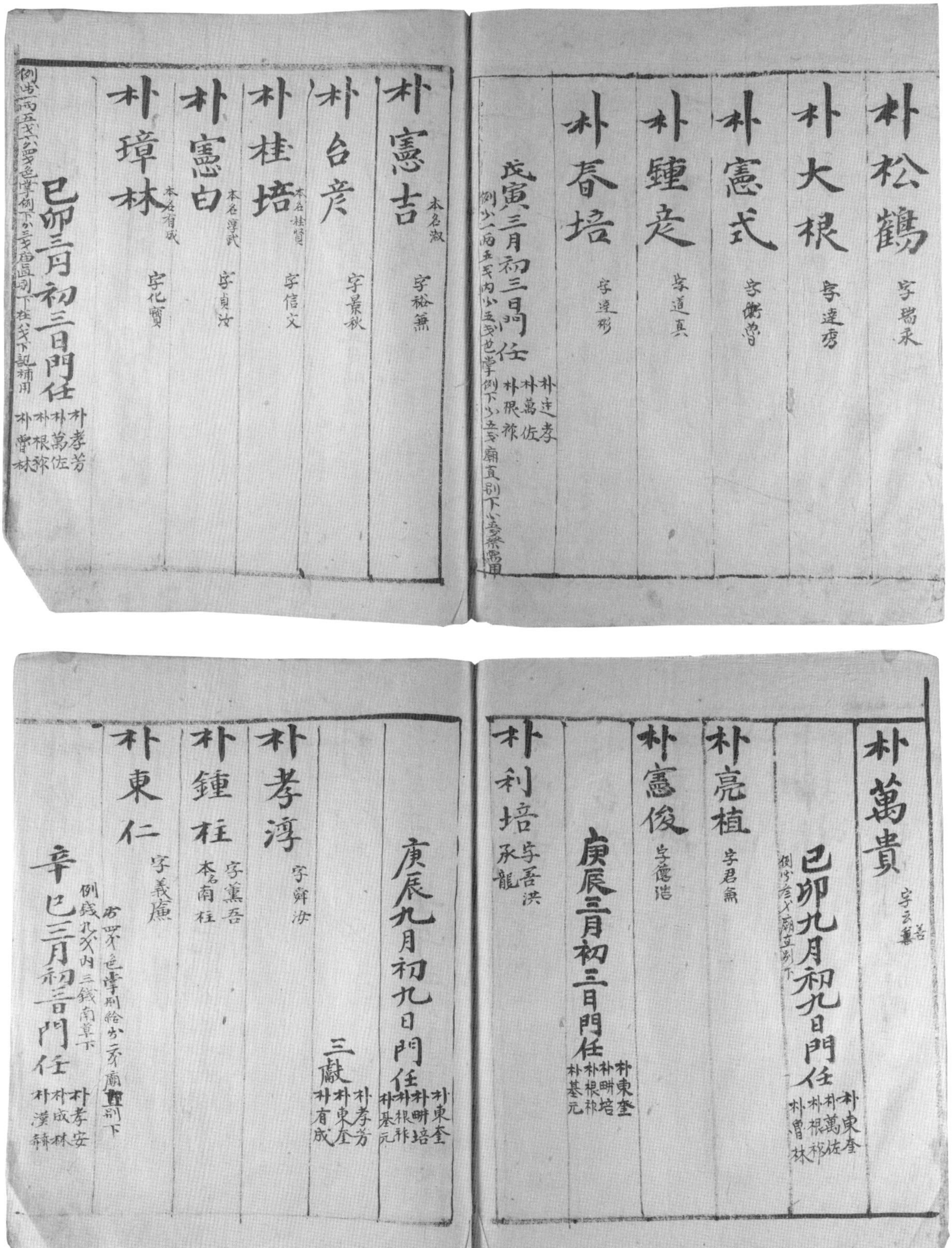
朴松鶴 字瑞汞
朴大根 字達秀
朴憲式 字衡曾
朴鍾足 字道真
朴春培 字達彬
戊寅三月初三日門任 朴達孝 朴萬佐 朴根祢
朴憲吉 本名淑 字裕兼
朴台彥 字景秋
朴桂培 本名桂賢 字信文
朴憲白 本名淳武 字貞汝
朴璋林 本名有成 字化實
己卯三月初三日門任 朴孝芳 朴萬佐 朴根祢 朴曾林
朴萬貴 字五善
己卯九月初九日門任 朴東奎 朴萬佐 朴根祢 朴曾林
朴亮植 字君兼
朴憲俊 字德浩
庚辰三月初三日門任 朴東奎 朴明培 朴根祢 朴基元
朴利培 字吾洪 承龍
庚辰九月初九日門任 朴東奎 朴明培 朴根祢 朴基元
三獻 朴孝芳 朴東奎 朴有成
朴孝淳 字舜汝
朴鍾柱 本名南柱 字集吾
朴東仁 字義廬
辛巳三月初三日門任 朴孝安 朴成林 朴漢赫

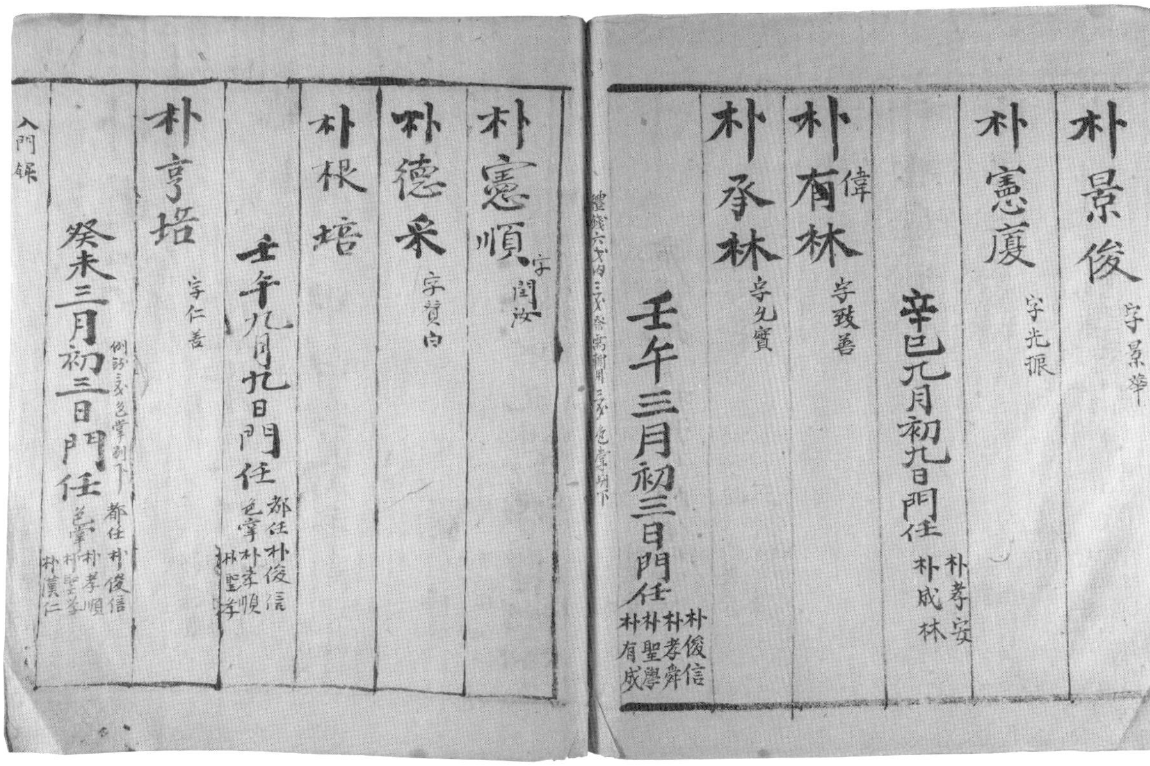
入門錄
朴景俊 字景華
朴憲度 字光振
辛巳九月初九日門任
朴有林 字致善
朴承林 字允實
壬午三月初三日門任
朴憲順 字聞汝
朴德采 字贊白
朴根培
壬午九月九日門任
朴亨培 字仁善
癸未三月初三日門任

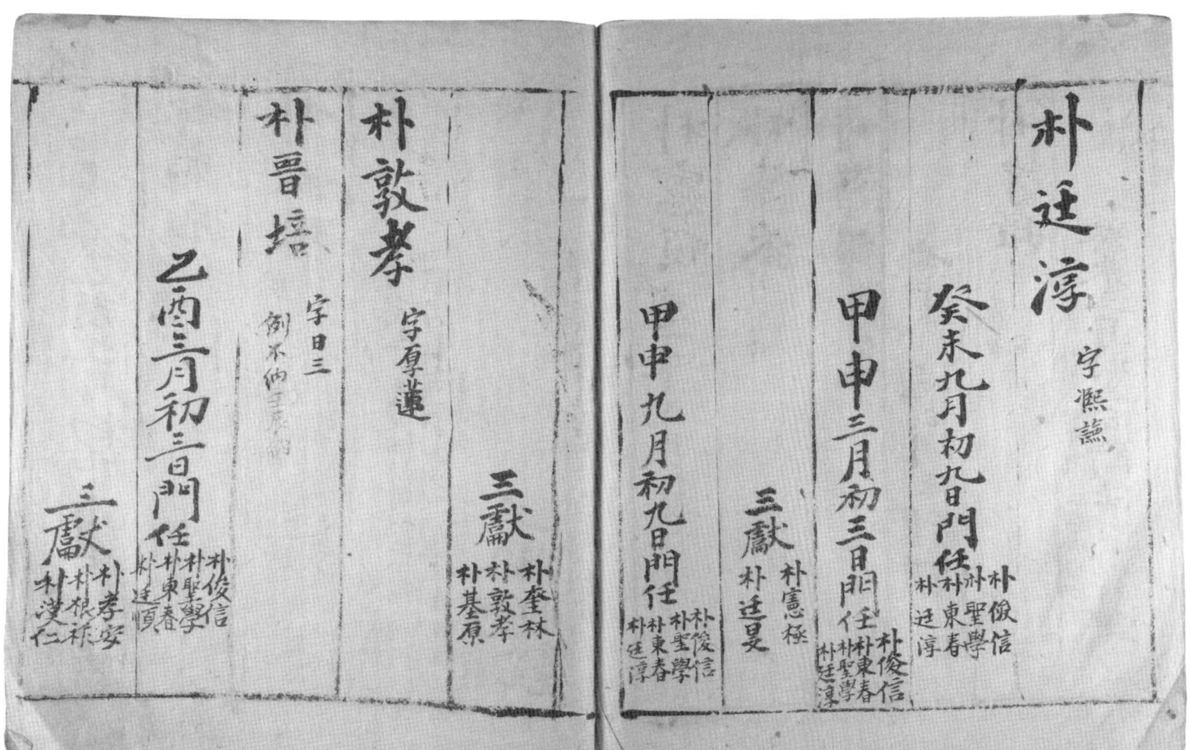
朴廷淳 字淵蘊
癸未九月初九日門任
甲申三月初三日門任
三獻
甲申九月初九日門任
三獻
朴敦孝 字享蓮
朴晋培 字日三
乙酉三月初三日門任
三獻

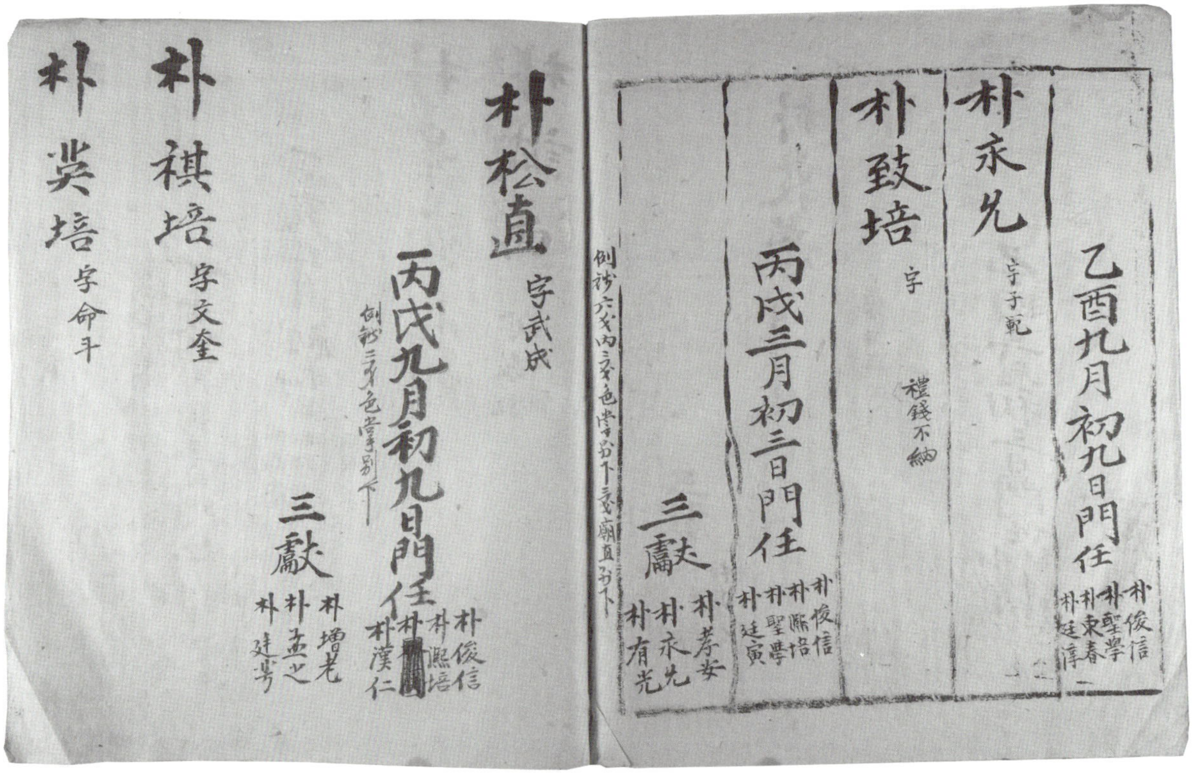

乙酉九月初九日門任
朴俊信 朴聖學 朴東春 朴廷淳

朴汞允 字子範

朴致培 字 禮錢不納

丙戌三月初三日門任
朴俊信 朴聖學 朴廷寅

三獻
朴孝安 朴汞允 朴有光

朴松直 字武氏

丙戌九月初九日門任
朴俊信 朴漢仁

三獻
朴增光 朴孟之

朴祺培 字文奎

朴奠培 字命斗

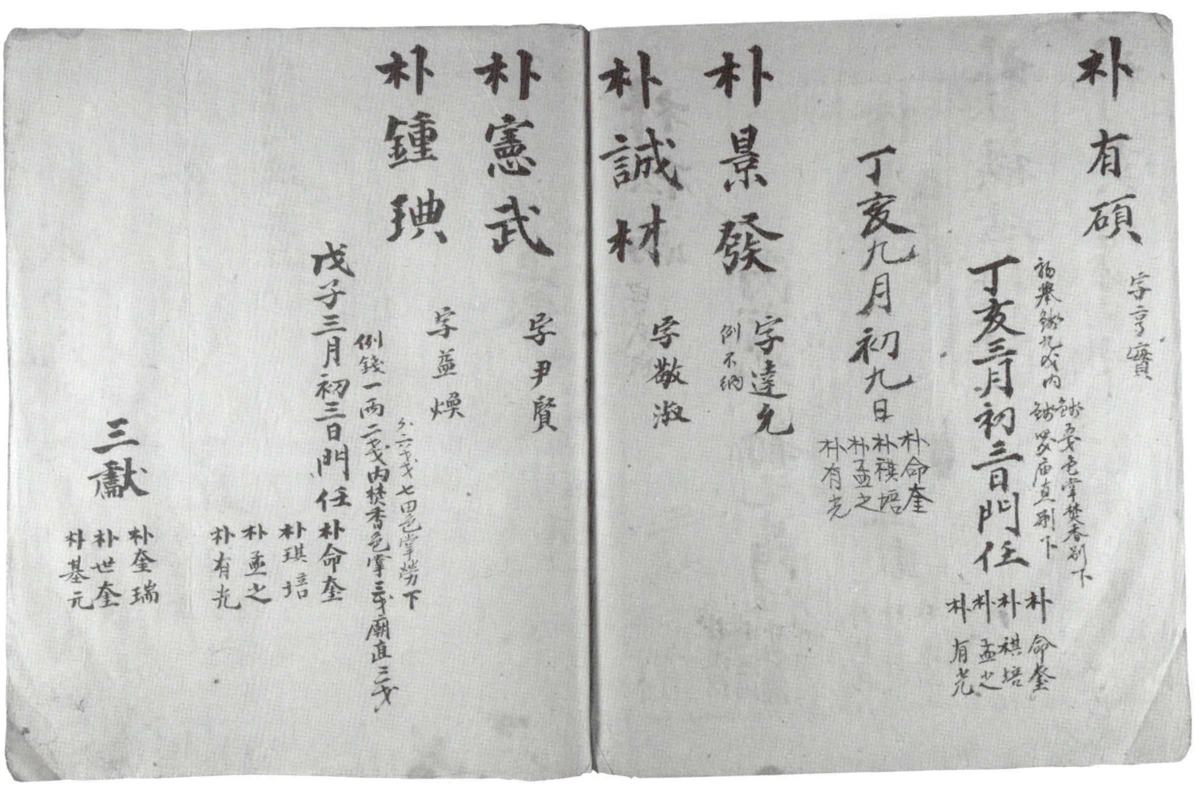

朴有碩

丁亥三月初三日門任
朴命奎 朴祺培 朴孟之 朴有光

丁亥九月初九日
朴命奎 朴祺培 朴孟之 朴有光

朴景發 字達允 例不納

朴誠材 字敬淑

朴憲武 字尹賢

朴鍾琠 字益煥

戊子三月初三日門任
朴命奎 朴祺培 朴孟之 朴有光

三獻
朴奎瑞 朴世奎 朴基元

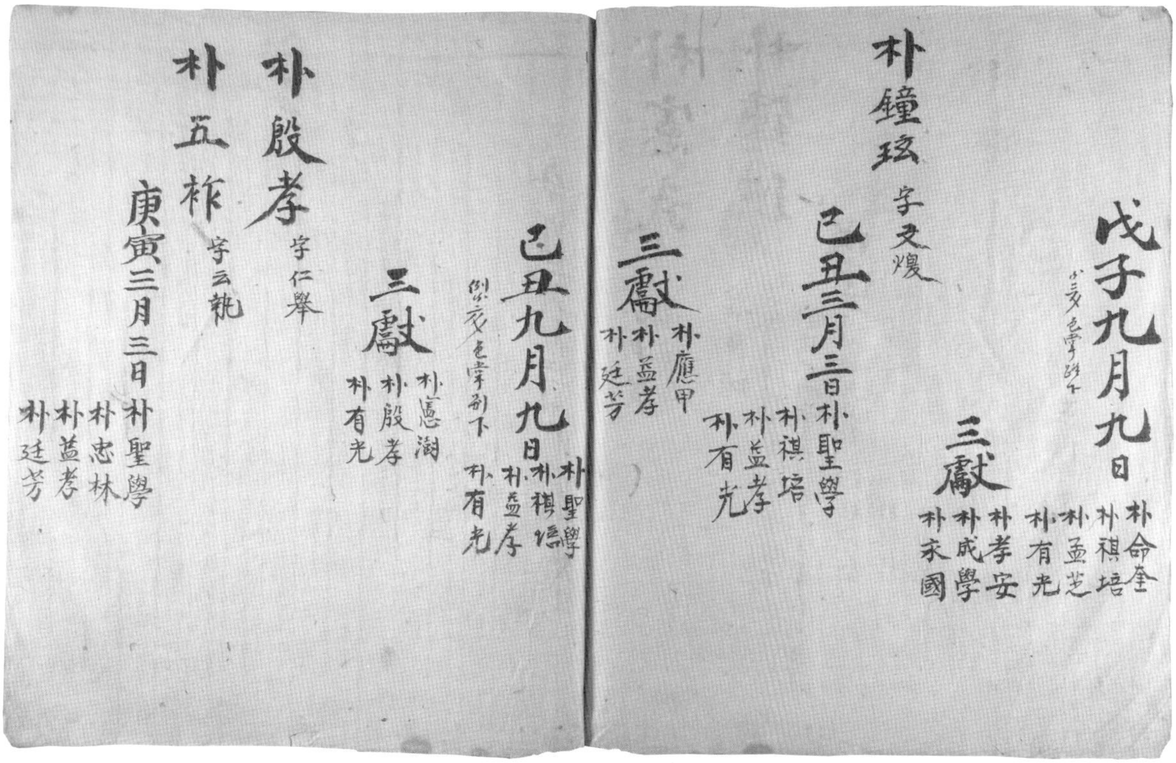

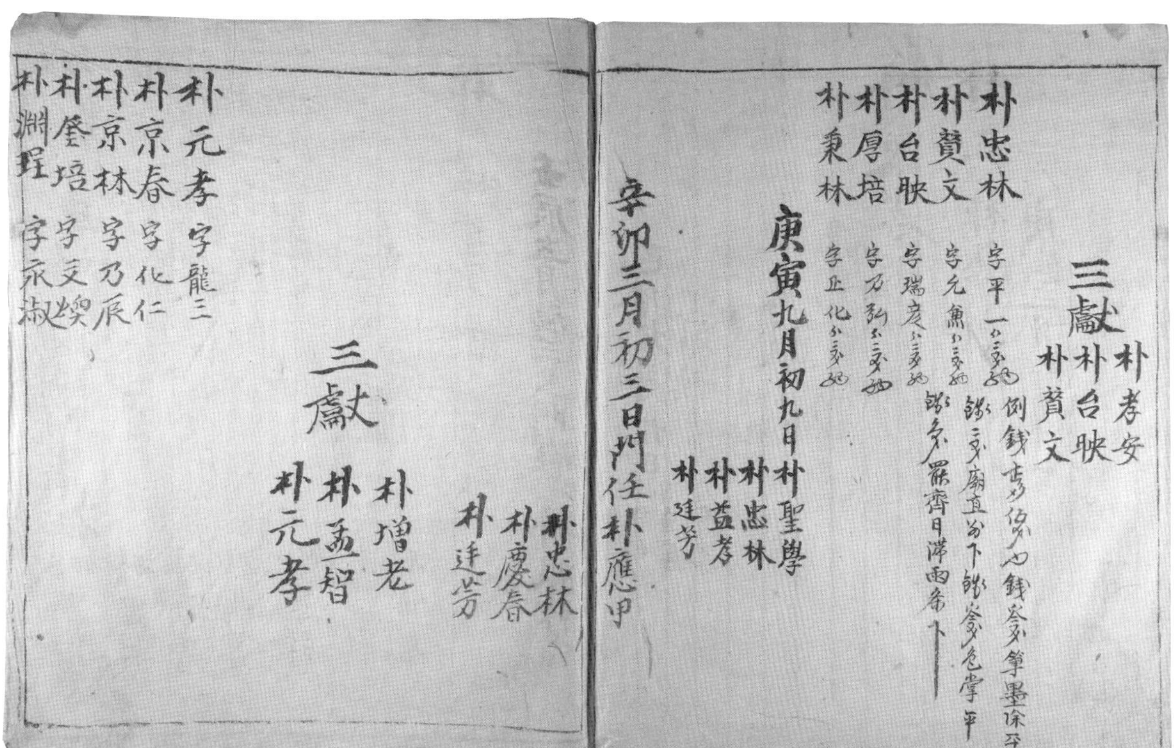

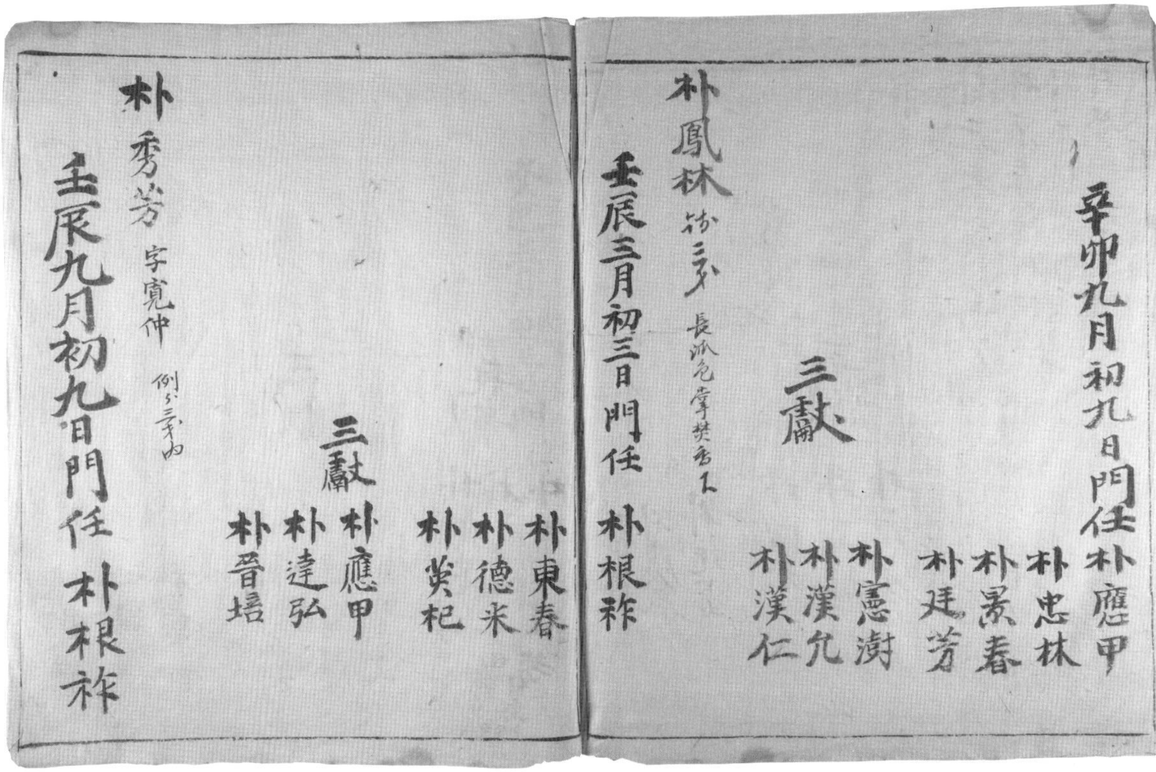

辛卯九月初九日門任朴應甲
朴忠林
朴景春
朴廷芳
朴憲澍
朴漢允
朴漢仁

三獻

壬辰三月初三日門任 朴根祚

朴鳳林

壬辰九月初九日門任 朴根祚

朴秀芳 字寬仲

朴東春
朴德采
朴英杞

三獻
朴應甲
朴達弘
朴晉培

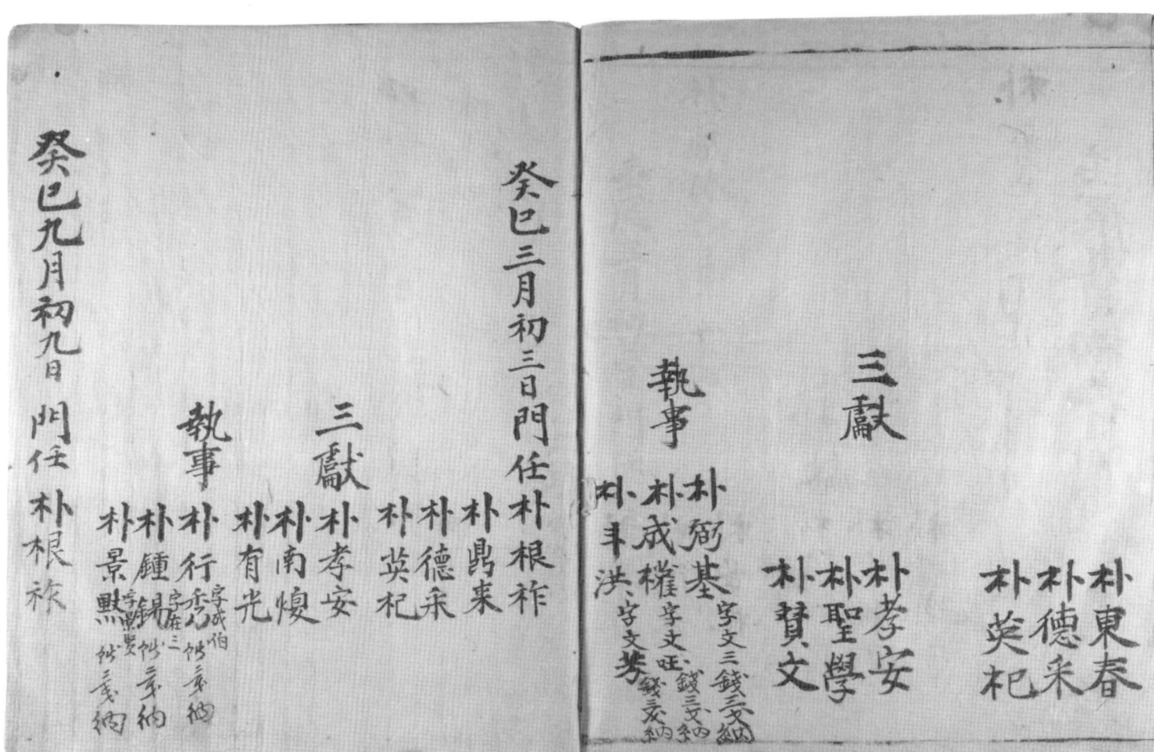

朴東春
朴德采
朴英杞

三獻
朴孝安
朴聖學
朴贊文

執事
朴術基 字文三 錢三戔納
朴成權 字文旺 錢三戔納
朴丰洪 字文孝 錢三戔納

癸巳三月初三日門任朴根祚
朴禺來
朴德采
朴英杞

三獻
朴孝安
朴南燠
朴有光

執事
朴行秀 字成伯 錢三戔納
朴鍾錫 錢三戔納
朴景默 錢三戔納

癸巳九月初九日 門任 朴根祚

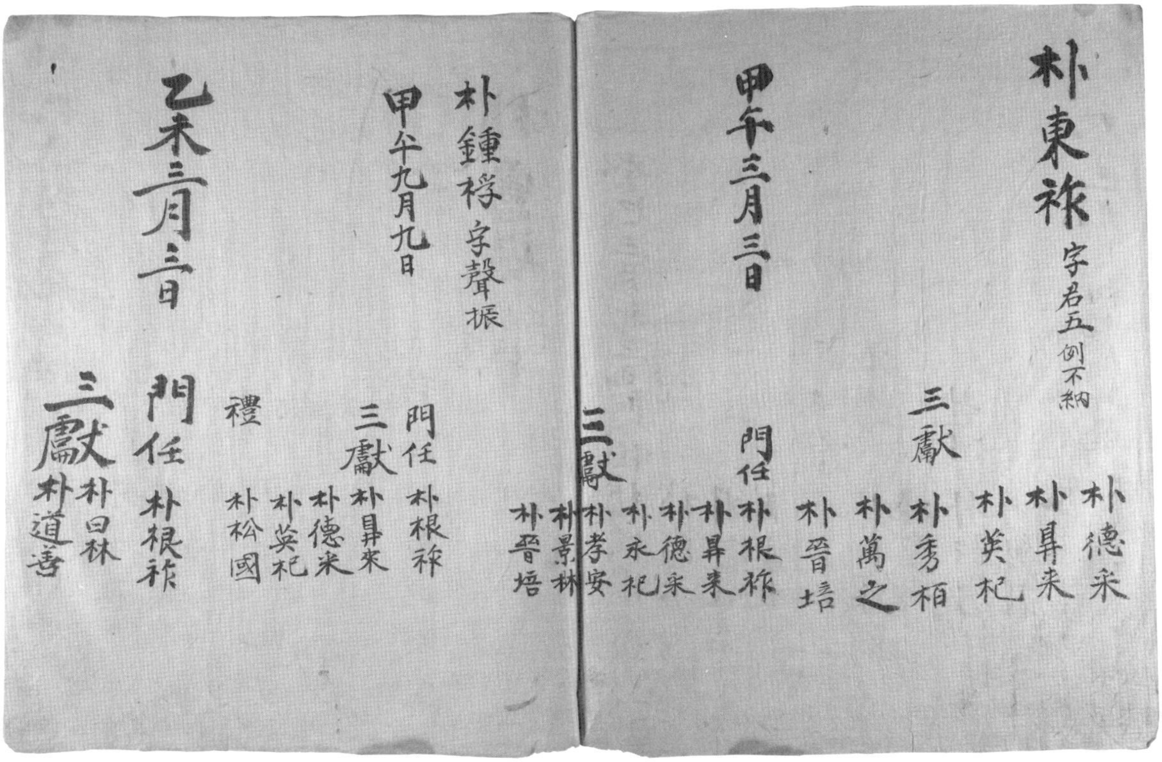
朴東祚 字君五 例不納
甲午三月三日
三獻
朴德采
朴昇來
朴英杞
朴秀桓
朴萬之
朴晉培
門任 朴根祚
三獻 朴昇來
朴德采
朴永杞
朴孝安
朴景林
朴晉培
朴鍾梓 字聲振
甲午九月九日
門任 朴根祚
三獻 朴昇來
朴德采
朴英杞
禮 朴松國
乙未三月三日
門任 朴根祚
三獻 朴日林
朴道善

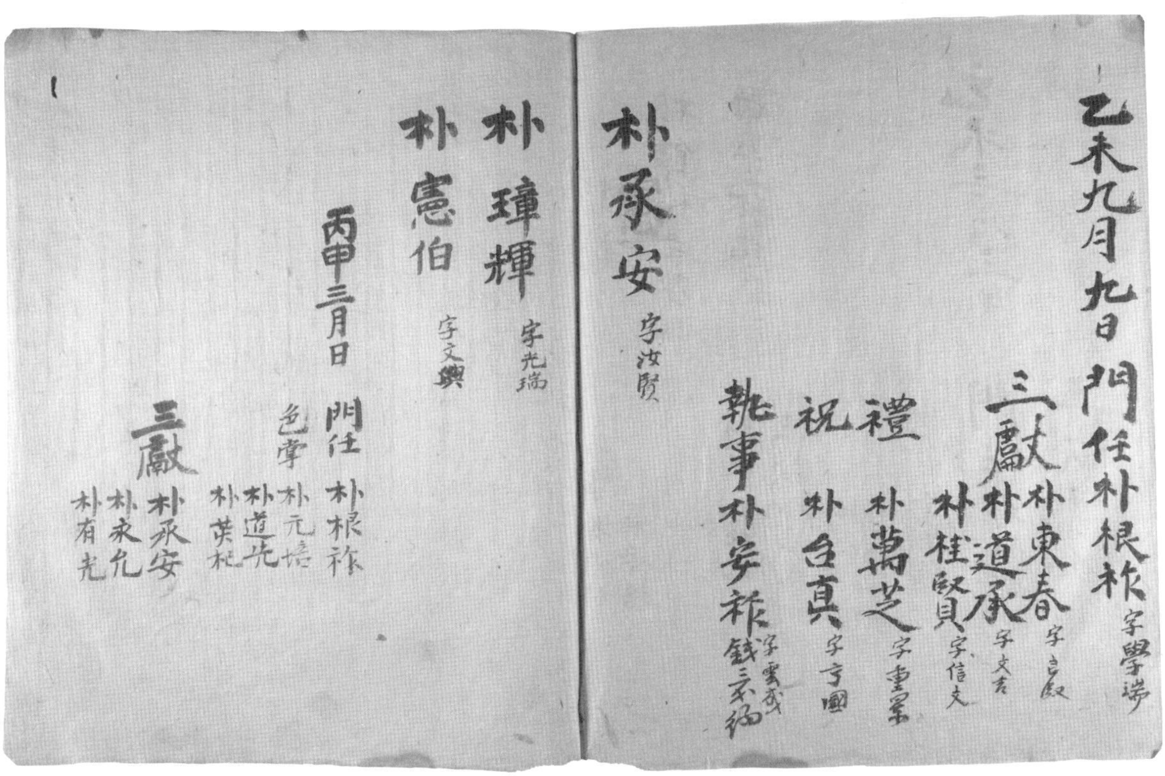
乙未九月九日
門任朴根祚 字學夢
三獻朴東春 字[illegible]
朴道承 字[illegible]
朴桂賢 字信文
禮 朴萬芝 字[illegible]
祝 朴白真 字亨國
執事朴安祚 字[illegible]
朴承安 字汝賢
朴璋輝 字光瑞
朴憲伯 字文興
丙申三月日
門任 朴根祚
邑掌 朴元培
朴道先
朴英杞
三獻 朴承安
朴永允
朴有光

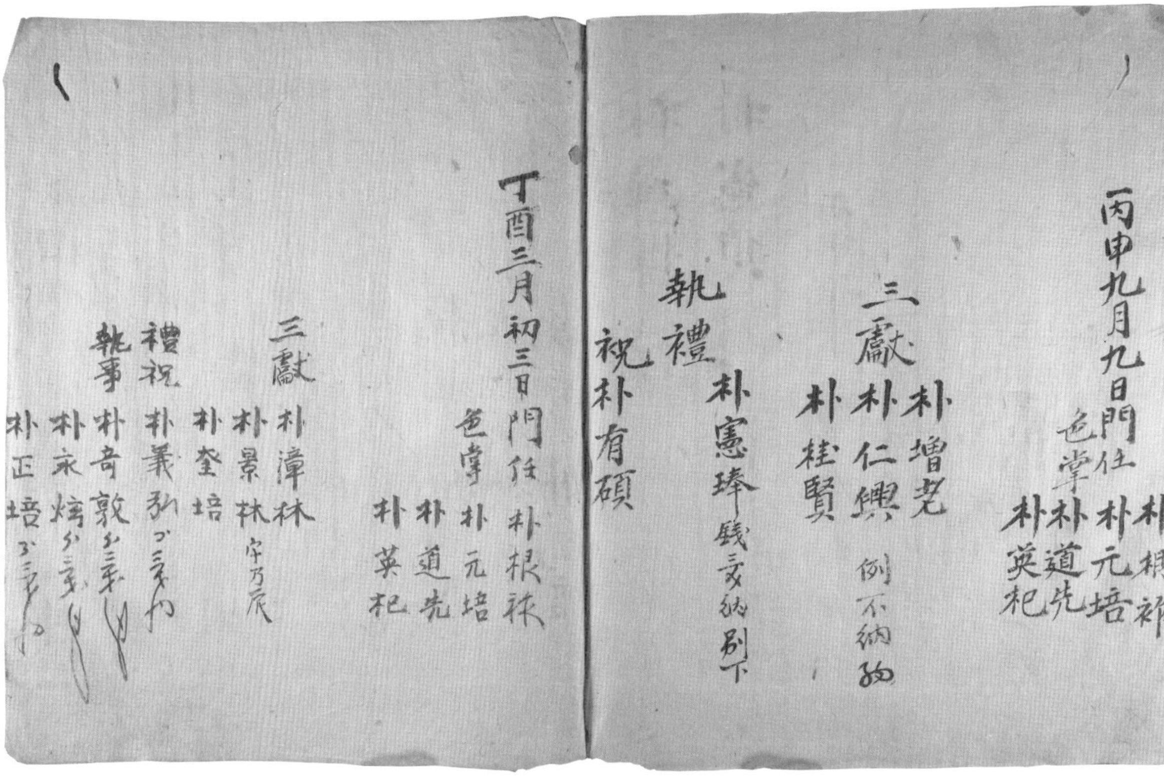
丙申九月九日門任 朴根祚
色掌 朴元培 朴道先 朴英杞
三獻 朴增光
朴仁興 例不納 納
朴桂賢
執禮 朴憲琫 錢文納 別下
祝 朴有碩

丁酉三月初三日門任 朴根祚
色掌 朴元培 朴道先 朴英杞
三獻 朴漳林
朴景林 字乃辰
朴奎培
禮祝 朴義弘 [illegible]
執事 朴奇敦 [illegible]
朴永焞 [illegible]
朴正培 [illegible]

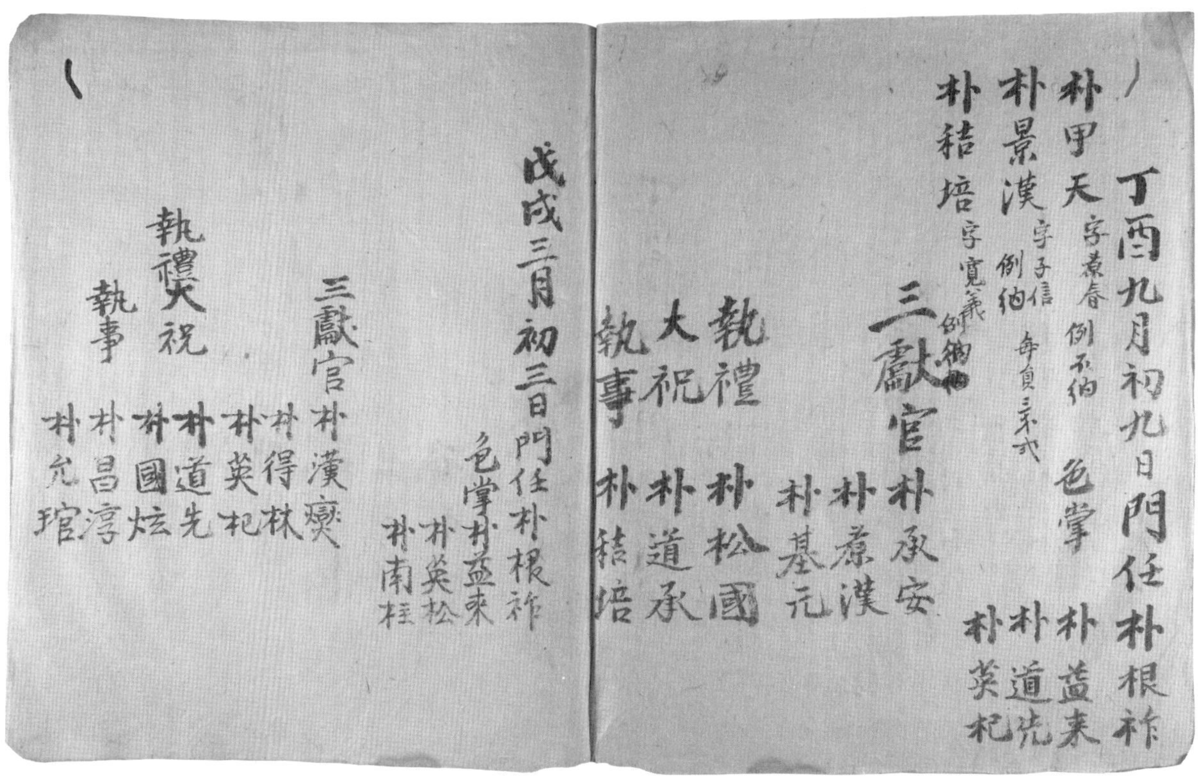
丁酉九月初九日門任 朴根祚
色掌 朴益來 朴道先 朴英杞
朴甲天 字泰春 例不納
朴景漢 字子信 例納 每負三卜式
朴秸培 字寬兼 例納
三獻官 朴承安
朴濂漢
朴基元
執禮 朴松國
大祝 朴道承
執事 朴秸培

戊戌三月初三日門任 朴根祚
色掌 朴益來 朴英松 朴南柱
三獻官 朴漢爕
朴得林
朴英杞
執禮 朴道先
大祝 朴國炫
執事 朴昌淳
朴允瑄

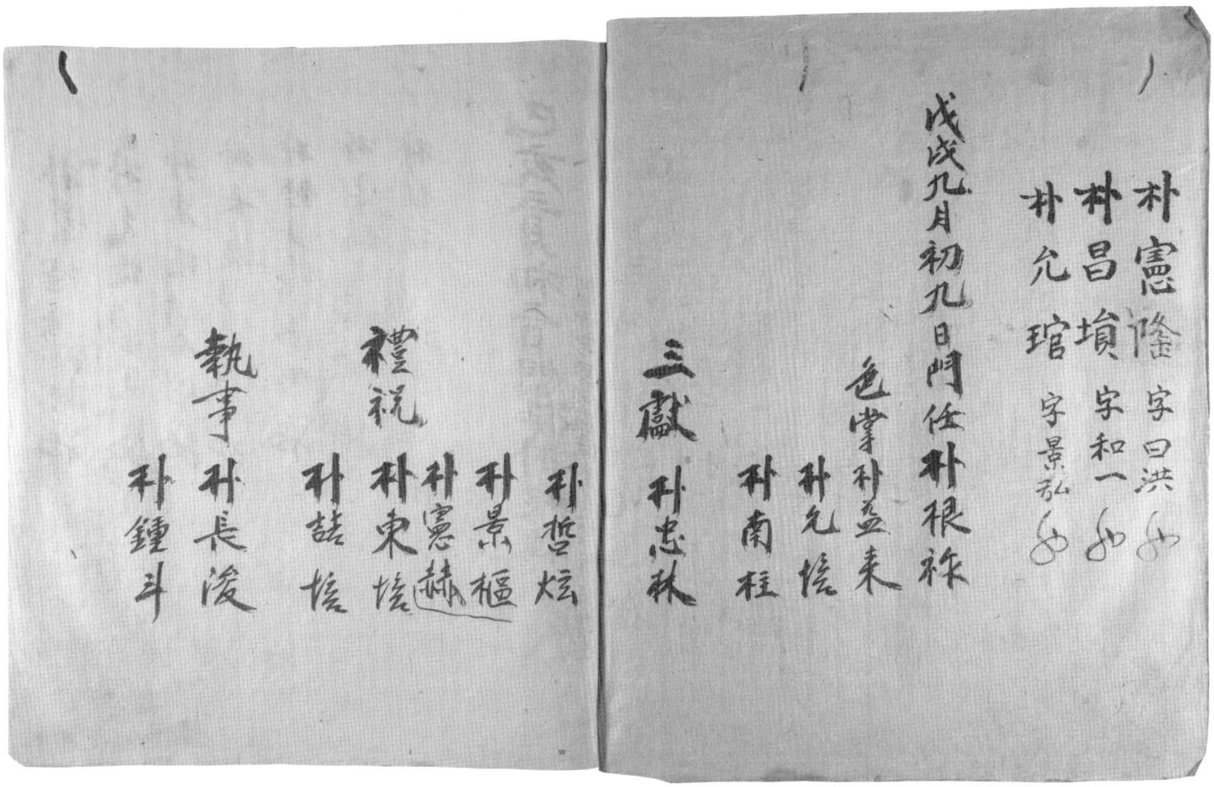
朴憲隆 字曰洪
朴昌墳 字和一
朴允瑄 字景弘
戊戌九月初九日門任朴根祩
邑掌朴益来
朴允培
朴南柱
三獻 朴忠林
朴哲炫
朴景樞
朴憲赫
朴東培
禮祝 朴喆培
執事 朴長浚
朴鍾斗

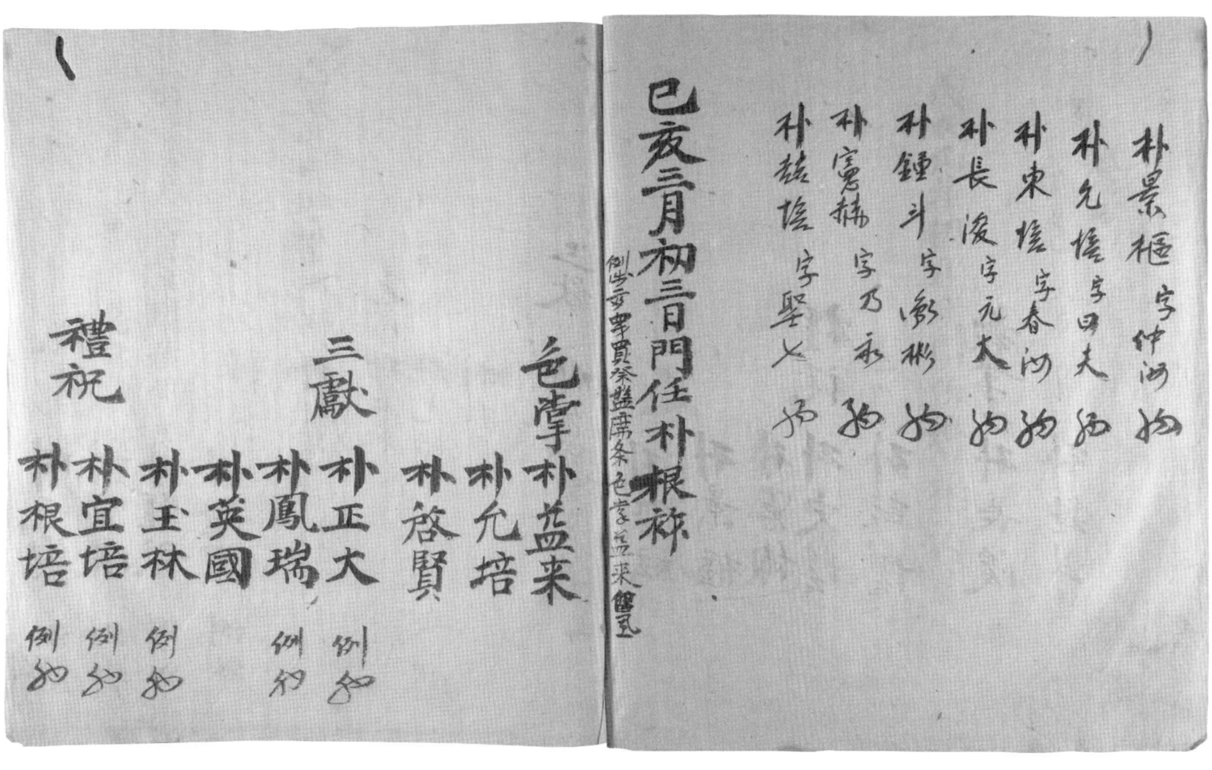
朴景樞 字仲河
朴允培 字曰大
朴東培 字春河
朴長浚 字元太
朴鍾斗 字徽彬
朴憲赫 字乃永
朴喆培 字聖文
己亥三月初三日門任朴根祩
邑掌朴益来
朴允培
朴啓賢
三獻 朴正大 例
朴鳳瑞 例
朴英國
朴玉林 例
禮祝 朴宜培 例
朴根培 例

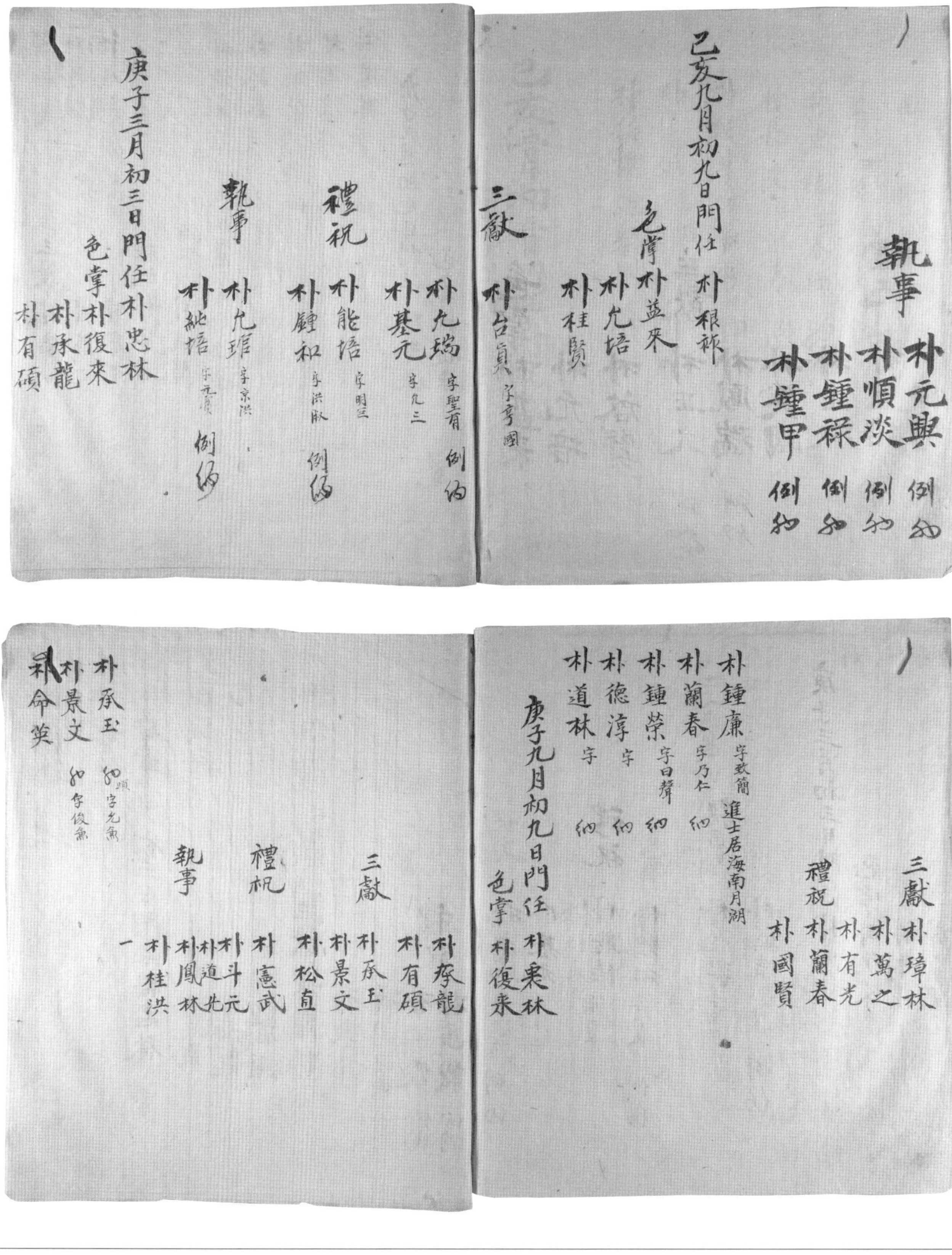

執事 朴元興 例納
朴順淡 例納
朴鍾祿 例納
朴鍾甲 例納

己亥九月初九日門任 朴根祚
色掌 朴益來
朴允培
朴桂賢
三獻 朴台貞 字亨國
朴允瑞 字聖有 例納
朴基元 字九三
禮祝 朴能培 字明立
朴鍾和 字洪敏 例納
執事 朴允瑄 字京洪
朴紀培 字元貞 例納

庚子三月初三日門任朴忠林
色掌朴復來
朴承龍
朴有碩

三獻 朴璋林
朴萬之
朴有光
禮祝 朴蘭春
朴國賢

朴鍾康 字致簡 進士居海南月湖
朴蘭春 字乃仁 納
朴鍾榮 字日聲 納
朴德淳 字 納
朴道林 字 納

庚子九月初九日門任 朴秉林
色掌 朴復來
三獻 朴承龍
朴有碩
朴承玉
朴景文
禮祝 朴憲武
朴松直
執事 朴斗元
朴道先
朴鳳林
一 朴桂洪

朴承玉 納 字允和
朴景文 納 字俊和
朴命奕

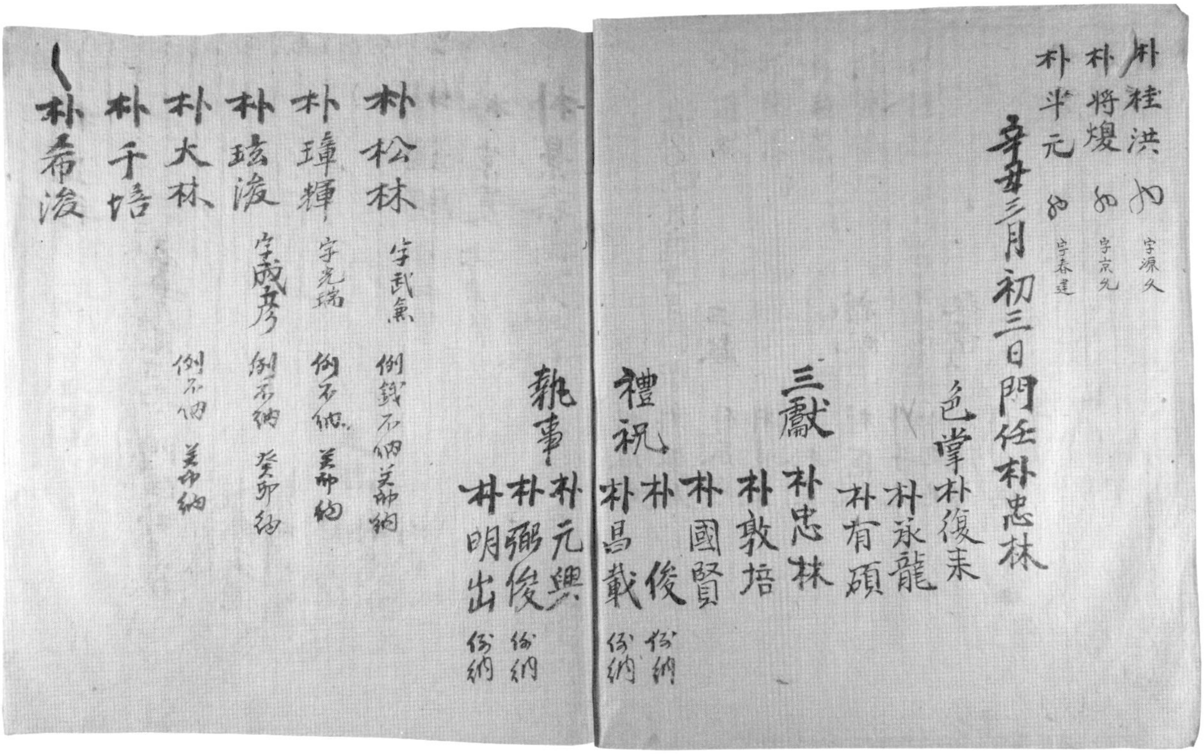

朴桂洪 字源久
朴将㙊 字京允
朴半元 字春逹
辛丑三月初三日門任朴忠林
色掌朴復来
朴永龍
朴有碩
三獻 朴忠林
朴敦培
朴國賢
禮祝 朴俊 例納
朴昌載 例納
執事 朴元興 例納
朴弼俊 例納
朴明出 例納
朴松林 字武彔 例錢不納 癸卯納
朴瑋輝 字光瑞 例不納 癸卯納
朴玹浚 字成彦 例不納 癸卯納
朴大林 例不納 癸卯納
朴千培
朴希浚

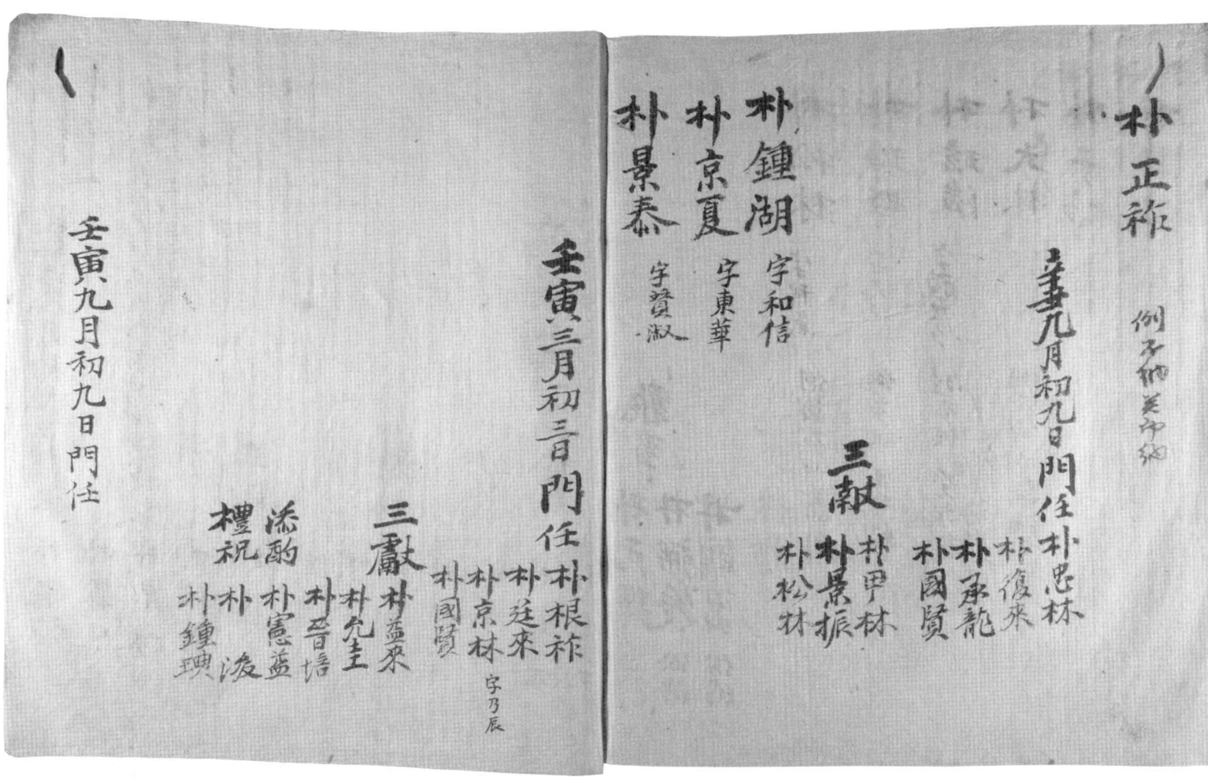

朴正祚 例不納 癸卯納
朴鍾湖 字和信
朴京夏 字東華
朴景泰 字贊淑
壬寅九月初九日門任朴忠林
朴復來
朴承龍
朴國賢
三獻 朴甲林
朴景振
朴松林
壬寅三月初三日門任朴根祚
朴廷來
朴京林 字乃辰
朴國賢
三獻 朴益來
朴允圭
朴晉培
添酌 朴憲益
朴浚
禮祝 朴鍾璵
壬寅九月初九日門任

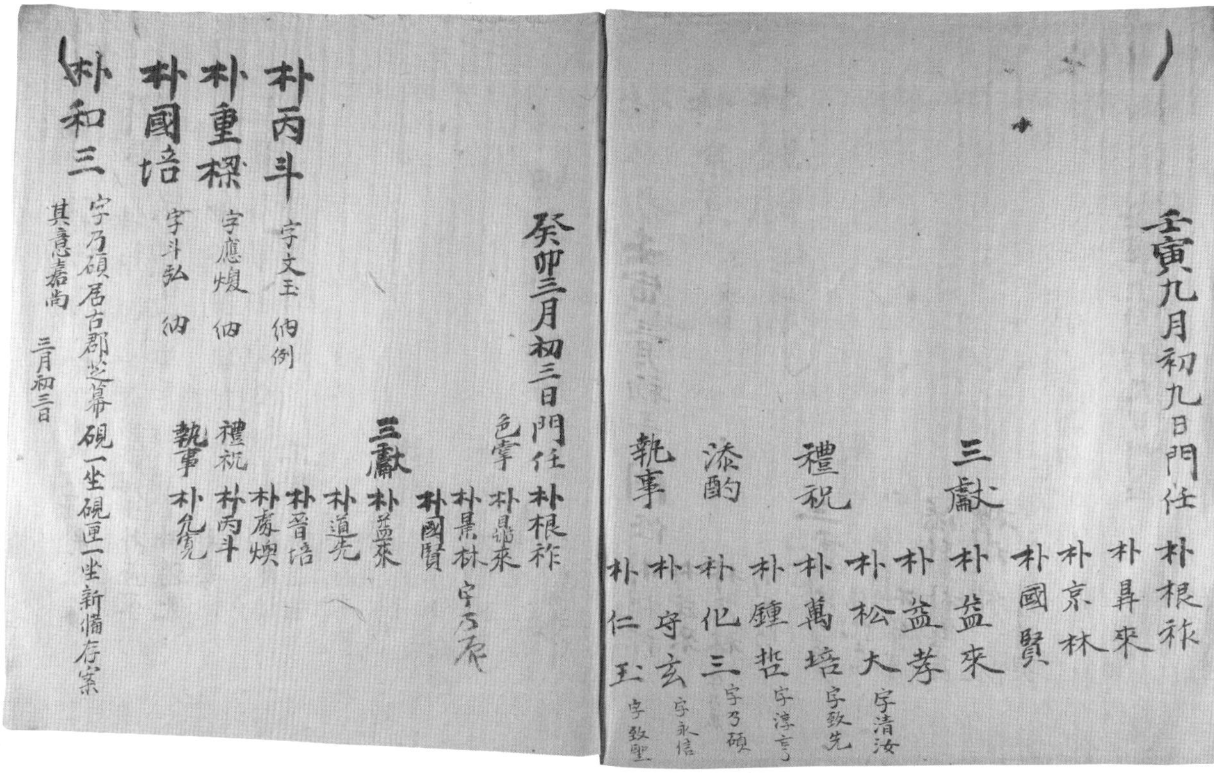
壬寅九月初九日門任 朴根祚
朴鼻來
朴京林
朴國賢
三獻 朴益來
朴益孝
朴松大 字清汝
禮祝 朴萬培 字致先
朴鍾哲 字瀞亨
添酌 朴化三 字乃碩
執事 朴守玄 字永信
朴仁玉 字致聖
癸卯三月初三日門任 朴根祚
色掌 朴鼻來
朴景林 字乃辰
朴國賢
三獻 朴益來
朴道先
朴晋培
禮祝 朴秀煥
朴丙斗
執事 朴允寬
朴丙斗 字文主 例例
朴重標 字應煥 例
朴國培 字斗弘 例
朴和三 字乃碩 居古郡芝幕 硯一坐 硯匣一坐 新備存案
其意嘉尚 三月初三日

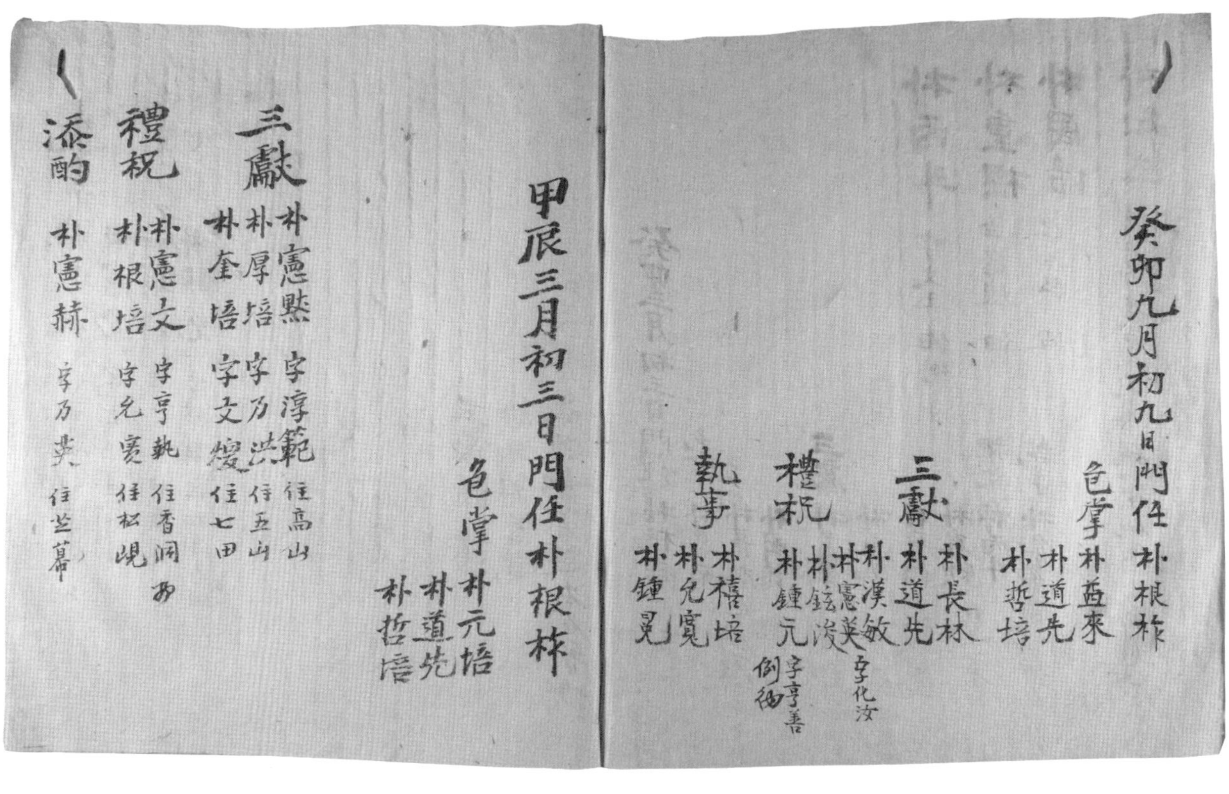
癸卯九月初九日門任 朴根祚
色掌 朴益來
朴道先
朴哲培
三獻 朴長林
朴道先
朴漢敏 字化汝
禮祝 朴憲英
朴鉉浚
朴鍾元 字亨善 例例
執事 朴禧培
朴允寬
朴鍾冕
甲辰三月初三日門任 朴根祚
色掌 朴元培
朴道先
朴哲培
三獻 朴憲默 字淳範 住高山
朴厚培 字乃洪 住五山
朴奎培 字文稷 住七田
禮祝 朴憲文 字亨執 住香洞
朴根培 字允襄 住松峴
添酌 朴憲赫 字乃奭 住芝幕

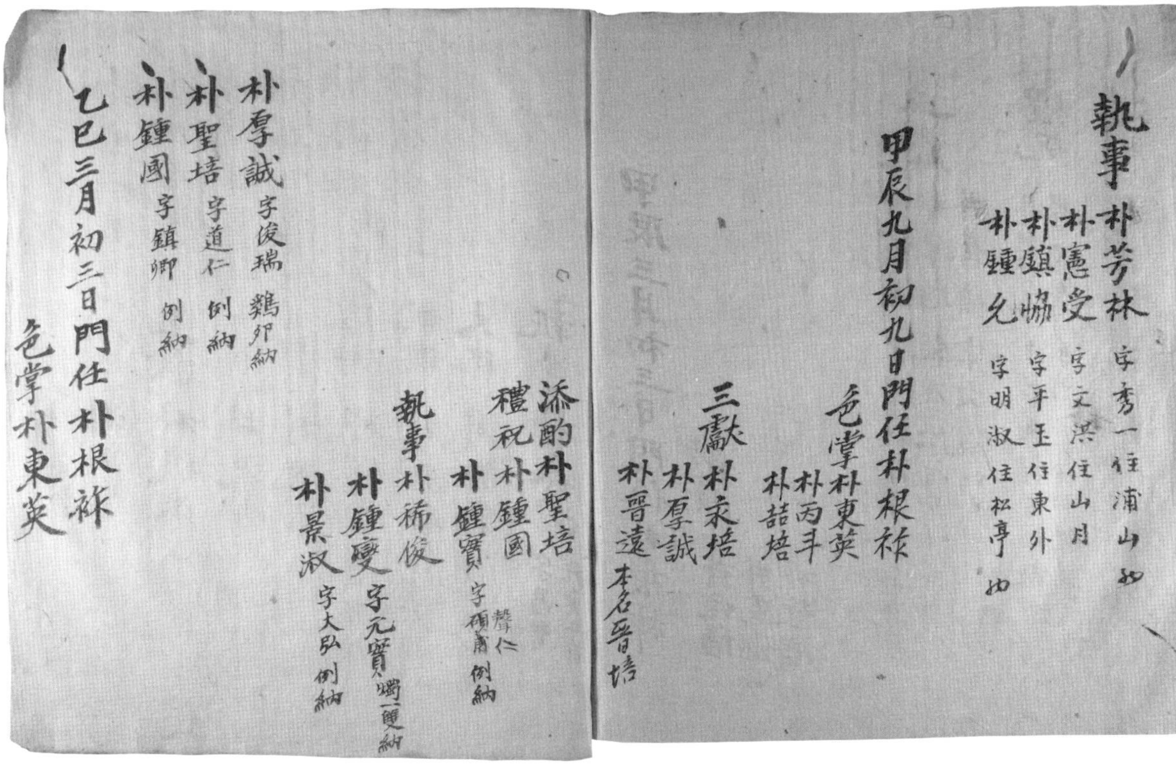

執事 朴芳林 字秀一 住浦山 納
朴憲受 字文洪 住山月
朴鎭協 字平玉 住東外
朴鍾允 字明淑 住松亭 納

甲辰九月初九日門任 朴根祿
色掌 朴東英
朴丙斗
朴喆培
三獻 朴永培
朴厚誠
朴晉遠 本名晉培

添酌 朴聖培
禮祝 朴鍾國
朴鍾寶 字碩甫 聲仁 例納
執事 朴稀俊
朴鍾燮 字元寶 蜀一匣 納
朴景淑 字大弘 例納

朴厚誠 字俊瑞 鷄卵納
朴聖培 字道仁 例納
朴鍾國 字鎭卿 例納

乙巳三月初三日門任 朴根祿
色掌 朴東英

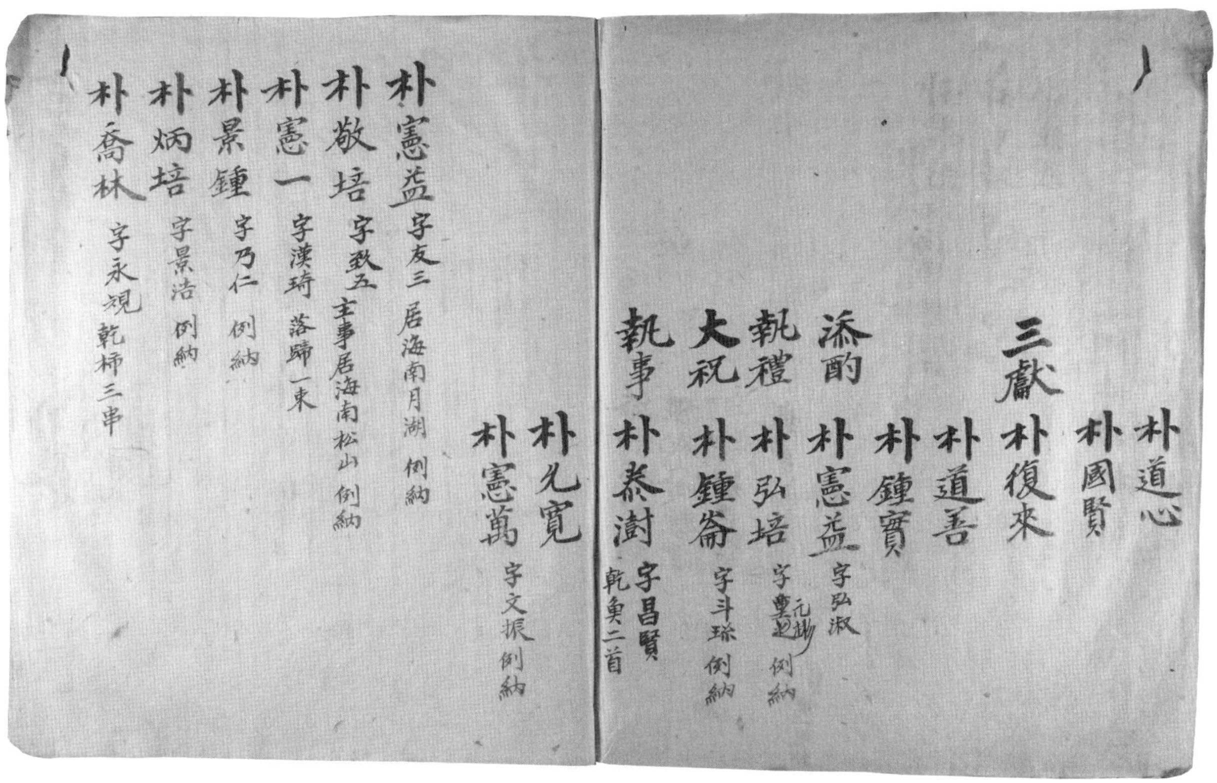

朴道心
朴國賢
三獻 朴復來
朴道善
朴鍾寶
添酌 朴憲益 字弘淑
執禮 朴弘培 字豊元 例納
大祝 朴鍾崙 字斗瑞 例納
執事 朴泰澍 字昌賢 乾魚二首

朴允寬
朴憲萬 字文振 例納
朴憲益 字友三 居海南月湖 例納
朴敬培 字致五 主事居海南松山 例納
朴憲一 字漢琦 落歸一束
朴景鍾 字乃仁 例納
朴炳培 字景浩 例納
朴喬林 字永現 乾柿三串

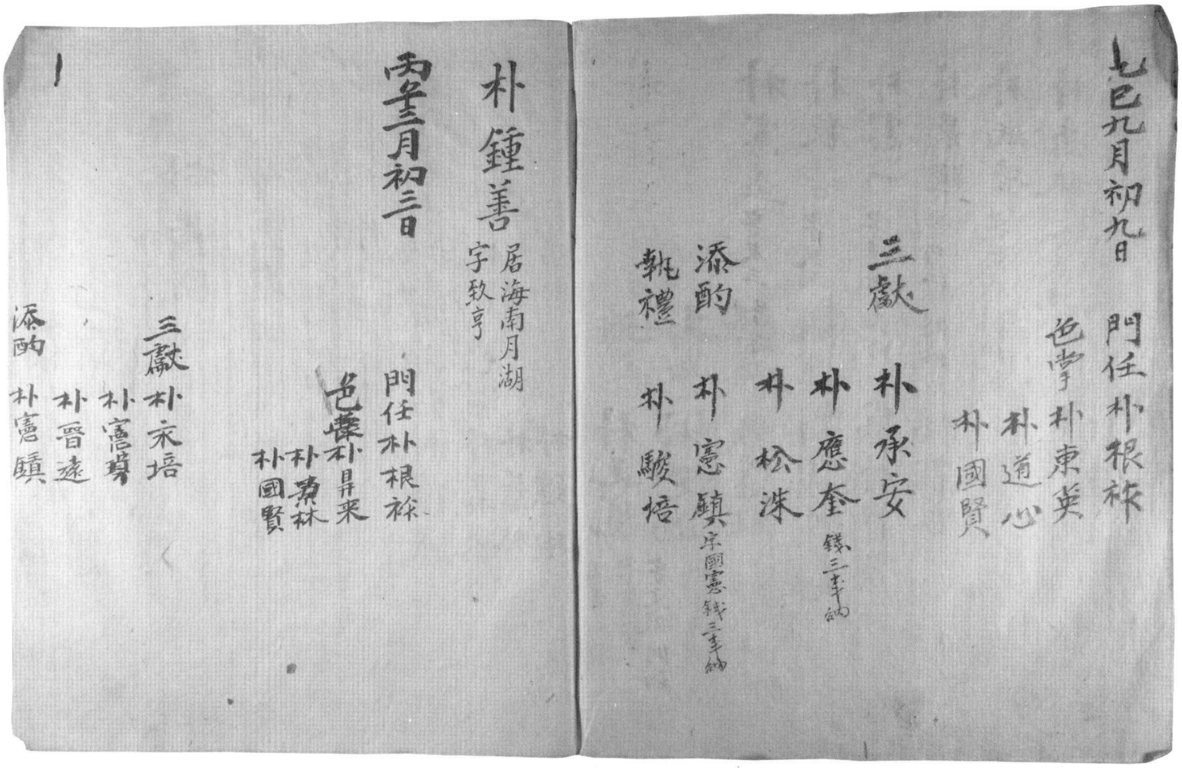

乙巳九月初九日
門任朴根袜
色掌朴東英
朴道心
朴國賢
三獻 朴承安
朴應奎 錢三十兩納
朴枀洙
添酌 朴憲驥 宋國憲錢三十兩納
執禮 朴駿培

朴鍾善 居海南月湖 字致亨
丙午三月初三日
門任朴根袜
色掌朴昇来
朴景林
朴國賢
三獻朴永培
朴憲堯
朴晉遠
添酌 朴憲驥

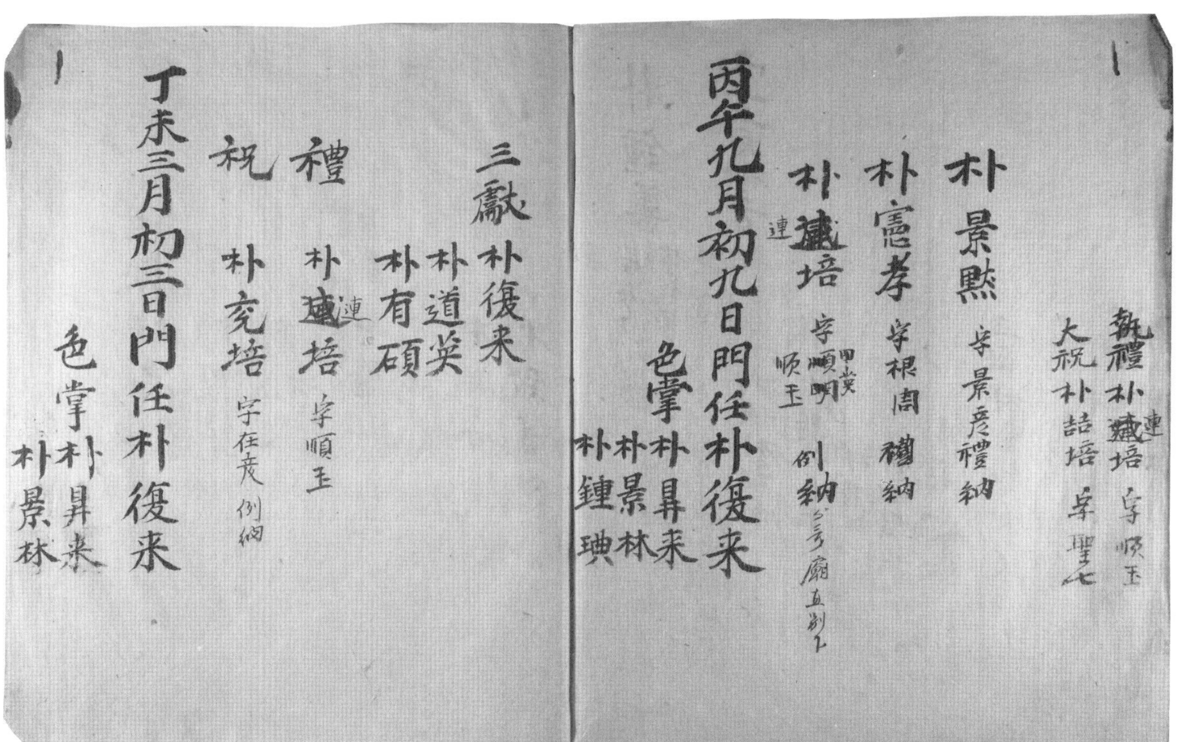

執禮朴鏞培 字順玉 連
大祝朴喆培 字聖七
朴景黙 字景彥 禮納
朴憲孝 字根周 禮納
連 朴鏞培 字順明 甲寅 順玉 例納 六月 兩 五到
丙午九月初九日門任朴復来
色掌朴昇来
朴景林
朴鍾琠

三獻朴復来
朴道英
朴有碩
禮 朴鏞培 連 字順玉
祝 朴兗培 字任彥 例納
丁未三月初三日門任朴復来
色掌朴昇来
朴景林

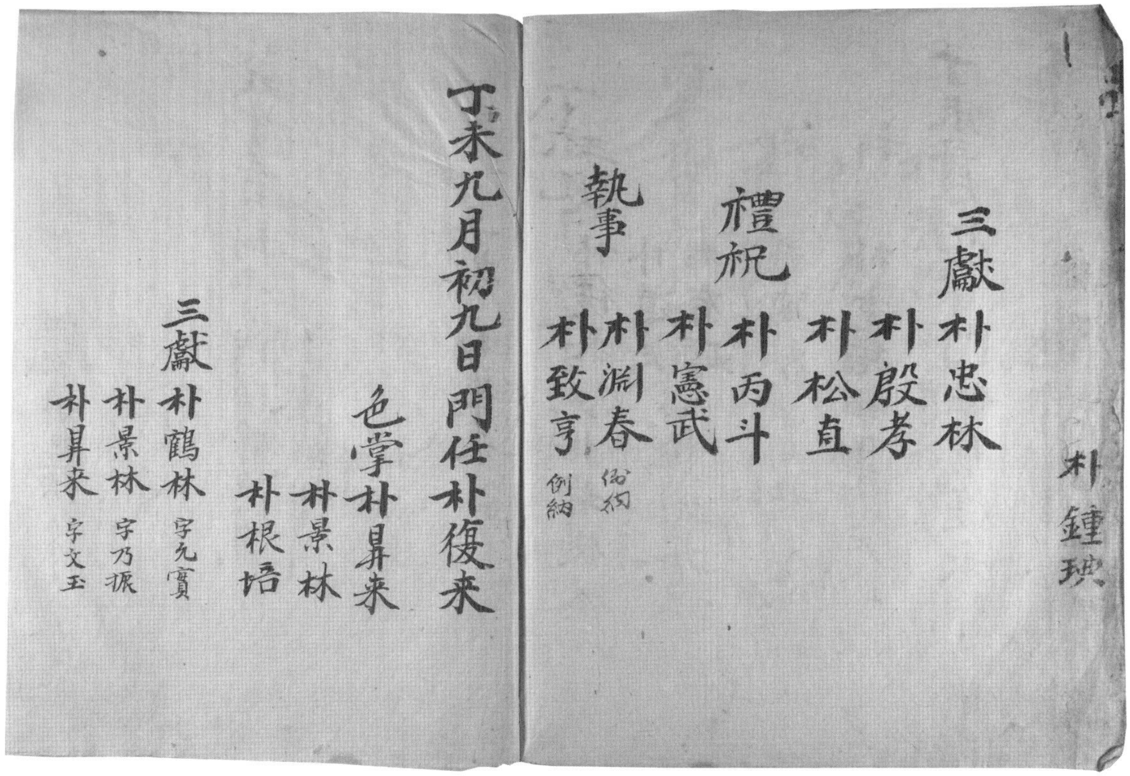

朴鍾瑛

三獻 朴忠林
朴殷孝
朴松直
禮祝 朴丙斗
朴憲武
執事 朴淵春 例納
朴致亨 例納

丁未九月初九日門任朴復来
色掌朴昇来
朴景林
朴根培
三獻 朴鶴林 字允實
朴景林 字乃振
朴昇来 字文玉

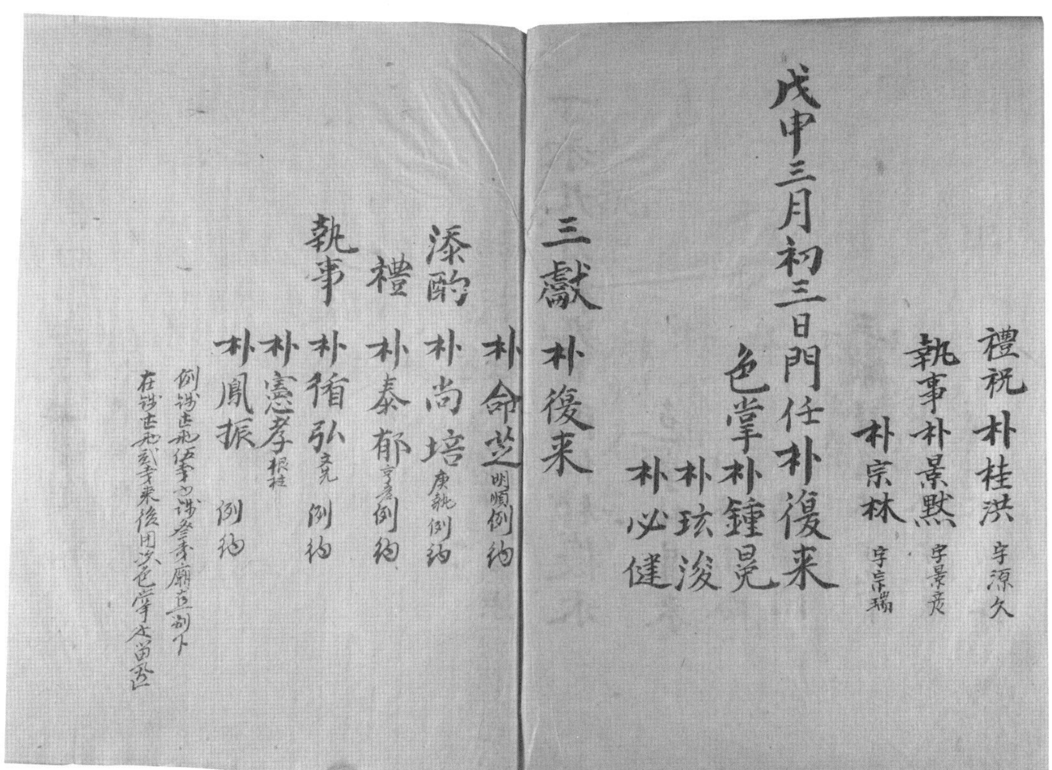

禮祝 朴桂洪 字源久
執事 朴景默 字景彦
朴宗林 字宗瑞

戊申三月初三日門任朴復来
色掌朴鍾晃
朴玹浚
朴必健
三獻 朴復来
朴命芝 明順例納
添酌 朴尚培 庚執例納
禮 朴泰郁 字彦例納
執事 朴循弘 彦允 例納
朴憲孝 根柱
朴鳳振 例納

例納直紀俸事以講参香廟直閣下
在錄直紀貳年来後因以色掌文留置

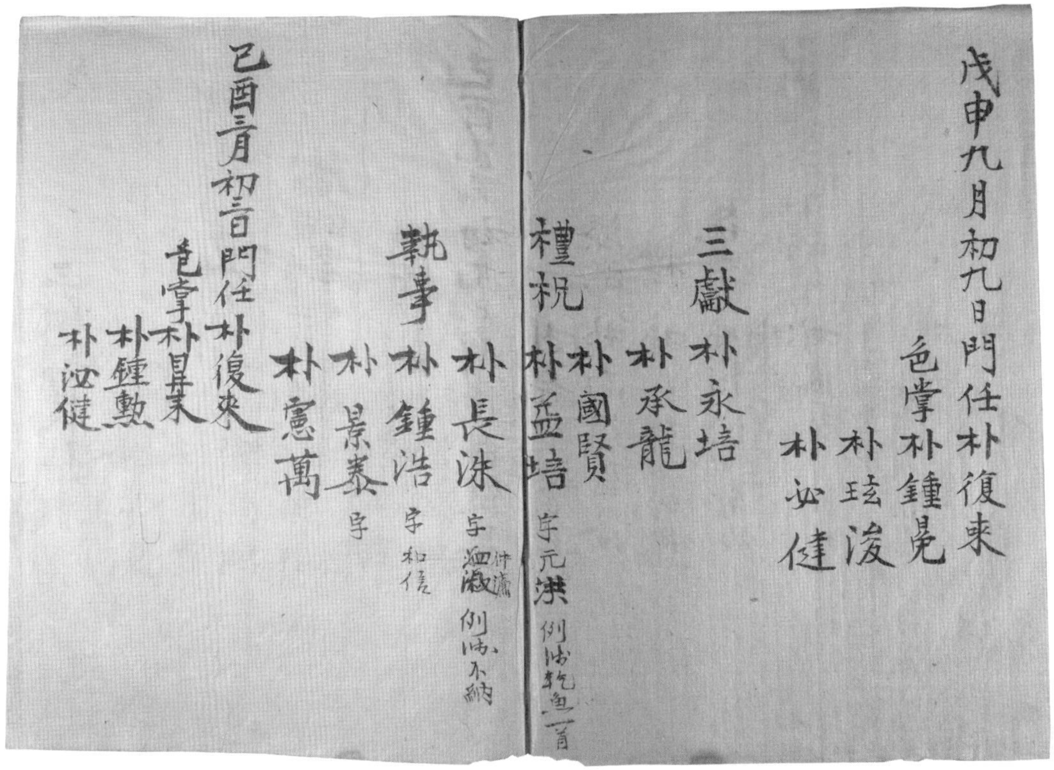

戊申九月初九日門任朴復來
色掌朴鍾晃
朴玹浚
朴泌健
三獻朴永培
朴承龍
禮祝朴國賢
朴孟培 字元洪 例納乾魚一首
執事朴長洙 字汝瀓 例納不納
朴鍾浩 字和信
朴景泰 字
朴憲萬

己酉三月初三日門任朴復來
色掌朴昇來
朴鍾勳
朴泌健

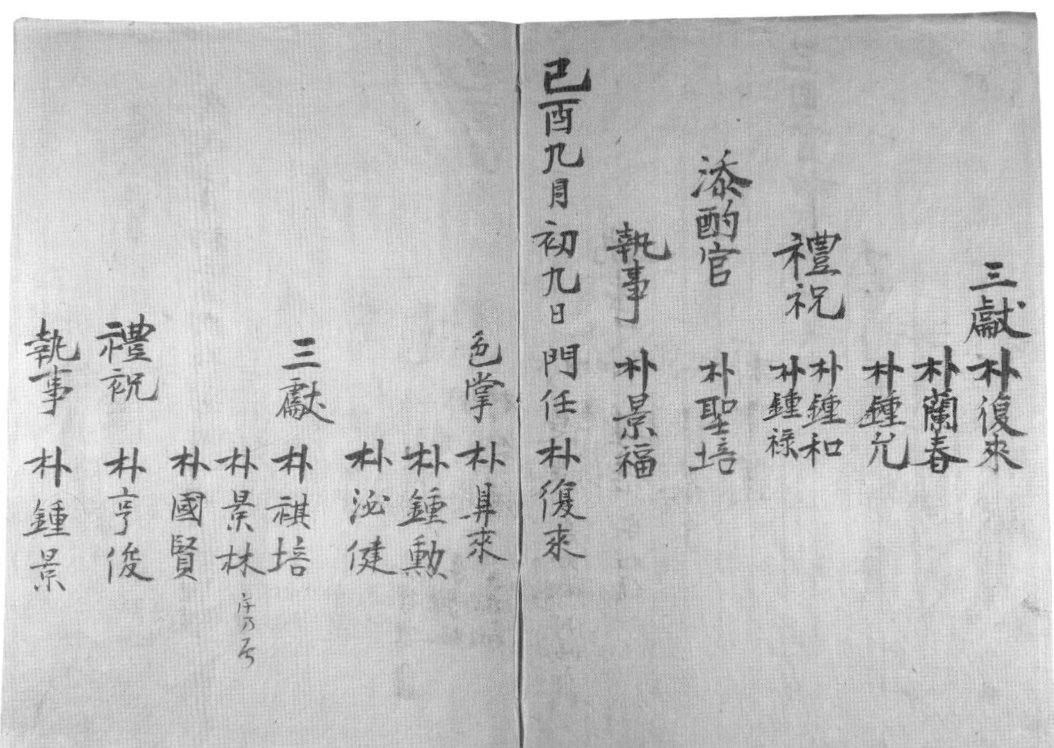

三獻朴復來
朴蘭春
朴鍾允
禮祝朴鍾和
朴鍾祿
添酌官朴聖培
執事朴景福

己酉九月初九日門任朴復來
色掌朴昇來
朴鍾勳
朴泌健
三獻朴祺培
朴景林 [illegible]
朴國賢
禮祝朴亨俊
執事朴鍾景

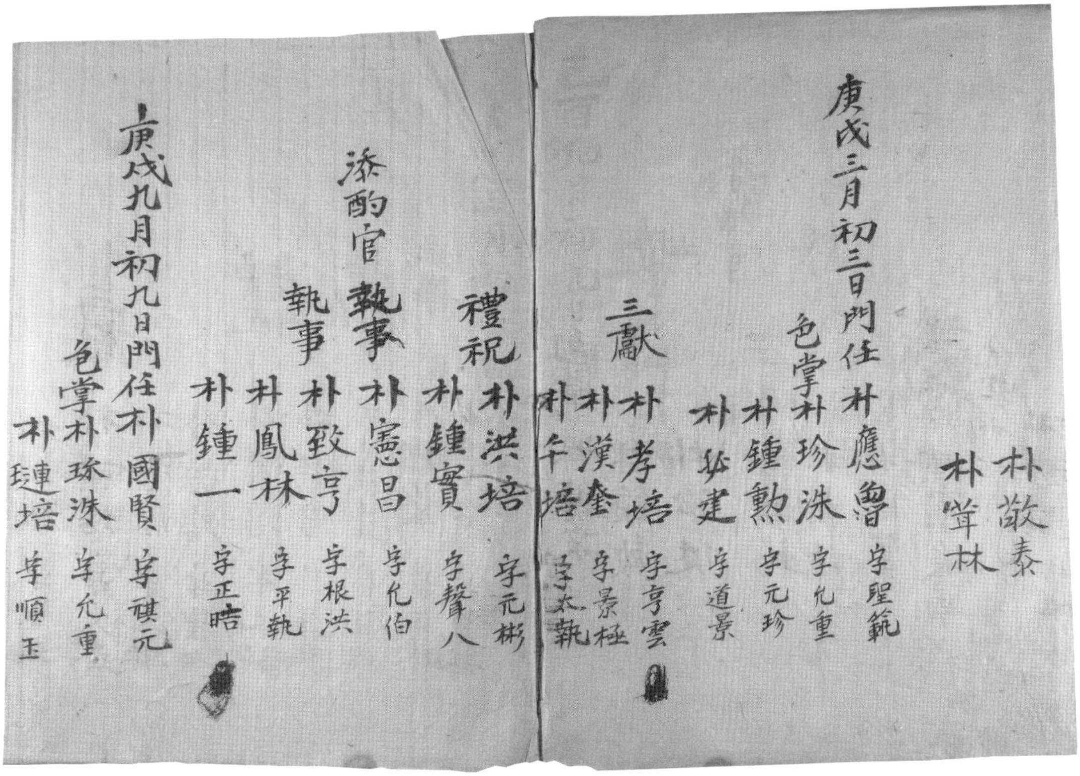
朴歆泰
朴㝑林
庚戌三月初三日門任 朴應魯 字聖範
色掌朴珍洙 字允重
朴鍾勳 字元珍
朴必建 字道景
三獻 朴孝培 字亨雲
朴漢奎 字景極
朴午培 字太執
禮祝 朴洪培 字元彬
朴鍾實 字聲八
添酌官 執事 朴憲昌 字允伯
朴致亨 字根洪
執事 朴鳳林 字平執
朴鍾一 字正晧
庚戌九月初九日門任朴國賢 字祺元
色掌朴琢洙 字允重
朴璉培 字順玉

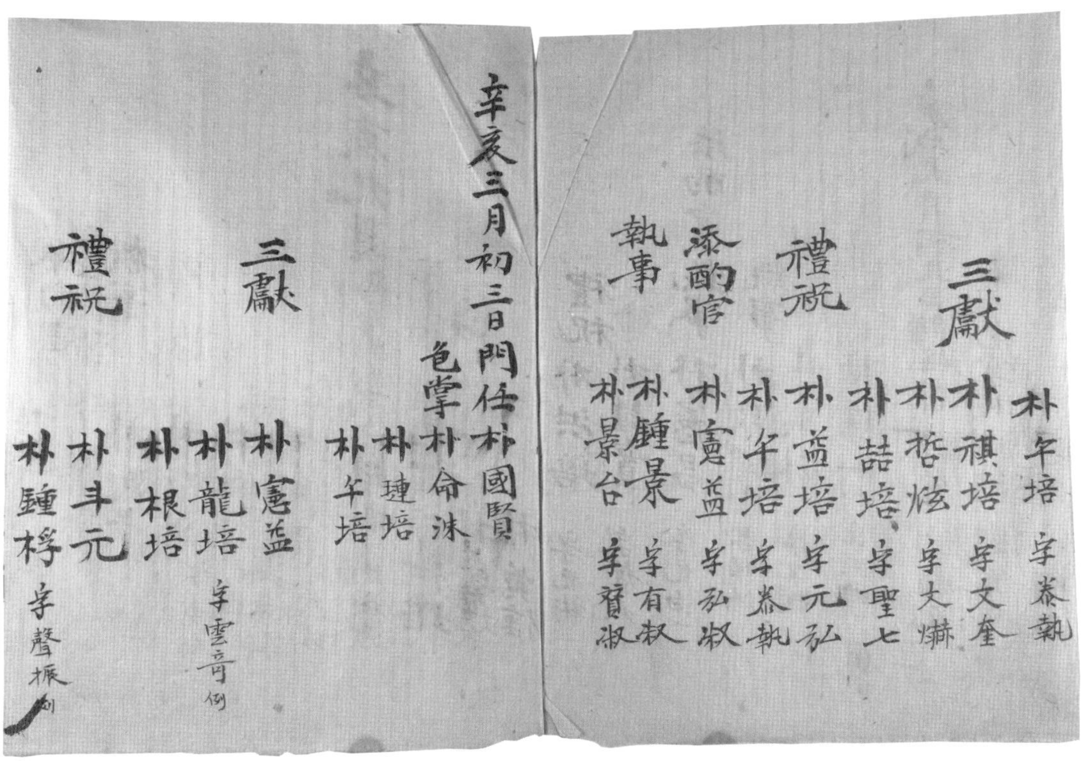
朴午培 字恭執
三獻 朴祺培 字文奎
朴哲炫 字大爀
朴喆培 字聖七
禮祝 朴益培 字元弘
朴午培 字恭執
添酌官 朴憲益 字弘淑
朴鍾景 字有淑
執事 朴景台 字實淑
辛亥三月初三日門任朴國賢
色掌朴命洙
朴璉培
朴午培
三獻 朴憲益
朴龍培 字雲章 例
朴根培
禮祝 朴斗元
朴鍾桴 字聲振 例

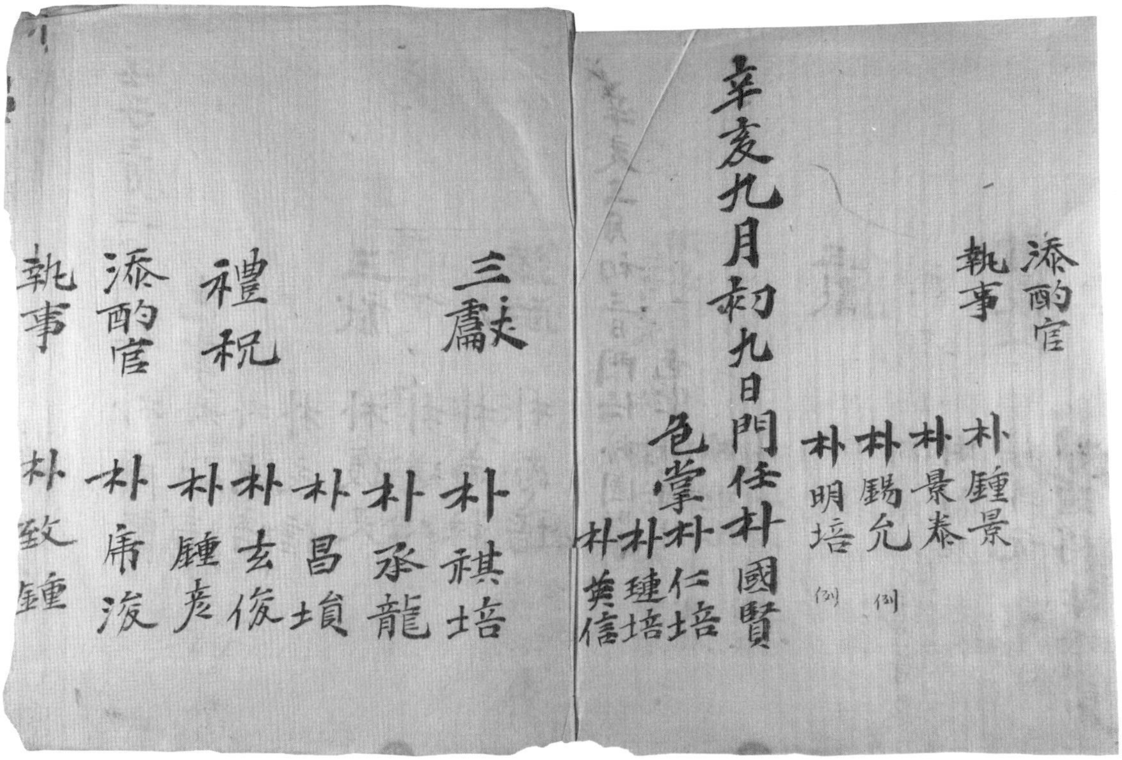

添酌官 朴鍾景
執事 朴景春
朴錫允 例
朴明培 例

辛亥九月初九日門任朴國賢
色掌朴仁培
朴建培
朴英信

三獻 朴祺培
朴承龍
朴昌塤
朴玄俊
朴鍾彥
禮祝
添酌官 朴庯浚
執事 朴致鍾

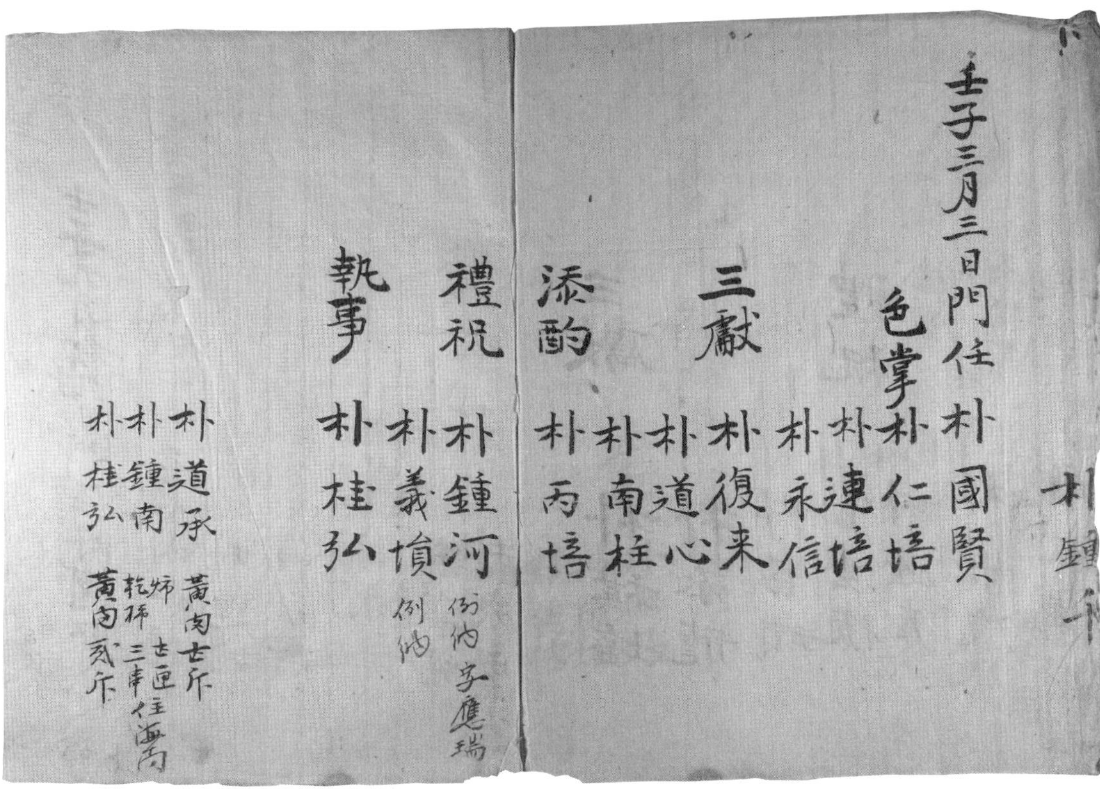

壬子三月三日門任朴國賢
色掌朴仁培
朴連培
朴永信
三獻 朴復来
朴道心
朴南柱
添酌 朴丙培
禮祝 朴鍾河 例納字應瑞
朴義塤 例納
執事 朴桂弘

朴道承 黃肉廿斤
朴鍾南 柿杯 三串 任海雨
朴桂弘 黃肉貳斤

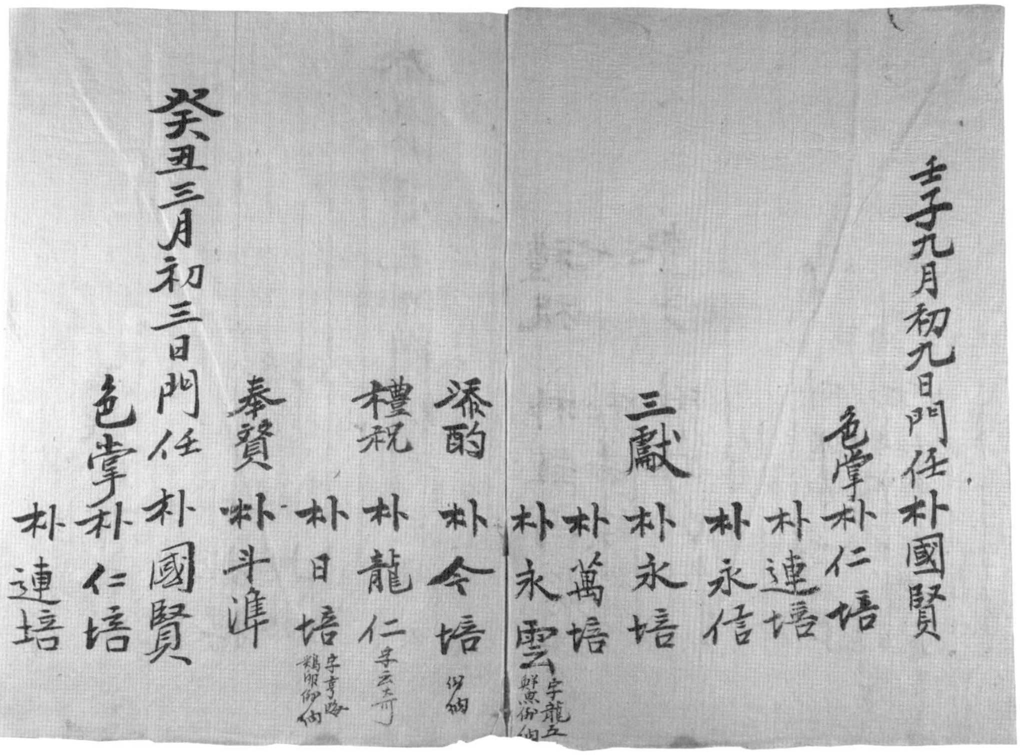
壬子九月初九日門任朴國賢
色掌朴仁培
朴連培
朴永信
三獻
朴永培
朴萬培
朴永雲 字龍五 郞思仍納
添酌
朴令培 仍納
禮祝
朴龍仁 字云奇
朴日培 字青路 鵝明仍納
奉贊
朴斗準
癸丑三月初三日門任朴國賢
色掌朴仁培
朴連培

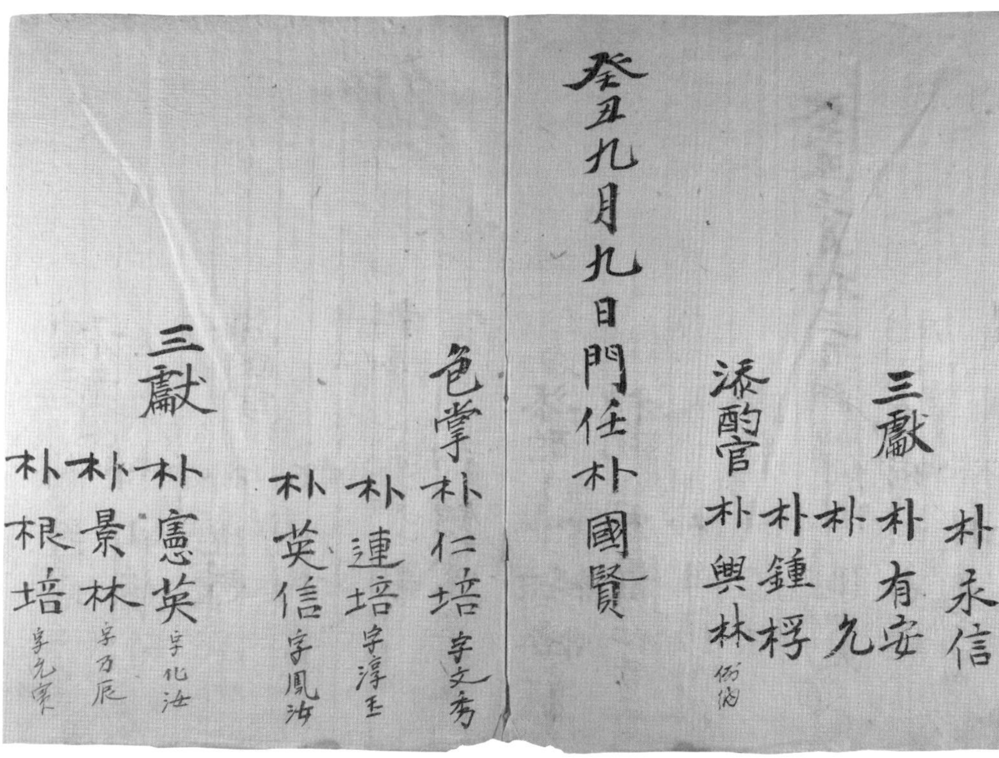
癸丑九月九日門任朴國賢
朴永信
三獻
朴有安
朴九
朴鍾桴
添酌官
朴興林 仍納
色掌朴仁培 字文秀
朴連培 字淳玉
朴英信 字鳳海
三獻
朴憲英 字化海
朴景林 字乃辰
朴根培 字允實

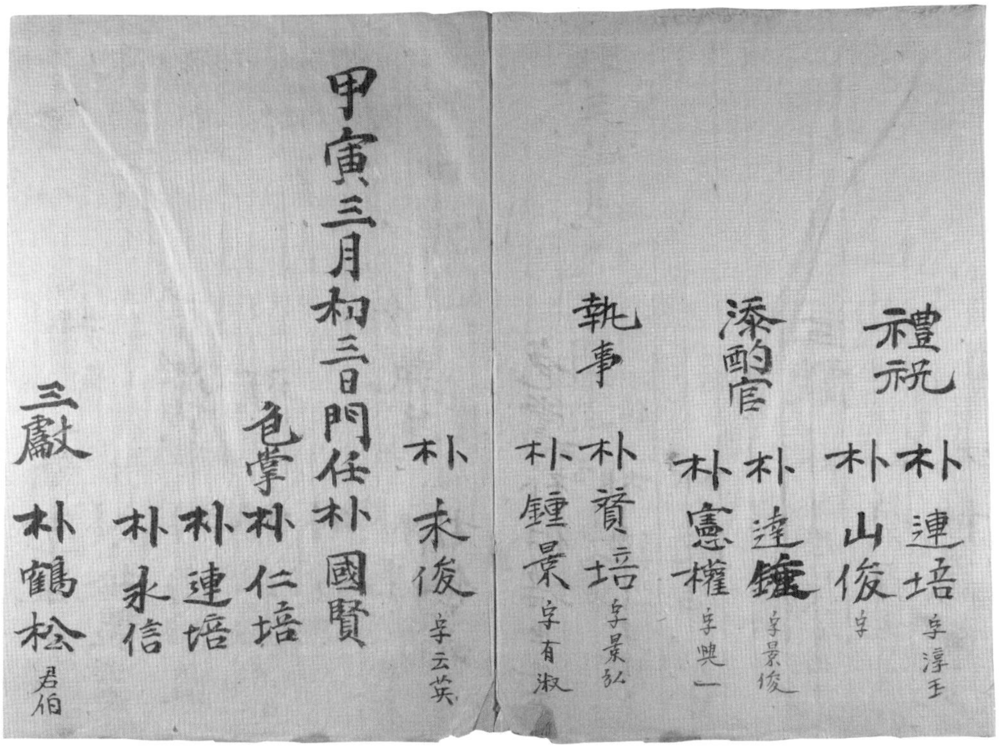

禮祝 朴連培 字淳玉
朴山俊 字
添酌官 朴達鍾 字景俊
朴憲權 字興一
執事 朴資培 字景弘
朴鍾景 字有淑
朴末俊 字云英

甲寅三月初三日門任朴國賢
色掌朴仁培
朴連培
朴永信
三獻 朴鶴松 君伯

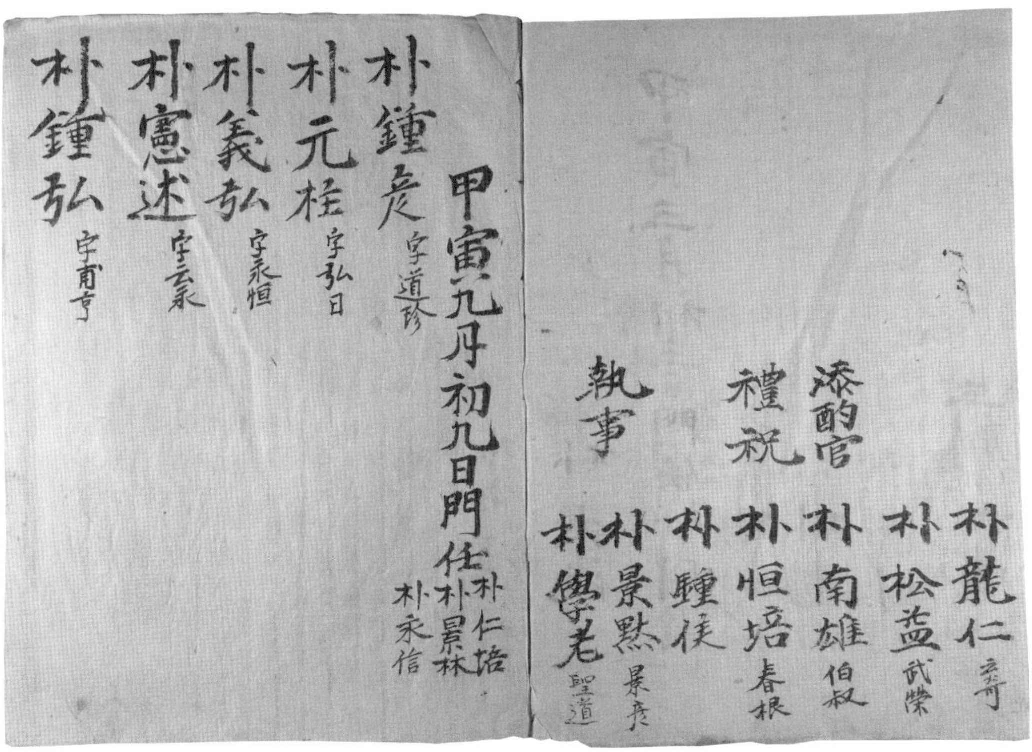

添酌官
禮祝
執事
朴龍仁 元哥
朴松益 武榮
朴南雄 伯叔
朴恒培 春根
朴鍾侯
朴景默 景彦
朴學老 聖道

甲寅九月初九日門任 朴仁培 朴景林 朴永信
朴鍾彦 字道珍
朴元桂 字弘日
朴義弘 字永恒
朴憲述 字云永
朴鍾弘 字甫亨

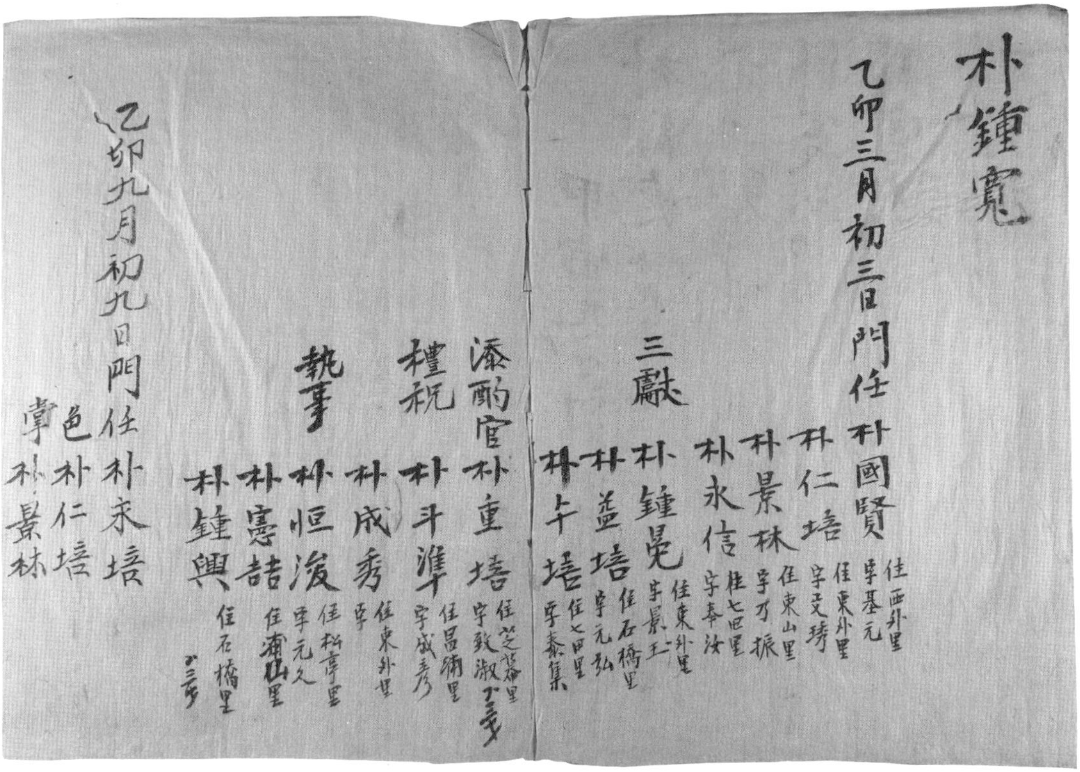

朴鍾寬

乙卯三月初三日門任 朴國賢 住西外里 字基元

三獻 朴仁培 住東外里 字文琇
朴景林 住東山里 字乃振
朴永信 住七旦里 字奉汝
朴鍾晃 住東外里 字景玉
朴益培 住石橋里 字元弘
朴午培 住七旦里 字泰集

添酌官 朴重培 住芝幕里 字致澈

禮祝 朴斗準 住昌浦里 字成彦

執事 朴成秀 住東外里
朴恒浚 住松亭里 字元久
朴憲喆 住滄仙里
朴鍾興 住石橋里

乙卯九月初九日門任 朴永培
色掌 朴仁培
掌 朴景林

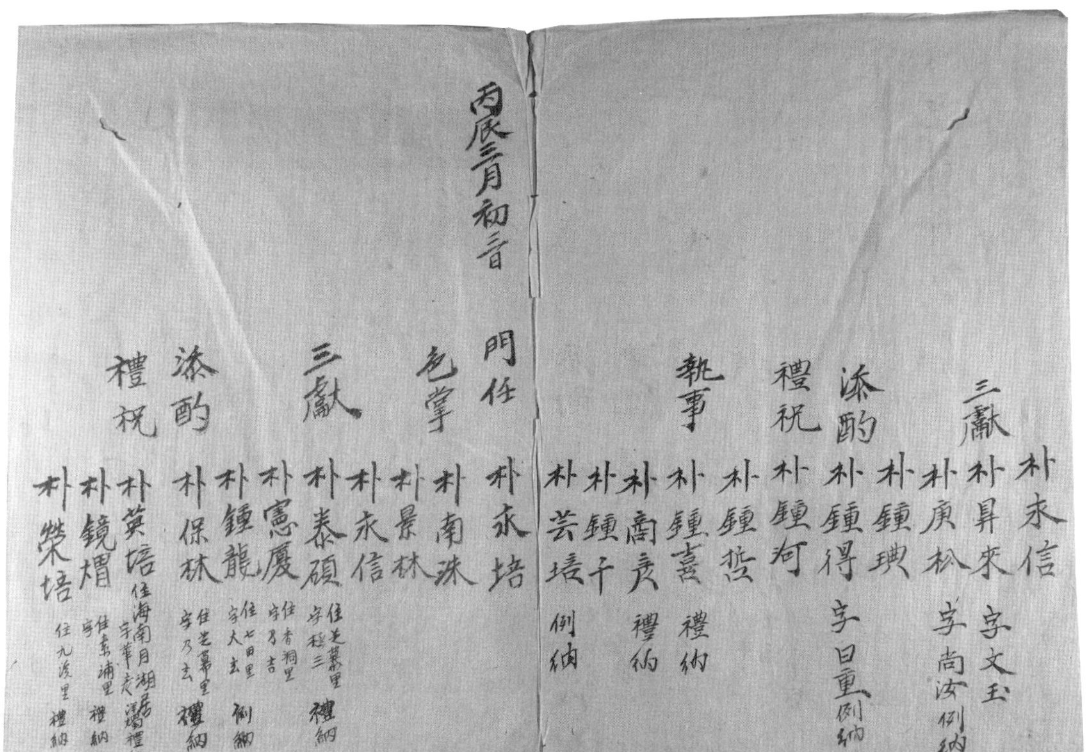

朴永信 字文玉

三獻 朴昇來 字尚汝 例納
朴庚松
朴鍾琠

添酌 朴鍾得 字日重 例納

禮祝 朴鍾珣

執事 朴鍾哲 禮納
朴鍾熹
朴商彦 禮納
朴鍾千
朴芸培 例納

丙辰三月初三日

門任 朴永培

色掌 朴南洙
朴景林

三獻 朴永信
朴泰碩 住香洞里 字乃吉 禮納
朴憲履 住七旦里 字大玄 例納
朴鍾龍 住芝幕里 字乃玄 禮納

添酌 朴保林
朴英培 住海南月湖 禮納

禮祝 朴鏡增 住嘉浦里 禮納
朴榮培 住九浚里 禮納

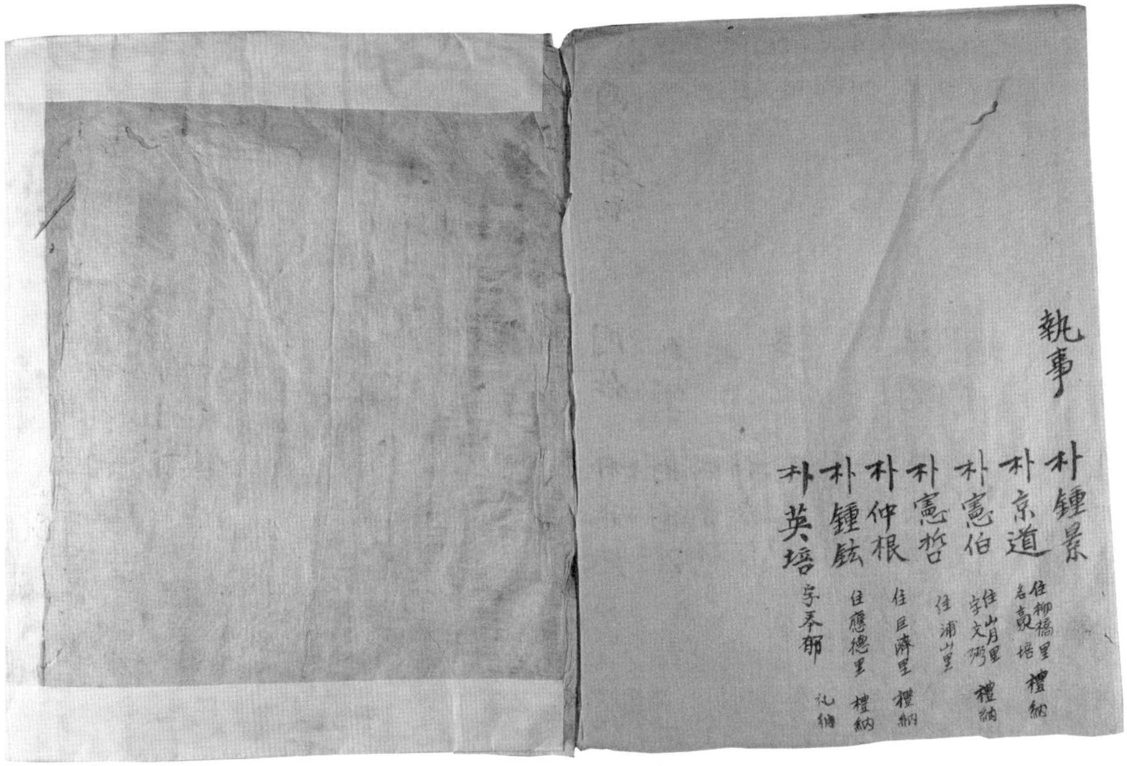

門中記錄 3

1918년, 29×35

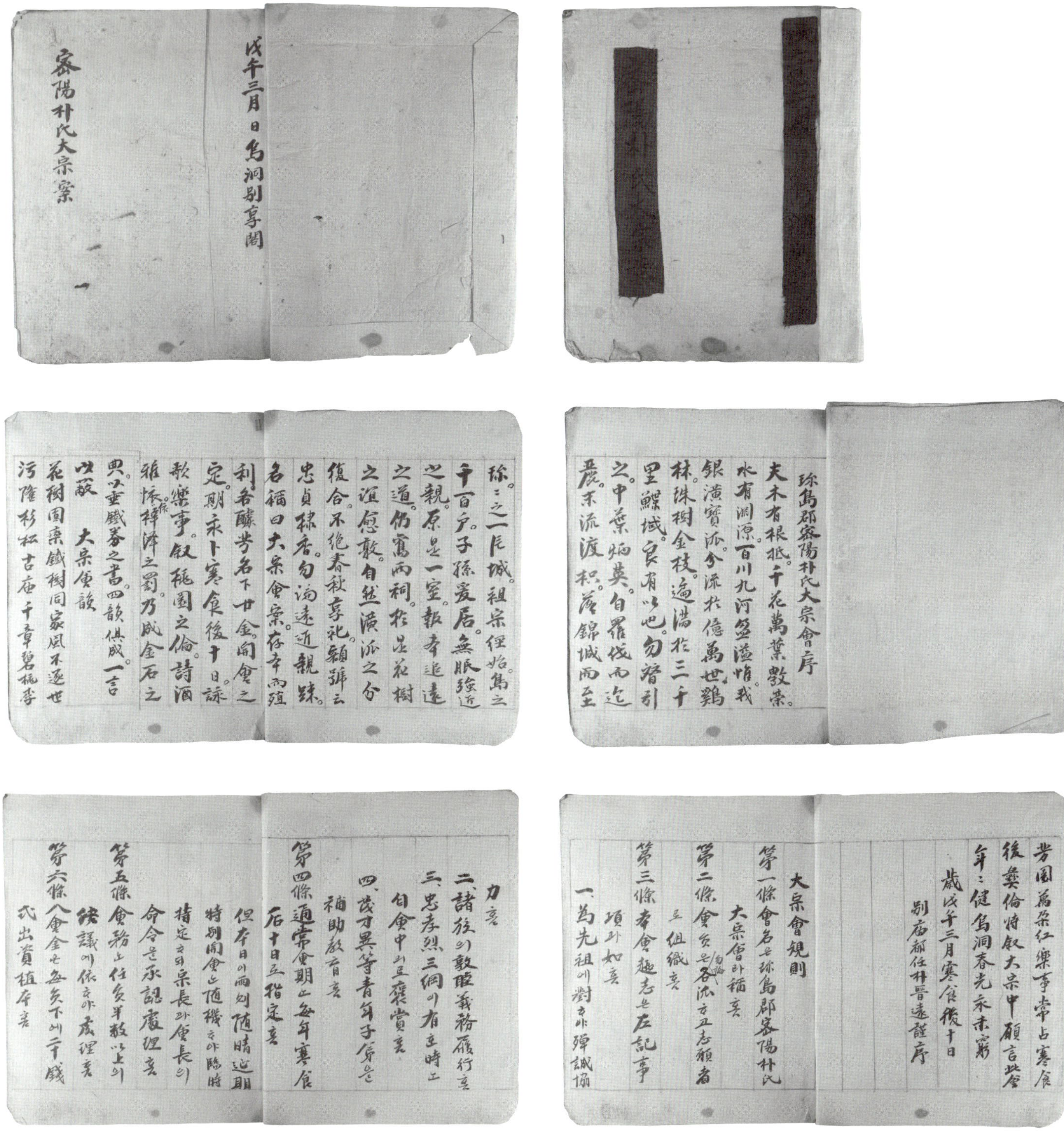

1918년(戊午年) 3월에 烏洞 別享閣 관련 大宗會의 규칙, 會案을 기록한 密陽朴氏大宗案

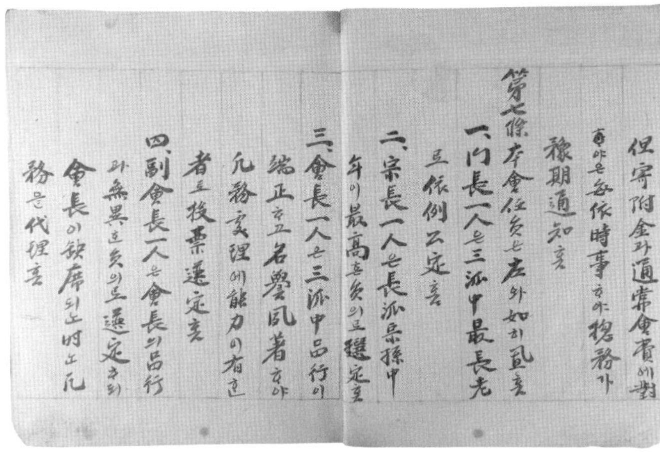

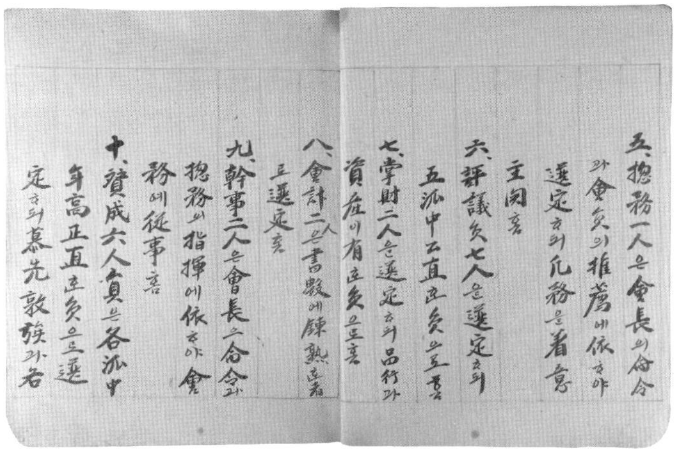

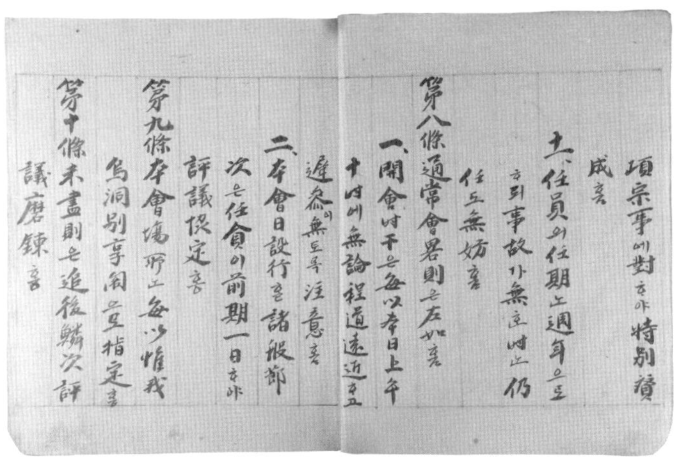

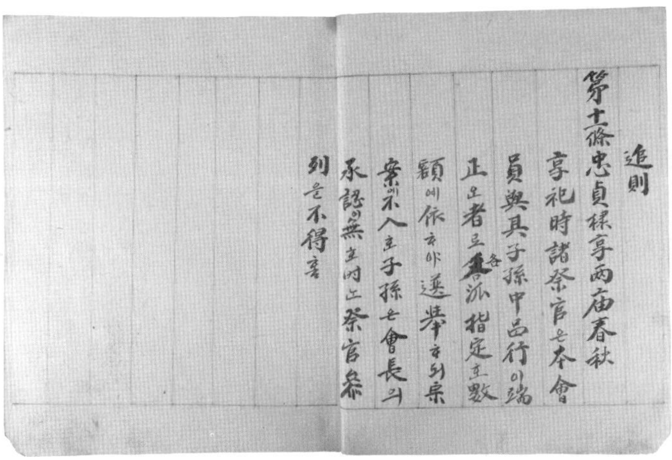

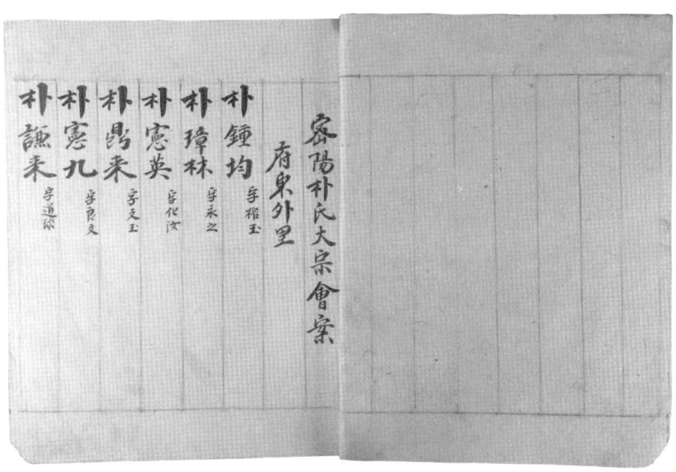

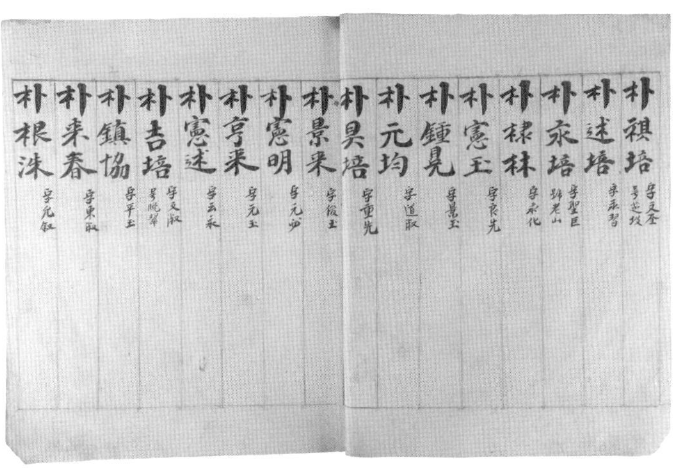

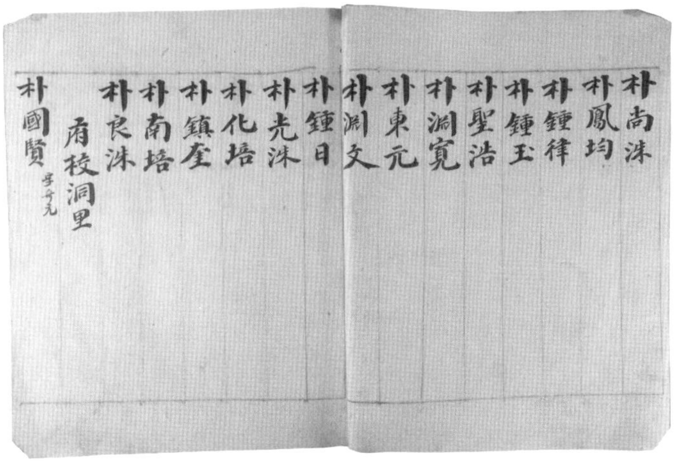

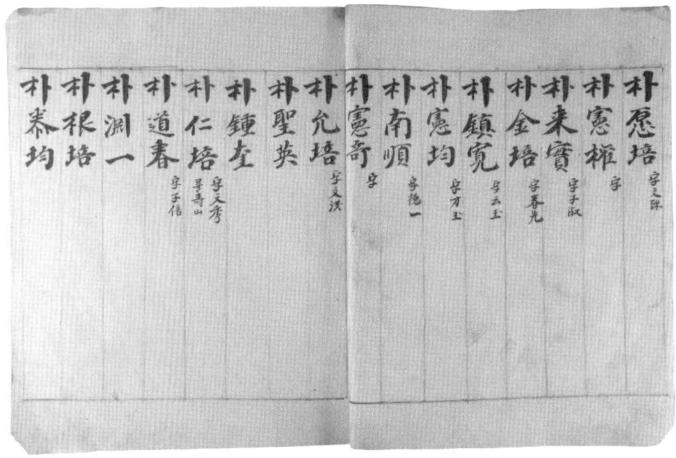

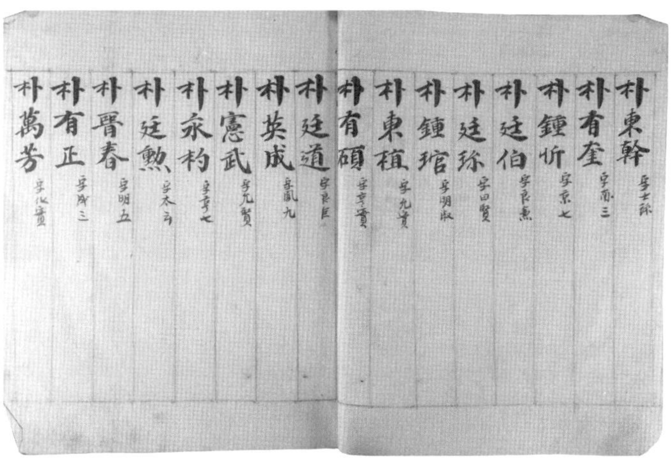

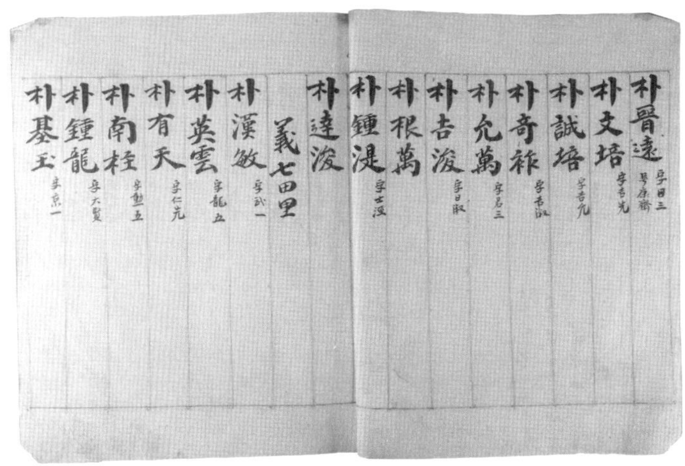

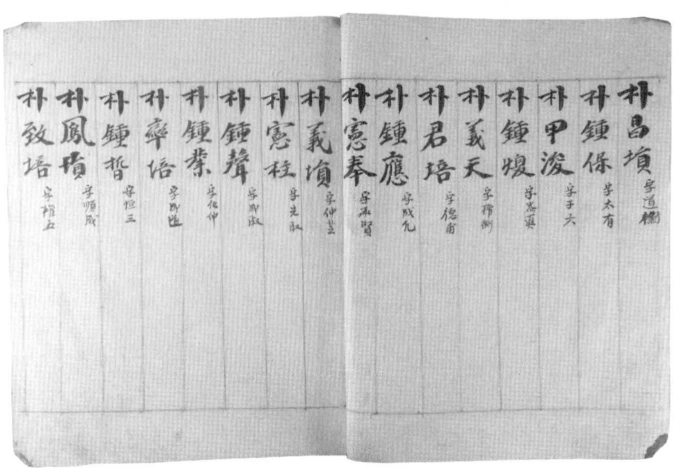

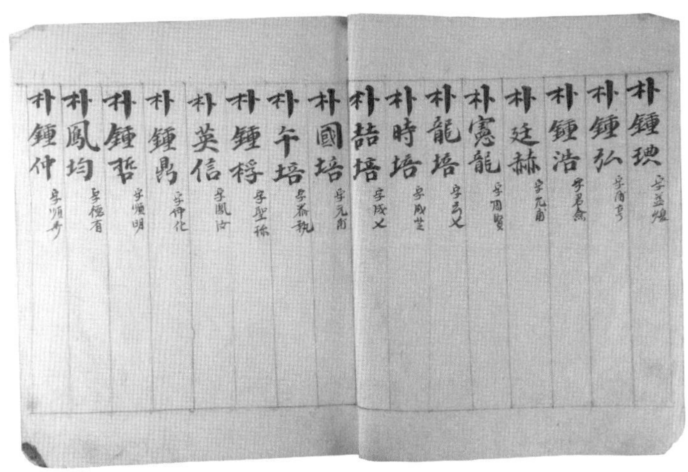

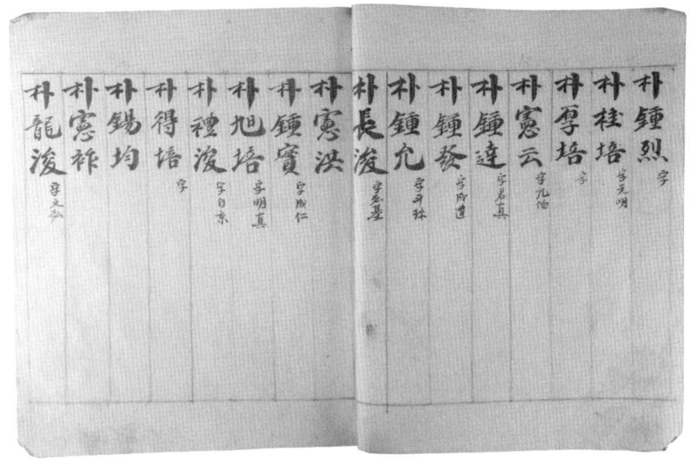

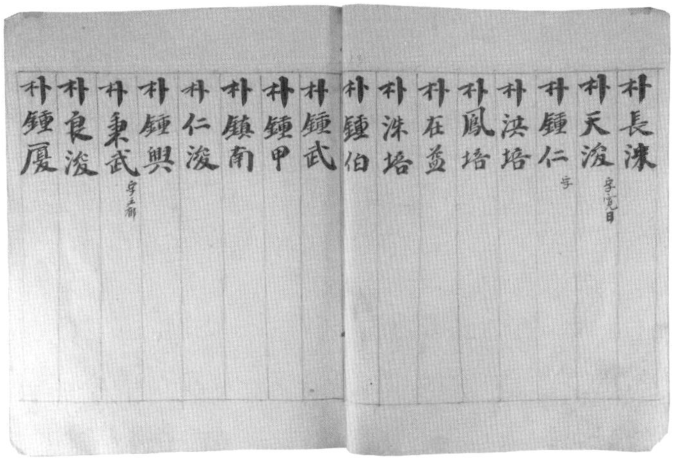

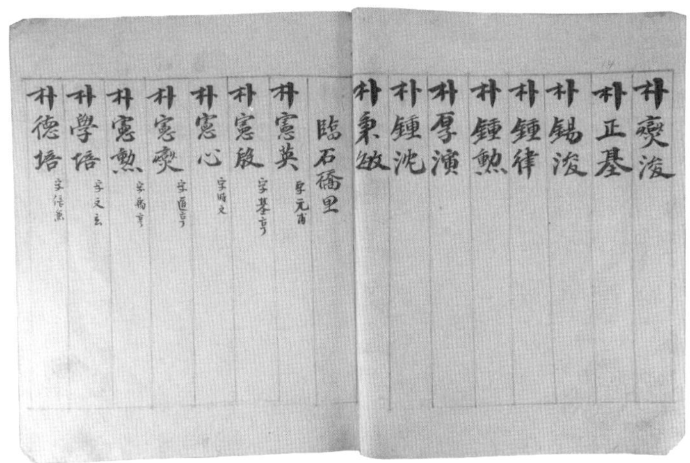

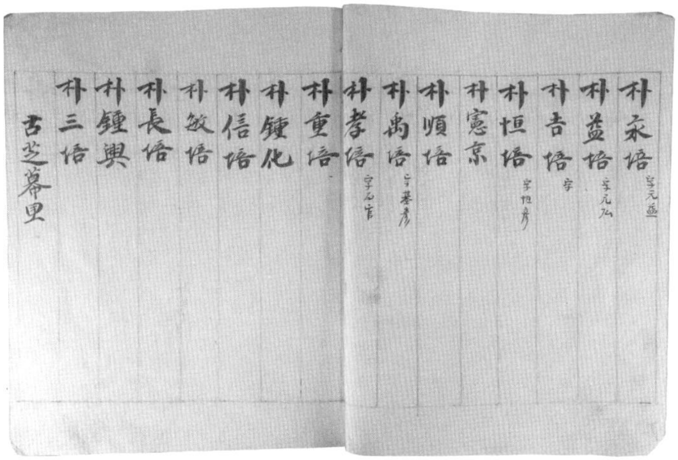

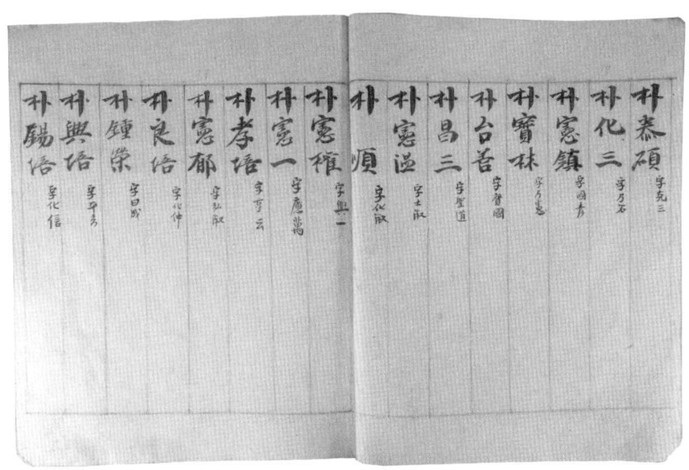

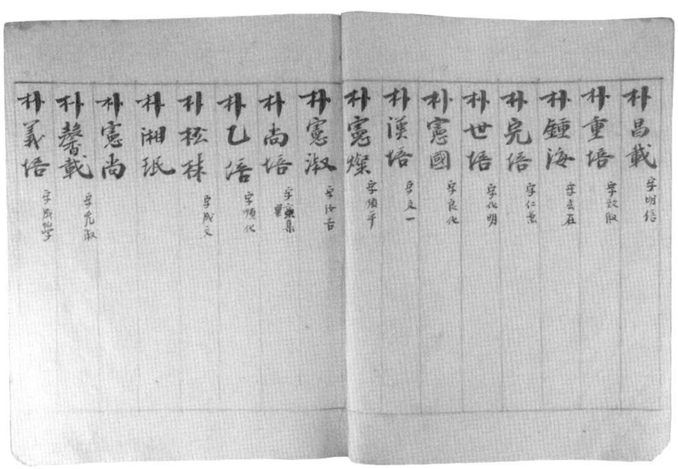

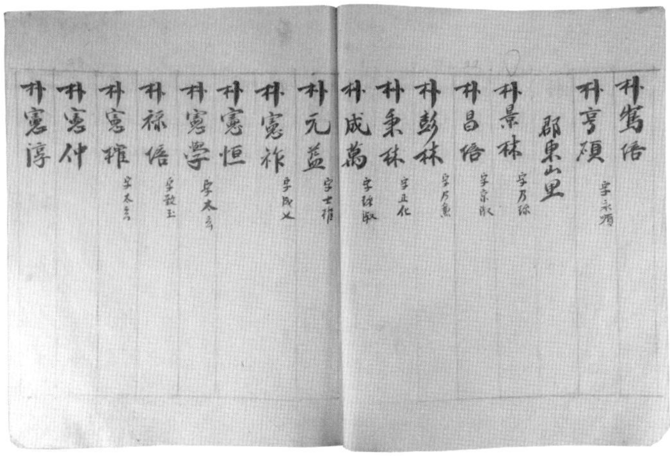
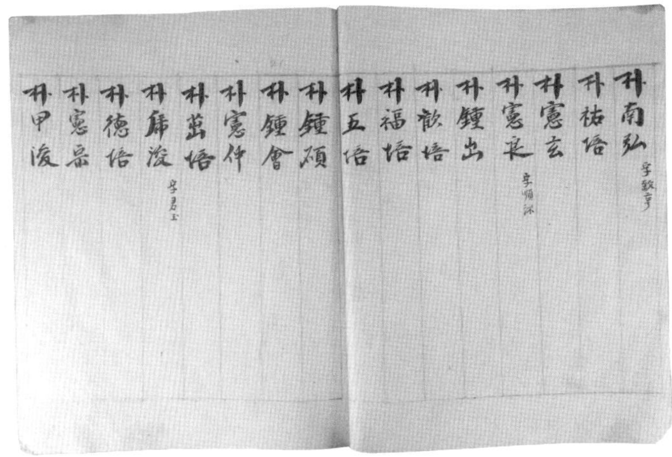
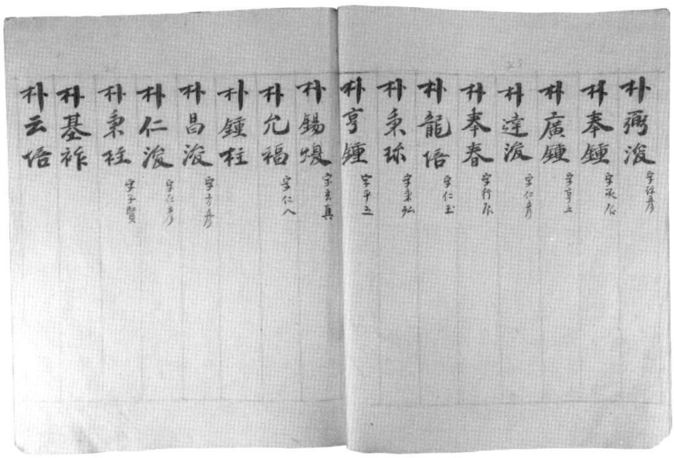
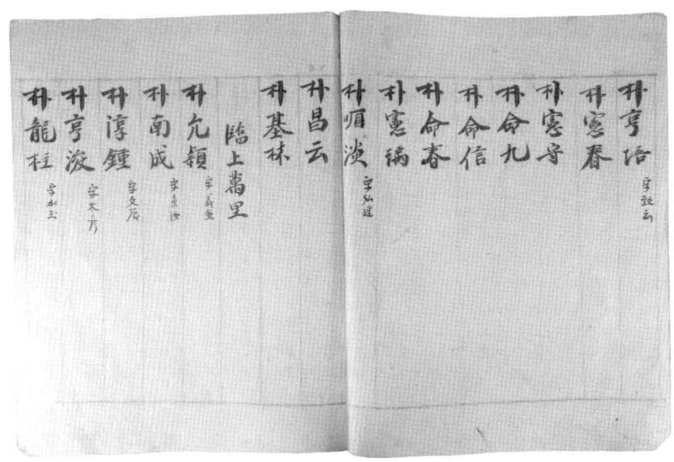
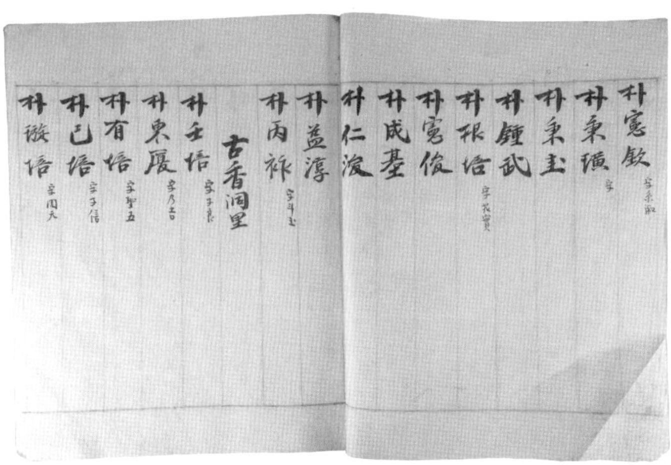
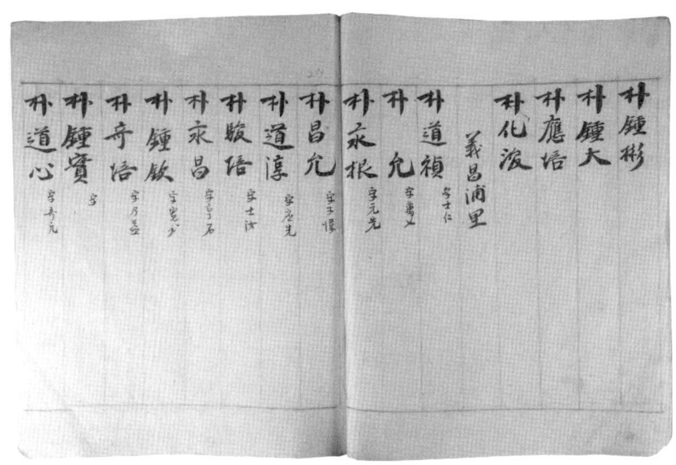

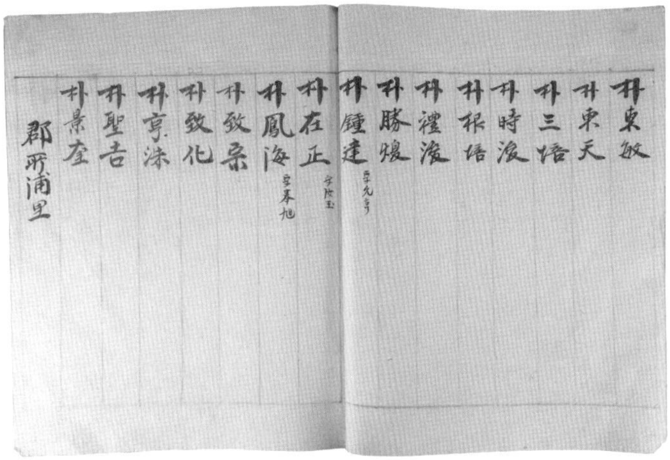

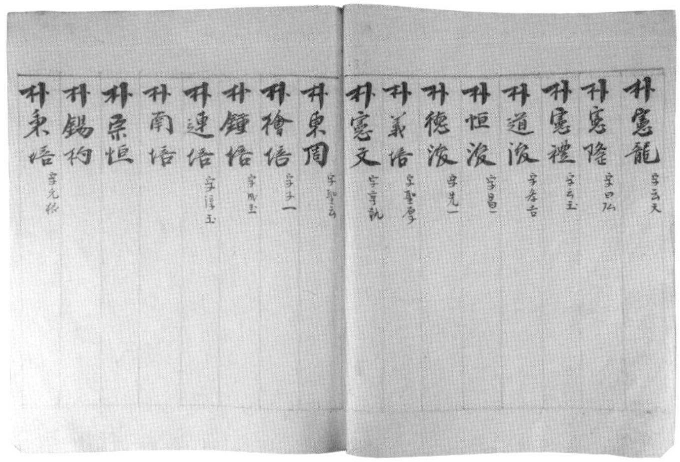

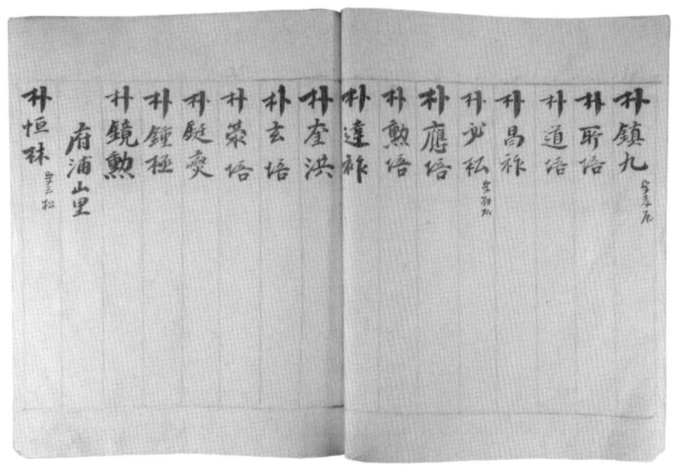

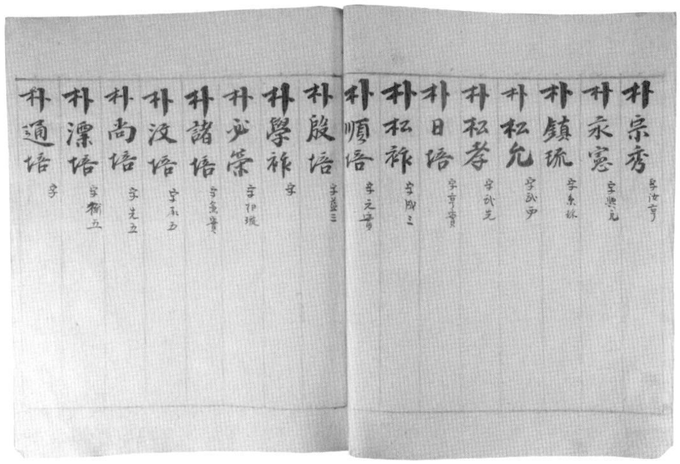

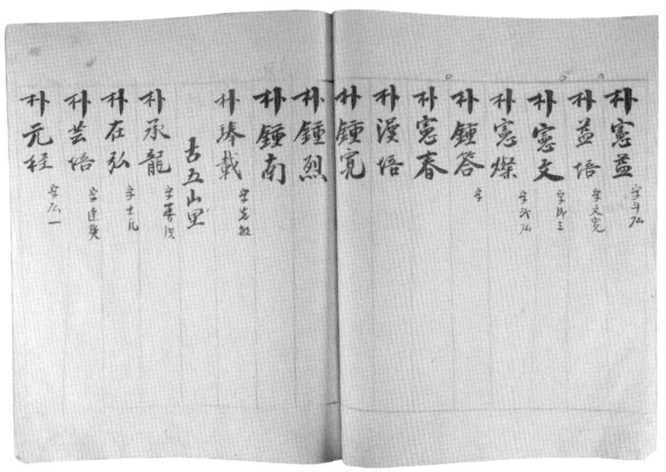

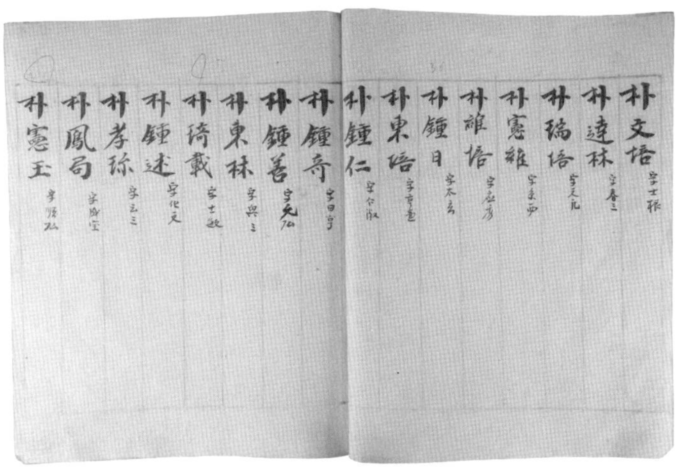

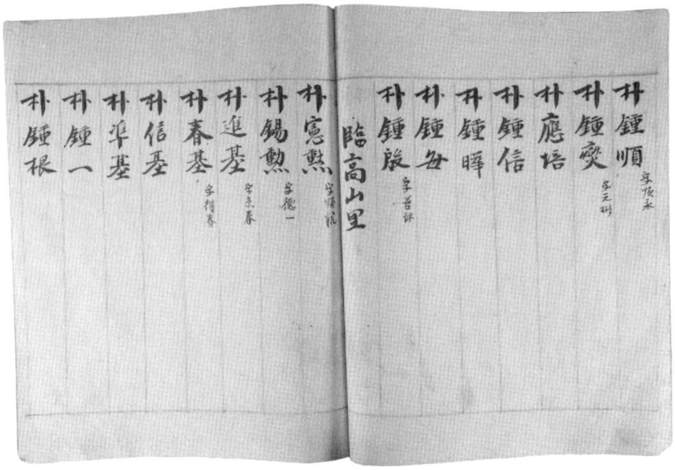

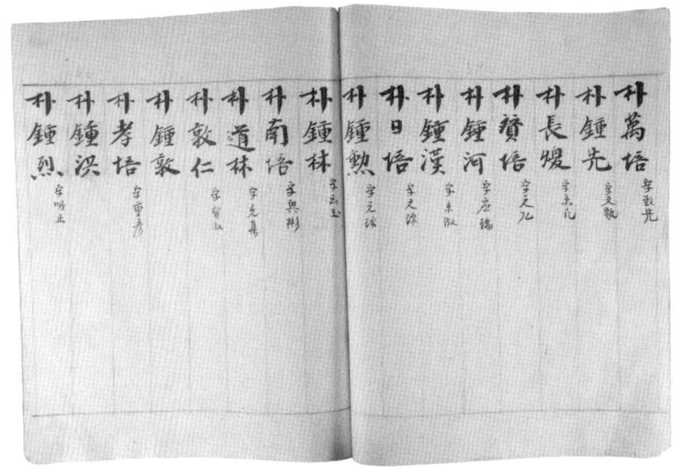

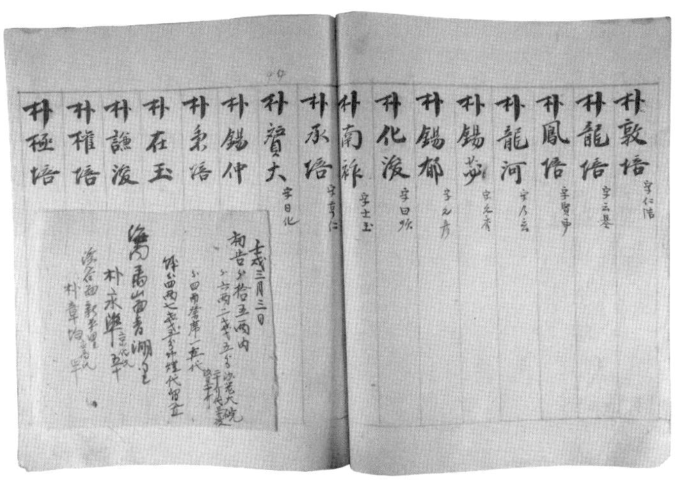

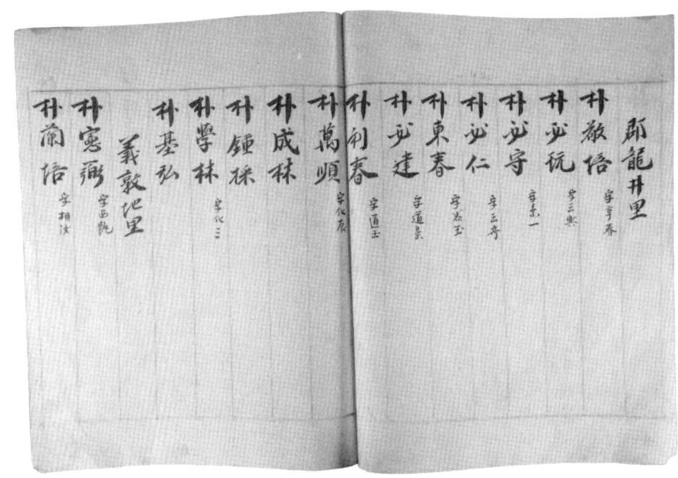

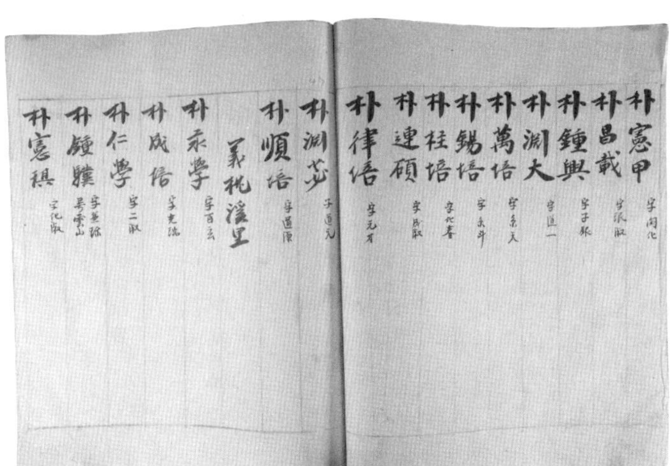

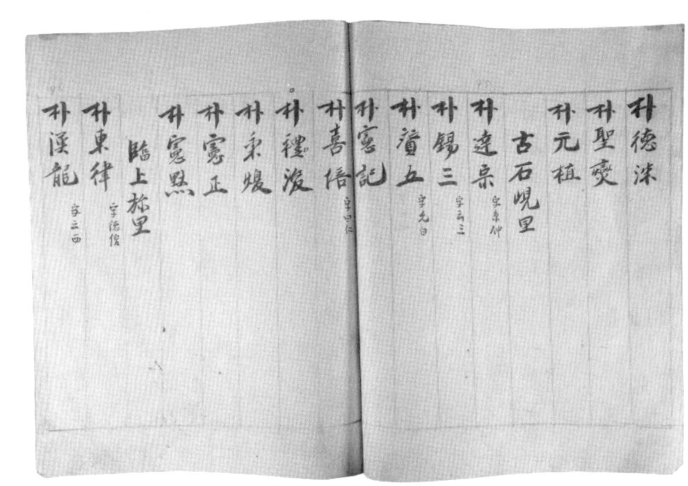

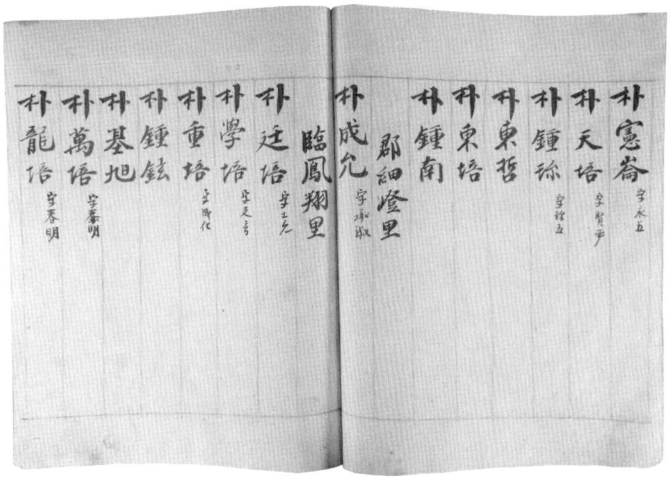

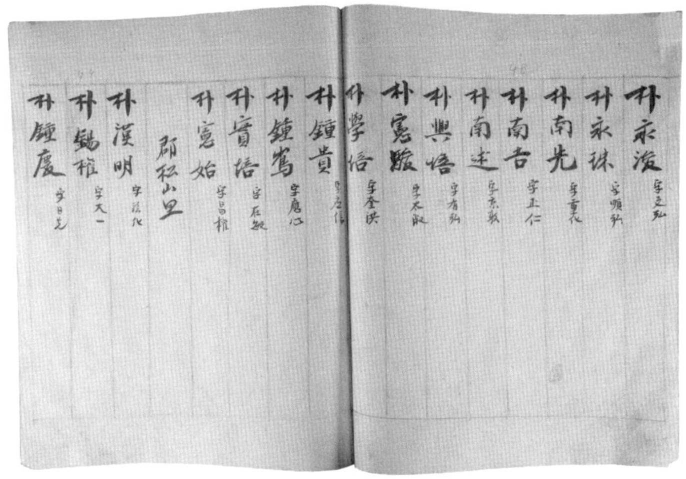

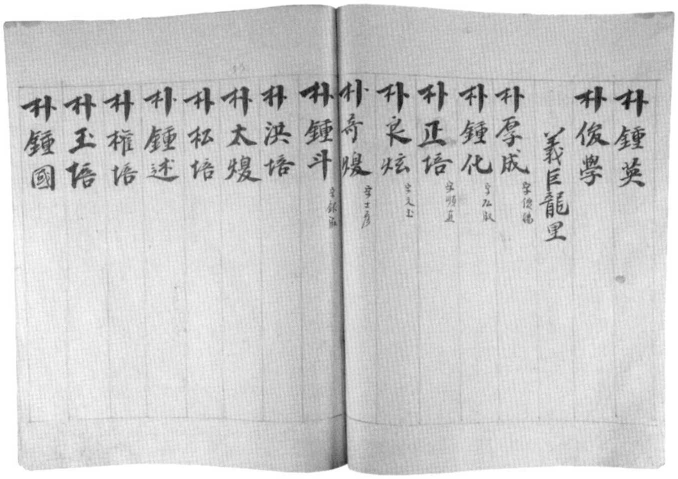

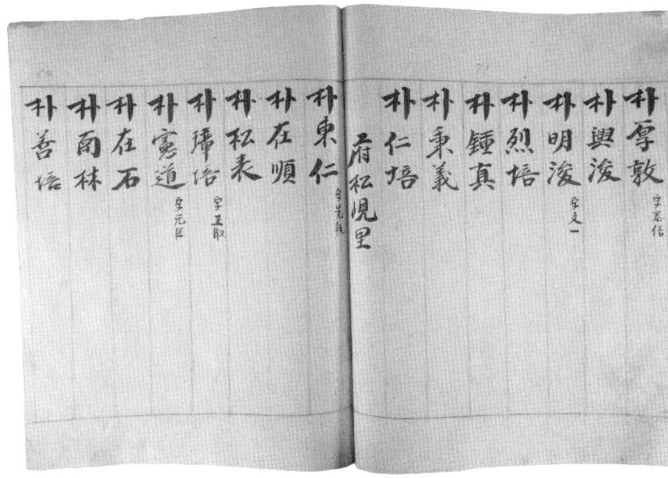

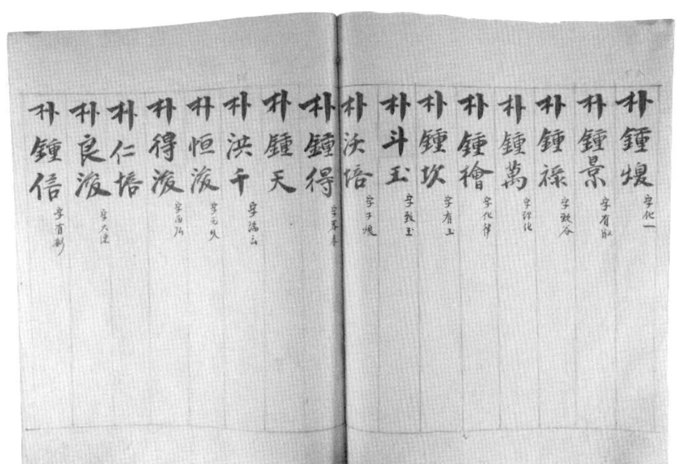

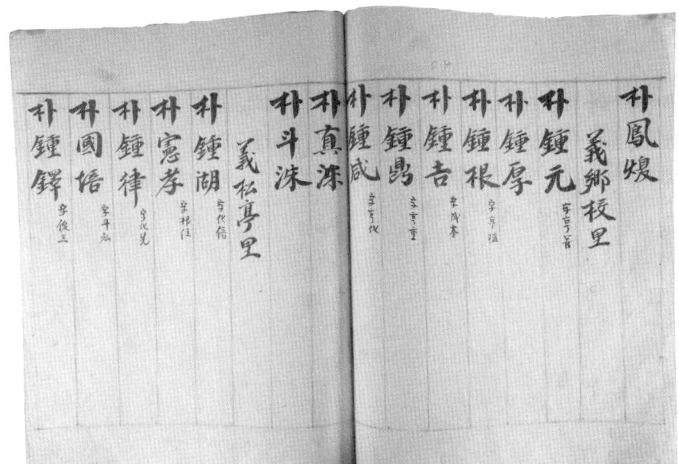

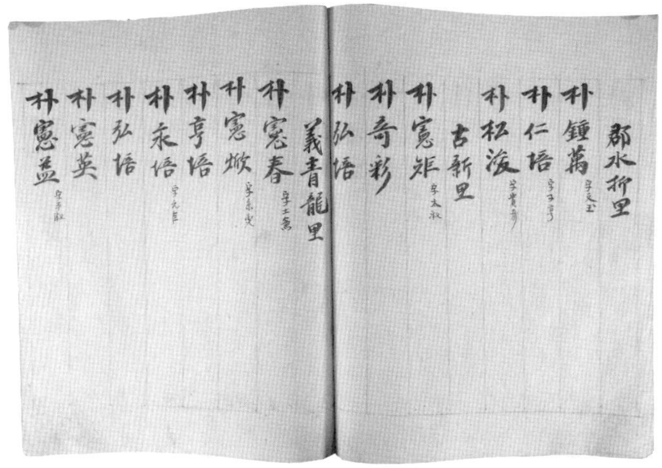

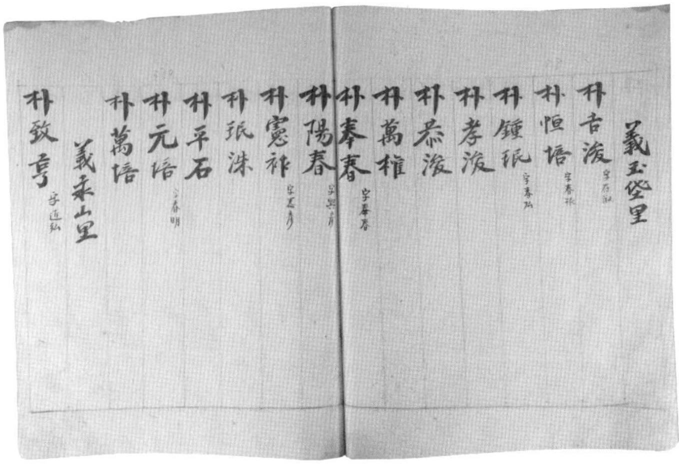

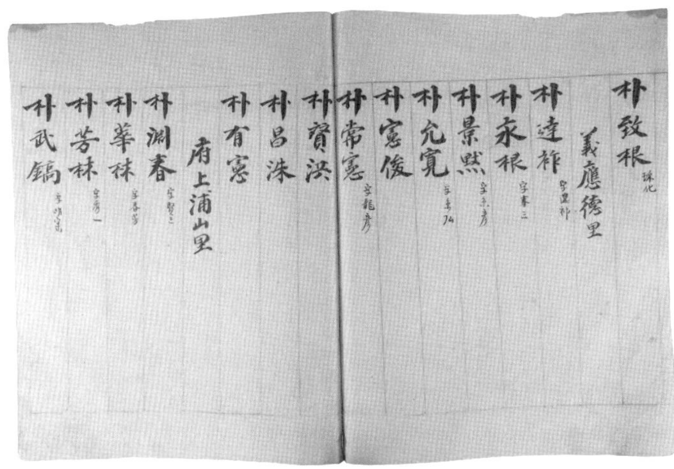

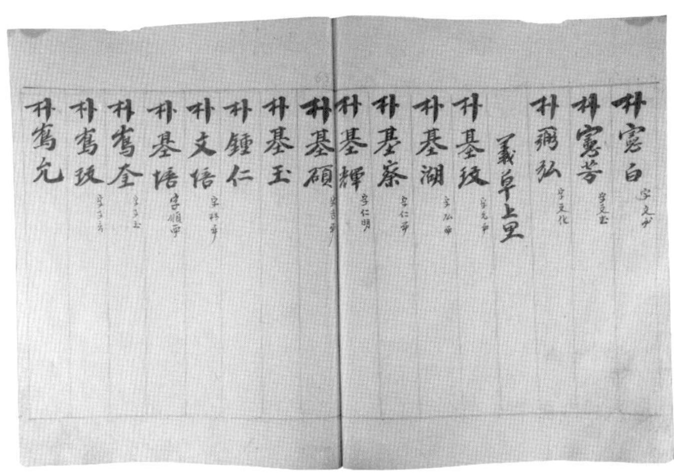

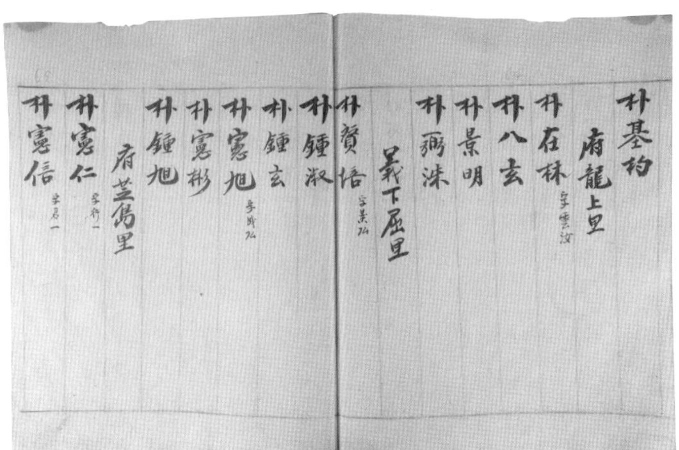

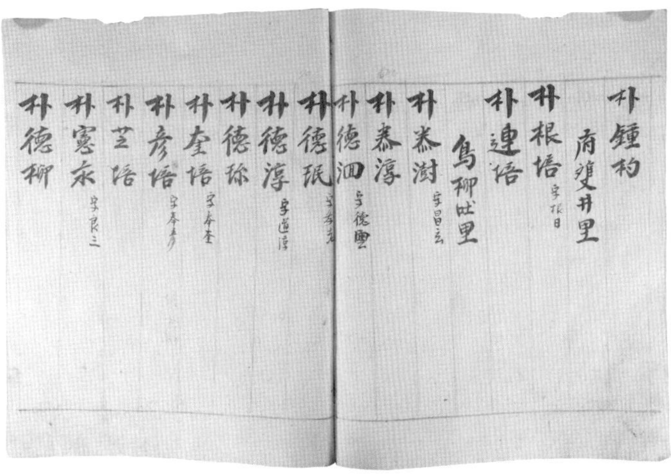

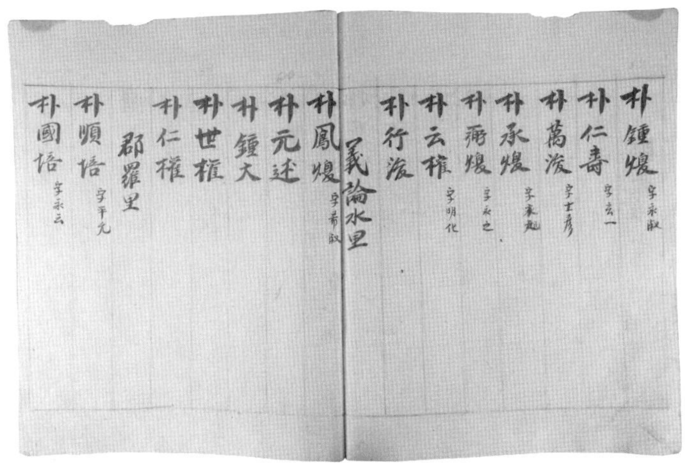

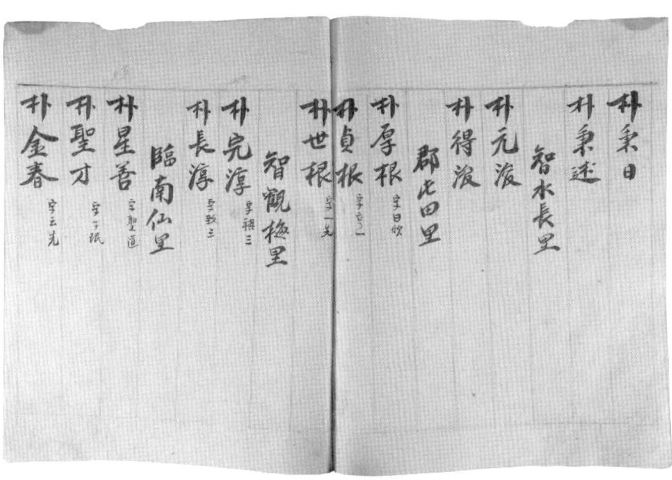

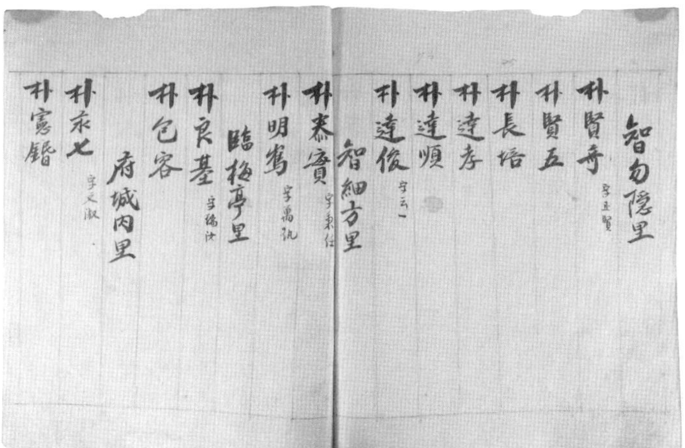
智勿隱里
朴賢奇
朴賢五
朴長培
朴達彥
朴達順
朴達俊
智細方里
朴泰賓
朴明鶴
臨梅亭里
朴良基
朴包客
府城內里
朴永七
朴憲鍇

朴丙洪
朴聖基
朴秉益
朴京夏
朴京周
朴洪寬
智加時里
朴東浚
朴孝信
朴哲信
智加鶴里
朴達載
朴碩培
義金甲里
朴鳳培
朴同培

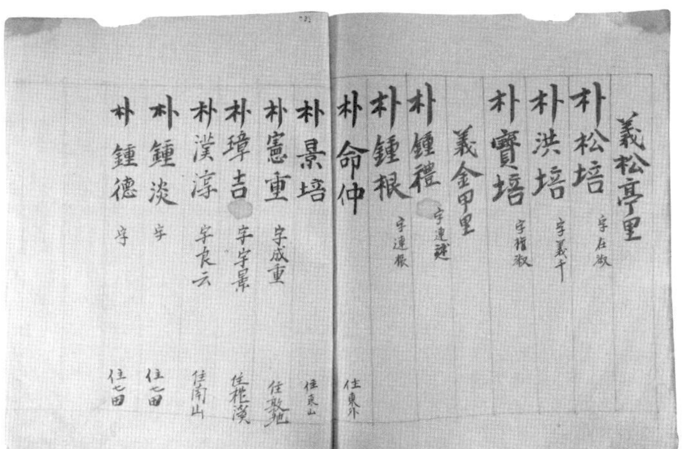
義松亭里
朴松培 字在叔
朴洪培 字義千
朴寶培 字權叔
義金甲里
朴鍾禮
朴鍾根
朴命仲
朴景培
朴憲重 字成重
朴璋吉
朴漢淳
朴鍾浚
朴鍾德

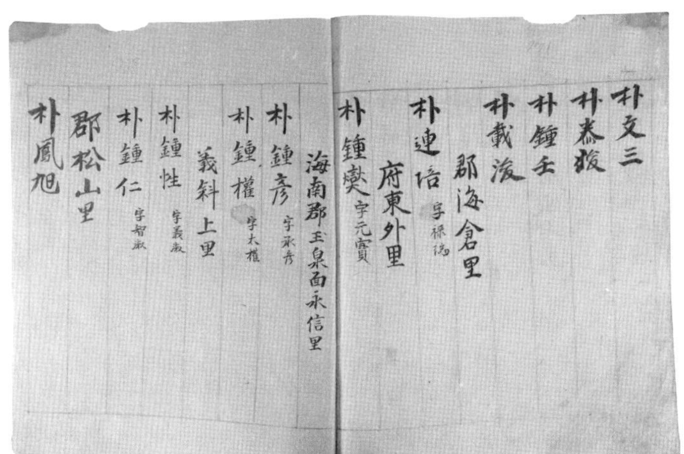
朴文三
朴泰發
朴鍾壬
朴載浚
郡海倉里
朴連培
府東外里
朴鍾燮 字元實
海南郡玉泉面永信里
朴鍾彥
朴鍾權
義斜上里
朴鍾性
朴鍾仁
郡松山里
朴鳳旭

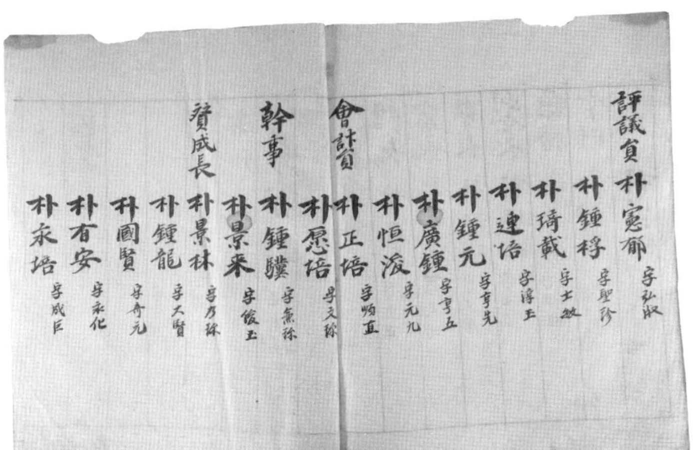
評議員 朴憲郁
朴琦載
朴連培
朴鍾元
朴廣鍾
朴恒浚
會計員 朴正培
朴愿培
幹事 朴鍾驥
朴景來
贊成長 朴景林
朴鍾龍
朴國賢
朴有安
朴永培

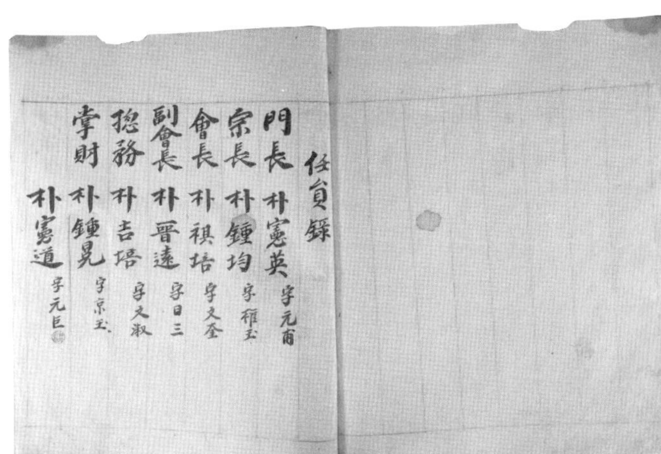
任員錄
門長 朴憲英 字元甫
宗長 朴鍾均
會長 朴祺培
副會長 朴晉遠
總務 朴吉培
掌財 朴鍾晃
朴憲道

色掌 朴義培 字聖季
朴吉培
朴廣鍾
朴日培 字亨實
朴鍾祿 字
都任 朴晉遠
戊午三月 日 會長朴祺培謹寫

7

詩文類

墓文 1

22×35

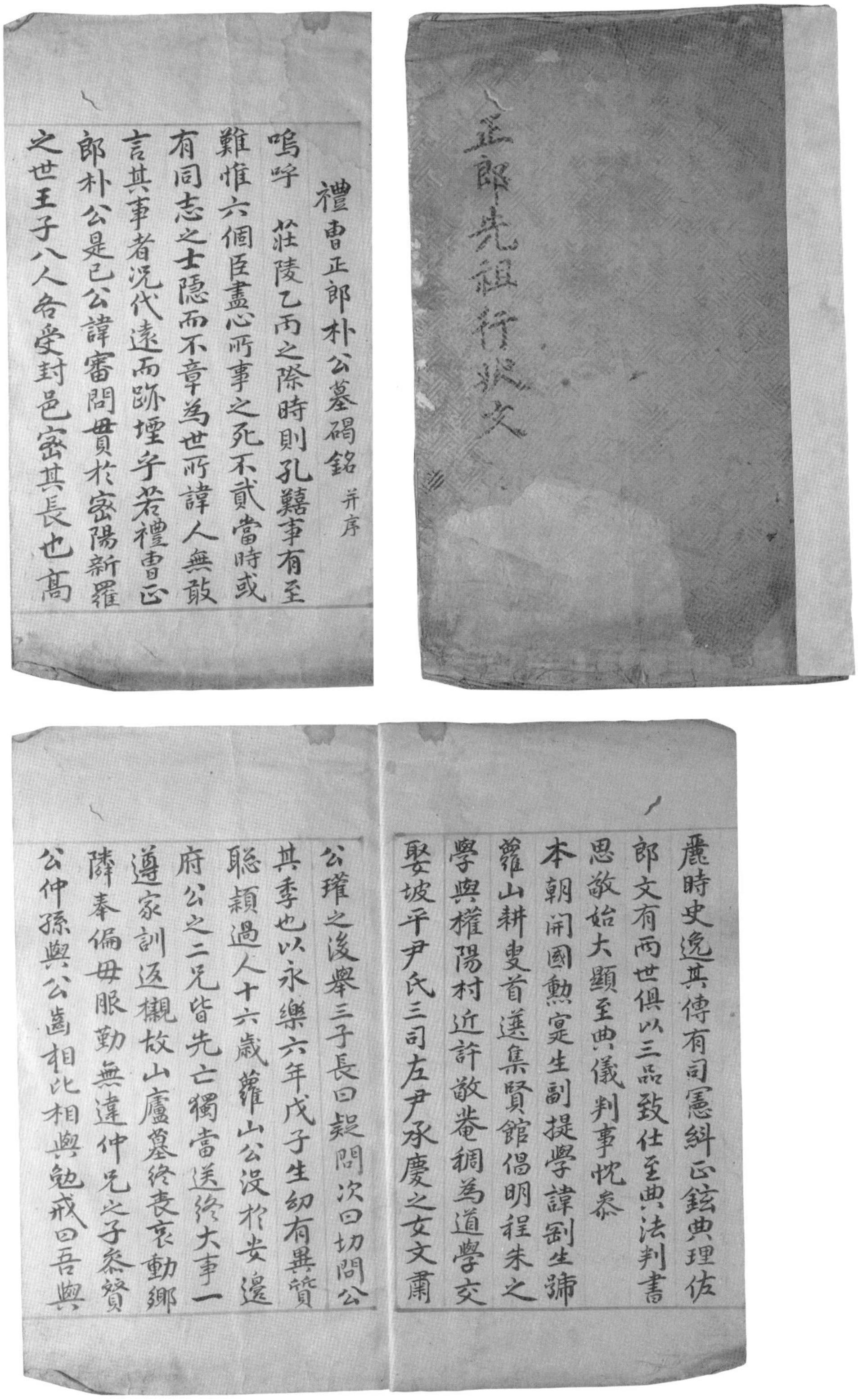

禮曹正郎 朴審問의 墓碣銘

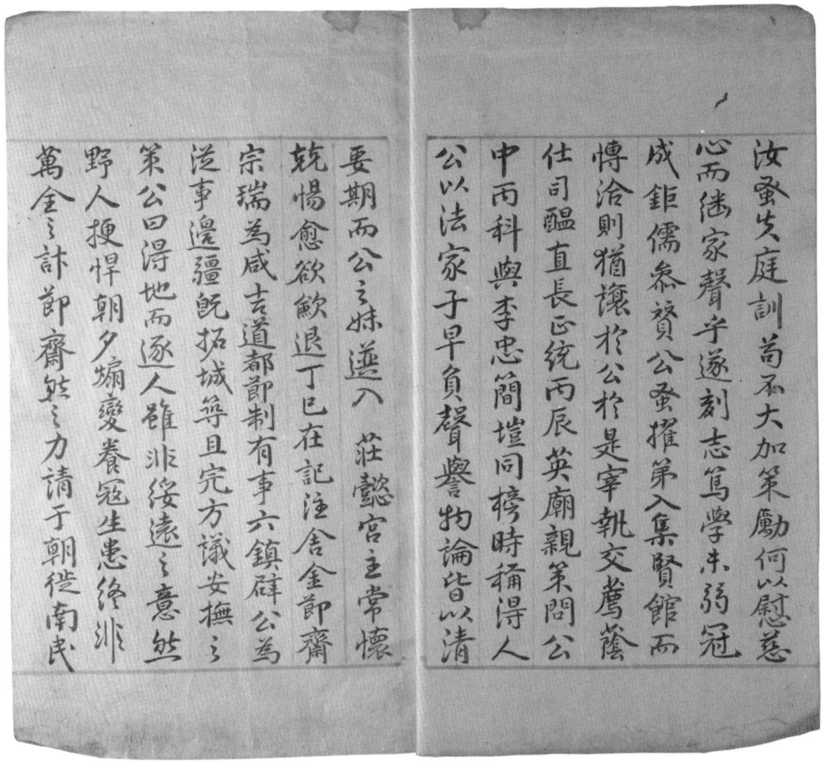

汝蚤失庭訓苟不大加策勵何以慰慈
心而係家聲乎遂刻志篤學未弱冠
成鉅儒叅贊公蚤擢第入集賢館而
慱洽則猶讓於公於是宰執交薦蔭
仕司饔直長正統丙辰英廟親策問公
中丙科與李忠簡塏同榜時稱得人
公以法家子早負聲譽物論皆以清

要期而公之妹適八 莊懿宮主常懷
鞅悒愈欲歛退丁巳在記注含金節齋
宗瑞爲咸吉道都節制有事六鎮薜公爲
從事邊疆旣拓城堡且完方議安撫之
策公曰得地而遂人雖非綏遠之意然
野人獷悍朝夕牖變養寇生患終非
萬全之計節齋然之力請于朝從南民

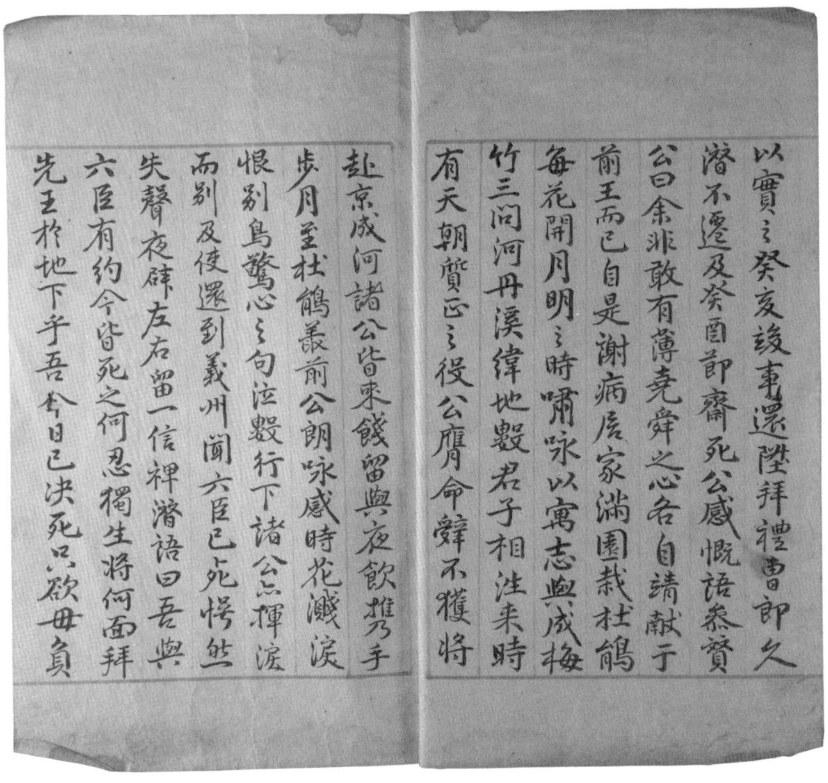

以實之癸亥致事還陞拜禮曹郎久
潛不遷及癸酉節齋死公感慨語叅贊
公曰余非敢有簿堯舜之心各自請獻于
前王而已自是謝病居家滿園栽杜鵑
每花開月明之時嘯咏以寓志與成梅
竹三問河丹溪緯地毅君子相往來時
有天朝賀正之役公膺命辭不獲將

赴京成河諸公皆來餞留與夜飲携手
步月至杜鵑叢前公朗咏感時花濺淚
恨別鳥驚心之句泣數行下諸公亦揮淚
而別及使還到義州聞六臣已死悵然
失聲夜薜左右留一信裨潛語曰吾與
六臣有約今皆死之何忍獨生將何面拜
先王於地下乎吾今日已決死只欲毋負

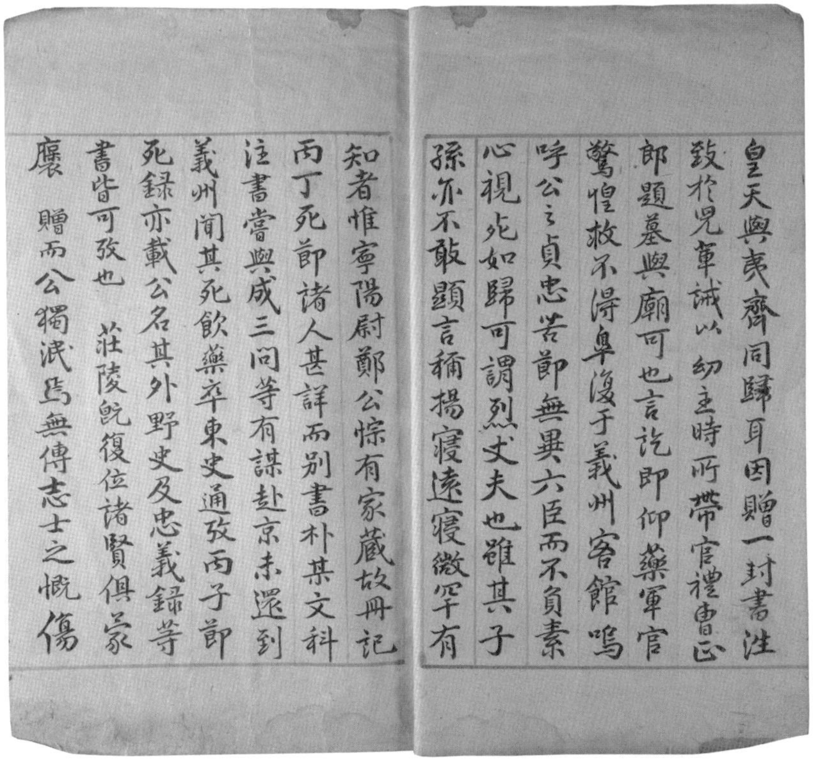

皇天與夷齊同歸耳因贈一封書注
致於兒軍誡以幼主時所帶官禮曹正
郎題墓與廟可也言訖即仰藥軍官
驚惶救不得舁[illegible]于義州客館嗚
呼公之貞忠苦節無異六臣而不負素
心視死如歸可謂烈丈夫也雖其子
孫亦不敢顯言稱揚寖遠寖微罕有

知者惟寧陽尉鄭公悰有家藏故冊記
丙丁死節諸人甚詳而別書朴某文科
注書嘗與成三問等有謀赴京未還到
義州聞其死飲藥卒東史通考丙子節
死録亦載公名其外野史及忠義録等
書皆可考也　莊陵既復位諸賢俱蒙
褒　贈而公獨泯焉無傳志士之慨傷

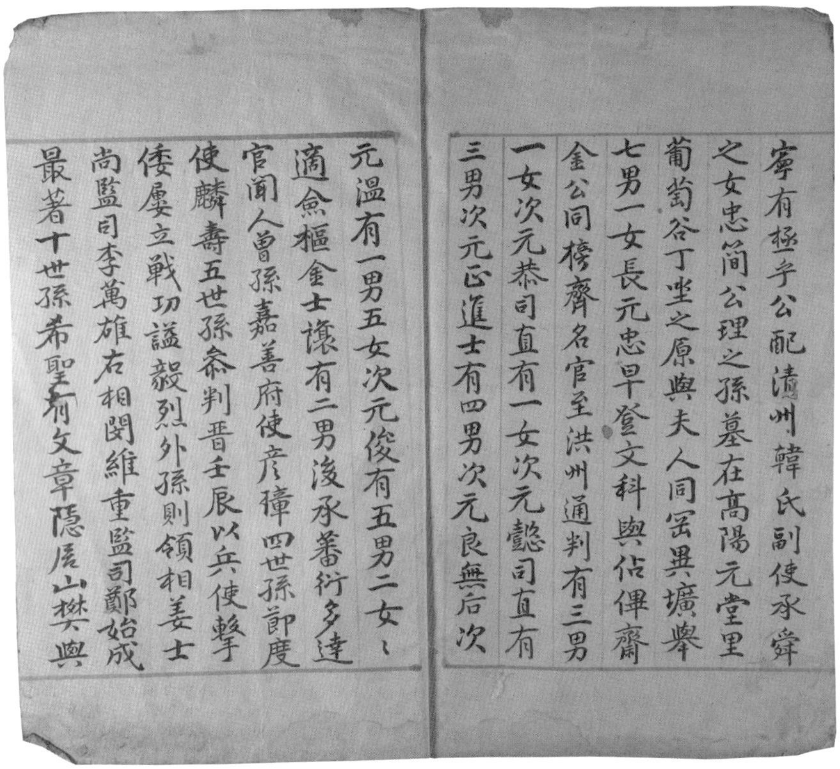

寧有極孚公配淸州韓氏副使承舜
之女忠簡公理之孫墓在高陽元堂里
葡萄谷丁坐之原與夫人同原異壙擧
七男一女長元忠早登文科與佑俾齊
金公同榜齊名官至洪州通判有三男
一女次元恭司直有一女次元懿司直有
三男次元正進士有四男次元良無后次

元溫有一男五女次元俊有五男二女、
適僉樞金士懷有二男後承蕃衍多達
官聞人曾孫嘉善府使彦瑋四世孫節度
使麟壽五世孫叅判晋壬辰以兵使擊
倭屢立戰功謚毅烈外孫則領相姜士
尚監司李萬雄右相閔維重監司鄭始成
最著十世孫希聖有文章隱居山樊與

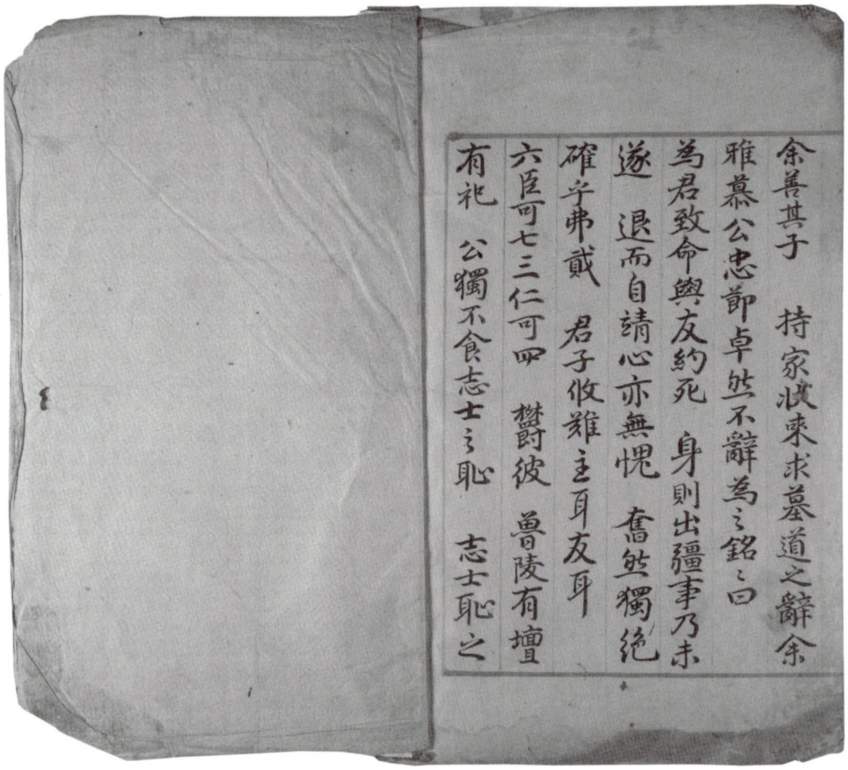

余善其子 持家狀來求墓道之辭余
雅慕公忠節卓然不辭爲之銘銘曰
爲君致命與友約死 身則出疆事乃未
遂 退而自靖心亦無愧 奮然獨絶
確乎弗貳 君子攸難 主耳友耳
六臣可七三仁可四 欝彼魯陵有壇
有祀 公獨不食志士之恥 志士恥之

行狀 1

21×34

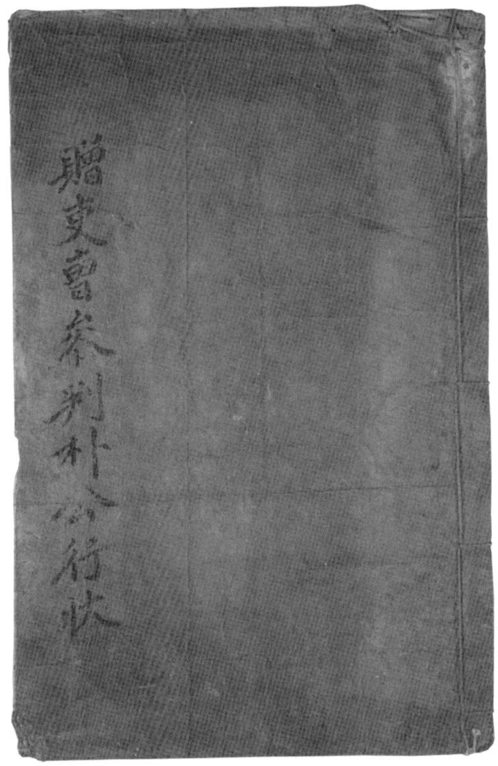

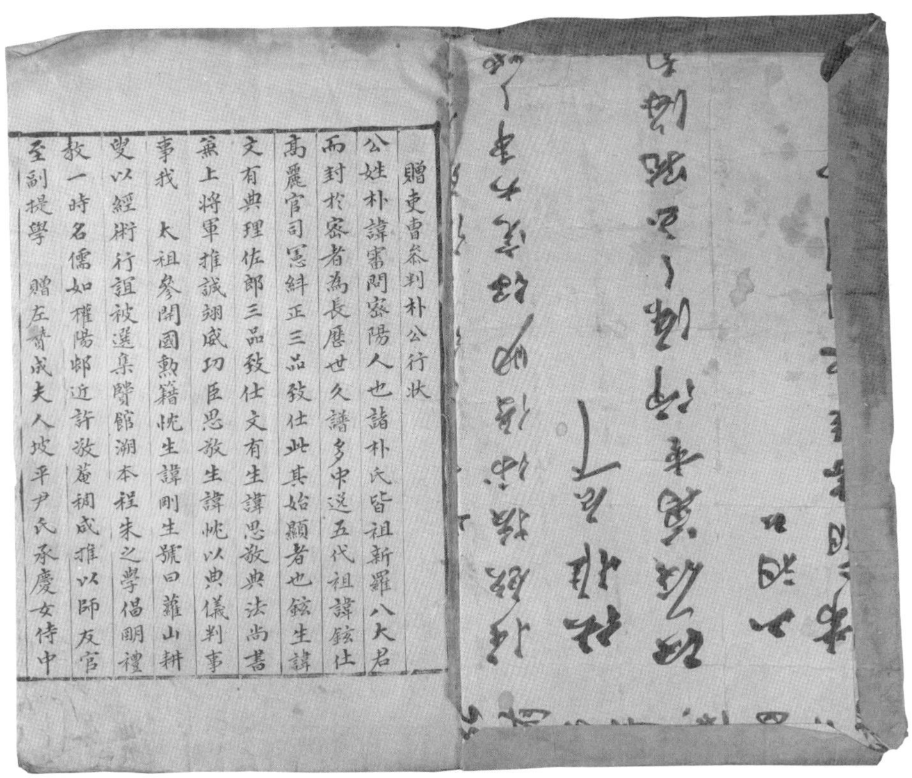

贈吏曹參判朴公行狀
公姓朴諱審問密陽人也諸朴氏皆祖新羅八大君
而封於密者爲長歷世久譜多中逸五代祖諱鉉仕
高麗官司憲糾正三品致仕此其始顯者也鉉生諱
文有典理佐郎三品致仕文有生諱思敬典法尙書
兼上將軍推誠翊戴功臣思敬生諱忱以典儀判事
事我 太祖參開國勳籍忱生諱剛生號曰蘿山耕
叟以經術行誼被選集賢館溯本程朱之學倡明禮
敎一時名儒如權陽村近許敬菴稠咸推以師友官
至副提學 贈左贊成夫人坡平尹氏承慶女侍中

朴審問의 행장과 上言草,
吏曹覆啓, 備邊司草記 등이 기록됨

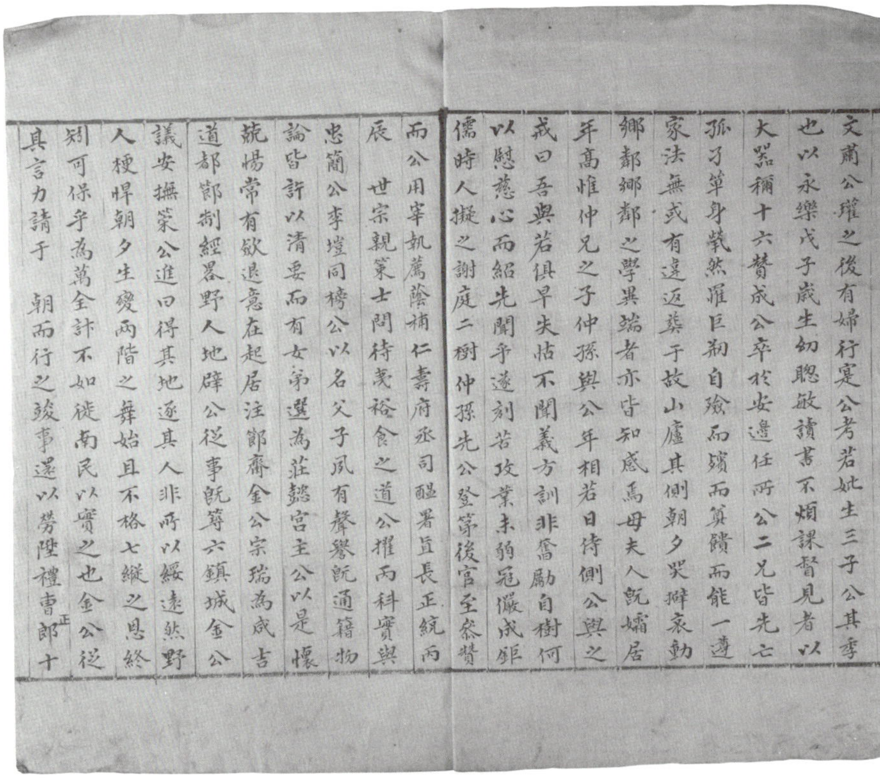

文肅公瓘之後有婦行寔公考若妣生三子公其季
也以永樂戊子歲生幼聰敏讀書不煩課督見者以
大器稱十六贅成公卒於安邊任所公二兄皆先亡
孤子單身煢然羅巨稠自殮而殯而奠饋而能一遵
家法無或有違返葬于故山廬其側朝夕哭擗哀動
鄉鄰鄉鄰之學異端者亦皆知感焉母夫人既孀居
年高惟仲兄之子仲孫與公年相若日侍側公與之
戒曰吾與若俱早失怙不聞義方訓非奮勵自樹何
以慰慈心而紹先闡乎遂刻苦攻業未弱冠儼成鉅
儒時人擬之謝庭二樹仲孫先公登第後官至叅贊
而公用宰執薦蔭補仁壽府丞司醞署直長正統丙
辰　世宗親策士問待衰裕食之道公擢丙科實與
忠簡公李塏同榜公以名父子夙有聲譽既通籍物
論皆許以清要而有女弟選為莊懿宮主公以是懷
兢惕常有欲退意在起居注鄭齋金公宗瑞為咸吉
道都節制經畧野人地辟公從事既籌六鎮城金公
議安撫策公進曰得其地逐其人非所以綏遠然野
人梗悍朝夕生變兩階之舞始且不格七縱之恩終
矧可保乎為萬全計不如徙南民以實之也金公從
其言力請于　朝而行之竣事還以勞陞禮曹正郎十

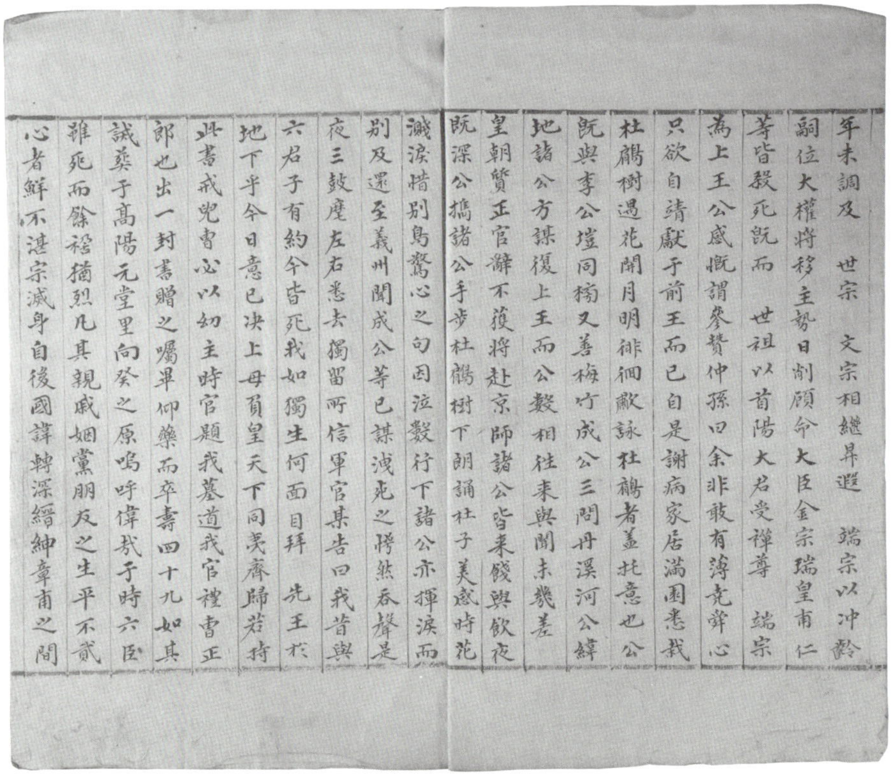

年未調及　世宗　文宗相繼昇遐　端宗以冲齡
嗣位大權將移主勢日削顧命大臣金宗瑞皇甫仁
等皆殺死既而　世祖以首陽大君受禪尊　端宗
為上王公感慨謂參贊仲孫曰余非敢有謗竞辭心
只欲自靖獻于前王而已自是謝病家居滿園悉栽
杜鵑樹遇花開月明徘徊獻詠杜鵑者蓋托意也公
既與李公塏同榜又善梅竹成公三問丹溪河公緯
地諸公方謀復上王而公數相往來與聞未幾差
皇朝賀正官辭不獲將赴京師諸公皆來餞與飲夜
既深公攜諸公手步杜鵑樹下朗誦杜子美感時花
濺淚惜別鳥驚心之句因泣數行下諸公亦揮淚而
別及還至義州聞成公等已謀洩死之愕然吞聲是
夜三鼓麾左右悉去獨留所信軍官某告曰我昔與
六君子有約今皆死我如獨生何面目拜　先王於
地下乎今日意已決上毋負皇天下同夷齊歸若持
此書戒兒曹必以幼主時官題我墓道我官禮曹正
郎也出一封書贈之囑畢仰藥而卒壽四十九如其
誠葬于高陽元堂里向癸之原嗚呼偉哉于時六臣
雖死而餘禍猶烈凡其親戚姻黨朋友之生平不貳
心者鮮不湛宗滅身自後國諱轉深縉紳章甫之間

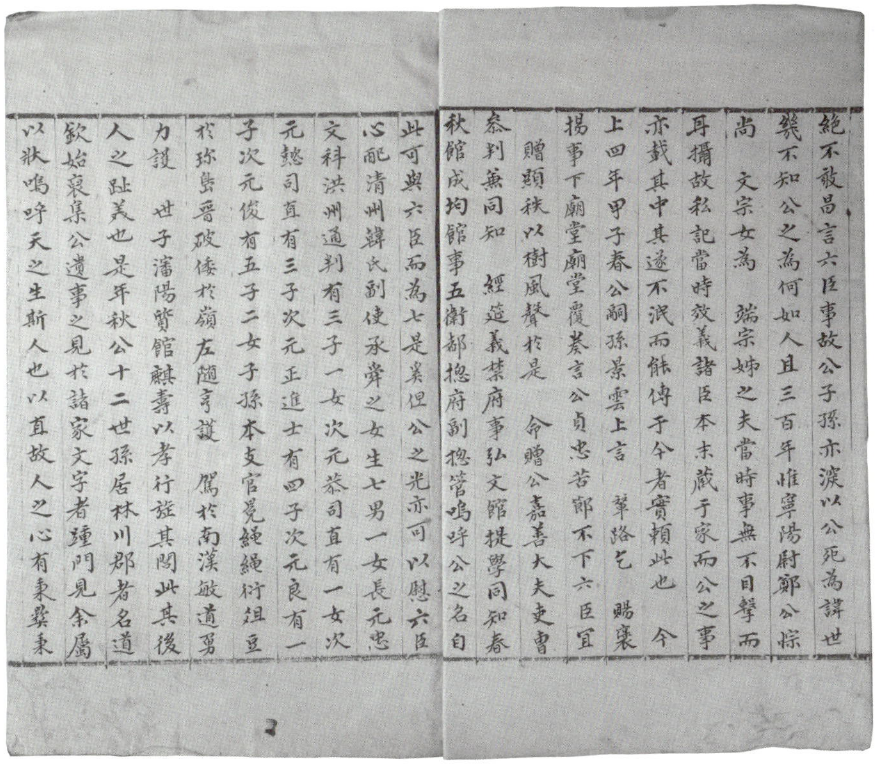

絶不敢昌言六臣事故公子孫亦滾以公死為諱世
幾不知公之為何如人且三百年唯寧陽尉鄭公悰
尚　文宗女為　端宗姊之夫當時事無不目擊而
耳觸故私記當時效義諸臣本末藏于家而公之事
亦載其中其遂不泯而能傳于今者實賴此也　今
上四年甲子春公嗣孫景雲上言　華路乞　賜褒
揚事下廟堂廟堂覆奏言公貞忠若鄭不下六臣宜
贈顯秩以樹風聲於是　命贈公嘉善大夫吏曹
參判兼同知　經筵義禁府事弘文館提學同知春
秋館成均館事五衛都摠府副摠管嗚呼公之名自
此可與六臣而為七是巽但公之光亦可以慰六臣
心配清州韓氏副使承舜之女生七男一女長元忠
文科洪州通判有三子一女次元蓁司直有一女次
元懋司直有三子次元丕進士有四子次元良有一
子次元俊有五子二女子孫本支官冕繩繩衍俎豆
於珍島晉陂倭於嶺左題亨護　罵於南漢敵遺男
力護　世子瀋陽賢館麒壽以孝行旌其閭此其後
人之趾美也是年秋公十二世孫居林川郡者名道
欽始裒集公遺事之見於諸家文字者踵門見余屬
以狀嗚呼天之生斯人也以直故人之心有秉彛秉

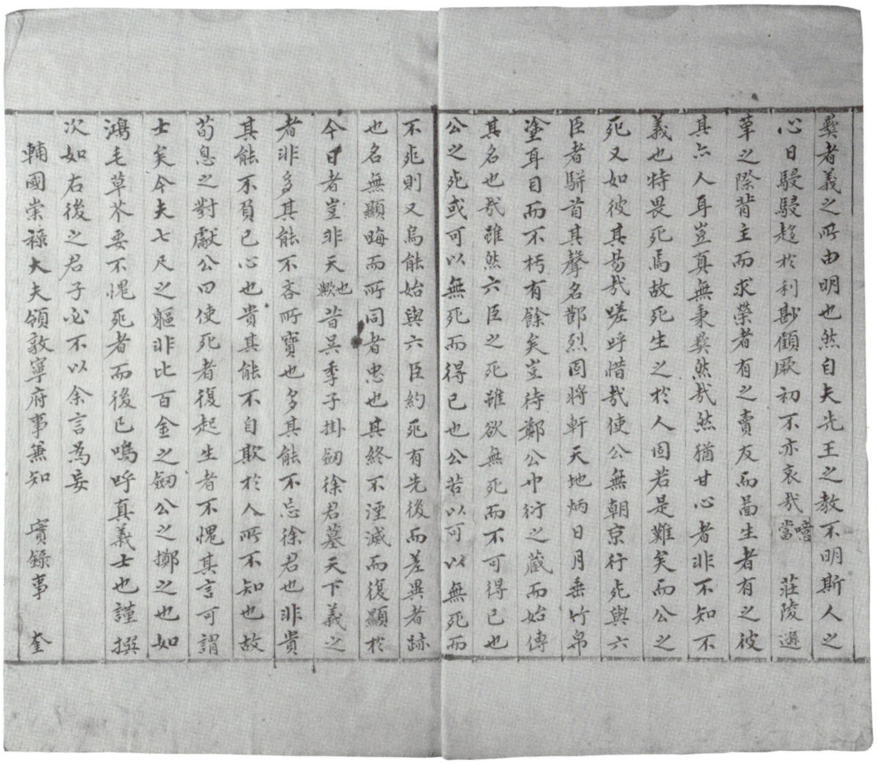

彛者義之所由明也然自夫先王之教不明斯人之
心日駸駸趍於利欲顧厥初不亦哀哉當　莊陵遜
革之際背主而求榮者有之賣友而偷生者有之彼
其六人者豈真無秉彛然哉然猶甘心者非不知不
義也特畏死焉故死生之於人固若是難矣而公之
死又如彼其易哉嗟呼惜哉使公無朝京行死與六
臣者駢首其聲名都烈固將軒天地炳日月垂竹帛
塗耳目而不朽有餘矣豈特鄭公中行之藏而始傳
其名也哉雖然六臣之死雖欲無死而不可得已也
公之死或可以無死而得已也公若以可以無死而
不死則又烏能始與六臣約死有先後而差異者跡
也名無顯晦而所同者忠也其終不湮滅而復顯於
今日者豈非天歟也昔吳季子掛劒徐君墓天下義之
者非多其能不吝所寶也多其能不忘徐君也非貴
其能不負已心也貴其能不自欺於人所不知也故
荀息之對獻公曰使死者復起生者不愧其言可謂
士矣今夫七尺之軀非比百金之劒公之挪之也如
鴻毛草芥要不愧死者而後已嗚呼真義士也謹撰
次如右俟後之君子必不以余言為妄
輔國崇祿大夫領敦寧府事兼知　實錄事　金

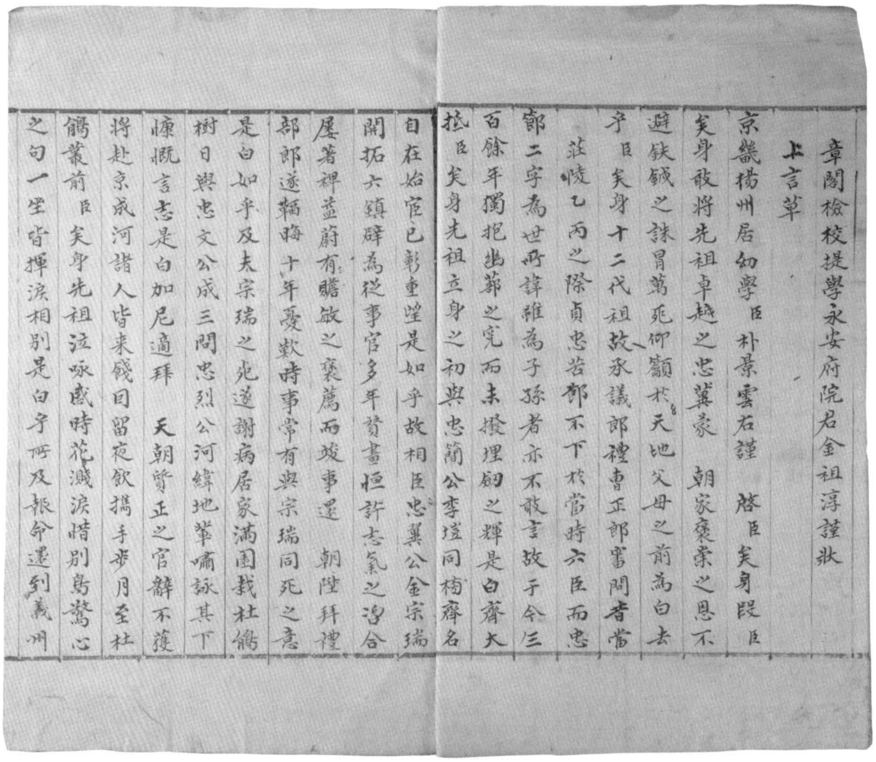

章閣檢校提學永安府院君金祖淳謹狀
上言草
京畿楊州居幼學臣朴景雲右謹 啓臣矣身段臣
矣身敢將先祖卓越之忠冀蒙 朝家襃崇之恩不
避鈇鉞之誅冒萬死仰籲於天地父母之前爲白去
乎臣矣身十二代祖故承議郎禮曹正郎審問者當
莊陵乙丙之際貞忠苦節不下於當時六臣而忠
節二字爲世所諱雖爲子孫者亦不敢言故于今三
百餘年獨抱幽鬱之寃而未撥埋翳之輝是白齊大
抵臣矣身先祖立身之初與忠簡公李塏同榜齊名
自在始宦已彰重望是如乎故相臣忠翼公金宗瑞
開拓六鎭辟爲從事官多年贊畫恒許志氣之浹合
屢著裨益蔚有贒敀之褒薦而竣事還 朝陞拜禮
部郎遂韜晦十年憂歎時事常有與宗瑞同死之意
是白如乎及夫宗瑞之死遂謝病居家滿園栽杜鵑
樹日與忠文公成三問忠烈公河緯地輩嘯詠其下
慷慨言志是白加尼適拜 天朝贊正之官辭不獲
將赴京成河諸人皆來餞曰留夜飲携手步月至杜
鵑叢前臣矣身先祖泣詠感時花濺淚恨別鳥驚心
之句一坐皆揮淚相別是白乎所及報命還到義州

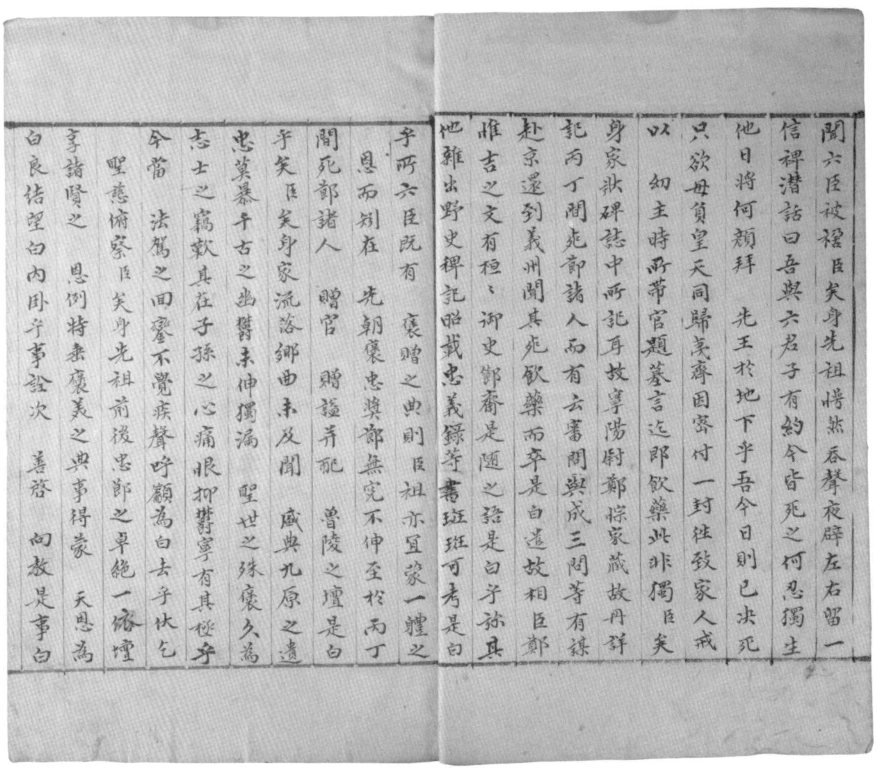

聞六臣被禍臣矣身先祖愕然呑聲夜辟左右留一
信裨潛話曰吾與六君子有約今皆死之何忍獨生
他日將何顔拜 先王於地下乎吾今日則已決死
只欲毋負皇天同歸美齊因密付一封往致家人戒
以 幼主時所帶官題墓言迄郎飲藥此非獨臣矣
身家狀碑誌中所記耳故寧陽尉鄭悰家藏故丹詳
記丙丁聞死節諸人而有云審問與成三問等有隷
赴京還到義州聞其死飲藥而卒是白遣故相臣鄭
惟吉之文有極極御史鄭齊是隨之語是白乎旀其
他雜出野史稗記昭哉忠義錄等書斑斑可考是白
乎所六臣既有 襃贈之典則臣祖亦宜蒙一體之
恩而況在 先朝襃忠奬節無寃不伸至於丙丁
聞死節諸人 贈官 贈謚并祀 曽陵之壇是白
乎矣臣矣身家流落鄉曲未及聞 盛典九原之遺
忠莫暴千古之幽鬱未伸獨漏 聖世之殊褒久爲
志士之竊歎其在子孫之心痛恨抑鬱寧有其極乎
今當 法駕之回鑾不覺疾聲呼籲爲白去乎伏乞
聖慈俯察臣矣身先祖前後忠節之卓絶一㨾壇
享諸賢之 恩例特垂褒美之典事得蒙 天恩爲
白良結望白內卧乎事詮次 善啓 向敎是事白

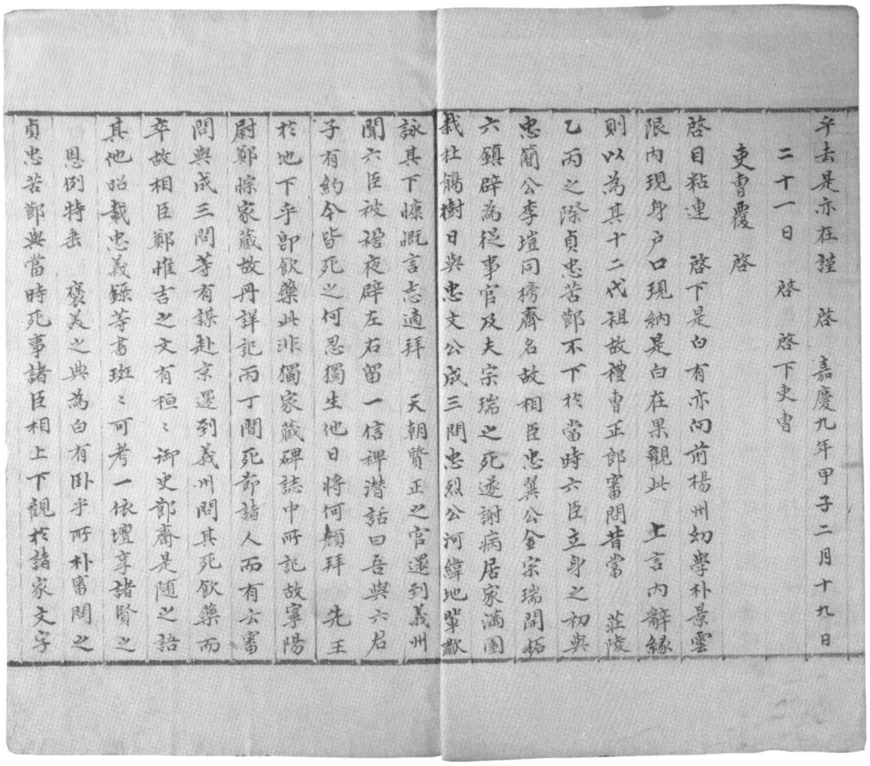

乎去是亦在羌 啓 嘉慶九年甲子二月十九日
二十一日 啓 啓下吏曹
吏曹覆 啓
啓目粘連 啓下是白有亦同前楊州幼學朴景雲
限內現身戶口現納是白在果觀此 上言內辭緣
則以爲其十二代祖故禮曹正郎審問昔當 莊陵
乙丙之際貞忠苦節不下於當時六臣立身之初與
忠簡公李瓊同榜齋名故相臣忠翼公金宗瑞開拓
六鎭辟爲從事官及夫宗瑞之死遂謝病居家滿園
栽杜鵑樹日與忠文公成三問忠烈公河緯地掌獻
詠其下慷慨言志適拜 天朝贊正之官還到義州
聞六臣被禍夜辟左右留一信裨潛話曰吾與六臣
子有約今皆死之何忍獨生他日將何顏拜 先王
於地下乎卽飮藥此非獨家藏碑誌中所記故寧陽
尉鄭悰家藏故丹詳記而丁閣死節諸人而有云審
問與成三問等有謀赴京還到義州聞其死飮藥而
卒故相臣鄭惟吉之文有桓桓御史節齋是隨之語
其他昭載忠義錄等書班班可考一依禮享諸賢之
恩例特垂 褒美之典爲白有卧乎所朴審問之
貞忠苦節與當時死事諸臣相上下覩於諸家文字

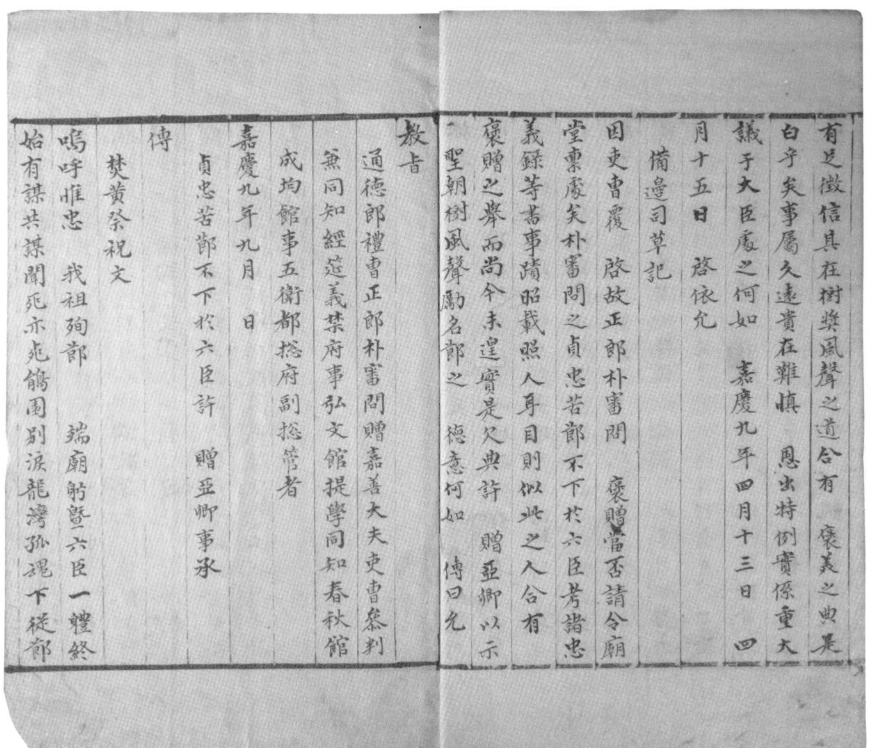

有足徵信具在樹獎風聲之道合有 褒美之典是
白乎矣事屬久遠責在難愼 恩出特例實係重大
議于大臣處之何如 嘉慶九年四月十三日 四
月十五日 啓依允
備邊司草記
因吏曹覆 啓故正郎朴審問 褒贈當否請令廟
堂稟處矣朴審問之貞忠苦節不下於六臣考諸忠
義錄等書事蹟昭載照人耳目則似此之人合有
褒贈之擧而尙今未遑實是欠典許 贈亞卿以示
聖朝樹風聲勵名節之 德意何如 傳曰允
敎旨
通德郞禮曹正郎朴審問贈嘉善大夫吏曹參判
兼同知經筵義禁府事弘文館提學同知春秋館
成均館事五衛都摠府副摠管者
嘉慶九年九月 日
貞忠苦節不下於六臣許 贈亞卿事承
傳
焚黃祭祝文
嗚呼惟忠 我祖殉節 端廟躬暨六臣一體終
始有謀共謀聞死亦死鵑園別淚龍灣孤魂下從郡

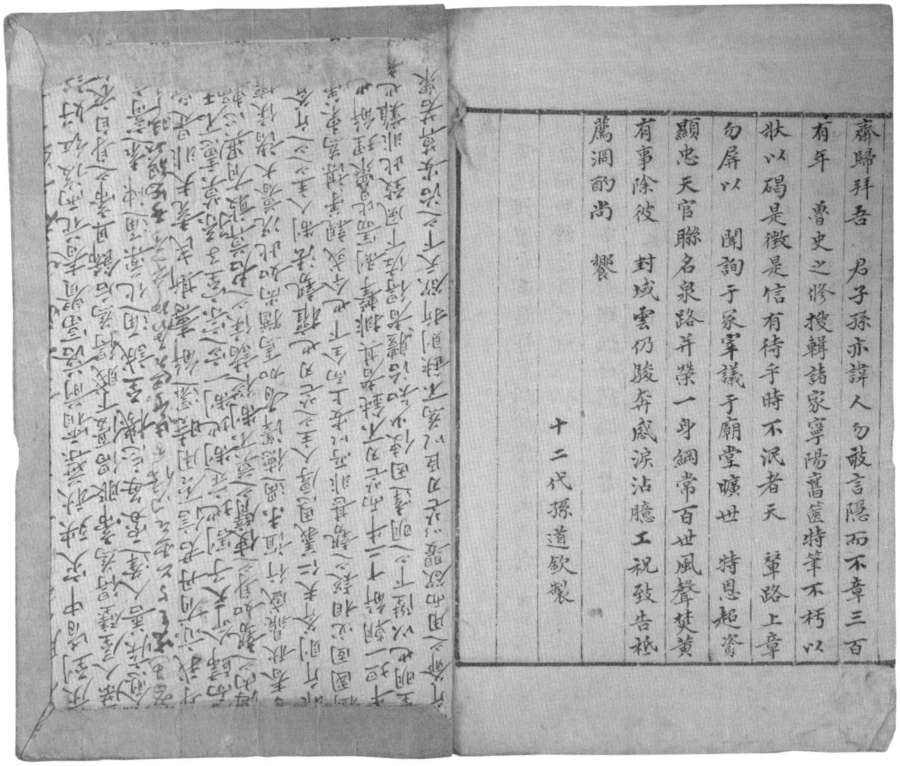
齋歸拜吾 君子孫亦諱人 勿敢言隱而不章三百
有年 魯史之修 搜輯諸家 寧陽舊篋特筆不朽以
狀以碣 是徵是信 有待乎時 不泯者天 華路上章
勿屏以 闡詢于家 峯議于廟堂 曠世 特恩超資
顯忠 天官聯名 泉路并榮 一身綱常 百世風聲 焚黃
有事除彼 封域雲仍駿奔 感淚沾臆 工祝致告 祗
薦泂酌 尚 饗
十二代孫道欽製

총괄 옥영정(장서각 관장)
주관 이창일(고문서연구실장)
해제 이세영 · 박수홍 · 권이선
목록 권이선
촬영 진도문화원

古文書集成 130

珍島 古文書

편찬 한국학중앙연구원 장서각

제1판 1쇄 발행일 2025년 11월 20일

발행인 김낙년
발행처 한국학중앙연구원 출판부

출판등록 1979-000002호(1979년 3월 31일)
주소 경기도 성남시 분당구 하오개로 323
전화 031-730-8773
팩스 031-730-8775
전자우편 akspress@aks.ac.kr
홈페이지 www.aks.ac.kr

ISBN 979-11-5866-829-7 94910
978-89-7105-016-3 (세트)

9 791158 668297 94910
ISBN 979-11-5866-829-7
ISBN 978-89-7105-016-3 (세트)